"博学而笃志，切问而近思。"

（《论语》）

博晓古今，可立一家之说；

学贯中西，或成经国之才。

U0432608

复旦博学·复旦博学·复旦博学·复旦博学·复旦博学·复旦博学

作者简介

邵宇，金融学博士，中国社科院博士后。牛津大学SWIRE学者，国家金融与发展实验室特聘高级研究员，复旦大学金融研究院研究员，复旦大学管理学院、复旦大学泛海国际金融学院特聘教授，南京大学工程管理学院、厦门大学经济学院兼职教授。中国首席经济学家论坛理事，上海国际金融与经济研究院理事，新供给经济学50人论坛成员，央行货币政策委员会专家成员。曾任职上海市宝山区发改委副主任，复旦大学国际金融系副系主任、CFA项目主任，西南证券研发中心总经理，宏源证券研究所首席分析师。美国华尔街日报、英国金融时报、中国财新网专栏作者。

2011年加入中国东方证券，目前任集团公司总裁助理、集团公司首席经济学家。研究领域覆盖全球宏观经济、中国宏观经济、权益债券投资策略和金融工程。代表作品包括《预见未来》《全球化4.0》《新政机遇》《穿越镀金时代》《危机三部曲》《微观金融学及其数学基础》等。

欢迎关注“宇观新时代”微信公众号，加入宇观俱乐部，覆盖最新的财经热点，跟随邵宇博士，深入学习微观金融学，全面深度理解全球宏观和中国宏观经济金融，学以致用，把握未来趋势和投资机遇。

刁羽，毕业于上海财经大学金融数学与金融工程专业，现就职于中欧基金管理有限公司担任投资总监。他曾先后在国泰君安证券固定收益部、富国基金从事固定收益投资研究工作，对固定收益尤其是信用和衍生品有较为深入的理解。他在国泰君安固定收益部自营投资组期间逐渐形成了绝对收益投资的理念和策略；在富国基金期间，其绝对收益理念和策略进一步加强和公开化，他所管理的基金净值走势均呈现出“市场不好守得住，市场好跟得进”的绝对收益特征；他在中欧基金担任投资总监期间，在估值和基本面双轮驱动的方法论指导下，通过估值和行业景气度的轮动实现了绝对收益的净值特征。

复旦博学 · 微观金融学系列

MicroFinance

with its Mathematical Foundation

微观金融学及其数学基础（第三版）

邵宇 刁羽 编著

復旦大學出版社

本书献给那些热爱金融理论之力与美的人们

Dedicated to those enchanted by the power and beauty of finance theories

第三版导读

本书采用模块化的结构对《金融经济学》这一金融学基础课程的内容进行了合理、全面和细致的阐述，通过使用精确但又容易理解的数学语言，对有关内容在一个统一的框架内进行了深度的阐释。

作为整个金融学的先导课程，本书的价值在于，帮助读者克服现代金融分析普遍采用的复杂的数学形式让学习者产生的畏惧感，使他们可以快速地掌握金融学领域内的核心内容、方法论和基本技巧，为其进一步深入研究金融学的内容打下坚实基础。

本次版本的更新之处主要体现在以下两个方面：

- 更新了大部分的数据，并增加了更多的实践应用内容，以强化读者对理论模型的理解。
- 此外，对先前版本中出现的误差做了全方位的修订。

为了让读者扩大视野，本书作者特意收集了大量相关理论的前沿阅读资料。欢迎读者到以下网址浏览、阅读：https://m.luxianghui.com/3000000109/home.html（微信号：TheGildedAge）。由于篇幅所限，本书的所有参考文献也将放在此网站中，欢迎读者前往参阅。

目　录

第二部分　金融数学基础

导言　金融、金融学、微观金融学和金融数学

金　　融

经济史学家声称：早在距今 6 000 年多前的两河流域美索不达米亚(Mesopotamia)文明时代，第一张借据(IOU)产生的那一刻，金融(finance)就出现了。所谓金融，顾名思义就是指资金的融通或者说资本的借贷。透过现象看本质，笔者认为，金融需要解决的核心问题就是：如何在不确定(uncertainty)的环境下，对资源进行跨期的(intertemporally)最优配置(allocation)①。

这还算不上是一个定义，但是它确实提供了一条线索。为了澄清"金融"一词应当包含的确切含义，不妨先详细描述一下，资源是如何在不确定的环境下，进行跨期配置的。为此，不得不动用经济学家历来钟爱的荒岛鲁宾逊(Robinson Crusoe)传奇。

故事仍然从鲁宾逊在沉船的残骸中取回了最后的一些谷子开始。鲁宾逊必须现在就消费其中的一部分，否则立刻就会饿死；但又不能贪图一时享受把谷子全部吃光，还必须拿出一部分用于耕种，期待来年有所收获以维持生计。到此为止一切还好，就像经济学教科书中描绘的那样有条不紊。但是，鲁宾逊很快遇到一个新问题，在他耕种得已经很熟悉的那块土地上，每年的产出量都是一个不太多的固定数目，他对此不太满意。一次在岛东边巡视时，他发现了一片看上去非常肥沃的冲积平原。他估计如果把谷子播种在那块土地上，来年可能会有更好的收成。但是，他对此又没有十分的把握，如果把所有的种子都投放在这个风险项目(risk project)上，而又不幸出了什么差错的话，那么他辛辛苦苦一年，到头来仍然难逃饿死的命运。

现在问题复杂了，鲁宾逊必须同时决定现在消费多少谷子、投放多少谷子在原来的土地上，又投放多少在有风险的土地上。换句话说，作为消费者的鲁宾逊必须决定如何跨期地在不确定的环境下，把资源最优地配置给同时又是生产者的鲁宾逊②。这就是金融所要解决的核心问题。按照现代金融理论的术语，鲁宾逊要求解一个终身的跨期最优消费/投资决策

---

① 这一点明显受到默顿(Merton，1996)的启发，在《连续时间金融》(*Continuous-time Finance*)一书中，他强调："(连续)时间金融的问题，……，就是不确定性和时间。"

② 这纯粹是一个巧合，如果要同星期五(Friday)谈判的话，问题还要复杂。这同时也说明这种资源配置还包括有空间方面的含义。

问题,而他至少要了解随机最优控制(stochastic optimal control)方法,才能对这个问题提供一个令人满意的答案①。

无论从哪个角度看,要解决这个不确定环境下的资源最优跨期配置问题都是相当棘手的。那么,现实中的经济体系是如何对这个问题做出解答的呢?既然说金融是一个资源配置过程,那么完成这种资源配置历来就有计划和市场两种方式。

假定个人即国家,则鲁宾逊的决策就提供了一个典型的小型封闭经济在不确定环境下跨期资源配置问题的全部答案。如果中央决策者(central government)完全掌握了经济的生产能力、了解每个人的偏好,对未来不确定性有足够的认识、有强大的计算能力来随时求解上述随机最优控制问题,并可以由始至终地贯彻自己的意志的话,理论上它完全可以胜任在不确定环境下进行最优化资源跨期配置的任务。

这正是大部分前计划经济,包括1956—1979年的中国所努力从事的工作。但是出于一些众所周知的原因②,从20世纪80年代起,几乎所有计划经济的中央决策者都不约而同地开始(部分或者全面)放弃履行对资源进行跨期配置的职责。图0-1以中国国有企业固定资产投资中国家所占的比例为指针,从一个侧面反映了中央决策者逐渐放弃了直接参与资源跨期配置决策的过程。

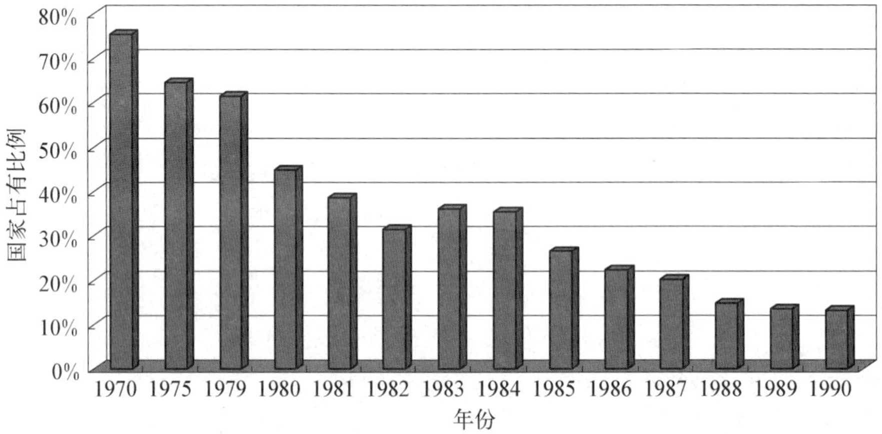

图0-1 1970—1990年中国国有企业固定资产投资中国家占有的比例逐年下降

资料来源:根据《中国统计年鉴》历年数据计算

计划经济把资源跨期配置的任务交给了另一种可供替代的制度安排——市场。整个封闭经济条件下,市场化的跨期资源配置过程和结构如图0-2所示。

在市场体制下,原来由中央政府做出的决策又重新回到了鲁宾逊式的个人一级。个人,或者更一般的,经济体系中的资金盈余单位,获得收入并分割为当期消费和投资。而在另一方面,经济体系中存在着大量提供产品和劳务的实际生产者(主要是企业,也包括政府③),为了生产和再生产,它们需要大量的资金支持。在它们资产负债表(balance sheet)的资金来

① 同学更乐于理解的例子倒是与即时战略类(real-time strategy)游戏有关,例如魔兽争霸(warcraft)和帝国时代(age of empire)。

② 主要是指兰格(Lange, O)的观点,它们也是20世纪30年代社会主义大争论时的结论,参见兰格(1939)。

③ 这时的政府应当被视为公共产品(public goods),如国防、治安的生产者。

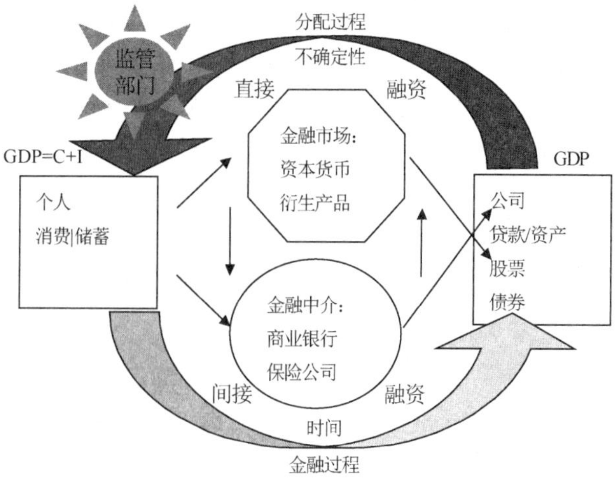

图 0-2 封闭经济下资金循环和收入分配过程

源一方,是代表收益要求权(claim)的股票、债券和贷款;另一方的资产(asset)则产生收入,再分配给个人(投资者)进行新一轮的投资、扩大再生产和资源跨期配置过程①。连通消费和生产,媒介资源跨期配置的就是金融市场②和金融中介机构③。此外,现实中的金融体系还会有一个驾驭在它们之上的监管部门④。

这就是现代市场经济(同时也是货币经济)环境下金融的全部内容⑤,因此现代金融实际上可以视为不确定环境下⑥,资源跨期最优配置的市场解决方案⑦。换句话说,我们把金融定义为:在不确定的环境下,通过市场⑧,对资源进行跨期(最优)配置⑨。

金 融 学

应当说,明确了金融的含义也就明确了金融学的对象和内容。但事实上,目前国内外大专院校的金融专业中,开设了各种各样的金融学课程,如投资学(investment)、公司金融学

① 在资源配置(时间和空间上的)这一基本使命基础上,金融体系还提供包括价格发现、风险规避、信息生产、提供清算和支付结算、解决激励问题等一系列其他重要功能。

② 金融市场并非抽象,它是买卖金融产品的场所,它和金融产品最紧密地联系在一起,甚至可以这样说金融产品的特征决定了将履行的功能,这些金融产品(又被称为金融工具、金融资产等)及其分析特征我们将在后续的任何一个章节都会碰到。

③ 金融中介主要是指商业银行、保险公司、交易所等。

④ 本书目前还没有设置专门章节来讨论金融监管问题,有关内容可以参考框文 6-7(金融监管哲学再反思和新趋势),以及那里给出的进一步参考文献。

⑤ 有人会问,货币、货币政策和国际金融到哪里去了呢? 进一步的分析见第二节。

⑥ 因为不确定性和投资收益产生过程的时间性质,使得这个资源跨期配置的过程从来就不是一帆风顺的,因而整个经济会表现出周期性的起伏,也可能在某些时刻出现危机甚至崩溃。因此,自从有金融行为以来,人们就试图对上述金融过程和金融体系,做各种旨在提高资源配置效率的改进或者称之为金融创新(financial innovations),这方面的详细讨论见第 5 章。

⑦ 可以看到经济学的基础理论中,经济主体被类似地分为了消费者、企业、市场和政府这四个大类。

⑧ 这里的市场是广义的,既包括货币市场(money market),也包括狭义的资本市场,还包括衍生产品(derivatives)市场等。

⑨ 从这里可以看到金融的这个简单定义颇有点包容历史、兼顾东西、百炼成钢的味道。这一点在第三节以后就更清楚了。

(corporate finance)、金融工程学(financial engineering)、金融市场学(financial market)、金融中介学(financial intermediaries)、保险学(insurance)、金融经济学(financial economics)、货币银行学(money, banking and economics)、国际金融学(international finance)、公共财政学(public finance)、数理金融学(mathematical finance)、金融(市场)计量经济学(financial econometrics)等。

这些课程之间存在密切的联系,并在教学内容和课程设置上存在着某种程度的重叠。尽管人们普遍认识到:原则上它们都属于广义金融学的范畴,但由于缺乏统一的理论基础和方法论指导,它们不得不处于目前这种离散的状态,因此迫切地需要建立起一个能够涵盖这些紧密联系的分支学科,并为其提供经济学理论基础的统一学科。

一、分支学科的主要内容

为了探讨这种统一学科是否有存在的可能性,不妨先看一下现有这些分支学科(也即是课程)的主要内容和相互之间的关系。

(一)微观层面

在微观层面上,投资学研究如何把个人或者机构的有限财富或者资源分配到诸如股票、国库券、不动产(real estates)等各种(金融)资产上,以获得合乎自身需要的现金流量(cash flow)和风险/收益特征(risk/profit profiles)。它的核心内容就是以效用最大化准则为指导,获得个人财富配置的最优均衡解①。

公司金融学考察公司如何有效地利用各种融资渠道,获得最低成本的资金来源,并形成合适的资本结构(capital structure)。它会涉及现代公司制度中的一些诸如委托—代理结构的金融安排等深层次的问题。

金融工程学则侧重于衍生金融产品的定价和实际运用,它最关心的是如何灵活地利用创新金融工具②,来更有效地分配和再分配个体所面临的形形色色的经济风险,以优化他们的风险/收益特征。

金融市场学分析市场的组织形式、结构以及微观结构(microstructure)③,同时考察不同的金融产品和它们的特征,以及它们在实现资源跨期配置过程中起到的作用。它们的合理价格体系是这种研究中最重要的部分。

金融中介学主要研究金融中介机构的组织、管理和经营。包括对金融机构的职能和作用及其存在形态的演进趋势的分析;金融机构的组织形式、经济效率、混业与分业、金融机构的脆弱性、风险转移和控制④。

最近才逐渐明确的金融经济学⑤,则是我们所说的真正意义上作为金融学科统一理论基础的金融学。同经济学面临的任务一样,它试图通过对个人和厂商的最优化投资/融资行为以及资本市场的结构和运行方式的分析,考察跨期资源配置的一般制度安排方法和相应的效率问题。

---

① 这个解通常要求某种形式的分散(diversification),详见第1、2章。

② 特别是形形色色的衍生品和奇异产品(exotic products)。

③ 其中,由奥哈拉(O'hara,1996)开创的金融市场微观结构方向的研究成为目前金融市场学研究的最前沿部分。

④ 主要的分支学科包括:商业银行学、投资银行学、保险学、微观银行学等。

⑤ 见 Erichberger & Harper(1997)以及 LeRoy & Werner(2001)。

（二）宏观层面

在宏观层面上，除了一些必要的关于货币本质、形式，货币制度和金融体系的介绍以外，货币银行学的核心内容是货币供给和需求、利率的决定以及由此而产生的对于宏观金融经济现象的解释和相应的政策建议。就此而言，可以说它是主流宏观经济学的一种货币演绎。

国际金融学本质上是开放经济的宏观经济学，因而它往往被认为是货币银行学的一个外延和必然组成部分。在经济全球化进程中，它主要关心在一个资金广泛流动和灵活多变的汇率（exchange rate）制度环境下，同时实现内外均衡的条件和方法①。

与以上这些分支学科相比，数理金融学则显得比较独特，与其说它是一门独立的学科，倒不如说它是作为一种方法存在。它主要使用一切可能的数学方法②，来研究几乎一切金融问题，特别是复杂产品定价和动态市场均衡。类似的还有金融市场计量经济学，本质上它属于计量经济学：基于实际数据，以统计计量的方法为各种金融模型和理论提供校验（或证伪）的手段和证据③。

二、统一的金融学理论学科

综上所述，笔者认为，金融学的这些分支学科（数理金融和金融计量经济学除外）所考察的金融现象发生在不同的层次之上，并存在着某种分工和内在联系。借此本书提出构架金融学科的总体设想——以金融经济学和货币银行学两门学科为主干，建立起统一的金融学理论学科，它包括微观金融学（microfinance）④和宏观金融学（macrofinance）两大分支⑤。这并不仅仅是简单的名称变化，它不仅意味着分类逻辑的通畅和完备，而且正如我们即将看到的那样，各种学科之间的固有联系变得有机、清晰，并紧密统一在一个完整的框架结构中。

（一）金融学的意义

建立一门学科，首先必须明确它的研究对象，以及使用什么样的方法论的问题。这就必须首先为金融学下一个靠得住的定义。基于前面对“金融”一词内涵的认识，我们说金融学是**研究如何在不确定性的环境下，通过资本市场，对资源进行跨期最优配置的一门经济科学**⑥。

这听上去是不是有些耳熟呢？是不是很像经济学的传统定义呢？实际上，金融学最早游离于正统经济学之外，是道·琼斯（Dow & Jones）式的简单数据采集和统计分析⑦，由于有巴舍利耶（Bachelier）、马科维茨（Markovitz）、阿罗（Arrow）、德布鲁（Debreu）、托宾（Tobin）、夏普（Sharpe）、萨缪尔森（Samuleson）、布莱克（Black）、斯科尔斯（Scholes）、默顿（Merton）、哈里森（Harrison）、克雷普斯（Kreps）、达菲（Duffie）和黄（Huang）等经济学家们的杰出工作，它日益向严格的经济科学靠拢，并紧紧地与正统经济学结合在一起⑧。

---

① 见 Obstfeld(1992)。

② 例如常见的随机最优控制，分形几何（fractal geometry）、混沌（chaos theory）等。

③ 现代经济学领域中，一篇原创的开拓性论文会引发一百篇论文对它的假设和推理过程进行细微修正，会引发一万篇以上分布在各个国家的论文对它进行计量检验，这似乎也是当前成果导向的学界的一种现实的“理性”选择。

④ 这种称谓无视有些研究者把“向非常贫困的阶层提供信贷的金融实践活动”称为“microfinance”的事实，见 Basu et al.，2000。

⑤ 在罗斯（Ross S. A.，1992）为新帕尔格雷夫（New Palgrave）经济学词典撰写的“金融”这一词条中，是没有货币银行学和国际金融学什么事的，当然这并不一定就正确。

⑥ 麦利切尔和文森斯（Melicher & Weshans，1992）认为金融学在宏观层次上研究金融市场、金融机构以及它们在整个经济体系中的运作；在微观层次上研究财务计划、公司金融、资产管理和金融机构，同时注意到它的启发性和逻辑混乱。

⑦ 早期的金融分析就是制度描述（institution description）和经验法则（rules of thumb）。

⑧ 这种结合的过程可以参考博恩斯坦（1992）的《资本理想》（*Capital Idea*）。

实际上它就是经济学①,正如现代经济学最新的研究方向就是试图在涉及不确定性和动态过程的问题上有所突破一样,金融学视它们为应有之义和一切问题的出发点。因此,可以说金融学是专门研究不确定性和动态过程的经济学。所以,就不必奇怪它同正统经济学在学科研究内涵和基本方法论上存在某种相似性。与其说是由于研究方法,还不如说是由于其特殊的研究重点——(国际)货币、信用、债务、资本这些金融现象,使得它作为一门独立的经济学科存在。

实际上,金融学的这个定义和微观金融学与宏观金融学之间的关系要比想象中的微妙。把它们与经济学的定义和微观经济学与宏观经济学之间的关系做一个对照,就会有一个比较明确的认识。

从 1870 年的边际学派(Margin School)到马歇尔(Marshall)一脉相承的新古典经济学(new classical economics)就是研究资源配置的,在一个制度永远不会变化的世界中,市场机制巧妙地安排产出、分配、社会福利……人们在感叹这种制度的美妙时,只要“无为而治”就可以了。这种乐观情绪一直维持到 20 世纪 30 年代动摇整个西方资本主义世界的经济危机以及由此而来的经济学危机。这之前只有唯一的、研究资源配置的(新古典)经济学。以凯恩斯革命(Keynsian revolution)为分水岭,新古典经济学,包括它无所作为的政治信念,被正式冠以微观经济学(microeconomics)的名称;而凯恩斯和他的追随者倡导的宏观分析方法及其国家干预经济的政策主张最终形成了现代宏观经济学(macroeconomics)。从此,经济学包含了宏观、微观两大分支,而原有的经济学定义也得到了拓展②。

反观金融学思想的发展历程,在早期的古典经济学家那里③,他们关心整体价格水平(如货币数量理论)、利息率决定和资本积累过程等问题,也就是说,他们更多地是在宏观的意义上考虑金融(经济)问题。新古典后期的经济学家们,如维克塞尔(Wicksell),则通过利息理论把宏观金融问题与一般经济问题(如经济增长和经济危机)紧密结合在一起考虑。等到凯恩斯的革命,顺理成章地,它不但确立了现代宏观经济学,也标志着现代宏观金融学的形成,从此宏观金融学的核心内容——货币理论也同时作为宏观经济学中的重要内容被不断改进,并一同传授给学生。

与经济学的发展历程相反,金融学是先有宏观部分,再有微观部分的。一般认为,微观金融学出现在 20 世纪 50 年代中期,如同新古典的经济学(即后来的微观经济学)一样,它也是一种价格理论,它认为使得资源(跨期)最优配置的价格体系总是存在的,反过来说,这句话就意味着:它的目标就是寻找使得资源最优配置的合理(金融资产)价格体系。宏观金融学则没这么乐观,由于无论是凯恩斯主义还是货币主义赋予它的精神实质都是政府干预主义,它势必拓展成为现代宏观经济学的货币版本。

因而,有必要再重申一下,上面给金融学下的定义是新古典意义上的,它同时也适用于微观金融学④。宏观金融学则是资源非有效配置情况下(即自由价格机制在某种程度上失灵),对微观金融学(即新古典的金融学)的一种现实扩展⑤,尽管获得这种认识的历史顺序

① 证据之一就是 1990 年及 1997 的诺贝尔经济学奖都授予了在金融理论研究方面有杰出贡献的经济学家们。
② 试图调和新古典经济学、新经济学,即微观经济学和宏观经济学的努力一直在进展中。
③ 这里主要是指边际革命之前的经济学家们,如李嘉图(Ricardo),休谟(Hume)等。特别的,如马克思(Marx)。
④ 在本书中我们会不加区别地同时使用微观金融学和金融经济学两词。
⑤ 其实也不尽然,因为新旧宏观金融学研究的对象是类似的,但方法却完全不同。

与逻辑顺序正好相反(同经济学相比较而言)[①]。

笔者希望这种意义上的金融学(包括宏观金融学和微观金融学)能够对现有各金融学分支学科提供足够的兼容性;而且最重要的是,它必须提供一个开放的学科结构,能够适应飞速发展的金融理论和实践创新的需要。

(二) 金融学的框架

接下来让我们具体看一下,应当如何安排这门学科的框架结构和基本内容,来实现对现有众多的金融学分支学科的兼容。

1. 微观金融学

微观金融学主要考虑金融现象的微观基础。如同微观经济学一样,它实质上也是一种价格理论,它研究如何在不确定情况下,通过金融市场,对资源进行跨期最优配置,这也意味着它必然以实现市场均衡和获得合理金融产品价格体系为其理论目标和主要内容。也许受到实际工作的过多影响,它的一个重要任务是为资产定价(asset pricing)。

首先,需要阐明的是微观金融学这门学科的主要研究方向和内容以及使用的主要数学工具和方法。在初步引入不确定性、时间等一些基本概念后,同微观经济学类似,为了呈现理性决策的基础,需要建立个人偏好公理体系和效用函数理论[②]。有了上述基础,接下去很自然地,会考察个人如何做出投资/消费决策,以使得个人终身效用最大化[③]。问题的另一个方面便是生产者的融资行为理论。企业如何做出它们的投资/融资决策,通过合理的资本结构安排,使得所有者权益最大化[④]。

资金的供给者(投资者)和需求者(融资者)最终在资本市场上相遇。同产品市场上的情况类似,当市场均衡时[⑤],资产的价格和数量必须同时被决定[⑥]。一个完整的金融市场必然包括为克服风险而产生的衍生金融产品市场,它们的价格体系同样也是人们极为关心的[⑦]。此外,另一媒介资源跨期配置的支柱——金融中介机构在金融过程中扮演什么角色,以及它与金融市场之间的关系也是微观金融分析的应有之意。

2. 宏观金融学

宏观金融学研究在一个以货币为媒介的市场经济中,如何获得高就业、低通货膨胀、国际收支平衡和经济增长[⑧]。可以认为,宏观金融学是宏观经济学(包括开放条件下)的货币版本,它着重于宏观货币经济(包括了开放条件下的)模型的建立,并通过它们产生对于实现高就业、低通货膨胀、高经济增长和其他经济目标可能有用的货币政策结论和建议。

(1) 货币起源、定义和作用。货币有两个主要作用——媒介交换和储藏价值。可以说,正是这种区分导致从货币数量理论到现代货币理论的发展,这一切都发生在自由资本主义

---

① 实际上按照微观、宏观的分类方法的优点和缺点一样明显。也可以这样理解,按前一个注释,为宏观理论找寻可靠微观基础的工作一样发生在金融学领域。

② 当然这里主要涉及的是期望效用函数理论和风险偏好问题。

③ 一般意义上的投资学则来自这种消费者行为理论的扩展。

④ 这属于公司金融的范畴(注意不是财务管理),也是研究文献最丰富和争议最多的一个领域。它会涉及公司制度、产权安排、不对称信息等一系列金融学(经济学)的最新课题,莫迪格利安尼和米勒的M-M理论是其理论基石和核心内容。

⑤ 金融分析中获得动态均衡的过程与经济学中获得静态均衡的过程有很多差别。

⑥ 资产定价也许是人们最有兴趣的、并与金融实践联系最密切的一个部分,尽管它本身不过是市场均衡的一个附属品。

⑦ 因而投资学、金融工程学的理论基础就发源于此。可以想象在微观金融学(以及相关的数学方法)建立起来和被认真研究之前,这些所谓时髦学科(在中国)的岌岌可危的空中楼阁状态。

⑧ 这方面,也许我们更有把握一些。对于传统的货币银行学和国际金融学的结构调整和课程改革方面的讨论已经有很多,其中不乏建设性的意见,在此也就不赘述了。为了保持结构上的平衡,我们只是简单提及它的主要内容。

向国家资本主义转变、从相对封闭经济向大规模资本流动的资本主义世界进化的广阔的历史背景之下。

(2) 货币的制度安排和以银行为主的现代金融体系。现代金融体系包括银行、非银行金融机构和各种专业金融市场,它们保证货币主要功能的实现。从最初的、仅仅是确保纸币稳定地充当流通手段的早期银行制度,到为了资本主义筹集巨额建设资金的直接金融市场,又进一步发展出了适应国家干预,以确保经济健康运行的,以中央银行为核心的现代金融体系[①]。

(3) 货币经济学。这是整个宏观金融学的核心内容,表 0-1 提供了一个大致的轮廓。

表 0-1　货币经济学发展历程

<table>
<tr><th>历史阶段</th><th>封闭经济</th><th>时代背景</th><th>开放经济</th><th></th><th>货币功能</th></tr>
<tr><td>自由资本主义</td><td>货币数量论/两分法</td><td rowspan="2">↓金融寡头
国家干预</td><td>金银自由流动调节机制</td><td rowspan="2">↓资本流动
汇率制度变迁</td><td>交换媒介</td></tr>
<tr><td>干预资本主义</td><td>IS-LM/货币主义</td><td>IS-LM-BP</td><td>价值储藏</td></tr>
</table>

早期封闭经济下的宏观金融理论就是用来解释总体价格水平的,如有代表性的费雪的交易方程式(Fisher I., 1911);剑桥方程式(Pigou A.C.,1917; Marshall A., 1923)则是试图对货币需求做更进一步理解的最初尝试,尽管它认为货币需求主要来自交易。所以,一点也不奇怪,两分法(dichotomy)和货币数量论会在几个世纪的宏观金融理论领域内占统治地位。

在开放条件下,即国际金融领域,这一时期休谟(Hume D.,1752)的价格—金银自由流动机制是在以贸易为主的世界经济交往格局中,唯一的一种国际收支(即外部平衡)的自动调节机制。这时的汇率决定理论就是绝对或者相对购买力平价理论(purchasing power parity)(Cassel G., 1914)。

实际上从这里可以看到,即便是标榜为科学的经济学,也有深深的历史痕迹。只是他们不习惯问自己这样一个问题:为什么费雪和马歇尔只是把货币看成交易媒介,而凯恩斯和托宾会认为利息率在货币需求中也起重要作用[②]。答案很简单,历史还没有发展到能够提供相应经济现象的那个阶段。进入工业社会,货币作为资本,越来越多地在资本主义生产中起决定性作用了,它从流通手段发展成万能的资本。

货币理论中货币需求是问题的关键,凯恩斯识别出了货币的投机需求,从而发现货币需求不只是收入(交易量)的函数,也是利率的函数,现代资产选择理论开始显示自己的力量,货币只是众多备选金融资产中的一种。在货币主义的新分析框架下,问题可以简化为既定收入(恒久收入)[③]、财富约束下个人资产配置的均衡问题,或者既定价格(资产收益率)体系下,收入(参数)扩张的路径问题[④]。于是,LM 曲线出现了,它决定了利息率和国民收入之间的关系,从而在 IS-LM 框架中,不再有两分法了,只有统一的现代货币经济学(它也就这样

① 如何把这些通常是知识性的内容用一个统一的分析性框架表述出来是有挑战性的。如果能用制度经济学的方法或者更一般的,用信息经济学的原理来考察诸如直接金融与间接金融的合理边界、中央银行和商业银行间的管制哲学、国际货币制度的变迁等问题是很有意义的。这在第 6 章中会有所涉及。

② 托宾以凯恩斯系列理论以及财政与货币政策的宏观模型获得 1981 年诺贝尔经济学奖。

③ 莫迪格利安尼以恒久收入(permanent income)和储蓄的生命周期(life circle)假设获 1985 年诺贝尔经济学奖。

④ 这其实又类似微观金融学中采用的分析框架。

渗透到宏观经济学中去了)。

在相应的国际金融领域,大规模的资本流动使得外部平衡的传统定义有了更新,基于资产选择方法的汇率理论开始被普遍接受,以蒙代尔-佛莱明(Mundell-Fleming)模型的出现为标志(IS-LM-BP模型),整个经济的内部、外部均衡开始被紧密地联系在一起考虑①。这也同时隐含着开放的货币经济的整体均衡有可能通过适当的政策协调得以实现②。这种协调既出现在一个经济的内部,也出现在不同经济之间③。

由于始终存在着看待问题的不同角度和研究风格,因而在一些重要的金融问题,如通货膨胀、汇率管理、市场干预等方面,总是会有不同货币政策和争论流派的产生,这也构成了宏观金融理论的一个重要的也是必然的部分④。

3. 现代金融学体系

可以设想,完整的现代金融学体系将以微观金融学(或称金融经济学)和宏观金融学(或称货币经济学)为理论基础,扩展到各种具体的应用金融学学科上,而数理化(同时辅助以实证计量)的研究风格将逐渐贯穿整个从理论到实践的过程。图0-3提供了一份比较完整的现代金融学学科的构成图,当然,由于实践的快速发展和学科的开放性质,它将不断得到进一步的充实和扩展⑤。

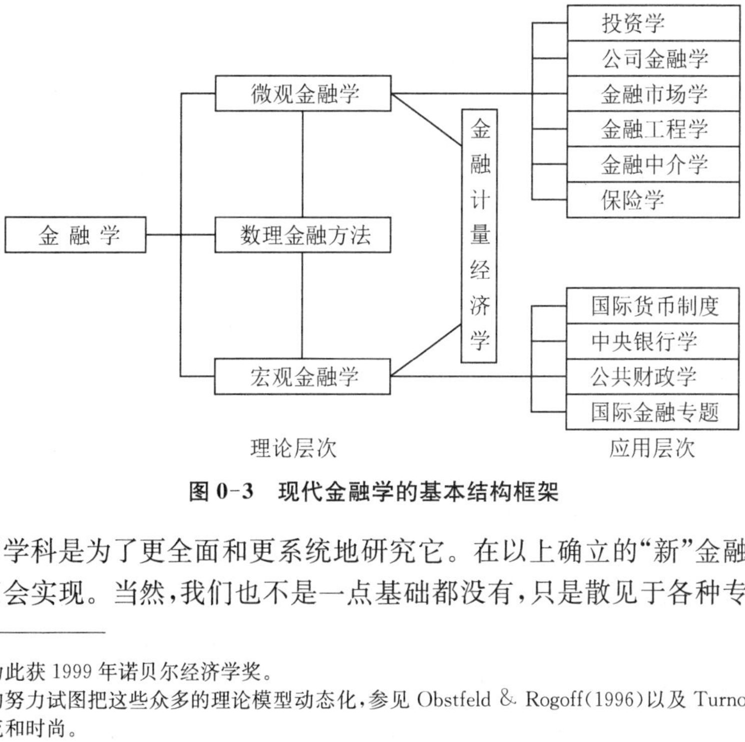

图0-3　现代金融学的基本结构框架

构建一门学科是为了更全面和更系统地研究它。在以上确立的"新"金融学框架中,这一点毫无疑问会实现。当然,我们也不是一点基础都没有,只是散见于各种专业课程,如投

---

① 蒙代尔为此获1999年诺贝尔经济学奖。

② 进一步的努力试图把这些众多的理论模型动态化,参见Obstfeld & Rogoff(1996)以及Turnovsky(2000),这种方法日渐成为主流和时尚。

③ 这就需要国际货币金融制度和组织的支持。

④ 宏观方面再往前推进可能就会涉及比较金融体系(Comparing Financial Systems)方面的研究了,例如Allen等(1999a),他们探讨各种金融框架体系的历史继承性问题,以及是否存在普遍适应的最优的模式以及这些模式发展所基于的原则。

⑤ 我个人认为金融学专业本科培养目标之一是合格的国际化的金融从业人员,因此完全可以借鉴一些重要的国际资格认证考试,例如CFA®(Chartered Financial Analyst)、CFP®(Certified Financial Planner)、FRM®(Financial Risk Manager)多年积累的核心知识模块(Candidate Body of Knowledge),来改进和优化我们自己的教学课程。其中的优秀者可以引导他们去向金融工程和数理金融等理论和实践上的更高层次,这也是另外一个培养目标,为进一步的学习和研究预留接口和预备人才。

资学中的“资产组合”、金融工程学中的“期权、期货和其他衍生金融产品”等,都提供了一些相关的内容。问题的关键是缺乏一种提纲挈领和统一的基础理论框架,正如现有学科各成一家的分散情形一样。在前面对于微观金融学所应涵盖的内容进行探讨时,本书开列的更像是一本教科书的目录。的确,那就是一本微观金融学基础教材所应当涵盖的核心内容。

微观金融学

如前所述,微观金融学是金融学的两大分支之一,它是仿照微观经济学建立起来的一套研究如何在不确定的环境下,通过资本市场,对资源进行跨期最优配置的理论体系。它的核心内容就是:个人在不确定环境下如何进行最优化;企业又如何根据生产的需要接受个人的投资;经济组织(市场和中介)在协助个人及企业在完成这一资源配置任务时,应当起什么样的作用;其中的关键就在于怎样达成一个合理的均衡价格体系。

微观金融学借助于正统经济学的基本方法(例如,个人最优化和均衡分析等),这意味着它必然带有浓厚的新古典特征;同时,它也最大限度地使用现代数学提供的有力工具——随机分析。因而,它是一门建筑在经济学和数学基础上,专门解决不确定性和动态问题的经济学学科分支。可以说,它包括现有大多数金融学分支学科,如投资学、公司金融学、金融市场学、金融工程学等核心内容。更为重要的是——如同微观经济学在整个经济学学科体系中的地位和作用一样,它为广义金融学提供理论(包括方法论)基础。同时,它和几乎所有金融实践工作都非常紧密地联系在一起,它的大量成果直接应用到市场第一线,这在所有经济学科中是非常少见的①。

一、微观金融学的发展历程

下面,一起来简要地回顾这门学科的发展历程②,它不仅可以为我们的学习提供一条线索,而且对于加深对整个金融理论和实践的理解,甚至对未来金融发展趋势的预测都会有一些重要的启示。

最早在克莱姆(Cramer,1728)和伯努利(Bernouli,1738)那里就有对如何在不确定环境下进行决策的最初思考,在两个世纪后,它成为微观金融学的基础。这长达两百年的沉寂是有其历史原因的,在早期的古典经济学家那里,他们关心整体价格水平(如货币数量论)、利息率如何决定、资本如何参与价值分配和完成积累过程等问题,这就是说,他们不重视微观金融过程,而更多地是在宏观的意义上考察金融(经济)问题。古典的经济学家把储蓄视为资金的供给过程,对于他们来说,重要的是利率的决定和它对于实物经济产出的影响。而经历了 1870 年边际革命后,羽翼日益丰满的新古典经济学派那里,要么根本没有不确定性概念,如帕累托(古典两分法)的一般均衡体系;要么仅仅使用粗浅的动态模型考察宏观问题,如维克塞尔(Wicksell)通过利息理论把宏观金融问题与一般经济问题紧密结合在一起考虑。

---

① 20 世纪 70 年代以来的世界金融产业的发展历程揭示出:在所有(社会)科学领域中,没有一个像金融学这样,理论与实践如此紧密地结合在一起,参见〈金融工程师系统〉(www.fingineer.com)。

② 这里提供的是一条简洁的线索,建议参考伯恩斯坦(Berstein,1992)文采斐然的作品《资本理想》(*Capital Idea*)。

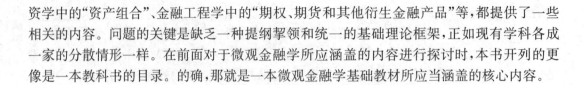

20 世纪早期，费雪（Fisher，1906）、希克斯（Hicks，1934）①、凯恩斯（Kenyes，1936）等重新开始审视不确定环境下的决策问题。特别是马夏克（Marschak，1938）在 1938 年就试图用均值-方差空间中的无差异曲线来刻画投资偏好。拉姆齐（Ramsey，1927）则开创性地提出了动态的个人（国家）终身消费/投资模型②。主流经济学研究者的视野再次聚焦到时间和不确定性这两个问题上。自然，视冯・诺伊曼-摩根斯坦（von Neumann-Morgenstern，1947）期望效用公理体系的建立为新（微观）金融学的启蒙是合适的。接下来，以当时年仅 25 岁的马科维茨（Markovitz，1952）的博士论文《投资组合》（*Investment Portfolio*）发表为标志③，现代（微观）金融学正式起源了④。

他们的后续者包括夏普（Sharpe）、林特纳（Lintner）、莫辛（Mossin），在对信息结构做出更为大胆的假设后，他们获得一个由期望效用公理体系出发的单期一般均衡模型——资本资产定价模型（capital assets pricing model，CAPM），奠定了现代投资学的基础⑤。

尽管在这个均衡体系中，风险已经有了明确的体现，但它仍然不过是一个比较静态模型，这与实际生活相去甚远。把它向多期，特别是连续时间推广成为当务之急，但是对动态不确定问题的深入研究需要更为复杂和精密的数学工具。

这项技术性更强的工作也在以一种不同的方式进展着。对资产价格运动过程的性质的探索是现代金融研究的又一条重要线索。不确定性的引入倾向把价格变化视为一个由外生冲击驱动的随机过程。早在 1900 年，法国人巴舍利耶（Bachelier）的早期工作实际上就奠定了现代金融学发展的基调⑥。遗憾的是，在长达半个多世纪的时间内他和他的著作《投机理论》（*Speculation Theory*）一直被埋没而无人知晓。有一些讽刺抑或是启发意味的是：和他的工作同时并进，在大西洋彼岸的美国纽约华尔街（Wall street），道和琼斯（Dow & Jones）也开始了他们的事业。哈密尔顿（Hamilton）发展了现在为大多数投资者所熟悉的波浪理论（wave theory），并最终发展为所谓的技术分析（technical analysis）。

尽管远隔万里，他们的工作都在试图解决同一个问题——“股票价格可以预测吗?”他们的回答是如此不同，就注定华尔街（实践）和金融学教授（理论）在 70 年内无缘识荆。感谢萨维奇（Savege）和克鲁甄加（Karuzenga）在 1965 年重新发掘了巴舍利耶的工作，这使得现代金融学的发端向上追溯了 60 年。

价格过程被拟合为从马尔可夫过程到独立增量过程，再到（几何）布朗运动（Brownian motion）⑦，这就使得研究由随机因素决定的动态过程成为可能。随着假设的进一步明确，在数学上越来越容易获得明确的结果⑧。与此同时，日本数学家伊藤清（Ito K.）定义出了在

① 他最早提出把投资偏好建立在对投资收益的概率分布（矩）上，而且他建议用均值方差空间中的无差异曲线（indifference curve）来描述偏好。

② 值得一提的是，拉姆齐（1931）也创造性地提出了主观预期效用理论，这一理论由萨维奇（Savege，1954）进一步发挥。

③ 他为此获得 1990 年诺贝尔经济学奖。此外托宾（1958）则从另一个角度（宏观流动性）——凯恩斯的货币需求理论也得到了相同的结论。

④ 其实接下来是阿罗（Arrow，1953）和德布鲁（Debreu L.，1959）的杰出贡献，尽管当时没有引起足够的重视，他们对于一般均衡模型在不确定性方面的扩展，以及阿罗精巧构思的或有权益市场，都是含义十分隽永的，他们提供了金融市场均衡和效率的最初也是最基本的范例。详细的讨论见第 3 章。

⑤ 市场效率（market efficiency）随之成为金融学的重要理论范畴和经验研究的焦点，进一步的讨论见第 3 章和第 9 章。

⑥ 被人们所常常津津乐道的是：他和他的努力同时开启了现代金融学上衍生金融产品（期权）定价理论和现代数学的重要分支之一——随机过程（布朗运动）理论的研究。

⑦ 克劳斯（Clowes）认为价格是随机走动（random walk）。详见第 9、10 章。

⑧ 但是早期过度简化的代价是丧失了一般性和脱离实际。

随机分析中具有重大意义的伊藤积分(Ito integral),同列维(Levy)、维纳(Weiner)等数学家一起,他们开创和拓展了处理随机变量之间变化规律的随机微积分基本定理。不过,他们还没有意识到他们的工作也正在为微观金融研究制造出设计精良的武器①。

默顿(Merton R.C.,1971,1973)和布里登(Breeden,1979)敏锐地察觉到了这种相关性,使用贝尔曼(Bellman)开创的动态规划方法和伊藤随机分析技术,他们重新考察了包含不确定因素的拉姆齐问题,即在由布朗运动等随机过程驱动的不确定环境下,个人如何连续地做出消费/投资决策,使得终身效用最大化。无须单期框架中的严格假定,他们也获得了连续时间跨期资源配置的一般均衡模型——时际资产定价模型(ICAPM)以及消费资产定价模型(CCAPM),从而推广并兼容了早先单一时期的均值——方差模型。这些工作开启了连续时间金融(continuous-time finance)方法论的新时代(Merton,1990)②。

作为新方法论的一种运用,布莱克(Black)、斯科尔斯(Scholes)于 1973 年成功地给出了欧式期权(European option)的解析定价公式③,这就激发了在理论和实际工作中大量运用这种方法的热情。他们工作的开创性体现在三个方面:第一,使用瞬间无风险的自我融资(self-financing)交易技术;第二,用无套利方法,获得具有普遍意义、不包含任何风险因素的布莱克-斯科尔斯偏微分方程;第三,他们同时诱发,对于公司金融和实际投资领域内问题的或有权益分析方法(contingent claim analysis)以及真实期权(real option)方法的深入研究和大量运用。尽管随机分析是他们最重要的技术手段和理论外观,但是合成不包含任何风险因素的投资组合和"一物一价法则"恰恰正是他们(经济学)思想的精华所在④。这是非常有启发性的,它导致了对于所谓金融基本原理——无套利(no arbitrage)原则的重新认识⑤。

遵循这条思路,考克斯(Cox,1976)开创了基于无套利的风险中性(risk neutral)定价方法⑥。紧接着,随着哈里森(Harrison)、普里斯卡(Pliska,1979)和哈里森与克雷普斯(Kreps,1981)杰出论文的发表,进一步研究的基调被设定了⑦:他们证明了一个无套利的均衡体系可以由等鞅测度化(equivalent martingale measure)来获得。这不仅使得 1938 年由多布(Doob)建立的鞅(martingale)数学在金融分析中占据了主导地位,也向无套利一般均衡迈出了重要一步。

随之而来的便是市场结构问题,怎样才算是一个完备的,能够在不确定环境下,圆满完成资源跨期配置任务的金融市场呢?作为对于阿罗早期工作的一种回应和扩展,拉德纳(Radner,1972)提出,不需要无限种类和数量的金融资产,也可以完成不确定环境下的资源跨期配置。正如同微观经济学视一般均衡为最高智力成就一样,微观金融学也把资源跨期配置的一般均衡作为自己的最终目标。以德布鲁的一般均衡为蓝本,感谢达菲和黄(1985)

---

① 在一次接受记者采访时,伊藤甚至表示忘记了自己真正发现了什么,见 Dunbar(2000)。

② 但是,从默顿(1969,1971)以来,人们一直对资产价格遵循几何布朗运动这个假设存在疑惑,黄(1985a,1985b,1987)证明了如果信息发布是一个扩散过程(diffusion process)的话,均衡资产价格也随着扩散过程演进。

③ 斯科尔斯和默顿为此获 1997 年度诺贝尔经济学奖。很遗憾,在金融理论方面有诸多建树的布莱克教授于 1995 年去世。

④ 这不仅对于金融学理论本身发展,对于数学工具的盲目迷信者来说也是有启发的。

⑤ 实际上,莫迪格利安尼-米勒(简记为 M-M)理论早就预见到了这一点,详见第 6 章。

⑥ 绝对方法(均衡方法)和相对方法(无套利方法)的一个详细讨论见 Cochrane(2001)xix,注意这时它还只有局部相对均衡的特征。同时,我们也全力推荐这本试图通过随机贴现因子(stochastic discount factor)来在更高层次上统一两种定价方法,并获得相关经验工作能力的重要著作。

⑦ 除非对于现代金融经济学近 20 年来的发展历程熟视无睹,笔者个人认为他们因为开创这种方法获得诺贝尔经济学奖只是一个时间问题。

的出色努力，他们证明了多次开放的市场和有限数目的证券可以创造出无限的世界状态(states of the world)，而这就成功地为实现德布鲁的均衡提供了一个动态的答案。这不仅意味着动态一般均衡必然存在并有其特定现实解决方案，而且它从理论上证明了资本市场存在的合理性和它对于有效跨期资源配置的重要性。表 0-2 是对上述微观金融学说发展历程的一个简要概括①。

表 0-2　微观金融分析简史

时间	数学工具	微观金融学理论发展主线	辅线
1800—1900	布朗运动——布朗(1827)	不确定性决策准则——克莱姆(1728)；伯努利(1738)	
1900—1964	布朗运动——巴舍利耶(1900)、爱因斯坦(1905)	均方决策——费雪(1906)；希克斯(1934)；马夏克(1938)	收入资本化方法——威廉姆斯(1938)
	布朗运动——维纳(1923) 鞅——多布(1938) 随机微积分——伊藤(1951)	期望效用公理体系——冯·诺伊曼-摩根斯坦(1947) 均方分析——马科维茨(1952)；托宾(1958) 资本资产定价模型——夏普、林特纳、莫辛(1963)	市场均衡和或有权益证券市场——阿罗(1953) 无套利的 M-M 理论——莫迪格利安尼、米勒(1959)
1965—1975	动态规划——贝尔曼(1965)	跨期资本资产定价模型——萨缪尔森(1969)；默顿(1971，1973) 消费资本资产定价模型——布里登(1979) 期权定价——布莱克、斯科尔斯(1973) 加入生产的跨期一般均衡——考克斯等(1975) 利率期限结构——考克斯等(1975)	有效率的市场——法马(1966)
1976—1985	蒙特卡罗模拟——博伊尔(1977)	风险中性定价——考克斯等(1976) 鞅与无套利均衡——哈里森(1979) & 普利斯卡(1981) 利率期限结构——瓦西塞克(1977)	套利定价理论——罗斯(1977)
1985②—	广义自回归条件异方差——勒斯勒夫(1986)	最优投资/消费方法沟通——考克斯 & 黄(1989a)，卡拉齐斯等(1987) 利率期限结构继续发展——霍-李(Ho & Lee，1986)，希思、杰罗和摩顿(1992) 动态无套利一般均衡——达菲 & 黄(1985)	市场微观结构理论——奥哈拉(1996)

我们把微观金融视为一个从个体决策行为到市场动态一般均衡和产生合理福利效果的不断扩展的过程。它信奉最通用的主流经济学的新古典原则，从美学的角度看，它已臻化境。正统(新古典)经济学信奉的两个准则：

① 感觉创意好像就此结束了，以后的工作主要是些修修补补(mopping up)的性质，当然并不是说明它们不重要。但如果(新古典的)金融经济学还要封侯，恐怕只有从表 0-2 中的研究者中选择了。

② 对此后工作的简要描述参见 Sundaresan(2000)的工作论文。

(1) 个体是效用最大化的(最优化)①;

(2) 市场帮助人们实现这个愿望(市场竞争均衡)。

在微观金融分析上体现得淋漓尽致。尽管它是一个深思熟虑的逻辑体系,读者仍然应当牢记著名经济学家和一个成功的投资者凯恩斯(Keynes J. M.)的箴言:

> "金融理论是一种方法而不是教条……,它是有助于你作出正确判断的一种思考问题的技巧……"

因而,认识到它的优点和认识到它的不足同样重要。特别要指出的是:本书介绍的是最基本的、理想化的金融理论和模型体系,如同生活在没有任何摩擦的"牛顿的世界",把它们直接应用于实践要慎之又慎,阅读《发明金钱》(*Inventing Money*)(Dunbar,2000)一书就可以发现,一些细微的、脱离现实的假定,是如何谋杀了像"长期资本管理公司"(Long Term Capital Management, LTCM)这样的金融"高科技"巨头的。因此,正确的态度只能是——视这些微观金融学基础理论为金融科学的蓝本和进一步研究的起点。

二、本书的结构

根据上述微观金融学发展历程所提供的线索,笔者安排了本书的结构。全书分为两个相对独立但又密切相关的部分——微观金融学和金融数学②。

在第一部分——微观金融学分析中有以下四个基本要素。

(1) 个人(第1、2章):个人始终要面对一个两难问题——是消费多一些,还是储蓄(投资)多一些呢?他们拥有双重身份——投资者和消费者。因此,他们必须解决某种形式的双重最优化问题。在效用函数框架下,理性个人将在消费/投资比例和资产组合(即按照什么比例投资在基金、股票、期货等产品上)两个问题上做出决策。第1章描述不确定环境,以及在不确定环境下决策的行为准则——期望效用极大化,并使用一种比较特殊的均值方差分析框架来讨论静态环境下的资产组合问题。第2章通过引入随机最优规划和鞅方法,把最优消费/投资和资产组合问题在动态框架中一同考察。

(2) 市场(第3、4、5章):它包括了一切金融产品(或者说金融工具)的交易。根据金融工具的性质,把它再细分为三个大类。一是一般化的基础产品(underlying)市场,二是衍生产品(derivatives)市场,三是固定收益类产品(fixed income securities)市场。第3章考察金融资产的基本形式和资产定价基本原理。第4章运用资产定价基本定理为衍生产品定价。第5章则详细讨论固定收益类产品定价和其中包含的极其重要的——利率期限结构问题。

(3) 中介(第6章):中介是完成向实物经济输送资源的另一种制度选择。金融中介存在的方式和履行的职责,以及它与金融市场之间的关系,也是理解资源跨期配置任务的实现方法及其演进模式的关键。第6章探讨金融机构的功能变迁过程和未来发展趋势。

(4) 企业(第7章):公司的资产负债表左侧显示公司法人拥有的各种有形或者无形资产(如机器设备、专利技术、商誉等),运用这些资产进行生产会带来收益和利润,因而公司具

---

① 不能不提到的是,最近正在崛起的行为金融(behavioral finance)分析和实验经济学(experimental economics)对此提出了挑战,他们的深入研究提供了对人类复杂决策行为更深刻的见解,但是检验这些方法是否能对总体市场行为做出精确的计量还有待时日,详细的讨论和文献评述参见第1章的框文1-3、1-6以及那里给出的参考文献。

② 金融数学部分结构的详细讨论见第4节。

有价值。那么,谁拥有这些价值呢?负债表右侧显示了公司的所有权结构并依据它对公司的利润和价值进行分配,同时它还显示了公司的融资方案和资本结构。第7章就探讨企业的生产目的、资本结构和债权价值。

以上四大要素之间的关系和本书第一部分的结构如图0-4所示①。下一节将对本书的第二部分(金融数学)进行介绍。

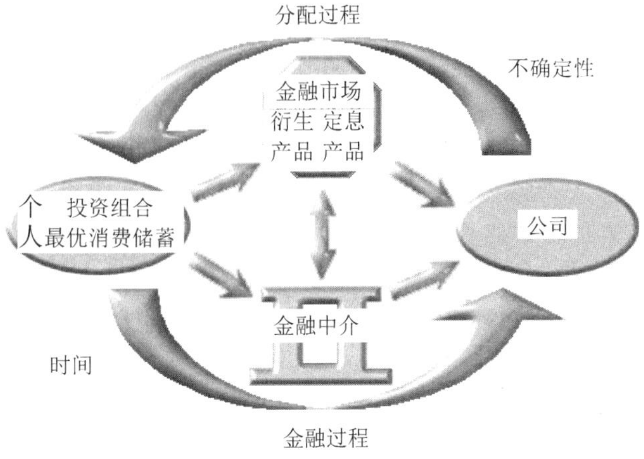

图0-4 微观金融学部分的篇章结构

金融数学

相信大家已经注意到了,伴随着微观金融理论的发展,以随机分析为核心的数学理论也在同步发展,并不断为金融学家们所吸收和运用,它们交织在一起,密不可分又相映生辉②。它们相映生辉不要紧,但给研究者带来了很多困难——由于微观金融学研究重点的特殊性和复杂性(不确定性和动态性),注定以随机分析作为其主要数学工具,这无形中提高了这一学科的门槛③。

无须讳言,数学工具的缺乏是试图深入研究现代金融理论(如果不是所有现代经济学理论的话)遇到的最大障碍,对于大多数没有受过严格专业数学训练的研究者来说,试图去弥补这个缺陷通常会遇到两方面的问题,事情往往是这样的:

金融学教授一开始总是会说:"啊,只要有一些高等数学知识就可以了。"

你回答说:"没问题,为此我们已经做好了充分的准备。"

教授:"是吗?那太好了。不过涉及衍生产品问题的严肃研究者应当对随机运动过

① 如果材料始终是那些,如何安排结构和采用怎样的呈现方法可能就决定了一本教材的优劣,例如Kochrane(2001)就提供了一种新的直觉(insight)和境界。

② 马克思也认为:"一种科学只有在成功运用了数学时,才算真正达到了完善的地步。"

③ 按照现有的本科金融/经济学(包括经济数学)教学安排,是无法与实现微观金融学的"无缝连接"的。实际上,只有数学系高年级的学生才可能接触到一些随机过程理论,而商学院的学生则大部分时间会花在经济学基础理论和经济数学(包括统计计量)的学习上(应当说,它们都是十分必要的)。如果加上随机过程理论的前导课程,四年时间是很难完成对于经济学和数学有较高要求的微观金融学的学习的。

程有一些明确的认识(Hull J. C.,1993)……"

"我会补习这方面的课程……"

教授:"如果从测度论(measure theory)入手一定很有帮助……"

学生:"噢……"

教授:"但这又不得不对集合论、积分论或者更一般的——实变函数论……在整体上有初步的了解……"

学生:"……"

当勤奋的学生下定决心开始攻克集合论时,他们很快地陷入了数学本身的抽象逻辑和具体细节中。他们想知道的是:随机过程理论的测度论的集合论到底同我们感兴趣的衍生金融产品定价问题有什么关系①?

这就是一般研究者最经常遇到的困惑:如何按照数学本身的逻辑结构去掌握最重要的数学工具(在这里是随机过程理论),以及它与实际问题的相关性。

一、金融数学的发展历程

笔者希望能够通过某种适当的方法,帮助一般研究者克服这两个困难。不过,在有所行动之前先要看清楚需要的究竟是什么。因此,让我们先一同简要回顾一下金融数学的理论源泉和它们相互之间承前启后的关系,历数一下"巨人"们和他们的功勋,这将为以后的学习提供另一条重要的线索②。

(一) 金融数学的研究

(1) 首先,是由牛顿(Newton,1648—1729)和莱布尼兹(Leibniz,1646—1716)各自独立创立的经典微积分理论,正如马克思(Marx)高度评价的那样,它是人类思想史和科学史上的丰碑③;随后泰勒(Taylor,1685—1731)、拉格朗日(Langrange,1736—1813)和柯西(Cauchy,1789—1857)对它做了进一步的完善,时至今日它已经是几乎所有自然科学(特别是物理学)研究者的必备工具;接下来是由凯莱(Cayley,1828—1895)创立的矩阵代数,它极大地方便了对多个变量的处理④。它们以及由它们引申出来的最优化方法已经构成了现代经济学理论的一个有机部分⑤。

(2) 有人会问,概率论不也是经济数学的一个部分吗?是的。以随机现象数学规律为研究对象的概率论有着悠久的历史。早在16和17世纪就有数学家认真地研究掷骰子赌博游戏中,出现各种组合的概率计算问题。伯努利和拉普拉斯(Laplace)提出了大数定理,并创建了古典的概率理论。1933年,柯尔莫格罗夫(Kolmogorov,1903—1987)继博雷尔(Borel,1878—1956)之后认识到概率论不过是测度论的一个特例,通过公理化,为现代概率理论奠定了坚实的数学基础⑥。可以清楚地看到,我们慢慢地离开古典数学,来到了由勒贝格(Lebesgue,

---

① 但这同时也是一个绝对不会被误解的信号,(金融)经济学家们正在不断学习和运用更多更新的数学工具来探讨诸如利率期限结构、动态一般均衡和资本市场结构等金融学和经济学中的一些深层问题。

② 参见马科维茨(Markowitz)为赛西(Sethi,1997)所作的序言。

③ 这些微积分开创者的名字不仅仅同数学联系在一起,而且与整个近代科学联系在一起。

④ 使用它们来表达经济学思想的两个早期经典范例就是《价值与资本》(Hicks,1939)和《经济分析的基础》(Samuleson,1947)。

⑤ 主要指库恩-塔克(Kuhn-Tucher)理论,线性规划的但齐格(Dantzig)的单纯形法和贝尔曼(Bellman)的动态规划。

⑥ 这也就意味着现代概率论和测度论紧密结合在了一起。

1875—1941)开启的20世纪数学分析的全新领域①。

(3) 有了以上准备,我们可以着手研究现代金融数学的核心部分和金融经济学的主要数学工具——随机过程(stochastic process)理论。从对于布朗运动(Brown motion)的早期研究到伊藤(Ito,1944)对于随机积分的新认识,一整套新的随机微积分原则确立起来;由杜布(Doob)开创并已经被广泛应用的鞅(martingale)理论逐渐形成了现代随机过程一般理论的基础;而由亨特(Hunt)和邓肯(Dynkin)正式化的停时(stopping time)理论在20世纪90年代的微观金融学研究中占有日益重要的地位②。

(4) 不可忽视的是,除了以上为纯金融理论研究服务的数学工具以外,数理统计和金融计量方面的技术也是非常重要的,从高尔顿(Galton,1822—1911)开创的基础的相关分析,到皮尔逊(Pearson,1857—1936)的多元回归技术,再到恩格尔(Engle)和格兰杰(Granger)等为金融时间序列的时变性和非平稳性特征所处理提供的专门方法,它们也已经成为开展当代主流金融分析的必备工具包中的标准配置。

(二) 金融数学的教学

不难发现,金融理论研究者和实践工作者们都不断地向数学下一些新的订单。但正如黑格尔(Hegel,1770—1831)只是在读了他的哲学著作的法文译本之后,才第一次真正理解自己的哲学(说了些什么)一样,人们也只有明白了隐藏在复杂数学形式背后的基本经济原理,才会真正领悟到微观金融分析的真谛。这可能也是人们所知的,有关经济学和数学之间良性共生关系的最好例证之一。

因此,即便是明确了微观金融学的学科内容,要在教学上实现它,还需要一些其他的辅助措施。简单地说,在微观金融学的学习过程中,有两个主要关系要理清,那就是金融学和数学的关系以及金融学和经济学的关系。特别是数学问题,在国外实现相同的教育目标的过程中,它也是一个一贯的难题。

笔者很高兴地看到一种新的教学/学习方法的最初尝试正在出现③。如纳夫特西(Neftci S.N.)的《金融衍生产品数学入门》,它对于数学技术的处理和驾驭就如同《时间简史》《苏菲的世界》对天体物理和哲学所做的一样——理解准确、诠释简单。它们希望为那些对复杂金融问题有兴趣的人们,提供一个快速有效的入口。笔者愿意相信正如赫尔(Hull J. C.,1993)在他那本成功的书中所说的那样"……(数学)在很大程度上是一个表达方式的问题"。

在教学这方面的努力应当加强,一本好的教材会给学生勇气、兴趣和智慧。我的学生们对这些所谓"阳春白雪"的尖端金融科技有着强烈的求知欲望,方法上的改进会收到事半功倍的效果,如何逾越数学这一障碍将成为教学工作的重点。许多证据表明中文世界里急需这样的作品,本书的金融数学部分可以算是这种尝试之一。

二、本书第二部分的结构

根据上述线索,本书安排了第二部分——金融数学的内容和结构。

---

① 他在1902年出色地把由康托(Cantor,1845—1918)发展的集合论和由波瑞尔和乔丹(Jordan,1838—1922)创立的测度理论融合在一起,创立了测度积分(实分析)理论。

② 所有有关的文献都会出现在索引目录中。去阅读、理解和融汇那些不同作者、不同文体风格和科学气质的作品,本身就是一项艰苦而又赏心悦目的工作。尽管这些牛顿意义上的巨人(同时包括数学家和经济学家)是不会在意这样一个研究者的无比的崇敬和谢意的。

③ 应当说本书的第二部分直接受到Neftci(1996,2000)作品的启发。

(1) 对高等(经济)数学知识的复习。这包括第 8 章的基础微积分以及线性代数方面的内容,它会使读者熟悉常用的经济最优化原理,同时启发后续的随机微积分学习。

(2) 第 9 章介绍概率论和数理统计。它的一个主要部分是用偏测度方法描述的现代概率理论,另一部分是由此引申出的统计计量(econometrical)方面的基础知识。它们是构造不确定环境下金融理论模型和开展相应经验(empirical)工作的基本工具。

(3) 深入学习研究现代金融理论所必备、也是最重要的数学工具——随机过程理论。它包括第 10 章随机微积分和第 11 章鞅两个部分,这两章既是难点又是重点,读者必须投入更多的时间和精力。

(4) 第 12 章讨论如何求解至关重要的金融偏微分方程以及如何使用必要的数值技术。

金融数学基础部分各章节之间的大致联系和阅读顺序如图 0-5 所示。

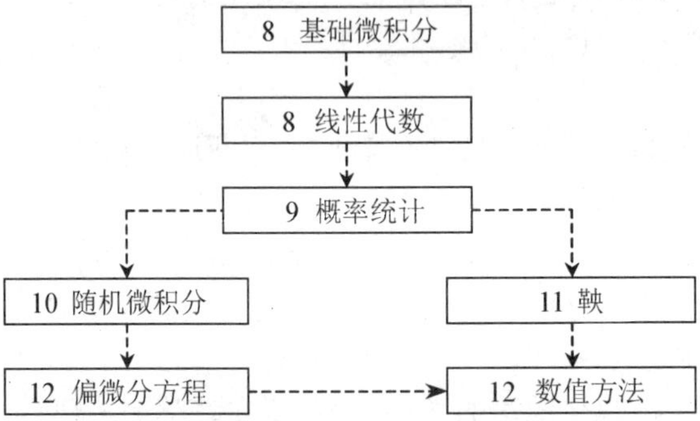

图 0-5 金融数学部分的结构框架和阅读顺序

金融数学部分基本上覆盖了在现代金融理论研究中运用到的几乎所有主流数学工具和方法,并有大量被称为金融相关点的例子,以展示这些数学工具是如何运用在金融学理论和实践中的。严格地说,这个部分并不是一本数学教科书,它没有设计成传统的"定义-定理-证明"模式。由于着重于数学背后广泛而深刻的经济学含义,它看上去更像一本金融数学手册。为此不得不牺牲一些数学上的一般性,以避免对于大多数读者而言过于复杂和严格的推理过程。笔者会从在直觉上的愉悦感和大量的国内外一流参考文献这两个不同方面加以弥补。在适当的地方,会给出进一步深入研究的提示,对于那些要求严格的研究者,文献索引提供了更为专业和详尽的阅读指南。

实际上,通过正文、"理论与实践相结合"、金融相关点和文献导读这种四位一体的结构①,本书希望为金融学研究和实际操作,构造出一个坚实的金融学和数学基础。本书的指针是"更直觉、更相关和更专业",这将是本书贯穿始终的原则和风格。相信研究者凭借自身的努力会看得很清楚,哪里是数学的,哪里是(金融)经济学的②。

① 此外,本书中还有一类称为"金融思想史"的框文,论从史生,它主要提供有关于金融理论的重大发现或者重大突破的人和事,向读者展现金融理论的发展过程其实是一个充满个人魅力和激动人心的科学发现历程。

② 很清楚,布莱克和斯科尔斯绝不是因为他们求解偏微分方程的技巧,也不是由于在经济分析中使用随机过程理论的功绩而获得诺贝尔经济学奖的(最早开始于 1900 年,而较早使用伊藤定理的则是默顿,而他也没有完全理解伊藤积分存在的充要条件,见马科维茨(Markoviatz)为赛斯(Sethi)1990 著作做的序言,以及赛斯,1990)。相反,他们是由于通过自我融资组合来合成期权收益结构获得瞬间无风险收益,从而导出衍生产品价格运动所应当满足的一般动态条件而得此殊荣的。而我们可以大声地说,这是纯经济学的。但问题是如果不使用包括伊藤定理在内的数学工具,是无法表达这种纯经济学思想的,这就是作为一种逻辑严密的语言——数学在经济学中的作用。

* * * * * * * *

本书是为那些立志在现代金融(学)世界中闯荡的勇敢的新人们(如高年级的本科生和研究生)准备的入门级读物。通过学习本书,我们希望达到这样一种效果:读者能够掌握现代金融分析的内容主体和方法论精髓,从而具备进一步学习和研究当代主流金融学的能力。

此外,在实践领域,很多金融行业工作者(也包括 MBA 学生)对于被称为“火箭科学”(rocket science)的新兴金融技术和定价方法既感到无所适从,又迫切想要去了解。由于缺乏系统的金融学和数学训练,有时候甚至想直观地理解那些日益复杂的金融现象都是很困难的,那么本书也为他们提供了一个相当系统的金融学及数学背景。

阅读本书并不需要在经济学和经济数学方面做太多的准备。不过,需要提示的是——由于书中的两部分相对独立,在某些内容上存在些许重叠,这可以视为相互的加强和巩固。两部分的学习可以同时进行,笔者的建议是:先至少完成一遍金融数学基础部分的学习,再来阅读微观金融学部分,并同时对照第二部分的相关内容,这会起到事半功倍的效果。

好了,现在是时候了。**Let’s brave the new world.**

第一部分 微观金融学

第 1 章　投资者行为 I：资产选择

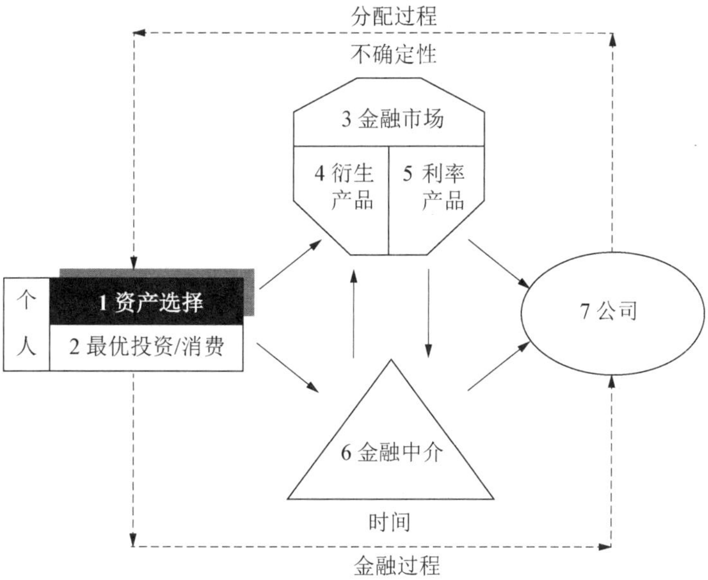

本章的学习目标

- 了解个人在确定性环境下做出理性决策的分析框架；
- 理解独立性假设对于获得期望效用理论分析框架的重要性；
- 理解期望效用理论在不确定环境下决策中的重要作用；
- 熟悉风险态度的种类、测度方法和指标；
- 了解微观金融分析中常见的效用函数和它们的风险测度；
- 理解均方分析以及期望效用理论同均方分析的兼容性；
- 掌握均方效率曲线的获得过程，以及均方效率资产组合的数学特征和经济含义；
- 了解资本资产定价模型的获得方法和其中蕴涵的重要前提；
- 理解资本资产定价模型中风险的构成和经济含义；
- 了解资本资产定价模型的扩展模型和经验分析方面的评价和批评；
- 了解套利定价模型以及它同资本资产定价模型之间的联系。

理性个人的决策行为几乎是所有微观经济分析的起点。经济学的传统是把个人、家庭的存在,以及他们所具有的偏好形式和资源禀赋,视为由独立于经济体系的外生因素所决定的;而经济组织的行为和作用则在经济体系中内生决定,因而一开始往往会去考察个人的选择行为进而演绎出经济组织的功能和市场的均衡,微观金融学也不例外。要解构整个金融体系,要理解金融产品、资本市场、金融中介在跨期资源配置中的所具有的功能作用及其实现形式,投资者行为就是一个自然的起点。我们将用第1、2两章的篇幅来仔细探讨这个问题。

首先,体会一下个人生活的物质方面吧!通常我们会从上一代那里,或多或少得到一些馈赠(bequest),或者称之为初始资源禀赋(initial endowment);我们从事生产劳动获得收入(income)用以养家糊口;我们会把收入和初始资源的一部分用于当前消费,通过认真地挑选和享用可供选择的各种消费品来获得效用满足;同时,也会把财富的另一部分节省出来用于投资,这时要决定按照什么样的比例把资金投放到不同的投资项目上去,在下一时期获得资本收益(或者损失),使用它们再次进行消费并进行消费/投资比例和投资方式的抉择。周而复始,在生命的最后时刻,我们将决定留下多少遗产给我们的后人①。这个貌似单调的循环生活(life circle)模式捕捉到了动态经济分析的一些重要方面,我们可以从中抽象出个人生存过程中必须反复面对的以下三个选择问题:

(1) 选择消费品种类和数量,在现有消费基金预算约束下,当期享受或者效用(utility)最大化②;

(2) 选择积累的财富在消费基金和投资基金之间进行分割的比例;

(3) 选择投资品种类和数量,在现有投资基金预算约束下,未来(期望)效用最大化。

不断进行选择的总过程的目的就在于:个人终生效用最大化③。

第一个选择问题,一直是传统经济科学的重要研究内容,从边际(marginal)效用(或者边际替代率,marginal substitution rate)相等的基本原则,到加入厂商的生产效率和要素分配,再到竞争性市场体系,蔓延地构造出具有深刻社会福利(social welfare)意味的整个新古典的一般静态均衡体系。第二个选择问题是连接第一和第三两个选择问题的纽带,在第2章中会考察这个问题④。第三个选择问题在经济学发展的早期阶段并没有被认真考察过,因为新古典经济学家视储蓄总体上为一个资金供应过程,视它为经济中资金盈余单位(个人)向赤字单位(厂商)提供融资的手段,储蓄自然而然地转化成投资,没有人对诸如投资分散之类的细节问题操心,重要的是利率水平的决定,是资金供求总体上的平衡,以及它对于经济稳定乃至成长的重大意义。但是,这种笼统的观点以及由此产生的对于投资过程本身的忽视,对于现代微观金融学研究是没有任何帮助的。

本书对投资者行为的研究就从第三个选择问题开始,本章的重点就是考察在理性个人特定要求和现有投资基金预算约束下,如何通过选择投资品种类和数量(资产组合⑤),来最大限度地优化个人未来的消费或者财富。同时,我们也研究这种个体的投资行为的汇总是

---

① 这实际上就是扩展了的鲁宾逊问题。

② 效用这个术语,我们还没有证实定义,在这里不妨把它简单理解为快乐或者享受,进一步的讨论见1.1.2节。

③ 考虑第一个选择问题时,我们称个人为消费者(consumer);考虑第三个问题时为投资者(investor),一起考虑时为面临抉择的个人(individual)或者决策者(decision maker)。

④ 把第二和第三选择问题放在统一的框架中一起解决,则代表更大的雄心,我们将在第2章中对此进行全面考察。

⑤ 资产/证券组合(portfolio):portfolio原来意指放置散乱纸张的文件夹,1951年马科维茨首先用它来表示,包括多种证券(品种+数量)组成的一揽子投资方案,有时也称为交易策略(trading strategy)。

否会产生市场均衡和相应的均衡价格体系。

“理论与实践相结合”1-1　投资什么？

根据犹太教法典的教义，人们应当总是将其财富一分为三：一部分投资土地，一部分用于商业，其他的留在手边。现代经济中的投资选择则更为丰富：在发达的经济中，人们可以购买的金融产品种类，甚至远远超过那些陈列在百货商店中的琳琅满目的消费品。

广义上的投资既指实物投资也指金融投资。实物投资的对象包括产业(如机器设备)，动产(如艺术品)以及不动产(real estate)。金融投资则包括储蓄①、国库券(treasury bill)、存款证(certificates of deposit)、商业票据(commercial paper)、银行汇票(bankers' acceptances)、欧洲美元(Euro dollars)、回购协定(repos and reverses)、同业拆借(在美国称为 Federal Funds)和经纪人借款(brokers' call)。此外，还有国债(treasury bonds and notes)、政府机构债券(federal agency debt)、市政债券(municipal bonds)、不计其数的公司债券(corporate bond)和股票(stock)。另外，还有更多的金融产品只有更为职业的投资者或者机构投资者才能接触到，如期权(option)、期货(futures)、互换(swap)等衍生产品(derivatives)。最近人们也开始讨论人力资本投资(human resource investment)，如教育。

在不同经济中，居民个人持有的资产组合(portfolio)中各类金融产品的构成是不同的。如图 1-1 所示，在美国，个人直接或者间接持有的资产中，仅有 19%以现金及其等价物(包括银行存款)的形式存在，31%以比较安全的固定收益(fixed income)证券(主要指各类债券)形式存在，最大比例的 46%是普通股、不动产等风险资产。英国的情形也是类似的，三个数据分别为 24%、13%和 52%。

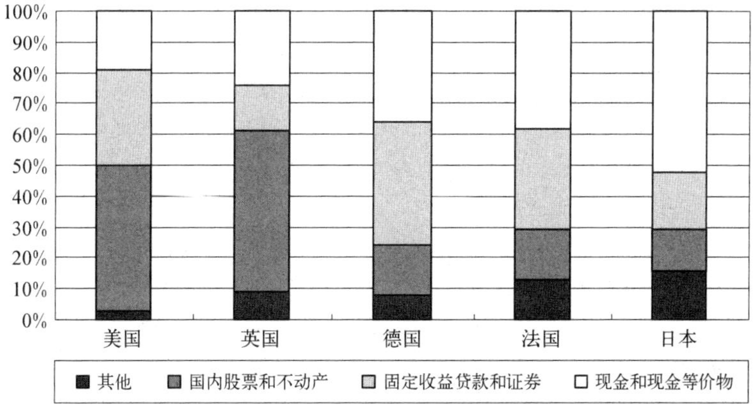

图 1-1　不同国家个人资产构成情况

资料来源：Miles，1996 转引自 Allen *et al.*，2001

与此相反，日本居民大部分资产(52%)集中于最安全的现金及其等价物，19%是比较安全的固定收益证券，仅有 13%是风险资产。大陆国家如德国、法国介于这两种极端

① 只有支付利息的定期储蓄才能算是投资。宏观经济学中往往把储蓄等于投资视为经济均衡的应有之意。

情况之间。中国呢？中国居民的投资产品相对较少，其金融资产构成如表1-1所示。

表1-1 中国居民金融资产及其构成 单位：亿元，%

年份	手持现金	储蓄存款	国 债	股 票	保险准备金	合计/%
1978	165.4/44.0	210.6/56.0				376.0/100
1990	2 152.6/21.2	7 034.2/69.4	694.5/6.9	65.5/0.6	188.5/1.9	10 135.3/100
1996	6 865.5/13.5	38 520.8/75.9	2 670.0/5.2	2 220.2/4.4	489.4/1.0	50 765.9/100

资料来源：中国统计年鉴1997.中国统计年鉴出版社，1997

从中不难发现，中国居民的金融资产几乎全部集中于最安全的现金及其等价物，其他投资方式才刚刚为人们所认识。换句话说，在中国销售金融产品和提供投资服务的市场前景是非常广阔的。

1.1 个人决策准则

在正式进入投资者行为分析之前，先要探讨个人在不确定环境下的行为准则，它是一切个人行为分析的基础。如果要分析个人的理性决策行为，我们首先需要的是判断不同抉择好坏优劣的价值尺度，这与其说是因为我们缺乏辨别是非的能力，不如说是理论严谨性的要求，这便是这一节的主要内容。在本节中，我们从确定性环境到不确定环境，考察保持个人决策行为一贯理性的准则，以此作为分析的起点来展开整个逻辑推理。

1.1.1 确定性环境：选择与偏好

日常生活中，我们时常要比较消费不同商品(commodity)[①]或者服务给我们生理、心理上带来的感受或者说效用(utility)[②]。看一场电影还是吃一块牛排，是需要经过激烈思想斗争的，尤其是当钱包里所剩无几的时候。

这便涉及效用大小比较的问题，我们可以说看一场电影可以获得5个单位的满足，吃一块牛排则是6个，那么毫无疑问，明智的个人会选择吃牛排。但是，事情并不是这么简单，效用是一种纯粹的主观心理感受，因人因时因地而异，因此它是无法准确度量的。我们只能说：相对于看电影来说，现在我更愿意吃一块牛排。这时，我们在显示自己的主观偏好(preference)。换句话说，偏好是建立在消费者可以观察到的选择(choice)行为之上的。

① 我们在最一般的意义上使用这个词。所谓商品，经济学教科书中最常见的例子就是大炮和黄油。实际上，由于我们谈论的完全是一种主观心理感受，因此任何可能给消费者产生一定心理感受的物品，无论是有形的还是无形的，都可以称之为商品。比如说，在资产投资方面，投资者(消费者)就要经常对收益和风险进行思想斗争或者说效用的比较。另一个例子是，在金融学中所有的商品常常被化为统一的代表物——一定数量的记价物品(numeraire)，如货币，这时获得“商品”的时间和环境成为区别不同商品种类的重要因素。

② 在18世纪的经济学家眼中，效用和黄油、大炮一样是看得见摸得着的，他们把效用视为快乐的代名词，这自然会引起哲学和伦理学上的一些争论。正如将看到的那样，现代效用理论来源于偏好，并仅仅被认为是描述偏好的方法之一。

我们对于每一种选择的偏好程度是有一定顺序的，这种顺序在口语中往往表达为“我喜欢、我更喜欢、我觉得无所谓……”。技术上说，偏好关系(preference relation)可以用一种两维的关系(binary relation)表述出来①。

正式地，令 C 为商品(或者消费)集合，C 中有 M 种可供选择的商品。它是 M 维实空间 R^M 中的一个非负的子集，它总是被假定为闭集和凸集②。x、y、z……是它的子集，或者称之为商品束(commodity bundle)或者消费束(consume bundle)。我们可以在消费束的集合上建立以下偏好关系(preference relation)或者偏好顺序(preference ordering)。

(1) $x \succsim y$ 被称为消费者在商品(束)x、y 中“弱偏好于”x，即消费者认为 x 至少与 y 一样好。

(2) $x \succ y$ 被称为消费者“严格偏好于”x，也就是说，在任何情况下消费者都认为 x 比 y 好，即：

$$x \succ y \Leftrightarrow x \succsim y\text{，但 } y \succsim x \text{ 不成立}$$

(3) $x \sim y$ 被称为消费者“无差异于”商品 x、y，也就是说，消费者认为两样东西同样好，即：

$$x \sim y \Leftrightarrow x \succsim y \text{ 和 } y \succsim x$$

在经济分析中，为了保障消费者偏好表达的逻辑一致性，通常要求消费者的这种偏好顺序满足以下几个基本的公理(Axiom)条件。这实际上意味着消费者(理性个人)有能力建立起一套一贯的价值衡量标准，去评价事物的好坏。这些一般被视为公理的假设前提。

(1) 完备性(completeness)。对于任何 x，$y \in C$，要么 $x \succsim y$；要么 $x \precsim y$；或者两者同时具备，即 $x \sim y$。由此可以断言在不同消费品之间总是存在着某种可比较的关系。这是容易理解的，因为我们不会总是像那位丹麦王子一样面对“生存，还是毁灭”(“to be, or not to be”)那样难以抉择的问题。

(2) 自返性(reflexivity)。对于任何 $x \in C$，有 $x \succsim x$。除了婴幼儿有时候会在这一点上表现出一些混乱以外，对于大多数人而言显然都是成立的。

(3) 传递性(transitivity)。对于任何 x，y，$z \in C$，如果有 $x \succsim y$，$y \succsim z$，则有 $x \succsim z$。需要注意的是，该公理意味着$\succ$、$\sim$这两种关系都能被传递。传递性可以使得个人在对于一系列的两维选择比较中不会出现矛盾的循环，它保持了偏好的一致性。

如果偏好关系 $\succsim$ 满足上述三种性质，就称之为理性的(rational)。

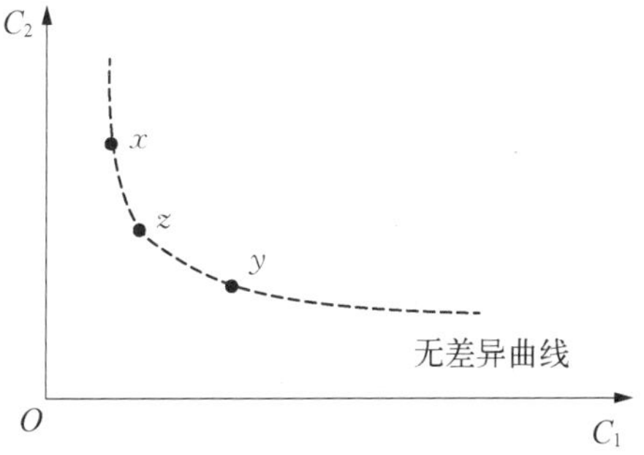

图1-2　用无差异曲线来表示偏好关系

可以很方便地使用无差异曲线(indifferent curve)来描述消费者的偏好关系，如图1-2所示。令商品空间 $C=(C_1, C_2)$，通过在无差异曲线上的移动所构成的消费束，对于这个特定消费者来说是没有差异的。

要指出的是，无差异曲线的存在要求个人总是愿意用一种商品来交换另一种商品。但是，例1.1.1

① 这种关系同实数集合的排序结构之间的联系见第8.1.2节。
② 闭集和凸集的定义见8.1.2节和8.6.2节。

告诉我们并非总是如此。

例 1.1.1 字典序偏好(lexicographic preference)。假设商品空间为 $\mathcal{C}=(C_1, C_2)$,有两种消费集合 $x=(C_1^x, C_2^x)$ 和 $y=(C_1^y, C_2^y)$。在两种情况下:1) $C_1^x \geqslant C_1^y$,或者 2) $C_1^x \geqslant C_1^y$ 并且 $C_2^x \geqslant C_2^y$ 时,消费者会认为 $x \succ y$。这就是说,第一种消费品对于该消费者来说是不可或缺的,无论多少数量的第二种消费品都无法弥补第一种消费品哪怕是一点点的减少。这种偏好关系类似一本字典的编撰方式,先填满字母 A 再考虑字母 B。不难证明这也是一种满足完备性、自返性和传递性的特殊偏好顺序。但是在这种情况下,没有任何两种有区别的消费束是无差异的,因而上述无差异曲线就会退化成为一个点。

应当说这种情况是很少见的,我们总是希望商品之间存在相互替换的关系。为了排除这种偏好形式,需要增加以下公理假设。

1. **连续性**(continuity)

对于任何 x、y,集合 $\{x \mid x \succsim y\}$ 和 $\{x \mid x \precsim y\}$ 是闭集,则 $\{x \mid x \succ y\}$ 和 $\{x \mid x \prec y\}$ 都是开集①。这也就是说,如果 x 是一组至少与 y 一样好的消费束,而且它趋近于另一消费束 x^*,则 x^* 与 y 至少同样好,这便排除了字典序偏好的可能。这样我们就可以得到一条真正意义上的连续的无差异曲线。

给定一个偏好关系 $\succsim$ 和消费束 x,可以定义出三种偏好集合。

(1) 无差异集(indifference set)。所有同 x 没有差异的消费束,即 $\{y \in \mathcal{C}:\ y \sim x\}$。

(2) 上边界集(upper contour set)。所有至少同 x 一样好的消费束,即 $\{y \in \mathcal{C}:\ y \succsim x\}$。

(3) 下边界集(under contour set)。所有不如同 x 一样好的消费束,即 $\{y \in \mathcal{C}:\ y \precsim x\}$。

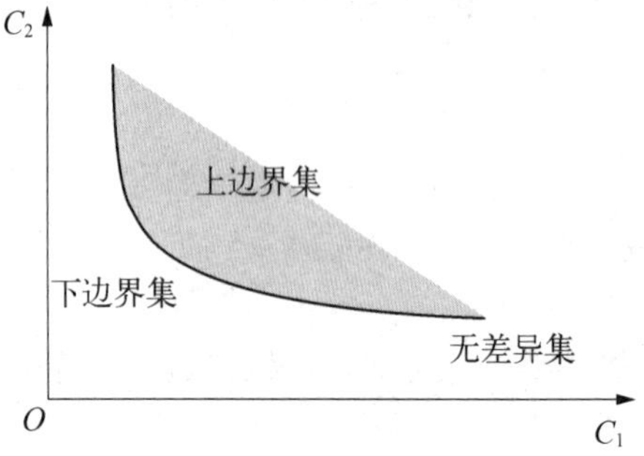

图 1-3 三种偏好集

如图 1-3 所示,无差异曲线以上的(包括无差异曲线本身)为上边界集,代表消费者认为至少与(x, y)一样好的,即为消费者所弱偏好的消费品集合;曲线以下(包括无差异曲线本身)则为下边界集。

在以下分析中,还需要增加几种关于偏好的强度(desirability)和凸性(convexity)的假设。

2. **单调性**(monotonicity)

对于任何 $x, y \in \mathcal{C}$,如果有 $x \geqslant y$,则有 $x \succsim y$。强单调性(strong monotonicity):对于任何 $x, y \in \mathcal{C}$,如果有 $x \geqslant y$ 而且 $x \neq y$,则有 $x \succ y$。单调性就是说增加一点商品至少与原来的情况同样好。显然只要商品是有益的,单调性就必然成立。强单调性则说明同样的物品,如果其中有些种类的数量严格多于原来的物品,消费者则必定严格偏好于它们。有时在分析中也常常会采用一个比单调性弱一些的假设。

3. **局部非饱和性**(local nonsatiation)

对于任何 $x \in \mathcal{C}$ 和 $\varepsilon > 0$,总存在 $y \in \mathcal{C}$,$\| x-y \| < \varepsilon$ 使得 $x \succ y$②。容易知道单调性就意味着局部非饱和性,但反之则不然。从技术上说,局部非饱和性或者单调性都保证了无差异曲线具有一个负的斜率。

① 开集的定义及其经济意义见 8.1.2 节和 8.6.2 节。
② $\| x-y \| < \varepsilon$ 是欧几里得(Euclidean)距离,参见 8.6.2 节。

4. 凸性

对于任何 $x, y, z \in \mathcal{C}$，如果有 $x \succsim z$ 和 $y \succsim z$，则对于任意 $a \in (0, 1)$ 有 $ax+(1-a)y \succsim z$。凸性是一个很强的假设，它在经济分析中占据核心地位。可以把它理解为日常生产和生活中的所谓“边际替代率递减(diminishing marginal rates of substitution)规律”的一种体现：为了弥补某种商品的减少需要更多数量的其他商品。从图形中看，它要求无差异曲线凸向原点。图 1-4(a)描绘了一个凸的上边界集，(b)图则是非凸的上边界集。同时，凸性也可以视为经济人的分散倾向的一种正式表述。例如，有 $x=(C_1)$ 和 $y=(C_2)$，在凸

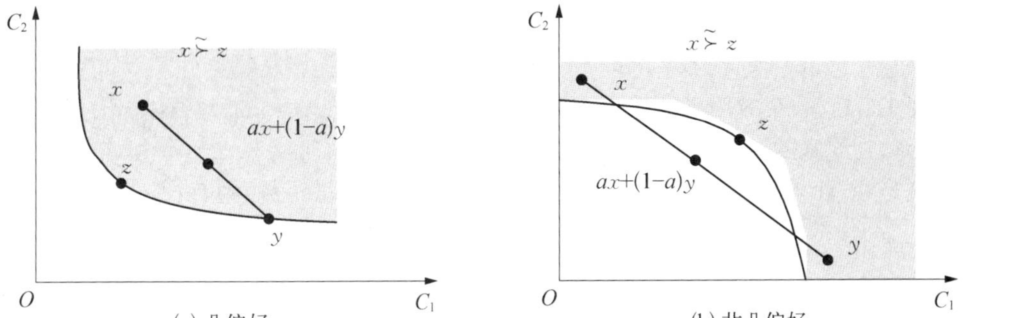

(a) 凸偏好　　(b) 非凸偏好

图 1-4　偏好的凸性

性假设下，如果 x 无差异于 y，那么它们两者的某种混合，如 $\frac{1}{2}x+\frac{1}{2}y$ 不会比只有 C_1 或者只有 C_2 的消费束更差。以下是凸性假设的增强版本。

5. 严格凸性(strictly convexity)

对于任何 $x, y, z \in \mathcal{C}$，如果有 $x \succsim z$ 和 $y \succsim z$ 而且 $x \neq y$，则对于任意 $a \in (0, 1)$ 有 $ax+(1-a)y \succ z$。

图 1-4(a)是一个严格凸的偏好关系，图 1-5 则描绘了一个凸的但并非严格凸的偏好集。

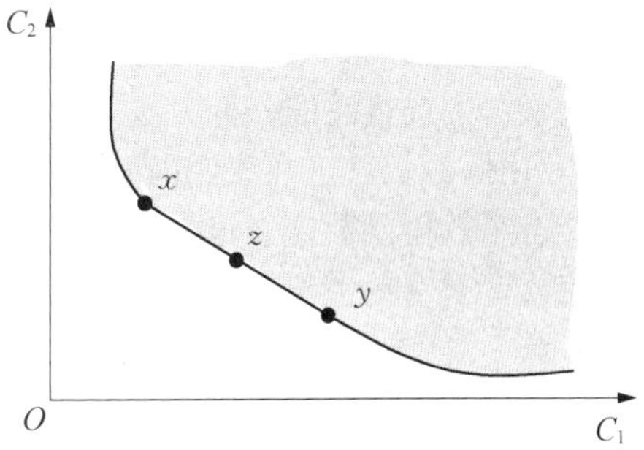

图 1-5　非严格凸的偏好关系

1.1.2　效用函数和效用最大化

在经济分析中，通常用效用函数(utility function)来进一步描绘偏好关系。一个效用函数 $\mathcal{U}(x)$可以为一个数值，数值的大小同消费者的偏好顺序一致。

定义 1.1.1　如果对于任何 $x, y \in \mathcal{C}$，有

$$x \succ y \Leftrightarrow \mathcal{U}(x) > \mathcal{U}(y) \text{ 和 } x \sim y \Leftrightarrow \mathcal{U}(x) \sim \mathcal{U}(y)$$

成立，则函数关系 $\mathcal{U}: \mathcal{C} \to R$ 是一个代表了偏好关系 $\succsim$ 的效用函数。

上述定义只是说效用函数可以为每个商品束指定一个实数，使得数值上较大的指标也表示它更为消费者所偏好，而且这句话反过来说也对。实际上，这样获得的效用函数只是用来排列偏好的次序的，因而它只有一个简单的特点：序数性，通常称之为序数效用(函数)(ordinary utility function)。序数性意味着：任意两个消费束之间的效用数值上的绝对差额

是无关紧要的,那么就可能存在许多用来描述同一偏好顺序的函数。如在表 1-2 中,尽管在效用的绝对数上有很大差异,三种效用函数反映了同样的偏好顺序。

表 1-2　效用函数单调变换不会改变偏好的评级顺序

商品/函数	$\mathcal{U}_1(x)=x$	$\mathcal{U}_2(x)=\sqrt{x}$	$\mathcal{U}_2(x)=-100+10\sqrt{x}$
$x_1=1$	1	1	−90
$x_2=2$	2	1.414	−85.86
$x_3=3$	3	1.732	−82.68

这个结论可以一般化为以下定理。

定理 1.1.1　一个效用函数通过正单调变换(positive monotonic transform)而获得的另一效用函数与原来的函数表达同样的偏好顺序。

也就是说,如果 $\widetilde{\mathcal{U}}(x)\equiv f[\mathcal{U}(x)]$, 且 $f(.)$是单调递增函数,则有:

$$\widetilde{\mathcal{U}}(x)\geqslant\widetilde{\mathcal{U}}(y)\Leftrightarrow\mathcal{U}(x)\geqslant\mathcal{U}(y)$$

该定理可以用反证法来证明,过程是直观的,请读者自行完成。

定理 1.1.2　如果消费者在消费集 C 上的偏好关系 $\succsim$ 具有完备性、自返性、传递性和连续性,则存在着一个能够代表偏好顺序的连续效用函数 $\mathcal{U}: C\rightarrow\mathbf{R}$。

该定理的证明可以参考任何一本微观经济学教程①。由此可以看出,消费者偏好是用来分析选择行为的完全一般的理论。它只需要很弱的前提条件,随着不断添加更严格的假设,我们获得了描述它的一种方法——效用函数。尽管有一些假设在现实生活中不一定能够满足,效用函数仍然将在我们以后的分析中起重要的作用,这仅仅是因为它使用方便的特性。

有了效用函数这个很方便的工具,消费者选择问题就可以简单地表述为:在既定收入约束或者财富约束下,最大化消费者效用函数,即:

$$\max(\mathcal{U}),\ \text{s.t.}\ W \tag{1-1}$$

其中,W 是由收入或者财富构成的预算约束。不妨进一步看一下约束集中究竟包含什么。首先假定消费集 C 中的所有商品都具有一个唯一的公开市场价格,这个价格表示为向量形式就是:

$$\boldsymbol{q}=(q_1,\ \cdots,\ q_m,\ \cdots,\ q_M)\in\boldsymbol{R}^M$$

因此,如果一个消费集是消费者所能够负担得起的(attainable consumption set),则购买所有消费品的总成本不能超过其目前的财富水平:

$$\boldsymbol{qC}=q_1C_1+\cdots+q_MC_M\leqslant W \tag{1-2}$$

这被称为瓦尔拉预算集(Walrasian budget set)或者简称预算集。通常记为:

$$\mathcal{Z}=\{C\in R_+^M:\ \boldsymbol{qC}\leqslant W\}$$

当 $M=2$ 时,如图 1-6 所示,它就是二维平面中的一条预算线(budget line),预算线的斜率代

① 由于该定理的经典性质,我们没有证明它。有兴趣的读者可以参考参考 Debreu(1964),p285—293。或者新一点的教科书如 Mas-colell et al.(1995),p47—49。

表两种商品的交换比例。如果 $M>2$，它就是 R^M 空间中的一个预算超平面(budget hyperplane)①。显然瓦尔拉预算集也是一个凸集，它的凸性来自消费集的凸性。

把个人偏好(效用函数)同约束集合集中在同一个坐标系中，最优化问题的解就是无差异曲线和预算约束线的最高切点。图 1-7(a)显示了一个内部最优解(interior optimal solution)；(b)图则是一个边界最优解(boundary optimal solution)②。

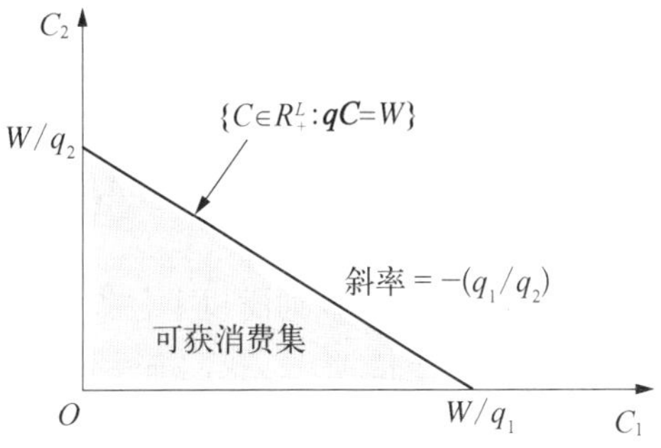

图 1-6　二维预算约束集

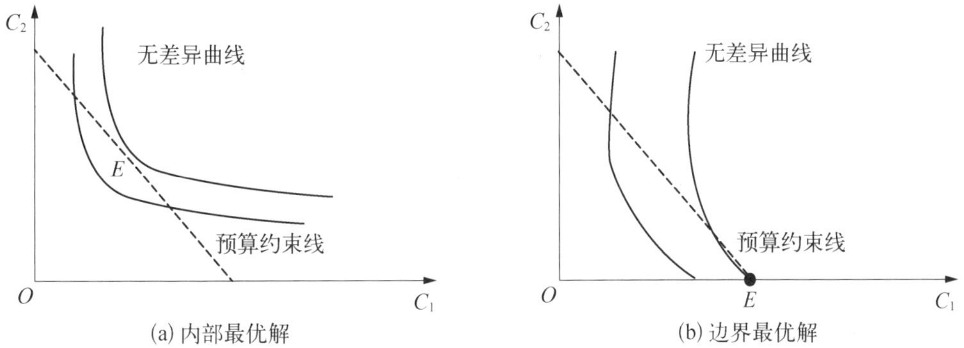

图 1-7　消费者约束极大化

如果说经济学是一种方法论，那么实际上我们看到了经济学用来分析和解决所有相关问题的万能钥匙。在数学上通常使用拉格朗日(Langrange)方法来实现它③，一阶条件就是：

$$\frac{\partial \mathcal{La}}{\partial \boldsymbol{C}}=\frac{\partial \mathcal{U}}{\partial \boldsymbol{C}}-\lambda \boldsymbol{q}=0 \tag{1-3}$$

$$\frac{\partial \mathcal{La}}{\partial \lambda}=W-\boldsymbol{q}\boldsymbol{C}=0 \tag{1-4}$$

其中，$\mathcal{La}$ 是拉格朗日函数，λ 是拉格朗日乘子(Langrange multiplier)。由于 $\mathcal{U}$ 是凹的，二阶条件自动满足。可以把进一步式(1-3)改写为：

$$MRS_{i,j}=\frac{\partial \mathcal{U}/\partial \boldsymbol{C}_i}{\partial \mathcal{U}/\partial \boldsymbol{C}_j}=\frac{q_i}{q_j} \tag{1-5}$$

因此，最优化的(充要)条件就是边际替代率等于相对价格比率，即预算线的斜率。

1.1.3　不确定环境：期望效用理论

1.1.2 节中对个人理性决策行为的讨论，仅仅发生在一个确定的世界里，这对于微观金融分析来说，还远远不够。本节中，要进一步讨论在不确定环境下的个人决策准则。

---

① 超平面的概念见 8.6.3 和 8.6.4 节。
② 从这里我们看到凸性假设对保证消费者最优化行为的存在起关键作用。
③ 基础最优化原理见专栏 7-4、7-6 和 7-7。

先来审视我们所处的世界吧！明天会不会下雨？股市会跌吗？个体身处于一个充满了不确定性的世界中，鉴于这是所有微观金融分析工作的起点，有必要进一步澄清这种不确定性的确切含义。

弗兰克·奈特(Frank Knight)爵士在他1921年的名著《风险、不确定性和利润》中，准确地识别了这个世界演进环境的三种形态，即确定的、存在风险的和不确定的。

确定性排除了任何随机事件发生的可能，它是哲学意义上前因后果必然关系的体现。

存在风险则意味着，我们对于未来可能发生的所有事件，以及它们发生概率的大小，有准确的认识，但是对于究竟哪一种事件会发生事先却一无所知。换句话说，我们知晓未来的概率分布，这种概率分布也许来自经验或者客观事物本身的规律，在更多的情况下它只是一种主观的猜测。对于风险形象的理解是：设想在我们掷一枚质地均匀的硬币，我们知道只会出现字或者花两种结果，而且其可能性各为50%，但是在硬币落地前，我们不会知道究竟哪一种结果会出现，这实际上是一个古典概率随机试验模型①。注意到这与我们在日常生活中，赋予风险这个词的明显负面意义有所不同。

不确定性则意味着：即便我们能够知道未来世界的可能状态(结果)，它们发生的概率大小仍然是不清楚的，但是如果引入主观概率(subjective probability)，即人为地为每一种状态分配一个概率，则风险与不确定性的界限就变得模糊起来。特别是在进行动态决策时，几乎所有概率评价都呈现主观色彩，因而在行文中，往往会不加区分地交替使用这两个词。我们必须在这样一个存在各种不确定性的环境中做出决策。

以下的任务就是把不确定性或者风险，植入我们在上两节中获得的关于理性决策的分析框架。

第一步的任务是要明确：什么是在不确定性情况下，我们所要讨论的"商品"和"商品空间"。这必须先构造一个后文中将反复使用的"抽奖"(lottery)模型。

设想消费者参加一种抽奖活动，所有产生的结果(outcome)也用$\mathcal{C}$表示。这些"结果"可以为任何形式。例如，它们可以是商品(束)，也可以是一定数量的货币。为了简化分析，假定$\mathcal{C}$中的结果是有限的，用$n=1, \cdots, N$来标示这些结果。每一个结果发生具有一定的概率$(P_i)_{i\in N}$，不妨假定这些概率都是客观存在的(objective probability)。通常把一个简单抽奖(simple lottery)记为：

$$L=(P_1, \cdots, P_N; C_1, \cdots, C_N),\ C_i \in \mathcal{C},\ P_i \geqslant 0,\ \sum_{i=1}^{N} P_i=1$$

由于特别关注抽奖商品的概率分布，在不会出现误解的情况下，也常常把简单抽奖简记为②：

$$L=(P_1, \cdots, P_N)$$

一个具有三种结果的简单抽奖可以用三维空间或者二维空间中的一个点来表示，如图1-8(a)、(b)所示。

比简单抽奖更复杂的结构是复合抽奖(compound lottery)，它的抽奖结果是一个个的简单抽奖。复合抽奖记为：

① 用概率模型来描述不确定性的讨论见8.1节。

② 注意这实际上意味着偏好是建立在概率分布之上的，这同建立在结果本身上的偏好是有所差别的，理论研究中的不同范式见专栏1-4。

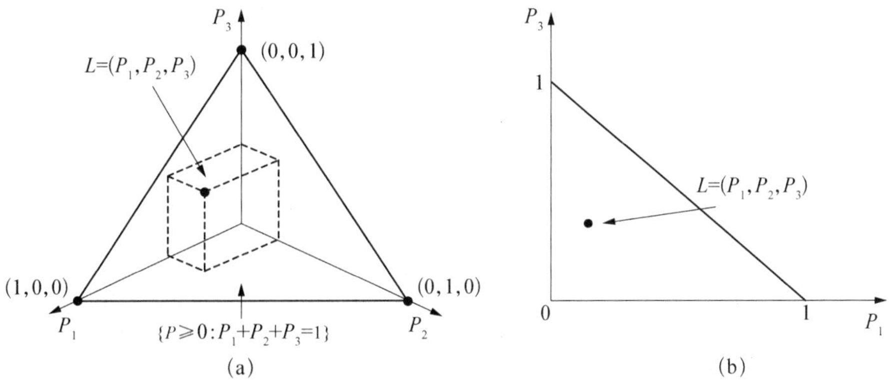

图 1-8　简单抽奖的几何表示

$$(a_1, \cdots, a_K; L_1, \cdots, L_K), (a_i)_{i\in K} \geqslant 0, \sum_{i=1}^{n} a_i = 1$$

其中，$L_k=(P_1^k, \cdots, P_N^k)$，$k \in K$ 是一个简单抽奖。对于每一个复合抽奖可以计算出一个引至抽奖(reduced lottery)，它把复合抽奖简化为简单抽奖 $L=(P_1, \cdots, P_N)$。这个引至的简单抽奖中每一个 P_n 是通过把在复合抽奖得到结果 L_k 的概率 a_k，乘上 L_k 中结果 n 发生的概率 P_n^k，然后对所有的 k 加总得到的，用公式表示即为：

$$P_n = a_1 P_n^1 + \cdots + a_K P_n^K, \ n \in N$$

因此，任何复合抽奖 $(a_1, \cdots, a_K; L_1, \cdots, L_K)$ 的引至抽奖 L，都可以通过向量加法来获得。

例 1.1.2　令 $C=(C_1, C_2, C_3)$，图 1-9 所示为两个复合抽奖引至的简单抽奖。

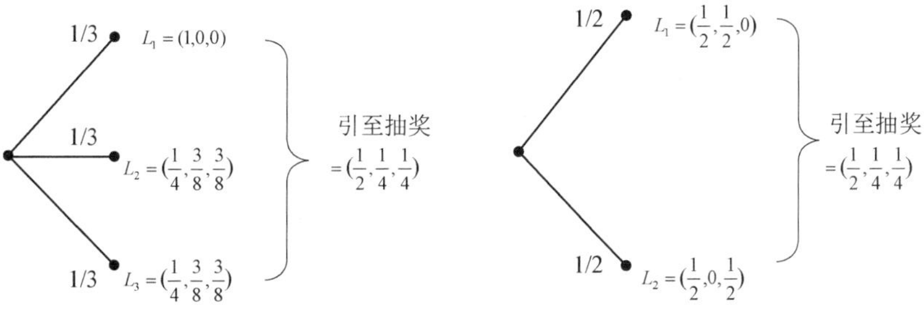

图 1-9　复合抽奖、引至抽奖和简单抽奖

为了简化分析，要做这样一个假定：无论抽奖方法是什么，消费者仅仅对通过引至抽奖得到最终分布感兴趣。如在例 1.1.2 中，尽管抽奖方法完全不同，由于最终结果是一样的，消费者就觉得它们没有差异。

所有类似的抽奖商品，就构成了在不确定情况下的商品空间，记抽奖商品空间为 $\mathcal{L}$。不同的抽奖商品之间，也应当存在着与普通商品之间类似的偏好顺序和关系。

定义 1.1.2　连续性(continuity)。对于任何 $L, L', L'' \in \mathcal{L}$，下面的集合为闭集。

$$\{a \in [0, 1]: aL + (1-a)L' \succsim L''\} \subset [0, 1] \text{ 和}$$

$$\{a \in [0, 1]: L'' \succsim aL + (1-a)L'\} \subset [0, 1]$$

类似前面确定性环境下的功能,连续性假设将保证概率的微小变化,不会改变两个抽奖商品之间的偏好顺序。例如:如果消费者对"快乐和安全的开车旅行"的偏好强于"待在家中",那么他对于一个"快乐和安全的开车旅行"与一个具有充分小,但不为 0 的正概率的"发生车祸导致死亡"的混合结果的偏好,仍然要强于"待在家中"。同确定环境下一样,连续性假设排除了对于某些具有 0 概率的结果(这里就是"死于车祸")的字典序偏好(安全第一)。

同 1.1.2 节的分析类似,如果抽奖商品空间 $\mathcal{L}$ 上的偏好是理性的,并满足连续性假定,则存在一个序数效用函数 $\tilde{\mathcal{U}}: \mathcal{L} \to R$,使得:

$$L \succsim L' \Leftrightarrow \tilde{\mathcal{U}}(L) \geqslant \tilde{\mathcal{U}}(L')$$

如果 $N=3$,就可以用图 1-10 表示这种在抽奖商品空间上(或者说概率上)的效用函数。无差异曲线 $\mathcal{U}(P_1, P_2, P_3)=k_i$ 代表不同的效用水平。如果 $k_1 > k_2 > k_3$,就说明第三种结果是消费者最乐意见到的,因为他偏好于那种分配给第三种结果以最高出现概率的抽奖商品。

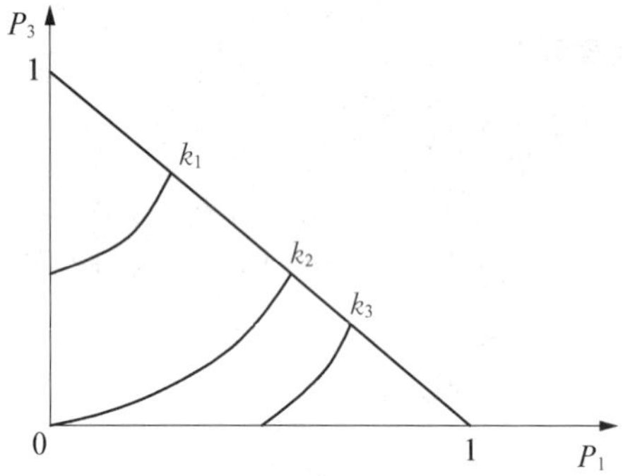

图 1-10　抽奖商品(概率)效用无差异曲线

但是,研究者对效用函数(或者说偏好)的一种具体表现形式——期望效用表述(expected utility representing)感兴趣①。所谓期望效用表述,就是指可以对一件抽奖商品的效用表示为对抽奖结果的效用函数的数学期望:

$$\tilde{\mathcal{U}}(L)=\sum_{i=1}^{N} P_i \mathcal{U}(C_i) \tag{1-6}$$

其中,$\mathcal{U}: C \to \mathbf{R}$ 是 1.1.2 小节中的普通序数效用函数,而 $\tilde{\mathcal{U}}: \mathcal{L} \to \mathbf{R}$ 被称为冯·诺伊曼-摩根斯坦效用函数(von Neumann-Morgenstern utility function)②。要指出的是,$\tilde{\mathcal{U}}(.)$可以看成概率分布效用函数的一种特殊形式,即:

$$\tilde{\mathcal{U}}(P_1, \cdots, P_N)=\sum_{i=1}^{N} P_i \mathcal{U}(C_i) \tag{1-7}$$

显然,它是概率的线性函数。如果 $N=3$,则无差异曲线就是:

$$P_3=\frac{k-\mathcal{U}(C_2)}{\mathcal{U}(C_3)-\mathcal{U}(C_2)}-\frac{\mathcal{U}(C_1)-\mathcal{U}(C_2)}{\mathcal{U}(C_3)-\mathcal{U}(C_2)} P_1 \tag{1-8}$$

注意到 $P_2=1-P_1-P_3$,如果 $\mathcal{U}(C_3)>\mathcal{U}(C_2)>\mathcal{U}(C_1)$,则式(1-8)就是一条从左下向右上倾斜的一条直线,如图 1-11 所示。而且由于改变效用水平 k 只会移动一条无差异曲线的截距,而保持斜率不变,因而所有的无差异曲线都是相互平行的。

如果抽奖结果是无限的,附加一些不太重要的技术性条件,就得出式(1-6)的连续形式(Fishburn,1970):

---

① 用这种方法来评估抽奖商品(概率分布)的决策原则最早可以追溯到 18 世纪早期(见专栏 1-4)。

② 究竟 $\mathcal{U}: C \to \mathbf{R}$ 还是 $\tilde{\mathcal{U}}: \mathcal{L} \to \mathbf{R}$ 是冯·诺伊曼-摩根斯坦效用函数可谓众说纷纭,但只要进入 1.1.4 节,考虑到财富或者货币,它们之间的联系和差异就会明确起来。

$$\widetilde{\mathcal{U}}(.)=\int_C \mathcal{U}(C)d\mathcal{D}(C) \tag{1-9}$$

其中，$\mathcal{D}(.)$为分布函数，因此式(1-9)的右边是黎曼-斯蒂尔切斯积分(Riemann-Stieltjes integral)的记法，它就是指 C 的数学期望①。

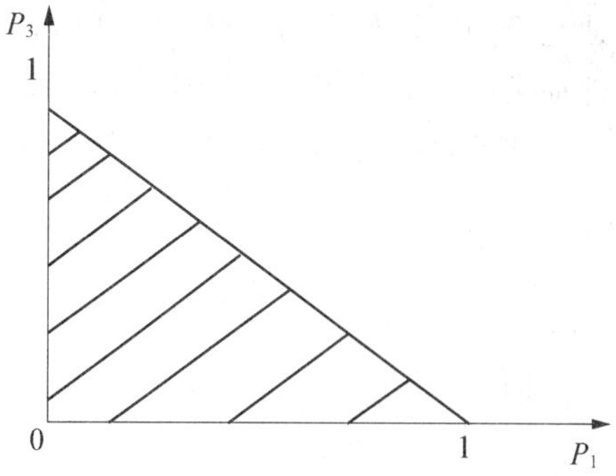

图 1-11　线性期望效用函数

定理 1.1.3　冯-摩效用函数的任何一仿射变换(affine transformation)，即乘以一个正数再加上一个实数，不改变原效用函数的性质。

该定理说明冯-摩效用函数是一个基数效用函数(cardinal utility function)。早在 1944 年冯·诺伊曼(von Neumann)和摩根斯坦(Morgenstern)就认识到，只要在完备性、自返性、传递性和连续性的基础上，再追加一条重要公理假设，就可以获得这个在分析上有良好性质的效用表述方式。

定义 1.1.3　独立性或者替代性(independence or substitution)②。对于任何 L，L'，$L''\in\mathcal{L}$ 和 $a\in[0,1]$，要求有：

$$L\succsim L'\Leftrightarrow aL+(1-a)L''\succsim aL'+(1-a)L'' \tag{1-10}$$

这个假设意味着：如果把两个抽奖同第三个抽奖放在一起考虑，则前面两者的偏好顺序是独立于特定的第三个抽奖的。理解它的方法是假设参加一种如图 1-12 所示的复合抽奖活动。

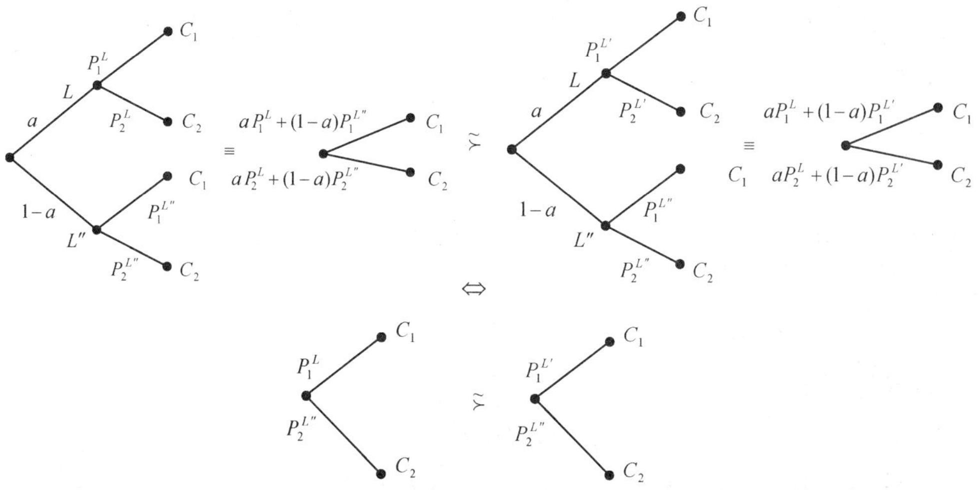

图 1-12　独立性公理图示

独立性公理假设是不确定环境下决策理论的核心，它提供了把不确定性嵌入决策模型的基本结构。通过独立性假设，消费者希望把复杂概率决策行为，分为相同和不同的两个独立部分，整个决策行为仅由其中不同的部分来决定。在确定环境下，没有理由相信消费者对商品 C_1、C_2 的偏好是独立于他所消费的其他特定商品的。但在这里，对于两种抽奖的偏好

① 见 8.3.1 和 8.2.1 节。
② 萨缪尔森(1952)首先使用了该术语。

独立于同时可能会出现的另一种结果。这实际上有一定的道理,因为 L 或者 L' 不是同另一种抽奖商品 L'' 同时消费的,它们之间是非此即彼的替代关系而非补充关系。

此外,根据独立性公理假定,不难证明对于任意 $a \in (0, 1)$,有:

$$L \succ L' \Leftrightarrow aL + (1-a)L'' \succ aL' + (1-a)L'' \tag{1-11}$$

$$L \sim L' \Leftrightarrow aL + (1-a)L'' \sim aL' + (1-a)L'' \tag{1-12}$$

而且,如果 $L \succ L'$, $L'' \succ L'''$,就有:

$$aL + (1-a)L'' \succsim aL' + (1-a)L''' \tag{1-13}$$

定理 1.1.4 假定在抽奖商品空间 $\mathcal{L}$ 上的偏好 $\succsim$ 具有完备性、自返性、传递性、连续性和独立性,则下式成立。

$$L \succsim L' \Leftrightarrow \sum_{i=1}^{N} P_i \mathcal{U}(C_i) \geqslant \sum_{i=1}^{N} P'_i \mathcal{U}(C_i)$$

证明: 为了简化分析,假定在抽奖商品空间 $\mathcal{L}$ 上存在最好的和最坏的两种抽奖商品 $\bar{L}$ 和 $\underline{L}$,因此对于任何 $L \in \mathcal{L}$ 有 $\bar{L} \succsim L \succsim \underline{L}$ 成立。如果 $\bar{L} \sim \underline{L}$,则 $\mathcal{L}$ 中的所有抽奖商品都是无差异的,定理必然成立。为了避免这种退化,以下证明均假定 $\bar{L} \succsim \underline{L}$。

(1) 第一步:如果 $L \succ L'$,并存在常数 $0 < a < 1$,则 $L \succ aL + (1-a)L' \succ L'$ 成立。

两种抽奖商品的混合一定在单一商品之间具有一个严格的偏好位置,这直接来自独立公理。既然 $L \succ L'$,根据式(1-11)就有:

$$L = aL + (1-a)L \succ aL + (1-a)L' \succ aL' + (1-a)L' = L'$$

(2) 第二步:令 $a, b \in [0, 1]$,当且仅当 $b > a$ 时,$b\bar{L} + (1-b)\underline{L} \succ a\bar{L} + (1-a)\underline{L}$ 成立。

假定 $b > a$,首先注意到可以写下:

$$b\bar{L} + (1-b)\underline{L} \succ \gamma\bar{L} + (1-\gamma)[a\bar{L} + (1-a)\underline{L}]$$

其中,$\gamma = [(b-a)/(1-a)] \in (0, 1]$。通过第一步,我们知道有 $\bar{L} \succ a\bar{L} + (1-a)\underline{L}$,再做一次第一步就有:

$$\gamma\bar{L} + (1-\gamma)[a\bar{L} + (1-a)\underline{L}] \succ [a\bar{L} + (1-a)\underline{L}]$$

这就可以得到:

$$b\bar{L} + (1-b)\underline{L} \succ a\bar{L} + (1-a)\underline{L}$$

反过来,如果 $b = a$,必定有 $b\bar{L} + (1-b)\underline{L} \sim a\bar{L} + (1-a)\underline{L}$;如果 $b < a$,根据上面的推理(只要把 a 同 b 的位置互换一下),就有:

$$a\bar{L} + (1-a)\underline{L} \succ b\bar{L} + (1-b)\underline{L}$$

(3) 第三步:对于任何 $L \in \mathcal{L}$,存在一个唯一的 a_L,使得 $[a_L\bar{L} + (1-a_L)\underline{L}] \sim L$ 成立。

这样一个 a_L 的存在性由偏好关系的连续性和对于 $\bar{L}$, $\underline{L}$ 的假设推出;唯一性则来自第二步的推导。

(4) 第四步:指定 $\tilde{\mathcal{U}}(L) = a_L$ 的函数 $\tilde{\mathcal{U}}$: $\mathcal{L} \to \mathbf{R}$ 表述出了偏好关系 $\succsim$。

注意到通过第三步,对于任何 L, $L' \in \mathcal{L}$,有:

$$L \succsim L' \Leftrightarrow [a_L \bar{L} + (1-a_L)\underline{L}] \succsim [a_{L'}\bar{L} + (1-a_{L'})\underline{L}]$$

因此，根据第二步就有：$a_L \geqslant a_{L'} \Leftrightarrow \bar{L} \succsim \underline{L}$。

(5) 第五步：指定 $\tilde{\mathcal{U}}(L) = a_L$ 的函数 $\tilde{\mathcal{U}}$: $\mathcal{L} \to \mathbf{R}$ 是线性的，因而它具有期望效用表述形式。

我们要显示对于任何 $L, L' \in \mathcal{L}$ 和 $b \in [0, 1]$，有：

$$\tilde{\mathcal{U}}[bL + (1-b)L'] = b\tilde{\mathcal{U}}(L) + (1-b)\tilde{\mathcal{U}}(L')$$

据 $\bar{L}$ 和 $\underline{L}$ 的定义，则有：

$$L \sim \tilde{\mathcal{U}}(L)\bar{L} + [1-\tilde{\mathcal{U}}(L)]\underline{L}$$

$$L' \sim \tilde{\mathcal{U}}(L')\bar{L} + [1-\tilde{\mathcal{U}}(L')]\underline{L}$$

因此，根据独立性公理(使用两次)有：

$$\begin{aligned} bL + (1-b)L' &\sim b\{\tilde{\mathcal{U}}(L)\bar{L} + [1-\tilde{\mathcal{U}}(L)]\underline{L}\} + (1-b)L' \\ &\sim b\{\tilde{\mathcal{U}}(L)\bar{L} + [1-\tilde{\mathcal{U}}(L)]\underline{L}\} + (1-b)\{\tilde{\mathcal{U}}(L')\bar{L} + [1-\tilde{\mathcal{U}}(L')]\underline{L}\} \end{aligned}$$

整理后，我们发现最后的这个抽奖商品在数学上等于抽奖商品：

$$[b\tilde{\mathcal{U}}(L) + (1-b)\tilde{\mathcal{U}}(L')]\bar{L} + [1-b\tilde{\mathcal{U}}(L) - (1-b)\tilde{\mathcal{U}}(L')]\underline{L}$$

用文字表述就是：以概率 b 得到抽奖 $\{\tilde{\mathcal{U}}(L)\bar{L}+[1-\tilde{\mathcal{U}}(L)]\underline{L}\}$ 和以 $(1-b)$ 获得抽奖 $\{\tilde{\mathcal{U}}(L')\bar{L}+[1-\tilde{\mathcal{U}}(L')]\underline{L}\}$ 的复合抽奖与以概率 $[b\tilde{\mathcal{U}}(L)+(1-b)\tilde{\mathcal{U}}(L')]$ 得到结果 $\bar{L}$ 和以 $[1-b\tilde{\mathcal{U}}(L)-(1-b)\tilde{\mathcal{U}}(L')]$ 获得结果 $\underline{L}$ 的复合抽奖具有相同的引至抽奖结果。因此：

$$bL + (1-b)L' \sim [b\tilde{\mathcal{U}}(L) + (1-b)\tilde{\mathcal{U}}(L')]\bar{L} + [1-b\tilde{\mathcal{U}}(L) - (1-b)\tilde{\mathcal{U}}(L')]\underline{L}$$

由于第四步中 $\tilde{\mathcal{U}}(.)$ 的构造方式，这就得到：

$$\tilde{\mathcal{U}}[b(L) + (1-b)L'] = b\tilde{\mathcal{U}}(L) + (1-b)\tilde{\mathcal{U}}(L')$$

金融思想史 1-2　圣彼得堡悖论(Saint Petersbury paradox)

连续参加抛硬币式的抽奖活动，抽奖活动的主办者承诺：如果我们第一次就得到"正面"向上的结果，他会付给我们 1 元钱，如果第 2 次得到"正面"向上的结果他就付 2 元，第 3 次得到付 4 元，即该结果每晚出现一次，奖金就加倍一次。我们自然希望 x_1 越晚出现越好。那么，这种抽奖活动的期望报酬有多大呢？由于 P 等于 50%，而且每次抽奖又是相互独立的，初等概率论的知识告诉大家：

$$E(.) = \frac{1}{2} \times 1 + \frac{1}{4} \times 2 + \frac{1}{8} \times 4 + \cdots + \frac{1}{2^n} \times 2^{n-1} + \cdots$$

由于这是无数个 1/2 的和，它等于无穷大。由于对抛硬币的次数没有理论上的限制，该抽奖活动的数学期望值是无限的。问题是我们对于参加这种理论上获益无穷的"游戏”应当付费多少呢？试验表明大多数人只准备付 2～3 元来参加这种抽奖活动。理性个人对参与这种抽奖活动所愿支付的有限价格，与其无穷数学期望之间的矛盾就构成了所谓的圣彼得堡悖论。这一悖论困扰了 18 世纪最富有数学头脑的人们，其中包括伯努利和克莱默。

伯努利在 1738 年提供了金融思想史上有关风险性决策的第一篇论文。他认为：人们真正关心的是奖励的效用而非它的价值量；而且，额外货币增加提供的额外效用，会随着奖励的价值量的增加而减少①。克莱姆持类似的观点，他选择了幂函数形式的效用函数：

$$\mathcal{U}(x)=\sqrt{x}$$

来反映货币的边际效用递减原理，然后用期望效用最大化方法来解释圣彼得堡悖论。如果这样看问题，那么该抽奖活动的效用就是：

$$\begin{aligned}E[\mathcal{U}(x)]&=\sum_{x=1}^{\infty}P(x)\mathcal{U}(x)=\sum_{x=1}^{\infty}\frac{1}{2^n}\sqrt{2^{n-1}}\\&=\frac{1}{2}+\frac{\sqrt{2}}{4}+\frac{\sqrt{2}\times\sqrt{2}}{8}+\frac{\sqrt{2}\times\sqrt{2}\times\sqrt{2}}{16}+\cdots\\&=\frac{1}{2}\times\frac{1}{1-\frac{\sqrt{2}}{2}}=\frac{1}{2-\sqrt{2}}\end{aligned}$$

因此，理性个人为参加该抽奖活动所愿意支付的最大价格 $\bar{x}$ 可由下列方程解出：

$$E[\mathcal{U}(x)]=\mathcal{U}(\bar{x})=\sqrt{\bar{x}}$$

变形得：

$$\bar{x}=\{E[\mathcal{U}(x)]\}^2$$

所以：

$$\bar{x}=\left(\frac{1}{2-\sqrt{2}}\right)^2=2.914$$

伯努利和克莱姆的成就是通向现代金融理论，即非确定性环境下理性选择理论的第一座里程碑。到了 1934 年，德国数学家门格尔发现，除非效用函数有界，人们可以继续构造新的超级圣彼得堡悖论。即使借助期望效用方法，也不能解决这一新的悖论。基于拉姆齐(1931)的工作，冯·诺伊曼和摩根斯坦证明了：相对于期望货币值和其他可能的决策行为准则而言，期望效用假设具有优越性。

例 1.1.3 反对期望效用的例子：阿莱的悖论(Allias' paradox)。

法国经济学家阿莱在 1953 年做过一组心理试验。在该试验中，被试者被要求在下面两组彩票组合中进行选择。

第一组是：

① 这通常被经济学家解释为货币的边际效用递减原理。

$$A = (5\,000\,000, 0; 1\,000\,000, 1; 0, 0)$$
$$B = (5\,000\,000, 0.1; 1\,000\,000, 0.89; 0, 0.01)$$

其中，每一数对中的第一个数字表示抽奖收益，第二个为概率大小。

第二组是：

$$C = (5\,000\,000, 0; 1\,000\,000, 0.11; 0, 0.89)$$
$$D = (5\,000\,000, 0.1; 1\,000\,000, 0; 0, 0.90)$$

试验结果发现大多数人(包括萨维奇本人)在 A 和 B 中会选择 A；而在 C 和 D 中则选择 D。根据期望效用表示方法，选择 A 就意味着：

$$\mathcal{U}(1\,000\,000) \times 1 > \mathcal{U}(5\,000\,000) \times 0.1 + \mathcal{U}(1\,000\,000) \times 0.89 + \mathcal{U}(0) \times 0.01$$

整理后得：

$$\mathcal{U}(1\,000\,000) \times 0.11 > \mathcal{U}(5\,000\,000) \times 0.1 + \mathcal{U}(0) \times 0.01$$

在该式两边加上 $\mathcal{U}(0) \times 0.89$，得：

$$\mathcal{U}(1\,000\,000) \times 0.11 + \mathcal{U}(0) \times 0.89 > \mathcal{U}(5\,000\,000) \times 0.1 + \mathcal{U}(0) \times 0.90$$

这就是说，在 C 和 D 中根据期望效用方法应当获得的结果是 C。

这种来自实验经济学(experimental economics)方法的结果，明显与期望效用公理相抵触。一种解释是这是一种错觉，如同人类存在视觉错觉一样；另一种解释源于马琴纳(Machina, 1982)，他不使用独立性公理来获得期望效用表达方式。但须指出的是，正是这看似小小的人类判断误差引发了金融分析的一场方法论革命，参见以下关于行为金融(behavior finance)的系列专栏式(1-3、1-7)。

1.1.4 风险态度及其测量

在 1.1.3 节的分析中，抽奖商品所获得的结果通常是商品，以下分析将指向一种特殊的计价商品——一定数量的货币。把冯・诺伊曼-摩根斯坦效用函数引导到货币抽奖上是很自然的，因为金融投资决策的结果往往都表现为货币形式。一旦接受了冯・诺伊曼-摩根斯坦效用函数，就可以很直观地用它来表明投资者对待风险的态度。

假定某投资者有 15 元，并且面临下面这样一个抽奖机会。

报　酬	概　率
10	0.5
20	0.5

这个抽奖的数学期望值是：

$$10 \times 0.5 + 20 \times 0.5 = 15$$

投资者会愿意花 15 元，去参加这样一次抽奖活动吗？回答是：这取决于投资者的风险态度。

效用函数为凹的投资者是风险厌恶者(risk aversion)①。如图 1-13 所示，这种投资者的

① 对函数的形状的讨论见 8.1.4 节。

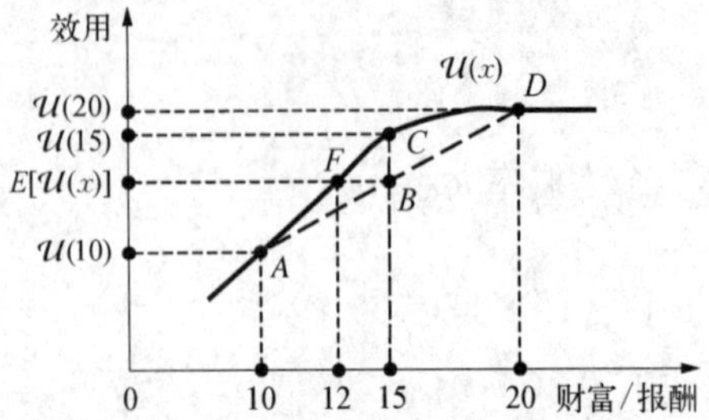

图 1-13　风险厌恶者效用函数形状

边际效用随着财富的增加而下降。

在上述抽奖中,抽奖结果的数学期望值的效用为 $\mathcal{U}(15)$,它等于投资者手头上现有财富的效用,用图 1-13 中的 C 点来表示;$E\mathcal{U}(x)=0.5\mathcal{U}(10)+0.5\mathcal{U}(20)$,即该抽奖活动的冯·诺伊曼-摩根斯坦效用,可以用连接 AD 两点线段的中点 B 来表示,它与 x 轴交于 15。

由于效用函数凹的特征,确定的财富的效用总是大于一场赌博的期望效用。一个厌恶风险的投资者不会参加一场其收益期望值等于参赛价格的所谓"公平"赌博。但这并不意味着他永远不会参加赌博,正如一句老话说的那样:"凡是商品,都有价格。"实际上在 F 点,即在参加抽奖费用为 12 元左右时,他也会去试一试自己的运气。这时 $\mathcal{U}(12)=E[\mathcal{U}(15)]$。这 3 元(15−12)可以视为引诱风险厌恶者进入赌博的"风险溢价"(risk premium),而$\mathcal{U}(12)$就是 $E[\mathcal{U}(15)]$的确定性等价(值)(certainty equivalence)。

与风险厌恶者相反,同时存在着一批更为乐观的投资者,效用函数为凸的投资者为风险爱好者(risk loving)。他们的特征是欣然参加任何机会均等的赌博,有时多出一些参加费用都无所谓。实际上,在我们的例子中,如图 1-14 所示,他们最多愿意出 17 元左右,也即在 D 点,去参加这次期望收益仅仅为 15 的抽奖活动,因为对于他们来说 $\mathcal{U}(17)=E[\mathcal{U}(15)]$。

最后一类投资者表面上看平淡无奇,他们对于风险是不关心的,就好像它们根本不存在一样。效用函数为线性的投资者就是风险中性的(risk neutral)。

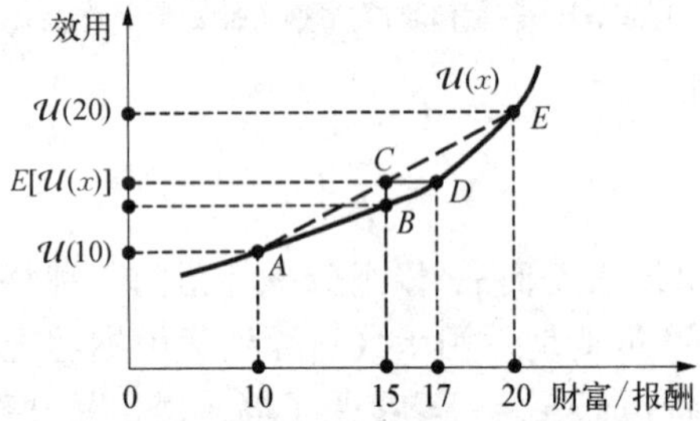

图 1-14　风险爱好者效用函数形状

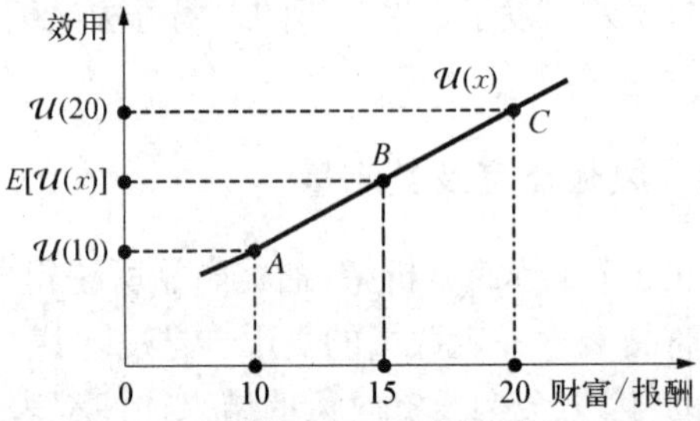

图 1-15　风险中性者的线性效用函数

如图 1-15 所示,他们的期望效用就等于抽奖活动期望值的效用,即 $E[\mathcal{U}(x)]=\mathcal{U}(15)$。他们既不要求所谓风险溢价,也不会"多付一个子"①。我们把投资者所有可能的风险态度总结在表 1-3 中。

表 1-3　三种风险态度与效用函数

态　度	形　状	效用关系
风险厌恶	凹函数	$\mathcal{U}[Px_1+(1-P)x_2]>P\mathcal{U}(x_1)+(1-P)\mathcal{U}(x_2)$
风险中性	线性函数	$\mathcal{U}[Px_1+(1-P)x_2]=P\mathcal{U}(x_1)+(1-P)\mathcal{U}(x_2)$
风险爱好	凸函数	$\mathcal{U}[Px_1+(1-P)x_2]<P\mathcal{U}(x_1)+(1-P)\mathcal{U}(x_2)$

① 出人意料的是,在第 4 章我们研究复杂(衍生)金融产品定价问题时,这种投资者竟然被认为(更确切地说是假定为)构成了市场的主体。

仅仅依靠上面这些对于风险态度的简单描述，似乎还很难解释投资者复杂的决策行为。一个经常被引用的例子就是人们既买保险（厌恶风险）也会买福利彩票（爱好风险）。

一种解释是，效用函数是由几个不同的部分组成（弗里德曼-萨维奇，1948），如图1-16所示。它看上去像是图1-13、1-14和1-15的简单叠加。在财富较少的A部分投资者是风险厌恶的，然后随着财富的增加（B部分）投资者对于风险显得有些漠不关心，在较高的财富水平，投资者欣然参加任何公平或者有一点略显不公的赌博①。尽管这也许部分地解释了投资者的矛盾行为，但是对于获得可行的决策行为准则没有什么帮助，因为它仅仅退化到了投资者效用函数的一阶导数大于0，即投资者效用是非饱和的这一平凡结论，它所提供的信息是最初步和有限的。

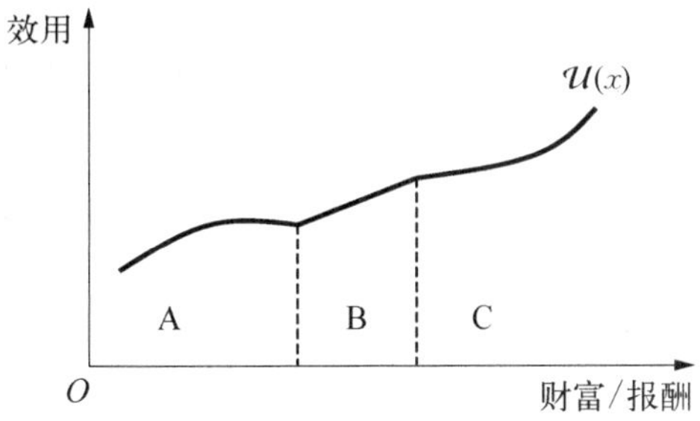

图1-16　矛盾的风险心理的一种解释

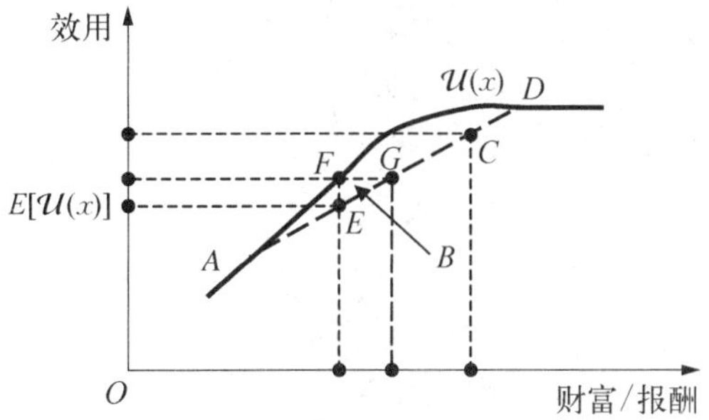

图1-17　主观概率诱使具有风险厌恶效用函数的个人参加赌博

另一种解释则借助于所谓主观效用方法。它认为无论如何投资者都是风险厌恶的，他们之所以会参加赌博，是因为他们对于赌博获胜机会的估计过于乐观，即主观概率评价高于客观概率。如图1-17所示。

如果期望效用是在E点，则有着凹的效用函数的个人是不会参加抽奖活动的，他更偏好F点，但是如果他主观上更为乐观地估计了获得高额奖金的概率，如期望效用出现在C点，则他也会参加抽奖活动。不过这与主观估计的乐观程度有关，如果高得不是很多，如在E、G中间的B点，那么他还是不会参加，这样可以就看到在较高的主观概率条件下，即便有着风险厌恶效用特征的个人也可能会参加“公平”的赌博。

金融思想史1-3　行为金融和实验经济学

从研究的角度来看，任何细微的误差都不可以轻易忽略，其中蕴涵着新的真理发现的重大线索，实际上对于期望效用理论的系统性违反，早已引起了研究者们的重视。例如，为

① 马科维茨（1952）针对弗-萨效用函数指出，只有一部分的弗-萨型投资者会既购买保险又购买彩票，特别要指出的是，既购买保险又购买彩票的投资者其财富会落入由他提出的效用函数中的拐点位置限定的一个狭窄区域内。马可维茨进一步指出，弗-萨效用函数意味着穷人将永远不会购买彩票，而中等收入的人将永远不会为其中等损失保险，这与事实相悖。因此，他通过将效用函数的一个拐点放在“通常财富”的位置上修改了弗-萨函数。修改后的函数，以“通常财富”为参考点，其两边为在“通常财富”基础上的财富的增加和减少，即收益和损失，在收益和损失范围内都有凸部和凹部。但实验证明，人们在收益范围内对待风险的态度并非变化的，同样，在损失范围内也如此，参见专栏1-3。

了挽救期望效用理论,后续研究者发展了一般化的期望效用理论,如概率加权、秩独立期望效用理论(rank dependent expected utility)(Yaari, 1987, Tversky and Kahneman, 1992)、期待效用(anticipated utility)等;但一种源于心理实验和心理研究的前景理论(prospect theory)似乎最有希望发现金融现象背后的真实人类动机。

卡纳曼(Kahneman)和特维尔斯基(Tversky,1979)①通过大量的实验对比发现——人们的决策依据是建立在他们的前景(prospect)上的,而前景是人们对决策可能带来的各种后果的价值函数(value function)的加权平均值:

$$V=\sum_{i=1}^{N}\pi_i V(C_i)$$

其中,V_i 是决策者主观感受所形成的价值;π_i 是决策权重,它不是一般意义上的概率,而是真实概率的评价性的单调增函数。

尽管上述公式有着期望效用的形式,但它们至少有以下区别。首先,决策个人的效用不是财产存量的函数,而是财产变化量的函数。换句话说,价值是定义在损益(gains and losses)而非最终财富的基础上的②。识别出主观价值的载体是财富的变化而非最终状态,正是前景理论的核心。心理学证据表明,该假设与人们进行判断的基本原理相吻合,因为人们的体验通常就是与改变的估计值而不是绝对数量的估计值相对应的。例如,当人们对光、声音或温度等属性做出反应时,过去或现在的经验背景确定了一个适应水平或参照点(reference point),刺激则通过与这个参照点的对比而被感知。因此,一个给定光线的房间可能根据一个人可以适应的光线而被判断为房间内光线究竟是强还是弱。同一原理也适用于非感觉类的属性,如健康、声望、财富。例如,同一财富水平可能对一个人意味着贫穷,而对另一个人意味着富有。其次,投资者对收益的效用函数是凹函数,而对损失的效用函数是凸函数,表现为投资者在投资账面值损失时更加厌恶风险,而在投资账面值盈利时,随着收益的增加,其满足程度的上升速度减缓③。确实,许多对心理反应属性的感觉是物理变化量的凹函数。例如,收益(损失)100 和 200 的差异显得比收益 1 100 和 1 200 的差异要大一些。财富改变的价值函数在参照点之上通常是凹的,体现风险厌恶,即在确定性收益与非确定性收益中偏好前者;在参照点之下通常是凸的,体现风险寻求,即在确定性损失与非确定性损失中偏好后者。此外,对财富变化态度的另一个突出特征是损失的影响大于收益,损失一笔钱所引起的烦恼要大于获得同样数

① 2002 年度的诺贝尔经济学奖即授予丹尼尔·卡纳曼(Kahneman D.)和弗农·史密斯(Smith F.)。卡纳曼对经济学的贡献在于"将心理学的前沿研究成果引入经济学研究中,特别侧重于研究人在不确定情况下进行判断和决策的过程"。史密斯则因"奠定了实验经济学的基础,为经济学家们提供了在实验条件下观察人类行为倾向的有效途径,特别是对选择性市场机制的研究"。它标志着行为经济学(behavior economics)和行为金融学正式步入主流经济学的殿堂。特维尔斯基则研究了人类行为与投资决策模型基本假设相冲突的三个方面,即风险态度、心理会计和过度自信,并将观察到的现象称为"认知偏差"(cognitive bias),但可惜授奖当时他已经去世。

② 马科维茨(1952)首先提出效用应以收益或损失来定义,而非在大多数考察效用的方法中被默认的最终资产的状态。

③ 这被称为损失回避(loss aversion)。实验表明,人们在从事金融交易中,其内心对利害的权衡是不均衡的,赋予"避害"因素的考虑权重是"趋利"因素的两倍。

目的一笔收入带来的快乐，即损失的价值函数比收益的价值函数更加陡峭①。最后，非线性概率转换。决策权值 π_i 是真实概率的函数。这种函数具有以下特性：真实概率极低时，权值为 0；真实概率极高时，权值为 1。换句话说，人们把“非常小概率事件”视同根本不会发生，而把“非常大概率事件”视同肯定发生。同时，对不太可能发生的事件(概率大于“非常小概率”)赋予大于真实概率的权值，而对很可能发生的事件(概率小于“非常大概率”)赋予小于真实概率的权值，即人们夸大(或者缩小)了相应事件的发生概率(见图 1-18)。

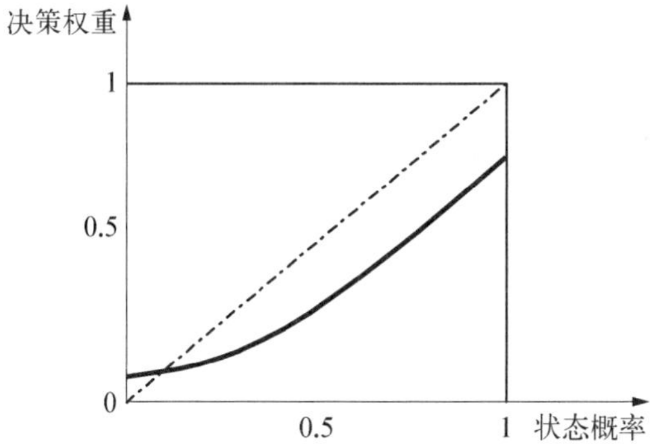

图 1-18　决策权重——状态概率曲线

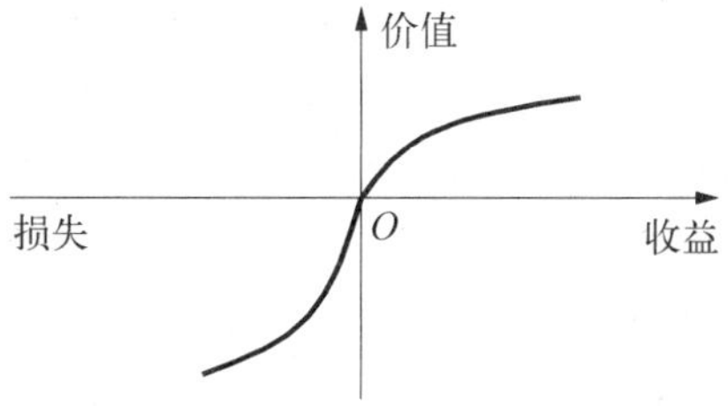

图 1-19　S 形价值函数

根据以上四类特征，卡纳曼和特维尔斯基构造了一个 S 形的价值函数(见图 1-19)，该函数表明，在收益性区域内函数为凹形，在损失性区域内函数为凸形。损失部分明显比收益部分陡峭，说明存在损失厌恶，即对损失的厌恶程度比对同等数量收益的满意程度大。借助前景理论就可以对前文提到的“弗里德曼-萨维奇之谜”、阿莱悖论以及股权溢价之谜(equity premium puzzle)等难题提供可信的解释。

更重要的是，通过把投资者作为正常人(normal)而不是理性人重新正确定位后，投资者的心理特点(或者弱点)就逐一呈现出来②。① 过于自信(over confidence)和乐观主义。人们在决策中总是倾向于过高估计自己的判断力，从而表现出过分的自信。心理学研究发现，人们称对某事抱有 90%的把握时，成功的概率大约只有 70%，金融活动中此心理特质表现得尤为突出。大多数人对他们的能力和前途抱有不切实际的乐观看法。② 代表性(representativeness)思维。当人们试图确定模型 B 产生数据集 A 的概率时，他们用 A 反映 B 重要特征的程度来评估该概率。在大多数情况下，代表性是有益的启发，但也产生某些严重偏误。一是基率忽视(base rate neglect)，即过分高估 B 对 A 的代表性；二是样本大小忽视(sample size neglect)，即推断特定模型产生数据集的似然性时，人们不考虑样本的大小。③ 定位(anchoring)和记忆偏误。人们形成估计时，经常先始于某值

① 总地说来，前景理论对人们在相同最终财富水平情形下做出不同的选择的解释，源于该理论的重要特征——架构(framing)或问题描述效应。在很多实际选择情况下，决策者受到决策时所处的环境和问题的表述方式的影响，因此在怎样考虑问题上也有灵活性。价值函数的非线性特征使心理会计(mental accounting)至关重要，它使个人赌博与财富其他部分具有相分离倾向。

② 在正统金融学的范式中，“理性”意味着两个方面。首先，决策者的信仰是正确的：他们用于预测未知变量未来实现的主观分布就是那些被抽取实现的分布。其次，给定他们的信仰，在与 Savage 的主观期望效用(SEU)概念相一致的意义上，决策者做出正常可接受的选择。但是作为正常人，一方面，决策者的信仰不完全正确，这大都是因为不恰当地应用贝叶斯法则；而另一方面，决策者的信仰是正确的，但做出的选择通常是有问题的，与 SEU 不相容。

(可能是任意的),然后相对于此值做出调整。实验证据表明,人们"定位"的初值通常会太多,而且人们在推断事件的概率时,经常搜索记忆中的相关信息。(4) 时尚与从众心理。人们的相互影响对改变人的偏好的作用是十分巨大的,追求时尚与盲从心理便是其中最突出的特点。这对经济决策的形成与改变具有特殊的影响力。在金融投资领域,人们往往表现出显著的、非理性的从众心理特征与行为。(5) 减少后悔与推卸责任。当投资决策失误后,投资者后悔的心情是难以避免的。因此,即使是同样的决策结果,如果某种决策方式可以减少投资者的后悔心理,则对投资者来说,这种决策方式将优于其他决策方式。减少决策失误后的后悔心态的决策方式有多种,比如:委托他人代为进行投资决策;"随大流",仿效多数投资者的投资行为进行投资等。

上述"正常人"的心理特点肯定会导致不同于理性假设下的市场行为和福利效果,这些开创性努力都被归于行为金融①这一既年轻又古老的新兴研究门类之下②,一个新的研究领域正在出现。它代表着一种新的研究视角,即从人类本身可观察的行为,来研究金融经济现象。它与传统经济学的差别可能在于:古典经济学是一个迎合了理性口味的规范性的经济学,它教育人们应该怎样做。在心理学影响下的新(行为)经济学则是一个描述性的经济学,它主要描述人们在事实上是怎样做的。举一个不十分恰当的比方,宗教就是规范性的,而物理学则是描述性的。从这个意义上讲,传统经济学更像宗教,而新的经济学更像科学。上述行为金融分析方法对金融研究产生的影响和相关的具体应用可以参见专栏1-7。

假定我们承认投资者风险厌恶假设(也就是说效用函数的二阶导数小于0)有普遍意义,现在需要进一步追问的是:如果两个投资者都是风险厌恶的,又如何比较他们风险厌恶的程度或者强度呢?前面的分析告诉我们:总有办法引诱风险厌恶的投资者进入"公平"的赌博,能吸引他进入的公平赌博的最小可接受的价位被称为确定性等价,确定性等价与期望效用之间的差额为风险溢价。因此,可以考虑用风险溢价作为测度投资者风险厌恶程度的指标。我们说:当且仅当一个投资者在面对任何赌博时,都要求比其他投资者更多的风险溢价作为补偿时,他就表现出更强的风险厌恶。从图形上观察,效用函数越凹,则风险厌恶程度越大。

为使结论更正式一些,考虑下面的等式:

$$E[\mathcal{U}(W+x)]-\mathcal{U}(W-\pi)$$

① 应当说对行为金融的研究最早可以追溯到十九世纪的两本著作——戈斯特福·利波恩(Gustave Lebon)的《群体》(*The Crowd*)和查尔斯·曼凯伊(Charles。Mackey)的《奇特的群体谬见与疯狂》(*Extraordinary Popular Delusions and the Madness of Crowds*),这两本著作目前仍被许多研究者认为是探索市场群体行为领域的经典之作。20世纪30年代,凯恩斯从心理预期的角度研究过投资者的行为模式,他的分析被后人称为"动物精神"(animal spirit)理论和"选美竞赛"理论。伯勒尔(Burrell)是现代意义行为金融理论的最早研究者,他在1951年发表了一篇题为《以实验方法进行投资研究的可能性》的论文,文章提出构造实验来检验理论的思路,由此开拓了一个将量化的投资模型与人的行为特征相结合的金融新领域。

② 作为一个新兴的研究领域,行为金融至今还没有一个为学术界所公认的严格定义。Thaler(1993)将行为金融称为"思路开放式金融研究"(open-minded finance),只要是对现实世界关注,考虑经济系统中的人有可能不是完全理性的,就可以认为是开始研究行为金融了。Hsee(2000)认为,行为金融是将行为科学、心理学和认知科学上的成果运用到金融市场中产生的学科。它的主要研究方法,是基于心理学实验结果提出投资者决策时的心理特征假设来研究投资者的实际投资决策行为。

其中，W 为投资者的现有财富水平，x 是报酬的微小增量(它是一个随机变量)，π 是风险溢价。这个方程就是说风险溢价可以给风险厌恶投资者一定补偿。对上式左侧作泰勒级数展开：

$$E[\mathcal{U}(W)+x\mathcal{U}'(W)+\frac{\mathcal{U}''(W)}{2}x^2+\mathrm{Re}]=\mathcal{U}(W)-\pi\mathcal{U}'(W)+\mathrm{Re}$$

其中，Re 为高阶余项，整理得：

$$\mathcal{U}(W)+\frac{\mathcal{U}''(W)}{2}\sigma^2\approx\mathcal{U}(W)-\pi\mathcal{U}'(W)$$

即：

$$\pi\approx-\frac{1}{2}\sigma^2\frac{\mathcal{U}''(W)}{\mathcal{U}'(W)}$$

其中，σ 是 x 的标准差。显然，仅仅 $-\mathcal{U}''(x)/\mathcal{U}'(x)$ 就可以作为风险厌恶程度的测量指标(普拉特，1964)，而且它不受量纲影响。于是，阿罗(1970)-普拉特绝对风险厌恶(Arrow-Pratt absolute risk aversion)指标就定义为：

$$\mathcal{R}_a(x)=-\frac{\mathcal{U}''(W)}{\mathcal{U}'(W)}$$

其中，$\mathcal{R}_a(.)<0$ 是递减绝对风险厌恶，它意味着随着财富水平的提升，投资者要求的风险溢价开始减少，即确定性等价也越来越高；$\mathcal{R}_a(.)>0$ 是递增绝对风险厌恶，这似乎与日常生活经验有一些出入；$\mathcal{R}_a(.)=0$ 则是不变绝对风险厌恶。在财富的整个定义域上，递减绝对风险厌恶意味着风险投资是一种正常商品，随着财富的增长对于风险投资的需求也是递增的；而递增绝对风险厌恶则隐含着风险投资是一种劣等商品(inferior goods)。

我们也顺便给出两个相关的概念，定义阿-普相对风险厌恶(Arrow-Pratt relative risk aversion)指标为：

$$\mathcal{R}_r(W)=\mathcal{R}_a(W)W$$

定义风险承受(risk tolerance)指标为：

$$\widetilde{\mathcal{R}}(W)=\frac{1}{\mathcal{R}_a(W)}$$

在微观金融分析中最常用的，表现出风险厌恶特征的效用函数，基本上都属于双曲绝对风险厌恶(hyperbolic absolute risk aversion, HARA)或者线性风险承受(linear risk tolerance, LRT)函数族。它通常采取以下形式：

$$\mathcal{U}(x)=\frac{1-\gamma}{\gamma}\left(\frac{\beta x}{1-\gamma}+\eta\right)^{\gamma},\ \beta>0,\ \gamma<1,\ \gamma\neq1$$

由此可得：

$$\mathcal{U}'(x)=\beta\left(\frac{\beta x}{1-\gamma}+\eta\right)^{\gamma-1}$$

$$\mathcal{U}''(x)=-\beta^2\left(\frac{\beta x}{1-\gamma}+\eta\right)^{\gamma-2}$$

因此：

$$\mathcal{R}_a(x)=\frac{\beta}{\beta x/(1-\gamma)+\eta}=\left(\frac{x}{1-\gamma}+\frac{\eta}{\beta}\right)^{-1}$$

由于这是一条双曲函数，它也就因此得名。而：

$$\tilde{\mathcal{R}}(x)=\frac{x}{1-\gamma}+\frac{\eta}{\beta}$$

这是一条斜率为 $1/(1-\gamma)$ 的直线，也就是所谓线性风险承受的来历。很明显，风险承受指标在 $\gamma>1$ 时是递增的，在 $\gamma<1$ 时是递减的。由于 $\mathcal{R}_a(x)$ 与 $\tilde{\mathcal{R}}(x)$ 符号相同，如果 $\gamma>1$ 则该族函数呈现出递增风险厌恶特征；如果 $\gamma<1$，则呈现出递减风险厌恶特征。

下面来观察 HARA 函数的 5 个特例。

(1) 当 $\gamma=1$ 时，就可以得到线性效用函数，这是风险中性投资者所具有的效用函数。

(2) 当 $\gamma=2$ 时，HARA 函数简化为二次效用函数(quadratic utility)：

$$\mathcal{U}(x)=\frac{1-2}{2}\left(\frac{\beta x}{1-2}+\eta\right)^2$$

或者：

$$\mathcal{U}(x)=x+ax^2,\ a<0$$

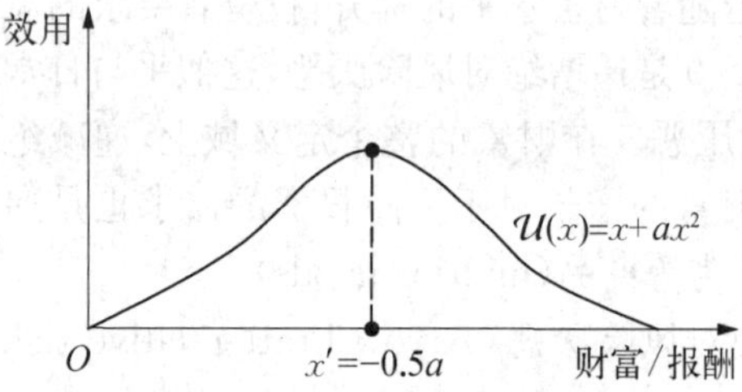

图 1-20　二次效用函数和递减绝对风险厌恶

二次效用函数的形状如图 1-20 所示。

从图 1-20 中可以很明显地看到，一旦财富规模超过最大值点 $x'=-0.5a$，财富的增加会导致投资者效用满足程度降低，这是与投资者偏好满足的非饱和性相抵触的。为了保证它可以使用，就必须把 x 的定义域限定在$[0,\ -1/2a]$之间。由此可得：

$$\mathcal{R}_a(x)=-\frac{2a}{1+2ax}>0$$

即二次效用函数在定义域$[0,\ -1/2a]$内呈现递增绝对风险厌恶。在 1.2 节中我们即会用到这种效用函数。

(3) 当 $\gamma=-\infty$ 并且 $\eta=1$ 时，HARA 函数简化为负指数效用函数：

$$\mathcal{U}(x)=-\mathrm{e}^{-\beta x}$$

而且：

$$\mathcal{R}_a(x)=\beta$$

所以，它具有常绝对风险厌恶特征。

(4) 当 $\gamma<1$ 并且 $\eta=0$ 时，HARA 函数简化为幂效用函数：

$$\mathcal{U}(x)=\frac{x^\gamma}{\gamma}$$

而且：

$$\mathcal{R}_r(x)=-\frac{\mathcal{U}''(x)x}{\mathcal{U}'(x)}=-\frac{(\gamma-1)x^{\gamma-2}x}{x^{\gamma-1}}=1-\gamma$$

所以，它是常相对风险厌恶和递减绝对风险厌恶的。

(5) 当 $\beta=1$，$\eta=0$，γ 趋近于 0 时，则：

$$\frac{1-\gamma}{\gamma}\left[\left(\frac{x}{1-\gamma}\right)^{\gamma-1}\right]\rightarrow \ln x$$

这就得到了对数效用函数或者等弹性边际效用(isoelastic marginal utility)函数。可知它也是常相对风险厌恶的：

$$\mathcal{R}_r(x)=-\frac{\mathcal{U}''(x)x}{\mathcal{U}'(x)}=-\frac{-x^{-2}x}{x^{-1}}=1$$

金融思想史 1-4　状态偏好方法

上文分析把不确定环境下的决策，归结为对抽奖商品(其实是概率分布)的偏好比较，同上述分析有所不同，在关于不确定性经济分析的历史文献中，还出现了一种选择行为的一般分析框架，它被称为状态偏好方法(state preference method)①。阿罗(Arrow)在 1953 年，萨维奇(Savage)在 1954 年，各自独立创立了这种分析框架。

不确定性仍然可以用抽奖模型或者古典概型刻画，不同可能结果的出现，我们称为“世界的状态”(states of the world or states of nature)。所谓世界状态，是对外生世界环境的一个充分的描绘，它可以是天气、政治事件、经济指标等，只要它们可能对要考察的问题产生直接或者间接的影响。例如，在考察 2000 年第一季度台湾地区股市的运行情况时，谁会当选就是不同的世界状态。为了逻辑上的通顺，要求这些状态有明显区别且相互排斥，可以用图 1-21 所示的事件树(event tree)来描述不确定性(世界状态)随时间的演进过程。

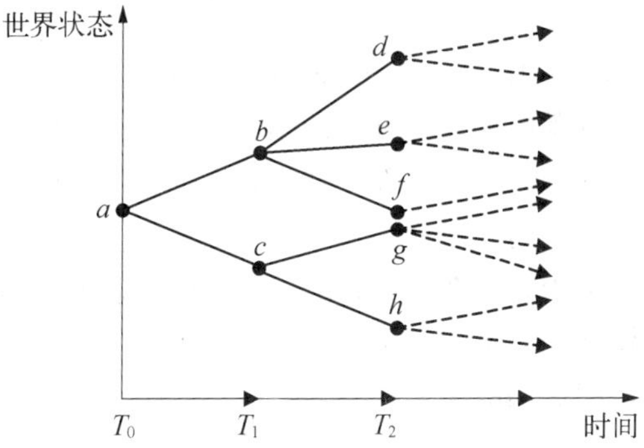

图 1-21　用事件树描绘历史的演进过程

0 时刻是起点，在 1 时刻，世界被揭示出仅仅包含两种状态 b 和 c，在第 2 时刻则出现 5 种状态。事件树的每一个节点(node)，可以由它所处的时间和状态唯一地、完全地描绘，例如(2, h)就表示在 2 时刻 h 状态会出现。整个事件树不仅仅可以表现在某一时点上，所有可能出现的世界状态，还揭示了世界历史的演进方式。在 1 时刻，如果 b 被揭示为真实的世界状态，那么 c 以及由它演进的 g、h，对于考虑的特定问题将不再有意义，世界的历史将选择事件树的上半支前进到 d、e 或者 f 中的某一点。世界的进化史就可

① 状态偏好方法将在第 3 章正式进入微观金融分析。

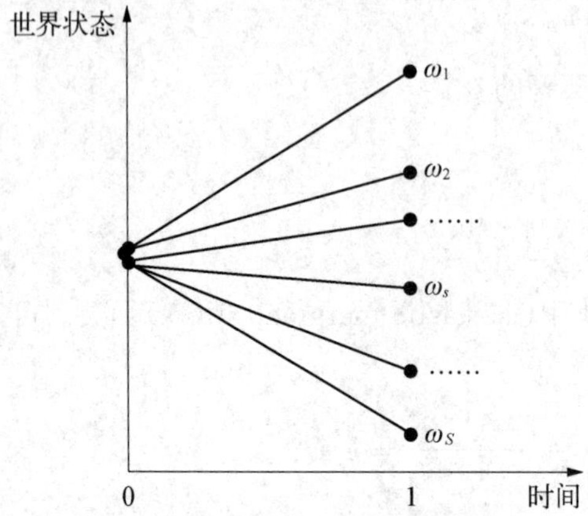

图 1-22 退化为两个时期的事件树

以看成沿着这样一种事件树无限延伸的过程。如果考察的问题仅仅涉及一个时期,那么事件树就退化到了图 1-22 中的简单形式。

为了简化分析,通常假定世界状态是有限的。这样,在结束时刻,按照概率理论的术语,有限的样本空间(sample space):

$$\Omega=\{\omega_1, \cdots, \omega_s, \cdots, \omega_S\}$$

中的一个世界状态会被揭示出来。可以知道,即便在物理性质上完全相同的两件商品,在不同的世界状态下,也会被当作截然不同的两种商品来对待。在十分饥饿的情况下的一只巨无霸汉堡和刚刚享用过丰盛晚餐后的同样一只汉堡对消费者来说,感受是完全不同的。因此,同前面的分析不同,状态偏好方法中的偏好,是建立在状态结果本身①,而不是结果的概率分布基础上的。

1.2 均值-方差分析

有了 1.1 节中提供的不确定环境下的理性决策准则,现在可以考虑投资者行为。这里会着重考察本章一开始时所描述个人选择行为的第三个方面,即个人如何在面对既定投资基金预算约束和存在不确定性的环境下,进行资产选择(或投资组合)来最大化期末财富所带来的效用满足②。

由于有了在 1.1.3 节中得到的期望效用函数这一方便的工具,构造这类投资者行为的经济模型变得十分简洁——人们总是会试图选择,在既定预算约束条件下,那些给他们带来最大期望效用的投资项目,即:

$$\max E[\mathcal{U}(x)] \quad , \text{s.t. 可用投资基金}$$

按照微观金融学发展的历史沿革,从最简单的单一时期模型开始,假定个体生命过程仅仅存续一个时期。为了简化分析,我们采用了期望效用函数的一个间接的、特殊的表述方式,即均值-方差分析方法。所谓均方分析,是指投资者的效用函数仅仅包括两个自变量——均值和方差(或者标准差)。但是,业已证明只有在满足一系列严格的前提条件下,它才能从期望效用行为的公理体系中推导出来③。我们先讨论这种分析方法与期望效用公理的内在兼容性,然后通过具体的例子来详细考察由马科维茨(Markovitz H.,1952,1959)和托宾(Tobin J.,1958)创立的这种分析方法,最后一般化推导出符合均方效率原则的最优资产组合比例

① 第三章中称之为状态或有商品(contingent commodity)。
② 这一问题的解决需要微积分和线性代数这些常用数学工具来产生最优化结果。
③ 马科维茨 1959 年经典著作的最后部分和一个附录就建立起了这种联系。

以及均方效率曲线，并获得互助基金分离定理(mutual fund separation theorem)①。

接下来，通过进一步对投资者的可获得信息结构(accessible information structure)做出更为大胆的假设，可以加总投资者个人资产需求，并要求市场出清(market clean)，就得到金融分析史上第一个单一时期的市场均衡模型，即著名的资本资产定价模型(capital asset pricing model 简记为 CAMP)，它们提供了资产均衡定价的比较静态标准分析框架。

1.2.1　效用基础

1.1 节的分析显示，投资者对投资方案(也就是抽奖商品)带来的效用比较，可以建立在状态结果的概率分布(函数)上，这意味着什么呢？比较下列两个投资方案。

收 益 状 态	投资方案 1	投资方案 2
50	30%	50%
0	20%	0%
−30	50%	50%

如果投资的状态结果对于所有投资者来说都是一样的，则概率分布成为决策的关键。

如何描述一个随机变量的概率分布呢？统计学理论告诉我们：如果这个变量可取的值是离散的，就必须使用上面的分布表；如果是连续的，就可以用分布函数或者密度函数来描述。然而，这两种函数总是可以用它的某些数值特征来表示。这主要是指它的矩，如一阶原点矩——数学期望(均值)μ，二阶中心矩——方差 σ^2 或者标准差 σ，三阶中心矩函数——偏峰度，四阶中心矩函数——宽尾度(再高阶的矩则连统计学家也不很清楚它们的确切含义了)②。

我们很自然地想到，也许可以使用风险投资的期望收益(均值)这个集中指标③和期望收益的方差(风险④)这个离散指标来进行投资决策。其实我们已经知道，在 1.1 节确立的分析框架中，投资者是根据抽奖概率的一种线性形式——期望效用最大化来进行决策的。现在要做的是，证明仅仅根据概率分布的头两阶矩来进行决策的行为，是可以从期望效用准则中引导出来的。换句话说，我们想知道在什么条件下，期望效用最大化的决策者，会按照均值越大方差越小这种原则进行决策。

这可以有两种解释，回忆 1.1 节中期望效用函数的形式，即式(1-7)，重写它则有：

$$\widetilde{\mathcal{U}}(P_1,\ \cdots,\ P_N) = \sum_{i=1}^{N} P_i \mathcal{U}(x_i) \tag{1-14}$$

或者它的连续形式：

$$\widetilde{\mathcal{U}}(.) = \int \mathcal{U}(x)\mathrm{d}\mathcal{D}(x) \tag{1-15}$$

观察式(1-15)，积分符号中有两个组成部分：一是随机变量 x 的分布函数 $\mathcal{D}(x)$；二是

---

①　所谓互助基金(mutual fund)是指这样一些公众公司，通过向社会公众发行股票，它们可以募集到资金，然后投资到证券市场上去，所有得到的收益，除了留出一定比例作为管理费用和对于基金管理人的奖励以外，全部以红利的形式分配给股东。

②　参考 8.1 和 8.4 节。

③　用来表示集中程度的还有中位数(median)和众数(mode)，对它们的定义参见 8.4.1 节。

④　用方差来表示风险是一种古老的信念了，可以一直追溯到 19 世纪的伯努利(1879)那里。

效用函数 $\mathcal{U}(x)$。因此,对于均方决策和期望效用最大化决策之间兼容性的一种解释,是关于 $\mathcal{D}(x)$,即随机变量的分布形式的;而另一种就需要对 $\mathcal{U}(x)$的形式做出某些限制。

① 如果随机变量服从正态分布,那么仅仅使用均值和方差,即它的前两阶矩,就能够完整地表达它们的分布情况,更高阶矩可以从它们两者中推导出来,也就是说更高阶矩不提供更多的有用信息。正态分布族函数是唯一的,是可以用它的前两阶矩描绘的(平稳)分布函数①。但是假定随机变量呈正态分布在经济上会带来一些不合理的结果,如股票价格的正态分布,就意味着它的价格有可能会取负值,而这明显与有限负债的一般经济原则相违背②。不过正态分布只是一个充分条件而非必要条件③。因而,还有另一种替代的解释。

② 不对随机变量的分布情况作任何限制,而要求效用函数是二次的,即必须采用如下的形式:

$$\mathcal{U}(x) = x + ax^2$$

其中,a 为小于 0 的常数,这使得式(1-15)变形为:

$$\int \mathcal{U}(x)\mathrm{d}\mathcal{D}(x) = \int x\mathrm{d}\mathcal{D}(x) + a\int x^2\mathrm{d}\mathcal{D}(x)$$

根据概率论中的知识④,有:

$$\begin{aligned}\sigma^2 &= \int [x-\mu(x)]^2\mathrm{d}\mathcal{D}(x) = \int [x^2 - 2x\mu + \mu^2]\mathrm{d}\mathcal{D}(x) \\ &= \int x^2\mathrm{d}\mathcal{D}(x) - 2\mu\int x\mathrm{d}\mathcal{D}(x) + \mu^2 = \int x^2\mathrm{d}\mathcal{D}(x) - \mu^2\end{aligned} \tag{1-16}$$

根据式(1-16)的最后一个等式,可以推出:

$$\int x^2\mathrm{d}\mathcal{D}(x) = \sigma^2 + \mu^2 \tag{1-17}$$

因而:

$$\widetilde{\mathcal{U}}(x) = \int x\mathrm{d}\mathcal{D}(x) + a\int x^2\mathrm{d}\mathcal{D}(x) = \mu + a(\sigma^2 + \mu^2) \tag{1-18}$$

我们看到:一旦效用函数采用二次形式,则只有随机变量分布的头两阶矩,出现在投资者视野中。但是,这个假定也引起了许多争论,在 1.1.4 节中,我们就知道二次类型的效用函数其形状如图 1-18 所示。那里的分析表示,一旦财富规模超过最大值点 x'则有:

$$\frac{\partial\mathcal{U}(x)}{\partial x} = 1 + 2ax = 0 \Rightarrow x' = -\frac{1}{2a}$$

财富的增加会导致投资者效用满足程度降低,这是有极大缺陷的。为了保证它可以使用,就必须把 x 的定义域限定在$[0, -1/2a]$之间,这造成了一些不便。有人也许会争论说,如果假定 a 是一个很小的值,如$-0.000\,1$,就可以使得它在较高的财富水平上得到应用。但

① 正态分布是加性平稳的,这就是说明如果资产的收益是多维正态分布的,则由这些股票构成的资产组合的收益也是正态分布的。对数正态分布也仅仅由它的前两阶矩刻画,但是它不是平稳的。参见 8.5.4 节。

② 金融资产价格究竟呈现怎样的分布特征见第 8、9 章。

③ Chamberlain(1983a)证明椭圆分布(elliptical distribution)函数族均允许投资者根据头两阶矩决策。

④ 见 8.4.1 节。

是，如果 a 太小，二次项的作用就会被忽略，效用函数退化成了一条直线，也就不具备风险厌恶的特征了。此外，它还有另一个问题，即递增绝对风险厌恶，也就是说投资是一个劣等商品，投资者财富水平越高就越不愿意进行风险投资，这似乎也难以让人接受。

不管怎样，目前我们假定二次效用函数的假设成立。用均方效用函数式(1-18)分别对均值方差求导，并要求①：

$$\frac{\partial\tilde{\mathcal{U}}}{\partial\mu}=1+2a\mu>0 \text{ 和 } \frac{\partial\tilde{\mathcal{U}}}{\partial\sigma^2}=a<0$$

毫无疑问对于投资者来说，收益是越大越好，风险则是越小越好。这就隐含了一种两难，为了解决这对潜在的矛盾，就启发了金融科学对于投资者行为分析的早期尝试。既然获得的是只由两个因素构成的效用函数，就可以在均值-标准方差空间中绘出它的无差异曲线，如图 1-23 所示。

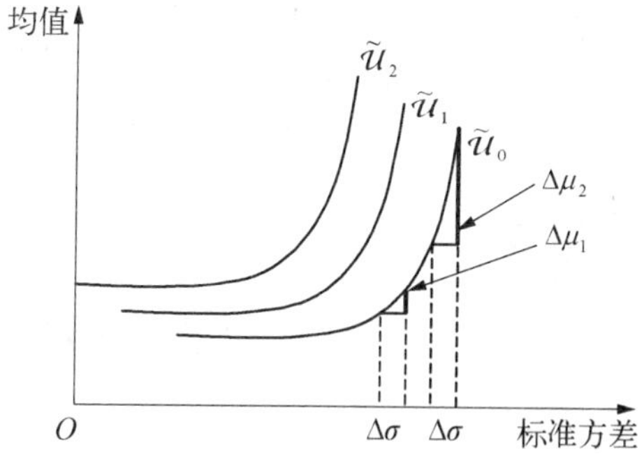

图 1-23　投资者均方无差异曲线

我们知道在无差异曲线上 $d\tilde{\mathcal{U}}=0$，即：

$$d\tilde{\mathcal{U}}=\frac{\partial\tilde{\mathcal{U}}}{\partial\sigma}d\sigma+\frac{\partial\tilde{\mathcal{U}}}{\partial\mu}d\mu=0$$

得：

$$\frac{d\mu}{d\sigma}=-\frac{\partial\tilde{\mathcal{U}}/\partial\sigma}{\partial\tilde{\mathcal{U}}/\partial\mu}=-\frac{2a\sigma}{1+2a\mu}>0$$

$$\frac{d\mu^2}{d^2\sigma}=-\frac{2a}{1+2a\mu}>0$$

由于 $0>a>-1/2\mu$，在第一象限中 μ，σ 均为正值，这样无差异曲线的斜率(一阶导数)大于 0，这意味着 μ 是 σ 的单调递增函数，风险越大投资者要求的收益也越高，即该曲线向右上方延伸；二阶导数也大于 0，则说明随着风险程度到达较高的水平，对于相等的风险增量 $\Delta\sigma$，投资者要求更高比率的收益 $(\Delta\mu_2>\Delta\mu_1)$ 来补偿，即它凸向 x(标准方差)轴。它具有微观经济学中一般无差异曲线的特征，如两两不能交叉、数目无限、对于不同消费者来说一般是不同的等。另外，注意到越往左上方的无差异曲线，给投资者带来的效用满足程度越高 $(\tilde{\mathcal{U}}_2>\tilde{\mathcal{U}}_1>\tilde{\mathcal{U}}_0)$。

这样通过一些比较严格的假定，就从偏好-期望效用公理体系来到了均值-方差分析框架中。必须注意的是，这种结论并不具有普遍性。既然均值—方差分析方法与期望效用公理在大多数情况下不兼容，那么为什么还要用它呢？一方面是由于它实际应用起来非常方便，仅仅只有两个变量需要赋值；另一方面则是因为它在直觉上易于接受而令人产生愉悦感②。

1.2.2　均方分析

这样既定投资基金数量，个人最优投资决策工作可以分离成两个相对独立的部分：第

① 为了满足这个条件就必须对参数的选取有一定的要求，即 $-1/2\mu<a<0$。

② Samuelson(1970)证明在很多重要的决策场合，期望和方差的重要性相当，但三阶以及更高阶矩的重要性远不如它们，这也支持了均方分析技术。

一,确定不同投资者仅包含均值和方差两个自变量在内的效用函数形式和位置;第二,确定可供挑选的投资方案在均值-方差意义上的优劣(实际上是提供优化了的预算约束集)。最后,把它们结合到均值-方差的两维空间中去。

第一部分工作就是参数 a 的估计,它对于不同投资者来说一般是不同的;第二部分的工作就是本节的主要内容:如何获得投资方案的分布特征并判断其优劣。这就涉及把时间序列数据转化成截面信息的方法。尽管用历史数据预测未来变动的原理一直在受到质疑,我们仍然假定分布的重要数值特征可以通过历史数据的统计方法获得,这样我们要做的是在均值-方差空间中,罗列出所有的投资方案的风险-收益位置。

“理论与实践相结合”1-5　金融业行话

1. 时间价值

货币是有时间价值的,现在投入的一元钱,一段时间后本利和会大于一元钱,这就会涉及现值(presnet value)和终值(future value)的概念。例如,今天的一元钱存在银行,每年收到10%的利息,则一年后就可以得到:

$$1\times(1+10\%)=1.1(\text{元})$$

存两年就是:

$$1\times(1+10\%)^2=1.21(\text{元})$$

这实际上是连本带利再存一年的结果:

$$1\times(1+10\%)\times(1+10\%)=1.21(\text{元})$$

一般地,一定数量的本金 n 年以后的终值就是:

$$\text{终值}=\text{本金}\times(1+\text{利率})^n$$

反过来,未来的一笔支付的现在价值就是:

$$\text{现值}=\frac{\text{支付}}{(1+\text{利率})^n}$$

这个过程就是贴现(discount),显然现值和终值是一对逆运算,它们是金融计算的基础。

上述计算中隐含假定每年支付一次利息,但实际中可以半年或者每个季度都支付利息,这使得计数的间隔变得密集起来。把半年或者更小周期的利率转换成年利率的方法通常有两种。一种是比例法,它简单地按照不同周期的长度的比例来进行利率换算,例如,一年的利率就是半年的利率乘2,反之亦然。这种方法得到的利率习惯上被称为等价利率(equivalent rate)。还有一种是复利法(compounding method),例如,可以把半年的利率用下面的公式换算成年实际利率(effective annual rate):

$$\text{年实际利率}=(1+\text{半年利率})^2-1$$

毫无疑问，后者更加精确些。实际上，如果一定量的本金 A 以年利率 r 投资了 n 年，利率按每一年计 m 次复利计算，则以上投资的终值应当为：

$$A\left(1+\frac{r}{m}\right)^{mn}$$

当 m 趋于无穷大时，这个函数收敛，称这种情况为连续复合(continuous compounding)。在这种情况下，本金 A 以利率 r 投资了 n 年后将达到：

$$\lim_{m\to\infty}A\left(1+\frac{r}{m}\right)^{mn}=A\,\mathrm{e}^{r_c n}$$

其中，e=2.718 281 828 459 0 … 是自然指数，上式也可以记为：

$$A\,\mathrm{e}^{r_c n}=A\left(1+\frac{r_m}{m}\right)^{mn}$$

其中，r_c 是连续复利的利率，r_m 是与之等价的每年计 m 次复利的利率，它们之间的换算关系是：

$$r_c=m\ln\left(1+\frac{r_m}{m}\right)\text{ 和 }r_m=m(\mathrm{e}^{r_c/m}-1)$$

通过上述公式可将复利频率为每年计 m 次的利率转换为连续复利的利率，反之亦然。

2. 即期和远期利率

n 年即期利率是指从今天开始计算并持续 n 年期限的投资的利率。考虑的投资应该是中间没有支付的"纯粹"的 n 年投资。这意味着所有的利息和本金在 n 年末支付给投资者。远期利率是指由当前即期利率隐含的将来时刻的一定期限的利率。假设 $T^*(T)$ 年期的即期利率为 $r^*(r)$，且 $T^*>T$，则 T^*-T 期间的远期利率为 $\hat{r}$。当即期利率与远期利率都是连续复利时，两者的关系可表示为：

$$\mathrm{e}^{rT}\times\mathrm{e}^{\hat{r}(T^*-T)}=\mathrm{e}^{r^*T^*}$$

所以，

$$rT+\hat{r}(T^*-T)=r^*T^*$$

变化后，即得：

$$\hat{r}=\frac{r^*T^*-rT}{T^*-T}$$

3. 名义利率(nominal rate)和实际利率(real rate)

如果经济中有通货膨胀(inflation)发生，则通过名义利率得到的购买力就会减缩，两者的关系可以用著名的费雪方程式(Fisher equation)来显示：

$$r_{real}=r_{nominal}+\text{通货膨胀率}$$

4. 收益(revenue)

如果投资于普通股股票，通常会有两种形式的收益：一是红利(dividend)，即由股份公司定期或者不定期地向股东派送的盈利；二是资本增值，即在股票市场上转手获得的差价收入,当然也可能会出现资本损失。

假定 p_t 为某种股票在 t 时刻的价格,暂时假定该股票不支付红利,那么该资产在 $t-1$ 和 t 时刻之间的(单期)简单净收益率(simple net return rate)就定义为:

$$r_t = \frac{p_t - p_{t-1}}{p_{t-1}}$$

相应的简单总收益率(gross return rate) R_t 则定义为:

$$R_t = 1 + r_t$$

根据这一定义,很明显:某种资产从最近的 $t-k$ 时刻到 t 时刻,一共 k 期的总收益,记为 $1+r_t(k)$,应当就是 k 个从 $t-k+1$ 时刻到 t 时刻的一系列单期总收益的乘积:

$$1 + r_t(k) = (1 + r_t)(1 + r_{t-1})\cdots(1 + r_{t-k+1}) = \frac{p_t}{p_{t-1}} \frac{p_{t-1}}{p_{t-2}} \cdots \frac{p_{t-k+1}}{p_{t-k}} = \frac{p_t}{p_{t-k}}$$

相应的多期净收益率 $\tilde{r}_t(k)$,就是它的多期总收益减去 1。这些多期收益被称为复合收益率(compound returns)。要注意的是,尽管收益是一个无量纲的相对比例,但是它仍然具有时间单位,显然在多长的时间内,获得一个目标收益肯定是至关重要的。在实践当中人们通常隐含的假定收益的时间单位是一年。超过一年的收益通常需要做一个年度化(annualized)使得不同时间长度的投资收益可以相互比较,即:

$$r_t(k)/\text{年} = \left[\prod_{i=0}^{k-1}(1 + r_{t-i})\right]^{1/k} - 1$$

其中,k 是年度数。由于单期收益通常很小,也可以用泰勒公式(Taylor formula)做一个近似①:

$$r_t(k)/\text{年} \approx \frac{1}{k}\sum_{i=0}^{k-1} r_{t-i}$$

如同前面看到的那样,这种用算术平均来取代几何平均的方法,在一定程度上简化了计算,但它并不十分精确。接下来,要澄清的是有关连续复合收益率和对数收益(log return)的概念,它们的定义为资产总收益的自然对数:

$$\tilde{R}_t = \log(R_t) = \log\left(\frac{p_t}{p_{t-1}}\right) = \log p_t - \log p_{t-1}$$

因此,可以很容易地克服处理多期收益时需要进行几何平均的困难:

$$\begin{aligned}\tilde{R}_t &= \log(1 + r_t) = \log[(1 + r_t)(1 + r_{t-1})\cdots(1 + r_{t-k+1})] \\ &= \log(1 + r_t) + \log(1 + r_{t-1}) + \cdots + \log(1 + r_{t-k+1}) \\ &= \tilde{R}_t + \tilde{R}_{t-1} + \cdots + \tilde{R}_{t-k+1}\end{aligned}$$

这样多期连续复合收益就是单期连续复合收益的简单加总。

---

① 见8.2.2节。

先看以下两种风险资产的简单例子。假定有两家公司的普通股股票 1、2，它们的均值方差数据如下所示。

	收　益	方　差
股票 1	$r_1 = 5.79$	$\sigma_1^2 = 100$
股票 2	$r_2 = 12.74$	$\sigma_2^2 = 400$

在均值方差空间中描出它们的位置，如图 1-24 所示。

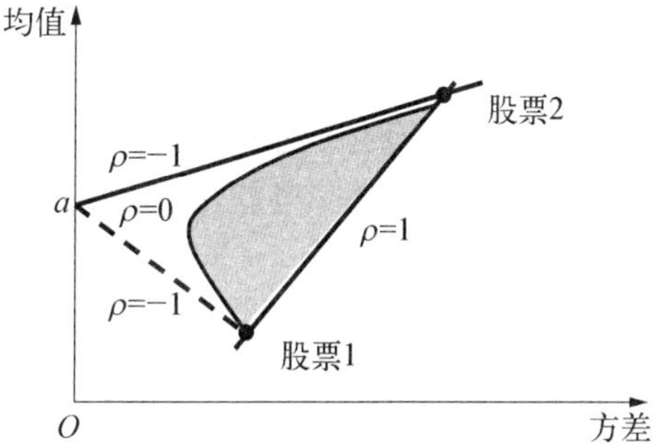

图 1-24　资产组合收益和风险以及相关系数

如果投资者仅仅以预期收益作为评价投资方案优劣的唯一指标，那么他们总会选择有最高收益的投资方案如股票 2（如一家网络公司），而且会把所有资产都投放这个唯一的股票品种上；另一方面，如果投资者更关心风险，他们就宁愿把钱投资到比较稳妥的投资方案如股票 1 上（可能是一家经营公用事业的公司），或者更为简单地，存到银行中去。

现在的问题是：除了把资金机械地投放到单一的投资渠道上，有没有其他的选择呢？实际上，对于投资者行为分析最早的努力就是试图解释生活中的投资分散行为。是否有可能通过资产的某种组合安排，来获得具有符合投资者个人品位的收益/风险特征的投资方案呢？

让我们来建立资产组合，使用占可用投资基金总额比例为 w_1 的资金买入股票 1，按 w_2 的比例买入股票 2，明显有：

$$w_1 + w_2 = 1$$

整个投资组合的期望收益率是：

$$r_P = w_1 r_1 + w_2 r_2 \tag{1-19}$$

一般而言，包含 n 种风险资产的资产组合的收益，是其中所有风险资产收益的普通加权平均数，权重就是投资比例 w，即：

$$r_P = \sum_{i=1}^{n} w_i r_i,\ \sum_{i=1}^{n} w_i = 1$$

资产组合的方差呢？先定义 n 种资产的一般情形，即：

$$\begin{aligned}
\sigma_P^2 &= E[(r-\mu)^2] = E\left[\left(\sum_{i=1}^{n} w_i r_i - \sum_{i=1}^{n} w_i r_i\right)^2\right] \\
&= E\left[\sum_{i=1}^{n} w_i (r_i - \mu) \sum_{j=1}^{n} w_j (r_j - \mu)\right] \\
&= E\left[\sum_{i=1}^{n}\sum_{j=1}^{n} w_i w_j (r_i - \mu)(r_j - \mu)\right] \\
&= \sum_{i=1}^{n}\sum_{j=1}^{n} w_i w_j \sigma_{ij}
\end{aligned} \tag{1-20}$$

其中,σ_{ij}为任意两种风险资产之间的协方差。在例子中资产组合总体方差是:

$$\sigma_P^2 = \sum_{i=1}^{2}\sum_{j=1}^{2} w_i w_j \sigma_{ij}$$

或者写成代数形式为:

$$\sigma_P^2 = w_1 w_1 \sigma_{11} + 2w_1 w_2 \sigma_{12} + w_2 w_2 \sigma_{22} \tag{1-21}$$

定义:

$$\rho_{ij} = \frac{\sigma_{ij}}{\sigma_i \sigma_j}$$

为任意两种风险资产之间的相关系数,它的取值范围在±1之间;另外,注意一个随机变量对自身的协方差就是方差,因而式(1-21)又可以写为:

$$\sigma_P^2 = w_1^2 \sigma_1^2 + 2w_1 w_2 \rho_{12} \sigma_1 \sigma_2 + w_2^2 \sigma_2^2 \tag{1-22}$$

根据上面的数值,就可以在均方空间中,描绘出由于投资比例变化,而形成的所有投资组合的收益-风险点,它们形成了图1-23中的浅色区域,这个区域被称为可行集(feasible set)。

要注意的是:相关系数起很重要的作用,如果该参数变化,就可以得到不同的收益-风险效率曲线。图1-24中提供了特殊的例子来勾画出可行集的轮廓。例如:如果两种资产完全正相关,即$\rho_{ij}=1$,则两种资产的任意组合完全落在连接1、2两点的直线上;如果它们完全负相关,则会落在1a2这条折线上;如果它们完全不相关,得到的则是一条连接两种资产的曲线12。

如果要对它们做进一步的取舍,就需要对理性的投资者行为建立两个规范性(normative)准则:

(1) 在同等的投资收益率下,投资者希望风险(用方差或者标准差量度)越小越好;

(2) 在同等的风险条件下,收益率越高越好。

这就是所谓的均方效率原则。根据准则(1),投资者决策行为就可以表述为选择合适的资金投放比率,来求解下面的数学规划问题:

$$\begin{aligned} &\min \sigma_P^2 = w_1^2 \sigma_1^2 + 2w_1 w_2 \rho_{12} \sigma_1 \sigma_2 + w_2^2 \sigma_2^2 \\ &\text{s.t. } 1 = w_1 + w_2 \\ &\qquad r_P = w_1 r_1 + w_2 r_2 \end{aligned} \tag{1-23}$$

1.2.3 一般情形

读者可以自己尝试根据历史数据,借助计算机把市面上所有股票,及其不同组合的收益和风险特征都描绘出来,可以发现这些组合在均值方差空间中,形成了图1-25中浅色阴影部分的形状。如果允许卖空的话①,则进一步包括了图1-25中的深色部分。

可以发现选择所有风险资产的某种组合,几乎总是可以在同等风险条件下,获得更高的收益,或者在同等收益下更小的风险,并且最靠近左上方的边界是最有效率的。下面我们一

① 卖空(short sale)或者空头:卖出自己没有所有权的资产。在股票市场上,这是通过向券商借入股票实现的,当然到期必须偿还这些股票。在基础产品如股票、债券市场上,卖空一般会受到比较严格的限制;而在衍生产品例如期权、期货市场上,卖空则是一种很常见的交易技术。

般化均值-方差分析方法。

假定：(1) 市场上存在 $n>2$ 种风险资产，$\{\boldsymbol{w} \mid \boldsymbol{w}=[w_1, w_2, \cdots, w_n]\}$ 代表投资到这 n 种资产上去的财富(投资基金)的相对份额。它是一个 n 维列向量，有 $\sum_{i=1}^{n} w_i=1$，这里允许 $w_i<0$，即卖空不受任何限制。

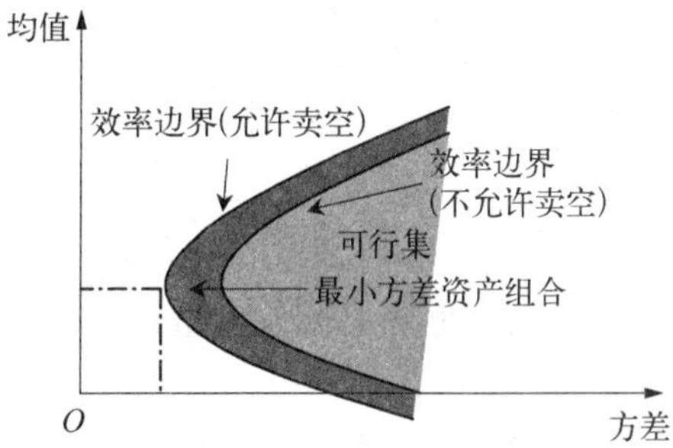

图 1-25　可行集

(2) $\boldsymbol{r}=(r_1, \cdots, r_n)$ 也是一个 n 维列向量，它表示每一种资产的期望收益率。要求 $\boldsymbol{r}$ 的元素不全相等，并且具有有限的方差。$r_P=\boldsymbol{w}^{\mathrm{T}}\boldsymbol{r}$ 表示整个资产组合的收益。

(3) 使用矩阵 $\mathbf{V}$ 表示资产之间的协方差，有：

$$\mathbf{V}=\begin{bmatrix} \sigma_{11} & \sigma_{12} & \cdots & \sigma_{1n} \\ \sigma_{21} & \sigma_{22} & \cdots & \sigma_{2n} \\ \cdots & \cdots & \cdots & \cdots \\ \sigma_{n1} & \sigma_{n2} & \cdots & \sigma_{nn} \end{bmatrix}$$

注意：每种资产对自身的协方差就是方差。很明显，由于 $\sigma_{ij}=\sigma_{ji}$，所以 $\mathbf{V}$ 是一个 $n\times n$ 对称方阵(symmetric square matrix)。假定 $\mathbf{V}$ 是一个非奇异(nonsingular)阵，这在经济意义上就要求：没有任何一种资产的期望收益率，可以通过其他资产收益的线性组合来得到，即它们的期望收益是线性独立的；此外，由于总是假定非负的总体方差，它还必须是一个正定(positive definite)阵，即对于任何非 0 的向量 $\boldsymbol{a}$，都有 $\boldsymbol{a}^{\mathrm{T}}\mathbf{V}\boldsymbol{a}>0$①。因此，整个资产组合的总体方差 σ_P^2 或者说风险就是 $\boldsymbol{w}^{\mathrm{T}}\mathbf{V}\boldsymbol{w}$。

这样，一旦从历史数据统计分析中得到了 $\boldsymbol{r}$ 和 $\mathbf{V}$，则根据投资准则(1)，资产选择行为就可以表述为②：

$$\begin{aligned} &\min \sigma_P^2=\boldsymbol{w}^{\mathrm{T}}\mathbf{V}\boldsymbol{w} \\ &\text{s.t. } \boldsymbol{w}^{\mathrm{T}}\boldsymbol{r}=r_P \\ &\qquad \boldsymbol{w}^{\mathrm{T}}\boldsymbol{1}=1 \end{aligned} \tag{1-24}$$

其中，$\boldsymbol{1}^{\mathrm{T}}=[1, 1, \cdots, 1]$ 是所有元素均为 1 的 n 维行向量。使用拉格朗日方法，并注意到：

$$\min(x)=\max(-x)$$

构造拉氏函数：

$$\mathcal{L}a=-\boldsymbol{w}^{\mathrm{T}}\mathbf{V}\boldsymbol{w}+\lambda_1(\boldsymbol{w}^{\mathrm{T}}\boldsymbol{r}-r_P)+\lambda_2(\boldsymbol{w}^{\mathrm{T}}\boldsymbol{1}-1) \tag{1-25}$$

令一阶偏导数为 0，得：

$$\frac{\partial \mathcal{L}a}{\partial \boldsymbol{w}}=2\mathbf{V}\boldsymbol{w}-\lambda_1\boldsymbol{r}-\lambda_2\boldsymbol{1}=\boldsymbol{0} \tag{1-26}$$

---

① 对于正定矩阵定义和性质的详细讨论参见 8.4.4 节。

② 这是一个二次规划(quadratic programming)问题。所谓二次规划，是指目标函数是二次的，约束条件是线性不等式(如非负约束)或者等式。由于 $\mathbf{V}$ 是正定的，$\boldsymbol{w}^{\mathrm{T}}\mathbf{V}\boldsymbol{w}$ 是凸函数，而两个线性约束条件也确定了一个凸集，因此该问题一定有全局最优(global optimum)解，而且仅仅考虑一阶条件就足够了。详细讨论参见 8.4.4 节后有关多变量最优化方法的内容。

$$\frac{\partial \mathcal{L}a}{\partial \lambda_1} = r_P - \boldsymbol{w}^{\mathrm{T}} r = 0 \tag{1-27}$$

$$\frac{\partial \mathcal{L}a}{\partial \lambda_2} = 1 - \boldsymbol{w}^{\mathrm{T}} \boldsymbol{1} = 0 \tag{1-28}$$

注意这里 $\boldsymbol{0}$ 是 n 维向量。式(1-26)两边左乘一个 $1/2\boldsymbol{V}^{-1}$，并移项得：

$$\boldsymbol{w} = \frac{1}{2}\boldsymbol{V}^{-1}(\lambda_1 \boldsymbol{r} + \lambda_2 \boldsymbol{1}) \tag{1-29}$$

写成矩阵形式为：

$$\boldsymbol{w} = \frac{1}{2}\boldsymbol{V}^{-1}[\boldsymbol{r}\ \boldsymbol{1}]\begin{bmatrix}\lambda_1\\ \lambda_2\end{bmatrix} \tag{1-30}$$

合并式(1-27)和式(1-28),并写成矩阵形式为：

$$\boldsymbol{w}^{\mathrm{T}}[\boldsymbol{r}\ \boldsymbol{1}] = [r_P\ 1] \tag{1-31}$$

转置得：

$$[\boldsymbol{r}\ \boldsymbol{1}]^{\mathrm{T}}\boldsymbol{w} = \begin{bmatrix}r_P\\ 1\end{bmatrix} \tag{1-32}$$

式(1-30)两侧左乘 $[\boldsymbol{r}\ \boldsymbol{1}]^{\mathrm{T}}$ 并把式(1-32)代入得：

$$\begin{bmatrix}r_P\\ 1\end{bmatrix} = \frac{1}{2}[\boldsymbol{r}\ \boldsymbol{1}]^{\mathrm{T}}\boldsymbol{V}^{-1}[\boldsymbol{r}\ \boldsymbol{1}]\begin{bmatrix}\lambda_1\\ \lambda_2\end{bmatrix} \tag{1-33}$$

令：

$$a = \boldsymbol{r}^{\mathrm{T}}\boldsymbol{V}^{-1}\boldsymbol{r},\ b = \boldsymbol{r}^{\mathrm{T}}\boldsymbol{V}^{-1}\boldsymbol{1},\ c = \boldsymbol{1}^{\mathrm{T}}\boldsymbol{V}^{-1}\boldsymbol{1},\ d = ac - b^2$$

把 d 写成矩阵形式①：

$$\boldsymbol{d} = \begin{bmatrix}a & b\\ b & c\end{bmatrix} = \begin{bmatrix}\boldsymbol{r}^{\mathrm{T}}\boldsymbol{V}^{-1}\boldsymbol{r} & \boldsymbol{r}^{\mathrm{T}}\boldsymbol{V}^{-1}\boldsymbol{1}\\ \boldsymbol{r}^{\mathrm{T}}\boldsymbol{V}^{-1}\boldsymbol{1} & \boldsymbol{1}^{\mathrm{T}}\boldsymbol{V}^{-1}\boldsymbol{1}\end{bmatrix} \tag{1-34}$$

简化后为：

$$\boldsymbol{d} = [\boldsymbol{r}\ \boldsymbol{1}]^{\mathrm{T}}\boldsymbol{V}^{-1}[\boldsymbol{r}\ \boldsymbol{1}] \tag{1-35}$$

代入,这样式(1-33)可以化简为：

$$\begin{bmatrix}r_P\\ 1\end{bmatrix} = \frac{1}{2}\boldsymbol{d}\begin{bmatrix}\lambda_1\\ \lambda_2\end{bmatrix} \tag{1-36}$$

两边同时左乘 $2\boldsymbol{d}^{-1}$，并移项得：

$$\begin{bmatrix}\lambda_1\\ \lambda_2\end{bmatrix} = 2\boldsymbol{d}^{-1}\begin{bmatrix}r_P\\ 1\end{bmatrix} \tag{1-37}$$

① 显然 $\boldsymbol{d}$ 也是对称矩阵,技术上要求它也是正定的,这一点由 $\boldsymbol{V}$ 的正定性保证。

代入式(1-30)得：

$$\boldsymbol{w}=\boldsymbol{V}^{-1}[\boldsymbol{r}\ \boldsymbol{1}]\boldsymbol{d}^{-1}\begin{bmatrix} r_P \\ 1 \end{bmatrix} \tag{1-38}$$

$\boldsymbol{w}$ 是什么呢？它就是在既定收益、既定收益分布条件下试图减少风险，而投资在不同风险资产上的份额或者说权重。把它代入总体方差公式有：

$$\sigma_P^2=\boldsymbol{w}^{\mathrm{T}}\boldsymbol{V}\boldsymbol{w}=[r_P\ 1]\boldsymbol{d}^{-1}[\boldsymbol{r}\ 1]^{\mathrm{T}}\boldsymbol{V}^{-1}\boldsymbol{V}\boldsymbol{V}^{-1}[\boldsymbol{r}\ 1]\boldsymbol{d}^{-1}\begin{bmatrix} r_P \\ 1 \end{bmatrix} \tag{1-39}$$

注意到：

$$[\boldsymbol{r}\ 1]^{\mathrm{T}}\boldsymbol{V}^{-1}\boldsymbol{V}\boldsymbol{V}^{-1}[\boldsymbol{r}\ 1]=\boldsymbol{d}$$

则式(1-39)可以化简为：

$$\sigma_P^2=[r_P\ 1]\boldsymbol{d}^{-1}\begin{bmatrix} r_P \\ 1 \end{bmatrix} \tag{1-40}$$

然后要求出 $\boldsymbol{d}^{-1}$，这是一个标准的矩阵求逆过程[①]，把获得的结果代入式(1-40)得：

$$\sigma_P^2=[r_P\ 1]\frac{1}{ac-b^2}\begin{bmatrix} c & -b \\ -b & a \end{bmatrix}\begin{bmatrix} r_P \\ 1 \end{bmatrix} \tag{1-41}$$

写成代数形式为：

$$\sigma_P^2=\frac{a-2br_P+cr_P^2}{ac-b^2}=\frac{c}{d}\left(r_P^2-\frac{2b}{c}r_P+\frac{a}{c}\right)=\frac{1}{d}(cr_P^2-2br_P+a) \tag{1-42}$$

根据平面几何的知识，这是均值-方差二维空间中的一条抛物线(parabola)，这条抛物线被称为最小方差曲线(minimum variance curve)，如图 1-26(a)所示。

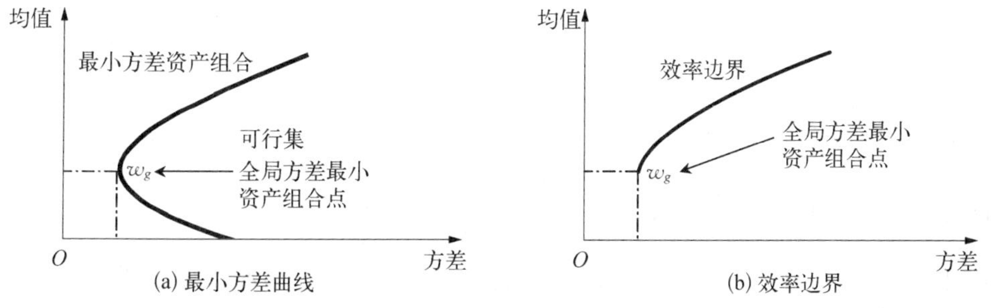

图 1-26　最小方差抛物线和效率边界

最小方差曲线位于可行集的边界上，以 w_g 点为分界分为上下两个半支，w_g 被称为全局最小方差资产组合点(global minimum variance portfolio point)。可以用式(1-42)对均值求导得到这一点的坐标，即：

$$\frac{\partial\sigma_P^2}{\partial r_g}=-2b+2cr_g=0 \tag{1-43}$$

① 见第 8.4.3 节。

即推出：

$$r_g = \frac{b}{c}$$

代入式(1-42)、式(1-38)得：

$$\sigma_g^2 = \frac{a - 2br_g + cr_g^2}{ac - b^2} = \frac{a - 2b(b/c) + c\,(b/c)^2}{ac - b^2} = \frac{1}{c} \tag{1-44}$$

$$\boldsymbol{w}_g = \boldsymbol{V}^{-1}[\boldsymbol{r}\ \boldsymbol{1}]\boldsymbol{d}^{-1}\begin{bmatrix} r_g \\ 1 \end{bmatrix} = \frac{\boldsymbol{V}^{-1}[\boldsymbol{r}\ \boldsymbol{1}]\begin{bmatrix} c & -b \\ -b & a \end{bmatrix}\begin{bmatrix} b/c \\ 1 \end{bmatrix}}{ac - b^2} = \frac{\boldsymbol{V}^{-1}\ \boldsymbol{1}}{c} \tag{1-45}$$

注意：点 w_g 以下的部分是被理性投资者所拒绝的，原因是它违背了第二条投资准则。这样，最小方差曲线点 w_g 以上的部分(子集)被称为均值方差效率边界(mean-variance efficient frontier)，这意味着它同时满足了两个投资准则，如图 1-26(b)所示。

注意：在均值-标准方差空间中，它是一条双曲线(hyperbola)！不妨称之为最小标准方差曲线。为了看清楚这一点，把式(1-42)配方，得：

$$\sigma_P^2 = \frac{c}{d}\left(r_P - \frac{b}{c}\right)^2 + \frac{1}{c} \tag{1-46}$$

上式可改写为：

$$\frac{\sigma_P^2}{1/c} - \frac{(r_P - b/c)^2}{d/c^2} = 1 \tag{1-47}$$

这就一个双曲线方程，这条双曲线的中心是 $(0,\ b/c)$，渐近线为：

$$r_P = \frac{b}{c} \pm \sqrt{\frac{d}{c}}\sigma \tag{1-48}$$

如图 1-27 所示，全局最小标准方差资产组合点 w_g 的坐标是$(\sqrt{1/c},\ b/c)$。

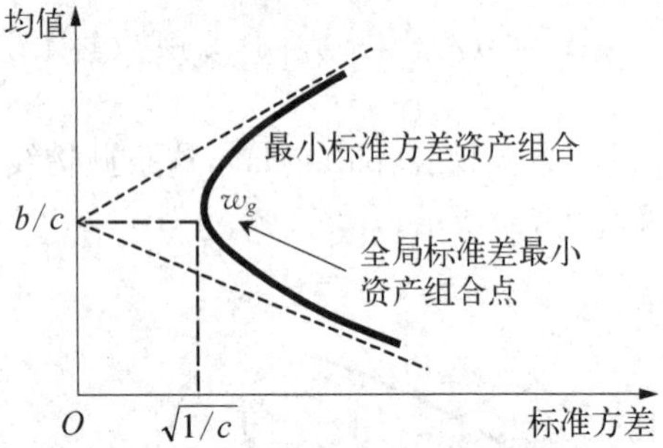

图 1-27　最小标准方差双曲线和效率边界

1.2.4　均方效率资产组合的特征

接下来，我们考察一下位于均方效率曲线上的资产组合的一些重要数学特征和相应的经济含义。先来定义该效率曲线上，任意两种资产组合(期望收益)的协方差：

$$\text{cov}(r_1,\ r_2) = \boldsymbol{w}_1^{\mathrm{T}}\boldsymbol{V}\boldsymbol{w}_2$$

根据式(1-38)，有：

$$\text{cov}(r_1,\ r_2) = \boldsymbol{w}_1^{\mathrm{T}}\boldsymbol{V}\boldsymbol{w}_2 = [r_1\ 1]\boldsymbol{d}^{-1}\begin{bmatrix} \boldsymbol{r} \\ \boldsymbol{1} \end{bmatrix}\boldsymbol{V}^{-1}\boldsymbol{V}\boldsymbol{V}^{-1}[\boldsymbol{r}\ \boldsymbol{1}]\boldsymbol{d}^{-1}\begin{bmatrix} r_2 \\ 1 \end{bmatrix} \tag{1-49}$$

注意到：

$$[\boldsymbol{r}\ 1]^{\mathrm{T}}\boldsymbol{V}^{-1}\boldsymbol{V}\boldsymbol{V}^{-1}[\boldsymbol{r}\ 1] = \boldsymbol{d}$$

因此，式(1-49)可化简为：

$$\operatorname{cov}(r_1, r_2)=[r_1\ 1]\boldsymbol{d}^{-1}\begin{bmatrix}r_2\\1\end{bmatrix} \tag{1-50}$$

可以证明：除了全局最小方差资产组合点 w_g 以外，对于均方效率曲线上任意一资产组合点 w_P，总能够在最小方差曲线上找到另外唯一一点 w_O，使得它们的协方差等于 0，可称它们为一对正交(orthogonal)资产。为了找到这一点，令式(1-50)等于 0：

$$0=[r_O\ 1]\frac{1}{ac-b^2}\begin{bmatrix}c & -b\\-b & a\end{bmatrix}\begin{bmatrix}r_P\\1\end{bmatrix}=\frac{a-r_Pb-r_Ob+r_Or_Pc}{ac-b^2} \tag{1-51}$$

就可以得到该正交资产 w_O 的期望收益率 r_O：

$$r_O=\frac{a-br_P}{b-cr_P} \tag{1-52}$$

这一点显然是唯一的。从式(1-51)的第二个等式中也可以看出，全局最小方差资产组合 w_g 有这样一个特点：这一点与其他任意资产组合(期望收益)的协方差总是等于该最小方差点资产组合的期望收益方差，即：

$$\operatorname{cov}(r_P, r_g)=1/c=\sigma_g^2 \tag{1-53}$$

正交资产的几何解释如图 1-28 所示。

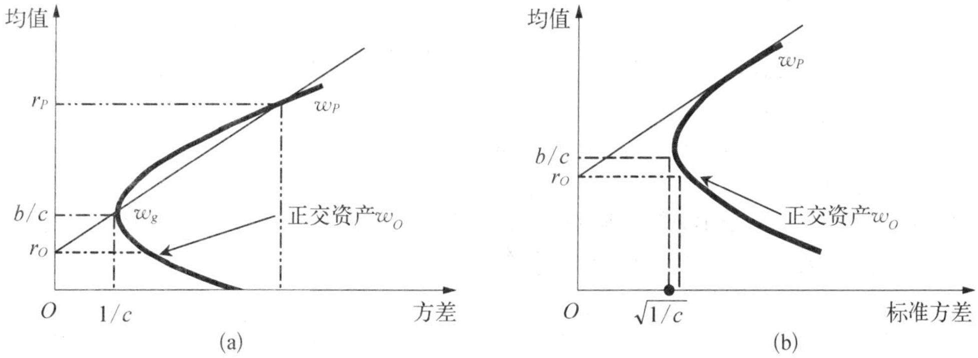

图 1-28　正交资产的图形表示

在均值-方差空间中，通过组合 w_P 与全局最小方差组合点 w_g 做一条直线，它与期望收益轴的交点就是正交资产组合 w_O 的收益 r_O，找到了这一点，水平向右对应到最小方差曲线上就找到了该正交资产组合 w_O 的位置。

根据直线的两点式方程，有：

$$\frac{r_P-b/c}{\sigma_P^2-1/c}=\frac{r_O-b/c}{-1/c} \tag{1-54}$$

可以推出：

$$r_O=r_P-\frac{\sigma_P^2 d}{cr_P-b} \tag{1-55}$$

注意：如果组合 w_p 是在最小方差曲线的上半支的话，一般说来与它对应的正交资产 w_O 一定出现在最小方差曲线的下半支上。这就是说，它不符合第二投资准则，因而是不具有均方效率的。

在均值-标准方差空间中，与组合 w_p 点相切的直线与期望收益轴的交点，就是正交资产的期望收益，找到在最小标准方差曲线上与之对应的点，就可以获得 w_p 的正交资产 w_O 的位置。对式(1-47)做微分可以得到这条切线的斜率：

$$\frac{\mathrm{d}r_P}{\mathrm{d}\sigma_P}=\frac{\sigma_P d}{cr_P-b} \tag{1-56}$$

现在来考虑一下，任意单个风险资产 i 与均方效率资产组合(期望收益)之间的协方差关系：

$$\mathrm{cov}(r_i,\ r_P)=\boldsymbol{w}_i^{\mathrm{T}}\boldsymbol{V}\boldsymbol{w}_P=[0\cdots1\cdots0]\boldsymbol{V}\boldsymbol{V}^{-1}[\boldsymbol{r}\ \boldsymbol{1}]\boldsymbol{d}^{-1}\begin{bmatrix}r_P\\1\end{bmatrix}=[r_i\ 1]\boldsymbol{d}^{-1}\begin{bmatrix}r_P\\1\end{bmatrix} \tag{1-57}$$

不难看出，仅仅包含一种风险资产的投资组合，就是把所有的投资基金统统都投放到了第 i 种证券上，因而它的投资组合比例向量——$[0\cdots1\cdots0]$，除第 i 个分量为 1 以外，其他均为 0。而 $\boldsymbol{w}$ 是均方效率资产组合，因而可以用式(1-38)来代表，而$[0\cdots1\cdots0]$与$[\boldsymbol{r}\ \boldsymbol{1}]$相乘得$[r_i\ 1]$。

根据式(1-51)，可以得到组合 $\boldsymbol{w}_P$ 与它正交资产 $\boldsymbol{w}_O$ 的协方差为 0。

$$\mathrm{cov}(r_O,\ r_P)=[r_O\ 1]\boldsymbol{d}^{-1}\begin{bmatrix}r_P\\1\end{bmatrix}=0 \tag{1-58}$$

用式(1-57)减去式(1-58)，得：

$$\mathrm{cov}(r_i,\ r_P)=[r_i\ 0]\boldsymbol{d}^{-1}\begin{bmatrix}r_P\\1\end{bmatrix}=\frac{cr_P-b}{ac-b^2}\varsigma_i \tag{1-59}$$

其中，$\varsigma_i=r_i-r_O$，是第 i 种风险资产与 $\boldsymbol{w}_P$ 的正交资产 $\boldsymbol{w}_O$ 相比的超额期望收益率。因为 i 的选取是任意的，所以式(1-59)对于任何其他资产和资产组合也应当成立。因此又有：

$$\mathrm{cov}(r_P,\ r_P)=\sigma_P^2=\frac{cr_P-b}{ac-b^2}\varsigma_P \tag{1-60}$$

注意：$\varsigma_P=r_P-r_O$ 的解释与 ς_i 类似，代表资产组合 $\boldsymbol{w}_P$，相对于它的正交资产组合 $\boldsymbol{w}_O$ 的超额收益。可以推出：

$$\frac{cr_P-b}{ac-b^2}=\frac{\sigma_P^2}{\varsigma_P} \tag{1-61}$$

把它代入式(1-59)，得：

$$\mathrm{cov}(r_i,\ r_P)=\frac{\sigma_P^2}{\varsigma_P}\varsigma_i \tag{1-62}$$

如果定义：

$$\beta_{iP}=\frac{\mathrm{cov}(r_i,\ r_P)}{\sigma_P^2}$$

则有：

$$\varsigma_i = \frac{\mathrm{cov}(r_i, r_P)}{\sigma_P^2}\varsigma_P = \beta_{iP}\varsigma_P \tag{1-63}$$

这就是说，任意风险资产 i 相对于 $\boldsymbol{w}_P$ 的正交资产组合 $\boldsymbol{w}_O$ 的超额收益，同均方效率资产组合 $\boldsymbol{w}_P$ 相对于它的正交资产组合 $\boldsymbol{w}_O$ 的超额收益之间，存在正比例关系。这个系数是风险资产 i 与 $\boldsymbol{w}_P$ 之间协方差比上 $\boldsymbol{w}_P$ 的方差。由于 $\boldsymbol{w}_P$ 的选取是任意的（除了最小方差/标准方差点），因而上述结论对于在均方效率曲线上的任何资产组合都成立。这个结论非常重要，它将直接引导出后面的资本资产定价模型。

除了上述结论以外，在均方效率曲线上的资产组合还有一个重要特征：该曲线上任意两点的线性组合都可以勾画出整个均方效率轨迹，这就是两基金分离定理（two-fund separation theorem）。

定理 1.2.1　假定 $\boldsymbol{w}_a$、$\boldsymbol{w}_b$ 是在给定收益 r_a、r_b（$r_a \neq r_b$）下，具有均方效率的资产组合，那么：

（1）任何具有均方效率的资产组合都是由任何 $\boldsymbol{w}_a$、$\boldsymbol{w}_b$ 的线性组合构成；

（2）反过来，由 $\boldsymbol{w}_a$、$\boldsymbol{w}_b$ 的线性组合构成的资产组合，即 $\lambda\boldsymbol{w}_a + (1-\lambda)\boldsymbol{w}_b$，$0 \leqslant \lambda \leqslant 1$ 也都是具有均方效率的资产组合①。

证明：（1）令 r_c 为 $\boldsymbol{w}_a$、$\boldsymbol{w}_b$ 的线性组合的资产组合 $\boldsymbol{w}_c$ 的收益率，则：

$$r_c = \lambda r_a + (1-\lambda) r_b \tag{1-64}$$

根据式(1-38)有：

$$\begin{aligned}
\boldsymbol{w}_c &= \boldsymbol{V}^{-1}[\boldsymbol{r}\ \boldsymbol{1}]\boldsymbol{d}^{-1}\begin{bmatrix} r_c \\ 1 \end{bmatrix} \\
&= \boldsymbol{V}^{-1}[\boldsymbol{r}\ \boldsymbol{1}]\boldsymbol{d}^{-1}\begin{bmatrix} \lambda r_a + (1-\lambda) r_b \\ \lambda + (1-\lambda) \end{bmatrix} \\
&= \lambda\boldsymbol{V}^{-1}[\boldsymbol{r}\ \boldsymbol{1}]\boldsymbol{d}^{-1}\begin{bmatrix} r_a \\ 1 \end{bmatrix} + (1-\lambda)\boldsymbol{V}^{-1}[\boldsymbol{r}\ \boldsymbol{1}]\boldsymbol{d}^{-1}\begin{bmatrix} r_b \\ 1 \end{bmatrix}
\end{aligned} \tag{1-65}$$

得到：

$$\boldsymbol{w}_c = \lambda\boldsymbol{w}_a + (1-\lambda)\boldsymbol{w}_b \tag{1-66}$$

这就是说，c 是 a、b 的线性组合。

（2）同理，反推一下就可以了。因为 $\boldsymbol{w}_c = \lambda\boldsymbol{w}_a + (1-\lambda)\boldsymbol{w}_b$，应用式(1-38)有：

$$\begin{aligned}
\boldsymbol{w}_c &= \lambda\boldsymbol{V}^{-1}[\boldsymbol{r}\ \boldsymbol{1}]\boldsymbol{d}^{-1}\begin{bmatrix} r_a \\ 1 \end{bmatrix} + (1-\lambda)\boldsymbol{V}^{-1}[\boldsymbol{r}\ \boldsymbol{1}]\boldsymbol{d}^{-1}\begin{bmatrix} r_b \\ 1 \end{bmatrix} \\
&= \boldsymbol{V}^{-1}[\boldsymbol{r}\ \boldsymbol{1}]\boldsymbol{d}^{-1}\begin{bmatrix} \lambda r_a + (1-\lambda) r_b \\ \lambda + (1-\lambda) \end{bmatrix} \\
&= \boldsymbol{V}^{-1}[\boldsymbol{r}\ \boldsymbol{1}]\boldsymbol{d}^{-1}\begin{bmatrix} r_c \\ 1 \end{bmatrix}
\end{aligned} \tag{1-67}$$

---

① 更准确的说，应当是仿射组合（affine combination）和凸组合（convex combination）。所谓仿射组合要求 λ 和为 1；而凸组合则要求 λ 是非负的，每个均在 0 和 1 之间，而且它们的和为 1。具体定义参见 8.6.1 节。

另外注意到,如果 $r_a \leqslant r_b$,而且 $0 \leqslant \lambda \leqslant 1$,则:

$$r_a \leqslant \lambda r_a + (1-\lambda) r_b \leqslant r_b$$

即 $\boldsymbol{w}_c$ 组合始终位于两种均方效率组合 $\boldsymbol{w}_a$、$\boldsymbol{w}_b$ 之间,因而它也是具有均方效率的。

这个定理需要的前提十分简单,只要两种均方效率资产组合的期望收益是不同的就可以了。这个定理又被称为互助基金定理(mutual fund theorem),它最早由托宾在 1958 年提出。之所以这样称呼它,是因为一个决定买入既定风险-收益特征的均方效率资产组合的投资者,可以通过投资到任何两个他信赖的证券投资基金上来获得,只要这两个基金是具有均方效率和不同收益率的。也就是说,投资者无须直接投资于 n 种风险资产,而只要线性组合地投资在其认为有效率的两种证券基金上就可以了,这就大大简化了非职业投资者参与资本市场的难度。

1.2.5 加入一种无风险资产

本节的任务是在以上分析中,加入一种无风险资产。以下假定存在一种无风险证券,可以把它设想为在国家银行中的存款或者在短期国库券上的投资,它的收益率为 r_f;由于没有风险,它本身收益的方差,以及它的收益与其他风险资产收益之间的协方差必定为 0。这样整个证券市场上就有 $n+1$ 种证券,第 0 种证券是无风险的债券,其他 n 种仍然是风险资产。

同样根据均方投资准则 1,重新表达资产选择问题:

$$\begin{aligned} &\min \sigma_P^2 = \boldsymbol{w}^{\mathrm{T}} \boldsymbol{V} \boldsymbol{w} \\ &\text{s.t. } r_p = \boldsymbol{w}^{\mathrm{T}} \boldsymbol{r} + (1 - \boldsymbol{w}^{\mathrm{T}} \boldsymbol{1}) r_f \end{aligned} \tag{1-68}$$

新约束条件的经济含义是:整个投资分为有风险的和无风险的两个部分,在各种风险资产上的投资份额是 $(w_i)_{i\in n}$,则剩下的部分 $(1-\boldsymbol{w}^{\mathrm{T}}\boldsymbol{1})$ 投资在无风险资产上,它们分别乘以各自的收益率,就得到了包含所有风险资产、无风险资产的组合的总收益 r_p。

同前面的分析类似,构造拉氏函数:

$$\mathcal{L}a = \boldsymbol{w}^{\mathrm{T}} \boldsymbol{V} \boldsymbol{w} + \lambda [r_p - \boldsymbol{w}^{\mathrm{T}} \boldsymbol{r} - (1 - \boldsymbol{w}^{\mathrm{T}} \boldsymbol{1}) r_f] \tag{1-69}$$

注意到一阶条件就是充分和必要条件,有:

$$\frac{\partial \mathcal{L}a}{\partial \boldsymbol{w}} = 2\boldsymbol{V}\boldsymbol{w} - \lambda(\boldsymbol{r} - r_f \boldsymbol{1}) = \boldsymbol{0} \tag{1-70}$$

$$\frac{\partial \mathcal{L}a}{\partial \lambda} = r_P - r_f - [\boldsymbol{w}^{\mathrm{T}} (\boldsymbol{r} - r_f \boldsymbol{1})] = 0 \tag{1-71}$$

推出:

$$\boldsymbol{w} = \frac{r_p - r_f}{e} \boldsymbol{V}^{-1} (\boldsymbol{r} - r_f \boldsymbol{1}) \tag{1-72}$$

其中,

$$e = (\boldsymbol{r} - r_f \boldsymbol{1})^{\mathrm{T}} \boldsymbol{V}^{-1} (\boldsymbol{r} - r_f \boldsymbol{1}) = a - 2b r_f + c r_f^2$$

而且 $e > 0$。如果定义任意一种风险资产相对于无风险资产的超额收益为:

$$r_i - r_f = \zeta_i,\ i = 1,\ 2,\ \cdots,\ n$$

则所有风险资产的超额收益是一个 n 维列向量，用ς来表示，因而又有：

$$e = \varsigma^{\mathrm{T}} \mathbf{V}^{-1} \varsigma$$

这样，可以解出资产组合的总方差为：

$$\sigma_p^2 = \boldsymbol{w}^{\mathrm{T}} \mathbf{V} \boldsymbol{w} = \frac{(r_P - r_f)^2}{e} \tag{1-73}$$

即：

$$\sigma_p = \begin{cases} \dfrac{r_P - r_f}{\sqrt{e}}, & r_P - r_f > 0 \\ -\dfrac{r_P - r_f}{\sqrt{e}}, & r_P - r_f < 0 \end{cases} \tag{1-74}$$

这在均值-标准方差空间中是两条截距为 r_f，斜率为 $\pm\sqrt{e}$ 的射线，如图 1-29 所示①：

$$r_p = r_f \pm \sqrt{e}\sigma \tag{1-75}$$

假定 $r_f < r_g$（这在经济意义上是说得通的），则该射线与均方效率曲线有唯一切点 $\boldsymbol{w}_T$，显然有 $\boldsymbol{1}^{\mathrm{T}} \boldsymbol{w}_{\mathbf{T}} = 1$。这样该切点资产组合完全由风险资产构成，根据式(1-72)，可以得到它的超额收益为：

$$\varsigma_T = \frac{\varsigma^{\mathrm{T}} \mathbf{V}^{-1} \varsigma}{\boldsymbol{1}^{\mathrm{T}} \mathbf{V}^{-1} \varsigma} > 0 \tag{1-76}$$

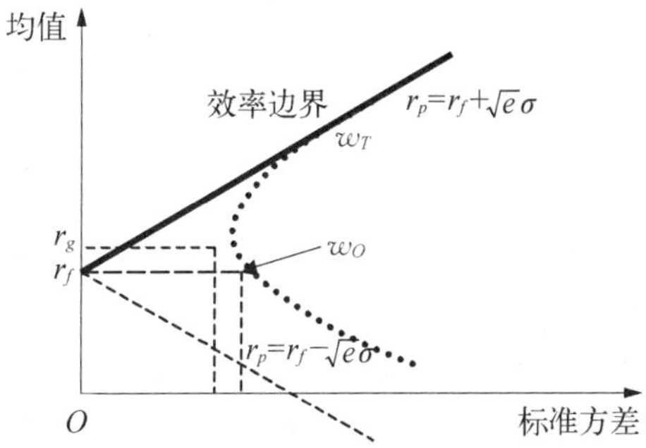

图 1-29　存在无风险资产条件下的均方效率边界

代入式(1-72)得到它的投资比例为：

$$\boldsymbol{w}_T = \frac{\mathbf{V}^{-1} \varsigma}{\boldsymbol{1}^{\mathrm{T}} \mathbf{V}^{-1} \varsigma} \tag{1-77}$$

如图 1-27 中的 $\boldsymbol{w}_T$ 点所示。

根据两基金分离定理，可以通过选择任意两个点，来构成整个均方效率曲线。简便起见，我们选择无风险证券和仅仅包括风险证券的切点资产组合。切点资产组合 $\boldsymbol{w}_T$ 也有与之相对应的正交资产组合 $\boldsymbol{w}_O$，它的收益率就是无风险资产的收益率 r_f，它的位置如图 1-27 中 $\boldsymbol{w}_O$ 点所示。同前一节中的分析类似，任一种风险证券与这对正交资产之间存在下面的关系：

$$r_i - r_f = \frac{\mathrm{cov}(r_i,\ r_T)}{\sigma_T^2} \varsigma_T = \beta_{iT}(r_T - r_f) \tag{1-78}$$

其中，$\beta_{iT} = \mathrm{cov}(r_i,\ r_T)/\sigma_T^2$ 代表任一资产收益同切点资产组合收益之间的协方差与切

① 有时也把无风险资产同风险资产（组合）之间的组合称为资本配置线（capital allocation line），并把这条线的斜率称为报酬-变异性比率（reward-to-variability ration）。

点资产组合总体方差的相对比例。

综合以上分析,独立于投资者个人偏好,获得了均方效率边界(portfolio frontier),余下的工作是把它和投资者的个人无差异曲线结合到同一个均方空间中去。均值方差(标准方差)效率边界始终是曲线上半部分,加上投资者均方效用函数的凸性,就保证了投资者选择的唯一性。在均值-标准方差空间中的情形如图 1-30 所示,对于投资者 A 来说,他只会选择点 a 的投资组合,而更愿意冒风险的投资者 B 来说则会选择点 b,这是因人而异的。

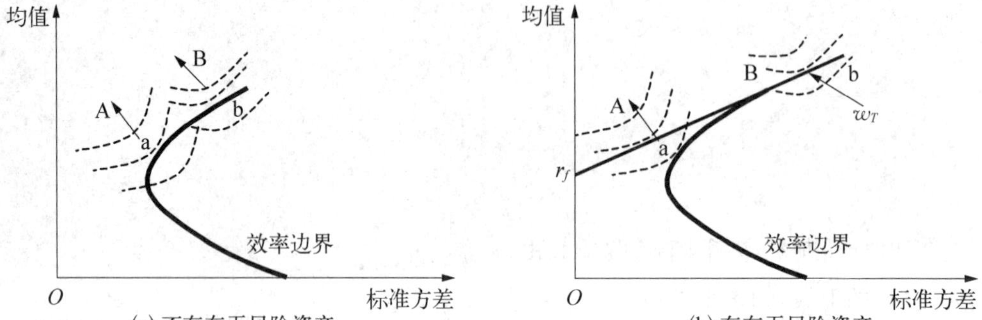

(a) 不存在无风险资产　　(b) 存在无风险资产

图 1-30　投资者行为的几何表述

如果存在一种无风险资产,则效率边界为一条直线,这时的投资决策更为简单。人们对风险证券组合的选择总是相同的,即切点 $\boldsymbol{w}_T$ 上。然后把剩余的投资基金投放到无风险资产上,这是对互助基金定理的直接引申,有时又称为托宾两基金分离定理。由于在效率前沿上移动(这通过改变投资在无风险资产和切点资产上的投资比例来实现)总是最优的,投资者总是把投资基金在无风险资产和切点资产中,根据个人对于风险和收益的偏好情况做出分配。注意:如果投资者选择切点资产组合 w_T 以上的部分,就意味着该投资者借入无风险资金来为购买 $\boldsymbol{w}_T$ 融资,如图 1-30(b)所示。

1.3　资本资产定价模型

1.2 节中的分析建立在投资者的个人行为基础上,它是一种告诉投资者应当做什么的规范性分析。在本节中,要把上述规范性分析转换为可以用来解释金融资产(主要指股票)市场价格的实证性分析(positive analysis)。

1.3.1　基础模型

假定:(1) 所有投资行为仅仅发生在一个时点上,即在 0 时刻决策,在 1 时刻收获。

(2) 投资者为风险厌恶的,并总是根据均方效率原则进行决策。

(3) 无摩擦的市场(frictionless market),即不存在交易费用和税收,所有证券无限可分。

(4) 无操纵的市场(no manipulation market),任何单独的投资者行为,都不足以影响资产的市场价格,他们都是价格的接受者(price taker)。

(5) 无制度限制(institutional restriction),允许卖空,并且可以自由支配卖空所得。

上面(3)、(4)、(5)三个假设是关于金融市场状况的，称满足这三个假设的市场为理想化的金融市场(idealized financial market)①。

(6) 存在一种无风险证券，所有投资者可以按照统一的无风险利率 r_f，进行任意数额的借贷。

(7) 信息是完全的，所有投资者都可以看到资本市场上所有资产完整的方差、协方差和期望收益数据。

(8) 最重要的是，投资者有着完全相同的信息结构，所有的投资者都被假定会运用1.2节中的均方分析方法进行投资决策筛选，因而他们会得到一模一样的效率曲线。这就是所谓的同质预期(homogeneity of expectation)。

最后两个是关键假设，它们使我们可以考虑一位代表性投资者，而把市场看成无数个这种投资者的汇总②。这样在存在一种无风险资产的情况下，任何一位投资者都会持有相同的风险证券组合，即图1-28(b)中 $\boldsymbol{w}_T$ 点。换句话说，对于风险资产组合的选择，完全独立于不同投资者的个人偏好(无差异曲线)，这就是著名的夏普分离定理。

那么，把所有投资者对于风险资产的需求加总到一起，并要求风险证券的总供给等于总需求，即市场出清(market clean)，就得到了所谓的市场资产组合(market portfolio)。可以想象市场资产组合必然包含市场上每一种风险资产，它对每种风险资产的投资比例就是该种资产的相对市场价值，即这种证券的总市场价值与所有风险证券的总市场价值之比。例如，公司A的股票市值占所有股票总市值的3%，B公司占6%，C公司占7%……，则任何一个按照3%、6%、7%……持有市面上所有相应种类股票的资产组合就是市场组合。这时，从整个市场的角度看，切点资产组合 $\boldsymbol{w}_T$ 实际上就是市场资产(证券)组合点 $\boldsymbol{w}_M$，它必然具有均方效率。

识别出在均衡时刻，切点资产组合就是市场证券组合，正是夏普-林特纳分析的精华所在③。因此，当从整个市场的角度来看图1-30(b)中的均方效率边界时，它就被称为资本市场线(capital market line)，如图1-31所示。

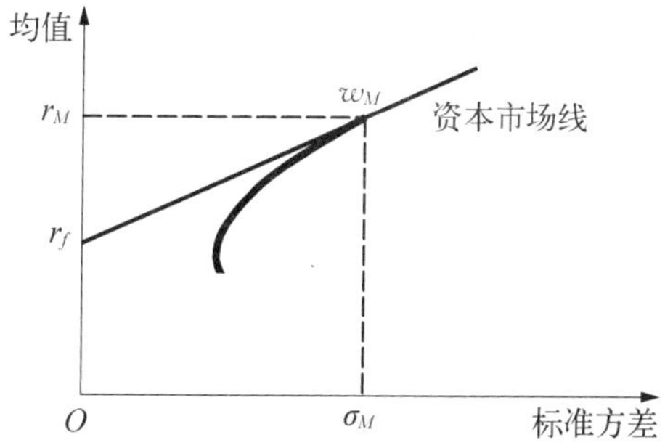

图1-31　存在一种无风险资产情况下的资本市场线

它的数学形式是：

$$r_P = r_f + \frac{r_M - r_f}{\sigma_M}\sigma_P$$

任何在资本市场线上资产组合，都是具有均方效率的资产组合，而单一证券和无效率的证券组合必然位于该线的下方。处在均衡状态下的证券市场有两个特征：

(1) 资本市场线的截距被视为等待(时间)的报酬；

(2) 资本市场线的斜率就是承受每一单位风险的报酬。

既然已知市场证券组合也是均方效率资产组合，就可以进一步确定单个风险资产的均衡收益率，单个资产与市场证券组合之间的关系，可以由第1.2.5节的式(1-78)导出，即：

---

① 这是我们第一次对市场环境作出假设，"市场"在这里还仅仅是一个外生的参照系。全面的讨论见第3章。

② 在金融思想史中，这个假设等待了六年时间(Brennan，1989)。

③ 实际上，市场均衡只要自动调整价格的无套利(no arbitrage)条件就可以获得了。

$$r_i - r_f = \frac{\operatorname{cov}(r_i, r_M)}{\sigma_M^2} \varsigma_M = \beta_{iM}(r_M - r_f) \tag{1-79}$$

这样,在同质预期和市场出清假定下,通过恒等变换就获得了原始的夏普-林特纳资本资产定价模型,它试图把单个风险资产收益看成由单一风险测度 β 决定的线性函数。β 实际上就是单一资产收益同市场收益之间的协方差在市场总体方差中的相对比例。

用公式表示资本资产定价模型可以有协方差和 β 系数两种形式:

$$r_i = r_f + \left[\frac{r_M - r_f}{\sigma_M^2}\right]\sigma_{iM} \tag{1-80}$$

$$r_i = r_f + (r_M - r_f)\beta_{iM} \tag{1-81}$$

要指出的是,β 系数有一个重要的性质:一种证券组合的 β 系数是由组成它的各种证券的 β 系数的简单加权平均数,即:

$$\beta_{PM} = \sum_{i=1}^{n} w_i \beta_{iM}$$

以由两种风险资产构成的资产组合为例,这一点可以简单证明如下:

$$\beta_{PM} = \frac{E\{[w_1 r_1 + w_2 r_2 - w_1 E(r_1) - w_2 E(r_2)][r_M - E(r_M)]\}}{\sigma_M^2}$$

$$= \frac{E\mid\{w_1[r_1 - E(r_1)] + w_2[r_2 - E(r_2)]\}[r_M - E(r_M)]\mid}{\sigma_M^2}$$

$$= w_1 \frac{E\{[r_1 - E(r_1)][r_M - E(r_M)]\}}{\sigma_M^2} + w_2 \frac{E\{[r_2 - E(r_2)][r_M - E(r_M)]\}}{\sigma_M^2}$$

$$= w_1\beta_{1M} + w_2\beta_{2M}$$

我们可以把式(1-80)和式(1-81)画在收益-协方差/β 系数空间中,称它们为证券市场线(security market line),如图 1-32(a)和(b)所示。

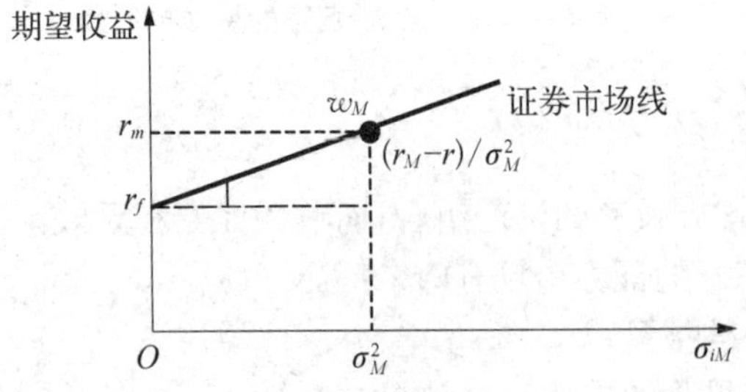

(a) 协方差观点

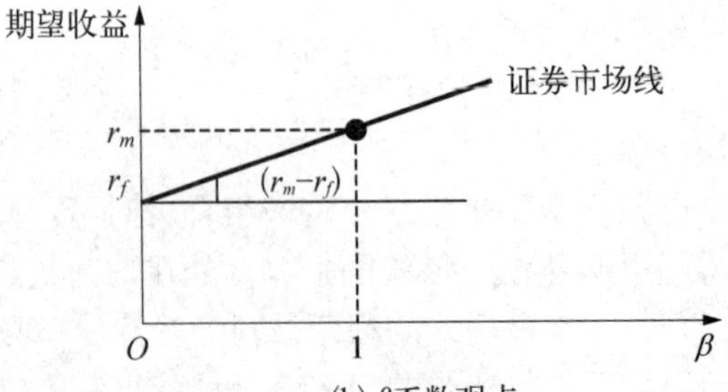

(b) β系数观点

图 1-32　证券市场线

不仅是每一证券而且每一证券组合,都可以刻画在 β 系数-期望收益空间中的一条向上倾斜的直线上。这意味着:在均衡时刻,有效资产组合可以同时位于资本市场线和证券市场线上,而无效资产组合和单个风险资产只能位于证券市场线上。

金融思想史1-6 股票估价的传统范式：基础分析 vs.技术分析

在现代投资理论（资本资产定价模型）之前传统的股票估价方式，其思路来自资本收入化原理（capitalization of income）。所谓收入资本化，就是指任何资产的内在价值（intrinsic value）取决于持有该资产可能带来的未来的现金流收入，即：

$$V=\frac{D_1}{(1+r)}+\frac{D_2}{(1+r)^2}+\frac{D_3}{(1+r)^3}+\cdots=\sum_{t=1}^{\infty}\frac{D_t}{(1+r)^t}$$

其中，V 就代表资产的内在价值，D_t 是资产（这里是普通股）第 t 期支付的股息和红利，r 是贴现率①，又称资本化率（capitalization rate）。在进行股票价值分析时，上述收入资本化公式就被称为股息贴现模型②（dividend discount model, DDM）。只要把算出的股票内在价值同该股票的市场价格做一比较，得到净现值（net present value, NPV）：

$$NPV=V-P=\left[\sum_{t=1}^{\infty}\frac{D_t}{(1+r)^t}\right]-P$$

就可以据此判断该股票价格是否高估或者低估，进而决定该股票是否值得投资③。但是由于DDM是一个无穷数列，通常会假定股息的增长（率）g_t 为：

$$g_t=\frac{D_t-D_{t-1}}{D_{t-1}}$$

遵循某种规则以简化分析。例如，如果假定 $g_t=0$，则获得的零增长模型是股息贴现模型的一种特殊形式，它假定股息是固定不变的。零增长模型不仅可以用于普通股的价值分析，而且适用于统一公债（consol）和优先股的价值分析，即：

$$V=\frac{D_0}{r}$$

不变增长模型是股息贴现模型的第二种特殊形式④。它有三个假定条件：1）股息的支付在时间上是永久性的；2）股息的增长速度是一个常数；3）模型中的贴现率大于股息增长率，这样得到的估价公式就是：

$$V=\frac{D_0(1+g)}{r-g}=\frac{D_1}{r-g}$$

其中，g 为常数，D_0、D_1 分别是初期和第一期支付的股息⑤。

---

① 在选用贴现率时，不仅要考虑货币的时间价值，而且应该反映未来现金流的风险大小。而它的决定又与资本资产定价模型有密切联系。从这一点来看传统分析结合了现代分析的元素。

② 最早的股息贴现模型是1938年由J. B. Williams和M. J. Gordon提出的，见Williams(1938)。

③ 还有一种方法是计算内部收益率(internal rate of return-IRR)，参考5.1.1节。财务学原理告诉我们NPV大于0是最为可靠的决策标准。

④ 不变增长模型又称戈登模型(Gordon model)，参见Gordon(1962)。

⑤ 其他更为复杂的模型还有三阶段增长模型，参见Molodovsky(1965)；H模型，参见Fuller & Hsia(1984)。

从上述模型可以发现,DDM 的核心在于未来现金流的估计①,而对现金流的估计只能来自财务报表,所以财务报表分析(financial statement analysis)是传统股票分析技术的核心并不奇怪。

传统的股票分析通常采用从下往上的(bottom-up)的方式——首先解析微观层次公司的三张主要财务报表(资产负债表、损益表、现金流量表),结合企业经营管理和市场方面的数据,预测企业的未来现金流和红利流;然后在此基础上,再考虑中观行业的景气程度以至整个宏观经济的周期循环,并对原有的预测现金流做出进一步的修正。

因此,以价值发现为目标,以财务分析为核心的上述三层次分析方法就构成了传统的所谓基础分析(fundamental analysis),再辅以主要由自市场价格/成交数量等信息生成的各种图表和复杂指标的技术分析(technical analysis),就形成了股票分析师的赖以谋生的经典分析手艺,应当说在加入了现代投资理论的某些元素后,这种改良的传统分析技术在实务界仍然有广泛的运用,是股票分析方法所谓的主流。

1.3.2 分散风险

请注意图 1-31 中的资本市场线,与图 1-32(a)中的证券市场线的横坐标不同,前者为资产(组合)的整体方差,而后者则是资产(组合)与资产组合的协方差。进一步观察可以发现:在对风险资产进行评价时,风险厌恶的投资者并不看重单一风险资产的整体方差,真正重要的是单一风险资产与市场证券组合之间的协方差。仅仅是单个风险资产整体方差中的这一部分——协方差风险(variance risk),会进入理性投资者对资产价格/收益的评估过程,协方差越大,投资者就会要求更高的风险溢价来进行补偿。

这是合理的吗?答案是肯定的。因为投资者通过证券组合,可以在一定程度上减少单一风险资产中与市场总体变化无关的那些风险。换句话说,单个风险资产的总方差可以分解成为两个相对独立的部分。

(1) 系统风险(systematic risk)。它用来衡量该风险资产的收益是如何随着整个经济环境(市场)变动而变动的。

(2) 非系统风险(non-systematic risk)。它是该风险资产所特有的,是使得风险资产的收益独立于外部经济环境(市场)的个别风险。

表面上这似乎有一些违背直觉,对于投资者来说方差就是风险,为什么要区分协方差风险和其他风险呢?这个问题可以这样理解:从统计的角度看,预测风险资产收益率的计量模型可以采用下面这种形式,

$$r_i = a_i + \beta_{iM} r_M + \varepsilon_i \tag{1-82}$$

即任意风险资产的收益 r_i 由三个部分构成。第一部分 a_i 是常数,方差为 0;第二部分是由常数 β_{iM} 乘以一个随机变量 r_M 构成;第三部分 ε_i 也是一个随机变量,被称为随机误差项,它的数学期望以及它与 r_M 的协方差均为 0。这是一个线性回归模型(linear regression model),把

① 不严格地说,DDM 实际上类似某种形式的绝对定价方法,还有一种更简单和直观的相对定价方法——市盈率模型(Price/Earning ratio),即通过市场主导的相对价格指针来发现特定公司股票的相对价格,参见任何一本证券投资分析文献。

不同股票的历史数据代入式(1-82)，就可以获得参数 a_i 和 β_{iM} 的估计值，把它画在 $r_i - r_M$ 平面中，就得到了所谓的证券特征线(security characteristic line)。图1-33就给出了两种风险资产的特征线。相对而言，A资产显得更有进取性。

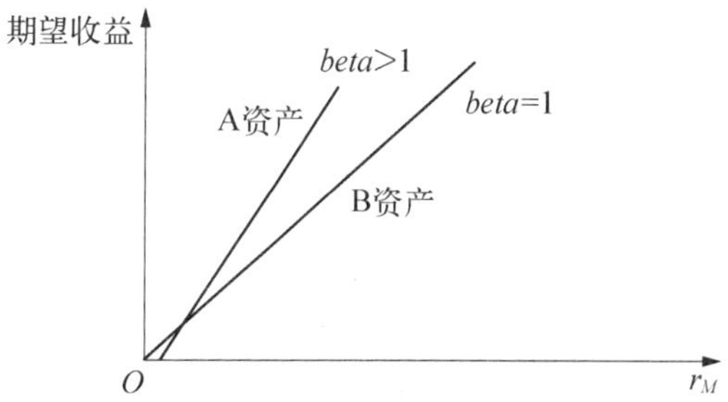

图1-33　证券特征线

回到对风险的讨论，对式(1-82)两边取方差，则有：

$$\sigma_i^2 = \beta_{iM}^2 \sigma_M^2 + \sigma_{\varepsilon i}^2 \tag{1-83}$$

式(1-83)左边风险资产期望收益的方差就是整体风险，它可以分解为两个部分。右边第一项就是系统风险或者称为不可分散风险，第二项是随机误差项的方差，它就是非系统或者可分散风险。根据 β 的定义，式(1-83)可以写为：

$$\sigma_i^2 = \frac{[\operatorname{cov}(r_i, r_M)]^2 \sigma_M^2}{\sigma_M^2 \sigma_M^2} + \sigma_{\varepsilon i}^2 \tag{1-84}$$

整理得：

$$1 = \frac{[\operatorname{cov}(r_i, r_M)]^2 \sigma_M^2}{\sigma_M^2 \sigma_i^2} + \frac{\sigma_{\varepsilon i}^2}{\sigma_i^2} \tag{1-85}$$

根据相关系数的定义，有：

$$\rho_{iM}^2 = \frac{[\operatorname{cov}(r_i, r_M)]^2}{\sigma_M^2 \sigma_i^2}$$

其中，ρ_{iM} 就是单一风险资产收益和市场组合收益之间的相关系数。这样式(1-85)可以进一步写为：

$$\frac{\sigma_{\varepsilon i}^2}{\sigma_i^2} = 1 - \rho_{iM}^2 \tag{1-86}$$

当 $\rho_{iM}^2 = 1$，即证券 i(或者证券组合)与市场证券组合完全相关时，非系统风险 $\sigma_{\varepsilon i}^2$ 为0。这样比率 $\sigma_{\varepsilon i}^2/\sigma_i^2$ 就可以用作测度一种证券的非系统性(和系统性)风险的指标。进一步看，正确理解单个资产风险的关键，在于明确它同整个资产组合风险之间的关系，单个资产风险正确的定义应当是它对于资产组合风险的贡献率，即：

$$\sigma_P^2 = \sum_{i=1}^{n} \sum_{j=1}^{n} w_i w_j \sigma_{ij} = \sum_{i=1}^{n} w_i \sum_{j=1}^{n} w_j \sigma_{ij} = \sum_{i=1}^{n} w_i \operatorname{cov}(r_i, r_P)$$

其中，$\operatorname{cov}(r_i, r_P)$ 就是单个风险资产对于组合的边际贡献，乘以相应的权重就是资产 i 在组合中的风险。为了加深理解，不妨来看一下，如果增加资产组合中风险资产的数目，组合的方差会发生什么变化。我们将看到：随着资产种类的增加，组合的方差会逐渐减少并向平均协方差靠拢。

我们知道，如果在一个资产组合中有 n 种风险资产，$\sum_{i=1}^{n} \sum_{j=1}^{n} w_i w_j \sigma_{ij}$ 中将出现 $n(n-1)$

个含协方差的项。假定投资于 n 种风险资产,并且在每一资产上的投资份额都相等,即:

$$w_i = w_j = 1/n$$

则资产组合的整体方差变形为:

$$\sigma_P^2 = \sum_{i=1}^{n}\sum_{j=1}^{n}\frac{1}{n}\frac{1}{n}\sigma_{ij} = \frac{1}{n^2}\sum_{i=1}^{n}\sum_{j=1}^{n}\sigma_{ij}$$

它可以分解为协方差项和方差项两部分:

$$\sigma_P^2 = \frac{1}{n^2}\sum_{i=1}^{n}\sum_{\substack{j=1\\ j\neq i}}^{n}\sigma_{ij} + \frac{1}{n^2}\sum_{i=1}^{n}\sigma_{ii} \tag{1-87}$$

令 $\bar{\sigma}_{ij}$ 为风险资产之间的平均协方差,则式(1-87)右边第一项中有 $n(n-1)$ 个协方差项都等于 $\bar{\sigma}_{ij}$,则该项可以记为:

$$\frac{1}{n^2}n(n-1)\bar{\sigma}_{ij} = \frac{n^2}{n^2}\bar{\sigma}_{ij} - \frac{n}{n^2}\bar{\sigma}_{ij}$$

当资产数目逐渐增加时,它的极限是:

$$\lim_{n\to\infty}\left(\frac{n^2}{n^2}\bar{\sigma}_{ij} - \frac{n}{n^2}\bar{\sigma}_{ij}\right) = \bar{\sigma}_{ij}$$

可以看到:投资越分散则每一种资产的份额就越小,这导致了市场风险的平均化。它无非是说当经济前景变得黯淡(或者高涨)时,大多数证券的价格将会一起上下波动,不管投资如何分散都会是这样。但是,对于非市场风险就大不一样,如果投资分散则它们会相互抵消,从而导致较小的总风险。假设单个风险资产的最大方差为 $\hat{\sigma}^2$,则式(1-87)右边第二项可以记为:

$$\frac{1}{n^2}\sum_{i=1}^{n}\hat{\sigma}^2 = \frac{\hat{\sigma}^2 n}{n^2} = \frac{\hat{\sigma}^2}{n}$$

当资产数目增加时,这一项趋近于 0,即:

$$\lim_{n\to\infty}\frac{\hat{\sigma}^2}{n} = 0$$

一般说来,如果在一个资产组合中包括 15~20 种及以上的证券,则非系统风险就几乎降为 0,如图 1-34 所示(Fama,1976)。

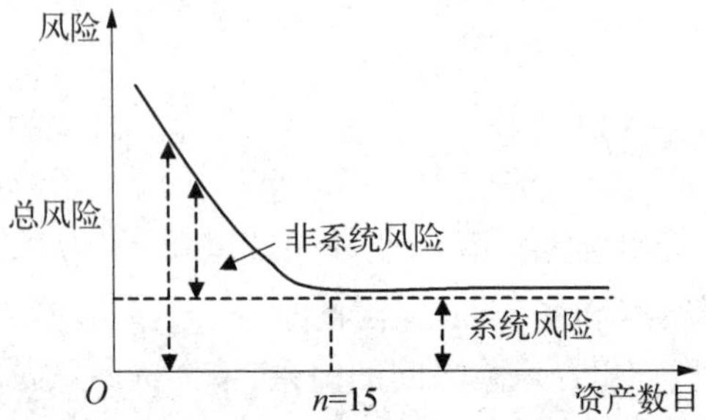

图 1-34　分散非系统风险

1.3.3　扩展模型和争论

形如式(1-79)的 1964 年基础模型,在这几十年的发展过程中有许多改进,大多数是在保留了它基本精神的基础上,对于模型比较严格的前提假设的放松。我们在这里简要讨论下面 4 种情形。

(1) 零-β 资产组合。在基础模型中,曾经假定存在一种无风险资产,但布莱克(Black)在 1972 年证明了:两基金分离定理在不存在无风险资产的情况下,同样在均方效率边界上成立,这时总可以找到与市场资产组合对应的正交资产组合——"零-β 资产组合"。从而获得零-β资本资产定价模型：

$$r_i - r_O = \frac{\text{cov}(r_i, r_M)}{\sigma_M^2} r_M = \beta_{iM}(r_M - r_O) \tag{1-88}$$

这个公式直接来自式(1-63)，它更具有一般性：即使不存在无风险资产，它也可以使用，而如果存在无风险资产，则市场资产组合的正交资产组合收益率一定就等于无风险利率。

(2) 不同的借贷利率。我们曾经假定投资者可以按照固定的无风险利率，无限制地借贷。但在资本市场上，对于普通投资者来说，更为常见的情形是：借入资本利息要高于贷出资本利息，在这种情况下，图1-35显示了既包含风险资产也包含两种无风险资产的均方效率边界。

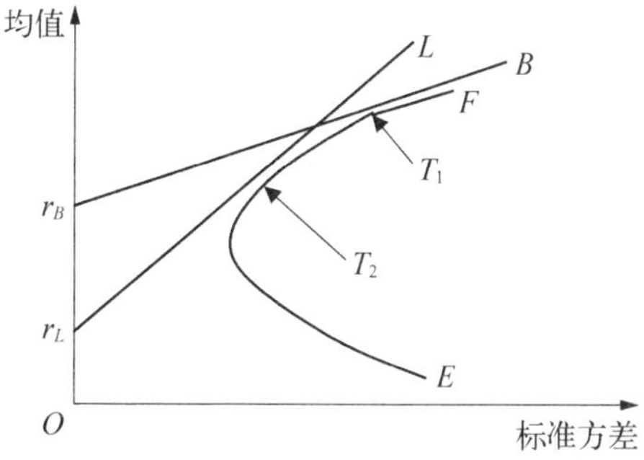

图1-35 按照不同的利率进行借贷时的效率边界

投资者的最佳证券组合可能位于直线上T_1B的任意一点(借入资金)；也可能位于r_LT_2上的一点(贷出资金)；还有可能位于T_1T_2曲线上，这时他既不借款也不贷款。除此之外的其他部分是不可行的。在这种情况下，投资者不再持有相同的风险资产组合，这使得分离定理无法应用。如果市场组合位于T_1和T_2之间，并不发生任何借贷行为，则同样可以获得零β模型。

(3) 异质预期(heterogeneous expectation)。如果投资者对于未来资产期望收益有着不同的看法，他们就会得到不同的投资机会集合，进而产生不同的有效边界，并选择不同的资产投资组合。这使得资本资产定价模型的分离性质不复存在。投资者可能在他的证券组合中并不持有所有的风险资产，或者索性卖空某些资产。为了保证市场出清，需要任何一种证券的总持有数量，等于该种证券在外发行的全部数量。使用一种简化的方法，林特纳(1969)导出了一种与基础的资本资产定价模型有着类似结构的定价模型，该模型中股票的未来收益和价格采用了复杂的加权平均形式。如果投资者持有异质预期，则市场资产组合不再必然具备均方效率特征①。

(4) 交易费用②。大量经验证据表明，投资者在其证券组合中平均仅持有3.4种风险资产。实际上34%的投资者仅持有一种股票，50%的投资者持有股票不超过2种，而不到11%的投资者持有10种以上的股票(Blume, Crockeet, Friend, 1974)。资本资产定价模型

① 还要提到的是由Statman和Shefrin提出的行为组合理论(behavioral portfolio theory, BPT)和行为资产定价模型(behavioral asset pricing model, BAPM)。现代资产组合理论认为投资者应该把注意力集中在整个组合，最优的组合配置处在均值方差有效前沿上。BPT认为现实中的投资者无法做到这一点，他们实际构建的资产组合是基于对不同资产的风险程度的认识以及投资目的所形成的一种金字塔式的行为资产组合，位于金字塔各层的资产都与特定的目标和风险态度相联系，而各层之间的相关性被忽略了。BAPM与CAPM的不同在于，BAPM中的投资者被分为两类：信息交易者和噪声交易者。信息交易者即CAPM下的投资者，他们从不犯认知错误，而且不同个体之间表现有良好的统计均方差性；噪声交易者则是那些处于CAPM框架之外的投资者，他们时常犯认知错误，不同个体之间具有显著的异方差性。两类交易者互相影响共同决定资产价格。将信息交易者和噪声交易者以及两者在市场上的交互作用同时纳入资产定价框架是BAPM的一大创举。在CAPM中，股票的供求仅取决于理性趋利特性，而BAPM则涵盖了理性趋利特性和价值感受特性等诸多因素，如钦佩(admiration)这种价值感受特性。

② 交易费用或者成本(transaction cost)这个术语自从它被创造出以来，就被到处使用。这里仅仅指交易金融产品时发生的手续费(commission)。

预言投资者将持有所有风险资产。除了财富限制、证券无限可分缺陷以外,交易费用明显不为0,是导致这种现象存在的主要原因①。交易费用的存在使得持有少量的资产成为明智的选择。因此,不同投资者会持有不同数量的风险资产,分离定理也就不再成立。在这种情形下,风险资产 i 的期望收益率可以写为②:

$$r_i = r_f + \frac{\sum_{k=1}^{K} W_k (r_k - r_f)}{\sum_{k=1}^{K} W_k} \beta_{ik} \tag{1-89}$$

其中,W_k 代表投资者 k 用于投资的财富;r_k 代表投资者 k 持有的资产组合的平均收益率;β_{ik} 代表资产 i 对于投资者 k 持有的资产组合(它并不一定是市场资产组合)的 β 值。因此,风险资产 i 的期望收益率等于无风险利率加上所有投资者所要求的风险溢价的加权平均。如果所有投资者都持有市场组合,即:

$$r_k = r_M \text{ 且 } \beta_{ik} = \beta_{iM}$$

那么它就回归到了基础的资本资产定价模型。

在资本资产定价模型一节的最后,我们简要提到关于 CAPM 的经验工作,特别是著名的"罗尔批评"(Roll's critique)。早期计量分析的结果(Black, Jensen, Scholes, 1972)意味着对于资本资产定价模型某种程度的拒绝,似乎仅 β 系数还不足以解释所有收益,可不可以加入其他解释因素呢③?研究(Rosenberg, Marathe, 1977)发现:如果把红利、交易量和厂商规模加入计量模型,则 β 系数显得更有预测能力。

实际上除 β 系数以外,确实还有别的因素来解释风险资产的收益。巴苏(Basu, 1977)发现低市盈率的股票的期望收益要高于资本资产定价模型的预计;班茨(Banz, 1981)发现所谓"小厂商效应",即规模较小的上市公司的股票有高的反常收益;利曾伯格和拉马斯瓦米(Litzenberger, Ramaswamy, 1979)发现市场对于发放高红利的股票,要求更高的收益率。这一点在布伦南的模型中,已经有所体现;凯姆(Keim, 1983)发现股票收益的季节变动——"一月效应"。

但是,更为棘手的问题是由罗尔(1977)提出的,他认为:

(1) 对于资本资产定价模型唯一合适的检验形式应当是:检验(包括所有风险资产在内的)市场资产组合是不是具有均方效率的④。

(2) 如果检验是基于某种作为市场资产组合代表(子集)的股票指数(stock index)⑤,那么如果该指数是具有均方效率的,则任何单个风险资产都会落在证券市场线上,而这是由于恒等变形引起的,没有什么实际意义。

(3) 如果检验是基于某种无效率的指数,则风险资产收益的任何情形都有可能出现,它

① 对交易费用和其他交易成本的进一步讨论见5.2.2和5.3.3节。
② 参见 Levy(1978)。
③ 这就要引入多因素模型(multi-factor models),我们在下一节中讨论这个问题。
④ 市场组合应当包括所有的可交易和不可交易的资产,例如人力资本、股票、债券、不动产等。
⑤ 股票指数反映的是某个假想的、按照一定方式组成的股票组合的价值变化。因为,我们可以定义一个很小的时间段里股票指数的上升百分比,等于同一时间内组成该组合的所有股票总价值的上升百分比。每种股票在组合中的权重等于组合投资中该股票的比例。组合中的股票可以有相同的权重,或权重以某种方式随时间变化。股票指数通常不因派发现金红利而调整。也就是说,大多数的指数在计算其百分比变化时,不考虑股票组合收到的任何现金红利。关于指数编制的具体讨论可以参考博迪等(2002)《投资学》,p50。

取决于无效指数的选择。

这个结论是非常令人震惊的，它断言即便市场组合是有均方效率的，资本资产定价模型也是成立的，使用前面方法得到的证券市场线也不能够证明单一风险资产均衡收益同 β 风险、市场组合收益之间，存在某种有意义的关系。其实，在第 1.2.4 和 1.2.5 小节中推导单一风险资产与均方效率资产组合和它的正交资产组合这一对资产组合的协方差关系时，就预示了这一点。一旦市场资产组合在同质信息假定下是均方效率的，就立即有 1.3.2 小节中的资本资产定价模型(或者零-β 资本资产定价模型)：

$$r_i = \beta_{iM}(r_M - r_f) + r_f$$

正如所见到的：得到这个形式的模型是完全必然的，这是数学上全等变形的结果。检验数学上的全等变形，显然是没有任何意义的。因而，问题不在于检验资本资产定价模型是否正确，而在于检验市场资产组合是不是具有均方效率这一前提假设！要测量真正的无所不包的市场资产组合的收益几乎是不可能的，所以研究者常常要采用市场组合的某种代表指数。如果这种指数是具有均方效率的，则任何一种资产的收益都可以精确地用下式表示，并全部画在证券市场线上。

$$r_i = \beta_{iI}(r_I - r_f) + r_f$$

脚标 I 表示某种股票指数。此外，我们知道，即便不存在无风险资产，也可以为市场资产组合找到一个正交资产。尽管真正的市场资产组合应当是唯一的，但是在做经验检验时，很有可能选择任意的一种指数作为真实市场资产组合的替代品来使用。这样就会有很多的正交资产出现(见图 1-36)，并构造出相应的证券市场线来，这无形中也降低了检验的效率。

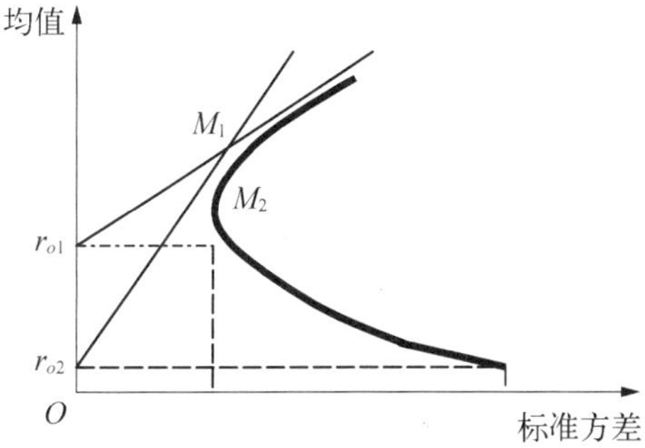

图 1-36　不同的(均方效率)指数有不同的正交资产组合

另一方面，如果出现任何反常收益，则仅仅意味着那种作为市场资产组合替代品的指数本身是不合格的(不具有均方效率)。不论怎样，这对于确定市场组合是否具有均方效率并没有帮助，因此要对市场资产组合的均方效率和资本资产按照夏普-林特纳模型定价这两个假定，做联合检验是不可能的。罗尔的批评简单宣告了：由于技术上的原因和原理上的模糊，资本资产定价模型是无法检验的。尽管如此，罗尔的批评并没有说资本资产定价模型本身有什么问题，它只不过要求采用更为适当的方法，因此后续研究者对于市场资产组合的代表指数的选择变得谨慎起来。

金融思想史 1-7　行为金融学：市场异常和投资策略

20 世纪 80 年代后期[①]，行为金融正式发展成为一种流派，真正取得突破性发展，步

① 本专栏内容参考了张圣平等(2003)。

入研究的黄金时期①。对应于基于传统金融理论的 CAPM 和 EMH 在理论基础和经验检验存在的问题,行为金融的研究内容大致集中为三个层次:① 个体的有限理性特征、群体行为和非完全市场;② 金融市场的异常现象(abnormal,即无法用经典金融理论来解释的现象);③ 投资者的盈利交易策略。行为金融典型的研究思路是:首先发现在实际市场中的不同于有效市场假设的异常现象,然后用不同于理性人假设的有限理性,或者群体行为或者非完全市场特征来解释异常现象发生的原因。这三者的逻辑关系见图 1-37:个体的有限理性特征、群体行为和非完全市场是金融市场异常现象产生的原因,而投资者的策略之所以能获得超额回报是由于它们利用了金融市场中的反常现象。

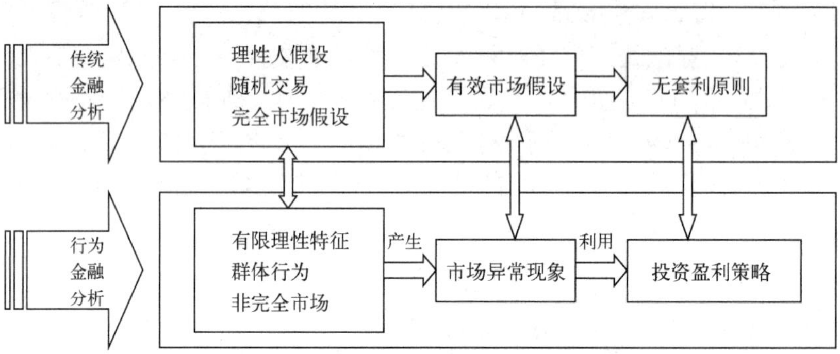

图 1-37 研究逻辑:行为金融 vs.传统金融

其中,影响较大的投资行为模型有下列四个:① BSV 模型(Barberis, Shleffer, Vishny, 1998)。BSV 模型认为,人们进行投资决策时存在两种错误范式。其一是代表性偏差(representative bias),即投资者过分重视近期数据的变化模式,而对产生这些数据的总体特征重视不够,这种偏差导致股价对收益变化的反应不足。其二是保守性偏差(conservation),投资者不能及时根据变化的情况修正自己的预测模型,导致股价过度反应。BSV 模型从这两种偏差出发,解释投资者决策模型如何导致证券的市场价格变化偏离效率市场假说。② DHS 模型(Daniel, Hirsheifer, Subramanyam, 1998)。该模型将投资者分为有信息和无信息两类。无信息的投资者不存在判断偏差,有信息的投资者存在着过度自信和有偏的自我归因(serf-contribution)。过度自信导致投资者夸大自己对股票价值判断的准确性;有偏的自我归因则使他们低估关于股票价值的公开信号。随着公共信息最终战胜行为偏差,对个人信息的过度反应和对公共信息的反应不足,就会导致股票回报的短期连续性和长期反转②。③ HS 模型③(Hong and Stein, 1999)。该模型区别于 BSV 和 DHS 模型之处在于:它把研究重点放在不同作用者的作用机制上,而不是作用者的认知偏差方面。该模型把作用者分为"观察消息者"和"动量交易者"两

① 芝加哥大学的泰勒(Thaler)、耶鲁大学的施勒(Shiller)成为研究行为金融的第二代核心人物。Thaler(1987、1999)主要研究了股票回报率的时间模式、投资者的心理账户,Shiller(1981、1990a、1990b)主要研究了股票价格的异常波动、股票市场的羊群行为、投机价格和人群中流行心态的关系等。除了这两位代表人物以外,20 世纪 90 年代以后也涌现出一批新的学者,其中 Odean(1998a)对于趋向性效应(disposition effect)的研究,Ritter(1991)对于 IPO 的异常现象的研究,Kahneman 等(1998)对反应过度和反应不足切换机制的研究都得到了广泛的关注。

② Fama(1998)认为 DHS 模型和 BSV 模型虽然建立在不同的行为前提基础上,但二者的结论是相似的。

③ 又称统一理论模型(unified theory model)。

类。观察消息者根据获得的关于未来价值的信息进行预测，其局限是完全不依赖于当前或过去的价格；"动量交易者"则完全依赖于过去的价格变化，其局限是他们的预测必须是过去价格历史的简单函数。在上述假设下，该模型将反应不足和过度反应统一归结为关于基本价值信息的逐渐扩散，而不包括其他对投资者的情感刺激和流动性交易的需要。模型认为最初"观察消息者"对私人信息反应不足的倾向，使得"动量交易者"力图通过套期策略利用这一点，而这样做的结果恰好走向了另一个极端——过度反应。④ 羊群效应模型(herd behavioral model)。该模型认为投资者羊群行为是符合最大效用准则的，是"群体压力"等情绪下贯彻的非理性行为，有序列型和非序列型两种模型。在序列型模型中(Banerjee, 1992)投资者通过典型的贝叶斯过程从市场噪声以及其他个体的决策中依次获取决策信息，这类决策的最大特征是其决策的序列性①。非序列型则论证无论仿效倾向强或弱，都不会得到现代金融理论中关于股票的零点对称、单一模态的厚尾特征。

与上述这些行为投资模型相关的还有渐为人知的行为金融投资策略。这其中既包括反价值策略(价值策略指传统的基于信息的投资策略，如低市盈率择股策略等基本面分析策略)，也包含技术策略(经行为金融理论诠释了的技术分析策略)，还有行为控制策略(指针对人性易于贪婪和恐惧的弱点，利用强制力或规则来约束自我的相应投资策略)等。在此选取较有代表性的三种予以介绍：① 反向投资策略(contrarian investment strategy)。买进过去表现差的股票而卖出过去表现好的股票来进行套利的投资方法，这种策略的提出最初是基于对股市过度反应的实证研究(DeBondt, Thaler, 1985, 1987)。其后有学者提供了短期收益回归趋势的证据(Poterba et al., 1988; Jegadeesh, 1990)，也有学者对美国股市的过度反应现象提供了研究支持(Chopra et al., 1992; Lakonishock, 1994)。对此，行为金融理论认为，这是由于投资者在实际投资决策中，往往过分注重上市公司的近期表现，通过一种质朴策略(naive strategy)——也就是简单外推的方法，根据公司的近期表现对其未来进行预测，从而导致对公司近期业绩情况做出持续过度反应，形成对绩差公司股价过分低估和对绩优公司股价过分高估的现象，最终为反向投资策略提供了套利的机会。② 动量交易策略(momentum trading strategy)。预先对股票收益和交易量设定过滤准则(filter rules)，当股票收益或股票收益和交易量同时满足过滤准则就买入或卖出股票的投资策略。行为金融意义上的动量交易策略的提出，源于对股市中股票价格中期(intermediate-horizon)收益延续性(return continuation)的研究。对资产股票组合的中期收益的研究(Jegadeesh, Titman, 1993)发现，与价格长期回归(long-term price reversal)趋势(DeBondt, Thaler, 1985, 1987)、以周为间隔的短期价格回归(short-term price reversal)趋势(Jegadeesh, 1990; Lehmann, 1990)的实证结果不同，以3到12个月为间隔所构造的股票组合的中期收益呈现出延续性，即中期价格具有向某一方向连续变动的动量效应(momentum effect)。在其他12个国家也发现了类似的中期价格动量效应(Rouvenhorst, 1998)，表明这种效应并非来自数据采样偏差②。③ 成本平均策

① 现实中要区分投资者顺序是不现实的，因而这一假设在实际金融市场中缺乏支持。

② 事实上动量交易策略，也有称相对强度交易策略(relative strength trading strategy)，在实践中早在这些研究之前就已有了广泛的应用，如美国的价值线排名(Value Line rankings)的利用等，目前更是似乎找到了能够"理直气壮"的理论依据。

略和时间分散化策略(dollar-cost averaging strategy and time-diversification strategy)。投资者在将现金投资为股票时,通常总是按照预定的计划根据不同的价格分批地进行,以备不测时摊低成本,从而规避一次性投入可能带来的较大风险的策略。时间分散化策略,是指根据投资股票的风险将随着投资期限的延长而降低的信念,建议投资者在年轻时将其资产组合中的较大比例投资于股票,而随着年龄的增长将此比例逐步减少的投资策略。成本平均策略和时间分散化策略有很多相似之处,都是在个人投资者和机构投资者中普遍存在并广受欢迎的投资策略,同时却又都被指责为收益较差的投资策略,而与现代金融理论的预期效用最大化原则明显相悖。行为金融的支持者认为,不能单纯评价这两种策略的好与坏,事实上二者体现了投资者的感受和偏好对投资决策的影响。萨特曼和费希尔和萨特曼(Statman, 1995; Fisher, Statman, 1999),利用行为金融理论中的期望理论、认知错误倾向、厌恶悔恨和不完善的自我控制等观点,分别对成本平均策略和时间分散化策略进行了系统地解释,指出了其合理性并给出了实施中加强自我控制的改进建议。

我们看到,尽管行为金融分析对投资者决策过程的行为认知偏差还具有不确定性和不完备性,但实证研究已证明它们对下列资本市场现象的解释有很大的相关性: ① 股票价格的混沌行为; ② 股票价格的过度波动和价格中的泡沫成分; ③ 投资者中的模仿与从众行为; ④ 对损失风险的错误估计; ⑤ 过早地出售盈利股票和亏损股票的不愿出手; ⑥ 投资者对现金红利的特殊偏好; ⑦ 相信风险会随持有期的增加而减少; ⑧ 普遍认为投资回报低于期望所得; ⑨ 投资者误把“好的”公司理解为“好的”投资对象; ⑩ 股价对市场信息的过度反应或反应不够; ⑪ 上市股的短期优异表现和长期低劣表现。此外,行为金融学对理解整个股市平均回报的横截面情况、封闭式基金定价、投资者特殊群体怎样选择其资产组合和跨期交易、证券发行、资本结构和公司的股利政策等现象还有特殊的作用。更重要的是,它为金融分析提供了变革性的视角,特别是对于中国这样一个具有悠久历史和传统心理积淀,又同时处于全面变革时期的国家和身处其中的民众来说,它必定有着非常丰富的实验样本和广阔的运用前景。

1.4 套利定价模型

由于经验证据不断显示 CAPM 与主要计量结果之间存在难以调和的矛盾,人们希望可以找到替代模型。罗斯(Ross)于 1976 年提出套利定价模型(arbitrage pricing theory, APT),用多个因素来解释风险资产收益,并根据无套利原则,得到风险资产均衡收益与多个因素之间存在(近似的)线性关系这一结论。该理论可以分为两个部分: 因素模型(factor models);和无套利均衡(no arbitrage equilibrium)。

1.4.1 因素模型

夏普-林特纳的资本资产定价模型认为: 资产的收益(价格是收益率的倒数)是唯一由市场证券组合收益这个因素(或者指数)决定的,因此可以不太严格地称它为单因素模型。

更为一般地，单因素模型假定任意风险资产收益由一个公共因素（common factor）决定，一般采用下面的线性函数形式。

$$r_i = a_i + b_i F + \varepsilon_i \tag{1-90}$$

其中，a_i 是常数，F 是公共因素或者指数（index），b_i 是因素 F 对于风险资产 i 的收益率的影响程度，称它为灵敏度（sensitivity）或者因素负荷（factor loading），ε_i 是随机误差项。

式（1-90）可以视为一种收益发生过程（income generating process）模型。所谓收益发生过程，就是由统计模型决定资产收益是如何产生的。在单因素模型下，风险资产的收益为：

$$E(r_i) = a_i + b_i E(F) \tag{1-91}$$

如果随机误差与因素不相关，而且不同风险资产之间的随机误差也不相关，则风险资产收益的方差是：

$$\sigma_i^2 = b_i^2 \sigma_F^2 + \sigma_{\varepsilon i}^2$$

上式右边第一项就是因素风险（factor risk），也就是在 CAPM 中被称为市场（或者系统）风险的部分，第二项是随机误差项的方差，它就是非因素风险（non-factor risk），也就是在 CAPM 中被称为个别（或者非系统）风险的部分。不同风险资产收益率之间的协方差是：

$$\sigma_{ij} = b_i b_j \sigma_F^2$$

进一步，由单因素模型决定收益的资产构成的证券组合的收益率是：

$$\begin{aligned} r_P &= \sum_{i=1}^{n} w_i r_i = \sum_{i=1}^{n} w_i (a_i + b_i F + \varepsilon_i) \\ &= \left(\sum_{i=1}^{n} w_i a_i\right) + \left(\sum_{i=1}^{n} w_i b_i F\right) + \left(\sum_{i=1}^{n} w_i \varepsilon_i\right) \\ &= a_P + b_P F + \varepsilon_P \end{aligned}$$

方差是：

$$\sigma_P^2 = b_P^2 \sigma_F^2 + \sigma_{\varepsilon P}^2$$

其中，

$$\sigma_{\varepsilon P}^2 = \sum_{i=1}^{n} w_i^2 \sigma_{\varepsilon i}^2$$

我们看到资产组合的风险也分为因素风险和非因素风险两块。如果投资越分散，则每一种资产的份额 w_i 就越小，这并不会导致 b_P 的明显增加或者减少。这是因为 b_P 是许多风险资产的因素灵敏度的加权平均，分散仅仅导致因素风险的平均化。但是非因素风险必然减小，如果假定各种资产收益间的随机误差部分不相关，则可以精确量化非因素风险。

假定投资于 n 种风险资产，并且在每一资产上的投资份额都相等，根据上式就有：

$$\sigma_{\varepsilon P}^2 = \sum_{i=1}^{n} \left(\frac{1}{n}\right)^2 \sigma_{\varepsilon i}^2 = \frac{1}{n}\left(\frac{\sigma_{\varepsilon 1}^2 + \sigma_{\varepsilon 2}^2 + \cdots + \sigma_{\varepsilon n}^2}{n}\right)$$

其中，$\left(\dfrac{\sigma_{\varepsilon 1}^2 + \sigma_{\varepsilon 2}^2 + \cdots + \sigma_{\varepsilon n}^2}{n}\right)$ 是平均化的单个资产非因素风险，而整个组合的非因素

风险仅仅是它的 $1/n$,我们看到每追加一种收益风险不相关的资产,资产组合的总非因素风险就是平均非因素风险的 $1/(n+1)$,这就大大地降低了非因素风险。

进一步看,我们可以在单因素模型基础上加入其他因素,来构造更为复杂的多因素模型(multi-factor factor models)。这些对于几乎所有风险资产收益都有某种程度影响的公共因素,可以是通货膨胀率、国民收入增长率、石油价格等。如何识别它们,以及它们对于某种资产的影响程度,是一个经验计量的问题①。这样不同风险资产的收益运动由这些共同因素联系在一起,资产收益中任何不能由共同因素的变化来解释的部分,则仅仅属于该资产本身。

考虑只有两个因素的情况,假定任意风险资产的收益由下面的两因素收益发生过程产生:

$$r_i = a_i + b_{i1}F_1 + b_{i2}F_2 + \varepsilon_i \tag{1-92}$$

考虑由上述证券形成的资产组合,它的收益应当是它所包含的所有风险证券收益率的加权平均,即:

$$\begin{aligned} r_P &= \sum_{i=1}^{n} x_i r_i = \sum_{i=1}^{n} x_i (a_i + b_{i1}F_1 + b_{i2}F_2 + \varepsilon_i) \\ &= (\sum_{i=1}^{n} x_i a_i) + (\sum_{i=1}^{n} x_i b_{i1} F_1) + (\sum_{i=1}^{n} x_i b_{i2} F_2) + (\sum_{i=1}^{n} x_i \varepsilon_i) \\ &= a_P + b_{P1}F_1 + b_{P2}F_2 + \varepsilon_P \end{aligned} \tag{1-93}$$

如同单因素模型中的情形,证券组合的灵敏度是其中所有证券灵敏度的加权平均。如果投资足够分散的话,那么,由于大数定理作用最后一项非因素风险就可能会消失不见了。

使用有着不同因素特征的大量资产,可以构造出各种具有不同灵敏度的证券组合来。有一种投资策略是很有趣的,它可以构造出对于某个因素有着单位灵敏度(即灵敏度为 1),而对其他因素有着零灵敏度的证券组合来。我们称这种证券组合为纯因素证券组合(pure factor portfolio)。

例 1.4.1 假定证券 A、B、C 有下列灵敏度。

证　券	b_{i1}	b_{i2}
A	−0.40	1.75
B	1.60	−0.75
C	0.67	−0.25

① 由于资产管理方面的需要,识别因素的工作很早就开始了。估计矩阵 B 有三种方法。第一种是对于资产收益的协方差矩阵做算法分析(algorithmic analysis),例如,罗尔、罗斯和陈使用了因素分析方法(factor analysis method);张伯伦和罗斯柴尔德则推荐使用主要成分分析方法(principal component analysis method)。前者在统计上更有效率,但实现起来很昂贵,实际上不可能对于所有上市股票的协方差矩阵做因素分析,因此典型的工作仅仅采用所有股票的一个子集。利曼、莫迪斯特比较了估计因素负荷矩阵 B 的各种方法,认为最好的应当是极大似然因素分析法(maximum likelihood factor analysis),因为它尽可能地利用了所有样本。采用第二种方法的研究者在估计资产收益协方差时会根据主观的判断去挑选公共因素并估计因素负荷矩阵。例如,休伯曼、肯德尔注意到了公司规模在资产收益的相关分析中的作用,并把它作为公共因素之一。使用第三种方法的研究者在挑选因素时则更为随意,例如,陈、罗尔和罗斯就选择了纽约股票交易所指数、美国政府债务收益率、通货膨胀率、工业产值增长率和总消费变化率作为因素,然后估计因素负荷,并检验它们是否解释了资产期望收益的部门交差变异(cross-sectional variation)。

如果投资者按照：

$$w_A = 0.3;\ w_B = 0.7;\ w_C = 0$$

的比例进行投资，则该种证券组合对于因素1和因素2的灵敏度分别为1和0，即有：

$$\begin{aligned} b_{P1} &= (-0.40 \times 0.3) + (1.60 \times 0.7) + (0.67 \times 0) \\ &= -0.12 + 1.12 + 0 \\ &= 1.0 \end{aligned}$$

$$\begin{aligned} b_{P2} &= (1.75 \times 0.3) + (-0.75 \times 0.7) + (0.25 \times 0) \\ &= 0.525 - 0.525 + 0 \\ &= 0 \end{aligned}$$

同理可以按照：

$$w_A = 0.625;\ w_B = 0;\ w_C = 0.375$$

的投资比例获得“纯因素2”证券组合。

因为这里只有3种资产，因此非因素风险 ε_P 仍然会很大，不过根据上面的讨论我们知道：如果类似的资产很多，则分散投资可以把非因素风险减小到趋近于0。这样就可以创造出一个“纯因素1”证券组合，它的收益结构就是：

$$r_{P1} = a_{P1} + F_1 \tag{1-94}$$

由此它退化成了负荷系数为1的单因素模型。这样的“纯因素1”证券组合的收益变化同因素变化完全是同步的。接下来，我们分析该证券组合的收益构成。通常把它分解成两个部分：

(1) 无风险收益率 r_f；

(2) 其他部分 λ。可以把 λ 解释为每一单位灵敏度的某因素的预期收益溢价(expected return premium per unit of sensitivity to the factor)。

因此，可以把“纯因素1”证券组合的期望收益记为：

$$E(r_{P1}) = \delta_1 = r_f + \lambda_1 \tag{1-95}$$

显然，构造纯因素证券组合的方法不止一种，那么，这些不同的证券组合构造方式是否会产生同样的期望收益呢？答案是肯定的，这就涉及无套利均衡。

1.4.2　无套利均衡

要注意的是：仅仅因素模型本身还不是一种资产定价的均衡模型，如果均衡存在就必须假定不存在套利机会。

套利和无套利是现代金融的最基本的概念之一。但是，套利究竟是什么呢？简单地说，它是“一物一价法则”(law of one price)的应用[①]。

相对于单一证券来说，证券组合套利一开始也许不容易让人接受。但它正是微观金融分析中所要真正表达的套利含义。通过卖空一些证券，并使用卖空所得投资于其他一些证

① 对于套利的正式和严格的定义见3.2.7和3.3.5节。

券,我们可以构造出一个净投资为 0 的证券组合(zero-investment portfolio)。如果它可以赚到利润,我们就说市场上存在着套利机会。也就是说,原来价值 0 的商品,现在在某些情况下可以按照大于 0 的价格出售。这确实是一件好事,由于套利是无风险的,只要投资者对于财富的需求是非饱和的,套利就会历遍所有状态。市场在这种情况下是不可能存在均衡的。

现在回到套利定价理论,在 1.4.1 节末尾对纯因素证券组合的讨论中提到了构造纯因素证券组合的不同方式。不妨假定两种纯因素证券组合具有不同的期望收益,这种差异肯定仅仅来自它们的 a 值。投资者可以卖空具有较低收益率的组合,并买入具有较高收益率的另一个组合。在这种情况下,无论因素 1 发生什么样的变化,投资者都可以得到稳定的利润。一个迅速的套利过程将平息这种差异,它将保证任何纯因素 1 证券组合,必定具有相同的收益率 $r_f+\lambda_1$。

例 1.4.2 投资者拥有 1 200 元投资基金平均投放在下面三种由单因素决定收益的风险资产上,它们的收益和灵敏度数据如下①。

证 券	r	B
1	0.15	0.9
2	0.21	3.0
3	0.12	1.8

现在的问题是这可以是一种均衡状态吗?令 W_n, $n=1, 2, 3$ 代表投入到第 i 种风险资产上资金数量,令 ΔW_n, $n=1, 2, 3$ 代表投资资金数量的变化,显然投资者个人总财富为 $W=\sum_{n=1}^{3} W_n$,则可以用:

$$\Delta w_n=\frac{\Delta W_n}{W}, \ n=1, 2, 3$$

代表用于该种风险资产上的投资资金数量变化占总财富的比例。可以尝试构造套利资产组合,要求:

(1) $\Delta w_1+\Delta w_2+\Delta w_3=0$,即套利资产组合必须是自我融资(self-financing)的,也即通过减少某些证券的持有量来增加对于其他资产持有量。换句话说,它不需要任何新的投入。

(2) $b_1\Delta w_1+b_2\Delta w_2+b_3\Delta w_3=0$,这是为了保证该套利资产对于因素风险完全免疫。

(3) 套利资产应当相当分散。在本例中,由于只有三种资产,很难消除非因素风险。不过,由于我们总是可以假定存在很多类似的证券,所以完全能够把非因素风险减小到 0。

因为 3 个未知数 2 个方程,所以可以任意为它定解。不妨假定 $\Delta w_1=0.1$,得到:

$$\begin{cases}0.1+\Delta w_2+\Delta w_3=0\\0.09+3\Delta w_2+1.8\Delta w_3=0\end{cases}$$

解得:

$$\begin{cases}\Delta w_2=0.075\\\Delta w_3=-0.175\end{cases}$$

① 本例来自马科维茨(1998),p251—254。

来计算一下这个资产组合到底有没有收益：

$$E(r_P)=0.15\times0.1+0.21\times0.075+0.12\times(-0.175)=0.009\,75>0$$

这其中显然存在套利机会。投资者对此会迅速做出反应，他们会抛售第三种资产，并使用该笔资金来买入第一、二种资产，这将导致它们价格上涨、收益率下降从而减少投资者对它们的需求，对于第三种资产来说情况则正好相反。这种情况将一直持续下去，直到该套利资产组合不再产生净收益，这时市场均衡才能达到。而 1.4.3 节中我们将证明这种情况只有在风险资产的期望收益满足以下的线性关系时才有可能获得：

$$E(r_i)=\lambda_0+\lambda_1 b_i \tag{1-96}$$

其中，λ_0、λ_1 为常数。这就是套利定价模型。

如何解释 λ_0、λ_1 呢？我们知道如果市场上存在一种无风险资产，由于它的收益为常数，它对任何因素风险都不敏感，该无风险资产的期望收益为：

$$E(r_i)=r_f=\lambda_0+\lambda_1 0 \tag{1-97}$$

而这就意味着 $\lambda_0=r_f$。因此，套利定价模型式(1-96)又可以写为：

$$E(r_i)=r_f+\lambda_1 b_i \tag{1-98}$$

而 λ_1 的值就是 1.4.1 节中讨论过的纯因素资产组合的期望超额收益或者称因素风险溢价(factor risk premium)，即：

$$\lambda_1=\delta_1-r_f \tag{1-99}$$

因此，套利定价模型就最终表述为：

$$E(r_i)=r_f+(\delta_1-r_f)b_i \tag{1-100}$$

这就是在风险资产收益由单因素模型产生条件下，由套利定价模型决定的风险资产期望的收益关系式，用图形表示如图 1-38 所示。

在这个数值例子中，一种可能的答案是：$\lambda_0=8$、$\lambda_1=4$，即在市场均衡时，三种风险资产的期望收益(价格)满足下列线性关系：

$$E(r_1)=[8+(4\times0.9)]\times100\%=11.6\%$$

$$E(r_2)=[8+(4\times3.0)]\times100\%=20.0\%$$

$$E(r_3)=[8+(4\times1.8)]\times100\%=15.2\%$$

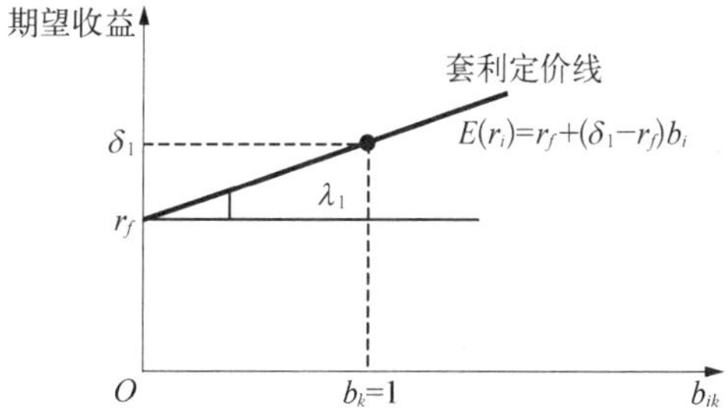

图 1-38　套利定价线

它们可以准确地刻画在图 1-36 中的套利定价线上。类似的分析可以扩展到多因素模型。

1.4.3　正规表述

假定：(1) 无摩擦的市场。不存在交易费用和税收，所有证券无限可分。

(2) 无操纵的市场。任何单独的投资者行为都不足以影响资产的市场价格，他们都是价格的接受者。

(3) 无制度限制。允许卖空，并且可以自由支配卖空所得。

这些关于理想化资本市场的假定与资本资产定价模型中的要求是一致的。

(4) 资产收益由因素模型决定。存在 N 种风险资产,K 种共同因素,一般而言 $N > K$。所有资产收益均表示为下列线性多因素模型:

$$r_i = a_i + b_{i1}F_1 + b_{i2}F_2 + \cdots + b_{iK}F_K + \varepsilon_i,\ i = 1,\ 2,\ \cdots,\ N \tag{1-101}$$

并要求:

$$E(F_k) = 0,\ k = 1,\ 2,\ \cdots,\ K$$

$$E(\varepsilon_i) = 0,\ i = 1,\ 2,\ \cdots,\ N$$

$$\max[\mathrm{var}(\varepsilon_i)] = \hat{\sigma}^2,\ i = 1,\ 2,\ \cdots,\ N$$

最后一个要求是指方差有界,以上这些要求是平凡的。进一步还要求:

$$E(\varepsilon_i \varepsilon_j) = 0,\ i \neq j$$

即非因素误差之间互不相关,这个要求比较严格,可以进一步放松。

我们也可以把式(1-101)记为矩阵形式:

$$\boldsymbol{r} = \boldsymbol{a} + \boldsymbol{BF} + \varepsilon \tag{1-102}$$

其中,$\boldsymbol{B} = (b_{ij})_{N \times K}$ 是 $N \times K$ 阶矩阵。

此外,还假定:(5) 同质预期。

(6) 市场上存在一种无风险证券。

(7) 最后,在均衡时刻不存在套利均衡。

令 $\boldsymbol{w}_{\mathbf{A}} = (w_1,\ w_2,\ \cdots,\ w_N)$ 为套利资产组合,它满足以下要求:

(1) 净投入为 0,即 $\boldsymbol{1}^{\mathrm{T}}\boldsymbol{w}_{\mathbf{A}} = 0$;

(2) 对于所有因素风险免疫,即 $\boldsymbol{B}^{\mathrm{T}}\boldsymbol{w}_{\mathbf{A}} = 0$;

(3) 对于所有非因素风险免疫,即 $\boldsymbol{w}_{\mathbf{A}}\boldsymbol{\varepsilon} = 0$。

它的收益率为:

$$r_A = \boldsymbol{w}_{\mathbf{A}}\boldsymbol{r} = \boldsymbol{w}_{\mathbf{A}}\boldsymbol{a} + \boldsymbol{w}_{\mathbf{A}}\boldsymbol{BF} + \boldsymbol{w}_{\mathbf{A}}\boldsymbol{\varepsilon} = \boldsymbol{w}_{\mathbf{A}}\boldsymbol{a} \tag{1-103}$$

如果存在套利机会,则意味着当资产数目增多时有①:

$$\lim_{N\to\infty} r_A = \infty \text{ 而且 } \lim_{N\to\infty} \mathrm{var}(r_A) = 0$$

但是,在市场均衡时刻不存在任何套利机会。

定理 1.4.1 (套利定价)假定风险资产收益满足式(1-102)表示的因素模型,并且不存在任何套利机会,则存在一组 $\lambda_0,\ \lambda_1,\ \cdots,\ \lambda_K$,使得下式成立:

$$\lim_{N\to\infty} \frac{1}{N}\sum_{i=1}^{n} \nu_i^2 \equiv \lim_{N\to\infty} \frac{1}{N} \| \boldsymbol{\nu} \|^2 = 0 \tag{1-104}$$

其中:

$$\nu_i = a_i - \lambda_0 - \sum_{k=1}^{K} \lambda_k b_{ik} \tag{1-105}$$

---

① 这个定义来自休伯曼(1982),阿罗-德布鲁精神的更为一般的套利理论(general arbitrage pricing theory, GAPT)和应用见第 3 章。

证明①：把 a_i 对于 b_{ik} 和任意常数作回归，这实际上就是把 $\boldsymbol{a}$ 投影(projection)在由 $\boldsymbol{1}$ 和 $\boldsymbol{B}$ 扩展出的线性子空间(**linear subspace**)上，可以得到回归系数 λ_i，$i=0, 1, \cdots, K$ 和回归残差(residuals) ν_i，$i=1, 2, \cdots, n$ 满足下面的关系②：

$$a_i=\lambda_0+\sum_{k=1}^{K}\lambda_k b_{ik}+\nu_i,\ i=1,\ 2,\ \cdots,\ N \tag{1-106}$$

由回归残差的正交性可知：

$$\sum_{i=1}^{N}\nu_i=0 \tag{1-107}$$

$$\sum_{i=1}^{N}\nu_i b_{ik}=0,\ k=1,\ 2,\ \cdots,\ K \tag{1-108}$$

用 ν 除以技术性标量 $\|\boldsymbol{v}\|\sqrt{N}$ 可以得到套利组合：

$$\boldsymbol{w}_{\mathbf{A}}=(w_i)=\nu_i/\|\boldsymbol{v}\|\ \sqrt{N},\ i=1,\ \cdots,\ N$$

它的收益率是：

$$\begin{aligned} r_A=\boldsymbol{w}_{\mathbf{A}}\boldsymbol{r}&=\frac{1}{\|\nu\|\ \sqrt{N}}\sum_{i=1}^{n}\nu_i\left(a_i+\sum_{k=1}^{K}b_{ik}F_k+\varepsilon_i\right)\\ &=\frac{1}{\|\boldsymbol{v}\|\sqrt{N}}\sum_{i=1}^{N}\nu_i(a_i+\varepsilon_i)\end{aligned} \tag{1-109}$$

注意：上式最后一个等式来自式(1-108)。由式(1-107)、式(1-108)可知，该套利组合的期望收益为：

$$\begin{aligned} E(r_A)&=\frac{1}{\|\boldsymbol{v}\|\sqrt{N}}\sum_{i=1}^{N}\nu_i a_i\\ &=\frac{1}{\|\boldsymbol{v}\|\sqrt{N}}\left[\lambda_0\sum_{i=1}^{N}\nu_i+\sum_{k=1}^{K}\lambda_k\sum_{i=1}^{N}\nu_i b_{ik}+\sum_{i=1}^{N}\nu_i^2\right]\\ &=\frac{1}{\|\boldsymbol{v}\|\sqrt{N}}\left[\sum_{i=1}^{N}\nu_i^2\right]\\ &=\frac{\|\boldsymbol{v}\|}{\sqrt{N}}\end{aligned} \tag{1-110}$$

它的方差为：

$$\operatorname{var}(r_A)=\frac{1}{\|\boldsymbol{v}\|^2 N}\left[\sum_{i=1}^{N}\nu_i^2\sigma_i^2\right]\leqslant\frac{\hat{\sigma}^2}{N} \tag{1-111}$$

如果该定理不成立，则当资产数目增加时，收益不为 0 而方差趋近于 0，这意味着套利机会，而这与假设相矛盾。因此，当 $N\rightarrow\infty$ 时，套利组合的期望收益必须为 0，即：

① 这里的表述和证明均来自 Ingersoll(1987)，p176—178。

② 范数、投影、正交矩阵等概念和一个简化的证明，参见第 8.6.2 节中的有关内容。

$$\| \boldsymbol{v} \|^2 / N \to 0$$

这样获得的无套利条件就是：

$$\frac{1}{N}\sum_{i=1}^{N}\left(a_i-\lambda_0-\sum_{k=1}^{K}\lambda_k b_{ik}\right)^2\to 0$$

这是一个无限的总和量，而且它的每一项都是非负的。平均项为 0，说明大多数项都是可忽略的。因此，任何一种风险资产的收益率都可以近似的表示为下面的线性组合：

$$a_i=E(r_i)=\lambda_0+\lambda_1 b_{i1}+\lambda_2 b_{i2}+\cdots+\lambda_k b_{ik} \tag{1-112}$$

$\| \boldsymbol{v} \|$ 越小则这种近似就越好。接下来确定系数 λ_i，$i=0, 1, \cdots, K$，由 1.4.2 节中的讨论可知，无风险资产可以通过构造一种对所有因素灵敏度都为 0，而且没有非因素风险的资产组合来形成，所以 $\lambda_0=r_f$。继而有：

$$E(r_i)=r_f+\lambda_1 b_{i1}+\lambda_2 b_{i2}+\cdots+\lambda_k b_{ik} \tag{1-113}$$

然而，1.4.1 节的讨论告诉我们纯因素 $k\in K$ 资产组合的收益为：

$$r_{Pk}=r_f+\lambda_k,\ k=1, \cdots, K$$

因此，因素 k 的风险溢价为：

$$\lambda_k=r_{Pk}-r_f$$

所以，上式又可以记为①：

$$E(r_i)=r_f+(r_{P1}-r_f)b_{i1}+(r_{P2}-r_f)b_{i2}+\cdots+(r_{Pk}-r_f)b_{ik} \tag{1-114}$$

这便是最后的套利定价模型②。

例 1.4.3③　假定有两种股票 X 和 Y，它们的收益由两因素模型(通货膨胀率和真实 GDP 增长率)决定：

$\lambda_1=0.01$，同通货膨胀率(因素 1 每变化 1%)联系的风险溢价；

$\lambda_2=0.02$，同真实 GDP 的百分比增长率(因素 2 每变化 1%)联系的风险溢价；

$\lambda_0=r_f=0.03$，无因素风险资产的收益率。

它们有着以下因素相关系数：

$b_{X1}=0.50$，X 对因素 1 变化的反应系数；

$b_{Y1}=2.00$，Y 对因素 1 变化的反应系数；

$b_{X2}=1.50$，X 对因素 2 变化的反应系数；

$b_{Y2}=1.75$，Y 对因素 2 变化的反应系数。

根据相关系数情况，Y 具有比较高的风险水平，因此它的期望收益也应该较高，这来自：

$$E(r_i)=r_f+\lambda_1 b_{i1}+\lambda_2 b_{i2}=0.03+(0.01)b_{i1}+(0.02)b_{i2}$$

---

① 直觉依然来自阿罗-德布鲁的一般套利理论，这在我们学习过第 3 章后，会有更深入的理解。

② APT 的经验工作来自 Roll et al.(1980)和 Chen(1983)，他们的结果支持了 APT；但是 Reinganum(1981)则持否定态度，原因是它解释不了“小厂商效应”；更麻烦的是，Dhrymes(1984)和 Shanken(1982)质疑了模型的有用性，因为它不能识别那些共同因素，因此模型是否是可以检验的就为了问题。

③ 本例来自 Reilly & Brown(2003)，第 9 章。

因此：

$$E(r_X)=0.03+(0.01)(0.50)+(0.02)(1.50)=0.065=6.5\%$$

$$E(r_Y)=0.03+(0.01)(2.00)+(0.02)(1.75)=0.085=8.5\%$$

1.4.4 APT 和 CAPM

我们知道，CAPM 并没有假定收益是由某种因素产生的。但是，它确实可以同 APT 所展示的因素分析相调和。如果风险资产收益是由某种因素模型生成的，就可以把它的因素负荷同 CAPM 中的 β 系数联系起来。

不妨假定收益是由一个两因素模型生成的，则证券 i 的收益同市场组合收益之间的协方差为：

$$\text{cov}(r_i, r_M)=[\text{cov}(F_1, r_M)b_{i1}]+[\text{cov}(F_2, r_M)b_{i2}]+\text{cov}(\varepsilon_i, r_M)$$

上式两侧同时除以 σ_M^2，并注意到：

$$\beta_i=\frac{\text{cov}(r_i, r_M)}{\sigma_M^2}$$

则有：

$$\beta_i=\left[\frac{\text{cov}(F_1, r_M)}{\sigma_M^2}b_{i1}\right]+\left[\frac{\text{cov}(F_2, r_M)}{\sigma_M^2}b_{i2}\right]+\frac{\text{cov}(\varepsilon_i, r_M)}{\sigma_M^2}$$

由于 $\text{cov}(\varepsilon_i, r_M)/\sigma_M^2$ 实际上很小，可以忽略它。另外两项是因素同市场组合收益之间的协方差同市场组合的方差之比。这些比例可以视为因素 β：

$$\beta_{F1}=\frac{\text{cov}(F_1, r_M)}{\sigma_M^2}$$

$$\beta_{F2}=\frac{\text{cov}(F_2, r_M)}{\sigma_M^2}$$

这样就有：

$$\beta_i=\beta_{F1}b_{i1}+\beta_{F2}b_{i2}$$

因为 β_{F1} 和 β_{F2} 是常数，不会因为证券的不同而发生变化。因此，上式显示出一种证券的 β，是它对于各种因素敏感性的线性函数。换句话说，不同证券具有不同的 β 系数，是因为它们对于不同因素具有不同的敏感性。进一步考虑 CAPM 的收益发生过程：

$$E(r_i)=r_f+[E(r_M)-r_f]\beta_i$$

而一个两因素模型产生的收益过程是：

$$\begin{aligned}E(r_i)&=r_f+[E(r_M)-r_f](\beta_{F1}b_{i1}+\beta_{F2}b_{i2})\\&=r_f+[E(r_M)-r_f]\beta_{F1}b_{i1}+[E(r_M)-r_f]\beta_{F2}b_{i2}\end{aligned} \tag{1-115}$$

把上式同 APT 定价公式(1-114)作比较，容易发现如果 CAPM 和 APT 的假设均成立，则 λ 必须等于：

$$\lambda_1 = [E(r_M) - r_f]\beta_{F1} \tag{1-116}$$

$$\lambda_2 = [E(r_M) - r_f]\beta_{F2} \tag{1-117}$$

把它们代入式(1-115)就有:

$$E(r_i) = r_f + \lambda_1 b_{i1} + \lambda_2 b_{i2} \tag{1-118}$$

APT 本身并没有确定因素风险溢价 λ_1、λ_2 的大小,但是 CAPM 却明确给出了它们的值。如果因素 1 同市场组合是正相关的,则 $\mathrm{cov}(F_1, r_M) > 0$,从而 $\beta_{F1} > 0$。同时,由于一般有 $E(r_M) - r_f$,所以 λ_1 必定大于 0。因此,根据上式,b_{i1} 越大则该证券的期望收益也就越大。换句话说,如果决定某种证券期望收益的因素 1 同市场组合是正相关的,任意证券期望收益是该证券对因素的敏感性的正的线性函数;反之则反是。

"理论与实践相结合"1-8　投资业绩评估

证券投资基金绩效评估理论是投资分析理论的一个分支,在实践中,投资业绩评估也是测量行业职业化水准的一项重要工作,评估的重点就是(传统)的互助基金。基金的绩效评估是指对基金的运作绩效进行综合评估,通过这一评估揭示基金的实际经营绩效。对基金进行绩效评估具有非常重要的意义。首先,通过对基金的绩效进行评估,投资者可以得到关于基金经理人能力和基金管理人业绩的较为精确的信息,防止投资者由于在基金经理人和管理人的能力方面信息不对称而产生投资的逆向选择,对基金业的发展形成良好的外部激励和约束机制,使基金之间展开良性竞争,使投资者的利益得到有效保护。其次,基金绩效评估也有助于抑制经理人和管理人的道德风险,基金公司可以通过对基金经理人的业绩的评估来衡量其经营能力,从而制订正确的薪酬计划。这样一个绩效信号可以对基金管理人和经理人产生较为充分的内部激励机制,使经理人的选择与解聘市场化,保护投资人的利益。另外,基金的绩效评估还有助于监管当局对基金的监管工作,通过对基金的绩效评估,监管当局可以及时发现问题,提出警告和敦促基金改进。评估的主旨是针对基金的实际运作成果进行评估,不仅评估总体投资目标实现程度,还评估每一要素的贡献程度,因此,绩效评估是一种反馈机制,使得机构能够强化投资过程中效率较高的方面,弱化或者改进那些效率不高或对投资目标无贡献的方面。

最早的基金绩效评估方法是不考虑风险因素的,仅仅以纯收益的大小来评估业绩。由于纯收益方法没有能够充分解释基金收益的风险因素等原因,一般在实际操作中已经不用这种方法,而采用风险调整的绩效评估方法。一般而言,大致有两类方法:① 每单位风险回报率(return per unit of risk);② 差异回报率(differential return)。

第一种方法涉及两个不同但相似的比率——夏普指数(Sharpe ratio)和特雷纳指数(Treyor ratio)。作为典型的风险调整绩效评价指标,夏普指数(也称为收益-变动性比)的评估思路是计算超额收益的风险化比值,也就是用基金的收益风险折现基金的超额收益。在夏普指数中,基金的超额收益用基金的收益率减去无风险的收益率得出,基金收益的风险用收益的方差衡量。收益夏普指数的值可以用基金的收益率与无风险金融资产的收益率之差除以基金投资组合的方差计算得出。计算公式为：

$$Sharpe\ Ratio = \frac{E(r_p) - r_f}{\sigma_p} \tag{1-119}$$

其中，r_p 表示投资组合（基金）的预期收益率，r_f 代表无风险金融资产的收益率，σ_p 表示基金的投资组合收益的风险。同为风险调整的基金绩效评估指标，特雷纳指数（也称为收益波动性比）采取了与夏普指数相同的思路，不同的是在特雷纳指数中，基金投资组合的收益的风险指标用 β 值衡量。显然，特雷纳指数是用 β 值取代夏普指数中的分母项方差而得出，即在上面的夏普指数计算公式中只要用 β 值取代 σ_p，就可以得到特雷纳指数的计算公式：

$$Treynor\ Ratio = \frac{E(r_p) - r_f}{\beta_p} \tag{1-120}$$

特雷纳指数对基金绩效的衡量基准是：指数较大说明基金投资组合的超额收益是在相对较低系统性风险条件下取得的，表明该基金的绩效较好；反之，如果特雷纳指数的值较小则表明基金的运作绩效较差。显然，特雷纳指数的假设前提是基金的投资组合的非系统性风险已经通过充分分散投资而得到消除，证券的价格按照资本资产定价模型定价，这不符合实际。只有当基金的组合相当分散时特雷纳指数才与夏普指数的评级结果相近。而在基金投资组合仅仅是有限的分散的情况下，特雷纳指数可能给出错误信息，不能评估基金经理分散和降低非系统风险的能力。

第二种方法与事后证券市场线（SML）的计算密切相关。该方法最基本的目标是在给定基金所面临的风险条件下，计算对基金所期望的回报率，然后与同一时期该基金实现的回报率相比较。它由詹森（Jensen，1968）创立，所以通常也被称为詹森方法。詹森指数则通过计算基金的超常收益来衡量基金的投资绩效。詹森的 α 指数来源于资本资产定价模型，等于基金的收益减去基金的风险溢价的差额，即：

$$\alpha = r_p - r_f - (r_M - r_f)\beta \tag{1-121}$$

如果 α 指数为正，则意味着基金的投资绩效较好，反之则较差。但需要注意的是用 Jensen 指数评估基金整体绩效时隐含了一个假设，即基金的非系统风险已通过投资组合彻底地分散掉，因此，该模型只反映了收益率和系统风险因子之间的关系。如果基金并没有完全消除非系统风险，则 Jensen 指数可能给出错误信息。例如，A、B 两种基金具有相同的平均收益率和 beta 系数，但基金 A 的非系统风险高于基金 B，按照该模型，两种基金有相同的 Jensen 指数，因而绩效相同。但实际上，基金 A 承担了较多的非系统风险，因而 A 基金经理分散风险的能力弱于 B 基金经理，基金 A 的绩效应该劣于基金 B。事实上，就以上三个指标来讲，特雷纳指数与詹森指数基本是一致的，由于特雷纳指数基金考虑了系统性风险，所以只有当基金的投资组合相当分散时它才与夏普指数的评估结果一致。就操作模型的选择来说，Sharpe 指数模型和 Treynor 指数模型对基金绩效的评估较具客观性，Jensen 指数模型用来衡量基金实际收益的差异时较好。而对 Sharpe 指数和 Treynor 指数这两种模型的选择，取决于所评估基金的类型。如果所评估的基金属于充分分散投资的基金，投资组合的β值能更好地反映基金的风险，因而Treynor指数模型是较好的选择；如果评估的基金是属于专门投资于某一行业的基金，相应的风险指标为投资组合收益的标准差，因而运用Sharpe指数模型比较适宜。

进一步的工作由法马(Fama, 1972)开启，他对基金总体业绩进行更为细致的分解，计算公式如下：

$$TS = r_p - r_{\beta p} = r_p - [r_f + \beta_p(r_M - r_f)] \tag{1-122}$$

$$NS = r_p - r_{\sigma p} = r_p - [r_f + \sigma_p(r_M - r_f)] \tag{1-123}$$

$$D = TS - NS \tag{1-124}$$

其中，TS是一种经风险调整后的收益，即剔除了市场一般收益率和基金的市场风险对基金业绩的影响，因而TS综合反映了基金管理人的证券选择能力和时机选择能力；在TS的基础上，NS又剔除了基金承担的非市场风险的影响。因此，D衡量了基金组合的分散化程度。

本质上说，一个基金管理人的投资才能主要体现在两个方面：① 证券选择能力(stock selection)，即基金管理人识别价格被低估(underpriced)的证券以及构造最优证券组合的能力；② 时机选择能力(market timing)，即基金管理人判断市场行情发展趋势的能力。当预计股票市场将上涨时，基金管理人将增加股权投资，减少债券投资，并增加股权投资中市场风险系数较高的行业和企业的投资比例，从而提高投资组合的市场风险水平。反之，则反向操作。为了验证这两种能力的是否存在，研究者开发了以下两类模型。

(1) 二次项回归模型(Treynor, Masuy, 1966)。该模型提出的基金业绩分解方法，体现为以下回归方程：

$$r_p - r_f = \alpha + \beta(r_M - r_f) + c(r_M - r_f)^2 \tag{1-125}$$

其中，α、β、c分别代表证券选择能力、市场风险系数和时机选择能力。他们在传统证券市场线性回归模型基础上，加入了一个二次项来评估证券投资基金经理择时与选股能力。他们认为，具备择时能力的基金经理应能预测市场走势：在多头时通过提高投资组合的风险水平以获得较高的收益；在空头时则降低风险。因此特征线不再是固定斜率的直线，而是一条斜率会随市场状况改变的曲线，如图1-39(a)所示。Treynor与Mazuy认为，如果β大于零，表示市场为多头走势，即$r_M > r_f$，这时市场收益率大于无风险收益率。由于$(r_M - r_f)^2$为正数，证券投资基金的风险溢酬$r_p - r_f$会大于市场投资组合的风险溢酬$(r_M - r_f)$；反之，当市场呈现空头走势时，即$r_M < r_f$，证券投资基金风险溢酬的下跌幅度会小于市场投资组合风险溢酬的下跌幅度，这样基金的风险溢酬$r_p - r_f$仍会大于市场投资组合风险溢酬$(r_M - r_f)$，因此选择β可用于判断基金经理的择时能力。α与市场走势无关，它代表基金收益与系统风险相等的投资组合收益率差异，α可以用来判断基金经理的选股能力。如果α大于零，表明基金经理具备选股能力，α值越大，表明基金经理的选股能力越强。这里的α与Jensen指数模型的区别在于，α已对择时能力做了调整，将择时能力与选股能力明确分离。

(2) 二项式随机变量模型(期权模型)(Heriksson, Merton, 1981)。该模型将择时能力定义为：基金经理预测市场收益与无风险收益之间差异大小的能力，然后根据这种差异，将资金有效率地分配于证券市场；具备择时能力者可以预先调整资金配置，以减少市场收益小于无风险收益时的损失，其回归模型为①：

$$r_p - r_f = \alpha + \beta(r_M - r_f) + c\max(0, r_f - r_M) \tag{1-126}$$

当市场状况良好时，则 $r_f \leqslant r_M$，$\max(.)=0$，模型简化为：$r_p - r_f = \alpha + \beta(r_M - r_f)$；当市场状况不佳时，则 $r_f \geqslant r_M$ 模型变化为 $r_p - r_f = \alpha + (\beta - c)(r_M - r_f)$。如何判断基金经理的市场择时能力呢？当 $c > 0$ 时，表示基金经理掌握了市场下跌的趋势，这时需要及时调整资产组合；如果 $(\beta - c) < 0$，表示市场空头时，基金经理反而能够逆势获利。如果存在选择时机的能力，则证券市场线就应当具有折线的形态，从图形上来看，成功的市场时机选择者在市场上升时期的拟合特征线的斜率应大于在市场下降时期的拟合特征线的斜率，如图1-39(b)所示。对1968年至1980年间美国116个开放型基金月收益率的绩效实证研究发现；有59个基金的 $c > 0$，但仅有11个基金明显大于零；而对 α 进行验定，仅有三个基金明显大于零。这显示出这些基金经理并不具备市场择时能力与选股能力②。

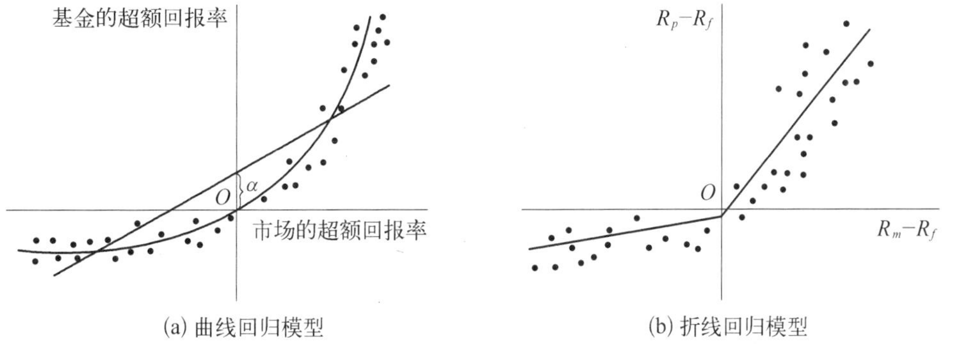

图1-39 具备证券选择和时机选择能力的证券市场线

除了以上传统业绩评估技术的不断发展以外，近年来基金经理人能否持续地获得超额收益是基金业绩评估研究方面的一个热门话题。学术界和业界都意识到此问题的深刻含义：如果绩效持续性存在，对投资者而言，市场有效性假设及其经济内涵将彻底瓦解。

小　结

分析是从日常生活中直观感受到的一些基本选择行为开始的，为了保证决策是理性的，

---

① 在统计上，可以通过在一般回归方程中加入一个虚拟变量(dummy variable)来评价这种关系。

② 国外使用传统方法对基金业绩中的证券选择和时机选择因素进行研究的文献还主要包括 Alxandra & Stover (1980)，Veit & Cheney(1982)，Kon(1983)，Lee & Rahman(1990)。这些研究的结果均表明：在有效市场假设成立的条件下，基金管理人的证券选择和时机选择的效果均不显著。

需要不断对主观偏好施加一系列更严格的约束条件。作为一个中间结果，拿到了在分析中易于处理的序数效用函数。这时理性个人行为模式可以用最简单的 max－s.t.语言来表述。当融入不确定因素时，通过进一步添加关键的独立性公理，我们获得了评价风险决策的一个重要工具——期望效用表述方法①。随后我们检查了投资者的风险态度以及相关的测量指标，并给出了在后续分析中会经常出现的几种重要的效用函数类型。

均值-方差分析方法是本章进行投资者行为分析的主要研究工具，进一步的讨论澄清了均方分析的比较静态性质和它与冯·诺伊曼-摩根斯坦期望效用公理体系的内在联系。随后我们就获得了分离定理，它把投资者的最优投资组合决策过程分解为——发现市场资产组合和决定在市场资产组合和无风险资产之间的个性比例，这两个相对独立的部分。

如果所有投资者具有相同的预期，则在均衡时他们会持有独立于他们各自不同偏好的相同风险资产组合——市场资产组合，市场出清就产生了一种关于单个风险资产收益和市场资产组合收益之间的相对关系②，这就导致了 1964 的资本资产定价定理③。这是一个均衡模型④，任意一种风险资产都可以在证券市场线上，表示成为单一风险测度 β 的线性函数，从而使得它的价格与市场的整体波动联系在一起。

为了检验资本资产定价模型的有效性，大量经验文献涌现出来。但是经验证据发现仅仅依靠 β 还不能全部解释风险资产的收益。其中特别需要提到的是 Roll 的批评，他要求检验发生在市场组合是否具有均方效率一级上。

最后，作为对于资本资产定价模型的一种替代和补充，我们考察了罗斯(1976)提出的更为一般的套利定价模型。套利定价模型假定风险资产的收益，是由一些共同因素决定的线性函数。套利定价模型的其他假定比资本资产定价模型要弱得多，它不要求投资者是风险厌恶的，仅仅要求他们是不满足(non-satisfaction)的就可以了。套利定价模型并没有说什么因素决定证券价格，而只是说它们采用线性的形式决定资产价格。如果把 CAPM 视为由市场组合收益产生的单因素模型，则 CAPM 和 APT 之间存在密切的联系。

文献导读

本书由始至终参考了 Ingersoll(1987)、Jarrow(1988)、Huang & Litzenberger(1988)、

---

① 要指出的是：微观金融学为获得个人风险决策的行为准则，实际上设计了两种分析框架：一种是基于风险结果的概率分布的(期望效用方法)，另一种则是基于风险结果本身的(状态偏好方法)。这两种分析结构在以后的分析中都有大量的运用。

② 由于微观理论是一种价格理论，因此在讨论过主体行为之后，我们始终会回到定价问题上。一般而言，为资产定价有两种方法，一种是在本章中和下一章中的基于效用和偏好的均衡方法(也称为绝对定价方法)，另一种是将出现在第3、4章中的套利方法(也称为相对定价方法)。但是，要指出的是金融产品的价格决定似乎与产品的供给方面完全无关，这同经济学中的供求分析是完全不同的，好像仅仅是需求就足以推出均衡和均衡价格。对这个问题的进一步探讨见第3章。

③ 托宾在获得诺贝尔经济学奖时，记者要求他用简单的几句话来描述他们的理论成果。他引用了一句古老的格言——“不要把所有鸡蛋放在一个篮子里”，只要再加上一句“没有风险就没有收获”，就可以完全表达这一定理所包含的主要经济学思想。

④ 实际上，阿罗(Arrow，1953)领先一步提供了一个(单期)均衡模型，但是影响远没有 CAPM 那么大。这主要是因为它在经验上几乎是不能被检验的；而且它的严格前提，即证券的种类等于世界状态数目的要求也无从满足。我们将在第 3 章中全面考察阿罗提出的这个模型。

Dothan(1990)、Duffie(1992)、Merton(1992)[①]、Erichberger & Harper(1997)、Elliott & Kopp(1997)、Muselia & Rutkowski(1997)、Neftci(1996，2000)、Willmott，Dewynne & Howison(1993)、Baxter & Rennie(1996)、Lamberton & Lapeyre(1996)、Karatzas & Shreve(1998)、LeRoy & Werner(2001)、Mel'nikov(2000)以及Cochrane(2001)。这些金融经济学和数理金融学的基础书籍，是每一个严肃的金融学研究者所必须研读的。

对于偏好、效用函数和期望效用理论的介绍在一般微观经济学教科书中都可以找到[②]，如Varian(1997)的第7、8、11章[③]，Mas-colell et al.(1995)的第1—3章和第6章以及Kreps(1990)第3章，也可以参考Erichberger & Harper(1997)的引言部分以及Huang & Litzenberger(1988)的第1章和Ingersoll(1987)的第1章中的相关内容。

关于不确定性研究的古典作品，推荐翻阅由Summers(1954)翻译的Bernolli(1738)的作品和Marschak(1938)的作品。对于不确定性研究的现代理论源泉，不外乎是Arrow(1953)的作品。Neumann & Morgenstern(1944)的经典论文是学习期望效用理论所必须参考的，对于期望效用理论的一个精彩表述可以在Machina(1992)中找到，不过建议阅读原文。风险态度见Arrow(1970)、Pratt(1964)，也可以参考勒威 & 萨纳特(1997)的第5章。

均方分析方法以及它与冯·诺伊曼-摩根斯坦期望效用公理体系的联系，可以参考Markowits(1952、1959)和Tobin(1958)的经典论文。将均方分析推进到资本资产定价模型，需要参考Sharpe(1964)、Lintner(1965)、Mossin(1966)、Treynor(1965)，他们从不同角度独立完成了该模型。夏普(Sharpe)和林特纳(Lintner)模型的对比分析可以参考Fama(1969)。对CAPM的扩展可以参考勒威 & 萨纳特(1997)。对于资本资产定价模型的综述参见Merbon(1972，1992)和Dimson & Mussavian(1999)。

计量方面的文献很多，建议参考Black et al.(1972)，从中可以了解关于CAPM早期计量工作的基本方法和主要结论；反常收益方面可以参考Basu(1977)、Banz(1981)、Keim(1983)等的论文，这些文献大多收录在Roll(1992)。Roll(1979)的文献是不能错过的，对罗尔(Roll)批评的回应可以参考Shanken(1986)。

套利定价模型主要参考Ross(1976)的经典论文，不过Huberman(1982)的文献更简洁地澄清了该理论的主要思想。张伯伦(Chamberlain)、罗斯柴尔德(Rothschild，1983)、英格索尔(Ingersoll，1984)以及迪布韦格(Dybvig，1983)进一步一般化了套利定价理论。有关综述文献可以参考Connor & Korajczyk(1995)，也可以参考Sharpe(1984)以及Shanken(1985)。涉及行为金融的主要文献基本上可以在Shefrin(2001)中找到。

由于本章的主要内容可以在大多数投资学或者金融学教材中找到，所以阅读一些经典的教科书也是加深理解的一种捷径，由浅入深推荐阅读Sharpe et al.(1999)，Copeland et al.(1983)，Ingersoll(1987)。经验工作方面可以参考Campbell et al.(1987)等计量金融学方面的标准文献。

---

① 以上六种文献可以算是20世纪现代金融学六大基础著作，更多的优秀作品也在不断涌现，如Cochrane(2001)。

② 本章主要材料来自Mas-colell et al.(1995)的第1—3章和第6章；Roll(1977)；Constantinides & Malliaris(1995)；Ingersoll(1987)第7章；Sharpe et al.(1995)。

③ 为了便于学习，本书的文献导读也尽量做到标准化，大致按照下面的顺序排列：首先是原始的经典文献用于勾画出理论发展的历史过程；然后是经验文献用以检验理论发现问题；接下来是(包括理论和经验两方面的)优秀的综述性文献，用于阶段性的成果回顾和总结；最后作为一条捷径，也推荐一些经典的教科书。

第 2 章　投资者行为Ⅱ：最优消费和投资

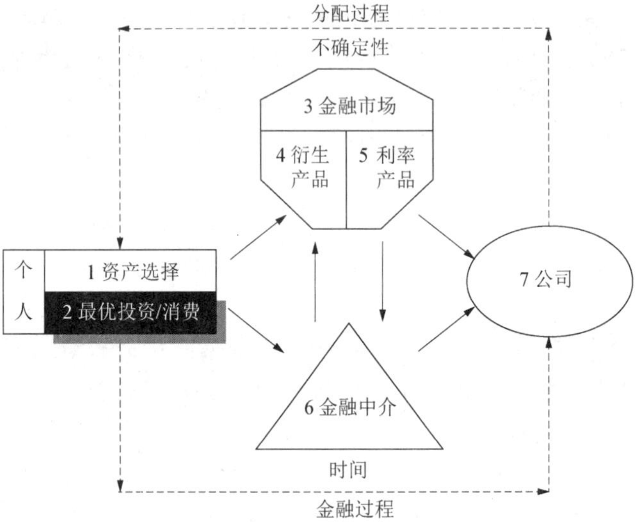

本章的学习目标

- 掌握个人终身最优投资/消费决策的实际意义和经济学表述方式；
- 理解离散时间下最优投资/消费问题的动态规划解法和在特定假定下获得解析解的技术；
- 掌握连续时间下，由几何布朗运动驱动的不确定环境下的最优投资/消费决策解法以及在特殊形式的效用函数下，获得解析解的技术；
- 了解无限时间情形下，最优投资/消费决策的简化表述形式和求解方法；
- 掌握由伊藤过程驱动的不确定环境下的最优投资/消费决策解法以及最优投资组合策略的经济含义；
- 了解多期环境中的互助基金定理和 m＋2 互助基金定理以及它与比较静态结论之间的联系；
- 理解跨期资本资产定价模型和消费资本资产定价模型，以及它们同静态资产定价模型之间的联系和差异；
- 理解如何使用鞅方法求解最优投资/消费决策问题，以及市场完备性在其中起到的重要作用，并比较两种方法之间的联系和差异。

尽管在实践工作中得到广泛的应用（主要是由于参数估计简单和理论表述的简洁），资本资产定价模型和套利定价模型只不过代表了微观金融学研究的早期成就。它们仍然不过是一些脱离实际的静态或者比较静态（comparative static）模型。单期投资者的唯一目标就是最大化期末财富（或者消费）的期望效用，由于不能随着时间变化而对实际发生的情况相应地做出灵活的调整，决策是呆板和缺乏效率的。无法想象在面临瞬息万变的投资机会时，人们会一成不变的、顽固坚持着许多年前的"最优"投资决策。为了改进这种情况，就需要把这种分析向多时期做动态的拓展。

让我们来重新审视在第 1 章一开始时，提出的那个更为一般的分析框架。典型消费者个人将生存一段时期 $[0, T]$，他会有一个大于 0 的初始财富或者说资源禀赋 $W(0)$；在生存过程中，他会获得一些非资本（non-capital）收入 $\varsigma(t)$（如工资）①；在生存的每一天中，他必须决定把可供支配的财富（资源），用于当前消费 C 和投资积累 I 上（投资将提供下一时刻的资本收入）；在最后时刻留下一部分遗产 $W(T)$ 给后人。这时，两个基本选择问题，即消费多少（也就是投资多少）和如何投资（资产组合），必须同时被决定。消费者这种不断的选择行为的目的就是使得他们终身效用最大化。

同样，采用微观经济学中考察消费者行为时使用的分析框架，即"max 效用函数- s.t.收入预算约束"方法，个人终身最优化问题的目标函数将采用下面的形式：

$$E_0\left\{\sum_{t=0}^{T-1}\mathcal{U}_1[C(t),\ t]+\mathcal{U}_2[W(T),\ T]\right\}$$

或者它的连续形式②：

$$E_0\left\{\int_0^T\mathcal{U}_1[C(t),\ t]\mathrm{d}t+\mathcal{U}_2[W(T),\ T]\right\}$$

其中，T 是投资者的寿命；$C(t)$ 是投资者年龄为 t 时选择的消费数量；$W(t)$ 是 t 时刻的财富（或者遗产）；$E_t(.)$ 是基于 t 时刻所有已经揭示出的信息的条件期望算子。$\mathcal{U}_1[C(t),\ t]$ 是效用函数③，在整个定义域内，它被假定是单调递增和凹的；$\mathcal{U}_2[W(T),\ T]$ 是基于期末财富或者说遗产的效用函数（bequest valuation function），它也是单调递增和凹的④。对这个目标函数的理解是很直观的，人们把每一时期消费和最终财富带来的期望效用加总到一起，渴望在整个生存时期内最大化这个总量。

接着再来看约束条件，由于涉及动态过程和不确定性，这里的收入预算约束比较复杂，它通常是一个用来描述在任意时刻，收入或者积累的财富是如何在投资和消费中进行分配的差分或者微分方程：

① 通常令 $W(0)=\varsigma(0)$。

② 这里显然有一个非常重要的假定，即效用函数 $\mathcal{U}(.)$ 是时间可加（time-additive）。时性可加是一个很强的假设，它假定多期效用函数采取如下这种形式：$\mathcal{U}(C_1,\ \cdots,\ C_t)=\sum_{i=1}^{t}\mathcal{U}(C_i)$。这意味着一顿丰盛的午餐，丝毫不会影响消费者去享用有着七道菜的豪华晚餐的胃口。法马（1970b）、黄和克雷普斯（1985）分别在离散时间和连续时间条件下，分析了非时性可加（non-time additive）效用函数的情况。

③ 人们可能会对于没有贴现这些期望效用存在疑问，实际上加上时间变量的 $\mathcal{U}(C,\ t)$ 也是一个效用函数，它的具体形式可以是 $e^{-\rho t}\mathcal{U}(C)$。但是需要注意的是：$e$ 的上角 t 指的是一个时间长度，不要把它同作为时点的 t 相混淆。

④ 它也是一种效用函数，如 $e^{-\rho t}\mathcal{U}(W)$。当然，个人完全可以决定不留下任何遗产，即 $W(T)=0$，那么这一项就从个人视野中消失了。

$$dW + d\varsigma = dI + dC$$

其中,ς 就是非资本收入,广义上 I 泛指各种投资,但这里实际上仅仅包括对市场上可交易的有价证券的投资。经济体系中的风险,就源自非资本收入和投资机会集合(investment opportunity set)(也即资本收入)的不确定性。最后,自然对于任意时刻的消费和财富有非负要求,即:

$$C(t) \geqslant 0,\ W(t) > 0,\ 0 \leqslant t \leqslant T$$

这样,理性个人的最优消费/投资决策行为就可以规范地(normatively)表述为:

$$\begin{aligned}
&\max E_0\left\{\int_0^T \mathcal{U}_1[C(t),\ t]\mathrm{d}t + \mathcal{U}_2[W(T),\ T]\right\} \\
&\text{s.t.} \\
&dW = d\varsigma - dI - dC \\
&C(t) \geqslant 0,\ W(t) > 0,\ t \in [0,\ T]
\end{aligned} \tag{2-1}$$

如何求解这个问题呢?在微观金融研究的历史沿革中,最优动态消费/投资问题最早表述为动态随机规划(dynamic stochastic programming)或者随机最优控制(stochastic optimal control)的形式①。

在本章的前两节中,我们根据时间参数是连续还是离散,把动态最优消费/投资问题沿着离散时间和连续时间两条线索依次推广。循序渐进地,先是多时期的离散模型,它将为问题的解决提供足够的直觉。在得到一般最优原理后,对于一些特殊形式的效用函数,可以尝试获得明确的解析解。

接下来是最重要的——通过引入现代的连续时间随机过程理论和随机动态规划方法,得到连续时间最优消费/投资模型。在跨期环境下,最优资产需求呈现出与静态模型明显,同时也很有趣的差异,我们要详细讨论这些差异的经济诠释。

在第 3 节中,通过加总个人资产需求并要求市场出清(market clean),我们同样可以获得一个市场均衡模型。它可以用来为资产制定合理的价格,即对单期市场均衡模型 CAPM 进行的时际推广,跨期资本资产定价模型(Intertemporal Capital Asset Pricing Model, ICAPM)。同时我们也会考察简化了的消费资本资产定价模型(Consumption Capital Asset Pricing Model, CCAPM)以及其中隐含的经济含义。

在本章的最后一节,我们还将采用一种新的方法——鞅方法(martingale method),对用随机动态规划方法获得的相应结论做验证和比较研究。

"理论与实践相结合"2-1　方兴未艾的个人理财事业

2002 年以来出现的形形色色的个人理财金融产品成为人们近期关注的投资热点。挑起这一轮市场竞争的,是那些实力雄厚的外资银行。进入中国后,由于网点少,运作成

① 对于不太熟悉这些数学方法的读者,可以参见第 10.6.2 节。

本高等原因，它们以“20%的客户产生 80%的收入”的口号为指导原则，将目标客户锁定在高端客户，充分发挥其在个人理财领域已有的品牌与运作优势，不遗余力地抢占市场。

2002 年 8 月 8 日，香港上海汇丰银行有限公司(HSBC)开始涉足内地个人理财市场，其在内地的首家“卓越理财”服务中心在上海开业。根据汇丰“卓越理财”的宣传，理财中心的贵宾室将为内地客户提供 8 种外币的一对一的服务以及 24 小时电话服务支持，开立综合账号全面照顾客户的日常理财需要。同时，“卓越理财”还提供一些其他优惠和便利服务，如预订餐位等噱头。

招商银行有关负责人表示，从某种意义上来说，外资银行紧盯高端客户的市场战略，对招商银行的威胁最大，因为自从 1995 年以“一卡通”确立了精品银行的定位以后，招商银行在国内银行中的市场定位与外资银行最为相似。这也正是招商银行最近推出“金葵花”，意在应对外资银行挑战的原因所在。招商银行于 2002 年 10 月 10 日推出的“金葵花”理财产品面向高端客户，涵盖负债、资产、中间业务及理财顾问服务等内容。而且，其设置的门槛也的确不低——只有日均存款额或在招商银行总资产达 50 万元以上的客户，才有资格成为“金葵花”会员。“金葵花”会员可以在招商银行全国任何网点享受贵宾待遇。此外，招商银行还将“金葵花”理财产品按照融资类、投资类和居家类组合成为“易贷通”“投资通”和“居家乐”三大套餐，基本上囊括了银行所有的个人业务。“易贷通”是针对“金葵花”客户在个人住房、汽车、消费、求学或资金周转方面有贷款融资需求时，集合该行自助贷款、信用卡、按揭贷款等先进功能，配以出国留学、存款证明等服务项目，加强相关合作商家的优惠让利，为客户提供的一揽子套餐服务。“投资通”是按照不同投资风险设计的包括证券、基金、外汇、国债等多种投资产品的组合。“居家乐”包括各类自助缴费服务、各种长话服务、网上转账汇款、一卡通全国酒店预订、保管箱、手机短信资讯/通知服务等。

除了商业银行，另一类竞争者——保险公司，也心仪这一市场已久。2001 年 8 月组建的平安卓越理财中心的主要职能就是面对高端客户提供相应的增值服务。该理财中心曾先后对香港、韩国等地 4 家国际知名金融机构的高端客户服务模式进行了学习和考察，并斥资百万元、历时一年建成了一个客户财富管理系统。该系统针对客户人生阶段、家庭状况、风险承受能力、人生规划等信息资料，对客户个人及家庭的资产分配情况、财务现状、投资目标等进行客观全面的分析，形成最初的数据报告。这些资料将是今后进行高端客户产品设计的一个重要依据。部分业内人士评价说，作为国内目前仅有的几个具有个人综合金融服务提供商维形的集团，平安的平台优势不容小觑。

2.1　最优消费/投资决策Ⅰ：离散时间

所谓随机最优控制，就是试图在一个由随机因素驱动的成长路径上，通过采用适当的策略来最优化目标函数。这里的消费多少和如何投资，就是由投资者决定的控制变量(controlled variable)或者说决策(decision)，通过一系列遵循某种原则的最优决策，即最优策略(policy)，个人可以得到最大的效用满足。这里的原则，指的就是贝尔曼(Bellman)最优化原则(principle of optimality):

"一个最优策略有这样的特征:无论初始状态和初始决策是什么,余下的决策在考虑到第一个决策导致的状态的影响下,都必须是最优的策略。"

简单地说,这就意味着任何最优过程的最后一段过程必定是最优的。这一原则将在后面的分析中一再出现。本节的讨论在离散时间环境下进行,离散时间模型假定:调整(或者说控制)决策发生在某些固定的时刻,它只需要基础的微积分工具来产生(随机)最优化结果。

2.1.1 简化的例子

为了对于本章中频繁使用的(随机)动态规划方法有一个直观的理解,先提供一个离散时间的简单例子,它勾勒出动态规划方法所特有的向后追溯(backward recursion)的特征。

假定:(1) 典型个人生存两个时期,他可以在两个时点上,即 $t=0$、1 上做决策 ($t=3$ 时,他就死亡了);他被赋予一定量的初始资源 $W(0)>0$。

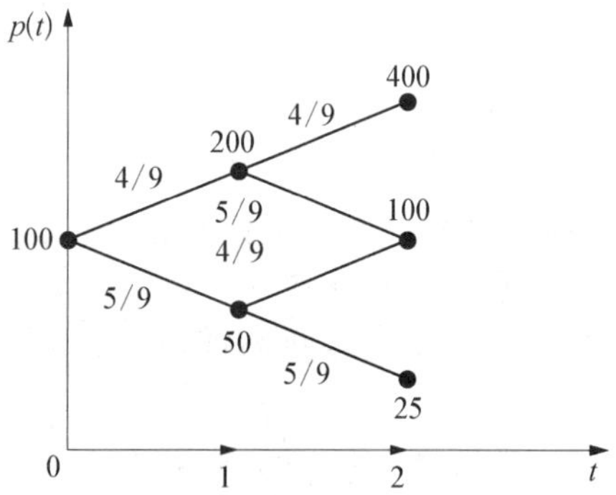

图 2-1 股票价格运动的二项树模型

(2) 理想化的资本市场上存在两种资产[①]。一种是无风险的现金或者债券,它的价格在任何时刻都没有变化,始终为 1;另一种是有风险的股票,它的价格过程假定由二项树描绘[②](见图 2-1)。

简单地说,它表示在每一时点上,股票价格要么以 4/9 的概率上涨一倍,要么以(1−4/9)的概率下跌一半。用 $w(0)$ 和 $w(1)$ 表示该投资者在 0、1 时刻上,投资于风险资产(股票)上的财富份额。

(3) 投资者的非资本收入为 0,效用函数具有以下特定形式:

$$\mathcal{U}(x)=\sqrt{x}$$

(4) 为了简化分析,假定投资者也不进行任何消费,这样最优决策的唯一目标就是最大化来自最终财富的期望效用。

因而,最优化问题式(2-1)就可以简化为:

$$\max_{w(0),\,w(1)} E\left\lfloor \sqrt{W(2)}\right\rfloor$$
$$\text{s.t. } W(2)>0$$

目前的任务就是找到最优的投资决策变量(最优控制)$w(0)$ 和 $w(1)$,使以上最优化问题得以解决。

不妨尝试采用"向前"推导的方法,即从 $t=0$ 时刻开始,事先决定一个策略 $w(0)$,但它是不是最优还不清楚。根据 $w(0)$,我们仅能够知道 $t=1$ 时刻的期望财富水平的函数表达式,但是最大化这个函数得到的"最优的"$w(0)$,并不一定是最优决策过程 $[w(0),\ w(1)]$ 的必然组成部分,除非可以明确地知道在所有不同情况状态下的 $w(1)$,并且它是唯一的。

① 所谓理想化资本市场如第 1 章中的要求,即无交易成本、制度限制、操纵行为等。

② 二项树模型可以参考第 10.2.1 节。

因此，向前推导的方法是行不通的。

换一种思路，我们可以试着从倒数第一期，即 $T-1$ 期开始。这就是说，我们必须获得 $t=1$ 时期，股票价格在 $p=200$ 或者 $p=50$ 两种情况下的最优投资比例，这是一个单期静态优化问题。一旦获得了 $t=1$ 时的相应结果 $w(1)$ 和 $W(1)$，就可以按照同样的结构，进一步推测 $t=0$ 时刻的最优投资比例，从而一层层地逐步解决了问题。具体分析两个步骤如下。

第一步：$t=1$ 时刻

假定此时的财富 $W(1)$ 为任意一正数（它是由上一期 $t=0$ 时的最优决策所产生的）。投资到股票上的财富比例为 $w(1)$，则投向无风险资产上的就是 $1-w(1)$。我们来计算最后的 $t=2$ 时刻，积累的财富的期望效用是多少。先考虑当股票价格 $p=200$ 时的情形，根据二项树模型：

$$\begin{aligned}E[\sqrt{W(2)}\,|\,p=200]&=\frac{4}{9}\sqrt{2w(1)W(1)+[1-w(1)]W(1)}\\&\quad+\frac{5}{9}\sqrt{(1/2)w(1)W(1)+[1-w(1)]W(1)}\\&=\left[\frac{4}{9}\sqrt{w(1)+1}+\frac{5}{9}\sqrt{1-(1/2)w(1)}\right]\sqrt{W(1)}\\&=f[w(1)]\sqrt{W(1)}\end{aligned}$$

为了找到最优投资比例 $w(1)$，只要对 $f[w(1)]$ 求导，并令一阶导数等于 0 就可以了，不难得到：

$$w(1)=13/19 \text{ 和 } f[w(1)]=19/3\sqrt{38}$$

再考察当股票价格 $p=50$ 时的情形，我们发现仍旧可以使用上式。因为 $\sqrt{2w(1)W(1)+[1-w(1)]W(1)}$ 依然表示股票价格上涨一倍的情况下，投资在两种资产上，给投资者带来的期末财富的期望效用；而 $\sqrt{(1/2)w(1)W(1)+[1-w(1)]W(1)}$ 则是投资机会相对较差时，期末财富的效用水平。所以，最优解还是 $w(1)=13/19$，因此这个最优投资比例决策独立于 1 时刻股票价格和财富的绝对水平。

第二步：$t=0$ 时刻

根据上面的推理，我们只要知道 1 时刻的财富水平 $W(1)$，就可以知道最终财富的期望效用水平是多少，而 1 时期的财富水平 $W(1)$，也是由同第一步类似的决策过程所决定的，即：

$$\begin{aligned}E[\sqrt{W(2)}\,]&=f[w(1)]E[\sqrt{W(1)}\,]\\&=f[w(1)]\left\{\frac{4}{9}\sqrt{2w(0)W(0)+[1-w(0)]W(0)}\right.\\&\quad\left.+\frac{5}{9}\sqrt{(1/2)w(0)W(0)+[1-w(0)]W(0)}\right\}\\&=f[w(1)]\left\{\left[\frac{4}{9}\sqrt{w(0)+1}+\frac{5}{9}\sqrt{1-(1/2)w(0)}\right]\sqrt{W(0)}\right\}\\&=f[w(1)]f[w(0)]\sqrt{W(0)}\end{aligned}$$

同样，对 $f[w(0)]$ 求导数，并令一阶导数等于 0，得到最优化条件还是：$w(0)=13/19$。

因此最优投资决策方案就是：

$$w(0)=13/19,\ w(1)=13/19$$

尽管实际的问题要比这个简单的例子复杂得多,但从上述求解过程中,仍然可以归纳出最优个人消费/投资决策的动态规划解法最显著的特征——它是向后追溯的。这正是贝尔曼最优化原理的体现。

2.1.2 一般情形

现在考察多期离散时间情况下,个人最优消费/投资决策问题的标准建模方法和它的一般解法。

假定:(1) 有限生命。典型个人生存一段时期$[0, T]$,他可以在$t=0, 1, 2, \cdots, T-1$这些离散的时点上做决策①;他被赋予一定量的初始资源,$W(0)>0$。

(2) 单一消费品。只有一种用于当期消费的易腐消费品。它不可以储藏,暂时不考虑它是如何生产出来的。

(3) 资产价格运动。理想化的资本市场上存在$n+1$种资产,第0种资产是无风险的债券,它的单位时间总收益率为R_f;其他n种都是风险资产,它们的总收益率定义为:

$$R_i(t)=\frac{p_i(t+1)}{p_i(t)},\ i=1, 2, \cdots, n$$

$R_i(t)$是由外部经济环境外生决定的。外生经济环境用状态变量$S(t)$来表示。目前假定存在m个状态变量,而且基于当前状态$S(t)$的

$$\{S_j(t+1)\},\ j=1, 2, \cdots, m \text{ 和 } \{R_i(t+1)\},\ i=1, 2, \cdots, n$$

均具有马尔可夫性质(Markov property)②。

(4) 资产组合。令$w_i(t)$为投资在第i种风险资产上的财富占总财富数量的相对份额,则$1-\sum_{i=1}^{n} w_i(t)$就是投资在无风险资产上的财富份额。因此,整个资产组合的总收益率R_P就是:

$$\sum_{i=1}^{i} w_i(t)R_i(t)+\left[1-\sum_{i=1}^{i} w_n(t)\right]R_f=\sum_{i=1}^{n} w_i(t)[R_i(t)-R_f]+R_f \tag{2-2}$$

(5) 令$\varsigma(t)$为非资本收入,如果假定这个收入来源是随机的,也可以称之为外生禀赋过程(endowment process)。注意:定义$W(0)=\varsigma(0)$。

根据上述设定,可以把财富的积累过程,即约束条件,表述为:

$$W(t+1)=[W(t)+\varsigma(t)-C(t)]R_P \tag{2-3}$$

(6) 要求在任何时刻,不可以出现负的财富和消费,即:

$$C(t)\geqslant 0;\ W(t)\geqslant 0,\ t\in[0, T]$$

---

① 也称交易期界(trading horizon)。

② 参见10.1.4节。通过扩展状态变量的数目(Cox & Miller, 1968)可以把一些非马尔可夫随机过程变换成为马尔可夫形式。另外,为了避免出现“冗余”状态变量,总是假定向量$S(t)$是保证$R(t+1)$具有马尔可夫性质的最少数目的状态变量的集合。

这样，最优化问题式(2-1)就可以再次表述为：

$$\begin{aligned}&\max_{C(t),\, w(t)} E_0\Big[\sum_{t=0}^{T-1}\mathcal{U}_1[C(t),\ t]+\mathcal{U}_2[W(T),\ T]\Big]\\&\text{s.t.}\\&W(t+1)=[W(t)+\varsigma(t)-C(t)]R_P\\&C(t)\geqslant 0;\ W(t)\geqslant 0,\ t\in[0,\ T]\end{aligned}\tag{2-4}$$

根据动态规划原则，仍然从倒数第一期开始解，这样它就变成了熟悉的单期问题。

先引入 $T-1$ 时刻的价值函数(valuation function) $J[W(T-1),\ T-1]$ ①，即：

$$\begin{aligned}J[W(T-1),\ T-1]&=\max_{C,\ w}E_{T-1}\{\mathcal{U}_1[C(T-1),\ T-1]+\mathcal{U}_2[W(T),\ T]\}\\&=\max_{C,\ w}\{\mathcal{U}_1[C(T-1),\ T-1]+E_{T-1}\mathcal{U}_2[W(T),\ T]\}\end{aligned}\tag{2-5}$$

为简化分析，目前暂时假定 $\varsigma(t)$ 为 0，把积累财富方程式(2-3)代入上式，注意到：

$$W(T)=[W(T-1)-C(T-1)]\Big\{\sum_{i=1}^{n}w_i(T-1)[R_i(T-1)-R_f]+R_f\Big\}$$

则式(2-5)可改写为：

$$\begin{aligned}J[W(T-1)]=\max_{C(T-1),\ w(T-1)}\Big\langle&\mathcal{U}_1[C(T-1)]\\&+E_{T-1}\mathcal{U}_2\Big|[W(T-1)-C(T-1)]\Big\{\sum_{i=1}^{n}w_i(T-1)[R_i(T-1)-R_f]+R_f\Big\}\Big|\Big\rangle\end{aligned}\tag{2-6}$$

为简便起见，上式中对时间的函数形式都省略掉了。接下来对可供选择的决策变量 $C(T-1)$，$w_i(T-1)$ 求导(注意由于 $\mathcal{U}_2=f\{W_T[C(T-1)]\}$，要用到复合函数求导法则)，即得最优化的一阶条件②：

$$\begin{cases}\dfrac{\partial J}{\partial C}=\mathcal{U}_{1,\ C}(C,\ T-1)-E_{T-1}\Big\{\mathcal{U}_{2,\ W(T)}(.)\Big[\sum_{i=1}^{n}w_i(R_i-R_f)+R_f\Big]\Big\}=0\\[2ex]\dfrac{\partial J}{\partial w_i}=E_{T-1}[\mathcal{U}_{2,\ W(T)}(.)(R_i-R_f)]=0\quad i=1,\ 2,\ \cdots,\ n\end{cases}\tag{2-7}$$

根据上式中的第二个一阶条件，第一个一阶条件又可以表示为：

$$\mathcal{U}_{1,\ C}=R_fE_{T-1}(\mathcal{U}_{2,\ W})\tag{2-8}$$

如果用 $T-1$ 期的价值函数式(2-6)对 W 做微分(使用连锁法则和导数基本运算法则)，就有：

$$\begin{aligned}J_W=\mathcal{U}_{1,\ C}\frac{\partial C}{\partial W}+E_{T-1}\Big|\mathcal{U}_{2,\ W}(.)\Big\{&(W-C)'\Big[\sum_{i=1}^{n}w_i(R_i-R_f)+R_f\Big]\\&+(W-C)\Big[\sum_{i=1}^{n}w_i(R_i-R_f)+R_f\Big]'\Big\}\Big|\end{aligned}$$

① J 是一个基于财富的引至(derived)效用函数。

② 因为效用函数和遗产函数都是凹的，所以二阶条件自动得到满足。

$$=\mathcal{U}_{1,C}\frac{\partial C}{\partial W}+E_{T-1}\left|\mathcal{U}_{2,W}(.)\left\{\left(1-\frac{\partial C}{\partial W}\right)\left[\sum_{i=1}^{n}w_i(R_i-R_f)+R_f\right]\right.\right.$$

$$\left.\left.+(W-C)\sum_{i=1}^{n}\frac{\partial w_i}{\partial W}(R_i-R_f)\right\}\right|$$

$$=\left\langle\mathcal{U}_{1,C}-E_{T-1}\left\{\mathcal{U}_{2,W}(.)\left[\sum_{i=1}^{n}w_i(R_i-R_f)+R_f\right]\right\}\right\rangle\frac{\partial C}{\partial W}$$

$$+\sum_{i=1}^{n}\frac{\partial w_i}{\partial W}E_{T-1}[\mathcal{U}_{2,W}(.)(W-C)(R_i-R_f)]$$

$$+E_{T-1}\left\{\mathcal{U}_{2,W}(.)\left[\sum_{i=1}^{n}w_i(R_i-R_f)+R_f\right]\right\}$$

把一阶条件式(2-7)代入上式,则上式右边第一、二项均为0。化简即得到最优消费/投资策略必须满足的包络条件(envelope condition)①:

$$J_W=E_{T-1}\left\{\mathcal{U}_{2,W}(.)\left[\sum_{i=1}^{n}w_i(R_i-R_f)+R_f\right]\right\}=\mathcal{U}_{1,C}\tag{2-9}$$

它的经济学含义就是:在消费者均衡时,当期消费的边际效用就等于财富(未来消费)的边际效用。当期消费与投资比例的选择既影响生活质量 $\mathcal{U}_1(C)$,也影响投资预算基金的数量。当前每增加一单位的消费就减少可投资的财富,因而获得时际最优的标准条件就是——消费的边际效用等于财富的边际效用。而且,根据上式可以知道,因为 $U_{CC}<0$,所以有 $J_{WW}<0$,因此 J 是财富的严格凹函数。

回到 $T-1$ 期的决策问题上,很明显,如果要想求出价值函数 $J(T-1)$,原则上只要把 C^*、w^*(它们是 $W(T-1)$ 函数表达式)代入式(2-6)求解即可。这样就得到了 $T-1$ 时期三个重要的数据 C^*、w^* 和 J。这之所以是可行的,是因为在最终时刻,有:

$$J[W(T),T]=\mathcal{U}_2[W(T),T]$$

而这是一个确定的函数。

可以继续对倒数第二期做类似的工作,这时的价值函数为:

$$\begin{aligned}J[W(T-2),T-2]&=\max_{C(T-2),\,w(T-2)}|\mathcal{U}_1[C(T-2),T-2]\\&\quad+E_{T-2}\{\mathcal{U}_1[C(T-1)]+\mathcal{U}_2[W(T)]\}|\\&=\max_{C(T-2),\,w(T-2)}|\mathcal{U}_1[C(T-2),T-2]\\&\quad+E_{T-2}\max_{C(T-1),\,w(T-1)}E_{T-1}\{\mathcal{U}_1[C(T-1)]+\mathcal{U}_2[W(T)]\}|\\&=\max_{C(T-2),\,w(T-2)}|\mathcal{U}_1[C(T-2),T-2]\\&\quad+E_{T-2}J[W(T-1),T-1]|\end{aligned}$$

这是一个重复(recursive)过程,可以递推到 $T-3$、$T-4$,…,t 时期。根据最优化原理,

① 这个条件最早由萨缪尔森(Samuleson,1969)给出。

在 t 期价值函数的一般形式是：

$$J[W(t),\ t]=\max\left|\mathcal{U}_1[C(t),\ t]+E_t\left\{\sum_{s=t+1}^{T-1}\mathcal{U}_1[C(s),\ s]+\mathcal{U}_2[W(T),\ T]\right\}\right|$$
$$=\max_{C,\ w}\left|\mathcal{U}_1[C(t),\ t]+E_t\{J[W(t+1),\ t+1]\}\right| \tag{2-10}$$

类似地，可以获得 $n+1$ 个一般最优化条件(general optimality condition)：

$$\begin{cases}\mathcal{U}_{1,\ C}[C^*(t),\ t]=E_t\left|J_W(W-C,\ t+1)\left\{\sum_{i=1}^{n}w_i^*(t)[R_i(t)-R_f]+R_f\right\}\right| \\ 0=E_t\{J_W(W-C,\ t+1)[R_i(t)-R_f]\},\ i=1,\ 2,\ \cdots,\ n\end{cases} \tag{2-11}$$

把它们代入价值函数并求解，就可以得出 $J[W(t),\ t]$。如此这般反复，迭代到最后的 0 时期，问题就彻底解决了。

回顾第 1 章中的静态问题，可以发现在静态模型中，个人以最大化期末财富为唯一目标，效用函数是外生的，且仅仅包含期末财富这一个变量(如最大化二次效用，进而导出均方原则)。而在跨期模型中的(期间)财富的效用函数是内生、引至的。不仅如此，它还取决于状态变量 $S(t)$，现在大家可能还比较难体会这种区别，因为状态变量现在还没有明显地进入上述推导过程。但是，在后面的连续时间分析中这种差别就会变得明显起来。

2.1.3　特殊形式的效用函数

为了加深对上述模型提供的一般最优原则的理解，本节中要使用一些特殊形式的效用函数来获得显性解作为验证①。

先考虑对数形式的效用函数，即：

$$\mathcal{U}_1(C,\ t)=\rho^t\ln(C),\ \mathcal{U}_2(W,\ T)=\rho^{\mathrm{T}}\ln(W) \tag{2-12}$$

其中，ρ^t 是贴现因子(discount factor)。根据式(2-6)，$T-1$ 时期的价值函数就是：

$$J[W(T-1)]=\max_{C,\ w}\{\ln[C(T-1)]+E_{T-1}\rho\ln[W(T-1)-C(T-1)]R_P(T-1)\} \tag{2-13}$$

根据式(2-7)提供的第一个一阶条件，就有：

$$\frac{\rho^{T-1}}{C^*}=E_{T-1}\left\{\frac{\left[\sum_{i=1}^{n}w_n^*(R_n-R_f)+R_f\right]\rho^{\mathrm{T}}}{(W-C^*)\left[\sum_{i=1}^{n}w_n^*(R_n-R_f)+R_f\right]}\right\}=\frac{\rho^{\mathrm{T}}}{W-C^*} \tag{2-14}$$

注意 ρ 上面的 $T-1$ 是指 $T-1$ 到 T 这一个时间段；而且以上 W、w^* 和 C^* 均为 $T-1$ 时期的数值，化简得

$$C^*(T-1)=\frac{W(T-1)}{1+\rho} \tag{2-15}$$

① 这方面更详细的讨论可以参见哈堪森(Hakansson, 1970)，重印于津巴和威克森(Ziemba & Vickson, 1975)。

我们看到在对数效用函数这样一个特例中,最优消费水平是独立于资产收益条件(投资机会)的,消费随着财富水平的增加而递增,随着贴现因子的增加而减少。如果消费者时间偏好为0,即 $\rho=1$,这就是说,投资者对于同等数量的当前消费和未来消费是无差异的。那么,他会把财富的一半用于当期消费,而另一半作为投资(或者遗产)。如果他有正的时间偏好,即 $\rho<1$,则他会消费得更多一些。

那么,最优资产组合比例呢?根据式(2-7)提供的第二个一阶最优条件,我们把函数的具体形式代入,就有:

$$\rho^{\mathrm{T}} E_{T-1}\left\{\frac{R_i}{R_P(W_{T-1}-C)}\right\}=\rho^{\mathrm{T}} R_f E_{T-1}\left\{\frac{1}{R_P(W_{T-1}-C)}\right\} \tag{2-16}$$

化简得:

$$E_{T-1}\left(\frac{R_i}{R_P}\right)=R_f E_{T-1}\left(\frac{1}{R_P}\right),\ i=1,\ 2,\ \cdots,\ n \tag{2-17}$$

上式两边同时乘以 w_i^*,并在所有资产之间加总,可以得到:

$$E(1)=R_f E(1/R_P) \tag{2-18}$$

这样,最优资产组合可以隐式表示为:

$$E_{T-1}\left(\frac{R_i}{R_P}\right)=1,\ i=1,\ 2,\ \cdots,\ n \tag{2-19}$$

式(2-17)或者式(2-19)中的问题隐含着的最优资产组合解,它们同单期静态模型中具有对数效用的个人面临的问题是一样的。换句话说,最优资产组合决策是独立于财富水平和消费决策的。

为了决定再早一期的最优策略,我们还必须知道价值函数 $J[W(T-1)]$。这可以通过对包络条件:

$$J_W(W,\ T-1)=\mathcal{U}_{1,\,C}=\frac{\rho^{T-1}}{C^*}=\frac{\rho^{T-1}(1+\rho)}{W(T-1)} \tag{2-20}$$

积分来得到(注意第二个等式来自式(2-15)):

$$J(W,\ T-1)=\rho^{T-1}(1+\rho)\ln W+k \tag{2-21}$$

其中,k 是积分常数,可以根据价值函数来确定这个积分常数。由式(2-5)可得:

$$\begin{aligned}J[W(T-1),(T-1)]&=\rho^{T-1}\ln C^*(T-1)+E_{T-1}\rho^T\ln\{[W(T-1)-C(T-1)]R_P\}\\&=\rho^{T-1}\ln\left(\frac{W}{1+\rho}\right)+\rho^T\ln\left[W\left(1-\frac{1}{1+\rho}\right)\right]+\rho^T E_{T-1}\ln R_P\\&=\rho^{T-1}(1+\rho)\ln W+\rho^{T-1}\left[\rho\ln\left(\frac{\rho}{1+\rho}\right)-\ln(1+\rho)+\rho E_{T-1}\ln R_P\right]\\&=\rho^{T-1}(1+\rho)\ln W+\Phi(T-1)\end{aligned} \tag{2-22}$$

对倒数第二期做分析,会得到同上式形式相似的结果,价值函数(也即引至效用函数)也是对数形式的。实际上，这可以推广到任意时刻。这一点可以简单证明如下：假定第 $t+1$ 期的价值函数采用下面的形式：

$$J[W(t+1)]=\rho^{t+1}f(t+1)\ln W+\Phi(t+1) \tag{2-23}$$

使用式(2-11)中 t 时刻的第一个一阶条件，即：

$$\mathcal{U}_{1,C}=\frac{\rho^t}{C^*}=E_t[J_W(.)R_P]=\rho^{t+1}f(t+1)E_t\left[\frac{R_P}{[W(t)-C^*(t)]R_P}\right] \tag{2-24}$$

解得最优消费是：

$$C^*(t)=[1+\rho f(t+1)]^{-1}W(t)\equiv h(t)W(t) \tag{2-25}$$

把它代入 t 时期的价值函数式(2-10)，得：

$$\begin{aligned}J(W,t)&=\rho^t\ln h(t)W+E_t\rho^{t+1}f(t+1)\ln\{[W(1-h(t)]R_P\}+\Phi(t+1)\\&=\rho^t[1+\rho f(t+1)]\ln W+\Phi(t)\end{aligned} \tag{2-26}$$

令 $f(T)=1$，并进行重复计算，可得：

$$f(t)=1+\rho+\cdots+\rho^{T-t}=\frac{1-\rho^{T-t+1}}{1-\rho} \tag{2-27}$$

代入式(2-25)，则最优消费为：

$$C^*(t)=\frac{1-\rho}{1-\rho^{T-t+1}}W(t) \tag{2-28}$$

它是财富的一个确定的比例，不受任何来自投资机会集方面的变化的影响。此外，由于 $\Phi(t)$ 的重复关系：

$$\Phi(t)=\rho^{t+1}f(t+1)\left[\ln\frac{f(t)-1}{f(t)}-\frac{\ln f(t)}{\rho f(t+1)}+E_t\ln R_P\right]+E_t[\Phi(t+1)] \tag{2-29}$$

它表明 $\Phi(t)$ 通过 $\Phi(t+1)$ 而依赖于未来投资机会集，但是它并不影响最优资产组合。因为最优资产组合仅仅取决于 J_W，而 J_W 却不受 Φ 的影响。根据 t 时期的第二个一阶条件可以得到最优资产组合：

$$\rho^t f(t)E_t\left\{\left[\frac{f(t)-1}{f(t)}W\sum_{i=0}^{n}w_iR_i\right]^{-1}(R_i-R_f)\right\}=0 \tag{2-30}$$

读者可以自行证明，这同单期中具有对数效用最优化者的资产组合问题的解是一样的。因此我们看到，在伯努利对数效用这一(唯一)特例中，最优决策具有双重的分离性质：

(1) 消费水平独立于金融变量而仅取决于当前财富水平；

(2) 资产选择是一个严格的静态问题，与未来投资机会无关。

这实际上是对数效用函数的常相对风险厌恶特征的一种体现。

接下来，我们再看一下幂效用函数下的情形：

$$\mathcal{U}_1(C,t)=\rho^tC^\gamma/\gamma,\ \mathcal{U}_2(W,T)=\rho^TW^\gamma/\gamma \tag{2-31}$$

根据式(2-6)，$T-1$ 期的价值函数就是：

$$J[W(T-1)]=\max_{C,w}\left[\frac{C^{\gamma}}{\gamma}+E_{T-1}\rho\frac{(W-C)^{\gamma}(R_P)^{\gamma}}{\gamma}\right] \tag{2-32}$$

根据式(2-7)中第一个一阶条件：

$$\rho^{T-1}(C^*)^{\gamma-1}=\rho^T E_{T-1}[(W-C^*)^{\gamma-1}(R_P)^{\gamma}] \tag{2-33}$$

化简得：

$$C^*(T-1)=a(T-1)W(T-1) \tag{2-34}$$

其中：

$$a_{T-1}=\{1+[E_{T-1}(R_P)^{\gamma}\rho]^{1/(1-\gamma)}\}^{-1}$$

不难发现，在指数效用函数这样一个特例中，消费水平是依赖投资机会集合的。再来看资产组合方面，根据第二个一阶条件，可得：

$$\rho^T E_{T-1}[(W_{T-1}-C^*)^{\gamma-1}(R_P)^{\gamma-1}R_i]=R_f\rho^T E_{T-1}[(W_{T-1}-C^*)^{\gamma-1}(R_P)^{\gamma-1}] \tag{2-35}$$

化简得：

$$E_{T-1}[(R_P)^{\gamma-1}R_i]=R_f E_{T-1}[(R_P)^{\gamma-1}],\ i=1,2,\cdots,n \tag{2-36}$$

如同前面对数效用函数的例子，最后一期的最优资产组合比例仍然是独立于消费/储蓄决策的。同样对于包络条件：

$$J_W(W,T-1)=\mathcal{U}_{1,C}(C,T-1)=\rho^{T-1}(a_{T-1}W)^{\gamma-1} \tag{2-37}$$

积分，就可以得到价值函数：

$$J(W,T-1)=\frac{\rho^{T-1}a_{T-1}^{\gamma-1}W^{\gamma}}{\gamma}+k \tag{2-38}$$

其中，k 是积分常数。同样，可以用 $T-1$ 期的价值函数来发现这个常数：

$$\begin{aligned}J(W,T-1)&=\frac{\rho^{T-1}(C^*)^{\gamma}}{\gamma}+E_{T-1}\{B[(W-C^*)]R_P,T\}\\&=\frac{\rho^{T-1}(aW)^{\gamma}}{\gamma}+\frac{\rho^T[(1-a)W]^{\gamma}}{\gamma}E_{T-1}[(R_P)^{\gamma}]\\&=\frac{\rho^{T-1}W^{\gamma}a^{\gamma-1}}{\gamma}\left\{a+\frac{\rho(1-a)^{\gamma}}{a^{\gamma-1}}E[(R_P)^{\gamma}]\right\}\\&=\frac{\rho^{T-1}a_{T-1}^{\gamma-1}W^{\gamma}}{\gamma}\end{aligned} \tag{2-39}$$

根据式(2-33)、式(2-34)，第 3 个等式中大括号里面的部分为 1，因此 k 为 0。如果要解 $T-2$ 时期的问题，就必须计算出下面的数学期望：

$$E_{T-2}J[W(T-1),S(T-1),T-1]=\frac{\rho^{T-1}}{\gamma}E_{T-2}(W_{T-1}^{\gamma}a_{T-1}^{\gamma-1}) \tag{2-40}$$

同前面的分析一致，最优消费还是：

$$\mathcal{U}_C = E(R_P J_W) \tag{2-41}$$

的解：

$$\rho^{T-2} C^{\gamma-1} = \rho^{T-1} E_{T-2}(R_P^\gamma a_{T-1}^{\gamma-1})(W_{T-2} - C)^{\gamma-1} \tag{2-42}$$

或者：

$$C_{T-2}^* = W_{T-2}[1 + \rho E_{T-2}(R_P^\gamma a_{T-1}^{\gamma-1})^{1/(1-\gamma)}]^{-1} \tag{2-43}$$

因此，最优消费分别通过 R_P、a_{T-1} 依赖于当前和未来投资机会集合。最优资产组合则由下式得出：

$$\begin{aligned} 0 &= \rho^{T-1} E_{T-2}[(W_{T-2} - C_{T-2})^{\gamma-1} R_P^{\gamma-1} a_{T-1}^{\gamma-1}(R_i - R_f)] \\ 0 &= E_{T-2}[a_{T-1}^{\gamma-1} R_P^{\gamma-1}(R_i - R_f)] \end{aligned} \tag{2-44}$$

显然，它也取决于未来投资机会集。尽管式(2-44)可以视为一个单期问题，但是必须注意，同前面对数效用的例子不同，这里期末财富的效用函数是状态依存的，它的边际效用同 $a_{T-1}^{\gamma-1}$ 成比例，而后者依赖 $T-1$ 时期可以得到的收益率。

同样的结果也适用于以前各期，假定：

$$J(W, t+1) = \rho^{t+1} a_{t+1}^{\gamma-1} W^\gamma / \gamma$$

则根据式(2-11)中的第一个一阶条件，有：

$$\begin{aligned} U_C &= E_t[J_W(W, t+1) R_P] \\ \rho^t C^{\gamma-1} &= \rho^{t+1}(W_t - C)^{\gamma-1} E_t[(R_P)^\gamma a_{t+1}^{\gamma-1}] \end{aligned}$$

可以解得：

$$C^*(t) = a(t) W(t) \tag{2-45}$$

其中：

$$a(t) = \{1 + [E_t(R_{Pt})^\gamma a_{t+1}^{\gamma-1} \rho]^{1/(1-\gamma)}\}^{-1}$$

而根据式(2-11)中的第二个一阶条件，最优投资组合来自：

$$\begin{aligned} 0 &= E_t\{\rho^{t+1} a_{t+1}^{\gamma-1}[(W_t - C_t)^{\gamma-1} R_{Pt}^{\gamma-1}(R_i - R_f)]\} \\ 0 &= E_t[a_{t+1}^{\gamma-1} R_{Pt}^{\gamma-1}(R_i - R_f)] \end{aligned}$$

因此，同前面的分析类似，最优消费分别通过 R_{Pt}、$a_{t+1}^{\gamma-1}$ 依赖于当前和未来投资机会集。最后代入价值函数式(2-10)，得：

$$\begin{aligned} J(W, t) &= \frac{\rho^t (a_t W_t)^\gamma}{\gamma} + \rho^{t+1} E_t[W^\gamma (1 - a_t)^\gamma (R_P)^\gamma a_{t+1}^{\gamma-1}] \\ &= \frac{\rho^t (a_t W_t)^\gamma}{\gamma}\{1 + \rho E_t[(a_t^{-1} - 1)^\gamma (R_P)^\gamma a_{t+1}^{\gamma-1}]\} \\ &= \frac{\rho^t a_t^\gamma}{\gamma}\{1 + [\rho E_t(R_P^\gamma a_{t+1}^{\gamma-1})]^{1/1-\gamma}\} W^\gamma \\ &= \frac{\rho^t a_t^{\gamma-1} W^\gamma}{\gamma} \end{aligned} \tag{2-46}$$

所以,来自财富的引至效用,仍旧保持了它的状态依存的幂函数形式。这些分析性质的连续时间版本,后面还会接触到。

2.2 最优消费/投资决策Ⅱ:连续时间

连续时间模型假定消费/投资决策可以连续调整,事实上如果调整间隔非常短,则它是一种良好的近似,因此相对于离散模型来说,它更为灵活。连续时间理论以连续时间随机过程理论为数学基础,鉴于对它的研究已有上百年的历史,有大量的成果和工具可供使用,因此它也成了成果最为丰富的微观金融学研究领域①。它在各个方面都产生了比它们的离散时间等价物更为精准和明确的结果,即便是在存在明显交易费用(transaction cost)的情况下(这使得真实交易必定是离散的),许多结论同样也可以成立。

从金融分析的历史沿革来看,解决(连续时间)跨期最优消费/投资问题,历来有以下两种思路(或者说方法)。

(1) 随机最优控制方法②。又被称为传统方法,它基于随机控制方法的一些标准成果,在离散时间环境下的应用,我们在上一节中已经详细讨论过。在连续时间环境下,求解最优控制 C^* 和 w^* 的关键,是解一个被称为哈密尔顿-雅可比-贝尔曼(Hamilton-Jacobi-Bellman, HJB)的非线性偏微分方程(non-linear partial differential equation)。

整个方法大致可以分为三个步骤:第一步是找到最优消费(C^*)/资产选择策略(w^*),它们是最优期望效用的一个函数;第二步就是把这个(函数形式的)最优消费/投资策略代入HJB方程,便得到一个非线性的偏微分方程,解这个方程;第三步把方程的解和它的偏导数代入最优消费/投资策略函数,得到它们的显性解。

(2) 鞅方法(martingale approach)。这种方法出现在20世纪80年代早期,并迅速在主流金融经济学的研究中流行开来。它在经济上基于完备市场(complete market)假定和无套利(non-arbitrage)原则,在数学上借助鞅和随机积分理论。我们将在2.4节中采用这种方法求解最优动态消费/投资问题,并把所获得的结论同这里的结论做一些对比。

2.2.1 两种资产:几何布朗运动

本节将频繁使用随机最优控制方法,仍然按照先易后难的原则,先从两种资产的简单情况开始,然后推广到一般情形。在分析过程中,会不断比较连续时间模型与它的离散时间等价物之间的异同。

假定: (1) 假定消费、投资发生在无限小的时间间隔内,即连续进行。

(2) 理想化的证券市场上存在两种金融资产。一种为无风险资产,在投资者的整个生存期限内有固定的净收益率 r,它的价格 $p_0(t)$ 运动可以用下面的微分方程来表示:

$$\frac{\mathrm{d}p_0(t)}{p_0(t)} = r\mathrm{d}t \tag{2-47}$$

---

① 对连续时间分析的优越性的一个评论见 LeRoy & Werner(2001)。

② 又称为动态随机规划方法(dynamic stochastic programming approach),它由罗伯特·默顿(1969,1971)开创并发展。参见10.6.2节的内容。

另一种为风险资产，它的价格 $p_1(t)$ 遵循几何布朗运动：

$$\frac{\mathrm{d}p_1(t)}{p_1(t)}=\mu\mathrm{d}t+\sigma\mathrm{d}\mathcal{W}(t) \tag{2-48}$$

其中，μ 为常数，是该风险资产的瞬间期望净收益率①；σ^2 也是常数，是该风险资产期望收益率的瞬间方差；$\mathrm{d}\mathcal{W}(t)$ 是一个标准维纳过程②。这是一个核心假定，由于市场参数 μ 和 σ^2 都是常数，风险资产的收益就呈现对数正态分布(logarithmic normal distribution)的特征，这一点不仅保证了风险资产价格不会出现小于 0 的情况，即股权价值符合了有限负债的经济要求，而且如同在第 1 章的静态分析中，假定股票收益呈正态分布一样，它也大大简化了问题。

(3) 消费者可以控制的决策变量有两个。一是每一时刻的消费数量，或者从整个时期来看，消费率过程(comsumption rate process) $C(t)$；另一个则是在不同资产之间分配投资基金的资产组合比例或者资产组合过程(portfolio process) $w(t)$。仍然令投向风险资产上的资金占总财富的比例为 $w(t)$，则投向无风险资产上的财富比例就是 $1-w(t)$。

(4) 整个个人生命周期内，除了开始时刻具有一定的初始资源禀赋以外，没有非资本收入，或者说具有 0 外生禀赋过程③。

这样，财富过程(或者预算约束)可以表示为下面形式的微分方程：

$$\mathrm{d}W(t)=w(t)W(t)\frac{\mathrm{d}P_1(t)}{P_1(t)}+(1-w)\frac{\mathrm{d}P_0(t)}{P_0(t)}W(t)-C(t)\mathrm{d}t \tag{2-49}$$

这是离散时间财富约束差分方程式(2-3)的连续时间形式，即两种资产的增值减去消费等于财富的积累④。把两种资产的价格运动过程式(2-47)和式(2-48)代入上式，得到财富变化也遵循一个扩散过程(diffusion process)：

$$\mathrm{d}W(t)=\{[(\mu-r)w(t)+r]W(t)-C(t)\}\mathrm{d}t+\sigma w(t)W(t)\mathrm{d}\mathcal{W}(t) \tag{2-50}$$

这样，理性个人的终身最优化消费/投资决策行为式(2-1)就可以表述为⑤：

$$\begin{aligned}&\max_{(C,\,w)}E_0\left\{\int_0^T \mathrm{e}^{-\rho t}\mathcal{U}_1[C(t)]\mathrm{d}t+\mathcal{U}_2[W(T),\ T]\right\}\\&\text{s.t.}\\&\mathrm{d}W(t)=\{[(\mu-r)w(t)+r]W(t)-C(t)\}\mathrm{d}t+\sigma w(t)W(t)\mathrm{d}\mathcal{W}(t)\end{aligned} \tag{2-51}$$

注意到 e(.)是连续复利贴现因子。此外，对于消费、财富和初始资源仍然有非负要求⑥，

---

① 假定没有红利，收益被连续再投资到该资产上。

② 有关几何布朗运动、维纳过程和扩散过程，以及如何用它们来模拟风险资产价格运动过程的内容参见第 9、10 章中的有关内容。

③ 加入非随机的非资本收入不会对分析造成任何额外的困难，参见默顿(1990)，p143—145。

④ 请注意总收益和净收益之间的差别。

⑤ 注意以下效用函数均采用时际形式：$\mathcal{U}_1[C(t),\ t]=\mathrm{e}^{-\rho t}\mathcal{U}_1[C(t)]$。

⑥ 早期研究并未认真考虑过非负消费和非负财富这两个约束条件，研究者通常含糊地假定：在最优情况下，非负消费约束是无效的，个人也不会破产(bankruptcy)。$U'(0)=\infty$ 被识别为保证上述情况不会发生的充分条件。Karatzas, Lehoczky, Sethi 和 Shreve(1986)正式讨论了该问题——消费的非负约束可以使用库恩-塔克(Kuhn-Tucker)方法来解决；至于财富的非负约束，可以使得零财富为一吸收壁(absorbing barrier)，使得如果 $W(t)=0$，则对于任何 $\tau\in[t,\ T]$ 有 $W(\tau)=0$，$C(\tau)=0$ 成立。不过，在这里的推导过程仍然遵从 Merton 的方法(1969，1971)，并没有出现对这些非负可行性要求的明显考虑，建议参考上述 KLSS 文献。

即可行性条件(feasibility condition)：

$$C(t)\geqslant 0,\ W(t)>0,\ 0\leqslant t\leqslant T$$

如同离散时间下的情形，根据贝尔曼最优化原理引入 t 时刻的价值函数 $J[W(t),\ t]$：

$$J[W(t),\ t]=\max_{C(s),\ w(s)} E_t\left\{\int_t^T \mathrm{e}^{-\rho s}\mathcal{U}_1[C(s)]\mathrm{d}s+\mathcal{U}_2[W(T),\ T]\right\} \tag{2-52}$$

除了 $W(t)$ 不同于 $W(0)$ 以外，它的约束条件同原目标函数式(2-51)是一样的，它也满足边界条件：

$$J[W(T),\ T]=\mathcal{U}_2[W(T),\ T] \tag{2-53}$$

如果价值函数是可微的，根据随机动态规划原理，在整个规划期$[0,\ T]$内，价值函数 $J(W)$都必须满足下面的 HJB 方程：

$$0=\max_{C,\ w}\left[\mathrm{e}^{-\rho t}\mathcal{U}_1(C)+\frac{\partial J}{\partial W}\{[(\mu-r)w+r]W-C\}+\frac{\partial J}{\partial Wt}+\frac{1}{2}\frac{\partial^2 J}{\partial W^2}\sigma^2 w^2 W^2\right] \tag{2-54}$$

简便起见，令：

$$\begin{aligned}\phi(C,\ w;\ J_t,\ J_W,\ J_{WW};\ W,\ t)=&\ \mathrm{e}^{-\rho t}\mathcal{U}_1+J_W\{[(\mu-r)w+r]W-C\}\\&+J_t+\frac{1}{2}J_{WW}\sigma^2 w^2 W^2\end{aligned} \tag{2-55}$$

其中，J 的下标代表相应的偏导数。HJB 方程则可以记为：

$$\max_{C,\ w}\phi(C,\ w;\ J_t,\ J_W,\ J_{WW};\ W,\ t)=0 \tag{2-56}$$

这样我们就把最优消费/投资问题，用随机动态规划形式表达出来了，接着就可以根据前面提到的三个步骤来解决它。

第一步：用 HJB 方程对 C 和 w 求导，可以得到最优化的一阶条件。进一步可以得到最优消费 C^* 和资产策略 w^* 的函数表达式，这时它们是 $J_W,\ J_{WW},\ W,\ r,\ t,\ \mu,\ \rho,\ \sigma$ 的函数。容易知道，这里的最优化一阶条件和最优的消费/投资函数表达式就是：

$$\begin{cases}\dfrac{\partial\phi}{\partial C}=\mathrm{e}^{-\rho t}\dfrac{\partial\mathcal{U}_1}{\partial C}-\dfrac{\partial J}{\partial W}=0\\[2ex]\dfrac{\partial\phi}{\partial w}=(\mu-r)W\dfrac{\partial J}{\partial W}+\sigma^2W^2\dfrac{\partial^2 J}{\partial W^2}w=0\end{cases}\Rightarrow\begin{cases}C^*=\left(\dfrac{\partial\mathcal{U}_1}{\partial C}\right)^{-1}\left(\mathrm{e}^{\rho t}\dfrac{\partial J}{\partial W}\right)\\[2ex]w^*=-\dfrac{\partial J/\partial W}{W\partial^2 J/\partial W^2}\dfrac{(\mu-r)}{\sigma^2}\end{cases} \tag{2-57}$$

其中，$(\mathcal{U}_{1,\ C})^{-1}$是 $\mathcal{U}_{1,\ C}$的反函数。二阶条件则要求：

$$\phi_{CC}<0;\ \phi_{ww}<0;\ \begin{vmatrix}\phi_{CC} & \phi_{Cw}\\ \phi_{wC} & \phi_{ww}\end{vmatrix}>0 \tag{2-58}$$

显然，$\phi_{Cw}=\phi_{wC}=0$；由于 $\mathcal{U}_1$ 是严格凹的，$\phi_{CC}=\mathrm{e}^{-\rho t}\mathcal{U}''_1(C)<0$；如果 $J(W)$ 是严格凹的，则有 $\phi_{ww}=W^2\sigma^2\dfrac{\partial^2 J}{\partial W^2}<0$。这样，上述行列式必然大于 0，因此二阶条件也得到满足。

第二步：把最优消费/投资组合的两个函数表达式代入 HJB 方程，并解这个偏微分方程。当然，这并非是一件简单的事，因为求解一个高次的非线性偏微分方程是非常困难的，这种类型的方程是不大可能会有解析解的①，即便使用强大的数值方法（numerical methods）对它进行求解也不是一件容易的事。

第三步：假定在上一步骤中，我们已经求出了价值函数 $J(W, t)$，就可以把它和它的偏导数代入在第一步获得的 C^* 和 w^* 的函数式中，从而得到它们的显性解（explicit solution）。这时，它们仅仅是 $W, r, t, \mu, \rho, \sigma$ 的函数。

综上所述，我们可以把一般最优化条件打包起来，写成一个由两个一阶条件和一个偏微分方程构成的方程组②：

$$\begin{cases} \phi_C(C^*, w^*; J_t, J_W, J_{WW}; W, t) = 0 \\ \phi_w(C^*, w^*; J_t, J_W, J_{WW}; W, t) = 0 \\ \phi(C^*, w^*; J_t, J_W, J_{WW}; W, t) = 0 \\ \text{s.t. } J[W(T), T] = \mathcal{U}_2[W(T), T] \end{cases} \tag{2-59}$$

通过求解这个方程组可以同时获得最优消费 C^*/投资 w^* 解和价值函数 $J(W, t)$。但是，由于上文中提到的原因，求出一般形式的解是很困难的。为了明确地获得在经济意义上容易理解的分析性质，就必须进一步严格化假定——把效用函数限定在某些特殊的类型上。

2.2.2　特殊形式的效用函数

如果效用函数采用以下形式③：

$$\mathcal{U}_1(C) = (C^\gamma - 1)/\gamma,\ \gamma \neq 0,\ \gamma < 1 \tag{2-60}$$

而遗产效用函数采用下面的形式：

$$\mathcal{U}_2(W, T) = \varepsilon^{1-\gamma} e^{-\rho T} W^\gamma / \gamma,\ 0 < \varepsilon \ll 1 \tag{2-61}$$

则可以得到最优问题的解析解，根据式(2-59)一般最优条件是：

$$\begin{cases} C^*(t) = \left[e^{\rho t} \dfrac{\partial J}{\partial W} \right]^{1/\gamma - 1} \\ w^*(t) = -\dfrac{\partial J / \partial W}{W \partial^2 J / \partial W^2} \dfrac{(\mu - r)}{\sigma^2} \\ 0 = \dfrac{1-\gamma}{\gamma} \left(\dfrac{\partial J}{\partial W} \right)^{\gamma/\gamma - 1} e^{-\rho t / 1 - \gamma} + \dfrac{\partial J}{\partial t} + \dfrac{\partial J}{\partial W} r W - \dfrac{(\mu - r)^2}{2\sigma^2} \dfrac{(\partial J / \partial W)^2}{\partial^2 J / \partial W^2} \\ \text{s.t. } J[W(T), T] = \varepsilon^{1-\gamma} e^{-\rho T} W^\gamma / \gamma,\ 0 < \varepsilon \ll 1 \end{cases} \tag{2-62}$$

解得④：

---

① 在布莱克-斯科尔斯模型和 HARA 效用函数的特例中，可以获得该方程的封闭（closed form）解。

② 这里的 s.t.是指偏微分方程的边界条件。

③ 注意这是常相对风险厌恶族（CRRA）函数或者等边际效用（isoelastic marginal utility）函数。风险厌恶的概念和测度参见 1.1.4 节。

④ 详细求解过程可以参见默顿（1990），p105—106。

$$\begin{cases} C^*(t)=\begin{cases}\dfrac{\nu}{1+(\nu\varepsilon-1)\mathrm{e}^{\nu(t-T)}}W(t),\ \nu\neq 0\\ \dfrac{1}{T-t+\varepsilon}W(t),\ \nu=0\end{cases} \\ w^*(t)=w^*=\dfrac{\mu-r}{\sigma^2(1-\gamma)}\end{cases} \tag{2-63}$$

其中：

$$\nu=\frac{1}{1-\gamma}\left\{\rho-\gamma\left[\frac{(\mu-r)^2}{2\sigma^2(1-\gamma)}+r\right]\right\} \tag{2-64}$$

从中可以得到的一个主要结论就是：最优资产选择比例 w^* 是独立于财富水平、消费决策，甚至时间的一个常数。它是由投资机会(市场参数 μ、σ 和 r)决定的，这与在考察静态资产选择问题时获得的相应结论式(第 1 章中的式(1-38))很相似。消费水平则取决于财富水平，这与前面离散时间模型中的对等结论式(2-45)是一致的。

再假定投资者决定不留任何遗产，而且效用函数采用 HRHA 形式(定义见 1.1.4 节)：

$$\mathcal{U}_1(C)=\frac{1-\gamma}{\gamma}\left(\frac{\beta C}{1-\gamma}+\eta\right)^{\gamma},\ \beta>0,\ \gamma\neq 1,\ \begin{cases}\gamma<1, 当\ \eta\geqslant 0\\ \gamma>1, 当\ \eta>0\end{cases} \tag{2-65}$$

这时的最优消费/投资决策问题就简化为：

$$\max_{(C,\,w)}E_0\left\{\int_0^T \mathrm{e}^{-\rho t}\mathcal{U}_1[C(t)]\,\mathrm{d}t\right\}$$

而相应 HJB 方程就是：

$$0=\frac{(1-\gamma)^2}{\gamma}\mathrm{e}^{-\rho t}\left(\frac{\mathrm{e}^{\rho t}J_W}{\beta}\right)^{\gamma/(1-\gamma)}+J_t+\left[(1-\gamma)\frac{\eta}{\beta}+rW\right]J_W-\frac{J_W^2}{J_{WW}}\frac{(\mu-r)^2}{2\mu\sigma^2} \tag{2-66}$$

这个微分方程的解是①：

$$J(W,t)=\frac{\delta}{\gamma}\beta^{\gamma}\mathrm{e}^{-\rho t}\left\{\frac{\delta\left[1-\mathrm{e}^{-\frac{\rho-\gamma\upsilon}{\delta}(T-t)}\right]}{\rho-\gamma\upsilon}\right\}^{\delta}\left\{\frac{W}{\delta}+\frac{\eta}{\beta r}\left[1-\mathrm{e}^{-r(T-t)}\right]\right\}^{\gamma} \tag{2-67}$$

其中：

$$\delta=1-\gamma,\ \upsilon=r+(\mu-r)^2/2\delta\sigma^2,\ \delta>0$$

解得：

$$\begin{cases} C^*(t)=\dfrac{(\rho-\gamma\upsilon)\left[W(t)+\dfrac{\delta\eta}{\beta\gamma}(1-\mathrm{e}^{-r(T-t)})\right]}{\delta\left[1-\mathrm{e}^{\left(\rho-\frac{\gamma\upsilon}{\delta}\right)(t-T)}\right]}-\dfrac{\delta\eta}{\beta} \\ w^*(t)W(t)=\dfrac{\mu-r}{\delta\sigma^2}W(t)+\dfrac{\eta(\mu-r)}{r\beta\sigma^2}\left[1-\mathrm{e}^{-r(T-t)}\right]\end{cases} \tag{2-68}$$

---

① 赛西和塔克萨(Taksar, 1988)指出，由于缺少明确的推导过程，默顿(1973, p213)给出的解式(2-67)存在一些错误。该解仅当 $U'(0)=\infty$，即 $\gamma<1$，$\eta=0$ 时成立，但是当 $U'(0)<\infty$，即 $\gamma>1$，$\eta>0$ 时，该解违背了可行性条件(feasibility condition) $W(t)>0$，$C(t)\geqslant 0$，$0\leqslant t\leqslant T$。因此，在这种情况下，它不是一个真正的价值函数。

上述结论中最明显的就是风险资产的需求与财富之间存在线性关系，而且 HARA 族函数是唯一能够体现这种线性关系的凹的效用函数。

2.2.3　多种资产：*n* 维几何布朗运动

把上述关于两种资产的结论，推广到多种资产情形并不很复杂。只需要把 2.2.1 节的假定(2)修改为：市场上有 $n+1$ 种资产，第 0 种仍然是收益为 r 的无风险资产，其他 n 种为风险资产，它们的价格运动遵循 n 维几何布朗运动：

$$\frac{\mathrm{d}p_i}{p_i}=\mu_i \mathrm{d}t+\sigma_i \mathrm{d}\mathcal{W}_i(t),\ i=1,\ 2,\ \cdots,\ n \tag{2-69}$$

任意两个维纳过程 $\mathrm{d}\mathcal{W}_i(t)$ 和 $\mathrm{d}\mathcal{W}_j(t)$ 之间的每单位时间瞬间协方差为 σ_{ij}，$i,\ j=1,\ 2,\ \cdots,\ n$；相关系数为 $\rho_{ij}=\sigma_{ij}/\sigma_i\sigma_j$，$i,\ j=1,\ 2,\ \cdots,\ n$。所有维纳过程之间的方差-协方差用矩阵形式可以表示为 $\mathbf{V}_{(n\times n)}=[\sigma_{ij}]$，它是一个对称正定矩阵。

预算约束式(2-50)相应修改为：

$$\mathrm{d}W(t)=\sum_{i=1}^{n} w_i \frac{\mathrm{d}p_i}{p_i}W+\left(1-\sum_{i=1}^{n} w_i\right) rW\mathrm{d}t-C\mathrm{d}t \tag{2-70}$$

把价格运动式(2-69)代入上式，可得：

$$\begin{aligned}\mathrm{d}W(t)&=\sum_{i=1}^{n} w_i W(\mu_i \mathrm{d}t+\sigma_i \mathrm{d}\mathcal{W}_i)+\left(1-\sum_{i=1}^{n} w_i\right) rW\mathrm{d}t-C\mathrm{d}t\\&=\left[\sum_{i=1}^{n} w_i(\mu_i-r)W+rW-C\right]\mathrm{d}t+\sum_{i=1}^{n} w_i W\sigma_i \mathrm{d}\mathcal{W}_i\end{aligned} \tag{2-71}$$

这样，理性个人的最优化消费/投资行为就可以表述为：

$$\begin{aligned}&\max_{(C,\ w)} E_0\left\{\int_0^T \mathrm{e}^{-\rho t}\mathcal{U}_1[C(t)]\mathrm{d}t+\mathcal{U}_2[W(T),\ T]\right\}\\&\text{s.t.}\\&\mathrm{d}W(t)=\left[\sum_{i=1}^{n} w_i(\mu_i-r)W+rW-C\right]\mathrm{d}t+\sum_{i=1}^{n} w_i W\sigma_i \mathrm{d}\mathcal{W}_i\end{aligned} \tag{2-72}$$

仍然根据贝尔曼最优化原理，引入 t 时刻的价值函数：

$$J[W(t),\ t]=\max_{C(s),\ w(s)} E_t\left\{\int_t^T \mathrm{e}^{-\rho t}\mathcal{U}_1[C(s)]\mathrm{d}s+\mathcal{U}_2[W(T),\ T]\right\} \tag{2-73}$$

最优化要求该价值函数满足 HJB 方程：

$$0=\max\left\langle \mathrm{e}^{-\rho t}\mathcal{U}_1(C)+J_t+J_W\left\{\left[\sum_{i=1}^{n} w_i(\mu_i-r)+r\right]W-C\right\}+\frac{1}{2}J_{WW}\sum_{i=1}^{n}\sum_{j=1}^{n} w_i w_j \sigma_{ij} W^2\right\rangle \tag{2-74}$$

或者记为矩阵形式：

$$0=\max\left\langle \mathrm{e}^{-\rho t}\mathcal{U}_1(C)+J_t+J_W\{[\boldsymbol{w}^{\mathrm{T}}(\boldsymbol{\mu}-r\boldsymbol{1})+r]W-C\}+\frac{1}{2}J_{WW}\boldsymbol{w}^{\mathrm{T}}\mathbf{V}\boldsymbol{w}W^2\right\rangle \tag{2-75}$$

一般最优化条件为：

$$\begin{cases}\phi_C(C^*,w^*;W,t)=\mathrm{e}^{-\rho t}\mathcal{U}_{1,C}-J_W=0\\ \phi_w(C^*,w^*;W,t)=WJ_W(\mu_i-r)+W^2J_{WW}\sum_{j=1}^{n}w_j^*\sigma_{ij}=0,\ i=1,2,\cdots,n\\ \phi(C^*,w^*;W,t)=\mathrm{e}^{-\rho t}\mathcal{U}_1(C)+J_t\\ \qquad +J_W\{[\sum_{i=1}^{n}w_i(\mu_i-r)+r]W-C\}+\frac{1}{2}J_{WW}\sum_{i=1}^{n}\sum_{j=1}^{n}w_iw_j\sigma_{ij}W^2=0\\ \text{s.t. } J[W(T),T]=\mathcal{U}_2[W(T),T]\end{cases} \tag{2-76}$$

用矩阵形式表达第二个一阶条件，为：

$$(\boldsymbol{\mu}-r\boldsymbol{1})J_W+J_{WW}W(\boldsymbol{w}^*)^{\mathrm{T}}\boldsymbol{V}=0 \tag{2-77}$$

式(2-77)表明对于风险证券的最优需求 $\boldsymbol{w}^*$ 是线性的，可以用矩阵求逆来解出它，得到：

$$\boldsymbol{w}^*=-\frac{J_W}{J_{WW}W}\boldsymbol{V}^{-1}(\boldsymbol{\mu}-r\boldsymbol{1}) \tag{2-78}$$

我们看到如同两资产下的情形，最优资产组合决策仍然是独立于消费决策的。重写一阶条件，有：

$$\begin{cases}C^*=(\mathcal{U}_{1,C})[\mathrm{e}^{\rho t}J_W(W,t)]\\ \boldsymbol{w}^*=-\frac{J_W}{J_{WW}W}\boldsymbol{V}^{-1}(\boldsymbol{\mu}-r\boldsymbol{1})\end{cases} \tag{2-79}$$

为了获得显性解，仍然要假定效用函数采用下面的形式：

$$\mathcal{U}_1(C)=\frac{C^\gamma}{\gamma};\ \mathcal{U}_2(W)=\frac{W^\gamma}{\gamma},\ 0<\gamma<1 \tag{2-80}$$

把效用函数的具体形式代入 HJB 方程，得到：

$$0=\max\left\langle \mathrm{e}^{-\rho t}\frac{C^\gamma}{\gamma}+J_t+J_W\{[\boldsymbol{w}^{\mathrm{T}}(\boldsymbol{\mu}-r\boldsymbol{1})+r]W-C\}+\frac{1}{2}J_{WW}\boldsymbol{w}^{\mathrm{T}}\boldsymbol{V}\boldsymbol{w}W^2\right\rangle \tag{2-81}$$

一阶条件是：

$$\begin{cases}C^*=[\mathrm{e}^{\rho t}J_W(W,t)]^{1/\gamma-1}\\ \boldsymbol{w}^*=-\frac{J_W}{J_{WW}W}\boldsymbol{V}^{-1}(\boldsymbol{\mu}-r\boldsymbol{1})\end{cases} \tag{2-82}$$

再把它们代回 HJB 方程，得到：

$$J_t+rWJ_W-\frac{1}{2}(\boldsymbol{\mu}-r\boldsymbol{1})\boldsymbol{V}^{-1}(\boldsymbol{\mu}-r\boldsymbol{1})\frac{(J_W)^2}{J_{WW}}+\mathrm{e}^{-\rho t}\frac{1-\gamma}{\gamma}(\mathrm{e}^{\rho t}J_W)^{\frac{\gamma}{\gamma-1}}=0 \tag{2-83}$$

这个方程解起来比较麻烦，不妨尝试下面形式的解：

$$J(W,t)=\mathrm{e}^{-\rho t}A(t)\frac{1}{\gamma}W^\gamma \tag{2-84}$$

它的各种偏导数为：

$$J_t=\frac{W^\gamma}{\gamma}\mathrm{e}^{-\rho t}(A'-\rho A);\ J_W=\mathrm{e}^{-\rho t}AW^{\gamma-1};\ J_{WW}=\mathrm{e}^{-\rho t}A(\gamma-1)W^{\gamma-2}$$

把它们代入 HJB 方程式(2-83)，然后除以 $\mathrm{e}^{-\rho t}W^\gamma/\gamma$ 并整理，可以得到下面的常微分方程：

$$A'(t)+A(t)\left[\frac{1}{2}(\boldsymbol{\mu}-r\boldsymbol{1})\boldsymbol{V}^{-1}(\boldsymbol{\mu}-r\boldsymbol{1})\frac{\gamma}{1-\gamma}+r\gamma-\rho\right]+(1-\gamma)[A(t)]^{\frac{\gamma}{\gamma-1}}=0$$
$$\text{s.t. } A(T)=0 \tag{2-85}$$

上式可以简记为：

$$\begin{aligned}&A'(t)=a_1A(t)+a_2[A(t)]^{\frac{\gamma}{\gamma-1}}\\&\text{s.t. } A(T)=0\end{aligned} \tag{2-86}$$

其中：

$$a_1=-\left[\frac{1}{2}(\boldsymbol{\mu}-r\boldsymbol{1})\boldsymbol{V}^{-1}(\boldsymbol{\mu}-r\boldsymbol{1})\frac{\gamma}{1-\gamma}+r\gamma-\rho\right];\ a_2=\gamma-1$$

令 $h(t)=[A(t)]^{\frac{1}{1-\gamma}}$，则上式变为 $h(t)$ 的线性形式，即：

$$h'(t)=\frac{a_1}{1-\gamma}h(t)+\frac{a_2}{1-\gamma},\ h(T)=0 \tag{2-87}$$

显然，它的唯一解就是：

$$h(t)=\mathrm{e}^{\frac{a1}{1-\gamma}(T-t)}\left(1-\frac{a_2}{a_1}\right)+\frac{a_2}{a_1} \tag{2-88}$$

把 $A(t)$ 和 $h(t)$ 代入假定的解中，得到：

$$J(W,t)=\mathrm{e}^{-\rho t}\left[\mathrm{e}^{\frac{a1}{1-\gamma}(T-t)}\left(1-\frac{a_2}{a_1}\right)+\frac{a_2}{a_1}\right]^{1-\gamma}\frac{1}{\gamma}W^\gamma \tag{2-89}$$

这样，我们就找到了 HJB 方程的一个显性解。把它代入一阶条件，可以进一步得到最优 C^* 和 $\boldsymbol{w}^*$ 的显性解，即：

$$\begin{cases}C^*(t)=A^{\frac{1}{\gamma-1}}W(t)\\ \boldsymbol{w}^*(t)=\boldsymbol{w}^*=\boldsymbol{V}^{-1}(\boldsymbol{\mu}-r\boldsymbol{1})\dfrac{1}{1-\gamma}\end{cases} \tag{2-90}$$

这与 2.2.2 节中两种资产条件下的结论式(2-63)是一致的。

2.2.4　无限时间情形

接下来要考察的是无限时间，即 $T\to\infty$ 条件下的最优消费/投资问题。在这种情况下，问题反而简化了。仍旧引入 t 时刻的价值函数：

$$J[W(t),t]=\max_{(C,w)}E_t\left\{\int_t^\infty \mathrm{e}^{-\rho s}\mathcal{U}_1[C(s)]\mathrm{d}s\right\} \tag{2-91}$$

HJB方程仍然是：

$$0=\max\left\langle \mathrm{e}^{-\rho t}\mathcal{U}_1(C)+J_t+J_W\{[\boldsymbol{w}^{\mathrm{T}}(\boldsymbol{\mu}-r\boldsymbol{1})+r]W-C\}+\frac{1}{2}J_{WW}\boldsymbol{w}^{\mathrm{T}}\boldsymbol{V}\boldsymbol{w}W^2\right\rangle$$

通过去掉对时间的显式依存关系，这个方程可以大大简化。定义：

$$I[W(t),\ t]=\mathrm{e}^{\rho t}J[W(t),\ t] \tag{2-92}$$

则：

$$I[W(t),\ t]=\max_{(C,\ w)}E_t\left\{\int_t^{\infty}\mathrm{e}^{\rho(t-s)}\mathcal{U}_1[C(s)]\,\mathrm{d}s\right\} \tag{2-93}$$

令 $v=s-t$，做变量代换(注意相应转换积分限)，得：

$$I[W(t)]=\max_{(C,\ w)}E\left[\int_0^{\infty}\mathrm{e}^{-\rho v}\mathcal{U}_1(C)\mathrm{d}v\right] \tag{2-94}$$

上式是独立于时间的，把

$$J_t=-\rho I\mathrm{e}^{-\rho t},\ J_W=\mathrm{e}^{-\rho t}I',\ J_{WW}=\mathrm{e}^{-\rho t}I''$$

代入HJB方程，并除以 $\mathrm{e}^{-\rho t}$，去掉它对于时间的明显依赖，把偏导数变为导数，得：

$$0=\max\left|\mathcal{U}_1(C)-\rho I+I'\{[\boldsymbol{w}^{\mathrm{T}}(\boldsymbol{\mu}-r\boldsymbol{1})+r]W-C\}+\frac{1}{2}I''\boldsymbol{w}^{\mathrm{T}}\boldsymbol{V}\boldsymbol{w}W^2\right| \tag{2-95}$$

对上式求导，得到一阶条件，解出来最优的(C^*，$\boldsymbol{w}^*$)为：

$$\begin{cases}C^*(t)=(\mathcal{U}_1')^{-1}I'(W)\\ \boldsymbol{w}^*(t)=-\boldsymbol{V}^{-1}(\boldsymbol{\mu}-r\boldsymbol{1})\dfrac{I'(W)}{I''(W)W}\end{cases} \tag{2-96}$$

再把这结果代入上面的HJB方程，我们会得到一个简化了的常微分方程，而不是原来那么复杂的偏微分方程：

$$\begin{aligned}&-\rho I(W)+rW[I'(W)]-\frac{1}{2}(\boldsymbol{\mu}-r\boldsymbol{1})\boldsymbol{V}^{-1}(\boldsymbol{\mu}-r\boldsymbol{1})\frac{[I'(W)]^2}{I''(W)}\\&-[(\mathcal{U}_1')^{-1}I'(W)]I'(W)+\mathcal{U}_1[(\mathcal{U}_1')^{-1}I'(W)]=0\end{aligned} \tag{2-97}$$

注意：$[(\mathcal{U}_1')^{-1}I'(W)]I'(W)$ 是 $CI'(W)$，而 $\mathcal{U}_1[(\mathcal{U}_1')^{-1}I'(W)]$ 是 $\mathcal{U}_1(C)$。

对于等弹性的幂函数的例子，即：

$$\mathcal{U}_1(C)=\frac{C^{\gamma}}{\gamma},\ 0<\gamma<1$$

同样可以给出这个问题的显性解，先把效用函数的具体形式代入HJB方程，得到：

$$0=\max\left\langle\frac{C^{\gamma}}{\gamma}-\rho I+I'\{[\boldsymbol{w}^{\mathrm{T}}(\boldsymbol{\mu}-r\boldsymbol{1})+r]W-C\}+\frac{1}{2}I''\boldsymbol{w}^{\mathrm{T}}\boldsymbol{V}\boldsymbol{w}W^2\right\rangle$$

一阶条件是：

$$\begin{cases} C^*(t)=[I'(W)]^{1/\gamma-1} \\ \boldsymbol{w}^*(t)=-\boldsymbol{V}^{-1}(\boldsymbol{\mu}-r\boldsymbol{1})\dfrac{I'(W)}{I''(W)W} \end{cases}$$

代回 HJB 方程，得：

$$-\rho I(W)+rW[I'(W)]-\frac{1}{2}(\boldsymbol{\mu}-r\boldsymbol{1})\boldsymbol{V}^{-1}(\boldsymbol{\mu}-r\boldsymbol{1})\frac{[I'(W)]^2}{I''(W)}+\frac{1-\gamma}{\gamma}[I'(W)]^{\frac{\gamma}{\gamma-1}}=0 \tag{2-98}$$

尝试下面形式的解：

$$I(W)=\kappa W^{\gamma} \tag{2-99}$$

κ 是一个待定的正的常数。把上式和它的偏导数代入 HJB 方程，得：

$$\left\{-\frac{1}{2}(\boldsymbol{\mu}-r\boldsymbol{1})\boldsymbol{V}^{-1}(\boldsymbol{\mu}-r\boldsymbol{1})\kappa\frac{\gamma}{\gamma-1}+r\kappa\gamma-\left(\frac{\gamma-1}{\gamma}\right)(\kappa\gamma)^{\frac{\gamma}{\gamma-1}}-\rho\kappa\right\}W^{\gamma}=0 \tag{2-100}$$

然后，除以 κW^{γ}，得到下面关于 κ 的方程：

$$\kappa=\left\{\gamma^{\frac{1}{1-\gamma}}\left[r\gamma+\frac{1}{2}(\boldsymbol{\mu}-r\boldsymbol{1})\boldsymbol{V}^{-1}(\boldsymbol{\mu}-r\boldsymbol{1})\frac{\gamma}{1-\gamma}-\rho\right]/(\gamma-1)\right\}^{\gamma-1}=K^{\gamma-1} \tag{2-101}$$

要求 K 必须大于 0；如果 K 小于 0，则上述解是无效的。另外，要求贴现系数 ρ 必须大于 0。如果分子是负的，即：

$$r\gamma+\frac{1}{2}(\boldsymbol{\mu}-r\boldsymbol{1})\boldsymbol{V}^{-1}(\boldsymbol{\mu}-r\boldsymbol{1})\frac{\gamma}{1-\gamma}<\rho$$

横截条件(transversality condition)则得到满足，从而该方程有唯一正的解。把它代入一阶条件，可以得到最优 C^* 和 $\boldsymbol{w}^*$ 的显性解：

$$\begin{cases} C^*_{\infty}(t)=K\gamma^{\frac{1}{1-\gamma}}W(t) \\ \boldsymbol{w}^*_{\infty}(t)=\boldsymbol{V}^{-1}(\boldsymbol{\mu}-r\boldsymbol{1})\dfrac{1}{1-\gamma} \end{cases} \tag{2-102}$$

2.2.5　一般情形：伊藤过程

在 2.2.1—2.2.4 节的分析中，一直假定风险资产的价格遵循几何布朗运动。这也就是说，任意风险资产的瞬间收益率恒为 μ 且方差为 σ^2。但是，这往往是不现实的，在实际生活中 μ 和 σ^2 常常是其他外生变量的函数。

因此，更一般的情形是：假定风险资产的价格运动遵循伊藤扩散过程，即①：

$$\frac{dp_i}{p_i}=\mu_i(S,t)dt+\sigma_i(S,t)d\mathcal{W}_i,\ i=1,2,\cdots,n \tag{2-103}$$

① 这是关键的假定，人们想知道在什么条件下，价格过程可以由扩散过程来描述，黄(1985a, b)证明了：如果信息结构是布朗滤波的话，则无套利的价格体系必定遵循一个扩散过程。

μ_i 是风险资产 i 瞬间(条件)期望收益率,σ_i^2 是它的瞬间条件方差。$d\mathcal{W}_i$ 是标准维纳过程,所有这些维纳过程的方差-协方差用矩阵形式可以表示为:

$$\boldsymbol{V}_{(n\times n)}=[\sigma_{ij}],\ \sigma_{ij}=\sigma_i\sigma_j\rho_{ij},\ i,\ j=1,\ 2,\ \cdots,\ n$$

这些定义形式上类似于几何布朗运动的情况,但关键的差异在于——这里的风险资产的期望收益和方差是外生的新自变量(向量)S 的函数。S 就是在离散时间情况下,所定义的状态变量。它类似于第1章中接触到的世界状态。这些状态变量可以是天气、战争与和平,甚至是莱温斯基(Lawinsky)之类的冲击,如何决定这些状态变量是一个经验的问题。状态变量是全部外生经济风险的体现,它完全决定了投资者面对的投资机会集合。

假定存在 m 个这样的状态变量,每一个状态变量同样也遵循一个扩散过程:

$$dS_j(t)=f_j(S,\ t)dt+g_j(S,\ t)dq_j(t),\ j=1,\ 2,\ \cdots,\ m \tag{2-104}$$

$f_j(S,\ t)$ 是 $S_j(t)$ 的瞬间期望;$g_j(S,\ t)$ 是 $S_j(t)$ 的期望的瞬间标准方差;$dq_i(t)$是标准维纳过程,任意两个维纳过程 $dq_i(t)$和 $dq_j(t)$间的瞬间相关系数为 $\eta_{ij}(S,\ t),\ i,\ j=1,\ 2,\ \cdots,\ m$;它们之间所有的协方差用矩阵形式可以表示为:

$$\Omega_{(m\times m)}=[g_i g_i\eta_{ij}],\ i,\ j=1,\ 2,\ \cdots,\ m$$

最后,定义任意两个维纳过程 $d\mathcal{W}_i(t)$ 和 $dq_j(t)$ 之间的瞬间相关系数为 $\pi_{ij}(S,\ t),\ i=1,\ 2,\ \cdots,\ n;\ j=1,\ 2,\ \cdots,\ m$;它们之间所有的协方差用矩阵形式可以表示为:

$$\boldsymbol{\Gamma}_{(n\times m)}=[\varepsilon_{ij}],\ \varepsilon_{ij}=\sigma_i g_j\pi_{ij},\ i=1,\ 2,\ \cdots,\ n;\ j=1,\ 2,\ \cdots,\ m$$

根据上述设定,重写 t 时刻的价值函数,得到:

$$J[W(t),\ S(t),\ t]=\max E_t\left\{\int_t^T\mathcal{U}_1[C(\tau),\ \tau]d\tau+\mathcal{U}_2[W(T),\ T]\right\}$$

要注意的是:尽管直接效用函数 $\mathcal{U}_1[C(t),\ t]$ 是状态独立的,引至效用函数 $J[W(t),\ S(t),\ t]$现在是状态依存的了。此外,上式仍然要满足非负消费和非负财富的隐性约束。

最优化条件要求价值函数 J 满足下面的 HJB 方程:

$$\begin{aligned}0=\max_{C,\ w}\Big\langle&\mathcal{U}_1(C,\ t)+J_t+J_W\Big\{\Big[\sum_{i=1}^n w_i(\mu_i-r)+r\Big]W-C\Big\}+\sum_{j=1}^m J_j f_j\\&+\frac{1}{2}J_{WW}\sum_{i=1}^n\sum_{j=1}^n w_i w_j\sigma_{ij}W^2+\frac{1}{2}\sum_{i=1}^m\sum_{j=1}^m J_{ij}g_i g_j\eta_{ij}+\sum_{j=1}^m\sum_{i=1}^n J_{jW}w_i\sigma_i g_j\pi_{ij}W\Big\rangle\end{aligned} \tag{2-105}$$

$$\text{s.t. } J[W(T),\ S(T),\ T]=\max\mathcal{U}_2[W(T),\ T]$$

其中,新添的偏导数代表:

$$J_j=\frac{\partial J}{\partial S_j},\ J_{ij}=\frac{\partial^2 J}{\partial S_i\partial S_j},\ J_{jW}=\frac{\partial^2 J}{\partial S_j\partial W}$$

用 HJB 方程对 C 和 w 求导,可以得到 $n+1$ 个一阶最优条件:

$$\begin{cases}\mathcal{U}_{1,C}(C^*,\ t)-J_W(W,\ S,\ t)=0\\J_W(\mu_i-r)+J_{WW}\sum_{j=1}^n w_j^*\sigma_{ij}W+\sum_{j=1}^m J_{jW}\sigma_i g_j\pi_{ij}=0,\ i=1,\ 2,\ \cdots,\ n\end{cases} \tag{2-106}$$

根据第二个一阶条件，通过矩阵求逆，进一步可以得到最优的 $\boldsymbol{w}^*$ 为：

$$w_i^* = -\frac{J_W}{WJ_{WW}}\sum_{j=1}^{m}\nu_{ij}(\mu_j - r) - \frac{J_{sW}}{WJ_{WW}}\sum_{s=1}^{m}\sum_{j=1}^{n}\nu_{ij}\sigma_j g_s \pi_{js},\ i=1,\ 2,\ \cdots,\ n \tag{2-107}$$

其中，ν_{ij} 是风险资产收益的瞬间方差-协方差矩阵的逆阵的第 $i-j$ 个元素（注意 w、μ、σ 和 g 的足标 $i-j-s$ 位置的变换）。上式也可以写成矩阵形式：

$$\boldsymbol{w}^* = -\frac{J_W}{WJ_{WW}}\boldsymbol{V}^{-1}(\boldsymbol{\mu} - r\boldsymbol{1}) - \frac{J_{kW}}{WJ_{WW}}\boldsymbol{V}^{-1}\boldsymbol{\Gamma} \tag{2-108}$$

到此为止，我们就获得了个人终身最优消费/投资决策问题解的最一般形式。

"理论与实践相结合"2-2　业界代表作：生命计划者

这里讨论业界具有代表性的个人理财电子(网络)解决方案。什么是个人理财呢？它同最优消费/投资决策问题有什么关系呢？一个人的一生当中，对金融服务的需要是多种类型的，如交易、结算、储蓄、投资、保险、税收、财产等。人们可以自己来处理这些财务问题，但财富水平越高，人们就倾向于需要越多的专业金融服务。

微软公司很敏锐地发现这其中潜在的巨大商业机会和话语权，迅速推出了名为 Money™ 的个人理财软件。借助 MSN 网络基础，微软立志使 Money 成为一个综合型的财务服务平台，它为个人提供大量的簿记、交易和结算等各种功能。但这里我们最感兴趣的是其中最富特色的模块——生命计划者(lifetime planner)部分。

例子：典型客户 Rain，生于 1973 年 11 月，预计寿命 90 岁，他的基本财务信息如下表所示。

Rain's Career

Salary Today

Gross annual salary today	RMB 50,000
Employment status	Employee
Expected raises	9% (inflation plus 6%)
Salary stops growing at age	60

Future Career Plans

Event Name	*Date*	*Details*
Start career (rain)	1999-11 (rain is 26)	Has already started
End career (rain)	2033-11 (rain retires)	Salary stops

Other Income

This section lists additional income you expect to receive, such as Social Security benefits or an inheritance.

Inheritance

Amount received:	RMB 150,000 (just once)
Annual growth:	This amount will not be adjusted for inflation.
Tax Rate:	Calculated based on income received during the year.
When:	2015-11
Where it goes:	Save and invest this money upon receipt.

Taxes & Inflation

The Lifetime Planner uses your average effective tax rate in its forecasts to calculate taxes on salaries, investment gains, and other income.

Income Taxes

State of residence	Arizona
Taxable income today	RMB 50,000
Average effective tax rate for people in your state with your income	11.13%
Adjust the tax rate by	0%

Expected Pre-Tax Investment Returns

You specified an average yearly rate of return for all savings and investment accounts. The Lifetime Planner makes the conservative assumption that 100% of all your expected investment growth is realized and taxed each year.

Annual Rate of Return for All Savings	*Rate of Return (Before Tax)*
Before retirement	7%
After retirement	7%

Home & Assets

This section lists the homes and other major, non-liquid assets you own now or plan to buy in the future.

House

Purchase date:	2005-11
Purchase price:	RMB 300,000
Expected appreciation:	The value will not increase in the future.
Loans:	Loan to purchase House • Borrow 80% (RMB?240,000) at 5% on 2005-11 • Length 20 years • Principal+interest RMB?1,584 (Monthly)
Sale details:	You do not plan to sell this house.
Income & expenses:	This house does not generate significant income or expenses.

Loan to purchase House

Associated asset:	This loan is secured by the value of House.
Date loan is to open:	2005-11 (House starts)
Loan amount:	80% of the purchase price of House.
Loan length:	20 years
Interest rate:	5%
Principal + Interest payment:	RMB?1,584 (Monthly)

Regular Living Expenses

This section lists your regular annual living expenses, as well as current and future living expense adjustments you've entered. Living expenses include typical day-to-day expenses, but do not include loan payments, taxes, and special expenses you've entered elsewhere in the Lifetime Planner.

Regular Living Expenses

Description	*Date*	*Adjust*	*Amount*
Annual living expenses today	Now		RMB?13,000
At retirement	2033-11 (rain retires)	same	RMB?13,000

主要结果如下图所示。

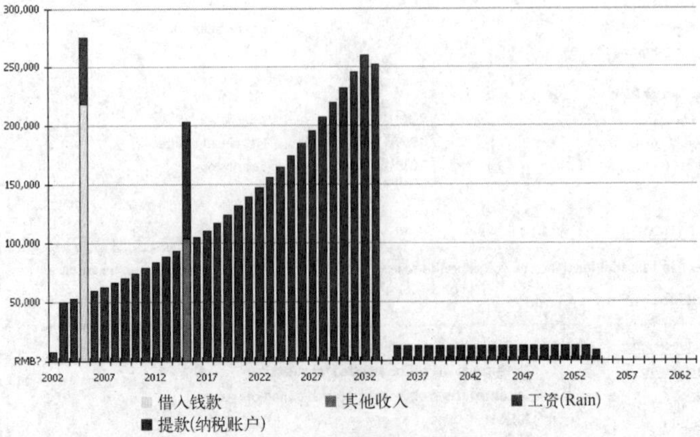

收入来源分布

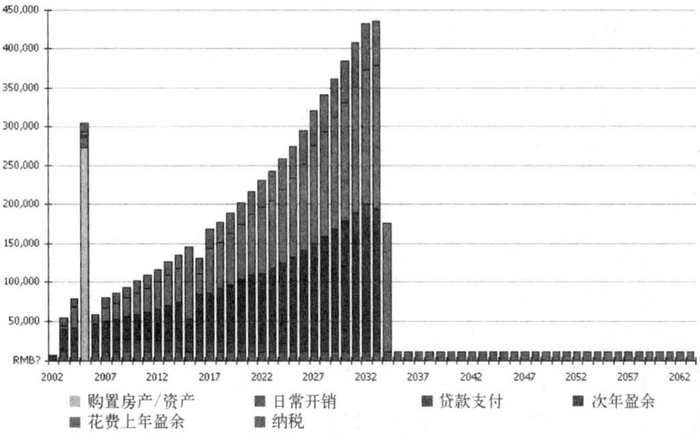

支出分布

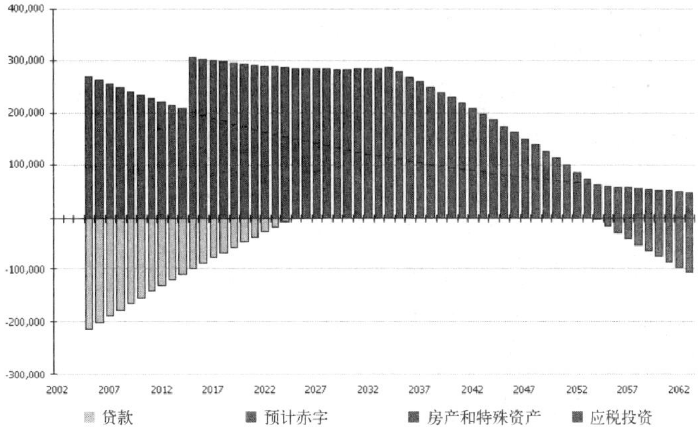

净财富分布

它通过优化，给出了个人的消费/投资路径和价值过程。尽管这已经代表了业界相对高水平的成果，但是我们的评价是——先进的概念（网络数据交换）、粗糙的模型。其中问题最大的环节仍然是投资收益过程的确定。上面图表中的计算均基于投资的固定收益率，但大家已经知道其中的复杂性，更适当的方法也许是借助蒙特·卡罗（Monte Carlo）模拟等技术，但是这确实代表了最优理财规划的一种潮流和趋势。

2.2.6　互助基金定理

式(2-108)就是代表性理性个人的最优风险资产组合，如何理解该最优资产组合的经济意义呢？事实上可以把式(2-108)右边分解为两个独立的部分：

$$-\frac{J_W}{WJ_{WW}}\boldsymbol{V}^{-1}(\boldsymbol{\mu}-r\boldsymbol{1}) \text{ 和 } -\frac{J_{kW}}{WJ_{WW}}\boldsymbol{V}^{-1}\boldsymbol{\Gamma}$$

先考虑第二部分即第二项等于 0 的情形，下列情形可能会导致第二项为 0。

(1) 投资机会集方面。这又有两种情况。

① 状态变量 S_j，$j=1, 2, \cdots, m$ 的变化是非随机的，这样就有 $g_j=0$，$j=1, 2, \cdots, m$。

② 在整个投资期间内市场参数——风险资产收益率、方差、协方差和无风险资产收益率,都独立于状态变量 $S(t)$,即 $\pi_{ij}=0$。

在这两种情况下,都会使得 $\boldsymbol{\Gamma}=0$,从而使等式(2-108)的第二项为 0,这被统称为不变投资机会集(constant investment opportunity set)。

(2) 效用函数方面。如果投资者引至效用函数 J 中财富的边际效用,即 J_W 不依赖于状态变量 $S(t)$,则这时混合偏导数 $J_{Ws}=0$, $s=1, 2, \cdots, m$。

根据包络条件,这只有当最优消费 C^* 不依赖于状态变量 $S(t)$ 时才成立。如果投资者具有对数形式的效用函数,则引至效用函数 $J(W, S)$ 是 W 的函数和 S 的函数的简单加总,从而使得式(2-108)中的第二项为 0。这一点在 2.1 节离散时间条件下,讨论对数效用决策中的双重分离特征时就已经很清楚了。

在以上三种情况下,最优资产组合都可以简化为:

$$\boldsymbol{w}^* = -\frac{J_W}{WJ_{WW}}\boldsymbol{V}^{-1}(\boldsymbol{\mu}-r\boldsymbol{1}) \tag{2-109}$$

这就是 2.25 节中,假定资产价格遵循几何布朗运动时,也就是资产价格呈对数正态分布时的结论。进一步令:

$$\boldsymbol{w}_{\mathrm{T}} = \frac{\boldsymbol{V}^{-1}(\boldsymbol{\mu}-r\boldsymbol{1})}{\boldsymbol{1}^{\mathrm{T}}\boldsymbol{V}^{-1}(\boldsymbol{\mu}-r\boldsymbol{1})}$$

显然,有 $\boldsymbol{1}^{\mathrm{T}}\boldsymbol{w}_{\mathrm{T}}=1$。在第 1 章中,我们知道 $\boldsymbol{w}_{\mathrm{T}}$ 是最小方差曲线上与无风险借贷线(no risk borrowing lending line)相切的切点资产组合。通过它可以把式(2-109)变形为:

$$\boldsymbol{w}^* = \left(\frac{-J_W}{WJ_{WW}}\right)[\boldsymbol{1}^{\mathrm{T}}\boldsymbol{V}^{-1}(\boldsymbol{\mu}-r\boldsymbol{1})]\boldsymbol{w}_{\mathrm{T}} \tag{2-110}$$

这就是投资者的最优资产组合为切点资产组合的一个固定比例。它说明:如同在单一时期中按照均方效率原则决策的投资者,连续时间的投资者也仅仅会投资在两种资产(组合)上,一种是无风险资产,一种是切点资产组合。这就引出了在第 1 章中得到过的互助基金定理。

定理 2.2.1 (两基金分离或者互助基金)如果连续决策的投资者面对不变投资机会集,他们会把财富在两种资产或者资产组合上做出分配,一种是无风险借贷,另一种是切点资产组合①。

这是马科维茨-托宾分离定理的连续时间版本,但是它不需要备受争议的二次效用形式和资产收益呈椭圆分布的假定。因此,不变的投资机会集,是保证连续时间投资者像单一时期按照均方效率原则行动的风险厌恶投资者一样决策的充要条件。

接下来,我们考虑更为一般的情形,假定上述关于对数效用函数和不变投资机会集的要求均不成立,则最优资产组合为:

$$\boldsymbol{w}^* = -\frac{J_W}{WJ_{WW}}\boldsymbol{V}^{-1}(\boldsymbol{\mu}-r\boldsymbol{1}) - \frac{J_{Ws}}{WJ_{WW}}\boldsymbol{V}^{-1}\boldsymbol{\Gamma} \tag{2-111}$$

问题的关键是最优资产需求的第二项:$\frac{-J_{Ws}}{WJ_{WW}}\boldsymbol{V}^{-1}\boldsymbol{\Gamma}$ 代表什么呢?布里登(1979)认为:

① 投资于切点资产组合上的比例取决于 $(-J_W/WJ_{WW})$。根据第 1 章中的讨论,我们知道,J_W/WJ_{WW} 是投资者相对风险厌恶系数的倒数。而且,对于不同投资者,一般来说它是不同的。

矩阵乘积 $\boldsymbol{V}^{-1}\boldsymbol{\Gamma}_{(n\times m)}$ 的第 j，$j=1, 2, \cdots, m$ 列，就代表了与状态变量 S_j，$j=1, 2, \cdots, m$ 在收益上，具有最高相关关系的资产组合（投资比例）。

为了证明这一点，只要注意到给定该风险资产组合总方差 σ^2，同状态变量 S_j 具有最高相关关系的资产组合 $\boldsymbol{w}_j$，也就是与状态变量 S_j 具有最大协方差的资产组合。即如果：

$$\begin{aligned}&\max_{w_j} \boldsymbol{w}_j^{\mathrm{T}}\boldsymbol{\Gamma}_j\\&\text{s.t.}\\&\sigma^2=\boldsymbol{w}_j^{\mathrm{T}}\boldsymbol{V}\boldsymbol{w}_j\end{aligned} \tag{2-112}$$

其中，$\boldsymbol{\Gamma}_j$ 是矩阵 $\boldsymbol{\Gamma}$ 的第 j 列（向量）。通过构造拉普拉斯函数：

$$\mathcal{L}a=\boldsymbol{w}_j^{\mathrm{T}}\boldsymbol{\Gamma}_j+\lambda(\sigma^2-\boldsymbol{w}_j^{\mathrm{T}}\boldsymbol{V}\boldsymbol{w}_j) \tag{2-113}$$

并对 $\boldsymbol{w}_j$ 求导且令一阶条件为 0，就可以得到①：

$$\boldsymbol{w}_j=\frac{1}{2\lambda}\boldsymbol{V}^{-1}\boldsymbol{\Gamma}_j \tag{2-114}$$

因此，$\boldsymbol{V}^{-1}\boldsymbol{\Gamma}_j$ 确实代表了那些可以对投资机会集变化（S_j 变化）进行对冲（hedging）的资产组合，它本质上是一个逆对经济风险 S_j 的最佳保值方案。投资者持有这些对冲资产组合的数量由系数（$-J_{jW}/WJ_{WW}$）决定，因此投资者对那些可以对经济风险（状态变量）的意外变化进行保值的对冲资产组合，具有额外的需求。这是（连续时间）跨期动态决策最富有特色的部分，也是它与静态决策最大的区别所在。

如果令：

$$\boldsymbol{w}_{\mathrm{H}}=\frac{\boldsymbol{V}^{-1}\boldsymbol{\Gamma}}{\boldsymbol{1}^{\mathrm{T}}\boldsymbol{V}^{-1}\boldsymbol{\Gamma}}$$

为对冲资产组合（注意 $\boldsymbol{1}^{\mathrm{T}}\boldsymbol{w}_{\mathrm{H}}=1$），则最优资产需求可以记为 $\boldsymbol{w}_{\mathrm{T}}$ 和 $\boldsymbol{w}_{\mathrm{H}}$ 的线性组合：

$$\boldsymbol{w}^*=\left(\frac{-J_W}{WJ_{WW}}\right)[\boldsymbol{1}^{\mathrm{T}}\boldsymbol{V}^{-1}(\boldsymbol{\mu}-r\boldsymbol{1})]\boldsymbol{w}_{\mathrm{T}}+\left(\frac{-J_{Wk}}{WJ_{WW}}\right)(\boldsymbol{1}^{\mathrm{T}}\boldsymbol{V}^{-1}\boldsymbol{\Gamma})\boldsymbol{w}_{\mathrm{H}} \tag{2-115}$$

$\boldsymbol{w}_{\mathrm{H}}$ 中包含了 m 种可以对 m 个状态变量进行保值的对冲基金。这样，就有了新的 $m+2$ 互助基金定理②。

定理 2.2.2　（$m+2$ 互助基金）如果投资者面对受状态变量影响的投资机会集，则他们会把财富在 $m+2$ 种资产或者资产组合上做出分配，一种是无风险借贷，另一种是切点资产组合，其他是 m 种能够对于状态变量变化提供最佳保值的对冲资产组合。

这种基金组合确实复制了那种由原始的 $n+1$ 种资产构成的最优资产组合。它不依赖于投资者偏好、财富水平，因此每一个投资者都可以通过投资这 $m+2$ 种基金来获得最优资产组合③。如果 $m\geqslant n+1$，则该定理意义不大；如果 $m\ll n$，则这 $m+2$ 种基金对可交易证

---

① 拉格朗日乘子 λ 是一个标量，它对于持有风险资产的比例没有任何影响。

② 一个简单的证明参见 Merton(1990)，p556。

③ 布里登(1984)证明：如果这 m 个对冲基金资产组合与它想要保值的那种状态变量的变化完全（正的或负的）相关，则或有权益（contingent claims）配置是一个无约束的帕累托最优配置，这是一种与阿罗(1951)相同的事先（ex ante）均衡配置；如果对于某些状态变量不能提供完全对冲的话，则偏好就可以被选择，资源配置也就不是无约束帕累托最优的。

券品种提供了非平凡的扩展(spanning)功能①。

为了比较静态决策和动态问题的差异,可以进一步分析那些扩展出的证券的特征。我们已经知道第 1 和 2 号基金是静态最优化中的普通基金,而跨期行为的标志就在其余的第 $2+m$ 号基金上。为了加深理解,考虑下面这个特殊的例子。

例 2.2.1 基本假定如前,此外有 m 种资产与每一个状态变量的变化一一对应地完全相关。不失一般性,假定 n 种风险资产中的前 m 种的收益 dp_i/p_i 与 dS_i, $i=1, 2, \cdots, m$ 完全正相关,则最优资产需求函数可以重写为:

$$\begin{aligned} w_i^* &= -\frac{J_W}{WJ_{WW}}\sum_{j=1}^{n}\nu_{ij}(\mu_j - r) - \frac{J_{iW}}{WJ_{WW}}g_i/\sigma_i,\ i=1, 2, \cdots, m \\ w_i^* &= -\frac{J_W}{WJ_{WW}}\sum_{j=1}^{n}\nu_{ij}(\mu_j - r),\ i=m+1, m+2, \cdots, n \end{aligned} \tag{2-116}$$

所有投资者持有的从第 $m+1$ 到第 n 种风险资产,占他们总财富的相对份额是一样的。需求函数中不同的部分 Δw_i^* 可以表示为:

$$\begin{aligned} \Delta w_i^* &= -\frac{J_{iW}}{WJ_{WW}}g_i/\sigma_i,\ i=1, 2, \cdots, m \\ \Delta w_i^* &= 0,\ i=m+1, m+2, \cdots, n \end{aligned} \tag{2-117}$$

这样,对于 $2+m$ 号基金的持有,可以变化为对证券 i 构成的基金和无风险资产的简单组合。

如果把最优资产需求式(2-108),用直接效用函数和最优消费函数表示出来的话,上述结论就会更容易理解。不过要注意的是,最优消费 C^* 现在是状态依存的了,即 $C^*(W, S, t)$。

根据包络条件和隐函数定理,对于 $C^*>0$,有:

$$\begin{aligned} -\frac{J_W}{J_{WW}} &= -\frac{U_C[C^*, t]}{U_{CC}[C^*, t](\partial C^*/\partial W)} > 0 \\ -\frac{J_{jW}}{J_{WW}} &= -\frac{\partial C^*/\partial S_j}{\partial C^*/\partial W} \gtreqless,\ j=1, 2, \cdots, m \end{aligned} \tag{2-118}$$

由于假定效用函数是凹的,所以$(-J_W/J_{WW})$始终大于 0,这没有什么问题。因为 $\partial C^*/\partial W>0$,所以第二项系数$(-J_{jW}/J_{WW})$的符号取决于$(-\partial C^*/\partial S_j)$的符号。

如果某一状态变量的变化会导致当期最优消费的减少,就称这种变化是不利的变化。换句话说,如果 $(\partial C^*/\partial S_j)<0$,则该状态变量的增加对投资者来说是不利的。在这种情况下,就有 $(-J_{jW}/WJ_{WW})>0$。

观察对最优资产的额外需求式(2-117)不难知道,投资者对于其收益同该状态变量 S_j 的变化完全正相关的那种资产的额外需求是正的。通过持有更多的该种保值资产,投资者平滑了整个消费过程。应当注意的是,这并不是一般意义的平均化消费,它代表投资者对于可能出现的消费风险的保险/保值行为。静态分析中之所以缺乏这种保值行为,是因为在静

① 扩展出的单个证券与这些扩展基金之间存在线性关系。扩展是动态完备市场实现帕累托最优的重要机制,我们在 3.4.4 节中将有更详细的论述。

态分析中，效用函数被假定为仅仅取决于期末财富水平，这就隐含着 $(\partial C^* / \partial S_j) = 0,\ j = 1,\ 2,\ \cdots,\ m$。在跨期动态模型中的风险资产，除了能够体现一般的期末财富风险/收益权衡关系以外，它还为其他经济风险提供防御的手段。

综上所述，从各个方面来看，跨期模型都要比它的静态等价物强得很多。例如，它放弃了笨拙的二次效用形式和正态分布假定。有趣的是：它所获得最优资产需求结构，也表现出它的比较静态等价物的资产分离(互助基金定理)特性；通过假定资产运动采用更为一般的伊藤形式，它避免了离散模型的无限负债可能，因此它更加符合实际，在数学上也更“容易”处理。

2.3　动态资本资产定价模型

2.2 节中的分析获得了个人最优投资决策 $\boldsymbol{w}^*$。如同单期中获得 CAPM 的方式，我们也可以通过加总个人需求，获得风险资产的市场需求，并进一步发现它们的均衡价格(收益)。

2.3.1　跨期资本资产定价模型

基本假定如 2.2.5 节，此外：

(1) 假定存在一种瞬间无风险资产①，它的价格运动遵循伊藤扩散过程：

$$\mathrm{d}r = f(r,\ t)\mathrm{d}t + g(r,\ t)\mathrm{d}q \tag{2-119}$$

(2) 存在 n 种风险资产，风险资产的价格运动遵循下面的伊藤过程：

$$\frac{\mathrm{d}p_i}{p_i} = \mu_i(S,\ t)\mathrm{d}t + \sigma_i(S,\ t)\mathrm{d}\mathcal{W}_i,\ i = 1,\ 2,\ \cdots,\ n \tag{2-120}$$

定义为第 i 种风险资产的发行数量为 N_i，$i = 1,\ 2,\ \cdots,\ n$，则第 i 种风险资产市场价值为：

$$V_i \equiv N_i p_i,\ i = 1,\ 2,\ \cdots,\ n$$

为简化分析，假定 r 是这里唯一的状态变量，即风险资产期望收益和方差是无风险收益率 r 和时间 t 的函数，即：

$$\mu_i = \mu_i(r,\ t);\ \sigma_i = \sigma_i(r,\ t),\ i = 1,\ 2,\ \cdots,\ n$$

此外，任意两个维纳过程 $\mathrm{d}\mathcal{W}_i(t)$ 和 $\mathrm{d}q(t)$ 之间的每单位时间瞬间相关系数为 ε_{ir}，$i = 1,\ 2,\ \cdots,\ n$。

(3) 经济中存在 K 个投资者，他们具有同质的预期。每一个投资者目标函数均为：

$$\max E_0\left\{\int_0^{T^k} \mathcal{U}_1^k[C^k(t),\ t]\ \mathrm{d}t + \mathcal{U}_2^k[W^k(T^k),\ T^k]\right\},\ k = 1,\ 2,\ \cdots,\ K \tag{2-121}$$

---

① 在这里，所谓瞬间无风险是指，在每一时刻投资者都可以准确地知道：如果投资该种资产在下一时刻，他将必定得到 r 的收益率。但是，再下一个时刻又将得到什么样的无风险收益率呢？则依然是未知的。

假定非资本收入为0,则个人财富积累过程仍旧为:

$$dW(t)=\left\{\left[\sum_{i=1}^{n}w_i(\mu_i-r)+r\right]W-C\right\}dt+\sum_{i=1}^{n}w_iW\sigma_i d\mathcal{W}_i \tag{2-122}$$

最优化条件要求 t 时刻的(个人)价值函数 $J^k[W^k(t),\ r(t),\ t]$,满足 HJB 方程:

$$0=\max_{C,\ w}\left\{\mathcal{U}_1^k(C^k,\ t)+J_t^k(W^k,\ r,\ t)+J_W^k\left\{\left[\sum_{i=1}^{n}w_i^k(\mu_i-r)+r\right]W^k-C^k\right\}+J_r^kf\right.$$

$$\left.+\frac{1}{2}J_{WW}^k\sum_{i=1}^{n}\sum_{j=1}^{n}w_i^kw_j^k\sigma_{ij}\ (W^k)^2+\frac{1}{2}J_{rr}^kg^2+J_{Wr}\sum_{i=1}^{n}\boldsymbol{\varepsilon}_{ir}w_i^kW^k\right\} \tag{2-123}$$

边界条件为:

$$J^k(W^k,\ r,\ T^k)=\mathcal{U}_2(W^k,\ T^k)$$

容易知道,$n+1$ 个最优一阶条件是:

$$\begin{cases}\mathcal{U}_{1,\ C}^k(C^k,\ t)-J_W^k(W^k,\ r,\ t)=0\\ J_W^k(\mu_i-r)+J_{WW}^k\displaystyle\sum_{j=1}^{n}w_j^k\sigma_{ij}W^k+J_{Wr}^k\boldsymbol{\varepsilon}_{ir}=0,\ i=1,\ 2,\ \cdots,\ n\end{cases} \tag{2-124}$$

把第二个一阶条件写为矩阵形式:

$$J_W(\boldsymbol{\mu}-r\boldsymbol{1})+J_{WW}^k\boldsymbol{w}^{\mathrm{T}}\boldsymbol{V}W^k+J_{Wr}^k\boldsymbol{\varepsilon}=0 \tag{2-125}$$

其中,$\boldsymbol{\varepsilon}^{\mathrm{T}}$ 是行向量,它的每一个元素代表一种风险资产收益与状态变量 r 的变化之间的协方差。通过对 $\boldsymbol{w}$ 求逆,可得最优资产组合 $\boldsymbol{w}^*$ 为:

$$(w_i^k)^*=-\frac{J_W^k}{WJ_{WW}^k}\sum_{j=1}^{n}\nu_{ij}(\mu_j-r)-\frac{J_{Wr}^k}{WJ_{WW}^k}\sum_{j=1}^{n}\nu_{ij}\varepsilon_{jr},\ i=1,\ 2,\ \cdots,\ n \tag{2-126}$$

或者记为矩阵形式:

$$(\boldsymbol{w}^k)^*W^k=a^k\boldsymbol{V}^{-1}(\boldsymbol{\mu}-r\boldsymbol{1})+b^k\boldsymbol{V}^{-1}\boldsymbol{\varepsilon} \tag{2-127}$$

其中:

$$a^k=-\frac{J_W^k}{J_{WW}^k};\ b^k=-\frac{J_{Wr}^k}{J_{WW}^k}$$

按照上一节中的记法,令:

$$\boldsymbol{w}_{\mathrm{H}}=\frac{\boldsymbol{V}^{-1}\boldsymbol{\varepsilon}}{\boldsymbol{1}^{\mathrm{T}}\boldsymbol{V}^{-1}\boldsymbol{\varepsilon}}$$

为对冲资产组合(注意 $\boldsymbol{1}^{\mathrm{T}}\boldsymbol{w}_{\mathrm{H}}=1$),则式 2-127 又可以写为:

$$(\boldsymbol{w}^k)^*W^k=a^k[\boldsymbol{1}^{\mathrm{T}}\boldsymbol{V}^{-1}(\boldsymbol{\mu}-r\boldsymbol{1})]\boldsymbol{w}_{\mathrm{T}}+b^k(\boldsymbol{1}^{\mathrm{T}}\boldsymbol{V}^{-1}\boldsymbol{\varepsilon})\boldsymbol{w}_{\mathrm{H}} \tag{2-128}$$

从式 2-128 看到投资者最优投资组合可以表示为三种基金的线性组合,这样就有所谓三基金分离(three-fund portfolio separation),即个人可以在无风险借贷、切点资产组合 $\boldsymbol{w}_{\mathrm{T}}$ 和对冲资产组合 $\boldsymbol{w}_{\mathrm{H}}$ 之间分配投资基金,投资于后两种资产组合的比例由投资者的风险偏好态度决定,即对于不同投资者来说一般是不同的。这一分离定理是 $m+2$ 基金分离定理的简化形式。

现在考虑整个市场，加总个人需求即得到风险资产的市场总需求，再除以总财富（在均衡时）就可以得到市场资产组合 $\boldsymbol{w}_{\mathrm{M}}$。所谓市场资产组合，由第 1 章中的定义可知，它对每种风险资产的投资比例，就是该种资产的相对市场价值，即这种证券的总市场价值与所有风险证券的总市场价值之比。在市场均衡时，所有金融资产的总市场价值 M 就等于所有投资者的总财富 $\sum_{k=1}^{K} W^k$，因此就有：

$$\boldsymbol{w}_{\mathrm{M}}=\frac{\sum_{k=1}^{K} w^k W^k}{\sum_{k=1}^{K} W^k}=\frac{\sum_{k=1}^{K} a^k \boldsymbol{V}^{-1}(\boldsymbol{\mu}-r\boldsymbol{1})+\sum_{k=1}^{K} b^k \boldsymbol{V}^{-1} \boldsymbol{\varepsilon}}{\sum_{k=1}^{K} W^k} \tag{2-129}$$

或者，

$$\boldsymbol{w}_{\mathrm{M}}=\frac{A}{M} \boldsymbol{V}^{-1}(\boldsymbol{\mu}-r\boldsymbol{1})+\frac{B}{M} \boldsymbol{V}^{-1} \boldsymbol{\varepsilon} \tag{2-130}$$

其中：

$$A=\sum_{k=1}^{K} a^k ; \; B=\sum_{k=1}^{K} b^k$$

这样，个人最优资产需求式可以重写为：

$$\boldsymbol{w}^k W^k=\frac{a^k}{A} \boldsymbol{w}_{\mathrm{M}}+\left(b^k-\frac{a^k}{A} B\right) \boldsymbol{w}_{\mathrm{H}} \tag{2-131}$$

从式(2-131)还可以看出：最优资产是市场资产组合[①]与对冲资产组合的线性函数。把最优资产需求式(2-127)变形，重写为超额收益形式：

$$a^k(\boldsymbol{\mu}-r\boldsymbol{1})=(\boldsymbol{w}^k)^{\mathrm{T}} \boldsymbol{V} W^k-b^k \boldsymbol{\varepsilon} \tag{2-132}$$

加总，可得：

$$\sum_K a^k(\boldsymbol{\mu}-r\boldsymbol{1})=\sum_K \boldsymbol{w}^k W^k \boldsymbol{V}-\sum_K b^k \boldsymbol{\varepsilon} \tag{2-133}$$

再除以 A，得：

$$\boldsymbol{\mu}-r\boldsymbol{1}=\frac{M \sum w^k W^k \boldsymbol{V}}{M A}-\frac{B}{A} \boldsymbol{\varepsilon}=\frac{M}{A} \boldsymbol{w}_{\mathrm{M}}^{\mathrm{T}} \boldsymbol{V}-\frac{B}{A} \boldsymbol{\varepsilon} \tag{2-134}$$

或者记为矩阵形式：

$$\boldsymbol{\mu}-r\boldsymbol{1}=\left[\boldsymbol{w}_{\mathrm{M}}^{\mathrm{T}} \boldsymbol{V} \quad \boldsymbol{\varepsilon}\right]\begin{bmatrix} M/A \\ -B/A \end{bmatrix} \tag{2-135}$$

那么，$\boldsymbol{w}_{\mathrm{M}}^{\mathrm{T}} \boldsymbol{V}$ 是什么呢？它是用市场资产组合加权的总体协方差矩阵，实际上它就是单一风险资产收益同市场组合收益之间的协方差矩阵。因此，上式也可以记为标量形式：

① 市场资产组合并不一定是上面提到过的切点资产组合。

$$\mu_i - r = \frac{M}{A}\sigma_{im} - \frac{B}{A}\varepsilon_{ir},\ i=1,\ 2,\cdots,\ n \tag{2-136}$$

这就说明,在均衡时刻任何风险资产的预期收益,都是它们与市场资产组合和对冲资产组合(基金)的协方差的线性组合。可以根据上式推导出市场资产组合的超额收益为:

$$\mu_{\mathrm{M}} - r = \frac{M}{A}\sigma_{\mathrm{M}}^2 - \frac{B}{A}\varepsilon_{\mathrm{M}r} \tag{2-137}$$

对冲基金的超额收益为:

$$\mu_{\mathrm{H}} - r = \frac{M}{A}\boldsymbol{\varepsilon}_{r\mathrm{M}} - \frac{B}{A}g^2 \tag{2-138}$$

在 CAPM 中,如果一种资产组合(如对冲基金)与市场资产组合不相关时,它的超额收益应当为 0。但是,在这里对冲基金的超额收益与总的保值需求呈负相关关系,与对冲资产组合的方差成比例。

如果总体上看,投资者倾向于使用对冲基金为特定的投资机会集进行保值的话,则会抬高这种资产组合的均衡价格,从而降低它的均衡收益率(如果反向对冲则效果正好相反)。这就使得它的收益率与 CAPM 所预言的收益率有所出入。

进一步可以把式(2-137)和式(2-138)合并起来,改写为矩阵形式:

$$\begin{bmatrix}\mu_{\mathrm{M}} - r \\ \boldsymbol{\mu}_{\mathrm{H}} - r\boldsymbol{1}\end{bmatrix} = \begin{bmatrix}\sigma_{\mathrm{M}}^2 & \varepsilon_{\mathrm{M}r} \\ \varepsilon_{r\mathrm{M}} & g^2\end{bmatrix}\begin{bmatrix}M/A \\ -B/A\end{bmatrix} \tag{2-139}$$

通过上式解出个人偏好参数 M/A 和 $-B/A$,代入最优资产需求函数式(2-128),即得跨期资本资产定价模型:

$$\boldsymbol{\mu} - r\boldsymbol{1} = [\boldsymbol{w}_{\mathrm{M}}^{\mathrm{T}}\boldsymbol{V}\varepsilon]\begin{bmatrix}\sigma_{\mathrm{M}}^2 & \varepsilon_{\mathrm{M}r} \\ \varepsilon_{r\mathrm{M}} & g^2\end{bmatrix}^{-1}\begin{bmatrix}\mu_{\mathrm{M}} - r \\ \boldsymbol{\mu}_{\mathrm{H}} - r\boldsymbol{1}\end{bmatrix} = \boldsymbol{\beta}_{\mathrm{M,\ M}r}\begin{bmatrix}\mu_{\mathrm{M}} - r \\ \boldsymbol{\mu}_{\mathrm{H}} - r\boldsymbol{1}\end{bmatrix} \tag{2-140}$$

上式或者记为标量形式:

$$\mu_i - r = \beta_{i\mathrm{M}}[\mu_{\mathrm{M}} - r] + \beta_{ir}[\mu_r - r],\ i=0,\ 1,\ \cdots,\ n \tag{2-141}$$

其中:

$$\beta_{i\mathrm{M}} = \frac{\varepsilon_{r\mathrm{M}}\varepsilon_{ir} - g^2\sigma_{i\mathrm{M}}}{\varepsilon_{r\mathrm{M}}^2 - g^2\sigma_{\mathrm{M}}^2};\ \beta_{ir} = \frac{\varepsilon_{r\mathrm{M}}\varepsilon_{i\mathrm{M}} - \varepsilon_{ir}\sigma_{\mathrm{M}}^2}{\varepsilon_{r\mathrm{M}}^2 - g^2\sigma_{\mathrm{M}}^2}$$

我们看到在跨期条件下,仅仅与市场资产组合相联系的 β 系数,还不足以描绘一种资产的相对风险,它与投资机会集的协方差也会影响它的价格和最优需求数量。要注意的是:这两者都是系统风险,因而它是一种两 β 的均衡。

有时候我们会关心在什么条件下,跨期资本资产定价模型可以得到与静态的资本资产定价模型相兼容的结论。情况之一是状态变量 r 是常数,则 $\mu_{ir} = \mu_{\mathrm{M}r} = 0$,资产组合的超额收益为:

$$\mu_i - r = \frac{M}{A}\sigma_{i\mathrm{M}} \tag{2-142}$$

$$\mu_M - r = \frac{M}{A}\sigma_M^2 \tag{2-143}$$

两式合并，得到：

$$\mu_i - r = \frac{\sigma_{iM}}{\sigma_M^2}(\mu_M - r) \tag{2-144}$$

这个结论我们再熟悉不过了，尽管这同静态的 CAPM 获得的结论完全一致，它不需要二次效用形式和正态分布假定。显然，在这种情况下，因为 r 是常数，没必要做保值，从而市场 β 系数就完全决定了单个风险资产的收益①。

把上述结论推广到 m 个状态变量没有任何困难，根据式(2-141)有：

$$\mu_i - r = \sum_0^m \beta_{ij}(\mu^i - r),\ i = 0,\ 1,\ \cdots,\ n \tag{2-145}$$

μ^i，$i=0$ 是市场资产组合的期望收益率；μ^i，$i=1,\ 2,\ \cdots,\ m$ 是与第 S_j，$j=1,\ 2,\ \cdots,\ m$ 个状态变量的变化，有着最高相关系数的对冲资产组合(基金)的期望收益率。在计量经济学上，可以把 $\beta_{ij}(i=1,\ 2,\ \cdots,\ n;\ j=1,\ 2,\ \cdots,\ m)$ 视为第 i 种风险资产的(瞬间)期望收益与这 $m+1$ 种基金的(瞬间)期望收益之间的多重回归系数(multiple regression coefficients)。

因此，式(2-145)可以视为第 1 章中证券市场线的一般化形式，可以称之为证券市场超平面(security market hyperplane)。也可以把式(2-145)记为矩阵形式：

$$\boldsymbol{\mu} - r\boldsymbol{1} = [\boldsymbol{w}_M^T\boldsymbol{V} \quad \boldsymbol{\Gamma}]\begin{bmatrix}\sigma_M^2 & \varepsilon_{Ms} \\ \boldsymbol{\varepsilon}_{sM} & \boldsymbol{\Omega}\end{bmatrix}^{-1}\begin{bmatrix}\mu_M - r \\ \boldsymbol{\mu}_s - r\boldsymbol{1}\end{bmatrix} = \boldsymbol{\beta}_{M,\ Ms}\begin{bmatrix}\mu_M - r \\ \boldsymbol{\mu}_s - r\boldsymbol{1}\end{bmatrix} \tag{2-146}$$

2.3.2　消费资本资产定价模型

在上面的分析中，选择的状态变量是利率 r，这是随意选择的。如何发现那些建立模型时可用的状态变量呢？一种方法就如前面讨论的无套利模型一样，基于历史数据采用某种因素分析方法。另一种则是理论假定采用某种状态变量②。例如，可以选择真实消费作为状态变量，下面具体来看一下。

重写最优资产组合：

$$\boldsymbol{w}^* W = -\frac{J_W}{J_{WW}}\boldsymbol{V}^{-1}(\boldsymbol{\mu} - r\boldsymbol{1}) - \frac{J_{sW}}{J_{WW}}\boldsymbol{V}^{-1}\boldsymbol{\Gamma} \tag{2-147}$$

最优时，根据包络条件，有：

$$J_W = \mathcal{U}_{1,\ C};\ J_{WW} = \mathcal{U}_{CC}C_W;\ J_{sW} = \mathcal{U}_{CC}C_s$$

另外，根据 1.1.4 节中的定义，称：

---

①　还有一种可能，r 并不是常数，但它的变化与所有风险资产运动无关，这也不会有保值行为，因为市场压根就没有提供这种保值工具。在这种情况下，投资者可以创造出可以为 r 的变化进行保值的金融产品来，但是 CAPM 是无法为它正确定价的。这也就提出了金融创新的基本思路，以及金融中介应当在跨期资源配置中发挥什么作用的重要问题。这些问题在第 3 章金融市场和第 5 章金融机构中会有进一步地讨论。

②　Solnik(1974)、Stulz(1981)就用不同国家的偏好和生产技术作为状态变量。

$$\mathcal{R}^k(x)=-\frac{\mathcal{U}''(C)}{\mathcal{U}'(C)}$$

为投资者 k 的绝对风险厌恶指标。把它们代入式(2-147),得:

$$w^k W^k=\frac{\mathcal{R}^k}{C_W^k}\boldsymbol{V}^{-1}(\boldsymbol{\mu}-r\boldsymbol{1})-\frac{C_s^k}{C_W^k}\boldsymbol{V}^{-1}\boldsymbol{\Gamma} \tag{2-148}$$

上式前乘 $C_W^k\mathbf{V}$,并移项得:

$$\mathcal{R}^k(\boldsymbol{\mu}-r\boldsymbol{1})=\mathbf{V}_{nW^i}C_W^k+\boldsymbol{\Gamma}_{ns}C_s^k \tag{2-149}$$

其中:

$$\mathbf{V}_{nW^k}=\mathbf{V}\boldsymbol{w}^k W^k$$

是资产收益与个人 k 财富的变化之间的协方差。

既然 k 的最优消费是他的财富、状态变量和时间的函数,则伊藤定理(Ito lemma)[①]告诉我们,资产收益和 k 的消费率之间的协方差可以表示为:

$$\mathbf{V}_{nC^i}=\mathbf{V}_{nW^k}C_W^k+\boldsymbol{\Gamma}_{ns}C_s^k \tag{2-150}$$

从直观上理解,k 的消费率的变化同他的财富和状态变量的变化有局部线性关系,权重就是该投资者的消费对财富和状态变量的偏导数。因此,资产 n 同 k 的消费变化之间的协方差为:

$$\begin{aligned}\text{cov}(\mu_n,\ dC^k)&=\text{cov}\Big(\mu_n,\ C_W^k dW^k+\sum_m^M C_{S_m}^k\, dS_m\Big)\\&=C_W^k\text{cov}(\mu_n,\ dW^k)+\sum_m^M C_{S_m}^k\text{cov}(\mu_n,\ dS_m)\end{aligned} \tag{2-151}$$

这就是式(2-150)所要表达的意义。把上式代入式(2-149),得:

$$\mathbf{V}_{nC^i}=\mathcal{R}^k(\boldsymbol{\mu}-r\boldsymbol{1}) \tag{2-152}$$

这表示每个投资者都会以这样一种比例来持有风险资产,它使得个人最优消费同每种资产收益的变化之间的协方差,同这些风险资产的超额收益成比例。加总个人资产需求,得到:

$$\boldsymbol{\mu}-r\boldsymbol{1}=\frac{1}{\mathcal{R}}\mathbf{V}_{nC} \tag{2-153}$$

其中,C 是总消费率;$\mathbf{V}_{nC}$ 是资产收益与总消费变化的协方差;$\mathcal{R}$ 是总风险厌恶倾向。同时除以消费率的变化和总风险厌恶,上式可以表示为消费的对数(消费变化率的百分比)。加总个人最优条件,就表明每种风险资产的超额期望收益同它与总消费的协方差成比例:

$$\boldsymbol{\mu}-r\boldsymbol{1}=\frac{C}{\mathcal{R}}\mathbf{V}_{n,\ln C} \tag{2-154}$$

上式前乘任意资产组合 w_P,即得:

① 参见10.4节。

$$(\boldsymbol{\mu}_P - r\boldsymbol{1})/\sigma_{P,\ \ln C} = \frac{C}{\mathcal{R}} \tag{2-155}$$

解出 $\mathcal{R}$,代入前式就得到消费资本资产定价模型：

$$\boldsymbol{\mu}_n - r\boldsymbol{1} = \frac{\boldsymbol{V}_{n,\ \ln C}}{\sigma_{P,\ \ln C}}(\boldsymbol{\mu}_P - r\boldsymbol{1}) = \frac{\beta_{nC}}{\beta_{PC}}(\boldsymbol{\mu}_P - r\boldsymbol{1}) \tag{2-156}$$

其中,β_{nC} 和 β_{PC} 是资产收益和组合收益的“消费 β 系数”。把任意风险资产的消费 β 系数定义为：

$$\beta_{iC} = \frac{\mathrm{cov}(\mu_i,\ \mathrm{d}\ln C)}{\mathrm{var}(\mathrm{d}\ln C)},\ i = 1,\ 2,\ \cdots,\ n$$

如果存在一种资产的收益同下一时刻的总消费完全相关,则消费资本资产定价模型式(2-156)可以记为：

$$\mu_n - r = \beta_C(\mu_C - r) \tag{2-157}$$

其中,β_C 为任意资产对于该资产的消费 β 系数,μ_C 为该种资产的收益率。

由于 w_P 可以是任意资产组合,因此式(2-156)说明在均衡时,任意两种资产(或者资产组合)的超额收益就等于它们对总消费的 β 的相对比率。因此,一种资产收益的相关风险,可以简化为对总消费唯一的一个 β 系数,换句话说 β_{nC}/β_{PC} 就代替 CAPM 中的市场 β 系数。这是对于前面的多 β 的 ICAPM 一种简化。

要指出的是：在这样一种跨期经济中,市场资产组合不再具有均方效率,而恰恰是那些在收益上与真实总消费有着最高相关关系的资产组合,是具有均方效率的。证明这一点很容易,我们只要在式(2-153)两边左乘 $\boldsymbol{V}^{-1}$ 就可以发现：等式右侧给出了同消费具有最大相关关系的资产组合;等式左侧则表现出了均方效率特征,见式(2-109)。原因其实很简单,在跨期经济中,人们只会为与消费有关的风险作支付。持有任何同消费没有最高相关关系的资产,都不会带来额外的收益。

从直观上理解 ICAPM 的数学分析基于以下观察：给定一条最优路径,个人会极力把消费的边际效用设定为财富的边际效用(包络条件)。因而,财富的效用是这种理论的基本点,而这正恰恰是 CCAPM 的核心,关键的假设可以被清楚地识别出来。给定财富和当前状态,一个间接效用函数就描述了通过最优决策,获得个人未来(终身)效用的当前价值。沿着这条最优路径,个人总是以资产收益对财富的边际效用变化之间的相关关系,来评估它们的价值。

如果考虑到资产价格和边际效用之间的关系,我们对上述结果就会有更清楚的认识。有学者曾经证明(Breeden, Litzenberger, 1978)：某种资产的边际价值(或者公平市场价格)就应当是它的未来支付的期望边际效用,而支付的边际效用的数学期望取决于该期望支付值的大小、履行支付的时间,以及它们与不同时间的一单位消费(或者支付)之间的协方差。

如果一种资产的收益支付,在消费达到最高时也达到最高(即完全正相关的消费 $-\beta$),则这种支付其实是最不需要的,因而它也是最不值钱的。换句话说,当消费的边际效用越低时,它的价值(价格)也就越低,投资者会对它要求比其他资产更高的均衡收益率。因此,CCAPM 实际上就是这种诠释的最佳代表。因为效用是时际可加的,任何时刻 t 的消费是该时刻边际效用的一个充分的指标(统计量)。在跨期经济中,财富却起不到这个作用,因为引致的财富效用函数是状态依存的,因此投资机会集的质量也会影响一单位支付的边际效用。

在单期的 CAPM 中,既然实现的财富是所有可能出现的状态变化的结果,个人就可以通过评估资产对于未来财富的边际贡献,来决定对它们的持有比例。问题是:这种直觉为什么不能够延伸到跨期模型中呢? CCAPM 实际上提供了对静态模型的恰当等价物:消费是跨期模型的关键,消费就相当于静态模型中财富的作用。在单期模型中,最终财富被假定全部消费掉,如同那时个人以对财富的边际贡献来评估资产价值一样,在跨期经济中,人们采用的是资产对消费的边际贡献率。在单期的 CAPM 中,同市场(总财富)的协方差为什么可以决定风险收益呢? 因为在单期经济中,消费就等于财富。既然边际效用同消费之间存在着一一对应关系,则它与财富之间也存在一一对应的关系,在这种情况下消费 β 和市场 β 是一样,CCAPM 就简化成了 CAPM。

2.4 鞅方法

在前面的分析中,已经知道所谓最优储蓄/投资决策问题,是研究个人如何通过合理的消费/投资组合决策,来实现一生效用满足的最大化[①]。由于一系列的约束条件和目标函数的重复(recursive)性质,在金融经济学研究的历史沿革中,最先采用的是动态随机规划或者随机最优控制方法来求解这一问题。它把消费者的财富作为一个状态变量,使用动态规划原理求解 HJB 方程来得到最优控制。这种方法的主要操作步骤我们已经详细考察过了。尽管动态随机规划是研究不确定条件下动态最优化行为的有利工具,它也有一些明显的局限性。首先,没有一般的条件可以保证最优解的存在,除非采用确认定理(verification theorem)[②];再次,即便是最优解存在,动态规划技术要求引至效用函数或者价值函数 J 是连续可微的;最后,大多数情况下,要明确求解非线性偏微分的 HJB 方程来得到价值函数和它的导数,而这无论使用解析方法还是数值方法都很困难[③]。

由于这些原因,但更主要的是由于新兴数学工具在金融学领域中的应用非常快,动态随机规划方法很快又过时了。另一种基于随机积分的新方法——鞅方法迅速崛起。鞅方法的主要思想在于:最优消费过程和(或)期末财富水平的决策,与产生这个消费过程和(或)财富水平的交易策略是可以分离的。这种分离能否成立,取决于市场是否为动态完备(dynamic complete)的[④]。

用鞅方法求解最优投资/消费问题大致分为两个步骤。第一步,它把个人的跨期动态决策问题,转换成了一个静态的效用最大化问题(static concave optimization),并求出最优的

① 在微观金融学中它提供了投资者行为的基本分析框架,这是跨越简单的比较静态的资本资产定价理论(CAPM)的突破。而且,它是进化了的现代微观动态经济学的核心问题之一,并为动态宏观分析提供微观基础,见 Obstfeld & Rogff(1995)。

② 确认定理,即价值函数满足 HJB 方程是最优的一个充分条件,因此如果可以为 HJB 方程找到一个解,该解就是最优的。但是它还远远不能提供必要条件,参见 10.6.2 节。

③ 使用黏性解(viscosity solution)求解 HJB 方程是这一方面突破性的进展。它们大大放松了对于价值函数的正则性(regularity)要求。有关这方面的内容可以参见弗莱明(Fleming)和索纳尔(Soner,1993)。

④ 鞅方法要求证券市场是动态完备的,并使用资产定价基本定理(fundamental theory of assets pricing)作为理论支持。市场的动态完备性和资产定价基本定理均是第 3 章的主要内容,因此在第一次阅读时,可以先跳过本节,等完成第 3 章中的相关内容后(当然最先学习还应当是第 11 章),再来学习本节。

消费过程或(和)最终财富水平。这个静态问题可以用标准的最优化技术，如拉格朗日法来求解。第二步则借助鞅表述定理(martingale representation theorem)获得相应的最优资产组合策略，这个最优策略确实能够产生第一步中所需要的最优消费过程和最终财富。

本节中，我们将主要在最一般的连续时间环境设定下，讨论这种方法。同前面的安排类似，我们先以一个简化的数值例子来提供直觉上的印象。接下来在经典的布莱克-斯科尔斯经济框架中，我们依据具体的效用函数来获得显性解。然后是对完备市场中的一般原理的证明；最后全面解决一般形式的最优消费/投资问题。

2.4.1　简化的例子

首先，我们仍然用一个离散时间的简化例子，来提供有关鞅方法的直觉印象。这个例子的前提假定与 2.1.1 节中的那个例子是一样的，简单复述一下。

(1) 个人生存两个时期，在两个时点 $t=0$、1 上决策；具有初始资源 $W(0)>0$。

(2) 理想化的资本市场，两种资产。一种是无风险存款，其价格始终为 1；另一种是股票，它的价格过程仍然由图 2-1 中的二项树描绘。

(3) 仍然假定个人的效用函数具有以下的形式：

$$\mathcal{U}(x)=\sqrt{x}$$

(4) 个人不进行任何消费，唯一目标就是最大化最终财富的期望效用。

因此最优化问题就可以简化为：

$$\begin{aligned}&\max_{w(0),\,w(1)} E\lfloor\sqrt{W(2)}\rfloor\\&\text{s.t.}\\&W(2)>0\end{aligned}$$

这就是说，投资者通过在不同时刻的投资决策，来获得最多的期末财富的期望效用，这是一个动态决策问题。后面的分析将证明：使用鞅方法，可以把这个动态问题转换为静态最优化形式①：

$$\begin{aligned}&\max_{W(2)} E\lfloor\sqrt{W(2)}\rfloor\\&\text{s.t.}\\&E^{Q}[e^{-rT}W(2)]=W(0)\end{aligned}$$

在财富(价值)过程为鞅的约束条件(可积性条件)下，最大化期末财富的期望效用。一旦获得相应的期末财富水平，就可以进一步根据这个财富水平找到最优的交易策略过程。

第一步：计算最优期末财富(或者遗产)水平 $W(2)$。

在我们的假定下 $\mathcal{F}_2=\mathcal{F}$，因此有 4 种可能的股票价格运动路径，会产生相应的期末财富水平。这样 $W(2)$ 可以取 4 个不同的值：a、b、c 和 d，每一个值与特定的股票价格运动路径相对应。定义 a 为股票价格连续上升两次，得到的期末财富价值；d 是连续下降两次后的价值；b 是一次上升接一次下降；c 是一次下降再接一次上升后的价值。

① 注意这里的数学期望是在鞅概率下计算的。

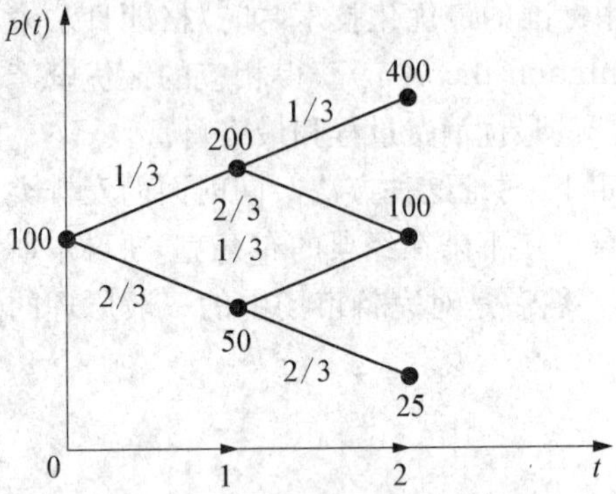

图 2-2 鞅测度下的股票价格运动

为了检验可积性条件①：

$$E^Q[e^{-rT}W(2)]=E[\xi(t)e^{-rT}W(2)]=W(0)$$

我们要知道股票价格的鞅测度概率 Q。在本例中，唯一一种能够把股票价格 $p(t)$ 变为一个鞅的概率分布就是：上升概率为1/3，下降为2/3。这样原来的二项树变为图 2-2 中的形式。

此外，还要注意，我们要求 $W(2)$ 是非负和 $\mathcal{F}_2$ 可测的。对目标函数使用原始概率，对可积性条件使用鞅概率，则可以把静态最优问题具体表述为：

$$\max_{a,b,c,d}\frac{4}{9}\frac{4}{9}\sqrt{a}+\frac{4}{9}\frac{5}{9}\sqrt{b}+\frac{4}{9}\frac{5}{9}\sqrt{c}+\frac{5}{9}\frac{5}{9}\sqrt{d}$$

s.t.

$$a,b,c,d\geqslant 0,\ \frac{1}{3}\frac{1}{3}a+\frac{1}{3}\frac{2}{3}b+\frac{1}{3}\frac{2}{3}c+\frac{2}{3}\frac{2}{3}d=W(0)$$

这是一个有着 4 个变量的非线性规划问题，它可以用一般的拉格朗日方法求解。要注意的是：由于采用的是平方根形式，所以在获得最优解时，非负约束是不起作用的。解上述规划问题，可以得到：

$$a=\left(\frac{32}{19}\right)^2W(0)$$

$$b=c=\left(\frac{20}{19}\right)^2W(0)=\left(\frac{5}{8}\right)^2a$$

$$d=\left(\frac{25}{38}\right)^2W(0)=\left(\frac{5}{8}\right)^2b$$

b、c 是重合的，因此对于最优期末财富，按照哪一条路径到达 $p_2(2)=100$，其实没有什么区别。

第二步：计算产生最优期末财富的资产组合策略。

在第一步中，我们获得了在不同状态下的最优期末财富。这种方法是否可行，取决于最优的最终财富是否一定有某种交易策略支持。现在任务就是要寻找这种可行的交易策略。先从 $p_2(1)=200$ 开始。令 $\varphi_0(1)$；$\varphi_1(1)$ 为 1 时刻投资在债券和股票上的投资额，根据两种证券的波动特征，它们必须满足下面的线性方程组：

$$\varphi_0(1)+2\varphi_1(1)=\left(\frac{32}{19}\right)^2W(0)=a$$

$$\varphi_0(1)+\frac{1}{2}\varphi_1(1)=\left(\frac{20}{19}\right)^2W(0)=b$$

也就是说，股票价格上升则期末财富会达到 a；如果股票价格下降则得到 b。这个线性

① 其中，$\xi(t)$为拉登-尼科迪姆导数。

方程组的解是：

$$[\varphi_0(1),\ \varphi_1(1)]=\left[\frac{192}{361}W(0),\ \frac{416}{361}W(0)\right]$$

因此，风险资产上的投资比例就是：

$$w(1)=\frac{\varphi_1(1)}{\varphi_0(1)+\varphi_1(1)}=\frac{13}{19}$$

当 $p_2(1)=50$ 时，分析结构是类似的：

$$\psi_0(1)+2\psi_1(1)=\left(\frac{20}{19}\right)^2 W(0)=b$$

$$\psi_0(1)+\frac{1}{2}\psi_1(1)=\left(\frac{25}{38}\right)^2 W(0)=d$$

因为上面这个线性方程组的右侧，就是 $p_2(1)=200$ 时的方程组的右侧乘上$(5/8)^2$，而上面两个线性方程组的左侧结构是完全相同的，因此可以知道：

$$[\psi_0(1),\ \psi_1(1)]=\left(\frac{5}{8}\right)^2[\varphi_0(1),\ \varphi_1(1)]=\left(\frac{150}{722}W(0),\ \frac{325}{722}W(0)\right)$$

$$w(1)=\frac{\psi_1(1)}{\psi_0(1)+\psi_1(1)}=\frac{13}{19}$$

这样，通过最优的$[\varphi_0(1),\ \varphi_1(1)]$和$[\psi_0(1),\ \psi_1(1)]$，我们就得到了投资者在 1 时刻所有状态下的最优财富 $W(1)$。换句话说，我们得到了 0 时刻的线性方程组的右侧：

$$\varsigma_0(0)+2\varsigma_1(0)=\varphi_0(0)+\varphi_1(0)=\frac{32}{19}W(0)$$

$$\varsigma_0(0)+\frac{1}{2}\varsigma_1(0)=\psi_0(0)+\psi_1(0)=\frac{25}{38}W(0)$$

其中，$\varsigma(0)$代表 0 时刻的投资额。这个方程组的右侧，等于 $p_2(1)=200$ 时的方程组乘以$(19/32)^2$，因此就有：

$$[\varsigma_0(0),\ \varsigma_1(0)]=\frac{19}{32}[\varphi_0(1),\ \varphi_1(1)]=\left[\frac{6}{19}W(0),\ \frac{13}{19}W(0)\right]$$

$$w(0)=\frac{\varsigma_1(0)}{\varsigma_0(0)+\varsigma_1(0)}=\frac{13}{19}$$

可以发现：用鞅方法获得的结果，同 2.1.1 节中用动态规划方法得到的结果是完全一样的。

2.4.2　布莱克-斯科尔斯经济

尽管还没有正式证明，我们已经看到了鞅方法是如何把跨期决策转换为静态效用最大化问题。以下考察如何在有两种证券的布莱克-斯科尔斯经济中使用鞅方法①。这是一个

① 本节主要参考 Cox & Huang(1989)，Bhattcharya(1989)。

特殊但又经典的模型。

假定:(1) 典型个人生存在一个时间段$[0, T]$,$T<\infty$内,个人将在任何(连续的)时间点上进行消费和投资。

(2) 不确定性由完备概率空间$\{\Omega, \mathcal{F}, P\}$描述。信息结构由定义在该概率空间上的布朗运动生成,即:

$$F=\{\mathcal{F}(t)\}=\sigma\{\mathcal{W}(u) \mid 0\leqslant u\leqslant t\}$$

总是假定$\mathcal{F}_0=\Omega$, $\mathcal{F}_T=\mathcal{F}$。

(3) 理想化的证券市场上长期存在 2 种证券,一种是无风险债券,其价格过程为:

$$dB(t)=B(t)r(t)dt,\ B(0)=1 \tag{2-158}$$

另一种为风险证券,其价格过程为:

$$dS(t)=S(t)[\mu(t)dt+\sigma(t)d\mathcal{W}(t)],\ S(0)=\bar{S} \tag{2-159}$$

定义其贴现价格过程为:

$$d\tilde{S}(t)=S(t)/B(t) \tag{2-160}$$

(4) 为了简化分析,假定投资者的目标仅仅在于最大化最终T时刻的财富的效用,这里的效用函数采取(负)指数形式[①],即:

$$\mathcal{U}(W)=\frac{1}{1-b}W^{1-b},\ b\neq 1 \tag{2-161}$$

(5) 用(θ_0, θ_1)表示投资在两种资产上的头寸,它代表交易策略。定义可行策略(admissible strategy)空间$\mathcal{A}_a$由自我融资策略(self-financing trading strategy)(θ_0, θ_1)构成[②]:

$$\theta_0(t)B(t)+\theta_1(t)S(t)=\theta_0(0)B(0)+\theta_1(0)S(0)+\int_0^t\theta_0(s)dB(s)+\int_0^t\theta_1(s)dS(s)$$

要求θ_1满足:

$$E^Q\left[\int_0^T|\theta_1(t)\tilde{S}(t)|^2dt\right]<+\infty$$

这样,投资者问题可以表述为:

$$\begin{aligned}&\max_{\mathcal{A}(x)}E\left[\frac{1}{1-b}X(T)^{1-b}\right]\\&\text{s.t.}\\&\theta_0(0)B(0)+\theta_1(0)S(0)=x\\&\theta_0(T)B(T)+\theta_1(T)S(T)=W(T)\geqslant 0\end{aligned} \tag{2-162}$$

其中,x是初始资源,对$W(T)$有非负约束。

我们已经知道,这是一个涉及跨期决策的最优化问题,它被称为默顿问题,我们称之为问

① 它属于常相对风险厌恶族效用函数,见 1.1.4 节。

② 投资者采用这种交易策略不需要额外的资金投入,但是也不能从投资所得中抽取资金,自我融资的实质就是利用卖空某些证券所得来的资金买入另一些资产融资。正式的见定义 3.3.5。

题 P。由于 B-S 经济是动态完备的，即不确定的驱动源同风险资产的数目是同样多的，那就可以很容易地把问题 P 转变成一个静态效用最大化问题，考虑下面的替代静态最优化问题 P*：

$$\begin{aligned}&\max_{X\geqslant 0}\left[\frac{1}{1-b}E(X^{1-b})\right]\\&\text{s.t.}\\&E^{Q}(X\mathrm{e}^{-rT})=E(\xi X\mathrm{e}^{-rT})=x\end{aligned}\tag{2-163}$$

其中，ξ 是拉登-尼科迪姆导数：

$$\xi=\frac{\mathrm{d}\mathcal{Q}}{\mathrm{d}\mathcal{P}}=\exp\left[\int_0^T\left(-\frac{\mu-r}{\sigma}\right)\mathrm{d}\mathcal{W}(t)-\frac{1}{2}\int_0^T\left(\frac{\mu-r}{\sigma}\right)^2\mathrm{d}t\right]$$

要证明问题 P 和 P* 是等价的，首先注意到由于 $\mathcal{U}(.)$ 是严格凹的，如果上面两个最优化问题的解存在，则必定是唯一的。我们仍旧用拉格朗日方法来求解静态最优问题，构造拉格朗日函数：

$$\mathcal{La}(X,\lambda)=E\left[\left(\frac{1}{1-b}X^{1-b}\right)-\lambda(\xi X\mathrm{e}^{-rT}-x)\right]$$

一阶条件：

$$\mathcal{La}_X(X,\lambda)=E(X^{-b}-\lambda\xi\mathrm{e}^{-rT})=0\Rightarrow X^{-b}=\lambda\xi\mathrm{e}^{-rT}\tag{2-164}$$

$$\mathcal{La}_\lambda(X,\lambda)=E(\xi X\mathrm{e}^{-rT})-x=0\Rightarrow E(\xi X\mathrm{e}^{-rT})=x\tag{2-165}$$

解得：

$$X^*=\lambda^{-\frac{1}{b}}(\xi\mathrm{e}^{-rT})^{-\frac{1}{b}}$$

$$\lambda=x^{-b}\left[E(\xi\mathrm{e}^{-rT})^{1-\frac{1}{b}}\right]^b$$

把 λ 代入 X^* 中，就有：

$$X^*=x\exp\left[rT-\frac{T}{2}\left(\frac{\mu-r}{b\sigma}\right)^2+\left(\frac{\mu-r}{b\sigma}\right)\widetilde{\mathcal{W}}(T)\right]\tag{2-166}$$

其中，$\widetilde{\mathcal{W}}(t)$ 是测度 $\mathcal{Q}$ 下的一个标准维纳过程，它来自哥萨诺夫定理(Girsanov theorem)①：

$$\widetilde{\mathcal{W}}(t)=\mathcal{W}(t)+\int_0^t\mathcal{K}(s)\mathrm{d}s\tag{2-167}$$

其中：

$$\mathcal{K}(t)=-\frac{\mu-r}{\sigma}\tag{2-168}$$

而且，在 $\widetilde{\mathcal{W}}(t)$ 下贴现价格过程是一个 $\mathcal{Q}$ 鞅：

$$\mathrm{d}\widetilde{S}(t)=\sigma\widetilde{S}(t)\mathrm{d}\widetilde{\mathcal{W}}(t)\tag{2-169}$$

X^* 无论在 $\mathcal{Q}$ 下还是 $\mathcal{P}$ 下，都是对数正态分布，因此 $X^*\geqslant 0$。

① 参见 11.5.3 节。

接下来要证明的是：X^* 确实也是动态最优化问题 P 的解，实际上我们只要证明两种最优化问题的可行策略集合是相同的就够了。

(1) 不妨假定 $(\theta_0, \theta_1) \in \mathcal{A}(x)$ 是问题 P 的可行策略。根据伊藤定理：

$$\begin{aligned}\theta_0(T)+\theta_1(T)\widetilde{S}(T) &= \theta_0(0)+\theta_1(0)\widetilde{S}(0)+\int_0^t \theta_1(s)\mathrm{d}\widetilde{S}(s) \\ &= \theta_0(0)+\theta_1(0)\widetilde{S}(0)+\int_0^t \theta_1(s)\sigma\widetilde{S}(s)\mathrm{d}\widetilde{W}(s)\end{aligned} \tag{2-170}$$

上式右侧最后一项是 Q 下的一个平方可积鞅(square-integrable martingale)，因此有：

$$E^Q[\theta_0(T)+\theta_1(T)\widetilde{S}(T)] = \theta_0(0)+\theta_1(0)\widetilde{S}(0) = x \tag{2-171}$$

所以，

$$X = \theta_0(T)B(T)+\theta_1(T)S(T)$$

是 P^* 可行的，而且有 $X \geqslant 0$。

(2) 反过来，如果 X 是 P^* 可行的，令：

$$X(t) = E^Q(\mathrm{e}^{-rT}X \mid \mathcal{F}_t)$$

则 X 是一个 Q 鞅。根据鞅表述定理，必定存在一个可料过程 $\psi(t)$，而且，

$$E^Q\left[\int_0^T |\psi(t)|^2 \mathrm{d}t\right] < \infty$$

使得下式成立：

$$\mathrm{e}^{-rT}X = E^Q(\mathrm{e}^{-rT}X)+\int_0^T \psi^{\mathrm{T}}(s)\mathrm{d}\widetilde{W}(s) \tag{2-172}$$

进一步，我们定义：

$$\theta_1(t) = \frac{\psi(t)}{\sigma\widetilde{S}(t)} \tag{2-173}$$

则：

$$E^Q\left[\int_0^T |\sigma\theta_1(t)\widetilde{S}(t)|^2 \mathrm{d}t\right] < \infty$$

代入前式，得：

$$\mathrm{e}^{-rT}X = E^Q(\mathrm{e}^{-rT}X)+\int_0^T \theta_1(t)\sigma\widetilde{S}(t)\mathrm{d}\widetilde{W}(s)$$

两边在 Q 下同时取条件期望，可以得到：

$$E^Q(\mathrm{e}^{-rT}X \mid \mathcal{F}_t) = E^Q(\mathrm{e}^{-rT}X)+\int_0^t \theta_1(t)\sigma\widetilde{S}(t)\mathrm{d}\widetilde{W}(s)$$

定义：

$$\theta_0(t) = E^Q(\mathrm{e}^{-rT}X \mid \mathcal{F}_t) - \theta_1(t)\widetilde{S}(t) \tag{2-174}$$

则 $(\theta_0, \theta_1) \in \mathcal{A}(x)$ 无论在哪一个问题中，都确实复制出了 X。由于产生 P 和 P^* 问题的最

优解的可行集合是相同的，它们的最优解式(2-166)必定也是相同的。

下面进一步计算生成 X 的交易策略。令 $V^*(t)$ 为 $X^*(t)$ 的贴现价值(过程)，我们有：

$$
\begin{aligned}
V(t)e^{-rt} &= E_t^Q(e^{-rT}X^*) \\
&= E^Q\left\{x\exp\left[-\frac{T}{2}\left(\frac{\pi-r}{b\sigma}\right)^2+\left(\frac{\mu-r}{b\sigma}\right)\widetilde{\mathcal{W}}(T)\right]\Big|\mathcal{F}_t\right\} \\
&= x\exp\left[-\frac{t}{2}\left(\frac{\mu-r}{b\sigma}\right)^2+\left(\frac{\mu-r}{b\sigma}\right)\widetilde{\mathcal{W}}(t)\right] \\
&= V^*[\widetilde{\mathcal{W}}(t),\ t]
\end{aligned}
$$

因为 $V^*(t)$ 是一个 Q 鞅，就有：

$$
\begin{aligned}
V^*[\widetilde{W}(t),\ t] &= V^*[\widetilde{W}(0),\ 0]+\int_0^t \frac{\partial V^*}{\partial \widetilde{W}}\mathrm{d}\widetilde{W}(s) \\
&= V^*(0)+\int_0^t V^*[\widetilde{W}(s),\ s]\,\frac{\mu-r}{b\sigma}\mathrm{d}\widetilde{W}(s) \\
&= V^*(0)+\int_0^t \frac{V^*[\widetilde{W}(s),\ s]}{\widetilde{S}(s)}\frac{\mu-r}{b\sigma^2}\mathrm{d}\widetilde{S}(s)
\end{aligned}
$$

因此，

$$
\theta(t)=\frac{V^*[\widetilde{\mathcal{W}}(t),\ t]}{\widetilde{S}(t)}\ \frac{\mu-r}{b\sigma^2}=\frac{V[\widetilde{\mathcal{W}}(t),\ t]}{S(t)}\ \frac{\mu-r}{b\sigma^2} \tag{2-175}
$$

所以，投资在风险资产上的资金比例就是：

$$
\frac{\theta(t)S(t)}{V(t)}=\frac{\mu-r}{b\sigma^2} \tag{2-176}
$$

这是一个常数，这同我们在前面 2.2.2 节中，用动态规划方法获得的结论是完全一致的。

2.4.3　一般原理

本节讨论在一般情形下，特别是在完备市场中，风险和价格应当具有的特征，它们是 2.4.4 节中采用鞅方法解决动态最优化问题的基础。鉴于这一部分采用的是最一般化的分析框架，对照 2.2.5 节，我们首先还是要细致描述一下模型结构。

假定：(1) 时间。经济存续一个有限的时间段 $[0,\ T]$，$T<\infty$，个人可以在任意(连续的)时间点上进行消费和投资。

(2) 不确定性。不确定性仍然由完备概率空间 $\{\Omega,\ \mathcal{F},\ P\}$ 描述。在概率空间 $\{\Omega,\ \mathcal{F},\ P\}$ 上，定义有 n 维布朗运动 $[\mathcal{W}_n(t)]_{n\in[1,\ n]}$。信息结构由上述 n 维布朗运动生成，即：

$$
\boldsymbol{F}=\sigma\{\mathcal{W}(u)\mid 0\geqslant u\geqslant t\}
$$

总是假定 $\mathcal{F}_0=\Omega$，$\mathcal{F}_T=\mathcal{F}$。

(3) 理性个人行为。个人具有一定的初始资源禀赋：

$$
W(0)=\varsigma(0)=x
$$

他们的决策行为包括两个方面：消费和投资组合。

他们具有特定形式的(时际)效用函数 $\mathcal{U}(C, t)$，$\mathcal{U}(C, t)$ 在整个定义域内被假定是严格单调递增和凹的。它对 C 的导数记为：

$$\mathcal{U}'(.,t)=\frac{\partial \mathcal{U}(C, t)}{\partial C} \tag{2-177}$$

对于任意 $t>0$，有：

$$\mathcal{U}'(\infty)=\lim_{C\to\infty}\mathcal{U}'(C, t)=0 \qquad \mathcal{U}'(0)=\lim_{C\downarrow 0}\mathcal{U}'(C, t)=+\infty$$

这些要求的经济解释都很直观，$\mathcal{U}(.,t)$的递增性意味着，投资者总是偏好更多的消费或者财富。因为 $\mathcal{U}'(C, t)$ 是严增的，它就有一个严格递减的逆映射 $I(C, t)$：

$$I[\mathcal{U}'(C, t), t]=C=\mathcal{U}'[I(C, t), t],\ \forall C\in(0, \infty) \tag{2-178}$$

$U(.,t)$ 的严格凹性意味着：$U'(.,t)$ 对 C 是递增的，而这就表示投资者是风险厌恶的。由于效用函数 $U(.)$ 是凹的，有：

$$U[I(\lambda)]\geqslant U(x)+\lambda[I(\lambda)-x],\ \forall x<\infty,\ \lambda>0 \tag{2-179}$$

(4) 理想化的证券市场。这就要求个人是不能够预知未来的，特别是不能知道风险资产的未来价格运动趋势；个别投资者的行为对证券价格不会产生任何明显的影响。此外，还假定证券完全可分；允许卖空，并且没有任何交易费用。

(5) 证券价格动态。证券市场上长期存在 $n+1$ 种证券。第 0 种为无风险证券，它的价格过程为：

$$\mathrm{d}p_0(t)=p_0(t)r(t)\mathrm{d}t,\ p_0(0)=\bar{p}_0 \tag{2-180}$$

或者①：

$$p_0(t)=\bar{p}_0\exp\left[-\int_0^t r(s)\mathrm{d}s\right]$$

定义贴现因子为：

$$\gamma(t)=\exp\left[-\int_0^t r(s)\mathrm{d}s\right] \tag{2-181}$$

其他 n 种均为风险证券②，它们的价格过程为：

$$\mathrm{d}p_i(t)=p_i(t)\left[\mu_i(t)\mathrm{d}t+\sum_{j=1}^n\sigma_{ij}(t)\mathrm{d}\mathcal{W}_j(t)\right],\ p_i(0)=\bar{p}_i,\ i=1, 2, \cdots, n \tag{2-182}$$

或者③：

$$p_i(t)=\bar{p}_i\exp\left\{\int_0^t\left[\mu_i(s)-\frac{1}{2}\sum_{j=1}^n\sigma_{ij}^2(s)\right]\mathrm{d}s+\sum_{j=1}^n\int_0^t\sigma_{ij}(s)\mathrm{d}\mathcal{W}_j(s)\right\},\ i=1, 2, \cdots, n$$

---

① 注意在这里我们没有假定无风险收益率是常数，但由于它是有界的，因此它的风险明显小于由布朗运动驱动的其他风险资产。

② 注意，这里有意使得风险资产的数目同不确定性的维度相同，这时我们说市场是完备的。

③ 随机微分方程的解法参见 10.5 节。

我们要求无风险利率 $r(t)$，平均收益率 $[\mu_i(t)]_{i\in[1,n]}$ 和波动率 $[\sigma_{ij}(t)]_{1\leqslant i,j\leqslant n}$ 是 $\mathcal{F}_t$ 适应的，并在 $(t,\omega)\in[0,T]\times\Omega$ 上一致有界(uniformly bounded)。此外，我们还要求 $\sigma(t)\sigma^T(t)$ 是一致正定的，即存在一个正的常数 $k>0$，使得：

$$x^T\sigma(t)\sigma^T(t)x\geqslant kx^Tx,\ \forall(t,\omega)\in[0,T]\times\Omega;\ x\in R^n \tag{2-183}$$

(6) 基于以上设定进一步细化选择行为策略。消费者在上述金融市场上可以选择消费过程和投资策略。交易策略定义如前，仍然为一个 $\mathcal{F}_t$ 可料的 $n+1$ 维向量随机序列(代表证券交易数量)①：

$$\{\theta(t)=[\theta_0(t),\ \theta_1(t),\ \cdots,\ \theta_n(t)],\ t\in[0,T]\}$$

要求：

$$\int_0^T|\theta_0(t)|^2\mathrm{d}t<\infty$$

$$\sum_{j=1}^n\int_0^T[\theta_i(t)p_i(t)]^2\mathrm{d}t<\infty,\ i=1,2,\cdots,n$$

注意，我们把：

$$W(0)=x=\sum_{i=0}^n\theta_i(0)\bar{p}_i \tag{2-184}$$

称为 θ 的初始价值。令 θ 为一个具有初始价值 $x>0$ 的交易策略，则我们把：

$$W(t)=\sum_{i=0}^n\theta_i(t)p_i(t) \tag{2-185}$$

称为伴随该交易策略的财富过程。

仍旧定义非负的循序可测过程 $C(t)$ 为消费率过程(consumption rate process)，简称消费过程。它满足：

$$\int_0^T C(t)\mathrm{d}t<\infty \tag{2-186}$$

如果交易策略和消费过程 $[\theta(t),\ C(t)]$ 产生的财富过程为：

$$W(t)=W(0)+\sum_{i=0}^n\int_0^t\theta_i(s)\mathrm{d}p_i(s)-\int_0^t C(s)\mathrm{d}s,\ \forall t\in[0,T] \tag{2-187}$$

即，投资者在 t 时刻的总财富，等于初始财富加上投资在证券市场上的赢亏，减去积累的总消费，则称我们 $[\boldsymbol{\theta}(t),\ C(t)]$ 是自我融资的。

除了上面用证券数目定义投资策略的方法以外，我们也可以用投资于特定风险证券上的资金占个人总财富的相对比例来定义投资策略(如同在 2.2 节)，即：

$$w_i(t)=\frac{\theta_i(t)p_i(t)}{W(t)},\ i=1,2,\cdots,n \tag{2-188}$$

称 $w_i(t)$ 为资产组合过程(portfolio process)，我们要求：

$$\int_0^T w_i^2(t)\mathrm{d}t<\infty$$

① 有关可料、可测等信息一致性要求见 3.3.2 节中的描述。

由于投资在风险证券上的比例是 $w_i(t)$，投资在无证券上的比例就是 $1-\sum_{i=1}^{n} w_i(t)$。使用资产组合过程，可以用更简洁的形式描述财富过程。

令 $[\boldsymbol{\theta}(t),\ C(t)]$ 为一个自我融资策略。根据式(2-188)的定义，有：

$$\begin{aligned} dW(t) &= \sum_{i=1}^{n}\theta_i(t)dp_i(t)+\theta_0(t)dp_0(t)-c(t)dt \\ &= \sum_{i=1}^{n}\theta_i(t)p_i(t)\Big[\mu_i(t)dt+\sum_{j=1}^{n}\sigma_{ij}(t)d\mathcal{W}_j(t)\Big]+\theta_0(t)p_0(t)r(t)dt-C(t)dt \\ &= [1-w^T(t)\boldsymbol{1}]W(t)r(t)dt+\sum_{i=1}^{n}W(t)w_i(t)\Big[\mu_i(t)dt+\sum_{j=1}^{n}\sigma_{ij}(t)d\mathcal{W}_j(t)\Big]-C(t)dt \\ &= [1-w^T(t)\boldsymbol{1}]W(t)r(t)dt+W(t)\boldsymbol{w}^T(t)\boldsymbol{\mu}(t)dt+W(t)\boldsymbol{w}^T(t)\boldsymbol{\sigma}(t)d\mathcal{W}(t)-C(t)dt \end{aligned} \tag{2-189}$$

因此，如果 $[\boldsymbol{w}(t),\ C(t)]$ 是自我融资的，则财富的变化仅仅是由价格变化、无风险利率和消费引起的，则财富积累的动态过程也可以记为：

$$\begin{aligned} &dW(t)=[r(t)W(t)-C(t)]dt+W(t)\boldsymbol{w}^T(t)\{[\boldsymbol{\mu}^T(t)-r(t)\boldsymbol{1}]dt+\boldsymbol{\sigma}(t)d\mathcal{W}(t)\} \\ &W(0)=x \end{aligned} \tag{2-190}$$

给定正的初始财富 x，如果一个自我融资策略 $[\boldsymbol{\theta}(t),\ C(t)]$（或者 $[\boldsymbol{w}(t),\ C(t)]$）能够产生非负的财富过程：

$$W(t)\geqslant 0,\ \forall t\in[0,\ T]$$

就称该自我融资策略为可行的(admissible)。基于初始财富 x 的可行策略 $(\boldsymbol{w},\ C)$ 的全体集合记为 $\mathcal{A}(x)$。

在前面设定模型时，我们特意假定布朗运动的维数等于风险资产的数目，这样金融市场是动态完备(complete)的，那么完备市场有什么特征呢？实际上，在这种情况下风险的市场价格(market price of risk)：

$$\mathcal{K}(t)=\sigma^{-1}[\mu(t)-r(t)\boldsymbol{1}] \tag{2-191}$$

有唯一解。而且，$\mathcal{K}(t)$ 是有界和循序可测的。引入哥萨诺夫密度(Girsanov density)或者拉登-尼科迪姆导数：

$$\xi(t)=\exp\Big[-\int_0^t\mathcal{K}(s)d\mathcal{W}(s)-\frac{1}{2}\int_0^t\mathcal{K}(s)\parallel^2 ds\Big] \tag{2-192}$$

和新的唯一的风险中性测度或者鞅概率测度 Q：

$$\xi(t)=\frac{dQ}{d\mathcal{P}}\Big|_{\mathcal{F}_t}$$

根据哥萨诺夫定理(Girsanov theorem)，有：

$$\widetilde{\mathcal{W}}(t)=\mathcal{W}(t)+\int_0^t\mathcal{K}(s)ds \tag{2-193}$$

在测度 Q 下：

$$\mathrm{d}p_i(t)=p_i(t)\left[r(t)\mathrm{d}t+\sum_{j=1}^{n}\sigma_{ij}(t)\mathrm{d}\widetilde{W}_j(t)\right],\ i=1,2,\cdots,n \tag{2-194}$$

定义状态价格密度过程(state price density process)为：

$$H(t)=\gamma(t)\xi(t)=\exp\left\{-\int_0^t\left[r(s)+\frac{1}{2}\|\mathcal{K}(s)\|^2\right]\mathrm{d}s-\int_0^t\mathcal{K}^{\mathrm{T}}(s)\mathrm{d}\mathcal{W}(s)\right\} \tag{2-195}$$

它是正的、连续和循序可测的。注意，$H(t)$ 实际上是下面随机微分方程的唯一解：

$$\mathrm{d}H(t)=-H(t)[r(t)\mathrm{d}t+\mathcal{K}(t)\mathrm{d}\mathcal{W}(t)],\ H(0)=1 \tag{2-196}$$

定理 2.4.1　(1) 给定初始资源禀赋 $x\geqslant 0$ 和可行的自我融资投资组合策略 $(\boldsymbol{w},C)\in\mathcal{A}(x)$，则相应的财富过程满足：

$$E\left[\int_0^t H(s)C(s)\mathrm{d}s+H(t)W(t)\right]\leqslant x,\ \forall t\in[0,T]$$

(2) 令 B 为任意非负的 $\mathcal{F}_T$ 适应的随机变量，$C(t)$，$t\in[0,T]$ 为任意消费过程，它们满足：

$$x=E\left[\int_0^T H(s)C(s)\mathrm{d}s+H(T)B\right]<\infty$$

则存在一个资产组合过程 $w(t)$，$t\in[0,T]$ 且 $(\boldsymbol{w},C)\in\mathcal{A}(x)$，使得相应的财富过程满足：

$$W(T)=B$$

证明：(1) 令 $(\boldsymbol{w},C)\in\mathcal{A}(x)$，根据随机微积分法则，有：

$$\begin{aligned}
&H(t)W(t)+\int_0^t H(s)C(s)\mathrm{d}s\\
&=x+\int_0^t H(s)\mathrm{d}W(s)+\int_0^t W(s)\mathrm{d}H(s)+\langle H,W\rangle_t+\int_0^t H(s)C(s)\mathrm{d}s\\
&=x+\int_0^t H(s)W(s)\{r(s)+\boldsymbol{w}^{\mathrm{T}}(s)[\mu(t)-r(t)\boldsymbol{1}]-r(s)-\boldsymbol{w}^{\mathrm{T}}(s)\sigma(s)\beta(s)\}\mathrm{d}s\\
&\quad+\int_0^t H(s)W(s)[\boldsymbol{w}^{\mathrm{T}}(s)\sigma(s)-\beta(s)]\mathrm{d}\mathcal{W}(s)\\
&=x+\int_0^t H(s)W(s)[\boldsymbol{w}^{\mathrm{T}}(s)\sigma(s)-\beta(s)]\mathrm{d}\mathcal{W}(s)
\end{aligned} \tag{2-197}$$

由于 $H(t)$、$W(t)$ 和 $C(t)$ 的非负性[①]，上式左侧是非负的。另一方面当 $(\boldsymbol{w},C)\in\mathcal{A}(x)$ 时，最后一个等号后面的项是一个局部鞅，而且我们知道，根据法图定理(Fatou's lemma)[②]，非负的局部鞅(local martingale)也是一个上鞅(supermartingale)。这意味着：

$$\begin{aligned}
&E\left[\int_0^t H(s)C(s)\mathrm{d}s+H(t)W(t)\right]\\
&=E\left\{x+\int_0^t H(s)W(s)[\boldsymbol{w}^{\mathrm{T}}(s)\sigma(s)-\boldsymbol{\beta}^{\mathrm{T}}(s)]\mathrm{d}\mathcal{W}(s)\right\}\leqslant x
\end{aligned} \tag{2-198}$$

① 其中，$\langle H,W\rangle$ 代表两个随机过程的二次变差，见第 11 章。

② 参见 9.3 节和 10.2 节。

对于任何一个 $(\boldsymbol{w}, C) \in \mathcal{A}(x)$ 都是满足的。对它的解释就是：期望"贴现"的最终财富，加上期望"贴现"的消费过程，不可以超过初始资源禀赋。这里的"贴现"因子用的是状态价格密度过程 $H(t)$。这样，定理的第一部分得证。

(2) 定义：

$$W(t)=\frac{1}{H(t)}E\left[\int_t^T H(s)C(s)\mathrm{d}s+H(T)B \mid \mathcal{F}_t\right] \tag{2-199}$$

因此，$W(t)$ 是非负的、$\mathcal{F}_t$ 可测的，且具有连续路径，并且 $W(T)=B$、$W(t)\geqslant 0$。因为 $\mathcal{F}_t$ 是布朗滤波，给定 $\mathcal{F}_0$，一个随机变量的条件期望是常数，因此它同它的无条件数学期望是一样的，可以得到，$W(0)=x$。

进一步定义随机过程：

$$M(t)=E\left\{\int_0^T H(s)C(s)\mathrm{d}s+H(T)B \mid \mathcal{F}_t\right\}=W(t)H(t)+\int_0^T H(s)C(s)\mathrm{d}s \tag{2-200}$$

显然，它是一个鞅，并且 $M(0)=x$。根据鞅表示定理，可以找到一个 R^n 维适应随机过程 ψ 满足：

$$\int_0^T \|\psi(t)\|^2\mathrm{d}t<\infty$$

使得下式成立：

$$M(t)=x+\int_0^t \boldsymbol{\psi}^{\mathrm{T}}(s)\mathrm{d}\boldsymbol{W}(s),\ \forall t\in[0, T] \tag{2-201}$$

比照式(2-200)，则有：

$$W(t)H(t)+\int_0^t H(s)C(s)\mathrm{d}s=x+\int_0^t \boldsymbol{\psi}^{\mathrm{T}}(s)\mathrm{d}\boldsymbol{W}(s) \tag{2-202}$$

通过比较式(2-197)和式(2-202)，可以知道 $W(t)$ 确为 $(\boldsymbol{w}, C)\in\mathcal{A}(x)$ 产生的价值过程，相应的资产组合过程为：

$$\boldsymbol{w}(t)=[\sigma(t)^{-1}]^{\mathrm{T}}\left[\frac{\boldsymbol{\psi}(t)}{W(t)H(t)}+\beta(t)\right],\ t\in[0, T] \tag{2-203}$$

进一步看一下 $H(t)$，容易证明 $1/H(t)$ 是伴随着交易策略 $(\boldsymbol{w}, 0)$ 的财富过程，其中：

$$\boldsymbol{w}(t)=[\sigma^{-1}(t)]^{\mathrm{T}}\beta(t)=[\sigma^{-1}(t)]^{\mathrm{T}}\sigma^{-1}(t)[\mu(t)-r(t)\boldsymbol{1}]$$

如果把 $\boldsymbol{w}(t)$ 解释为投资股票得到的"相对局部风险溢价"(relative local risk premium)向量①，则上述定理的第一部分指出，同这种投资方式相比较，没有其他可行策略会表现得更好②。

$H(t)$正是证明采用这种投资策略优势所在的贴现价值过程，因此可以称之为市场计价物(market numeraire)③。这个被视为决定 0 时刻初始财富的适当的贴现过程：

① 当只有一种风险资产且具有常系数时，则 $w(t)=(\mu-r)/\sigma^2$。

② 每一个均衡模型中都隐含了无套利特征，因此必定潜在一个鞅定价过程。

③ 而且后面的分析将显示式(2-203)中的 $w(t)$ 是投资者试图最大化 $E[\ln W(T)]$ 时的最优资产组合过程，它被称为最优成长资产组合(growth-optimal portfolio)。

$$E\left[\int_0^T H(s)C(s)\mathrm{d}s\right]+E[H(t)B]$$

必须可以保证个人未来的生活目标，即维持一个非负的消费过程，并（或）获得一个非负的最终财富。

用 $H(t)$ 来解释，上述定理的第一部分实际上给出了既定初始财富水平下，对于个人欲望的限制：给出任意消费过程 $C(t)$，只有当 $E\left[\int_0^T H(s)C(s)\mathrm{d}s\right]\leqslant x$ 时，才会有一个可行的组合策略存在；给出任意最终支付水平 B，也只有当 $E[H(T)B]\leqslant x$ 时，才会有一个可行的组合策略存在。换句话说，给出未来目标，必然有一个实现它们的初始财富下界。

定理的第二部分确保在此下界条件下，（完备市场中）必然存在实现上述目标的可行技术。确切地说，给定足够大的初始资源禀赋，每个合意的最终财富水平，都可以通过适当的可行交易策略和消费过程来获得。而且，由于鞅表示的唯一性，可行策略中的资产组合过程也是唯一的。

2.4.4　最优化

基于 2.4.3 节中探讨过的市场一般结构和投资者行为准则，以及完备市场条件下的参数特征和重要的定理，本节中，我们可以正式采用鞅方法，解决动态最优化问题。以下是连续时间最优储蓄/投资决策问题的几种标准表述。

问题 A：最大化 $[0, T]$ 时间内来自消费的总期望效用，即为：

$$\max_{(w,\ C)\in\mathscr{A}_1'(x)} E\int_0^T \mathcal{U}_1[C(t),\ t]\mathrm{d}t \tag{2-204}$$

找到一个最优的：

$$(w,\ C)\in\mathscr{A}'(x),\ \mathscr{A}'(x)=\{(w,\ C)\in\mathscr{A}(x),\ E\int_0^T \mathcal{U}_1[C(t),\ t]^-\,\mathrm{d}t<\infty\}\text{①}$$

问题 B：最大化期末 T 时刻来自最终财富的期望效用，即为：

$$\max_{(w,\ C)\in\mathscr{A}'(x)} E\{\mathcal{U}_2[W(T)]\} \tag{2-205}$$

找到一个最优的：

$$(w,\ 0)\in\mathscr{A}'(x),\ \mathscr{A}'(x)=\{(w,\ C)\in\mathscr{A}(x),\ E\mathcal{U}_2[X(T)]^-<\infty\}$$

问题 C：同时最大化来自消费过程和最终财富的总期望效用，即为：

$$\max_{(w,\ C)\in\mathscr{A}'(x)} E\int_0^T \mathcal{U}_1[C(t),\ t]\mathrm{d}t+\mathcal{U}_2[W(T)] \tag{2-206}$$

找一个最优的：

$$(w,\ C)\in\mathscr{A}'(x),\ \mathscr{A}'(x)=\{(w,\ C)\in\mathscr{A}(x),\ E\int_0^T \mathcal{U}_1[C(t),\ t]^-\,\mathrm{d}t+\mathcal{U}_2[W(T)]^-<\infty\}$$

先考察相对简单的问题 B，一个有着大于 0 的初始财富 $W(0)$ 的投资者，如何选择适当

---

① 注意这里的 a^- 代表 $\max(-a,\ 0)$。这是很弱的可积性条件。对于正的效用函数 $\mathcal{U}_1(.,t)$，$\mathcal{U}_2(.)>0$，$\mathscr{A}'(x)=\mathscr{A}(x)$。问题 B 和 C 也有相应的要求。

的交易策略 $(w, 0) \in \mathcal{A}(x)$，在保持清偿能力的条件下，最大化其在 T 时刻最终财富的期望效用的现值，目标函数为：

$$\max J(x, w, 0) = \max E\{\mathcal{U}_2[W(T)]\} \tag{2-207}$$

预算约束为期望最终财富贴现到 0 时刻不应当超过初始投资 $W(0)$，即：

$$E^Q[\gamma(T)W(T)] = E[\gamma(T)\xi(T)W(T)] \leqslant x \tag{2-208}$$

根据 2.4.3 节中的定理 2.4.1，存在一个 $(w, 0) \in \mathcal{A}(x)$，使得 $W(T) = B$。

现在定义：

$$\mathcal{B}(x) = \{B \geqslant 0 \mid B\mathcal{F}_T - \text{可测}, E[H(T)B] \leqslant x, E[\mathcal{U}_2(B^-)] < \infty\}$$

很明显，$\mathcal{B}(x)$ 代表了给定初始财富 $y \in [0, x]$，由可行交易策略产生的、满足 $E[\mathcal{U}_2(B^-)] < \infty$ 的所有最终财富的集合。因此，为了决定最优化问题

$$\max_{(w_2, 0) \in \mathcal{A}'(x)} E\{\mathcal{U}_2[W(T)]\} \tag{2-209}$$

中的最优期末财富 $W(T)$，只要对 $\mathcal{B}(x)$ 中的所有随机变量进行最大化就可以了。换句话说，只要解出：

$$\max_{B \in \mathcal{B}(x)} E[\mathcal{U}_2(B)] \tag{2-210}$$

注意到在上述最优化问题中，我们仅需要在一组随机变量上做优化，式(2-209)中的时间因素不见了(在那里我们在一组随机过程上进行优化)，因此称式(2-210)为静态最优化问题。如果获得的 B^* 是式(2-210)的一个最优解，则我们还要解一个表示问题，即找到一个 $(\boldsymbol{w}, 0) \in \mathcal{A}'(x)$ 满足 $W(T) = B^*$。

我们先解决静态最优化问题，构造拉格朗日函数：

$$\mathcal{L}a(B, \lambda) = E\{\mathcal{U}_2(B) - \lambda[H(T)B - x]\}, \lambda > 0 \tag{2-211}$$

一阶条件是：

$$0 = \mathcal{L}a_B(B, \lambda) = E[\mathcal{U}'_2(B) - \lambda H(T)] \Rightarrow \mathcal{U}'_2(B) = \lambda H(T)$$

$$0 = \mathcal{L}a_\lambda(B, \lambda) = E[H(T)B] - x \Rightarrow E[H(T)B] = x$$

考虑第一个一阶条件，因为 $\mathcal{U}'_2$ 是严格递减的，所以它必定有一个反函数：

$$I_2 = (\mathcal{U}'_2)^{-1} \tag{2-212}$$

则最优期末财富水平就是：

$$B = I_2[\lambda H(T)] = (\mathcal{U}'_2)^{-1}[\lambda H(T)] \tag{2-213}$$

把它代入第二个一阶条件，就有：

$$0 = x - E\{H(T)I_2[\lambda H(T)]\} \tag{2-214}$$

定义：

$$\mathcal{X}(\lambda) = E\{H(T)I_2[\lambda H(T)]\} = x \tag{2-215}$$

如果通过该式可以求出唯一的拉格朗日乘子 λ，则我们就有机会从式(2-213)中得到最优解。

定义：

$$\mathcal{Y}(x)=\mathcal{X}^{-1}(x) \tag{2-216}$$

则形式上最优解的候选者就是：

$$B^{*}=I_2[\mathcal{Y}(x)H(T)]>0 \tag{2-217}$$

现在考虑一般性的问题 C：个人既想生活幸福又想给后人留一大笔财富。毫无疑问，抛开努力工作不谈，这两个目标之间势必存在某种冲突。如何解决这种矛盾，获得最优的投资策略呢？

对照式(2-212)、式(2-215)，先给出下面的函数定义：

$$I_1(x,t)=(\mathcal{U}'_1)^{-1}(x,t),\ x\in(0,\infty),\ t\in[0,T] \tag{2-218}$$

$$I_2(x)=(\mathcal{U}'_2)^{-1}(x),\ x\in(0,\infty) \tag{2-219}$$

$$\mathcal{X}(\lambda)=E\int_0^T H(t)I_1[\lambda H(t),t]\mathrm{d}t+H(T)I_2[\lambda H(T)] \tag{2-220}$$

假定对于 $0<\lambda<\infty$，$\mathcal{X}(\lambda)<\infty$。则从 I_1 和 I_2 的性质，可以知道 $\mathcal{X}(\lambda)$ 也是连续和严格递减的，并满足：

$$\mathcal{X}(0)=\lim_{\lambda\downarrow 0}\mathcal{X}(\lambda)=\infty,\ \mathcal{X}(\infty)=\lim_{\lambda\to\infty}\mathcal{X}(\lambda)=0 \tag{2-221}$$

因此，在 $0<x<\infty$ 上，$\mathcal{X}(x)$ 也有一个连续和严格递增的逆映射，记为 $\mathcal{Y}$：

$$\mathcal{X}^{-1}(x)=\mathcal{Y}(x) \tag{2-222}$$

定理 2.4.2　(最大化来自最终财富和消费过程的期望效用)考虑最优化问题 C，令 $x>0$，$\mathcal{X}(\lambda)<\infty$，$\forall\, 0<\lambda<\infty$，$\mathcal{X}^{-1}(x)=\mathcal{Y}(x)$，则对于最优最终财富和消费过程：

$$B^{*}=I_2[\mathcal{Y}(x)H(T)]>0 \tag{2-223}$$

$$C^{*}(t)=I_1[\mathcal{Y}(x)H(t),t]>0 \tag{2-224}$$

存在一个自我融资的资产组合过程 $w^{*}(t)$，而且 $(w^{*},C^{*})\in\mathcal{A}'(x)$，使得：

$$W^{x,w^{*},C^{*}}(T)=B^{*}$$

证明：(1) 根据 B^{*} 和 $C^{*}(t)$ 的定义，有：

$$E\left[\int_0^T H(s)C^{*}(s)\mathrm{d}s+H(T)B^{*}\right]=x$$

注意：$\mathcal{Y}(x)H(t)>0$，而且由于 I_1 和 I_2 均大于 0，B^{*} 和 $C^{*}(t)$ 均为正。根据定理 2.4.1，在完备的市场环境下，满足$[C^{*}(t),B^{*}]$支付需要的资产组合过程 w^{*} 存在且 $(w^{*},C^{*})\in\mathcal{A}(x)$。

(2) 接着要证明满足甚至是 $(w^{*},C^{*})\in\mathcal{A}'(x)$ 的自我融资的资产组合过程 $w^{*}(t)$ 的唯一性，根据式(2-179)，有：

$$\mathcal{U}_1[C^{*}(t),t]\geqslant\mathcal{U}_1(1,t)+\mathcal{Y}(x)H(t)[C^{*}(t)-1]$$

$$\mathcal{U}_2(B^{*})\geqslant\mathcal{U}_2(1)+\mathcal{Y}(x)H(T)(B^{*}-1)$$

由此,因为:

$$a \leqslant b \Rightarrow a^- \leqslant b^- \leqslant |b|$$

和 $\mathcal{Y}(x)H(t) > 0$,而且由于 I_1 和 I_2 均大于 0,B^* 和 $C^*(t)$ 均为正这些事实,可以得到下面的不等式关系:

$$E\left\{\int_0^T \mathcal{U}_1[C^*(t), t]^- \, \mathrm{d}t + \mathcal{U}_2(B)^-\right\}$$

$$\leqslant E\left\{\int_0^T [|\mathcal{U}_1(1, t)| + \mathcal{Y}(x)H(t)[C^*(t)+1]\mathrm{d}t + |\mathcal{U}_2(1)| + \mathcal{Y}(x)H(t)(B^*+1)]\right\}$$

$$= |\mathcal{U}_2(1)| + \int_0^T [|\mathcal{U}_1(1, t)\mathrm{d}t + \mathcal{Y}(x)\left\{x + E[H(T)] + \int_0^T E[H(t)]\mathrm{d}t]\right\} < \infty$$

最后的不等式是因为 $\mathcal{U}_1(x, t)$ 是连续的,而且 $E[H(t)]$ 在 $[0, T]$ 上是有界的。

(3) 最后要证明 (w^*, C^*) 确实是最优的。不妨考虑另一任意 $(w, C) \in \mathcal{A}'(x)$,它产生的财富过程为 $W^{x, w, C}$,因为:

$$\mathcal{U}_1[C^*(t), t] \geqslant \mathcal{U}_1(1, t) + \mathcal{Y}(x)H(t)[C^*(t) - C(t)]$$

$$\mathcal{U}_2(B^*) \geqslant \mathcal{U}_2[W^{x, w, C}(T)] + \mathcal{Y}(x)H(T)[B^* - W^{x, w, C}(T)]$$

可以得到:

$$E\left\{\int_0^T \mathcal{U}_1[C^*(t), t]\mathrm{d}t + \mathcal{U}_2(B^*)\right\}$$

$$\geqslant J(x; w, C) + \mathcal{Y}(x)\left\{\begin{aligned}&E\left[\int_0^T H(t)C^*(t)\mathrm{d}t + H(T)B^*\right]\\ &-E\left[\int_0^T H(t)C(t)\mathrm{d}t + H(T)W^{x, w, C}(T)\right]\end{aligned}\right\}$$

$$= J(x; w, C) + \mathcal{Y}(x)\left\{x - E\left[\int_0^T H(t)C(t)\mathrm{d}t + H(T)W^{x, w, C}(T)\right]\right\}$$

$$\geqslant J(x; w, C)$$

上述最后一个不等式来自定理 2.4.1 的第一部分。

例 2.4.1 考虑对数效用函数:

$$\mathcal{U}_1(x, t) = \mathcal{U}_2(x) = \ln(x), \ \forall t \in [0, T]$$

可以知道:

$$I_1(t, \lambda) = I_2(\lambda) = 1/\lambda$$

$$\mathcal{X}(\lambda) = E\left[\int_0^T H(t)\frac{1}{\lambda H(t)}\mathrm{d}t + H(T)\frac{1}{\lambda H(T)}\right] = \frac{1}{\lambda}(T+1)$$

$$\mathcal{Y}(x) = \mathcal{X}^{-1}(x) = \frac{1}{x}(T+1)$$

根据定理 2.4.2,最优的消费过程、最终财富水平分别为:

$$C^*(t)=\frac{x}{(T+1)H(t)},\ \forall t\in[0,\ T] \tag{2-225}$$

$$B^*=\frac{x}{(T+1)H(T)} \tag{2-226}$$

在这个特殊的例子中，可以显式地计算最优的资产组合过程，为了做到这一点，我们回顾一下定理 2.4.1 的第二部分证明过程，就有：

$$H(t)W^{x,\ w^*,\ C^*}(t)=E\left[\int_t^T H(s)C^*(s)\mathrm{d}s+H(T)B^*\mid \mathcal{F}_t\right]=x\frac{T-t+1}{T+1} \tag{2-227}$$

而这就意味着：

$$x=x\frac{T-t+1}{T+1}+x\frac{t}{T+1}=H(t)W^{x,\ w^*,\ C^*}(t)+\int_0^t H(s)C^*(s)\mathrm{d}s$$

对 $H(t)W^{x,\ w^*,\ C^*}(t)$ 使用伊藤定理，有：

$$x=x+\int_0^t H\ (s)^{x,\ w^*,\ C^*}(s)[\boldsymbol{w}^*(s)^{\mathrm{T}}\sigma(s)-\beta^{\mathrm{T}}(s)]\mathrm{d}\mathcal{W}(s)$$

因此，我们必须使得：

$$H(t)W^{x,\ w^*,\ C^*}(t)[\boldsymbol{w}^*(t)^{\mathrm{T}}\sigma(t)-\beta^{\mathrm{T}}(t)]=0,\ \forall t\in[0,\ T]$$

因为 $H(t)W^{x,\ w^*,\ C^*}(t)$ 是正的，所以就有：

$$\boldsymbol{w}^*(t)=\sigma^{-1}(t)\beta(t),\ \forall t\in[0,\ T]$$

在常数系数和只有一种风险资产的条件下，就有我们比较熟悉的形式：

$$w^*=\frac{\mu-r}{\sigma^2}$$

$w^*(t)$ 的形式有着如下解释：投资在股票上的最优财富比例由股票的平均收益率同无风险收益率之间的差别除以波动率决定，而这种形式通常被称为股票投资的相对风险溢价或者风险的市场价格。

另外，注意到根据式(2-227)，还有最优消费的另一种表示形式：

$$C^*(t)=\frac{1}{T+1-t}W^{x,\ w^*,\ C^*}(t) \tag{2-228}$$

它同式(2-225)提供的 $C^*(t)$ 的表示方式是相同的，不过式(2-228)显示出：最优消费同剩余生存时间长度 $T-t$ 成反比，并且它直接依赖于 $W(t)$，而与初始财富水平无关，通常这被称为最优消费对于 $W(t)$ 的反馈形式(feedback form)。

由于有定理 2.4.2，对问题 A 和 B 有以下推论。

推论 2.4.1　(1) 最大化来自最终财富的期望效用，最优化问题

$$\max_{(w,\ 0)\in\mathcal{A}'(x)} E\{\mathcal{U}_2[W^{x,\ \pi}(T)]\}$$

中的最优期末财富为:

$$B^* = I_2[\mathcal{Y}(x)H(T)] > 0$$

(2) 最大化来自消费的期望效用,最优化问题

$$\max_{(w,\ C)\in\mathcal{A}_1'(x)} E\int_0^T \mathcal{U}_1[C(t),\ t]\mathrm{d}t$$

中,最优的消费过程为:

$$C^*(t) = I_1[\mathcal{Y}(x)H(t),\ t] > 0$$

通过前面两节的分析,我们用直观的方法,至少在形式上获得了最优消费过程和最终财富的解,但是求解最优投资策略的方法却并非很简单。观察例 2.4.1,在那里我们通过比较财富过程的一般形式同来自定理 2.4.2 的最优消费过程和期末财富来得到投资策略。如果市场参数均为常数,则可以得到关于当前财富 $W(t)$ 反馈形式的最优消费/投资解 $(w,\ C)$ 的一种特殊的表示形式(Karatzas,1989)。实际该例中获得最优资产组合的方法可以一般化。

定理 2.4.3 (问题的 C 的表示方法)给定最优化问题 C,令 $x>0$, $\mathcal{X}(\lambda)<\infty$, $\forall\lambda>0$,而且 $C^*(t)$ 和 B^* 由定理 2.4.2 给出,如果存在函数 $f\in C^{1,\,2}([0,\ T]\times R^n)$①且

$$f(0,\ 0,\ \cdots,\ 0) = x$$

$$\frac{1}{H(t)}E\left[\int_t^T H(s)C^*(s)\mathrm{d}s + H(t)B^* \mid \mathcal{F}_t\right] = f[t,\ \mathcal{W}_1(t),\ \cdots,\ \mathcal{W}_n(t)]$$

则有:

$$w^*(t) = \frac{1}{W^{x,\ w^*,\ C^*}(t)}\sigma^{-1}(t)\,\nabla_x f[t,\ \mathcal{W}_1(t),\ \cdots,\ \mathcal{W}_n(t)],\ \forall t\in[0,\ T]$$

其中,$\nabla_x f$ 代表 $f(t,\ x_1,\ \cdots,\ x_n)$ 对 x 的梯度。

证明: 根据多维伊藤定理,有:

$$\begin{aligned}
&\frac{1}{H(t)}E\left[\int_0^t H(s)C^*(s)\mathrm{d}s + H(t)B^* \mid \mathcal{F}_t\right] = f[t,\ W_1(t),\ \cdots,\ W_n(t)] \\
&= f(0,\ \cdots,\ 0) + \sum_{i=1}^n \int_0^t f_{xi}[s,\ W_1(s),\ \cdots,\ W_n(s)\mathrm{d}W_i(s)] \\
&\quad + \int_0^t \{f_t[s,\ W_1(s),\ \cdots,\ W_n(s)] + \frac{1}{2}\sum_{i=1}^n f_{xixj}[s,\ W_1(s),\ \cdots,\ W_n(s)\mathrm{d}s]
\end{aligned}$$

另一方面,如同对定理 2.4.1 的证明,也有:

$$\begin{aligned}
&\frac{1}{H(t)}E\left[\int_t^T H(s)C^*(s)\mathrm{d}s + H(t)B^* \mid \mathcal{F}_t\right] = W^{x,\ w^*,\ C^*}(t) \\
&= x + \int_0^t \{r(s) + \boldsymbol{w}^*(s)^{\mathrm{T}}[\mu(s) - r(s)\boldsymbol{1}]W^{x,\ w^*,\ C^*}(s) - C(s)\}\mathrm{d}s \\
&\quad + \int_0^t W^{x,\ w^*,\ C^*}(s)\boldsymbol{w}^*(s)^{\mathrm{T}}\sigma(s)\mathrm{d}\boldsymbol{\mathcal{W}}(s)
\end{aligned}$$

① $C^{1,\,2}([0,\ T]\times R^n)$代表连续函数,它对第一个变量可微,对第二个变量两次可微。

最后一个等式成立，是因为 (w^*, C^*) 是自我融资的可行策略，因此财富过程遵循式(2-190)。比较上面两种积分表示形式中的被积函数，由伊藤鞅表示的唯一性可知，定理提出的结论成立。

小　结

现有大多数投资学教科书都视由均方分析出发的资本资产定价模型为核心内容，而本章的学习经历告诉我们，同 APT 一样，它实际上不过是微观金融分析技术发展早期的古老模型之一。由于使用了更强大的动态(随机)优化技术，多期的连续决策可以在一个统一的框架中进行考察——在任意时刻定义一个引至价值函数，对它局部(local)或者近视的(myopic)最优化的解，提供了全局最优化(global optimum)的必要条件。它把整个决策过程分为两个部分：当前决策和包含所有决策结果的估计公式。从这个结果位置开始，如果计划时期是有限的，最后一个决策能够通过标准的静态最优化方法加以解决，这个解函数适合倒数第二决策，然后从后向前以此类推。表面上看很复杂，不过通过计算机则实现很方便。如果计划时期是无限的，通过重复计算，有可能获得一些关于解的特征，甚至明确的解析公式。

离散时间分析的结果显示出线性风险承受族(linear risk tolerance)效用函数在动态分析中的重要地位：对于具有常线性风险承受族(constant linear risk tolerance)效用函数的投资者，在一个不变的投资机会集下，会有一个不变的最优投资组合策略。换句话说，最优决策是近视的，它仅仅是一系列静态决策的简单汇总。但是，随后连续时间工作显示，在可变投资机会集条件下，除了对数效用函数这唯一的例外，上述结论将不复成立。由于主要依赖动态规划特有的向后复溯(backward recursion)方法，在分析中我们不自觉地把跨期问题向它的静态等价物做归附。尽管在不变投资机会集条件假设下，动态模型可以向静态模型回归，即跨期分析是对于静态模型的一种一般化。但是，问题并不仅仅是保持它们之间的一致性，而在于识别出动态模型中与静态决策完全不同的特质因素，这种因素就是所谓的时际对冲(intertemporal hedge)。

由于经济是动态的，真正意义上最优决策必须认真考虑经济变化的方式和它产生的影响。在跨期模型中，通过添加某些状态变量(如利率)，就会有一个对于外生环境的充分描述；通过探讨个人的优化行为，模型在需求端闭合起来；进一步通过加总个人需求，就得到了均衡的跨期资产定价模型(ICAPM)。这时，静态的资本资产定价模型(CAPM)和证券市场线(SML)在跨期环境下就不再成立了，风险溢价也就不仅仅取决于市场 β 系数，必须给每个状态变量一席之地，使得资产收益同状态变量的 β 系数成比例①。应当看到，这种用状态变量来全面表

---

① 值得注意的是：单单是投资者的行为就可以把结论引导到市场均衡上去了，似乎均衡无须供给方的努力就可以获得。实际上，在前面的静态模型中我们就有类似的困惑。静态模型把偏好和技术作为外生变量，然后导出当前资产的价格和需要量，外部生产条件(技术)就隐含着资产收益的分布形式(引入了不确定性)。在跨期模型中，研究者索性就给资产价格运动一个先验的随机过程，一旦这个外生过程得以确认，这个模型就在需求方封闭了(方法是最大化一些加性可分的未来效用流的期望值)。注意这与微观经济学是完全不同的。那么，问题就是如果这些是资产定价模型，那又为什么外生的给定一个随机价格过程呢？这些模型的功能不就是决定资产价格吗？问题出在哪里呢？这实际上涉及信息的作用。参见 Ross(1975，1989)、Lucas(1978)等关于时际理性(intertemporal rationality)和理性预期(rational expectation)方面的讨论。

现的经济环境中的不确定状态的核心，本质上应当是生产机会集合(production opportunity set)的不确定性。在这种经济中，个人的间接效用函数不仅仅依赖于他们的当前财富水平，也取决于经济的目前状态。间接效用函数就捕捉了沿着最优路径的未来效用的期望。因为这又取决于技术的未来路径，因此显然它也依赖经济的当前状态。一个有着较强生产条件的间接效用函数，肯定比具有较弱生产条件的那个函数要大。因而，风险厌恶的个人在做出最优决策时，必然会考虑到对生产机会集的变动进行保值。我们知道生产不过是达成最后目的的一种手段，因此个人真正关心的是消费集，即他们真正想要对之进行保值的对象其实是消费。跨期消费就相当于(最终)财富在静态模型中的作用。在那里，人们是以资产对最终财富的边际贡献率来对它进行估值的；而在动态环境中，人们则是以资产对消费流的边际贡献率来对它进行估值的。这就是跨期决策的最重要特征。这也就使得 ICAPM 的多个 β 系数浓缩为 CCAPM 的单一消费 β 系数。

最后要指出的是，实际上在完备市场中，可以用更简洁有力的鞅方法，来求解最优消费/投资决策问题。鞅方法有以下这样一些明显优点：首先，它允许采用更广泛类型的效用函数和更灵活的市场条件(这主要是指重要市场参数——波动率，不一定要是常数)；其次，要求解的是一个经典的抛物型线性偏微分方程(parabolic linear partial differential equation)，而这种偏微分方程的解的存在性和唯一性是众所周知的。即便无法得到解析解，也可以很方便地应用像蒙特卡洛(Mento Carlo)这样的数值方法；此外，这种方法也不需要最优价值函数具有可微性。

文献导读

离散时间多期动态最优决策的先驱工作，源自 Mossin(1969)、Samuelson(1969)、Hakansson(1970)以及 Lucas(1978)①。进一步的发展包括 Fama(1970)、Long(1974)、Rubinstein(1974)、Dieffenbach(1975)、Kraus & Litzenberger(1975)，以及后来 Breeden & Litzenberger(1978)和布伦南(Brennan，1979)等的进一步推广。Ingersoll(1987)提供了一个对于离散时间工作的全面综述。

连续时间最优消费/投资决策的开创性工作来自默顿(Merton，1969，1970，1971)②，对默顿模型中错误的纠正可以参考 Sethi，Taksar(1988)，进一步的发展见 Karatzas，Lehoczky & Shreve(1990)。鞅方法应用于最优消费/投资问题(B-S 经济)的经典论文由 Cox & Huang(1989)完成；Karatzas，lehoczky & Shreve(1986，1987)也独立完成了这一工作。

跨期资产定价模型的原型参考 Merton(1973)，消费资产定价模型则主要来自 Breeden(1979，1986)，也可以参考 Duffie & Zame(1989)。相关的综合评述见 Ross(1989)以及 Dimson & Mussavian(1999)。

连续时间金融的进一步发展包括：Cox、Ingersoll & Ross(1985a)考察了加进生产的一般

① 本章的主要材料来自 Merton(1996)第 3、4、5、15、16 章，Breeden(1979)、Cox & Huang(1989)、Korn(1999)，Karatzas & Lehoczky & Shreve(1987)以及 Karatzas & Shreve(1999)第 1、3 章。

② 默顿的主要贡献是把随机控制方法引入了动态资产定价和资源配置理论中。换句话说，他把金融问题用一种比较妥帖的数学形式表现出来了。在《连续时间金融》(1990)一书中完全包括了以上论文的修订版本。

均衡模型，Basak(1999)也考虑了工作和人力资本(human capital)下的情形；Constantinides(1983)和 Hamilton(1987)分析了税收对最优消费/投资决策问题的影响；He & Pearson(1991)得到了限制卖空条件下的最优资产组合决策；Heath & Jarrow(1987)分析了交易保证金要求对于连续时间资产选择策略可行集的影响；Sethi(1997)则考虑个人的破产风险(bankruptcy risk)。Schaefer(2001)提供了一个对连续时间金融的文献综述和比较详尽的阅读指南，而且 Schaefer(2001)本身包括了连续时间金融方面几乎所有经典文献。

涉及本章主题的离散时间参考书包括 Huang & Litzenberger(1988)、Pliska(1997)、LeRoy & Werner(2001)；连续时间的参考书目则包括 Dothan(1990)、Duffie(1996)、Karatzas(1996)、Muselia & Rutkowski(1998)、Elliott & Kopp(1997)以及 Karatzas & Shreve(1998)等。

第3章 金融市场：结构、均衡和价格

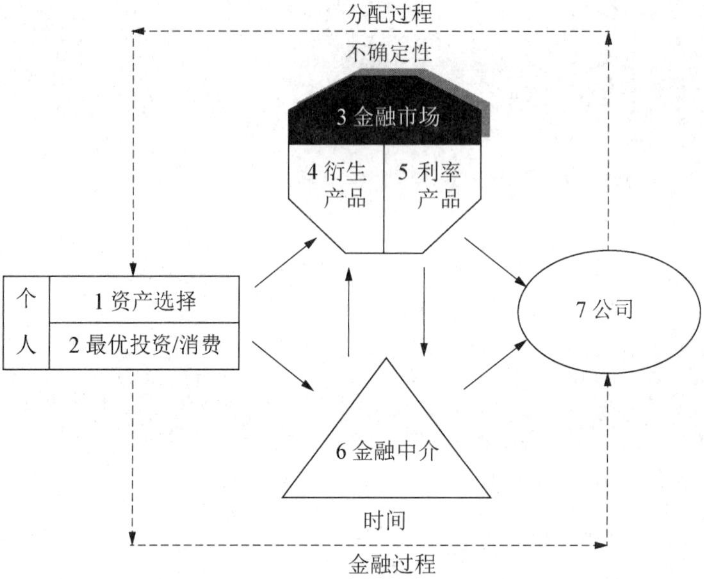

本章的学习目标

- 了解不同环境设定下各类金融市场模型的基本构建方法；
- 理解三种不同形式的证券市场结构，以及它们在实现资源最优跨期配置方面的作用；
- 理解三种不同证券市场结构之间的联系和可替代性；
- 理解市场完备性对于资源配置效率的影响，以及不完备市场中均衡的特点；
- 掌握单期市场下的无套利均衡和均衡价格体系所具有特点；
- 了解多期模型中的信息结构和信息一致性问题的表述方法；
- 掌握多期模型资产定价基本定理和多期市场完备性的定义和特征；
- 掌握连续时间设定下的资产定价基本定理和完备性要求；
- 了解通过长期存在的普通证券的反复交易，动态扩展实现一般均衡的方法。

从亚当·斯密(Adam Smith)时代开始起，人们就试图去证明市场经济的社会福利价值和道德优势。这些努力后来被归纳为所谓的福利经济学第一和第二定理(the first and second fundamental theorems of welfare economics)：

(1) 竞争性市场经济必然会产生资源配置的帕累托最优①；

(2) 资源的最优配置需要竞争市场均衡价格体系，作为它最有力的支撑②。

20 世纪 50 年代，阿罗和德布鲁在一个静态和确定的分析框架中③，使用点集拓扑(topology)的现代方法，证明了这两个有着深厚哲学底蕴的古老命题④。尽管这已经代表了正统经济学相当高的智力成就，但我们仍然不禁想问：如果面对的是不确定的环境和无限延伸的时空，是否也可以始终如此笃定地信赖竞争性市场体系的这种神奇的能力呢？

换句话说，既然我们视金融为一个不断对资源进行动态配置的过程，那么，跨期的(资本)市场和由市场产生的竞争性价格体系是否也能够不辱使命地完成这一看上去非常艰巨的资源配置任务呢？而且，我们也想知道怎样才算是一个完整、合理的金融市场体系，它会变迁和创新吗？本章的研究将为全面解决这些问题提供依据，不过首先是设定讨论上述问题的理论框架。

3.1　分析框架和参照系

时间和不确定性的加入把问题复杂化了。为了有效地考察以上问题，必须首先设定一个一贯的和简洁的分析框架，让我们先来建立金融市场模型。

3.1.1　金融市场模型

设想一下现实生活中的金融市场吧！大屏幕上不断闪烁的数字和信息，传递着证券的价格变动和有关的经济、政治新闻，投资者不断用货币换来证券或者把证券换成实际购买力，这似乎就是金融市场的全部内容⑤。交易以外投资者也从工作或者其他经济来源中获取收入，并把其中的一部分用于消费。经济环境的变化带来资产价格和收入中的不确定性，并影响和决定了他们当前和今后的消费/投资模式⑥。

“理论与实践相结合”3-1　现实中的金融市场体系

提到金融市场，人们自然会联想起美国证券交易商报价系统(NASDAQ)、纽约证券交易所(NYSE)、芝加哥商品交易所(CBOT)或者伦敦国际金融期货交易所(LIFFE)。理

① 所谓帕累托最优(Pareto optimum)是指一个经济的资源配置处在下面这种理想状态：除非以牺牲某一个人的福利为代价，否则不可能改进其他人的福利状况。要注意的是：它的前提是很弱的，而且其中不带有任何价值判断的成分。例如，一个人占有所有财富，而其他人一无所有的状态，也可以是一个帕累托最优。

② 准确的说，是在正则条件(regular condition)下(凸的偏好和凸的生产、消费集，没有外部性(externality))，帕累托最优就是一个竞争均衡。

③ 在随后的工作中，他们也注意到不确定性对经济体系产生的重要影响，并在他们的改进模型中加以考虑，这些工作为本章第 2 节提供了重要的素材。

④ 他们因此获得诺贝尔经济学奖。

⑤ 理论分析中的金融市场通常被抽象为一个交易场所，但实际上的交易过程远比模型抽象的要复杂得多，见框文 3-1。

⑥ 可以回头去参考第 1、2 章对投资者行为理论的详细描述。

论中的金融市场模型模拟的正是现实生活中的证券交易所(exchange)。

的确,交易所确实是现代金融市场的核心,不过为了保证交易的顺利进行,需要大量的辅助设施和制度安排。例如,最常见的股票和债券交易,这些金融产品是由谁提供的呢? 这就涉及一级市场和二级市场的分工问题。

一般而言,符合法律条件并需要募集资金的企业,会提出首次公开发行(intial public offering, IPO)意向。投资银行(investment bank)会按照一定的价格,承包销售(underwriting)企业的股票和债券,帮助它们完成上市(go public),把这些证券卖给第一批投资者,这就形成了一级市场。

第一批投资者可以在公开市场上交易上市公司的股票,这就形成了二级市场,保证二级市场交易的顺利进行,就是证券交易所的工作了。虽然从某种意义上说,为生产(上市公司)提供资金的任务在一级市场就已经完成,但正是二级市场的流通,使得这个输送资源的过程变得通畅和迅速。

实际上,金融市场远比上面描述的更为复杂和广阔,它是一个体系,包含不同的分支。因此,对它也有很多种分类方法。按照其中交易的金融资产的存续的期限,可以把金融市场分为货币市场(money maket)和资本市场(capital maket)两大部分。货币市场是融通短期资金的市场,一般以3～6个月为主,著名的伦敦同业拆借利率(London interbank offering rate, LIBOR)就是这个市场的价格指针。国库券(treasury bill)、存款证(certificates of deposit)、商业票据(commercial paper)、银行汇票(bankers' acceptances)、欧洲美元(Euro dollars)、回购协定(repos and reverses)、同业拆借(在美国称为 federal funds)和经纪人借款(brokers' call)是这个市场上的主要产品。

一年以上的投资发生在资本市场上,而资本市场又可以细分为固定收益市场(fixed income market)和权益(股票)市场(equity market)。国债(treasury bonds and notes)、政府机构债券(federal agency debt)、市政债券(municipal bonds)、公司债券(corporate bond)等,是前者中的重要产品。普通股(common stocks)、优先股(preferred stocks)则是后者中的主要产品①。

除了上述交易股票、证券这些基础产品(underlying)的金融市场以外,还有越来越引人注目的衍生产品(derivatives)市场。除了公开市场(交易所),还有场外(over-the-count, OTC)市场(或者店头市场)、自动报价系统(如著名的 NASDAQ)等。全球金融市场上的日交易额为超过兆亿美元的天文数字,它们是全球经济活动的润滑剂和经济体系的血液②。

可以看到所谓金融市场是一个复合的概念,一个市场需要有(有形或者无形的)交易场所、可供交易的商品、买卖双方等。理论上要构建合理的金融市场模型,必须能够捕捉到现实金融市场上的那些主要因素,具体包括如下7个方面。

(1) 时间。时间用来确定交易发生的时刻和投资的期限。它也是在本章中划分不同种类金融市场模型的主要标准。

---

① 按照产品划分,还有一类重要的外汇市场(foreign exchange or currency market)。但是这个市场本书基本上没有涉及。

② 对于它们的进一步观察见后面的框文。

(2) 不确定性。在第 1 章中(框文 1-3)，我们就学习了采用世界状态分析框架，来描绘经济中的不确定性。回顾一下：世界的状态是对外生世界环境的一个充分的描绘，比方说它可以指天气、政治事件、经济指标等，只要它们可能对要考察的问题有直接或者间接的影响。根据分类逻辑的要求，它们必须是相互排斥和穷尽的。

(3) 交换商品(exchange good)。简称商品，它们用于交换、消费，是交易的终极目的。理论上说，任何一种交换商品都可以为其他商品标价，这时称之为计价商品(numeraire good)。从这种意义上说，作为一般购买力(purchasing power)代表的货币，也可以被视为一种交换商品。

以上是对金融市场外部环境的设定。

(4) 个人。理性的经济人(rational agent)。同前面的分析类似，在执行不同的功能时也被称为消费者、投资者或者交易者(trader)。

(5) 资源禀赋。它代表交易者从金融市场以外的来源获取的收入，如工资、遗产、转移支付等。

(6) 偏好。本章会同时使用偏好表述和比它更为具体的效用函数。一般要求偏好是连续、凸、完备和递增的，即投资者是"喜多厌少"(prefer more than less)的；如果采用的是效用函数，则要求它们有我们在 1.1.4 节中描绘的那些基本性质，如风险厌恶、非饱和等。

以上就是市场主体和他们的行动原则。

(7) 证券(security)。市场上交易的金融产品(financial product)，它是一种合约(contract)或者说要求权(claim)，用以明确在哪一种不确定性出现后，在交易者之间转移什么和多少交换商品的法律凭证。

大致上有两种类型的证券，一种是基础证券(underlyings)，另一种是衍生证券(derivatives)。它们是金融市场中的载体。

投入上述要素生成的金融市场模型，产出的经济结果就是：证券的数量和价格，以及交易主体获得消费的时间和数量。

以时间为标准，最简单的市场模型就是离散时间单期模型，这种模型仅仅涉及两个时刻一个时间段。初始时刻是唯一的交易日，投资者用交换商品(货币)交换证券，在结束时刻进行清算和交割①。离散时间多期模型对它做出了改进：在一段时间内，信息不断到达，交易多次发生，投资者根据变化的环境修正投资决策。

同现实最为接近是连续时间多期模型，它允许海量的世界状态，频繁、不规则的信息收发和随时随地的交易，这就几乎完全模拟了现实中的二级金融市场。在本章中，我们就按照上述三类模型，由易到难地考察金融市场是如何在不确定环境下，实现动态资源配置这一经济功能，同时我们也要探讨伴随而来的竞争性市场价格体系具有的各种特征。

"理论与实践相结合"3-2　全球金融市场行为概览②(股票市场部分)

全球金融市场行为最引人注目的可能要算股票市场(二级市场)了，我们对现实金融

① 第 1 章中的均方分析和资本资产定价模型可以视为单期模型中的一种特例。

② 全球金融市场概览按照产品种类分为三个部分，分散于本章(股票市场)、第 4 章(衍生产品中在交易所交易的部分)、第 5 章(衍生产品中场外交易的部分)。其中部分内容节选自 BIS 第 71 届年报。

市场活动的介绍就从它们开始。

从2000年4月到2001年第一个季度,全球股票价格(指数)普遍经历了一个大幅度下跌的过程。股票市场遭遇了类似于1990年全球经济衰退时那种程度的价格下跌。

但是导致这种下跌的原因,在这两个时期是完全不同的。在1990年8—9月,MSCI世界指数下降了21%。这种损失的原因主要来自基本面——由于伊拉克入侵科威特导致原油价格加倍的供给冲击。在2000年4月到2001年3月之间,MSCI世界指数下降了23%。但是这一次的损失基本上算是全球股票市场泡沫的消胀,而不是宏观经济发展方面出现了什么重大问题。

支持全球股票市场中存在泡沫的证据是:几个市场同时经历了一个价格持续上升的过程,然后又一起开始跳水,如图3-1所示。

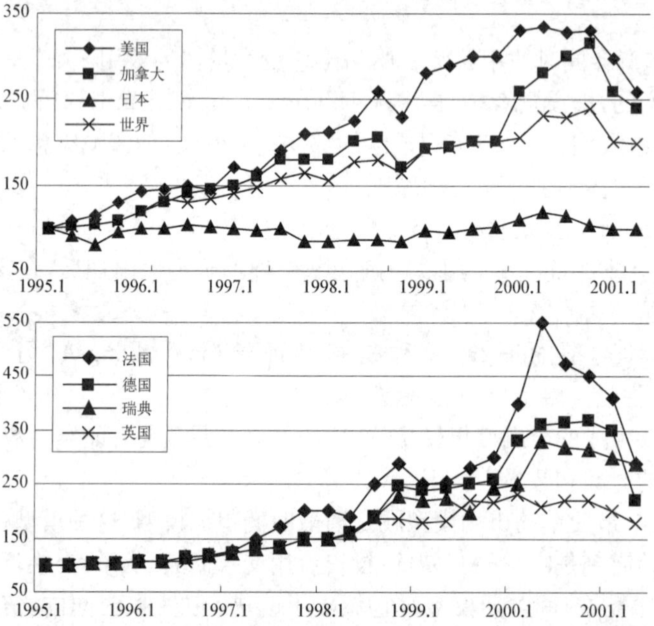

图3-1　全球主要股票市场波动　(月度平均)1995=100

资料来源:国际清算银行(BIS)

图3-1中价格指数波动表现出的这种一致性,无关于不同经济中的基本面差异。到2000年3月之前的5年中,S&P500指数翻了近三倍,其他市场的增长也在150%～500%。这种价格的增长,来自投资者之间相互影响并不断加强的乐观情绪和预期。

在最疯狂的2000年3月,美国股市的平均市盈利率(price/earnings ratio)达到前所未有的33倍。这种同步的模式特别明显地体现在所谓的高科技(技术、媒体和通讯)股上,如图3-2所示。

在这些股票的长期增长过程中,市场分析家们一直通过预期公司的快速收益增长,来解释股票价值的上升。但是,事实证明这种估计是没有根据的。高科技股从2000年3月开始下跌,到2001年3月它们失去了市值的50%～70%。

这种同步现象无论如何不可能用各个国家技术部门的不同生产条件所解释,而只能

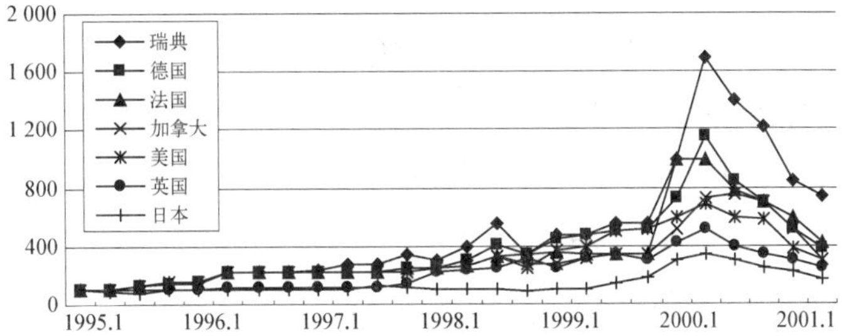

图 3-2　全球高科技类股票指数波动　(月度平均)1995＝100

资料来源：BIS

这样理解：对于盈利前景的高度不确定性导致价值评估的混乱，所有股票需要一个价值参照物，不约而同的选择就是——NASDAQ 指数。几乎无一例外地，所有技术股均随着 NASDAQ 的波动而相应波动。

科技股泡沫的破裂，对于真实经济的影响是非常明显的，如图 3-3 所示。资金成本突然变得明显起来，密切依靠一级市场首次公开发行(IPO)来融资的技术类企业遭受到剧烈打击。

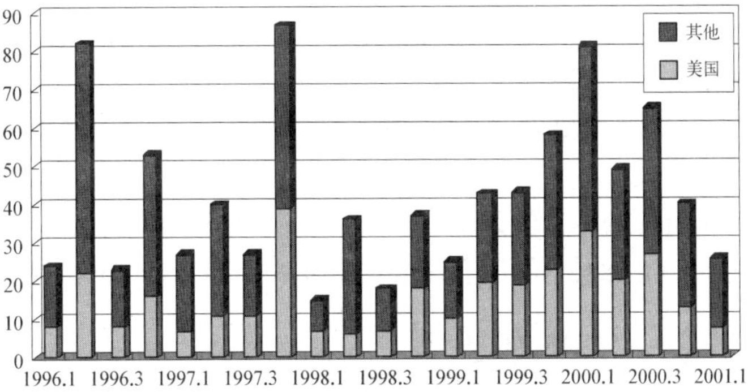

图 3-3　全球股票一级市场 IPO①　季度数据　单位(billion)

资料来源：BIS

3.1.2　静态参照物

在正式进入对跨期金融市场模型的分析之前，作为一种参照，我们先来回顾经典的不存在不确定性的静态纯交换竞争性市场经济模型(pure competitive exchange market model)和竞争性市场的均衡(competitive market equilibrium)性质。

假定：(1) 经济环境是静态的，即所有市场行为均发生在一个时点上，当然也就不存在任何不确定性。

(2) 存在 I 个个人，$I=\{1, \cdots, i, \cdots, I\}$；$M$ 种可交换商品，$M=\{1, \cdots, m, \cdots, M\}$。

① 其他国家包括日本、德国和英国。

(3) ς 代表资源禀赋,一个典型个人 i 的资源禀赋束可以表示为:

$$\varsigma^i \equiv (\varsigma_1^i, \cdots, \varsigma_m^i, \cdots, \varsigma_M^i)$$

其中,ς_m^i 指消费者 i 拥有的以第 m 种商品表示的资源禀赋的数量。

(4) C 代表消费,一个典型个人 i 的消费(商品)束可以表示为:

$$C^i \equiv (C_1^i, \cdots, C_m^i, \cdots, C_M^i)$$

其中,C_m^i 指消费者 i 消费的第 m 种商品的数量。

(5) 在 C^i 上存在一个效用函数 $\mathcal{U}(C)$,它满足一般的连续性、风险厌恶和非饱和等要求。

使用以上要素就可以构造纯交换经济市场模型,可以用它来考察消费者效用最大化行为和伴随的资源配置情况。

定义 3.1.1 一种可行的资源配置(feasible allocation)是一组商品数量的向量 $C = (C^1, \cdots, C^i, \cdots, C^I)$,它满足:

$$\sum_{i=1}^{I} C^i = \sum_{i=1}^{I} \varsigma^i \tag{3-1}$$

这个条件被称为市场出清(market clearing)。它说明所有消费者都用光了他们的资源禀赋,这是一个数量上的要求。反映在总价值上,即消费和资源乘上它们各自的价格,就得到了市场出清条件的另一种表述方式。

如果总消费比总资源禀赋要少,则经济中就存在着浪费,而这一点对于喜多厌少的消费者来说,是可以不予考虑的。

定义 3.1.2 一个资源的均衡配置(equilibrium allocation)就是存在一个可行配置 $C \equiv (C^1, \cdots, C^i, \cdots, C^I)$ 和一线性价格泛函(linear price functional)q 满足①:

$$\{C^i \mid \max[\mathcal{U}^i(C^i)] \text{ s.t. } qC^i = q\varsigma^i \ \forall i \in I\} \tag{3-2}$$

即在市场出清条件下,最大化个人效用,因为要求市场出清,所以均衡配置必然是可行配置。

定义 3.1.3 如果再没有任何其他的可行配置 $\tilde{C} \equiv (\tilde{C}^1, \cdots, \tilde{C}^i, \cdots, \tilde{C}^I)$ 满足:

$$\mathcal{U}^i(\tilde{C}^i) > \mathcal{U}^i(C^i) \tag{3-3}$$

就称为该可行配置 $C \equiv (C^1, \cdots, C^i, \cdots, C^I)$ 是帕累托最优的。

很明显,一个均衡配置必然是帕累托最优的。在一定的正则条件(regularity condition)下,一个最优配置也是均衡配置,这就是所谓的福利经济学第一和第二定理②。以上分析就构造出一个纯交换市场经济的最基本模型,即便是加入生产,主要的结论也不会有什么变化③。

它非常简洁并具有效率特征,强调了非集中决策和自由市场对于资源配置的制度性功能。接下来我们要做的就是:对这样一个静态模型加进不确定性并做动态扩展,来获得基本的金融市场模型。

---

① 不要被泛函一词恐吓到,在这里不妨把它理解为普通函数。
② 证明见德布鲁(1959)。
③ 见德布鲁(1959)。

3.2　离散时间单期模型

本节中，分析将扩展到两个时点上，我们首先会在静态市场模型基础上，引入不确定性和或有商品（contingent commodity）。然后考察不存在任何金融交易的现货市场经济（spot market economy）和它的局限性。

接下来，做为对现货市场条件约束下跨期市场的一种改进，引入一种被称为或有权益证券（contingent claim security）的金融产品，并考察交易这种金融产品在优化资源配置过程中起到的重要作用。为了减少市场上交易的或有权益证券品种，继续引入阿罗证券（Arrow security），并比较这两者在实现资源跨期配置功能上的异同，同时建立起完备金融市场（complete market）的概念。介于这两者之间的就是人们通常接触到，如股票、债券之类的普通证券（ordinary security），我们会继续考察普通证券市场均衡和相应的完备性要求。此外，本节也要附带考察不完备市场可能对资源配置造成的效率损失。最后，采用无套利方法，我们将重点考察单期普通证券市场中，合理资产价格体系所应当具备的特征。

3.2.1　单期模型框架

1. 时间

同静态的经典模型相比较，在离散时间单期金融市场模型中，个人生存在两个时点间的一段时期内。个人在初始时刻 0 和结束时刻 1 消费，0 时刻是唯一的跨期交易日。

2. 不确定性

这里对不确定性的描述，采用的世界状态分析框架。我们继续使用世界状态随时间的变化过程来描绘不确定性。由于现在考察的是单期金融市场模型，事件树就退化到了图 3-4 中的这种简单形式（参见框文 1-3）。

为了简化分析，我们也暂时假定世界状态是有限的[①]。这样在结束时刻，有限样本空间 $\Omega=\{\omega_1, \cdots, \omega_s, \cdots, \omega_S\}$ 中的一个世界状态会被揭示出来。

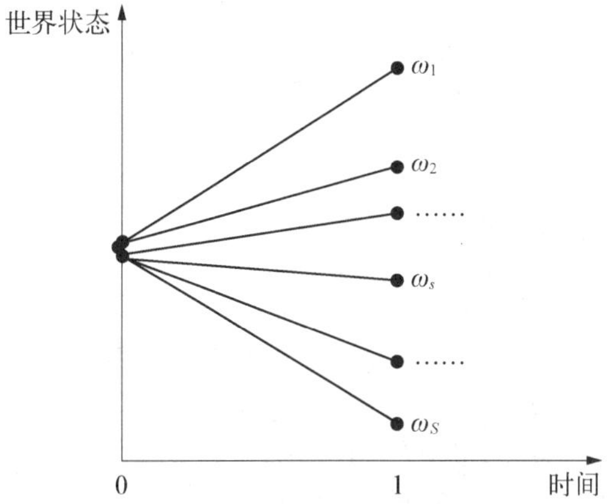

图 3-4　退化为两个时期的事件树

3. 交换商品

在每一个时间-状态结点上，个人在消费一定量的商品，如巧克力、理发或者闲暇等。必须指出的是：即便在物理性质上完全相同的两件商品，在不同状态和时间下，也会被当作截然不同的两种商品来对待。这种区别不仅是理论上的，在十分饥饿情况下的一只巨无霸汉堡和刚刚享用过丰盛晚餐后的同样一只汉堡对消费者来说，感受是完全不同的。而在商品期货市场上，3 月份交割的大豆同 8 月份交割的大豆，也按照不同的价格进行着交易。

① 尽管无限数目的世界状态不会对下面推导出的基本结论有本质的影响，但它需要运用更复杂的数学工具。

一件用时间和状态标明在什么情况下可以用于消费的商品被称为或有商品(contingent commodity)。所谓或有的意思就是"或者会有",这里指它的存在有赖于某一特定的世界状态是否出现。无论原来的产品或者服务是否一样,被"或有化"了的这些产品,成为独立的商品,并拥有不同的价格。

同时,我们还假定这些商品是易腐的(perishable),即它们不能被储藏。为了避免浪费,0 时刻的所有商品必须在 0 时刻消费光。换句话说,0 时刻的任何商品无法转移到 1 时刻再进行消费,因此个人只有借助某种形式的金融交易(证券交易),才能在两个时刻之间转移消费能力。

4. 交易者和他们的偏好

以上的个人就是交易者,他们是一些有着普通效用函数的理性投资者,他们生存的目的就是最大化终身效用。在初始时刻,个人拥有一定数量的初始资源禀赋;在结束时刻,他们同样会被赋予一定数量的资源,数量的多少则取决于哪一种世界状态会出现。

5. 证券

金融市场上存在着一些内生证券(endogenous security)。所谓内生证券,意指这些证券都在交易者之间发行和购买的;不存在任何外生证券(exogenous security),模型之外再没有任何诸如政府、企业这样的经济实体供应证券①。

证券完全由它们在期末时刻的收益支付状况(或者形态)(payoff)刻画,这些收益状况是状态依存的(state-dependent)。我们定义三种有着不同的状态-收益支付结构的证券,它们是:

(1) 或有权益证券(contingent claim security);

(2) 阿罗证券(Arrow security);

(3) 普通证券(ordinary security)。

我们将依次考察由这三种证券构成的离散时间单期金融市场的结构、均衡、效率和福利意味。

3.2.2 现货市场经济

不过,我们得先考虑不存在任何金融交易的一种特殊经济体系。

假定: (1) 个人生存在两个时刻 0 和 1 之间。

(2) 一共有 S 种世界状态,$S=\{1, \cdots, s, \cdots, S\}$;$M$ 种可选择商品,$M=\{1, \cdots, m, \cdots, M\}$;$I$ 个理性个人,$I=\{1, \cdots, i, \cdots, I\}$。

(3) ς 代表资源禀赋,一个典型个人 i 的资源禀赋束可以表示为:

$$
\begin{aligned}
\varsigma^i &\equiv (\varsigma_0^i, \varsigma_1^i, \cdots, \varsigma_s^i, \cdots, \varsigma_S^i) \\
&\equiv (\varsigma_{01}^i, \cdots, \varsigma_{0m}^i, \cdots, \varsigma_{0M}^i; \varsigma_{11}^i, \cdots, \varsigma_{1m}^i, \cdots, \varsigma_{1M}^i; \cdots; \\
&\quad \varsigma_{s1}^i, \cdots, \varsigma_{sm}^i, \cdots, \varsigma_{sM}^i; \cdots; \varsigma_{S1}^i, \cdots, \varsigma_{Sm}^i, \cdots, \varsigma_{SM}^i)
\end{aligned}
$$

其中,ς_{0m}^i 指 0 时刻,消费者 i 拥有的以第 m 种商品表示的资源禀赋的数量;ς_{sm}^i 指 1 时刻,在状态 s 实现条件下,拥有的以第 m 种商品表示的资源禀赋的数量。考虑到获得资源禀

① 要指出的是:本章中的所有证券均是内生的,这与现实情况有一些差别。生产者发行证券的情况将在第 7 章中进行讨论。

赋的时间性质，$\{\varsigma_0, \varsigma_1\}$ 也被称为禀赋过程（endowment process）。

（4）C 代表消费，一个典型个人 i 的消费（商品）束可以表示为：

$$
\begin{aligned}
C^i &\equiv (C_0^i, C_1^i, \cdots, C_s^i, \cdots, C_S^i) \\
&\equiv (C_{01}^i, \cdots, C_{0m}^i, \cdots, C_{0M}^i; C_{11}^i, \cdots, C_{1m}^i, \cdots, C_{1M}^i; \cdots; \\
&\quad C_{s1}^i, \cdots, C_{sm}^i, \cdots, C_{sM}^i; \cdots; C_{S1}^i, \cdots, C_{Sm}^i, \cdots, C_{SM}^i)
\end{aligned}
$$

其中，C_{0m}^i 指 0 时刻，消费者 i 消费第 m 种商品的数量；C_{sm}^i 指 1 时刻，在状态 s 实现条件下，消费者 i 消费第 m 种商品的数量。考虑到消费的时间性质，$\{C_0, C_1\}$ 也被称为消费过程（consumption process）。

（5）对于每一个交易者 i 存在一个普通的效用函数 $\mathcal{U}^i(C)$。

考虑这样一种制度约束：仅允许交易在同一状态的不同商品之间进行。这就是说，在 0 时刻，有一个包括所有商品的现货市场（spot market）；在 1 时刻，有一种状态必定会出现，仅仅允许那一状态下的所有商品进行交易，即 C_{11} 可以和 C_{12} 交换，但是 C_{11} 则不可以同 C_{21} 交换。具有这种制度约束的经济形式，被称为现货市场经济（spot market economy）。这个术语的含义就是所有的交易都发生在（同一时刻的）同一状态中，不同时刻和状态之间的市场是相互隔绝的。

现货市场经济条件下，一个典型个人的最优化问题可以表述为：

$$
\begin{aligned}
&\max \mathcal{U}^i(C^i) \\
&\text{s.t.} \\
&\boldsymbol{q}_0 \boldsymbol{C}_0^i \leqslant \boldsymbol{q}_0 \varsigma_0^i \\
&\boldsymbol{q}_s \boldsymbol{C}_s^i \geqslant \boldsymbol{q}_s \varsigma_s^i, \ \forall s \in S \\
&C^i \geqslant 0
\end{aligned}
\tag{3-4}
$$

$\boldsymbol{q}_0$ 是 0 时刻 m 种商品的价格向量，因而第一个约束条件就是指：在 0 时刻，消费者最多只能消费掉他所有的财富或者收入；$\boldsymbol{q}_s$ 是在 1 时刻，第 s 种状态发生条件下，m 种商品的价格向量，因此第二个约束表示在任何一状态中，消费量都不能超过交易者 i 拥有的资源禀赋。

由于我们假定有 S 种状态，因此第二组约束条件的数目，同世界状态的数目一样多。也就是说，在每一个状态下的市场都有各自的约束条件，无法对它们做出更灵活的安排。最后为了保证消费者能够生存，还要加上一个非负消费的约束。因此，一个典型消费者一共面对 $S+2$ 个约束条件，有时我们也称之为预算集（budget set），记为 $\mathcal{Z}(\varsigma^i, q)$。

这些约束条件说明：在每一状态下，消费者只能消费按照市场价格加总后，不超过其资源禀赋总价值的商品量。换句话说，在这种市场条件下，个人的消费能力都被其当时当地的资源禀赋限制。

这个约束是相当有刚性的，消费者不能通过牺牲某个时刻的消费来扩大另外一个时刻的满足，即他们不能在 0 和 1 时刻的消费之间进行交换，也就是说不能储蓄（或者说投资）；也不能通过牺牲某个状态下的消费来扩大另外一个状态下的满足，即也不能在不同状态间交换商品，就是说也不能保险（insurance）。

这样，我们手头上就有两个现货市场，一个在 0 时刻，另一个出现在 1 时刻的某一状态下。或有商品的引入并没有带来什么更多的东西，这种市场结构在本质上同前面描绘的静态经济中的同一时点上的各个市场没有什么区别。现货市场经济条件下的均衡,是一个可行配置加上在每一个状态中出清现货市场的一组价格。这是一个受到现货市场条件约束的帕累托(最优)均衡。

值得注意的是:现货市场条件下,或有商品的均衡价格 q_{sm},就是在 s 状态实现条件下,那个开放的现货市场中,第 m 种商品的现货交易价格。换句话说,出清不同或有商品市场的价格体系就是在不确定性揭示后,出清那个现货市场的价格体系。

例 3.2.1 一种商品,$M=1$;一种世界状态,$S=1$。在图 3-5 中画出无差异曲线,是因为我们认为在 C_0^i 和 C_1^i 之间的灵活组合,都可以带来同等的效用满足。但是,由于现货市场经济的交易条件限制,消费者 i 只能有多少花多少,被牢牢地固定在 E 一点上,如果他不用完 ς_0^i 或者 ς_1^i,则只能停留在较低的效用水平上。如图 3-5(a)所示。

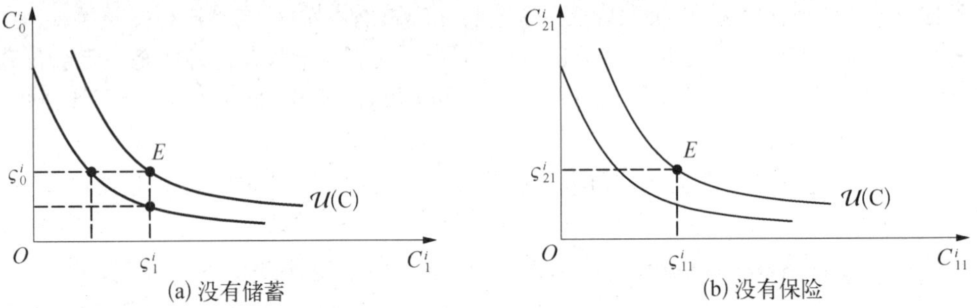

图 3-5 现货市场条件下的消费者均衡

再考虑以下情形:一种商品,$M=1$;两种世界状态,$S=2$;而且,在 0 时刻没有交易。如图 3-5(b)所示,它的获得的结果同前一种情况是类似的,状态之间没有交易,导致消费者消费的刚性。

如果放松现货市场约束条件,比方说,允许在 0、1 时刻间进行交易(这可以通过建立资本市场来实现);或者,允许在状态之间进行交易(这可以通过建立保险市场来实现)。这样就可以创造更多的交易机会,对原来的消费均衡进行改进。这实际上代表自由市场经济的一种坚定信念——凡自愿发生的交换总是有利于交易双方福利的改善。

3.2.3 或有权益证券市场

为了改进这个市场,我们要引入一种新的金融产品——或有权益证券。所谓或有权益证券,就是一种契约或者说是一种承诺。它保证当某一世界状态发生时,该证券的发行者向该证券的购买者,交割一单位的某种商品;如果该状态不发生,则该权益失效,它的所有者(也即购买者)什么也得不到①。

它在消费者之间发行和交易,任何消费者都可以买进和(或者)卖出一定数量的或有权益。它实际上是一个基础保险合约,也可以称这个设计精巧的小发明为一种金融创新(financial innovation)②。

① 熟悉新兴金融产品的读者可能会很快作出反应:这不就是商品期权(option)吗?是的,期权和约就规定当商品价格达到执行价格(striking price)时(一种世界状态),交割一定数量的特定商品,或有权益证券可以视为一个提供单位商品的基础期权。因此,期权在有关文献中,也常常被称为或有权益(contingent claim)。

② 对金融创新的进一步讨论详见 4.1 节和 5.4 节。

假定：(1)—(5)同上节。

(6) 令 $\hat{p}_{sm}$ 为那种承诺在 s 状态发生情况下，交割一单位的第 m 种商品的或有权益证券的现在价格。要注意的是：除了在 0 时刻，一般而言这个价格与 q_{sm}，即 s 状态实际发生时，一单位 m 商品的价格是不同的。在 0 时刻，或有权益证券既允许在两个时刻之间，也允许在不同状态之间的不同或者相同商品间进行交易。

令 $\hat{\theta}^i_{sm}$ 为典型消费者 i 对那种承诺在 s 状态发生条件下，拥有一单位的第 m 种商品的或有权益证券的持有数量。它可以是正的也可以是负的，如果 $\hat{\theta}^i_{sm}>0$，则说明该消费者拥有该证券的多头头寸。一旦状态 s 发生，该权益的持有者就可以获得 $\hat{\theta}^i_{sm}$ 单位的 m 商品；如果 $\hat{\theta}^i_{sm}<0$，则说明消费者拥有该证券的空头头寸，一旦状态 s 发生，他就必须向该证券的持有者移交 $\hat{\theta}^i_{sm}$ 单位的 m 商品。

典型消费者 i 的或有权益证券组合或者称为交易策略(trading strategy)，记为：

$$
\begin{aligned}
\hat{\theta}^i &\equiv (\hat{\theta}^i_1,\ \cdots,\ \hat{\theta}^i_s,\ \cdots,\ \hat{\theta}^i_S)\\
&\equiv (\hat{\theta}^i_{11},\ \cdots,\ \hat{\theta}^i_{1m},\ \cdots,\ \hat{\theta}^i_{1M};\ \hat{\theta}^i_{s1},\ \cdots,\ \hat{\theta}^i_{sm},\ \cdots,\ \hat{\theta}^i_{sM};\ \hat{\theta}^i_{S1},\ \cdots,\ \hat{\theta}^i_{Sm},\ \cdots,\ \hat{\theta}^i_{SM})
\end{aligned}
$$

这样，消费者最优化问题可以表示为①：

$$
\begin{aligned}
&\max \mathcal{U}^i(C^i)\\
&\text{s.t.}\\
&\hat{\boldsymbol{p}}_0\boldsymbol{C}^i_0 \leqslant \hat{\boldsymbol{p}}_0\,\varsigma^i_0 - \sum_{s=1}^{S}\hat{\boldsymbol{p}}_s\hat{\boldsymbol{\theta}}^i_s\\
&0 \leqslant C^i_{sm} \leqslant \varsigma^i_{sm} + \hat{\theta}^i_{sm},\ \forall s\in S,\ m\in M\\
&C^i \geqslant 0
\end{aligned}
\tag{3-5}
$$

预算集 $\mathcal{Z}(\varsigma^i,\ \hat{p},\ \hat{\theta}^i)$ 中第一个约束条件是，0 时刻的部分资源禀赋投资于或有权益证券组合上，其余的用于当期消费；第二个条件是，在 1 时刻，任意状态发生条件下，消费者都可以得到一定数量的商品作为补偿(或者支付一定数量的商品作为回报)，以扩大(或者减少)他们在该状态下，原本由资源禀赋所决定的消费约束②。要注意的是第二个约束条件中隐含着 $\varsigma^i_{sm}\geqslant -\hat{\theta}^i_{sm}$，即消费者在任何情况下，都不可以承诺交割比他拥有的资源禀赋数量更多的商品。

现在，消费者既可以在时刻之间，又可以在状态之间进行交易了，也就是说，通过买卖或有权益证券，他们既可以储蓄又可以保险。如果我们把第二个约束条件改写为：

$$\hat{\theta}^i_{sm} = \varsigma^i_{sm} - C^i_{sm}$$

并代入到第一个约束条件中，重新写下消费者行为，就有：

$$
\begin{aligned}
&\max \mathcal{U}^i(C^i)\\
&\text{s.t.}\\
&\hat{p}_0C^i_0 + \sum_{s=1}^{S}\hat{p}_sC^i_s \leqslant \hat{p}_0\varsigma^i_0 + \sum_{s=1}^{S}\hat{p}_s\varsigma^i_s
\end{aligned}
\tag{3-6}
$$

① 注意 $\hat{p}_0=q_0$，即 0 时刻商品的现货价格与同一时刻基于这些商品的或有权益证券的价格是相同的。

② 实际上三种不同种类的证券市场中的预算集都有着类似的形式，它们均反映了证券投资在时间和状态之间转移消费的能力。

我们可以看到,与现货市场经济中面临的多个预算约束不同,消费者现在只要面对一个约束条件就可以了,这就带来了很大的灵活性。

接下来,进一步考察或有权益证券市场经济的均衡和相关的效率问题。同3.1.2节类似,我们有如下定义。

定义3.2.1 或有权益经济的竞争性均衡,就是存在一状态-或有消费配置$(C^1, \cdots, C^i, \cdots, C^I)$,和一组价格向量$\hat{\boldsymbol{p}} \equiv (\hat{p}_0, \hat{p}_1, \cdots, \hat{p}_s, \cdots, \hat{p}_S)$,满足:

$$\{C^i \mid \max\{\mathcal{U}^i(C^i) \mid C^i \geqslant 0, \hat{p}_0 C_0^i + \sum_{s=1}^{S} \hat{p}_s C_s^i \leqslant \hat{p}_0 \varsigma_0^i + \sum_{s=1}^{S} \hat{p}_s \varsigma_s^i\}, \forall i \in I \quad (3\text{-}7)$$

以及市场出清:

$$\sum_{i=1}^{I} C_{sm}^i = \sum_{i=1}^{I} \varsigma_{sm}^i \ \forall s \in S, m \in M \quad (3\text{-}8)$$

这个定义等同于3.1.2节经典的不存在不确定性的纯交换经济中,均衡资源配置的定义。也就是,除了交换的对象变为或有权益证券以外,一个或有权益经济在各方面都与静态纯交换经济相同。根据福利经济学第一定理,这种均衡也是帕累托最优的。

例3.2.2 令$M=1$, $I=\{A, B\}$, $S=\{1, 2\}$。图3-6描绘了一种或有权益证券市场下交换均衡的情形。消费者A用状态1下消费商品的或有权益,同状态2下消费商品的或有权益做交换;B则正好进行反向的交易。通过交易或有权益证券,消费者A将减少1状态下的消费,扩大2状态下的消费,使得效用达到更高的无差异曲线之上(F点);B则做了相反的选择。显然,从E到F是一个帕累托改进①。

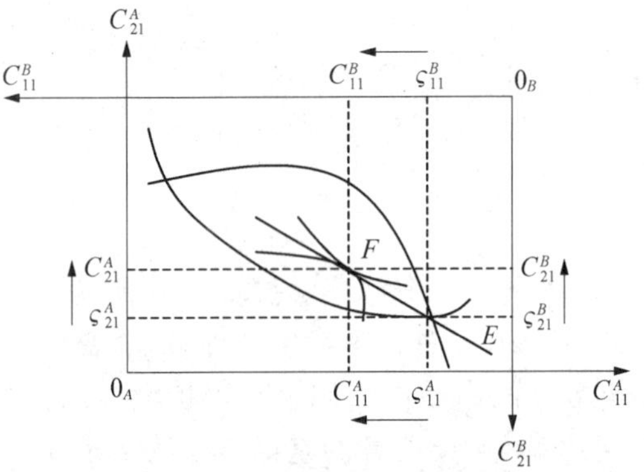

图3-6 状态之间的交易有助于双方福利的提高

我们看到:通过或有权益证券与当期消费之间的交易,就为消费者提供了相互保险。每一个消费者都可以减少他的风险暴露,从而提高他们的福利水平。

严格地说,这种帕累托最优是事前的(ex ante),因为或有权益证券的交易,是发生在不确定性被揭示出来之前(即0时刻)的,而在事后(ex post)某一状态真正出现后,在那个现货市场上,不会再发生任何交易,所做的事情不过是履行合同进行清算交割而已。

不难证明:或有权益市场的帕累托均衡既是事前的也是事后的。也就是说,当不确定性被揭示出来,即某一世界的状态真正实现时,即便再次开放现货市场,也没有任何消费者愿意进行进一步的交易改进自己的福利状况。

为了说明这一事实,不妨假定存在一个内部最优(interior optimum),那么对于所有的$k, m \in M$和所有的$s, t \in S$,下列等式:

$$\frac{\hat{p}_{sm}}{\hat{p}_{tk}} = \frac{\partial \mathcal{U}^i(C^i)/\partial C_{sm}^i}{\partial \mathcal{U}^i(C^i)/\partial C_{tk}^i} \quad (3\text{-}9)$$

① 注意到状态1下的总可消费资源数量要比状态2下的多,这体现了整体经济风险或者说不确定性。

成立。特别当 $s=t$ 时，有：

$$\frac{\hat{p}_{sm}}{\hat{p}_{sk}}=\frac{\partial \mathcal{U}^i(C^i)/\partial C^i_{sm}}{\partial \mathcal{U}^i(C^i)/\partial C^i_{sk}} \tag{3-10}$$

这就是说，在均衡时刻任意两种商品之间的边际替代率(marginal substitution rates)是相等的，而且在不确定性揭示出来以后的任何一种状态中，也都是这样。因此，再次进行交易，对于消费者来说是无利可图的。

或有权益市场允许消费者在存在不确定性的经济环境中，实现资源(消费品)的最优配置。但是，为了这一目标，需要交易大量的或有权益证券。除了在 0 时刻要有 M 个交换商品的现货市场以外，还需要 $S\times M$ 个交易或有权益证券的金融市场，这样一共就有 $(S+1)\times M$ 个市场。如果交易成本为 0，并且所有消费者都拥有关于交易机会的完全信息，这是不会有什么困难的①。但是，这并不现实，为了减少市场交易证券的种类和数目，可以尝试引入另一种证券。

3.2.4　阿罗证券市场

这里要介绍的是一种状态-收益支付结构类似或有权益证券的新证券——阿罗证券，或者称之为纯证券(pure security)。与或有权益证券以一单位的某种特定商品为标的不同，阿罗证券的标的是一单位的记价商品(货币)或者说购买力。

因此，阿罗证券就其本质而言，也是或有权益证券的一种。它承诺在某一特定世界状态发生条件下，交割一单位的购买力；如果该状态没有发生，则该证券的持有者什么也得不到。

一旦获得了这种购买力，消费者就可以在该状态中的现货市场上购买实际消费品。由于这种证券是因状态而设的，可以想象最多会有 S 种阿罗证券。当然，也有可能会达不到这个数目，后面的分析会显示这一点在决定均衡效率是否存在的问题上至关重要。

假定：(1)—(5)同 3.2.3 节。

(6) 令 $\tilde{p}\equiv(\tilde{p}_1, \cdots, \tilde{p}_s, \cdots, \tilde{p}_S)$ 代表阿罗证券价格向量。令 $\tilde{\theta}^i_k$ 代表典型消费者 i 拥有的阿罗证券的数量。同上面的或有权益证券一样，它可以是正的，表示该消费者持有者 $\tilde{\theta}^i_k$ 数量的第 k 种阿罗证券；也可以是负的，表示该消费者卖出该种阿罗证券的数量。阿罗证券构成的资产组合可以记为：

$$\tilde{\theta}^i\equiv(\tilde{\theta}^i_1, \cdots, \tilde{\theta}^i_k, \cdots, \tilde{\theta}^i_K)$$

定义 3.2.2　如果 $K=S$，即阿罗证券的种类同世界状态的种类数目一样多，则称这一由阿罗证券构成的市场是完备的(complete)；如果阿罗证券的种类要比世界状态的数目少，则称为该市场为不完备的(incomplete)。

我们想证明这样一个命题：如果阿罗证券市场是完备的，它可以创造出同或有权益证券市场同样多的交易机会。

考虑阿罗证券市场下的消费者最优化行为：

① 对在交易费用明显不为 0，和非完全信息的真实条件下的金融市场运行的讨论超出了本节的内容，可以参考康斯坦丁尼德斯(Constantinides，1986)和奥德马蒂(Admati，1985)。

$$
\begin{aligned}
&\max \mathcal{U}^i(C^i)\\
&\text{s.t.}\\
&\boldsymbol{q}_0\boldsymbol{C}_0^i \leqslant \boldsymbol{q}_0\,\boldsymbol{\varsigma}_0^i - \tilde{\boldsymbol{p}}\tilde{\boldsymbol{\theta}}^i\\
&\boldsymbol{q}_s\boldsymbol{C}_s^i \leqslant \boldsymbol{q}_s\,\boldsymbol{\varsigma}_s^i + \tilde{\boldsymbol{\theta}}_s^i,\ \forall s \in S\\
&C^i \geqslant 0
\end{aligned}
\tag{3-11}
$$

预算集 $\mathcal{Z}(\varsigma^i, \tilde{p}, \tilde{\theta}^i)$ 中第一个约束条件是说：消费者在 0 时刻购买一定数量的纯证券，初始资源禀赋中的剩余部分用于当期的消费；第二组约束条件可以理解为当 s 状态发生时，消费者获得(或者失去)一定数量的购买力，并把它们加入到该状态下的资源禀赋价值上去(或者从资源禀赋价值中减去)，全部用于消费。要注意的是：因为一单位的阿罗证券提供一单位的购买力，因此阿罗证券组合 $\tilde{\theta}^i$ 本身就代表购买力的数量。

在第二组的 s 个约束条件左右两边同时乘以相应的 $\tilde{\boldsymbol{p}}_s$，然后在状态间加总，可以得到：

$$
\sum_{s=1}^{S}\tilde{\boldsymbol{p}}_s\boldsymbol{q}_s\boldsymbol{C}_s^i \leqslant \sum_{s=1}^{S}\tilde{\boldsymbol{p}}_s\boldsymbol{q}_s\,\boldsymbol{\varsigma}_s^i + \tilde{\boldsymbol{p}}\tilde{\boldsymbol{\theta}}^i \tag{3-12}
$$

注意，这里我们就用到了 $K=S$ 这一条件。把上式同第一个约束条件合并，抵消同类项并再次重写消费者最优化行为，得：

$$
\begin{aligned}
&\max \mathcal{U}^i(C^i)\\
&\text{s.t.}\\
&\boldsymbol{q}_0\boldsymbol{C}_0^i + \sum_{s=1}^{S}\tilde{\boldsymbol{p}}_s\boldsymbol{q}_s\boldsymbol{C}_s^i \leqslant \boldsymbol{q}_0\,\boldsymbol{\varsigma}_0^i + \sum_{s=1}^{S}\tilde{\boldsymbol{p}}_s\boldsymbol{q}_s\,\boldsymbol{\varsigma}_s^i\\
&C^i \geqslant 0
\end{aligned}
\tag{3-13}
$$

我们知道，在均衡时刻，在 s 状态下，获得一单位的第 m 种商品的或有权益证券价格是 $\hat{p}_{sm}$。换一种思路我们会问，同样得到这种商品需要多少阿罗证券呢？由于这种商品在 1 时刻的现货价格是 q_{sm}，而一份阿罗证券只能提供一单位的购买力，因而需要 q_{sm} 单位的阿罗证券，而一单位的阿罗证券现在价值 $\tilde{p}_s$，所以为了得到这一单位的第 m 种商品，一共需要 $q_{sm}\tilde{p}_s$ 数量的投资。由于所得相同，这两种投资方式是等价的，也就必然有：

$$
q_{sm}\tilde{p}_s = \hat{p}_{sm},\ s \in S;\ m \in M \tag{3-14}
$$

把它和 $q_{0m}=\hat{p}_{0m}$ ①代入约束条件，得：

$$
\hat{\boldsymbol{p}}_0\boldsymbol{C}_0^i + \sum_{s=1}^{S}\hat{\boldsymbol{p}}_s\boldsymbol{C}_s^i \leqslant \hat{\boldsymbol{p}}_0\,\boldsymbol{\varsigma}_0^i + \sum_{s=1}^{S}\hat{\boldsymbol{p}}_s\,\boldsymbol{\varsigma}_s^i \tag{3-15}
$$

把该式与在或有权益证券市场下个人最优化问题中的约束条件对照一下(式(3-7))，可以发现它们是完全相同的。换句话说，投资于阿罗证券的投资者，实际上面临同在或有权益证券市场经济中一样的预算约束，因此他们可以获得同样多的交易机会和相应的均衡配置。

这样，一个完备的阿罗证券市场就完全复制了或有权益证券市场均衡。值得注意的是：即便是一个完备的阿罗证券市场，所需要的证券数目也已经大大地减少了。为了获得同或

① 见伴随式(3-5)的那个注释。

有权益证券市场中同样多的交易机会，在 0 时刻需要 M 个现货市场和 S 个阿罗证券市场，当某一状态发生后，还要开放 M 个现货市场进行进一步的交易，把购买力兑换成实际消费品。同或有权益证券市场相比，市场数目从 $(S+1)\times M$ 锐减到 $S+2M$①。

因此，或有权益证券市场均衡复制了帕累托最优的纯交换经济市场均衡；而阿罗证券市场又用较少种类和数目的证券，复制了有权益证券市场均衡。它们是为了获得同样的帕累托效率的不同市场结构和制度安排。

3.2.5　普通证券市场

或有权益证券市场是人们可以想象的最为复杂的金融市场，阿罗证券市场则是最简单的金融市场，而现实生活中常见的则是介于这两个极端例子中间的普通证券市场。所谓普通证券，常见的例子包括股票和债券，它们约定在不同的世界状态下支付不同数量的购买力。

假定：(1)—(5)同 3.2.2 节。

(6) 第 n 种普通证券可以用它的状态-收益(期末分红＋资本溢价)向量来刻画：

$$\boldsymbol{D}_n \equiv (D_{1n},\ \cdots,\ D_{sn},\ \cdots,\ D_{Sn})$$

D_{sn}代表如果状态 s 发生，一单位普通证券 n 的持有人可以获得的购买力的数量。如果一共有 N 种普通证券，则它们的收益向量 $\boldsymbol{D}$ 可以写成以下这种矩阵形式：

$$\boldsymbol{D}_{(S\times N)}=\begin{bmatrix} D_{11} & \cdots & D_{1n} & \cdots & D_{1N} \\ D_{s1} & \cdots & D_{sn} & \cdots & D_{sN} \\ D_{S1} & \cdots & D_{Sn} & \cdots & D_{SN} \end{bmatrix}$$

列向量表示同一普通证券在不同状态下的收益；行向量则为同一状态下不同普通证券的收益。假定第 n 种普通证券在 0 时刻以 p_n 的价格交易，则整个普通证券的价格向量为：

$$\boldsymbol{p} \equiv (p_1,\ \cdots,\ p_n,\ \cdots,\ p_N)$$

用 θ_n^i 表示消费者 i 持有的普通证券 n 的数量，如果 $\theta_n^i > 0$ 则表示他买入普通证券，如果 $\theta_n^i < 0$ 则表示他卖出普通证券，因而消费者 i 的普通证券资产组合或者交易策略就是：

$$\boldsymbol{\theta}^i \equiv (\theta_1^i,\ \cdots,\ \theta_n^i,\ \cdots,\ \theta_N^i)$$

整个组合在 0 时刻的价值为：

$$\boldsymbol{p\theta}^i=\sum_{n=1}^{N} p_n\theta_n^i \tag{3-16}$$

在 s 状态下的收益是：

$$\boldsymbol{D}_s\boldsymbol{\theta}^i=\sum_{n=1}^{N} D_{sn}\theta_n^i \tag{3-17}$$

① 但是，阿罗证券实际上可行吗？获得阿罗证券均衡的前提是：所有消费者必须知道未来那个现货市场上的商品价格。但是，这个未来的现货市场在交易阿罗证券时还不存在，因而无从得知。根据前面的分析我们知道，阿罗证券提供的是购买力，为了获得消费品，个人还需要在到期日重新开放的现货市场上再次交易换回所需的消费品。这在理论上只要假定个人具有理性预期(Radner，1972)或者市场全部出清(Debreu，1959)，是没有什么困难的。在实际中，由于经济是无限向前延伸的，未来现货市场上的交易由于本身也是一个过程，价格和数量无法事先锁定，这就使得阿罗证券市场的在安排实际中不具备可行性。

这样,在一个有 N 种普通证券的金融市场上,典型消费者最优化行为可以描述为:

$$\begin{aligned}&\max \mathcal{U}^i(C^i)\\&\text{s.t.}\\&\boldsymbol{q}_0 \boldsymbol{C}_0^i \leqslant \boldsymbol{q}_0 \varsigma_0^i - \boldsymbol{p}\boldsymbol{\theta}^i\\&\boldsymbol{q}_s \boldsymbol{C}_s^i \leqslant \boldsymbol{q}_s \mathbf{e}_s^i + \boldsymbol{D}_s \boldsymbol{\theta}^i \quad \forall s \in S\\&C^i \geqslant 0\end{aligned} \tag{3-18}$$

预算集 $\mathcal{Z}(\varsigma^i, p, \theta^i)$ 的第一个条件是:在 0 时刻,消费者从总财富中提出一部分用于投资在普通证券上。第二个条件是:在 1 时刻 s 状态发生条件下,消费者用于消费的资源数量扩大(减少)了,这个扩大的部分就是相应的投资收益(损失)。接下来我们考察普通证券市场的均衡和效率。

定义 3.2.3 普通证券市场均衡就是存在一状态或有消费配置 $(C^1, \cdots C^i, \cdots, C^I)$,一组资产价格向量 $\boldsymbol{p} \equiv (p_1, \cdots, p_n, \cdots, p_N)$,以及交易策略 $\boldsymbol{\theta}^i \equiv (\theta_1^i, \cdots, \theta_n^i, \cdots, \theta_N^i)$ 满足:

$$\{C^i \mid \max\{\mathcal{U}^i(C^i) \mid C^i \geqslant 0,\ q_0 C_0^i \leqslant q_0 \varsigma_0^i - p\theta^i;\ q_s C_s^i \leqslant q_s \varsigma_s^i + D_s \theta^i \ \ \forall s \in S\},\ \forall i \in I \tag{3-19}$$

以及市场出清[①]:

$$\sum_{i=1}^{I} \theta_n^i = 0,\ \forall n \in N \tag{3-20}$$

要注意的是:这里的市场出清条件,是用普通证券的净供给量为 0 来定义的。这与前面或有权益市场均衡下,市场出清条件的定义是不同的。它强调了模型内生的交易策略 θ^i,在决定市场均衡时起到的重要作用,而不仅仅是那些外生变量。

那么,这种均衡也是帕累托最优的吗?答案是肯定的。我们不直接去证明这个命题[②],换一个角度,让我们来观察式(3-19)。它看上去很像一个完备的阿罗证券市场中的消费者行为,但是不同之处就在于:阿罗证券组合的收益由 $\tilde{\theta}_s^i$,即阿罗证券的数目给出。在普通证券条件下,收益则由:

$$D_s \theta^i = \sum_{n=1}^{N} D_{sn} \theta_n^i$$

给出。由于证券组合收益决定了有多少购买力在消费者身上进行转移,它们之间的相似性启示我们去思考这样一个问题:普通证券市场同阿罗证券市场是不是也存在等价关系呢?换句话说,我们关心普通证券市场能否提供同阿罗证券市场同样多的交易机会。如果真是这样,我们就可以证明普通证券市场均衡也将是帕累托最优的。那么,又在什么条件下,两者是等价的呢?

如果想要:

$$\tilde{\theta}_s^i = D_s \theta_s^i,\ \forall s \in S$$

关键就在于:为每一个阿罗证券组合 $\tilde{\theta} \equiv (\tilde{\theta}_1, \cdots, \tilde{\theta}_s, \cdots, \tilde{\theta}_S)$,找到一个由普通证券构成

① 考虑了生产以后,对这个定义的扩展见 7.1.1 节。
② 参见 Dothan(1990),p10-12。特别注意可获消费集概念(attainable consumption set)。

的资产组合 $\theta(s)$，后者精确地复制了前者的状态-或有收益形态。也就是说，该普通证券资产组合在 s 状态发生的情况下，支付一个单位的购买力；在其他状态下，则为 0。

这样，为了复制阿罗证券组合 $\tilde{\theta}_s$，消费者只要购买 $\tilde{\theta}_s$ 单位的 $\theta(s)$，$s \in S$ 就可以了。为了找到该证券组合：

$$\boldsymbol{\theta}(s) \equiv [\theta_1(s), \cdots, \theta_n(s), \cdots, \theta_N(s)]$$

就必须解下面的方程组：

$$\begin{cases} \boldsymbol{D}_1\boldsymbol{\theta}(s) = 0 \\ \cdots \\ \boldsymbol{D}_s\boldsymbol{\theta}(s) = 1 \\ \cdots \\ \boldsymbol{D}_s\boldsymbol{\theta}(s) = 0 \end{cases} \tag{3-21}$$

$\boldsymbol{D}_s$ 是 s 状态下该普通证券组合的收益向量，上式也可以记为矩阵形式：

$$\begin{bmatrix} D_{11} & \cdots & D_{1n} & \cdots & D_{1N} \\ D_{s1} & \cdots & D_{sn} & \cdots & D_{sN} \\ D_{S1} & \cdots & D_{Sn} & \cdots & D_{SN} \end{bmatrix} \begin{bmatrix} \theta_1(s) \\ \vdots \\ \theta_n(s) \\ \vdots \\ \theta_N(s) \end{bmatrix} = \begin{bmatrix} 0 \\ \vdots \\ 1 \\ \vdots \\ 0 \end{bmatrix} \tag{3-22}$$

根据矩阵代数中的知识，如果该方程组中未知数的数目不少于方程的数目，它就会有解①。在这个问题中，普通证券的数目决定了该方程组中未知数的数目，而世界状态的数目就决定了方程的个数。因此，为了保证一个阿罗证券可以被一个普通证券组合所复制，我们就要求 $N \geqslant S$，即收益线性不相关的普通证券的种类不能够少于世界状态的数目。

如果有 S 种阿罗证券，我们就得解 S 个这样的方程组，来决定复制它们收益形态的普通证券组合，每一次都得到一种阿罗证券。实际上，阿罗证券是普通证券收益为：

$$\begin{cases} \boldsymbol{D}_{sn} = 1, \ n = s \\ \boldsymbol{D}_{sn} = 0, \ n \neq s \end{cases}$$

时的特例。因此，所要复制的整个阿罗证券系统的收益矩阵实际上是一个 $S \times S$ 阶单位阵(identity matrix)②：

$$\tilde{\boldsymbol{D}} = \boldsymbol{I} = \begin{bmatrix} 1 & 0 & \cdots & 0 & 0 \\ 0 & 1 & \cdots & 0 & 0 \\ \cdots & \cdots & \cdots & \cdots & \cdots \\ 0 & \cdots & \cdots & 1 & 0 \\ 0 & \cdots & \cdots & 0 & 1 \end{bmatrix} \tag{3-23}$$

它的每一个列向量就是一个在不同状态下的阿罗证券的收益支付形式，整个矩阵隐含着求 S 个方程组式(3-22)的过程。因此，求解复制整个阿罗证券系统的普通证券组合的问

① 参见 8.5.3 节。
② 参见 8.4 节。

题,可以进一步简化为:为 $\boldsymbol{D}$ 找到一个逆矩阵 $\boldsymbol{D}^{-1}$,使得:

$$\boldsymbol{D}\boldsymbol{D}^{-1}=\widetilde{\boldsymbol{D}}=\boldsymbol{I} \tag{3-24}$$

$\boldsymbol{D}^{-1}$ 就是所要求的普通证券组合,它的第 s 列元素就复制了第 s 种阿罗证券。根据线性代数的知识,这个方程组系统存在唯一解的充要条件是:收益矩阵 $\boldsymbol{D}$ 是满秩(rank)矩阵。这一条件就保证了 $\boldsymbol{D}$ 的逆矩阵 $\boldsymbol{D}^{-1}$ 必定存在。显然,这也是决定一个普通证券市场同一个完备的阿罗证券市场是否等价的充要条件。

上述分析提供给了我们判断一个普通证券市场是否完备的重要线索。我们说:当且仅当收益线性不相关的普通证券的种类不少于世界状态的数目时,一组普通证券构成的市场被称为是完备的。

因此,当且仅当普通证券收益矩阵的秩等于世界状态的数目时,即:

$$\text{rank}(\boldsymbol{D})=S$$

普通证券市场才是完备的。进一步,根据三种市场之间的等价关系容易知道:如果普通证券市场是完备的,则每一个均衡配置都是帕累托最优的。

例 3.2.3 2 种普通证券,2 种状态,收益矩阵如下:

$$\boldsymbol{D}=\begin{bmatrix}4 & 6\\ 3 & 8\end{bmatrix}$$

因为行列式(determinant)不为 0,逆矩阵存在,且为:

$$\boldsymbol{D}^{-1}=\begin{bmatrix}\dfrac{8}{14} & -\dfrac{6}{14}\\ -\dfrac{3}{14} & \dfrac{4}{14}\end{bmatrix}$$

这样,按照[8/14, −3/14]比例混合的资产组合复制了具有[1, 0]收益形态的阿罗证券;按照[−6/14, 4/14]比例混合的资产组合复制了具有[0, 1]收益形态的阿罗证券。

既然可以通过合成普通证券来构造各种阿罗证券,就可以进一步通过使用阿罗证券组合,来构造各种收益形态。例如,需要这样一种或有收益形态:[4, 2]。这可以通过购买 4 单位的[1, 0]收益形态的阿罗证券和 2 单位[0, 1]收益形态的阿罗证券来实现。

我们来看一下,这又需要多少普通证券呢?因为需要 4 单位的普通证券组合 $\theta_1=[8/14,-3/14]$ 和 2 单位的 $\theta_2=[-6/14,4/14]$,因此新的普通证券组合为:

$$\begin{aligned}&4\times[8/14,-3/14]+2\times[-6/14,4/14]=[4\times 8/14+2\times(-6/14),\\&4\times(-3/14)+2\times 4/14]=[20/14,-4/14]\end{aligned}$$

注意,要按照矩阵形式来计算,出现负数意味着要卖空一种证券。可以检验一下:

$$\begin{bmatrix}4 & 6\\ 3 & 8\end{bmatrix}\begin{bmatrix}\dfrac{20}{14}\\ \dfrac{-4}{14}\end{bmatrix}=\begin{bmatrix}4\\ 2\end{bmatrix}$$

这个结论可以一般化，如果存在 S 种线性不相关普通证券，即 $N=S$，则为了获得某种一般化的收益形态 $\boldsymbol{D}'=[\boldsymbol{D}'_1, \cdots, \boldsymbol{D}'_S]$，可以这样设计普通证券组合：

$$\boldsymbol{D}^{-1}\boldsymbol{D}=\begin{bmatrix}\sum_{n=1}^{S}\theta'_{1n}\boldsymbol{D}'_n \\ \cdots \\ \sum_{n=1}^{S}\theta'_{sn}\boldsymbol{D}'_n \\ \cdots \\ \sum_{n=1}^{S}\theta'_{Sn}\boldsymbol{D}'_n\end{bmatrix} \tag{3-25}$$

θ'_{sn} 是上述逆阵 $\boldsymbol{D}^{-1}$ 的第 sn 个元素，整个收益发生过程就是：

$$\boldsymbol{D}(\boldsymbol{D}^{-1}\boldsymbol{D}')=(\boldsymbol{D}\boldsymbol{D}^{-1})\boldsymbol{D}'=\boldsymbol{I}\boldsymbol{D}'=\boldsymbol{D}' \tag{3-26}$$

这三种等价的市场结构含义隽永，现实生活中的金融市场就是它们的某种混合，而且它们内部的密切联系，为确定合理的金融产品价格体系提供了基准和方法。这将在 3.2.7 节中得到进一步发挥，并用来讨论金融产品价格体系的具体特征。不过，下一节中我们稍微偏离一点，考察一下不完备市场上的情形。

3.2.6　不完备的市场

在前两节的讨论中，我们已经知道当市场上存在 S 种阿罗证券，或者 S 种收益线性不相关的普通证券，也即上述两种证券的种类 N 与世界状态数目同样多时，金融市场是完备的。

在一个完备的金融市场中，消费者可以就任何时间、任何状态下的或有消费(contingent consumption)，按照一定的交换比例或者贸易条件(term of trade)自愿的进行交换。在这种完备的金融市场中，每一种竞争均衡都具有帕累托效率。在本节中我们要考察另一种情况，可交易的普通证券数目要小于世界状态的数目，即 $N<S$。这时的金融市场是不完备的，那么，均衡和效率会受到什么样的影响呢?①

为了简化分析并把注意力集中到跨期的金融市场上来，我们假定只存在一种消费品(交换商品)，同时为了能够使用三维空间中的图形形象地呈现分析的主要结论，我们还假定只有两种世界状态。

假定在这个经济中只有一种普通证券，它的状态-收益向量是 (D_1, D_2)。因为有两种世界状态，但只有一种普通证券，这个金融市场显然是不完整的。消费者的禀赋是 $(\varsigma^i_0, \varsigma^i_1, \varsigma^i_2)$，效用函数为 $\mathcal{U}(C^i_0, C^i_1, C^i_2)$。令 θ^i 为消费者 i 买卖的资产的数量，p 是该资产的单位价格，消费者最优化行为就是：

---

① 一个与此相关的问题是，如果 $N>S$ 呢? 这时，我们说市场上存在冗余证券(redundant security)。进一步的讨论见 3.2.7 和 3.2.8 节。

$$\begin{aligned}&\max_{C_0^i,\, C_1^i,\, C_2^i;\, \theta^i} \mathcal{U}(C_0^i,\, C_1^i,\, C_2^i)\\&\text{s.t.}\\&q_0 C_0^i = q_0 \varsigma_0^i - p\theta^i\\&q_1 C_1^i = q_1 \varsigma_1^i + D_1 \theta^i\\&q_2 C_2^i = q_2 \varsigma_2^i + D_2 \theta^i\\&C_0^i,\, C_1^i,\, C_2^i \geqslant 0\end{aligned} \tag{3-27}$$

注意：由于假定消费者对每一期唯一的那种商品的偏好是单调递增的，所以我们把约束条件简写成等式。从第一个约束条件中可以解出 θ(简便起见，去掉了上标 i)：

$$\theta = \frac{q_0 \varsigma_0}{p} - \frac{q_0 C_0}{p} \tag{3-28}$$

把它代入后两个约束条件中，可以得到对状态或有消费选择的一个全面描述：

$$\begin{aligned}&q_1 C_1 + \frac{D_1}{p} q_0 C_0 = q_1 \varsigma_1 + \frac{D_1}{p} q_0 \varsigma_0\\&q_2 C_2 + \frac{D_2}{p} q_0 C_0 = q_2 \varsigma_2 + \frac{D_2}{p} q_0 \varsigma_0\\&C_0,\, C_1,\, C_2 \geqslant 0\end{aligned} \tag{3-29}$$

我们把 s 状态下的消费，与 0 时刻的消费之间的边际替代率(marginal rate of substitution)定义为：

$$MRS_{0,\, s}^i = \frac{p/q_0}{D_s/q_s} = \frac{q_s}{q_0}\frac{p}{D_s} = M_s \tag{3-30}$$

则前式可以进一步简化为：

$$\begin{aligned}&M_1 C_1 + C_0 = M_1 \varsigma_1 + \varsigma_0\\&M_2 C_2 + C_0 = M_2 \varsigma_2 + \varsigma_0\\&C_0,\, C_1,\, C_2 \geqslant 0\end{aligned} \tag{3-31}$$

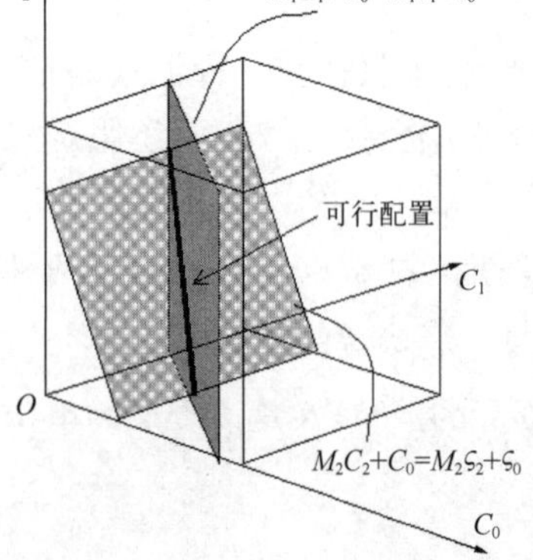

图 3-7 不完全市场条件下的多个预算约束

与完备市场下的情况不同，我们无论如何不可能把上面的多个约束条件，压缩成单一约束条件。这样，如同现货经济市场条件下的情况，可行消费配置受到严格的约束。由于 1 时刻时两状态之间没有市场，消费者不能把状态 1 下的消费同状态 2 下的消费做交换，尽管它们可以分别与 0 时刻的消费做交换。如图 3-7 所示，两个约束条件用坐标系中的两个独立平面表示，仅在这两个平面的交点(粗线)上的配置是可行的。

为了进一步了解市场的不完整性是如何限制消费者的选择机会的，不妨对照一下完整市场条件下的消费可行集。这就需要假定存在两种资产 $(\theta_1,\, \theta_2)$，它们收益矩阵是：

$$\boldsymbol{D}=\begin{bmatrix}D_{11} & D_{12}\\ D_{21} & D_{22}\end{bmatrix}$$

这样，新的消费者最优化行为就是：

$$\begin{aligned}&\max\mathcal{U}(C_0^i,\ C_1^i,\ C_2^i)\\&\text{s.t.}\\&q_0C_0=q_0\varsigma_0-p_1\theta_1-p_2\theta_2\\&q_1C_1=q_1\varsigma_1+D_{11}\theta_1+D_{12}\theta_2\\&q_2C_2=q_2\varsigma_2+D_{21}\theta_1+D_{22}\theta_2\\&C_0,\ C_1,\ C_2\geqslant 0\end{aligned}\tag{3-32}$$

使用三个约束等式中的任意两个可以解出 θ_1，θ_2，把它们代入另一个约束条件，则三个约束条件可以简化为单一预算约束：

$$\begin{aligned}&\widetilde{M}_1C_1+\widetilde{M}_2C_2+C_0=\widetilde{M}_1\varsigma_1+\widetilde{M}_2\varsigma_2+\varsigma_0\\&C_0,\ C_1,\ C_2\geqslant 0\end{aligned}\tag{3-33}$$

其中：

$$\widetilde{M}_1=\frac{\left(\frac{D_{21}}{p_1}-\frac{D_{22}}{p_2}\right)q_1}{\left(\frac{D_{21}}{p_1}\frac{D_{12}}{p_2}-\frac{D_{11}}{p_1}\frac{D_{22}}{p_2}\right)q_0};\ \widetilde{M}_2=\frac{\left(\frac{D_{12}}{p_2}-\frac{D_{11}}{p_1}\right)q_2}{\left(\frac{D_{21}}{p_1}\frac{D_{12}}{p_2}-\frac{D_{11}}{p_1}\frac{D_{22}}{p_2}\right)q_0}$$

它们也是 s 状态下的消费与 0 时刻的消费之间的边际替代率。图 3-8 显示了在这样一个约束条件下的消费者或有状态消费品的集合。

比较图 3-7 和图 3-8 可以发现金融市场的不完备性是如何减少了消费者的交易机会的。在一个完备的市场上，消费者可以按照市场决定的固定交换比率，来交易基于任何状态任何商品的或有权益证券。非完备市场由于市场缺失(market missing)则做不到这一点，因此非完备市场下的竞争均衡也不是帕累托最优的。

要证明这一点，只要注意到以下事实：在均衡时刻，对于任意两个消费者 i，$j\in I$，下列关系式一定成立：

$$\begin{aligned}&MRS_{0,1}^i=M_1^*=MRS_{0,1}^j,\\&MRS_{0,2}^i=M_2^*=MRS_{0,2}^j\end{aligned}$$

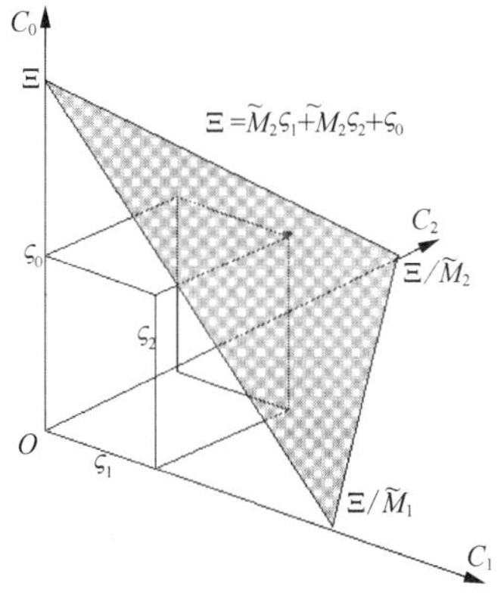

图 3-8　完全市场条件下的单一预算约束

但是，没有交易机制保证在非完备市场条件下的竞争均衡中，不同消费者在状态 1 和状态 2 下的消费之间的边际替代率也是相同的，因而这个经济体系潜藏着帕累托改进的机会。与此相反，在完全市场条件下均衡时，对于任意两个消费者 i，$j\in I$，则有：

$$\begin{aligned}&MRS_{0,1}^i=\widetilde{M}_1^*=MRS_{0,1}^j,\\&MRS_{0,2}^i=\widetilde{M}_2^*=MRS_{0,2}^j,\end{aligned}$$

$$MRS^i_{1,2} = \widetilde{M}^*_1 / \widetilde{M}^*_2 = MRS^j_{1,2}$$

相对价格和所有消费者的边际替代率在所有市场上都相同,因此不再有帕累托改进的余地了。

3.2.7 无套利均衡

在前面的章节中我们依次考察了由三种不同类型证券构成的金融市场,讨论了它们的完备性、均衡和效率。我们由模型外生的效用函数着手,通过消费者的个人最优化行为来获得市场一般均衡①。

以下几节中我们要考察另一种实现均衡的方法,即由非常弱的无套利条件(它唯一的要求是消费者是不满足的)导出的市场局部均衡和一般均衡,以及在无套利条件下的合理的相对资产价格体系。在前面的分析中无套利作为一种原则反复出现了多次(见1.4.2节),在这里我们将其正式化。

"理论与实践相结合"3-3 "免费午餐"套利机会和"一物一价"法则

经济理论中经常会使用"免费午餐"(free lunch)、无风险套利机会等术语。那么,什么是所谓的免费午餐呢?顾名思义,免费午餐是无须花费任何代价就可以得到的收获。实际上它是某种形式的套利。

那么,什么又是套利呢?简单地说,套利是只赚不赔的好买卖。例如,在旧货市场上,有人愿意用200元买入一只老款的机械表,而有人愿意以150元卖出时,就意味存在着套利机会。精明的商人会按照低价买入并按照高价卖出这块手表,获得50元的净利润。他们所要做的就是给最终用户一人一个承诺,因而这种套利行为既没有风险也没有净投入。毫无疑问,只要对财富是不满足的,这种套利行为就会在更大的规模上进行,越来越多的中间商试图买入这种商品,这就抬高了它的买价,而另一方面他们又会许诺用更优惠的价格提供这种商品,竞争导致卖出价格下降,直到套利机会完全消失。正是套利力量保证市场体系的有效运转。

最早对于这个问题的考察可以追溯到休谟(D. Hume)的黄金运输问题,他用套利力量的存在解释了:同一商品的地区差价,不会高于在不同地区间运输这些商品的费用,即所谓的"一物一价"法则(law of one price)。"一物一价"法则在金融领域内的体现就是无风险套利了,在金融市场上这一点是显而易见的,同时在伦敦和纽约上市的一种股票只能按照同一(美元)价格进行交易。如果不是这样,如伦敦市场的IBM股票价格高于纽约市场上的IBM股票价格,投资者就会买入纽约市场上的股票并抛空伦敦市场上的头寸,类似于老式的机械表的故事就会再次出现,直到两者相同为止。衍生金融产品如期货、远期的出现,以及通讯和计算技术的进步,使得投资者可以更迅速和有效地利用稍纵即逝的套利机会。

① 同第1章中相比,这里使用了状态偏好的分析结构。

交易者习惯称套利机会为货币泵(money bump)或者印钞机(money machine)，现实当中，所罗门公司固定收益套利部门(arbitrage desk of Salomon Brother)的故事颇具传奇色彩，有兴趣的读者可以进一步了解(Dunbar，1999)。

定义 3.2.4　套利策略(arbitrage strategy)是一种 0 投资或者负投资，又能够带来非负的消费过程的交易策略。

这个定义包含两种可能性。

(1) 初始价值(initial value) $\sum_{n=1}^{N} p_n\theta_n \leqslant 0$；而期末支付(terminal payoff) $\sum_{n=1}^{N} D_{sn}\theta_n > 0$，对于某些 $s \in S$ 成立。

(2) 初始价值 $\sum_{n=1}^{N} p_n\theta_n < 0$；期末支付 $\sum_{n=1}^{N} D_{sn}\theta_n \geqslant 0$，$\forall s \in S$ 成立。

例 3.2.4　$S=N=3$；$p=[8\quad 10\quad 3]$；$\theta=[1\quad 7/2\quad -87/6]$；$\boldsymbol{D}^T=\begin{bmatrix}6 & 11 & 3\\ 5 & 11 & 3\\ 12 & 9 & 3\end{bmatrix}$。

该交易策略的初始成本(价值)为：

$$\sum_{n=1}^{N} p_n\theta_n = 1\times 8+\frac{7}{2}\times 10-\frac{87}{6}\times 3=-\frac{1}{2}<0$$

它的期末支付为：

$$\boldsymbol{D}^T\theta=\begin{bmatrix}6 & 11 & 3\\ 5 & 11 & 3\\ 12 & 9 & 3\end{bmatrix}\begin{bmatrix}1\\ 7/2\\ -87/6\end{bmatrix}=\begin{bmatrix}1\\ 0\\ 0\end{bmatrix}$$

这就是一个套利策略。

不难发现，无套利直接导致了"一物一价"法则在金融领域内的体现。在一个竞争性金融市场上，合理资产价格体系的一个基本特征和要求就是不允许套利机会的存在。

定理 3.2.1　在市场均衡时不存在任何套利机会。

证明： 使用反证法，假定对于每一个消费者 i，$(\theta_1^{i*},\cdots,\theta_N^{i*})$ 是产生均衡消费配置的交易策略。如果在给定均衡价格下又存在着一套利策略 $(\theta'_1,\cdots,\theta'_N)$，那么新的交易策略 $(\theta_1^{i*}+\theta'_1,\cdots,\theta_N^{i*}+\theta'_N)$ 在现有均衡价格下，决不会比原来的消费少。在某些状态下，还会超过原来的消费。具有递增偏好的消费者肯定会选择新的交易策略并因此产生更多的消费。但是，这与均衡状态下，消费者不会偏好与均衡消费不同的其他配置相矛盾。

我们看到：无套利是一般均衡条件的一个子集，或者说是必要条件①。实际上，无套利比均衡更为基本。因为在整个经济中，只要有那么几个勤勉的精通计算的套利者，就可以驱动大量的"有些混乱的"其他个人的配置趋于均衡，并在这一过程中帮助市场提高效率。

由于无套利是直接针对价格体系或者说定价的，而微观理论正是一种价格理论，因此无

① 在 CAPM 中我们就已经发现了这一点，见第 1 章。

套利的作用就凸显出来,借助它我们可以建立一种相对价格理论。这种定价方法并不注重资产的内在价值,因而避免了从头考察效用偏好或者劳动时间等,用以建立整个均衡体系的一些重要假设前提和基本构成要素,同传统的一般均衡方法相比,它更简洁、明快。

(无)套利定价理论有两个基本问题:

(1) 如果市场上不存在套利机会,那么对资产的价格运动应当施加什么样的约束;

(2) 把这个问题反过来问,那么怎样的价格体系才能保证市场上不存在套利机会。

对这两个问题的回答,是微观金融学的基本任务之一。这是因为,一方面如上述定理所显示的那样:如果投资者是“喜多厌少”的,套利机会的存在势必会障碍竞争均衡的形成;而没有均衡,也就没有让经济学家们高兴的帕累托效率。另一方面,如果在无套利条件下,资产价格真的遵循一定规律,那对于微观金融学中同实践联系最密切的定价问题和对此问题最为关心的实际工作者,无疑是最大的福音,因为我们可以用它为任何金融产品定价。

对这两个问题的完整回答是很复杂,我们将按照时期的顺序逐次展开。以下就考察单期市场中的无套利价格体系的形成过程,并获得重要的资产定价基本定理。

3.2.8 资产定价基本定理

不存在套利机会的市场,通常被称为是可行的(viable)。在本节中我们要考察可行的市场中资产价格之间的关系。先考虑下面这个简化的模型。

假定只有一种计价商品、两种世界状态和三种证券。其中有一种是无风险的国库券。所谓无风险,就是指在下一时刻无论出现什么世界状态,它的收益支付都保持不变。定义无风险(净)收益率 r 为:

$$r=\frac{D_B}{B(0)}-1$$

其中,D_B 是国库券的期末总支付,$B(0)$ 是它在 0 时刻的价格。

其他证券包括一种普通股和该种股票的欧式看涨期权。三种资产的现在价格可以用行向量来表示:

$$\boldsymbol{p}(0)=[B(0)\quad S(0)\quad c(0)]$$

其中,$S(0)$、$c(0)$分别为股票和期权的现在价格。我们可以把下一时刻的所有收益支付情况写成矩阵形式:

$$\boldsymbol{D}^{\mathrm{T}}=\begin{bmatrix}(1+r)B(0) & (1+r)B(0)\\ S_1 & S_2\\ c_1 & c_2\end{bmatrix}$$

由于我们考虑的是各种资产之间的相对价格,因此不妨令 $B(0)=1$。

后面的分析将揭示出:合理的价格体系要求存在正的常数 α_1、α_2,使得下面关于资产价格的等式成立:

$$\begin{bmatrix}1\\ S_0\\ c_0\end{bmatrix}=\begin{bmatrix}(1+r) & (1+r)\\ S_1 & S_2\\ c_1 & c_2\end{bmatrix}\begin{bmatrix}\alpha_1\\ \alpha_2\end{bmatrix} \tag{3-34}$$

我们称正的常数 α_1、α_2 为状态价格(state price)。那么，什么是状态价格呢？状态价格 $(\alpha_s)_{s\in[1,S]}$ 可以被视为在状态 s 发生情况下，增加一单位消费的边际成本。

我们现在暂时不展开，只是对这个等式做形式上的理解。不妨先来看第一种证券的价格关系，按照矩阵乘法，有：

$$1=(1+r)\alpha_1+(1+r)\alpha_2$$

令：

$$(1+r)\alpha_1=Q_1;\ (1+r)\alpha_2=Q_2$$

$\sum Q_s=1$，且 α_1、α_2 都是正数，因而 Q_1、Q_2 可以被视为某种概率，我们称它为均衡价格测度(equilibrium price measure)①。这样状态价格就是均衡价格测度的贴现值，即：

$$\alpha_s=\frac{Q_s}{(1+r)}$$

继续矩阵乘法，对于其他两种证券可以得到：

$$S_0=\alpha_1 S_{21}+\alpha_2 S_{22}$$

$$c_0=\alpha_1 c_{31}+\alpha_2 c_{32}$$

两式右侧同时乘以 $(1+r)/(1+r)$ 得：

$$S_0=\frac{1}{1+r}[(1+r)\alpha_1 S_1+(1+r)\alpha_2 S_2]$$

$$c_0=\frac{1}{1+r}[(1+r)\alpha_1 c_1+(1+r)\alpha_2 c_2]$$

即：

$$S_0=\frac{1}{1+r}[Q_1 S_1+Q_2 S_2]$$

$$c_0=\frac{1}{1+r}[Q_1 c_1+Q_2 c_2]$$

由于 $\boldsymbol{Q}=\{Q_1,Q_2\}$ 是一种概率测度，上面两个等式就可以这样理解：在一个合理的价格体系中，把某种资产的期望支付用无风险利率贴现，就可以得到该资产的现在价格，即②：

$$p_n=\frac{1}{1+r}E^Q[\boldsymbol{D}_n] \tag{3-35}$$

把上述情形一般化，我们就有如下定义。

定义 3.2.5　如果给定价格体系 $\boldsymbol{p}$，无风险利率 r 和资产的期末支付 D，下列线性方程组：

$$\boldsymbol{D}^{\mathrm{T}}\boldsymbol{Q}=(1+r)\boldsymbol{p}$$

---

①　注意，它们只是被视为某种概率，有时也称之为合成概率(synthesized probability)、公共概率(common probability)或者鞅概率(martingale measure)，以区别资产未来价格分布状态的原始(真实)概率。一般而言，两者是不同的。

②　注意，这种数学期望是在建立在均衡价格测度 Q 上的。我们看到，某种资产自身具有的特殊风险因素没有表现在其中，好像所有的资产在均衡时刻都是没有风险的，而投资者无论有什么样的风险态度对于这种价格都没有异议。这一点在后续的学习中会逐渐明了起来。

存在一组正的解，$Q(\omega_1)>0$，…，$Q(\omega_S)>0$，则称 Q 为价格体系 p 下的均衡价格测度。

显然，如果可以得到状态价格或者均衡价格测度，那么无论为什么资产定价都是很容易的。因此，现在的问题就是：在什么条件下，可以找到上述的状态价格或者均衡价格测度。

答案是：如果市场上不存在套利机会，则我们就可以找到这样的状态价格或者均衡价格测度。这句话反过来说也对：如果存在状态价格或者均衡价格测度，则市场上不存在任何套利机会。这就是所谓的“资产定价基本定理”(fundamental theorem of asset pricing)，它是现代金融理论的基石之一。

定理 3.2.2 当且仅当价格体系没有套利机会时，存在正的线性价格泛函。

所谓正的线性价格泛函，又被称为正的线性定价规则(positive linear pricing rule)(Ross, 1976a, 1978)，这是正的状态价格的更为一般的表述方式，它意味着：给一组风险收益或者现金流(cashflow)，制定合理现在价格的定价函数 $f(.)$ 的形式应当是线性的。代数学上的线性，即对于随机收益 x、y 和任意常数 a、b，下式成立：

$$f(ax+by)=af(x)+bf(y)$$

对于有限状态空间，任何线性泛函都可以表示为所有的状态价格，乘上某种数量(例如最终支付)的加总或者积分的形式，即：

$$\boldsymbol{p}=f(\boldsymbol{D})=\sum_S \alpha \boldsymbol{D}$$

证明：先把套利定义 3.2.4 记为矩阵形式：

$$\begin{bmatrix}-\boldsymbol{p}\\ \boldsymbol{D}\end{bmatrix}\theta>0 \tag{3-36}$$

如果市场是无套利的，就意味着找不到可以满足上式的投资组合 θ。正的线性定价规则，即存在一组正的状态价格向量 α 使得下式成立：

$$p\theta=\alpha\boldsymbol{D} \tag{3-37}$$

要证明正的线性定价规则存在就排除了套利机会是很容易的。令 θ 为一套利资产组合，把它乘以上式得：

$$\boldsymbol{p}\theta=\alpha\boldsymbol{D}\boldsymbol{\theta} \tag{3-38}$$

或者：

$$0=-\boldsymbol{p}\theta+\alpha(\boldsymbol{D}\theta)=[1\quad \alpha]\begin{bmatrix}-\boldsymbol{p}\theta\\ \boldsymbol{D}\theta\end{bmatrix}\Rightarrow\begin{bmatrix}-\boldsymbol{p}\\ \boldsymbol{D}\end{bmatrix}\theta=0 \tag{3-39}$$

而这就同式(3-36)存在矛盾，因此定理第一部分得证。

要证明无套利就意味着存在线性价格泛函则要复杂一些。这要运用到分离超平面定理(separating hyperplane theorem)①。

令 $\mathbf{L}=\mathbf{R}\times\mathbf{R}^S$ (可以把它理解为一个包含两个时刻所有(正或负)消费的商品空间)；令 $\mathbf{K}=\mathbf{R}_+\times\mathbf{R}_+^S$ 为一锥体(非负的消费过程 $\boldsymbol{C}=\{C(0),\,C(T)\}$ 就属于它)；令 $\mathbf{M}=\{(-\boldsymbol{p}\theta,\,\boldsymbol{D}\theta)\mid\theta\in\mathbf{R}^N\}$ (它就是无套利约束条件)，显然 $\mathbf{M}$ 是 $\mathbf{L}$ 的一个线性子空间(linear subspace)②。

① 见 8.6.4 节。

② 所谓锥体(cone)，即如果 x 在 K 中，则对于任何严格为正的标量 a，ax 也在 K 中。

由于 **K** 和 **M** 都是 **L** 的闭的和凸的子集，无套利就意味着它们仅仅能够在 0 点相交，如图 3-9 所示。如果它们还在其他区域相交的话，市场上就会存在套利机会。

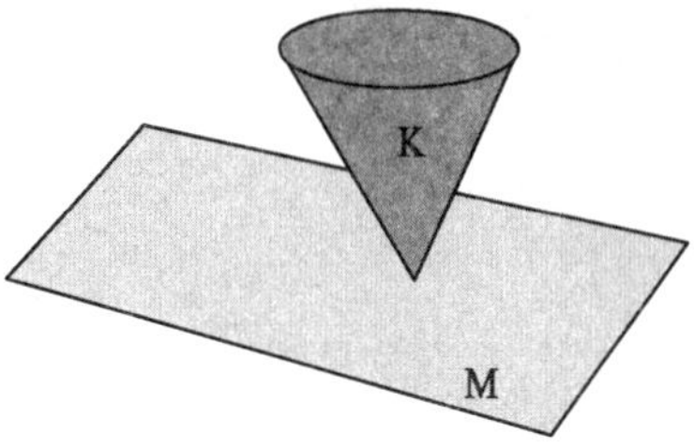

图 3-9　锥体与线性子空间的分离

如果 $\boldsymbol{K} \cap \boldsymbol{M}=0$，则分离超平面定理告诉我们存在一线性泛函：$f: \mathbf{L} \rightarrow \mathbf{R}$，使得对于所有的 $z \in \mathbf{M}$ 和所有的非 0 的 $x \in \mathbf{K}$，下式成立：

$$f(z) \leqslant 0 < f(x)$$

因为 **M** 是线性子空间，这就意味着对于所有的 $z \in M$，有 $f(z)=0$；而 **K** 是凸锥，因此对于所有的非 0 的 $x \in \mathbf{K}$，$f(x)>0$ 成立。这就是说，对于任何 $(\nu, \boldsymbol{c}) \in \mathbf{L}$ 和 $\alpha_0 \in R^{+}$，$\boldsymbol{\alpha}_s \in \mathbf{R}^{S+}$，$f$ 总可以表示为：

$$f(\nu, \boldsymbol{c})=\alpha_0 \nu+\boldsymbol{\alpha}_s \boldsymbol{c}$$

而对于 $(-p\theta, D\theta) \in \mathbf{M}$，就有：

$$\alpha_0(-p\theta)+\boldsymbol{\alpha}_s(D\theta)=0$$

即：

$$D \frac{\boldsymbol{\alpha}_s}{\alpha_0}=p \tag{3-40}$$

$\boldsymbol{\alpha}_s/\alpha_0$ 就是状态价格向量。因此，无套利就意味着存在正的线性定价规则（或者说正的状态价格），而资产的合理价格就是用或有现金流乘上状态价格后得到的。

资产定价基本定理还有其他等价的表述方法①，例如：

(1) 资产价格是在均衡价格测度下②，收益的数学期望用无风险利率贴现后得到的，这种方法的直观理解我们已经见到了；

(2) 价格是数量乘上时间-状态价格密度（quantity-times-state-price density）的数学期望③；

(3) 价格是按照风险调整利率（risk-adjusted rate）贴现的期望收益。

我们最感兴趣的是第一种替代表述方法，有如下定理。

定理 3.2.3　当且仅当价格体系 $\boldsymbol{p}$ 没有套利机会时，存在均衡价格测度 Q。

实际上只要把 Q 定义为：

$$Q=(1+r) \frac{\boldsymbol{\alpha}_s}{\alpha_0}$$

代入式(3-40)，就可以得到：

$$\boldsymbol{D}^{\mathrm{T}} \boldsymbol{Q}=(1+r) \boldsymbol{p}$$

例 3.2.5　$N=4$，$S=3$，期初价格为 $\boldsymbol{p}=[50 \quad 7 \quad 31 \quad 62]$，期末收益矩阵为：

$$\boldsymbol{D}^{\mathrm{T}}=\begin{bmatrix} 100 & 100 & 100 \\ 40 & 0 & 20 \\ 60 & 40 & 80 \\ 120 & 80 & 200 \end{bmatrix}$$

① 对它们之间的相互联系的一个简单讨论，见 Dybvig and Ross(1992)。
② 又称风险中性测度（risk-neutral probability）。
③ 所谓时间-状态价格密度就是每单位概率的状态价格，见 3.4.1 节的有关内容。

这里：

$$1+r=100/50=2$$

因此有：

$$\begin{bmatrix}100 & 100 & 100\\ 40 & 0 & 20\\ 60 & 40 & 80\\ 120 & 80 & 200\end{bmatrix}\begin{bmatrix}Q(\omega_1)\\ Q(\omega_2)\\ Q(\omega_3)\end{bmatrix}=2\begin{bmatrix}50\\ 7\\ 31\\ 62\end{bmatrix}$$

解得：

$$\begin{bmatrix}Q(\omega_1)\\ Q(\omega_2)\\ Q(\omega_3)\end{bmatrix}=\begin{bmatrix}1/5\\ 1/2\\ 3/10\end{bmatrix}$$

注意到 $\sum Q=1$，这个价格体系中不存在任何套利机会。

例 3.2.6 考虑例 3.2.4 中的那个套利体系：

$$\begin{bmatrix}6 & 5 & 12\\ 11 & 11 & 9\\ 3 & 3 & 3\end{bmatrix}\begin{bmatrix}Q(\omega_1)\\ Q(\omega_2)\\ Q(\omega_3)\end{bmatrix}=1\begin{bmatrix}8\\ 10\\ 3\end{bmatrix}\Rightarrow\begin{bmatrix}Q(\omega_1)\\ Q(\omega_2)\\ Q(\omega_3)\end{bmatrix}=\begin{bmatrix}-1/2\\ 1\\ 1/2\end{bmatrix}$$

因此，这个价格体系下不存在正的均衡价格测度。

对于资产定价基本定理，我们还有以下重要推论：

(1) 对于一个存在一些具有连续、递增和凸的偏好的消费者的经济，当且仅当价格体系 p 是均衡的，均衡价格测度 Q 存在。根据无套利均衡定理和资产定价基础定理，均衡必然意味着存在均衡价格测度。另一部分的证明，请读者自己完成。

(2) 如果存在均衡价格测度，当且仅当市场是完备的，它是唯一的。这是因为如果要想方程组 $\boldsymbol{D}^{\mathrm{T}}\boldsymbol{Q}=(1+r)\boldsymbol{p}$ 有唯一解，充要条件就是 $\mathrm{rank}(\boldsymbol{D})=S$，而这正是(单期)完备普通证券市场的要求。

例 3.2.7 令 $S=N=3$，$\boldsymbol{D}^T=\begin{bmatrix}1 & 1 & 1\\ 3 & 1 & 5\\ 9 & 5 & 13\end{bmatrix}$，$\boldsymbol{p}=\begin{bmatrix}1\\ 2\\ 7\end{bmatrix}$。

方程组为：

$$\begin{bmatrix}1 & 1 & 1\\ 3 & 1 & 5\\ 9 & 5 & 13\end{bmatrix}\begin{bmatrix}Q(\omega_1)\\ Q(\omega_2)\\ Q(\omega_3)\end{bmatrix}=\begin{bmatrix}1\\ 2\\ 7\end{bmatrix}$$

第 1、2 个方程线性是独立的，第 3 个则是前面两个的线性组合。因此 $\mathrm{rank}(\boldsymbol{D})=2$，市场是不完备的，它有无穷数目正的解：

$$Q(\omega_1)=1/2-2Q(\omega_3)$$

$$Q(\omega_2)=1/2+Q(\omega_3)$$

$$0<Q(\omega_3)<1/4$$

上面的一系列定理使我们获得了“无套利版本”的福利经济学第一和第二定理，即无套利的均衡价格体系，保证了资源配置的帕累托效率；而资源配置的帕累托效率，必然要求有一个完备的市场（价格）体系作为基础。根据资产定价定理，这种价格体系必然保证正的线性泛函数和均衡测度的存在①。

3.3　离散时间多期模型

单期模型提供了许多对于金融市场和金融资产价格体系的直观理解。从某种意义上说，多期模型不过重复了诸如状态价格、均衡价格测度、完备性之类的概念和相应的定理。那么，多期模型与单期模型的区别在哪里呢②？

多期模型的一个显著特征就是：存在着期间交易（intermediate trading）。但是，投资者为什么需要期间交易呢？我们知道，如果投资者“购买并持有”（buy and hold）一些金融资产，而这些资产可以不断支付某种形式的红利，则无须期间交易的存在，投资者也可以生存下去。

一个更具启发性的回答也许是：随着新的信息的到达，使得原来的最优投资策略显得不再合时宜，需要通过期间交易来再次进行最优化，这就使得这种调整具有了过程的性质。这一点实际上在第 2 章的分析中已经得到了体现，这里的考察将呈现出这种过程给多期市场均衡和相应的价格体系带来的深刻影响。

3.3.1　多期模型框架

先构造离散多期市场模型，它仍旧包括了单期模型中的那些要素，不过有一些更贴近现实的修正。

先是市场外部环境。其具体包括对时间、不确定性和信息结构的描绘以及对交换商品（exchange good）和资源禀赋的品种和数量等的设定。

（1）时间。个人生存在从 0 到 T 的一段时期内。这一段时间被划分为更小的时间间隔，中间时刻为 $1, 2, \cdots, T-2, T-1$。个人在 $0, 1, \cdots, T-1$ 时刻进行交易，称这些时刻为交易期界（trading horizon）。为简便起见，假定交易期界的时间间隔是相等的。

（2）不确定性。经济体系中的不确定性用一个完备的概率空间 $\{\Omega, \mathcal{F}, P\}$ 来描述，其中 P 可以视为经济中所有个人的共同概率信仰（common probability belief）。我们仍然假定世界状态是有限的③：

$$\Omega=\{\omega_1, \omega_2, \cdots, \omega_S\}$$

但是，由于时期的增加，使得不确定性的揭示成为了一个过程，这就是所谓的信息传播

① 这实际上是阿罗-德布鲁的一般套利理论，它有三种扩展和应用：第一种就是在本章中获得一般均衡和一般资产价格；第二种是在第 4 章中为衍生产品制定相对（于基础产品的）价格；第三种在第 1 章中罗斯-休伯曼的套利定价模型中已经体现出来了。现在我们不妨回头看看隐含在罗斯-休伯曼套利定价模型背后的直觉了。

② 要提醒大家的是，在接触到多期时间模型时，我们会密集地使用随机过程，特别是关于鞅的数学知识，请确认已经熟悉了第 8—10 章的内容或者通过其他方式对此有了充分准备。

③ 有限状态假设在资产定价基本定理的证明中起重要作用。这是因为我们将使用在第 7 章中学习过的分离超平面定理，在那里它是应用在有限维 $\mathbf{R}^n$ 的集合上的，这里它被应用到，$\mathbf{R}^\Omega$ 即所有 $\Omega \rightarrow \mathbf{R}$ 的函数的空间上。如果假定 $\mathcal{F}$ 是由 Ω 的有限分割生成的，$\mathbf{R}^\Omega$ 就是有限维的。

过程(information transfer process)。3.4 节中将专门讨论它的数学表述方法,以及与之相关的信息一致性(informational consistency)问题。

(3) 交换商品。在每一个时间-状态结点上,都存在用于消费和交换的易腐商品。为了简化分析,并把注意力集中在跨期的资本市场上,以下均假定只存在一种(计价)商品。

(4) 资源禀赋。在所有的时刻上个人拥有一定数量的资源禀赋,其数量的多少是状态依存的。整个禀赋过程就是:

$$\varsigma^i=\{\varsigma_0^i,\ \varsigma_1^i,\ \cdots,\ \varsigma_T^i\}$$

要注意的是,ς_0 是一个数,而余下的是一个随机过程。

接下来是市场主体及其行动原则,具体包括交易者(trader)(或称个人、投资者或者消费者)及其偏好表述或者效用函数的不同形式。

(5) 交易者和他们的偏好。存在 I 个理性个人,个人在$[0,\ T]$时刻上自主决定消费多少数量的计价商品,称之为消费过程或者消费计划。他们现在拥有时际效用函数(intertemporal utility function)①。这个函数是基于个人消费过程 $\boldsymbol{C}^i=\{C_0^i,\ C_1^i,\ \cdots,\ C_T^i\}$ 的,它有我们在第 1、2 章中讨论过的那些性质(特别是第 2 章注释 1)。

最后是市场载体,主要指不同种类的证券,如股票、债券和衍生产品。

(6) 证券。假定金融市场上仅仅存在着数目有限($N+1$ 种)的内生普通证券②。这些证券从开始时刻到最后的 T 时刻,是一直存在的(long-lived)。其中第 0 种证券是无风险的贴现债券;其余 N 种均为风险资产。为简化分析,假定这些证券没有包括红利在内的任何形式的期间支付。此外,仍然假定市场也是理想化的,即证券无限可分,没有交易费用、税收、卖空限制并可以自由支配卖空所得。

3.3.2 信息结构和一致性

金融市场首先是一个交易场所,它完成资源跨期配置的任务;同时,它还是发布信息的场所和所谓经济运行的指针。为了在多期模型中准确地描述不确定环境的进化过程,我们需要一个能够反映信息结构及其历史演化的过程性质的数学模型。

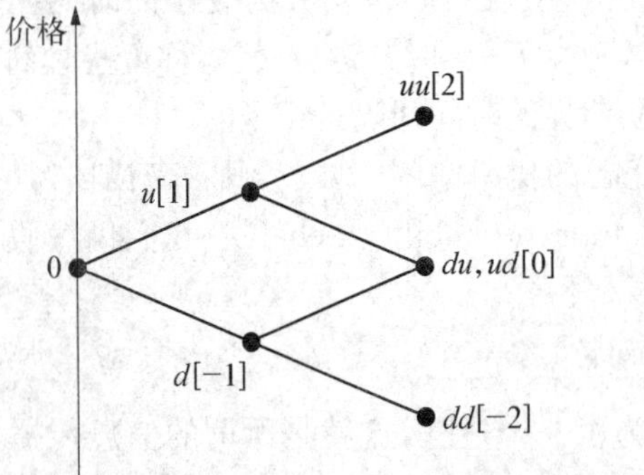

图 3-10 二项树模拟股票价格运动

考虑如图 3-10 所示的重合(recombining)的二项树模型,它将有助于我们对信息结构问题的理解③。

图 3-10 中 u 代表股票价格经历了一次上升;d 则代表一次下降,两个时刻过后股票价格会出现 4 种情况,那么样本空间就是:

$$\Omega=\{\{uu\},\ \{ud\},\ \{du\},\ \{dd\}\}$$

任意构造几种集合,例如:

① 个人有一个定义在消费计划上的严格递增的偏好表述$\succeq$,给定禀赋过程和资产价格体系构成的预算约束,他们面临一个$\succeq$上的最优化问题。

② 在第 4 章中我们将讨论衍生证券的功能和价格。

③ 同时参见金融相关点 11-1 和 11-2。

$$\mathcal{F}_a = \{\{uu\}, \{ud\}, \{du\}, \{dd\}\};$$
$$\mathcal{F}_b = \{uu, ud, du, dd\};$$
$$\mathcal{F}_c = \{\{uu, ud\}, \{du\}, \{dd\}\};$$
$$\mathcal{F}_d = \{\{uu\}, \{uu, ud\}, \{du\}, \{dd\}\};$$
$$\mathcal{F}_e = \{\{uu\}, \{ud\}, \{du\}\}$$

根据概率论中的知识，我们知道 $\mathcal{F}_a$，$\mathcal{F}_b$ 和 $\mathcal{F}_c$ 都是对样本空间 Ω 的一种分割①。这是因为按照分割的定义，它们各自包含的所有元素的并集构成了整个状态空间，而它们所包含的元素两两相交的结果是空集。$\mathcal{F}_d$ 和 $\mathcal{F}_e$ 则不是分割，因为 $\mathcal{F}_d$ 中前两个元素的交集不是空集，而是 $\{uu\}$；而 f_e 的所有元素的并也没有构成整个状态空间，缺少了$\{dd\}$。

$\mathcal{F}_b$ 集合表示股票价格两次变动以后所有可能发生的情况，它仅仅说明了事物发展的未来潜在可能性，它相当于位于二项树上的 0 点。在 0 时刻信息结构是最平凡的，即：$\mathcal{F}_0 = \{\varnothing, \Omega\}$。$\mathcal{F}_a$ 则刚好相反，它完全揭示出所有的世界状态，正是在最终的 2 时刻，究竟哪种状态会发生已经成为了事实。$\mathcal{F}_c$ 则代表了一种中间状态，好比在 1 时刻，我们知道如果状态$\{uu, ud\}$发生，即前进到 $d[1]$点后，$\{dd\}$或者$\{ud\}$之一必定会发生，到底是谁，仍然不能够确定；而 $u[1]$点以后的发生的情况则不清楚或者不重要了。因此，这些分割就适当地代表了一个动态系统中的 0、完全和部分的信息。我们知道 $\mathcal{F}_a$ 比 $\mathcal{F}_c$ 精细，而 $\mathcal{F}_b$ 是最粗糙的分割，把它们串联起来就有：

$$\mathcal{F}_b < \mathcal{F}_c < \mathcal{F}_a$$

因此，从粗到细排列这些分割，还代表了信息的传递过程。正式一些，有：

假定同一状态空间中存在 $T+1$ 个分割，它们满足下列三个条件：

(1) 第一个分割是最粗糙的，即：$\mathcal{F}_0 = \{\Omega, \varnothing\} = \{\{w_1, w_2, \cdots, w_S\}\}$；

(2) 最后一个分割是最精细的，即：$\mathcal{F}_T = \{\{w_1\}, \{w_2\}, \cdots, \{w_S\}\}$；

(3) 对于任何 $s < t$，$\mathcal{F}_t$ 分割比 $\mathcal{F}_s$ 要精细。

这样定义的分割序列，就是一个“过目不忘”的学习过程。在最初的 0 时刻，未来世界视野一片模糊，唯一可知的是 Ω 中的某种状态会发生。下一个时刻有一些新的信息来临，即有一个比较粗的分割，在任意时刻，我们对于(价格)信息知识的了解始终在增长。最后时刻一切都昭然若揭，我们完全了解了从 0 到 T 时刻哪一个状态发生了，它又是如何演化的。这在实际中是容易做到的，只要投资者有一个好记性或者容量足够大的硬盘就可以了。符合上述三个条件的一组分割 $\mathbf{F} = \{\mathcal{F}_t\}_{t\in[0, T]}$ 就被称为信息结构(information structure)，它的数学对应物就是滤波(filtration)。

由于以集合本身为定义域的函数运算，如微积分运算，不是很方便，所以要进一步引入随机变量函数②，即：

$$X: \Omega \to \mathbf{R}$$

来描述信息结构。考虑这样一种的随机变量函数，它赋予一个分割中的同一子集下的元素以相同的数值，我们称这些随机变量对于该种特定的分割是可测的(measurable)。仍然使

① 见 9.1.2 节。
② 见 9.1.3 节。

用前面的二项树模型来具体说明这一点。有随机变量函数 x'，它定义股票的价格在 0 时刻为 0，在 0 时刻以后则每经历一次上升就在原来的价格上加 1；如果下降就减去 1，图3-10 中就标明这种情形。根据 x' 的定义有：

$$x'(\{uu\})=2;\ x'(\{ud\})=0;\ x'(\{du\})=0;\ x'(\{dd\})=-2$$

考虑下列分割：

$$\mathcal{F}_a=\{\{uu\},\ \{ud\},\ \{du\},\ \{dd\}\};\ \mathcal{F}_f=\{\{uu\},\ \{ud,\ du\},\ \{dd\}\};$$
$$\mathcal{F}_g=\{\{uu,\ dd\},\ \{ud\},\ \{du\}\}$$

函数 x' 把相同的数值指定给了分割 $\mathcal{F}_f$ 中同一子集的相同元素，如 $x'(\{ud\})$ 和 $x'(\{du\})$ 都是 0，因此它是 $\mathcal{F}_f$ 可测的。但是，它不是 $\mathcal{F}_g$ 可测的，因为它给该分割下同一子集 $\{uu,\ dd\}$ 中不同元素赋予了不同的数值。它也是 $\mathcal{F}_a$ 可测的，这是平凡的。要注意的是，尽管 x' 并没有为 $\mathcal{F}_a$ 中的每一个不同的元素(子集)指定不同的数值，如 $x'(\{ud\})$ 和 $x'(\{du\})$ 都是 0，但这并没有影响它的 $\mathcal{F}_a$ 可测性。一般而言，任何随机变量对于最细致的分割总是可测的。注意，尽管分割 $\mathcal{F}_f$ 比 $\mathcal{F}_a$ 粗糙，但它仍然是 x' 可测的。当函数 x 在它所基于的最粗糙的那个分割上是可测的，就称该分割是由 x 生成的，记为 $\mathcal{F}_x$，在上面的例子中 $\mathcal{F}_{x'}=\mathcal{F}_f$。

我们之所以对由随机变量函数生成的分割感兴趣，是因为它包含了与该随机变量本身所包含的相同的信息内容。不妨假定存在一新的随机变量函数 x''，它把状态空间中的每一个元素都赋予同样的数值，那么即使我们在最后时刻准确地获得了这时的随机变量的值，我们仍然无法了解事件树的演化路径，它所包含的信息内容不比最粗糙的分割 f_b 更多。但是，从 x' 的数值我们确实可以知道：路径究竟是 uu(如果 2 出现)或者 dd(−2 出现)还是 ud、du(0 出现)。这也是分割 $\mathcal{F}_f$ 的信息内容，而这个分割就是由 x' 生成的。

不妨再定义一个随机变量函数 x'''，它定义股票的价格在 0 时刻为 0，在 0 时刻以后如果第 i 步出现股票价格上涨，就在原股票价格上加上 i(i=1,2)；下降则作类似定义。这样：

$$x'''(\{uu\})=1+2=3;\ x'''(\{ud\})=1-2=-1;$$
$$x'''(\{du\})=-1+2=1;\ x'''(\{dd\})=-1-2=-3$$

尽管 x''' 是一个“路径依赖”(path-dependent)的函数，但根据 x''' 的取值情况，我们仍然可以确定股票价格的变化路径。显然，这时 $\mathcal{F}_{x'''}=\mathcal{F}_a$。由于一个随机变量包含了同它生成的分割同样的信息内容，可以使用一个新的表述结构。

假定存在一个随机变量序列 $x(0)$, $x(1)$, …, $x(T)$，如果每一个 $x(t)$ 是 $\mathcal{F}_t$ 可测的，即它对于 t 时刻的分割中的子集的每一个元素赋予相同的数值，就称该随机变量序列或者随机过程是 $\mathcal{F}(t)$-适应的(adapted)。如果一个随机过程中每一个 $x(t)$ 是 $\mathcal{F}_{t-1}$ 可测的，就称它为可料(predictable or previsible)过程。

在多期模型中投资者的消费、禀赋以及期间交易都具有过程的性质，这些过程与信息结构之间的对应关系，称之为一致性。使用上文中的那些概念我们就可以描述这种信息一致性，它有以下五个要点。

(1) 在给定信息结构 $\mathbf{F}=\{\mathcal{F}_t\}_{t\in[0,\ T]}$ 下，所有的投资者分享同样的信息。

(2) 投资者的禀赋过程为 $\varsigma^i=\{\varsigma^i(0),\ \varsigma^i(1),\ \cdots,\ \varsigma^i(T)\}$，在任意的 t 时刻投资者 i 获

得的资源禀赋 $\varsigma^i(t)$ 是 $\mathcal{F}_t$ 可测的。

(3) 投资者的消费过程为 $C^i=\{C^i(0),\ C^i(1),\ \cdots,\ C^i(T)\}$，每一个 $C^i(t)$ 也都是 $\mathcal{F}_t$ 可测的。要注意的是，$\varsigma^i(0)$ 和 $C^i(0)$ 在零分割 $\mathcal{F}_0$ 上可测，因此它们是非随机的常数。按照前面的术语，消费和禀赋过程是 $\mathcal{F}_t$ -适应的。

(4) 长期普通证券的价格过程。在到期日 T 时刻，第 n 种证券将支付一定数量的计价商品 $[D_n(T)]_{n\in[0,\ N]}$，它是一个 $\mathcal{F}_T$ -可测的随机变量。而在其他时刻，由市场决定的证券价格体系是一个 N+1 维的 $\mathcal{F}_t$ -适应的向量随机序列：

$$\{p(t)=[p_0(t),\ p_n(t),\ \cdots,\ p_N(t)],\ t=1,\ 2,\ \cdots,\ T\}$$

$$P_n(T)=D_n(T),\ n\in[0,\ N]$$

(5) 期间交易过程。在个人可以选择的决策变量中，交易策略(trading strategy)或者投资组合是最重要的。由于所有证券均在 $t\in[0,\ T]$ 时期内交易，在任意时刻 t 一个资产组合由 R^{N+1} 维实向量 $\boldsymbol{\theta}(t)=[\theta_n(t)],\ 0\leqslant n\leqslant N$ 构成，一个交易策略是一个 $\mathcal{F}_{t-1}$ -适应或者 $\mathcal{F}_t$ -可料的 $N+1$ 维向量随机序列：

$$\{\theta(t)=[\theta^0(t),\ \theta^1(t),\ \cdots,\ \theta^N(t)],t\in[0,\ T]\}$$

它之所以是一个 $\mathcal{F}_{t-1}$ -适应或者 $\mathcal{F}_t$ -可料的随机过程，是因为投资者总是在知道了 $t-1$ 时刻的价格信息后进行 t 时刻的投资决策的，并在 $[t-1,\ t)$ 这样一个左闭右开的区间内持有同一资产组合；在 t 时刻投资者根据 $[p_n(t)]_{n\in[0,\ N]}$ 来进行组合调整，并在 $[t,\ t+1)$ 区间内持有该新组合 $[\theta_n(t+1)]_{n\in[0,\ N]}$，投资组合的形象理解如图 3-11 所示。

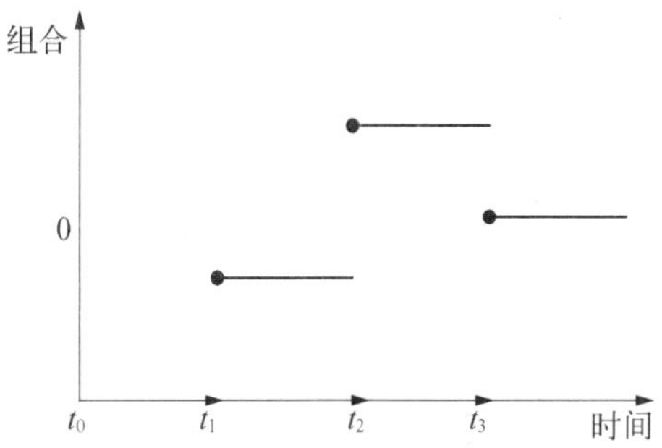

图 3-11　投资组合是可料随机过程

此外，习惯上令：

$$\theta_n(0)=\theta_n(T+1)=0$$

即在期初和时期结束后不再持有任何资产。因此，期间交易过程即在每一个时刻上的交易策略(trading strategy)的汇总，$\theta^i=\{\theta^i(0),\ \theta^i(1),\ \cdots,\ \theta^i(T)\}$，是 $\mathcal{F}_{t-1}$ 可测的，这是容易理解的。投资者根据上一时刻的(价格)信息来决定投资组合，并一直保持到本期，因此投资策略 $\theta^i(t)$ 是 $\mathcal{F}_t$ 可料的。

3.3.3　均衡和效率

有了以上准备，接下来就可以描述个人的多期最优化行为，实际上在第 2 章的投资者行为Ⅱ-多期模型中，我们已经仔细考察过这个问题。这里将从市场而不再仅仅是个人角度看待这一问题，不过读者不妨先回顾一下那里的分析，先从预算集开始。

给定禀赋过程 $\varsigma^i(t)$ 和普通证券价格体系 $\boldsymbol{p}(t)=[p_n(t)]_{n\in[1,\ N]}$，典型个人的时际预算集 $\mathcal{Z}(\varsigma^i,\ \boldsymbol{p})$ 就是：

$$C^i(t)=\varsigma^i(t)+\sum_{n=1}^{N}p_n(t)[\theta_n^i(t)-\theta_n^i(t+1)]$$

即个人在 t 时刻的消费,等于他在该时刻获得的(随机)资源禀赋,加上在 t 时刻他拥有的普通证券的市场价值减去进一步投资的费用。

为了简化分析,令:

$$\theta_n^i(0)=\theta_n^i(T+1)=0 \text{ 以及 } p_n(T)=D_n$$

即在期初和时期结束后不再持有任何资产,期末资产价格也就是最后一期的总支付。

定义 3.3.1 一个多期均衡由适应价格过程 $[p_n(t)]_{n\in[1,N]}$ 和可料交易策略 $[\theta_n^i(t)]_{n\in[1,N]}$ 构成,它使得在预算集 $\mathcal{Z}(\varsigma^i, \boldsymbol{p})$ 和市场出清的条件下①,由 $\varsigma^i(t)$ 和 $\theta_n^i(t)$ 产生的消费过程 $C^i(t)$ 最大化投资者 i 的效用函数,即:

$$\begin{aligned}&\max E\left\{\sum_{t=0}^{T}U[C^i(t)]\right\}\\&\text{s.t.}\\&C^i(t)=\varsigma^i(t)+\sum_{n=1}^{N}[\theta_n^i(t)-\theta_n^i(t+1)]P_n(t)\\&\sum_{i=1}^{I}\theta_n^i(t)=0\end{aligned} \tag{3-41}$$

这种市场均衡也具有帕累托效率吗?同前面单期模型中的分析类似,我们有下列关于帕累托效率的扩展定义。

(1) 称满足市场出清 $\left(\sum_{i=1}^{I}C_t^i=\sum_{i=1}^{I}\varsigma_t^i\right)$ 的一个消费过程 $\boldsymbol{C}\equiv\{\boldsymbol{C}^1, \cdots, \boldsymbol{C}^i, \cdots, \boldsymbol{C}^I\}$, $\boldsymbol{C}^i\equiv\{C_0^i, \cdots, C_T^i\}$,为一种可行的资源配置。

(2) 当且仅当没有任何其他的可行配置 $\widetilde{\boldsymbol{C}}\equiv\{\widetilde{\boldsymbol{C}}^1, \cdots, \widetilde{\boldsymbol{C}}^i, \cdots, \widetilde{\boldsymbol{C}}^I\}$, $\widetilde{\boldsymbol{C}}^i\equiv\{\widetilde{C}_0^i, \cdots, \widetilde{C}_T^i\}$ 满足 $U^i(\widetilde{C}^i)>U^i(C^i)$ 时,称一个可行配置是帕累托最优的。

要指出的是:因为随机的禀赋过程 $[\varsigma^i(t)]_{t\in[1,T]}$ 会把问题复杂化。为了简化分析,在投资者行为Ⅱ中,我们曾经假定过不存在其他形式的非资本收入从而排除了这个困难。在这里我们给出一个与此相关的定义。

定义 3.3.2 给定价格体系 $[p_n(t)]_{n\in[1,N]}$ 和 0 禀赋过程 $([\varsigma^i(t)]_{t\in[1,T]}=0)$,一个适应消费过程 $\boldsymbol{C}^i\equiv\{C_0^i, \cdots, C_T^i\}$ 使得下式成立:

$$\begin{aligned}&\max E\left\{\sum_{t=0}^{T}\mathcal{U}[C^i(t)]\right\}\\&\text{s.t.}\\&C^i(t)=\sum_{n=1}^{N}[\theta_n^i(t)-\theta_n^i(t+1)]p_n(t)\\&\sum_{i=1}^{I}\theta_n^i(t)=0\end{aligned} \tag{3-42}$$

就称该消费过程是可获得的(attainable)。

① 即在任何时刻和任何状态下,普通证券的净供给为 0。

这个定义实际上就是要求个人的消费完全由资本利得来融资，或者仅仅取决于特定交易策略，从而排除了随机禀赋过程对于消费集的影响。因此，当我们说到一个消费过程是可获得时，无非就是指在 0 禀赋过程下，该消费过程已经得到了最优化①。

不难证明，如果每一个适应消费过程是可获得的，则每一个消费的均衡配置都是帕累托最优的。换句话说，在 0 禀赋过程条件下，通过采用适当的交易策略获得的最优个人消费行为的结果就可以产生帕累托最优。

那么，是什么保证了每一个消费过程是可获得的，进而市场均衡是帕累托最优的呢？在对单期模型的讨论中，我们知道如果市场是完备的，即收益线性独立的普通证券的数目等于世界状态的数目时，则市场均衡是具有帕累托效率的。多期市场中也存在着类似的完备性问题，这正是 3.4 节的主题。

3.3.4　动态交易和动态完备性

在没有期间交易的单期模型中，消费的可获得性(attainability)仅定义在期末财富水平上，即仅取决于期末的收益支付情况而与价格体系无关。换句话说，在单期模型中，所有的价格体系要么保证所有的消费是可获得的，要么给定一个价格体系有一个不可获得的消费。

但是，对于多期模型，消费的可获得性是定义在除了 0 时刻以外的其他所有时刻上的。由于存在着期间消费，有些价格体系可以保证所有消费过程是可以获得的，而有些价格体系会导致某些消费过程是不可以获得的。

因此，与单期模型不同，多期模型的完备性定义不是针对普通证券的数目(也就是市场的数目)而是针对整个适应价格体系而言的。因此，当且仅当在给定的价格体系 $\boldsymbol{p}$ 下，每一个适应消费过程是可获得的，我们称该多期价格体系 $\boldsymbol{p}$ 是动态完备的。

使用该定义重新表述多期市场模型的完备性和均衡效率之间的关系，就有以下事实：如果多期市场的均衡价格体系是完备的，则在此价格体系下的消费配置是帕累托最优的。

为了能够确切理解其中(动态)完备性所包含的具体要求，我们要引入分裂函数(splitting function)的概念②。给定状态空间 $\Omega=\{\omega_1, \cdots, \omega_S\}$，考虑在某一时刻 $t \in [0, T-1]$ 的分割 $\mathcal{F}_t$。它有一个包含 $(\omega_s)_{s\in S}$ 的集合 $\mathcal{F}_t(\omega_s)$，在 $t+1$ 时刻出现的新的分割 $\mathcal{F}_{t+1}$ 肯定要比 $\mathcal{F}_t$ 更精细。因此，在 $\mathcal{F}_{t+1}$ 中包含 ω_s，$s \in S$ 的集合 $\mathcal{F}_{t+1}(\omega_s)$ 一定是 $\mathcal{F}_t(\omega_s)$ 的子集。

这就是说，要么 $\mathcal{F}_{t+1}(\omega_s)$ 集合的数目等于 $\mathcal{F}_t(\omega_s)$ 集合的数目；要么 $\mathcal{F}_{t+1}(\omega_s)$ 中还有其他集合，而这些集合是 $\mathcal{F}_t(\omega_s)$ 的子集。这些集合的个数加上 $\mathcal{F}_{t+1}(\omega_s)$ 集合的个数的总和记为 $z(t, \omega)$，称它为 t 时刻信息结构 $\mathcal{F}_t$ 的分裂函数。换句话说，当信息从 $\mathcal{F}_t$ 传递到 $\mathcal{F}_{t+1}$ 时，进一步的分化或者说细化，是通过分裂 $\mathcal{F}_t$ 中的某些集合来实现的，$z(t, \omega)$ 就是从 $\mathcal{F}_t(\omega_s)$ 中分出的子集的个数，下面的例子会澄清这个概念。

例 3.3.1　$\Omega=\{\omega_1, \cdots, \omega_6\}$，$T=3$，信息结构为：

$$\mathcal{F}_0=\{\Omega, \varnothing\}；\mathcal{F}_1=\{\{\omega_1, \omega_2\}, \{\omega_3, \omega_4, \omega_5, \omega_6\}\}$$

$$\mathcal{F}_2=\{\{\omega_1, \omega_2\}, \{\omega_3, \omega_4\}, \{\omega_5, \omega_6\}\}；\mathcal{F}_3=\{\{\omega_1\}, \cdots, \{\omega_6\}\}$$

---

① 在单期模型中这是容易理解的，只要令 T 时刻的禀赋为 0 就可以了。而在我们的分析中实际上隐含了这一点。

② 见 Harrison & Pliska(1979)。有关完备性和信息分裂的定理见 Kreps(1982)。

我们先来看 $z(1, \omega_3\}$，在 $\mathcal{F}_1$ 中包含 ω_3 的子集 $\mathcal{F}_1(\omega_3)$ 为 $\{\omega_3, \omega_4, \omega_5, \omega_6\}$，该子集中除了 ω_3 以外还有其他元素 ω_4，ω_5，ω_6，在 $\mathcal{F}_2$ 中包含 ω_3 的子集 $\mathcal{F}_2(\omega_3)$ 的数目是也是1,即 $\{\omega_3, \omega_4\}$；而 $\mathcal{F}_2$ 中的其他集合同时又是 $\mathcal{F}_1(\omega_3)$的子集的只有 $\{\omega_5, \omega_6\}$，算上它则 $z(1, \omega_3\}=2$。类似的有：

$$z(0, \omega_s\}=2, \ \forall 1 \leqslant s \leqslant 6$$

$$z(1, \omega_s\}=1, \ \forall 1 \leqslant s \leqslant 2; \ z(1, \omega_s\}=2, \ \forall 3 \leqslant s \leqslant 6$$

$$z(2, \omega_s\}=2, \ \forall 1 \leqslant s \leqslant 6$$

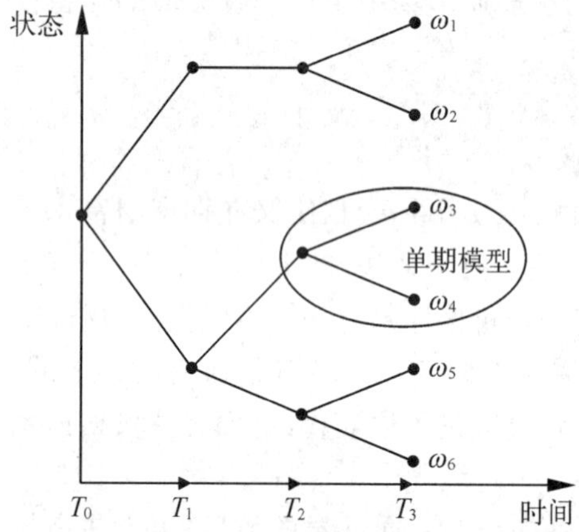

图 3-12　分裂函数和分支数目

对该例中分裂函数的形象理解,就是在如图3-12所示的信息树上,某一节点上分支的数目。

直观上看,事件树上的任何一个节点连同追随它的分支都可以被视为一个单期模型,这一点是有启发性的。在单期模型中我们对于市场完备性的要求是：

$$\text{rank}(\boldsymbol{D})=S$$

即收益独立的资产(市场)的数目要等于世界状态的数目。而把它转换为在这里用来描述价格体系的完备性的充要条件似乎就应当是：从每一个节点分化出来的证券价格(收益)矩阵的秩,等于该节点上分裂函数的值。

为了证实这一点对于多期离散市场的完备性确实成立,我们来考察一个完整的例子①。

例 3.3.2　$N=2$，$S=6$，期末收益为：

$$D_1(\omega_s)=1, \ s=1, \cdots, 6; \ D_2(\omega_s)=\begin{cases} 1, & s=1 \\ 2, & s=2 \\ 3, & s=3 \\ 6, & s=4 \\ 4, & s=5 \\ 5, & s=6 \end{cases}$$

图 3-13(a)、(b)给出了这种市场下的两个适应价格体系。它们与图 3-12 中的信息树上的每一个节点是一一对应的。在 $t=0, 1, 2$ 的每一个节点上是 $\begin{bmatrix} p_1(t, w) \\ p_2(t, w) \end{bmatrix}$；在 $t=3$ 的每一个节点上是：$\begin{bmatrix} D_1(w) \\ D_2(w) \end{bmatrix}$。这两种价格体系唯一的不同在于节点 $(2, \{w_5, w_6\})$ 上。

这两个价格体系也可以用表 3-1、表 3-2 的形式来描述。

注意,每一个 $p_n(t)$ 在分割 $\mathcal{F}(t)$ 的同一子集的不同元素上都是相同的,这就是说 A 和 B 都是适应价格过程。我们需要证明在既定信息结构(见图 3-12)：

① 本例取自于 Dothan(1990),p59-65。

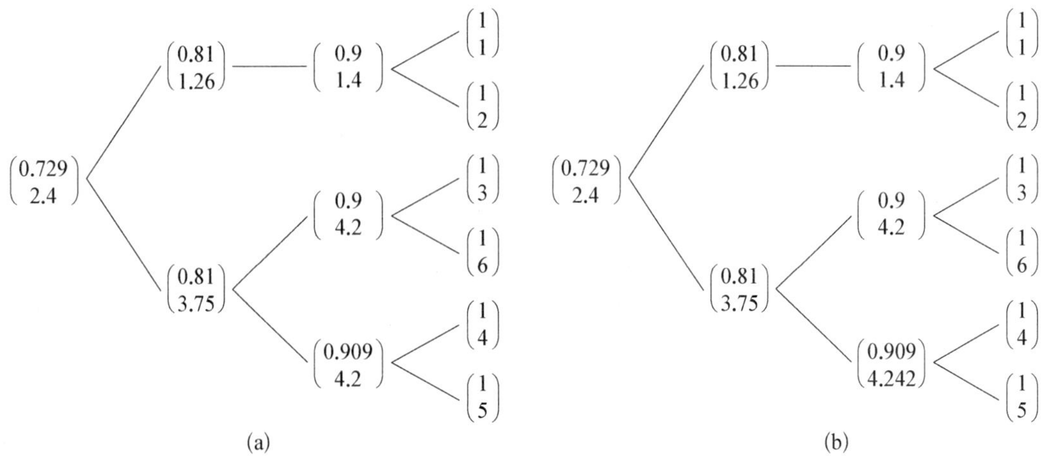

图 3-13　两种适应价格体系

表 3-1　适应价格体系 A

p_1	ω_1	ω_2	ω_3	ω_4	ω_5	ω_6
T=0	0.729	0.729	0.729	0.729	0.729	0.729
T=1	0.81	0.81	0.81	0.81	0.81	0.81
T=2	0.9	0.9	0.9	0.9	0.909	0.909
T=3	1	1	1	1	1	1
p_2	ω_1	ω_2	ω_3	ω_4	ω_5	ω_6
T=0	2.4	2.4	2.4	2.4	2.4	2.4
T=1	1.26	1.26	3.75	3.75	3.75	3.75
T=2	1.4	1.4	4.2	4.2	4.2	4.2
T=3	1	2	3	6	4	5

表 3-2　适应价格体系 B

p_1	ω_1	ω_2	ω_3	ω_4	ω_5	ω_6
T=0	0.729	0.729	0.729	0.729	0.729	0.729
T=1	0.81	0.81	0.81	0.81	0.81	0.81
T=2	0.9	0.9	0.9	0.9	0.909	0.909
T=3	1	1	1	1	1	1
p_2	ω_1	ω_2	ω_3	ω_4	ω_5	ω_6
T=0	2.4	2.4	2.4	2.4	2.4	2.4
T=1	1.26	1.26	3.75	3.75	3.75	3.75
T=2	1.4	1.4	4.2	4.2	4.242	4.242
T=3	1	2	3	6	4	5

$$\mathcal{F}_0=\{\Omega, \varnothing\}, \mathcal{F}_1=\{\mathcal{F}_{11}, \mathcal{F}_{12}\}=\{\{w_1, w_2\}, \{w_3, w_4, w_5, w_6\}\};$$

$$\mathcal{F}_2=\{\mathcal{F}_{21}, \mathcal{F}_{22}, \mathcal{F}_{23}\}=\{\{w_1, w_2\}, \{w_3, w_4\}, \{w_5, w_6\}\}, \mathcal{F}_3=\{\{w_1\}, \cdots, \{w_6\}\}$$

下,价格体系A是完备的,即每一个消费过程都是可获得的;而B是不完备的,即有些消费过程是无法获得的。

为此,我们得先考虑一种特殊形式的消费过程。在信息树的每一个节点$(t, \mathcal{F}_{t,z})$,$t\in[0, T]$;$z\in[1, z(t, w)]$上,都对应一个基本适应消费过程(elementary adopted consumption process)$\widetilde{C}(\tau, \mathcal{F})$,所谓基本适应消费过程,就是指除了在这一点上,它都是0,即①:

$$\widetilde{C}(\tau, \mathcal{F}_{t,z})=\begin{cases}1,\text{如果 } \tau=t, w\in\mathcal{F}_{t,z}\\0,\text{其他}\end{cases}$$

同阿罗证券的收益结构和功能类似,基本适应消费过程也是构造任意消费过程的基础,因此只要证明在既定价格体系下,每一个基本消费过程是可以获得的,也就证明了该价格体系是完备的②。

先考虑A中的$\widetilde{C}(2, \mathcal{F}_{22})$,为了获得该基本消费过程,必须使用以下的交易策略:首先它要使得在$t=3$时刻任意状态下的消费均为0,即:

$$\sum_{n=1}^{2}D_n(\omega_s)\theta_n=0, \ \forall s\in S$$

具体有:

$$\begin{aligned}
&1\theta_1(3, \mathcal{F}_{21})+1\theta_2(3, \mathcal{F}_{21})=0\\
&1\theta_1(3, \mathcal{F}_{21})+2\theta_2(3, \mathcal{F}_{21})=0\\
&1\theta_1(3, \mathcal{F}_{22})+3\theta_2(3, \mathcal{F}_{22})=0\\
&1\theta_1(3, \mathcal{F}_{22})+6\theta_2(3, \mathcal{F}_{22})=0\\
&1\theta_1(3, \mathcal{F}_{23})+4\theta_2(3, \mathcal{F}_{23})=0\\
&1\theta_1(3, \mathcal{F}_{23})+5\theta_2(3, \mathcal{F}_{23})=0
\end{aligned}\tag{3-43}$$

然后,它还要使得在$t=2$时刻,除了$\widetilde{C}(2, \mathcal{F}_{22})$为1以外其他消费均为0,即:

$$\begin{aligned}
&0.9[\theta_1(2, \mathcal{F}_{11})-\theta_1(3, \mathcal{F}_{21})]+1.4[\theta_2(2, \mathcal{F}_{11})-\theta_2(3, \mathcal{F}_{21})]=0\\
&0.9[\theta_1(2, \mathcal{F}_{12})-\theta_1(3, \mathcal{F}_{22})]+4.2[\theta_2(2, \mathcal{F}_{12})-\theta_2(3, \mathcal{F}_{22})]=1\\
&0.909[\theta_1(2, \mathcal{F}_{12})-\theta_1(3, \mathcal{F}_{23})]+4.2[\theta_2(2, \mathcal{F}_{12})-\theta_2(3, \mathcal{F}_{23})]=0
\end{aligned}\tag{3-44}$$

最后,它要使得在$t=1$时刻的消费全部为0,即:

$$\begin{aligned}
&0.81[\theta_1(1)-\theta_1(2, \mathcal{F}_{11})]+1.26[\theta_2(1)-\theta_2(2, \mathcal{F}_{11})]=0\\
&0.81[\theta_1(1)-\theta_1(2, \mathcal{F}_{12})]+3.75[\theta_2(1)-\theta_2(2, \mathcal{F}_{12})]=0
\end{aligned}\tag{3-45}$$

① 注意以下$\mathcal{F}_{t,z}$足标出现的逗号只是为了防止混淆的,在上下文明确的情况下就记为$\mathcal{F}_{tz}$。

② 从这里可以看到,市场上的主角始终是普通证券或者或有权益证券,阿罗证券只是理论上联系两者的方便的桥梁。我们从交易普通证券获得阿罗证券(基本消费过程),从基本消费过程构造一般消费过程(或有权益证券)。

要注意的是：由于假定 0 禀赋过程和消费完全由投资所得融资，因此在 1、2 时刻消费过程都是用投资的期间差额 $\sum_{n=1}^{2} p_n[\theta_n(t, \mathcal{F}_{t-1,z}) - \theta_n(t+1, \mathcal{F}_{t,z})]$，即本期的头寸减去下期的头寸来表示的。交易策略 $\theta(t)$ 是 $\mathcal{F}_{t-1}$ 可测的，因此分割的时间角标才会表示为上面的形式。

从方程组式(3-43)中可以知道 $\theta_n(3, \mathcal{F}_2)=0$，把它代入方程组式(3-44)得：

$$\begin{aligned} &0.9\theta_1(2, \mathcal{F}_{11}) + 1.4\theta_2(2, \mathcal{F}_{11}) = 0 \\ &0.9\theta_1(2, \mathcal{F}_{12}) + 4.2\theta_2(2, \mathcal{F}_{12}) = 1 \\ &0.909\theta_1(2, \mathcal{F}_{12}) + 4.2\theta_2(2, \mathcal{F}_{12}) = 0 \end{aligned} \tag{3-46}$$

上面方程组的后两个方程联立求解，得到：

$$\theta_1(2, \mathcal{F}_{12}) = -111.111\,1$$

$$\theta_2(2, \mathcal{F}_{12}) = 24.047\,6$$

把它们代入 1 时刻的方程组式(3-45)得：

$$\begin{aligned} &0.81\theta_1(1) + 1.26\theta_2(1) = 0.81\theta_1(2, \mathcal{F}_{11}) + 1.26\theta_2(2, \mathcal{F}_{11}) \\ &0.81\theta_1(1) + 3.75\theta_2(1) = 0.178\,6 \end{aligned} \tag{3-47}$$

而第一个方程的右侧 $0.81\theta_1(2, \mathcal{F}_{11}) + 1.26\theta_2(2, \mathcal{F}_{11})$ 正好是方程组式(3-46)中第一个方程 $0.9\theta_1(2, \mathcal{F}_{11}) + 1.4\theta_2(2, \mathcal{F}_{11})$ 的 0.9 倍，因此该方程也等于 0，再求解得：

$$\theta_1(1) = -0.111\,6$$

$$\theta_2(1) = 0.071\,7$$

$\theta_1(2, \mathcal{F}_{11})$，$\theta_2(2, \mathcal{F}_{11})$ 究竟是多少并不重要，只要它们满足下式就可以了。

$$0.9\theta_1(2, \mathcal{F}_{11}) + 1.4\theta_2(2, \mathcal{F}_{11}) = 0 \tag{3-48}$$

因此，在价格体系 A 下，消费过程 $C(2, \mathcal{F}_{22})$ 是可以获得的，它的“制造成本”是：

$$p_1(0)\theta_1(1) + p_2(0)\theta_2(1) = 0.729 \times (-0.116) + 2.4 \times 0.071\,7 = 0.087\,5$$

这种似曾相识的向后追溯方法，正是我们在第 2 章中学习过的动态规划方法。回顾整个方程组求解的过程，可以发现产生可获消费过程的交易策略存在的充要条件，就是方程组式(3-43)—方程组式(3-45)都有解。

考虑方程组式(3-46)，由于第一个方程不重要，我们把后两个方程单列出来：

$$\begin{aligned} &0.9\theta_1(2, \mathcal{F}_{12}) + 4.2\theta_2(2, \mathcal{F}_{12}) = 1 \\ &0.909\theta_1(2, \mathcal{F}_{12}) + 4.2\theta_2(2, \mathcal{F}_{12}) = 0 \end{aligned} \tag{3-49}$$

如果该方程组的系数矩阵的秩小于 2 则该方程组无解，但是如果追随$(1, \mathcal{F}_{12})$的两种证券的价格(或者收益)向量是线性独立的话这就不会发生，而这正是价格体系 A 与 B 之间的区别所在。B 中的这两个向量是 $\begin{pmatrix}0.9\\4.2\end{pmatrix}$ 和 $\begin{pmatrix}0.909\\4.242\end{pmatrix}$，后者正好是前者的 1.01 倍，因此它们不是线性独立的，所以在 B 体系中等价于方程组式(3-49)的方程组为：

$$0.9\theta_1(2, \mathcal{F}_{12}) + 4.2\theta_2(2, \mathcal{F}_{12}) = 1$$
$$0.909\theta_1(2, \mathcal{F}_{12}) + 4.242\theta_2(2, \mathcal{F}_{12}) = 0 \tag{3-50}$$

它是无解的,因此在 B 中,基本消费过程 $\widetilde{C}(2, \mathcal{F}_{22})$ 是不能获得的,因而价格体系 B 是不完备的。除了 $\widetilde{C}(2, \mathcal{F}_{22})$,其他基本消费过程在 A 下也都是可以获得的吗? 显然,这只有当追随任意一个共同节点的价格向量(或者在最终时刻的收益向量)是线性独立的才可能实现,读者可以证明 A 确实满足这个要求。

上述结论可以一般化,我们说当且仅当:

$$\mathrm{rank}[D(t, \omega)] = z(t-1, \omega), 1 \leqslant t \leqslant T-1;\ w \in \Omega$$

时,一个适应价格体系 $p_n(t)$ 是完备的。其中:

$$D^T(t, \omega) = \begin{bmatrix} p_1[t, \mathcal{F}_{t-1,1}(\omega)] & \cdots & p_N[t, \mathcal{F}_{t-1,1}(\omega)] \\ \cdots & \cdots & \cdots \\ p_1[t, \mathcal{F}_{t-1,z(t-1,\omega)}(\omega)] & \cdots & p_N[t, \mathcal{F}_{t-1,z(t-1,\omega)}(\omega)] \end{bmatrix}$$

代表价格(体系)过程在 t 时刻的分量,它是 $z(t-1, \omega)$ 行 N 列时间-状态收益矩阵,状态是用从 $\mathcal{F}_{t-1,1}(\omega)$ 至 $\mathcal{F}_{t-1,z(t-1,\omega)}(\omega)$ 这些分裂来刻画的,可以把 $D^T(t, \omega)$ 设想成一个节点上向后发散的各分裂分支上的收益。信息结构 $\mathcal{F}_{t-1}(\omega) = \{\mathcal{F}_{t-1,1}(\omega), \cdots, \mathcal{F}_{t-1,z(t-1,\omega)}(\omega)\}$ 是包含 ω 的分割,即对 $\mathcal{F}_{t-1}(\omega)$ 的分裂。

根据我们对上面例子的详尽讨论,确实可以断定:

$$\mathrm{rank}[D(t, \omega)] = z(t-1, \omega)$$

是保障每一个消费过程都有其对应的交易策略进而是可获得的充要条件。如果我们把一个信息结构 $\mathbf{F} = \{\mathcal{F}_t\}_{t\in[0, T]}$ 的分裂指数(splitting index)$\hat{z}$ 定义为该信息结构的分裂函数的最大值,即:

$$\hat{z} = \max\{z(t, \omega) \mid 0 \leqslant t \leqslant T-1, \omega \in \Omega\}$$

则一个适应价格体系是完备的必要条件就是证券的数目至少和该信息结构的分裂指数一样大,即 $\mathbf{N} \geqslant \hat{z}$。

通过以上讨论,我们就发现了多期市场的最重要的分析特征:即便收益线性独立的普通证券的数目远远小于世界状态的数目,该市场仍然可以是完备的①。不断发生期间交易使得少量的独立证券就可以使得所有适应消费过程是可获得的,这是多期模型最具有特色的一点。

但是,读者可能会有这样的疑问,上面例子中的价格体系是怎样得到的呢? 它们是不是也应该满足某种约束条件(如无套利)呢? 回答是肯定的,下面两小节我们将进一步讨论在多期市场模型的资产价格决定问题。

3.3.5 无套利均衡

对于多期市场上的普通证券,我们有下面更具体的描述。市场上有 $N+1$ 种资产。其中第 0 种资产是无风险资产②,它有着固定的收益率 r,无风险债券的价格/收益过程是:

① 这种扩展特性是非平凡的,在上例中我们看到仅仅两种证券就扩展出了六种世界状态。这个问题在后面会有进一步的探讨。

② 现实中通常视为银行存款或者货币市场账户(money market account)。

$$p_0(0)=1$$
$$p_0(t)=(1+r)^t$$
$$p_0(T)=D_0=(1+r)^T$$

其余 N 种是风险资产，它们的价格运动用 N 维随机向量序列：

$$\boldsymbol{p}(t)=\{p_1(t),\ p_2(t),\ \cdots,\ p_N(t)\}$$

来表示。我们要求至少有一种证券的价格在时间段$[0,\ T]$内一直是正的，它可以用来作为计价标准(numeraire)，习惯上通常就用无风险债券作为计价标准。

不断执行的交易策略会产生一系列的现金流(cash flow)，称这种现金流为交易策略 $\boldsymbol{\theta}(t)$ 产生的价值过程(value process)，我们把它定义为：

$$V(t)=\theta(t)p(t)=\sum_{n=0}^{N}\theta_n(t)p_n(t),\ 1\leqslant t\leqslant T \tag{3-51}$$

0 时刻的初始价值是用 1 时刻的资产组合价值来表示的：

$$V(0)=\theta(1)p(0)=\sum_{n=0}^{N}\theta_n(1)p_n(0) \tag{3-52}$$

我们也可以定义贴现价值过程(discounted value process)为①：

$$\widetilde{V}(t)=\sum_{n=0}^{N}\theta_n(t)\frac{p_n(t)}{p_0(t)}=\sum_{n=0}^{N}\theta_n(t)\frac{p_n(t)}{(1+r)^t},\ 1\leqslant t\leqslant T \tag{3-53}$$

保持交易策略不变，定义两个相邻时刻之间的价值变化的总和为收获过程(gain process)：

$$\begin{aligned}G(t)&=\sum_{t=1}^{T}\sum_{n=0}^{N}\theta_n(t)[p_n(t)-p_n(t-1)]\\G(0)&=0\end{aligned} \tag{3-54}$$

相应的贴现收获过程为：

$$\widetilde{G}(t)=\sum_{t=1}^{T}\sum_{n=0}^{N}\theta_n(t)\left[\frac{p_n(t)}{(1+r)^t}-\frac{p_n(t-1)}{(1+r)^{t-1}}\right] \tag{3-55}$$

这样，对于任意 $1\leqslant t\leqslant T$，我们就有下面的会计恒等式：

$$\sum_{t=0}^{t-1}C(t)+\sum_{n=0}^{N}\theta_n(t)p_n(t)=\sum_{t=0}^{t-1}\varsigma(t)+\sum_{t=1}^{t}\sum_{n=0}^{N}\theta_n(t)[p_n(t)-p_n(t-1)] \tag{3-56}$$

$$\sum_{t=0}^{t}C(t)+\sum_{n=0}^{N}\theta_n(t+1)p_n(t)=\sum_{t=0}^{t}\varsigma(t)+\sum_{t=1}^{t}\sum_{n=0}^{N}\theta_n(t)[p_n(t)-p_n(t-1)] \tag{3-57}$$

以及它们的贴现形式：

① 我们通常要求至少有一个价格过程是严格为正的，就可以把它作为基准(benchmark)证券或者计价商品。习惯上它就是无风险证券，但实际上任何严格为正的价格过程都可以担当计价商品。

$$\sum_{t=0}^{t-1}\frac{C(t)}{(1+r)^t}+\sum_{n=0}^{N}\frac{\theta_n(t)p_n(t)}{(1+r)^t}=\sum_{t=0}^{t-1}\frac{\varsigma(t)}{(1+r)^t}+\sum_{t=1}^{t}\sum_{n=0}^{N}\theta_n(t)\left[\frac{p_n(t)}{(1+r)^t}-\frac{p_n(t-1)}{(1+r)^{t-1}}\right] \tag{3-58}$$

$$\sum_{t=0}^{t}\frac{C(t)}{(1+r)^t}+\sum_{n=0}^{N}\frac{\theta_n(t+1)p_n(t)}{(1+r)^t}=\sum_{t=0}^{t}\frac{\varsigma(t)}{(1+r)^t}+\sum_{t=1}^{t}\sum_{n=0}^{N}\theta_n(t)\left[\frac{p_n(t)}{(1+r)^t}-\frac{p_n(t-1)}{(1+r)^{t-1}}\right] \tag{3-59}$$

对它们的理解都很直观,即积累的消费过程和下一时期投资是用积累的资源禀赋(过程)和积累的收获(过程)来融资的。注意在0时刻,上述恒等式可以简化为:

$$C(0)=\varsigma(0)-\sum_{n=0}^{N}\theta_n(1)p_n(0) \tag{3-60}$$

如果排除随机禀赋过程,即在0资源禀赋过程下,我们就有下面的推论:对于任何 $2\leqslant t\leqslant T$,一个消费过程 $\{C(0), \cdots, C(T)\}$ 是可获得的,当且仅当它满足下列等价条件中的任意一个:

$$\sum_{t=1}^{t-1}C(t)+\sum_{n=0}^{N}\theta_n(t)p_n(t)=\sum_{n=0}^{N}\theta_n(1)p_n(0)+\sum_{t=1}^{t}\sum_{n=0}^{N}\theta_n(t)[p_n(t)-p_n(t-1)] \tag{3-61}$$

$$\sum_{t=1}^{t-1}\frac{C(t)}{(1+r)^t}+\sum_{n=0}^{N}\frac{\theta_n(t)p_n(t)}{(1+r)^t}=\sum_{n=0}^{N}\theta_n(1)p_n(0)+\sum_{t=1}^{t}\sum_{n=0}^{N}\theta_n(t)\left[\frac{p_n(t)}{(1+r)^t}-\frac{p_n(t-1)}{(1+r)^{t-1}}\right] \tag{3-62}$$

特别地,一个完整的可获消费过程应当满足:

$$\sum_{t=1}^{T}C(t)=\sum_{n=0}^{N}\theta_n(1)p_n(0)+\sum_{t=1}^{T}\sum_{n=0}^{N}\theta_n(t)[p_n(t)-p_n(t-1)] \tag{3-63}$$

$$\sum_{t=1}^{T}\frac{C(t)}{(1+r)^t}=\sum_{n=0}^{N}\theta_n(1)p_n(0)+\sum_{t=1}^{T}\sum_{n=0}^{N}\theta_n(t)\left[\frac{p_n(t)}{(1+r)^t}-\frac{p_n(t-1)}{(1+r)^{t-1}}\right] \tag{3-64}$$

这就是说,由于没有期间资源禀赋,积累总消费是通过初始价值加上来自交易的所有收获来融资的。

接下来我们考察一种特殊的交易策略——自我融资交易策略(self-financing trading strategy)。投资者采用这种交易策略不需要额外的资金投入,但是也不能从投资所得中抽取资金,自我融资的实质就是利用卖空某些证券所得来为买入另一些资产融资。

定义 3.3.3 当且仅当:

$$\theta(t+1)p(t)=\theta(t)p(t)$$

时,称 $\theta(t)$ 为自我融资交易策略。

在0禀赋过程下,如果没有期间消费,根据会计恒等式(3-56)以及式(3-60),自我融资策略也可以表示为:

$$\sum_{n=0}^{N}\theta_n(t)p_n(t)=\sum_{n=0}^{N}\theta_n(1)p_n(0)+\sum_{t=1}^{t}\sum_{n=0}^{N}\theta_n(t)[p_n(t)-p_n(t-1)],\ \forall 1\leqslant t\leqslant T \tag{3-65}$$

$$\sum_{n=0}^{N}\frac{\theta_n(t)p_n(t)}{(1+r)^t}=\sum_{n=0}^{N}\theta_n(1)p_n(0)+\sum_{t=1}^{t}\sum_{n=1}^{N}\theta_n(t)\left[\frac{p_n(t)}{(1+r)^t}-\frac{p_n(t-1)}{(1+r)^{t-1}}\right],\ \forall 1\leqslant t\leqslant T \tag{3-66}$$

或者简记为：

$$V(t)=V(0)+G(t) \tag{3-67}$$

$$\tilde{V}(t)=V(0)+\tilde{G}(t) \tag{3-68}$$

上式表明，给定一种计价商品或者任意一个正的随机过程 $p_0(t)$，对于价值过程 $V(t)$ 是自我融资的交易策略，对于用计价商品标准化后的贴现价值过程 $V(t)/p_0(t)$ 也应当是一个自我交易策略。因此，改变基准证券不会改变交易策略的性质也就不会改变市场行为，这被称为“计价商品不变定理”(numeraire invariance theorem)。

我们用 $\mathcal{A}$ 表示所有自我融资交易策略的集合。基于它可以进一步构造更为严格的交易策略。例如，存在一个自我融资策略 $\theta\in\mathcal{A}$，如果它可以产生非负的价值过程 $V(t)\geqslant 0$，则称它为可行策略(admissible strategy)①，一般用 $\mathcal{A}_a$ 表示所有可行策略的集合。

我们知道，套利策略(arbitrage strategy)是一种 0 投资或者负投资又能够带来非负的价值过程的交易策略。换句话说，一个套利机会就意味着存在一个可行策略，它的初始价值为：

$$V_\theta(0)=0$$

价值过程为：

$$V_\theta(t)\geqslant 0,\ t\in[0,\ T]$$

最终支付为：

$$E[V_\theta(T)]>0$$

不难知道，在一个没有任何交易限制的市场上，只要投资者是不满足的，他们就会在任意大的规模上展开套利行动来攫取无风险利润。很明显，任何理性的市场模型势必会排除套利机会。不存在套利机会的证券市场被称为可行(viable)市场。前面的分析告诉我们，套利机会必然不容于市场均衡，它是市场一般均衡条件的一个子集或者说是必要条件。

在一个完备的市场中，如果一个具有 $\sum_{n=0}^{N}\theta_n(T)D_n$ 的最终支付形态的证券②(或有消费或者或有权益)可以由自我融资的交易策略复制(replicate)出来，那么在均衡时刻，这个证券(或有消费或者或有权益)的最初价值就必定等于该交易策略的最初投资成本：

$$V(0)=\sum_{n=0}^{N}\theta_n(1)p_n(0)$$

否则，市场上就必定存在着套利机会③，而这与均衡条件相矛盾。使用这一原则就可以

① 文献中定义过很多种类的交易策略，除了可行策略还有 3.4 节中将会接触到的驯服(tame)或者 c-可行策略，由这种交易策略产生的价值过程具有有限的下界 c。实际上这些策略的设计是为了防止诸如无限负债或者加倍策略(doulbe strategy)这些不合理的情况出现，以使得推导在数学上更为严密。

② 注意，我们要求这个证券没有期间支付。

③ 多期市场模型中的套利定义是对于前面单期模型中套利定义的一个直接推广，简单地说套利就是 0 禀赋产生了正的消费过程。由于消费者是喜多厌少的，在多期均衡中同样不会出现套利策略，同样称不存在套利机会的市场为可行的。

为任何证券(或有消费或者或有权益)定价。

3.3.6 均衡价格测度和资产定价基本定理

3.3.5 节的分析告诉我们：无套利原理可以获得合理的价格体系，但是我们还无法确切地知道如何获得这个合理价格体系，在本节中我们将进一步考察这个问题，以及均衡价格(体系)过程所具有的一些重要特征。

在对单期模型的分析中，我们知道无套利的价格体系会产生一种人为的概率测度——均衡价格测度。如果市场是完备的，则伴随的均衡价格测度也应当是唯一的。所有资产的现在价格都是未来收益在均衡价格概率下的期望值，然后用无风险利率贴现。

由于多期模型可以拆分为一个个的单期模型，因此多期模型中的均衡价格程度是单期模型中的概念的一个直接的推广，它被定义为单期均衡价格测度的乘积。

定义 3.3.4 如果给定价格(体系)过程 $\boldsymbol{p}$，下列线性方程组：

$$\boldsymbol{D}^{\mathrm{T}}(t,\ \omega)Q[t,\ \mathcal{F}_{t-1}(\omega)]=(1+r)p(t-1,\ \omega) \tag{3-69}$$

有一组正的解：

$$Q[(t,\ \mathcal{F}_{t-1})(\omega)]>0,\ \forall 1\leqslant i\leqslant z(t-1,\ \omega)$$

则：

$$Q(\omega)=\prod_{t=1}^{T}Q[t,\ \mathcal{F}_{t}(\omega)] \tag{3-70}$$

被称为价格体系 $\boldsymbol{p}$ 下的均衡价格测度。其中均衡价格测度：

$$Q[t,\ \mathcal{F}_{t-1}(\omega)]=\begin{bmatrix} Q[t,\ \mathcal{F}_{t-1,\ 1}(\omega)] \\ \cdots\cdots\cdots\cdots\cdots \\ Q[t,\ \mathcal{F}_{t-1,\ z(t-1,\ \omega)}(\omega)] \end{bmatrix}$$

是一个 $z(t-1,\ \omega)$ 维向量，它的具体维数是由在 t 时刻的分裂函数的大小决定的。因此，式(3-69)相当于在任意时刻上的单期均衡价格测度的定义，式(3-70)则把多期均衡价格测度定义为所有单期均衡价格测度的乘积。为了理解这种乘积形式的确切含义，让我们考虑下面的例子。

例 3.3.3 $T=3$，$S=7$，3 种普通证券，市场信息结构为：

$$\mathcal{F}_1=\{\mathcal{F}_{11},\ \mathcal{F}_{12}\}=\{\{\omega_1,\ \omega_2,\ \omega_3,\ \omega_4,\ \omega_5\},\ \{\omega_6,\ \omega_7\}\}$$

$$\mathcal{F}_2=\{\mathcal{F}_{21},\ \mathcal{F}_{22},\ \mathcal{F}_{23}\}=\{\{\omega_1,\ \omega_2,\ \omega_3\},\ \{\omega_4,\ \omega_5\},\ \{\omega_6,\ \omega_7\}\}$$

最终收益矩阵为：

$$D\ (T)^{\mathrm{T}}=\begin{bmatrix} 1.331 & 1.331 & 1.331 & 1.331 & 1.331 & 1.331 & 1.331 \\ 60 & 30 & 20 & 40 & 40 & 21 & 24 \\ 120 & 48 & 60 & 50 & 40 & 24 & 21 \end{bmatrix}$$

价格过程为：

$p_1(0)=1,\ p_2(0)=21.64,\ p_3(0)=25.02$

$p_1(1,\ \mathcal{F}_{11})=1.1,\ p_2(1,\ \mathcal{F}_{11})=30.99,\ p_3(1,\ \mathcal{F}_{11})=41.53$

$p_1(1,\ \mathcal{F}_{12})=1.1,\ p_2(1,\ \mathcal{F}_{12})=19.01,\ p_3(1,\ \mathcal{F}_{12})=18.18$

$p_1(2,\ \mathcal{F}_{21})=1.21,\ p_2(2,\ \mathcal{F}_{21})=27.27,\ p_3(2,\ \mathcal{F}_{21})=60$

$p_1(2,\ \mathcal{F}_{22})=1.21,\ p_2(2,\ \mathcal{F}_{22})=36.36,\ p_3(2,\ \mathcal{F}_{22})=40.91$

$p_1(2,\ \mathcal{F}_{23})=1.21,\ p_2(2,\ \mathcal{F}_{23})=20.91,\ p_3(2,\ \mathcal{F}_{23})=20$

证券 1 是无风险证券，因此无风险(净)收益率 r 就是 10%。对于分割 $\mathcal{F}_0(\omega)$ 的分裂就是 $\mathcal{F}_1(\omega)=\{\mathcal{F}_{11},\mathcal{F}_{12}\}\ \forall\omega\in\Omega$；对于 $\omega\in\mathcal{F}_{11}$，$\mathcal{F}_1(\omega)$ 的分裂是 $\{\mathcal{F}_{21},\mathcal{F}_{22}\}$；对于 $\omega\in\mathcal{F}_{12}$，分裂是 $\mathcal{F}_2(\omega)=\{\mathcal{F}_{23}\}$，因此有：

$$\boldsymbol{D}(1,\ \omega)^{\mathrm{T}}=\begin{bmatrix}1.1 & 1.1\\30.99 & 19.01\\41.53 & 18.18\end{bmatrix}$$

而第一期的均衡价格测度为：

$$Q[1,\ \mathcal{F}_1(\omega)]=\begin{bmatrix}Q(1,\ \mathcal{F}_{11})\\Q(1,\ \mathcal{F}_{12})\end{bmatrix}$$

根据式(3-69)就有：

$$\begin{bmatrix}1.1 & 1.1\\30.99 & 19.01\\41.53 & 18.18\end{bmatrix}\begin{bmatrix}Q(1,\ \mathcal{F}_{11})\\Q(1,\ \mathcal{F}_{12})\end{bmatrix}=1.1\begin{bmatrix}1.00\\21.64\\25.02\end{bmatrix}$$

解得：

$$\begin{bmatrix}Q(1,\ \mathcal{F}_{11})\\Q(1,\ \mathcal{F}_{12})\end{bmatrix}=\begin{bmatrix}2/5\\3/5\end{bmatrix}$$

同理，后面几期的单期均衡价格测度为：

$Q(2,\ \mathcal{F}_{21})=1/4,\ Q(2,\ \mathcal{F}_{22})=3/4,\ Q(2,\ \mathcal{F}_{23})=1$

$Q(3,\ \omega_1)=1/6,\ Q(3,\ \omega_2)=1/3,\ Q(3,\ \omega_3)=1/2,\ Q(3,\ \omega_4)=1/2$

$Q(3,\ \omega_5)=1/2,\ Q(3,\ \omega_6)=1/3,\ Q(3,\ \omega_7)=2/3$

因为所有的解都是正的，所以确实存在着多期均衡价格测度，它们是所有单期均衡价格测度的乘积：

$$Q(\omega_1)=\frac{2}{5}\times\frac{1}{4}\times\frac{1}{6}=1/60;\ Q(\omega_2)=\frac{2}{5}\times\frac{1}{4}\times\frac{1}{3}=1/30;\ Q(\omega_3)=\frac{2}{5}\times\frac{1}{4}\times\frac{1}{2}=1/20$$

$$Q(\omega_4)=\frac{2}{5}\times\frac{3}{4}\times\frac{1}{2}=3/20;\ Q(\omega_5)=\frac{2}{5}\times\frac{3}{4}\times\frac{1}{2}=3/20;\ Q(\omega_6)=\frac{3}{5}\times1\times\frac{1}{3}=1/5$$

$$Q(\omega_7)=\frac{3}{5}\times1\times\frac{2}{3}=2/5$$

注意，$\sum_{s=1}^{7} Q(\omega_s)=1$。因此，如同单期模型的情况，多期均衡价格测度也是一种定义在状态空间 Ω 上的“人为”的概率。严格地说，它是一种条件概率①，我们知道条件概率定义为：

$$P(A \mid \mathcal{F}](\omega)=\frac{P[A \cap \mathcal{F}(\omega)]}{P[\mathcal{F}(\omega)]}$$

例 3.3.4 状态空间为 $\Omega=\{\omega_1, \cdots, \omega_6\}$，概率分布为 $P(\omega_i)=1/5,\ i=1, \cdots, 5$。信息结构为 $\mathcal{F}=\{\mathcal{F}_1, \mathcal{F}_2\}=\{\{\omega_1, \omega_2, \omega_3, \omega_5\}, \{\omega_4\}\}$，事件为 $A=\{\omega_4, \omega_5\}$。则：

$$P(A \mid \mathcal{F})(\omega)=\begin{cases}\dfrac{P(\omega_5)}{P(\mathcal{F}_1)}=\dfrac{1}{4},\ \omega \in \mathcal{F}_1 \\ \dfrac{P(\omega_4)}{P(\mathcal{F}_2)}=1,\ \omega=\omega_4\end{cases}$$

因此，就有以下结论：

$$Q[\mathcal{F}_t(\omega) \mid (\mathcal{F}_{t-1})](\omega)=Q[t, \mathcal{F}_t(\omega)],\ \forall 1 \leqslant t \leqslant T,\ \omega \in \Omega \tag{3-71}$$

这是因为根据均衡价格测度和条件概率的定义：

$$Q[\mathcal{F}_t(\omega) \mid \mathcal{F}_{t-1}](\omega)=\frac{\sum\limits_{\xi \in \mathcal{F}_t(\omega)} \prod\limits_{u=1}^{T} Q[u, \mathcal{F}_u(\xi)]}{\sum\limits_{\eta \in \mathcal{F}_{t-1}(\omega)} \prod\limits_{u=1}^{T} Q[u, \mathcal{F}_u(\eta)]}=\frac{\sum\limits_{\xi \in \mathcal{F}_t(\omega)} \prod\limits_{u=1}^{t} Q[u, \mathcal{F}_u(\xi)]}{\sum\limits_{\eta \in \mathcal{F}_{t-1}(\omega)} \prod\limits_{u=1}^{t-1} Q[u, \mathcal{F}_u(\eta)]}$$

对于 $1 \leqslant u \leqslant t-1$，我们有 $\mathcal{F}_u(\xi)=\mathcal{F}_u(\eta)=\mathcal{F}_u(\omega)$，因此在上面的比例中只有 $Q[t, \mathcal{F}_t(\omega)]$ 的存在。

我们看到：当且仅当每一个单期均衡价格测度存在时，多期市场的均衡价格测度才能有良好的定义，多期市场的均衡价格测度才能存在。因此，单期市场均衡价格测度的特点，同样体现在多期市场中。进一步，就有 3.2.8 节中几个定理和推论的多期版本。

(1) 当且仅当价格体系 $\boldsymbol{p}$ 不存在套利机会，多期均衡价格测度 $\boldsymbol{Q}$ 存在。

(2) 如果多期均衡价格测度存在，当且仅当市场是完备的，它才唯一。

(3) 对于一个存在一些具有连续、递增和凸的偏好的消费者的经济，当且仅当存在均衡价格测度 $\boldsymbol{Q}$ 时，可以有一个均衡配置。

在单期模型中我们知道，所有资产的现在价格就是最终收益在均衡价格测度下的条件数学期望的贴现值。所谓条件数学期望就是②：

$$E^Q(x \mid \mathcal{F})(\omega)=\frac{\sum\limits_{\xi \in \mathcal{F}(\omega)} P(\xi) x(\xi)}{\sum\limits_{\xi \in \mathcal{F}(\omega)} P(\xi)} \tag{3-72}$$

例 3.3.5 状态空间为：$\Omega=\{\omega_1, \cdots, \omega_6\}$；

---

① 对条件概率概念和性质的讨论见 9.3.1 节。
② 对条件数学期望概念和性质的进一步讨论见 9.3.2 节。

概率分布为：$P(\omega_i)=1/5,\ i=1,\ \cdots,\ 5$；

信息结构为：$\mathcal{F}=\{\mathcal{F}_1,\ \mathcal{F}_2\}=\{\{\omega_1,\ \omega_2,\ \omega_3,\ \omega_5\},\ \{\omega_4\}\}$；

随机变量为：$x(\omega_1)=1,\ x(\omega_2)=1,\ x(\omega_3)=2,\ x(\omega_4)=3,\ x(\omega_5)=2$

则：

$$E^{\mathcal{P}}(x \mid \mathcal{F})(\omega_1)=\frac{\dfrac{1+1+2+2}{5}}{\dfrac{4}{5}}=\frac{3}{2}$$

$$E^{\mathcal{P}}(x \mid \mathcal{F})(\omega_4)=\frac{\dfrac{3}{5}}{\dfrac{1}{5}}=3$$

定理 3.3.1　如果 Q 是一个均衡价格测度，则对于每个 $0\leqslant n\leqslant N$ 和 $0\leqslant t\leqslant T$ 有：

$$p_n(t)=\frac{E^Q(D_n \mid \mathcal{F}_t)}{(1+r)^{T-t}} \tag{3-73}$$

证明：根据多期均衡价格测度的定义和式(3-71)，有：

$$p_n(t)=\frac{E^Q[p_n(t+1) \mid \mathcal{F}_t]}{1+r}$$

以及

$$p_n(t+1)=\frac{E^Q[p_n(t+2) \mid \mathcal{F}_{t+1}]}{1+r}$$

把上式代入前式，因为 $\mathcal{F}_{t+1}$ 比 $\mathcal{F}_t$ 更精细，使用重复预期法则（law of iterated expectations）①得：

$$p_n(t)=\frac{E^Q[p_n(t+2) \mid \mathcal{F}_t]}{(1+r)^2}$$

不断继续就可以得到定理中的形式。

由于运用了条件期望的形式，很自然地会考虑到价格过程的鞅（martingale）性②。所谓鞅，是用条件数学期望形式定义的一种随机运动方式。具体有：假定 $p_t,\ t=0,\ 1,\ \cdots$ 是滤波空间 $\{\Omega,\ \mathcal{F},\ P,\ \mathbf{F}\}$ 上的一个适应过程，如果：

(1) $E[p_t]<\infty,\ t=0,\ 1,\ \cdots$，即无条件的数学期望是有限的；

(2) $E_t[p_{t+1} \mid \mathcal{F}_t]=p_t,\ \forall t=0,\ 1,\ \cdots$，即对未来的预测就是现在观察到的数据。

则称 p_t 为离散时间鞅或者简称离散鞅。

定理 3.3.2　对于每一种证券，它的贴现价格是一个 Q-鞅，即：

$$E^Q\left[\frac{p_n(t)}{(1+r)^t}\,\middle|\,\mathcal{F}_s\right]=\frac{p_n(s)}{(1+r)^s} \tag{3-74}$$

---

① 重复预期法则见 9.2.2 节。

② 对鞅的全面讨论见第 11 章。

证明：由于：

$$E^{Q}\left[\frac{p_n(t)}{(1+r)^t}\middle|\mathcal{F}_s\right]=\frac{E^{Q}[E^{Q}(D_n\mid\mathcal{F}_t)\mid\mathcal{F}_s]}{(1+r)^T}=\frac{E^{Q}(D_n\mid\mathcal{F}_s)}{(1+r)^{T-s}(1+r)^s}=\frac{p_n(s)}{(1+r)^s}$$

回顾我们得到的这一系列关于资产价格运动形式的定理，可以发现如同单期中的情形：任何均衡价格测度 Q 都是风险调整过的概率测度。在 Q 测度下，所有投资者要求的仅仅是无风险回报，好像他们全部是风险中性的。由于 Q 与原来的真实概率 $\mathcal{P}$ 是等价的，均衡价格测度又被称为等鞅测度(equivalent martingale measure)。

3.4 连续时间多期模型

有了以上基础，本节我们就可以开始探讨最优雅但也是最复杂的连续时间市场模型中。本节中我们先描述连续时间一般情形下市场模型的基本构架①，然后给出一般情形下的资产定价基本定理，并讨论完备性问题。接下来在结合了第 2 章中考察过的个人最优化行为后解决整个市场均衡问题。最后我们还要讨论从单期到连续多期的动态扩展(spanning)问题②。

3.4.1 模型框架

假定：(1) 时间。经济存续一个有限的时间段 $[0, T]$，$T<\infty$，个人可以在任何(连续的)时间点上进行消费和投资。

(2) 不确定性。不确定性由完备概率空间 $\{\Omega, \mathcal{F}, P\}$ 描述。定义在 $\{\Omega, \mathcal{F}, P\}$ 上，有 m 维布朗运动：

$$\mathcal{W}(t)=[\mathcal{W}_1(t), \mathcal{W}_2(t), \cdots, \mathcal{W}_m(t)],\ 0\leqslant t\leqslant T$$

自然滤波(信息结构)由上述 m 维布朗运动生成，即：

$$\mathcal{F}_t^{W}=\sigma[\mathcal{W}(s),\ 0\leqslant s\leqslant t],\ 0\leqslant t\leqslant T \tag{3-75}$$

(3) 交换商品。仅有唯一一种同时用于消费和计价的易腐商品。

(4) 理性个人行为。个人具有特定形式的效用函数，效用函数 $\mathcal{U}(t, C)$ 在整个定义域内，被假定是连续、严格单调递增和凹的。它对 C 的导数记为：

$$\mathcal{U}'(t,.)=\frac{\partial\mathcal{U}(t, C)}{\partial C}$$

对于任意 $t>0$，有：

$$\mathcal{U}'(\infty)=\lim_{C\to\infty}\mathcal{U}'(t, C)=0$$

$$\mathcal{U}'(0)=\lim_{C\downarrow 0}\mathcal{U}'(t, C)=\mathcal{U}'(t, 0+)=\infty$$

---

① 请参考和比较 2.4.3 节的模型设定。

② 实际上，连续时间分析的主要部分，都已经拆开分散在了以下章节中：简化的 B-S 模型见第 4 章；个人最优化行为见第 2 章。因此，这里呈现的主要是资产定价基本定理和对于市场完备性的讨论。

这些要求的经济解释都很直观，$\mathcal{U}(t,.)$ 的递增性意味着：投资者总是偏好更多的消费或者财富。$\mathcal{U}(t,.)$ 的严格凹性意味着：$\mathcal{U}'(t,.)$ 对 C 是递增的，而这就表示投资者是风险厌恶的。因为 $\mathcal{U}'(C, t)$ 是严增的，它就有一个严格递减的逆映射 $I(t, C)$：

$$I[\mathcal{U}'(C, t), t] = C = \mathcal{U}'[I(C, t), t], \ C \in (0, \infty) \tag{3-76}$$

函数 $\mathcal{U}(t,.)$ 的凹性就意味着：

$$\mathcal{U}[I(y, t), t] \geqslant \mathcal{U}(C, t) + y[I(y, t) - C], \ \forall C, y \tag{3-77}$$

进一步地，我们定义非负的适应过程：

$$C = \{C(t), 0 \leqslant t \leqslant T\}, C(0) = 0, C(T) < \infty$$

为消费率过程。

显然，个人的决策行为仍旧包括两个方面：消费和投资组合。目标依然是最大化个人终身效用函数①。

(5) 理想化的证券市场。要求个人是不能够预知未来的，特别是他不能知道未来价格运动趋势；个别投资者的行为对价格不会产生任何影响；证券完全可分；允许卖空，并且没有任何交易费用。

(6) 证券价格动态。证券市场上长期存在 $n+1$ 种(普通)证券。第 0 种为无风险债券，它的价格过程为：

$$\mathrm{d}B(t) = r(t)B(t)\mathrm{d}t, \ B(0) = 1 \tag{3-78}$$

其他 n 种均为风险证券，它们的价格过程为：

$$\mathrm{d}S_i(t) = S_i(t)\left[\mu_i(t)\mathrm{d}t + \sum_{j=1}^{m} \sigma_{ij}(t)\mathrm{d}\mathcal{W}_j(t)\right], \ S_i(0) = \bar{S}_i \in (0, \infty); \ i = 1, \cdots, N \tag{3-79}$$

要求“利率”过程 $\{r(t), 0 \leqslant t \leqslant T\}$、“成长率”向量过程 $\{\mu(t) = [\mu_1(t), \cdots, \mu_N(t)], 0 \leqslant t \leqslant T\}$、“波动率”矩阵过程 $\{\sigma(t) = [\sigma_{ij}(t)]_{0 \leqslant i \leqslant N, 0 \leqslant j \leqslant M}, 0 \leqslant t \leqslant T\}$ 均为循序可测并满足下列柔和(mild)增长条件②：

$$\int_0^T (| r(t) | + \| \mu(t) \| + \| \sigma(t) \|^2)\mathrm{d}t < \infty$$

此外，我们要求 $\boldsymbol{\sigma}$ 是可逆的。而且，对于利率过程 $r(t)$ 和状态价格密度过程 $H(t)$（参见式(2-195)）：

$$H(t) = \gamma(t)\xi(t) = \exp\left\{-\int_0^t \left[r(s) + \frac{1}{2}\| \mathcal{K}(s) \|^2\right]\mathrm{d}s - \int_0^t \mathcal{K}^{\mathrm{T}}(s)\mathrm{d}\mathcal{W}(s)\right\} \tag{3-80}$$

施加以下 a.s.条件，即对于任意实数 κ，η、δ_0，Δ_0，且 $\kappa > 0$，$\eta \geqslant 0$，$0 < \delta_0 < \Delta_0$，有：

$$\kappa \geqslant r(t) \geqslant -\eta, \ \delta_0 \leqslant H(t) \leqslant \Delta_0, \forall 0 \leqslant t \leqslant T \tag{3-81}$$

① 显然这两种决策是不能事先预期到的，换句话说它们应当是 $\mathcal{F}(t)$ 可测的。进一步的讨论见下面的第 7 点。

② 这个模型是最一般化的，当上述系数都是常数或者仅仅是 $S(t)$ 和 t 的函数时，它就是扩散过程，价格运动具有马氏性。

(7) 基于以上设定,我们进一步细化交易策略。同前面的分析略有不同,这里我们用投入特定种类资产的资金(绝对)数量来定义交易策略,即为一个循序可测的 $n+1$ 维向量随机序列:

$$\{\pi(t)=[\pi_1(t),\ \cdots,\ \pi_n(t)],\ t\in[0,\ T]\}$$

要求它满足:

$$\int_0^T \|\pi^T(t)\sigma(t)\|^2\mathrm{d}t+\int_0^T |\pi^T(t)[\sigma(t)-r(t)\boldsymbol{1}_n]|\,\mathrm{d}t<\infty$$

注意,我们允许 $\pi_i(t)$ 为负值,即我们不限制借贷。

如果我们用 $W(t)$ 表示个人在特定时刻的财富,因为用 $\pi_i(t)$ 表示投资于风险资产上的价值量(计价单位),则投资在无风险资产上的价值就是 $W(t)-\sum_{i=1}^n\pi_i(t)$,而由此种投资策略产生的财富过程将遵循下面的随机微分方程:

$$\begin{aligned}\mathrm{d}W(t)&=\sum_{i=1}^n\pi_i(t)\frac{\mathrm{d}p_i(t)}{p_i(t)}+\left[W(t)-\sum_{i=1}^n\pi_i(t)\right]\frac{\mathrm{d}B(t)}{B(t)}-\mathrm{d}C(t)\\&=\sum_{i=1}^n\pi_i(t)\left[\mu_i(t)\mathrm{d}t+\sum_{j=1}^m\sigma_{ij}(t)\mathrm{d}\boldsymbol{W}_j(t)\right]+\left[X(t)-\sum_{i=1}^n\pi_i(t)\right]r(t)\mathrm{d}t-\mathrm{d}C(t)\\&=r(t)X(t)\mathrm{d}t+\pi^T(t)\{[\mu(t)-r(t)\boldsymbol{1}_n]\mathrm{d}t+\sigma(t)\mathrm{d}\boldsymbol{W}(t)\}-\mathrm{d}C(t),\ X(0)=x\end{aligned}\tag{3-82}$$

上面线性随机微分方程的解是:

$$\gamma(t)X(t)=x-\int_0^t\gamma(s)\mathrm{d}C(s)+\int_0^t\gamma(s)\pi^T(s)\{\sigma(s)\mathrm{d}\boldsymbol{W}(s)+[\mu(s)-r(s)\boldsymbol{1}_n]\mathrm{d}s\},\ 0\leqslant t\leqslant T$$

其中:

$$\gamma(t)=\frac{1}{B(t)}=\exp\left[-\int_0^t r(s)\mathrm{d}s\right]$$

是贴现因子。

由于我们没有限制借贷,为了产生有意义的结果,就必须对交易策略有所限制:如果投资策略 $\pi(t)$ 产生的贴现收获过程:

$$M^\pi(t)=\int_0^t\gamma(s)\pi'(s)\{\sigma(s)\mathrm{d}\boldsymbol{W}(s)+[\mu(s)-r(s)\boldsymbol{1}_n]\mathrm{d}s\}\tag{3-83}$$

是有下界的,即:

$$P[M_\theta(t)\geqslant a_\theta,\ \forall\,0\leqslant t\leqslant T]=1,\ a_\theta\in R$$

我们就称这种交易策略是驯服的(tame)。容易知道,如果不施加这样的条件,投资者可以很方便地构造类似加倍策略(doubling strategy)的恶性交易策略。

3.4.2 资产定价基本定理和完备性

在驯服的投资策略中,有一种是我们特别关注的——套利策略。如果对于一个驯服交易策略，有：

$$P[M_\theta(T) \geqslant 0] = 1,\ P[M_\theta(T) > 0] > 0 \tag{3-84}$$

我们就称它为一个套利机会(或者免费午餐)。如果市场不存在这样的机会，我们就称它为无套利的。对它的经济解释仍然很直观：如果在初始时刻的资本投入为 0，而采用套利策略，在没有任何风险的情况下，最终时刻会有一个可能为正的价值量，这总归有点不劳而获的不合理性。

我们有以下简单原则去判断一个市场是否存在套利机会。

定理 3.4.1　(1) 如果市场上不存在套利机会，则存在一个循序可测过程 $\mathcal{K}$: $[0,\ T] \times \Omega \to R^m$，使得：

$$\mu(t) - r(t)\boldsymbol{1}_n = \sigma(t)\mathcal{K}(t),\ 0 \leqslant t \leqslant T \tag{3-85}$$

(2) 反过来，如果存在这样的 $\mathcal{K}$: $[0,\ T] \times \Omega \to R^m$ 满足上式和技术要求：

$$\int_0^T \| \mathcal{K}(t) \|^2 \mathrm{d}t < \infty \tag{3-86}$$

和

$$E\left[\exp\left(-\int_0^T \mathcal{K}_s \mathrm{d}\boldsymbol{W}_s - \frac{1}{2}\int_0^t \| \mathcal{K}_s \|^2 \mathrm{d}s\right)\right] = 1 \tag{3-87}$$

则市场上不存在套利机会。

其中，$\mathcal{K}$: $[0,\ T] \times \Omega \to R^m$ 被称为风险的市场价格(market price of risk)或者“相对风险”(relative risk)，$\mu_i(t) - r(t)$ 就是风险溢价(risk premium)。

考虑一个市场模型 $n \leqslant m$，存在一个循序可测过程 $\mathcal{K}$: $[0,\ T] \times \Omega \to R^m$ 满足式(3-85)—式(3-87)，则我们称这个市场为标准的(standard)。对于一个标准市场，指数过程：

$$\xi(t) = \exp\left[-\int_0^T \mathcal{K}(s)\mathrm{d}\boldsymbol{W}_s - \frac{1}{2}\int_0^t \| \mathcal{K}(s) \|^2 \mathrm{d}s\right]$$

是一个鞅，因此：

$$Q(A) = E[\xi(T)\boldsymbol{1}_A],\ A \in \mathcal{F}(T)$$

定义一个等价于 P 的测度 Q，相应的似然率过程(likelihood rate process)为：

$$\left.\frac{\mathrm{d}Q}{\mathrm{d}P}\right|_{\mathcal{F}(t)} = \xi(T),\ 0 \leqslant t \leqslant T$$

Q 被称为风险中性(或者等收益(yield-equating))等鞅测度。在测度 Q 下，根据哥萨诺夫定理：

$$\widetilde{\boldsymbol{W}}(t) = \boldsymbol{W}(t) + \int_0^t \mathcal{K}(s)\mathrm{d}s,\ 0 \leqslant t \leqslant T$$

是一个标准布朗运动。这样式(3-79)就变成了：

$$\mathrm{d}S_i(t) = S_i(t)\left[r(t)\mathrm{d}t + \sum_{j=1}^m \sigma_{ij}(t)\mathrm{d}\widetilde{\boldsymbol{W}}_j(t)\right],\ i = 1,\ \cdots,\ n \tag{3-88}$$

或者：

$$d[\gamma(t)S_i(t)]=[\gamma(t)S_i(t)]\sum_{j=1}^{m}\sigma_{ij}(t)d\widetilde{W}_j(t),\ i=1,\ \cdots,\ n \tag{3-89}$$

换句话说,在测度 Q 下,股票的期望增长率换成了无风险收益率,而且式(3-89)显示 $\gamma(t)S(t)$ 在测度 Q 下是一个局部鞅①。

要注意的是:$n\leqslant m$ 不具有限制性。如果波动率矩阵是满秩的,则我们可以在式(3-85)中,得到:

$$\mathcal{K}(t)=\sigma^T(t)[\sigma(t)\sigma^T(t)]^{-1}[\mu(t)-r(t)\boldsymbol{1}_n] \tag{3-90}$$

现在我们简单证明定理 3.4.1 如下:

(1) 假定市场是标准的,即对于某个循序可测的 $\mathcal{K}$: $[0,\ T]\times\Omega\rightarrow R^n$,式(3-85)—式(3-87)均得到满足。如果 θ 是套利机会,根据式(3-84),我们就有 $[M_\theta(T)>0]$, $a.s.$,因此 $M_\theta(T)=0$,而这同式(3-84)的 $P[M_\theta(T)>0]>0$ 相矛盾。

(2) 回想贴现收获过程的定义,见式(3-83),假定存在一个集合 $A\subseteq[0,\ T]\times\Omega$,它有正的乘积测度 $\lambda\times P(A)>0$②,使得我们在 A 上有:

$$\begin{cases}\sigma^T\theta=0; & \text{没有风险暴露}\\ \theta^T(\mu-r\boldsymbol{1}_n)\neq 0; & \text{非 0 增长率}\end{cases} \tag{3-91}$$

对于任意 $k>0$,构造一个新资产组合过程:

$$\hat{\theta}=\begin{cases}k\,\mathrm{sgn}[\theta^T(\mu-r\boldsymbol{1}_n)]\theta; & \text{在 } A\\ 0; & \text{在 } A^C\end{cases}$$

这样根据式(3-83),对于某些 $B\in\mathcal{F}(T)$,且 $P(B)>0$,有:

$$M^{\hat{\theta}}(T)=\begin{cases}k\int_0^T\gamma(s)\mid\theta^T(s)[\mu(s)-r(s)\boldsymbol{1}_n]\mid ds>0; & \text{在 } B\\ 0; & \text{在 } B^C\end{cases}$$

很明显 $\hat{\theta}$ 就是一个套利机会,为了排除它,我们必须(根据式(3-91))要有:在 $Kernel[\sigma^T(t,\ \omega)]$ 中的每一个向量必须同 $\mu(t,\ \omega)-r(t,\ \omega)\boldsymbol{1}_n$ 正交③。因此,$\mu(t,\ \omega)-r(t,\ \omega)\boldsymbol{1}_n$ 应当属于 $\{Kernel[\sigma^T(t,\ \omega)]\}^{\perp}=Range[\sigma(t,\ \omega)]$,而这正是式(3-85)。

现在考虑标准市场模型,我们定义或有权益证券为一个 $\mathcal{F}(T)$ 可测的随机变量:

$$Y:\ \Omega\rightarrow[0,\ \infty)$$

它满足:

$$u_0=E^Q[\gamma(T)Y]=E[\gamma(T)\xi(T)Y]<\infty$$

如果存在一个驯服的交易策略,使得:

$$X^{u_0,\ \theta,\ 0}(T)=Y$$

① 如果满足 Novikov 条件,则它是鞅。

② 其中,λ 代表 Lebesgue 测度。

③ 核(kernel)、正交等的概念参见 8.6 节。

则称该或有权益证券为可获得的。在标准市场模型中，如果每一个或有权益证券均为可获得的则称它为完备的，否则就是不完备的。

对于标准市场模型有一个很方便的准则去判断它是否是完备的：它要求股票的数目和风险的发生源一样多。不妨把注意力集中到线性方程组式(3-85)上：

$$\mu_i(t) - r(t) = \sum_{j=1}^{m} \sigma_{ij}(t)\mathcal{K}_j(t)$$

它的解有三种情况。

(1) 无解。不存在风险中性概率，市场上存在套利机会。

(2) 唯一解。可以定义唯一的风险中性概率测度 Q，在 Q 下每种资产的贴现价格过程都是鞅，市场上不存在任何套利机会。

(3) 多个解。存在多个风险中性概率，市场上不存在套利机会，但是有些或有权益证券不能被对冲(hedge)，市场是不完备的。

就方程组本身来说，除非布朗运动的维数小于或者等于风险证券的数目，方程组都将无解。特别地，如果两者相等，而且 $\sigma_{ij}(t)$ 是非奇异的，则：

$$\sigma^{-1}(t)\mu(t) - r(t) = \mathcal{K}(t)$$

3.4.3　一般均衡

我们进一步拓展对 3.4.1 节经济的设定，现在经济中有 K 个理性个体，每个人均被赋予一个用易腐商品表示的外生资源禀赋率过程(endowment-rate process)：

$$\varsigma_k: [0, T] \times \Omega \rightarrow [0, \infty), \ k = 1, \cdots, K$$

它是一个循序可测随机过程。总资源禀赋(aggregate endowment)：

$$\varsigma(t) = \sum_{k=1}^{K} \varsigma_k(t), \ 0 \leqslant t \leqslant T \tag{3-92}$$

被假定为一个连续、正的、半鞅(semimartingale)①：

$$\mathrm{d}\varsigma(t) = \varsigma(t)[\nu(t)\mathrm{d}t + \rho'(t)\mathrm{d}\mathcal{W}], \ \varsigma(0) > 0 \tag{3-93}$$

其中，$\nu(t)$, $\rho(t)$ 为有界、循序可测随机过程(或者向量)。此外，我们还要对总资源禀赋施加一个约束，即存在两个正的常数 δ, Δ, 使得：

$$0 < \delta \leqslant \varsigma(t) \leqslant \Delta < \infty, \ \forall\, 0 \leqslant t \leqslant T \tag{3-94}$$

而且：

$$\lambda \otimes P(\varsigma_k > 0) > 0, \ \forall\, k = 1, \cdots, K$$

为了对他们未来资源禀赋中的不确定性保值平滑跨期消费的波动，他们在上面描述的那种金融市场上积极展开交易，个体的“个人主义”最优化所需要的交易行为是否会导致市场的均衡呢？所谓均衡问题就是基于供给需求法则建立市场，得到一个合理的金融产品价

① 参见 11.2.3 节。

格体系,使得整个消费品产品出清,而且金融资产的净供给量为0。

在式(3-78)—式(3-80)描述的那种金融市场上,每个个人 k 会选择均为循序可测的一个投资组合过程 $\pi_k:[0,T]\times\Omega\to R^n$ 和一个消费率过程 $C_k:[0,T]\times\Omega\to[0,\infty)$,它们满足:

$$\int_0^T C_k(t)\mathrm{d}t<\infty,\ \int_0^T\|\sigma^T(t)\pi_k(t)\|^2\mathrm{d}t<\infty \tag{3-95}$$

由于目前的分析中加入了资源禀赋过程,因此现在对应于积累消费过程:

$$\mathcal{C}_k(t)=\int_0^t C_k(s)\mathrm{d}s$$

和积累资源禀赋过程:

$$\mathcal{E}_k(t)=\int_0^t \varsigma_k(s)\mathrm{d}s$$

的(贴现)财富过程 $\gamma(t)W_k^{0,\pi_k,\mathcal{C}_k-\mathcal{E}_k}(t)$ 变为:

$$\gamma(t)W_k(t)=\int_0^t\gamma(s)[\varsigma_k(s)-C_k(s)]\mathrm{d}s+\int_0^t\gamma(s)\pi_k'(s)\sigma(s)\mathrm{d}\widetilde{W}(s),\ 0\leqslant t\leqslant T \tag{3-96}$$

或者等价于:

$$\begin{aligned}&H(t)W_k(t)+\int_0^t H(s)[\varsigma_k(s)-C_k(s)]\mathrm{d}s\\&=\int_0^t H(s)[\sigma^T(s)\pi_k(s)-W_k(s)\mathcal{K}(s)]^T\mathrm{d}\mathcal{W}(s),\ 0\leqslant t\leqslant T\end{aligned} \tag{3-97}$$

如果个人 k 的交易策略/消费集合 (π_k,C_k) 产生的财富过程满足:

$$H(t)W_k(t)+E\left[\int_t^T H(s)\varsigma_k(s)\mathrm{d}s\mid\mathcal{F}(t)\right]\geqslant0,\ \forall\,0\leqslant t\leqslant T \tag{3-98}$$

则称 $[w_k(t),C_k(t)]$ 为个人 k 的可行策略,个人 k 的可行策略的全体记为 $\mathcal{A}_k$。

注意到条件式(3-98)比我们前面一直要求的 $W_k(t)\geqslant0$ 要弱,因为由于现在有正的资源禀赋现金流,财富过程可以是负的,只要未来资源禀赋现金流的贴现价值 $E\left[\int_t^T H(s)\varsigma_k(s)\mathrm{d}s\mid\mathcal{F}(t)\right]/H(t)$(注意是用状态密度过程评估的)足够大,以至于可以抵消式(3-98)中出现的负值时的情况。

另一方面,根据条件式(3-92)和式(3-94)以及 $C_k(t)$ 的非负性,不难证明式(3-98)意味着 $\pi_k(t)$ 是驯服的投资策略。类似的推理显示:对于任一 $(\pi_k,C_k)\in\mathcal{A}_k$,过程式(3-97)是一局部鞅而且有下界,因此它是一个上鞅,而连同式(3-98),就意味着:

$$E\int_0^T H(t)C_k(t)\mathrm{d}t\leqslant_0^T E\left[H(T)W_k(T)+\int_0^T H(s)C_k(s)\mathrm{d}t\right]\leqslant E\int_0^T H(t)\varsigma_k(t)\mathrm{d}t \tag{3-99}$$

实际上在2.4.4节中,我们就知道采用鞅方法求解个人最优化问题A(纯消费性质),即:

$$\max E\int_0^T e^{-\int_0^t \gamma(s)ds}\mathcal{U}_k[C_k(t)]dt \tag{3-100}$$

决策属于：

$$\mathcal{A}'_k=\left\{(\pi_k,\ C_k)\in\mathcal{A}_k/E\int_0^T e^{-\int_0^t \gamma(s)ds}\mathcal{U}_k^-[C_k(t)]dt<\infty\right\}$$

比照 2.4.4 节中的定理 2.4.4，这里的纯消费最优问题的解是：

$$C_k^*(t)=I_k[\mathcal{Y}_k H(t)e^{\int_0^t \gamma(s)ds}] \tag{3-101}$$

$$\sigma^T(t)\pi_k^*(t)=\frac{\psi_k(t)}{H(t)}+X_k^*(t)\beta(t) \tag{3-102}$$

$$W_k^*(t)=\frac{1}{H(t)}E\left[\int_t^T H(s)[C_k^*(s)-\varsigma_k(s)]\mid\mathcal{F}_t\right],\ 0\leqslant t\leqslant T \tag{3-103}$$

其中：

$$I_k=[U'_k(.)]^{-1}$$

$\psi_k(t)$ 为鞅的随机积分表示：

$$M_k(t)=E\left[\int_0^T H(s)[C_k^*(s)-\varsigma_k(s)]ds\mid\mathcal{F}_t\right]=\int_0^t\psi_k^T(s)d\mathcal{W}(s),\ 0\leqslant t\leqslant T$$

中的被积函数。而 $\lambda_k>0$ 由：

$$E\int_0^T H(t)I_k[\mathcal{Y}_k H(t)]e^{-\int_0^t \gamma(s)ds}dt=E\int_0^T H(t)\varsigma_k(t)dt,\ k=1,\ \cdots,\ K \tag{3-104}$$

唯一决定。

注意到由于投资策略采用了不同的表示、显性化了效用函数中的贴现因子，并且加入了资源禀赋过程，上述结果与定理 2.4.4 中的对应结果尽管本质上是相同的，形式上则略有差异。

实际上，每个个人都面临同样的最优化问题，但是个体的“个人主义”最优化所需要的交易行为是否会导致市场的均衡是我们现在最关心的问题。现在我们正式给出由式(3-78)—式(3-80)定义出的连续时间多期金融市场中均衡的概念。

定义 3.4.1　如果：

(1) 消费品市场出清：

$$\sum_K C_k^*(t)=\varsigma(t),\ \forall\,0\leqslant t\leqslant T \tag{3-105}$$

(2) 股票市场出清：

$$\sum_K \pi_{ki}^*(t)=0,\ \forall\,0\leqslant t\leqslant T;\ i=1,\ \cdots,\ n \tag{3-106}$$

(3) 债权市场出清：

$$\sum_K W_k^*(t)=0,\ \forall\,0\leqslant t\leqslant T \tag{3-107}$$

我们就称跨期市场是均衡的。

其中，$C_k^*(t)$、$\pi_k^*(t)$、$X_k^*(t)$是由式(3-101)—式(3-103)产出的最优结果。下面的分析重点放在构建这样的均衡市场，并探索它具有的特征。

命题 3.4.1 上述3个条件式(3-105)—式(3-107)导出了：

$$\varsigma(t)=\sum_{k=1}^{K}I_k\left[\mathcal{Y}_kH(t)\mathrm{e}^{\int_0^t\gamma(s)\pi_k'(s)}\right],\ \forall\, 0\leqslant t\leqslant T \tag{3-108}$$

其中，$\mathcal{Y}_1$，…，$\mathcal{Y}_K$ 由式(3-104)给出。反过来，如果假定存在由式(3-78)—式(3-80)定义出的标准金融市场，其中的 $H(t)$ 对于适当的 $\mathcal{Y}_1$，…，$\mathcal{Y}_K$，满足式(3-104)和式(3-108)，则该市场将得到均衡。

本命题的详细证明参见卡拉扎斯(Karatzas，1997)。关于这种均衡的存在性和唯一性的抽象讨论，也可以参考该文献或者它的完整版本(Karatzas，Shreve，1998)。

3.4.4 动态扩展

在以上的讨论中，从单一时期到离散多期，再从离散多期到连续时间，我们历数了各种情形下的资源配置和市场均衡问题。大家肯定想知道在单期和多期之间究竟存在什么样的联系，这就是本节的主题。

为此，让我们重新回到单期的阿罗-德布鲁经济中，阿罗-德布鲁模型提供了在不确定环境下实现资源跨期最优配置的基本蓝图。在那些类似的单期一般均衡模型中，完备的市场仅仅需要在0时刻被开放一次，就可以完成所有或有权益的交易并实现均衡效率，所有市场参与者没有进一步交易的动机。

但是，这同时也隐含着一个问题，如果世界状态的数目是无限的(特别是价格过程用布朗运动来描述时)，则会要求不可数数目的阿罗-德布鲁证券存在，而这与现实生活实际相去甚远。众所周知，如果阿罗-德布鲁市场不存在的话，一个竞争性经济一般不会是帕累托最优的，而这就意味着效率的丧失。

拉德纳(Radner,1972)提出实现阿罗-德布鲁均衡配置的又一方案。他认为，不需要一个完备的纯时间-状态或有权益证券(pure time-state contingent security)体系也可以获得这一均衡。方法就是在单期中插入无数的交易时刻，并使用一部分长期存在的证券实行动态交易策略，通过这种交易策略就可以复制(replicate)出那些缺失的纯证券的收益结构(payoff structure)①。

这条思路是很有启发性的，这样问题转换为找到实现阿罗-德布鲁均衡的动态解决方案。为此，我们需要定义另外一种动态性质的均衡，用来替换原来的比较静态的阿罗-德布鲁均衡，这种新的动态均衡与阿罗-德布鲁均衡是等价的，因为它使消费者完全获得了原来静态均衡下的或有消费配置。这种新的动态均衡被称为拉得纳均衡(Radner equilibrium)②。

先简要勾勒阿罗-德布鲁均衡③，它有以下要素：

(1) 时间。经济从0持续到1时刻。

(2) 不确定性用一个完备的概率空间$\{\Omega,\ \mathcal{F},\ P\}$描述。消费者被赋予一个共同信息结

① 实际上，我们学习过的自我融资的期权定价方法就是一个活生生的例子。通过基础产品——普通股股票和无风险的债券就可以复制出欧式期权的收益结构来。

② 本节的内容主要来自 Huang & Duffie(1985)。

③ 对比参照3.2.4节，注意它们的表述方法略有差异。

构。信息结构 $\mathbf{F}=\{\mathcal{F}_t\}_{t\in[0,1]}$ 由 N 个定义在 $\{\Omega, \mathcal{F}, P\}$ 上的布朗运动：

$$\mathcal{W}(t)=[\mathcal{W}_1(t), \mathcal{W}_2(t), \cdots, \mathcal{W}_N(t)]$$

产生，有 $\mathcal{F}_1=\mathcal{F}$。

(3) 假定仅存在唯一的一种(计价)商品，它只能在 1 时刻被消费。我们仅考虑具有有限二阶矩的消费计划，因此选择 $L^2(\Omega, \mathcal{F}, P)$ 为我们的商品空间①。

(4) 有 $I\leqslant\infty$ 个个人，每个个人 i 由向量 $\{C_i, \varsigma_i, \geq_i\}$ 定义，其中 $C_i\subset L_+^2(\Omega, \mathcal{F}, P)$ 是消费者 i 的消费集，我们假定它是凸的；$\varsigma_i\in C_i$ 是消费者 i 的禀赋；$\geq_i$ 是消费者 i 定义于 C_i 上的偏好表述，我们假定 $\geq$ 是严增和凸的。

我们前面定义过阿罗-德布鲁均衡：存在一组资源配置 $C_i^*\in C_i$, $i=1, 2, \cdots, I$ 和一个 $L^2(P)$-连续、严正的线性泛函 ϕ: $L^2(P)\rightarrow\mathbf{R}$，使得：

① C_i^* 在集合 $\{C\in C_i: \phi(C)=\phi(\varsigma_i)\}$ 上是 $\geq_i$ 上最大化的；

② 市场出清，即 $\sum_{i=1}^{I}\varsigma_i=\sum_{i=1}^{I}C_i^*$。

在一个阿罗-德布鲁经济中，对于任何消费计划 $C\subset L^2(P)$ 都存在一个价格。个人在 0 时刻交易，在 1 时刻即使市场开放也没有进一步交易的必要。但是，当 $L^2(P)$ 是无限维时，为了获得这种均衡，需要交易的证券数目可能是无限的。下面的讨论将显示：任何阿罗-德布鲁均衡都可以通过反复交易 $N+1$ 种长期存在的证券来实现，N 就是阿罗-德布鲁经济中布朗运动的维数②。

要额外添加的假设包括三个方面。

(1) 由于在阿罗-德布鲁经济中需要决定的仅仅是相对价格，因此不失一般性，我们假定：

$$\phi(1_\Omega)=1$$

这就是说，单位贴现债券作为计价证券。

(2) 我们假定市场是完备的，则存在一个等价测度 $Q\sim P$，使得：

$$\phi(x)=E^Q(x),\ \forall x\in L^2(P)$$

(3) 以下进一步假定 Q 和 P 是一致等价(uniformly equivalent)的，即存在两个正的实数 $k_1\leqslant k_2$，使得：

$$0<k_1\leqslant\frac{\mathrm{d}Q}{\mathrm{d}P}\leqslant k_2<\infty$$

很明显，根据以上设定，我们有：

$$L^2(P)=L^2(Q)$$

以下证明两种均衡之间的等价性，先给出拉得纳均衡的定义。

定义 3.4.2　拉得纳均衡由以下四点构成。

(1) 有限数目的长期存在的证券，它们由最终时期的支付：

---

① $L^2(\Omega, \mathcal{F}, P)$的确切含义见 9.4.4 线性概率空间一节。

② N 的数目是由 $\mathbf{N}$ 个布朗运动产生的滤波 $\mathbf{F}$ 的鞅的重数(martingale multiplicity)。

$$D_j \in L^2(P),\ j=0,\ 1,\ \cdots,\ J$$

描述,这些证券的净供给为 0。

(2) $J+1$ 个价格过程:

$$\{p_j(t),\ t\in[0,\ 1]\},\ J=0,\ 1,\ \cdots,\ T$$

它们是适应于 $\mathbf{F}$ 的伊藤过程:

$$p(t)=p(0)+\int_0^t \mu(s)\mathrm{d}s+\int_0^t \sigma(s)\mathrm{d}\mathcal{W}(s)$$

这里 $p(t)=[p_0(t),\ p_1(t),\ \cdots,\ p_J(t)]$, $\mathcal{W}(t)=[\mathcal{W}_1(t),\ \mathcal{W}_2(t),\ \cdots,\ \mathcal{W}_n(t)]$, $\mu(t)$ 是 $J+1$ 维向量,$\sigma(t)$ 是 $(J+1)\times N$ 维矩阵。

(3) 一个可行交易策略 $\{\theta(t)=[\theta_0(t),\ \theta_1(t),\ \cdots,\ \theta_J(t)],\ t\in[0,\ 1]\}$ 为 $J+1$ 维向量,它使得:

① 随机积分 $\int_0^t \theta(s)\mathrm{d}p(s)$ 在伊藤意义上良好定义;

② θ 是自我融资的:$\theta(t)p(t)=\theta(0)p(0)+\int_0^t \theta(s)\mathrm{d}p(s)$

③ θ 满足可积性条件:$E\left[\int_0^1 |\theta(t)\sigma(t)|^2\mathrm{d}t\right]<\infty$

我们仍然用 $\mathcal{A}_a$ 表示可行策略空间。

(4) 存在一个 $\theta^i\in\mathcal{A}_a$,对于每个 $i=1,\ 2,\ \cdots,\ I$ 使得:

① $\theta^i(1)D+\varsigma_i$ 在集合 $\{C\in C_i:\ \theta(0)p(0)=0,\ \theta(1)D=C,\ \theta\in\mathcal{A}_a\}$ 上是 $\succeq_i$ 最大化的;

② $\sum_{i=1}^{I}\theta^i(t)=0,\ t\in[0,\ 1]$

此外,我们还要求拉得纳经济中的个体具有理性预期(rational expectation),这意味着他们都同意以下映射:

$$p_j:\ \Omega\times[0,\ 1]\to\mathbf{R},\ j=1,\ 2,\ \cdots,\ N$$

以及交易长期存续证券的市场在[0, 1]时间内连续开放。

我们要证明存在一个阿罗-德布鲁均衡时,也存在一个(完备市场的)拉得纳均衡,证明是启发式的,分为四个步骤。

(1) 选择长期存在的证券集合。挑选属于 $L^2(P)$ 的以下元素作为长期存在的证券。

$$D_0(\omega)=1_\Omega(\omega)$$

$$D_n(\omega)=\int_0^1 \psi_j(t)\mathrm{d}\widetilde{\mathcal{W}}(t),\ j=1,\ 2,\ \cdots,\ N$$

其中,$\widetilde{\mathcal{W}}$ 是 $\mathcal{P}$ 的一致等价(uniformly equivalent)测度 Q 下的 N 维布朗运动,$\psi_j(t)$ 是 N 维循序过程(progressive process),它使得 $\psi(t)=[\psi_1(t),\ \cdots,\ \psi_N(t)]$ 是一个可逆方阵,而且:

$$E\left[\int_0^1 |\psi_j(t)|^2\mathrm{d}t\right]<\infty$$

(2) 宣布 0 时刻消费的价格和长期存在证券的价格过程。令：

$$p_j(t) = E^Q[D_j \mid \mathcal{F}_t], \ \forall j, t$$

则：

$$p_0(t) = 1$$

$$p_j(t) = \int_0^t \psi_j(s) \mathrm{d}\widetilde{W}(s), \ j = 1, 2, \cdots, N$$

(3) 为每一个消费者确定一个交易策略，它能够出清市场，同时为个人带来阿罗-德布鲁配置。定义：

$$g_i = C_i^* - \varsigma_i, \ i = 1, 2, \cdots, I-1$$

其中，C_i^* 是阿罗-德布鲁经济下的均衡配置，很明显 g_i 的消费者 i 在 1 时刻的最优净交易(net trade)。既然 C_i^*，ς_i 都属于 $L^2(P)$（等于 $L^2(Q)$），那么，$g_i \in L^2(Q)$。

根据鞅表述定理(martingale representation theorem)，就存在 h^i 而且 $E^Q\left[\int_0^T \mid h^i(t) \mid^2 \mathrm{d}t\right] < \infty$，使得：

$$g_i = E^Q(g_i) + \int_0^1 h^i(t) \mathrm{d}\widetilde{W}(t)$$

我们定义 $[\theta_1(t), \cdots, \theta_N(t)]^T$ 如下：

$$\theta_j^i(t) = \psi(t)^{-1} h_j^i(t)$$

我们有：

$$g_i = E^Q(g_i) + \sum_{j=1}^N \int_0^1 \theta_j^i(t) \mathrm{d}p_j(t)$$

为了完善我们对交易策略的定义，我们还要定义：

$$\theta_0^i(t) = E^Q(g_i) + \sum_{j=1}^N \int_0^1 \theta_j^i(t) \mathrm{d}p_j(t) - \sum_{j=1}^N \theta_j^i(t) p_j(t)$$

这就意味着：

$$\theta^i(t) p(t) = E^Q(g_i) + \int_0^1 \theta^i(t) \mathrm{d}p(t)$$

不难验证 $\theta^i \in \mathcal{A}_a$，因此它是自我融资的。

对于第 I 个个人，我们加上：

$$\theta_j^I(t) = -\sum_{i=1}^{I-1} \theta_j^i(t), \ j = 0, 1, 2, \cdots, N$$

不难证明 $\theta \in \mathcal{A}_a$。由于：

$$\sum_{i=1}^I \theta_j^i(t) = \sum_{i=1}^{I-1} \theta_j^i(t) + \theta_j^I(t) = \sum_{i=1}^{I-1} \theta_j^i(t) - \sum_{i=1}^{I-1} \theta_j^i(t) = 0$$

所以市场由于模型构造出清了。同时，注意到每个个人得到了阿罗-德布鲁配置，这对于

$I-1$个个人是显然的,第 I 个个人又怎样呢?注意到:

$$\theta^i(1)^T D = g_i,\ i=1,\ 2,\ \cdots,\ I-1$$

在阿罗-德布鲁均衡中,我们知道有:

$$\sum_{i=1}^{I} C_i^* = \sum_{i=1}^{I} \varsigma_i$$

即:

$$\sum_{i=1}^{I}(C_i^* - \varsigma_i) = 0 \quad 或者 \quad \sum_{i=1}^{I} g_i = 0$$

由于模型构造:

$$\theta^I(1)D = -\sum_{i=1}^{I-1}\theta^i(1)D = -\sum_{i=1}^{I-1} g_i = g_I$$

(4) 验证这确实是一个动态均衡。就是说,消费者没有必要对价格体系和交易策略做出改变。这是鞅性使然。使用反证法很容易证明,请读者自行完成。

因此,在保障阿罗-德布鲁均衡是帕累托最优的那些标准的弱条件下,上述证明过程中得到的拉得纳均衡也是帕累托最优的,因为它实现了阿罗-德布鲁配置。扩展出拉得纳均衡的证券数目(spanning number)就是信息结构中独立的布朗运动的数目 N 再加上 1。

金融思想史 3-4　新的方向——金融市场微观结构

金融市场方面的研究近来出现一些更为细腻和深化的趋势,这就是市场微观结构理论(market microstructure theory),作为金融学一个重要的新兴分支,它主要研究在既定的市场微观结构下金融资产的定价过程及其结果,揭示市场微观结构在金融资产价格形成过程中的作用①。可直接应用于市场规则的制定,新交易机制的设计和规范②。

20 世纪 80 年代以后,世界范围内金融市场的交易量大规模膨胀、现代电子网络通信技术迅速发展和金融衍生产品的不断创新等许多原因,引起了学术界对交易机制研究的浓厚兴趣。1987 年全球金融市场的大振荡进一步推动了对交易机制的深入研究。许多实证分析和实验室研究表明,不同交易机制下市场参与者的行为对市场价格影响不同,从这个意义上讲,交易机制的选择对证券市场健康有序的发展具有重要作用。现代金融理论对金融市场的研究改变了以往将金融市场看作资源配置的"黑箱"的简单作法,逐渐深入到涉及"黑箱"内部运作机制的市场价格形成机理、市场组织结构、市场交易机制及市场参与者行为等微观层面上。

① 在经典金融理论中,对金融市场的描述仅限于假设存在那么一个指导交易的喊价者,然后急忙去研究市场的功能,而不是市场本身,因此微观结构理论实际上是对经典理论中原本空洞的金融市场本身描述的一种有益的补充。

② O'Hara(1995)把市场微观结构理论定义为"对在特定规则下交换资产的过程与结果的研究"。Madhavan(2000)认为"市场微观结构研究投资者潜在的需求最终转化成价格和数量的过程的金融学领域"。Harris(2002)指出,市场微观结构是金融经济学的一个分支,探讨市场的交易和组织,主要是分析证券产品的有组织的交易。

德姆塞茨(Demsetz,1968)发表的名为《交易成本》的文章正式奠定了金融市场微观结构理论基础,突破了市场均衡价格的形成是一个无摩擦的瓦尔拉斯均衡过程的传统理论框架,第一次将交易机制引入证券交易价格形成过程,认为证券市场还存在另一类非瓦尔拉斯均衡。逐渐地,更多的学者注意到现实中证券交易机制的多样性以及交易者行为策略的复杂性,逐渐认识到不同交易机制在价格发现过程中所起的作用不同,对市场参与者的行为策略影响不同,不同交易机制下的市场质量也不同。因此,金融市场微观结构理论的研究必然要涉及不同交易机制下价格形成机理、市场参与者行为策略和市场质量(markets quality)。所以,金融市场微观结构理论的主要内容包括对证券交易机制,市场参与者行为和市场质量研究(如图 3-14 所示)。

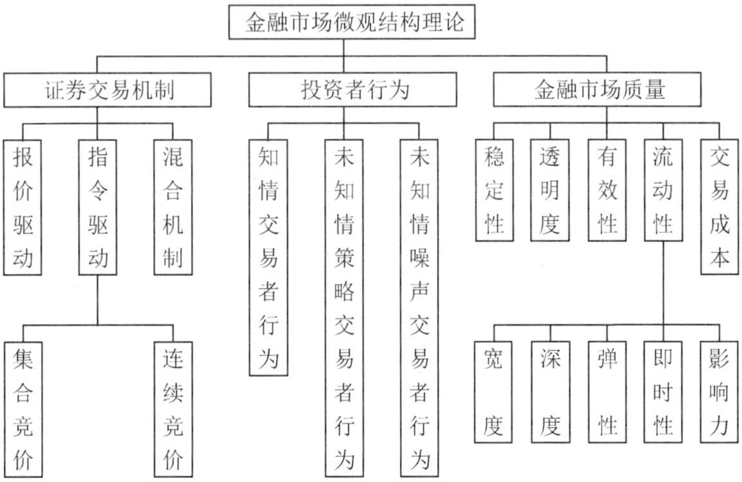

图 3-14　金融市场微观结构理论框架

根据研究方法的不同,金融市场微观结构理论的发展可分为两个阶段。第一阶段,基于存货的研究方法,由此得出的模型统称为存货模型。存货模型认为,作为市场中介的做市商在做市时将面临交易者提交的大量买入和卖出的指令,而这些指令本身所具有的随机性决定了在买入指令和卖出指令之间会存在不平衡,为消除这种不平衡以避免破产,做市商必须保持一定的股票和现金头寸,而这些头寸的保有又会为其带来相应的存货成本,所以买卖报价价差即是做市商为弥补存货成本而设定的。斯托尔(Stoll)等人在后来的研究中扩展了存货成本的范围,除因保有现金、股票头寸而产生的存货成本之外,还包括指令处理成本和由信息不对称产生的成本等。在存货模型中,所有交易者都是根据做市商的报价和自己的最优化条件来决定买卖行为,而做市商在避免破产(股票和现金头寸减少至零)的前提下,以最大化单位时间内的预期收益为目标来设定其买卖报价。因此,所有的交易者和做市商都不是知情交易者,他们拥有同质的信息。产生价差的原因是包括存货成本在内的交易成本,而不是由信息不对称引致的信息成本。

根据分析方法的不同又可将存货模型分为三类。第一类以加门(Garmen)为代表,着重分析指令流的性质在证券交易价格决定中的作用。加门(1976)认为由每个交易主体根据自身最优化而决定的指令流在市场上汇集时会产生量上的不相等,于是他假设市场主体的随机市场指令流是依据泊松过程而产生,并以此为基础建模描述资本市场中这种"时间上的微观结构"。第二类以斯托尔等人为代表,通过分析做市商的决策最优化问题来考虑交易成本(包括存货成本在内)对证券价格行为的影响。斯托尔(Stoll, 1987)认为,市场价差反映了做市商承担由做市行为所导致的风险而付出的成本,但其研究仅限于单时期内的最优化问题。后来这些学者通过多时期模型考虑了存货的时际作用(Ho, Stoll, 1981; O'Hara et al., 1986)。第三类仍旧以斯托尔等(Ho, Stoll, 1983)为代表,着重分析多名做市商对价格决定的影响。存货模型的核心是指令流的不确定性问题,从而引起做市商的存货持有问题。这种研究方法得出的结果对现实的描述与解释能力有限,因此也就促使了其他研究方法的引入。

第二阶段,基于信息的研究方法,由此得出的模型统称为信息模型。其基本特征是用信息不对称所产生的信息成本(而非交易成本)来解释市场价差。它不仅可以考察市场动态问题,即市场价格的调整过程,还可以对知情交易者和不知情交易者的交易策略做出解释。1985 年提出的序贯交易模型(Glosten, Milgrom, 1985)首次将动态因素引入信息模型,从而将交易视为传递信息的信号。它考察了做市商根据从指令流中学习到的信息对价格进行动态调整的过程,这一过程被称为贝叶斯学习过程,它也是信息模型中分析价格动态调整过程的重要工具。随后,有学者(Easley, O'Hara, 1987)考察了交易规模对价格行为的影响,其研究表明,做市商的定价策略与指令规模有关,数量较大的指令往往以较差的价格成交。在 1992 年,他们又证明了交易的时间性对价格行为的影响,而且交易间隔会影响价差大小。这类信息模型主要是用于分析做市商的定价策略,而不能用于分析交易者的交易策略。以上的信息模型是以做市商的报价行为作为研究对象,而后来的模型则将对象拓展至知情交易者和不知情交易者的交易策略,交易模型也由序贯交易模型转为批量交易模型,相应地,其分析工具也由贝叶斯学习过程转为理性预期分析框架。其主要特点是行为主体根据观察到的市场数据所做的有关他人信息的推测将影响行为主体的决策问题。在以知情交易者为考察对象的信息模型中,知情交易者根据私人信息、按一定的交易策略进行交易。目的是使预期盈利最大化;而不知情交易者则出于流动性需要进行交易。而在以不知情交易者为对象的信息模型中,又将其细分为相机抉择流动性交易者,前者的交易目的是使预期损失最小化,而后者则出于流动性需要进行交易。

可以看到,市场微观结构的研究核心主要集中在对金融资产交易及其价格形成过程和原因的分析,因此,目前对该理论的应用主要集中在资产定价领域,但该理论在公司财务和收入分配等方面也将有广泛的应用前景。

首先,是资产定价方面的应用。金融市场微观结构理论的模型通过考察信息融入价格从而影响价格的过程研究了有效价格的形成机制及价格波动性的根源,而且明确地给出了私人信息对买卖报价价差的影响程度的估计,这些方面对于资产合理定价均有重要意义。如何具体说明微观市场因素(如信息)对资产定价的影响?一个困难在于,到目前为止,资产定价模型虽在不断地发展和完善,但尚未能够完全对现实状况加以描述和解释。就金融市场微观结构理论而言,它认为作为交易中介的做市商知道知情交易者所掌握的私人信息比它多,则这些知情交易者在知道股价被低估时买入,在知道股价被高估时卖出；并由于知情交易者具有不交易的选择权，而做市商有义务按其买卖报价进行交易，那么做市商在与这些知情交易者进行交易时总是受损者。为了避免破产，做市商不得不用与不知情交易者所获盈利来冲抵这些损失，而这些盈利的来源就在于做市商设定的买卖报价价差。因此，价差反映了做市商用来自不知情交易者的盈利冲抵来自知情交易者的损失这一事实。另一方面，金融市场微观结构模型还考察了做市商根据从指令流中得到的信息对价格进行动态调整从而达到有效定价的这样一个学习过程。能否从其收到的指令流中推断关于资产真实价值的信息，取决于做市商对这些指令流中基于私人信息占有而做出的那部分指令所占比重的估计。依照这样的逻辑，若以指令流作为已知量，使用市场微观结构模型就可得出对做市商在执行这些指令时因信息不对称而需承担的信息成本的估计，从而也就可以确定由信息成本决定的那部分买卖报价价差的幅度。这种对基于私人信息占有进行交易加以估计的方法已被用于频繁交易股票和非频繁交易股票价差差异的研究(Easley, Kiefer, O'Hara 和 Paperman，1996)。此外，这种方法在对私人信息在不同股票交易场所具有不同影响的调查中也得以体现(Easley，Kiefert 和 O'Hara，1996)。在奥哈拉(O'Hara)等正在进行的一项研究中，他们以 1984—1991 年在纽约证券交易所上市的所有股票的交易为样本，试图估计这些交易中由私人信息占有而引致的那部分所占的比重。研究结果表明，对于那些有代表性的股票而言，大约有 20%的交易是由于占有私人信息而发生的，且此比例具有较高的稳定性。

其次是公司财务的应用。在公司财务领域，莫迪利亚利(Modigliani)和米勒(Miller)的研究成果是其理论基石之一[①]。该理论认为，在信息完全且不存在税收和其他市场缺陷时，企业的总价值和资本成本与其资本结构无关，而是取决于它的基本获利能力和风险。一旦信息完全这一假设被推翻而考虑到现实中普遍存在的信息不对称现象，这种资本结构无关论的正确性无疑就受到严峻挑战。那么，将同样基于信息不对称而提出的金融市场微观结构模型用于公司财务领域的研究会得出怎样的结果呢？目前这方面的研究主要从以下两方面展开。第一，在不同地点上市对证券发行企业是否有影响？对从 NASDAQ 市场上市转移到纽约证券交易所上市的企业股票的研究(Christie, Huang, 1994)发现，由于纽约证券交易所报价机制和交易安排的改进而使每股的交易成本大约下降了 5%。其他学者就此也提供了更有说服力的证据(Amihud, Mendelson, L, 1997)，他们发现交易机制的改变有助于提升股价。以上两项研究成果均说明金融市场微观结构会对二级市场中的资产价格产生影响。第二，金融市场微观结构是否会影响一级市场中的证券交易从而影响企业筹资成本？由于数据取得方面的困难，有关这方面的实证研究多集中于考察证券市场交易机制与首次公开发行中普遍存在的定价低估现象的联系(O'Hara et al.，1999)的研究。他们选取 1996—1997 年在 NASDAQ 市场首次公开发行股票的近 300 家企业为样本。在 NASDAQ 市场的首次公开发行中，主承销商就相当于做市商，因此该研究主要关注了 IPO 中承销商的作用，尤其是交易机制和承销机制相互作用的情况。该研究得出两条重要结论。一是做市商对证券保有的头寸大小取决于公开发行后该证券价格的走势。对于价格波动较大的证券，往往以持有很大头

① 对 MM 理论有关内容的详细讨论参见 7.3 节。

寸作为一种价格支持的方式,否则价格的过大波动将加大发行人的筹资成本。二是承销商将从定价低估中获利,但这部分收益仅占其承销费收入的一个很小的比重。

最后是其福利效应。因为市场微观结构的不同将影响市场的竞争性,而且什么样的信息被允许进入市场将影响证券收益的分配,所以将金融市场微观结构理论用于福利效应(即收入分配)领域的研究具有重大现实意义。主要关注的问题包括:监管者是否应允许有悖于时间优先原则的指令偏好的存在,市场应否是透明的,市场是否应同等对待每一指令或是为迎合某些特殊需要而优先考虑与之相关的指令等等。对这些问题的研究多采用实验方法,即在市场微观机制的设计过程中,通过控制某些条件使其不变而考察特定因素的影响。有学者(Bloomfield, O'Hara, 1999)就采用这种方法研究了市场透明度对证券市场走势的影响,以及透明市场在非透明市场的竞争冲击下能否持续下去等问题。其结果表明,知情交易者多选择进入非透明市场,因为这种市场环境能使其凭借信息优势而获得非正常利润;而就做市商而言,在非透明市场中他们可从收到的指令流中获取更多的非公开信息,从而能更有效地调整买卖报价以使其价差收入能弥补因执行知情交易者的指令而遭受的损失。在透明市场中,做市商只能争取做到不亏损,而在非透明市场中则可获利。那么,透明市场与非透明市场的竞争力比较就显而易见了。因此,金融市场微观结构对市场参与者和市场竞争性均有重大影响①。

小　　结

这一章的内容非常多,在不明显依赖于概率分布的世界状态分析框架下,从单一时期到连续时间有限期界,第1、2章中的个人最优化问题在这里从市场的角度以更广阔的视角逐次展开。不管怎样,金融市场存在的目的就是使得投资者可以自由地交换他们各自所拥有的禀赋的时间和风险特征,以最好的方式来满足他们的个人偏好。因此,反复出现的主旋律始终是最优化、完备性和无套利,重点仍然是均衡②、效率和价格。

在单期模型中,金融资产的范围进一步扩大,包括了阿罗证券和或有权益证券(这涉及金融创新的一般形式)。我们看到为了完成资源的跨期帕累托配置,有各种可供替代的(金融产品)方案或者制度安排。应当看到从最抽象化的功能和支付结构角度看,金融产品的种类并不太多。因此,三种证券的市场结构实际上为金融产品的种类圈定了功能特征和表现形式。分析发现:市场的完备性对于经济效率的存在与否起决定性作用。如果金融市场是不完整的,我们有两个主要结论:① 因为有些市场的缺失,某些时间-状态交易是不可能的,均衡的帕累托最优也不存在;② 市场均衡不能唯一地被决定,它依赖于一些任意选择的价格。

同前面那些章节类似,在(从市场角度)考察过个人行为之后,我们又回到了定价问题上,但是这里我们获得是一种相对价格体系,决定价格的仅仅是无套利的市场力量,与个人

① 对于金融市场微观结构理论和应用的详尽讨论可以参考其代表著作 O'Hara(1996)。
② 实际上,本章探讨的是无套利均衡,前面两章则是一般均衡。

的偏好无关。我们确信均衡的市场中存在某种形式的状态价格或者均衡价格测度，并有了资产定价基本定理的最简形式。

多期的直觉就是动态交易的非凡扩展功能，它的一个主要结论就是通过连续的交易，即证券扩展(spanning)，长期存在(long-lived)的有限种类证券可以产生出无限的世界状态和无限维的消费集合，从而为一个动态一般均衡提供了现实的解决方案。随之衍生出动态完备性的概念。进一步，我们发现：在一个完全竞争的多期证券市场中，资产的(均衡)价格依然满足无套利机会的原则。基于这种信念的现代资产定价理论要回答两个基本问题：① 如果市场上不存在套利机会，那么对资产的价格运动应当施加什么样的约束；② 把这个问题反过来问，怎样的价格体系才能保证市场上不存在套利机会。对这两个问题的回答是微观金融学的基本任务之一，这是因为如果投资者是“喜多厌少”的，套利机会的存在势必会障碍竞争均衡的形成，而没有均衡也就没有让经济学家们高兴的帕累托效率。另一方面，如果在无套利条件下，资产价格真的遵循一定规律，那对于微观金融学中同实践联系最密切的定价问题和对此问题最关心的实际工作者无疑是最大的福音，因为可以据此为任何金融产品定价。

我们先在有限状态和离散时间下考察价格体系的特征，有限的状态不仅在分析上是简单的，而且在实践中也有广泛的应用，如CRR的二项模型(1979)。然后不断添加技术要求并利用随机积分工具获得连续时间无限状态下的一般结论。对于不同类型的模型，我们基本遵循一样的步骤，即先设定市场环境，然后定义无套利并证明不同版本资产定价基本定理——如果市场上存在一个风险中性概率测度，则不存在套利机会。当且仅当每一个或有权益可以被对冲时，该风险中性概率测度是唯一的①。这样，一个简洁的无套利的均衡体系就可以获得了，在这个体系中价格是由随机不确定性驱动的外生变量，利率是参数，个人偏好的口味不再重要②。与源自效用的一般动态均衡体系相比，它显得更为简洁。最后我们讨论了实现阿罗-德布鲁均衡的动态扩展方法，从而使得几类模型之间的联系得到了彻底的澄清。

文献导读

现代几乎所有关于在不确定环境下跨期配置资源的启蒙思想，均起源于Arrow(1953)(原件是法文的，通常可以见到的是1964年Summers翻译的英文版③)，在Arrow(1953)中，他提出了“完备的市场与市场结构”这个问题和纯证券的概念；1959年，德布鲁提出了或有

---

① 见Harrison & Pliska(1981)。对于定理的证明最早出现在Pliska & Kreps(1979，1983)。

② 我们肯定会问均衡方法与无套利方法之间的区别和联系是什么。因为仅仅是无套利本身，我们就可以得到定义经济信息集和决定资产价格的状态变量之间的重要关系。同静态的APT类似，在任何时刻，无套利意味着超额期望收益是它们同状态变量之间的协方差的线性函数。这正是第1、2章中的CAPM、ICAPM和CCAPM的结论。因此ICAPM仅仅是无套利的结果，而不依赖于其他定义均衡的进一步假设(例如效用函数的形式)。那么既然定价仅仅无套利就使得定价仅仅取决于状态变量，那么其他假定的意义何在呢？它们的作用是建立于状态变量相对是风险溢价的决定因素(determinant)，进一步的分析见Ross(1987)和Ross(1989)。此外对相对(relative)定价和绝对定价(absolute)的讨论还可以参见Cochrane(2001)的分析。

③ 本章的主要材料来自：Erichgerger & Harper(1997)、Dothan(1990)、Karatzas(1997)、Karatzas & Shreve(1998)、Eliott & Kopp(1999)、Harrison & Pliska(1981)、Kreps(1981)和Duffie & Huang(1986)。

权益证券市场的概念。

无套利的现代观点来源于 Ross(1976a),Cox & Ross(1976)为现代资产定价理论奠定了基调。两期的资产定价基本定理就可以参考 Ross(1976a)和 Dybvig & Ross(1986)。重大突破出现在 Harrison & Kreps(1979),他们发现了“加倍”交易策略干扰了对冲,在适当的施加了可行性后,他们证明了:鞅的存在意味着市场上没有套利机会。接下来就要证明上述论断的逆命题。Harrison & Pliska(1981)在离散时间和有限状态情况下解决了这个问题。在离散时间、一般状态框架下,有限期界和无限期界下的结论(资产定价基本定理)分别由 Dalang et al.(1990)和 Schachermayer(1994)获得。此外,还可以参考 Taqqu & Willinger(1987)、Back & Pliska(1991)。Kabanov & Kramkov(1994)和 Rogers(1994)则采用了比较简洁的方法。

但是,在连续时间和离散时间无限期界情况下,无套利不再是存在等鞅测度的一个充分条件。Kreps(1981)引进了一个比无套利稍强一点的“没有免费午餐”条件。使用了一个分离性假定,他证明了如果贴现价格过程是有界的,当且仅当不存在免费午餐时,市场是公平。Schachermayer(1994)也澄清了这一点。连续时间的第一个重要结果见 Stricker(1990),他发现了解决问题的适当工具。他的工作在 Delbaen(1992)、Delbaen & Schachermayer(1994a,1994b)、Lakner(1993)那里得到深化。对于资产定价问题的一个全面文献回顾和综述可以参考 Campbell(2000)。

这一章的主要内容可以在一些高级金融学的教材中找到,多期离散市场模型的讨论可以参考 Huang et al.(1988)的第 7、8 章,Dothan(1990)的第 3、4、5 章和 Pliska(1997)。连续时间方面推荐 Duffie(1996)、Dothan(1990)、Karatzas(1997)和 Karatzas & Shreve(1998)。

第4章　衍生产品：价格和作用

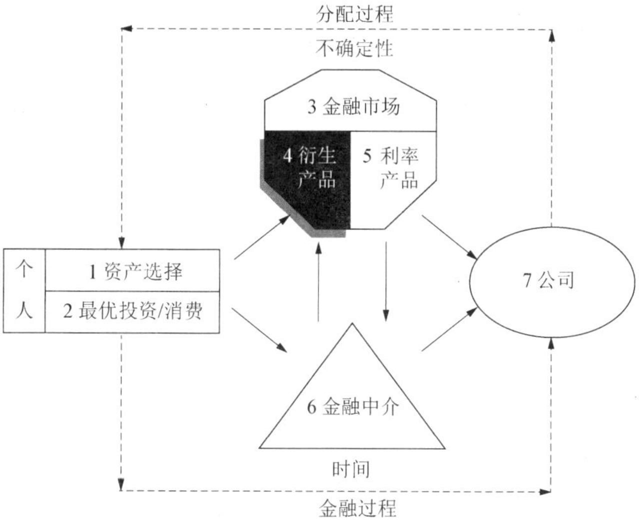

本章的学习目标

- 了解期权在现代金融衍生产品创新中的重要作用和意义；
- 掌握两种简单线性衍生产品——远期和期货的定价技术；
- 熟悉期权的品种、头寸和基本交易策略；
- 了解占优策略和单期设定下的定价基本原理；
- 熟悉考克斯-罗斯-鲁宾斯坦模型下两种期权定价方法的思路和步骤；
- 熟悉布莱克-斯科尔斯模型下两种期权定价方法的思路和步骤；
- 掌握推导布莱克-斯科尔斯公式的技术；
- 了解偏微分方程和鞅方法之间的差异和联系；
- 了解有红利发放情况下，对布莱克-斯科尔斯公式的调整方法；
- 掌握股票指数期权、货币期权和期货期权的定价方法；
- 熟悉敏感性分析所需要的各种重要的对冲参数以及期权价格弹性等概念；
- 了解在存在交易成本情况下的期权价格决定方法；
- 了解在非常数波动率条件下，期权定价的调整方法；
- 了解在基础资产价格运动过程中存在跳跃情况下的期权价格决定方法。

在第3章中,我们了解到理论上存在着多种等价的金融(证券)市场制度安排以及或有权益证券在实现经济效率方面的重要作用,这种作用不仅仅是理论上的。20世纪80年代以来,以大规模交易的金融期权、期货为代表的衍生产品(或有权益证券)金融创新,成为国际金融领域中最引人注目的一幕(可以参考4-1的框文)。如何给期权等金融衍生产品定价,也就随之成为了现代金融理论研究和实践运用中的最前沿和最时尚的话题。

本章的学习重点就转移到核心衍生产品——期权的定价上。一般而言,为期权定价有两种方法可供选择,它们是偏微分方程方法和鞅方法。传统的偏微分方程方法,来自布莱克和斯科尔斯(Black, Scholes,1973)的经典论文。但是,并不是所有的偏微分方程都有明确的解析解,而且一般化的解题方法对数学技巧的要求太高。鞅方法则是第3章中资产定价基本定理的延续和运用。即便如此,基于这种新方法所需要的金融直觉是如此强烈,以至于很难被人们完全理解和接受。本章的大部分篇幅都会集中在对这种方法的讨论上。

我们这样安排本章的内容:4.1节介绍关于期权和期权交易的一些基本概念。4.2节对应第3章中的分析框架,先在单期、多期离散(即著名CRR模型)框架下考察期权定价问题,然后着重讨论两种证券、连续时间和状态下的布莱克-斯科尔斯经济中的期权定价技术。4.3节则在同样的模型设定下,回顾传统的偏微分方程方法。此外,我们还要比较鞅方法同偏微分方程方法的异同,并考察其中隐含的经济意义和直觉。接下来稍微了解一下有红利发放情况下,对布莱克-斯科尔斯公式的调整方法。同时,我们也趁热打铁地考察一下期权交易中的一些重要技术参数。但是,由于B-S基础模型中大多数假设条件都过于严格,使得在实际运用过程中出现方向性偏差,因此在4.4节,我们开始考虑一些更为复杂的情形,如交易成本的存在,基础资产价格运动中的不连续性,以及波动率的随机性,并试图提供在这些复杂情形下的期权价格公式。此外,在本章的结尾,我们也提到了有关期权定价的一些主要经验证据。

“理论与实践相结合”4-1　金融创新和衍生产品

从最一般的意义上理解,任何旨在提高金融过程和金融体系资源配置效率的非平凡的改进,都可以被称为金融创新(financial innovation)。这里的“创新”一词,应当在熊彼特(1912)的意义上去理解。他认为,创新既包括技术创新,即人与自然之间物质变换方式的更新;又包括制度创新,即社会生产的组织方式和相应的生产关系变动。金融创新亦然,它既包含金融领域里的技术革新,也包含制度方面的创新。毫无疑问,衍生产品绝对是现代金融创新的主流和核心。

1973年中发生的一系列重大事件,足以使得该年度成为现代金融创新史的里程碑。1973年4月,布雷顿森林体系(Bretton woods system)彻底崩溃,各主要工业国家先后开始实行浮动汇率制度;同年10月,第一次石油危机爆发;1973年4月,芝加哥商品交易所(CBOT)第一张期权和约开始公开交易;3月,布莱克(Black F.)和斯科尔斯(Scholes M.)发表关于期权定价的重要论文。这绝不是巧合,它再次验证了马克思的朴素真理："问题和解决问题的手段一起产生。"①

人们把现代金融衍生产品的迅速繁荣，归因于对风险保险的急迫需求和现代技术的革命。布雷顿森林体系的崩溃，使得外汇汇率的波动陡然加大，人们突然暴露在巨大的汇率风险下。习惯在过去固定汇率制度下开展业务的跨国公司和金融机构发现：原本有利可图的生意变成了巨额的亏损。随即各国中央银行都开始使用利率作为稳定汇率和调节经济的重要手段。根据正统宏观经济学的教义，在开放经济条件下，汇率与利率是紧密相关的，市场剧烈动荡的时候，这一点尤其显著（如在东南亚金融危机中，香港的汇率和利率表现出来的那样）。随着经济开放程度的加大，利率变动也就变得更加难以琢磨了。整体经济波动的不断加剧，就使得人们对于既能避免风险又能有利可图的金融产品热情高涨。传统的证券组合管理，因为其大量的资本投入和对于系统风险的无能为力，越来越显得笨拙和过时。再加上计算机和远程通信技术的发展，高效的数据处理和即时的信息传播使得在大范围内获取数据和快速交易成为可能，这一切都促使衍生产品交易大行其道。值得一提的是，席卷西方各主要工业国家的放松管制和金融自由化的潮流，导致了向自由放任老传统的归复。不断加剧的市场竞争，使得银行业传统业务项目利润不断萎缩和银行经营风险加大。这又使巴塞尔协定（Basle Concordats）产生了对银行自有资本充足率的强制要求。这便迫使银行和其他金融机构寻找，能够规避资本金储备要求的表外业务（off-balance sheet business），并以此作为他们的主要利润来源。衍生产品作为其中最重要的部分，也就越来越多得到青睐和追捧。

除了在本章将着重讨论的期权以外，衍生产品基础模块（building block）还包括远期（forwards）、期货（futures）和互换（swaps）（即所谓的"四大发明"）。

远期是指买卖双方同意在未来某一时点，以特定价格买卖标的物的交易合约，协议的内容包括标的物定义、品级、数量、交割日、交割地点、交割方式，这些协议内容都可以根据买卖双方的需求而设定，并无一定的标准。常见的金融远期合约有远期外汇合约（forward exchange contract）、远期利率协议（forward rate agreement）等。虽然远期合约的应用范围很广，市场交易也颇活络，但它具有三种明显缺点：① 到期前无法经由反向冲销而解除合约义务；② 合约期间必须承担交易对手的信用风险；③ 到期必须履行实物交割义务。这都使得它在应用上有所限制，而期货则是一种有特定交割方式、交割期限（到期日）、固定货品规格及一定交割数量的标准化远期合约。

期货交易与远期交易关系密切，前者是在后者的基础上发展起来的。二者最大的共同点是均采用先成交，后交割的交易方式，但二者也有很大的区别，主要体现在以下五个方面。

(1) 指定交易所。期货在指定的交易所内交易，交易所必须能提供一个特定集中的场地。交易所也必须能规范客户的订单在公平合理的交易价格下完成。交易所还必须保证让当时的买卖价格能及时并广泛传播出去，使得期货从交易的透明化中享受到交易的优点。远期市场则组织较为松散，没有交易所，也没有集中交易地点，交易方式也不是集中式的。

① 研究者一般把现代金融创新大致分为三个阶段：第一阶段从 20 世纪 60 年代中期到 1972 年，该阶段创新的驱动因素是逃避管制；第二阶段从 1973 到 80 年代中期，关键词是波动率和衍生产品；第三阶段从 20 世纪 80 年代中期开始，并一直持续到现在，关键词是金融工程和混业经营。

(2) 合约标准化。期货合约是符合交易所规定的标准化合约，对于交易商品的品质、数量及到期日、交易时间、交割等级都有严格而详尽的规定，而远期合约对于交易商品的品质、数量、交割日期等，均由交易双方自行决定，没有固定的规格和标准。

(3) 保证金与逐日结算。远期合约交易通常不交纳保证金，合约到期后才结算盈亏。期货交易则不同，必须在交易前交纳合约金额的5%～10%为保证金，并由清算公司(clearing house)进行逐日结算，如有盈余可以支取，如有损失且账面保证金低于维持水平时，必须及时补足，这是避免交易对手信用危机的一项极为重要的安全措施。

(4) 头寸的结束。结束期货头寸的方法有三种。第一，由对冲或反向操作结束原有头寸，即买卖与原头寸数量相等、方向相反的期货合约；第二，采用现金或现货交割；第三，实行期货转现货交易。在期货转现货交易中，两位交易人承诺彼此交换现货与以该现货为标的的期货合约。远期交易由于是交易双方依各自的需要而达成的协议，因此价格、数量、期限均无规格，倘若一方中途违约，通常不易找到第三者能无条件接替承受该权利或者义务，因此违约一方只有提供额外的优惠条件要求解约或找到第三者接替承受原有的权利义务。

(5) 交易的参与者。远期合约的参与者大多是专业化生产商、贸易商和金融机构，而期货交易更具有大众意义，市场的流动性和效率都很高。参与交易的可以是银行、公司、财务机构、个人等。

相对上述两种产品，互换(通常又译成掉期)则显得比较奇特一些，它是交易双方依据预先约定的规则，在未来的一段时期内，互相交换一系列现金流量(本金、利息、价差等)的交易[①]。互换实际上可以看作一系列远期合约的组合。互换有四种基本类型[②]：① 基本的利率交换(plain vanilla interest rate swap)：这是最普通也最简单的利率交换，是以货币相同、计息方式不同的方式进行。② 基差利率交换：这是相同货币、计息方式相同的互换交易，但其计息方式为浮动利率。③ 基本的交叉货币交换(plain vanilla currency swap)：如同两种不同货币相互担保贷款一般，主要为货币不同，而计息方式同为固定利率之互换交易。④ 交叉货币利率交换(cross currency swap)：与前者的差别为两者间的计息方式不同。所谓的交叉货币是指不同货币间的交换，而利率交换则是指不同计息方式的交换，包括固定利率对浮动利率、浮动利率对浮动利率两种，所以可分为"固定利率对浮动利率的交叉货币利率交换"以及"浮动利率对浮动利率的交叉货币利率交换"两种类型[③]。

有趣的是，一些主要衍生产品模块，并不是真正意义上的新东西。远期和期货(futures)交易，在古代希腊和罗马时代就存在了。第一个有组织的商品(期货)交易所出现在18世纪的日本。美国第一个商品现货/期货交易所，是出现在1848年的芝加哥商品交易委员会(Chicago board of trade, CBOT)。现代商品期货(commodity futures)合约在1860年前后出现在CBOT。第一份金融期货(financial futures)合约是在1972年出现在国际货币市场(International Monetary Market)[④]的外汇期货，第一个交易日成交

① 互换最早出现在1981年。
② 交换的包括资产互换(asset swap)和负债互换(debt swap)。
③ 对于上述三种产品的详细介绍和定价研究可以参考 Hull(1999)。
④ 它是1919年成立的芝加哥商品交易所(Chicago Mercantile Exchange)的一个分部。

了 400 个合约。第一份利率期货合约，是于 1975 年出现在 CBOT 的政府国民抵押贷款协会的利率期货。1981 年出现在 IMM 的欧洲美元长期储蓄期货，是第一份用现金结算(cash settlement)的金融期货合约①。1982 年，一项引人注目的创新出现在勘萨斯交易所(Kansas City Board of Trade)：价值线(Value Line Index)股票指数期货(stock index futures)，当日成交量为 1 768 个合约②。

作为金融创新核心产品的期权，也是一种相当古老的金融产品，根据一些金融文献的考古研究，早在古希腊亚里士多德时代便有了期权的交易③。也许是命中注定，现代期权的实践和理论上的重大突破都发生在 1973 年。这年 4 月 26 日，美国芝加哥贸易委员会成立了芝加哥期权交易委员会(Chicago board of options exchange, CBOE)，开始了期权的正式交易所集中交易。当天在 CBOT 的一间餐厅中，16 支个股的标准化欧式看涨期权开始交易，首日交易量为 911 个合约。尽管期权的场外柜台(over the count, OTC)交易已经有几千年的历史，正是这一举措才真正使得期权交易流行起来。一整套严密的交易制度被制定出来，如与期货交易类似的保证金(margin call)制度、盯市(mark to market)制度、清算所(clearing house)制度、专家做市(specialist market maker)等，进而保障了期权交易的顺利进行。

再晚些时候(1977 年)看跌期权也出现了，1979 年货币期权出现在 OTC 市场上。进入 20 世纪 80 年代后，创新的步伐明显加快了。1981 年出现了长期政府债券期权，曾经一度被美国国会禁止的期货期权合约，也于 1982 年重新回到市场。1983 年出现了利率上限和下限期权、中期政府债券期权、货币期货期权、股票指数期货期权；1985 年出现欧洲美元期权、互换期权；1987 年出现平均期权、长期债券期权、复合期权；1989 年出现上限期权等④。伴随着持续的品种创新浪潮，期权市场规模也经历了一个飞速发展，然后慢慢地走向成熟的过程(见图 4-1)。现在世界上每天的期权交易量已经远远地超过了它

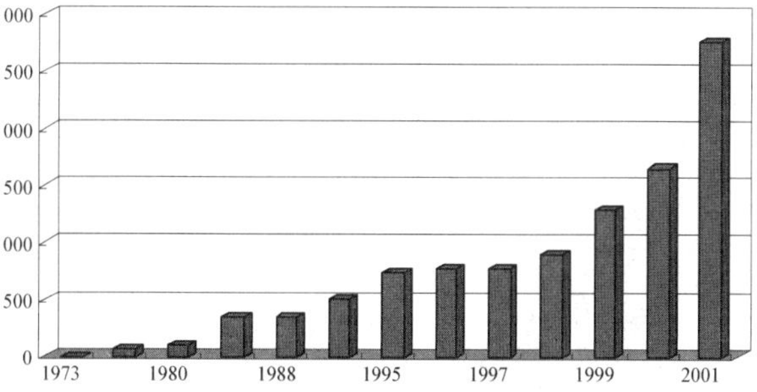

图 4-1　全球期权交易量的迅速增长　单位(百万个)

资料来源：BIS

① 目前利率期货的主力产品主要包括以长期国债为标的物的长期利率期货和以二个月短期存款利率为标的物的短期利率期货。

② 目前以美国道·琼斯股票指数、标准·普尔 500 种股票指数、英国金融时报工业普通股票指数、香港恒生指数和日本日经指数为标的物的股票指数期货是目前金融期货市场最热门和发展最快的交易品种。

③ 一种说法是来源于 3 800 年前的汉谟拉比(Hammurabi)国王颁布的法典，另一种则来源于 2 600 年前的“希腊七贤”之一的泰利斯(Thales)，有兴趣的读者可以参考伯恩斯坦(Bernstein，1990)和邓巴(Dunbar，1999)。

④ 资料来源：[英] International Banking Survey。The Economist，1993-04-10(9)，转引自周立(1996)。

们赖以存在的基础资产的日交易量①。

以下是BIS提供的较新一期的全球金融市场概览(衍生产品部分)。在2000年全球交易所公开交易的衍生产品(期权和期货)高达91.5万亿美元。如图4-2所示。

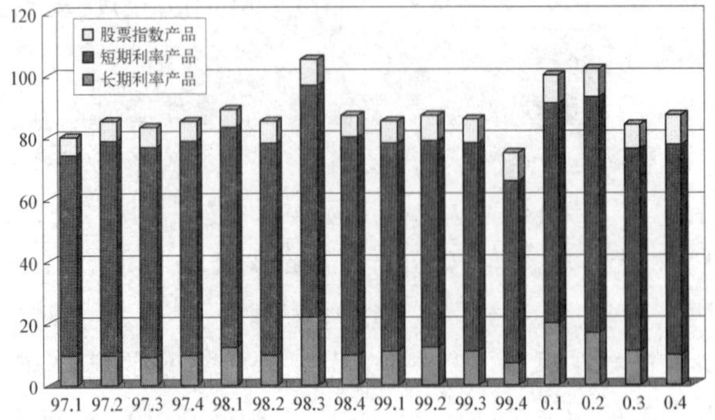

图4-2 在交易所的期权和期货交易量 季度数据 单位(trillion)

资料来源：BIS

图4-3则是衍生产品主要交易地点的交易情况。

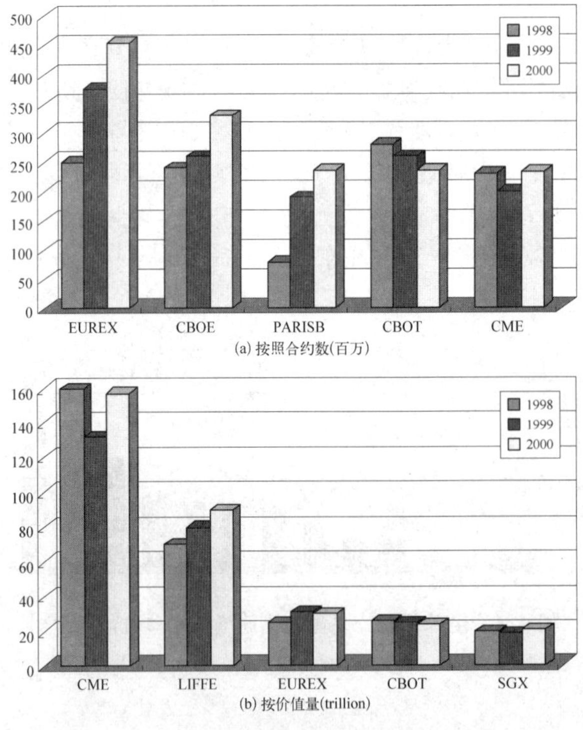

图4-3 世界各主要交易所成交量 季度数据

资料来源：BIS

① 更重要的也许是以期权和期货为基本模块(building blocks)的金融创新,开启了组合应用多种金融工具来获得高效率的财务管理和进行风险控制的尝试,这都被归于金融工程(financial engineering)这一应运而生、全新的学科名下。更多的讨论见6.3和6.4节。

4.1　概论和初步分析

本节简要介绍期权交易的基本要素和十分灵活的交易策略，在不对基础产品价格运动形式做任何明确的假设情况下，考察期权价格的理论上下限，并在单期框架中提供期权定价方法的基本直觉。

4.1.1　基本概念

期权[①](option)是或有权益证券的一种，它是以付出一定费用(premium)为代价获得的一种权力，这种权力赋予期权持有人在将来的某一时刻按照规定的价格(exercise price or strike price)买卖和约指定的基础资产(underlying asset)[②]。

期权提供买和卖两种权力，而期权本身又可以有多空两种头寸，因而期权交易就可能产生四种基本部位(position)或者头寸：

(1) 看涨期权的多头(long a call)：买入一个可以按规定价格购买基础资产的权力；

(2) 看涨期权的空头(short a call)：卖出这个可以按规定价格购买基础资产的权力；

(3) 看跌期权的多头(long a put)：买入一个可以按规定价格出售基础资产的权力；

(4) 看跌期权的空头(short a put)：卖出这个可以按规定价格出售基础资产的权力。

例 4.1.1　FINEXX 股票现在价格 35 元/股，由于其产品市场份额方面有好消息传来，投资者预期股票价格会上涨。他面临两种投资选择：

(1) 买入股票，投入 35 元，届时股票价格果然上涨到 40 元，投资者获利了结，收益率为 $(40-35)/35=14\%$；

(2) 买入执行价格为 38 元/股的看涨期权，付出期权费 1 元/股，15 日后到期，到期日，执行该期权，以 38 元/股价格从期权卖方那里买入股票，同时以 40 元/股价格在市场上卖出，获利 $(2-1)/1=100\%$，远远高出投资基础产品。

投资者损益状况如图 4-4(a)实线所示，显然在 S_T 为 39 元时，即(执行价格＋期权费)时，收支相抵不赚不亏，这一点被称为盈亏平衡点(break-even point)。超过这一点时，盈利成倍增长，低于 38 元，期权持有人自动放弃权力，因为这时还不如直接到股市去买卖股票，这时投资者最大净亏损为 1 元，股票价格在 38～39 元之间时，投资者仍然会选择执行期权，虽然总体上还是会出现亏损，但是好过放弃权力，因为多少赚一点，用以弥补期权费的部分损失；至于卖方的损益就像水中的倒影一样，如图 4-4(a)的虚线表示的，当股票价格低于 38 元，他可以获得最大盈利，即全部期权金 1 元，随着股票价格的不断走高，他的损失会无限增大。

假设另外一种情形，由于决策的失误，FINEXX 面临重大亏损，股票价格预期下调至 30

---

① option 严格地说，应当译为选择权。期权的叫法并不很确切，但我们沿用惯例，另外或有权益(contingent claim)也被当作 option 的同义词使用。期权种类很多，主要分为两个大类：欧洲式(European options)和美国式(American options)。欧洲式期权是指它只能在到期日被执行。美国式是指该期权可以在到期日前任何时间被执行。另外，还有亚洲式(Asian options)和百慕大式(Bermudan options)等，亚洲式和百慕大式的区别则在于结算计价方法的不同。

② 可以买卖的基础资产包括股票、债券、汇率、期货、期权本身，甚至天气，这只受到想象力的约束，以下分析中所指的基础资产除非特别说明均是指股票。

元,因为股市一般都对卖空有严格的限制,投资者只有花 2 元买入执行价格为 33 元的看跌期权,到期期权买卖双方的损益情况分别如图 4-4(b)的实线和虚线所示(均不考虑交易费用)。

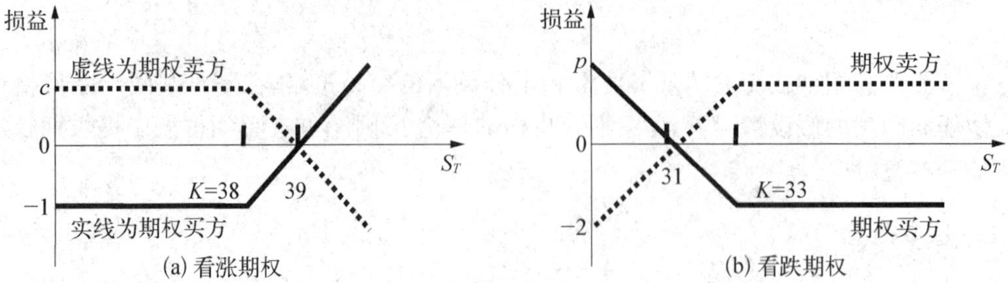

图 4-4　期权到期日损益形态

例 4.1.2　假定目前 IBM 价格为 100[①],基于它 6 个月到期的看涨期权价格为 10 元;6 月期的 T-Bill 收益率为 3%,投资者可用资金为 10 000 元。有以下三种投资策略:

(1) 交易策略 A:买入 100 股 IBM 股票;

(2) 交易策略 B:买入 1 000 个执行价格为 100 元的看涨期权;

(3) 交易策略 C:买入 1 000 元的看涨期权,剩余 9 000 元投资到六个月的 T-Bill,到期本息合计 9 000(1.03)=9 270。

到期日损益如下表所示(括号中的是百分比收益率):

组合	S=95	S=100	S=105	S=110	S=115	S=120
A	9 500(−5.0)	10 000(0.0)	10 500(5.0)	11 000(10.0)	11 500(15.0)	12 000(20.0)
B	0(−100)	0(−100)	5 000(−50)	10 000(0.0)	15 000(50)	20 000(100)
C	9 270(−7.3)	9 270(−7.3)	9 770(−2.3)	10 270(2.7)	10 770(7.7)	11 270(12.7)

三种策略的收益率情况如下图所示:

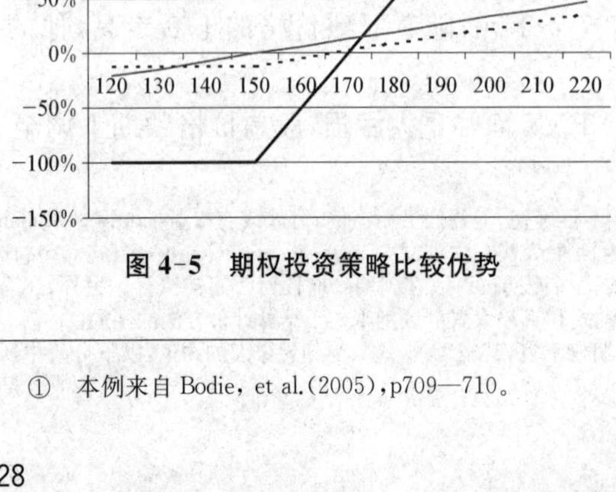

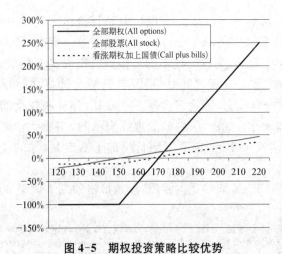

图 4-5　期权投资策略比较优势

本例演示出投资基础产品和期权之间的收益差别。我们可以清楚地看到期权产品的双刃性——一方面提供了杠杆,另一方面又提供了保险。

容易知道,期权买卖双方的风险-收益结构是明显不对称的,对于买方而言,最大损失是期权费,收益则(理论上)是无限的,而卖方的情况恰恰相反,可能的损失是无限的,收益最多不过是有限的期权费。由于有时间价值的存在,期权的价格与基础资产的价格关系表现出非线性的特征。这是期权类产品共同的也是它区别与普通金

① 本例来自 Bodie, et al.(2005), p709—710。

融产品最重要的特点。这既给定价工作带来了困难也是它独特的吸引力所在。

一般认为，一个期权的价值由两个部分构成，一部分是内在价值(intrinsic value)，以看涨期权为例，是指当时股票价格减去执行价格的价值，因为期权只是一种权力而非义务，因而内在价值不可能为负，只可能是 $S-K$ 与 0 之间较大者，如图 4-6 所示。

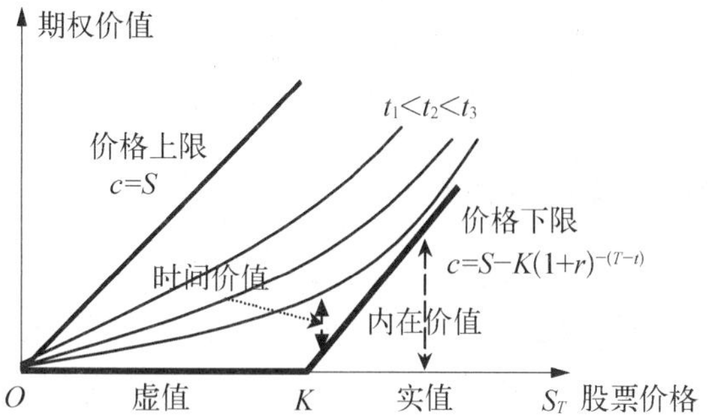

图 4-6　看涨期权价值构成和价格界限

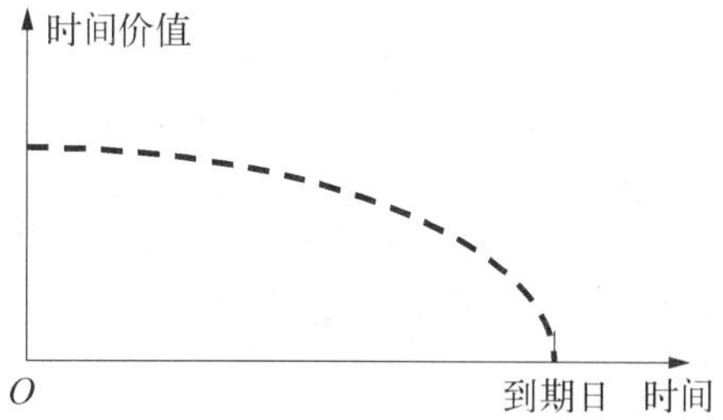

图 4-7　时间价值加速流逝

这样根据 S 和 K 的比较情况，就可以有实值 $S>K$ (in the money)、平值 $S=K$ (at the money)和虚值 $S<K$ (out the money)三种情况。另一个部分是时间价值，因为在期权到期前，总有可能出现有利于期权持有人的基础资产价格变动机会，因而产生时间价值，而且时间越长，价值也越大，但随着到期日的迫近，时间价值在加速折耗(time decay)，在到期日为 0，如图 4-7 所示。

在平值时，由于股价变动方向的不确定性最大，时间价值也最大；而在深度实值或深度虚值时，执行与否基本已成定论，时间价值也相对较小。因而，最终期权的价值大致如图 4-6 中的曲线所示。

“理论与实践相结合”4-2　期权交易策略

和其他金融创新工具相比，期权是一种很独特的产品。这体现在它的非线性价值和收益-风险的明显不对称上。特别有趣的是，期权加上其他资产构成的交易策略，(理论上)能够产生投资者可以预见的任何价格-损益形态①。例如，卖出一个看涨期权的同时买入相应的基础资产(这里是股票)，这被称为出售有保护的看涨期权(write a covered call)，其损益形态如图 4-8(a)所示，由于股票的多头保护了期权头寸因股票价格快速上升而可能带来的巨大损失，就为原本理论上的无穷损失提供了缓冲。再如，买入一个欧式看跌期权的同时买入基础资产。这被称为有保护的看跌期权(protective put)，意指在基础资产价格下跌时，为它的价值提供一定程度的保护，其损益形态如图 4-8(b)所示，可以发现该资产组合的收益形态同单一看涨期权的多头的损益形态类似，下一小节会说明何以如此。

① 期权可以和基础资产或期权自己组合形成各种交易策略，看一下这些名称便会感到有趣：bull-speads、bear-speads、butterfly-speads、straddle、strips、straps、strangle 等。

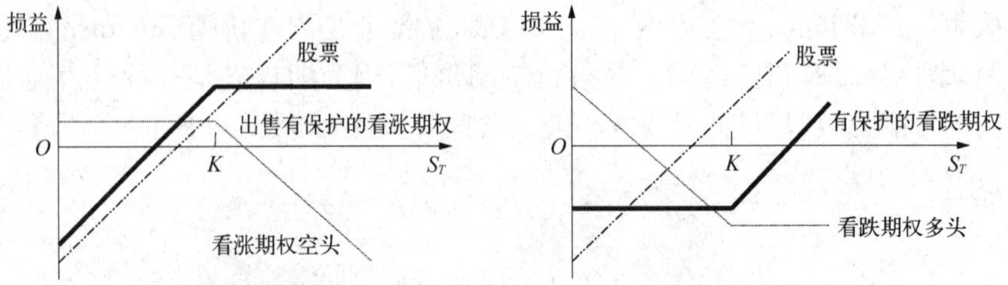

(a) 出售有保护的看涨期权　　(b) 有保护的看跌期权

图 4-8　股票加期权组合到期日合成损益形态

再来看更为复杂的策略,如多头跨式策略(straddle strategy),通过买入一对具有相同执行价格、相同到期日期的同种股票的看涨期权和看跌期权可以构造这一策略,它的收益形态如图 4-9(a)所示。这种交易策略的风险-收益特征是,在基础资产价格小幅波动时,策略执行者会出现亏损,而当价格有方向不能确定的剧烈跳跃时就产生可观的利润;也可以反向操作卖出这一对期权,从而形成跨式策略的空头,它的收益形态正好相反,如图 4-9(b)所示。

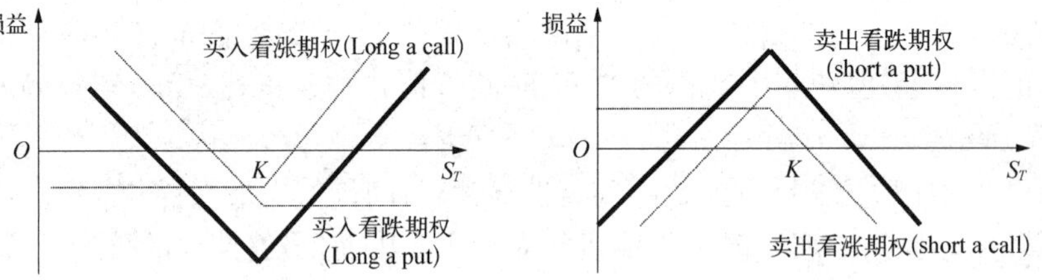

(a) 买入跨式策略　　(b) 卖出跨式策略

图 4-9　跨式交易到期日合成损益形态

这些期权策略在实践是如何运用的呢?面对一家有朦胧重组题材的壳公司,采用买入跨式策略被认为是理所当然的,因为不论是重组成功,股票价格飙升,还是并购行动流产,股票价格破位下行都会使得操作者有所斩获。这种策略是不是正好道出了你心中所想呢?而在 1995 年,尼克·李森(Nick Leeson)判断日本经济复苏缓慢,股市波动不大,因而大量沽出跨式期权组合赚取期权费。一开始时,正如他预计的那样,这种策略有些赚头,而当阪神大地震的消息传来时,巴菱(Barrings)银行的悲剧就开始悄悄上演了①。

4.1.2　占优策略

本节我们进入单期模型,假定期权仅仅存在一期,在不对基础资产价格运动做出任何明确的假设下,先使用由默顿开创的占优策略(dominance strategy)来获得一些有关期权价格范围的初步定量结论,这些结果虽然不会直接告诉我们一个期权价值多少,但它们确实能够确定期权价格的合理界限并作为一种验证定价是否合理的辅助手段。

定义 4.1.1　有两个资产组合 A 和 B,如果在一段时间后,在任何情况下,组合 A 的收

① 更多的内部故事见 Leeson(1996)。

益都不少于B，而且至少在一种情况下，组合A的收益超过组合B，那么A比B有优势，或者说在两者中A占优。

很明显，在市场均衡时不可能存在任何优势资产，因为一个迅速的套利行为会消除这种优势。因此，它实际上就是"没有免费午餐"的无套利约束的一种表现形式。通过它我们可以得到四个关于期权价格的重要约束条件。

(1) 期权价格的上下限。在任何情况下看涨期权的价值都不会超过股票本身的价值。如果不是这样的话，投资者可以买入股票同时出售看涨期权，轻易地获得无风险利润。因此，如果令c为期权价值，看涨期权的上限就是①：

$$c \leqslant S,\ \check{c} \leqslant S \tag{4-1}$$

至于看涨期权的下限，我们用以下占优策略来寻找，先建立两个资产组合：

A：一个欧式看涨期权加上数额为$K(1+r)^{-(T-t)}$的现金；

B：一股普通股股票。

如表 4-1 所示，A组合在T时刻的价值为$\max(S_T,\ K)$，而B的价值为S_T，显然A有优势。为了避免套利机会，在t时刻必须有：

$$c_t + K(1+r)^{-(T-t)} > S_t$$

表 4-1　看涨期权价格下限优势策略比较

	S_T		
	V_t	$S_T < K$	$S_T > K$
A	$c_t + K\ (1+r)^{-(T-t)}$	$0+K$	$(S_T - K)+K$
B	S_t	S_T	S_T
价值 V		$V_A > V_B$	$V_A = V_B$

即：

$$c_t > S_t - K(1+r)^{-(T-t)} \tag{4-2}$$

但是注意期权合约赋予持有人的自愿行使原则，因此看涨期权c的下限就是$\max[S - K(1+r)^{-(T-t)},\ 0]$，如图 4-6 所示②。

对于看跌期权来说，无论股票价格变得多么低，期权的价值都不会超过K，不妨假设到期日出现最坏的情形，$S=0$。期权持有人获得K，如果$p > K$的话，就没有人会问津看跌期权了，因而其上限为：

$$p \leqslant K,\ \check{p} \leqslant K \tag{4-3}$$

考虑到是初始时刻，更准确些应该是：

$$p \leqslant K(1+r)^{-(T-t)},\ \check{p} \leqslant K(1+r)^{-(T-t)} \tag{4-4}$$

① 符号$\check{c}$表示相同合约条件下的美式产品价格，由于它包含了比欧式期权更多的执行机会，通常它的价格要高于后者。

② Bhattacharya(1983)检验了看涨期权价格是否会符合理论给出的上下限。他发现了 1.3%的期权价格大于它的内在价值，但是其中的 29%在经历下一次交易后消失了；此外还有 7.6%的期权价格低于下限，然而考虑了交易费用，这些机会就不能被利用了。

价格下限的发现方法同上面的类似，构造资产组合：

A：一个欧式看跌期权加上一股普通股股票；

B：数额等于 $K(1+r)^{-(T-t)}$ 的现金。

表 4-2　看跌期权下限优势策略比较

	S_T		
	V_t	$S_T < K$	$S_T > K$
A	$p_t + S_t$	$(K - S_T) + S_T$	$0 + S_T$
B	$K(1+r)^{-(T-t)}$	K	K
价值 V		$V_A = V_B$	$V_A > V_B$

T 时刻 A 组合的价值为 $\max(S_T, K)$，B 为 K。A 包含了多于 B 的获利机会，因而在 t 时刻其价值也应大于后者，即必须满足：

$$p_t + S_t > K(1+r)^{-(T-t)}$$

或者：

$$p_t > K(1+r)^{-(T-t)} - S_t \tag{4-5}$$

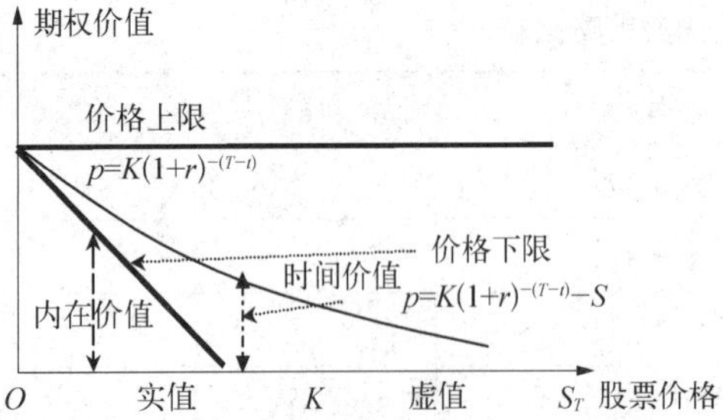

图 4-10　看跌期权的价值构成和价格界限

所以，看跌期权的下限就是 $\max[K(1+r)^{-(T-t)} - S, 0]$，如图 4-10 所示。

(2) 没有红利发放时，美式看涨期权绝不应提前执行。

建立两个资产组合：

A：一个美式看涨期权加上数额为 $K(1+r)^{-(T-t)}$ 的现金；

B：一股普通股股票。

很明显，如表 4-3 所示，A 组合在到期日具有优势。假设在 T 之前的某一时刻 τ，期权持有人由于受到该期权在深度实值时的眼前利润吸引，而执行了该期权，此时组合 A 价值为 $(S_\tau - K) + K^{-r(\tau-t)}$，其价值总是小于 S_τ(B 组合)。这说明一种到期占优的资产组合由于执行了其中的期权，反而丧失了原有的优势，所以提前执行肯定是不明智的。最佳的策略应当是卖了它，这样还可以实现一部分时间价值。因此，以上分析表明没有红利发放时，一个美式看涨期权与一个其他条件与之相同的欧式看涨期权价值完全相等。这一点之所以重要，是因为它简化了一部分符合该条件的美式期权的定价工作。

表 4-3　美式期权优势策略比较

	S_T		
	V_t	$S_T < K$	$S_T > K$
A	$\check{c}_t + K(1+r)^{-(T-t)}$	$0 + K$	$(S_T - K) + K$
B	S_t	S_T	$0 + S_T$
价值 V		$V_A > V_B$	$V_A = V_B$

(3) 欧式期权平价(put-call parity)。构造两个资产组合：

A：一个欧式看涨期权加上数额为 $K(1+r)^{-(T-t)}$ 的现金；

B：一个欧式看跌期权加一股普通股股票。

表 4-4 显示在到期日 A 和 B 的价值都是 $\max(S_T, K)$，为了避免套利机会，在任何方面都相同的两种资产组合的现在价值必须相等，即推出：

$$c+K(1+r)^{-(T-t)}=p+S \tag{4-6}$$

表 4-4　优势策略比较

	S_T		
	V_t	$S_T<K$	$S_T>K$
A	$c_t+K(1+r)^{-(T-t)}$	$0+K$	$(S_T-K)+K$
B	p_t+S_t	$(K-S_T)+S_T$	S_T
价值 V		$V_A=V_B$	$V_A=V_B$

这个关系式表明相同合约条件下的看涨期权和看跌期权是伴生的，决定了 c 的同时也决定了 p。因而，全部注意力可以集中在看涨期权上，没有必要为看跌期权另外发明一套估价方法①。这也回答了前面我们就图 4-8(b)提出的问题，即卖出一个看跌期权配上相应的股票的损益形态同单独买入一个看涨期权的损益形态类似。

(4) 美式期权平价。式(4-6)对美式期权并不成立。但是，可以推导出不支付红利的美式期权之间某种关系。由于 $p\leqslant\check{p}$，再根据式(4-6)，有：

$$c+K(1+r)^{-(T-t)}-S<\check{p} \tag{4-7}$$

而由于 $c=\check{c}$，则：

$$\check{c}-\check{p}<S-K(1+r)^{-(T-t)} \tag{4-8}$$

进一步考虑以下两个资产组合：

A：一个欧式看涨期权加上数额为 K 的现金；

B：一个美式看跌期权加一股普通股股票。

如果看跌期权没有提前执行，在 T 时刻，组合 B 的价值为：

$$\max(S_T, K)$$

而组合 A 的价值为：

$$\max(S_T, K)+K(1+r)^{(T-t)}-K$$

因此，A 的价值高于 B。如果看跌期权在 T 之前的某一时刻 τ 提前执行，这就意味着此时 B 的价值为 K。但是就算看涨期权的价值为 0，组合 A 在时刻 τ 的价值也是 $K(1+r)^{(\tau-t)}$，换句话说，在任何情况下，A 总是占优的。因此，总有：

$$c+K>\check{p}+S$$

① Klemkosky & Resnick(1980)验证了期权平价关系，他们的结论是做市商的交易者是可以用套利机会获利。

由于 $c=\check{c}$，所以：

$$\check{c}+K>\check{p}+S$$

即：

$$\check{c}-\check{p}>S-K$$

结合式(4-8)，就有：

$$S-K<\check{c}-\check{p}<S-K(1+r)^{-(T-t)} \tag{4-9}$$

接下来，我们考虑有红利(D)发放的更为复杂的情况。为此需要假定期权有效期内的红利的现值为 $PV(D)=D(1+r)^{-(T-t)}$，还要求在除息日发放红利。

(1) 期权价格的上下限。这时就需要对前面的资产组合略做修正，对于看涨期权，原组合调整为以下情形：

A：一个欧式看涨期权加上数额为 $PV(D)+K(1+r)^{-(T-t)}$ 的现金；

B：一股普通股股票。

类似式(4-2)，可以得到：

$$c_t>S_t-PV(D)-K(1+r)^{-(T-t)} \tag{4-10}$$

对于看跌期权，原组合调整为以下情形：

A：一个欧式看跌期权加上一股普通股股票；

B：数额等于 $PV(D)+K(1+r)^{-(T-t)}$ 的现金。

类似式(4-5)，可以得到

$$p_t>PV(D)+K(1+r)^{-(T-t)}-S_t \tag{4-11}$$

(2) 提前执行。如果预期有红利发放时，我们就不再肯定美式看涨期权不应提前执行了。有时在除息日到来之前，立即执行美式看涨期权是明智的。这是因为发放红利将使股票价格大幅度快速下降，使得期权贬值。在其他任何时刻，提前执行美式看涨期权都是不明智的。

(3) 欧式期权平价。式(4-6)需要修改为：

$$c+K(1+r)^{-(T-t)}+PV(D)=p+S$$

(4) 美式期权平价。原组合调整为以下情形：

A：一个欧式看涨期权加上数额为 $PV(D)+K$ 的现金；

B：一个美式看跌期权加一股普通股股票。

同前面的推导类似，在任何情况下 A 均具有优势，因此：

$$c+K+PV(D)>\check{p}+S$$

由于美式看涨期权的价值不会低于欧式看涨期权，即 $\check{c}>c$，因此：

$$\check{c}+K+PV(D)>\check{p}+S$$

即：

$$\check{c}-\check{p}>S-K-PV(D) \tag{4-12}$$

对于不支付红利的股票，我们有式(4-9)，即：

$$\check{c}-\check{p}<S-K(1+r)^{-(T-t)} \tag{4-13}$$

由于红利发放减少了看涨期权的价值而增加了看跌期权的价值，所以对于支付红利的股票期权，这一不等式(4-13)也一定成立。这样综合式(4-12)和式(4-13)，就可以把式(4-9)修正为[①]：

$$S-K-PV(D)<\check{c}-\check{p}<S-K\,(1+r)^{-(T-t)}$$

“理论与实践相结合”4-3　简单衍生产品定价Ⅰ：远期和期货

本框文讨论两种简单的线性衍生产品——远期和期货的定价问题。首先需要区分的是远期价格 F 和远期合约的价值 f，这两者是完全不同的概念。某个远期合约的远期价格(forward price)定义为使得该合约本身价值为零的交割价格。合约开始生效时，一般设定交割价格 K 等于远期价格，所以 $F=K$ 且 $f=0$。随着时间的推移，交割价格 K 不变，而 f 和 F 都在变化。

最简单的远期合约是基于不支付收益证券的远期合约，如不付红利的股票和贴现债券，它们最容易定价。如果不存在套利机会，这类证券的远期价格 F 与现价 S 应该满足：

$$F=S\,e^{r(T-t)} \tag{4-14}$$

不妨假设 $F>S\,e^{r(T-t)}$，这时投资者可以以无风险利率 r 借入 S 美元，期限为 $T-t$，用来购买该证券资产，同时卖出该证券的远期合约(即持有远期合约空头)。到时刻 T，资产按合约中约定的价格 F 卖掉，同时归还借款本息 $S\,e^{r(T-t)}$。这样在时刻 T 就实现了 $F-S\,e^{r(T-t)}$ 的利润，市场上众多套利者行为的共同结果导致标的资产的即期价格 S 上升，远期价格 F 下降，使 F 与 $S\,e^{r(T-t)}$ 的差距逐步缩小，直至为 0，套利机会消失；假设另一种可能 $F<S\,e^{r(T-t)}$，则投资者可以卖空标的证券，将所得收入 S 以年利率 r 进行投资，期限为 $T-t$，同时购买该证券的远期合约(即持有远期合约多头)。在时刻 T，投资者按合约中约定的价格 F 购买资产，冲抵了原来的空头头寸，同时投资本息所得为 $S\,e^{r(T-t)}$，实现的利润为 $S\,e^{r(T-t)}-F$。同样道理，这在均衡市场上也是不会出现的。我们也可以根据上面学到的占优策略做更严格的证明，考虑如下两个证券组合：

组合 A：一个远期合约多头加上一笔数额为 $K\,e^{-r(T-t)}$ 的现金；

组合 B：一单位标的证券。

在 A 中，现金以无风险利率投资，到 T 时刻将达到 K，这笔钱可用来购买基础证券。所以在 T 时刻，两个组合都是一单位基础证券。因此，它们在 t 时刻时价值也必然相等，即：

$$f+K\,e^{-r(T-t)}=S$$

① Klemkosky & Resnick(1980)测试了该公式中的关系是否总是成立，结论是：运用这个关系可以获得少量的套利利润，其主要原因是市场高估了美式看涨期权价格。

或者：

$$f=S-K\mathrm{e}^{-r(T-t)} \tag{4-15}$$

根据远期价格的定义，远期价格等于合约启动时规定的交割价格，且使该合约本身的价值为0。因此远期价格 F 就是公式(4-15)中令 $f=0$ 的 K 值。

接下来考虑提供可完全预测的现金收益的远期合约，例如，支付已知红利的股票和付息票的债券。设 I 为远期合约有效期间所得收益的现值，该类证券远期价格 F 与现价 S 之间关系应该是：

$$F=(S-I)\mathrm{e}^{r(T-t)} \tag{4-16}$$

证明方法同无收益证券的远期合约。或者将前一例中的组合 B 变为：

组合 B：一单位标的证券加上以无风险利率借入期限为 $T-t$、数额为 I 的资金。

证券的收益可以用来偿还借款，因此在 T 时刻，这个组合与一单位的证券具有相同的价值。组合 A 也具有同样的价值。同理在 t 时刻就有：

$$f+K\mathrm{e}^{-r(T-t)}=S-I$$

或：

$$f=S-I-K\mathrm{e}^{-r(T-t)} \tag{4-17}$$

更常见的是假设资产支付固定的已知红利收益率，如股票指数。这里的红利收益率表示为在一段时期内，按证券价格百分比计算的收益。为了获得无套利价格，组合 B 需要做如下修改。

组合 B：$\mathrm{e}^{-i(T-t)}$ 个证券，并且所有的收入都再投资于该证券。

组合 B 中拥有证券的数量随着获得红利的增加而不断增长，到时刻 T 时，正好拥有一个单位的该证券，同 A 相等。因此在 t 时刻必然有：

$$f+K\mathrm{e}^{-r(T-t)}=S\mathrm{e}^{-i(T-t)} \tag{4-18}$$

或：

$$f=S\mathrm{e}^{-i(T-t)}-K\mathrm{e}^{-r(T-t)} \tag{4-19}$$

远期价格 F 就是使 $f=0$ 的 K 值，即①：

$$F=S\mathrm{e}^{(r-i)(T-t)} \tag{4-20}$$

利用远期合约定价结果，我们可以计算股票指数、外汇、黄金等期货合约的价格。可以证明当无风险利率恒定，且对所有到期日都不变时，两个交割日相同的远期合约和期货合约有同样的价格②。但是在现实世界中，一般情况下利率变化无法预测的，则远期价格和期货价格从理论上来讲就不相同了。但是，我们对两者之间的关系能有一个感性认识。考虑如下情形：标的资产价格 S 与利率高度正相关。当 S 上升时，一个持有期货

① 如果在远期合约有效期间红利收益率是变化的，式(4-19)仍然是正确的，此时 i 等于平均红利收益率。

② 证明参见 John C. Hull. *Option*, *Futures*, *and Others Derivatives*. 3rd ed. Prentice Hall International, Inc., 1997: 76.

多头头寸的投资者会因每日结算而立即获利。由于 S 的上涨几乎与利率的上涨同时出现，获得的利润将会以高于平均利率水平进行投资。同样，当 S 下跌时，投资者立即亏损。亏损将以低于平均利率水平的利率融资。持有远期多头头寸的投资者将不会因利率变动而受到与上面期货合约同样的影响。因此，由于期货合约是每日结算的，对投资者而言，持有期货多头显然要比远期多头更具有吸引力。所以，当 S 与利率正相关性很强时，期货价格要比远期价格高。相反，当 S 与利率的负相关性很强时，类似上面的讨论可知远期价格比期货价格要高。在大多数情况下，有效期仅为几个月的远期合约价格与期货合约价格之间的理论差异是小得可以忽略不计的①。因此，在大多数情况下，假定远期和期货价格相等仍是合情合理的。所以符号 F 既可代表期货价格又可代表远期价格。

先考虑股票指数期货②，大部分股票指数可以看作为付红利的证券，这里的证券就是计算指数的股票组合，证券所付红利就是该组合的持有人收到的红利。设 i 为红利收益率，由式(4-20)可得期货价格 F 为③：

$$F = S\,e^{(r-i)(T-t)} \tag{4-21}$$

接着是外汇期货合约。外汇的持有人能获得货币发行国的无风险利率的收益(例如持有人能将外汇投资于以该国货币标价的债券)。因此，外汇与支付红利收益率的证券是一样的。这里的“红利收益率”就是外汇的无风险利率。我们设 r_f 为无风险利率，连续计复利。变量 S 代表以美元表示的一单位外汇的即期价格，则可得外汇期货价格为：

$$F = S\,e^{(r-r_f)(T-t)} \tag{4-22}$$

这是国际金融领域著名的利率平价关系。当外汇的利率大于本国利率时 $(r > r_f)$，

---

① 但是，随着合约有效期的增长，这个差异开始变大。实际上，许多没有反映在理论模型中的因素使得远期和期货价格不一样。这些因素包括税收、交易费用、保证金的处理方式等。同时，期货合约远比远期合约流动性更强、更易于交易。

② 股票指数期货是指买入或卖出相应股票指数面值的期货合约，而股票指数面值则定义为股票指数乘以某一特定货币金额所得的值。所有的股票指数期货合约是现金交割，而不是实物交割。目前，国际金融市场主要的股票指数及其期货如下：(1) 标准普尔 500 指数(Standard & Poor's Index，S&P500)。在芝加哥商品交易所 CME 交易，该指数是一个包括 500 种股票的组合：400 种工业股、40 种公用事业股、20 种交通事业股和 40 种金融机构股。在任一时间股票的权重为该股票的总市值(股价×流通的股票数)。(2) 日经 225 股票平均指数(Nikkei 225 Stock Average)。该指数是一个在东京股票交易所交易的 225 家最大股票的组合。权重为股票的价格。在芝加哥商品交易所 CME 交易的该指数期货合约价格为指数乘以 5。该指数样本股票的市值占纽约股票交易所全部上市公司股票总市值的 80%。在芝加哥商品交易所 CME 交易的该指数期货合约价格为指数乘以 500。(3) 纽约股票交易所 NYSE 综合指数(New York Stock Exchange Composite Index)。该指数是一个在纽约股票交易所上市的所有股票组成的组合。像 S&P500 一样，权重为市场价值。在纽约期货交易所交易的该指数期货合约价格为指数乘以 500。(4) 主要市场指数 MMI(Major Market Index)。该指数是一个在纽约股票交易所上市的 20 只蓝筹股组成的组合。这些股票根据它们的价格来加权。MMI 与广泛引用的道琼斯工业平均指数(Dow Jones Industrial Average)相关性很好。道琼斯工业平均指数也是包含相对较少的几种股票的组合。MMI 期货合约在芝加哥交易所 CBOT 交易，该指数期货合约价格为指数乘以 500。

③ 如果 $F > S\,e^{(r-q)(T-t)}$，可以通过购买指数中的成份股票，同时卖出指数期货合约而获利。如果 $F < S\,e^{(r-q)(T-t)}$，则可通过相反操作，即卖出指数中的成份股票，买进指数期货合约而获利。这些策略就是所谓的指数套利(index arbitrage)。当 $F < S\,e^{(r-q)(T-t)}$ 时，指数套利操作通常由拥有指数成份股票组合的养老基金来进行；而当 $F > S\,e^{(r-q)(T-t)}$ 时，指数套利操作通常由拥有短期资金市场投资的公司来进行。对于一些包含较多股票的指数，指数套利有时是通过交易数量相对较少的有代表性的股票来进行，这些代表性的股票的变动能较准确地反映指数的变动。指数套利经常采用程序交易(program trading)方法来进行，即通过一个计算机系统来进行交易。正是由于市场上存在迅速的套利行为，当股票指数期货价格在实际中一旦发生了偏离了理论价格，市场的套利行为的结果就会自动的将这种偏差消除，同时达到市场的均衡。

从上式可知 F 始终小于 S，且随着合约到期日 T 的增加，F 值减小，即远期外汇贴水。同样，当外汇的利率小于本国利率时 $(r < r_f)$，F 始终大于 S，且随着合约到期日 T 的增加，F 值也增加，即远期外汇升水。

商品期货要复杂些。我们将商品区分为如下两大类：为投资目的而由相当多的投资者所持有的(如黄金和白银)商品和为消费目的所持有的商品。对投资目的的商品，我们可以通过套利讨论得出准确的期货价格；但是对消费目的的商品来说，套利讨论只能给出期货价格的上限。最典型的投资品是黄金和白银等贵金属，我们分三种情况来讨论。

(1) 如果不考虑存储成本，黄金和白银类似于无收益的证券。用 S 代表黄金的现货价格，可知：

$$F = S\mathrm{e}^{r(T-t)} \tag{4-23}$$

(2) 考虑存储成本，则可将其看作是负收益。设 U 为期货合约有效期间所有存储成本的现值，可知：

$$F = (S + U)\mathrm{e}^{r(T-t)} \tag{4-24}$$

(3) 若任何时刻的存储成本与商品价格成一定的比例 u，存储成本也可看作是负的红利收益率，即：

$$F = S\mathrm{e}^{(r+u)(T-t)} \tag{4-25}$$

普通消费商品的期货则不太一样。个人或公司保留商品的库存是因为其有消费价值，而非投资价值。因而，他们不会积极主动地出售商品购买期货合约，因为期货合约不能消费。因此，对于持有目的主要不是投资的商品来说，套利策略的假设将不再适用。我们只能得到普通消费商品的期货价格的上限：

$$F \leqslant (S + U)\mathrm{e}^{r(T-t)} \text{ 或者 } F \leqslant S\mathrm{e}^{(r+u)(T-t)} \tag{4-26}$$

当 $F < S\mathrm{e}^{(r+u)(T-t)}$ 时，商品使用者一定会感到持有实实在在的商品比持有期货合约是有好处的。这些好处包括从暂时的当地商品短缺中获利或者具有维持生产线运行的能力。这些好处有时称为商品的便利收益(convenience yield)。便利收益简单地衡量了式(4-26)中，该消费性商品的期货价格与无短缺状态下的理论价格的差距。便利收益反映了市场对未来商品可获得性的期望。在期货合约有效期间，商品短缺的可能性越大，则便利收益就越高。对于投资性资产，由于不存在消费性商品的短缺性带来的持有便利，其便利收益必为0，否则就会有套利机会。便利收益 y 可按下式定义为：

$$F\mathrm{e}^{y(T-t)} = (S + U)\mathrm{e}^{r(T-t)} \text{ 或 } F\mathrm{e}^{y(T-t)} = S\mathrm{e}^{(r+u)(T-t)} \tag{4-27}$$

因此，普通消费品的期货价格可表示为：

$$F = S\mathrm{e}^{(r+u-y)(T-t)} \tag{4-28}$$

一般而言，各类资产的期货价格 F 与现货价格 S 之间的关系可用持有成本(cost of carry)来总结。所谓持有成本包括存储成本加上融资购买资产所支付的利息，再减去资产的收益。这又有三种情况：① 对无收益的证券，持有成本就是 r，因为既无存储成本，又无收益；② 对已知收益率(或成本率)的证券，持有成本为 $r-i$，因为资产的收益率为 i(如股票指数的收益率为 i、外汇的收益率为 r_f、商品存储成本率为 $-u$ 等)；③ 对支付已知现金收益(或成本)的证券，可按其现值与现货价格的比例折为收益率，持有成本的计算同上。因此，如果假定持有成本为 c，对投资性资产，期货价格为：

$$F=S\,e^{c(T-t)} \tag{4-29}$$

对消费性资产，期货价格为：

$$F=S\,e^{(c-y)(T-t)} \tag{4-30}$$

4.1.3　基本原理

以上分析完全是一般性的，我们并没有对基础资产价格运动路径做出什么特殊的假定。现在具体化单期模型，请对照 3.2.8 节的内容。假定金融市场上仅仅存在有三种证券：无风险的国库券 B，普通股 S 和该种股票的欧式看涨期权 c。未来是不确定的，假定在下一时刻有且仅有两种可能的情况会出现，其真实概率分布为 50%- 50%。

三种资产的现在价值 V_0 可以用向量来表示有：

$$V_0=[B_0\quad S_0\quad c_0] \tag{4-31}$$

国库券是无风险的，到期净收益为无风险利率 r，令 $B_0=1$。S 则有两种可能会出现，即 S_u 或者 S_d，c 相应为 c_u 和 c_d，即：

$$\boldsymbol{D}=\begin{bmatrix}1+r & 1+r\\ S_u & S_d\\ c_u & c_d\end{bmatrix} \tag{4-32}$$

我们已经知道如果市场上不存在套利机会，则存在正的状态价格 α_1、α_2，使得下面等式成立：

$$\begin{bmatrix}1\\ S_0\\ c_0\end{bmatrix}=\begin{bmatrix}1+r & 1+r\\ S_u & S_d\\ c_u & c_d\end{bmatrix}\begin{bmatrix}\alpha_1\\ \alpha_2\end{bmatrix} \tag{4-33}$$

根据第一个方程：

$$1=(1+r)\alpha_1+(1+r)\alpha_2 \tag{4-34}$$

就可以找到一个等鞅测度 Q：

$$Q_1=(1+r)\alpha_1>0;$$

$$Q_2=(1+r)\alpha_2>0;$$

$$\sum Q_i=1$$

这样，对于股票和基于该股票的期权的贴现价格，在形式上就有：

$$S_0 = Q_1 \frac{S_u}{1+r} + Q_2 \frac{S_d}{1+r} \tag{4-35}$$

$$c_0 = Q_1 \frac{c_u}{1+r} + Q_2 \frac{c_d}{1+r} \tag{4-36}$$

例 4.1.3 假定无风险利率是 10%,股票价格现在为 50 元,未来可能为 40 元,也可能为 60 元,相应的欧洲期权的执行价格为 50 元,则到期日期权收益为 0 或者 10 元。问题是这个期权现在价值多少。根据式(4-33)有:

$$\begin{bmatrix} 1 \\ 50 \\ c_0 \end{bmatrix} = \begin{bmatrix} 1.1 & 1.1 \\ 40 & 60 \\ 0 & 10 \end{bmatrix} \begin{bmatrix} \alpha_1 \\ \alpha_2 \end{bmatrix}$$

这里有三个方程、三个未知数,根据线性代数一般原理,这种方程组是有解的,得:

$$c_0 = 6.818\,2;\ \alpha_1 = 0.227\,3;\ \alpha_2 = 0.681\,8$$

值得注意的是,真实概率分布根本没有出现过。

4.2 鞅方法

获得了上述基本直觉后,我们要分析一下它的理论意义。然后,把它应用到两个经典的多期模型——离散时间的考克斯-罗斯-鲁宾斯坦模型(CRR)和连续时间的布莱克-斯科尔斯模型(B-S)中,来获得期权价格。要指出的是:鞅方法借助了我们在第 3 章中得到的那些关于资产定价的重要定理。

4.2.1 理论意义

单期模型已经揭示出等鞅测度在衍生产品定价中的作用。我们这里要做进一步的阐发:假定存在一个离散时间有限状态的可行市场和一个等鞅测度 Q。任何或有权益 $H(T, \omega)$ 是 $(\Omega, \mathcal{F}_T, P)$ 空间中一个非负的、$\mathcal{F}_T$ -可测的随机变量。$H(\omega)$代表一个在时刻 T 到期的(或有权益)合约——在 T 时刻,如果状态 $\omega \in \Omega$ 发生,它的所有者就可以获得 $H(\omega)$ 数量的购买力。它在 0 时刻的价格(或者现在价格)$\pi_0(H)$,或者在任意时刻 t 的价值 $\pi_t(H)$,都是在进入这个合约时,使得交易双方都感到满意的"公平市场价格"。

在一个可行市场上(见 3.2.8 节和 3.3.6 节的设定),一个投资者可以通过构造一个可精确复制 H 在 T 时刻的收益结构的可行交易策略 $\theta \in \mathcal{A}_a$ 来评估 $\pi(H)$。对于这样的一个 $\theta \in \mathcal{A}_a$,初始投入价值 $V_\theta(0)$就应当代表了 H 的合理价格 $\pi_0(H)$。如果或有权益 H 是可以获得的,就存在一个复制策略 $\theta \in \mathcal{A}_a$,使得:

$$V_\theta(T) = H \text{ 或者 } \tilde{V}_\theta(T) = H / p_0(T)$$

但是,3.3.6 节的分析告诉我们:Q 是一个等鞅测度,因而在 Q 下就有:

$$\tilde{V}_\theta(t) = E^Q\left[\frac{H}{p_0(T)} \mid \mathcal{F}_t\right]$$

因此：

$$V_\theta(t)=p_0(t)E^Q\left[\frac{H}{p_0(T)}\middle|\mathcal{F}_t\right]$$

特指在 0 时刻，则：

$$\pi_0(H)=\widetilde{V}_\theta(0)=E^Q\left[\frac{H}{(1+r)^T}\mid\mathcal{F}_0\right]=E^Q\left[\frac{H}{(1+r)^T}\right]$$

我们知道：如果所有或有权益都可以是可获得的，就称该市场是完备的。这种市场中的任意或有权益，均可以通过一般化的等鞅测度方法来定价，即计算任何一个或有权益（例如期权）的当前价格，就是计算它在 Q 下的数学期望的现值。

但是，它的前提是：等鞅测度必须是唯一的。注意到：

$$\widetilde{V}_\theta(0)=E^Q[H/(1+r)^T]$$

对于所有的等鞅测度都成立，如果 H 是可以获得的，它的价格 $\pi(H)$ 应当是独立于等鞅测度 Q 的选取的。因此，在一个完备的市场中，如果 Q 和 $\widetilde{Q}$ 是两个等鞅测度，则必须有：

$$E^Q\left[\frac{H}{(1+r)^T}\right]=\pi(H)=E^{\widetilde{Q}}\left[\frac{H}{(1+r)^T}\right]$$

这就意味着：（因为 $(1+r)^T>0$）每一个非负的随机变量 H 的数学期望在 Q 和 $\widetilde{Q}$ 下均是相同的，因此 Q 与 $\widetilde{Q}$ 是相同的。因而，在一个完备的市场中只有一个唯一的等鞅测度。

我们的讨论再次证明了一价法则在可行市场中是成立的，换句话说，我们不可能找到两个可行策略 θ，ϕ 满足：

$$V_\theta(T)=V_\phi(T)$$

但是，同时又有：

$$V_\theta(0)\neq V_\phi(0)$$

这就保证了定价机制的一致性。显然，一价法则允许我们通过考察复制 H 的自我融资策略的初始成本来为一个或有权益定价，这种定价技术使用风险中性数学期望来给出 $\pi(H)$，而不需要事先确定那种自我融资策略。

不妨再次考虑一个单期模型，假定有一个具有以下支付形态的或有权益（证券）：

$$H(\omega)=\begin{cases}1 & \omega=\omega'\\0 & \text{其他}\end{cases}$$

其中，$\omega'\in\Omega$ 是某一特定状态，如果 H 是可获得的，则①：

$$\pi(H)=E^Q\left[\frac{H}{(1+r)^T}\right]=\frac{1}{(1+r)^T}Q(\{\omega'\})$$

我们已经知道：

① 这对于贴现因子是随机的情况下也成立。

$$\frac{Q(\{\omega'\})}{(1+r)^T}$$

被称为 $\omega' \in \Omega$ 的状态价格(state price)。

接下来,我们先用基于二项过程的考克斯、罗斯和鲁宾斯坦(Cox-Ross-Rubinstein, 1979, CRR)模型来提供进一步的直觉理解①,然后使用随机微积分把定价问题推广到连续时间和状态下的布莱克-斯科尔斯(1973)模型中。

4.2.2 考克斯-罗斯-鲁宾斯坦模型

作为上述一般原理的一个应用,本节考察在离散多期和有限状态框架下,如何使用等鞅测度方法来为期权定价。这就是著名的考克斯-罗斯-鲁宾斯坦模型,它实际上就是反复出现(recursive)的单期模型。

假定:(1) 证券高度可分,允许卖空证券;没有交易费用、税收和保证金;

(2) 在期权的存续期内没有红利支付;

(3) 不存在套利机会;

(4) 无风险利率 r 为常数,并且对所有到期日都相同,投资者可以此利率无限制借贷。

更重要的假设是:

(5) 两种证券,一种为无风险债券(贴现因子),其价格过程为:

$$\begin{aligned} B(t) &= (1+r)^t \\ B(0) &= 1 \end{aligned} \tag{4-37}$$

另一种为股票其价格运动遵循二项过程,即对于任何 $t < T$,有:

$$S(t) = (1+a)S(t-1) \text{ 或者 } S(t) = (1+b)S(t-1)$$

其中,$b > a > -1$ 为常数,初始价格 $S(0)$ 也是常数。定义股票的单位时间总收益率为:

$$R_t = S(t)/S(t-1)$$

因而,状态空间为 $\Omega = \{1+a,\ 1+b\}^{T\setminus\{0\}}$,信息结构由股票价格运动产生,即:

$$\mathcal{F}_0 = 0,\ \mathcal{F}_t = \sigma[S(u)],\ u < t,\ \mathcal{F}_T = \mathcal{F} = 2^\Omega$$

Ω 上的测度 P 由股票价格诱至,如果把股票的总收益率记为 R_t,对于 $\omega = (\omega_1,\ \omega_2,\ \cdots,\ \omega_T)$,定义:

$$P(\{\omega\}) = P(R_t = \omega_t,\ t = 1,\ 2,\ \cdots,\ T)$$

根据资产定价基本定理的一种形式(见定理 3.2.3),如果市场上没有套利机会,则$(\Omega, \mathcal{F})$上存在一个等鞅测度 Q,而贴现价格过程就是一个鞅,即:

$$E^Q(\widetilde{S}_t \mid \mathcal{F}_{t-1}) = \widetilde{S}_{t-1} \tag{4-38}$$

而这就意味着:

---

① 或者称为二项期权定价模型(binomial options pricing)。考克斯、罗斯与鲁宾斯坦(Rubinstein)1979 提出了二项定价模型(binomial options pricing),简称为 CRR 模型。它相当简洁,这种简洁不但丝毫没有影响它对问题的说服力,而且提供了足够的经济直觉。

$$E^{Q}\left[\frac{S_t}{(1+r)^t}\middle|\mathcal{F}_{t-1}\right]=\frac{S_{t-1}}{(1+r)^{t-1}}$$

可得：

$$E^{Q}(R_t \mid \mathcal{F}_{t-1})=1+r \tag{4-39}$$

如果要使得这个模型中存在唯一的等鞅测度，就得要求 $a<r<b$，这样才能使得 $Q\in[0,1]$。

如果令：

$$Q(R=1+b)=q \text{ 和 } Q(R=1+a)=1-q$$

这种概率测度 Q 就定义为：

$$q=(r-a)/(b-a)$$

不难验证：

$$E^{Q}(R_t \mid \mathcal{F}_{t-1})=(1+a)\left(1-\frac{r-a}{b-a}\right)+(1+b)\frac{r-a}{b-a}=1+r$$

由于 R_t 是独立分布，我们曾经定义过多期测度为单期等鞅测度的乘积：

$$Q(R_1=\omega_1, R_2=\omega_2, \cdots, R_t=\omega_t)=\prod_{t=1}^{t}Q(t)$$

一个欧式期权的到期日支付结构是 $c_T=(S_T-K)^+$，因此根据资产定价基本定理：

$$c_t=(1+r)^t E^{Q}\left[\frac{c_T}{(1+r)^T}\mid\mathcal{F}_t\right]$$

因为 $S_T=S_t\prod_{u=t+1}^{T}R_u$，可以简单的计算预期：

$$\begin{aligned}c_t&=(1+r)^{t-T}E^{Q}\left[\left(S_t\prod_{u=t+1}^{T}R_u-K\right)^+\mid\mathcal{F}_t\right]\\&=(1+r)^{t-T}E^{Q}\left[\left(S_t\prod_{u=t+1}^{T}R_u-K\right)^+\right]\\&=(1+r)^{-(T-t)}\sum_{u=0}^{T-t}\frac{(T-t)!}{u!\,(T-t-u)!}q^u(1-q)^{T-t-u}[S_t(1+b)^u(1+a)^{T-t-u}-K]^+\end{aligned}$$

特指在 0 时刻，就是：

$$\begin{aligned}c_0&=(1+r)^{-T}\sum_{u=A}^{T}\frac{T!}{u!\,(T-u)!}q^u(1-q)^{T-u}[S_0(1+b)^u(1+a)^{T-u}-K]\\&=S_0\sum_{u=A}^{T}\frac{T!}{u!\,(T-u)!}q^u(1-q)^{T-u}\left[\frac{(1+b)^u(1+a)^{T-u}}{(1+r)^T}\right]\\&\quad-(1+r)^{-T}K\sum_{u=A}^{T}\frac{T!}{u!\,(T-u)!}q^u(1-q)^{T-u}\end{aligned}$$

其中,A 是使得 $S_0(1+b)^k(1+a)^{T-k}>K$ 的第一个整数 k。上述递推公式可以这样理解:$\frac{T!}{u!(T-u)!}q^u(1-q)^{T-u}$ 是二项分布(鞅)中 u 次成功的概率表达式。

经过 u 次成功,$T-u$ 次失败后,到期日股票价格是 $S_0(1+b)^u(1+a)^{T-u}$,而期权的支付规则是 $\max[S_0(1+b)^u(1+a)^{T-u}-K,0]$,两者相乘再以无风险收益率贴回就是期权的无套利价格了。

实际上,注意到有 $q=(r-a)/(b-a)$,不妨令 $q'=q(1+b)/(1+r)$,我们有 $q'\in[0,1]$,且:

$$1-q'=(1-q)(1+a)/(1+r)$$

因此,上式可以进一步写为:

$$c_0=S_0P(A;T,q')-K(1+r)^{-T}P(A;T,q) \tag{4-40}$$

这就是 CRR 二项期权定价公式,其中:

$$P(k;n,p)=\sum_{j=k}^{n}\frac{n!}{j!(n-j)!}p^{j-1}(1-p)^{n-j}$$

是二项分布函数。

4.2.3 布莱克-斯科尔斯模型

连续时间模型承袭了 3.4.1 节中相应部分的主要内容,但是大大减少了基础证券的数目和不确定性的来源。简化的布莱克-斯科尔斯模型有下列假定。

(1) 允许卖空证券,没有交易费用、税收和保证金,证券高度可分,交易连续。

(2) 在衍生证券的存续期内没有红利支付。

(3) 无风险利率 r 为常数,并且对所有到期日都相同,投资者可以此利率无限制的存款或贷款。

(4) 不存在无风险套利机会。

(5) 信息结构是由布朗运动产生的:

$$\mathcal{F}_t=\sigma\{\mathcal{W}(s),0\leqslant s\leqslant t\}$$

(6) 有两种长期存在的证券,一种是无风险证券 $B(t)$,它的价格过程为:

$$\mathrm{d}B(t)=rB(t)\mathrm{d}t \tag{4-41}$$

另一种仍然是股票 $S(t)$,它遵循几何布朗运动:

$$\mathrm{d}S(t)=\mu S(t)\mathrm{d}t+\sigma S(t)\mathrm{d}\mathcal{W}(t) \tag{4-42}$$

解这两个微分方程得①:

$$B(t)=\mathrm{e}^{rt} \tag{4-43}$$

$$S(t)=S(0)\mathrm{e}^{\left(\mu-\frac{1}{2}\sigma^2\right)t+\sigma\mathcal{W}(t)} \tag{4-44}$$

① 随机微分方程的解参见 10.5.3 节。

下面计算期权价格，它大致分为两个步骤。

第一步：把贴现后的风险资产价格变成鞅。

用无风险证券 $B(t)$作为标准化证券，令：

$$\tilde{S}(t)=\frac{S(t)}{B(t)}=e^{-rt}S(t)=e^{\left(\mu-\frac{1}{2}\sigma^2-r\right)t+\sigma W(t)} \tag{4-45}$$

通过伊藤定理，获得 $\tilde{S}(t)$ 的动态过程为：

$$d\tilde{S}(t)=(\mu-r)\tilde{S}(t)dt+\sigma\tilde{S}(t)dW(t) \tag{4-46}$$

或者：

$$de^{-rt}S(t)=e^{-rt}(\mu-r)S(t)dt+e^{-rt}\sigma S(t)dW(t) \tag{4-47}$$

由于 $\tilde{S}(t)$ 是风险资产的价格，所以一般不能要求漂移项为 0，相反，我们有：

$$\mu-r>0$$

但是根据哥萨诺夫定理[①]，我们可以把 $\tilde{S}(t)$转换为鞅。

定义一个 $\mathcal{F}_t$ -适应的随机过程：

$$\xi(t)=\exp\left(\int_0^t\beta(s)dW(s)-\frac{1}{2}\int_0^t\beta(s)dW(s)\right) \tag{4-48}$$

和一个新的标准维纳过程 $\tilde{W}(t)$，我们有：

$$d\tilde{W}(t)=dW(t)-\beta(t)dt \tag{4-49}$$

代入式(4-46)，得：

$$\begin{aligned}d\tilde{S}(t)&=(\mu-r)\tilde{S}(t)dt+\sigma\tilde{S}(t)d\tilde{W}(t)+\sigma\tilde{S}(t)\beta dt\\&=(\mu-r+\sigma\beta)\tilde{S}(t)dt+\sigma\tilde{S}(t)d\tilde{W}(t)\end{aligned} \tag{4-50}$$

根据资产定价基本定理，$\tilde{S}(t)$ 是一个 Q-鞅，这就要求上式的漂移项为 0，即：

$$\mu-r+\sigma\beta=0$$

这样我们可以推出：

$$\beta=-\frac{\mu-r}{\sigma}$$

因而前式简化为：

$$d\tilde{S}(t)=\sigma\tilde{S}(t)d\tilde{W}(t) \tag{4-51}$$

解得：

$$\tilde{S}(t)=\tilde{S}(0)e^{\sigma\tilde{W}(t)-\frac{1}{2}\sigma^2 t} \tag{4-52}$$

第二步：在 Q 下计算贴现后的期权价格。

根据定价原理任意一或有消费(或者或有权益证券)，如标准化以后的欧式看涨期权价

① 见 11.3.4 节。

格都是一个 Q 鞅,即:

$$e^{-rt}c(t)=E^{Q}[e^{-rT}c(T)\mid \mathcal{F}_t] \tag{4-53}$$

或者:

$$c(t)=e^{-r(T-t)}E^{Q}[c(T)\mid \mathcal{F}_t] \tag{4-54}$$

把:

$$c(T)=[S(T)-K]^{+}=\max[S(T)-K,\ 0]$$

代入,因此我们要计算的是:

$$c(t)=E^{Q}\{e^{-r(T-t)}[S(T)-K]^{+}\mid \mathcal{F}_t\} \tag{4-55}$$

在 Q 下,根据式(4-52)有:

$$\widetilde{S}(t)=\widetilde{S}(0)e^{\sigma\widetilde{W}(t)-\frac{1}{2}\sigma^2 t}$$

$$\widetilde{S}(T)=\widetilde{S}(0)e^{\sigma\widetilde{W}(T)-\frac{1}{2}\sigma^2 T}$$

因此:

$$\frac{\widetilde{S}(T)}{\widetilde{S}(t)}=e^{\sigma[\widetilde{W}(T)-\widetilde{W}(t)]-\frac{1}{2}\sigma^2(T-t)} \tag{4-56}$$

变形得:

$$e^{-rT}S(T)=e^{-rt}S(t)e^{\sigma[\widetilde{W}(T)-\widetilde{W}(t)]-\frac{1}{2}\sigma^2(T-t)} \tag{4-57}$$

求出 $S(T)$:

$$S(T)=S(t)e^{\sigma[\widetilde{W}(T)-\widetilde{W}(t)]+\left(r-\frac{1}{2}\sigma^2\right)(T-t)} \tag{4-58}$$

式(4-54)变成:

$$E^{Q}\{e^{-r(T-t)}[S(T)-K]^{+}\mid \mathcal{F}_t\}=E^{Q}\{e^{-r(T-t)}[S(t)e^{\sigma[\widetilde{W}(T)-\widetilde{W}(t)]+\left(r-\frac{1}{2}\sigma^2\right)(T-t)}-K]^{+}\mid \mathcal{F}_t\} \tag{4-59}$$

在 Q 下,$\widetilde{W}(t)$ 是一个标准维纳过程,因此它的增量 $\widetilde{W}(T)-\widetilde{W}(t)$ 服从均值为 0,方差为 $T-t$ 的标准正态分布,即:

$$\widetilde{W}(T)-\widetilde{W}(t)\sim \mathcal{N}(0,\sqrt{T-t})$$

利用这个性质,我们可以把随机变量的期望用它的密度函数显式地表达出来,令:

$$y=\widetilde{W}(T)-\widetilde{W}(t)$$

我们有:

$$\begin{aligned}&E^{Q}\{e^{-r(T-t)}[S(t)e^{\sigma[\widetilde{W}(T)-\widetilde{W}(t)]+\left(r-\frac{1}{2}\sigma^2\right)(T-t)}-K]^{+}\mid \mathcal{F}_t\}\\&=e^{-r(T-t)}\int_{-\infty}^{+\infty}[S(t)e^{\left(r-\frac{1}{2}\sigma^2\right)(T-t)+\sigma y}-K]^{+}\frac{1}{\sqrt{2\pi(T-t)}}e^{-\frac{y^2}{2(T-t)}}dy\end{aligned} \tag{4-60}$$

令:

$$y^* = \frac{1}{\sigma}\left[\ln\frac{K}{S(t)} - \left(r - \frac{1}{2}\sigma^2\right)(T-t)\right]$$

则：

$$c(t) = S(t)\int_{y^*}^{+\infty}\frac{1}{\sqrt{2\pi(T-t)}}e^{-\frac{[y-\sigma(T-t)]2}{2(T-t)}}dy - Ke^{-r(T-t)}\int_{y^*}^{+\infty}\frac{1}{\sqrt{2\pi(T-t)}}e^{-\frac{y2}{2(T-t)}}dy$$
$$= S_t\mathcal{N}(d_1) - Ke^{-r(T-t)}\mathcal{N}(d_2) \tag{4-61}$$

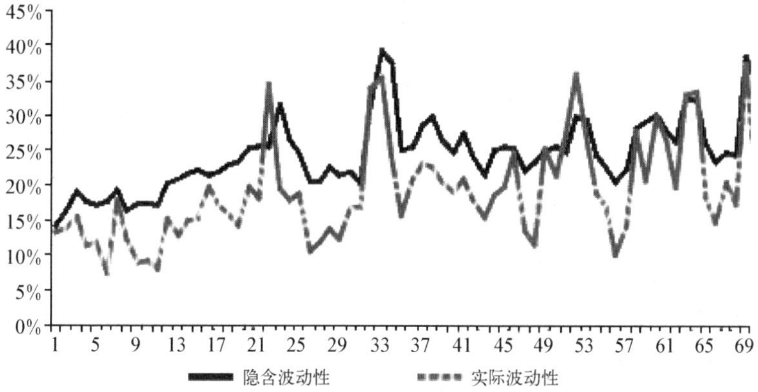

图 4-11　隐含波动率 vs.真实波动率　1996.1—2001.11(月度数据)

其中，$\mathcal{N}(.)$ 是标准正态累积分布函数。而且①：

$$d_1 = \frac{\ln\frac{S(t)}{K} + \left(r + \frac{1}{2}\sigma^2\right)(T-t)}{\sigma\sqrt{(T-t)}} \tag{4-62}$$

$$d_2 = \frac{\ln\frac{S(t)}{K} + \left(r - \frac{1}{2}\sigma^2\right)(T-t)}{\sigma\sqrt{(T-t)}} = d_1 - \sigma\sqrt{(T-t)} \tag{4-63}$$

注意到式(4-61)与式(4-40)的同位性。

根据前文提供的期权平价关系式(4-6)，相同合约条件下的欧式看跌期权价值就可以很容易地获得。注意到：

$$\mathcal{N}(x) = 1 - \mathcal{N}(-x)$$

因此，就有：

$$p = Ke^{-r(T-t)}\mathcal{N}(-d_2) - S\mathcal{N}(-d_1) \tag{4-64}$$

① 波动率是 B-S 公式中唯一需要估计的参数。如果我们已经观察到了期权的市场价格，完全可以反推出波动率来，这种波动率被称为"隐含波动率(implied volatility)"。图 4-11 就显示出了来自 S&P100 指数期权的隐含波动率同真实波动率之间的差异。经验证明它在解释未来股票价格运动方差上有很强的预测力。这一点被奇拉斯(Chias)和马纳斯特(Manaster)1978 年的工作所证明。通常我们可以得到基于同种股票的几种不同期权的隐含波动率，对这些波动率进行适当的加权就可以计算出该股票的综合隐含波动率。Beckers(1981)检验了各种加权方案后认为只要使用期权价格对波动率最敏感的期权就可以得到最好的结果。

金融思想史 4-4 科学发现的历程——期权定价公式

事实上,B-S期权公式的获得并非偶然,整个发现过程充满坎坷,甚至还具有些许戏剧性。这段科学发现的历程非常具有启发性,从中我们可以看到积累和突破以及经济学的思想光辉。最早在1900年,法国人巴舍利耶就运用布朗运动来描述股票价格随时间的变化过程。他假设股票价格是随机变量,价格变化之间是相互独立的,而且分布是相同的。这样便构造了一个代数布朗运动,这是对于股票价格运动形式最早的明确假设。这样,价格为负的可能性也是存在的。他的另一个假设则更成问题,他把股市看成赌场,认为公平的赌博必定使得最终预期收益为0,而且期权也是这样。这便完全忽视了资本的时间价值和投资者的风险偏好,在这些问题假设下,他给出的欧式看涨期权价值公式是:

$$c=S\cdot\mathcal{N}\left(\frac{S-K}{\sigma\sqrt{\tau}}\right)-K\cdot\mathcal{N}\left(\frac{S-K}{\sigma\sqrt{\tau}}\right)+\sigma\sqrt{\tau}\,n\left(\frac{S-K}{\sigma\sqrt{\tau}}\right)$$

其中,n 是标准正态密度函数。首先注意到他没有贴现 c 的期望值,另外公式右边第3项,会使得 c 的价格随着时间的增加而无限增大,这便与我们在第3章中通过优势策略方法获得的关于期权价格上限的结论相违背,显然是这种特定的运动形式有一些不合实际的地方。尽管有着这样或那样明显的缺点,但毫无疑问,作为对期权定价理论探索最初尝试的成果,即便以今天的标准来衡量,这个模型在很多方面都是先进的,后人的努力也都是建立在这一基础上的①。

新的进展出现在60年后,1961年斯普里克尔(Sprenkle)对巴舍利耶模型中的两个致命缺陷做了改进。他假设:一方面股票价格的对数成正态分布,从而明确排除了股票价格为负的可能并解决了相关的期权价格随时间增大而趋于无穷的问题;另一方面他允许几何布朗运动有正的漂移,这样正的利率和投资者风险偏好便被引入了。他的到期日欧式期权期望值是:

$$E(c_T)=\int_K^{\infty}(S_T-K)\mathcal{L}n(S_T)\mathrm{d}S_T$$

其中,$\mathcal{L}n(.)$是对数正态分布密度函数,他的最后结论是:

$$c=\mathrm{e}^{\rho(T-t)}S\mathcal{N}\left[\frac{\ln\frac{S}{K}+\left(\rho+\frac{1}{2}\sigma^2\right)\tau}{\sigma\sqrt{\tau}}\right]-(1-\lambda)K\mathcal{N}\left[\frac{\ln\frac{S}{K}+\left(\rho-\frac{1}{2}\sigma^2\right)\tau}{\sigma\sqrt{\tau}}\right]$$

其中,λ 是市场风险厌恶程度,ρ 是股票预期收益率。可以发现这个公式和后来的标准公式多么相似。但是,与巴氏一样,他仍然对资金的时间价值视而不见。

1961,博内斯(Boness)则避免了这个错误,而且进一步假设:股票价格的百分比变化

① 这与凯恩斯表述"陈腐的学究的思想"观点是一致的。

遵循对数正态分布；收益的方差与时间成比例，即为 $\sigma^2\tau$；市场是完全竞争的，均衡时刻，所有股票有相同的预期收益；以及“投资者不在乎风险”。到此为止，基本上该有的都已经有了，明确而且中肯。尤其是最后一点，当时他显然还没有意识到这句简单的话对于定价理论是多么重要，事实上它是后来被认为是至关重要的风险中性定价(risk neutral pricing)理论的最初萌芽。这暗示他(在均衡时)可以用无风险利率 r 作为期权预期收益率的代表，但很可惜在他最终得出的期权价格公式：

$$c=S\cdot\mathcal{N}\left[\frac{\ln\dfrac{S}{K}+\left(\rho+\dfrac{1}{2}\sigma^2\right)\tau}{\sigma\sqrt{\tau}}\right]-\mathrm{e}^{-\rho\tau}K\cdot\mathcal{N}\left[\frac{\ln\dfrac{S}{K}+\left(\rho-\dfrac{1}{2}\sigma^2\right)\tau}{\sigma\sqrt{\tau}}\right]$$

中，ρ 仍然是需要用经验的方法估计的股票预期收益率(用以替代期权预期收益率)。1965，萨缪尔森(Samuleson)也断定由于投资者投资期权或股票所面临的风险程度不同，期权与股票的预期收益率也应当是不同的，而且前者要大于后者。他的结论是：

$$c=\mathrm{e}^{-(\rho-\alpha)\tau}S\cdot\mathcal{N}\left[\frac{\ln\dfrac{S}{K}+\left(\rho+\dfrac{1}{2}\sigma^2\right)\tau}{\sigma\sqrt{\tau}}\right]-\mathrm{e}^{-\alpha\tau}K\cdot\mathcal{N}\left[\frac{\ln\dfrac{S}{K}+\left(\rho-\dfrac{1}{2}\sigma^2\right)\tau}{\sigma\sqrt{\tau}}\right]$$

其中，α 就是他所谓的期权预期收益率(平均增长率)，显然博内斯的方程是 $\rho=\alpha$ 时的特例①。在萨缪尔森的论文里，他很谦虚地说道以后会有更为高深的理论来解决这两者之间的关系②。回顾这些历史，我们可以看到 B-S 公式正是来自这些先驱工作，但是这些公式中都有一个或多个参数依赖于投资者的风险态度或者股票的期望收益，而 B-S 公式则没有这样的参数；相反，它有一个前人所没有的参数——无风险收益率。然而，这至关重要的发现正是来自他们的无风险套利复制技术——来自经济学理论的突破。

4.3　偏微分方程方法

本节要遵循另一思路来给期权定价，这就是传统的偏微分方法。应当说，偏微分方法较鞅方法要直观得多。为了说明问题，不妨先看一个具体的例子，它有助于理解这种方法的思路。

我们知道，一个普通的欧式股票看涨期权到期日的收益支付结构(函数)是：

$$c_T=\max(S_T-K,\ 0)$$

① 在此后的很长一个时期内，定价理论的研究多少走了一段弯路，由于随机过程理论没有被普遍学习和应用，多数的努力就着重于特定经验计量模型的设计方面。这一时期有大量的模型问世，但均由于需要估计的参数过多和过于复杂，而被理论界所放弃。最具有代表性的是卡苏夫(Kassouf，1969)的模型：$c=K([(S/K)^{\varepsilon}+1]^{1/\varepsilon}-1)$，$1\leqslant\varepsilon<\infty$。这个经验公式符合 $\max(S_T-K,\ 0)$的约束，而 ε 的估计则很复杂。

② 1969 年萨缪尔森与默顿再次尝试解决这个问题。他们证明了期权问题可以用“公共概率”来表述，这时经过风险调整过的期权预期收益率与股票的预期收益率是一样的。

即：

$$c_T=\begin{cases}S_T-K, \; if \quad S_T>K\\0, \; if \quad S_T\leqslant K\end{cases}$$

假设股票现在价格为8，到期日股票价格或者为10或者为5，执行价格为8；那么，到期该期权要么为2要么为0。即：

$$S_T=\begin{cases}10\\5\end{cases}\Rightarrow c_T=\begin{cases}2\\0\end{cases}$$

我们构造一个资产组合，它由两种证券组成：一种是数目为 n_s 的股票；一种是总额为 B 的无风险债券。无风险收益率为10%(单位时间)。我们试图用该组合来复制期权的收益支付函数。如果到期日无论哪一种情况发生，该组合与期权都有相同的收益结构的话，这种复制就是成功的。即有：

$$V_T(n_s, \; B)=\begin{cases}10n_s+(1+10\%)B=2\\5n_s+(1+10\%)B=0\end{cases}$$

解这个方程组，得：

$$n_s=0.4; \; B=-2/1.1$$

即复制一个看涨期权的多头，需要0.4股该种股票，并借上大概1.818元左右，利息为10%的债务。根据4.1.2节中的占优策略，在均衡时，这个资产组合的现值与该期权的现值相等，即有：

$$V_t=n_sS_t+B=c_t=1.382$$

可以把这种期权也纳入该资产组合，即用卖空一单位期权获得的1.382元，加上借入的1.818元债务，为购买0.4股现价为8元的股票融资。这时由于多头、空头的合理搭配，这个资产组合的构造是不需要一分钱的投入的，这样的一个交易手段显然是自我融资的。

实际上，该组合中任意两种资产的组合都可以复制出第三种资产来，例如，我们可以卖空0.4股股票，投资到一个看涨期权和一些无风险债券上，到下一个时刻，该债券将增值10%。

这种具有开创性的无风险套头交易策略(riskless hedging strategy)是由布莱克和斯科尔斯首先提出的，以下我们就使用它来寻找衍生产品的相对价格。仍然先是CRR离散情形，然后是连续时间和连续状态环境下的经典B-S分析。

4.3.1 考克斯-罗斯-鲁宾斯坦模型

主要设定如4.2.2节，仍然假定：股票现在价格为 S_t，从现在到未来的一期间内，股价有 $P(0<P<1)$ 的可能性上涨到 uS_t，也有 $(1-P)$ 的可能性下跌到 dS_t，且只有这两种可能性。

由于期权的价格是一种相对价格，在同基础资产运动过程的比较中才会显示出来。所以，我们要建立对冲资产组合，卖出一份欧式看涨期权同时买入 n_s 份股票。该组合的现在价值是：

$$n_sS_t-c_t$$

一期后为

$$n_s u S_t - c_u \text{ 或者 } n_s d S_t - c_d$$

如果两种结果相等，即：

$$n_s u S_t - c_u = n_s d S_t - c_d \tag{4-65}$$

则必须这样选择 n_s：

$$n_s = \frac{c_u - c_d}{(u-d)S_t} \tag{4-66}$$

由于无论如何，结果始终是确定的，因此该证券组合必然按照无风险利率 R 增值：

$$(n_s S_t - c_t)R = n_s d S_{t0} - c_d = n_s u S_t - c_u \tag{4-67}$$

注意，其中 $R = 1 + r$ 为总收益率。这样：

$$c_t = \frac{n_s R S_t + c_d - n_s d S_t}{R} \tag{4-68}$$

代入前式并整理，得：

$$c_t = R^{-1}\left[\frac{c_u(R-d)}{u-d} + \frac{c_d(u-R)}{u-d}\right] \tag{4-69}$$

令：

$$Q = \frac{R-d}{u-d},\ 1-Q = \frac{u-R}{u-d}$$

可以得到：

$$c_t = R^{-1}[c_u Q + c_d(1-Q)] \tag{4-70}$$

我们已经知道，Q 类似一种概率，但它是 r、d、u 的函数而不是普通意义上的概率，原始概率 P 根本没有在公式中出现。这就又回到了鞅方法：

$$c_t = R^{-1} E^Q[\max(S_T - K,\ 0)]$$

这个公式可以递推，T 期的价格就是：

$$c = R^{-T} \sum_{i=0}^{T} \frac{T!}{(T-i)!\ i!} Q^i\ (1-Q)^{T-i} \max(u^i d^{T-i} S_0 - K,\ 0)$$

它同前面我们用鞅方法获得的结论完全一样①。

现在考虑对冲头寸的问题，我们知道三种资产可以相互复制对方的收益形态，因此总存在某种交易策略$[n_S(t),\ n_B(t)]$可以复制下一时刻的组合价值（期权）：

$$n_{S,\,t-1} S_t + n_{B,\,t-1}(1+r) = c_t$$

考虑股票价格上升和下降两种情形：

---

① 统计理论告诉我们，当 n 很大时，正态分布是二项分布的极限。这也就解释了 CRR 模型与 B-S 模型为什么在本质上是一样的。

$$n_{S,t-1}uS_{t-1}+n_{B,t-1}(1+r)=c_t^u$$

$$n_{S,t-1}dS_{t-1}+n_{B,t-1}(1+r)=c_t^d$$

可以解得：

$$n_{S,t-1}=\frac{c_t^u-c_t^d}{(u-d)S_{t-1}};\ n_{B,t-1}=\frac{uc_t^d-dc_t^u}{(u-d)(1+r)}$$

如果递推，则一般化的公式为：

$$\begin{aligned} n_{S,t}&=\sum_{s=A_t}^{T-t}\frac{(T-t)!}{s!\,(T-t-s)!}(Q')^s\,(1-Q')^{T-t-s} \\ n_{B,t}&=-(1+r)^{-(T-t)}K\sum_{s=A_t}^{T-t}\frac{(T-t)!}{s!\,(T-t-s)!}Q^s\,(1-Q)^{T-t-s} \end{aligned} \tag{4-71}$$

其中，$Q'=Qu/(1+r)$。

4.3.2 布莱克-斯科尔斯模型

主要假定仍旧如4.2.3节。操作方法同样是构造一个适当的资产组合，这个组合包括 n_s 份股票和 n_c 份欧式看涨期权，在 t 时刻，其初始价值为 V_t：

$$V_t=n_sS+n_cc \tag{4-72}$$

我们已经知道，dc 的运动遵循伊藤定理，即任意衍生资产的细小价格变动可以用基础资产和时间的细微变动来近似的描绘，我们有：

$$\mathrm{d}c=\frac{\partial c}{\partial S}\mathrm{d}S+\frac{\partial c}{\partial \tau}\mathrm{d}\tau+\frac{1}{2}\frac{\partial^2 c}{\partial S^2}\sigma^2S^2\mathrm{d}\tau \tag{4-73}$$

在一个无限小的时间间隔内，V 的价值变化为 dV，即：

$$\mathrm{d}V=n_s\mathrm{d}S+n_c\mathrm{d}c \tag{4-74}$$

代入前式，得：

$$\mathrm{d}V=n_s\mathrm{d}S+n_c\left(\frac{\partial c}{\partial S}\mathrm{d}S+\frac{\partial c}{\partial \tau}\mathrm{d}\tau+\frac{1}{2}\frac{\partial^2 c}{\partial S^2}\sigma^2S^2\mathrm{d}\tau\right) \tag{4-75}$$

如果要想消去含有难以处理的随机因素的 dS，可以这样选择 n_s 和 n_c（当然还有其他的选择方法）的数值，令：

$$n_s=\frac{\partial c}{\partial S},\ n_c=-1$$

即卖空一单位的期权，买入 $\frac{\partial c}{\partial S}$ 单位的股票，这样该组合的价值就变为：

$$V_t=\frac{\partial c}{\partial S}S-c \tag{4-76}$$

如前所述，通过这种方法，我们复制了一种无风险的债券。式(4-74)则相应简化为：

$$\begin{aligned} dV &= \frac{\partial c}{\partial S}dS - \left(\frac{\partial c}{\partial S}dS + \frac{\partial c}{\partial \tau}d\tau + \frac{1}{2}\frac{\partial^2 c}{\partial S^2}\sigma^2 S^2 d\tau\right) \\ &= -\left(\frac{\partial c}{\partial \tau} + \frac{1}{2}\frac{\partial^2 c}{\partial S^2}\sigma^2 S^2\right)d\tau \end{aligned} \tag{4-77}$$

这样，dS 中包括的随机过程因素就不见了。直观上理解：产生 S 的不确定因素和基于 S 的 c 的不确定因素同出一源，可以通过构造合适的动态策略加以消除。这时的 dV 的变换就是完全确定的。因而，它应当获得 dτ 时间内的无风险收益 r，即：

$$dV = rV_t d\tau \tag{4-78}$$

把式(4-75)和式(4-76)代入式(4-77)：

$$-\left(\frac{\partial c}{\partial \tau} + \frac{1}{2}\frac{\partial^2 c}{\partial S^2}\sigma^2 S^2\right)d\tau = r\left(\frac{\partial c}{\partial S}S - c\right)d\tau$$

再化简，即得著名的布莱克-斯科尔斯微分方程(Black-Scholes partial differentiate equation)：

$$\frac{\partial c}{\partial \tau} + rS\frac{\partial c}{\partial S} + \frac{1}{2}\frac{\partial^2 c}{\partial S^2}\sigma^2 S^2 = rc \tag{4-79}$$

这也许是现代金融理论中最为重要的一个方程，任何一个包含基础证券和衍生产品的资产组合的动态过程都必须满足这个动态方程。针对具体的问题，加上一些必要的边界条件，如欧式看涨期权的 $\max(S-K, 0)$。这便形成了解决一般衍生金融产品定价问题的通用模式。在他们的经典论文中，布莱克和斯科尔斯用数学物理方法，成功地求解了这个方程，产生了金融理论研究历史上最为卓越的成就①。

4.3.3　方法比较

我们看到，两种截然不同方法——合成瞬间无风险资产组合头寸从而获得偏微分方程的方法和进行等鞅测度变换的鞅方法可以获得同样的结论。读者一定想知道它们之间是否存在什么联系。本节的分析将会揭示把(贴现的)期权价格转换成一个鞅，就等价于要求满足某种形式的偏微分方程。

从 4.3.2 节的分析中可以知道：鞅方法依赖于把贴现的期权价格转换成为一个鞅：

$$E^Q[e^{-rT}c(S_T, T) \mid I_t] = e^{-rt}c(S_T, T), \ t < T$$

这其实就等价于用来描绘贴现期权价格运动过程的随机微分方程的漂移项应当等于 0。因此，就可以用新的维纳过程 $\widetilde{W}(t)$ 和新概率测度 Q，把变成鞅的衍生产品贴现价格，写为 $e^{-rt}c(S_t, t)$ 的以下直观的微分形式：

$$d[e^{-rt}c(S_t, t)] = d(e^{-rt})c + e^{-rt}dc \tag{4-80}$$

使用伊藤定理：

$$d[\bar{c}(t)] = e^{-rt}(-rc\,dt) + e^{-rt}\left(c_t dt + c_S dS_t + \frac{1}{2}c_{SS}\sigma_t^2 dt\right) \tag{4-81}$$

① 如何求解布莱克-斯科尔斯微分方程见第 12 章。

把随机微分方程:

$$dS_t = \mu_t S_t dt + \sigma_t S_t dW_t$$

代入,上式变成:

$$d[\tilde{c}(t)] = e^{-rt}\left[\left(c_t + c_S\mu S + \frac{1}{2}c_{SS}\sigma^2 S^2 - rc\right)dt + \sigma S c_S dW\right] \tag{4-82}$$

根据哥萨诺夫定理,把:

$$dW = d\widetilde{W} + \left(-\frac{\mu - r}{\sigma}\right)dt \tag{4-83}$$

代入,得:

$$d\tilde{c} = 漂移项 + e^{-rt}\sigma S c_S d\widetilde{W}(t) \tag{4-84}$$

而

$$漂移项 = e^{-rt}\left(-rc + c_t + c_S\mu S + \frac{1}{2}c_{SS}\sigma_t^2 S^2 - \frac{\mu - r}{\sigma}\sigma S c_S\right)dt \tag{4-85}$$

化简得:

$$漂移项 = e^{-rt}\left(-rc + c_t + \frac{1}{2}c_{SS}\sigma_t^2 S^2 + rSc_S\right)dt \tag{4-86}$$

为了让衍生产品价格变成鞅,上面随机微分方程式(4-82)的漂移项必须等于 0,也就是说:

$$-rc + c_t + c_S r S_t + \frac{1}{2}c_{SS}\sigma_t^2 S^2 = 0 \tag{4-87}$$

而我们知道这就是 B-S 偏微分方程。它的边界条件为:

$$\begin{aligned}&\lim_{t\to T} c(S,\ T-t) = \max(S-K,\ 0)\\&\lim_{S\to 0} c(S,\ T-t) = 0,\ \forall t \in [0,\ T]\end{aligned} \tag{4-88}$$

这样两种方法就殊途同归了。而式(4-82)就变成了:

$$d\tilde{c} = e^{-rt}\sigma S c_S d\widetilde{W}(t) = c_S d\widetilde{S} \tag{4-89}$$

由于随机微分方程不过是一种简便记法,因此采用它背后的随机积分形式可能会看得更清楚:

$$\tilde{c}[S(t),\ T-t] = \tilde{c}(S_0,\ T) + \int_0^t c_S d\widetilde{S}(u) \tag{4-90}$$

不难知道,这个期权不仅用无套利原理来定价,而且它可以通过自我融资交易策略从市场获得。其交易策略为:

$$\theta(t) = \frac{\partial c(S_t,\ T-t)}{\partial S} \tag{4-91}$$

投资在无风险资产上的数量为:

$$a(t)=\frac{c(S_t,\ T-t)-\theta_t S_t}{e^{rt}} \tag{4-92}$$

值得注意的是，在上述分析中关键步骤出现在随着哥萨诺夫定理的运用，即把原来非鞅的资产价格过程，转换成在等鞅测度 Q 下的鞅。实际上，就是要求随机过程 β_t 满足一定的要求，即要求它可以把漂移项变成 0，而在式(4-85)中这意味着把 $-(\mu-r)Sc_S$ 加到漂移项上。这种变换的作用是非常微妙的，它把式(4-85)中的 $c_S\mu S$ 去掉换上 $c_S rS$。换句话说，哥萨诺夫定理的运用把原来风险资产的漂移项 μ_t 转换成无风险收益率 r。一般的金融学教科书中往往只是告诉学生机械地进行这种代换，但没有说明正是哥萨诺夫定理提供了这种变换背后的数学原理。

4.3.4　支付红利

本节要放松 B-S 模型中没有红利分发的假设，并把分析扩展到股票指数期权、货币期权和期货期权三类较新的期权产品上去。之所以会把这三种期权放在一起讨论，是因为它们的定价原理类似，它们的标的物都可以看成某种类型的支付连续红利的资产。对股票指数而言，它的红利是指数所含股票的红利总和，对外汇而言，可以把外汇的无风险收益率看成红利；而对期货而言，可以将融资成本和标的资产的储存成本看成红利。

显然，红利的发放将对基础资产价格运动产生一些影响，这会有两种情况。

一种是股票发放固定数量的现金红利，这时不妨把股票的现在价格看成两个部分的组合——在期权的有效期内支付的红利这一无风险部分和股票价格有风险部分。这样，S 减去红利的现值仍然可以使用 B-S 公式①。

另外一种红利发放方式，则是假定每年按照固定的比率 i 支付红利。红利的支付使得股票价格降低了等于红利的数量，而红利的支付会降低看涨期权的价值。实际上，连续红利支付意味着股票价值的连续漏损，所以与不支付红利的股票相比，支付红利率(漏损率)i 的股票的增长率减少了 i。所以，如果支付连续红利率 i 的股票价格从 t 时刻的 S_t 增长到 T 时刻的 S_T，那么无红利支付的股票价格将从 t 时刻的 S_t 增长到 T 时刻的 $S_T e^{i(T-t)}$。换个角度，也可以认为股票价格是从 t 时刻的 $S_t e^{-i(T-t)}$ 增长到 T 时刻的 S_T，因此在以下两种情况下，我们可以得到同样的 S_T 的概率分布：

(1) t 时刻的股票价格为 S_t，支付连续红利率 i；

(2) t 时刻的股票价格为 $S_t e^{-i(T-t)}$，不支付红利。

这样，我们就可以在对支付连续红利率的股票现价减少到 $S_t e^{-i(T-t)}$，然后就像不支付红利的股票一样定价。因此，用 $S e^{-i(T-t)}$ 作为 S 代入 B-S 公式，可以推出②：

$$c=S e^{-i(T-t)}\mathcal{N}(d_1)-K e^{-r(T-t)}\mathcal{N}(d_2) \tag{4-93}$$

$$p=K e^{-r(T-t)}\mathcal{N}(-d_2)-S e^{-i(T-t)}\mathcal{N}(-d_1) \tag{4-94}$$

---

① 当然，这时的波动率在理论上应当做相应的调整，以反映调整后的风险部分的波动情况，但在实际操作中常常被忽略。

② 这一结果最早来自 Merton(1973)，实际上即便在期权的存续期内红利率不是恒定的，只要求出平均红利率，则公式仍然可用。

因为：

$$\ln \frac{S\mathrm{e}^{-i(T-t)}}{K}=\ln \frac{S}{K}-i(T-t)$$

所以：

$$d_1=\frac{\ln \frac{S}{K}+\left(r-i+\frac{1}{2}\sigma^2\right)(T-t)}{\sigma\sqrt{T-t}}$$

$$d_2=\frac{\ln \frac{S}{K}+\left(r-i-\frac{1}{2}\sigma^2\right)(T-t)}{\sigma\sqrt{T-t}}=d_1-\sigma\sqrt{T-t} \tag{4-95}$$

实际上，如果基础资产价格运动遵循几何布朗运动：

$$\mathrm{d}S(t)=\mu S(t)\mathrm{d}t+\sigma S(t)\mathrm{d}W(t) \tag{4-96}$$

则伊藤定理告诉我们，基于它的期权价值为：

$$\mathrm{d}c=\frac{\partial c}{\partial S}\mathrm{d}S+\frac{\partial c}{\partial \tau}\mathrm{d}\tau+\frac{1}{2}\frac{\partial^2 c}{\partial S^2}\sigma^2 S^2\mathrm{d}\tau \tag{4-97}$$

用经典的 B－S 偏微分方程方法来表述，仍然可以构建一个适当的资产组合，这个组合包括 $n_s=\partial c/\partial S$ 份股票和 $n_c=-1$ 个看涨期权。在 t 时刻，其初始价值为：

$$V_t=\frac{\partial c}{\partial S}S-c \tag{4-98}$$

它的瞬间价值变化为：

$$\mathrm{d}V=-\left(\frac{\partial c}{\partial \tau}+\frac{1}{2}\frac{\partial^2 c}{\partial S^2}\sigma^2 S^2\right)\mathrm{d}\tau \tag{4-99}$$

在 $\mathrm{d}t$ 时间内，持有该证券组合的投资者获得资本利得 $\mathrm{d}V$，红利为 $iS\frac{\partial c}{\partial \tau}\mathrm{d}\tau$。如果定义 $\mathrm{d}W$ 为该投资者的总财富变化，则：

$$\mathrm{d}W=\left(-\frac{\partial c}{\partial \tau}-\frac{1}{2}\frac{\partial^2 c}{\partial S^2}\sigma^2 S^2+iS\frac{\partial c}{\partial S}\right)\mathrm{d}\tau \tag{4-100}$$

由于它独立于维纳过程，则应当获得无风险收益：

$$\mathrm{d}W=rV\mathrm{d}t \tag{4-101}$$

要注意的是，现在是包括红利支付在内的总财富等于资产组合价值的无风险增值。把式(4-98)、式(4-100)代入式(4-101)，则有：

$$-\left(\frac{\partial c}{\partial \tau}+\frac{1}{2}\frac{\partial^2 c}{\partial S^2}\sigma^2 S^2+i\frac{\partial c}{\partial S}S\right)\mathrm{d}\tau=r\left(\frac{\partial c}{\partial S}S-c\right)\mathrm{d}\tau \tag{4-102}$$

因此，包括单位红利率发放的 B－S 方程就变成了：

$$\frac{\partial c}{\partial \tau}+(r-i)\frac{\partial c}{\partial S}S+\frac{1}{2}\frac{\partial^2 c}{\partial S^2}\sigma^2 S^2=rc \tag{4-103}$$

可以很容易地把式(4-93)和式(4-94)的结论推广到股票指数期权上去。股票指数综合反映了一系列股票的表现，我们可以将股票指数看成是一个股票组合，每期都可能有一部分股票支付红利。因为我们是给以一个组合为标的的期权定价，所以我们关心的只是组合的红利支付，几乎所有的股票都只是按期支付离散的红利，不过股票指数中包含了众多的股票，因此假设股票指数支付连续红利是比较接近现实的，而且指数所含股票越多，这个假设就越合理。这时的 S 就是指数值，σ 是指数的波动率，i 是指数的成分股股票的平均红利率①。

例 4.3.1　假设现在有一价值为 350.00 的股票指数，指数收益的标准差是 0.2，无风险利率是 8%，指数的连续红利支付率是 4%。该指数的有效期为 150 天的欧式看涨期权和看跌期权的执行价格为 340.00，那么，$i=4\%$，$S=350.00$。这样就有：

$$d_1=\frac{\ln\frac{350}{340}+[0.08-0.04+0.5(0.2)(0.2)]\left(\frac{150}{365}\right)}{0.2\sqrt{\frac{150}{365}}}=\frac{0.028\,988+0.024\,658}{0.128\,212}=0.418\,413$$

$$d_2=0.418\,413-0.2\sqrt{\frac{150}{365}}=0.290\,201$$

因此，期权价值为：

$$c=350\mathrm{e}^{-0.04(150/365)}(0.662\,177)-340\mathrm{e}^{-0.08(150/365)}(0.614\,169)=25.92$$

$$p=340\mathrm{e}^{-0.08(150/365)}(0.385\,831)-350\mathrm{e}^{-0.04(150/365)}(0.337\,823)=10.63$$

外汇(货币)期权上的应用也是类似的，此时外汇汇率(直接标价②)成了股票价格，外汇的无风险收益率(利息)可以看成红利，公式中的标准差是标的资产价格即外汇汇率的标准差。

再来看期货期权(options on futures or futures options)，这种交易在执行时交割一份标的期货合约。如果执行一份期货看涨期权，持有者将获得该期货合约的多头头寸加上一笔数额等于期货当前价格减去执行价格的现金；如果执行一份期货看跌期权，持有者将获得该期货合约的空头头寸加上一笔数额等于执行价格减去期货当前价格的现金。

不妨假订期货价格 F 遵循几何布朗运动(Black，1976)：

$$\mathrm{d}F=\mu F\mathrm{d}t+\sigma F\mathrm{d}W(t)$$

根据伊藤定理，基于它的期权价值为：

$$\mathrm{d}c=\frac{\partial c}{\partial S}\mathrm{d}F+\frac{\partial c}{\partial \tau}\mathrm{d}\tau+\frac{1}{2}\frac{\partial^2 c}{\partial F^2}\sigma^2 F^2\mathrm{d}\tau$$

考虑构建如下资产组合，这个组合包括 $n_F=\partial c/\partial F$ 份期货和 $n_c=-1$ 个看涨期权。在

---

① 显然，另外一种估计红利现金流并在减扣后使用 B-S 公式的方法对于具有广泛样本的股票指数几乎是不可行的。

② 所谓直接标价法是指以一定单位的外国货币为基准，将其折合为一定数额的本国货币的标价方法，目前大多数国家采用这种标价法；间接标价法是指以一定单位的本国货币为基准，将其折合为一定数额的外国货币的标法方法。

初始 t 时刻,由于签订期货合约的费用为 0①,其初始价值为:

$$V_t = -c \tag{4-104}$$

在 $\mathrm{d}t$ 时间内,持有该证券组合的投资者获得资本利得 $-\mathrm{d}c$,而从期货合约中获得的收益为 $\frac{\partial c}{\partial F}\mathrm{d}F$。定义 $\mathrm{d}W$ 为该投资者的总财富变化,则:

$$\mathrm{d}W = -\mathrm{d}c + \frac{\partial c}{\partial F}\mathrm{d}F \tag{4-105}$$

即:

$$\mathrm{d}W = \left(-\frac{\partial c}{\partial \tau} - \frac{1}{2}\frac{\partial^2 c}{\partial F^2}\sigma^2 F^2\right)\mathrm{d}\tau \tag{4-106}$$

由于无风险,则有:

$$\mathrm{d}W = rV\mathrm{d}t \tag{4-107}$$

把式(4-104)、式(4-106)代入式(4-107),则有:

$$\left(-\frac{\partial c}{\partial \tau} - \frac{1}{2}\frac{\partial^2 c}{\partial F^2}\sigma^2 F^2\right)\mathrm{d}\tau = -rc\,\mathrm{d}\tau \tag{4-108}$$

因此:

$$\frac{\partial c}{\partial \tau} + \frac{1}{2}\frac{\partial^2 c}{\partial F^2}\sigma^2 F^2 = rc \tag{4-109}$$

这实际上就是当隐含的连续红利率 $i=r$ 时,式(4-103)的变形,因此,我们得出当基础资产为期货合约时,它的价格运动的处理方法——等同于支付红利率为 i 的股票。

这样,它的期权定价可以将默顿模型中的 i 用 r 来取代进行,这使得处理使得期货期权的定价十分简单。相应的欧式期货看涨期权和欧式期货看跌期权的价值就分别为:

$$c = \mathrm{e}^{-r(T-t)}[F\mathcal{N}(d_1) - K\mathcal{N}(d_2)] \tag{4-110}$$

$$p = \mathrm{e}^{-r(T-t)}[K\mathcal{N}(-d_2) - F\mathcal{N}(-d_1)] \tag{4-111}$$

其中:

$$d_1 = \frac{\ln\frac{F}{K} + \left(\frac{1}{2}\sigma^2\right)(T-t)}{\sigma\sqrt{T-t}}$$
$$d_2 = \frac{\ln\frac{F}{K} - \left(\frac{1}{2}\sigma^2\right)(T-t)}{\sigma\sqrt{T-t}} = d_1 - \sigma\sqrt{T-t} \tag{4-112}$$

例 4.3.2 假设有一个金属期货的欧式看跌期权,它离到期日还有 4 个月,当前期货价格为 20 元,执行价格也为 20 元,无风险利率为 9%/年,期货价格波动率为 25%/年,因此:

① 期货合约定价参见框文 4-3。

$$d_1=\frac{\sigma\sqrt{T-t}}{2}=0.072\,16;\ d_2=-\frac{\sigma\sqrt{T-t}}{2}=-0.072\,16$$

$$\mathcal{N}(-d_1)=0.471\,2;\ \mathcal{N}(-d_2)=-\frac{\sigma\sqrt{T-t}}{2}=0.528\,8$$

因此，该期权价格为：

$$p=e^{-0.09\times0.333\,3}(20\times0.528\,8-20\times0.471\,2)=1.12$$

4.3.5　希腊字母

根据前面的分析，已经了解到欧式期权是五个变量的函数，即 $c(S,\tau,K,r,\sigma)$。它们之间的定性关系如表 4-5 所示。本节将进一步深入期权定价理论的应用方面，考察期权价格对这些变量的反应状况，进而量化期权现实交易中的一些重要参数。

表 4-5　期权价格与决定变量之间的关系

	欧式看涨	欧式看跌	美式看涨	美式看跌
S	+	−	+	−
τ	?	?	+	+
K	−	+	−	+
r	+	−	+	−
σ	+	+	+	=

我们已经知道为了复制一个看涨期权，投资者需要买入 $c_S=\mathcal{N}(d_1)$ 数量的股票，同时借入 $c_t-c_SS_t$ 数量的无风险资金。其中，严格正的 c_S 通常被称为对冲比率(hedge ratio)或者 Delta(Δ)，它被定义为①：

$$delta=\Delta=\frac{\partial c}{\partial S}=\mathcal{N}(d_1)>0 \tag{4-113}$$

其中：

$$d_1=\frac{\ln\frac{S(t)}{K}+\left(r+\frac{1}{2}\sigma^2\right)(T-t)}{\sigma\sqrt{(T-t)}}$$

c_S 是看涨期权价格对基础产品价格的敏感性，也就是交易策略(注意到它同式(4-71)的相关性)。不妨考虑任意一个基于某种股票的看涨期权。图 4-12 显示它们价格之间的关系。当股票对应于 S 点时，看涨期权价格对应于 c 点，该点的 Δ 就是图中直线的斜率。假设该看涨期权的 Δ 为 0.6，这就意味着当股票价格变化一个较小的 ΔS 时，期权价格变化大致为 $60\%\times\Delta S$。

假定该期权价格是 10 元，股票价格为 100 元。某投资者已经出售了 20 份该股票的看

① 要注意的是，基础资产的 Δ 为 0，基于该基础资产的远期合约的 Δ 也为 0，但基于该基础资产的期货合约的 Δ 为 $\Delta=\exp[r(T'-t)]$，其中的 T' 为期货合约的到期日，参见 Hull(2003)第 14 章。

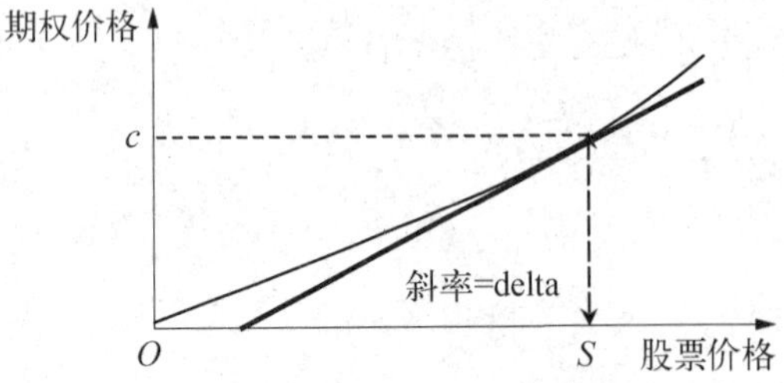

图 4-12 看涨期权 Δ 的计算

涨期权(即出售了购买 2 000 股股票的权利),为了对冲该风险暴露(risk exposure),该投资者可以买入 60%×2 000=1 200 股股票①。这使得他在期权头寸上的盈亏可以由在股票头寸上的亏盈来抵补。例如,股票价格上升 1 元(股票头寸盈利 1 200 元),期权的价格将上升 60%×1=0.6 元(期权空头头寸损失 1 200 元);反之,如果股票价格下降 1 元(股票头寸损失 1 200 元),期权的价格将下降 60%×1=0.6 元(期权空头头寸盈利 1 200 元)。

在上例中,该投资者在期权头寸上的 Δ 值为 60%×(−2 000)=−1 200,而根据定义,股票的单位 Δ 为 1.0,1 200 股股票多头的 Δ 值为 1×1 200=1 200,因此该投资者的总对冲组合(2 000 股股票期权的空头+1 200 股股票多头)的 Δ 为 0。这被称为 Δ 中性(Delta neutral)。但是,要指出的是为了维持 Δ 中性的状态,投资者需要根据基础资产的价格变化动态的调整保值头寸,这种调整被称为再平衡(rebalancing)。例如,如果上例中的基础资产股票价格上升到了 110,这会导致 Δ 可能上升到 0.65,而这意味着为了继续保持 Δ 中性,就需要投资者购入额外的 0.05×2 000=100 股股票。可以想象这种动态对冲操作(dynamic hedging schemes)会随着基础资产价格的频繁波动而不断发生。不妨使用我们刚学到以上这些术语,把 B-S 方法重新描述成——通过构建一个 Δ 中性的头寸,并假定该头寸收益在短期内等于无风险收益来为期权定价。

典型参数下看涨期权的 Δ 函数形态如图 4-13 所示(三维空间追加的是到期时间轴)。

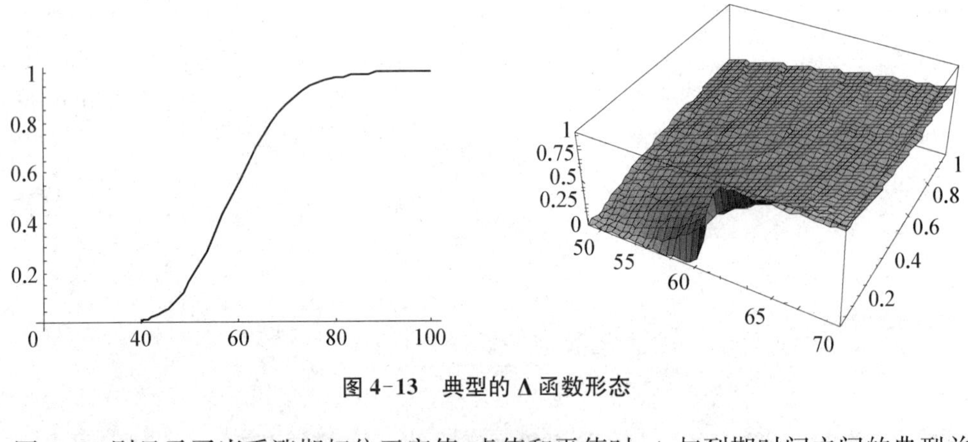

图 4-13 典型的 Δ 函数形态

图 4-14 则显示了当看涨期权位于实值、虚值和平值时,Δ 与到期时间之间的典型关系。

根据期权平价公式,对于看跌期权,我们相应地有:

$$p_S = \Delta = \mathcal{N}(d_1) - 1 = -\mathcal{N}(-d_1) < 0 \tag{4-114}$$

因此,同看涨期权正好相反,一个看跌期权空头部位的 Δ 一定是严格负的,换句话说,看跌期权的价格是基础资产价格的严格递减函数。一般说来,一个看跌期权的价格与基础资产的

① 注意,对一个看涨期权的空头进行保值时,需要持有股票的多头;对一个看涨期权的多头进行保值时,需要持有股票的空头。

空头部位同方向移动。所以，对一个看跌期权的空头进行保值时，需要持有股票的空头；对一个看跌期权的多头进行保值时，需要持有股票的多头。

对于支付固定红利率 i 的股票指数欧式看涨期权，相应的 Δ 为：

$$\Delta = e^{-i(T-t)} N(d_1) > 0 \qquad (4\text{-}115)$$

这里的 d_1 同式(4-95)中定义相同，对基于同样股票指数欧式看跌期权，相应地有：

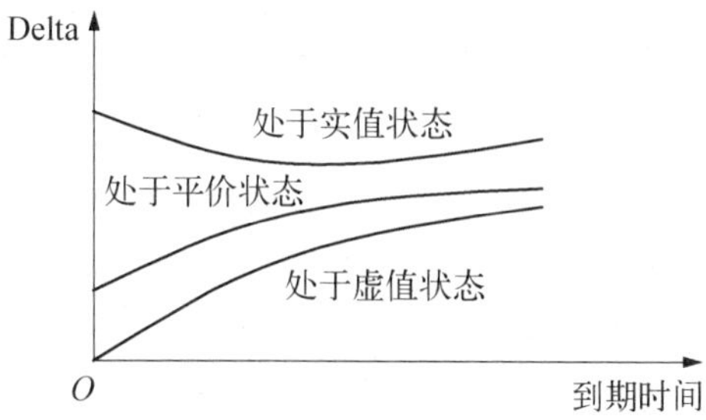

图 4-14 看涨期权的 Δ 与到期时间的关系

$$\Delta = e^{-i(T-t)} [N(d_1) - 1] \qquad (4\text{-}116)$$

只要把 i 设定为外币的无风险利率，则式(4-115)和式(4-116)也适用于欧式货币看涨期权和看跌期权。至于欧式期货看涨期权和看跌期权，相应的 Δ 为：

$$\Delta = e^{-r(T-t)} N(d_1) \qquad (4\text{-}117)$$

$$\Delta = e^{-r(T-t)} [N(d_1) - 1] \qquad (4\text{-}118)$$

其中，这里的 d_1 同式(4-112)中定义相同。

此外，除了单个期权的 Δ，我们还常常会用到组合的 Δ，如果该组合包括不同种基于同一基础资产的衍生证券，则该组合的 Δ 实际上就是以头寸（绝对数量）为权重的组合内所有资产 Δ 的简单加权平均。

“理论与实践相结合”4-5 用期货合约进行 Delta(Δ)对冲

在实际操作中，投资者更愿意使用期货而不是现货来进行 Δ 中性保值。利用的期货合约并不一定要求同期权的到期日相同，为了便于分析，我们假定一个期货合约正好对应一个单位的基础资产。令 T^* 为期货合约到期日，n_u 为在 t 时刻 Δ 中性保值所需要的基础资产头寸数量，n_F 为在 t 时刻 Δ 中性保值所需要的期货合约头寸数量。如果基础资产为不支付红利的股票，根据式(4-14)，可以得到期货价格为：

$$F = S e^{r(T^*-t)}$$

当股票价格增加 ΔS，期货价格增加了 $\Delta S e^{r(T^*-t)}$。因此期货合约的 Δ 值就是 $e^{r(T^*-t)}$，即 $e^{-r(T^*-t)}$ 个期货合约对股票价格变动的敏感性与一份股票对于股票价格的敏感性相当。因此：

$$n_F = e^{-r(T^*-t)} n_u \qquad (4\text{-}119)$$

当基础资产为红利率（外币无风险利率）为 i 的股票或者股票指数（外汇）时，类似地有：

$$n_F = e^{-(r-i)(T^*-t)} n_u$$

要注意的是：即便是在利率为常数，远期价格等于期货价格的情况下，期货的 Δ 与

相应的远期合约的 Δ 也是不同的。一单位基础资产的期货合约的 Δ 为 $e^{r(T^*-t)}$，而相应的远期合约的 Δ 为 1。

例 4.3.3 某金融机构沽出了一个 6 个月期限按照执行价格 1.60 美元出售 1 000 000 英镑的欧式看跌期权。假定英镑对美元的当前即期利率为 1.62 美元兑换 1 英镑。英国的无风险利率为 13%/年，美国的无风险利率为 10%/年，英镑汇率的波动率是 15%/年。根据前面式(4-106)，可以计算出该货币看跌期权的 Δ 值为：

$$\Delta = e^{-i(T-t)}[\mathcal{N}(d_1)-1]$$

这里的 d_1 同式(4-95)中定义相同。有：

$$d_1 = 0.028\,7$$

$$\mathcal{N}(d_1) = 0.511\,5$$

$$\Delta = e^{-0.13\times 0.5}(0.511\,5-1) = -0.458$$

这是一个看跌期权多头的 Δ 值，由于该机构是空方，其 Δ 值是以该值乘以−1 000 000 得到的 45 800。因此，该机构必须卖出 45 800 英镑现货。这批现货空头的 Δ 为−45 800，正好抵冲了看跌期权的 45 800，使得总的 Δ 值为 0。假定该机构决定采用 9 个月的外汇期货合约来进行对冲，在这种情况下，T^*-t，并且有：

$$e^{-(r-i)(T^*-t)} = 1.022\,8$$

所以，执行 Δ 中性对冲需要卖空外汇期货合约 1.022 8×458 000=468 442。假定买卖每份英镑期货合约的名义本金(nominal principal)为 62 500 英镑，所以应该出售 7 份(468 442/62 500 的近似整数)期货合约来进行对冲。

接下来，我们再来看第二个重要保值参数——代表期权价格对基础产品价格的敏感性二次近似的①：

$$gamma = \Gamma = \frac{\partial^2 c}{\partial S^2} = \frac{n(d_1)}{S\sigma\sqrt{\tau}} > 0 \qquad (4\text{-}120)$$

这个公式对看涨和看跌都适用。对于支付固定红利率(支付无风险利率)i 的股票指数(外汇)欧式期权，则为：

$$\Gamma(c) = \frac{n(d_1)e^{-i(T-t)}}{S\sigma\sqrt{\tau}}$$

这里的 d_1 同式(4-95)中定义相同。如果令 $i=r$，再把 S 换成 F 则上述公式也适用于欧式期货期权②。

Γ 实际上也就是 Δ 对基础资产价格变化的比率。当 Γ 较小时，Δ 变动迟缓，不难维持 Δ

① 其中，$n(.)$是标准正态密度函数。

② 注意，基础资产(或者它的期货合约)的 Γ 为 0，因此要改变组合的 Γ 只有添加其中期权的数目。

中性；但 Γ 大时如果不能及时调整 Δ 则，期权组合的风险就会迅速增大。图 4-15 就显示出了这一点，当股票价格从 S 上涨到 S'，Δ 中性技术会假定期权价格从 c 增加到 c'，而实际上应该已经是 c''了。c 同 c''之间的差异引起保值误差，这个误差的大小取决于期权价格与股票价格之间关系曲线的曲度（curvature），Γ 就量度了这个曲度水平，因此它也常常被交易员称为期权的曲度。

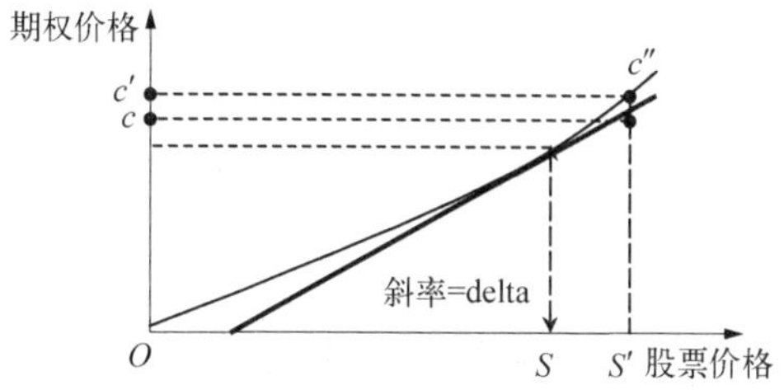

图 4-15　Δ 对冲误差和 Γ 曲度

典型的 Γ 函数形态如图 4-16 所示（三维空间追加的是到期时间轴）。

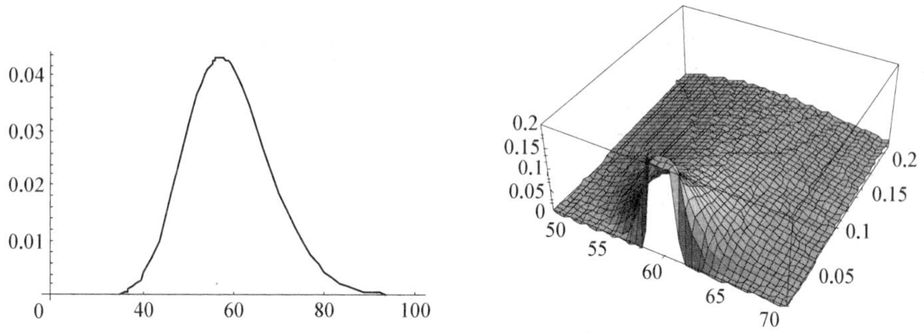

图 4-16　典型的 Γ 函数形态

图 4-17 则显示了当期权位于实值、虚值和平值时，Γ 与到期时间之间的典型关系。可以看到 Γ 总是正的，对于接近到期日的平值期权，由于 Γ 非常大，期权价格对于基础资产价格的轻微波动都会十分敏感。

再接下来是代表欧式看涨期权价格对持有时间的敏感性的：

$$theta = \Theta = \frac{\partial c}{\partial t} = -\frac{S(t)\sigma}{2\sqrt{(T-t)}} n(d_1) - r\,\mathrm{e}^{-r(T-t)} K \mathcal{N}(d_2) \tag{4-121}$$

对应的欧式看跌期权 Θ 为：

$$\Theta(p) = -\frac{S\sigma}{2\sqrt{T-t}} n(d_1) + r\mathrm{e}^{-r(T-t)} K \mathcal{N}(-d_2) \tag{4-122}$$

对于支付固定红利率（支付无风险利率）i 的股票指数（外汇）欧式期权，则为：

$$\Theta(c) = -\frac{S(t)\sigma}{2\sqrt{(T-t)}} \mathrm{e}^{-i(T-t)} n(d_1) - r\,\mathrm{e}^{-r(T-t)} K \mathcal{N}(d_2) + i\,\mathrm{e}^{-i(T-t)} S \mathcal{N}(d_1) \tag{4-123}$$

$$\Theta(p) = -\frac{S(t)\sigma}{2\sqrt{(T-t)}} \mathrm{e}^{-i(T-t)} n(d_1) + r\,\mathrm{e}^{-r(T-t)} K \mathcal{N}(-d_2) - i\,\mathrm{e}^{-i(T-t)} S \mathcal{N}(-d_1) \tag{4-124}$$

这里的 d_1、d_2 同式(4-95)中定义相同。如果令 $i=r$，再把 S 换成 F，则上述公式也适用于欧式期货期权。

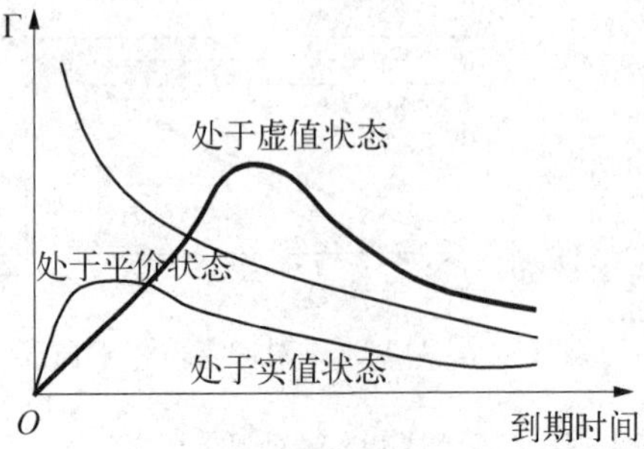

图 4-17　看涨期权的 Γ 与到期时间的关系

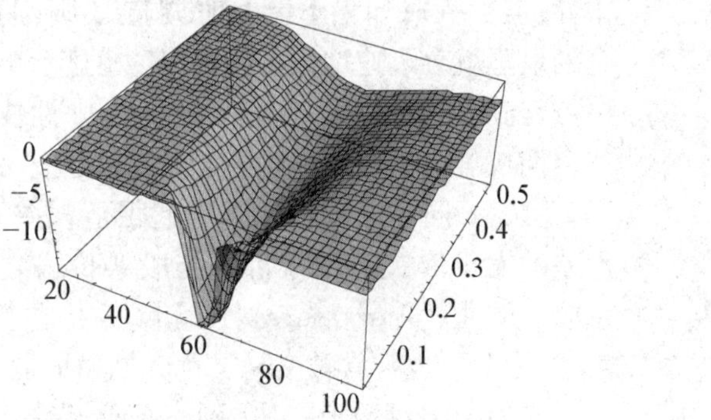

图 4-18　典型的 Θ 函数形态

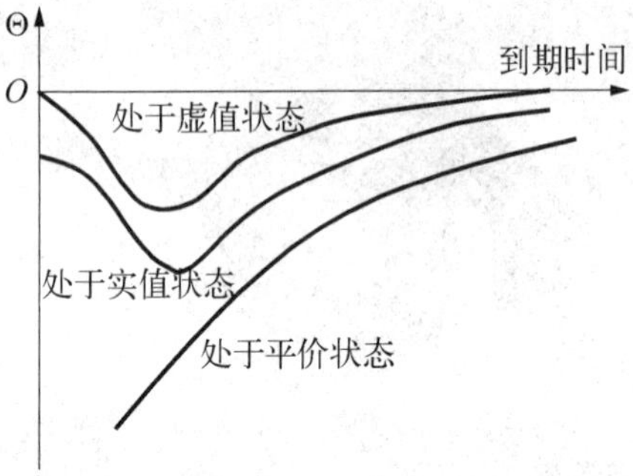

图 4-19　看涨期权 Θ 与到期时间之间的典型关系

Θ 有时也被称为时间损耗(time decay),单个期权 Θ 几乎总是负的,因为当越来越靠近到期日,期权的时间价值也加速消失。典型的看涨期权的 Θ 函数形态如图 4-18 所示(三维空间是价格-Θ-时间)。

当股票价格很低时,Θ 近似为 0,对于一个平值期权,Θ 很大而为负值,股票价格升高 Θ 趋近于 $-re^{-rT}K$。图 4-19 给出了当看涨期权位于实值、虚值和平值三种状态下,Θ 与到期时间之间的典型关系。与 Δ 和 Γ 完全不同,试图用对冲的方法去消除时间变化对期权组合价值的影响完全是徒劳的。

我们把 Δ、Γ 和 Θ 放在一起考虑,就可以把 B-S 偏微分方程写为:

$$\Theta + rS\Delta + \frac{\sigma^2 S^2}{2}\Gamma = rc$$

对于 Δ 中性的组合,就可以简化为:

$$\Theta + \frac{\sigma^2 S^2}{2}\Gamma = rc \tag{4-125}$$

这意味着当 Γ 为正而且很大时,Θ 必然为负并且也较大,反之亦然。所以在 Δ 中性的组合中,两者如同对方的镜像。

此外,对于 Δ 中性组合 V,如果假定波动率为常数,它的价值变动仅仅取决于资产价格和时间,那么根据泰勒公式扩展,就有:

$$\Delta V = \frac{\partial V}{\partial S}\Delta S + \frac{\partial V}{\partial t}\Delta t + \frac{1}{2}\frac{\partial^2 V}{\partial S^2}\Delta S^2 + \frac{1}{2}\frac{\partial^2 V}{\partial t^2}\Delta t^2 + \frac{\partial^2 V}{\partial S \partial t}\Delta S \Delta t + \mathrm{Re}$$

忽略高阶项,并且 $\Delta = 0$,令 $\partial^2 V/\partial S^2 = \Gamma$ 为组合的 Γ,就有:

$$\Delta V = \Theta \Delta t + \frac{1}{2}\Gamma \Delta S^2 \tag{4-126}$$

图 4-20 就显示了 ΔV 和 ΔS 之间的关系特征。Γ 和 Θ 通常符号相反,因此如果 $\Gamma > 0$,

则当 S 的值不变时，该组合的价值将会减小；但 S 的值无论有较大正值方向或者负值方向的变化时，该组合的价值都将增加。如果 $\Gamma<0$，情况则正好相反。但无论如何，组合 Γ 绝对值的增加都会导致组合价值对基础资产价格的敏感性上升。

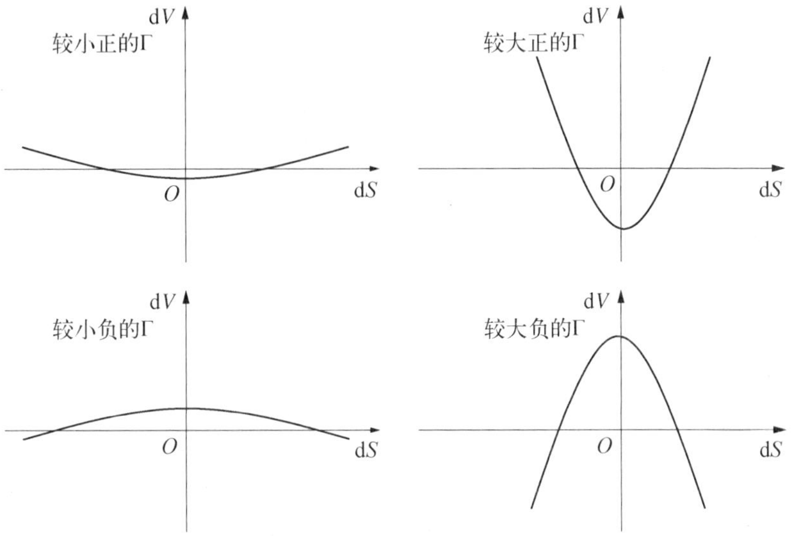

图 4-20　Δ 中性的组合价值与基础资产价格变化关系

此外，还有代表期权(看涨和看跌)价格对基础产品波动率的敏感性的①：

$$Vega=\nu=\frac{\partial c}{\partial \sigma}=S\sqrt{\tau}\,n(d_1)>0 \tag{4-127}$$

对于支付固定红利率(支付无风险利率) i 的股票指数(外汇)欧式期权(看涨和看跌)，则为：

$$Vega=S\sqrt{\tau}\,e^{-i(T-t)}n(d_1)>0 \tag{4-128}$$

这里的 d_1 同式(4-95)中定义相同。如果令 $i=r$，再把 S 换成 F，则上述公式也适用于欧式期货期权。

单个期权的 ν 恒为正，典型的 ν 函数形态如图 4-21 所示(三维空间是价格-ν-波动率)。

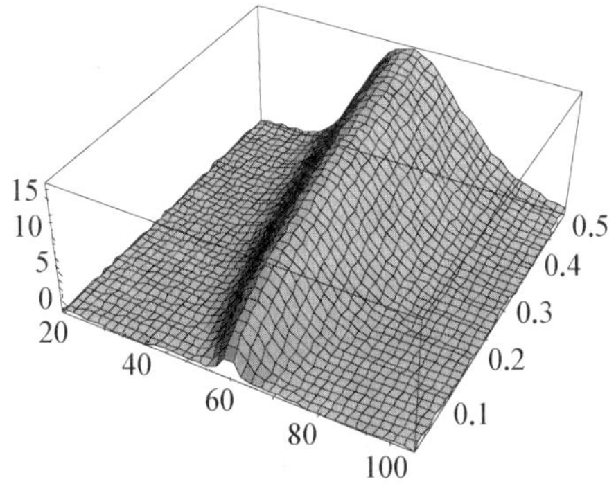

图 4-21　典型的 ν 函数形态

例 4.3.4②　考虑某个位于 Δ 中性的组合，Γ 为 $-5\,000$，ν 为 $-8\,000$。假设另有一期权的 Γ 为 0.5，ν 为 2.0，Δ 为 0.6。如果购买 4 000 个这种期权，则新组合的 Γ 变成了 $-3\,000$，同时成为 ν 中性。但这会使得 Δ 值上升到 2 400，为了维持 Δ 中性必须抛空 2 400 个基础资产头寸。

为了使得新组合位于 ν 和 Γ 同时中性，还得假定另外存在第二种期权，它的 Γ 为 0.8，ν 为 1.2，Δ 为 0.5。令 n_1、n_2 分别代表投资这两种产品的数量，则要求：

---

①　基础产品和基于它的期货的 ν 为 0。

②　本例来自 Hull(2003)第 14 章例 14.8。

$$-5\,000+0.5n_1+0.8n_2=0$$

$$-8\,000+2.0n_1+1.2n_2=0$$

解得：

$$n_1=400,\ n_2=6\,000$$

这时新组合的 Δ 又变化为：

$$400\times 0.6+6\,000\times 0.5=3\,240$$

因此还得卖出 3 240 个基础资产头寸以保持 Δ 中性。

还有是代表期权价格对无风险利率的敏感性的：

$$Rho=\rho=\frac{\partial c}{\partial r}=\tau\,\mathrm{e}^{-r(T-t)}K\mathcal{N}(d_2)>0 \tag{4-129}$$

对于看跌期权，它是：

$$p_r=\rho=\tau K r\mathrm{e}^{-r\tau}[\mathcal{N}(d_2)-1]<0 \tag{4-130}$$

以上两个公式同时适用于股票或支付固定红利率的股票指数期权和期货期权，但需要对 d_2 做适当调整。典型的 ρ 函数形态如图 4-22 所示(三维空间是价格- ρ -时间)。

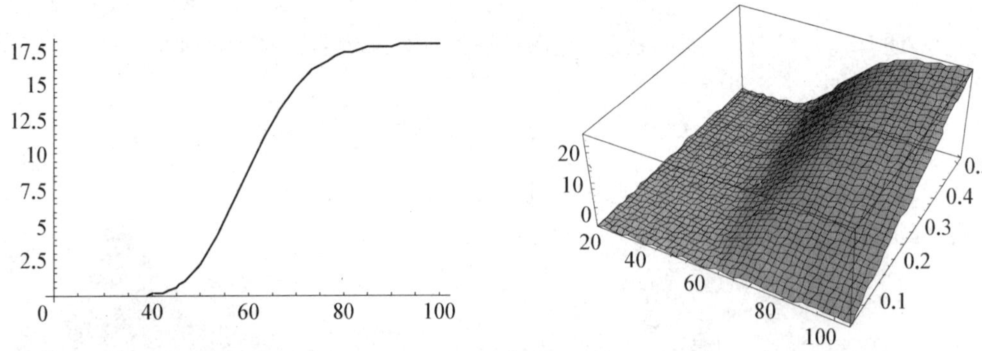

图 4-22　典型的 ρ 函数形态

最后再来看看涨期权价格对基础产品执行价格的敏感性：

$$\frac{\partial c}{\partial K}=-\mathrm{e}^{-r(T-t)}\mathcal{N}(d_2)<0 \tag{4-131}$$

可以看到以上这些参数可以用来动态调整头寸和对冲风险(dynamic hedging)，习惯上称上述工作为敏感性分析(sensitivity analysis)。

“理论与实践相结合”4-6　资产组合保险和黑色星期一

大的互助基金经理常常很关心如何使得他们的资产组合的市场价值不低于某一特

定水平，这被称为资产组合保险(portfolio insurance)①。实现组合保险的方法之一是简单地在组合中添加某种指数的看跌期权，这我们在期权交易策略这一节中已经看到了。考虑一个拥有价值 30 000 000 元的证券组合，该组合同 S&P500 指数的构成相当。假设现在 S&P500 指数是 300 点，该组合的管理人希望 6 个月后它的价值不低于 29 000 000 元，则他可以选择购买 1 000 份 6 个月到期、执行价格为 290 点的 S&P500 指数看跌期权。如果当时指数真的跌到 290 点以下，例如 250 点，则基础资产价格降到了 25 000 000 元。但由于每份期权合同是指数的 100 倍，则 1 000 份看跌期权的价值为 4 000 000 元，得失相抵总组合的价值水平维持在了目标之内。当然这种保险肯定是有代价的，代价就是期权金。

另一种方法是构造合成看跌期权，它的具体操作就是持有一种基础资产的头寸，该头寸的 Δ 就等于待求的看跌期权的 Δ。如果要求更精确，还会添加其他可交易的期权来匹配待求期权的 Γ 和 ν。仍然沿用上一个例子，基金管理人的底线是 29 000 000 元。他希望购买一个 6 个月到期、执行价格为 29 000 000 元的欧式股票指数看跌期权。根据式(4-116)，这样一个指数看跌期权的 Δ 值为：

$$\Delta = e^{-i(T-t)}[\mathcal{N}(d_1) - 1] \tag{4-132}$$

由于本例假定 S&P500 指数可以代表基金资产组合构成，因此上述公式也可以看成该基金资产组合的看跌期权的 Δ 值，这个 $\Delta < 0$。为了合成看跌期权，基金经理必须确保在其在任意给定时间卖出占原资产组合中比例为 $e^{-i(T-t)}[1-\mathcal{N}(d_1)]$ 的那一部分，将所得投资到无风险资产上。随着原组合的价值减少，看跌期权的 Δ 值变得更小(负)，资产组合中卖出转换为无风险的部分也要增加，反之则反是。运用这种合成保险策略的本质实际上就是：在任意给定时间，使得自从资金在保了险的股票组合和无风险资产之间进行分配。组合价值增加，则把资金更多地配置到股票上，反之则“向质量飞翔”(fly to quality)。

为什么基金经理常常会乐意自己合成看跌期权，而不是直接在市场上购买看跌期权呢？一般说来有两个原因，一是期权市场并不总是具有足够的容量吸收这些巨型基金的大笔交易；二是市场上的合约规格并不完全能够与基金经理们对执行价格和到期日的要求相匹配。实际上在 20 世纪 70 年代中期，最早的资产组合保险刚刚开始兴起时，交易所中还没有看跌期权可供交易。值得注意的是：使用股票指数期货来构造合成看跌期权进行组合保险比使用股票本身更受到投资者欢迎，这是因为买卖指数期货的成本通常比买卖成分股票要便宜。例如，上例中投资者原组合不变，卖出指数期货，根据式(4-119)和式(4-132)可以得到卖出的指数期货合约对应的美元数额占总资产组合价值比例应为：

$$e^{-i(T-t)}e^{-(r-i)(T^*-t)}[1-\mathcal{N}(d_1)] = e^{-i(T^*-T)}e^{-r(T^*-t)}[1-\mathcal{N}(d_1)]$$

其中，T^* 是期货合约的到期时间。如果资产组合价值为指数的 K_1 倍，每个指数合约的价值为该指数 K_2 倍，则在任意时刻卖出的指数期货合约的数量应该为：

① 中国最近也有基金采用固定比例组合保险(CPPI, constant proportion portfolio insurance)技术和基于期权的组合保险(OBPI, option-based portfolio insurance)技术相结合的投资策略，试图通过定量化的资产类属配置达到本金安全。

$$e^{-i(T^*-T)}e^{-r(T^*-t)}[1-N(d_1)]\frac{K_1}{K_2}$$

例 4.3.5 假设现在 S&P500 指数是 300 点，市场波动率为 25%，无风险利率为 9%，股票市场分红率为 3%。考虑执行价格为 290 点的 S&P500 指数看跌期权。它的 Δ 是：

$$\Delta=e^{-i(T-t)}[N(d_1)-1]=-0.322$$

因此，基金经理(资产组合价值 30 000 000 元)应当变现资产组合中的 32.2%。但如果使用 9 个月期的 S&P500 指数期货，则 $T^*-T=0.25$，$T^*-t=0.75$，$K_1=100\,000$，$K_2=500$，因此卖出的期货合约数量是：

$$e^{-i(T^*-T)}e^{-r(T^*-t)}[1-N(d_1)]\frac{K_1}{K_2}=61.6$$

在这种合成组合保险方法中，重要的一点就是基金管理人可以频繁甚至连续地调整他们的组合，这在 1987 之前几乎没有什么问题。因此合成组合保险策略一度非常流行，据不完全统计，到 1987 年有超过 800 亿的股票资产组合实施了组合保险策略，它们尽享金融理论成就带来的高枕无忧。但是这种安逸的理想状态在 1987 年 10 月 19 日被彻底打破了，这天是(黑色)星期一(Black Monday)，道琼斯工业平均(Dow Jones Industrial Average)指数从 2 246.72 点跌到了 1 738.40 点，如同自由落体一样，下降了 508.32 点约 22.6%(S&P500 指数下跌了 20.5%)①，这天创造了美国股市有史以来的最大单日跌幅(见图 4-23)。华尔街股市大崩溃，一万亿财富在几个小时内蒸发，还同时引发全球股灾，香港、墨西哥等股市也随之暴跌。

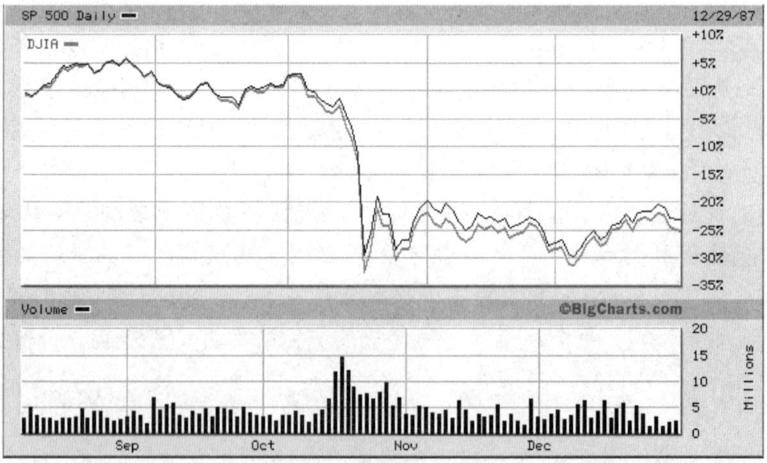

图 4-23 黑色星期一：道琼斯 vs.标准普尔 500

数据来源：bigcharts.com

① 即便是在大危机的 1929 年，跌幅也不过是 12.82%。

据信，两条坏消息是这次股灾的导火索，一是美国国会在 10 月 14 日开始辩论，要通过新的法律以降低对进攻型兼并收购的税收减免，而这是几年来华尔街的财富源泉；二是财政部部长詹姆斯·贝克(James Baker)暗示美元已经被高估，应当允许它贬值，而这给了外国投资者撤离资金的信号。第一条消息导致了大量试图收购企业的股票暴跌，但是加剧这种下跌的则是程序交易(program trading)和资产组合保险策略，它们使得部分基金在价格初步下跌时，机械地抛出了大量股票，而这又导致价格的再次下跌以及更多的抛盘，抛售循环导致了市场流动性的丧失。

芝加哥的情况则更糟，一清早就有 80 亿美元的 S&P500 股票指数期货等待出售，这使得一开市价格就下跌了 7%，随着价格不断下跌，来自组合保险的卖单不断进入市场，全天成交了 200 亿美金的合约。由于股市流动性大大降低，交易受阻，报价不能及时反映真实行情，而同时股指期货市场却仍旧正常运作，使得期指比股指明显超跌。这种明显的差价又引发了第二轮股票抛售狂潮。尽管在 NYSE 只有 10%的买单来自组合保险，在芝加哥的 CME 则为 21.3%，期货市场超过了它的承载能力，尽管这种 CME 的合约按理应当跟踪 S&P500 指数，但到交易结束时，它下跌了 29%——低于实际指数 9 点①。

表 4-6　发生在 NYSE 的机构大宗交易②　　单位：百万美元

		10 月 15 日	10 月 16 日	10 月 17 日	10 月 18 日
买	组合保险	257	566	1 748	698
	指数套利	717	1 592	1 774	128
	其　他	2 564	2 946	4 076	5 251
	合　计	3 538	5 104	7 598	6 077
卖	组合保险	201	161	449	863
	指数套利	407	394	110	32
	其　他	2 783	4 166	7 325	6 395
	合　计	3 391	4 721	7 884	7 290

数据来源：布雷迪(Brady)委员会报告

布雷迪(Brady)委员会将组合保险和指数套利行为归为这次股灾的罪魁祸首显然有失公正，但它提醒人们，必须对股指期货交易与股市交易的联动效应予以足够的重视。股灾一年后，美国商品期货交易管理委员会(CFTC)和证券交易委员会(SEC)批准了纽约股票交易所(NYSE)和 CME 的"断路器"(circuit breaker)系统。即纽约证券交易所规定：道·琼斯 30 种工业指数涨跌 50 点以上时，即限制程序交易的进行。期货交易所则制定出股票指数期货合约的涨跌停板限制，借以冷却市场发生异常时的恐慌或过热情绪。

① 正如《福布斯》日报所描绘的那样，这也是格林斯潘扬名之际。在星期二开市前一小时，他简要声明："联邦储备委员会，根据其国家中央银行的责任，今天重申它时刻准备着发挥其清偿来源的作用，支撑经济和金融系统。"也就是说美联储会根据需要，向金融体系注入资金，以防止金融崩溃。市场很快就平静下来。在短短几个月内，人们挽回了黑色星期一中所遭受的全部损失。

② 表中数据不包括个人投资者和低于一千万美元的机构账户。

此外,另一个量度期权价格对于股票价格变化的有用指标是弹性(elasticity),对于任意 $t \leqslant T$,一个看涨期权的价格弹性就定义为:

$$\eta_t^c = c_S(S_t, \tau)S_t/c_t = \mathcal{N}[d_1(S_t, \tau)]S_t/c_t \tag{4-133}$$

对于一个看跌期权就是:

$$\eta_t^{\hat{c}} = \hat{c}_S(S_t, \tau)S_t/\hat{c}_t = -\mathcal{N}[-d_1(S_t, \tau)]S_t/\hat{c}_t \tag{4-134}$$

让我们看一下,一个看涨期权的价格弹性总是大于 1 的,实际上对于 $t \leqslant T$,我们有:

$$\eta_t^c = 1 + \mathrm{e}^{-r\tau}Kc_t^{-1}\mathcal{N}[\mathrm{d}_2(S_t, \tau)] > 1$$

这也意味着 $c_t - c_S S_t < 0$,所以一个看涨期权的复制总是需要借入资金的。另一方面,看跌期权的价格弹性总是小于 1:

$$\eta_t^{\hat{c}} = 1 - \mathrm{e}^{-r\tau}K\hat{c}_t^{-1}\mathcal{N}[-\mathrm{d}_2(S_t, \tau)] < 1$$

这也意味着 $\hat{c}_t - \hat{c}_S S_t > 0$,即投资一个看跌涨期权可以得到期权费并可以把它投入无风险的贷放中。根据弹性定义和根据伊藤定理,我们可以把期权价格的动态过程写为:

$$\mathrm{d}c_t = rc_t\mathrm{d}t + \sigma c_t \eta_t^c \mathrm{d}\widetilde{W}_t \tag{4-135}$$

不难发现,在风险中性世界里,期权价格的期望增长率就是无风险利率;但是,它的波动率系数则为 $\sigma\eta_t^c > \sigma$。因此,同基础资产的波动率不同,期权价格的波动率遵循随机运动。

例 4.3.6 考虑一个基于股票 S 的欧式看涨期权,$K=30$,$T-t=\tau=0.25$,$S_t=31$,$\sigma=10\%$/年,$r=5\%$/年。根据式(4-62),可以得到:

$$d_1(S_t, \tau) = 0.93$$

因而:

$$d_2(S_t, \tau) = d_1(S_t, \tau) - \sigma\sqrt{(T-t)} = 0.88$$

由于正态分布函数下:

$$\mathcal{N}(0.93) = 0.823\,8;\ \mathcal{N}(0.88) = 0.810\,6$$

根据式(4-61),得到:

$$c(t) = 1.52$$

而根据保值参数式(4-91)和式(4-92),可以得到:

$$\theta(t) = \frac{\partial c(S_t, T-t)}{\partial S} = 0.82$$

$$a(t) = \frac{c(S_t, T-t) - \theta_t S_t}{\mathrm{e}^{rt}} = -23.9$$

这就意味着,为了对冲一单位看涨期权的空头部位(它是以套利价格 1.52 元出售的),交易员需要买入 0.82 单位的股票(这是同时借入 23.9 元的 5%年息的贷款实现的)。在开始时刻,该看涨期权对股票价格的弹性是:

$$\eta_t^c = c_S(S_t, \tau)S_t/c_t = \mathcal{N}[d_1(S_t, \tau)]S_t/c_t = 16.72$$

假定股票价格突然从 31 元上升到 31.2 元(0.65%的上升)，而期权价格将从 1.52 元上升到 1.685 元，一共 0.165 分，而且增幅达到 10.86%，是前者的 17 倍之多。当然，如果下跌，情形也是类似的。此外，根据平价公式(4-64)，我们可以得到相同条件下的看跌期权价格：

$$p = 30e^{-0.05/4}\mathcal{N}(-0.88) - 31\mathcal{N}(-0.93) = 0.15$$

4.4　复杂情况

接下去让我们考虑更为实际的交易环境，以及由此引发的对于基本模型的局部改进。注意力主要集中在三个方面。

(1) 交易成本以及由于成本引起的交易的不连续性。B-S 模型中假设不存在交易成本，采用 Δ 对冲策略的证券提供发行者，必须连续地、微小地调整期权与股票的头寸，以消除价格变化产生的风险。实际情况是，哪怕只存在极其微小的交易成本，动态的连续操作都会累计过高的总交易成本，因而采用间隔性对冲交易策略可能更为实际一些。但是，间隔操作降低了交易成本的同时，增大了避险误差，使得投资组合不能总是保持无风险状态。从而，使得期权的价格不能够通过无风险复制策略来准确获得。

(2) 股价波动中的剧烈跳跃。B-S 模型假定标的资产的价格是连续变动的，服从对数正态分布。然而，在真实的市场中资产价格常常会发生跳跃，并且经常是向下的。这在对数正态分布的资产定价模型中并没有体现出来——对于正态分布来说，这些突然变动的幅度太大，发生太过频繁；同时由于跳跃来得太突然，交易者无法单纯依靠对数正态扩散模型对它们进行动态保值，这都会大幅度地影响到期权的价格。

(3) 变化的波动率水平。B-S 模型假定标的资产的波动率是一个已知的常数或者是一个确定的已知函数。这一点在标的资产价格的实证检验中被否定，期权市场本身反映的隐含波动率也提出了相反的证据。因此，波动率本身就是一个随机变量，这使得期权价格更加难以计算。

4.4.1　交易成本

交易成本的存在①，一方面会使得调整次数受到限制，使得基于组合连续调整的 B-S 模型定价成为一种近似；另一方面，交易成本也直接影响期权价格本身，使得合理的期权价格成为一定区间而不是单个数值。

进一步来看，交易成本的影响具有以下两个性质：规模效应和交易成本差异化。不同的投资者需要承担的交易成本是不一样的，交易规模越大，成本的重要性程度越低。这就意味着在现实世界中并不存在唯一的期权价值，而是有赖于投资者的具体情况，相同的合约对于不同的投资者具有不同的价值。即使同一个投资者，在调整过程中持有同一个合约的多头头寸和空头头寸，价值也不同。这是因为，对于保值者来说，交易成本总是一种沉没成本，

① 交易成本可以有多种形式，狭义的，如佣金或做市商(market-maker)制度下的买卖价差(bid-offer spread)。

无论是多头还是空头,对保值成本的估计都必须从期权价值中扣除。这样一个投资者会认为多头的价值低于B-S公式理论价值,而空头价值则应高于理论价值。

因此,交易成本的存在实际上意味着动态保值不再产生期权价格的唯一均衡,而是会针对每一个投资者的不同头寸都出现一个可行价格区间。在这个范围内波动的期权价格都无法进行套利,因为套利获得的无风险收益将被交易费用所抵消。当价格跌到这个区间的下限之外的时候,才存在利用期权多头进行套利的机会,当价格涨到这个区间的上限之上的时候,才存在利用期权空头进行套利的机会。

利兰(Leland, 1985)开创性地提出对B-S模型采用一种修正的波动率,来解决交易成本带来的避险误差问题。其基本思想是:在连续时间的B-S模型框架下,假设在给定的时间间隔进行避险调整,通过在波动率中加入包含交易成本的因素,使得期权价格的增加恰好能抵消交易成本,从而对B-S公式做出修正,使之仍可应用于避险操作。

这里将主要讨论1992年提出的一个考虑交易成本的期权组合定价模型(简称H-W-W模型)(Hoggard, Whalley, Wilmott, 1992)①。H-W-W分析仍然采用推导B-S微分方程时的无套利均衡思路,采用无收益的基础资产的欧式期权组合为代表来进行分析,但是现在整个组合价值修正为原来的价值减去交易成本,而这个交易成本的计算则根据事先确定的保值策略和交易成本结构进行,由此得到一个新的非线性微分方程,即考虑了交易成本之后的期权定价微分方程。

假定:H-W-W模型的主要假定基本同B-S模型假设相同,但有以下四个方面的修正。

(1) 投资者投资于欧式期权的组合而不仅是单个期权。

(2) 整个投资组合的调整存在交易成本,买卖资产时的交易成本正比于所交易的资产价格,如果买卖n股(买入时$n>0$,卖出时相反)价格为s的股票,交易成本为$ks|n|$,其中k为常数,取决于投资者个人具体情况。

(3) 投资者的组合调整策略事先确定,按照规定的时间长度进行调整,即每隔Δt时间进行一次再平衡,这里的Δt不再是无穷小的,也不意味着求趋于0的极限,而是指一个固定的很短的时间段。

(4) 股票价格的随机过程以离散的形式给出,即:

$$\Delta S=\mu S\Delta t+\sigma\varepsilon S\sqrt{\Delta t}$$

接下来构造与B-S分析类似的无风险组合。无风险组合包括一单位价值为f的衍生证券组合多头和Δ单位(这里的Δ代表的是保值头寸)的标的资产空头(价值为$-\Delta S$)。为了消除组合中的不确定性,仍然要求:

$$\Delta=\frac{\partial f}{\partial S}(S,\ t)$$

令Π代表整个投资组合的价值,则:

$$\Pi=f-\frac{\partial f}{\partial S}S$$

① 更详细的推导和分析参见:T. Hoggard, A. E. Whalley, P. Wilmott. Hedging option portfolios in the presence of transaction costs. *Advances in Futures and Options Research*, 1994, 7: 21—35。

计算一个时间长度 Δt 之后的预期组合价值变化。由于须考虑交易成本，整个组合价值会相应减少，根据伊藤引理：

$$E[\Delta \Pi]=E\left[\Delta f-\frac{\partial f}{\partial S}\Delta S-kS\mid n\mid\right]=\left(\frac{\partial f}{\partial t}+\frac{1}{2}\sigma^2 S^2\frac{\partial^2 f}{\partial S^2}\right)\Delta t-E[ks\mid n\mid] \tag{4-136}$$

实际上，这就是前面 B-S 分析中 $d\Pi$ 的离散形式，再减去一个交易成本项。

由无风险套利假设，可知：

$$E[\Delta \Pi]=r\left(f-\frac{\partial f}{\partial S}S\right)\Delta t \tag{4-137}$$

要求交易成本项 $ks\mid n\mid$，关键在于获得 n 值，即为了保值需要买卖的资产数量。显然：

$$n=\frac{\partial f}{\partial S}(S+\Delta S,\ t+\Delta t)-\frac{\partial f}{\partial S}(S,\ t)$$

即 n 为经过 Δt 时间后持有的标的资产数量与期初持有数量之差。应用 Ito 引理，n 的主要部分是：

$$n\approx \Delta S\frac{\partial^2 f}{\partial S^2}(S,\ t)\approx\frac{\partial^2 f}{\partial S^2}(S,\ t)\sigma S\varepsilon\sqrt{\Delta t} \tag{4-138}$$

将式(4-136)和式(4-138)代入式(4-137)中，就可以得到一个 H-W-W 偏微分方程：

$$\frac{\partial f}{\partial t}+rS\frac{\partial f}{\partial S}+\frac{1}{2}\sigma^2 S^2\frac{\partial^2 f}{\partial S^2}-k\sigma S^2\sqrt{\frac{2}{\pi\Delta t}}\left|\frac{\partial^2 f}{\partial S^2}\right|=rf \tag{4-139}$$

其中，$\sqrt{\frac{2}{\pi}}$ 是 $\mid\varepsilon\mid$ 的期望值①。

将 H-W-W 方程与 B-S 方程进行比较，唯一的区别在于 $-k\sigma S^2\sqrt{\frac{2}{\pi\Delta t}}\left|\frac{\partial^2 f}{\partial S^2}\right|$ 项。这一项的出现意味着什么呢？先来看 $\frac{\partial^2 f}{\partial S^2}$ 部分。我们知道，通过选定适合的 $\Delta=\frac{\partial f}{\partial S}$，可以消去资产价格变动导致的不确定性。但是，因为期权组合价格对资产价格的函数是一条曲线而非直线，这个 Δ 仅仅对很短的时间间隔成立，随着资产价格 S 的变化，如果继续维持原先的保值比率 Δ，就不再是无风险组合，这时如果不进行调整，就会出现“保值误差”。而公式中的 $\frac{\partial^2 f}{\partial S^2}$（即 Gamma-$\Gamma$），其含义是期权价格对标的资产价格的二阶偏导，就是对保值

---

① 这是因为：

$$\int_{-\infty}^{+\infty}\mid\varepsilon\mid=\frac{1}{\sqrt{2\pi}}e^{-\frac{\varepsilon^2}{2}}d\varepsilon=\int_{0}^{+\infty}\mid\varepsilon\mid\frac{1}{\sqrt{2\pi}}e^{-\frac{\varepsilon^2}{2}}d\varepsilon+\int_{-\infty}^{0}\mid\varepsilon\mid\frac{1}{\sqrt{2\pi}}e^{-\frac{\varepsilon^2}{2}}d\varepsilon$$

$$=\int_{0}^{+\infty}\varepsilon\frac{1}{\sqrt{2\pi}}e^{-\frac{\varepsilon^2}{2}}d\varepsilon+\int_{-\infty}^{0}(-\varepsilon)\frac{1}{\sqrt{2\pi}}e^{-\frac{\varepsilon^2}{2}}d\varepsilon=\int_{0}^{+\infty}\frac{1}{\sqrt{2\pi}}e^{-\frac{\varepsilon^2}{2}}d\frac{\varepsilon^2}{2}-\int_{-\infty}^{0}\frac{1}{\sqrt{2\pi}}e^{-\frac{\varepsilon^2}{2}}d\frac{\varepsilon^2}{2}$$

$$=\frac{1}{\sqrt{2\pi}}(-e^{-\frac{\varepsilon^2}{2}})\Big|_{\varepsilon=0}^{\varepsilon=+\infty}+\frac{1}{\sqrt{2\pi}}(e^{-\frac{\varepsilon^2}{2}})\Big|_{\varepsilon=-\infty}^{\varepsilon=0}=\frac{1}{\sqrt{2\pi}}+\frac{1}{\sqrt{2\pi}}=\sqrt{\frac{2}{\pi}}$$

误差程度的衡量。由于存在保值误差,就需要调整资产头寸,因此很自然地,它必然和预期的调整交易成本相联系。所以,$-k\sigma S^2\sqrt{\frac{2}{\pi\Delta t}}\left|\frac{\partial^2 f}{\partial S^2}\right|$ 实际上可以分解为 Γ 绝对值和 S^2 的乘积,该项中的其他部分 $-k\sigma\sqrt{\frac{2}{\pi\Delta t}}$ 都是已知的,可以看作一个与具体交易成本相关的常数。因此,这整项确实体现了组合调整成本的影响。值得注意的是,其中的 k 是依赖于投资者个人特殊情形的常数,因此相应的期权价格显然将会随着投资者的情况不同而不同。

进一步看,H-W-W 方程的一个重要的特点在于它同时适用于单个期权和期权组合,这是它优于 Leland 模型的主要原因之一。在不考虑交易成本的时候,期权组合的价值是单个期权价值的线性加总;但当存在交易费用时,这个线性关系就不再成立。这是因为组合中可能存在内部互相保值的现象从而无须进行保值操作,这样计算期权组合时要考虑的交易成本会相应减少,从而考虑了交易费用之后的单个期权价值之和并不等于整个组合的价值。因此,H-W-W 方程是一个非线性的偏微分方程。在这里,交易成本的规模效应性质也可以体现出来:组合规模越大,相互保值的可能性越大,从而交易费用大大减少。

H-W-W 方程的非线性来源于 $\left|\frac{\partial^2 f}{\partial S^2}\right|$ 的绝对值符号。由于 Γ 是期权价格曲线的二次偏导,这就意味着对于期权的多方来说(无论是看涨还是看跌期权),始终存在 $\Gamma>0$;相反,对期权的空方,则 $\Gamma<0$。因此,只有在整个的组合中所有 S 的 Γ 都是同一符号即同为多头(或同为空头)的情况下,这个方程才是线性的,否则就会出现内部自我保值的现象而导致非线性。

从以上分析可见,对于期权合约的多头和空头而言,如果考虑交易费用,期权的价值会因 Γ 符号不同而不同。这和我们用直观分析得到的结论一致:在考察交易成本的情况下,即使对同一个投资者,在套期保值过程中,持有同一个合约的多头头寸和空头头寸,价值也不同。

不妨来考虑单个普通期权的情形,由于单个普通期权的 Γ 符号确定,我们可以去掉绝对值符号,得到更精确的结论。对式(4-139)进行整理,我们发现,对于单个期权多头,由于 $\Gamma>0$,H-W-W 方程实际上是一个以:

$$\hat{\sigma}=\left(\sigma^2-2k\sigma\sqrt{\frac{2}{\pi\Delta t}}\right)^{\frac{1}{2}} \tag{4-140}$$

为波动率的 B-S 公式;相反,由于单个期权空头 $\Gamma<0$,H-W-W 方程则化为一个以:

$$\hat{\sigma}=\left(\sigma^2+2k\sigma\sqrt{\frac{2}{\pi\Delta t}}\right)^{\frac{1}{2}} \tag{4-141}$$

为波动率的 B-S 公式。也就是说,考虑了交易成本之后的单个期权的定价,也通过在 B-S 公式中使用一个修正后的波动率即可求得①。式(4-140)和式(4-141)显示,当处于多头情形时,考虑交易费用后的波动率要明显小于实际波动程度。这是因为,当资产价格上涨时,需要卖出部分资产实现保值,卖出资产的交易成本降低了因价格上升而带来的收益,而这就

① 这实际上是 Leland 模型的基本结论。但是,Leland 模型只适用于单个简单期权或是所有的 Γ 符号都相同的情形,因此 H-W-W 模型可以说是它的一般化形式。

可以理解为波动水平在一定程度上被降低了。空头时情况正好相反。因此，我们进一步看到，对于同一个投资者而言，同一份期权合约上的多头头寸价值要低于空头头寸的价值①。

接下来考察保值频率选择的问题。对于单个期权而言，可以通过 $f(S, t)-\tilde{f}(S, t)$，即用原来波动率和修正后波动率得到的期权价值之差算出交易成本。我们对很小的 k 展开上式得：

$$(\sigma-\tilde{\sigma})\frac{\partial f}{\partial \sigma}+\cdots$$

代入欧式期权的表达式，可得预期的交易费用为：$\dfrac{2kSN(d_1)\sqrt{T-t}}{\sqrt{2\pi\Delta t}}$，进一步定义：

$$K=\frac{k}{\sigma\sqrt{\Delta t}} \tag{4-142}$$

当 K 远大于 1 时，说明交易成本过高，Δt 太小，调整过于频繁；如果 K 很小，说明成本对期权价值影响很小，选择的时间间隔太长，因此要降低 Δt，增加组合保值调整次数，以降低风险。

应当说，H－W－W 模型是一个比较完善的交易成本模型，但是其中也存在一些问题，主要有三个问题。

(1) 期权组合中的 Γ 值不是同一个符号的情形。由于 H－W－W 模型是非线性的，一般情况下，都使用数值方法求解。

(2) 交易成本不是前述的简单结构，而是资产价格和调整数量的函数 $k(n, S)$ 的情况。一个最常见的假设就是：交易成本包括一个固定成本 k_1，一个与交易规模成比例的成本 k_2n 和一个与交易总价值成比例的成本 k_3nS，即：

$$K=k_1+k_2n+k_3nS \tag{4-143}$$

即这时相应的微分方程变为：

$$\frac{\partial f}{\partial t}+rS\frac{\partial f}{\partial S}+\frac{1}{2}\sigma^2S^2\frac{\partial^2 f}{\partial S^2}-rf=\frac{k_1}{\Delta t}+(k_2+k_3S)\sigma S\sqrt{\frac{2}{\pi\Delta t}}\left|\frac{\partial^2 f}{\partial S^2}\right| \tag{4-144}$$

(3) H－W－W 模型的整个组合调整策略是固定的，即按照规定的时间步长进行调整，而不考虑这样调整是否最优。在现实生活中，投资者采取的策略一般都是对价格变动进行持续的监测，并给定一个风险限度，当头寸变动超过风险限度时才进行保值调整。

有学者(Whalley & Wilmott, 1993)对这一情形进行了研究。他们发现，由于没有进行完美保值，在 Δt 时间段中投资组合的方差为 $\sigma^2S^2\left(D-\dfrac{\partial f}{\partial S}\right)^2\Delta t$，这里的 D 是投资者实际持有的标的资产空头数量。投资者总是设定一个参数 H_0，投资组合的风险要保持在此限度之内，即：

$$\sigma S\left|D-\frac{\partial f}{\partial S}\right|\leqslant H_0 \tag{4-145}$$

① 这种在 B－S 公式中使用修正后波动率的办法也可以推广到期权组合，条件是期权组合中的 Γ 值必须无论何时何地都总是保持同一符号。

当 D 和 $\frac{\partial f}{\partial S}$ 的变动超过上式给定的宽度时,就需要进行组合的调整和再平衡。研究发现,一个考虑了 H_0 和形如式(4-143)的交易成本结构的微分方程为:

$$\frac{\partial f}{\partial t}+rS\frac{\partial f}{\partial S}+\frac{1}{2}\sigma^2S^2\frac{\partial^2 f}{\partial S^2}-rf=\frac{\sigma^2S^4\Gamma^2}{H_0}\left(k_1+(k_2+k_3S)\frac{H_0^{1/2}}{S}\right) \quad (4\text{-}146)$$

这同样是一个依赖于 Γ 值的微分方程,是对 B-S 微分方程的非线性修正。

4.4.2 跳跃过程

B-S模型所基于的基础价格运动的连续性大大简化了分析的难度,但在现实生活中,突然的跳跃发生的次数比对数正态分布所预期的要多得多。短期来看,这种变化是不连续的,交易者无法通过动态保值的方法规避这种跳跃带来的风险,因此需要将跳跃引入到原先的扩散方程中。这里主要讨论默顿(Merton)的跳跃扩散模型(the jump diffusion model)①。顾名思义,它是普通的(路径连续的)扩散过程和一个在随机时刻发生跳跃的(跳跃幅度也是随机的)跳跃过程的结合,这种变化过程更能反映现实价格路径。

我们已经知道,泊松过程可以用来描述资产价格的跳跃,考虑以下跳跃扩散运动形式:

$$\mathrm{d}S=\mu S\,\mathrm{d}t+\sigma S\,\mathrm{d}W+(J-1)S\,\mathrm{d}N \quad (4\text{-}147)$$

其中,J 为跳跃幅度,$\mathrm{d}N$ 为泊松过程,定义为:

$$\mathrm{d}N=\begin{cases}0,\text{概率 } 1-\lambda\,\mathrm{d}t\\ 1,\text{概率 } \lambda\,\mathrm{d}t\end{cases} \quad (4\text{-}148)$$

也就是说,在一个很小的时间间隔 $\mathrm{d}t$ 里,N 发生一个跳跃的概率为 $\lambda\mathrm{d}t$。λ 是泊松过程的强度。模型中一般假设在布朗运动和泊松过程之间没有相关关系。在随机时刻,如果发生一个跳跃,即 $\mathrm{d}N=1$ 时,那么 S 立刻达到 JS。 如果取 $J=0.9$,那么资产价格立刻下跌 10%。我们还可以进一步假设,J 本身也是一个随机变量,同布朗运动及泊松过程分别独立。另外,各次跳跃对应的幅度也是相互独立的。

运用 Ito 引理,可以得到价格对数遵循的跳跃扩散过程为:

$$\mathrm{d}(\ln S)=\left(\mu-\frac{\sigma^2}{2}\right)\mathrm{d}t+\sigma\,\mathrm{d}W+(\ln J)\mathrm{d}N \quad (4\text{-}149)$$

仍然应用 B-S 方程的无风险套利思路来为期权定价。无套利组合仍为:

$$\Pi=f(S,t)-\Delta S$$

运用 Ito 引理,考虑跳跃以后的组合价值变化为:

$$\mathrm{d}\Pi=\left(\frac{\partial f}{\partial t}+\frac{1}{2}\sigma^2S^2\frac{\partial^2 f}{\partial S^2}\right)\mathrm{d}t+\left(\frac{\partial f}{\partial S}-\Delta\right)\mathrm{d}S+[f(JS,t)-f(S,t)-\Delta(J-1)S]\mathrm{d}N$$

$$(4\text{-}150)$$

① R. C. Merton. Option pricing when underlying stock returns are discontinuous. *Journal of Financial Economics*, 1976, 3(3): 125—144.

如果 t 时刻没有跳跃发生，则 $\mathrm{d}N=0$，那么我们就会选择 $\Delta=\frac{\partial f}{\partial S}$ 来降低风险。如果有跳跃，则 $\mathrm{d}N=1$，我们仍然可以选择 $\Delta=\frac{\partial f}{\partial S}$（这时实际上仍然遵从 B－S 模型的策略，仅为扩散保值）。相应组合的价值变化就是：

$$\mathrm{d}\Pi=\left(\frac{\partial f}{\partial t}+\frac{1}{2}\sigma^2 S^2\frac{\partial^2 f}{\partial S^2}\right)\mathrm{d}t+[f(JS,\ t)-f(S,\ t)-\Delta(J-1)S]\mathrm{d}N \tag{4-151}$$

这时组合中包含两个部分，一是确定部分，二是每隔一段时间常常会发生的非确定跳跃。

基于现代资产定价和风险分散原理，默顿提出了一个重要的思想：如果资产价格变化过程中的跳跃成分与整个市场无关的话，就属于可分散（非系统）风险，非系统风险不应该获得期望收益。换一句话说，尽管其中仍然包含风险，但 $\mathrm{d}\Pi$ 的期望值却应该等于组合的无风险收益。用这个假定，可以得到：

$$\frac{\partial f}{\partial t}+\frac{1}{2}\sigma^2 S^2\frac{\partial^2 f}{\partial S^2}+rS\frac{\partial f}{\partial S}-rf+\lambda E[f(JS,\ t)-f(S,\ t)]-\lambda\frac{\partial f}{\partial S}SE[(J-1)]=0 \tag{4-152}$$

$E[.]$表示对跳跃幅度 J 的期望，也可以写作：

$$E[x]=\int x\boldsymbol{d}(J)\mathrm{d}J$$

其中，$\boldsymbol{d}(J)$是 J 的概率密度函数。显然，期权价格取决于资产价格瞬间跳跃到什么样的高度。当 $\lambda=0$ 时，这个方程退化成 B－S 公式。

这个差分（或者微分）方程一般是没有解析解的，但在一些特殊情况下，如 J 服从对数正态分布时，这个方程有一个简单解。假设 J 的标准差是σ'，我们令 $k=E[J-1]$，这时欧式看涨期权价格为：

$$c=\sum_{n=1}^{\infty}\frac{1}{n!}\mathrm{e}^{-\lambda'(T-t)}[\lambda'(T-t)]^n f_{BS}(S,\ t;\ \sigma_n,\ r_n) \tag{4-153}$$

其中：

$$\lambda'=\lambda(1+k),\ \sigma_n^2=\sigma^2+\frac{n(\sigma')^2}{T-t},\ r_n=r-\lambda k+\frac{n\ln(1+k)}{T-t}$$

$f_{BS}(.)$是不考虑跳跃时，根据 B－S 公式和相应给定的参数值计算的期权价值。这个公式可以理解为多个 B－S 期权价格的加权和，其中每个期权都被假设为在此之前已经发生了 n 次跳跃，并且它们是根据到期前发生 n 次跳跃的概率加权的①。

要指出的是，尽管跳跃扩散模型确实反映了 B－S 模型中所忽略了的真实现象，但它在现实中却较少使用，这主要有三个原因。

---

① 实际上，跳跃扩散方程还有另一种思路。我们令 $\Delta=\partial f/\partial S$，进一步观察式(4-150)，可以看到实际上是仅为标的资产的扩散过程保值，另一种可能性是不仅为扩散，还要同时为跳跃保值，其中一种常见的方法是选择使得整个组合价值变动的方差 $\mathrm{var}(\mathrm{d}\Pi)$ 最小的那个 Δ，然后仍然令整个组合收益等于无风险利率，从而得到期权定价方程。

(1) 参数预测很困难。在B-S原始模型中,只有一个参数σ需要预测。但是,即使是最简单的跳跃扩散模型也需要预测由λ衡量的跳跃强度以及跳跃幅度的大小J。如果要考虑J的分布,会更加复杂。

(2) 方程难以求解。跳跃扩散模型不再是一个扩散方程,而是一个差分方程,除了一些特殊情形外没有解析解,而且即便是使用数值方法求解也比较困难。

(3) 完全保值的不可能性。在标的资产价格有跳跃的情况下,完美无风险套期保值是不可能的。不管哪种保值方法都达不到B-S方程的保值程度,得出的结论自然也有所缺陷,我们必须在期望的意义上进行定价。事实上,进行Δ保值只能规避一般情形下瞬间的波动,如果出现大幅升跌,进行Δ保值就没有意义了。这时解决方法之一是检查可能会出现的最坏情形,并使期权价格反映出这一可能性。

"理论与实践相结合"4-7　奇异期权

比常规期权更复杂的衍生证券常常被叫作奇异期权(exotic options),比如,期权的执行价格不是一个确定的数,而是一段时间内的平均资产价格,或是在期权有效期内,如果资产价格超过一定界限,期权就作废等。大多数的奇异期权都是在场外交易的,往往是金融机构根据客户的具体需求开发出来的,其灵活性和多样性是常规期权所不能比拟的。相应地,奇异期权的定价和保值往往也更加困难,奇异期权对模型设定正确与否的依赖性常常很强,合约中潜在的风险通常比较模糊,很容易导致非预期的损失,无论是用标的资产进行保值还是用相应的期权,进行保值都需要格外小心。

最基本的奇异期权是通过对常规期权和其他一些金融资产的分拆与组合而形成的,其意图是得到客户所需要的独特回报形态。这种方法是金融工程的核心内容之一。分拆和组合的思想还可以用在为奇异期权定价上。通过对奇异期权到期时回报的数学整理,常常可以把期权分成常规期权、简单期权和其他金融资产的组合,从而大大简化期权定价过程。

奇异期权中的很大部分具有路径依赖(path dependence)性质。所谓路径依赖,是指期权的价值会受到基础变量所遵循路径的影响,它又可分为弱式路径依赖(weak path dependence)和强式路径依赖(strong path dependence)两种。如果期权价值会受到路径变量的影响,但和与之类似的常规欧式期权相比,在期权定价的偏微分方程中并不需要增加新的独立路径依赖变量,就属于弱式路径依赖性质的期权。

美式期权(或者更一般地说,具有提早执行特征的期权)就是弱式路径依赖型的期权。当期权到期时,期权持有者是否仍持有期权要看他是否已经执行了期权,或者说要看标的资产价格遵循的路径,但是在定价模型中,并不需要增加独立的状态变量,因此美式期权路径依赖的特征是比较弱的。

导致弱式路径依赖的第二个最常见的原因是障碍(barrier)。当标的资产价格在事先确定的时间内触及某个预先确定的障碍水平时,障碍期权(敲入或敲出期权)就可能被敲出(作废)或是敲入(开始生效)。这种期权显然是路径依赖的,但是因为我们仍然只需要解一个以资产价格和时间为变量的偏微分方程，它仍然只是弱式路径依赖的。

与弱式路径依赖对应的强式路径依赖，在奇异期权中也相当常见。这些期权的损益除了取决于标的资产的目前价格和时间之外，还取决于资产价格路径的一些特征，也就是说，我们不能将期权价格简单写作 $f(S, t)$，还需要获得资产价格路径的更多信息。从而，期权价值是原先的期权价格、时间和至少再多一个独立变量的函数，相应地，期权价值偏微分方程中也将增加期权价值对这些独立变量的导数。现实生活中存在着许多这样的期权合约，亚式期权是其中典型范例，其损益要受到标的资产在一定时间内价格平均值的影响。

奇异期权的另外一种变化形式是要在以上所述的所有特征中加入时间依赖(time dependence)的特性。比如说，美式期权只能在特定的一段时间之内提前执行，如百慕大期权；敲出期权的障碍位置也可以随着时间而不同，每个月都可以设定一个比上个月更高的水平。或者，我们可以想象一个敲出期权，其障碍只在每个月的最后一星期有效。这些合约都可以称作是非时齐性的(time-inhomogeneous)。

奇异期权也可以具有更高的维数(dimensions)。所谓维数指的是基本独立变量的个数。常规期权有两个独立变量 S 和 t，因此是二维的。弱式路径依赖期权合约的维数和那些除了不是路径依赖之外其他条件都与之完全相同的期权合约相同，如一个障碍期权和与之相应的常规期权都只有两个变量，都是二维的。对于这些合约来说，资产价格这个变量的作用和时间变量的作用是彼此不同的。因为在布莱克-斯科尔斯方程中，包含了对资产价格的二阶偏导而只有对时间的一阶偏导。

在两种情况下，会出现三维甚至多维。第一种情况出现在有其他随机源的时候，如期权中有多个标的资产。假设有一个期权，要取两种股票价格的最大值。这两种标的资产都是随机的，每种都有自己的波动率，它们之间还有相关关系。这就出现了三维问题。

三维的第二种形式是强式路径依赖的合约。比如，一种新的独立变量是路径依赖量(如亚式期权中的价格平均数)的一个衡量，期权价值是依赖于这个量的。从而，期权价格方程中需要再增加新的变量，但这时期权价格对这个新变量的导数只是一阶的。这样这个新的变量看起来更像是一个像时间一样的变量，这与多标的资产的情况显然是不同的。

奇异期权的最后一个分类特征是期权的阶数，但这不仅是一种分类特征，还引入了建模的问题。常规期权是一阶的，其损益仅直接取决于标的资产价格，其他的如路径依赖期权，如果路径变量直接影响期权价格的话，它也是一阶的。高阶期权是指期权损益和价值取决于另一个(些)期权的价值。最典型的二阶期权的例子是复合期权。比如，一个看涨期权给予持有者购买一个看跌期权的权利。复合期权在 t_1 时刻到期，而作为其自变量的那个标的期权则在更迟的一个时刻 t_2 到期。

4.4.3 随机波动率

任何处于市场中的投资者都可以明显感觉到资产的价格波动存在某种聚集性，即有一段时间波动特别剧烈，而其他时间相对平静，对资产价格时间序列数据的统计检验更进一步证实了资产价格波动率并非常数。

换一个角度来看,假设波动率是常数,那么对于标的资产相同的一类期权,无论其执行价格或到期时间有多大的差异,从它们的期权价格中推导出来的隐含波动率都应该是大致相同的,否则就意味着期权市场存在着套利机会——隐含波动率高的期权价值被高估,可以做空;隐含波动率低的期权相对被低估,可以做多,从而获得无风险收益。从理论上说,这种套利行为的大量存在会使得不同期权品种所对应的隐含波动率差异消失,但是人们却发现这种差异始终存在。显然,这意味着它并非是市场偶然性错误定价的结果。更具体地说,利用B-S公式和期权的市场价格推算出来的隐含波动率具有以下两个变动规律。

(1)"波动率微笑"(volatility smiles)——对具有相同标的资产和到期日,但执行价格不同的期权价格的隐含波动率进行比较,就可以绘出一个隐含波动率对执行价格的变化曲线。一般来说,这条曲线常常呈现形如图4-24的形状,像是一个微笑的表情。

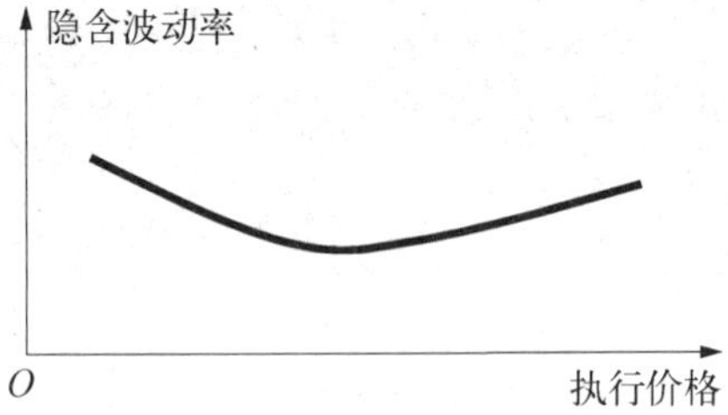

图 4-24　波动率微笑

波动率微笑直观地告诉我们,当期权分别处于平价、实值和虚值状态时,即使其他条件全都相同,标的资产的隐含波动率也并不相同。为了解释这一广泛存在的现象,人们提出了一些理论,由于波动率微笑的具体形状会随着标的资产的不同而不同,而这些形状往往可以在标的资产价格的概率分布中得到解释,因此最具说服力的是"分布理论"。该理论认为,B-S定价模型假设标的资产价格服从正态分布,但市场并不这样认为,市场分布和B-S分布之间的差异导致了波动率微笑的出现。

(2) 隐含波动率会随期权到期时间不同而不同,这叫作波动率期限结构(volatility term structure),即其他条件不变,平价期权所对应的隐含波动率随到期日不同所表现出来的变化规律。一般来说,不同的标的资产所表现出来的期限结构具体形状会有所不同,但它们大都具有以下两个特点:① 从长期来看,波动率大多表现出均值回归(mean-reverting)。即到期日接近时,隐含波动率变化较剧烈,随着到期时间的延长,隐含波动率将逐渐向历史波动率的平均值靠近。② 波动率微笑的形状也受到期权到期时间的影响。大多时候,期权到期日越近,波动率微笑就越显著,到期日越长,不同价格的隐含波动率差异越小,接近于常数。

通过把波动率微笑和波动率期限结构放在一起,可以得到任何执行价格和任何到期时间的期权所对应的隐含波动率,并形成波动率矩阵(volatility matrix),它是用来考察和应用波动率变动规律的基本工具之一。

表 4-7　代表性波动率矩阵

执行价格			
剩余期限	0.9	1.0	1.1
一个月	14.2	12	14.3
六个月	14.1	12.5	14.3
一　年	14.8	14.4	15

如表4-7所示波动率矩阵的一个方向是执行价格,另一个方向是距离到期的时间,矩阵中的内容是从B-S公式中计算得到的隐含波动率。在任意给定的时刻,该矩阵中的某些期

权在市场中有交易，从而这些期权的波动率可以直接从它们的市场价格中计算出来，其余的点则可以用线性插值法确定。当必须为某个期权定价时，交易人员就从矩阵中寻找适当的波动率。

波动率微笑和波动率期限结构的存在，证明了 B－S 公式关于波动率为常数的基本假设是不成立的，至少期权市场不是这样预测的。因此，放松波动率为常数的假设，成为期权理论发展的一个重要方向。最重要的尝试之一就是将 σ 作为随机变量，建立随机波动率模型。其一般化的模型为：

$$\begin{aligned} dS &= \mu S\,dt + \sigma S\,dW_1 \\ d\sigma &= p(S,\ \sigma,\ t)dt + q(S,\ \sigma,\ t)dW_2 \end{aligned} \tag{4-154}$$

其中，dW_1 和 dW_2 的相关系数为 ρ。这时对函数 $p(S,\ \sigma,\ t)$ 和 $q(S,\ \sigma,\ t)$ 的选择很重要，它不仅关系到波动率的确定，也对期权定价有重要影响。这样，即便波动率是随机的，我们也同样可以采用 B－S 所使用的无套利定价技术。只是这时候，在期权组合中，由于期权的价格函数由 $f(S,\ t)$ 变为 $f(S,\ \sigma,\ t)$，这时不仅需要交易 Δ 份的基础资产以消除 S 带来的不确定性，还需要加入 Δ_1 份的另一种期权以消除 σ 带来的不确定性，即：$\Pi = f - \Delta S - \Delta_1 f_1$。当然，这时的模型往往非常复杂，通常无法得到解析解。

本节主要介绍的是赫尔和怀特的随机波动率模型，他们的随机波动率模型为①：

$$\begin{aligned} \frac{dS}{S} &= r\,dt + \sqrt{\nu}\,dW_s \\ dV &= a(b - V)dt + \varepsilon V^{\alpha} S\,dW_V \end{aligned} \tag{4-155}$$

其中，a、b、ε 和 α 是常数，dW_s 和 dW_V 都是维纳过程，V 则是股票的方差率。显然，方差率本身是一个随机过程，并以 a 的速度回归到水平 b。赫尔与怀特把这个模型得到的期权价格同使用 B－S 公式得到的价格进行了比较，其中 B－S 公式中使用的方差率是期权存续期间预期的平均方差率。他们发现，随机波动率确实会引起定价的偏差，而波动率和资产价格之间的相关性在其中相当重要。

（1）当波动率是随机的，且与股票价格不相关时，也就是 dW_s 和 dW_V 不相关时，情形比较简单，欧式期权的价格是 B－S 价格在期权有效期内在平均方差率分布上的积分值，即欧式看涨期权的价格为：

$$\int c(\bar{V})g(\bar{V})d\bar{V}$$

这里的 $\bar{V}$ 是方差率 V 在期权有效期内的平均值；c 是应用 $\bar{V}$ 和 B－S 公式计算出的期权价格，为 $\bar{V}$ 的函数；g 则是在风险中性世界中 $\bar{V}$ 的概率密度函数。赫尔和怀特发现 B－S 公式倾向于高估平价或接近平价的期权价格，低估深度实值和深度虚值期权，这同上面图 4-24 中的波动率微笑模式一致。

（2）在股票价格和波动率相关的情况下，这个随机波动率模型没有解析解，只能使用数值方法得到期权价格。当波动率和股票价格正相关时，B－S 模型倾向于低估虚值看涨期权

① J. C. Hull, A. White. The pricing of options on assets with stochastic volatilities. *Journal of Finance*, 1987, 42 (June): 281—300。

而高估虚值看跌期权;当它们之间是负相关时,结果正好相反。

(3) 波动率随机性质的影响,也会因到期时间的不同而不同。有效期越长,随机波动率对波动率微笑的影响越不显著,因为随机变化会在长期中平均化。但是,随机波动率对定价偏差绝对值的影响正好相反,时间越短,随机波动率引起的定价偏差绝对值越小(但是,对于深度虚值期权而言,这个偏差用百分比衡量时可能是很大的)。

除了上述纯理论模型架构以外,另一个广泛使用的随机波动率模型来自时间序列计量技术的最新进展——广义自回归条件异方差模型(generalized autoregressive conditional heteroskedasticity, GARCH)①。它主要的思路是通过计量的方法来预测所需要的波动率参数。

有多种类型的 GARCH 模型,最常见的是 GARCH(1.1)模型:

$$\sigma_n^2 = \gamma V + \alpha \varepsilon_{n-1}^2 + \beta \sigma_{n-1}^2 \tag{4-156}$$

其中,γ, α 和 β 都为常数,且 $\gamma+\alpha+\beta=1$, V 为恒定的长期平均方差率。$\varepsilon_n = \mu_n - \bar{\mu}$, 即 n 时刻收益率对收益率均值的离差,它可以看作关于方差率的最新信息。该式意味着,在 n 时刻的方差率 σ_n^2 是三个因素的加权平均——恒定的长期平均方差率 V、前一时期的方差率 σ_{n-1}^2 和关于方差率的最新信息 ε_{n-1}^2。采用以下形式:

$$\sigma_n^2 = \omega + \alpha \varepsilon_{n-1}^2 + \beta \sigma_{n-1}^2, \quad \omega = \gamma V$$

就可以用最大似然估计法估计三个参数 ω, α 和 β,并进一步得到 γ 和 V 的值,就可计算出特定时刻波动率的大小。

例 4.4.1 假设来自历史估计的 GARCH(1.1)模型为:

$$\sigma^2 = 0.000\,002 + 0.13\varepsilon_{n-1}^2 + 0.86\sigma_{n-1}^2$$

即 $\alpha=0.13$, $\beta=0.86$, $\omega=0.000\,002$。根据 $\gamma+\alpha+\beta=1$, 可以算出 $\gamma=0.01$。进一步,由于 $\omega=\gamma V$, $V=0.000\,2$, 即模型中得到的长期平均日方差率为 0.000 2,那么每日波动率就为 1.4%。

如果已经估计出第 $n-1$ 天的 $\sigma_{n-1}=0.016$, $\varepsilon_{n-1}=0.01$, 则:

$$\sigma_n^2 = 0.000\,002 + 0.13 \times 0.01^2 + 0.86 \times 0.016^2 = 0.000\,235\,16$$

因此,第 n 天波动率的估计值就为每天$\sqrt{0.000\,235\,16}$或者 1.53%。

对式(4-156)的右侧重复 σ 的迭代过程,可以得到:

$$\sigma_n^2 = \frac{\omega}{1-\beta} + \alpha \sum_{i=1}^{\infty} \beta^{i-1} \varepsilon_{n-1}^2 \tag{4-157}$$

这说明在任意给定的时刻,方差率又可以看作是一个常数加上所有过去的 ε^2 的平方加权和。$n-i$ 时刻的 ε^2 分配的权重为 $\alpha\beta^{i-1}$,即随着时间往前推移,分配的权重是以速率 β 指数下降的,越早的数据权重越小。因此,这里的 β 被称为衰减率(decay rate)。如果 $\beta=0.9$, 那么 ε_{n-2}^2 的重要性只有 ε_{n-1}^2 的 90%,而 ε_{n-3}^2 的重要性更进一步下降到 ε_{n-1}^2 的 81%。时间距离当前越近的数据权重越大,这与实际情况是符合的。

---

① 请先参考 11.6.3 节的内容。

通过适当变换，可以将式(4-157)写为：

$$\sigma_{n+k}^{2}-V=\alpha(\varepsilon_{n+k-1}^{2}-V)+\beta(\sigma_{n+k-1}^{2}-V)$$

由于 $E(\varepsilon_{n+k-1}^{2})=E(\sigma_{n+k-1}^{2})$，可得未来波动率的预期值为：

$$E[\sigma_{n+k}^{2}]=V+(\alpha+\beta)^{k}(\sigma_{n}^{2}-V) \tag{4-158}$$

由于我们设定 $\alpha+\beta<1$，随着 k 的增加，上式中的最后一项会越旧越小，这意味着方差率会呈现出向 V 的均值回归，这同前面讨论的随机波动率模型具有相似的特点，也正是我们在波动率期限结构中曾经讨论过的性质；如果 $\alpha+\beta=1$，说明长期平均方差率不起作用，未来预期波动率等于目前的波动率水平；如果 $\alpha+\beta>1$，V 的权重为负，波动率是均值偏离的而非均值回归的，无法进行最大似然估计，这时就需要转向其他的模型来解释和估计波动率。

4.4.4　实证工作

在本节的末尾，我们顺便提到有关的实证工作。进行期权定价相关的实证分析的最大困难是如同我们在检验 CAPM 时遇到的那样——关于期权如何定价的任何统计假设必须是反映如下两个条件的一种联合假设：① 期权定价公式是正确的；② 市场是有效的。如果拒绝该假设，原因也许是：条件①不真实；条件②不真实；或条件①和条件②都不真实。第二个问题则涉及波动率。股票价格波动率是一个不可观测的变量，因此一种方法是使用股票价格的历史数据估计其波动率；另一种方法则是按某些方式使用隐含波动率。研究人员遇到的第三个问题是股票价格与期权价格数据的同步性。例如，如果期权交易不够频繁，则将期权的收盘价格与股票的收盘价格进行比较就不太可信。这是因为期权收盘价格可能是对应与下午 1：00 时的交易价格，而股票收盘价格是对应于下午 4：00 时的交易价格。

考虑到这些困难，一般的研究者沿着两条技术线路检验 B－S 模型的有效性：① 利用 B－S公式直接计算看涨期权的价格，并与观察到的实际价格做比较。获得的结论是直观的，较小的偏差意味着模型越成功。② 建立自我融资的资产组合并进行动态调整，到期权的到期日，看看是否产生了一定的或者系统的利润，如果没有则模型是成功的①。

布莱克、斯科尔斯在 1972 年就收集了从 1966 年到 1969 年将近 2 039 个看涨期权和 3 000 多个 straddle 样本，利用 B－S 公式直接求解它们的“公正”价格，并与实际价格进行对比。值得注意的是，这时还没有期权市场交易的公开数据可以获得，他们同时也使用第二种方法，也就是构造自我融资的资产组合，作为一种近似他们按天调整他们的头寸，这个组合产生了一些收入，他们的初步结论是，考虑到交易费用，期权市场基本是有效率的。加莱(Galai)在 1975 年重复了他们的工作，并考虑了红利发放的影响，这时他的数据中包括了在 CBOE 正式交易的期权价格，同布莱克、斯科尔思的结果类似，有一些在统计上可以忽略的正的收益。这两种研究都表明，在无交易成本时，通过购买低估期权和出售高估期权可以获得明显高于无风险利率的回报，但很有可能这些超额回报都落入市商手中，一旦考虑交易成本，超额回报就消失了。

---

① 在 1994 年的一项研究中，鲁宾斯坦声称布莱克-斯科尔斯定价公式在近年来已衰亡，这表现为对于同一股票具有相同到期日的不同期权应具有同样的波动水平，但实际上它们的波动水平随执行价格的变动而互异。他指出，价外看跌期权的定价高于买入看涨期权，这与假设相符。他同时提出一种方法来延伸期权定价系统以允许这些问题的存在。

斯托尔(Stoll,1967)、高尔德(Gould)和加莱(1974)试图间接地检验期权之间的平价关系,由于斯托尔使用的是美式期权数据,出现了系统的偏差。此外,后者还试图对交易费用有更进一步的了解,他们的主要结论是:有着较低交易费用的交易者(通常是交易所会员)有获得非正常利润的倾向存在,这主要是由市场效率上的问题造成的。

我们在前面有关隐含波动率的注释中提到,奇拉斯(Chiras)与马纳斯特(Manaster)采用CBOE的数据进行了一项有关波动率的研究,它将一个时点上的股票期权的加权隐含波动率与历史数据计算得出的波动率进行了比较。他们发现在期权有效期内前者预测股票价格波动率效果更好。他们还观测了购买低隐含波动率的期权和出售高隐含波动率的期权是否会赚取超过平均水平的回报。这种策略显示了每月10%的利润。他们的研究可看作B-S模型有力的支持,同时也表明CBOE在某些方面是无效率的。

威利(Whaley)于1982年研究了布莱克-斯科尔斯定价公式及适用于提前执行的期权的更为复杂的期权定价公式。他发现后者在定价方面的表现优于前者。布莱克-斯科尔斯定价公式在对支付高额股息股票的期权定价时表现最差。然而,美式看涨期权定价公式似乎对付高额与低额股息的期权定价都比较有效。

最为有趣的发现出现在麦克白和梅尔维尔(MacBeth, Merville, 1979)的经验研究中,他们观察了同一时间基于同种股票的不同看涨期权,比较了这些期权价格的隐含波动率。入选的股票是美国电话电报公司(AT & T)、雅芳(Avon)、柯达(Kodak)、艾克森(Exxon)、美国国际商用机器公司(IBM)和施乐(Xerox),所考虑的时间期限是1976年。他们发现隐含波动率对于实值期权来说相对高一些,而对于虚值期权来说相对低一些。相对高的隐含波动率表示相对高的期权价格,相对低的隐含波动率表示相对低的期权价格。因此,如果假定布莱克-斯克尔斯模型给出的处于平价状态的期权价格是正确的话,则可以得出布莱克-斯克尔斯模型高估了处于虚值状态的看涨期权的价格;而低估了处于实值状态的看涨期权的价格。换句话说,对于"赚钱"的期权来说,B-S期权公式有定价不足的倾向,对于"赔钱"的期权则有定价过高的倾向。当期权的有效期限增加且期权处于实值状态或处于虚值状态的程度上升时,这种效果就更加明显了。这种系统的偏差立即引起了争论。加斯克(Geske)与罗尔(Roll)则坚持认为,如果对于统计数据重新加以调整的话,这一结果就会消失。

鲁宾斯坦(Rubinstein)进行了一项类似的研究,但使用了更广泛的数据集合和不同的时间期限。他观察了1976年8月23日至1978年8月31日CBOT中30种最活跃的期权的所有交易,并特别考虑了加入红利与提前执行的影响。鲁宾斯坦将一对对看涨期权的隐含波动率进行对比,在每一对看涨期权中或者是执行价格远不相同,或者是到期时间远不相同。他发现他所研究的时期可以很容易地分为两个子阶段:1976年8月23日至1977年10月21日,1977年10月22日至1978年8月31日。在第一个阶段,他的结论与麦克白和梅尔维尔是一致的。然而,在第二个阶段,产生了与他们相反的结论,即处于虚值状态的期权的隐含波动率相对高一些,而处于实值状态的期权的隐含波动率相对低一些。从整个时期来看,他发现对处于虚值状态的期权而言,到期期限短的期权的隐含波动率明显高于到期期限长的期权的隐含波动率。对处于平价状态的期权和处于实值状态的期权来说,这些结论就不那么明显了。似乎没有一种单独的布莱克-斯克尔斯修正模型可以完美地解释鲁宾斯坦的两个时期的差异。

许多研究者检验了基于更广泛类别基础资产的期权定价关系。例如,沙斯特里(Shastri)

和丹东(Tandon),以及博杜塔(Bodurtha)和库尔塔东(Courtadon)都检验了货币期权的市场价格,沙斯特里和丹东在另一篇文章中检验了期货期权的市场价格,钱斯(Chance)检验了指数期权的市场价格。这些作者发现布莱克-斯科尔斯模型及它的扩展对某些期权的估价是错误的。然而,在大多数情况下,当考虑交易成本和买卖价差时,错误的定价不足以为投资者提供足够的盈利机会。沙斯特里和丹东在两篇论文中指出,即使对做市商而言,在确认盈利机会与实际采取行动之间还有一段时滞。这种时滞,即使仅仅发生在紧接着的下一次交易中,也足以导致盈利机会的丧失。换句话说,尽管实证方面的争论将继续下去,B-S 模型仍然是在金融领域最为成功和被广泛使用的模型之一。

“理论与实践相结合”4-8　无处不在的期权

期权合理价格的确定无论在金融理论研究还是实际工作中的影响都是重大而深远的。它开创了一种被称为或有负债分析(contingent claim analysis, CCA)的新概念分析方法。实际上,类期权结构(quasi option structure)充斥了金融领域。例如,以部分债务筹集资金的公司的股票,就可以视为以公司资产价值为基础发行的看涨期权,即:

$$公司价值(资产)-债券=股票价值$$

其中执行价格就是债券的面值,到期日是债券的到期日。我们知道,公司在最后清算的时候,如果债务大于资产,则资不抵债,公司在法律上破产,这时公司股东一无所获,即公司股票到期日价格为 0;如果资产大于债务,则股票价值属于其剩余部分,因而股票价值为:

$$\max(资产-债券面值,0)$$

这是一个典型的欧式看涨期权的收益结构,在这个简单的例子中,我们可以直接套用期权定价公式来计算公司股票价值。因此,期权可以用来给杠杆化的股本(leveled equity)和有倒账风险(default risk)的公司债务定价。

类似地,对于嵌入式期权结构也可以做同样的处理,如可转换债券(convertible bond)、可赎回债券(callable bond)等,它们都可以被视为标准债券加上看涨或者看跌期权的某种组合,因而它们的价格也就是这两个部分的加总,而传统的公司财务理论对它们的估价是无能为力的。由于这种相似性,期权定价模型被进一步运用到诸如利率的上下限、股票与债务的权证(warrant)等定价方面。一句话,期权定价理论为公司债务的定价提供了统一的方法论基础。不仅如此,期权定价方法论也已经被用于包括政府贷款担保、养老金保险、大学捐赠基金管理等非公司财务领域。

此外,最近一种被称为真实期权(real option)的估价方法,在企业的资本预算(capital budgeting)过程中发挥越来越重要的作用①。我们可以大致分析一下实际项目投资的特征,容易发现它与期权十分近似。投资项目的净现值相当于期权标的资产的价

① 真实期权可以参考 Brennan & Schwartz(1985)、McDonald & Siegel(1986)、Dixit(1989a,1989b,1991)、Dixit & Pindyck(1994)和 Amram & Kulatilaka(1999)。

值,项目投资成本相当于期权执行价格,项目本身便是一种期权。与一般的期权相区别,这类标的资产不能随意流动的期权就被称为是真实期权。具体地说,一个公司对一个项目进行评估,拥有对该项目的投资机会,这就如一个购买期权,该期权赋予公司在一定时间内有权力按执行价格(投资成本)购买标的资产(取得该项目)。该约定资产(项目)的市场价值(项目的净现值)是随市场变化而波动的,当市场价格(净现值)大于执行价格(投资成本)时,公司发现有利可图,就可以执行该期权(即选择投资)。该期权也因标的资产价格的未来不确定性而具有一定的价值。例如,企业的研究 & 开发(R & D)投资就可以被看作是对进入新市场、扩大市场份额或者降低生产成本的期权来估价。这说明期权分析特别适合对于投资项目的"灵活性"进行定量估价的任务。

小　　结

为包括期权在内的衍生产品定价是微观金融理论和实践的重要内容之一。既然期权是衍生产品,就意味着它的价格只能是相对价格。因此,定价的传统思路是:先假定基础资产价格运动遵循某种形式的随机过程,然后通过形成自我融资的瞬间无风险资产组合,在无限小的时间间隔内通过调整基础资产组合的权重就复制了期权的收益形态①,这样就在无风险收益率同期权价格、风险资产价格的瞬间变化之间建立了某种动态联系,这种联系是用B-S偏微分方程来显示的。在一定边界条件下求解这个偏微分方程就得到了期权的价格。

以哈里森和克雷普斯(Harrison, Kreps, 1979)以及哈里森和普利斯卡(Harrison, Pliska, 1981)两篇论文发表为标志,期权定价理论的研究出现了决定性的变革。以后的研究被置于一个标准的状态价格(state price)和等鞅测度(equivalent martingale measure)框架之下。而这同我们在第 3 章学习过的资产定价基础定理联系密切。

因而,现代衍生产品(或者或有权益证券)的定价和对冲原理就是:在一定的市场条件下,所有或有权益的未来支付都可以通过执行一种适当的自我融资交易策略来获得,如果没有套利机会,那么该或有权益的贴现价格就是风险调整后的概率下的鞅,因此它的当前价格就是它未来支付的条件数学期望的贴现值。

在本章中,我们分为离散时间和连续时间来解决这个问题,离散时间使用的是 CRR 模型,连续时间则考察简化了的B-S经济,其中最主要的部分也许就是用哥萨诺夫定理计算期权价格。进一步的分析证实偏微分方程方法和鞅方法之间存在密切的联系。此外,敏感性分析中的主要参数指标计算也是实际交易中的重要工作。

在原始模型基础上,我们也讨论了比较复杂的情况,这既包括考虑到红利因素的简单价格调整,也涉及由于交易成本和价格跳跃的存在,导致的交易的非连续性。新的模型依然遵循B-S的合成组合的技术思路,但解析解基本上不再存在。两个主要的 H-W-W 模型和默顿跳跃模型给出了相关的关键结论。此外,波动率的随机性也是一个比较棘手的问题,为

① 从金融市场实际操作的角度看,连续的细微调整这一假定起了很重要的作用。

了解决它，人们有两种选择——从期权价格的隐含波动率中获取波动率的信息，来为期权定价；或者从标的资产市场出发获取波动率变化过程的信息（计量的方法），对B-S公式进行修正和扩展。

文献导读

现代期权定价技术（偏微分方程方法）来自Samuelson（1965）、Black和Scholes（1973）以及Merton（1973a）的先驱工作①。Smith（1976）提供了一个从巴舍利耶开始的早期研究的历史综述。对于连续时间的一个简化——二项树模型（CRR模型）参考Cox、Ross & Rubinstein（1979）。风险中性方法（鞅方法）来自Ross（1976）、Cox & Ross（1976），这种方法在Harrison & Kreps（1979）成熟，Harrison & Pliska（1981、1983）进一步澄清了鞅、无套利的关系。对鞅方法的一个综述参见Cox & Huang（1987）。

经典B-S分析的假设前提是相当严格的，Merton（1976）研究了基础资产价格过程中存在跳空的情况，这就需要在扩散运动基础上加入跳跃的成分；Amin（1993） & Scott（1997）研究了波动率是随机的情况，Hull & White（1987）提供了一个分析的基本框架，Heston（1993）则提供了一个封闭解。实际上，目前阶段的期权定价研究都集中在这两个方面，重要的参考文献包括Melino & Turnbull（1990），Bates（1996），Bakshi、Cao & Chen（1997）。

其他奇异产品（exotic option），Margrabe（1978）一般化用了一种资产交换另外一种资产的期权的估价公式，Geske（1979）提供了复合期权（compound options）的估价公式；Black（1976）提供了期货期权（options on futures）的估价公式，对美式期权的估价可以参考Bensoussan（1984）和Karatzas（1988）。也可以参见Musiela & Rutkowski（1997）、Zhang（1998）、Clewlow & Strickland（1997）以及Nielsen（1999）等书。

不完备市场中的期权定价问题，Leland（1985）的先驱工作考虑了交易成本，接下来就有很多考虑了交易成本和杠杆限制，如Boyle & Vorst（1992）和Naik & Uppal（1993）（离散时间），Broadie、Cvitanic & Soner（1998）（连续时间）。Cvitanic & Karatzas（1993，1996）提供了在交易成本和杠杆限制条件下，基于鞅表示方法的对冲和最优资产组合分析基本框架。对不完备市场中的期权定价问题一个综述可以参考Davis（1997）。

衍生产品，特别是期权定价的百科式文献包括Chance（2001）、Hull（1992）、Dubofsky（1992）、Cox & Rubinstein（1985）、Wilmott（1998，2000）、Ritchken（1987）以及Briys et al.（1998）。偏重实际操作的可以参考McMillan（1996），非技术性的讨论可以参考Bernstein（1992）第11章、Malkiel（1996）第11章和Dunbar（2000）。更为专业的可以参考Baxter & Rennie（1996）、Lamberton & Lapeyre（1991）、Bjork（1998）、Kallianpur & Karandikar（2000）、Nielsen（1999）、Wilmott et al.（1993，1995）、Musiela & Rutkowski（1997）以及Dempster & Pliska（1997）等。

---

① 本章的主要材料来自Karatzas & Shreve（1988）、Neftci（1996，2000）、Hull（2003）、Hunt & Kennedy（2000）、Dothan（1990）、Baxter & Rennie（1996）、Nielsen（2000）、Rebonato（1996）、Lamberton & Lapeyre（1991）。

第 5 章　固定收益产品：利率期限结构

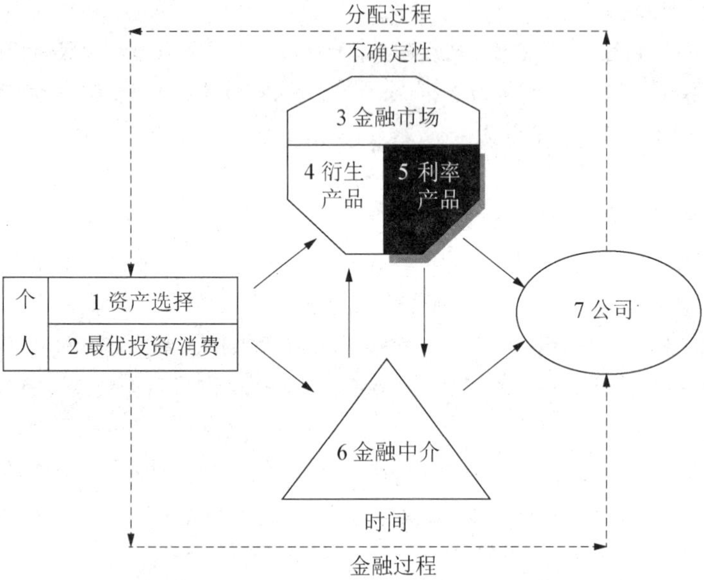

本章的学习目标

- 了解固定收益产品的基本特征和合约要素；
- 了解固定收益产品及其衍生产品和市场的类型与作用；
- 掌握债券定价的收入资本化方法；
- 了解债券价格与合约要素之间的关系；
- 掌握久期和凸性概念，掌握债券价格变易性的定义和测度方法；
- 掌握获得静态收益率曲线的常用技术；
- 了解利率曲线形态的几种传统解释；
- 了解均衡模型和套利模型的区别和联系；
- 掌握现代几类重要的利率期限结构模型；
- 了解各种市场模型的不同校正技术；
- 了解给利率衍生产品定价的方法。

本章主要讨论金融市场中的一个非常重要的分支——固定收益证券和相应的衍生产品。第3章和本章框文中的介绍让我们了解到这个固定收益产品市场的巨大规模，以及它在现代金融市场体系中核心地位。

本章的结构安排如下：首先是对债券和债券定价基础技术的概要介绍，涉及债券的性质、特点，以及债券定价的基本原理——收入资本化方法(capitalization of income)。然后我们探讨债券价格的变异性，掌握久期和凸性等重要概念。随着讨论的进一步深入，我们会逐渐认识到固定收益产品定价的核心问题实际上是利率期限结构问题和利率风险结构问题。利率风险结构问题我们将在第7章进行讨论，在本章中，重点将放在利率的期限结构问题上。首先涉及的是利率期限结构的基本含义，然后我们对利率期限结构的静态估计的常用方法进行描述，并给出收益率曲线特定形状的几种古典解释。接下来是本章的核心内容，以无套利方法或者一般均衡方法指引的一系列现代模型，它们分别属于单因素模型、多因素模型和市场模型三大类别中。我们将主要介绍一些代表性的利率期限结构模型，推导他们的求解过程，市场拟合问题和相应的定价技术，在适当的地方也提供横向比较研究和经验证据。必须承认，非常遗憾的是，无论怎么样有效的安排材料，本章的内容总感觉像模型的堆积。对此，就要求读者必须投入足够的精力和耐心。

“理论与实践相结合”5-1　固定收益产品和市场

所谓固定收益产品，主要就是指各种各样的债券，债券是政府、金融机构、工商企业等机构直接向社会借债筹措资金时，向投资者发行，并且承诺按一定利率支付利息并按约定条件偿还本金的债权债务凭证。因此，债券的本质是债的证明书，是债券购买者与发行者之间债权债务关系的法律载体。

在发达经济中，如美国，可供投资者选择的固定收益产品种类是非常多的。以发行主体而论，多数固定收益产品(债券)均由以下四个集团所发售：美国政府、州及地方政府、联邦政府级机构以及企业。

(1) 美国政府债券：又称国库券。可以分为三种：短期国库券(treasury bills)——期限从九十天到一年不等；中期国库券(treasury notes)——期限二到十年不等；长期国债(treasury bonds)——期限十到三十年不等。这类产品的吸引力在于投资所得免交州及地方税。

(2) 地方政府债券：这种债券较国库券的风险高了一层，但却在税收方面给予了补偿。这得益于美国宪法的下述规定：联邦政府不得向州或地方债券征收税利(反之亦然)。更好的是，地方政府也常常免掉州内居民的债券税，所以这种债券的回报常常会免交市、州、联邦税款。当然，此种债券的利息势必会低于需纳税之债券。地方政府发行债券的目的，主要是以其集资所得充当发展所需的资金来源，用以改进所属地区的教育卫生、交通运输、住宅建设、环境污染等设施。它们为偿还债务所需的资金，来自各种不同的收入，其中主要是税收。地方政府债券按偿还的资金来源可分为普通债券(general obligation bonds)和收入债券(revenue bonds)两类。普通债券的还本付息完全由政府以所征收的税收为担保,无条件地支付。这种债券被称为"充分信任债券",原因在于地方政府拥有征税权,可以得到投资者充分信任,若收入不足以偿付时,地方政府机构(普通债券发行者)可同意无条件地"挪用"其他收入来弥补其不足。在美国,普通债券偿付的重要资金来源是财产税。收入债券的本息一般不是由税收支付,而是从建设项目的收入中予以偿还。其理由是:发行收入债券的目的是为建造公共设施筹资,而使用这些设施的人是要付费的。为安全起见,有些收入债券也以税收作为额外的担保。收入债券是否是一种优良的投资工具取决于作为偿债基础的建设项目质量的好坏。因此,投资者在选购收入债券前,须对赖以偿债的建设项目进行分析评估,以决定是否购买。

(3) 政府机构债券:这些机构债券(agency bonds),主要用于资助与公共政策有关的项目,如农业、小企业和对首次购房者的贷款等。这些债券虽然不像国库券那样有完全的信用担保(full-faith-and-credit guarantee),但由于是政府机构发行的,投资者还是相当看好这种债券。已发行机构债券的主要有这样一些部门——联邦国家抵押贷款协会(Federal National Mortgage Association, Fannie Mae)、联邦家庭抵押贷款公司(Federal Home Loan Mortgage Corporation, Freddie Mac)、农场信用系统财务资助公司(Farm Credit System Financial Assistance Corporation)、联邦农业抵押贷款公司(Federal Agricultural Mortgage Corporation, Farmer Mac)、联邦家庭贷款银行(Federal Home Loan Banks)、学生贷款营销协会(Student Loan Marketing Association, Sallie Mae)、大学建筑贷款保险协会(College Construction Loan Insurance Association, Connie Lee)、小企业管理局(Small Business Administration, SBA)。

(4) 企业债券:企业债券是全部债券中风险最大的一种,因为即使是大型、稳定的公司,在经济困难、管理不善及竞争等情况下也比政府更易受影响。城市也有破产之先例,但非常少见。更为常见的是曾经风光一时的公司由于外国竞争对手或由于管理差错而被击垮。有时人们将风险很大的高收益债券称为垃圾债券(junk bonds)。由于投资者承担了更多的风险,所以企业债券是各种回报固定之投资中获利最为丰厚的。

5.1 债券概述

债券是一种确定债权债务关系的凭证,该凭证也是投资者向政府、公司或金融机构提供资金的债权债务契约合同,它标明发行者将履行的在指定日期支付利息,并在到期日偿还本金的承诺。债券上所规定的权利义务关系内容主要有三点:一是所借贷的某种货币的数额(面值)(par value or principal)包括标值货币(currency denomination);二是借款时间(期限)(time to maturity);三是在借贷时间内应有的补偿或称代价——利息率(coupon rate)。随着债券品种的创新,债券的属性也相应增加,其中较最常见的包括以下内容。

(1) 债券的抵押和担保。股票发行不需抵押担保,而发行债券时,投资者可以要求发行者以某一种或某些特定资产作为保证债券偿还的抵押,以提供超出发行人通常信用地位以外的担保。债券因为具有这一属性而降低了债券的违约风险和信用风险。

（2）限制性条款。债券持有人不像股东那样对公司具有剩余控制权，他们不能插手公司的经营决策。但是，债券持有人为保证其债权的安全性，常常在债券契约中规定限制性条款，如要求债券发行方保持最低的流动性、税后利润的最高分配比例等。事实上，债券持有人通过制定这些限制性条款使其间接地参与了公司某些大的管理决策。

（3）内嵌期权。对债券发行者而言，这种期权体现在可赎回（recall）条款上，即发行者有权在某一预定条款上，由发行者决定是否按预定价格（面值加溢价）提前从债券持有人手中购回债券。对债券投资人而言，该期权则体现在可转换（convertible）条款上，即债券持有人在到期日或到期日之前的某一期限内能以预先规定的比例或预先规定的转换价格转换成股票。

“理论与实践相结合”5-2 信用风险和债券评级

投资固定收益产品最先涉及的就是债券的信用状况，为了让投资者可以了解所投资债券和债券发行主体的信用情况就需要信用评级（credit rating）。广义的信用评级是指对企业、债券发行者、金融机构等市场参与主体，就其将来完全偿还或按期偿还债务的能力及其可偿债程度进行综合评价的业务。在实际中，债券信用评级是信用评级的核心内容，故有时信用评级即指债券信用评级。信用评级从经济学的原理来说，主要是为了减少投资者与筹资者（债务人）之间的信息不对称。评级机构根据经济环境、公司行业特征、竞争形势、管理能力以及财务状况等多方面因素，使用一套科学的评级方法和技术评定级别，是能够客观地反映债券的投资信用风险的；另一方面，信用评级有利于拓宽债务发行者（筹资者）的融资渠道，也能帮助其降低筹资费用。

自20世纪初美国穆迪（Moody's）公司建立了世界上第一家资信评级机构以来，信用评级行业经过近百年的发展，在揭示和防范信用风险、降低交易成本、扩大债券交易市场以及协助政府进行金融监管等方面发挥了重要作用，日益被投资者和监管机构所认同。目前世界上最著名的工商企业和资本市场（债券）评级机构除了穆迪就是标准普尔（Standard & Poor's）。它们是独立的私人企业，不受政府控制，也独立于证券交易所和证券公司。它们所做出的信用评级不具有向投资者推荐这些债券的含义，只是供投资者决策时参考，因此它们对投资者负有道义上的义务，但并不承担任何法律上的责任。目前信用评级的使用范围不仅限于债券市场，穆迪和标准普尔几乎为美国市场上所有注册过的应税证券评级，甚至不管发行者是否要求评级。上述两家公司负责评级的债券很广泛，包括地方政府债券、公司债券、外国债券等，由于它们占有详尽的资料，采用先进科学的分析技术，又有丰富的实践经验和大量专门人才，因此它们所做出的信用评级具有很高的权威性。

两家机构信用等级划分大同小异。穆迪投资服务公司信用等级标准从高到低可划分为：Aaa级，Aa级、A级、Baa级、Ba级B级Caa级、Ca级和C级。标准·普尔公司信用等级标准从高到低可划分为：AAA级、AA级、A级、BBB级、BB级、B级、CCC级、CC级C级和D级。前4个级别债券信誉高，违约风险小，是“投资级债券”，第5级开始的债券信誉低，是“投机级债券”。

一般而言，对于某个企业（或者某种债券）的整个评估程序可以分为3个部分：质量分析、数量分析和现场调查。目的是评估发债企业偿还债务的意愿、能力和及时性。能否及时偿还债务是信用评级的核心内容。及时偿还债务是指按照债券的面值和偿还时间,按时全部偿还债券的本息。不管债券发行人是否破产,逾期偿还债券本息或债务展期或债务重组都属于违约。信用评级机构通常会要求受信企业提供连续五年的财务报告,并且对这些财务报告进行数量分析和质量分析。质量分析主要包括受信企业的行业和市场情况以及在本行业的竞争能力;受信企业的管理质量和按时偿还债务的意愿等几个方面。分析受信企业的行业和市场情况时,信用评级机构主要分析受信企业的市场是处于增长阶段还是衰退阶段。分析受信企业在本行业的竞争力时,主要集中于受信企业的市场份额,以及企业的市场范围。分析受信企业的管理质量时,评级机构集中分析受信企业管理层的管理策略,以及管理人员如何执行这些管理策略。分析受信企业是否能按时偿还债务时,则主要了解受信企业的现金流量用途。数量分析主要集中于受信企业从自身资产产生现金流量的预期水平和稳定性。在这个基础上,分析受信企业的合理债务水平。在其他条件相等的情况下,相对于企业的债务水平来说,企业的现金流量越大,信用等级就越高。财务比率是信用评级数量分析的重点。它们反映了受信企业基本业务中隐含的财务实力和风险。评级机构根据财务比率确定企业的现金流量与企业债务之间的关系、支付利息的财务基础、偿还固定债务的财务基础、以及债务占企业财务资本总额的百分比;根据收入与销售比率分析企业资本基础的实力和增长速度;根据收入与资产的比率,评估企业的生产率;根据资本收益率,评估企业在金融市场的融资能力。在上述两方面分析的基础上,信用分析人员会到受信企业做现场调查,评级机构主要根据企业高级管理人员的谈话来评价企业,形成他们自己的信用分析结论。在质量分析、数量分析和现场调查的基础上,首席分析家写出受信企业的信用分析报告,并且向信用评级委员会(成员名单通常是保密的)推荐受信企业的信用等级,然后委员会投票决定受信企业的信用等级。最后,首席分析家代表信用评级机构回答来自各方面的有关受信企业信用等级的询问。

应当说,美英等国建立信用评级制度以来,评级方法存在着一些差别。主要有两种评级方法,一种是主观评级方法,另一种是客观评级方法。客观评级方法更多依赖于公司的财务数据,而主观评级则更多依赖于专家综合判断。关于信用评级主观性和客观性的争论由来已久。美国的评级界认为,利用数学模型对过去的财务数据机械分析,仅仅是评级活动的出发点。如果不在此基础上对市场环境、竞争能力、经营者的素质等各种因素进行分析调查,则评级很难得出正确的结论。从而,评级界否定了仅依靠客观指标分析的评级方法,并推崇相对评价方式,即评级时强调主观评级与客观评级相结合。此外,英美等国的评级机构,在评级对象和内容上也存在差异。主要区别在于:英国的评级机构是对发行者进行评级,发行者一旦获得评级,在这一年内所发行的任何债券都可以使用这一级别;美国的评级机构则是对发行者所发行的债券种类进行评级,同一个发行者在一年之内发行不同种类债券可能得到不同的评级结果。

5.1.1 收入资本化方法

现在来看如何为债券定价,应当说至少从形式来看,给债券定价是非常直观的,它采用经典的收入资本化方法——任何资产的内在价值(intrinsic value)由投资者对持有该资产预期的未来现金流的现值决定，因此它也被称为贴现现金流法(discounted cash flow method，DCF)。

实际上，只要满足两个前提条件——本金和利息按时支付，以及通胀率可以被准确预测。则任何一个具有固定现金流 C 的投资项目均可以用收入资本化方法得到其内在价值：

$$V=\frac{C}{1+r}+\frac{C}{(1+r)^2}+\frac{C}{(1+r)^3}+\cdots+\frac{C}{(1+r)^n}+\cdots=\sum_{n=1}^{n}\frac{C}{(1+r)^n} \tag{5-1}$$

其中，V 是该项目的内在价值，C 是每期的现金流(当然每期的 C 是可以不同的)，r 是此类投资项目的市场收益率(即贴现率又称为资本化率)。如果提高利率支付频率，以至使用连续复利，则公式就是：

$$V=\int_t e^{-rt}C \tag{5-2}$$

基于这种信念，任何一本关于债券投资的教科书都会告诉人们，普通附息债券(coupon rate bond)的内在价值就应当是：

$$V=\frac{C}{(1+r)}+\frac{C}{(1+r)^2}+\cdots+\frac{C+FV}{(1+r)^T} \tag{5-3}$$

其中，C 是每期支付的息票金额，FV 是该债券的票面价值，r 是同类债券的市场要求收益率。对于贴现债券(pure discount bond)而言，上述关系可以简化为：

$$V=\frac{FV}{(1+r)^T} \tag{5-4}$$

此外，还有一种类似优先股的统一公债(consol)。它是一种没有到期日的特殊的定息债券。它的内在价值的计算公式如下：

$$V=\frac{C}{(1+r)}+\frac{C}{(1+r)^2}+\frac{C}{(1+r)^3}+\cdots=\frac{C}{r} \tag{5-5}$$

那么，如何来根据债券的内在价值和市场价格来进行投资决策呢？在上述三种债券中，普通附息债券是一种最普遍的债券形式。下面我们就以它为例，来说明如何根据债券的内在价值与市场价格的差异，判断债券价格属于低估还是高估，以确定某种债券是否值得投资。

第一种方法是比较债券的内在价值与债券价格的差异。我们把债券的内在价值(V)与债券的价格(P)两者的差额，定义为债券投资者的净现值(net present value，NPV)：

$$NPV=V-P \tag{5-6}$$

当净现值大于零时，意味着债券的内在价值大于其价格，即市场利率低于债券承诺的到期的收益率，该债券被低估；反之，当净现值小于零时，该债券被高估。显然，当净现值大于 0 时，对于投资者是一个买入信号。相反，则表明它被高估了，对于投资者构成了一个卖出信号。

第二种方法是比较到期收益率。这里一个相关的概念就是内部收益率(internal rate of return，IRR)或者到期收益率(yield to maturity，YTM)——通过这个收益率把未来的投资收益折算成现值，正好等于初始投资额，即：

$$P=\sum_{n=1}^{n}\frac{C}{(1+Y)^n}+\frac{FV}{(1+Y)^n}$$

其中,P 是购买价格,Y 就是内部收益率。有两类内部收益率——一类是市场的利率水平,即根据债券的风险大小确定的到期收益率(appropriate yield-to-maturity);另外一类到期收益率是债券本身承诺的到期收益率(promised yield-to-maturity)。如果市场收益率大于承诺收益率,则该债券的价格被高估;反之,则该债券的价格被低估;当两者相等时,债券的价格处在比较合理的水平。

"理论与实践相结合"5-3　固定收益产品创新

固定收益产品并不像它名称所表现出来的那么乏味。实际上,发行者不断创造出具有新特征的债券,以下四种产品就体现债券产品设计的灵活性和想象力。发行者不断创造出具有新特征的债券,这说明了债券设计的灵活性。例如,选择支付型债券的发行者在支付利息时,既可使用现金又可使用同等面额的其他种类的债券。如果发行者缺少现金,他就愿意选择新债券而不是它所短缺的货币来支付利息。以下是一些新的债券的例子。通过这些例子你会对证券设计上潜在的变化有些认识。

(1) 反向浮动债券。反向浮动债券与前述的浮动利率债券相似,只有这些债券的息票率在一般利率水平上升时反而下降。当利率上升时,这种债券的投资者将遭受双重损失。当折现率上升时,不仅债券产生的现金流的现值下降,而且债券产生的现金流也同时减少。当然,当利率下降时投资者也会获得双重收益。

(2) 资产支撑债券。迪士尼公司发行一种债券,该债券的息票利率跟它公司的许多财务业绩挂钩。类似地,"大卫·博维(David Bowie)债券"的支付取决于他的一些影集版税的多少。这些都是资产支撑债券的例子。将特定一组资产的收入用来支付该负债。我们在第2章中讲过,许多传统的资产支撑债券是抵押证券或者是以汽车或信用卡贷款为支撑的债券。

(3) 灾难债券。伊莱克斯公司曾发行一种债券。该债券的最后支付取决于一段时间内日本是否发生地震。温特图尔(Winterthur)公司也发行过其支付与苏格兰是否发生严重的暴风雪挂钩的债券。这些债券是一种将公司的"灾难风险"转移给资本市场的办法,代表了针对具体的风险从资本市场获得保险的新鲜的途径。这些债券的投资者为债券的风险获得更高的息票利率,以作为补偿。

(4) 指数债券。按指数偿付的债券把支付与一般物价指数或某种特定商品的物价指数相连。例如,墨西哥曾发行由石油价格决定支付水平的20年期债券。在经历过高通货膨胀的国家,债券与一般物价水平相联系的情况很普遍。虽然英国不属于这种极度高通胀的情况,但也有20%的政府债券是通货膨胀指数型的。美国财政部从1997年1月开始发行这种通货膨胀指数型债券,称为通货保护国债(TIPS)。为将面值与一般物价水平相联系,息票的支付和最终按面值支付的本金都将随消费价格指数的上升而按比例增加。因此,这些债券的利率是避免了风险的实际利率。

5.1.2　债券属性与价值分析

上述定价公式虽然直观,但确实过于简化,它只能提供到期时间、收益率、利票率与债券价值之间的函数关系，事实上债券的价值（价格）与债券合约中的以下 6 个方面属性密切相关。这些属性分别是：到期时间（期限）长短，债券的息票率，债券的可赎回条款，税收待遇，市场的流通性，以及违约风险。其中任何一种属性的变化，都会改变债券的到期收益率水平，从而影响债券的价格。下面采用局部静态均衡方法，即在假定其他属性不变的条件下，分析某一种属性的变化对债券价格的影响。

（1）到期时间。从式(5-3)可知，当市场利率和债券的到期收益率上升时，债券的市场价格和内在价值都将下降。当其他条件完全一致时，债券的到期时间越长，市场利率变化引起的债券价格的波动幅度越大。但是，当到期时间变化时，市场利率变化引起的债券的边际价格变动率递减。

（2）息票率。债券的到期时间决定了债券的投资者取得未来现金流的时间，而息票率决定了未来现金流的大小。在其他属性不变的条件下，债券的息票率越低，市场利率变化引起的债券价格的波动幅度越大。随着息票率的提高，内在价值的变化幅度逐渐降低。

（3）可赎回条款。许多债券在发行时含有可赎回条款，即在一定时间内发行人有权赎回债券。这是有利于发行人的条款，因为，当市场利率下降并低于债券的息票率时，债券的发行人能够以更低的成本筹到资金。所以，发行人可以行使赎回权，将债券从投资者手中收回。尽管债券的赎回价格高于面值，但是赎回价格的存在制约了债券市场价格的上升空间，并且增加了投资者的交易成本，因此降低了投资者的投资收益率。为此，可赎回债券往往规定了赎回保护期，即在保护期内，发行人不得行使赎回权。可赎回条款的存在，降低了该类债券的内在价值，并且降低了投资者的实际收益率。一般而言，息票率越高，发行人行使赎回权的概率越大，即投资债券的实际收益率与债券承诺的收益率之间的差额越大。

（4）税收待遇。在不同的国家之间，由于实行的法律不同，不仅不同种类的债券可能享受不同的税收待遇，而且同种债券在不同的国家也可能享受不同的税收待遇。债券的税收待遇的关键在于债券的利息收入是否需要纳税。由于利息收入纳税与否直接影响着投资的实际收益率，税收待遇成为影响债券的市场价格和收益率的一个重要因素。例如，美国法律规定，地方政府债券的利息收入可以免交联邦收入所得税，所以地方政府债券的名义到期收益率往往比类似的但没有免税待遇的债券要低 20%至 40%。此外，税收待遇对债券价格和收益率的影响还表现在贴现债券的价值分析中。贴现债券一般具有延缓利息税收支付的优势，但对于美国地方政府债券的投资者来说，由于贴现的地方政府债券可以免交联邦收入所得税，使得贴现债券的税收优势不复存在，所以，在美国地方政府债券市场上，贴现债券品种并不流行。对于（息票率低的）贴现债券的内在价值而言，由于具有延缓利息税收支付的待遇，它们的税前收益率水平往往低于类似的但没有免税待遇的（息票率高的）其他债券，所以享受免税待遇的债券的内在价值一般略高于没有免税待遇的债券。

（5）流通性。债券的流通性，或者流动性，是指债券投资者将手中的债券变现的能力。如果变现的速度很快，并且没有遭受变现所可能带来的损失，那么这种债券的流通性就比较高；反之，如果变现速度很慢，或者为了迅速变现必须为此承担额外的损失，那么，这些债券的流动性就比较低。例如，尽管凡·高的作品在世界上享有很高的声誉，但是如果某收藏家计划在一个小时内出售其收藏的凡·高作品，那么，他的成交价格一定大大低于该作品应有的价值。相比之下，债券的流动性远远高于上述收藏品。

通常用债券的买卖差价的大小反映债券的流动性大小。买卖差价较小的债券的流动性,比较高;反之,流动性较低。这是因为绝大多数的债券的交易发生在债券的经纪人市场。对于经纪人来说,买卖流动性高的债券的风险低于流动性低的债券,所以前者的买卖差价小于后者。所以,在其他条件不变的情况下,债券的流动性与债券的名义的到期收益率之间呈反比例关系,即流动性高的债券的到期收益率比较低;反之亦然。相应地,债券的流动性与债券的内在价值呈正比例关系。

(6) 违约风险。债券的违约风险是指债券发行人未按照契约的规定支付债券的本金和利息,给债券投资者带来损失的可能性。债券评级是反映债券违约风险的重要指标。既然债券存在着违约风险,投资者必然要求获得相应的风险补偿,即较高的投资收益率。因此,违约风险越高,投资收益率也应该越高。在美国债券市场上,联邦政府债券的违约风险最低,地方政府债券的违约风险次低,AAA 级的公司债券的违约风险较高,D 级的公司债券违约风险最高。相应地,上述债券的收益率从低向高排列。但是,由于地方政府债券的利息收入可以免缴联邦政府收入所得税,所以美国地方政府债券的投资收益率低于联邦政府债券的收益率,而联邦政府债券的投资收益率又低于 AAA 级的公司债券的收益率。在公司债券中,投资级债券的投资收益率低于投机级债券的收益率。

以上这些定性的考虑也就是马尔基尔(Malkiel)于 1962 年最早系统地提出的债券定价的 5 个原理,至今这 5 个原理仍然被视为债券定价理论的经典。

原理一:债券的价格与债券的收益率成反比例关系。当债券价格上升时,债券的收益率下降;反之,当债券价格下降时,债券的收益率上升。

原理二:当债券的收益率不变,即债券的息票率与收益率之间的差额固定不变时,债券的到期时间与债券价格的波动幅度之间成正比关系。换言之,到期时间越长,价格波动幅度越大;反之,到期时间越短,价格波动幅度越小。这个原理不仅适用于不同债券之间的价格波动的比较,而且可以解释同一债券的期满时间的长短与其价格波动之间的关系。

原理三:在原理二的基础上,随着债券到期时间的临近,债券价格的波动幅度减少,并且是以递增的速度减少;反之,到期时间越长,债券价格波动幅度增加,并且是以递减的速度增加。这个原理同样适用于不同债券之间的价格波动的比较,以及同一债券的价格波动与其到期时间的关系。

原理四:对于期限既定的债券,由收益率下降导致的债券价格上升的幅度大于同等幅度的收益率上升导致的债券价格下降的幅度。换言之,对于同等幅度的收益率变动,收益率下降给投资者带来的利润大于收益率上升给投资者带来的损失。

原理五:对于给定的收益率变动幅度,债券的息票率与债券价格的波动幅度之间成反比关系。换言之,息票率越高,债券价格的波动幅度越小。

5.1.3 债券价格易变性

基于以上认识,我们可以进一步量化债券价格的变化特征。例如,在债券投资过程中,交易员特别关心市场收益率变化对债券价值的影响,根据收入资本化公式:

$$P=\frac{C}{(1+r)}+\frac{C}{(1+r)^2}+\cdots+\frac{C+FV}{(1+r)^T} \tag{5-7}$$

可以用价格对收益率的一阶导数来考察:

$$\frac{\mathrm{d}P}{\mathrm{d}r}=\frac{(-1)C}{(1+r)^2}+\frac{(-2)C}{(1+r)^3}+\cdots+\frac{(-T)C}{(1+r)^{T+1}}+\frac{(-T)FV}{(1+r)^{T+1}} \tag{5-8}$$

提出 $\frac{-1}{1+r}$ 变形为：

$$\frac{\mathrm{d}P}{\mathrm{d}r}=-\frac{1}{1+r}\left[\frac{1C}{(1+r)^1}+\frac{2C}{(1+r)^2}+\cdots+\frac{TC}{(1+r)^T}+\frac{T\times FV}{(1+r)^T}\right] \tag{5-9}$$

它表示了债券价值对于收益率微小变化的反应，上式两边同时除以购买价格 P，就可以得出近似的价值变化百分比：

$$\frac{\mathrm{d}P}{\mathrm{d}r}\frac{1}{P}=-\frac{1}{1+r}\left[\frac{1c}{(1+r)^1}+\frac{2c}{(1+r)^2}+\cdots+\frac{Tc}{(1+r)^T}+\frac{T\times FV}{(1+r)^T}\right]\frac{1}{P} \tag{5-10}$$

定义：

$$Du\equiv\frac{\sum_{t=1}^{T}\frac{t\times c}{(1+r)^t}+\frac{T\times FV}{(1+r)^T}}{P} \tag{5-11}$$

并称 Du 为债券的麦考利久期(Macaulay duration)。更进一步，研究者也用上式除以收益率$(1+r)$，并把结果：

$$MDu=\frac{\sum_{t=1}^{T}\frac{t\times c}{(1+r)^t}+\frac{T\times FV}{(1+r)^T}}{P}\frac{1}{1+r} \tag{5-12}$$

称为修正后的久期(modified duration)。把它代入式(5-11)就有：

$$\frac{\mathrm{d}P}{P}=-(MDu)\mathrm{d}r \tag{5-13}$$

它表明修正后的久期在给定收益变化情况下与近似的价值变化百分比逆向相关，这是容易理解的，因为对于债券来说，它的价值和收益率的确是相反关系。

例 5.1.1　某债券当前的市场价格为 950.25 元，收益率为 10%，息票率为 8%，面值 1 000 元，三年后到期，一次性偿还本金。该债券的有关数据详见表 5-1。

表 5-1　麦考利久期计算举例

支付时间	现金流	现值系数	现金流现值	现值乘支付时间
1	80 元	0.909 1	72.73 元	72.73 元
2	80 元	0.826 4	66.12 元	132.23 元
3	1 080 元	0.751 3	811.40 元	2 434.21 元
加总			950.25 元	2 639.17 元

资料来源：W.F.Sharpe, G.J.Alexander & J.V.Bailey. Investments. Prontice Hall, 1995: Table 16.1, p470.

利用公式(5-11)，可知：

$$Du=\frac{72.73\times 1+66.12\times 2+811.40\times 3}{950.25}=\frac{2\,639.17}{950.25}=2.78(\text{年})$$

关于麦考利久期与债券的期限之间的关系,存在三个推断。

(1) 只有贴现债券的麦考利久期等于它们的到期时间。这是由于该种债券以贴现方式发行,期间不支付利息,到期一次性偿还本金。所以,它的市场价格应该等于到期偿还的本金的现值,即:

$$Du\equiv\frac{\dfrac{T\times FV}{(1+r)^T}}{P}=T\times 1=T \tag{5-14}$$

(2) 普通债券的麦考利久期小于或等于它们的到期时间。只有仅剩最后一期就要期满的直接债券的麦考利久期等于它们的到期时间,并等于 1,即:

$$\begin{aligned}Du&\equiv\frac{\sum\limits_{t=1}^{T}\dfrac{t\times c}{(1+r)^t}+\dfrac{T\times FV}{(1+r)^T}}{P}\\&=\frac{\dfrac{c}{(1+r)^1}}{P}\times 1+\frac{\dfrac{c}{(1+r)^2}}{P}\times 2+\cdots+\frac{\dfrac{c+FV}{(1+r)^T}}{P}\times T\leqslant T\end{aligned} \tag{5-15}$$

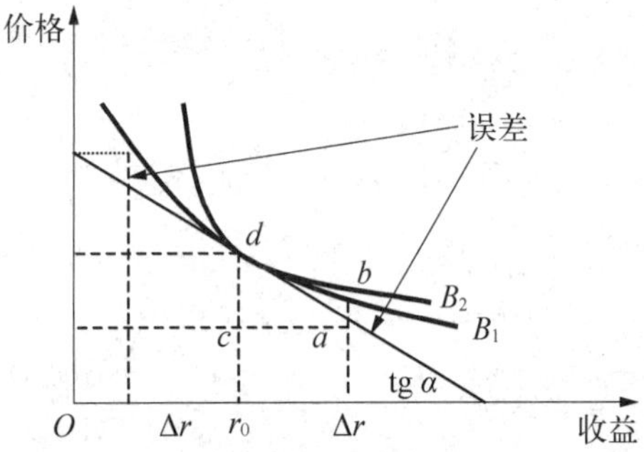

图 5-1　证券的久期和凸性

(3) 统一公债的麦考利久期等于 $(1+1/r)$,其中 r 是计算现值采用的贴现率。

实际上,久期是对债券价格微小变化的一种一阶近似表示,但由于是一阶的变动,所以必然会出现误差,这种误差是由于曲线本身存在的凸性决定的,如图 5-1 所示①:

考虑具体的情形,有一种在 T 时刻到期的无风险贴现债券,面值 100 元,到期收益率为 r。它在 t 时刻的价值用下式表示:

$$B_t=100\mathrm{e}^{-r(T-t)}$$

如果想知道收益率的变化会对债券价格产生什么样的影响,可以把上式以 r_0 点作泰勒级数展开,仅保留至二次项,得:

$$B\approx(100\mathrm{e}^{-r_0(T-t)})\left[1-(T-t)(\Delta r)+\frac{1}{2}(T-t)^2(\Delta r)^2\right]$$

这是变化后的债券价格,减掉原来的价值后,两边除以 $100\mathrm{e}^{-r_0(T-t)}$,得:

$$\frac{\Delta B}{B}\approx-(T-t)(\Delta r)+\frac{1}{2}(T-t)^2(\Delta r)^2 \tag{5-16}$$

右侧第一项系数就是所谓的修正后的久期,它说明收益率增加会导致价格多少百分比

① 参考金融相关点 8-5。

的减少。在图形 5-1 中 $(T-t)B$ 就是 $\mathrm{tg}\alpha$，$\mathrm{tg}\alpha \times \Delta r$ 粗糙地衡量了 B 的变化量，它存在着误差，可以进一步用第二项凸性来修正它，$\frac{1}{2}(T-t)^2(\Delta r)^2 B$ 是正的，它把 dB 向 b 点拉近。因而，它说明 r 变化越大，B 的相对变化会小一些，因此我们发现凸性是一种好的性质，当利息上涨时，它使得债券价格不会跌得太快，而利率下降时，它又可以使得债券大幅度升值。例如，假定其他条件相同，B_2 债券就比 B_1 债券更有吸引力，这必将体现在它的市场价格上。

“理论与实践相结合”5-4　利率衍生市场和产品

自 20 世纪 70 年代起，由于通货膨胀导致的利率的不确定性开始逐渐加剧，以致越来越多的金融机构不愿对长期利率做出承诺。1973—1974 年间，利率急剧上涨并大幅波动，贷方开始采用浮动利率。到 80 年代，浮动利率已被广泛应用于借贷领域，其结果使得贷方更能控制其利率风险暴露，但与此同时，利率风险也就被转嫁给了借方。于是，能有效控制利率风险的金融工具开始逐渐产生，并在市场上受到了欢迎。

期货是最早引入以帮助企业控制利率风险的金融工具。基于美元的利率期货合同最早在芝加哥交易所(CBOT)和芝加哥商品交易所(CME)被引入。到了 1980 年代，期货交易在利率风险管理产品中已占据了领先地位。终于，银行也开始提供类似的金融工具。其中，利率互换最早在 1982 年出现，1983 年初出现了远期利率合约(FRAs)。与外汇市场一样，期权也很快被引入利率产品。基于美国长期和短期国债的期权合同交易最早出现在芝加哥期权交易所(Chicago board options exchange, CBOE)。基于期货的期权合同交易在 CBOT 和 CME 被引入。1983 年，银行以柜面交易(over-the-counter, OTC)的形式引入了利率期权，包括利率上限(cap)、利率下限(floor)和利率上下限(Collar)。这些期权实际上是多个利率上限单元(caplet)的复合。比如，一个 2 年的基于 3 个月伦敦银行间拆放款利率(LIBOR)的利率上限(cap)是由 7 个基于 3 个月 LIBOR 的 caplet 构成的。利率衍生产品迅猛增长。根据美国货币监理署(comptroller of the currency, OCC)2003 年第三季度衍生产品报告，该季度利率衍生产品合同的名义总额已占所有衍生产品名义总额(notional amount)的 86.8%。

大致而言，利率衍生产品主要可分为以下几种：利率远期合约(interest rate forward rate agreement)：合约双方同意在未来某日期确定某种利率的合约。利率期货(interest rate futures)：以固定收益工具或利率为基础资产的期货。债券期权(bond options)：一种以债券为基础资产的期权。利率互换(swap)：通过这种工具，交易双方可互相交换付息，如以浮动利率交换固定利率，或是将某种浮动利率交换为另一种浮动利率。订约双方不交换本金，本金只是作为计算基数。其他利率衍生产品包括下列四种：① 利率上限(cap)。通过这种工具，交易双方确定一个利率上限水平，在此基础上，利率上限的卖方向买方承诺：在规定的期限内，如果市场参考利率高于协定的利率上限，则卖方向买方支付市场利率高于协定利率上限的差额部分；如果市场利率低于或等于协定的利率上限，卖方无任何支付义务，同时，买方由于获得了上述权利，必须向卖方支付一定数额的期权手续费。② 利率下限(floor)。通过这种工具，交易双方规定一个利率下限，卖方向买方承诺：在规定的有效期内，如果市场参考利率低于协定的利率下限，则卖方向买方支付市场参考利率低于协定利率下限的差额部分；若市场参考利率大于或等于协定的利率下限，则卖方没有任何支付义务，作为补偿，卖方向买方收取一定数额的手续费。③ 利率上下限(collar)。是指将利率上限和利率下限两种金融工具结合使用。具体地说，购买一个利率上下限，是指在买进一个利率上限的同时，卖出一个利率下限，以收入的手续费来部分抵销需要支出的手续费，从而达到既防范利率风险又降低费用成本的目的。而卖出一个利率上下限，则是指在卖出一个利率上限的同时，买入一个利率下限。④ 利率互换期权(swaption)。互换期权是利率互换与期权相结合的一种衍生产品。它赋予买方按预定条件进行一笔利率互换交易的权力。

5.2 利率期限结构

在上述貌似简单的定价过程中，有一个问题容易被忽视，就是市场收益率实际上并不是对于所有到期日都是一样的，因此不同到期时间的现金流应当按照不同期限的收益率来贴现，这时的公式应当变化为：

$$P=\frac{C_1}{(1+r_1)}+\frac{C_2}{(1+r_2)^2}+\cdots+\frac{C_T+FV}{(1+r_T)^T} \tag{5-17}$$

显然，每个 r_t 都是不一样的，一旦明确了 r_t，则债券(以及相应的利率衍生产品)的定价工作就容易了，因此给债券定价的关键在于获得 r_t 的时间函数形态，这个问题可以说是整个固定收益类产品定价的核心，也是以下进一步探讨的重点。

收益率与其到期期限之间的函数关系通常被称为利率的期限结构(term structure)。利率期限结构是由不同时间区间上所具有不同的利率(或折现率)引起的，直观地讲，如果 1 年期利率为 2.5%，2 年期利率为 3.5%，3 年期利率为 4.5%，……，30 年利率为 6%。将时间作为横轴，利率作为纵轴，将时间和与其相对应的利率描点，再将这些点绘制成曲线，则此曲线就被称为利率期限结构(或收益率曲线)。

要注意的是，所有债券都有收益率曲线，但只有零息票债券的收益率曲线才真正被理解为作为基准的利率期限结构。因此，利率期限结构又可以被称为零息票债券收益率曲线(zero-coupon bond yield curve)。由于零息票债券的收益率与到期日的关系恰恰好跟期限结构的定义相同，估计期限结构曲线最直接的方法也就是观察零息票债券收益率与到期期限之间的关系，同时由于期限结构说明当下到未来某一特定时点的利率期限关系，所以线上的每一个点都代表着相应期限的即期利率(Spot Rate)①，因此这条曲线又可称之为即期利率曲线(spot rate curve)②。

① 在很多文献中也被称为短期利率(short term rate)。

② 在国内的债券市场里，并没有一年期以上的零息票债券，因此无法按照期限结构的定义直接估计期限结构曲线，因此必须从可以观察得到附息债的收益率着手，先找出附息债的收益率与到期年限的关系，再透过金融工程的技术转换为真正的期限结构，这种以附息债收益率和到期年限关系估计出来的曲线称为“附息债收益率曲线”(coupon bearing bond yield curve)。

同即期利率相联系的就是远期利率。远期利率是当前就可以锁定的在今后某一段时间内的利率。如果我们已经确定了收益率曲线，那么所有的远期利率就可以根据收益率曲线上的即期利率求得。所以，远期利率并不是一组独立的利率，而是同收益率曲线紧密相连的。在成熟市场中，一些远期利率也可以直接从市场上观察到，即根据利率远期或期货合约的市场价格推算出来。假设 $f(t_1, t_2)$ 为 t_1 到 t_2 的远期利率，$r(0, t_1)$ 为 t_1 时的即期利率，$r(0, t_2)$ 为 t_2 时的即期利率，则有下式成立：

$$[1+r(0, t_1)]^{t_1} \times [1+f(t_1, t_2)]^{t_2-t_1} = [1+r(0, t_2)]^{t_2}$$

由此可以求得远期利率：

$$f(t_1, t_2) = \left(\frac{[1+r(0, t_2)]^{t_2}}{[1+r(0, t_1)]^{t_1}}\right)^{1/(t_2-t_1)} - 1$$

图 5-2 显示了 2007 年 2 月 1 日这个时点上的中国利率期限结构(即期和远期)。

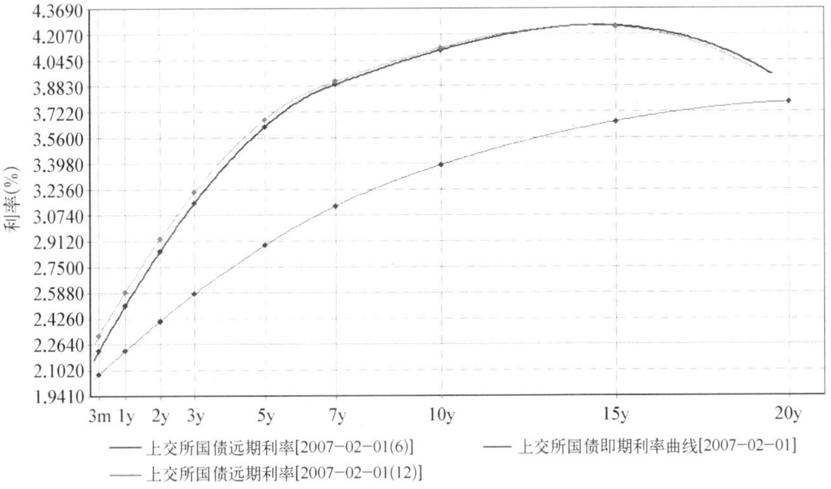

图 5-2　中国利率期限结构(即期和远期)

资料来源：万得(Wind)数据库

投资者投资债券的一个基本动机是获取投资期限内的固定收益，由于各种债券的到期期限长短不一，若投资者的资金在各种债券之间的转换无摩擦，他的投资行为应当是在这些债券之间进行选择并妥善搭配之后的结果。因此，利率期限结构理论要回答的最基本问题是债券收益率水平如何决定，收益率与到期期限之间是怎样的一个函数关系，进而研究满足行为最优化假设的个体投资者之间的竞争以什么样的机制使市场趋向均衡，以及描述这些均衡动态性质的特征状态变量等。实际上，作为现代金融研究的最核心部分之一，利率期限结构本身是一个非常广阔的研究领域，而我们的讨论将侧重于三个主要方面。

(1) 利率期限结构静态估计——当市场上存在的债券种类有限时(特别对债券市场不发达国家而言)，如何根据有效的债券价格资料对整个利率期限结构进行估计，是进行债券定价分析的一个前提条件。不同的学者提出了不同的估计方法，如拨靴法(bootstrapping)、参数法(parametric method)和样条法(Spine method)等。现代估计技术的核心就是对其中的贴现函数的估计。

(2) 利率期限结构形成假设——估计出来的利率期限结构是由不同期限的利率所构成的一条曲线。由于不同期限的利率之间存在差异,所以利率期限结构可能有好几种形状(如图 5-3 所示):如向上倾斜、向下倾斜、下凹、上凸等。从纯形式上看,利率与时间的关系存在四种搭配关系:利率是时间的正函数,利率是时间的反函数,利率对时间无弹性,以及无序关系。

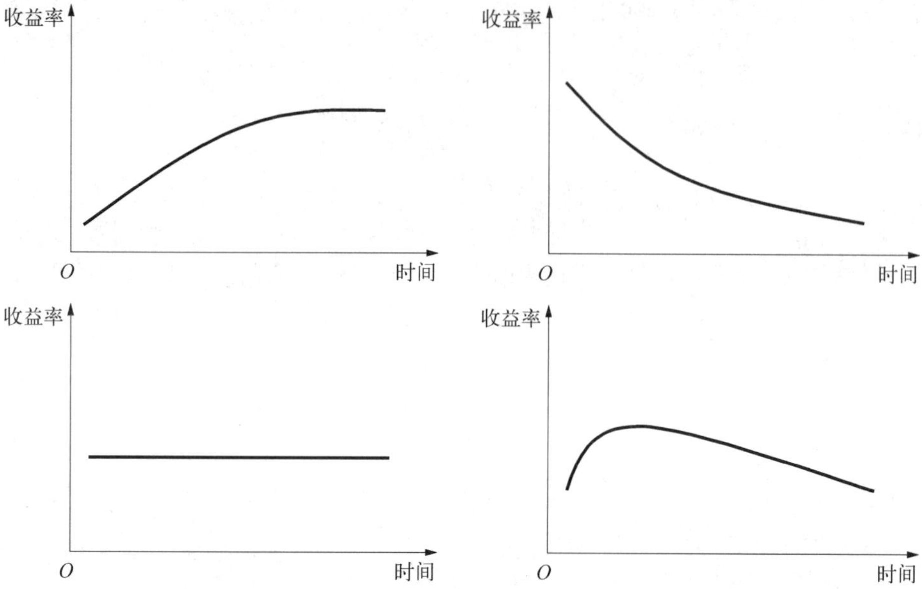

图 5-3　可能的利率曲线形态

为了解释这些不同形状的利率期限结构,人们就提出了不同的理论假设。这些假设主要包括:预期假设(expectation hypothesis),市场分割假设(market segmentation hypothesis)和流动性偏好假设(liquidity preference hypothesis)。

(3) 利率期限结构动态模型——仅仅是为了解释静态曲线的某种特定形态的形成原因对于利率类产品的定价来说还远远不够,更为重要的是预测整条利率曲线的未来变化趋势。可以毫不夸张地说,近 30 年来的金融理论研究中,无数的精力和时间均投入到了这样一个方向中,并产出了大量的数理模型。总地说来,根据利率期限结构模型的推导过程,可以区分出两大类:第一种类型就是均衡模型(equilibrium model),它们根据市场的均衡条件求出利率所必须遵循的一个过程,在这些模型中,相关的经济变量是输入变量,利率水平是输出变量;另一种类型是无套利模型(no arbitrage model),它们通过对相关债券等资产之间必须满足的无套利条件进行分析,此时利率水平是一个输入变量,相关金融工具的价格是输出变量。

以上这三方面内容就是进一步讨论的主题,我们这样安排以下章节的内容,本节先探讨前两个问题,并对第三个问题做一个最初步的概述。接下来三节则是本章重点和难点,使用大量的篇幅探讨各种类型的动态利率期限结构模型以及相关问题。

5.2.1　静态估计:贴现函数

即期利率是贴现单一现金流(包括期末本金)的利率。如果债券的所有未来现金流的即期利率都已知,那么 m 期的债券的价格,也就是 m 期的现金流的贴现价格为:

$$P=\frac{C}{(1+r_1)}+\frac{C}{(1+r_2)^2}+\cdots+\frac{C+FV}{(1+r_m)^m} \tag{5-18}$$

其中，r_i 表示第 i 期用来贴现的即期利率。如果将每期的现金流写成现金值乘以贴现因子的话，那么式(5-18)可以写成：

$$P=d_1C+d_2C+\cdots+d_m(C+FV)$$

或者：

$$P=C\sum_{i=1}^{m}d_i+d_mFV \tag{5-19}$$

其中，d_i 表示第 i 期的贴现因子，也就是：

$$d_i=\frac{1}{(1+r_i)},\ i=1,\ 2,\ \cdots,\ m \tag{5-20}$$

假设对任何时点 t 都有对应的贴现因子，可以得到连续的贴现函数 $\delta(t)$。显然，$\delta(t)$的值就是 t 时刻的 1 美元贴现到现在的值。这样，利用贴现函数 $\delta(t)$就可以计算出已知现金流的债券的价格。

可以看出，贴现因子 d_i 只是贴现函数 $\delta(t)$离散化的值：$d_i=\delta_i(t)$。如果 $t_i(i=1,\ 2,\ \cdots,\ m)$ 表示第 i 期现金流发生的时间，那么债券的价格可以写成：

$$P=C\sum_{i=1}^{m}\delta(t_i)+\delta(t_m)FV \tag{5-21}$$

式(5-18)假设现金流的发生日正好和利率期限结构的日期是一样的，因此显得比较简单，实际上虽然利息的发放日是确定的，但是债券本身却是可以在任意的交易日中交易的，一旦债券不是在利息支付时刻交易，那么债券的定价公式就要做一些修正。购买债券者为了弥补卖出者在这一期间的利息损失，购买者必须支付应计利息。按惯例，应计利息是下一期待支付利息的一个比例。用代数形式表示就是：

$$a_i=\tau_i\times C \tag{5-22}$$

其中，a_i 表示应计利息，τ_i 表示到即将付息的日期的间隔。由此可以看出，一只债券的价格可以分成两部分，一部分是应计利息，另外一部分是净价。

如果交易发生在两个利息支付之间，那么债券价格的定价公式(5-18)就要做一定的修改了，无论是连续的贴现函数还是离散的贴现因子，其定价公式都比较简单，可以表示为：

$$P+a_i=C\delta(t_1)+C\delta(t_1+1)+\cdots+(C+FV)\delta(t_1+m-1) \tag{5-23}$$

其中，P 是净价，a_i 是应记利息，其他符号意义同前。虽然应计利息在理论上比较简单，但是实务计算中会遇到一些比较棘手的问题。利用连续计息的方式来避免离散计息方式带来的应计利息问题(McCulloch, 1971, 1975)。其公式为：

$$P=C\int_0^m\delta(u)du+FV\delta(m) \tag{5-24}$$

连续计息方式得到的结果可能会和离散计息得到的结果不一样，如果用两种不同的计息方式计算,那么必须考虑到两者之间的误差。下面除非特别说明,我们都采用连续计息的方式。

上述的贴现函数 $\delta(t)$ 可以唯一地推出其他曲线,如即期利率曲线、远期利率曲线等。同样,一组规则的离散贴现因子 d_i 也可以推导出离散的即期利率曲线和远期收益率,如果离散点间的距离足够小,那么可以连成一条平滑的曲线。

在前面的式(5-20)中已经可以看出贴现因子 d_i 和相对应的第 i 期即期利率 r_i 之间的关系:

$$d_i=(1+r_i)^{-i}$$

即期利率 r_i 可以看成为远期利率 f_1, f_2, …, f_i 的平均值,也即:

$$1/d_1=(1+r_1)=(1+f_1)$$

$$1/d_2=(1+r_2)^2=(1+f_1)(1+f_2)$$

$$1/d_i=(1+r_i)^i=(1+f_1)(1+f_2)\cdots(1+f_i)$$

$$1/d_m=(1+r_m)^m=(1+f_1)(1+f_2)\cdots(1+f_m)$$

根据上面的等式,对于一期的远期利率 f_i 可以写成:

$$\frac{1/d_i}{1/d_{i-1}}=\frac{(1+f_1)(1+f_2)\cdots(1+f_{i-1})(1+f_i)}{(1+f_1)(1+f_2)\cdots(1+f_{i-1})}$$

所以:

$$\frac{d_{i-1}}{d_i}=(1+f_i)$$

即:

$$f_i=\frac{d_{i-1}-d_i}{d_i}$$

也即:

$$f_i=\frac{-\Delta d_i}{d_i} \tag{5-25}$$

以上是离散计息方式的远期利率和贴现因子的关系。下面考虑连续计息的贴现函数 $\delta(t)$,如果让 i 期和 $(i-1)$ 期之间的间隔足够小,那么可以得到瞬时远期利率曲线 $\rho(t)$:

$$\rho(t)=\frac{-\delta'(t)}{\delta(t)} \tag{5-26}$$

根据式(5-26)可以构建瞬时远期利率 $\rho(t)$ 和 $f(t_1, t_2)$ 在 $[t_1, t_2]$ 上的关系:

$$f(t_1, t_2)=\frac{1}{t_2-t_1}\int_{t_1}^{t_2}\rho(u)du \tag{5-27}$$

因为即期利率 r_i 有时候可以表示为贴现债券或者零息债券的到期收益率,所以又被称为零息债券到期收益率,因为其可以很容易地从债券定价公式(5-18)中的某个贴现因子直接得到。时刻 t 的到期收益率可以看成从 $0(t_1=0)$ 时刻到 $t(t_2=t)$ 时刻的远期利率,那么即期利率期限结构或者零息债券的到期收益率 $\eta(t)$ 可以写成：

$$\eta(t)=f(0,\ t)$$

从式(5-27)可以得到：

$$\eta(t)=\frac{1}{t}\int_0^t\rho(u)\mathrm{d}u$$

所以：

$$\eta(t)=\frac{-\ln\delta(t)}{t} \tag{5-28}$$

其中，$\delta(0)=1$，表示 $t=0$ 时，贴现因子为 1。式(5-28)的离散形式为：

$$r_i=\left(\frac{1}{d_i}\right)^{1/i}-1 \tag{5-29}$$

一只债券(含息)如果其市场价格等于其面值，那么这只债券就是平价债券。从式(5-23)可以看出，如果一只债券按平价交易，那么其到期收益率必然等于息票率。据此，据式(5-19)和式(5-23)，对于任意期 m，如果给定其贴现因子 $(d_1,\ d_2,\ \cdots,\ d_m)$，假定 $C/FV=C/P=y_m$，那么①：

$$P=y_m\sum_{i=1}^{m}d_i+d_mP$$

所以：

$$y_m=\frac{P(1-d_m)}{\sum_{i=1}^{m}d_i} \tag{5-30}$$

类似地，假定 $C/FV=C/P=y_m$，对于连续情况的平价收益率，根据式(5-21)，可以得到：

$$y(t_m)=\frac{FV[1-\delta(t_m)]}{\int_0^{t_m}\delta(u)\mathrm{d}u} \tag{5-31}$$

上面介绍了当离散的贴现因子或者连续的贴现函数已知时，可以推导出不同曲线之间的关系。如果贴现函数，平价收益率，零息债券收益率或远期收益率中的一个已知，那么其他三者都可以推算出来。然而，在实务中四种曲线都不可能直接得到的，要从债券价格中估计出来。

如果用政府债券来估计利率期限结构，那么要注意两点。一是时间间隔，因为在市场上不可能有相同到期日的债券，甚至利息日相同的债券也没有。二是利率期限结构是建立在零息债券的基础上的，而绝大多数政府债券是附息债，不可能直接从附息债券的价格推出零息债券的价格。这两点导致了三个实际的问题。第一，如何填充时间间隔？这是一个在曲线的平滑性和曲线的可变性之间做选择的问题。比如，在拟合时，我们有时候可能会比较重视平滑性而在一定程度上忽略曲线的可变性。第二，用贴现函数和平价收益率来估计期限

① 平价到期收益率 $y(t_m)$ 是指付息债券按照平价交易在到期日 t_m 时所要求的到期收益率。

结构,哪种会更好一些? 第三个问题则涉及税收。因为虽然我国国债利息是免税的,但是对其他主体如一般的工商企业或者政策性商业银行,购买其发行的债券所获的利息却是要纳税的。而在有些国家,资本所得是免税的,然而债券的利息则要缴税。这种不同的税收会影响不同的缴税者,因此要对低利息债券支付溢价,所以债券的利息的大小会影响其到期收益率。因此,在对收益率做估计时,必须消除利息税以及其他税收的影响。本节将介绍三种估计利率期限结构的模型——英格兰银行所用的马斯特罗尼科拉(Mastronikola,1991)模型,麦卡洛克(McCulloch, 1971, 1975)模型和谢弗(Schaefer, 1981)模型。

对利率期限结构估计时会遇到三个问题。

1. 问题一(估计哪种曲线)

对利率期限结构估计的模型大概可以分为两类:一类是对平价收益率进行估计,另外一类则是贴现函数估计。一些银行用前者,而麦卡洛克选择后者,对贴现函数进行估计。

(1) 用到期收益率来拟合收益率曲线。Mastronikola 模型是估计到期收益率,直接从市场上得到相关的债券的价格,然后通过式(5-23)得到到期收益率。这种方法比较简单易懂,但是在理论上它存在一个明显的缺点,即不同的债券在相同的时点的利息支付的贴现因子是不同的。下面举一个例子来说明:考虑到期时间只有1期的债券A,以及还有两期到期的债券B,价格分别是:

$$P_a = \frac{FV_a + C_a}{1 + y_a}$$

$$P_b = \frac{FV_b}{1 + y_b} + \frac{FV_b + C_b}{(1 + y_b)^2} \tag{5-32}$$

从上面的定价公式可以看出,如果用到期收益率来估计收益率曲线,那么不能保证债券A和B的第一期用的贴现因子是相同的,即使它们是同一期发生的现金流。然而,做收益率拟合时,必须满足对B的第一期利息贴现所用的因子应该是A的到期收益率。换句话说,应该用A的到期收益率来对债券B进行贴现。但是,式(5-32)没有满足这个条件。

(2) 对贴现函数估计。大多数的文献都用麦卡洛克(McCulloch, 1971)的方法,假设不同债券的同一个时点的现金流所用的贴现因子应该是相同的,基于此可以导出利率期限结构和贴现函数。麦卡洛克是用连续贴现函数来计算债券价格的方法,而不是用离散贴现因子来计算。在此假设下,不考虑应计利息的债券价格是:

$$P_i = C_i \int_0^{m_i} \delta(u)\mathrm{d}u + FV_i \delta(m_i) \tag{5-33}$$

为了估计贴现函数 $\delta(m)$,下面将其写成为 k 个基函数的线性组合:

$$\delta(m) = 1 + \sum_{j=1}^{k} \alpha_j B_j(m) \tag{5-34}$$

其中,$B_j(m)$是第 j 个基函数,α_j 是相对应的系数 $j=1, 2, \cdots, k$ [①]。将式(5-34)代入

① 在实务中有很多种不同的基函数,后面会介绍。

式(5-33)可以得到：

$$P_i = C_i \int_0^{m_i} \left[1 + \sum_{j=1}^{k} \alpha_j B_j(u) \mathrm{d}u + FV_i\left(1 + \sum_{j=1}^{k} \alpha_j B_j(m_i)\right)\right]$$

所以：

$$P_i = C_i m_i + FV_i + \sum_{j=1}^{k} \alpha_j C_i \int_0^{m_i} B_j(u) \mathrm{d}u + \sum_{j=1}^{k} FV_i \alpha_j B_j(m_i)$$

就有：

$$P_i - C_i m_i - FV_i = \sum_{j=1}^{k} \alpha_j \left[C_i \int_0^{m_i} B_j(u) \mathrm{d}u + FV_i B_j(m_i)\right]$$

那么上式可以写成：

$$y_i = \sum_{j=1}^{k} \alpha_j x_{ij} \tag{5-35}$$

其中：

$$y_i = P_i - C_i m_i - FV_i$$

$$x_{ij} = C_i \int_0^{m_i} B_j(u) \mathrm{d}u + FV_i B_j(m_i)$$

对式(5-35)做最小二乘法，那么可以得到相应的系数 $\alpha_j (j = 1, 2, \cdots, k)$。然后，通过式(5-33)就可以算出贴现函数。得到了贴现函数后，通过式(5-27)、式(5-28)以及式(5-31)可以估计远期利率，零息债券收益率和平价收益率。对于 Mastronikola 模型也是一样的，得到贴现函数后同样可以求出其他三种收益率曲线。

2. 问题二(确定待估函数)

从上面的内容可知，无论是 McCulloch 模型还是 Mastronikola 模型所使用的方法，首先都要求确定待估函数。当用麦卡洛克方法，需要估计的是一系列的基函数 $B_j(m)$。基函数的选取需要兼顾平滑性和可变化性的两重特点，因为这样才能符合对利率期限结构形状的先验假定。但是，这种选择是带有主观选择的，所以待估函数要满足下列条件——正的，单调不减的，同时在 $t = 0$ 时，保持其值为 1①。在实务中常见的五种函数列举如下。

(1) 多项式样条函数。如果付息日不是有规则的，那么卡尔顿(Carleton)和库珀(Cooper, 1976)介绍的方法就不适用了，这时就要利用其他估计函数或逼近函数。如前所述，麦卡洛克(McCulloch, 1971, 1975)采用的是式(5-34)，将贴现函数用 k 个基函数的线性组合来逼近，如果能估计出其系数，那么就能求出贴现函数。令：

$$B_j(m) = m^j,\ j = 1,\ 2,\ \cdots,\ k$$

由此得出的贴现函数是一个 k 次多项式函数。但是，除非派息日间隔是有规律的，这样

① Carleton & Cooper(1976)使用了一种比较简单的估计函数来估计美国的利率期限结构。他们发现市场上债券派发利息日基本集中在 2 月 15 日，5 月 15 日，8 月 15 日，11 月 15 日。利用这种有规律的利息派发日，根据式(5-19)，通过最小二乘法将贴现函数估计出来。虽然他们没有对贴现函数加上过多的限制条件，但其所得到的贴现函数大多数都具有很好的性质：单调增加而且非负。但是，这种方法最大的缺陷就是要求具有规律的利息派发日，而且不能保证贴现函数的连续性，此种方法得出的远期利率收益率曲线会比较粗糙。

得出的贴现函数往往近端拟合得较好,而远端拟合得不好;或者远端拟合得较好,近端拟合得不好。要解决这个问题,必须增加多项式的阶数 k,但这样会导致参数估计的不稳定。为了解决上述问题,可以用分段连续的多项式函数或者是样条函数来逼近贴现函数。从直觉上来看,一个多项式样条函数可以看成为一组间断函数,要在一些节点处连续平滑。在数学上讲,函数 n 阶分段平滑指该函数在节点两边的函数有连续的 $n-1$ 阶导数。利用这些按段平滑的函数可以得到低阶的贴现函数,同时贴现函数会比较稳定。

麦卡洛克(McCulloch, 1971)运用了二次样条函数来估计贴现函数,得到的结果比多项式函数要好,但是也有一些缺点。其中一个比较大的缺点就是利用此贴现函数所导出的远期利率曲线会出现麦卡洛克所谓的"结点"。因为贴现函数只是分段平滑的二次曲线,没有连续的二阶导数,也就是远期利率曲线没有连续的一阶导数。要避免上述的情形,最好的方式就是提高估计函数的次数,可以利用三次样条函数(McCulloch,1975)。它要求式(5-35)中使用的三次样条函数在每个节点都要平滑。这样能够模拟出任意形状的利率收益曲线,但是这种方法不能保证得出的贴现函数是非增的,从而会导致远期利率会成为负数,这也就是这种方法的一个比较重要的弱点。

麦卡洛克采用的方法是将三次样条函数设为基函数,求出其前面的系数或者称为权重,然后加起来就得到贴现函数了,而 Mastronikola 模型也是利用一组三次样条函数,但用其中的每一个来估计收益率曲线的一个区间,也就是在某两个连续的节点之间的区间,并且保证每个节点处有连续的二阶导数,从而可以确保整条收益率曲线有连续的二阶导数。如果曲线的两端固定,那么每个区间上的三次样条函数就可以唯一确定,从而整个收益曲线也就唯一确定下来了。在这种模型中,收益率曲线的近端的斜率为常数(也就是二阶导数为零),远端是水平的,也就是一阶和二阶导数都为零。固定节点数和到期日,那么节点处的收益率估计要使得观察值和拟合值之间的平方误差最小。

(2) 伯恩斯坦(Bernstein)多项式。与麦卡洛克用样条函数来逼近贴现函数不同,谢弗(Schaefer, 1981)使用的是 Bernstein 多项式来逼近贴现函数。这里应用了魏尔施特拉斯(Weierstrass)逼近定理——任何连续函数都能够被 Bernstein 多项式组合以任何精度逼近。这种方法的好处在于 Bernstein 多项式可以对于任意函数做出任意的逼近,这对于远期利率曲线要求贴现函数的导数是一阶的来说比较重要。通过加限制条件可以使系数 α_j 是非负的,从而贴现函数也为非负,并且 $\delta(0)=1$。这样就避免了负的远期利率。

(3) 指数样条函数。用三次样条函数以及 Bernstein 多项式来估计贴现函数时会导致一些不合理的现象,例如,到期日比较长时,远期利率曲线升高或者下降非常快,这是两者在实务使用中受到一定限制的原因。有学者介绍了一种方法,使远期利率渐近平坦(Vasicek, Fong, 1982)。这种方法的核心就是使样条函数具备指数的形式。他们认为,按段平滑的多项式函数与指数函数具有不同的曲率,从而得到的贴现函数不能很好拟合。他们认为,就是这种性质使得贴现函数上下波动,从而使得远期利率函数高度不稳定。他们建议,对贴现函数$\delta(m)$中的参数 m 做一个变换:

$$m=-(1/\alpha)\ln(1-x),\ 0\leqslant x<1 \tag{5-36}$$

这个变换会使得具有指数为 m 的指数函数形式的贴现函数近似看成参数 x 的线性函数,从而可以用多项式样条函数的方法估计这个线性函数,而且保持比较好的性质。式

(5-36)中的参数 α 为远期利率的极限值，可以通过数据拟合得到。他们用三次样条函数来对变换后的贴现函数拟合。对于参数 m 来讲，是在每两个节点之间用一个三阶的指数样条函数来估计贴现函数，其形式如下：

$$\delta(m)=b_0+b_1\mathrm{e}^{-\alpha m}+b_2\mathrm{e}^{-2\alpha m}+b_3\mathrm{e}^{3\alpha m} \tag{5-37}$$

虽然他们用实际交易的数据验证了上述贴现函数是可行的，但是他们不能够从理论上证明这一点①。

(4) B 样条函数。谢依(Shea，1984)在选用何种样条函数的时候发现了一个重要的事实，他发现一些样条函数，如麦卡洛克(1971，1975)的样条函数会产生一种回归矩阵，矩阵中存在近共线性的列，从而造成了估计的不准确。为了解决这个问题，他利用了 B 样条函数，这些函数在定义域的很多分段上取值为零，从而避免了由于共线性带来的估计不准确。用 B 型样条函数可以使得贴现函数具有更加好的性质。斯蒂利(Steeley，1991)出于同样的原因建议使用 B 型样条函数。他详细描述了使用 B 型样条函数估计贴现函数的许多细节，而且认为这些样条函数是三次样条函数和 Bernstein 多项式的另外一种很好的选择。

(5) 纳尔逊(Nelson)和西格尔(Siegel，1987)方法。纳尔逊和西格尔(Nelson，Siegel，1987)提出了一种不同的方法，他们想将远期利率而不是利率期限结构的表达式写出来。他们所选取的远期利率函数的形式表示如下：

$$f(m)=\beta_0+\beta_1\exp(-m/\tau)+\beta_2[(m/\tau)\exp(-m/\tau)] \tag{5-38}$$

其中，$f(m)$表示到期日 m 时的远期利率，β_0、β_1、β_2、τ 是待估计的参数。从式(5-38)中可以看出，式中有三个参数，这三个参数的选择可以决定远期利率的不同的形状，包括常见的单调形和驼峰形状②。β_0 是远期利率的水平渐近值，是这种函数的一个比较重要的性质，而且这种方法没有像样条函数那样要考虑选择最佳节点的问题。有了纳尔逊-西格尔(Nelson-Siegel)方法中的远期利率函数的表达式，通过一定的变换就可以得到即期利率和贴现函数的

① Shea(1985)对使用指数样条估计利率模型的合理性做了一些实证分析，他认为理论上没有证据证明指数样条函数比多项式样条函数估计贴现函数更具有稳定性，贴现函数经常会有偏离。Shea 还指出，指数函数样条所追求的渐近性质会使远期利率曲线的远端变平坦，对远期利率曲线近端的形状并没有什么影响。而且，因为做了数据变化 $x=1-\mathrm{e}^{-\alpha m}$，所以会使得 Vasicek-Fong 模型变得更加不稳定。当参数 $\hat{\alpha}$ 比较小时，根据指数函数的性质，x 的值将集聚在几个点附近，使得在[0，1]区间的某些地方没有数据，从而会使远期利率函数变得不稳定，甚至不切实际。为了避免这种发散性，Shea 利用了非线性的方法使得其收敛。这种发散性可能是由于节点的选取造成的，McCulloch 方法也有类似的问题。Chambers，Catleton & Waldman(1984)从另外一种角度用指数函数的性质估计贴现函数。

② 在使用样条函数估计贴现函数时候，Shea(1984)发现 McCulloch 使用的三次样条函数中不能使贴现函数的斜率为负数，在贴现函数的远端，其斜率还为正的，这样会导致远期利率为负。Shea 认为，应该添加一些条件使得其斜率处处为负，虽然这样可能会丧失远期利率的整体稳定性。通常采用的限制条件形式有增加节点的数量及位置。然而，Shea 提出了利用局部的限制条件来改变这种情况。其中一种条件就是在不同的到期日之间只要求贴现函数的一阶导数在一些固定的地方存在就可以了，这样的假设可以保证贴现函数在远端其斜率为负。但是，这种办法的应用只是停留在学术层面，在实务界由于利率收益曲线要求一个真实的时间基础，从而对上述方法的应用有一定的限制。而且，实际的利率期限结构的变化有可能归因为市场上的事件，而并非约束条件的改变。此外，就是节点问题：当用样条函数进行估计的时候，也要考虑如何选取适当数量的节点。如果选取节点的数量太低，那么就不能拟合比较复杂的利率期限结构；而如果太多，则比较难看出其所属的类型。Mastronikola 模型所用的节点数有 6 个，节点是按照变换后的时间有规律排列的。McCulloch 以及其后的研究者选取的节点数为其所使用债券数量的平方根。这些节点是按照到期日有规律分布的。McCulloch 方法选取节点的一个好处是，它们的位置会随着政府债券结构的变化而发生变化，然而 Mastronikola 模型则保持节点的位置不变。当然这种变化也会造成期限结构也变化的假象。除了 Steeley 有一些讨论是关于节点的个数和位置的选取，其他很少文献讨论这个优化问题，只是在 de Boor(1978)中对这种技巧做了一些讨论。

显性表达式①。

3. 问题三(税收的影响——利息效应)

前面所描述的估计技术都是假设税收不存在来讨论的。然而,税收因素会极大地影响债券的价格,如果忽略了这些因素,就会歪曲利率期限结构的估计。这就是所谓的利息效应。下面我们以英国的债券为例来说明在拟合收益率曲线时如何处理税收问题。英国政府债券的投资者由于其利息收入要征收一定的利息税,但是对于债券的资本所得则是免税的。显然,对于利息高的债券来说,其投资收入中利息就占了很大一部分,所以征收的税收就多了,但是资本所得是不征收税收的,从而大多数投资者会偏好利息低的债券。这样,会导致利息低的债券价格会偏高。这种因素在估计利率期限结构时要消除掉,下面介绍消除此因素的方法。

(1) 麦卡洛克(McCulloch, 1975)。麦卡洛克在其1971年的研究中并没有考虑债券利息税收的因素,后来在其1975年的研究中则考虑了这个因素,他针对各种类型的债券建立了许多方程。但是,对于英国的债券市场只列了一个方程,这个方程是建立在前面的定价方程式(5-21)上的,也就是:

$$P=(1-\tau)C\int_0^m \delta(u)\mathrm{d}u+FV\delta(m) \tag{5-39}$$

其中,τ 是有效收入税收率。对式(5-39)做最小二乘估计可以得到相应的系数。有效收入税收率要使得观察值与实际值的残差平方和最小,从而必须通过解非线性问题得到 τ 的最优解。对于有效收入税收率 τ 并没有明确的解释含义,麦卡洛克将其解释为财政部的新国债发行时所采用的利率支付的逼近值。

(2) 谢弗(Schaefer, 1981)。谢弗是从另外一个角度来考虑这个问题,他通过一个简单的例子说明,如果市场上存在不同种类的税收的投资者,那么给定市场上一组债券的价格,是不可能求出唯一的利率期限结构。不妨假设市场上有两种投资者,其中一种是免税的,另外一种的利息收入税率为50%,两种存续期为一期的债券,其中一只债券的息票率为4%,另外一只债券的息票率为10%,二者都是在到期日还本付息(假设本金是100)。那么,可以得到两种不同的债券定价公式。

$$\text{免税的投资者:}P_1=\frac{104}{1+r_1},\ P_2=\frac{110}{1+r_1} \tag{5-40a}$$

$$\text{缴税的投资者:}P_1=\frac{102}{1+r_1'},\ P_2=\frac{105}{1+r_1'} \tag{5-40b}$$

从上面的等式可以看出,如果市场上的两种债券的价格 P_1、P_2 已知,那么到期收益率 $r_1>r_1'$,从而在这两种不同投资者之间会存在明显套利。为了避免这种套利,谢弗假设市场上并不存在卖空机制,即不能套利,从而债券不会以低价卖出。考虑到税率 τ,债券的定价

① 顺便提一下,Svensson(1993)利用McCuloch的方法,通过对债券数据拟合得到贴现函数和即期以及远期利率曲线,但是其用的不是样条函数,而是Nelson-Siegel方法函数的形式。Svensson指出,对于货币政策应用者来说,这样函数的简单形式就能够拟合得比较好。在他的文章中,为了估计瑞典的远期利率函数,他通过增加第四项 $\beta_3[(m/\tau_2)\exp(-m/\tau_2)]$,虽然增加了两个待估计的参数,但是极大地增加了模型的平滑性。Svensson同时指出,Nelson-Siegel的原始模型在多数情况下拟合效果是比较好的。

公式应变为：

$$P \geqslant \frac{C}{(1+r_1)} + \frac{C}{(1+r_2)^2} + \cdots + \frac{C+FV}{(1+r_m)^m} \tag{5-41}$$

上述公式中的现金流都是税后的，且利率期限结构都已经考虑到税率。据此，谢弗认为不存在唯一的利率期限结构，而存在一系列的利率期限结构，不同的期限结构应该由相对应的不同的税率的投资者手中的有效债券的价格来估计。由于式(5-41)是个不等式，要估计出利率期限结构，就需要线性规划的技术，在式(5-41)的限制之下，使得投资者持有与债券相同的现金流而成本为最小。谢弗的这种方法和麦卡洛克比起来，相对复杂，这是因为：从定义可以看出，麦卡洛克只要算出一种利率期限结构，从而避免了求算多种利率期限结构的麻烦。当然，由式(5-39)求算出来的利率期限结构可以看成为某种投资者考虑所有收入税收率的平均值；从式(5-41)可以看出，如果投资者对于某种到期日的债券有所偏好，那么税率应用到收益率曲线的全部阶段是不现实的。

当个人机构者在决定投资于哪只债券的时候，谢弗的这种方法比较适合，因为税率和现金流的结构都是已知的，或者最起码是可以理论逼近的。然而，如果用这种模型对于一个市场的利率期限进行估计的时候，就会产生一个问题：如果简单地选取一个特殊的税率，如10%的税率来作为这个市场代表性税率，那么其所包含的信息只是用于估计此利率期限的债券，而没有包括其他的债券的信息。如果考虑包括接近有效的债券(在一定范围内)，效果可能会好点，但是始终还是有一些债券的信息不能包括进去。因此，如果不对市场本身做一定的假设，那么上述方法做出来的利率期限结构不具有代表性。

5.2.2　传统解释：三种假设

利率期限结构的早期理论主要涉及利率期限结构形成假设，它的研究方法还较为粗糙，都以对投资者的债券种类选择行为提出某种假说来定性说明实际市场中观察到的收益率经验曲线为基本特征。根据假说的不同可区分为三类。

1. 预期理论(Expectation Hypothesis)

它认为当前利率代表了对未来利率变化的一种变化。预期理论可追溯至费雪(Fisher，1896)，他最早提出了投资者对未来即期利率的预期将会影响到当前长期利率水平的观点，希克斯(Hicks，1939)和卢茨(Lutz，1940)发展并完善了这一假说，此后马尔基尔(Malkiel，1966)和罗尔(Roll，1970)又做了一些新的补充。关于债券收益率水平及其与到期期限之间的关系，预期理论认为，投资者的资金可以在长期和短期债券市场中自由转移，收益率高的债券吸引资金流入；反之，收益率低的债券资金流出。根据市场的无套利(no arbitrage)原则，在均衡状态下，不论投资于何种期限的债券，投资者在同一时期跨度内所获得的收益水平将趋于一致。而且，对收益水平的不同定义又分别对应不同的预期假设。其中最主要的假设就是期望假设，又可以分为纯粹期望假设(pure expectation hypothesis)和一般期望假设(general expectation hypothesis)。

纯粹期望假设：在某一个时期，持有短期债券和长期债券的期望收益率是一样的。对一个期限为 1 期的零息债券而言，其收益率为 $1+r_{1t}$；对期限为 n 期的零息债券而言，其 1 期的收益率为：

$$\frac{P_{n-1,\ t+1}}{P_{n,\ t}}=\frac{(1+r_{nt})^n}{(1+r_{n-1,\ t+1})^{n-1}}$$

所以:

$$1+r_{1t}=E_t\left(\frac{(1+r_{nt})^n}{(1+r_{n-1,\ t+1})^{n-1}}\right)=(1+r_{nt})^n E_t\ (1+r_{n-1,\ t+1})^{-(n-1)}$$

长期债券在 n 个时期中的收益率等于每个一期债券在 n 期中的复合收益率:

$$\begin{aligned}(1+r_{nt})^n&=E_t((1+r_{1,\ t})(1+r_{1,\ t+1})(1+r_{1,\ t+2})\cdots(1+r_{1,\ t+n-1}))\\&=(1+r_{1t})E_t((1+r_{n-1,\ t+1})^{n-1})\end{aligned}$$

因此:

$$1+r_{1t}=\frac{(1+r_{nt})^n}{E_t[(1+r_{n-1,\ t+1})^{n-1}]}$$

但是,根据詹森不等式(Jansen's inequality),有:

$$E_t\left[\frac{1}{(1+r_{n-1,\ t+1})^{n-1}}\right]\neq\frac{1}{E_t[(1+r_{n-1,\ t+1})^{n-1}]}\tag{5-42}$$

所以,两个期望假设互相矛盾,这里面有个凸性的问题。由于存在这个问题,纯粹期望假设本身就存在着缺陷。为了解决这个问题,引入了期限溢酬(term premium),这个问题就可以解决了。事实上,纯粹期望假设是一般期望假设的一个特例。而且,随着时间的推移,期限溢酬会不断的发生变化。这就需要新的理论和模型进行解释和分析。

2. 流动性偏好(liquidity preference)理论

它认为由于投资者流动性对短期债券有偏好,为了诱使投资者购买长期债券,必须提供更高的利率,二者的差额就是流动性报酬(liquidity premium)。预期假设的一个基本结论是,投资者根据所掌握的充分信息对债券的收益率做出合理预期,只要收益水平相同,他们并不特别厌恶或偏好某种期限的债券。在实践中,人们发现长、即期利率与债券价格的关系并不完全符合预期假设,在相同的收益水平下,人们似乎更偏好短期债券,未来总是充满太多的不确定性变化,长期债券唯有价格更低、收益率更高方能吸引投资者。

凯恩斯(Keynes,1930)指出了期货价格小于即期价格的可能性,他认为,寻求降低风险的交易者,如生产者参与远期、期货类金融交易目的在于锁定未来的收益,投机者的交易动机则在于获得期货与现货价格之间的价差,为吸引他们购买期货合同,农户只能以较低的期货价格出售自己的产品,让渡一定的风险报酬给投机者,这一风险报酬凯恩斯称之为交割延期费(backwardation)。在凯恩斯"交割延期费"概念的基础上,希克斯(1939)提出利率期限结构的流动性偏好理论。在希克斯看来,为稳定未来的资本金供给,资金的借方总是希望借贷期越长越好;资金的贷方为避免未来收益的不确定性则希望借贷期越短越好,期限越长资金的流动性越差;投机者的存在弥合了资金借贷、供求在期限长短上的错位,他们借短而贷长,同时索求相应的期限溢酬以补偿损失的资金流动性和所承担的风险,长期债券收益水平隐含的远期利率自然地高于未来短期债券的预期即期利率,两者之间的差额就是所谓的期限风险溢酬。也就是说,若风险溢酬为正,债券期限结构收益率曲线向上倾斜,远期(forward)的收益率曲线也向上倾斜且位于预期的未来即期利率曲线的上方，两者相差风险溢酬的距离，如图 5-4(a)所示。

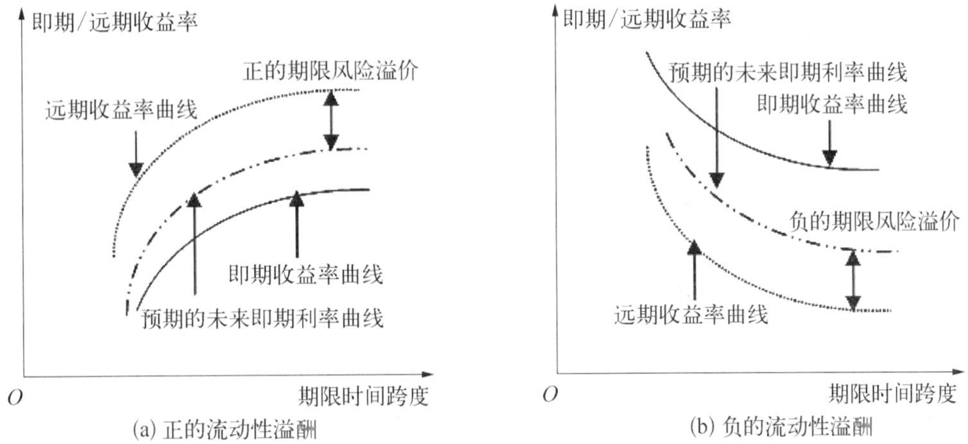

图 5-4　流动性溢酬与期限结构

在凯恩斯的期货风险报酬理论中，寻求降低风险的交易者对期货的净需求为负(net short)；换言之，想要降低风险的交易者更愿意卖而不是买期货。实际上，寻求降低风险的交易者可以通过同时买卖期货作套利交易来规避市场风险，这时他们对期货的净需求为正(Houthakker，1957；Cootner，1960)，期货价格高于现货价格，风险报酬为负，霍撒克和库特纳称此负的风险报酬为交易延期费(contango)。考克斯、英格索尔和罗斯(1981)借鉴这一思想，证明了债券利率期限风险溢酬可正也可负，若投资者构造投资组合时更愿意购买长期债券以规避即期利率波动风险，长期债券价格上升而短期债券价格下降，远期利率下降而即期利率上升，期限风险溢酬将变为负，此时，市场预期未来的利率水平将走低，债券期限结构收益率曲线向下倾斜，远期收益率曲线也向下倾斜且位于预期的未来即期收益率曲线的下方，如图 5-4(b)所示。

3. 市场分割理论(market segmentation)或者偏好栖息(preferred habitat)

它认为在某个分割的市场上，投资者由于自身头寸的需要，可能对某个期限的债券的需要大于其他债券，因此这个债券的价格就会上升，收益率下降。

预期假设中，投资者并不偏好某种期限的债券，各种期限债券互为完全替代品，均衡状态下，根据长期债券与短期债券的投资收益水平相同这一关键假设求出远期利率与即期利率。并且，期限结构收益率曲线充分反映了市场对利率未来变化的预期。也就是说，曲线向上倾斜，市场认为当前的即期利率水平低而预期未来会走高；曲线向下倾斜，则表明市场判断当前即期利率水平高，未来将会走低。一般而言，人们观察到的收益率曲线总是向上倾斜；换言之，市场总是判断当前利率水平过低而预期未来走高，预期假设无法解释这一经验事实发生的必然性。

就此，卡尔伯特森(Culbertson，1957)提出市场分割(market segmentation)假设来加以解释，他认为不同投资者对长期和短期债券都有自己的独特偏好，债券的短期市场和长期市场是完全有效分割的，它们分别在相互分离的市场中交易，某种期限债券期望收益率的变动不影响市场对另一种期限债券的需求，债券投资的短期收益和长期收益由各自市场上的供给与需求决定,两种期限债券之间的相互替代弹性为零。一般而言,投资更偏好期限短、风险低的短期债券,债券价格高而收益率低;与此相反,期限长、风险高的长期债券需求强度小,债券价格低而收益率高,因此利率期限结构收益率曲线通常总是向上倾斜的。市场分割理论认为市场分割的原因有如下六点:① 法律上的限制;② 缺乏能够在国内市场上销售的统一的债务工具;③ 危机引起的收益的巨大变动;④ 缺少能够提供给未来购买者和出售者的连续的现期价格自由市场;⑤ 未来不确定性(风险);⑥ 投资者不能掌握足够的知识。

莫迪利亚尼和萨奇(Modigliani, Sutch,1966)的期限偏好理论推广了卡尔伯特森的市场分割假设,认为市场有 N 种期限债券,由于投资者所在行业以及资金来源等因素,他们对各种期限的债券各有偏好。例如,在资金市场上,有些债权人,如商业银行,只能提供短期资金;而另一些债权人,如退休基金、人寿保险公司等,只在长期资金市场中经营。同时,有些借款人只需要短期资本,而另一些借款人需要长期资本。在一般情况下,他们只投资于所偏好的"最安全"的债券。因此,投资者的种类和偏好成为债券期限结构收益率曲线形状的决定因素。当市场投资者主要由人寿保险公司和退休金基金会等机构构成时,它们更注重投资的安全性,长期的"安全"债券是其首选,类似地,对长期债券需求的增强将压低长期利率,期限结构收益率曲线向下倾斜;商业银行为代表的投资者更注重资金的流动性与盈利性,短期债券更受其青睐,从而即期利率变低,期限结构收益率曲线将向上倾斜。因此,期限偏好理论同样能够解释不同形状的收益率曲线,流动性偏好理论可视为它的一个特例,即假定市场的所有投资者都偏好短期债券。

对利率期限结构形成假设检验——不同的学者利用不同的方法,使用不同国家的数据对利率期限结构形成假设进行了检验。一开始由于研究者很难找到表示市场一致预期的变量,对早期理论尤其是预期假设的经验检验一度处于困境,后来罗尔(Roll,1971)提出用市场组合的收益率来表示市场的一致预期,并运用夏普-林特纳-莫辛(Sharpe-Lintner-Mosin)资本资产定价模型对流动性期限风险溢酬的存在性进行了检验,发现在检验的样本期内的确存在正的流动性风险溢酬,即期限结构收益率曲线向上倾斜。

有学者在代表性投资者效用最大化的基础上,使用广义矩方法对市场预期假设的非线性关系进行了分析,认为随时间变化的风险溢酬和异方差对分析战后美国的债券市场十分重要(Lee, 1989)。卡尔伯特森(Culbertson, 1957)对流动性溢酬等影响利率期限结构的因素进行了分析,发现市场预期假设不能解释美国战后资料。坎贝尔(Campbell, 1986)对利率期限结构进行了线性估计,并证明不同形式的市场预期假设在常数的风险溢酬条件下可以同时成立,从而就解决了考克斯等(Cox, Ingersoll & Ross,1981)所提出的不同形式的市场预期假设在风险溢酬为 0 时互相矛盾的问题。坎贝尔和希勒(Campbell & Shiller, 1991)则分析了长短期利率差距(Yield spread)对将来利率变动的预期能力并发现了一些与市场预期假设不符的现象。弗鲁特(Froot, 1989)根据市场调查资料对市场预期假设在估计将来利率的有效性进行了实证分析。实证分析结果表明市场预期假设在短期内无效,在长期内具有一定的估计能力。

总之,在利率期限结构形成假设方面,市场分割假设逐渐地被人们所遗忘,因为随着市场的发展、技术的进步、市场交易规模的扩大,市场已经逐渐形成一个统一的整体;而且市场预期假设如果没有同流动性溢酬相结合,都会被市场资料所拒绝。同时,流动性溢酬呈现出不断变化的特征。因此必须在市场预期假设的模型框架中引入流动性溢酬假设,以便能够更好的解释利率的变化。

5.2.3　现代观点：均衡模型 Vs 套利模型

正如上一节讨论的那样，以某种假设来说明收益率曲线的形状，这是早期理论的基本特点。由于受到分析工具（主要是数学）的限制，早期理论尚未涉及利率变化与债券市场均衡的动态性质与特征。

20 世纪 70 年代是早期理论与现代理论在时间上的分水岭。在 1973 年布莱克和斯科尔斯取得关于期权定价分析的突破性进展之后，研究人员大量运用随机微积分等数学工具来研究利率变化的动态性质。包括默顿、考克斯、英格索尔、罗斯、瓦西塞克、多森、斯坦顿、达菲、辛格尔顿、希思、杰罗、摩顿在内的一大批金融经济学家运用连续时间分析中的维纳过程和鞅等工具建立了种类繁多的利率期限结构模型，用以研究债券收益率水平及以此为标的的利率衍生品价值的动态变化特征，大大提高和推进了利率期限结构理论研究的深度与广度。一般而言，根据利率期限结构模型的推理逻辑，大致可以把众多的期限结构模型分为两个大类型。第一种是均衡模型（equilibrium model），它们通常根据市场的均衡条件求出利率运动所必须遵循的一个过程。在这些模型中，相关的基础经济变量是输入变量，利率水平是输出变量。代表模型如瓦西塞克、CIR 模型等。另一种是无套利模型（No Arbitrage Model），它们通过相关债券等资产之间必须满足的无套利条件进行分析，在这些模型中，利率水平是一个输入变量，相关金融产品的价格是输出变量。代表模型如 HW、HJM、BGM 模型等。

就金融思想史的发现历程来看，今日庞大的利率期限结构模型家族，大致经历了四个阶段，下面简要描述这四个阶段和每个阶段中的代表作品，以期为后面的具体分析提供一个轮廓和线索。

第一个阶段当然始于布莱克-斯科尔斯（Black-Scholes，1973）模型和默顿（Merton，1973）模型的创立。这些模型根据对基础资产价格的对数正态分布的假设，得到一个用累计正态分布密度函数表示的衍生产品价格的解析解。其假定服从对数正态分布的基础资产包括债券、即期利率、远期利率和互换利率等。一般用布莱克-斯科尔斯模型定价的利率产品可分为两大类——国债产品和 LIBOR 产品（如利率上限、互换期权等）。

早期 BS 模型在应用于利率衍生品领域时受到的主要批评在于债券具有随到期日的临近其市价逐渐回复到其面值的现象，即债券价格的波动率在接近到期日时会逐渐减小，这与 BS 模型中假定常数波动率的做法显然不符。BS 模型在该领域受到的另一主要批评是在 LIBOR 产品市场中，公司债券的发行人在发行附带可赎回权的债券后，会同时与某银行或其他金融机构签订互换协议，从而把固定利率借款转化为浮动利率借款，这种做法相当于银行成为一个互换期权的买方。银行同时还经常作为利率上限的卖方，为需要锁定借款成本的融资人提供融资便利，作为互换期权的买方与利率上限的卖方，银行很容易发现这两种产品之间存在天然的联系——互换利率是基础远期利率的加权的平均值，其权重是随机性的，但是 BS 方法只能给出不同期限的利率期权元（caplets）在同一预期波动率参数下的价值，不能给出互换期权的波动率与各 caplets 的波动率之间的关系，相应的如果用 caplets 和互换期权作为对冲工具，其与被对冲资产的协变关系等无法从 BS 框架下推导出来。BS 方法的这些缺陷推动了收益率曲线模型的发展。

第二阶段的核心工作是提出了早期的收益率曲线模型。该阶段的研究者发现了利率随机性质的重要意义,并用随机运动模型来描述即期利率的演变。其特点是假定全部收益率曲线只被一个基础变量——期利率驱动,而它可以用一个均值回复随机过程来表示。由于只有一个不确定性来源,可以很容易地构造出无风险组合来为相应的衍生品定价。

瓦西塞克(Vasicek, 1977)首先提出了一个均值回复的期限结构模型,考克斯等(Cox, Ingersoll, Ross, 1985)进一步把期限结构理论推广到一般均衡下的经济环境中去。CIR模型保留了即期利率围绕均值变动的性质,但是与瓦西塞克模型假设固定方差的做法不同,它允许即期利率的方差与即期利率的平方根成正比。这两个模型都预先规定了利率动态变化的具体结构,然后描述期限结构基于经济基础变量的系统变动。

一直到1993年HJM模型类出现前,由瓦西塞克和CIR倡导的建模方法始终是这十年内利率模型研究的主流方法。它给定了一个均衡经济体系,使利率建模方法建立在坚实的微观经济理论的基础上。它能在一定程度上拟合当前的收益率曲线,并指出其未来可能的变动,其于市场价格的差异很可能指出潜在的交易机会。

因此,Vasicek模型和CIR模型归于“均衡模型”一类,它们明确规定了风险的市场价格,而且可以得到一个一般均衡的经济状态。许多研究者进一步把这两个模型扩展到期限结构的动态变化受多个因素影响的情况。除了瞬时即期利率,研究者还使用了这样一些因素,如长期利率的随机均值、即期利率的随机波动性和各种期限的利率等①。

第三个阶段的标志是套利模型的出现。该阶段的代表模型是布莱克-德曼-托伊(Black-Derman-Toy)模型、赫尔-怀特(Hull-White)模型以及作为其特例的扩展的Vasicek模型和扩展的CIR模型。其共同的特征是模型的均值回复项都是时变的,因此可以通过调整均值回复项拟合任意形状的初始收益率曲线,并且这类模型第一次可以被交易商用来识别不同到期日的caplets之间由于波动率的变化可能带来的套利机会。套利模型和均衡模型有着类似的结构,区别在于它们用不同的量来拟合模型参数。均衡模型明确规定了风险的市场价格,并且假设它的模型参数与时间无关,因此可以用历史数据通过统计估计得出。经济学家们通常用这些模型来理解期限结构的形状并对未来经济状况进行预测。然而,交易商们却更喜欢使用套利模型,因为这些模型已经经过拟合,使得基础证券的模型价格与市场价格一致。

第四阶段为HJM模型类阶段。在实践中,利率衍生品定价要求从利率模型中导出的债券价格与观察到的初始期限结构一致,以便于对基础证券进行套期保值。因此,为避免套利机会,套期保值投资组合中的衍生品价格应该基于基础证券的市场价格制定。出于这一目的,有学者从初始市场曲线开始,建立了基于整个远期利率曲线演变的利率衍生品定价的框架(Health, Jarrow, Morton, 1992)。这一方法是由侯-李(Ho-Lee)最先提出的,用无套利条件来确定远期利率漂移项和扩散项之间的关系。HJM模型在其基础上提出了一个一般性的结构。

最早的HJM方法可以追溯到1987年前后,但是由于HJM类模型方法的抽象与数值计算的困难,其正式应用于实践领域则开始于1993年到1994年间。在HJM模型类中传统的求封闭解、重合树等方法都已失效,代之以改进后的蒙特卡罗(Monte-Carlo)技术。在克

① 单因素和多因素模型的参数都可以根据利率和债券价格的历史数据估计出来,并可以用来给政府债券和债券期权定价。但是,在其他时点上,根据这些参数得出的债券价格往往与市场价格不同,这有助于债券投资者根据有关经济基础变量的模型假设,找出债券可能的定价错误。但是,在利率衍生品定价、曲线拟合与风险管理等领域需要能够精确拟合收益率曲线的模型,此时均衡模型存在较大的局限性,因此产生了套利模型。

服了早期HJM模型的拟合的困难后，交易商可以避开估计一些难以估计的变量，如即期利率的回复水平、回复速度和波动率等，直接通过一些可交易产品表达对未来利率各种特征的观点。另外，HJM模型类还可以直接为互换利率建模，这在为LIBOR类产品的定价与对冲时非常方便。

不过，在应用HJM模型对衍生品定价的过程中还遇到了一些困难。其中之一就是瞬时远期利率的期限结构不能通过直接观察获得，因此HJM模型不便于直接应用。而且，瞬时远期利率经连续复利后得到的利率过程不符合对数正态分布，增加了计算的难度。为解决这一问题，布雷斯(Brace)等人于1997年提出了市场模型，可以直接在HJM模型下对有限到期时间的可观察利率(如LIBORs互换利率等)建模。至此，利率期限结构理论的主要部分就基本完成了，不过新模型的开发和新技术的应用总是层出不穷的。

一般说来，不管具体的假设如何变化，构建利率期限结构模型总会历经以下四个步骤。

(1) 确定模型中的状态变量。状态变量的选择取决于建模的目的，一般的选择包括：可以从收益率曲线中直接获得的变量，如即期利率、远期利率和互换利率；或者隐含的状态变量，如即期利率的波动率、时变的均值等不能直接观测得到的量①。

(2) 确定状态变量的动态过程。例如如果要求利率过程具有均值回复性，则可以加入相应的回复项。具体形式的选择一般受到求解的难易程度、拟合的难易程度等多种因素的影响。

(3) 确定求解的计算方法。常数波动率结构的模型可以用二项树等网格方法求解，但这类模型波动率过于简单，不能有效的拟合一些较为复杂的产品。时变的波动率结构通常可以用蒙特卡罗模拟法、有限差分法等求解，有时对于特定产品这些方法求解的效果也不够理想。

(4) 确定参数估计的方法。选择适当的参数以尽可能近似地恢复市场价格，这一过程又叫作模型拟合。时间序列分析的常用技术都可以用到利率模型的拟合中来，如广义矩估计法、最大似然法等，同时还要找到合适的数据用于拟合，如选择拟合利率上限还是互换期权的价格，或者要求模型能够同时拟合利率上限与互换期权。有时由于缺少合适的产品，模型只能直接拟合历史利率数据，并从其他产品的价格中估计出风险的市场价格②。

在以下的讨论中，我们大致根据模型开发的承启关系来安排材料——最初的研究通常假定即期利率是影响债券价格变化的唯一状态变量，此后又有研究人员将即期利率之外的随机变量引入状态变量集中，认为多种因素共同影响和决定债券价格及相应衍生品价值的变动。根据状态变量集中随机变量的个数，我们可以将利率期限结构模型区分为单因素和两(多)因素模型两大类，而最新的发展则体现在新一代的市场模型上。因此，以下的分析就从单因素模型到两(多)因素模型再到市场模型逐步展开。

5.3　单因素模型

5.3.1　瓦西塞克(Vasicek)模型

作为开创性的第一个现代利率期限结构模型，瓦西塞克的灵感直接来自B-S经典分

① 有的模型首先会设定一种均衡经济，状态变量服从的过程由该经济体系来给定，如均衡模型中CIR模型、Longstaff-Schwartz模型等，而在实务中驱动状态变量的基本经济因素通常忽略不计。

② 模型需要不断地重新拟合。市场交易商可能需要每隔几分钟就对交易模型的参数重新调整一次。

析,只是稍加修改。本节这样安排对 Vasicek 模型的讨论内容,首先设定它的分析框架,并简要讨论在此框架下的债券定价原理,以及一般风险中性定价方法的运用,然后再转到特定的参数和模型上,获得具体的利率期限结构,最后做评价和小结。

1. 模型设定

先引入如下变量:$P(t, T)$为 T 时刻到期的零息债券在 t 时刻的价格;$R(t, \tau)$是在 t 时刻,适用于到期时段 τ 的利率;$r(t)$是 t 时刻的瞬时利率;$f(t, T)$为 t 时刻确定的从 T 时刻开始的瞬时远期利率 ($t < T$)。上述几个变量之间的关系可以表示如下,由于:

$$P(t, t+\tau) = \exp[-\tau \times R(t, \tau)]$$

所以:

$$R(t, \tau) = -\frac{1}{\tau}\log P(t, t+\tau) \tag{5-43}$$

又因为:

$$P(t, t+\tau) = \exp\left[-\int_t^{t+\tau} f(t, \tau)\mathrm{d}\tau\right]$$

也即:

$$\exp[-\tau \times R(t, \tau)] = \exp[-\int_t^{t+\tau} f(t, \tau)\mathrm{d}\tau]$$

所以:

$$R(t, \tau) = \frac{1}{\tau}\int_t^{t+\tau} f(t, \tau)\mathrm{d}\tau \tag{5-44}$$

$R(t, \tau)$和 $r(t)$的关系如下:

$$\lim_{\tau \to 0} R(t, \tau) = R(t, 0) = r(t) \tag{5-45}$$

Vasicek 模型有以下三个假设。

(1) 现在时刻的瞬时利率是已知的,且瞬时利率是时间的连续函数,服从马尔可夫过程,也即瞬时利率的未来值只与瞬时利率的现在值有关,与其过去值无关。

从瞬时利率服从马尔可夫过程可以得到下面的结论,即现在时刻的瞬时利率可以用来作为状态变量,因为瞬时变量的未来值用其现在时刻的值就可以完全刻画了,这正好是状态变量的定义。连续的马尔可夫过程也被称为扩散过程,可以用下面的表达式来表示:

$$\mathrm{d}r = \nu(r, t)\mathrm{d}t + s(r, t)\mathrm{d}W \tag{5-46}$$

其中,$\nu(r, t)$是瞬时漂移率,$s(r, t)$是瞬时波动率。

(2) T 时刻到期的零息债券在 t 时刻的价格为 $P(t, T)$,这个价格是市场在 t 时刻对 $\{r(t^*), t \leqslant t^* \leqslant T\}$ 的估计的函数。根据 $r(t^*)$的马尔可夫过程假设,$t \leqslant t^* \leqslant T$ 的 $r(t^*)$可根据 $r(t)$而确定,因此 $P(t, T)$可以写成 $r(t)$的函数,也即:

$$P(t, T) = P(r(t), t, T) \tag{5-47}$$

根据 $R(t, \tau)$和 $P(t, T)$之间的关系,从上式可以看出,整条期限结构曲线都是根据 $r(t)$来决定的。

(3) 市场是有效的。没有交易成本;投资者同时获得与投资有关的信息;投资者对同一投资项目的期望收益评估是相同的;投资者都是逐利的,也即无风险套利机会是不存在的。

根据式(5-47),对 $P(t, T)$应用伊藤定理可得:

$$\begin{aligned} dP &= \frac{\partial P}{\partial t}dt + \frac{\partial P}{\partial r}dr + \frac{1}{2}\frac{\partial^2 P}{\partial r^2}(dr)^2 \\ &= \left(\frac{\partial P}{\partial t} + \frac{\partial P}{\partial r}\nu(r, t) + \frac{1}{2}\frac{\partial^2 P}{\partial r^2}s^2(r, t)\right)dt + \frac{\partial P}{\partial r}s(r, t)dW \end{aligned} \tag{5-48}$$

令:

$$\begin{aligned} \mu(t, T) &= \frac{1}{P}\left[\frac{\partial P}{\partial t} + \frac{\partial P}{\partial r}\nu(r, t) + \frac{1}{2}\frac{\partial^2 P}{\partial r^2}s^2(r, t)\right] \\ \sigma(t, T) &= -\frac{1}{P}\frac{\partial P}{\partial r}s(r, t) \end{aligned} \tag{5-49}$$

则式(5-48)可以写成:

$$dP = \mu(t, T)P\,dt - \sigma(t, T)P\,dW \tag{5-50}$$

接下来,我们考虑一般化的债券定价方法。考虑以下交易策略。在时刻 t,我们构建如下组合:卖空 V_1 单位的到期时间为 T_1 的零息债券,买入 V_2 单位的到期时间为 T_2 的零息债券。整个组合可以表示为 $V = V_2 - V_1$,且有:

$$\begin{aligned} dV &= V_2 dP(t, T_2) - V_1 dP(t, T_1) \\ &= (V_2\mu(t, T_2) - V_1\mu(t, T_1))dt - (V_2\sigma(t, T_2) - V_1\sigma(t, T_1))dW \end{aligned} \tag{5-51}$$

从上式可以看出,如果下式成立:

$$V_2\sigma(t, T_2) - V_1\sigma(t, T_1) = 0 \tag{5-52}$$

那么,式(5-50)就只剩下确定项了。而从式(5-51)可以求解 V_1 和 V_2 的关系如下:

$$(V + V_1)\sigma(t, T_2) - V_1\sigma(t, T_1) = 0$$

$$V_1\sigma(t, T_1) - V_1\sigma(t, T_2) = V\sigma(t, T_2)$$

故:

$$V_1 = \frac{V\sigma(t, T_2)}{\sigma(t, T_1) - \sigma(t, T_2)}$$

同理可得:

$$V_2 = \frac{V\sigma(t, T_1)}{\sigma(t, T_1) - \sigma(t, T_2)}$$

此时式(5-50)变成:

$$dV = V\frac{\mu(t, T_2)\sigma(t, T_1) - \mu(t, T_1)\sigma(t, T_2)}{\sigma(t, T_1) - \sigma(t, T_2)}dt$$

因为,此时不存在不确定性,所以组合 V 的回报率是无风险利率,即:

$$\frac{\mu(t,\ T_2)\sigma(t,\ T_1)-\mu(t,\ T_1)\sigma(t,\ T_2)}{\sigma(t,\ T_1)-\sigma(t,\ T_2)}=r(t)$$

整理得：

$$\frac{\mu(t,\ T_1)-r(t)}{\sigma(t,\ T_1)}=\frac{\mu(t,\ T_2)-r(t)}{\sigma(t,\ T_2)}$$

因为上式中的 T_1，T_2 是任意两个不相等的值，所以由上式可以推广到一般情况，得到：

$$\frac{\mu(t,\ T)-r(t)}{\sigma(t,\ T)}=q(r,\ t) \tag{5-53}$$

其中，$q(r,\ t)$与到期时间 T 无关，它衡量的是每增加一个单位的风险，期望收益增加多少的"风险的市场价格"。进一步，把式(5-49)代入式(5-53)可得：

$$\frac{\partial P}{\partial t}+[\nu(r,\ t)+s(r,\ t)q(r,\ t)]\frac{\partial P}{\partial r}+\frac{1}{2}s^2(r,\ t)\frac{\partial^2 P}{\partial r^2}-r(t)P=0 \tag{5-54}$$

这就是所谓的期限结构方程，它表示了在 Vasicek 模型环境下，一个一般化零息债券的定价等式。为了解该方程，我们要在式(5-12)中指定 $\nu(r,\ t)$、$s(r,\ t)$，风险的市场价格 $q(r,\ t)$，以及边界条件 $P(r,\ T,\ T)=1$。解出 $P(r,\ t,\ T)$后，利用式(5-43)，就可以得到整个利率期限结构 $R(r,\ \tau)$。

2. 风险中性定价

利用风险的市场价格式(5-53)，我们可以得到下式：

$$\mu(t,\ T)=r(t)+q(r,\ t)\sigma(r,\ T) \tag{5-55}$$

因此，式(5-50)可以写成：

$$\begin{aligned} \mathrm{d}P&=(r(t)+q(r,\ t)\sigma(r,\ T))P\,\mathrm{d}t-\sigma(t,\ T)P\,\mathrm{d}W \\ &=r(t)P\,\mathrm{d}t-\sigma(t,\ T)P[-q(r,\ t)\mathrm{d}t+\mathrm{d}W] \end{aligned} \tag{5-56}$$

令：

$$\mathrm{d}\widetilde{W}=-q(r,\ t)\mathrm{d}t+\mathrm{d}W$$

因此，式(5-56)可以写成：

$$\mathrm{d}P=r(t)P\,\mathrm{d}t-\sigma(r,\ t)P\,\mathrm{d}\widetilde{W} \tag{5-57}$$

上式中的 $\mathrm{d}\widetilde{W}$ 是风险中性条件下的维纳过程，由于 $\mathrm{d}W=q(r,\ t)\mathrm{d}t+\mathrm{d}\widetilde{W}$，式(5-46)可以写成：

$$\begin{aligned} \mathrm{d}r&=\nu(r,\ t)\mathrm{d}t+s(r,\ t)\mathrm{d}W \\ &=\nu(r,\ t)\mathrm{d}t+s(r,\ t)(q\,\mathrm{d}t+\mathrm{d}\widetilde{W}) \\ &=(\nu+qs)\mathrm{d}t+s\,\mathrm{d}\widetilde{W} \end{aligned}$$

基于式(5-57)、式(5-54)，以及边界条件 $P(T,\ T)=1$，根据 Feynman-Kac 定理，可以得到：

$$P(t,\ T)=\widetilde{E}_t\left[\exp\left(-\int_t^T r(u)\mathrm{d}u\right)P(T,\ T)\right] \tag{5-58}$$

这里的期望运算是在风险中性测度下进行的，也即 $\widetilde{E}$ 对应于风险中性概率测度 $\widetilde{Q}$。$\widetilde{Q}$ 和实际的概率测度 Q 的关系可以通过风险的市场价格 q 联系起来，根据哥萨诺夫(Girsanov)定理，有下面的表达：

$$\widetilde{\mathcal{W}}=-\int_0^t q\,\mathrm{d}u+\mathcal{W}$$

令 $t\leqslant t^*\leqslant T$，定义拉-登导数：

$$Z(t^*)=\exp\left(\int_t^{t^*} q\,\mathrm{d}\mathcal{W}-\frac{1}{2}\int_t^{t^*} q^2\,\mathrm{d}u\right)$$

通过该导数可以得到新的概率测度：

$$\frac{\mathrm{d}\widetilde{Q}}{\mathrm{d}Q}=Z(T)$$

因此，对任意随机变量 Y 有下面的表达式：

$$\widetilde{E}[Y]=E[Z\cdot Y]$$

根据上述关系，债券价格式(5-58)可以写成：

$$\begin{aligned}P(t,\ T)&=\widetilde{E}_t\left[\exp\left(-\int_t^T r(u)\mathrm{d}u\right)P(T,\ T)\right]\\&=E_t\left[\exp\left(-\int_t^T r(u)\mathrm{d}u\right)P(T,\ T)\cdot\exp\left(\int_t^T q\,\mathrm{d}\mathcal{W}-\frac{1}{2}\int_t^T q^2\mathrm{d}u\right)\right]\\&=E_t\left[\exp\left(-\int_t^T r(u)\mathrm{d}u+\int_t^T q\,\mathrm{d}\mathcal{W}-\frac{1}{2}\int_t^T q^2\mathrm{d}u\right)P(T,\ T)\right]\end{aligned}$$

3. 特定模型

Vasicek 模型就是把上面的一些变量具体化而得到的。例如，令风险市场价格 $q(r,\ t)=q$，令瞬时利率服从奥恩斯坦-乌伦贝克(Ornstein-Uhlenbeck)过程：

$$\mathrm{d}r=\alpha(\gamma-r)\mathrm{d}t+s\,\mathrm{d}\mathcal{W} \tag{5-59}$$

此处 α、γ、s 都是常数，且 $\alpha>0$。其中的瞬时漂移率 $\alpha(\gamma-r)$ 体现出瞬时利率 r 回归到均值 γ 的特点，瞬时利率会不断的趋近长期均值 γ。

把式(5-59)代入式(5-54)可得：

$$\frac{\partial P}{\partial t}+(\alpha(\gamma-r)+sq)\frac{\partial P}{\partial r}+\frac{1}{2}s^2\frac{\partial^2 P}{\partial r^2}-rP=0 \tag{5-60}$$

加上边界条件 $P(r,\ T,\ T)=1$，就可以解出 $P(r,\ t,\ T)$。不妨令债券价格采用以下形式：

$$P(r,\ t,\ T)=A(t,\ T)\mathrm{e}^{-B(t,\ T)r(t)} \tag{5-61}$$

把式(5-61)代入式(5-60)得[①]：

---

① 注意这里的 A_t，B_t 均指相应的导数。

$$A_tB^{-Br}-rAB_t\mathrm{e}^{-Br}-[\alpha(\gamma-r)+sq]AB\mathrm{e}^{-Br}+\frac{1}{2}s^2AB^2\mathrm{e}^{-Br}-rA\mathrm{e}^{-Br}=0$$

$$\Rightarrow$$

$$A_t-(\alpha\gamma+sq)AB+\frac{1}{2}s^2AB^2=rA+rAB_t-\alpha rAB=rA(1+B_t-\alpha B)$$

因为上式右边是有关 r 的表达式,而左边不含 r,所以必然有:

$$1+B_t-\alpha B=0 \tag{5-62}$$

$$A_t-(\alpha\gamma+sq)AB+\frac{1}{2}s^2AB^2=0 \tag{5-63}$$

加入边界条件 $B(T,T)=0$,解式(5-62)可得:

$$B(t,T)=\frac{1}{\alpha}[1-\mathrm{e}^{-\alpha(T-t)}] \tag{5-64}$$

整理式(5-63),可得:

$$A_t-AB\left[\frac{1}{2}s^2B-(\alpha\gamma+sq)\right]=0$$

$$\Rightarrow$$

$$\frac{A_t}{A}-B\left[\frac{1}{2}s^2B-(\alpha\gamma+sq)\right]=0$$

两边同时积分可得:

$$\int_t^T\frac{A_t}{A}-\int_t^T\left(\frac{1}{2}s^2B^2(\mu,T)-(\alpha\gamma+sq)B(\mu,T)\right)\mathrm{d}\mu=0$$

由上式可以推出:

$$\begin{aligned}&\ln A(T,T)-\ln A(t,T)+\frac{1}{2}\frac{s^2}{\alpha^2}\left(\mu-\frac{2}{\alpha}\mathrm{e}^{-\alpha(T-t)}+\frac{1}{2\alpha}\mathrm{e}^{-2\alpha(T-\mu)}\right)\Big|_{\mu=t}^{\mu=T}\\&-\left(\gamma+\frac{sq}{\alpha}\right)\left(\mu-\frac{1}{\alpha}\mathrm{e}^{-\alpha(T-\mu)}\right)\Big|_{\mu=t}^{\mu=T}=0\end{aligned} \tag{5-65}$$

因此:

$$\begin{aligned}\ln A(t,T)&=\frac{1}{2}\frac{s^2}{\alpha^2}\left[(T-t)-\frac{2}{\alpha}(1-\mathrm{e}^{-\alpha(T-t)})+\frac{1}{2\alpha}(1-\mathrm{e}^{-2\alpha(T-t)})\right]\\&\quad-\left(\gamma+\frac{sq}{\alpha}\right)\left[T-t-\frac{1}{\alpha}(1-\mathrm{e}^{-\alpha(T-t)})\right]\\&=\left(\gamma+\frac{sq}{\alpha}-\frac{s^2}{2\alpha^2}\right)\left[\frac{1}{\alpha}(1-\mathrm{e}^{-\alpha(T-t)})-(T-t)\right]-\frac{s^2}{4\alpha^3}[1-\mathrm{e}^{-\alpha(T-t)}]^2\end{aligned} \tag{5-66}$$

把式(5-64)和式(5-66)代入式(5-61)可得债券价格:

$$
\begin{aligned}
P(r, t, T) = \exp\Big\{ &\left(\gamma + \frac{sq}{\alpha} - \frac{s^2}{2\alpha^2}\right)\left[\frac{1}{\alpha}(1 - e^{-\alpha(T-t)}) - (T-t)\right] \\
&- \frac{s^2}{4\alpha^3}[1 - e^{-\alpha(T-t)}]^2 - \frac{r}{\alpha}(1 - e^{-\alpha(T-t)})\Big\}
\end{aligned} \tag{5-67}
$$

式(5-48)、式(5-49)给出了债券价格的动态变化以及 T 时刻到期的债券瞬时收益率的均值和方差。把上述债券定价方程代入计算均值和方差的公式，并用瞬时利率动态变化的参数和风险的市场价值来表达该均值和方差，可得下式：

$$
\begin{aligned}
\mu(t, T) &= r(t) + \frac{sq}{\alpha}[1 - e^{-\alpha(T-t)}] = r(t) + sqB \\
\sigma(t, T) &= \frac{s}{\alpha}[1 - e^{-\alpha(T-t)}] = sB
\end{aligned} \tag{5-68}
$$

从上式可以看出，债券瞬时收益率的方差随着债券存续期的增加而增加，超额收益率和标准差成比例。

定义长期利率为：

$$
R(\infty) = \gamma + \frac{sq}{\alpha} - \frac{s^2}{2\alpha^2} \tag{5-69}
$$

利用式(5-43)可以得到利率期限结构：

$$
R(t, \tau) = R(\infty) + (r(t) - R(\infty))\frac{1}{\alpha\tau}(1 - e^{-\alpha\tau}) + \frac{s^2}{4\alpha^3\tau}(1 - e^{-\alpha\tau})^2, \ \tau > 0 \tag{5-70}
$$

当 $\tau = 0$ 时，由式(5-70)可得到瞬时利率；当 $\tau \to \infty$ 时，$R(t, \tau) \to R(\infty)$，这也符合此前的定义。进一步看，期限结构的斜率可以通过如下方法求得：

$$
\begin{aligned}
\frac{\partial R(t, \tau)}{\partial \tau} = &-\frac{r(t) - R(\infty)}{\alpha\tau^2}(1 - e^{-\alpha\tau}) + \frac{r(t) - R(\infty)}{\alpha\tau}\alpha e^{-\alpha\tau} \\
&- \frac{s^2 (1 - e^{-\alpha\tau})^2}{4\alpha^3\tau^2} + \frac{s^2(1 - e^{\alpha\tau})}{2\alpha^3\tau}\alpha e^{-\alpha\tau}
\end{aligned}
$$

对于单调递增的期限结构，我们要求，对于所有 τ，$\frac{\partial R(t, \tau)}{\partial \tau} \geqslant 0$，从上式有：

$$
\begin{aligned}
\frac{\partial R(t, \tau)}{\partial \tau} &= \frac{1}{\alpha\tau}\Big\{-\frac{1 - e^{-\alpha\tau}}{\tau}\left[r(t) - R(\infty) + \frac{s^2}{4\alpha^2}(1 - e^{-\alpha\tau})\right] \\
&\quad + e^{-\alpha\tau}\left[\alpha(r(t) - R(\infty)) + \frac{s^2(1 - e^{-\alpha\tau})}{2\alpha^2}\right]\Big\} \\
&\geqslant \frac{1}{\alpha\tau}\Big\{-\frac{1 - e^{-\alpha\tau}}{\tau}\left[r(t) - R(\infty) - \frac{s^2}{4\alpha^2}(1 - e^{-\alpha\tau})\right] \\
&\quad + \alpha e^{-\alpha\tau}\left[r(t) - R(\infty) + \frac{s^2(1 - e^{-\alpha\tau})}{4\alpha^2}\right]\Big\} \\
&= \frac{1}{\alpha\tau}\left[\alpha e^{-\alpha\tau} - \frac{1}{\tau}(1 - e^{-\alpha\tau})\right]\left[r(t) - R(\infty) + \frac{s^2(1 - e^{-\alpha\tau})}{4\alpha^2}\right]
\end{aligned}
$$

因为：

$$\alpha \mathrm{e}^{-\alpha\tau} - \frac{1}{\tau}(1-\mathrm{e}^{-\alpha\tau}) = \frac{(1+\alpha\tau)\mathrm{e}^{-\alpha\tau}-1}{\tau} < 0, \ \forall \tau \tag{5-71}$$

所以，当 $r(t) - R(\infty) + \dfrac{s^2(1-\mathrm{e}^{-\alpha\tau})}{4\alpha^2} \leqslant 0$，也即 $r(t) \leqslant R(\infty) - \dfrac{s^2(1-\mathrm{e}^{-\alpha\tau})}{4\alpha^2}$ 时，$\dfrac{\partial R(t,\tau)}{\partial\tau} \geqslant 0$。

又因为 $\tau \in [0, \infty)$，$\mathrm{e}^{-\alpha\tau} \in (0, 1]$，所以 $(1-\mathrm{e}^{-\alpha\tau}) \in [0, 1)$，因此有：

$$R(\infty) - \frac{s^2(1-\mathrm{e}^{-\alpha\tau})}{4\alpha^2} \in \left(R(\infty) - \frac{s^2}{4\alpha^2}; R(\infty)\right] \tag{5-72}$$

所以，对于单调递增的期限结构，我们要求：

$$\begin{aligned} & r(t) \leqslant \min(R(\infty) - \frac{s^2}{4\alpha^2}; R(\infty)] \\ & \Rightarrow \\ & r(t) \leqslant R(\infty) - \frac{s^2}{4\alpha^2} \end{aligned} \tag{5-73}$$

对于单调递减的期限结构，有：

$$r(t) \geqslant R(\infty) + \frac{s^2}{2\alpha^2} \tag{5-74}$$

具体过程可以比照单调递增的情况得到。对于介于单调递增和单调递减之间的驼峰状的期限结构，我们有：

$$R(\infty) - \frac{s^2}{4\alpha^2} \leqslant r(t) \leqslant R(\infty) + \frac{s^2}{2\alpha^2} \tag{5-75}$$

4. 评价和结论

作为一个最早期的利率模型，瓦西塞克考虑到了利率的均值回复，而且可以得到零息债券价格的显式表达，这是它的优点；但是，Vasicek 模型会导出负的利率，且不能够导出一些实际观察到的期限结构，这些缺点也是明显的。

5.3.2 CIR 模型

考克斯等人提出的 CIR 模型是在一个“一般均衡”的框架下来考虑利率建模的——在这个一般均衡的框架下，瞬时利率的随机微分方程以及任意利率产品价格的偏微分方程都可以外生的确定，零息债券作为一种特定的利率产品。

CIR 模型内容非常丰富，本节这样安排有关的内容，首先引入一般分析的框架，接着讨论此框架下的一般风险中性定价方法，然后再讨论特定参数设定下的模型，并在此基础上推导利率期限结构，最后做评价和小结。

1. 模型设定

CIR 模型把商品市场和金融市场利息联系起来描述这个一般均衡的经济。CIR 假设一个外生的生产函数和随机变化的技术可以引导出随机变化的投资机会。具体有九个假定。

(1) 整个经济体系只存在一种商品，该种商品既可用于投资也可用于消费，且可用作计价单位。

(2) 存在 n 种生产方式来生产这种商品，投入可以用 $\eta(t)$ 来表达，$\eta(t)$ 是 n 维向量。假设 $\eta(t)$ 的动态变化可以用下面的方程来表达：

$$d\eta(t)=I_\eta\alpha(Y,\ t)dt+I_\eta G(Y,\ t)d\mathcal{W}(t) \tag{5-76}$$

这里，$\mathcal{W}(t)$ 是 $(n+k)$ 维维纳过程；Y 是 k 维状态变量；I_η 是 $n\times n$ 维对角矩阵，对角矩阵对角线上第 i 个元素就是 $\eta(t)$ 的第 i 元素；α 是 n 维向量，其第 i 个元素是第 i 种投入的回报；$G(Y,\ t)$ 是 $n\times(n+k)$ 矩阵，表示投入回报率的标准差。因此，$G'G$ 就是投入回报率的方差协方差矩阵。

(3) k 维状态变量 $Y(t)$ 的动态变化可以表达如下：

$$dY=\mu(Y,\ t)dt+S(Y,\ t)d\mathcal{W} \tag{5-77}$$

这里，k 维向量 $\mu(Y,\ t)$ 表示状态变量的漂移项；$S(Y,\ t)$ 是 $k\times(n+k)$ 矩阵，表示投入状态变量变动的标准差。因此，$S'S$ 就是状态变量变动的方差协方差矩阵。

(4) 进入生产过程是无壁垒的。

(5) 存在瞬时借贷的市场。瞬时借贷的利率为 $r(t)$，在 CIR 模型框架下，该利率是由一个均衡的经济体系决定的。

(6) 存在一个或有要求权的市场，持有这些或有要求权可以获得一定数量的商品。这些或有要求权到期时的支付和总财富及状态变量相关。决定或有要求权的变量和决定经济体系状态的变量都是一样的。因此或有要求权的动态变化如下：

$$dF^i=(F^i\beta_i-\delta_i)dt+F^ih_id\mathcal{W}(t) \tag{5-78}$$

这里，$F^i\beta_i-\delta_i$ 是动态变化的漂移项，其中 δ_i 是持有者收到的现金流，因此 $F^i\beta_i$ 是总收益的均值；h_i 是 $1\times(n+k)$ 维标准差向量，因此 $h_i'h_i$ 就是收益率方差。β_i 的均衡值以及无风险瞬时利率 r 都是外生确定的。

(7) 市场里存在数量固定的投资者，他们的期望函数都是相同的，也即：

$$E\left[\int_t^{t'}U(C(s),\ Y(s),\ s)ds\right] \tag{5-79}$$

这里，$E[.]$ 表示基于当前财富和状态变量值的期望，$C(s)$ 表示 s 时刻的消费，U 表示 Von Neumann-Morgenstern 效用函数。它是增函数，且满足严格凹和二次可微，服从下面的关系：

$$|U(C(s),\ Y(s),\ s)|\leqslant k_1(1+C(s)+|Y(s)|)^{k_2},\ k_1,\ k_2>0$$

(8) 交易和投资都是连续发生的，且都是在均衡价格上成交的，市场没有交易成本。

基于这一框架，如同我们在第 2 章中所做的研究，投资者面临财富分配的最优化问题。投资者的财富除了消费就是投资。但是，因为存在衍生产品，所以最优的分配不是唯一的。我们假定存在一组由生产机会和衍生品投资构成的基，其他最优的投资组合都可以表达为这个基的某个线性组合。这里，假设存在 n 种生产机会和 k 种衍生产品，投资者就是把财富分配到这 $(n+k)$ 维的基向量和第 $(n+k+1)$ 种资产——无风险资产上。

定义W是当前的总财富,a_iW是投资者投资到第i种生产过程上的金额,b_iW是投资者投资到第i种衍生品上的金额。对单个投资者来说,就是在一定约束条件下,选择上面的a_i和b_i使得式(5-54)中的效用最大化,这个约束条件可以表示如下:

$$
\begin{aligned}
\mathrm{d}W+C\mathrm{d}t=&\Big[\sum_{i=1}^{n}a_iW\alpha_i+\sum_{i=1}^{n}b_iW\beta_i+(W-\sum_{i=1}^{n}a_iW-\sum_{i=1}^{n}b_iW)r\Big]\mathrm{d}t\\
&+\sum_{i=1}^{n}a_iW(\sum_{j=1}^{n+k}g_{ij}\mathrm{d}\mathcal{W}_j)+\sum_{i=1}^{k}b_iW(\sum_{j=1}^{n+k}h_{ij}\mathrm{d}\mathcal{W}_j) \qquad (5\text{-}80)\\
=&W\mu(t)\mathrm{d}t+W\sum_{j=1}^{n+k}q_j\mathrm{d}\mathcal{W}_j
\end{aligned}
$$

上式左边是经过$\mathrm{d}t$时段后,未来财富增加和消费的数量,这两项都来源于投资于生产过程和衍生产品的未来收益,这正好是式(5-55)右边的内容。

要求解式(5-79)的效用最大化问题,这里首先引入一个定理:

定理 5.3.1 令$J(W, Y, t)$是下面的贝尔曼方程的解:

$$\max_{\nu\in V}[L^{\nu}(t)J+U(\nu, Y, t)]+J_t=0,\ (t, W, Y)\in D\equiv[t, t')\times(0, \infty)\times R^K \qquad (5\text{-}81)$$

边界条件是:$J(0, Y, t)=E_{Y,t}[\int_t^{t'}U(0, Y(s), s)ds]$

终值条件是:$J(W, Y, t')=0$。

定义$K(\nu(t), W(t), Y(t), t)=E\left[\int_t^{t'}U(v(s), Y(s), s)\mathrm{d}s\right]$,有下面的结论:

给定初值W, Y,对任意的ν,都有$J(W, Y, t)\geqslant K(\nu, W, Y, t)$;如果$\nu'$满足下面的表达式:

$$L^{\nu'}(t)J+U(\nu', Y, t)=\max_{\nu\in V}[L^{\nu}(t)J+U(\nu, Y, t)]$$

则有$K(\nu', W, Y, t)=J(W, Y, t)$,且$\nu'$是最优。此处$J$就是间接效用函数。

(9) 存在唯一的间接效用函数J以及ν'满足贝尔曼方程式(5-81)。

注意到投资比例a_i和消费C都是非负的,最大化$\varphi=L^{\nu}J+U$的充要条件可以表示为C、a、b的函数,这里我们直接引用考克斯等人对于这些充要条件的表述:

$$\varphi_c=U_c-J_w\leqslant 0 \qquad (5\text{-}82a)$$

$$c\varphi_c=0 \qquad (5\text{-}82b)$$

$$\varphi_a=(\alpha-r1)WJ_W+(GG'a+GH'b)W^2J_{WW}+GS'WJ_{WY}\leqslant 0 \qquad (5\text{-}82c)$$

$$a'\varphi_a=0 \qquad (5\text{-}82d)$$

$$\varphi_b=(\beta-r1)WJ_W+(HG'a+HH'b)W^2J_{WW}+HS'WJ_{WY}=0 \qquad (5\text{-}82e)$$

综合式(5-81)和式(5-82)(a—e),给定r、α、β,我们可以得到用W、Y、t表示的$\hat{C}$、$\hat{a}$、$\hat{b}$。考克斯等人证明,如果对任意的i有$\sum a_i=1$和$b_i=0$,那么经济处于均衡,也即均衡时的无风险利率和衍生产品的收益率应该使得投资者把财物都投资到生产过程中,此时随机过程向量(r，β；a，C)就描绘了一个均衡的经济体系。

2. **均衡利率**

考克斯等人同时也证明了均衡时的无风险利率满足下面的表达：

$$\begin{aligned} r(W, Y, t) &= a^{*\prime}\alpha + a^{*\prime}GG'a^{*}W\left(\frac{J_{WW}}{J_W}\right) + a^{*}GS'\left(\frac{J_{WY}}{J_W}\right) \\ &= a^{*\prime}\alpha - \left(\frac{-J_{WW}}{J_W}\right)\left(\frac{\operatorname{var}(W)}{W}\right) - \sum_{i=1}^{K}\left(\frac{-J_{WYi}}{J_W}\right)\left(\frac{\operatorname{cov}(W, Y_i)}{W}\right) \end{aligned} \tag{5-83}$$

其中，a^{*}就是均衡时的最优的生产投资比重。

下面我们来求均衡时的衍生产品的收益率。假设已经求得最优的生产投资比重 a^{*}，把式(5-83)代入式(5-82e)可以求得衍生产品的收益率如下：

$$\begin{aligned} \beta(W, Y, t) &= (a^{*\prime}\alpha)1 + \left(\frac{1}{J_W}\right)[(a^{*\prime}GS'J_{WY})1 - HS'J_{WY}] \\ &\quad + \left(\frac{WJ_{WY}}{J_W}\right)[(a^{*\prime}GG'a^{*})1 - HG'a^{*}] \end{aligned} \tag{5-84}$$

现在对衍生产品 $F(W, Y, t)$应用伊藤定理，可得：

$$\begin{aligned} \mathrm{d}F &= \frac{\partial F}{\partial t}\mathrm{d}t + \frac{\partial F}{\partial W}\mathrm{d}W + \sum_{j=1}^{K}\frac{\partial F}{\partial Y_j}\mathrm{d}Y_j + \frac{1}{2}\frac{\partial^2 F}{\partial W^2}(\mathrm{d}W)^2 \\ &\quad + \frac{1}{2}\sum_{i=1}^{K}\sum_{j=1}^{K}\frac{\partial^2 F}{\partial Y_i \partial Y_j}(\mathrm{d}Y_i)(\mathrm{d}Y_j) + \sum_{j=1}^{K}\frac{\partial^2 F}{\partial W \partial Y_j}(\mathrm{d}W)(\mathrm{d}Y_j) \\ &= \mu_F \mathrm{d}t + \left(F_W aWG + \sum_{j=1}^{k}F_{Y_j}S\right)\mathrm{d}\mathcal{W}(t) \end{aligned} \tag{5-85}$$

其中：

$$\begin{aligned} \mu_F &= F_t + F_W(a'aW - C) + \sum_{j=1}^{k}F_{Yj}\mu_j(Y, t) + \frac{1}{2}F_{WW}\operatorname{var}(W) \\ &\quad + \frac{1}{2}\sum_{i=1}^{k}\sum_{j=1}^{k}F_{YiYj}\operatorname{cov}(Y_i, Y_j) + \sum_{j=1}^{k}F_{WYj}\operatorname{cov}(W, Y_j) \end{aligned}$$

比较式(5-85)和式(5-78)的波动率部分，有下式成立：

$$FH = F_W aWG + \sum_{j=1}^{k}F_{Yj}s$$

将上式代入式(5-84)，可得：

$$\begin{aligned} \beta F &= (a^{*\prime}a)F + a^{*\prime}GG'a^{*}W\left(\frac{J_{WW}}{J_W}\right)F + a^{*\prime}GS'\left(\frac{J_{WY}}{J_W}\right)F \\ &\quad + F_W\left[\left(\frac{-J_{WW}}{J_W}\right)\operatorname{var}(W) + \sum_{j=1}^{k}\left(\frac{-J_{WYj}}{J_W}\right)\operatorname{cov}(W, Y_j)\right] \\ &\quad + \sum_{i=1}^{k}F_{Yi}\left[\left(\frac{-J_{WW}}{J_W}\right)\operatorname{cov}(W, Y_i) + \sum_{j=1}^{k}\left(\frac{-J_{WYj}}{J_W}\right)\operatorname{cov}(Y_i, Y_j)\right] \end{aligned}$$

由式(5-83),上式可以变形为:

$$\beta F=rF+F_W\left[\left(\frac{-J_{WW}}{J_W}\right)\mathrm{var}(W)+\sum_{j=1}^{k}\left(\frac{-J_{WYj}}{J_W}\right)\mathrm{cov}\,(W,\ Y_j)\right]$$
$$+\sum_{i=1}^{k}F_{Yi}\left[\left(\frac{-J_{WW}}{J_W}\right)\mathrm{cov}\,(W,\ Y_i)+\sum_{j=1}^{k}\left(\frac{-J_{WYj}}{J_W}\right)\mathrm{cov}\,(Y_i,\ Y_j)\right] \tag{5-86}$$

上式表明,均衡状态下任意或有要求权的期望收益可以表示为无风险收益加上或有要求权的价格对财富 W 以及状态变量 Y 的一阶微分的线性组合。由于微分部分的系数针对所有的或有要求权都是相同的,因此可以认为这个系数与特定的或有要求权的性质无关。CIR 认为这些系数可以表示为风险因子的溢价。

3. 或有权益定价

比较式(5-85)和式(5-78)的漂移项,可得下式:

$$\beta F-\delta=\mu_f=F_t+F_W(a'aW-C)+\sum_{j=1}^{k}F_{Y_i}\mu_j(Y,\ t)+\frac{1}{2}F_{WW}\mathrm{var}(W)$$
$$+\frac{1}{2}\sum_{i=1}^{k}\sum_{j=1}^{k}F_{Y_iY_i}\mathrm{cov}(Y_i,\ Y_j)+\sum_{j=1}^{k}F_{WY_i}\mathrm{cov}(W,\ Y_j)$$

利用式(5-86),可得:

$$rF+F_W\left[\left(\frac{-J_{WW}}{J_W}\right)\mathrm{var}(W)+\sum_{j=1}^{k}\left(\frac{-J_{WY_j}}{J_W}\right)\mathrm{cov}(W,\ Y_j)\right]$$
$$+\sum_{i=1}^{k}F_{Y_i}\left[\left(\frac{-J_{WW}}{J_W}\right)\mathrm{cov}(W,\ Y_i)+\sum_{j=1}^{k}\left(\frac{-J_{WY_j}}{J_W}\right)\mathrm{cov}(Y_i,\ Y_j)\right]-\delta$$
$$=F_t+F_W(a'\alpha W-C)+\sum_{j=1}^{k}F_{Y_j}\mu_j(Y,\ t)+\frac{1}{2}F_{WW}\mathrm{var}(W)$$
$$+\frac{1}{2}\sum_{i=1}^{k}\sum_{j=1}^{k}F_{Y_iY_j}\mathrm{cov}\,(Y_i,\ Y_j)+\sum_{j=1}^{k}F_{WY_j}\mathrm{cov}\,(W,\ Y_j)$$

对上式进行变形整理,可得到任意或有权益价格的偏微分方程如下:

$$\frac{1}{2}F_{WW}\mathrm{var}(W)+\sum_{j=i}^{k}F_{WY_j}\mathrm{cov}\,(W,\ Y_j)+\frac{1}{2}\sum_{i=1}^{k}\sum_{j=1}^{k}F_{Y_iY_j}\mathrm{cov}\,(Y_i,Y_j)$$
$$\sum_{i=1}^{k}F_{Y_i}\left[\mu_i(Y,\ t)-\left(\frac{-J_{WW}}{J_W}\right)\mathrm{cov}\,(W,\ Y_i)+\sum_{j=1}^{k}\left(\frac{-J_{WYj}}{J_W}\right)\mathrm{cov}\,(Y_i,\ Y_j)\right]$$
$$+(rW-C^*)FW+F_t-rF+\delta=0 \tag{5-87}$$

上式对任意的或有要求权定价均成立。特定的终止条件、边界条件,δ 的结构以及支付流,决定了或有要求权具有特定的价格。

4. 具体化模型

CIR 模型假设了一个具体的经济体系,它假定效用函数的相对风险厌恶为常量,并且具有对数形式,以及与状态变量 Y 无关,具体效用函数形式如下:

$$U[C(s),\ s]=\mathrm{e}^{-\rho s}\ln C(s) \tag{5-88}$$

其中，常数 ρ 为贴现因子。CIR 推导出间接效用函数为如下形式：

$$j(W, Y, t)=f(t)U(W, t)+g(Y, t)$$

由前面得到的引理，有：

$$f(t)=\frac{1-\mathrm{e}^{(-\rho(t'-t))}}{\rho}$$

成立，因此我们可以得到如下结果：

$$\frac{-WJ_{WW}}{J_W}=1 \text{ 和 } \frac{-J_{WY}}{J_W}=0$$

将上述结果代入式(5-83)，则均衡利率可以简化为下式：

$$r=a^{*\prime}a-a^{*\prime}GG'a^{*} \tag{5-89}$$

利用式(5-86)，同样可以得到任意或有要求权的简化形式如下：

$$\beta F=rF+F_W a^{*\prime}GG'a^{*}W+\sum_{i=1}^{k}F_{Yi}a^{*\prime}GS' \tag{5-90}$$

为推导出具体的利率模型，CIR 令：

$$F_W=F_{WW}=F_{WY}=0$$

此外，由于无风险利率和风险因子溢价均与财富相互独立，则或有要求权的定价方程可以简化为如下形式：

$$\frac{1}{2}\sum_{i=1}^{k}\sum_{j=1}^{k}F_{YiYj}\operatorname{cov}(Y_i, Y_j)+\sum_{i=1}^{k}F_{Yi}[\mu i(Y, t)-a^{*\prime}GS']+F_t-rF+\delta=0 \tag{5-91}$$

CIR 在式(5-91)的基础上做了进一步的简化，提出了三个假设。

(1) 生产机会相对时间的变化由单独的状态变量 Y 决定。

(2) 生产过程收益率的均值和方差与 Y 具有比例关系。因此，状态变量 Y 决定了资本发展的速度，并且当 Y 值增加时，均值和方差不会影响针对组合的决策。

(3) 状态变量 Y 遵循如下的随机过程：

$$\mathrm{d}Y(t)=[\xi Y+\varsigma]\mathrm{d}t+\nu\sqrt{Y}\,\mathrm{d}\bar{\mathcal{W}}(t)$$

其中，ξ,ς 是常数，$\varsigma\geqslant 0$，ν 常向量。

在前面所述经济模型中增加以上三个假设条件后，CIR 推导出均衡利率可以由状态变量 Y，随机过程的参数以及生产过程中收益率的均值和方差显式的表示。CIR 计算了均衡利率的漂移和方差，并定义了如下的维纳过程 $\mathcal{W}(t)$：

$$\sigma\sqrt{r}\,\mathrm{d}\mathcal{W}(t)\equiv\nu\sqrt{Y}\,\mathrm{d}\bar{\mathcal{W}}(t)$$

得到了利率的动态形式如下：

$$\mathrm{d}r=k(\theta-r)\mathrm{d}t+\sigma\sqrt{r}\,\mathrm{d}\mathcal{W}(t) \tag{5-92}$$

其中，k，$\theta\geqslant 0$，上式表明利率遵循连续时间的一阶自回归过程，随机利率以 k 的速度向其长期均值 θ 回归。通过增加额外的限制条件 $2k\theta\geqslant\sigma^2$，可以保证利率非负。式(5-92)

表示的利率结果满足如下的特征——利率非负;零利率不会重新转变为正利率;随着利率水平的升高,其方差也随之增加;利率具有稳定的状态分布。

在上述经济模型的框架内,CIR使得风险因子溢价(factor risk premium)由前面提到的经济变量决定。在增加了简化模型的假设条件后,把风险溢价因子代入式(5-91),可以得到有关债券的基础公式,在均衡条件下,零息债券必然满足此公式:

$$\frac{1}{2}\sigma^2 rP_{rr}+k(\theta-r)P_r-\lambda rP_r-rP=0 \tag{5-93}$$

其边界条件为 $P(r, T, T)=1$。上式表明债券价格由瞬时利率 r 这个随机变量决定,r 代表了经济中的不确定性。这个模型说明瞬时利率 r 决定了整个期限结构,这个结论成立的条件是前述的简化模型的假设均成立。

现在分析利率的分布情况。首先看利率的均值。将式(5-92)转化成积分形式如下:

$$r(s)=r(t)+k\int_t^s(\theta-r(u))\mathrm{d}u+\sigma\int_t^s\sqrt{r(u)}\,\mathrm{d}W(u)$$

其中,当前利率 $r(t)$ 已知,并且维纳过程的均值为零,等式两边取期望值,结果如下:

$$E[r(s)\mid r(t)]=r(t)+k\int_t^s(\theta-E[r(u)\mid r(u)])\mathrm{d}u$$

将上式转化为微分形式:

$$\frac{\partial}{\partial s}E[r(s)\mid r(t)]=k(\theta-E[r(s)\mid r(t)])$$

将其分解为三个独立的微分方程并可求解得到 s 时刻利率均值:

$$\begin{cases}\dfrac{\mathrm{d}E[r(s)\mid r(t)]}{\theta-E[r(s)\mid r(t)]}=k\,\mathrm{d}s\\ \displaystyle\int_t^s\frac{\mathrm{d}E[r(u)\mid r(t)]}{\theta-E[r(u)\mid r(t)]}=\int_t^s k\mathrm{d}u\qquad\Rightarrow E[r(s)\mid r(t)]=\theta+\mathrm{e}^{-k(s-t)}(r(t)-\theta)\\ \ln\dfrac{\theta-E[r(s)\mid r(t)]}{\theta-r(t)}=-k(s-t)\end{cases} \tag{5-94}$$

现在分析利率的方差。对式(5-92)运用伊藤定理,并且定义,$f(x)=x^2$ 计算可得:

$$\mathrm{d}f(r(t))=f'(r(t))\mathrm{d}r(t)+\frac{1}{2}f''(r(t))\mathrm{d}r(t)\mathrm{d}r(t)$$

$$\Rightarrow$$

$$\begin{aligned}\mathrm{d}(r^2(t))&=2r(t)[k(\theta-r(t))\mathrm{d}t+\sigma\sqrt{r(t)}\,\mathrm{d}W]+[k(\theta-r(t))\mathrm{d}t+\sigma\sqrt{r(t)}\,\mathrm{d}W]^2\\&=2k\theta r(t)\mathrm{d}t-2kr^2(t)\mathrm{d}t+2\sigma r^{3/2}(t)\mathrm{d}W+\sigma^2 r(t)\mathrm{d}t\\&=(2k\theta+\sigma^2)r(t)\mathrm{d}t-2kr^2(t)\mathrm{d}t+2\sigma r^{3/2}(t)\mathrm{d}W\end{aligned}$$

$$\Rightarrow$$

$$r^2 s=r^2(t)+(2k\theta+\sigma^2)\int_t^s r(u)\mathrm{d}u-2k\int_t^s r^2(u)\mathrm{d}u+2\sigma\int_t^s r^{3/2}(u)\mathrm{d}W(u)$$

计算 $r^2(s)$的条件均值,可以得到：

$$E[r^2(s)\mid r(t)]=r^2(t)+(2k\theta+\sigma^2)\int_t^s E[r(u)\mid r(t)]\mathrm{d}u-2k\int_t^s E[r^2(u)\mid r(t)]\mathrm{d}u$$

对等式两边同时取对 s 的偏微分：

$$\frac{\partial}{\partial s}E[r^2(s)\mid r(t)]=(2k\theta+\sigma^2)E[r(s)\mid r(t)]-2kE[r^2(s)\mid r(t)]$$

$$\Rightarrow$$

$$\frac{\partial}{\partial s}\mathrm{e}^{2k(s-t)}E[r^2(s)\mid r(t)]=2k\,\mathrm{e}^{2k(s-t)}E[r^2(s)\mid r(t)]+k\,\mathrm{e}^{2k(s-t)}\frac{\partial}{\partial s}E[r^2(s)\mid r(t)]$$

$$=2k\,\mathrm{e}^{2k(s-t)}E[r^2(s)\mid r(t)]+2k\theta\,\mathrm{e}^{2k(s-t)}\frac{\partial}{\partial s}E[r(s)\mid r(t)]$$

$$+\sigma^2\mathrm{e}^{2k(s-t)}\frac{\partial}{\partial s}E[r(s)\mid r(t)]-2k\,\mathrm{e}^{2k(s-t)}E[r^2(s)\mid r(t)]$$

$$=(2k\theta+\sigma^2)\mathrm{e}^{2k(s-t)}E[r(s)\mid r(t)]$$

对上式在$[t,\ s]$区间上积分,并利用式(5-94),可得：

$$\mathrm{e}^{2k(s-t)}E[r^2(s)\mid r(t)]-r^2(t)=\int_t^s(2k\theta+\sigma^2)\mathrm{e}^{2k(u-t)}E[r(u)\mid r(t)]\mathrm{d}u$$

$$=\int_t^s(2k\theta+\sigma^2)\mathrm{e}^{2k(u-t)}(r(t)\mathrm{e}^{-k(u-t)}+\theta(1-\mathrm{e}^{-k(u-t)}))\mathrm{d}u$$

$$=(2k\theta+\sigma^2)r(t)\int_t^s\mathrm{e}^{2k(u-t)}\mathrm{d}u+\theta(2k\theta+\sigma^2)\int_t^s\mathrm{e}^{2k(u-t)}-\mathrm{e}^{k(u-t)}\mathrm{d}u$$

$$=\frac{1}{k}(2k\theta+\sigma^2)(r(t)-\theta)(\mathrm{e}^{k(s-t)}-1)+\frac{\theta}{2k}(2k\theta+\sigma^2)(\mathrm{e}^{2k(s-t)}-1)$$

$$\Rightarrow$$

$$E[r^2(s)\mid r(t)]=r^2(t)\mathrm{e}^{-2k(s-t)}+\frac{1}{k}(2k\theta+\sigma^2)(r(t)-\theta)\mathrm{e}^{-k(s-t)}$$

$$-\frac{1}{k}(2k\theta+\sigma^2)(r(t)-\theta)\mathrm{e}^{-2k(s-t)}+\frac{1}{2k}\theta(2k\theta+\sigma^2)-\frac{1}{2k}\theta(2k\theta+\sigma^2)\mathrm{e}^{-2k(s-t)}$$

$$=\frac{\theta\sigma^2}{2k}+\theta^2+(r(t)-\theta)\left(\frac{\sigma^2}{k}+2\theta\right)\mathrm{e}^{-k(s-t)}+(r(t)-\theta)^2\mathrm{e}^{-2k(s-t)}$$

$$+\frac{\sigma^2}{k}\left(\frac{\theta}{2}-r(t)\right)\mathrm{e}^{-2k(s-t)}$$

由式(5-94)得到：

$$(E[r(s)\mid r(t)])^2=(r(t)-\theta)^2\mathrm{e}^{-2k(s-t)}+\theta^2+2\theta(r(t)-\theta)\mathrm{e}^{-k(s-t)}$$

并且 $r(s)$的条件方差为：

$$\begin{aligned}\mathrm{var}(r(s)\mid r(t))&=E[r^2(s)\mid r(t)]-(E[r(s)\mid r(t)])^2\\&=\frac{\theta\sigma^2}{2k}+\frac{\sigma^2}{k}(r(t)-\theta)\mathrm{e}^{-k(s-t)}+\frac{\sigma^2}{k}\left(\frac{\theta}{2}-r(t)\right)\mathrm{e}^{-2k(s-t)}\end{aligned}\tag{5-95}$$

下面我们来考察其分布。定义：

$$r(t)=X_1^2(t)+X_2^2(t)+\cdots+X_n^2(t)$$

其中,$X_i(t)$ 是奥恩斯坦-乌伦贝克过程,并且是如下方程的解：

$$dX_i(t)=-\frac{1}{2}\beta X_i(t)\mathrm{d}t+\frac{1}{2}\sigma\mathrm{d}W_i(t) \tag{5-96}$$

其中,β 和 σ 为正常数。X_i 的条件均值为：

$$E[X_i(s)\mid X_i(t)]=\mathrm{e}^{-(\beta/2)(s-t)}X_i(t) \tag{5-97}$$

由伊藤定理可得 $r(t)$的随机过程为①：

$$\mathrm{d}r(t)=\left(\frac{n\sigma^2}{4}-\beta r(t)\right)\mathrm{d}t+\sigma\sqrt{r(t)}\,\mathrm{d}\widetilde{W}(t) \tag{5-98}$$

$$\mathrm{d}\widetilde{W}(t)=\sum_{i=1}^{n}\frac{X_i(t)}{\sqrt{r(t)}}\mathrm{d}W_i(t)$$

令 $k=\beta$, $\theta=n\sigma^2/(4\beta)$,代入上式就可以得到式(5-92)。定义 $r(t)$为服从正态分布变量,X_i, $i=1$, …, n,可以得到其随机过程形式,因此可以认为 $r(t)$服从非中心的 χ^2 分布。

考虑由下式表示的随机变量 Y：

$$Y=X_1^2+X_2^2+\cdots+X_d^2\beta$$

其中,X_i, $i=1$, …, d 是相互独立随机变量并且服从标准正态分布,则 Y 服从 χ^2 分布,

---

① 由 $r(t)=X_1^2+X_2^2+\cdots+X_n^2\equiv r(X_1, X_2, \cdots, X_n)$,对独立的变量 X_i,

$$r_{X_i}=2X_i,\ r_{X_iX_j}=\begin{cases}2 & if\quad i=j\\ 0 & if\quad i\neq j\end{cases},$$

式中的下标表示偏微分,并且有：

$$\begin{aligned}\mathrm{d}r(t)&=\sum_{i=1}^{n}rX_i\mathrm{d}X_i+\frac{1}{2}\sum_{i=1}^{n}rX_iX_i\mathrm{d}X_i\mathrm{d}X_i\\&=\sum_{i=1}^{n}2X_i\left(-\frac{1}{2}\beta X_i(t)\mathrm{d}t+\frac{1}{2}\sigma\mathrm{d}W_i(t)\right)+\sum_{i=1}^{n}\frac{1}{4}\sigma^2\mathrm{d}W_i(t)\mathrm{d}W_i(t)\\&=\sum_{i=1}^{n}-\beta X_i^2\mathrm{d}t+\sum_{i=1}^{n}\sigma X_i\mathrm{d}W_i(t)+\sum_{i=1}^{n}\frac{1}{4}\sigma^2\mathrm{d}t\\&=-\beta r(t)\mathrm{d}t+\sigma\sum_{i=1}^{n}X_i\mathrm{d}W_i(t)+\frac{n\sigma^2}{4}\mathrm{d}t\\&=\left(\frac{n\sigma^2}{4}-\beta r(t)\right)\mathrm{d}t+\sigma\sqrt{r(t)}\,\mathrm{d}\widetilde{W}(t)\end{aligned}$$

其中,$\widetilde{W}(t)$是变形后的布朗运动,定义如下：

$$\widetilde{W}(t)=\sum_{i=1}^{n}\int_0^t\frac{X_i(t)}{\sqrt{r(t)}}\mathrm{d}W_i(t)$$

为验证 $\widetilde{W}(t)$的确为布朗运动,考虑下式：

$$\mathrm{d}\widetilde{W}(t)=\sum_{i=1}^{n}\frac{X_i(t)}{\sqrt{r(t)}}\mathrm{d}W_i(t)\Rightarrow\mathrm{d}\widetilde{W}(t)\mathrm{d}\widetilde{W}(t)=\sum_{i=1}^{n}\frac{X_i^2(t)}{r(t)}\mathrm{d}t=\mathrm{d}t$$

由于 $W_i(t)$, $i=1$, …, n 是鞅,$W(t)$也是鞅。

自由度为 d。如果 X_i 服从均值为 c_i，方差为 1 的正态分布，则 Y 服从非中心 χ^2 分布，非中心参数为 $\lambda \equiv \sum c_i^2$，自由度为 d。并且随机变量 Y 的均值，方差以及密度函数可以表示如下：

$$E[Y]=d+\lambda$$

$$\operatorname{var}(Y)=2d+4\lambda \tag{5-99}$$

$$f(Y)=\frac{e^{-\frac{1}{2}Y}e^{-\frac{1}{2}\lambda}Y^{\frac{1}{2}d-1}}{2^{\frac{1}{2}d}\Gamma\left(\frac{1}{2}d\right)}\left(1+\frac{1}{d}\frac{Y\lambda}{2}+\frac{1}{d(d+2)}\frac{1}{2!}\left(\frac{Y\lambda}{2}\right)^2+\cdots\right),\ 0\leqslant Y\leqslant\infty$$

其中，$\Gamma(.)$ 是 Γ 函数①。定义如下变量：

$$c=\frac{2k}{\sigma^2(1-\mathrm{e}^{-k(s-t)})},\ u=cr(t)\mathrm{e}^{-k(s-t)},\ \nu=cr(s),\ q=\frac{2k\theta}{\sigma^2}-1$$

对参数的计算需要知道 $r(s)$在 $r(t)$条件下的分布函数。由式(5-98)可知，自由度为：

$$n=4k\theta/\sigma^2=2q+2$$

表征非中心分布的参数 $\lambda^*=\sum C_i^2$，此处 C_i 是式(5-97)中 X_i 的条件期望。进一步地，有下式成立：

$$\lambda^*=\sum_{i=1}^{n}(E[X_i(s)\mid X_i(t)])^2=\sum_{i=1}^{n}\mathrm{e}^{-k(s-t)}X_i^2(t)=\mathrm{e}^{-k(s-t)}r(t)$$

由式(5-94)，CIR 模型中瞬时利率的条件期望为：

$$\begin{aligned}E[r(s)\mid r(t)]&=\theta+\mathrm{e}^{-k(s-t)}(r(t)-\theta)\\&=\theta(1-\mathrm{e}^{-k(s-t)})+\mathrm{e}^{-k(s-t)}r(t)\\&=\frac{n}{2c}+\lambda^*\\&\Rightarrow\\&E[2cr(s)\mid r(t)]=n+2c\lambda^*\end{aligned}$$

类似地，瞬时利率的条件方差为：

$$\begin{aligned}\operatorname{var}(r(s)\mid r(t))&=\frac{\theta\sigma^2}{2k}+\frac{\sigma^2}{k}\left(\frac{\theta}{2}-r(t)\right)\mathrm{e}^{-2k(s-t)}+\frac{\sigma^2}{k}(r(t)-\theta)\mathrm{e}^{-k(s-t)}\\&=\frac{\theta\sigma^2}{2k}(1-\mathrm{e}^{-k(s-t)})^2+r(t)\frac{\sigma^2}{k}\mathrm{e}^{-k(s-t)}(1-\mathrm{e}^{-k(s-t)})\\&=\frac{\theta(1-\mathrm{e}^{-k(s-t)})}{c}+\frac{2r(t)\mathrm{e}^{-k(s-t)}}{c}\\&=\frac{2n}{(2c)^2}+\frac{4\lambda^*}{2c}\\&\Rightarrow\\&\operatorname{var}(2cr(s)\mid r(t))=(2c)^2\operatorname{var}(r(s)\mid r(t))=2n+4(2c\lambda^*)\end{aligned}$$

① $\Gamma(\alpha)=\int_0^\infty \mathrm{e}^{-t}t^{\alpha-1}\mathrm{d}t$，并且 $\Gamma(\alpha)=(\alpha-1)!$，其中 α 为自然数。

由前面定义的χ^2分布的均值和方差公式，可以断定$2cr(s)$服从自由度为n的χ^2分布，并且非中心参数为：

$$\lambda = 2c\lambda^* = \frac{4kr(t)\mathrm{e}^{-k(s-t)}}{\sigma^2(1-\mathrm{e}^{-k(s-t)})} = 2u$$

为了得到$r(s)$在t时刻的密度函数，可以利用服从χ^2分布的随机变量$Y=2cr(s)$的概率密度函数，最后结果为：

$$\begin{aligned} & f[r(s)\mid r(t)] \\ &= 2c\,\frac{\mathrm{e}^{-cr(s)}\mathrm{e}^{-cr(t)}\mathrm{e}^{-k(s-t)}(2cr(s))^q}{2^{q+1}\Gamma(q+1)}\left[\begin{array}{l} 1+\dfrac{1}{2q+2}\,\dfrac{4c^2r(s)r(t)\mathrm{e}^{-k(s-t)}}{2}+ \\ \dfrac{1}{(2q+2)(2q+4)}\,\dfrac{1}{2!}\left(\dfrac{4c^2r(s)r(t)\mathrm{e}^{-k(s-t)}}{2}\right)^2+\cdots \end{array}\right] \\ &= \frac{c\,\mathrm{e}^{-cr(s)-cr(t)\mathrm{e}^{-k(s-t)}}(cr(s))^q}{\Gamma(q+1)}\left(1+\frac{c^2r(s)r(t)\mathrm{e}^{-k(s-t)}}{q+1}+\frac{c^4r^2(s)r^2(t)\mathrm{e}^{-2k(s-t)}}{2!\ (q+1)(q+2)}+\cdots\right) \end{aligned} \tag{5-100}$$

上式可以等价地表示为如下形式：

$$f[r(s)\mid r(t)] = c\,\mathrm{e}^{-u-\nu}\left(\frac{\nu}{u}\right)^{q/2} I_q(2\sqrt{u\nu}) \tag{5-101}$$

其中，$I_q(.)$为Bessel函数①。由式(5-94)描述的瞬时利率其条件均值具有回复性。考虑如下几种情况：

(1) 如果$r(t)=\theta$，则有$r(s)=\theta$，$s\geqslant t$；

(2) 如果$r(t)\neq\theta$，则有$\lim_{s\to\infty} r(t)=\theta$；

(3) 当$k\to\infty$，则有$E[r(s)\mid r(t)]\to\theta$和$\mathrm{var}(r(s)\mid r(t))\to 0$；

(4) 当$k\to 0$，则有$E[r(s)\mid r(t)]\to r(t)$和$\mathrm{var}(r(s)\mid r(t))\to r(t)\sigma^2(s-t)$

如果k，$\theta>0$，当$s\to\infty$时，利率逼近Γ分布，并且其密度函数为：

---

① 定义$I_q(.)$为Bessel函数，定义式为：

$$I_q(z) = \left(\frac{z}{2}\right)^q \sum_{k=0}^{\infty} \frac{\left(\frac{z^2}{4}\right)^k}{k!\ \Gamma(q+k+1)}$$

在CIR模型的概率密度函数中，有：

$$\begin{aligned} I_q(2\sqrt{u\nu}) &= I_q\left(2c\sqrt{r(s)r(t)}\,\mathrm{e}^{-\frac{1}{2}k(s-t)}\right)\left(c\sqrt{r(s)r(t)}\,\mathrm{e}^{-\frac{1}{2}k(s-t)}\right)^q \sum_{k=0}^{\infty}\frac{(c^2r(s)r(t)\mathrm{e}^{-k(s-t)})^k}{k!\ \Gamma(q+k+1)} \\ &= \left(c^2r(s)r(t)\mathrm{e}^{-k(s-t)}\right)^{q/2}\left(\frac{1}{\Gamma(q+1)}+\frac{c^2r(s)r(t)\mathrm{e}^{-k(s-t)}}{\Gamma(q+2)}+\frac{c^4r^2(s)r^2(t)\mathrm{e}^{-2k(s-t)}}{2!\ \Gamma(q+3)}+\cdots\right), \end{aligned}$$

利用$\Gamma(\alpha+1)=\alpha\Gamma(\alpha)$，可以得到：

$$\begin{aligned} f[r(s)\mid r(t)] &= c\,\mathrm{e}^{-cr(s)-cr(t)\mathrm{e}^{-k(s-t)}}\left(\frac{cr(s)}{cr(t)\mathrm{e}^{-k(s-t)}}\right)^{q/2}(c^2r(s)r(t)\mathrm{e}^{-k(s-t)})^{q/2} \\ &\quad\times\left(\frac{1}{\Gamma(q+1)}+\frac{c^2r(s)r(t)\mathrm{e}^{-k(s-t)}}{\Gamma(q+2)}+\frac{c^4r^2(s)r^2(t)\mathrm{e}^{-2k(s-t)}}{2!\ \Gamma(q+3)}+\cdots\right) \\ &= \frac{c\,\mathrm{e}^{-cr(s)-cr(t)\mathrm{e}^{-k(s-t)}(cr(s))^q}}{\Gamma(q+1)}\left(1+\frac{c^2r(s)r(t)\mathrm{e}^{-k(s-t)}}{(q+1)}+\frac{c^4r^2(s)r^2(t)\mathrm{e}^{-2k(s-t)}}{2!\ (q+1)(q+2)}+\cdots\right) \end{aligned}$$

$$f[r(\infty)\mid r(t)]=\frac{\omega^{\nu}}{\Gamma(\nu)}r^{\nu-1}\mathrm{e}^{-\omega r}$$

其中，$\omega=2k/\sigma^2$，$\nu=2k\theta/\sigma^2$ 利率的均值和方差分别为 θ 和 $\sigma^2\theta/2k$，这和我们的预期一致。之前我们已经确定了 $r(t)$ 服从 χ^2 分布，并且 $r(t)$ 可以表示为一组服从正态分布的随机变量的平方和，即：

$$r(t)=\sum_{i=1}^{n}X_i^2(t)$$

考虑以下两种情况：

(1) 当 $n=1$ 时，$r(t)=X_1^2(t)$。由于 X_1 服从正态分布，对于任意的 t，$\mathbf{P}\{r(t)>0\}=1$ 成立。但是，当 $t>0$ 时，P{对无穷多个 t 存在 $r(t)>0$} $=1$。

(2) 当 $n\geqslant 2$ 时，为使 $r(t)=0$，$t>0$，则应有 $X_i(t)=0$，$i=1$，…，n，因此 P{存在 t 有 $r(t)>0$} $=0$。

所以，为消除利率为零(并进一步为负)的情况，需要 $n\geqslant 2$，从式(5-98)对 $r(t)$ 的描述可以得到下式成立：

$$\theta=\frac{n\sigma^2}{4k}\Rightarrow n=\frac{4k\theta}{\sigma^2}$$

约束条件 $n\geqslant 2$ 的成立保证了利率为正，这一条件可以转化为如下的条件：

$$\frac{4k\theta}{\sigma^2}\geqslant 2\Rightarrow 2k\theta\geqslant\sigma^2$$

现在考虑用 CIR 模型对债券进行定价。假设债券定价公式如下：

$$P(r,\ t,\ T)=A(t,\ T)\mathrm{e}^{-B(t,\ T)r} \tag{5-102}$$

对上式取偏微分可得到以下三式：

$$P_r=-AB\mathrm{e}^{-Br}$$

$$P_{rr}=AB^2\mathrm{e}^{-Br}$$

$$P_t=A_t\mathrm{e}^{-Br}-AB_t r\mathrm{e}^{-Br}$$

债券定价等式(5-93)可以简化为：

$$r\left(\frac{1}{2}\sigma^2AB^2+kAB-AB_t+\lambda AB-A\right)=k\theta AB-A_t$$

上式左边为瞬时利率 $r(t)$ 的函数，右边与利率无关，以下二式必定成立：

$$A_t-k\theta AB=0 \tag{5-103}$$

$$B_t-(k+\lambda)B-\frac{1}{2}\sigma^2B^2+1=0 \tag{5-104}$$

式(5-104)是一个黎卡提(Ricatti)方程①，其解为 $B(t,\ T)=\nu(t,\ T)/u(t,\ T)$，这里的

---

① Ricatti 方程的一般形式为：

$$\omega'(t)+[a(t)+d(t)]\omega(t)+b(t)\omega^2(t)-c(t)=0$$

其解可以表示为 $\omega(t)=\upsilon(t)/u(t)$，$u(t)$和 $\upsilon(t)$是如下方程组的解：

$$-\upsilon'(t)+c(t)u(t)-d(t)\upsilon(t)=0$$

$$\mu'(t)-a(t)\mu(t)-b(t)\upsilon(t)=0$$

$\nu(t, T)$ 和 $u(t, T)$ 是如下方程组的解：

$$\upsilon'(t, T)+\mu(t, T)-k\upsilon(t, T)=0$$

$$\mu'(t, T)+\lambda\mu(t, T)+\frac{1}{2}\sigma^2\upsilon(t, T)=0$$

令 $\tau=T-t$，则 $\frac{\partial}{\partial t}=-\frac{\partial}{\partial\tau}$，代入以上方程组，简化可得：

$$-\upsilon'(\tau)+\mu(\tau)-k\upsilon(\tau)=0 \tag{5-105}$$

$$-\mu'(\tau)+\lambda\mu(\tau)+\frac{1}{2}\sigma^2\upsilon(\tau)=0 \tag{5-106}$$

由式(5-105)，下式成立：

$$\mu(\tau)=\upsilon'(\tau)+k\upsilon(\tau) \tag{5-107}$$

$$\mu'(\tau)=\upsilon''(\tau)+k\upsilon'(\tau) \tag{5-108}$$

代入式(5-107)，化简后为：

$$-\upsilon''(\tau)-k\upsilon'(\tau)+\lambda\upsilon'(\tau)+\lambda k\upsilon(\tau)+\frac{1}{2}\sigma^2\upsilon(\tau)=0$$

用 D 算子可简化表示为二次等式：

$$\left[D^2-(\lambda-k)D-\left(\lambda k+\frac{1}{2}\sigma^2\right)\right]\upsilon(\tau)=0$$

以上方程的根为 $(\gamma+\lambda-k)/2$ 和 $(-\gamma+\lambda-k)/2$，这里的 $\gamma=\sqrt{(k+\lambda)^2+2\sigma^2}$，因此方程的解可以写为：

$$\upsilon(\tau)=k_1 e^{(\gamma+\lambda-k)\tau/2}+k_2 e^{(-\gamma+\lambda-k)\tau/2}$$

因为 $B(T, T)=0=\upsilon(0)/u(0)$，$\upsilon(0)=0$，因此，$k_1=-k_2$。令 $k_1=1$，$k_2=-1$，$\upsilon(\tau)$ 可表示为：

$$\upsilon(\tau)=\mathrm{e}^{(\gamma+\lambda-k)\tau/2}-\mathrm{e}^{(-\gamma+\lambda-k)\tau/2} \tag{5-109}$$

并且：

$$\upsilon'(\tau)=\frac{1}{2}(\gamma+\lambda-k)\mathrm{e}^{(\gamma+\lambda-k)\tau/2}-\frac{1}{2}(-\gamma+\lambda-k)\mathrm{e}^{(-\gamma+\lambda-k)\tau/2}$$

代入式(5-107)可得

$$u(\tau)=\frac{1}{2}(\gamma+\lambda+k)\mathrm{e}^{(\gamma+\lambda-k)\tau/2}-\frac{1}{2}(-\gamma+\lambda+k)\mathrm{e}^{(-\gamma+\lambda-k)\tau/2} \tag{5-110}$$

由于 $\tau=T-t$，Ricatti 方程的解为：

$$\begin{aligned}B(t, T)&=\upsilon(\tau)/\mu(\tau)\\&=\frac{2(\mathrm{e}^{(\gamma+\lambda-k)(T-t)/2}-\mathrm{e}^{(-\gamma+\lambda-k)(T-t)/2})}{(\gamma+\lambda+k)\mathrm{e}^{(\gamma+\lambda-k)(T-t)/2}-(-\gamma+\lambda+k)\mathrm{e}^{(-\gamma+\lambda-k)(T-t)/2}}\end{aligned}$$

$$=\frac{2(e^{\gamma(T-t)}-1)}{(\gamma+\lambda+k)e^{\gamma(T-t)}-(-\gamma+\lambda+k)} \tag{5-111}$$
$$=\frac{2(e^{\gamma(T-t)}-1)}{(\gamma+\lambda+k)(e^{\gamma(T-t)}-1)+2\gamma}$$

现在考虑方程式(5-103)，由于 T 是确定的债券到期期限，所以债券价格仅仅是 t 的函数，因此：

$$\frac{\partial A}{\partial t}=k\theta AB$$

$$\frac{\mathrm{d}A}{A}=k\theta B\,\mathrm{d}t$$

$$\ln A(t,\ T)=-\int_t^T k\theta B(s,\ T)\mathrm{d}s$$

$$A(t,\ T)=\exp\left(-k\theta\int_t^T B(s,\ T)\mathrm{d}s\right) \tag{5-112}$$

这里的 k 和 θ 是常数，将式(5-111)代入式(5-112)中可得：

$$A(t,\ T)=\exp\left(-k\theta\int_t^T B(s,\ T)\mathrm{d}s\right)=\exp\left(-2k\theta\int_t^T\frac{e^{\gamma(T-s)}-1}{(\gamma+\lambda+k)(e^{\gamma(T-s)}-1)+2\gamma}\right)\mathrm{d}s$$

令 $y=e^{\gamma(T-s)}$，则 $\frac{\mathrm{d}y}{\mathrm{d}s}=-\gamma e^{\gamma(T-s)}$，并且 $\mathrm{d}s=-\frac{\mathrm{d}y}{\gamma e^{\gamma(T-s)}}=-\frac{\mathrm{d}y}{\gamma y}$，代入这一变换并且注意到：

$$(\gamma-\lambda-k)(\gamma+\lambda+k)=\gamma^2-(k+\lambda)^2=2\sigma^2$$

前面等式中的积分部分可以转化为：

$$\int_t^T\frac{e^{\gamma(T-s)}-1}{(\gamma+\lambda+k)(e^{\gamma(T-s)}-1)+2\gamma}\mathrm{d}s$$
$$=\frac{1}{\gamma}\int_{e^{\gamma(T-s)}}^1\frac{-(y-1)}{(\gamma+\lambda+k)(y-1)+2\gamma}\frac{\mathrm{d}y}{y}$$
$$=\frac{1}{\gamma}\int_{e^{\gamma(T-s)}}^1\left[\frac{-2\gamma/(\gamma-\lambda-k)}{(\gamma+\lambda+k)(y-1)+2\gamma}+\frac{1}{(\gamma-\lambda-k)}\frac{1}{y}\right]\mathrm{d}y$$
$$=\frac{-2}{(\gamma-\lambda-k)(\gamma+\lambda+k)}\ln[(\gamma+\lambda+k)(y-1)+2\gamma]\Big|_{y=e^{\gamma(T-s)}}^{y=1}$$
$$+\frac{1}{\gamma(\gamma-\lambda-k)}\ln y\Big|_{y=e^{\gamma(T-s)}}^{y=1}$$
$$=\frac{1}{\sigma^2}\left[-\ln((\gamma+\lambda+k)(y-1)+2\gamma)+\frac{(\gamma+\lambda+k)}{2\gamma}\ln y\right]\Big|_{y=e^{\gamma(T-s)}}^{y=1}$$
$$=\frac{1}{\sigma^2}\left[\ln\frac{y^{(\gamma+\lambda+k)/2\gamma}}{(\gamma+k+\lambda)(y-1)+2\gamma}\right]\Big|_{y=e^{\gamma(T-s)}}^{y=1}$$
$$=\frac{1}{\sigma^2}\left[-\ln 2\gamma-\ln\frac{e^{(\gamma+\lambda+k)(T-t)/2}}{(\gamma+k+\lambda)(e^{\gamma(T-t)}-1)+2\gamma}\right]$$

则 $A(t, T)$ 的解可以表示为：

$$A(t, T)=\exp\left(\frac{2k\theta}{\sigma^2}\ln\frac{2\gamma e^{(\gamma+\lambda+k)(T-t)/2}}{(\gamma+\lambda+k)(e^{\gamma(T-t)}-1)+2\gamma}\right)$$
$$=\left(\frac{2\gamma e^{(\gamma+\lambda+k)(T-t)/2}}{(\gamma+\lambda+k)(e^{\gamma(T-t)}-1)+2\gamma}\right)^{2k\theta/\sigma^2}$$

对债券价格的动态变化的推导采用类似 Vasicek 模型的方法。由于债券价格是瞬时利率的函数,由伊藤定理：

$$dP=\mu_B P dt-\sigma_B P d\mathcal{W} \quad 其中,\sigma_B=-\frac{1}{P}\left(\sigma\sqrt{r}\ \frac{\partial P}{\partial r}\right)$$

5. 评价和结论

CIR 模型的主要特点是：或有要求权的当前价格和随机属性都是外生给定的。在一个一般均衡的框架下,CIR 模型用一个随机微分方程来描述经济体系的动态变化,并设定参数的具体的表达式,在此基础上,由模型推导出一系列重要的结论。

CIR 模型的缺点在于：作为模型基础的一般均衡的经济体系过于简化。投资者特定的效用函数通过风险的市场价格进入模型,在对模型进行校正之前必须对此效用函数进行统计估计。因为模型对经济体系进行了简化,所以模型风险也存在。

因此,如果模型对经济体系和瞬时利率的描述是"真实"的,如果模型充分刻画了投资者的效用函数,那么模型得到了充分的设定,内生推导出来的利率期限结构就是观察到的利率期限结构。一般说来,有关经济体系、瞬时利率、投资者的效用函数的设定却不是"真实"的,尤其是投资者的效用函数很难用统计的方法得到。因此,CIR 模型中的债券期权等证券的价格与其视为是准确的量化表达还不如看成定性的刻画。此后的很多模型都假设利率期限结构的表达式是已知的,其中的参数有待估计。当前观察到的利率期限结构就是用来对这些没有设定的参数进行"校正"的。如果这个表达式是对实际情况的真实描述,那么这些参数的值可以利用统计方法得到。资产实际观察到的市场利率和模型推导得到的利率往往是不相等的,分析这些不相等可以揭示是模型设定有误还是违反了初始假设。此外,CIR 模型还有一个缺点是不能表达复杂的利率期限结构。

5.3.3 多森(Dothan)模型

1. 模型设定

先假设无违约债券的市场价格是短期利率和时间的函数,瞬时利率服从对数正态分布,也即下面的表达式：

$$dr(t)=\sigma r(t)d\mathcal{W}(t) \tag{5-113}$$

其中,σ 是常数。从上式可以看出,给定现在的 r 值,瞬时利率服从对数正态分布,因此瞬时利率取得正值的概率为 1。

构建一个组合包含两只不同到期日的无违约债券,令 w_1 和 w_2 分别表示这两只债券的权重,$w_1+w_2=1$,P 是无风险债券的价格,则此组合的瞬时收益为 $w_1\frac{dP_1}{P_1}+w_2\frac{dP_2}{P_2}$。

对 P_1 和 P_2 应用伊藤定理可得：

$$\begin{aligned} dP_i &= \frac{\partial P_i}{\partial t}dt + \frac{\partial P_i}{\partial r}dr + \frac{1}{2}\frac{\partial^2 P_i}{\partial r^2}(dr)^2 \\ &= \frac{\partial P_i}{\partial t}dt + \frac{\partial P_i}{\partial r}\sigma r\, d\mathcal{W}(t) + \frac{1}{2}\frac{\partial^2 P_i}{\partial r^2}\sigma^2 r^2 dt \\ &= \left(\frac{\partial P_i}{\partial t} + \frac{1}{2}\frac{\partial^2 P_i}{\partial r^2}\sigma^2 r^2\right)dt + \frac{\partial P_i}{\partial r}\sigma r\, d\mathcal{W}(t) \end{aligned}$$

所以有：

$$\frac{dP_i}{P_i} = \frac{1}{P_i}\left(\frac{\partial P_i}{\partial t} + \frac{1}{2}\frac{\partial^2 P_i}{\partial r^2}\sigma^2 r^2\right)dt + \frac{\partial P_i}{P_i \partial r}\partial r\, d\mathcal{W}(t)$$

令：

$$\alpha_i = \frac{1}{P_i}\left(\frac{\partial P_i}{\partial t} + \frac{1}{2}\frac{\partial^2 P_i}{\partial r^2}\sigma^2 r^2\right),\ \sigma_i = \sigma r \frac{1}{P_i}\frac{\partial P_i}{\partial r}$$

则上式可以写为：

$$\frac{dP_i}{P_i} = \alpha_i dt + \alpha_i d\mathcal{W}(t)$$

$$w_1\frac{dP_1}{P_1} + w_2\frac{dP_2}{P_2} = (w_1\alpha_1 + w_2\alpha_2)dt + (w_1\sigma_1 + w_2\sigma_2)d\mathcal{W}(t)$$

如果令组合的波动为零，即 $w_1\sigma_1 + w_2\sigma_2 = 0$，以上组合构成了一个无风险组合，此时该组合的瞬时收益率应该等于无风险收益 r，也即有下式：

$$w_1\alpha_1 + w_2\alpha_2 = r$$

因为 $w_1 + w_2 = 1$，所以上式可以改写成：

$$w_1(\alpha_1 - r) + w_2(\alpha_2 - r) = 0$$

由上面两个右端为零的等式得出：

$$\frac{w_1}{w_2} = -\frac{\sigma_2}{\sigma_1} \quad 和 \quad \frac{w_1}{w_2} = -\frac{\alpha_2 - r}{\alpha_1 - r}$$

故有：

$$\frac{\sigma_2}{\sigma_1} = \frac{\alpha_2 - r}{\alpha_1 - r}$$

也即：

$$\frac{\alpha_1 - r}{\sigma_1} = \frac{\alpha_2 - r}{\sigma_2}. \tag{5-114}$$

任意选择两只债券都有式(5-114)成立，因而上式是一个与债券本身无关、但依赖于利率和时间的量，记作：

$$\frac{\alpha_1 - r}{\sigma_1} = \frac{\alpha_2 - r}{\sigma_2} = \lambda(r, t)$$

则任意债券的价格 u 满足：

$$\frac{\frac{\partial u}{\partial t} + \frac{1}{2}\sigma^2 r^2 \frac{\partial^2 u}{\partial r^2} - ru}{\sigma r \frac{\partial u}{\partial r}} = \lambda(r, t)$$

整理上式可得定价方程：

$$\frac{\partial u}{\partial t} + \frac{1}{2}\sigma^2 r^2 \frac{\partial^2 u}{\partial r^2} - \lambda(r, t)\sigma r \frac{\partial u}{\partial r} - ru = 0 \tag{5-115}$$

2. 期限结构

由于利率本身不是一种可交易的资产，不能像对股票期权那样构建无风险组合，消除 $u(r, t)$ 对偏好的依赖性。需要做进一步的假设来确定函数 $\lambda(r, t)$。例如，假设 $\alpha_1 = \alpha_2 = r$ 就可以确定 $\lambda(r, t) \equiv 0$。下面基于连续时间的 CAPM 模型和对数消费效用函数的论证确定了风险升水与标准差的比率 $\lambda(r, t)$ 是一个常数。假设资本市场结构如默顿(Merton, 1970 或 Merton, 1971)著作所述。于是，证券价格变化过程为：

$$\frac{\mathrm{d}P_i}{P_i} = \alpha_i \mathrm{d}t + b_i \mathrm{d}\mathcal{W}_i$$

其中，$\mathrm{d}\mathcal{W}_i \mathrm{d}\mathcal{W}_j = \rho_{ij}\mathrm{d}t$，第 $n+1$ 个证券是瞬时无风险的，即 $b_{n+1} = 0$，$\alpha_{n+1} = r$，第 n 个证券与 r 完全瞬时相关，$\mathcal{W}_n(t)$ 等同于式(5-113)中的维纳过程。

为了推导个人的最优投资组合和最优消费，需要引入最优值函数：

$$J(W, r, t) = \max_{w, c} \int_t^T F(c, s)\mathrm{d}s$$

其中，W 是个人财富，F 是消费效用函数，遗产函数忽略不计。可以证明 J 满足如下的偏微分方程：

$$0 = \max_{w, c}\left\{\begin{array}{l} F + \frac{\partial J}{\partial t} + \left\{W\sum_{i=1}^{n}[u_i(\alpha_i - r) + r] - c\right\}\frac{\partial J}{\partial W} \\ + \frac{1}{2}W^2\sum_{i=1}^{n}\sum_{j=1}^{n}u_i u_j \sigma_{ij}\frac{\partial^2 J}{\partial W^2} + W\sum_{i=1}^{n}u_i\sigma_{ir}\frac{\partial^2 J}{\partial W \partial r} + \frac{1}{2}a\frac{\partial^2 J}{\partial r^2} \end{array}\right\}$$

以上方程求最大值的一阶条件为：

$$\begin{aligned} &\frac{\partial F}{\partial c} - \frac{\partial J}{\partial W} = 0 \\ &(\alpha_i - r)\frac{\partial J}{\partial W} + W\sum_{j=1}^{n}u_j\sigma_{ij}\frac{\partial^2 J}{\partial W^2} + \sigma_{ir}\frac{\partial^2 J}{\partial W \partial r} = 0,\ 1 \leqslant i \leqslant n \end{aligned} \tag{5-116}$$

特别地，考虑 $F(c, t) = f(t)\log c$，则 J 的形式为：①

① 见 Merton(1971)及其引用文献。

$$J(w, r, t)=g(t)\log W+H(r, t)$$

函数 $H(r, t)$的具体形式不重要，重要的是对数效用假设让我们可以摆脱式(5-116)中的交叉导数项。因为证券 n 的净供应量为 0，对此情形下的式(5-116)关于所有投资者加总得：

$$\alpha_i-r=\sum_{j=1}^{n-1}u_j\sigma_{ij}$$

其中，u_j 是证券 j 在市场投资组合中的数量。由伊藤引理有：$b_n=(\sigma r/u)/\partial u/\partial r$，所以：

$$\lambda(r, t)=\frac{\alpha_n-r}{b_n}=\sum_{j=1}^{n-1}u_jb_j\rho_{nj}=\text{常数}$$

记 $\gamma=\lambda/\sigma$，τ 为债券距到期日的时间。方程式(5-115)可以重新写为：

$$\frac{1}{2}\sigma^2r^2\frac{\partial^2u}{\partial r^2}-\sigma^2\gamma r\frac{\partial u}{\partial r}-ru-\frac{\partial u}{\partial\tau}=0 \tag{5-117}$$

式(5-117)正是债券的定价方程，它对应的边界条件是：

$$u(r, 0)=1 \tag{5-118a}$$

$$u(0, \tau)=1 \tag{5-118b}$$

$$u(\infty, \tau)=0,\ \tau>0 \tag{5-118c}$$

下面对特殊情形 $\gamma=0$ 给出求解边值问题式(5-117)、式(5-118)(a—c)的细节。也可以用类似的方法求解一般情形，对后者我们只给最后结果。对比式(5-114)、式(5-115)，显然假设 $\gamma=0$ 等价于期望假定 $\alpha=r$，在式(5-117)中引入新变量：

$$x=(2/\sigma^2)r,\ s=(\sigma^2/2)\ \text{和}\ u(r, \tau)=\nu(x, s)$$

解 $\nu(x, s)$可以被写为下面两个边值问题的解之和 $w(x, s)+f(x)$：

$$xf''-f=0 \tag{5-119a}$$

$$f(0)=1 \tag{5-119b}$$

$$f(\infty)=0 \tag{5-119c}$$

和

$$x^2w_{xx}-xw-w_s=0 \tag{5-120a}$$

$$w(x, 0)=1-f(x) \tag{5-120b}$$

$$w(0, s)=0 \tag{5-120c}$$

$$w(\infty, s)=0 \tag{5-120d}$$

对方程式(5-119)作变量替换 $z=2x^{\frac{1}{2}}$ 和 $f(x)=(z/2)h(z)$，得到调整的一阶贝塞尔(Bessel)方程。满足无穷远处条件的解为：

$$f(x)=2x^{\frac{1}{2}}k_1(2x^{\frac{1}{2}})$$

其中,k_1 是第二类一阶调整的贝塞尔函数。对方程式(5-120)作一个类似的变换可得:

$$z^2 h_{zz} + z h_z - (z^2+1)h - 4h_s = 0 \tag{5-121a}$$

$$h(z,\ 0) = 2\left[\frac{1}{z} - k_1(z)\right] \tag{5-121b}$$

下面分离方程式(5-121)中的变量,可得:

$$h(z,\ s) = \int_0^\infty \phi(\mu) k_{i\mu}(z) \exp[-(1+\mu^2)s/4] \mathrm{d}\mu \tag{5-122}$$

其中,分离参数为$-(1+\mu^2)$,函数 $\phi(\mu)$ 由边界条件式(5-121b)确定,具体形式为:

$$\phi(\mu) = \frac{4\mu \sin h \dfrac{\pi\mu}{2}}{\pi(1+\mu^2)} \tag{5-123}$$

则[①]:

$$\begin{aligned} h(z,\ 0) &= \frac{4}{\pi}\int_0^\infty \frac{\mu \sin h \dfrac{\pi\mu}{2}}{1+\mu^2} k_{i\mu}(z) \mathrm{d}\mu \\ &= \frac{4}{\pi}\int_0^\infty \sin(z \sin h a) \int_0^\infty \frac{\mu \sin(\mu a)}{1+\mu^2} \mathrm{d}\mu \mathrm{d}a \\ &= 2\int_0^\infty e^{-a} \sin(z \sin h a) = 2\left[\frac{1}{z} - k_1(z)\right] \end{aligned} \tag{5-124}$$

比较式(5-122)和式(5-124),可以看出[②]:

$$\begin{aligned} h(z,\ s) &= \frac{4}{\pi}\int_0^\infty \sin(z \sin h a) \int_0^\infty \frac{\mu \sin(\mu a)}{1+\mu^2} \exp[-(1+\mu^2)s/4] \mathrm{d}\mu \mathrm{d}a \\ &= \int_0^\infty \sin(z \sin h a)\left[\mathrm{e}^{-a} erfc\left(\frac{s-2a}{2s^{\frac{1}{2}}}\right) - \mathrm{e}^{a} erfc\left(\frac{s+2a}{2s^{\frac{1}{2}}}\right)\right] \mathrm{d}a \end{aligned} \tag{5-125}$$

因此:

$$u(r,\ \tau) = x^{\frac{1}{2}} \int_0^\infty \sin(2x^{\frac{1}{2}} \sin h a) \begin{bmatrix} \mathrm{e}^{-a} erfc\left(\dfrac{s-2a}{2s^{\frac{1}{2}}}\right) \\ -\mathrm{e}^{a} erfc\left(\dfrac{s+2a}{2s^{\frac{1}{2}}}\right) \end{bmatrix} \mathrm{d}a + 2x^{\frac{1}{2}} k_1(2x^{\frac{1}{2}}) \tag{5-126}$$

---

① 式(5-124)中的第二个等式可以根据 Watson(1966)来证明,内层积分等于 $(\pi/2)\mathrm{e}^{-a}$,最后一个等式由 Watson(1966)推出。

② 式(5-125)中内层积分是 $\mu\exp[-(1+\mu^2)s/4]/1+\mu^2$ 的 Fourier 正弦变换。

其中，$x=(2/\sigma^2)r$，$s=(\sigma^2/2)\tau$，而 $erfc(z)=1-\frac{2}{\pi^{\frac{1}{2}}}\int_0^z e^{-q^2}dq$ 是误差补余函数。以类似的方式，可得一般情形下的解：

$$u(r,\tau)=\frac{1}{\pi^2}x^p\int_0^\infty \sin(2x^{\frac{1}{2}}\sinh a)\int_0^\infty \exp[-(4p^2+\mu^2)s/4]$$

$$\mu\cosh\frac{\pi\mu}{2}\left|\Gamma\left(-p+i\frac{\mu}{2}\right)\right|^2\sin(\mu a)\mathrm{d}\mu\,\mathrm{d}a+\frac{2}{\Gamma(2p)}x^p k_{2p}(2x^{\frac{1}{2}}) \tag{5-127}$$

其中，$x=(2/\sigma^2)r$，$s=(\sigma^2/2)\tau$，$p=\frac{1}{2}+\gamma$。对式(5-126)、式(5-127)的研究表明，u 是 r 和 τ 递减的凸函数，并且是 σ^2 的递增的凹函数。如果到期支付能得到保证的话，随机短期利率提高了资本利得的可能性，因而此时定出的债券价格高于期望短期利率在一段时间内保持不变的定价。此外，债券的期限越长，两种设定的定价差距越大。典型债券价格模式如图 5-5(a—c)所示。

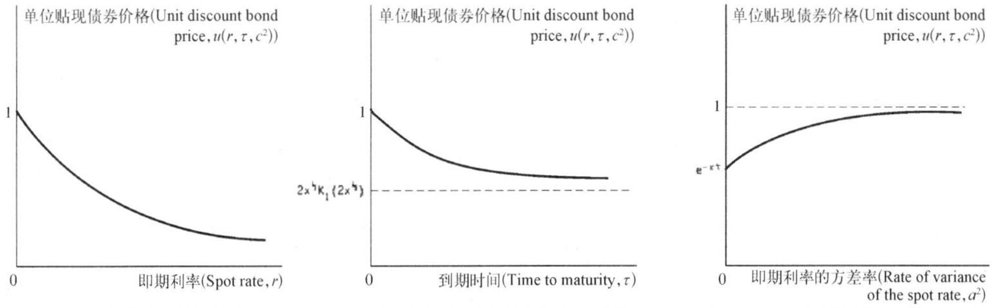

a 作为即期利率的函数　　b 作为距到期日时间的函数　　c 作为即期利率方差的函数

图 5-5　典型期限结构形态

到期收益率 ρ 由下面的方程定义：

$$C\sum_{k=1}^{n}e^{-p\tau_k}+e^{-p\tau_n}=C\sum_{k=1}^{n}u(r,\tau_k)+u(r,\tau_n) \tag{5-128}$$

其中，C 是利息，τ_k 是付息日，即将债券的未来现金流全部贴现到初始时刻。特别地，由于贴现债券不涉及利息，由式(5-128)可以求出它的到期收益为：

$$\rho=\frac{1}{\tau}\log\frac{1}{u}$$

这样，导出的利率期限结构(图 5-6)是单调递减的。

到期收益是 r 的递增凹函数，是 σ^2 的递减凸函数。ρ 还是 C 的递增的凹函数。对非常大的利息值 C，债券面值可以被忽略，所以有图 5-7 中的渐近线。

3. 评价和结论

Dothan 模型在一个一般均衡框架下运用无套利的思路推导出无风险债券的定价，且债券存在显式解。但是，无套利思路的运用并没有消除偏好对定价方程的影响。Dothan 模型相对比较简单，但是债券定价方程仍然比较复杂，且 Dothan 模型中的长期贴现债券价格并不趋于零，这是 Dothan 模型的不足之处。

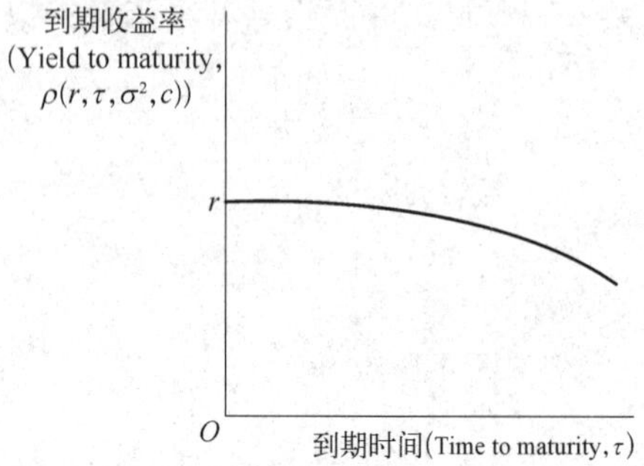

图 5-6　利率期限结构

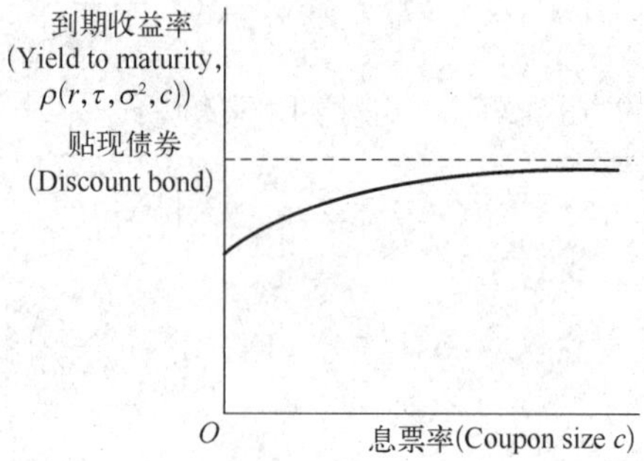

图 5-7　到期收益对利息额的依赖性

5.3.4　康斯坦丁尼德斯(Constantinides)模型

Constantinides 模型是在 CIR 模型的基础上发展起来的。CIR 模型有一些缺陷,例如:CIR 模型中的"期限溢价"在未来不同的状态下符号都是相同的①;所有不同到期时间的贴现债券的期限溢价的符号都是相同的;期限结构的形态种类有限,只有三种,即单调上升,驼峰形,单调下降。但是,对美国债券的研究却发现了反驼峰形的情况。以上三个缺陷,在本模型中得到了良好的改进。首先,期限溢价在某些状态下是正的,在另一些状态下是负的。第二,在某种给定状态下,一些债券的期限溢价为正,另一些债券的期限溢价为负。第三,收益曲线可以是反驼峰形,或其他更普通的形状,如单调上升、单调下降或驼峰形。

下面安排的讨论内容,先通过定义名义状态价格密度过程或定价核来设定模型,然后讨论各种收益率和利率期限结构,进一步考察利率产品定价,最后做评价和结论。

1. 一般模型设定

首先,假定存在一个正的状态价格密度过程,也即定价核(pricing kernel)$M(t)$,该过程使 T 时名义支付为 $X(T)$ 的证券在 t 时的名义价格为②:

$$P(t)=E_t[X(T)M(T)]/M(t) \tag{5-129}$$

其中,$E_t[.]$表示基于 t 时信息的条件期望。我们用一个消费者代表经济体系中所有的消费者来说明定价核的含义。在这个经济中,此代表性消费者的冯·纽曼-摩根斯坦(Von Neumann-Morgenstern)偏好 U 定义在消费路径 $\{C(t);\ 0\leqslant t\}$ 上。均衡一阶条件为:

$$E_t\left[-\frac{\partial U}{\partial C(t)}\frac{P(t)}{\Pi(t)}+\frac{\partial U}{\partial C(T)}\frac{X(T)}{\Pi(T)}\right]=0 \tag{5-130}$$

其中,$\Pi(t)$ 是价格水平。定义 $M(t)$ 为:

$$M(t)=\Pi^{-1}(t)E_t\left[\frac{\partial U}{\partial C(t)}\right] \tag{5-131}$$

结合一阶条件式(5-130)可得式(5-129)。可以设定效用函数的形式和人均消费、价格

① 期限溢价定义为某一资产的瞬时期望收益和给定期限的贴现债券收益率的差。

② 组成定价核的变量在模型中是平方自回归 AR(1)独立过程。我们称平方自回归独立变量名义期限结构模型为 SAINTS。它的存在是由不可分市场的无套利保证的。

水平的时间序列过程，并由式(5-131)推出定价核的时间序列过程。也可以直接对定价核$M(t)$建模，采用这种方法，不必用一个代表性消费者来代表整个消费者群体①。同 CIR 模型一样，Constantinides 模型假设在一个代表性消费者真实生产经济中，消费者偏好是时间可分的对数函数，也即：

$$U=\int_0^{\infty} e^{-\rho t}\ln C(t)dt$$

假设资本 $K(t)$ 在 $[t, t+dt]$ 的回报是规模不变的，可以表达为 $K(t)\times[1+M(t)d(M(t)^{-1})]$。

消费者偏好可用对数函数表达表明消费率等于 $C(t)=\rho K(t)$。资本的动态变化可表示如下：

$$dK(t)=K(t)M(t)d(M(t)^{-1})-C(t)dt,$$

消费的动态变化为：

$$dC(t)=C(t)M(t)d(M(t)^{-1})-\rho C(t)dt$$

这样：

$$C(t)=e^{-\rho t}C(0)M(0)M(t)^{-1}$$

t 时消费边际效用为 $e^{-\rho t}C(t)^{-1}$，也即 $C(0)^{-1}M(0)^{-1}M(t)$，真实现金流的一阶条件式(5-130)可以推出式(5-129)。我们根据 $N+1$ 个独立的过程 x_i，$i=0, 1, \cdots, N$，及常数 g，σ_0^3，α_i，$i=1, \cdots, N$。定义过程 $M(t)$ 为：

$$M(t)=\exp\left\{-\left(g+\frac{\sigma_0^2}{2}\right)t+x_0(t)+\sum_{i=1}^{N}(x_i(t)-\alpha_i)^2\right\} \tag{5-132}$$

这样的定义就保证 $M(t)$ 是正的。过程 $x_0(t)$ 定义为一个具有方差 σ_0^2 的维纳过程，即设 $x_0(t)=W_0(t)$。$x_0(t)$ 基于 $x_0(0)$ 的条件期望和方差是：

$$E_0[x_0(t)]=x_0(0) \tag{5-133}$$

$$\text{var}_0[x_0(t)]=\sigma_0^2 t \tag{5-134}$$

过程 $x_i(t)$，$i=0, 1, \cdots, N$，是一个连续时间 AR(1)过程（Ornstein-Uhlenbeck 扩散过程），定义为如下随机积分：

$$x_i(t)=x_i(0)e^{-\lambda_i t}+\int_0^t e^{-\lambda_i(t-\tau)}dW_i(\tau),\ i=1, \cdots, N \tag{5-135}$$

其中，$\lambda_i>0$，$\mathcal{W}_i(t)$ 是方差为 σ_i^2 的维纳过程。这 $N+1$ 个维纳过程，$\mathcal{W}_i(t)$，$i=0, 1, \cdots, N$ 被假定为相互独立的。$x_i(t)$ 基于 $x_i(0)$ 的条件期望和方差是：

$$E_0[x_i(t)]=x_i(0)e^{-\lambda t}+E_0\left[\int_0^t e^{-\lambda(t-\tau)}d\mathcal{W}_i(\tau)\right]=x_i(0)e^{-\lambda t} \tag{5-136}$$

① 此消费者具有 Von Neumann-Morgenstern 偏好。

$$\begin{aligned}\mathrm{var}_0[x_i(t)] &= \int_0^t \mathrm{var}_0\{\mathrm{e}^{-\lambda_i(t-\tau)}\mathrm{d}\mathcal{W}_i(\tau)\} \\ &= \sigma_i^2\int_0^t \mathrm{e}^{-2\lambda_i(t-\tau)}\mathrm{d}\tau \\ &= \frac{\sigma_i^2}{2\lambda_i}(1-\mathrm{e}^{-2\lambda_i t})\end{aligned} \tag{5-137}$$

我们希望定价核可以推出名义利率为正。对模型参数有如下约束：

$$\sigma_i^2 < \lambda_t,\ i=1,\ \cdots,\ N \tag{5-138}$$

且：

$$g-\sum_{i=1}^{N}\left(\sigma_i^2+\frac{\lambda_i\alpha_i^2}{2(1-\sigma_i^2/\lambda_i)}\right)>0 \tag{5-139}$$

这些条件保证了名义利率是正的。要给债券定价，就需要估计 $\exp\{x_0(t+\tau)\}$ 和 $\exp\{[x_i(t+\tau)-\alpha_i]^2\}$，$i=1,\ \cdots,\ N$ 在 t 时的期望。我们知道若 x 服从正态分布，期望为 μ，方差为 s^2，则它的矩母函数为：

$$E[\mathrm{e}^{\gamma x}]=\exp\left\{\gamma\mu+\frac{1}{2}\gamma^2 s^2\right\} \tag{5-140}$$

由于 $x_0(t+\tau)$ 服从正态分布，期望和方差由式(5-133)、式(5-134)给定，在式(5-140)中代入 $\gamma=1$，$\mu=x_0(t)$，$s^2=\sigma_0^2\tau$，可以推出：

$$E_t[\exp\{x_0(t+\tau)\}]=\exp\{x_0(t)+\sigma_0^2\tau/2\} \tag{5-141}$$

又由于 $[x_i(t+\tau)-\alpha_i]^2$ 服从自由度为 1 的非中心 χ^2 分布①：

$$[\exp\{(x_i(t+\tau)-\alpha_i)^2\}]=H_i^{-1/2}(\tau)\exp\{\lambda_i\tau+H_i^{-1}(\tau)\ (x_i(t)-\alpha_i e^{\lambda_i\tau})^2\},\ i=1,\ \cdots,\ N \tag{5-145}$$

---

① 式(5-142)可以如下推导，考虑积分 $\int_{-\infty}^{\hat{x}}\mathrm{e}^{-\gamma x^2}f(x)\mathrm{d}x$，其中 $f(x)$ 是正态密度函数，x 的期望为 μ，方差为 s^2。定义：

$$a=\mu/(1+2\gamma s^2) \tag{5-142}$$

和

$$b=s(1+2\gamma s^2)^{-1/2},\ 1+2\gamma s^2>0 \tag{5-143}$$

则：

$$-\gamma x^2-\frac{(x-\mu)^2}{2s^2}=-\frac{(x-a)^2}{2b^2}-\frac{\gamma\mu^2}{1+2\gamma s^2}$$

做变换 $z\equiv(x-a)/b$，积分：

$$\frac{1}{s\sqrt{2\pi}}\int_{-\infty}^{\hat{x}}\exp\left\{-\gamma x^2-\frac{(x-\mu)^2}{2s^2}\right\}\mathrm{d}x=(1+2\gamma s^2)^{-1/2}\exp\left\{\frac{-\gamma\mu^2}{1+2\gamma s^2}\right\}\frac{1}{\sqrt{2\pi}}\int_{-\infty}^{(\hat{x}-a)/b}\mathrm{e}^{-z^2/2}\mathrm{d}z \tag{5-144}$$

令：

$$\gamma=-1,\ \mu=x_i(t)e^{-\lambda\tau}-\alpha_i,\ s^2=(\sigma_i^2/2\lambda_i)(1-e^{-2\lambda\tau}),\ \hat{x}=\infty$$

约束 $1+2\gamma s^2>0$ 就变成 $1-(\sigma_i^2/\lambda_i)(1-\mathrm{e}^{-2\lambda_i\tau})>0$，由于假定 $\sigma_i^2<\lambda_i$，该不等式对所有 $\tau\geqslant 0$ 成立。所以式(5-146)所述的期望存在。代入以上参数值，由式(5-146)导出式(5-142)。

其中：

$$H_i(\tau)=\sigma_i^2/\lambda_i+(1-\sigma_i^2/\lambda_i)e^{2\lambda_i\tau}\geqslant 1 \tag{5-146}$$

在 T 时支付一单位金额的无违约债券在 t 时的名义价格为：

$$\begin{aligned}B(t,\ T)&=E_t[M(T)]/M(t)\\&=E_t\left[\exp\left\{-(g+\sigma_0^2/2)(T-t)+x_0(T)-x_0(t)+\sum_{i=1}^{N}(x_0(T)-\alpha_i)^2\right\}\right]\\&=\exp\{-(g+\sigma_0^2/2)(T-t)\}E_t[\exp(x_0(T)-x_0(t))]\\&\quad\times\prod_{i=1}^{N}E_t[\exp\{(x_i(T)-\alpha_i)^2-(x_i(t)-\alpha_i)^2\}]\\&=\left\{\prod_{i=1}^{N}H_i(T-t)\right\}^{-1/2}\exp\left\{\begin{aligned}&\left(-g+\sum_{i=1}^{N}\lambda_i\right)(T-t)\\&\sum_{i=1}^{N}H_i^{-1}(T-t)(x_i(t)-\alpha_ie^{\lambda_i(T-t)})^2-\sum_{i=1}^{N}(x_i(t)-\alpha_i)^2\end{aligned}\right\}\end{aligned} \tag{5-147}$$

为了给基于债券的期权定价，我们非常想要一个足够灵活的期限结构模型，可以精确拟合债券价格，至少在债券被定价的当日是足够精确的。CIR 解释了如何实现这一目的——通过令一个模型参数成为时间的确定性函数。在本模型中，是通过重新定义定价核来实现这种一般化的：$\hat{M}(t)=M(t)\exp\{-f(t)\}$，其中 $M(t)$ 定义如式(5-132)，则债券价格变为：

$$\hat{B}(t,\ T)=\exp\{-f(T)+f(t)\}B(t,\ T)$$

其中，$B(t,\ T)$ 如式(5-147)。利率变为 $\hat{r}(t)=r(t)+f'(t)$，因 $\min_t[f'(t)]+k>0$，利率对所有时间和状态都必定为正，其中 k 是式(5-139)的左端。

有必要强调的是，在本模型中过程 $x_i(t)$ 和期望是在真实概率测度(而不是等价鞅测度)下定义的。在真实概率测度下，式(5-133)意味着 $E_t[dx_0(t)]=0$，式(5-135)意味着：

$$E_t[dx_i(t)]=-\lambda_i x_i(t)dt,\ i=1,\ \cdots,\ N.$$

为了完善性，我们描述风险中性的等价鞅测度。考虑一个等价的概率测度，并用星号标记该测度下的期望。令 $dx_i(t)$ 在等价测度下的期望为：

$$E_t^*[dx_0(t)]=0 \text{ 和 } E_t^*[dx_i(t)]=\{-\lambda_i x_i(t)+2\sigma_i^2(x_i-\alpha_i)\}dt,\ i=1,\ \cdots,\ N$$

用式(5-147)证 $E_t^*[dB(t,\ T)/B(t,\ T)]=r(t)dt$，因此 $B(t,\ T)=E_t^*\left[\exp\left\{-\int_t^T r(s)ds\right\}\right]$ 这说明在此等价测度下定价是风险中性的。

在这里可以总结一下模型按式(5-132)定义定价核的原因。第一，注意到对于 $N=0$ 债券价格成为 $B(t,\ T)=e^{-g(T-t)}$，这意味着不现实的常数利率期限结构。因此，我们要对定价核做更高的规定。第二，注意到状态变量 $x_0(t)$ 没有出现在定价方程式(5-143)中。为了导出利率期限结构理论，也可以设 $\sigma_0^2=0$。然而，假定 $\sigma_0^2=0$ 意味着定价核是稳定的，消费和价格水平过程也是稳定的，令 $\sigma_0^2\geqslant 0$ 可以避免引入不必要的假定。第三，注意到我们不允许平方项

$-\gamma(x_0(t)-\alpha_0)^2$ 出现在 $M(t)$ 的定义中。可以证明对于 $-\gamma>0$，当 $T-t>-1/2\gamma\sigma_0^2$ 时期望 $E_t[\exp\{-\gamma(x_0(T)-\alpha_0)^2\}]$ 不存在;对 $\gamma>0$，以上期望存在但是导出的债券价格是 $x_0^2(t)$ 的增函数。这样,对充分大的状态变量 $x_0^2(t)$ 的值,债券价格大于1,这意味着利率为负。与此相反,定价核如式(5-132)规定并加上假定式(5-138)保证了期望存在,且利率有下界,即式(5-139)左端。式(5-139)保证了利率为正的概率为1。第四,在 $M(t)$ 的定义中,不允许平方项 $\gamma(x_i(t)-\alpha_i)^2$ 的参数取 $\lambda_i>0$，且 γ 取1以外的正值。$\gamma>0$ 的 $\gamma(x_i(t)-\alpha_i)^2$ 项可以被写作 $(x_j(t)-\alpha_j)^2$，其中 $\alpha_j=\gamma^{1/2}\alpha_i$，$\lambda_j=\lambda_i$，$\sigma_j^2=\gamma\sigma_i^2$，$x_j(t)=\gamma^{1/2}x_i(t)$。因此,取非1正值的 γ 不代表对 $M(t)$ 的定义的拓展。第五,不允许 $-\gamma(x_i(t)-\alpha_i)^2$ 项中 $\lambda_i>0$ 且 $\gamma>0$。可以证明,债券价格 $B(t, T)$ 与

$$\exp\left\{\gamma(x_i(t)-\alpha_i)^2-\frac{\gamma(x_i(t)e^{-\lambda_i(T-t)}-\alpha_i)^2}{1+2\gamma s^2}\right\}$$

成比例,其中 $s^2=(\sigma_i^2/2\lambda_i)(1-e^{-2\lambda_i(T-t)})$。对 $x_i(t)$ 取得足够大值和到期期限 $T-t$，债券价格大于1,这意味着出现负利率的概率为正。第六,不允许定价核的指数中 $x_i(t)$ 的线性项取 $\lambda_i>0$ 的参数。这个规定再次表明着利率取负值的概率为正。在我们对定价核的设定中,线性项是作为平方和 $(x_i(t)-\alpha_i)^2$ 的一部分出现的,此时利率为正的概率为1。

2. 利率期限结构

名义到期收益定义为:

$$y(t, T)=-(T-t)^{-1}\ln B(t, T) \tag{5-148}$$

由式(5-147),到期收益可以用状态变量表示为:

$$y(t, T)=g-\sum_{i=1}^{N}\lambda_i+(T-t)^{-1}\times\sum_{i=1}^{N}\left\{\frac{1}{2}\ln H_i(T-t)-H_t^{-1}(T-t)(x_i(t)-\alpha_i e^{\lambda_i(T-t)})^2+(x_i(t)-\alpha_i)^2\right\} \tag{5-149}$$

由于状态变量不可观察,估计模型参数及检验模型的一个方法是对到期收益的无条件矩进行数据拟合。这种拟合的一般方法是吉本斯等(Gibbons, Ramaswamy, 1987)①在估计和检验CIR模型时首先提出的。下面给出了由式(5-149)得到的到期收益的无条件期望和自协方差。当时 $t\to\infty$，$x_i(t)$ 的无条件期望和方差为0和 $\sigma_i^2/2\lambda_i$，由式(5-136)、式(5-137)取极限得。展开式(5-145)中的平方项并对式(5-145)取期望,得:

$$E[y(t, T)]=g-\sum_{i=1}^{N}\lambda_i+(T-t)^{-1}\times\sum_{i=1}^{N}\left\{\frac{1}{2}\ln H_i(T-t)-H_i^{-1}(T-t)\left(\frac{\sigma_i^2}{\lambda_i}+\alpha_i^2e^{2\lambda_i(T-t)}\right)+\frac{\sigma_i^2}{\lambda_i}+\alpha_i^2\right\} \tag{5-150}$$

① Gibbons M R, Ramaswamy K. The Term Structure of Interest Rates: Empirical Evidence.工作论文,斯坦福大学,1987。

以 $x(t)$ 为条件，$x(t+\tau)$ 服从期望为 $\mu=x(t)\mathrm{e}^{-\lambda\tau}$、方差为 $s^2=(\sigma^2/2\lambda)(1-\mathrm{e}^{-2\lambda\tau})$ 的正态分布，见式(5-136)、式(5-137)。由式(5-140)，$x(t+\tau)$ 的矩母函数为：

$$E_t[\exp\gamma x(t+\tau)]=\exp\{\gamma x(t)\mathrm{e}^{-\lambda\tau}+\gamma^2(\sigma^2/4\lambda)(1-\mathrm{e}^{-2\lambda\tau})\} \tag{5-151}$$

对式(5-151)关于 γ 求导两次，并令 $\gamma=0$，得：

$$E_t[x^2(t+\tau)]=x^2(t)\mathrm{e}^{-2\lambda\tau}+(\sigma^2/2\lambda)(1-\mathrm{e}^{-2\lambda\tau}) \tag{5-152}$$

对式(5-151)关于 γ 求导四次，并令 $\gamma=0$，得：

$$E_t[x^4(t+\tau)]=x^4(t)\mathrm{e}^{-4\lambda\tau}+(3\sigma^2/\lambda)x^2(t)\mathrm{e}^{-2\lambda\tau}(1-\mathrm{e}^{-2\lambda\tau})+3(\sigma^2/2\lambda)^2(1-\mathrm{e}^{-2\lambda\tau})^2 \tag{5-153}$$

$x^2(t+\tau)$ 的条件方差是：

$$\begin{aligned}\mathrm{var}_t[x^2(t+\tau)]&=E_t[x^4(t+\tau)]-\{E_t[x^2(t+\tau)]\}^2\\&=4(\sigma^2/2\lambda)x^2(t)\mathrm{e}^{-2\lambda\tau}(1-\mathrm{e}^{-2\lambda\tau})^2+2(\sigma^2/2\lambda)^2(1-\mathrm{e}^{-2\lambda\tau})^2\end{aligned} \tag{5-154}$$

过程 $x^2(t)$ 的增量具有异方差性，$x^2(t+\tau)-x^2(t)$ 的条件方差是 $x^2(t)$ 的线性递增函数。$x^2(t)$ 的无条件方差为 $\sigma^4/2\lambda^2$。定义 η 为：

$$\eta=x(t+\tau)-x(t)\mathrm{e}^{-\lambda\tau} \tag{5-155}$$

由于 $E_t[\eta]=0$，则 $E[\eta x(t)]=0$，$\mathrm{cov}(\eta,\ x(t))=0$，于是：

$$\begin{aligned}\mathrm{cov}(x(t+\tau),\ x(t))&=\mathrm{cov}(\eta+x(t)\mathrm{e}^{-\lambda\tau},\ x(t))\\&=\mathrm{e}^{-\lambda\tau}\mathrm{var}(x(t))\\&=(\sigma^2/2\lambda)\mathrm{e}^{-\lambda\tau}\end{aligned} \tag{5-156}$$

定义 η 为：

$$\eta=x^2(t+\tau)-x^2(t)\mathrm{e}^{-2\lambda\tau}-(\sigma^2/2\lambda)(1-\mathrm{e}^{-2\lambda\tau}) \tag{5-157}$$

由式(5-152)得 $E_t[\eta]=0$，$E[\eta x^2(t)]=0$ 及 $\mathrm{cov}(\eta,\ x^2(t))=0$，于是：

$$\begin{aligned}\mathrm{cov}(x^2(t+\tau),\ x^2(t))&=\mathrm{cov}(\eta+x^2(t)\mathrm{e}^{-2\lambda\tau}+(\sigma^2/2\lambda)(1-\mathrm{e}^{-2\lambda\tau}),\ x^2(t))\\&=\mathrm{e}^{-2\lambda\tau}\mathrm{var}(x^2(t))\\&=(\sigma^4/2\lambda^2)\mathrm{e}^{-2\lambda\tau}\end{aligned} \tag{5-158}$$

展开式(5-149)中的平方项，并使用式(5-139)、式(5-141)。注意由于 $x(t+\tau)$ 是对称的且期望为零。$\mathrm{cov}[x(t+\tau),\ x^2(t)]=0$ 同样，$\mathrm{cov}[x^2(t+\tau),\ x(t)]=0$，可以得到：

$$\begin{aligned}&\mathrm{cov}[y(t,\ T),\ y(t+\tau,\ T+\tau)]\\&=(T-t)^{-2}\sum_{i=1}^{N}\left\{\begin{aligned}&2(1-H_i^{-1}(T-t))^2\left(\frac{\sigma_i^2}{2\lambda_i}\right)^2\mathrm{e}^{-2\lambda_i\tau}\\&+4(H_i^{-1}(T-t)\mathrm{e}^{\lambda_i(T-t)}-1)^2\left(\frac{\sigma_i^2}{2\lambda_i}\right)^2\alpha_i^2\mathrm{e}^{-\lambda_i\tau}\end{aligned}\right\}\end{aligned} \tag{5-159}$$

当到期期限趋于无穷时,债券收益趋于常数 g(不论状态如何)。因此,参数 g 的经济学含义是长期贴现债券的收益。

名义利率定义为:

$$r(t)=\lim_{T\to t}y(t, T) \tag{5-160}$$

由式(5-149)、式(5-160)得:

$$r(t)=g+\sum\left\{-\sigma_i^2-\frac{\lambda_i\alpha_i^2}{2(1-\sigma_i^2/\lambda_i)}+2\lambda_i(1-\sigma_i^2/\lambda_i)\times\left(x_i(t)-\alpha_i+\frac{\alpha_i}{2(1-\sigma_i^2/\lambda_i)}\right)^2\right\} \tag{5-161}$$

当 $x_i(t)-\alpha_i+\alpha_i/2(1-\sigma_i^2/\lambda_i)=0$, $i=1, \cdots, N$,利率达到最小值。利率为正是由式(5-139)保证的。利率的分布是具有不同方差的平方正态分布变量迭加形成的分布。将 N =1 时的利率过程与转变的 CIR 模型的单状态变量版本隐含的利率过程做比较。对 $N=1$,利率的随机微分方程是:

$$\begin{aligned} dr(t)=&2\lambda\left(1-\frac{\sigma^2}{\lambda}\right)\left\{\sigma^2-2\lambda x\left[x-\alpha+\frac{\alpha}{2\left(1-\frac{\sigma^2}{\lambda}\right)}\right]\right\}dt \\ &+4\lambda\left(1-\frac{\sigma^2}{\lambda}\right)\left[x-\alpha+\frac{\alpha}{2\left(1-\frac{\sigma^2}{\lambda}\right)}\right]d\mathcal{W}(t), \ N=1 \end{aligned} \tag{5-162}$$

这个利率过程和 CIR 模型互不包含。

同样,在本模型中,已知 $r(t)$只决定 $x-\alpha+\alpha/2(1-\sigma^2/\lambda)$ 的绝对值,而不能决定其符号。因此,已知 $r(t)$不能毫不含糊地决定利率过程的漂移率,即 $r(t)$不是状态的充分统计量(除了在特殊情况 $\alpha=0$ 下)。瞬时算术期望债券回报定义为 $R(t, T)=E_t[dB(t, T)]/B(t, T)dt$。算术期限溢价定义为 $R(t, T)-r(t)$,表达式如下:

$$R(t, T)-r(t)=4\sum_{i=1}^{N}\{\sigma_i^2(x_i-\alpha_i)[(1-H_i^{-1}(T-t))x_i-\alpha_i(1-H_i^{-1}(T-t)e^{\lambda_i(T-t)})]\} \tag{5-163}$$

期限溢价在某些状态为正,在另一些状态为负。同样,对一个给定的状态,某些债券的期限溢价为正,另一些债券的期限溢价为负。以上论断对 $N\geqslant 1$ 均成立。为了说明这一点,对 $N=1$ 将式(5-149)写成:

$$R(t, T)-r(t)=4\sigma^2\alpha^2\left(1-H^{-1}(T-t)\left(\frac{x}{\alpha}-1\right)\times\left(\frac{x}{\alpha}-\frac{1-H^{-1}(T-t)e^{\lambda(T-t)}}{1-H^{-1}(T-t)}\right)\right) \tag{5-164}$$

注意到 $R(t, T)-r(t)$ 为负,如果:

$$\frac{1-H^{-1}(T-t)e^{\lambda(T-t)}}{1-H^{-1}(T-t)}<\frac{x}{\alpha}<1 \tag{5-165}$$

在其他情形下 $R(t, T)-r(t)$ 为正。对于一个给定到期日的债券,若状态满足式(5-165),

期限溢价为负；否则期限溢价为正。因此，给定到期日的债券的期限溢价的符号会根据状态而转换。这与转变的 CIR 模型的隐含期限溢价形成对比：后者在所有状态下的期限溢价的符号是一致的。如果状态满足 $x/\alpha > 1$ 或 $x/\alpha < 1 - 1/2(1 - \sigma^2/\lambda)$，则对任意债券到期日式(5-165)不成立，期限溢价为正。然而，如果状态满足 $1 - 1/2(1 - \sigma^2/\lambda) < x/\alpha < 1$，则短期债券的期限溢价为负，长期债券的期限溢价为正。这与 CIR 模型形成对比：对任何给定状态，所有到期日的债券的期限溢价符号一致。

定义瞬时几何期望债券回报为：

$$R_G(t, T) = E_t[\mathrm{d}\ln B(t, T)]/\mathrm{d}t$$

则几何期限溢价为 $R_G(t, T) - r(t)$，像上面一样，我们可以说明对 $N \geqslant 1$，几何期限溢价的正负依赖于状态和到期期限。定义远期利率为 $F(t, T) = -\partial \ln B(t, T)/\partial T$，有：

$$\begin{aligned} R_G(t, T) - F(t, T) = -\sum_{i=1}^{N}\{2\lambda_i x_i[-H_i^{-1}(T-t)(x_i(t) - \alpha_i \mathrm{e}^{\lambda(T-t)}) \\ + x_i(t) - \alpha_i] + \sigma_i^2(H_i^{-1}(T-t) - 1)\} \end{aligned} \tag{5-166}$$

由于式(5-166)右端不一定等于零，所以远期利率不等于期限匹配的债券的期望几何回报①。对 $R_G(t, T) - F(t, T)$ 取无条件期望，得：

$$E[R_G(t, T) - F(t, T)] = 0 \tag{5-167}$$

所以，期限匹配的远期利率是债券的期望回报的一个无偏估计。读者可以验证 CIR 模型和 Vasicek 模型(或许还有其他模型)的期限结构也满足式(5-167)中的无偏性。

3. 期权定价

定义 $P(t, T)$ 为一个 t 时到期的欧式看涨期权在 0 时的名义价格，执行价格为 K，标的为 T 时到期的无违约贴现债券，$0 \leqslant t \leqslant T$。到期时期权的价格为 $\max[0, B(t, T) - K]$，零时期权的价格为：

$$P(t, T) = E_0\{\{M(t)/M(0)\}\max[0, B(t, T) - K]\} \tag{5-168}$$

右端出现的随机变量是 $x_i(t)$，$i = 1, \cdots, N$。它们服从独立的正态分布，基于 $x_i(0)$ 的条件期望和方差是已知的。在特殊情形 $N = 1$，$\alpha = 0$ 下，可以用标准正态分布函数表示期权价格。将式(5-168)写成：

$$P(t) = E_0\begin{bmatrix} \exp\{-gt + x^2(t) - x^2(0)\} \\ \times \max[0, -K + H^{-1/2}(T-t) \\ \times \exp\{(\lambda - g)(T-t) - (1 - H^{-1/2}(T-t))x^2(t)\}] \end{bmatrix} \tag{5-169}$$

债券价格在 $x(t) = 0$ 处达到最大值。若 $H^{-1/2}(T-t)\exp\{(\lambda - g)(T-t)\} \leqslant K$，则对所有 $x(t)$ 的值期权在 t 时处于价外，在零时刻期权没有价值。考虑非平凡情形：

$$H^{-1/2}(T-t)\exp\{(\lambda - g)(T-t)\} > K \tag{5-170}$$

---

① 模型的这个性质得到实证支持，参考 Stambaugh. The Information in Forward Rates: Implications for Models of the Term Structure. *Journal of Financial Economics*, 1988(21): 41-70.

定义 $\hat{x}^2$ 如下：

$$H^{-1/2}(T-t)\exp\{(\lambda-g)(T-t)-(1-H^{-1/2}(T-t))\hat{x}^2\}=K \tag{5-171}$$

式(5-170)保证了 $\hat{x}^2>0$，令 $\hat{x}$ 记 $\hat{x}^2$ 的正平方根，即：

$$\hat{x}=\left\{\frac{(\lambda-g)(T-t)-\frac{1}{2}\ln H(T-t)-\ln K}{1-H^{-1/2}(T-t)}\right\}^{1/2}>0 \tag{5-172}$$

期权价格为：

$$\begin{aligned}P(t,T)&=H^{-1/2}(T-t)\exp\{\lambda(T-t)-gT-x^2(0)\}\\&\quad\times\int_{-\hat{x}}^{\hat{x}}\exp\{H^{-1/2}(T-t)x^2\}f(x)\mathrm{d}x-K\exp\{-gt-x^2(0)\}\int_{-\hat{x}}^{\hat{x}}\exp(x^2)f(x)\mathrm{d}x\end{aligned} \tag{5-173}$$

其中，$f(.)$是 $x(t)$ 基于 $x(0)$ 的条件概率密度。回忆 $x(t)$ 服从正态分布，期望为 $\mu=x(0)\mathrm{e}^{-\lambda t}$；方差为 $s^2=(\sigma^2/2\lambda)(1-\mathrm{e}^{-2\lambda t})$。记标准正态分布函数为 $N(\hat{z})\equiv(2\pi)^{-1/2}\int_{-\infty}^{\hat{z}}\exp\left(\frac{-z^2}{2}\right)\mathrm{d}z$，期权价格为①：

---

① 我们用式(5-146)计算式(5-173)中的积分。令 $\gamma=-H^{-1}(T-t)$，可得：

$$\begin{aligned}&H^{-1/2}(T-t)\exp\{\lambda(T-t)-gT-x^2(0)\}\times\int_{-\hat{x}}^{\hat{x}}\exp\{H^{-1}(T-t)x^2\}f(x)\mathrm{d}x\\&=H^{-1/2}(T-t)(1-2H^{-1/2}(T-t)s^2)^{-1/2}\\&\quad\times\exp\left\{\lambda(T-t)-gT-x^2(0)+\frac{H^{-1}(T-t)\mu^2}{1-2H^{-1}(T-t)s^2}\right\}\times\left[N\left(\frac{\hat{x}-a}{b}\right)-N\left(\frac{-\hat{x}-a}{b}\right)\right]\\&=B(0,T)\left[N\left(\frac{\hat{x}-a}{b}\right)-N\left(\frac{-\hat{x}-a}{b}\right)\right]\end{aligned} \tag{5-174}$$

其中：

$$a=\mu/(1+2\gamma s^2)=\frac{x(0)\mathrm{e}^{-\lambda t}}{1-H^{-1}(T-t)(\sigma^2/\lambda)(1-\mathrm{e}^{-2\lambda t})} \tag{5-175}$$

$$b=s/(1+2\gamma s^2)^{-1/2}=\left[\frac{(\sigma^2/2\lambda)(1-\mathrm{e}^{-2\lambda t})}{1-H^{-1}(T-t)(\sigma^2/\lambda)(1-\mathrm{e}^{-2\lambda t})}\right]^{1/2} \tag{5-176}$$

式(5-176)的最后一行来自如下事实：

$$\begin{aligned}H(T-t)(1-2H^{-1}(T-t)s^2)&=\sigma^2/\lambda+(1-\sigma^2/\lambda)\mathrm{e}^{2\lambda(T-t)}-(\sigma^2/\lambda)(1-\mathrm{e}^{-2\lambda t})\\&=\mathrm{e}^{-2\lambda t}\{\sigma^2/\lambda+(1-\sigma^2/\lambda)\mathrm{e}^{2\lambda T}\}\\&=\mathrm{e}^{-2\lambda t}H(T)\end{aligned}$$

于是式(5-176)的最后一行变成：

$$\begin{aligned}&H^{-1/2}(T-t)\exp\{\lambda t+\lambda(T-t)-gT-x^2(0)+H^{-1}(T)\mathrm{e}^{2\lambda t}x^2(0)\mathrm{e}^{-2\lambda t}\}\times\left[N\left(\frac{\hat{x}-a}{b}\right)-N\left(\frac{-\hat{x}-a}{b}\right)\right]\\&=B(0,T)\left[N\left(\frac{\hat{x}-a}{b}\right)-N\left(\frac{-\hat{x}-a}{b}\right)\right]\end{aligned}$$

这给出了式(5-174)的第一项。令式(5-146)中的 $\gamma=-1$，可得：

$$\begin{aligned}&K\exp\{-gt-x^2(0)\}\int_{-\hat{x}}^{\hat{x}}\exp(x^2)f(x)\mathrm{d}x\\&=K(1-2s^2)^{-1/2}\exp\left\{-gt-x^2(0)+\frac{\mu^2}{1-2s^2}\right\}\times\left[N\left(\frac{x-a'}{b'}\right)-N\left(\frac{-x-a'}{b'}\right)\right]\\&=B(0,t)K\left[N\left(\frac{x-a'}{b'}\right)-N\left(\frac{-x-a'}{b'}\right)\right]\end{aligned} \tag{5-177}$$

(转下页)

$$P(t, T)=B(0, T)\left[N\left(\frac{\hat{x}-a}{b}\right)-N\left(\frac{-\hat{x}-a}{b}\right)\right] \\ -B(0, t)\left[N\left(\frac{\hat{x}-a'}{b'}\right)-N\left(\frac{-\hat{x}-a'}{b'}\right)\right] \tag{5-181}$$

其中：

$$a=\frac{x(0)\mathrm{e}^{-\lambda t}}{1-H^{-1}(T-t)(\sigma^2/\lambda)(1-\mathrm{e}^{-2\lambda t})},\ b=\left[\frac{(\sigma^2/2\lambda)(1-\mathrm{e}^{-2\lambda t})}{1-H^{-1}(T-t)(\sigma^2/\lambda)(1-\mathrm{e}^{-2\lambda t})}\right]^{1/2}$$

$$a'=\frac{x(0)\mathrm{e}^{-\lambda t}}{1-(\sigma^2/\lambda)(1-\mathrm{e}^{-2\lambda t})},\ b'=\left[\frac{(\sigma^2/2\lambda)(1-\mathrm{e}^{-2\lambda t})}{1-(\sigma^2/\lambda)(1-\mathrm{e}^{-2\lambda t})}\right]^{1/2} \tag{5-182}$$

4. 评价和结论

Constantinides 模型具有 CIR 模型的优点：利率是正的平稳随机过程；贴现债券和欧式债券期权的价格都能显式表示；到期收益，远期利率和债券回报的条件期望和自协方差函数也可以显式得到；Constantinides 模型用较少的参数来描述瞬时利率的动态变化，如果只用一个状态变量，则只需四个参数，每添加一个状态变量也只增加三个参数；模型对真实经济变量和价格水平之间的统计关系也未作假设。

5.4　多因素模型

5.4.1　布伦南-施瓦茨(Brennan-Schwartz)模型

Brennan-Schwartz 模型(以下简称 BS 模型)也是对瞬时利率建模，但是和此前的许多利率模型不同的是：此前的许多瞬时利率模型都是假设瞬时利率包含了有关利率期限结构的所有的信息，即把瞬时利率作为唯一的状态变量，因此零息国债的价格也只是和瞬时利率相关。布伦南和施瓦茨认为这种描述并不准确，提出整条收益率曲线应该用到期时间最长和到期时间最短的国债的收益率这两个变量来表达，即 BS 模型里的状态变量是两个：到期时间最长和到期时间最短的国债的收益率。

他们这样做的理由是，利率的期限结构描绘了一系列从短到长的零息债券的收益率，各个到期时间的收益率除了受到瞬时利率的影响，市场对瞬时利率的预期也会有影响，于是他

(接上页)其中：

$$a'=\mu/(1-2s^2)=\frac{x(0)\mathrm{e}^{-\lambda t}}{1-(\sigma^2/\lambda)(1-\mathrm{e}^{-2\lambda t})} \tag{5-178}$$

$$b'=s(1-2s^2)^{-1/2}=\left[\frac{(\sigma^2/\lambda)(1-\mathrm{e}^{-2\lambda t})}{1-(\sigma^2/\lambda)(1-\mathrm{e}^{-2\lambda t})}\right]^{1/2} \tag{5-179}$$

式(5-179)的最后一行来自：

$$\begin{aligned}&(1-2s^2)^{-1/2}\exp\left\{-gt-x^2(0)+\frac{\mu^2}{1-2s^2}\right\}\\ &=\{1-(\sigma^2/\lambda)(1-\mathrm{e}^{-2\lambda t})\}^{-1/2}\times\exp\left\{-gt-x^2(0)+\frac{x^2(0)\mathrm{e}^{-2\lambda t}}{1-(\sigma^2/\lambda)(1-\mathrm{e}^{-2\lambda t})}\right\}\\ &=B(0, t)\end{aligned} \tag{5-180}$$

这就给出了式(5-174)的第二项。

们假设长期利率包含了对短期利率的预期。这样利率期限结构应该表达为长期利率和短期利率的函数。

1. 一般模型设定

令 r、l 分别表示瞬时利率和支付连续复利的长期国债的收益率,则 BS 模型框架下的状态变量描述是:

$$dr = \beta_1(r, l, t)dt + \eta_1(r, l, t)d\mathcal{W}_1 \tag{5-183}$$

$$dl = \beta_2(r, l, t)dt + \eta_2(r, l, t)d\mathcal{W}_2 \tag{5-184}$$

其中,t 表示当前时刻;$\beta_1(r, l, t)$和 $\beta_2(r, l, t)$分别是 r、l 单位时间的变化期望值,即变化的期望值率;$\eta_1^2(r, l, t)$ 和 $\eta_2^2(r, l, t)$ 分别是 r、l 的单位时间的变化方差值,即变化的方差率;ρ 是 r、l 的单位时间的变化相关系数值,即变化相关系数率:$d\mathcal{W}_1 d\mathcal{W}_2 = \rho dt$。

令 $B(r, l, t)$ 表示到期时间为 T,到期支付为 1 的零息债券现在(t 时刻)的价格,那么到期时间是 $\tau = T - t$,根据伊藤定理,有①:

$$dB = \frac{\partial B}{\partial r}dr + \frac{\partial B}{\partial l}dl + \frac{\partial B}{\partial \tau}d\tau + \frac{1}{2}\frac{\partial^2 B}{\partial r^2}(dr)^2 + \frac{1}{2}\frac{\partial^2 B}{\partial l^2}(dl)^2 + \frac{\partial^2 B}{\partial r \partial l}(dr)(dl)$$

$$\Rightarrow$$

$$dB = \frac{\partial B}{\partial r}(\beta_1 dt + \eta_1 d\mathcal{W}_1) + \frac{\partial B}{\partial l}(\beta_2 dt + \eta_2 d\mathcal{W}_2)$$
$$- \frac{\partial B}{\partial \tau}dt + \frac{1}{2}\frac{\partial^2 B}{\partial r^2}\eta_1^2 dt + \frac{1}{2}\frac{\partial^2 B}{\partial l^2}\eta^2 d_2 t + \frac{\partial^2 B}{\partial r \partial l}\rho\eta_1\eta_2 dt$$

$$\Rightarrow$$

$$dB = \left(\frac{\partial B}{\partial r}\beta_1 + \frac{\partial B}{\partial l}\beta_2 - \frac{\partial B}{\partial \tau} + \frac{1}{2}\frac{\partial^2 B}{\partial r^2}\eta_1^2 + \frac{1}{2}\frac{\partial^2 B}{\partial l^2}\eta_2^2 + \frac{\partial^2 B}{\partial r \partial l}\rho\eta_1\eta_2\right)dt$$
$$+ \frac{\partial B}{\partial r}\eta_1 d\mathcal{W}_1 + \frac{\partial B}{\partial l}\eta_2 d\mathcal{W}_2$$

令:

$$\mu(r, l, t) = \frac{1}{B}\left(\frac{\partial B}{\partial r}\beta_1 + \frac{\partial B}{\partial l}\beta_2 - \frac{\partial B}{\partial \tau} + \frac{1}{2}\frac{\partial^2 B}{\partial r^2}\eta_1^2 + \frac{1}{2}\frac{\partial^2 B}{\partial l^2}\eta_2^2 + \frac{\partial^2 B}{\partial r \partial l}\rho\eta_1\eta_2\right) \tag{5-185}$$

上述公式可以写成:

$$\frac{dB}{B} = \mu(r, l, t)dt + \frac{1}{B}\frac{\partial B}{\partial r}\eta_1 d\mathcal{W}_1 + \frac{1}{B}\frac{\partial B}{\partial l}\eta_2 d\mathcal{W}_2$$

有了单只债券的价格变动方程,下面我们可以构建债券组合的价格变化方程:假设一个债券组合由三种债券组成,这三种债券在组合里面的权重分别是 x_1、x_2、x_3($x_1 + x_2 + x_3 = 1$),价格分别为 P_1、P_2、P_3,则组合价格:

---

① 此处 $\frac{\partial B}{\partial \tau} = -\frac{\partial B}{\partial t}$ 是因为 $\tau = T - t$。

$$P = x_1 P_1 + x_2 P_2 + x_3 P_3$$

组合价格的变化为：

$$\mathrm{d}P = x_1 \mathrm{d}P_1 + x_2 \mathrm{d}P_2 + x_3 \mathrm{d}P_3$$

上式中的 $\mathrm{d}P_i(i=1,\ 2,\ 3)$ 可以直接应用上面单只债券价格变化的公式：

$$\begin{aligned}\frac{\mathrm{d}P}{P} &= (x_1\mu_1(\tau_1) + x_2\mu_2(\tau_2) + x_3\mu_3(\tau_3))\mathrm{d}t \\ &\quad + \left(x_1 \frac{1}{B}\frac{\partial B}{\partial r}\eta_1 + x_2 \frac{1}{B}\frac{\partial B}{\partial r}\eta_1 + x_3 \frac{1}{B}\frac{\partial B}{\partial r}\eta_1\right)\mathrm{d}W_1 \\ &\quad + \left(x_1 \frac{1}{B}\frac{\partial B}{\partial l}\eta_2 + x_2 \frac{1}{B}\frac{\partial B}{\partial l}\eta_2 + x_3 \frac{1}{B}\frac{\partial B}{\partial r}\eta_2\right)\mathrm{d}W_2\end{aligned}$$

如果令 $\mathrm{d}W_1$ 和 $\mathrm{d}W_2$ 前面的系数为零，则上述组合变成瞬时无风险的了。此时有：

$$x_1 \frac{1}{B}\frac{\partial B}{\partial r}\eta_1 + x_2 \frac{1}{B}\frac{\partial B}{\partial r}\eta_1 + x_3 \frac{1}{B}\frac{\partial B}{\partial r}\eta_1 = 0 \tag{5-186}$$

$$x_1 \frac{1}{B}\frac{\partial B}{\partial l}\eta_2 + x_2 \frac{1}{B}\frac{\partial B}{\partial l}\eta_2 + x_3 \frac{1}{B}\frac{\partial B}{\partial r}\eta_2 = 0 \tag{5-187}$$

因为无风险的资产只能获得无风险收益，即此时有：

$$\frac{\mathrm{d}P}{P} = r\,\mathrm{d}t$$

也即：

$$x_1\mu_1(\tau_1) + x_2\mu_2(\tau_2) + x_3\mu_3(\tau_3) = r$$

简单变形可得下式：

$$x_1[\mu_1(\tau_1) - r] + x_2[\mu_2(\tau_2) - r] + x_3[\mu_3(\tau_3) - r] = 0 \tag{5-188}$$

式(5-186)、式(5-187)、式(5-188)三个方程组成一个方程组，未知数是 x_1、x_2、x_3。如果下式成立，则方程组也成立：

$$\mu(\tau_1) - r = \lambda_1(r,\ l,\ t)\frac{1}{B}\frac{\partial B}{\partial r}\eta_1 + \lambda_2(r,\ l,\ t)\frac{1}{B}\frac{\partial B}{\partial l}\eta_2$$

$$\mu(\tau_2) - r = \lambda_1(r,\ l,\ t)\frac{1}{B}\frac{\partial B}{\partial r}\eta_1 + \lambda_2(r,\ l,\ t)\frac{1}{B}\frac{\partial B}{\partial l}\eta_2$$

$$\mu(\tau_3) - r = \lambda_1(r,\ l,\ t)\frac{1}{B}\frac{\partial B}{\partial r}\eta_1 + \lambda_2(r,\ l,\ t)\frac{1}{B}\frac{\partial B}{\partial l}\eta_2$$

因此，上式与到期时间 τ 无关，可以一般性地写成：

$$\mu(\tau) - r = \lambda_1(r,\ l,\ t)\frac{1}{B}\frac{\partial B}{\partial r}\eta_1 + \lambda_2(r,\ l,\ t)\frac{1}{B}\frac{\partial B}{\partial l}\eta_2 \tag{5-189}$$

其中，$\lambda_1(r,\ l,\ t)$、$\lambda_2(r,\ l,\ t)$ 与到期时间无关。左边 $\mu(\tau) - r$ 是任意零息债券相对于

无风险利率的溢价,这个溢价是补偿投资者承担的额外风险的。在式(5-189)中,这个溢价表示为两个因子的和,每个因子包含两个部分:一个部分是一个单位的瞬时利率变化(或者长期利率的变化)引致的零息债券的收益率变化有多大,这一项用 $\frac{1}{B}\ \frac{\partial B}{\partial r}\left(\frac{1}{B}\ \frac{\partial B}{\partial l}\right)$ 来表示;另外一个部分是 r、l 的均方差变化率 η_1 和 η_2,因此 $\frac{1}{B}\ \frac{\partial B}{\partial r}\eta_1\left(\frac{1}{B}\ \frac{\partial B}{\partial l}\eta_2\right)$ 就是对应于 $\mathrm{d}r(\mathrm{d}l)$ 的大小为 $\eta_1(\eta_2)$ 的出乎意料的变化(意料之中的变化已经进入期望项了,只有出乎意料的变化才有溢价),零息债券收益率的变化有多大。根据简单的计算也可以得到这个结论:根据上文的解释,很容易理解,$\frac{1}{B}\ \frac{\partial B}{\partial r}\eta_1$ 之前的 $\lambda_1(r, l, t)$ 就是对应于这个风险的溢价了。因为不同的投资者对相同的风险会要求不同的溢价,因此这个变量是和投资者个人的效用函数相关的。

把式(5-185)代入式(5-189)可以得到零息债券定价的偏微分方程:

$$\frac{\partial B}{\partial r}(\beta_1-\lambda_1\eta_1)+\frac{\partial B}{\partial l}(\beta_2-\lambda_2\eta_2)+\frac{1}{2}\ \frac{\partial^2 B}{\partial r^2}\eta_1^2+\frac{1}{2}\ \frac{\partial^2 B}{\partial l^2}\eta_2^2+\frac{\partial^2 B}{\partial r\partial l}\rho\eta_1\eta_2-\frac{\partial B}{\partial \tau}-rB=0 \tag{5-190}$$

但是,利用式(5-190)来给零息债券定价还有一个问题,那就是式(5-190)中含有的 λ_1、λ_2 是主观而且是和具体的投资者相关的,而我们要求解的零息债券价格却是市场的无套利价格,这是一个客观且与投资者个体无关的变量,所以如果让 λ_1、λ_2 存在于式(5-190)中,那么解出来的零息债券价格必然包含这两个参数,这就和模型的假设矛盾了,因此下面的问题就是如何尽量消去这两个变量。

首先,λ_2 是可以消去的。因为 l 是连续复利(年利率为 1)的统一公债的收益率,若令 $V(l)$ 为此统一公债的价格,那么有下式:

$$V(l)=\frac{1}{l}$$

对 $V(l)$ 运用伊藤定理可得:

$$\mathrm{d}V=\frac{\partial V}{\partial l}\mathrm{d}l+\frac{1}{2}\ \frac{\partial^2 V}{\partial l^2}(\mathrm{d}l)^2=-\frac{1}{l^2}(\beta_2\mathrm{d}t+\eta_2\mathrm{d}W_2)+\frac{1}{l^3}\eta_2^2\mathrm{d}t$$

所以:

$$\frac{\mathrm{d}V}{V}=\left(\frac{\eta_2^2}{l^2}-\frac{\beta_2}{l}\right)\mathrm{d}t-\frac{\eta_2}{l}\mathrm{d}W_2$$

因此,这只统一公债的瞬时收益率可以表达为:

$$\mu(\infty)=\frac{\eta_2^2}{l^2}-\frac{\beta_2}{l}+l$$

其中,$\frac{\mathrm{d}V}{V}$ 是来自价格变化的收益率,也就是资本利得,l 是来自利息的收益率。因为在风险中性的世界里存在以下关系:

$$\mu(\infty)-r=\lambda_2(r,\ l,\ t)\frac{1}{V}\frac{\partial V}{\partial l}\eta_2$$

也即：

$$\begin{aligned}&\frac{\eta_2^2}{l^2}-\frac{\beta_2}{l}+l-r=\lambda_2(r,\ l,\ t)\frac{1}{V}\frac{\partial V}{\partial l}\eta_2=\lambda_2(r,\ l,\ t)\left(-\frac{\eta_2}{l}\right)\\&\Rightarrow\\&\lambda_2(r,\ l,\ t)=-\frac{\eta_2}{l}+\frac{\beta_2-l^2+rl}{\eta^2}\end{aligned}\tag{5-191}$$

现在把长期国债的利率风险市场价格 λ_2 表达为 r、l 以及有关 l 的随机过程的参数的函数。这样就减少了一个和投资者效用有关的参数。把式(5-191)代入式(5-190)可得：

$$\begin{aligned}&\frac{\partial B}{\partial r}(\beta_1-\lambda_1\eta_1)+\frac{\partial B}{\partial l}\left(l^2-rl+\frac{\eta_2^2}{l}\right)+\frac{1}{2}\frac{\partial^2 B}{\partial r^2}\eta_1^2\\&\quad+\frac{1}{2}\frac{\partial^2 B}{\partial l^2}\eta_2^2+\frac{\partial^2 B}{\partial r\partial l}\rho\eta_1\eta_2-\frac{\partial B}{\partial \tau}-rB=0\end{aligned}\tag{5-192}$$

再加上边界条件 $B(r,\ l,\ 0)=1$，就能解方程(5-192)得到零息债券的价格 B，从而推导出期限结构曲线，因此期限结构曲线也是 r、l、λ_1 的函数。

令 l 为统一公债的收益率就可以消去 l 的风险市场价格，这是因为统一公债是市场上的可交易资产，因此可以通过空头多头的某种组合消去该种可交易资产的波动，如同布莱克和斯科尔斯在推导基于股票的欧式期权的定价公式时的方法一样，布莱克-斯科尔斯的框架里面，波动只有一项，就是股票的波动，但是最后的定价方程里面没有股票的收益。

布伦南和施瓦茨发现衍生产品定价方程里面和投资者的效用相关的变量等于状态变量的数目(时间 t 除外)减去偏导数已知的变量的数目。因为知道了偏导数就可以像布莱克和斯科尔斯构建无风险组合一样消去波动项。

2. 特定模型

布伦南和施瓦茨在上述模型的基础上，赋予 r、l 的漂移和波动率具体的函数形式。这些函数里面的自由参数可以通过统计的方法估计出来。假设函数形式和参数都是真实值，布伦南和施瓦茨就得到了瞬时利率的风险价格 λ_1 的值。

首先，他们的第一篇实证文章利用加拿大的数据①，这篇文章假设统一公债收益率相对无风险利率的利差(即长期利率风险价格，只不过是用利率来表达的)与长期利率的风险程度成比例，这一假设就是式(5-191)表述的情况：λ_2 是长期利率风险价格，β_2 是长期利率风险程度的度量。从式(5-191)可以解出：

$$\beta_2(r,\ l,\ t)=l^2-rl+\frac{\eta_2^2}{l}+\lambda_2\eta_2\tag{5-193}$$

他们做的另外两个假设是：利率是非负的；利率瞬时变化的标准差和利率的当前值成比例，也即：

---

① Brennan M J, Schwartz E S. A Continuous-Time Approach to the Pricing of Bonds. Journal of Banking and Finance, 1979, 3(2): 133-156.

$$\eta_1(r,\ l,\ t)=r\sigma_1,\ \eta_2(r,\ l,\ t)=l\sigma_2,\ \beta_1(0,\ l,\ t)\geqslant 0,\ \beta_2(r,\ 0,\ t)\geqslant 0 \tag{5-194}$$

其中,σ_1 和 σ_2 是比例常数。布伦南和施瓦茨认为长期利率包含着未来短期利率值的信息,因此他们进一步假设瞬时利率和永续利率之间存在下面的关系:

$$\mathrm{d}\ln r=\alpha(\ln l-\ln p-\ln r)\mathrm{d}t+\sigma_1\mathrm{d}W_1 \tag{5-195}$$

上式中使用对数是为了避免利率为负,p 是一个比例因子,没有明确的经济含义。上式中 $\alpha(\ln l-\ln p-\ln r)\mathrm{d}t$ 相当于预期到的部分,因为当未来的瞬时利率的对数值就等于 $\ln l$ 时,那么 $\ln r$ 的改变就是 $\ln l-\ln r$,这是预期到的部分;一般来说,现在对未来的预期总会有误差,这个没有预期到的部分,上式中用 $\sigma_1\mathrm{d}W_1$ 来表达。把式(5-194)代入式(5-184)可以得到下式:

$$\mathrm{d}r=\beta_1\mathrm{d}t+\sigma_1 r\,\mathrm{d}W_1 \tag{5-196a}$$

$$\mathrm{d}l=\beta_2\mathrm{d}t+\sigma_2 l\,\mathrm{d}W_2 \tag{5-196b}$$

应用伊藤定理可知:

$$\mathrm{d}\ln r=\left(\frac{\beta_1}{r}-\frac{\sigma_1^2}{2}\right)\mathrm{d}t+\sigma_1\mathrm{d}W_1 \tag{5-197}$$

对比式(5-195)和式(5-197)的漂移项,可知:

$$\alpha(\ln l-\ln p-\ln r)=\left(\frac{\beta_1}{r}-\frac{\sigma_1{}^2}{2}\right) \tag{5-198}$$

由式(5-198)可以解出:

$$\beta_1=r\left[\alpha\ln\left(\frac{l}{rp}\right)+\frac{\sigma_1^2}{2}\right]$$

式(5-196a)可以写成:

$$\mathrm{d}r=r\left[\alpha\ln\left(\frac{l}{rp}\right)+\frac{\sigma_1^2}{2}\right]\mathrm{d}t+r\sigma_1\mathrm{d}W_1 \tag{5-199}$$

把式(5-194)代入式(5-193)可得:

$$\beta_2=l(l-r+\sigma_2^2+\lambda_2\sigma_2) \tag{5-200}$$

把式(5-200)代入式(5-196b)可得:

$$\mathrm{d}l=l(l-r+\sigma_2^2+\lambda_2\sigma_2)\mathrm{d}t+\sigma_2 l\,\mathrm{d}W_2 \tag{5-201}$$

式(5-199)和式(5-201)就是描述状态变量变化的随机微分方程,接下来可以采用统计方法对参数 p、α、σ_1、σ_2、λ_2 进行估计了,详情请参见布莱克和施瓦茨的论文。他们进一步使用美国 1958—1979 年的债券数据,这时假设 r 和 l 的随机微分方程组是:

$$\mathrm{d}r=(a_1+b_1(l-r))\mathrm{d}t+r\sigma_1\mathrm{d}W_1$$

$$\mathrm{d}l=l(a_2+b_2r+cl)\mathrm{d}t+l\sigma_2\mathrm{d}W_2$$

上式中未预期到的利率变化仍然假设与利率的当前值成比例,即:

$$\eta_1 = \sigma_1 r,\ \eta_2 = \sigma_2 l \tag{5-202}$$

且瞬时利率 r 会逐渐趋近永续利率 l，所以上式中 $b_1 > 0$，上式中的 a_1 允许小于零，这使瞬时利率有可能为负。布伦南和施瓦茨也认为这是上述模型的一个缺点，但是对 a_1 不加限制可以使实证研究更有可行性。他们认为如果存在两种情况：一是某种随机微分方程可以准确刻画利率的变化，但是却难以得到债券定价的偏微分方程；二是某种随机微分方程虽然在刻画利率变化上存在某种瑕疵，但是却可以更容易地得到债券的定价方程，二者选一，仍可选择后者。

同样，利用式(5-191)解出 β_2，但同时假设 λ_2 是 r 和 l 的线性函数，即：

$$\lambda_2 = k_0 + k_1 r + k_2 l \tag{5-203}$$

把式(5-202)、式(5-203)代入式(5-191)可得：

$$\begin{aligned}\beta_2(r,\ l,\ t) &= k_0 l\sigma_2 + k_1 r l\sigma_2 + k_2\sigma_2 l^2 + \sigma_2^2 l + l^2 - rl \\ &= l[(k_0\sigma_2 + \sigma_2^2) + (k_1\sigma_2 - 1)r + (k_2\sigma_2 + 1)l] \\ &= l(a_2 + b_2 r + c_2 l)\end{aligned}$$

3. 评价和结论

由于结论的非平稳性，BS 特定模型在实务中的应用受到较大限制，但这并不掩盖 BS 一般模型的优点，BS 一般模型具有简练的表达形式和合理的经济解释。BS 模型还提供了一种有助于减少模型复杂程度的方法，适当选择随机过程的函数形式，可以得到合理的利率期限动态结构。

5.4.2　理查德(Richard)模型

Richard 模型假设对一个无违约债券，可以用任何三个不同期限的无违约贴现债券构造组合来对其实现完全的复制。在此基础上，该模型给出所有期限的无违约贴现债券定价公式。该公式把债券价格与真实利率、预期通货膨胀率和利率及通膨风险的均衡价格联系起来。

Richard 模型假定经济体系已经达到均衡，在此均衡中，期望短期(瞬时)利率 R 和预期的短期(瞬时)通货膨胀率 π 有确定的动态关系。并假定所有的无违约债券的价格只依赖于 R，π 和债券存续时间。

1. 模型设定

(1) 假定瞬时期望真实利率 $R(t)$ 和瞬时预期通货膨胀率 $\pi(t)$ 是仅有的决定期限结构的变量。用下面的随机微分方程描述不确定情形下的动态行为：

$$\mathrm{d}R(t) = \alpha_R(R(t),\ \pi(t))\mathrm{d}t + \sigma_R(R(t),\ \pi(t))\mathrm{d}\mathcal{W}_R(t),\ \sigma_R > 0 \tag{5-204}$$

$$\mathrm{d}\pi(t) = \alpha_\pi(R(t),\ \pi(t))\mathrm{d}t + \sigma_\pi(R(t),\ \pi(t))\mathrm{d}\mathcal{W}_\pi(t),\ \sigma_\pi > 0 \tag{5-205}$$

一般来说，$\mathcal{W}_R(t)$ 和 $\mathcal{W}_\pi(t)$ 是相关的。R，π 的瞬时协方差为：

$$\sigma_{R\pi}\mathrm{d}t \equiv (\mathrm{d}R)(\mathrm{d}\pi)$$

为了方便，可以记瞬时协方差矩阵为：

$$\sum \equiv \begin{pmatrix} \sigma_R^2 & \sigma_{R\pi} \\ \sigma_{R\pi} & \sigma_\pi^2 \end{pmatrix} > 0$$

该矩阵被假定为正定的。同样,记随机回报向量为:

$$\sigma \mathrm{d}\mathcal{W} \equiv \begin{bmatrix} \sigma_R \mathrm{d}\mathcal{W}_R \\ \sigma_\pi \mathrm{d}\mathcal{W}_\pi \end{bmatrix}$$

在随机微分方程中隐含了两个重要的假定。第一个是 R 和 π 服从联合 Markov 过程,因为对所有的 $s \geqslant t$,由 $R(t)$和 $\pi(t)$的现值足以决定 $R(s)$和 $\pi(s)$的分布。第二个是 R 和 π 是连续变化的,状态变量没发生跳跃,即不存在对经济的大的瞬时冲击。因此式(5-204)和式(5-205)将状态的动态行为限制为一类连续 Markov 过程,称为扩散过程。

(2) 价格水平 $P(t)$ 也是随机的,它的动态行为由下式给出:

$$\frac{\mathrm{d}P(t)}{P(t)} = \pi(t)\mathrm{d}t + \sigma_P(\pi(t),\ R(t))\mathrm{d}\mathcal{W}_P(t),\ \sigma_P > 0 \tag{5-206}$$

式(5-206)左端是通货膨胀率。右端将通货膨胀分为预期通货膨胀 $\pi(t)\mathrm{d}t$ 和没预料到的通货膨胀 $\sigma_P \mathrm{d}\mathcal{W}_P(t)$。读者应仔细分辨没预料到的通货膨胀 $\sigma_P \mathrm{d}\mathcal{W}_P(t)$ 和预期通货膨胀的期望外变化 $\sigma_\pi \mathrm{d}\mathcal{W}_\pi(t)$。例如,前者可能由一次没预料到的货币供给冲击引起;而后者可能由货币增长率的没预料到的变化引起。

(3) 给定状态变量 $R(t)$ 和 $\pi(t)$,记 T 到期的贴现债券在 t 时的价格为 $b(R,\ \pi,\ t,\ T)$。显然在到期日,由于债券无违约:

$$b(R,\ \pi,\ t,\ t) = 1 \tag{5-207}$$

用伊藤定理可得债券的瞬时回报率为:

$$\frac{\mathrm{d}b(R,\ \pi,\ t,\ T)}{b(R,\ \pi,\ t,\ T)} = \mu(R,\ \pi,\ t,\ T)\mathrm{d}t + s_R(R,\ \pi,\ t,\ T)\mathrm{d}\mathcal{W}_R + s_\pi(R,\ \pi,\ t,\ T)\mathrm{d}\mathcal{W}_\pi \tag{5-208}$$

其中:

$$\mu(R,\ \pi,\ t,\ T) = (1/b)\left[\frac{1}{2}b_{RR}\sigma_R^2 + \frac{1}{2}b_{\pi\pi}\sigma_\pi^2 + b_{R\pi}\sigma_{R\pi} + b_R\alpha_R + b_\pi\alpha_\pi + b_t\right] \tag{5-209}$$

$$s_R(R,\ \pi,\ t,\ T) = (b_R/b)\sigma_R \tag{5-210}$$

$$s_\pi(R,\ \pi,\ t,\ T) = (b_\pi/b)\sigma_\pi \tag{5-211}$$

式(5-208)右端的含义非常明显,即 μ 是期望回报率,$s_R \mathrm{d}\mathcal{W}_R$ 是由 R 的变化引起的预料外回报,$s_\pi \mathrm{d}\mathcal{W}_\pi$ 是由 π 的变化引起的预料外回报。当前到期的债券的回报率是名义的无风险瞬时利率。对现在到期的债券,由式(5-207)得:$b_R = b_\pi = b_{RR} = b_{\pi\pi} = b_{R\pi} = 0$,因此式(5-208)化简为:

$$\frac{\mathrm{d}b(R,\ \pi,\ t,\ T)}{b(R,\ \pi,\ t,\ T)} = \frac{b_t}{b}(R,\ \pi,\ t,\ T)\mathrm{d}t \equiv r\,\mathrm{d}t \tag{5-212}$$

其中,r 是瞬时名义利率。因为式(5-208)中的维纳项在式(5-212)中没有出现,当前到期的债券不带有名义风险。然而，当前到期的债券确实带有真实风险，如费雪(Fisher)方程的连续时间表达所示。债券的真实价格是：

$$B(R,\ \pi,\ t,\ T)=b(R,\ \pi,\ t,\ T)P(t)$$

使用伊藤定理，可得贴现债券的真实回报率为：

$$\begin{aligned} \mathrm{d}B/B &= \mathrm{d}b/b-\mathrm{d}P/P+(\mathrm{d}P/P)^2-(\mathrm{d}b/b)(\mathrm{d}P/P) \\ &= [\mu-\pi+\sigma_P^2-(b_R/b)\sigma_{RP}-(b_\pi/b)\sigma_{\pi P}]\mathrm{d}t+s_R\mathrm{d}\mathcal{W}_R+s_\pi\mathrm{d}\mathcal{W}_\pi-\sigma_P\mathrm{d}\mathcal{W}_P \end{aligned} \tag{5-213}$$

式(5-213)中的 $\sigma_{RP}\mathrm{d}t$ 是 R 的预料外变化和预料外通货膨胀率的协方差，即：

$$\sigma_{RP}\mathrm{d}t\equiv(\mathrm{d}R)(\mathrm{d}P/P)$$

类似地，有：

$$\sigma_{\pi P}\mathrm{d}t\equiv(\mathrm{d}\pi)(\mathrm{d}P/P)$$

由于当前到期债券 $\mu=r$，$b_R=b_\pi=0$，所以：

$$\frac{\mathrm{d}B(R,\ \pi,\ t,\ T)}{B(R,\ \pi,\ t,\ T)}=(r-\pi+\sigma_P^2)\mathrm{d}t-\sigma_P\mathrm{d}\mathcal{W}_P$$

根据定义，当前到期债券的期望瞬时真实回报率是 $R(t)$。因此：

$$r=R+\pi-\sigma_P^2 \tag{5-214}$$

2. 利率期限结构

式(5-214)是 Fisher 方程的连续时间版本，它与离散时间间隔版本的不同仅在于右端的 $-\sigma_P^2$ 项。现在我们用一个套利证明来推出债券价格的偏微分方程。我们用到考克斯等(Cox, Ross, 1976)的结论。考克斯等认为套利不依赖于某个特定投资者的风险偏好。因此寻找导出方程的解时，可以权且假定可能的最简单的风险态度——风险中性。这样，求解问题时可以假定所有投资者对全部市场交易证券的期望瞬时回报率都相等。但是，R 和 π 不是可交易的证券，所以它们的期望变化率不是可交易债券的期望回报率。不过，我们可以用贴现债券构造一个布莱克-斯科尔斯组合。任意选取三个不同到期时间——T_1、T_2、T_3 的债券，把它们组成一个组合，该组合的回报率记作 $\mathrm{d}H/H$，由下式给出：

$$\begin{aligned} \frac{\mathrm{d}H(t)}{H(t)} &= [x_1\mu(T_1)+x_2\mu(T_2)+(1-x_1-x_2)\mu(T_3)]\mathrm{d}t \\ &\quad +[x_1s_R(T_1)+x_2s_R(T_2)+(1-x_1-x_2)s_R(T_3)]\mathrm{d}\mathcal{W}_R \\ &\quad +[x_1s_\pi(T_1)+x_2s_\pi(T_2)+(1-x_1-x_2)s_\pi(T_3)]\mathrm{d}\mathcal{W}_\pi \end{aligned}$$

在交易成本不存在的情况下，该组合可以连续地调整，使任意时刻 t 组合的瞬时方差都消去。但是为了避免套利，一个无风险组合的(期望和实际的)回报率必须等于名义无风险利率。所以我们选择 x_1 和 x_2，使得：

$$x_1s_R(T_1)+x_2s_R(T_2)+(1-x_1-x_2)s_R(T_3)=0 \tag{5-215}$$

$$x_1s_\pi(T_1)+x_2s_\pi(T_2)+(1-x_1-x_2)s_\pi(T_3)=0 \tag{5-216}$$

则均衡时有：

$$x_1\mu(T_1)+x_2\mu(T_2)+(1-x_1-x_2)\mu(T_3)\approx r \tag{5-217}$$

方程组式(5-215)—式(5-217)说明贴现债券存在着线性回报-风险关系。方程式(5-215)—式(5-216)对任意的 T_1、T_2 和 T_3 有解，当且仅当对所有 T 存在函数 $\phi_R(R, \pi, t)$ 和 $\phi_\pi(R, \pi, t)$ 独立于到期日 T，使得：

$$\mu(T)-r=\phi_R(R, \pi, t)s_R(T)+\phi_\pi(R, \pi, t)s_\pi(T) \tag{5-218}$$

式(5-218)左端是 T 时到期的债券的瞬时超额期望回报率。ϕ_R 可被解释为真实利率风险的"价格"，因为 $s_R(T)$ 是 T 时到期的债券回报由 R 的预期外变化导致的瞬时标准差。类似地，ϕ_π 是通货膨胀风险的"价格"。在正常情况下，s_R 和 s_π 为负。如果投资者认为长期债券的价值流动性和期望回报大于短期债券，那么 ϕ_R 和 ϕ_π 为负。类似地，如果投资者认为短期债券更具有风险性，则 ϕ_R 和 ϕ_π 为正。

很容易从式(5-218)导出贴现债券价格的偏微分方程。将式(5-209)、式(5-210)、式(5-211)代入式(5-218)并重新整理各项，得：

$$\frac{1}{2}\sigma_R^2 b_{RR}+\frac{1}{2}\sigma_\pi^2 b_{\pi\pi}+\sigma_{R\pi}b_{R\pi}+b_R(\alpha_R-X_R)+b_\pi(\alpha_\pi-X_\pi)-rb+b_t=0 \tag{5-219}$$

其中，均值调整项(或调整的风险价格)定义为：

$$X=\begin{bmatrix}X_R\\X_\pi\end{bmatrix}\equiv\begin{bmatrix}\sigma_R\phi_R\\\sigma_\pi\phi_\pi\end{bmatrix}$$

式(5-219)、式(5-207)和 $b\geqslant 0$ 共同决定了贴现债券的价格。式(5-219)唯一的一般解是①：

$$b(R, \pi, t, T)=E_t\exp\left[-\int_t^T\left(r(s)+\frac{1}{2}X'\sum{}^{-1}X\right)\mathrm{d}s-\int_t^T X'\sum{}^{-1}\sigma\,\mathrm{d}W\right] \tag{5-220}$$

其中，E_t 是以 t 时状态变量为条件的期望算子。式(5-220)右端指数中的第二个积分是关于普通函数的随机积分，是一个零均值的随机过程。可以证明式(5-220)是式(5-219)的解。

定义：

$$y(s)=b(R, \pi, s, T)e^{A(s)} \tag{5-221}$$

其中：

$$A(s)=-\int_t^s\left(r(u)+\frac{1}{2}X'\sum{}^{-1}X\right)\mathrm{d}u-\int_t^s X'\sum{}^{-1}\sigma\,\mathrm{d}W \tag{5-222}$$

由伊藤定理：

① 对应的唯一性定理在 Friedman(1964, Partial Differential Equations of Parabolic Types)给出。

$$\begin{aligned}
\mathrm{d}y(s) &= \mathrm{e}^{A(s)}\left[\mathrm{d}b + b\,\mathrm{d}A + \frac{1}{2}b\,(\mathrm{d}A)^2 + (\mathrm{d}b)(\mathrm{d}A)\right] \\
&= \mathrm{e}^{A(s)}\left[\frac{1}{2}\sigma_R^2 b_{RR} + \frac{1}{2}\sigma_\pi^2 b_{\pi\pi} + \sigma_{R\pi}b_{R\pi} + b_R(\alpha_R - X_R) + b_\pi(\alpha_\pi - X_\pi) - rb + b_t\right]\mathrm{d}s \\
&\quad + \mathrm{e}^{A(s)}[(b_R b_\pi) - bX'\textstyle\sum^{-1}]\sigma\,\mathrm{d}\boldsymbol{W} \\
&= \mathrm{e}^{A(s)}[(b_R b_\pi) - bX'\textstyle\sum^{-1}]\sigma\,\mathrm{d}\boldsymbol{W}
\end{aligned} \tag{5-223}$$

其中,最后一个等式由式(5-219)得到。对式(5-223)取期望得 $E[\mathrm{d}y(s)]=0$,所以 $y(s)$ 是一个鞅:

$$E_t[y(s)\mid y(t)] = y(t) \tag{5-224}$$

由于 $b(R,\pi,t,T)=1$, $A(t)=0$,在 $s=T$ 时估计式(5-224)给出式(5-220)。

式(5-220)说明投资者先把一美元收益按照随机名义利率贴现,然后再取随机现值的期望。如果 $r(t)\geqslant 0$,则所有的远期利率非负。因此,债券定价公式(5-220)作为一个合理的均衡关系,必然满足这一性质。从式(5-220)可知,如果对所有 t,都有 $r(t)\geqslant 0$ 成立,则所有的远期利率均非负。由式(5-212)知道由 $b_T(R,\pi,t,T)\leqslant 0$,可推出所有的瞬时远期利率都是非负的。用伊藤定理对式(5-220)求导得:

$$b_T(R,\pi,t,T) = -E[r(T)\mathrm{e}^{A(t)}]\leqslant 0 \tag{5-225}$$

积分可知,所有的远期利率是非负的。从债券价格公式(5-220)还可以推知:一般说来,无偏期望假设和本模型是不一致的。无偏期望假设提出,T 时的期望瞬时利率 $E_t r(T)$ 等于当前的瞬时远期利率:

$$E_t r(T) \equiv f(t,T) = -\frac{b_T(R,\pi,t,T)}{b(R,\pi,t,T)}. \tag{5-226}$$

将式(5-220)、式(5-225)代入式(5-226)得:

$$E_t r(T) = \frac{E_t[r(T)\mathrm{e}^{A(T)}]}{E_t[\mathrm{e}^{A(T)}]}$$

或:

$$E_t[r(T)\mathrm{e}^{A(T)}] = E_t[r(T)]E_t[\mathrm{e}^{A(T)}] \tag{5-227}$$

对任何风险价格 ϕ_R 和 ϕ_π(即使取0),随机变量 $r(T)$ 和 $\mathrm{e}^{A(T)}$ 一般来说是相关的,式(5-227)是不合理的。另一种形式的期望假设——所有到期日的债券的期望瞬时真实回报率都相等——是合理的。在这个相同回报率假设下,我们假定:

$$E\,\frac{\mathrm{d}B(R,\pi,t,T)}{B(R,\pi,t,T)} = R\,\mathrm{d}t,\ \text{对所有 } T\geqslant t \text{ 成立。} \tag{5-228}$$

将式(5-213)代入式(5-228),考虑到:

$$R + \pi - \sigma_P^2 = r \tag{5-229}$$

得：

$$\frac{1}{2}\sigma_R^2 b_{RR}+\frac{1}{2}\sigma_\pi^2 b_{\pi\pi}+\sigma_{R\pi}b_{R\pi}+b_R(\alpha_R-\sigma_{RP})+b_\pi(\alpha_\pi-\sigma_{\pi P})-rb+b_t=0 \tag{5-230}$$

显然，若下面两式成立，则式(5-230)与式(5-219)等价：

$$X_R=\sigma_{RP};\ X_\pi=\sigma_{\pi P} \tag{5-231}$$

这里，X_R 和 X_π 完全由状态变量的动态行为决定。式(5-230)的解有一个很有趣的解释，我们曾说明式(5-220)是式(5-219)的解，用同样的方法可以说明式(5-230)的解满足：

$$\frac{b(R,\pi,t,T)}{P(T)}=E_t\left[\exp\left(-\int_t^T R(s)\mathrm{d}s\right)/P(T)\right] \tag{5-232}$$

式(5-232)左端是当前的真实债券价格，等于真实收益 $1/P(T)$ 按真实利率的贴现后的期望值。从上式可知，只有当债券的定价满足相同回报率假设时它才是式(5-232)的解。

3. 评价和结论

本模型提供了一种新的构建利率期限结构的方式，即，假定无违约债券的价格只取决于到期时间和期望瞬时真实利率及预期瞬时通货膨胀率，则由三只不同到期日的无违约债券构成的组合可以被设计为任何一只其他无违约债券的完美替代。

此外，本模型得出三个一般结论：① 无违约单次支付债券的价格等于确定名义收益按随机贴现率贴现的现值的期望值，其中的随机贴现率是将来随机名义利率，由真实利率和通货膨胀率调整而成。② 无偏期望假设一般来说与本模型不一致，即使投资者不介意期限风险也如此。③ 如果投资者不介意期限风险，并且认为各种到期日的债券的真实回报率相等，则真实债券价格等于按期望真实利率贴现的债券真实收益的现值的期望。

5.4.3 兰格蒂格(Langetieg)模型

由于利率期限结构是宏观经济体系的一个关键要素，因此它也与各种经济因素相联系。Langetieg 提出了一个模型，此模型中可以加入任意数量的经济变量。Langetieg 模型本质上是对 Vasicek 模型的扩展，只是风险驱动源由一个变成了多个。

1. 模型设定

Langetieg 模型有如下三个假设：

(1) 与利率期限结构相联系的随机经济变量服从联合弹性随机漫步。

(2) 瞬时无风险利率可以表示为上述变量的线性组合。

(3) 风险因子的市场价格是确定的，或者为常数或者为时间的函数①。

可以用如下过程来描述瞬时利率：

$$\mathrm{d}r(t)=[a(t)+b(t)r(t)]\mathrm{d}t+\sigma(t)\mathrm{d}W(t)$$

这里的 $a(t)$、$b(t)$和 $\sigma(t)$或者是常数或者是时间的函数，$a(t)+b(t)r(t)$ 是瞬时的随

① 大家应该还记得 Vasicek 的假设如下：债券价格是特定随机因子的函数，这些因子服从特定的随机过程，市场是完备的，可以达到无套利均衡。Langetieg 模型也采用同样的方法。Vasicek 没有对债券价格的函数形式做出假设。

机漂移项，$\sigma(t)$是$r(t)$的方差，是确定性的。$r(t)$的动态变化是由$b(t)$决定的：当$b<0$时，$r\to -a/b$；当$b=0$时，利率r的发生过程简化为随机漫步；当$b>0$时，r发散[①]。

由假设(1)可知，n个因子服从多元联合弹性随机漫步：

$$dx_i=\alpha_i(t,x)dt+\sigma_i(t,x)d\mathcal{W}_i,\ i=1,\cdots,n$$

其中的$\alpha_i(t,x)=\alpha_i+B_{ij}x_i$。用矩阵形式表示的上述线性方程组为：

$$dx=(\alpha+Bx)dt+\sigma d\mathcal{W} \tag{5-233}$$

其中：

$$dx'=[dx_1dx_2\cdots dx_n],\ a'=[a_1a_2\cdots a_n]$$

$$B\text{ 为 }n\times n\text{ 矩阵},\ (\sigma d\mathcal{W})'=[\sigma_1 d\mathcal{W}_1\sigma_2 d\mathcal{W}_2\cdots\sigma_n d\mathcal{W}_n]$$

由假设(2)可知，瞬时利率可表示为随机因子的线性组合：

$$r=\omega_0+\sum_{i=1}^{n}\omega_i x_i=\omega_0+\omega' x \tag{5-234}$$

其中，x是刻画经济体系特征的随机因子向量，ω是权重向量，其元素或者为常数或者为时间的函数。式(5-233)的解的形式为[②]：

---

① 在随机漫步情况下，瞬时利率在无限长的时间后趋于正负无穷大的概率为1，而在弹性随机漫步情况下，若$b<0$则会消除此问题。然而，当瞬时利率接近零时，会出现利率瞬间为负的情况，因此也不是适合的模型。可以通过限制方差的系数与$r^\alpha(\alpha>0)$成比例从而完全消除利率为负的情况。例如，在CIR模型中，$\alpha=1/2$。以上条件的设立使得在$r=0$处形成一个天然的反射面，但是在多元随机因子的情况下也增加了数学的复杂性。兰格蒂格通过利用弹性随机漫步过程，并假设瞬时利率足够的大于零，从而使得有限时间内负利率出现的概率忽略不计。

② 式(5-233)的非随机方程组为：

$$dx=(a+Bx)dt$$

上述线性方程组的解的形式为：$x(t)=\psi(t-t_0)\nu(t)$，其中$\nu(t)$是某一关于时间的函数，$\psi(t-t_0)$是以下齐次矩阵方程的解：$d\psi(t-t_0)=B\psi(t-t_0)dt$，初始条件$\psi(t-t_0)=I$。因此它是上式方程组中的基本矩阵。现在该方程组变为：

$$\frac{\partial\psi(t-t_0)}{\partial t}\nu(t)+\psi(t-t_0)\frac{\partial\nu(t)}{\partial t}=a+B\psi(t-t_0)\nu(t)$$

$$B\psi(t-t_0)\nu(t)+\psi(t-t_0)\frac{\partial\nu(t)}{\partial t}-a+B\psi(t-t_0)\nu(t)$$

$$\psi(t-t_0)\frac{\partial\nu(t)}{\partial t}=a$$

$$\Rightarrow$$

$$\nu(t)=\nu(t_0)+\int_{t0}^{t}\psi(s-t_0)^{-1}a\,ds$$

$$\Rightarrow$$

$$\nu(t)=x(t_0)+\int_{t0}^{t}\psi(s-t_0)^{-1}a\,ds$$

由此，非随机方程部分的解是：

$$x(t)=\psi(t-t_0)\Big(x(t_0)+\int_{t0}^{t}\psi(s-t_0)^{-1}a\,ds\Big)$$

现在考虑随机方程：

$$d\nu=\psi(t-t_0)^{-1}(a\,dt+\sigma d\mathcal{W})$$

其解为：

$$\nu(t)=\nu(t_0)+\int_{t0}^{t}\psi(s-t_0)^{-1}a\,ds+\int_{t0}^{t}\psi(s-t_0)^{-1}\sigma d\mathcal{W}$$

(转下页)

$$x(t)=\psi(t-t_0)\left(x(t_0)+\int_{t_0}^{t}\psi(s-t_0)^{-1}a\,ds+\int_{t_0}^{t}\psi(s-t_0)^{-1}\sigma\,\mathrm{d}W(s)\right),\ t\geqslant t_0 \tag{5-235}$$

其中，$\psi(t-t_0)$ 是以下方程的解：

$$\frac{\mathrm{d}\psi(t-t_0)}{\mathrm{d}t}=B\psi(t-t_0),\ \psi(t_0-t_0)=I$$

特别地，如果 B 是常数，有：

$$\psi(t-t_0)=\exp[B(t-t_0)] \tag{5-236}$$

则式(5-235)变为：

$$x(t)=\psi(t-t_0)x(t_0)+\int_{t_0}^{t}\psi(t-s)a\,\mathrm{d}s+\int_{t_0}^{t}\psi(t-s)\sigma\,\mathrm{d}W(s),\ t\geqslant t_0 \tag{5-237}$$

在以上的特殊情况下，$x(t)$ 的期望值以及 $x(t)$ 和 $x(t^*)$ 的协方差矩阵为：①

$$E_{t_0}[x(t)]=\psi(t-t_0)x(t_0)+\int_{t_0}^{t}\psi(t-s)a\,\mathrm{d}s \tag{5-238}$$

$$\mathrm{cov}_{t_0}[x(t),\ x(t^*)]=\int_{t_0}^{t\wedge t^*}\psi(t-s)\sum\psi(t^*-s)'ds \tag{5-239}$$

(接上页)对 $x(t)=\psi(t-t_0)\nu(t)$ 运用伊藤定理，有：

$$\mathrm{d}x=\mathrm{d}\psi(t-t_0)\nu+\psi(t-t_0)\mathrm{d}\nu=B\psi(t-t_0)\nu\,\mathrm{d}t+a\,\mathrm{d}t+\sigma\,\mathrm{d}W=(a+Bx)\mathrm{d}t+\sigma\,\mathrm{d}W$$

上式是式(5-233)的微分方程组，因此得到此方程组的解为：

$$x(t)=\psi(t-t_0)\left(x(t_0)+\int_{t_0}^{t}\psi(s-t_0)^{-1}a\,\mathrm{d}s+\int_{t_0}^{t}\psi(s-t_0)^{-1}\sigma\,\mathrm{d}W\right)$$

① 协方差计算如下：

$$\begin{aligned}\mathrm{cov}_{t_0}(x(t),\ x(t^*))&=E_{t_0}[(x(t)-E_{t_0}[x(t)])(x(t^*)-E_{t_0}[x(t^*)])']\\&=E_{t_0}[x(t)x(t^*)'-x(t)E_{t_0}[x(t^*)]'-E_{t_0}[x(t)]x(t^*)'+E_{t_0}[x(t)]E_{t_0}[x(t^*)]']\\&=E_{t_0}[x(t)x(t^*)']-E_{t_0}[x(t)]E_{t_0}[x(t^*)]'\end{aligned}$$

考虑：

$$\begin{aligned}x(t)x(t^*)'&=\psi(t-t_0)x(t_0)(\psi(t^*-t_0)x(t_0))'+\psi(t-t_0)x(t_0)\left(\int_{t_0}^{t^*}\psi(t^*-s)a\,\mathrm{d}s\right)'\\&+\psi(t-t_0)x(t_0)\left(\int_{t_0}^{t^*}\psi(t^*-s)\sigma\,\mathrm{d}W(s)\right)'+\int_{t_0}^{t}\psi(t-s)a\,\mathrm{d}s(\psi(t^*-t_0)x(t_0))'\\&+\int_{t_0}^{t}\psi(t-s)\sigma\,\mathrm{d}W(s)(\psi(t^*-t_0)x(t_0))'+\int_{t_0}^{t}\psi(t-s)\sigma\,\mathrm{d}W(s)\left(\int_{t_0}^{t^*}\psi(t^*-s)\sigma\,\mathrm{d}W(s)\right)'\end{aligned}$$

于是：

$$\begin{aligned}E[x(t)x(t^*)']&=\psi(t-t_0)x(t_0)(\psi(t^*-t_0))'+\psi(t-t_0)x(t_0)\left(\int_{t_0}^{t^*}\psi(t^*-s)a\,\mathrm{d}s\right)'\\&+\int_{t_0}^{t}\psi(t-s)a\,\mathrm{d}s(\psi(t^*-t_0)x(t_0))'+\int_{t_0}^{t\wedge t^*}\psi(t-s)\sum\psi(t^*-s)'\mathrm{d}s\end{aligned}$$

并且：

$$\begin{aligned}E[x(t)]E_{t_0}[x(t^*)]'&=\psi(t-t_0)x(t_0)(\psi(t^*-t_0)x(t_0))'+\psi(t-t_0)x(t_0)\left(\int_{t_0}^{t^*}\psi(t^*-s)a\,\mathrm{d}s\right)'\\&+\int_{t_0}^{t}\psi(t-s)a\,\mathrm{d}s(\psi(t^*-t_0)x(t_0))'\end{aligned}$$

并得到式(5-239)。

其中，$\sum$ 是协方差矩阵：

$$\sum = \mathrm{cov}_{t_0}(\sigma \mathrm{d}\boldsymbol{W}, \sigma \mathrm{d}\boldsymbol{W}) = E_{t_0}(\sigma \mathrm{d}\boldsymbol{W} \cdot \sigma \mathrm{d}\boldsymbol{W}')$$

其中的矩阵元素为 $\sigma_{ij} = \rho_{ij}\sigma_i\sigma_j$，$\rho_{ij} = E_{t_0}(\mathrm{d}\boldsymbol{W}_i \mathrm{d}\boldsymbol{W}_j)$。

2. 债券定价模型

兰格蒂格得到无违约风险债券定价的一般模型，这个模型允许任意数量的服从伊藤过程的随机因子存在。尽管可以求出解，但只能在特定的分布下才能得到显式解。Langetieg 模型假定多元变量因子服从弹性随机漫步就可以得到显示解。

令 $P = P(t, T, x)$ 为 t 时刻无违约风险债券的价格，此债券在 T 时刻支付 1 元。运用伊藤定理，债券价格服从以下过程：

$$\begin{aligned}
\mathrm{d}P &= \frac{\partial P}{\partial t}\mathrm{d}t + \sum_{i=1}^{n}\frac{\partial P}{\partial x_i}\mathrm{d}x_i + \frac{1}{2}\sum_{i=1}^{n}\sum_{j=1}^{n}\frac{\partial^2 P}{\partial x_i \partial x_j}\mathrm{d}x_i\mathrm{d}x_j \\
&= \frac{\partial P}{\partial t}\mathrm{d}t + \sum_{i=1}^{n}\frac{\partial P}{\partial x_i}\alpha_i\mathrm{d}t + \sum_{i=1}^{n}\frac{\partial P}{\partial x_i}\sigma_i\mathrm{d}z_i + \frac{1}{2}\sum_{i=1}^{n}\sum_{j=1}^{n}\frac{\partial^2 P}{\partial x_i \partial x_j}\sigma_i\sigma_j\rho_{ij}\mathrm{d}t \\
&\Rightarrow \\
\frac{\mathrm{d}P}{P} &= \mu_P\mathrm{d}t + \sum_{i=1}^{n}\beta_P^i\mathrm{d}\boldsymbol{W}_i
\end{aligned} \tag{5-240}$$

其中：

$$\mu_P = \frac{1}{P}\left(\frac{\partial P}{\partial t} + \sum_{i=1}^{n}\frac{\partial P}{\partial x_i}\alpha_i + \frac{1}{2}\sum_{i=1}^{n}\sum_{j=1}^{n}\frac{\partial^2 P}{\partial x_i \partial x_j}\sigma_i\sigma_j\rho_{ij}\right) \tag{5-241}$$

$$\beta_P^i = \frac{1}{P}\frac{\partial P}{\partial x_i}\sigma_i \tag{5-242}$$

其中，μ_P 是期望收益率，β_P^i 是因子 x_i 的变化引致的非预期收益率。根据无套利原理，从上述偏微分方程可以解出债券的价格。令 $\bar{P}$ 为 $n+1$ 种债券 P_j 的组合，到期日为 T_j，债券组合的权重为 γ_j，满足 $\sum_{j=1}^{n+1}\gamma_j = 1$，有：

$$\bar{P} = \sum_{j=1}^{n+1}\gamma_j P_j = \gamma' P$$

其中，$\gamma' = [\gamma_1\gamma_2\cdots\gamma_{n+1}]$，$P' = [P_1 P_2 \cdots P_{n+1}]$。

由伊藤定理，债券组合的随机过程为：

$$\begin{aligned}
\frac{\mathrm{d}\bar{P}}{\bar{P}} &= \sum_{j=1}^{m+1}\gamma_j\mu_{P_j}\mathrm{d}t + \sum_{j=1}^{n+1}\gamma_j\left(\sum_{i=1}^{n}\beta_{P_j}^i\mathrm{d}\boldsymbol{W}_i\right) \\
&= \sum_{j=1}^{n+1}\gamma_j\mu_{P_j}\mathrm{d}t + \sum_{i=1}^{n}\left(\sum_{j=1}^{n+1}\gamma_j\beta_{P_j}^i\right)\mathrm{d}\boldsymbol{W}_i \\
&= \gamma'\mu\mathrm{d}t + \sum_{i=1}^{n}\gamma'\beta^i\mathrm{d}\boldsymbol{W}_i
\end{aligned}$$

其中，$\mu'=[\mu_{P_1}\mu_{P_2}\cdots\mu_{P_{n+1}}]$，$(\beta^i)'=[\beta^i_{P_1}\beta^i_{P_2}\cdots\beta^i_{P_{n+1}}]$。

对于无风险的组合来说，其收益是非随机的，因此随机项的系数应当为零，即：

$$\sum_{j=1}^{n+1}\gamma_j\beta^i_{P_j}=\gamma'\beta^i=0,\ i=1,\ \cdots,\ n \tag{5-243}$$

根据无套利原理，上述债券组合的收益应当为无风险收益：

$$\sum_{j=1}^{n+1}\gamma_j\mu_{P_j}=r\Rightarrow\sum_{j=1}^{n+1}\gamma_j(\mu_{P_j}-r)=\gamma'(\mu-r)=0 \tag{5-244}$$

γ 是 $n+1$ 维向量，式(5-243)表明其与 n 维向量 β^i 正交。此外，式(5-244)表明，γ 与向量 $(\mu-r)$ 正交。由于在 $n+1$ 维空间中，$n+1$ 维向量至多只能与 n 个独立的向量正交，故 $(\mu-r)$ 必定是 β^i 的线性组合，即：

$$\mu-r=\lambda_1\beta^1+\lambda_2\beta^2+\cdots+\lambda_n\beta^n \tag{5-245}$$

其中，λ_i，$i=1$，…，n 为标量，是时间和随机因子的函数。式(5-245)是一个矩阵方程，有 $n+1$ 个元素，对应于债券组合中的 $n+1$ 种债券。由于 λ_i，$i=1$，…，n 与债券到期期限的长短无关，故对组合中的任意债券，$(\mu-r)$ 都一样。因此，对任意债券 P 有：

$$\mu_P-r=\lambda_1\beta^1_P+\lambda_2\beta^2_P+\cdots+\lambda_n\beta^n_P \tag{5-246}$$

式(5-246)是债券瞬时期望收益率的均衡条件，将式(5-241)和式(5-242)中的 μ_P 和 β^i_P 代入上式，可得债券价格的均衡方程如下：

$$\begin{aligned}&\frac{\partial P}{\partial t}+\sum_{i=1}^{n}\frac{\partial P}{\partial x_i}\alpha_i+\frac{1}{2}\sum_{i=1}^{n}\sum_{j=1}^{n}\frac{\partial^2 P}{\partial x_i\partial x_j}\sigma_i\sigma_j\rho_{ij}-rP\\&=\lambda_1\frac{\partial P}{\partial x_1}\sigma_1+\cdots+\lambda_n\frac{\partial P}{\partial x_n}\sigma_n=\sum_{i=1}^{n}\frac{\partial P}{\partial x_i}\sigma_i\lambda_i\\&\Rightarrow\\&\sum_{i=1}^{n}\frac{\partial P}{\partial x_i}(\alpha_i-\sigma_i\lambda_i)+\frac{1}{2}\sum_{i=1}^{n}\sum_{j=1}^{n}\frac{\partial^2 P}{\partial x_i\partial x_j}\sigma_i\sigma_j\rho_{ij}+\frac{\partial P}{\partial t}-rP=0\end{aligned} \tag{5-247}$$

边界条件为 $P(T,\ T)=1$。该方程的解具有如下形式：

$$P(t,\ T,\ x)=E_t[\exp(A(T))] \tag{5-248}$$

$$A(T)=-\int_t^T r(\upsilon)\mathrm{d}\upsilon-\int_t^T\frac{1}{2}\lambda\sigma'\sum{}^{-1}\lambda\sigma\,\mathrm{d}\upsilon-\int_t^T\lambda\sigma'\sum{}^{-1}\sigma\,\mathrm{d}W(\upsilon)$$

其中，$\lambda\sigma'=[\lambda_1\sigma_1\lambda_2\sigma_2\cdots\lambda_n\sigma_n]$，$\sigma\mathrm{d}W'=[\sigma_1\mathrm{d}W_1\sigma_2\mathrm{d}W_2\cdots\sigma_n\mathrm{d}W_n]$，$\sum$ 为协方差矩阵。

上述债券的解是运用 Girsanov 定理以及 Feynman-Kac 方程，在风险中性测度下计算得到的。考虑式(5-246)，也即：

$$\mu_P-r=\sum_{i=1}^{n}\lambda_i\beta^i_P$$

代入式(5-240)有：

$$\frac{\mathrm{d}P}{P}=(r+\sum_{i=1}^{n}\lambda_i\beta_P^i)\,\mathrm{d}t+\sum_{i=1}^{n}\beta_P^i\,\mathrm{d}\mathcal{W}_i$$

$$=r\,\mathrm{d}t+\sum_{i=1}^{n}\beta_P^i(\lambda_i\,\mathrm{d}t+\mathrm{d}\mathcal{W}_i)$$

$$=r\,\mathrm{d}t+\sum_{i=1}^{n}\beta_P^i\,\mathrm{d}\widetilde{\mathcal{W}}_i$$

其中，$\mathrm{d}\mathcal{W}_i=\lambda_i\mathrm{d}t+\mathrm{d}\mathcal{W}_i$，$i=1$，…，$n$ 是等价鞅测度下的布朗运动。在风险中性测度下，债券收益率动态变化的漂移项是确定的无风险利率 $r(t)$，波动部分是测度变换后得到的布朗运动 $\mathcal{W}_i$，$i=1$，…，n 的函数。

现在来求解市场风险溢价向量。令：

$$\lambda'=[\lambda_1\lambda_2\cdots\lambda_n]；\beta'=[\beta^1\beta^2\cdots\beta^n]$$

则有：

$$(\lambda\beta)'=[\lambda_1\beta^1\lambda_2\beta^2\cdots\lambda_n\beta^n]$$

式(5-246)的向量可以表示为：

$$\beta'\lambda=\mu-r\Rightarrow(\beta\beta')^{-1}\beta\beta'\lambda=(\beta\beta')^{-1}\beta(\mu-r)$$

$$\lambda=(\mu-r)\,(\beta\beta')^{-1}\beta$$

于是有：

$$\lambda d\mathcal{W}=(\lambda\beta)'(\beta\beta')^{-1}\beta d\mathcal{W}$$

这种市场风险溢价的向量表达式考虑了不同布朗运动之间的相关性，可以表示为①：

$$(\lambda\beta)'\,(\beta\beta')^{-1}\beta\,\mathrm{d}\mathcal{W}\equiv\lambda\sigma'\sum^{-1}\sigma\,\mathrm{d}\mathcal{W}$$

其中，$\lambda\sigma'$和 $\sum^{-1}$ 由式(5-246)定义。另有②：

$$\lambda\sigma'\sum^{-1}\sigma\,(\lambda\sigma'\sum^{-1}\sigma)'=\lambda\sigma'\sum^{-1}\sum\sum^{-1}\lambda\sigma=\lambda\sigma'\sum^{-1}\lambda\sigma$$

---

① 这里以二维为例，多维的情况与二维类似。由于 $\beta'=[\beta^1\beta^2]$，协方差矩阵为 $\beta\beta'=\begin{bmatrix}(\beta^1)^2 & \beta^{1,2}\\ \beta^{1,2} & (\beta^2)^2\end{bmatrix}$。这里的 $\beta^{1,2}=\rho\beta^1\beta^2$。上述协方差矩阵的逆矩阵为：

$$(\beta\beta')^{-1}=\frac{1}{(\beta^1)^2(\beta^2)^2-(\beta^{1,2})^2}\begin{bmatrix}(\beta^2)^2 & -\beta^{1,2}\\ -\beta^{1,2} & (\beta^1)^2\end{bmatrix}$$

从式(5-242)，有 $\beta^i=\frac{1}{P}\frac{\partial P}{\partial x_i}\sigma_i=\frac{1}{P}P_i\sigma_i$，并由于 $\sigma_{1,2}=\rho\sigma_1\sigma_2$，则：

$$(\lambda\beta)'(\beta\beta')^{-1}\beta\mathrm{d}\mathcal{W}=\frac{P^4}{P_1^2P_2^2}\frac{1}{\sigma_1^2\sigma_2^2-(\sigma_{1,2})^2}\frac{P_1^2P_2^2}{P^4}(\sigma_1^2\sigma_2^2\lambda_1\mathrm{d}\mathcal{W}_1-\rho\sigma_1^2\sigma_2^2\lambda_1\mathrm{d}\mathcal{W}_2-\rho\sigma_1^2\sigma_2^2\lambda_2\mathrm{d}\mathcal{W}_1+\sigma_1^2\sigma_2^2\lambda_2\mathrm{d}\mathcal{W}_2)$$

$$=\frac{1}{1-\rho^2}[(\lambda_1-\rho\lambda_2)\mathrm{d}\mathcal{W}_2+(\lambda_2-\rho\lambda_1)\mathrm{d}\mathcal{W}_2]$$

$$=\lambda\sigma'\sum^{-1}\sigma\,\mathrm{d}\mathcal{W}$$

② 由于 $\sum$ 和 $\sum^{-1}$ 是对称矩阵，因此有 $(\sum^{-1})'=\sum^{-1}$

由 Girsanov 定理,可得债券定价公式(5-248)。

若式(5-248)中 $A(T)$ 的概率密度函数已知,其期望可以求出,就可以得到债券价格。此外,通过对式(5-247)的偏微分方程直接运用数值方法也可以得到债券价格的解。

现在考虑变量遵循弹性随机漫步时,从式(5-248)求解债券价格。由于瞬时利率可以表示成随机因子的线性方程,由式(5-234)和式(5-235)有:

$$r(\upsilon)=\omega_0+\omega' x(\upsilon)=\omega_0+\omega'\left(\psi(\upsilon-t)x(t)+\int_t^{\upsilon}\psi(\upsilon-s)a\,\mathrm{d}s+\int_t^{\upsilon}\psi(\upsilon-s)\sigma\,\mathrm{d}\mathcal{W}(s)\right) \tag{5-249}$$

从而式(5-248)变为:

$$\begin{aligned}A(T)=&-\int_t^T\left(\omega_0+\omega'\psi(\upsilon-t)x(t)+\omega'\int_t^{\upsilon}\psi(\upsilon-s)a\,\mathrm{d}s+\omega'\int_t^{\upsilon}\psi(\upsilon-s)\sigma\,\mathrm{d}\mathcal{W}(s)\right)\mathrm{d}\upsilon\\&-\int_t^T\frac{1}{2}\lambda\sigma'\sum{}^{-1}\lambda\sigma\,\mathrm{d}\upsilon-\int_t^T\lambda\sigma'\sum{}^{-1}\sigma\,\mathrm{d}\mathcal{W}(\upsilon)\end{aligned} \tag{5-250}$$

由于 $A(T)$ 是正态分布①,就可进一步得到如下的债券定价公式②:

$$P(t,\ T,\ x)=\exp\left(E_t[A(T)]+\frac{1}{2}\operatorname{var}_t(A(T))\right) \tag{5-251}$$

---

① $A(T)$服从正态分布的原因在于,它是随机因子的线性组合,而这些随机因子又服从弹性随机漫步,并且风险价格,即 λ_i,是非随机的。

② 考虑服从正态分布的随机变量 X,有 $X\sim\mathcal{N}(\alpha,\beta)$,其概率密度函数为 $d(x)=\frac{1}{\sigma\sqrt{2\pi}}\exp\left[-\frac{1}{2}\left(\frac{x-\mu}{\sigma}\right)^2\right]$,并且有:

$$E[\mu(X)]=\int_{-\infty}^{\infty}u(x)d(x)\mathrm{d}x$$

令 $u(x)=\mathrm{e}^x$,并且注意到 $\mathrm{e}^x=1+x+\frac{x^2}{2!}+\frac{x^3}{3!}+\cdots$

$$\begin{aligned}E[\mathrm{e}^X]&=\int_{-\infty}^{\infty}\mathrm{e}^x\frac{1}{\sigma\sqrt{2\pi}}\mathrm{e}^{-\frac{1}{2}\left(\frac{x-\mu}{\sigma}\right)^2}\mathrm{d}x=\int_{-\infty}^{\infty}\left(1+x+\frac{x^2}{2!}+\frac{x^3}{3!}+\cdots\right)\frac{1}{\sigma\sqrt{2\pi}}\mathrm{e}^{-\frac{1}{2}\left(\frac{x-\mu}{\sigma}\right)^2}\mathrm{d}x\\&=\int_{-\infty}^{\infty}\frac{1}{\sigma\sqrt{2\pi}}\mathrm{e}^{-\frac{1}{2}\left(\frac{x-\mu}{\sigma}\right)^2}\mathrm{d}x+\int_{-\infty}^{\infty}\frac{x}{\sigma\sqrt{2\pi}}\mathrm{e}^{-\frac{1}{2}\left(\frac{x-\mu}{\sigma}\right)^2}\mathrm{d}x\\&\quad+\frac{1}{2}\int_{-\infty}^{\infty}\frac{x^2}{\sigma\sqrt{2\pi}}\mathrm{e}^{-\frac{1}{2}\left(\frac{x-\mu}{\sigma}\right)^2}\mathrm{d}x+\frac{1}{6}\int_{-\infty}^{\infty}\frac{x^3}{\sigma\sqrt{2\pi}}\mathrm{e}^{-\frac{1}{2}\left(\frac{x-\mu}{\sigma}\right)^2}\mathrm{d}x+\cdots\end{aligned}$$

由于 $E[X]=\alpha$,所以:

$$E[(X-\alpha)^2]=E[x^2]-\alpha^2=\beta^2\Rightarrow E[X^2]=\beta^2+\alpha^2$$

并且:

$$\left.\begin{aligned}&E[(X-\alpha)^3]=E[X^3]-3\alpha E[X^2]+2\alpha^3\\&=E[X^3]-3\alpha\beta^2-\alpha^3=\kappa\\&\Rightarrow\\&E[X^3]=\kappa+3\alpha\beta^2+\alpha^3\end{aligned}\right.,\ \kappa\in R$$

因此:

$$\begin{aligned}E[\mathrm{e}^X]&=1+\alpha+\frac{1}{2}(\alpha^2+\beta^2)+\frac{1}{6}(\kappa+3\alpha\beta^2+\alpha^3)+\cdots\\&=1+\left(\alpha+\frac{1}{2}\beta^2\right)+\frac{1}{2}\left(\alpha+\frac{1}{2}\beta^2\right)+\cdots\\&=\mathrm{e}^{\alpha+\frac{1}{2}\beta2}\end{aligned}$$

其中①：

$$E_t[A(T)]=-\int_t^T\left(\omega_0+\omega'\psi(\upsilon-t)x(t)+\omega'\int_t^{\upsilon}\psi(\upsilon-s)a\,\mathrm{d}s+\frac{1}{2}\lambda\sigma'\sum^{-1}\lambda\sigma\right)\mathrm{d}\upsilon$$

$$\begin{aligned}\operatorname{var}_t(A(T))=&\int_t^T\int_t^T\int_t^{\upsilon}\omega'\psi(\upsilon-s)\sum\psi(\upsilon-s)'\omega\,\mathrm{d}s\,\mathrm{d}\upsilon\,\mathrm{d}\upsilon\\&+\int_t^T\lambda\sigma'\sum^{-1}\lambda\sigma\,\mathrm{d}\upsilon+2\int_t^T\int_t^{\upsilon}\omega'\psi(\upsilon-s)\lambda\sigma\,\mathrm{d}s\,\mathrm{d}\upsilon\end{aligned}$$

对上式积分就可以得到债券价格的解。

现在介绍另一种求解债券价格的方法。考虑如下方程：

$$\frac{\mathrm{d}P}{P}=\mu_P\,\mathrm{d}t+\sum_{i=1}^{n}\beta_P^i\,\mathrm{d}W_i$$

债券风险就是没有预期到的债券价格变化，从上式可以看出，债券风险与债券价格的梯度向量相联系，其中的梯度值是债券价格的相对变化关于随机因子的偏导数。由式(5-251)，此梯度向量为：

$$\begin{aligned}\frac{\partial P(t,T)}{\partial x'}&=\exp\left(E_t[A(T)]+\frac{1}{2}\operatorname{var}_t(A(T))\right)\frac{\partial E_t[A(T)]}{\partial x}\\&=P(t,T)\left(-\int_t^T\omega'\psi(\upsilon-t)\mathrm{d}\upsilon\right)\end{aligned}$$

令 $\nabla(t,T)$ 为标准化的梯度向量，即：

$$\nabla(t,T)'=\frac{1}{P(t,T)}\frac{\partial P(t,T)}{\partial x'}=-\int_t^T\omega'\psi(\upsilon-t)\mathrm{d}\upsilon \tag{5-252}$$

上式定义了单位债券风险，因此 $\nabla(t,T)$ 表示债券风险向量。接下来我们来计算债券瞬时均衡回报的期望值。根据无套利理论，由式(5-245)及式(5-242)，可得债券的瞬时均衡回报期望值为：

---

① 为计算 $\operatorname{var}_t(A(T))$，考虑：

$$\operatorname{cov}_t(A(T)_{\upsilon},A(T)_{\upsilon^*})=E[(A(T)_{\upsilon}-E[A(T)_{\upsilon}])(A(T)_{\upsilon^*}-E[A(T)_{\upsilon^*}])]$$

$$=E\begin{bmatrix}\int_t^T\int_t^T\left(\omega'\int_t^{\upsilon}\psi(\upsilon-s)\sigma\,\mathrm{d}W(s)\left(\omega'\int_t^{\upsilon^*}\psi(\upsilon^*-s)\sigma\,\mathrm{d}W(s)\right)'\right)\mathrm{d}\upsilon\,\mathrm{d}\upsilon^*\\+\int_t^T\int_t^{\upsilon}\omega'\psi(\upsilon-s)\sigma\,\mathrm{d}W(s)\mathrm{d}\upsilon\left(\int_t^T\lambda\sigma'\sum^{-1}\sigma\,\mathrm{d}W(\upsilon^*)\right)'\\+\int_t^T\lambda\sigma'\sum^{-1}\sigma\,\mathrm{d}W(\upsilon)\left(\int_t^T\int_t^{\upsilon^*}\omega'\psi(\upsilon^*-s)\sigma\,\mathrm{d}W(s)\mathrm{d}\upsilon^*\right)\\+\int_t^T\lambda\sigma'\sum^{-1}\sigma\,\mathrm{d}W(\upsilon)\left(\int_t^T\lambda\sigma'\sum^{-1}\sigma\,\mathrm{d}W(\upsilon^*)\right)'\end{bmatrix}$$

$$\begin{aligned}=&\int_t^T\int_t^T\int_t^{\upsilon\wedge\upsilon^*}\omega'\psi(\upsilon-s)\sum\psi(\upsilon^*-s)'\omega\,\mathrm{d}s\,\mathrm{d}\upsilon\,\mathrm{d}\upsilon^*+\int_t^T\int_t^{\upsilon}\omega'\psi(\upsilon-s)\lambda\sigma\,\mathrm{d}s\,\mathrm{d}\upsilon\\&+\int_t^T\int_t^{\upsilon^*}\omega'\psi(\upsilon^*-s)\lambda\sigma\,\mathrm{d}s\,\mathrm{d}\upsilon^*+\int_t^T\lambda\sigma'\sum^{-1}\lambda\sigma\,\mathrm{d}\upsilon\end{aligned}$$

由于 $\operatorname{var}_t(A(T))=\operatorname{cov}_t(A(T)_{\upsilon},A(T)_{\upsilon})$，有：

$$\operatorname{var}_t(A(T))=\int_t^T\int_t^T\int_t^{\upsilon}\omega'\psi(\upsilon-s)\sum\psi(\upsilon-s)'\omega\,\mathrm{d}s\,\mathrm{d}\upsilon\,\mathrm{d}\upsilon+2\int_t^T\int_t^{\upsilon}\omega'\psi(\upsilon-s)\lambda\sigma\,\mathrm{d}s\,\mathrm{d}\upsilon+\int_t^T\lambda\sigma'\sum^{-1}\lambda\sigma\,\mathrm{d}\upsilon$$

$$\mu\,\mathrm{d}t=(r(t)+\lambda_1\beta^1+\cdots+\lambda_n\beta^n)\mathrm{d}t$$
$$=\left(r(t)+\frac{\lambda_1\sigma_1}{P(t,T)}\frac{\partial P(t,T)}{\partial x_1}+\cdots+\frac{\lambda_n\sigma_n}{P(t,T)}\frac{\partial P(t,T)}{\partial x_n}\right)\mathrm{d}t$$
$$=(r(t)+\nabla(t,T)'\sigma\lambda)\mathrm{d}t$$

其中，$\nabla(t,T)'=\frac{1}{P(t,T)}\left[\frac{\partial P(t,T)}{\partial x_1}\cdots\frac{\partial P(t,T)}{\partial x_n}\right]$，与式(5-252)中的定义相同。因此债券价格的随机过程式(5-240)变为：

$$\frac{\mathrm{d}P(t,T)}{P(t,T)}=\mu\,\mathrm{d}t+\sum_{i=1}^{n}\beta^i\mathrm{d}W_i=(r(t)+\nabla(t,T)'\sigma\lambda)\mathrm{d}t+\nabla(t,T)'\sigma\,\mathrm{d}W$$

由伊藤定理有：

$$\mathrm{d}\ln P(t,T)=\frac{\partial\ln P(t,T)}{\partial P}\mathrm{d}P+\frac{1}{2}\frac{\partial^2\ln P(t,T)}{\partial P^2}\mathrm{d}P\,\mathrm{d}P$$
$$=\frac{1}{P}\mathrm{d}P-\frac{1}{2}\frac{1}{P^2}P^2\left(\nabla(t,T)'\sum\nabla(t,T)\right)\mathrm{d}t$$
$$=\left(r(t)+\nabla(t,T)'\sigma\lambda\right)\mathrm{d}t+\nabla(t,T)'\sigma\,\mathrm{d}W-\frac{1}{2}\nabla(t,T)'\sum\nabla(t,T)\mathrm{d}t$$
$$\Rightarrow$$
$$\ln P(s,T)-\ln P(t,T)=\int_t^s r(\upsilon)+\nabla(\upsilon,T)'\sigma\lambda-\frac{1}{2}\nabla(\upsilon,T)'\sum\nabla(\upsilon,T)\mathrm{d}\upsilon$$
$$+\int_t^s\nabla(\upsilon,T)'\sigma\,\mathrm{d}W(\upsilon)$$
$$\Rightarrow$$
$$P(s,T)=P(t,T)\exp\Big(\int_t^s r(\upsilon)+\nabla(\upsilon,T)'\sigma\lambda-\frac{1}{2}\nabla(\upsilon,T)'\sum\nabla(\upsilon,T)\mathrm{d}\upsilon$$
$$+\int_t^s\nabla(\upsilon,T)'\sigma\,\mathrm{d}W(\upsilon)\Big)\tag{5-253}$$

其中，$P(s,T)$为已知。由式(5-238)，$E_t[x(\upsilon)]=\psi(\upsilon-t)x(t)+\int_t^\upsilon\psi(\upsilon-u)a\,\mathrm{d}u$。于是：

$$\omega_0+\omega'\left(\psi(\upsilon-t)x(t)+\int_t^\upsilon\psi(\upsilon-u)a\,\mathrm{d}u\right)=\omega_0+\omega'E_t[x(\upsilon)]=E_t[r(\upsilon)]$$

由式(5-249)，有：

$$r(\upsilon)=E_t[r(\upsilon)]+\omega'\int_t^\upsilon\psi(\upsilon-u)\sigma\,\mathrm{d}W(u)$$

由此式(5-253)可以写成：

$$P(s,T)=P(t,T)\exp\left\{\begin{aligned}&\int_t^s E_t[r(\upsilon)]\mathrm{d}\upsilon+\int_t^s L(\upsilon,t)\mathrm{d}\upsilon\\&+\int_t^s\omega'\int_t^\upsilon\psi(\upsilon-u)\sigma\,\mathrm{d}W(u)\mathrm{d}\upsilon+\int_t^s\nabla(\upsilon,T)'\sigma\,\mathrm{d}W(\upsilon)\end{aligned}\right\}\tag{5-254}$$

上式中的 $L(v, t)=\nabla(v, T)'\sigma\lambda-\frac{1}{2}\nabla(v, T)'\sum\nabla(v, T)$。由式(5-252)有：

$$\int_t^s \omega' \int_t^v \psi(v-u)\sigma \mathrm{d}W(u)\mathrm{d}v=\int_t^s \int_u^s \omega'\psi(v-u)\sigma \mathrm{d}v \mathrm{d}W(u)=-\int_t^s \nabla(u, s)'\sigma \mathrm{d}W(u)$$

并且：

$$\begin{aligned}\nabla(v, T)' &= -\int_v^T \omega'\psi(m-v)\mathrm{d}m \\ &= -\int_v^s \omega'\psi(m-v)\mathrm{d}m-\int_s^T \omega'\psi(m-v)\mathrm{d}m \\ &= \nabla(v, s)'-\int_s^T \omega'\psi(m-v)\mathrm{d}m\end{aligned}$$

因此，式(5-254)简化为：

$$P(s, T)=P(t, T)\exp\left(\int_t^s E_t[r(v)]\mathrm{d}v+\int_t^s L(v, t)\mathrm{d}v-\int_t^s \int_s^T \omega'\psi(m-v)\sigma \mathrm{d}m \mathrm{d}W(v)\right) \tag{5-255}$$

由于 $\psi(m-v)=\exp B(m-v)$，B 为常数，有：

$$\psi(m-v)=\exp(B(m-s)+B(s-v))$$

并且：

$$\begin{aligned}\int_t^s \int_s^T \omega'\psi(m-v)\sigma \mathrm{d}m \mathrm{d}W(v) &= \int_t^s \int_s^T \omega'\exp B(m-s)\exp B(s-v)\sigma \mathrm{d}m \mathrm{d}W(v) \\ &= \int_t^s \exp B(s-v)\int_s^T \omega'\exp B(m-s)\sigma \mathrm{d}m \mathrm{d}W(v) \\ &= -\int_t^s \exp B(s-v)\sigma \nabla(s, T)'\mathrm{d}W(v) \\ &= -\int_t^s \psi(s-v)\sigma \nabla(s, T)'\mathrm{d}W(v)\end{aligned}$$

由式(5-235)和式(5-236)有：

$$x(s)=\psi(s-t)x(t)+\int_t^s \psi(s-v)a \mathrm{d}v+\int_t^s \psi(s-v)\sigma \mathrm{d}W(v)$$

$$E_t[x(s)]=\psi(s-t)x(t)+\int_t^s \psi(s-v)a \mathrm{d}v$$

$$\Rightarrow$$

$$\int_t^s \psi(s-v)\sigma \mathrm{d}W(v)=x(s)-E_t[x(s)]$$

因此，式(5-255)变为：

$$P(s,\ T)=P(t,\ T)\exp\Big(\int_t^s E_t[r(\upsilon)]\mathrm{d}\upsilon+\int_t^s L(\upsilon,\ t)\mathrm{d}\upsilon+\nabla(s,\ T)'\int_t^s \psi(s-\upsilon)\sigma\mathrm{d}W(\upsilon)\Big)$$
$$=P(t,\ T)\exp\Big(\int_t^s E_t[r(\upsilon)]\mathrm{d}\upsilon+\int_t^s L(\upsilon,\ t)\mathrm{d}\upsilon+\nabla(s,\ T)'(x(s)-E_t[x(s)])\Big) \tag{5-256}$$

由 $P(t,\ T)$ 的定义,可得边界条件为 $P(T,\ T)=1$。令式(5-256)中的 $s=T$,并注意到 $\nabla(T,\ T)=0$,就可以解出 $P(t,\ T)$ 如下:

$$P(t,\ T)=\exp\Big(-\int_t^T E_t[r(\upsilon)]\mathrm{d}\upsilon-\int_t^T L(\upsilon,\ t)\mathrm{d}\upsilon+\nabla(T,\ T)'(x(s)-E_t[x(s)])\Big)$$
$$=\exp\Big(-\int_t^T E_t[r(\upsilon)]\mathrm{d}\upsilon-\int_t^T L(\upsilon,\ t)\mathrm{d}\upsilon\Big) \tag{5-257}$$

上式给出了有关债券价格简单直观的表示,即债券价格的变化可以归因于无风险利率的期望变化和另一和经济因素相关的项。

定义:

$$P(t,\ T)=\exp[-R(t,\ T)(T-t)] \tag{5-258}$$

利率期限结构方程可以表示为:

$$R(t,\ T)=\frac{1}{T-t}\Big(\int_t^T E_t[r(\upsilon)]\mathrm{d}\upsilon+\int_t^T L(\upsilon,\ t)\mathrm{d}\upsilon\Big) \tag{5-259}$$

3. 评价和结论

Langetieg 模型允许在债券定价方程中加入任意数量的经济因子,这些因子服从弹性随机漫步,瞬时利率可以表达为这些因子的线性组合。因此,债券价格可表达为这些因子线性组合的函数。对经济因子随机运动的假设决定了债券价格是否存在显式解,而弹性随机漫步的假设导致的正态分布使得债券价格存在显式解成为可能。

Langetieg 模型的贡献更多体现在理论方面,在这个理论框架下,允许模型中增加多元的经济因子。但是,模型的参数没有具体设定,因此使用此模型需要规定影响瞬时利率的经济因子的数量和类型,估计服从联合弹性随机漫步过程的因子的系数,以及估计与此相联系的市场风险的价格。这些很有挑战性的工作导致了估计的复杂性。

5.4.4 朗斯塔夫-施瓦茨(Longstaff - Schwartz)模型

Longstaff - Schwartz 模型(以下简称 LS 模型)是在 CIR 模型基础上进一步发展而得到的两因素利率期限结构模型。这里的两因素是指瞬时利率和瞬时利率变化的方差。因此,衍生的或有权益证券的价格反映了当前利率水平及其波动率。选择利率的波动率作为状态变量的原因之一是它也是或有权益证券产品定价中的关键变量。

本节这样安排对 LS 模型的讨论内容:首先是它的一般分析框架的设定,其次讨论均衡条件下的利率期限结构以及相关衍生品定价问题,最后进行评价和小结。

1. 模型设定

(1) 如同 CIR 模型,LS 分析也基于连续时间的经济体系。该经济体系中的消费或者投资的商品是唯一的，实物投资技术服从随机的常数规模报酬（constant-returns-to-scale）①。实物投资的收益由以下随机过程描述：

$$\frac{\mathrm{d}Q}{Q}=(\mu X+\theta Y)\mathrm{d}t+\sigma\sqrt{Y}\mathrm{d}\mathcal{W}_1 \tag{5-260}$$

其中，μ、θ、σ 是正的常数，X、Y 是状态变量，$\mathcal{W}_1$ 是维纳过程。X 只影响生产的预期收益而不影响生产的不确定性，Y 则同时影响预期收益和波动率，这就使得生产的预期收益和波动率之间不完全相关。为保证无风险利率为非负，我们要求 $\theta>\sigma^2$。定义状态变量 X、Y 的随机方程为：

$$\mathrm{d}X=(a-bX)\mathrm{d}t+c\sqrt{X}\mathrm{d}\mathcal{W}_2 \tag{5-261}$$

$$\mathrm{d}Y=(\mathrm{d}-eY)\mathrm{d}t+f\sqrt{Y}\mathrm{d}\mathcal{W}_3 \tag{5-262}$$

其中，a、b、c、d、e、f 是正的常数，$\mathcal{W}_2$、$\mathcal{W}_3$ 是维纳过程。

（2）假设市场是连续和完全竞争性的，由固定数量的同质投资者组成，他们具有如下时间加总的偏好表达形式：

$$E_t\left[\int_t^{\infty}\exp(-\rho s)\ln[C(s)]\mathrm{d}s\right]$$

这里的 $C(s)$ 为 s 时的消费，ρ 是效用贴现函数，$E_t(.)$ 是 t 时刻的期望。上式表明，未来消费以 ρ 的速度贴现到 t 时刻，未来消费对当前效用的作用是递减的。然而，如果投资者延迟消费，那么就能够增加现在的投资并能在未来获得更多的消费。每一个投资者都希望在下面的预算限制条件下最大化其效用：

$$\mathrm{d}W=W\frac{\mathrm{d}Q}{Q}-C\mathrm{d}t$$

W 是投资者的财富，因此在 t 时刻，投资者可以把其财富用于消费，也可以将其进行投资。通过最大化问题的求解，得到间接效用函数的形式为：

$$J(W,X,Y,t)=\frac{\exp(-\rho t)}{\rho}\ln W+G(X,Y,t) \tag{5-263}$$

最优化消费和投资数量也由最大化问题求解得到。CIR（1985）得到的相关最优化消费方程形式为：

$$C*(W,X,Y,t)=\frac{\rho W}{1-\exp(-\rho(T-t))},\ T\to\infty$$

所以，决定了最优化消费水平为 ρW，均衡状态下财富的动态变化为：

$$\mathrm{d}W=(\mu X+\theta Y-\rho)W\mathrm{d}t+\sigma W\sqrt{Y}\mathrm{d}\mathcal{W}_1 \tag{5-264}$$

式(5-261)、式(5-262)和式(5-264)组成了联合马尔可夫过程，其当前值完全描述了经济体系的状态。

现在对状态变量进行变量替换——令 $x=X/c^2$，$y=Y/f^2$，同时定义 $H(x,y,\tau)$ 为一

① 即产出的百分比增长与全部投入的百分比增长成正比。

个具有到期时间 τ 的或有权益证券的价值,它满足如下偏微分方程①:

$$\frac{x}{2}H_{xx}+\frac{y}{2}H_{yy}+(\gamma-\delta x)H_x+\left(\eta-\xi y-\left(\frac{-J_{WW}}{J_W}\right)\mathrm{cov}(\mathrm{d}W,\ \mathrm{d}Y)\right)H_y-rH=H_r \tag{5-265}$$

这里的 $\gamma=a/c^2$, $\eta=d/f^2$, $\delta=b$, $\xi=e$, r 是瞬时无风险利率, $\mathrm{cov}(\mathrm{d}W,\ \mathrm{d}Y)$ 是财富 W 变化和状态变量 Y 变化的瞬时协方差。H_y 的系数中包含效用相关项,表示的是由 Y 决定的生产不确定性水平对应的风险溢价。由式(5-262)、式(5-263)和式(5-264),可得②:

$$\left(\frac{-J_{WW}}{J_W}\right)\mathrm{cov}(W,\ Y)=\lambda y,\ \lambda\text{ 为常数}$$

因此,风险溢价(市场风险价格)与 y 成比例,比例因子项 λ 为常数。风险溢价的形式是由经济体系内生得到的,这与均衡经济特征相一致。这一特征是无套利模型所不具备的,在那里风险溢价是模型外生决定的。

可以用状态变量 x 和 y 来表示瞬时利率 r,如果知道了任意或有权益证券的初始和边界条件,由式(5-265)就可以很容易得到它的价格。这个价格是由不易观测的状态变量表示的,可以通过变形用比较直观和易观测的变量来代替,替换的状态变量是瞬时利率 r 及其变化的方差 V。因此,模型包含的信息除了当期利率水平的信息还有利率变化的方差。用双因子表达的或有权益证券的价格较之单因子模型与实际市场价格会更一致。

接下来考虑可以观察到的经济变量。均衡状态下的无风险利率是期望收益减去生产收益的方差,即③:

$$r=\alpha x+\beta y \tag{5-266}$$

其中:

$$\alpha=\mu c^2,\ \beta=(\theta-\sigma^2)f^2$$

对上式运用伊藤定理,可得如下随机过程:

$$\mathrm{d}r=\alpha\,\mathrm{d}x+\beta\,\mathrm{d}y=\alpha(\gamma-\delta x)\mathrm{d}t+\beta(\eta-\xi y)\mathrm{d}t+\alpha\sqrt{x}\,\mathrm{d}\mathcal{W}_2+\beta\sqrt{y}\,\mathrm{d}\mathcal{W}_3 \tag{5-267}$$

两边同时取期望,可以得到瞬时利率的瞬时方差变化:

---

① 变形后的式(5-261)和式(5-262)分别为:

$$\mathrm{d}x=(\gamma-\delta x)\mathrm{d}t+\sqrt{x}\,\mathrm{d}\mathcal{W}_2$$

$$\mathrm{d}y=(\eta-\varsigma y)\mathrm{d}t+\sqrt{y}\,\mathrm{d}\mathcal{W}_3$$

② 由式(5-263),有:

$$J_W=\frac{1}{\rho W}\mathrm{e}^{-\rho t},\ J_{WW}=-\frac{1}{\rho W^2}\mathrm{e}^{-\rho t}\Rightarrow-\frac{J_{WW}}{J_W}=\frac{1}{W}$$

同样地,由式(5-262)和式(5-264),可发现:

$$\mathrm{cov}(\mathrm{d}W,\ \mathrm{d}Y)=WY\sigma fE[\mathrm{d}\mathcal{W}_1\mathrm{d}\mathcal{W}_3]$$

因此,由于 σ, f 和 $E[\mathrm{d}\mathcal{W}_1\mathrm{d}\mathcal{W}_3]$ 是常量,有该式。

③ 由式(5-260),期望收益减去生产过程的方差是 $\mu X+\theta Y-\sigma^2 Y$,利用状态变量的变形,可以得到:

$$r=\mu c^2x+\theta f^2y-\sigma^2f^2y=\mu c^2+(\theta-\sigma^2)f^2y$$

$$E[\mathrm{d}r]=\alpha(\gamma-\delta x)\mathrm{d}t+\beta(\eta-\xi y)\mathrm{d}t \Rightarrow (E[\mathrm{d}r])^2=0$$

由于 $\mathcal{W}_2$，$\mathcal{W}_3$ 不相关，就有：

$$E[(\mathrm{d}r)^2]=\alpha^2 x\,\mathrm{d}t+\beta^2 y\,\mathrm{d}t$$

因此有：

$$V=\mathrm{var}(\mathrm{d}r)/\mathrm{d}t=E[(\mathrm{d}r-E[\mathrm{d}r])^2]=E[(\mathrm{d}r)^2]-(E[\mathrm{d}r])^2=\alpha^2 x+\beta^2 y \tag{5-268}$$

解由式(5-266)和式(5-267)构成的联立方程组，把 x 和 y 看成 r 和 V 的函数，同时假设 $\beta \neq \alpha$，就有：

$$x=\frac{\beta r-V}{\alpha(\beta-\alpha)} \tag{5-269}$$

$$y=\frac{V-\alpha r}{\beta(\beta-\alpha)} \tag{5-270}$$

将 x 和 y 的解代入式(5-267)，得到：

$$\mathrm{d}r=\mu_r\mathrm{d}t+\sigma_{1,r}\mathrm{d}\mathcal{W}_2+\sigma_{2,r}\mathrm{d}\mathcal{W}_3 \tag{5-271}$$

其中：

$$\mu_r=\alpha\gamma+\beta\eta-\frac{\beta\delta-\alpha\xi}{\beta-\alpha}r-\frac{\xi-\delta}{\beta-\alpha}V$$

$$\sigma_{1,r}=\alpha\sqrt{\frac{\beta r-V}{\alpha(\beta-\alpha)}},\ \sigma_{2,r}=\beta\sqrt{\frac{V-\alpha r}{\beta(\beta-\alpha)}}$$

类似地，由式(5-268)可以推导出下式：

$$\mathrm{d}V=\mu_V\mathrm{d}t+\sigma_{1,V}\mathrm{d}\mathcal{W}_2+\sigma_{2,V}\mathrm{d}\mathcal{W}_3 \tag{5-272}$$

其中：

$$\mu_V=\alpha^2\gamma+\beta^2\eta-\frac{\alpha\beta(\delta-\xi)}{\beta-\alpha}r-\frac{\beta\xi-\alpha\delta}{\beta-\alpha}V$$

$$\sigma_{1,V}=\alpha^2\sqrt{\frac{\beta r-V}{\alpha(\beta-\alpha)}},\ \sigma_{2,V}=\beta^2\sqrt{\frac{V-\alpha r}{\beta(\beta-\alpha)}}$$

由于 r 和 V 在随机讲话过程中都相互依赖，二者组成了联合马尔可夫过程(joint Markov process)。

对 $r(t)$ 和 $V(t)$ 的无条件期望计算方法与 CIR 模型类似。由于 $r(t)$ 和 $V(t)$ 是 x 和 y 的线性组合，就先来计算 x 和 y 的数学期望。x 和 y 的随机过程如下所示：

$$\mathrm{d}x=(\gamma-\delta x)\mathrm{d}t+\sqrt{x}\,\mathrm{d}\mathcal{W}_2 \tag{5-273}$$

$$\mathrm{d}y=(\eta-\xi y)\mathrm{d}t+\sqrt{y}\,\mathrm{d}\mathcal{W}_3 \tag{5-274}$$

首先，考虑式(5-273)的积分形式，有：

$$x(t)=x(0)+\int_0^t(\gamma-\delta x(u))\mathrm{d}u+\int_0^t\sqrt{x(u)}\,\mathrm{d}\mathcal{W}_2$$

取期望,可得:

$$E[x(t)]=x(0)+\int_0^t(\gamma-\delta E[x(u)])\mathrm{d}u$$

$$\Rightarrow$$

$$\frac{\mathrm{d}}{\mathrm{d}t}E[x(t)]=\gamma-\delta E[x(t)]$$

即:

$$\frac{\mathrm{d}}{\mathrm{d}t}(\mathrm{e}^{\delta t}E[x(t)])=\mathrm{e}^{\delta t}\left(\delta E[x(t)]+\frac{\mathrm{d}}{\mathrm{d}t}E[x(t)]\right)=\gamma\mathrm{e}^{\delta t}$$

等式两边同时积分:

$$\mathrm{e}^{\delta t}E[x(t)]=x(0)+\frac{\gamma}{\delta}(\mathrm{e}^{\delta t}-1)$$

进一步解得:

$$E[x(t)]=\frac{\gamma}{\delta}(1-\mathrm{e}^{-\delta t})+\mathrm{e}^{-\delta t}x(0) \tag{5-275}$$

假如 $x(0)=\frac{\gamma}{\delta}$(即均值回复水平),则对任意的 t,有 $E[x(t)]=\frac{\gamma}{\delta}$ 成立。如果 $x(0)\neq\frac{\gamma}{\delta}$,则 $x(t)$ 的长期均值水平为:

$$\lim_{t\to\infty}E[x(t)]=\frac{\gamma}{\delta} \tag{5-276}$$

同样,$y(t)$ 的长期均值水平为:

$$\lim_{t\to\infty}E[y(t)]=\frac{\eta}{\xi} \tag{5-277}$$

因此有:

$$E[r]=\frac{\alpha\gamma}{\delta}+\frac{\beta\eta}{\xi} \tag{5-278}$$

$$E[V]=\frac{\alpha^2\gamma}{\delta}+\frac{\beta^2\eta}{\xi} \tag{5-279}$$

由于 $\mathcal{W}_2$ 和 $\mathcal{W}_3$ 不相关,$r(t)$ 的方差可以表示为:

$$\mathrm{var}[r(t)]=\mathrm{var}(\alpha x+\beta y)=\alpha^2\mathrm{var}(x)+\beta^2\mathrm{var}(y) \tag{5-280}$$

其中:

$$\mathrm{var}(x)=E[x^2]-E[x]^2 \tag{5-281}$$

为计算 $\mathrm{var}(x)$ 以及 $\mathrm{var}(r(t))$,需要先知道 $\mathrm{d}x^2(t)$。对式(5-273)使用伊藤定理,就有:

$$\begin{aligned} \mathrm{d}(x^2(t)) &= 2x(t)\mathrm{d}x(t) + \mathrm{d}x(t)\mathrm{d}x(t) \\ &= 2x(t)\Big((\gamma - \delta x(t))\mathrm{d}t + \sqrt{x(t)}\,\mathrm{d}\mathcal{W}_2\Big) + x(t)\mathrm{d}t \\ &= (2\gamma+1)x(t)\mathrm{d}t - 2\delta x^2(t)\mathrm{d}t + 2x^{3/2}(t)\mathrm{d}\mathcal{W}_2 \\ &\Rightarrow \end{aligned}$$

$$x^2(t) = x^2(0) + (2\gamma+1)\int_0^t x(u)\mathrm{d}u - 2\delta\int_0^t x^2(u)\mathrm{d}u + 2\int_0^t x^{\frac{3}{2}}(u)\mathrm{d}\mathcal{W}_2$$

因此有：

$$E[x^2(t)] = x^2(0) + (2\gamma+1)\int_0^t E[x(u)]\mathrm{d}u - 2\delta\int_0^t E[x^2(u)]\mathrm{d}u$$

$$\frac{\mathrm{d}}{\mathrm{d}t}E[x^2(t)] = (2\gamma+1)E[x(t)] - 2\delta E[x^2(t)]$$

因此：

$$\frac{\mathrm{d}}{\mathrm{d}t}(\mathrm{e}^{2\delta t}E[x^2(t)]) = \mathrm{e}^{2\delta t}\left(2\delta E[x^2(t)] + \frac{\mathrm{d}}{\mathrm{d}t}E[x^2(t)]\right) = \mathrm{e}^{2\delta t}(2\gamma+1)E[x(t)]$$

利用式(5-275)，对上式进行积分得：

$$\mathrm{e}^{2\delta t}E[x^2(t)] = x^2(0) + \left(\frac{\gamma^2}{\delta^2} + \frac{\gamma}{2\delta^2}\right)(1-\mathrm{e}^{\delta t})^2 + \left(\frac{2\gamma}{\delta} + \frac{1}{\delta}\right)x(0)(\mathrm{e}^{\delta t} - 1)$$

$$\Rightarrow$$

$$E[x^2(t)] = x^2(0)\mathrm{e}^{-2\delta t} + \left(\frac{\gamma^2}{\delta^2} + \frac{\gamma}{2\delta^2}\right)(1-\mathrm{e}^{-\delta t})^2 + \left(\frac{2\gamma}{\delta} + \frac{1}{\delta}\right)x(0)\mathrm{e}^{-\delta t}(1-\mathrm{e}^{-\delta t})$$

利用式(5-281)就可以计算 $x(t)$ 的方差如下：

$$\mathrm{var}(x) = \frac{\gamma}{2\delta^2}(1-\mathrm{e}^{-\delta t})^2 + \frac{x(0)}{\delta}\mathrm{e}^{-\delta t}(1-\mathrm{e}^{-\delta t}) \tag{5-282}$$

$x(t)$的长期方差为：

$$\lim_{t\to\infty}\mathrm{var}(x) = \frac{\gamma}{2\delta^2}$$

类似地，$y(t)$ 的长期方差为：

$$\lim_{t\to\infty}\mathrm{var}(y) = \frac{\eta}{2\xi^2}$$

最后，根据定义式(5-281)，$r(t)$ 的长期方差为：

$$\mathrm{var}(r) = \frac{\alpha^2\gamma}{2\delta^2} + \frac{\beta^2\eta}{2\xi^2} \tag{5-283}$$

同样，$V(t)$ 的长期方差为：

$$\mathrm{var}(V) = \frac{\alpha^4\gamma}{2\delta^2} + \frac{\beta^4\eta}{2\xi^2} \tag{5-284}$$

2. 均衡利率期限结构

令 $P(r, V, \tau)$ 为存续期为 τ 的无风险贴现债券的价格，其价值必须满足或有权益证券定价使用的偏微分方程式(5-265)，其边界条件为 $P(r, V, 0)=1$，均衡时的价值为：

$$P(r, V, \tau)=A^{2\gamma}(\tau)B^{2\eta}(\tau)\exp(\kappa\tau+(\delta-\phi)(1-A(\tau))r+(\nu-\psi)(1-B(\tau))V) \tag{5-285}$$

其中：

$$A(\tau)=\frac{2\phi}{(\delta+\phi)(e^{\phi r}-1)+2\phi} \tag{5-286}$$

$$B(\tau)=\frac{2\psi}{(\nu+\psi)(e^{\psi r}-1)+2\psi} \tag{5-287}$$

以及 $\nu=\xi+\lambda$，$\phi=\sqrt{2\alpha+\delta^2}$，$\psi=\sqrt{2\beta+\nu^2}$，$\kappa=\gamma(\delta+\phi)+\eta(v+\psi)$。则贴现债券的价格为①：

$$P(r, V, \tau)=A^{2\gamma}(\tau)B^{2\eta}(\tau)\exp[\kappa\tau+C(\tau)r+D(\tau)V] \tag{5-288}$$

其中：

$$C(\tau)=\frac{\alpha\phi(e^{\psi r}-1)B(\tau)-\beta\psi(e^{\phi r}-1)A(\tau)}{\phi\psi(\beta-\alpha)}$$

$$D(\tau)=\frac{\psi(e^{\phi r}-1)A(\tau)-\phi(e^{\psi r}-1)B(\tau)}{\phi\psi(\beta-\alpha)}$$

下面考虑到期收益率。令 $Y(\tau)$ 是存续期为 τ 的贴现债券的到期收益率，因此有：

$$P(r, V, \tau)=e^{-Y(\tau)\tau}$$
$$\Rightarrow$$

---

① 首先，将式(5-269)和式(5-270)代入式(5-285)，得：

$$\begin{aligned}&\kappa\tau+(\delta-\phi)(1-A(\tau))x+(\nu-\psi)(1-B(\tau))y\\&=\kappa\tau+(\delta-\phi)(1-A(\tau))\frac{\beta r-V}{\alpha(\beta-\alpha)}+(\nu-\psi)(1-B(\tau))\frac{V-\alpha r}{\beta(\beta-\alpha)}\\&=\kappa\tau+\left(\frac{\beta(\delta-\phi)(1-A(\tau))}{\alpha(\beta-\alpha)}-\frac{\alpha(\nu-\psi)(1-B(\tau))}{\beta(\beta-\alpha)}\right)r+\left(\frac{(\nu-\psi)(1-B(\tau))}{\beta(\beta-\alpha)}-\frac{(\delta-\phi)(1-A(\tau))}{\alpha(\beta-\alpha)}\right)V\end{aligned}$$

由式(5-286)和式(5-287)，有：

$$1-A(\tau)=\frac{(\delta+\phi)(e^{\phi r}-1)A(\tau)}{2\phi};\ 1-B(\tau)=\frac{(\nu+\psi)(e^{\psi r}-1)B(\tau)}{2\psi}$$

以及

$$\delta^2-\phi^2=-2\alpha;\ \nu^2-\psi^2=-2\beta$$

进一步可得：

$$\begin{aligned}&\left(\frac{\beta(\delta-\phi)(1-A(\tau))}{\alpha(\beta-\alpha)}-\frac{\alpha(\nu-\psi)(1-B(\tau))}{\beta(\beta-\alpha)}\right)r+\left(\frac{(\nu-\psi)(1-B(\tau))}{\beta(\beta-\alpha)}-\frac{(\delta-\phi)(1-A(\tau))}{\alpha(\beta-\alpha)}\right)V\\&=\left(-\frac{\beta(e^{\phi\tau}-1)A(\tau)}{\phi(\beta-\alpha)}+\frac{\alpha(e^{\psi\tau}-1)B(\tau)}{\psi(\beta-\alpha)}\right)r+\left(-\frac{(e^{\psi\tau}-1)B(\tau)}{\psi(\beta-\alpha)}+\frac{(e^{\phi\tau}-1)A(\tau)}{\phi(\beta-\alpha)}\right)V\\&=\frac{\alpha\phi(e^{\psi\tau}-1)B(\tau)-\beta\psi(e^{\phi\tau}-1)A(\tau)}{\phi\psi(\beta-\alpha)}r+\frac{\psi(e^{\phi\tau}-1)A(\tau)-\phi(e^{\psi\tau}-1)B(\tau)}{\phi\psi(\beta-\alpha)}V\end{aligned}$$

$$
\begin{aligned}
& e^{-Y(\tau)\tau} = A^{2\gamma}(\tau)B^{2\eta}(\tau)\exp(\kappa\tau + C(\tau)r + D(\tau)V) \\
& \Rightarrow \\
& Y(\tau) = -\frac{2\gamma\ln A(\tau) + 2\eta\ln B(\tau) + \kappa\tau + C(\tau)r + D(\tau)V}{\tau}
\end{aligned}
\tag{5-289}
$$

上式表明，贴现债券到期收益率是状态变量 r 和 V 的线性函数。可以推导出①：

$$\lim_{\tau\to 0} Y(\tau) = r$$

这与我们先前把 r 定义为瞬时利率是一致的。同时，也可以推导出：

$$\lim_{\tau\to\infty} Y(\tau) = \gamma(\phi - \delta) + \eta(\psi - \upsilon)$$

是个与 r 和 V 无关的常量。这同前面的分析也一致，即 r 和 V 是长期平稳分布的，由此，当前利率水平的影响从较长时期来看消失了。

为了可以给利率期权定价，还必须得到波动率期限结构。决定期限结构曲线上不同点上的波动率等同于在不同的到期期限上决定债券收益率的波动率。为计算收益率的波动率，首先利用伊藤定理计算债券价格波动率，然后再次利用伊藤定理去求得收益率波动率。

对式(5-288)运用伊藤定理，得到：

$$\mathrm{d}P = -\frac{\partial P}{\partial \tau}\mathrm{d}t + \frac{\partial P}{\partial r}\mathrm{d}r + \frac{1}{2}\frac{\partial^2 P}{\partial r^2}\mathrm{d}r\,\mathrm{d}r + \frac{\partial P}{\partial V}\mathrm{d}V + \frac{1}{2}\frac{\partial^2 P}{\partial V^2}\mathrm{d}V\,\mathrm{d}V$$

$$
\begin{aligned}
\frac{\mathrm{d}P}{P} = & \left(-P_\tau P + C(\tau)\mu_r + D(\tau)\mu_V + \frac{1}{2}C^2(\tau)(\sigma_{1,r}^2 + \sigma_{2,r}^2) + \frac{1}{2}D^2(\tau)(\sigma_{1,V}^2 + \sigma_{2,V}^2)\right)\mathrm{d}t \\
& + (C(\tau)\sigma_{1,r} + D(\tau)\sigma_{1,V})\mathrm{d}\mathcal{W}_2 + (C(\tau)\sigma_{2,r} + D(\tau)\sigma_{2,V})\mathrm{d}\mathcal{W}_3
\end{aligned}
$$

由于 $\mathcal{W}_2$ 和 $\mathcal{W}_3$ 不相关，用债券价格计算的收益率的方差为：

$$
\begin{aligned}
\mathrm{var}\left(\frac{\mathrm{d}P}{P}\right) = & [C^2(\tau)(\sigma_{1,r}^2 + \sigma_{2,r}^2) + D^2(\tau)(\sigma_{1,V}^2 + \sigma_{2,V}^2) \\
& + 2C(\tau)D(\tau)(\sigma_{1,r}\sigma_{1,V} + \sigma_{2,r}\sigma_{2,V})]\mathrm{d}t
\end{aligned}
\tag{5-290}
$$

由式(5-288)可得：

$$C^2(\tau) = \frac{\alpha^2\phi^2(e^{\psi\tau}-1)^2B^2(\tau) + \beta^2\psi^2(e^{\phi\tau}-1)^2A^2(\tau) - 2\alpha\beta\psi\phi(e^{\psi\tau}-1)(e^{\phi\tau}-1)A(\tau)B(\tau)}{\phi^2\psi^2(\beta-\alpha)^2}$$

$$D^2(\tau) = \frac{\psi^2(e^{\phi\tau}-1)^2A^2(\tau) + \phi^2(e^{\psi\tau}-1)^2B^2(\tau) - 2\psi\phi(e^{\psi\tau}-1)(e^{\phi\tau}-1)A(\tau)B(\tau)}{\phi^2\psi^2(\beta-\alpha)^2}$$

$$C(\tau)D(\tau) = \frac{(\alpha+\beta)\psi\phi(e^{\psi\tau}-1)(e^{\phi\tau}-1)A(\tau)B(\tau) - \beta\psi^2(e^{\phi\tau}-1)^2A^2(\tau) - \alpha\phi^2(e^{\psi\tau}-1)^2B^2(\tau)}{\phi^2\psi^2(\beta-\alpha)^2}$$

---

① 当 $\tau\to 0$ 时，$Y(\tau)$的分子和分母都趋于零，利用洛必塔法则可得：

$$
\begin{aligned}
\lim_{\tau\to 0} Y(\tau) &= \lim_{\tau\to 0} -\left(\frac{2\gamma A'(\tau)}{A(\tau)} + \frac{2\eta B'(\tau)}{B(\tau)} + \kappa + C'(\tau)r + D'(\tau)V\right) \\
&= -[-\gamma(\delta+\phi) - \eta(\nu+\psi) + \kappa - r] \\
&= r
\end{aligned}
$$

以及

$$\sigma_{1,r}^2+\sigma_{2,r}^2=V$$

$$\sigma_{1,V}^2+\sigma_{2,V}^2=-\alpha\beta(\beta+\alpha)r+(\beta^2+\alpha\beta+\alpha^2)V$$

$$\sigma_{1,r}\sigma_{1,V}+\sigma_{2,r}\sigma_{2,V}=-\alpha\beta r+(\beta+\alpha)V$$

因此,式(5-290)的方差可以表示为:

$$\begin{aligned}\operatorname{var}\left(\frac{\mathrm{d}P}{P}\right)=&C^2(\tau)V+D^2(\tau)(-\alpha\beta(\beta+\alpha)r+(\beta^2+\alpha\beta+\alpha^2)V)\\&+2C(\tau)D(\tau)(-\alpha\beta r+(\beta+\alpha)V)\end{aligned}\tag{5-291}$$

合并简化 r 和 V 的系数后可得:

$$\begin{aligned}\operatorname{var}\left(\frac{\mathrm{d}P}{P}\right)&=\frac{\sigma_{P(r)}^2}{P^2}\\&=\left(\frac{\alpha\beta\psi^2\ (\mathrm{e}^{\phi\tau}-1)^2A^2(\tau)-\alpha\beta\phi^2\ (\mathrm{e}^{\psi\tau}-1)^2B^2(\tau)}{\phi^2\psi^2(\beta-\alpha)}\right)r\\&\quad+\left(\frac{\beta\varphi^2\ (\mathrm{e}^{\psi\tau}-1)^2B^2(\tau)-\alpha\psi^2\ (\mathrm{e}^{\phi\tau}-1)^2A^2(\tau)}{\phi^2\psi^2(\beta-\alpha)}\right)V\end{aligned}\tag{5-292}$$

最后,对 $Y(\tau)=-\ln P(\tau)/\tau$ 运用伊藤定理,可得:

$$\begin{aligned}\mathrm{d}Y&=\frac{\partial Y}{\partial t}\mathrm{d}t+\frac{\partial Y}{\partial F}\mathrm{d}P+\frac{1}{2}\ \frac{\partial^2 Y}{\partial F^2}\mathrm{d}P\,\mathrm{d}P\\&=\frac{\partial Y}{\partial t}\mathrm{d}t+\frac{1}{2}\ \frac{\partial^2 Y}{\partial P^2}\sigma_{P(\tau)}^2\mathrm{d}t+\frac{1}{\tau P(\tau)}(\mu_{F(\tau)}\mathrm{d}t+\sigma_{F(\tau)}\mathrm{d}\mathcal{W})\\&=\mu_{Y(\tau)}\mathrm{d}t+\sigma_{Y(\tau)}\mathrm{d}\mathcal{W}\end{aligned}$$

于是:

$$\sigma_{Y(\tau)}=-\frac{1}{\tau P(\tau)}\sigma_{P(\tau)}\tag{5-293}$$

债券价格以及债券收益率的波动率是到期期限 τ,状态变量 r 和 V 的函数,这表明波动率的利率期限结构和单因子模型相比具有更灵活的形状。

双因子模型相比单因子模型的一个优势是不同期限的利率可以不完全相关,我们现在要计算不同到期期限的贴现债券收益率的相关性。由式(5-289)可以写出到期期限为 τ 的债券的到期收益率如下:

$$Y(\tau)=\frac{M(\tau)-C(\tau)r-D(\tau)V}{\tau}\tag{5-294}$$

其中,$M(\tau)=-\frac{1}{\tau}[2\gamma\ln A(\tau)+2\eta\ln B(\tau)+\kappa\tau]$。对式(5-274)运用伊藤定理,并利用式(5-271)和式(5-272)可得:

$$
\begin{aligned}
\mathrm{d}Y(\tau) &= \frac{\partial Y}{\partial t}\mathrm{d}t + \frac{\partial Y}{\partial r}\mathrm{d}r + \frac{\partial Y}{\partial V}\mathrm{d}V + \frac{1}{2}\frac{\partial^2 Y}{\partial r^2}\mathrm{d}r\,\mathrm{d}r + \frac{1}{2}\frac{\partial^2 Y}{\partial V^2}\mathrm{d}V\mathrm{d}V \\
&= \mu_{Y(\tau)}\mathrm{d}t + \left(\frac{\partial Y}{\partial r}\sigma_{1,r} + \frac{\partial Y}{\partial V}\sigma_{1,V}\right)\mathrm{d}\mathcal{W}_2 + \left(\frac{\partial Y}{\partial r}\sigma_{2,r} + \frac{\partial Y}{\partial V}\sigma_{2,V}\right)\mathrm{d}\mathcal{W}_3 \\
&= \mu_{Y(\tau)}\mathrm{d}t - \frac{1}{\tau}[C(\tau)\sigma_{1,\tau} + D(\tau)\sigma_{1,V}]\mathrm{d}\mathcal{W}_2 - \frac{1}{\tau}[C(\tau)\sigma_{2,\tau} + D(\tau)\sigma_{2,V}]\mathrm{d}\mathcal{W}_3
\end{aligned}
\tag{5-295}
$$

于是：

$$
\begin{aligned}
\mathrm{d}Y(\tau_1)\mathrm{d}Y(\tau_2) = \frac{1}{\tau_1\tau_2}[&(C(\tau_1)\sigma_{1,\gamma} + D(\tau_1)\sigma_{1,V})(C(\tau_2)\sigma_{1,\gamma} + D(\tau_2)\sigma_{1,\nu}) \\
&+ (C(\tau_1)\sigma_{2,\gamma} + D(\tau_1)\sigma_{2,V})(C(\tau_2)\sigma_{2,\gamma} + D(\tau_2)\sigma_{2,\nu})]\mathrm{d}t
\end{aligned}
\tag{5-296}
$$

由相关性的定义，有：

$$
\mathrm{Corr}(\mathrm{d}Y(\tau_1),\ \mathrm{d}Y(\tau_2)) = \rho_{Y(\tau_1)Y(\tau_2)} = \frac{\mathrm{cov}(\mathrm{d}Y(\tau_1),\ \mathrm{d}Y(\tau_2))}{\sqrt{\mathrm{var}(\mathrm{d}Y(\tau_1))\mathrm{var}(\mathrm{d}Y(\tau_2))}} \tag{5-297}
$$

由于 $Y(\tau_1)$ 和 $Y(\tau_2)$ 是维纳过程，所以：

$$
E[\mathrm{d}Y(\tau_1)] = E[\mathrm{d}Y(\tau_1)] = 0
$$

因此有：

$$
\mathrm{cov}(\mathrm{d}Y(\tau_1),\ \mathrm{d}Y(\tau_2)) = E[\mathrm{d}Y(\tau_1)\mathrm{d}Y(\tau_2)]
$$

式(5-297)变为：

$$
\rho_{Y(\tau_1)Y(\tau_2)} = \frac{E[\mathrm{d}Y(\tau_1)\mathrm{d}Y(\tau_2)]}{\sigma_{Y(\tau_1)}\sigma_{Y(\tau_2)}\mathrm{d}t} \tag{5-298}
$$

最后，利用式(5-296)，相关性可以表示为：

$$
\begin{aligned}
\rho_{Y(\tau_1)Y(\tau_2)} = \frac{1}{\tau_1\tau_2\sigma_{Y(\tau_1)}\sigma_{Y(\tau_2)}}[&(C(\tau_1)\sigma_{1,\gamma} + D(\tau_1)\sigma_{1,V})(C(\tau_2)\sigma_{1,\gamma} + D(\tau_2)\sigma_{1,\nu}) \\
&+ (C(\tau_1)\sigma_{2,\gamma} + D(\tau_1)\sigma_{2,V})(C(\tau_2)\sigma_{2,\gamma} + D(\tau_2)\sigma_{2,\nu})]
\end{aligned}
$$

这里的方差项 $\sigma^2_{Y(\tau_1)}$ 和 $\sigma^2_{Y(\tau_2)}$ 可以通过对式(5-294)取期望获得或者通过债券价格波动率和式(5-293)获得。

3. 或有权益定价

LS 推导出标的资产为无违约风险贴现债券的欧式期权的定价公式，其推导是基于一般均衡的理论框架，这使得决定贴现债券价格的两个因素也影响到欧式期权的定价。定价中考虑到当前利率的波动率的合理性在于，波动率是影响期权价格的关键因素。

令 $C(r,\ V,\ \tau,\ k,\ T)$ 是欧式看涨期权的价格，到期期限是 τ，敲定价为 k，作为标的资产的贴现债券其到期日为 $\tau+T$。由于看涨期权的定价须满足基本的定价方程式(5-265)，LS 推导出显式解的形式如下：

$$C(r, V, \tau; K, T)=P(r, V, \tau+T)\Psi(\theta_1, \theta_2; 4\gamma, 4\eta, \omega_1, \omega_2)$$
$$-KP(r, V, \tau)\Psi(\theta_3, \theta_4; 4\gamma, 4\eta, \omega_3, \omega_4)$$

上式中 $\Psi(.)$ 是二元非中心卡方(chi-square)分布，θ_1，θ_2，θ_3，θ_4，ω_1，ω_2，ω_3，ω_4 是基础变量参数的函数。由于二元分布中两个变量是相互独立的，其联合密度函数是两个服从非中心卡方分布的单独变量各自的密度函数的乘积。利率的方差服从随机分布，这导致期权价格也是按照随机波动率定价，这也是为数不多的按照随机波动率定价，但同时又有显式解的模型之一。

为进一步发展此模型，LS 使用变量分离技术合并了观察到的利率期限结构。这种扩展模型增加了实际的贴现函数以得到初始的期权价格。这意味着不能对简单的贴现债券进行定价。但是，所有的以利率或有权益证券为标的的欧式期权都可以用此进行定价。

考虑无风险的欧式或有权益 $H(x, y, \tau)$，到期日的支付为 $H(x, y, 0)=G(x, y)$（或有权益证券是变形后的不可观测的变量 x 和 y 的函数）。或有权益证券的价值可以分解为其远期价值和一个贴现债券价值的乘积，远期价值和一个贴现函数的到期日相同：

$$H(x, y, \tau)=P(x, y, \tau)M(x, y, \tau) \tag{5-299}$$

这里的 $P(x, y, \tau)$ 是贴现债券，$M(x, y, \tau)$ 是或有权益证券的远期价值。计算出必需的偏微分部分并重新改写式(5-265)为：

$$\begin{aligned}&M\left(\frac{x}{2}P_{xx}+\frac{y}{2}P_{yy}+(\gamma-\delta x)P_x+(\eta-\nu y)P_y-(\alpha x+\beta y)P-P_\tau\right)\\&+P\left(\frac{x}{2}M_{xx}+\frac{y}{2}M_{yy}+(\gamma-\delta x)M_x+(\eta-\nu y)M_y-M_\tau\right)\\&+xP_xM_x+yP_yM_y=0\end{aligned} \tag{5-300}$$

然而，由于 $P(x, y, \tau)$ 也满足式(5-265)，就有：

$$\frac{x}{2}P_{xx}+\frac{y}{2}P_{yy}+(\gamma-\delta x)P_x+(\eta-\nu y)P_y-(\alpha x+\beta y)P-P_\tau=0$$

同时，将式(5-300)变形为：

$$P\left(\frac{x}{2}M_{xx}+\frac{y}{2}M_{yy}+(\gamma-\delta x)M_x+(\eta-\nu y)M_y-M_\tau\right)+xP_xM_x+yP_yM_y=0$$
$$\Rightarrow$$
$$\frac{x}{2}M_{xx}+\frac{y}{2}M_{yy}+\left(\gamma-\delta x+x\frac{P_x}{P}\right)M_x+\left(\eta-\nu y+y\frac{P_y}{P}\right)M_y-M_\tau=0 \tag{5-301}$$

边界条件为 $M(x, y, 0)=G(x, y)$。与贴现债券价格相关的项 P_x/P 和 P_y/P 可以写为如下形式：

$$P_x=P(\delta-\phi)(1-A(\tau)); \ P_y=P(\nu-\psi)(1-B(\tau))$$

因此，在适当的边界条件下，求解式(5-301)，就可以得出欧式期权的远期价值，其现值可以通过用适当到期日的单位贴现债券对远期价值进行贴现后得到，这种贴现债券可以通过对当前利率期限结构的观测得到。

由式(5-301)，我们可以认为或有权益证券的远期价值 $M(x, y, \tau)$ 是最终支付 $G(x, y)$ 的期望值，即：

$$M(x, y, \tau)=E[G(x, y)]$$

这里的期望是对变量 x 和 y 的联合概率分布求期望，变量 x 和 y 的随机过程如下：

$$\mathrm{d}x=\left(\gamma-\delta x+\frac{P_x}{P}x\right)\mathrm{d}t+\sqrt{x}\,\mathrm{d}W_2 \tag{5-302}$$

$$\mathrm{d}y=\left(\eta-\nu x+\frac{P_y}{P}y\right)\mathrm{d}t+\sqrt{y}\,\mathrm{d}W_3 \tag{5-303}$$

上述两个过程是平方根过程，与 CIR 模型很相似，得到的分布也是非中心的卡方分布。由于 x 和 y 是相互独立的，其联合分布是各自单独分布的乘积。以上扩展模型的优势是利用了所有当前利率期限结构的信息，同时也考虑到了状态变量的动态变化。但是，这种扩展丧失了一般均衡模型的一致性，这是因为并非所有的贴现债券价格都是由内生决定的。

4. 评价和结论

LS 提出的双因子模型，克服了单因子模型的缺陷，即所有到期限期的债券瞬时收益率都完全相关。模型也推导出了随机波动率情况下期权定价方程的显式解，能实现这一点的模型并不多见。

此外，我们知道单因子模型的一个缺陷是对利率期限结构可能出现的形状有所限制。目前讨论的模型的优点是贴现债券价格是瞬时利率及其波动率两个变量的函数，这使得对利率期限结构形状的描述有了更多的自由度。$P_r(r, V, \tau)$ 的符号不确定，因此瞬时利率的变化在不同时期对期限结构的影响方向是不确定的。当 r 保持不变时，瞬时利率的波动率 V 也可能会变化。V 的变化会引起期限结构的斜率和波动率，从而改变利率期限结构的形状，并且对不同到期期限的利率的影响力度也是不相同的。实际上，通过控制状态变量 r 和 V 的参数，就可以得到复杂的期限结构形状。

不过，这种灵活的函数形式使得模型的校正较为困难。而且，虽然函数形式可以拟合市场上几乎所有观测到的利率期限结构，但并不保证这种利率期限结构的动态变化有意义。同时，增加因子也不可避免的增加了模型的复杂性，比如，对简单的欧式期权的定价都需要利用二元非中心的卡方分布。

5.5　市场模型

从纯粹理论角度来看，以 CIR 为代表的一般均衡利率模型非常完美——经济意义明确，还能得到解析解。但是，由于期限结构和债券价格是模型内生决定的，它们往往不能准确拟合初始收益率曲线。对债券交易员来说，这是个致命缺陷。精确拟合的收益率曲线对交易员具有极其重要的意义，以此为基础，他们才可能发现各种以该债券为标的的衍生品价格之间的关系，进而调整投资组合以进行获利或者规避风险的操作。

针对一般均衡模型在实际应用中所碰到的困难,有学者继承了传统无套利模型的研究思路,开创了期限结构理论研究的"实用主义"新方向,即 HL 模型(Ho & Lee, 1986)。与一般均衡模型相反,HL 模型假设初始收益率曲线外生给定(即某一时刻在市场上观察到的收益率曲线),在此基础上讨论收益率曲线的运动结构。而且,他们放宽原来一般均衡模型(包括传统无套利模型)中漂移率不变的假设,认为参数是依时间变化或者说是时变的(time-dependent),从外生给定的初始收益率曲线出发,根据无套利约束来选择各期的漂移率参数以精确拟合当前的收益率曲线,所得到的当前收益率曲线也就自然地包含了初始收益率曲线中隐含的所有信息。

不过,HL 模型也存在一些局限性,例如它假定所有即期与远期利率都具有相同的波动率,而且也没有考虑利率运动的均值回复特性,但它确实提供了一个新的研究思路——模型参数随时间而变化。沿袭这一思路,可以证明收益率曲线的不同部分可以具有不同的方差结构,即利率的瞬时方差率随时间而变化(Black, Derman & Toy, 1990)。这一扩展对与利率波动相关的期权的定价分析具有非常重要的意义。采用类似的方法也可以扩展 Vasicek 模型(Hull & White, 1990, 1993),考虑利率运动的均值回复特性,而且均值回复参数也是时变的①。表 5-2 总结了这些模型的主要特征。

表 5-2　几种模型的主要特征

模　　型	$\mu(r, t)$或者$\mu(y, t)$	$\sigma(r, t)$或者$\sigma(y, t)$
Ho&Lee(1986)	$F_t(0, t)+\sigma^2 t$	σ
Hull&White(1990)	$F_t(0, t)+aF(0, t)+[\sigma^2/2a](1-e^{-2at})-ar$	σ
Black, Derman&Toy(1990)	$\theta(t)+[\sigma'(t)/\sigma'(t)]y$	$\sigma(t)$
Black&Karasinski(1991)	$\theta(t)+a(t)y$	$\sigma(t)$

注:其中, $dr=\mu(r, t)dt+\sigma(r, t)dW_t$ 或者 $dy=\mu(y, t)dt+\sigma(y, t)dW_t$, $y=\ln(r)$。

更为重大的突破是将 HL 模型一般化,推广到连续时间分析框架中(Heath, Jarrow & Morton, 1992)。以往包括无套利和一般均衡在内的利率期限结构模型都是以某些具体的经济变量为状态变量,进而构造出债券收益率与时间和状态变量之间的函数关系。HJM 模型的新颖之处在于它直接从远期利率期限结构的跨期波动特征入手,直接设定债券和相关衍生品在有效期限内的波动率函数结构,以整条收益率曲线作为状态变量,根据给定的初始远期利率曲线精确拟合出当前的各种远期利率曲线。远期利率中隐含着市场对未来的预期,因而 HJM 模型中的债券价格和衍生品价值的决定不依赖于过去的变量,而是依赖于市场对未来的预期和利率随机波动在未来的实现过程,这一建模视角对经济学家们尤其具有吸引力。在随后的进展中,有学者基于 HJM 框架,尝试直接对离散的复合远期利率建模,使用一个对数正态结构但仍保持无套利均衡(Brace, Gatarek & Musiela, 1997)。在 HJM 中,一个唯一的即期无套利测度适用于全部远期利率,而 BGM 则为每一个远期利率,指定一个由相应远期利率到期时间定义的远期无套利测度。

以上提到的关键模型也就是本节的主要学习内容。须注意,我们并没有按照模型开发

① 这两个模型也是基于即期利率的单因素的非时齐性模型。

的时间先后安排本节的内容，而是根据模型的继承关系和内在联系来安排相应材料。因此，先讨论的是 HW 模型，因为它是 Vasicek 模型和 CIR 模型的直接扩展，接下来是 BDT 模型（包括 BK 模型），然后是 HL－HJM－BGK 这一族模型。此外，由于是市场模型，都会涉及应用方面——必不可少的拟合市场曲线（或者变量）的步骤，为了保持讨论的连贯性，这部分内容均放到了相关的知识框架中。

5.5.1 赫尔-怀特（Hull-White）模型

以 Vasicek 和 CIR 为代表的一般均衡模型，均先确定即期利率的运动形式，然后再由模型内生决定利率期限结构（包括其初始值）和债券价格。但是，由于它们都使用了无法直接可观测到的参数，因此事实上无法准确拟合初始收益率曲线。其实，我们可以从观察到的利率期限结构和波动率中推导出适合描述即期利率进化运动的随机过程形式，因此 Vasicek 和 CIR 模型完全可以通过适当扩展，使之与当前的期限结构以及即期（或远期）利率的波动率相一致，这就是 Hull-White 模型（以下简称 HW 模型）试图解决的问题。HW 模型可以视为绝大多数单因素模型的一般化形式。它有以下特点：利率过程是均值回复的；由于即期利率服从正态分布，所以即期利率出现负数的概率为正；风险的市场价格为 $\lambda(r,\ t)=\lambda r^{\nu}$；模型中即期利率可以采取的未来波动率形式是任意的。

本节这样安排对 HW 模型的讨论内容：首先是它的一般分析框架的设定，其次讨论由此框架扩展的 Vasicek 模型以及相关衍生品定价问题，再次则对经历了类似扩展的 CIR 模型进行平行分析，最后做评价和小结。

1. 模型设定

Vasicek 模型和 CIR 模型可以视为以下一般均值回复模型的特殊形式（当 $\beta=0$ 时就是 Vasicek 模型，$\beta=1/2$ 时则是 CIR 模型）：

$$\mathrm{d}r=a(b-r)\mathrm{d}t+\sigma(t)r^{\beta}\mathrm{d}W \tag{5-304}$$

既然市场对利率运动的预期是随时间变化的，那么公式中的漂移率和波动率就应当定义为时间的函数：

$$\mathrm{d}r=[\theta(t)+a(t)(b-r)]\mathrm{d}t+\sigma(t)r^{\beta}\mathrm{d}W \tag{5-305}$$

其中，$\theta(t)$ 是加于利率过程上的漂移率，否则利率会向它常数水平 b 回复。重写式(5-305)为以下形式：

$$\mathrm{d}r=a(t)\left[\left(\frac{\theta(t)}{a(t)}+b\right)-r\right]\mathrm{d}t+\sigma(t)r^{\beta}\mathrm{d}W \tag{5-306}$$

它给出了一个回复速度是时间的函数的均值回复模型。HW 模型就假设了风险市场价格的特定形式，并且把 Vasicek 和 CIR 模型中的上述利率过程拟合到了当前的利率期限结构和即期（或远期）利率的波动率上。

2. 扩展的 Vasicek 模型以及衍生品定价

HW 把 Vasicek 模型扩展为以下形式（$\beta=0$）：

$$\mathrm{d}r=[\theta(t)+a(t)(b-r)]\mathrm{d}t+\sigma(t)\mathrm{d}W \tag{5-307}$$

假定风险的市场价格具有函数形式 $\lambda(t)$，并且是有界的。使用伊藤定理，就可以得到

任意利率衍生产品 q 的价格运动所必须满足的偏微分方程:

$$\begin{aligned}\frac{dq}{q}&=\left(\frac{q_t}{q}\left(\frac{\theta(t)+a(t)(b-r)}{q}\right)q_r+\frac{\sigma^2(t)q_{rr}}{2q}\right)dt+\frac{\sigma(t)q_r}{q}dW\\&=\mu(t)dt+s(t)dW\end{aligned}\tag{5-308}$$

风险的市场价格可以表示为:

$$\frac{\mu(t)-r}{s(t)}=\lambda(t)\tag{5-309}$$

因此:

$$\begin{aligned}&q_t+(\theta(t)+a(t)(b-r))q_r+\frac{1}{2}\sigma^2(t)q_{rr}-rq=\lambda(t)\sigma(t)q\\&\Rightarrow\\&q_t+(\phi(t)-a(t)r)q_r+\frac{1}{2}\sigma^2(t)q_{rr}-rq=0\end{aligned}\tag{5-310}$$

其中,$\phi(t)=a(t)b+\theta(t)-\lambda(t)\sigma(t)$。假定利率衍生品价格可以用以下特定形式表述:

$$q(r,t,T)=A(t,T)e^{-B(t,T)r}\tag{5-311}$$

边界条件为 $q(r,T,T)=1$。求出它的各种导数:

$$q_t=A_te^{-Br}-AB_tre^{-Br}$$

$$q_r=-ABe^{-Br}$$

$$q_{rr}=AB^2e^{-Br}$$

代入式(5-310)中,得到:

$$\begin{aligned}&A_te^{-Br}-AB_tre^{-Br}-AB[\phi(t)-a(t)r]e^{-Br}+\frac{1}{2}AB^2\sigma^2(t)e^{-Br}-Are^{-Br}=0\\&\Rightarrow\\&e^{-Br}[A_t-AB\phi(t)+\frac{1}{2}AB^2\sigma^2(t)]+Are^{-Br}[Ba(t)-B_t-1]=0\end{aligned}\tag{5-312}$$

如果要解式(5-312),必须联立以下方程组求解:

$$A_t-AB\phi(t)+\frac{1}{2}AB^2\sigma^2(t)=0,\quad \text{边界条件:}A(T,T)=1\tag{5-313}$$

$$B_a(t)-B_t-1=0,\quad \text{边界条件:}B(T,T)=0\tag{5-314}$$

如果 $\phi(t)$, $\sigma(t)$, $a(t)$ 是常数,解此方程组,就得到了 Vasicek 模型的结果:

$$A(t,T)=\exp\left[\frac{[B(t,T)-T+t](a\phi-\sigma^2/2)}{a^2}-\frac{\sigma^2B(t,T)^2}{4a}\right]\tag{5-315}$$

$$B(t,\ T)=\frac{1}{a}[1-e^{-a(T-t)}] \tag{5-316}$$

由于现在讨论的是扩展的时变模型，所以 $\sigma(t)$ 的选择必须可反映目前和未来即期利率的波动率。$A(0,\ T)$ 和 $B(0,\ T)$ 是同当前利率期限结构联系的系数，因此也是当前利率期限结构、当前即期（和远期）波动率期限结构以及 $\sigma(0)$（当前即期利率波动率）的函数。既然当前利率期限结构是可以观测到的，那么就可以确定 $A(0,\ T)$、$B(0,\ T)$ 和 $\sigma(t)$。再用 $A(0,\ T)$、$B(0,\ T)$ 和 $\sigma(t)$ 来表示 $A(t,\ T)$、$B(t,\ T)$、$\phi(t)$ 和 $a(t)$。首先，式(5-313)、式(5-314)对到期时间 T 微分，根据式(5-313)，就有：

$$A_{tT}-\phi(t)A_TB-\phi(t)AB_T+\frac{1}{2}\sigma^2(t)A_TB^2+\sigma^2(t)ABB_T=0 \tag{5-317}$$

还是根据式(5-313)，有：

$$\phi(t)=\frac{1}{2}\sigma^2(t)B+\frac{A_t}{AB} \tag{5-318}$$

因此：

$$A_{tT}-\left[\frac{1}{2}\sigma^2(t)B+\frac{A_t}{AB}\right](A_TB+AB_T)+\frac{1}{2}\sigma^2(t)A_TB^2+\sigma^2(t)ABB_T=0$$

$$A_{tT}-\frac{1}{2}\sigma^2(t)A_TB^2-\frac{1}{2}\sigma^2(t)ABB_T-\frac{A_tA_T}{A}-\frac{A_tB_T}{B}+\frac{1}{2}\sigma^2(t)A_TB^2+\sigma^2(t)ABB_T=0$$

$$\Rightarrow$$

$$ABA_{tT}-BA_tA_T-AA_tB_T+\frac{1}{2}\sigma^2(t)A^2B^2B_T=0$$

(5-319)

边界条件为 $A(T,\ T)=1$ 以及 $A(0,\ T)=\xi$，ξ 是某个已知量。类似地，式(5-314)对 T 微分，有：

$$B_{tT}-a(t)B_T=0$$

根据式(5-314)，就有：

$$a(t)=\frac{B_t}{B}+\frac{1}{B} \tag{5-320}$$

因此：

$$B_{tT}-\frac{B_tB_T}{B}-\frac{B_T}{B}=0$$

$$\Rightarrow \tag{5-321}$$

$$BB_{tT}-B_tB_T-B_T=0$$

边界条件为 $B(T,\ T)=0$，$B(0,\ T)=\eta$，η 是某个已知量。HW 解出式(5-319)和式(5-321)，得到：

$$B(t,\ T)=\frac{B(0,\ T)-B(0,\ t)}{\frac{\partial B(0,\ t)}{\partial t}} \tag{5-322}$$

$$\hat{A}(t, T)=\hat{A}(0, T)-\hat{A}(0, t)-B(t, T)\frac{\partial \hat{A}(0, t)}{\partial t}$$
$$-\frac{1}{2}\left[B(t, T)\frac{\partial B(0, t)}{\partial t}\right]^2\int_0^t\left[\frac{\sigma(\tau)}{\partial B(0, \tau)/\partial \tau}\right]^2 d\tau \tag{5-323}$$

其中，$\hat{A}(t, T)=\log A(t, T)$。这样我们就以初始利率期限结构的形式表示出了 $A(t, T)$和 $B(t, T)$。继续求解 $a(t)$和 $\phi(t)$。对式(5-322)微分，得到：

$$B_t=\frac{\left(-\left(\frac{\partial B(0, t)}{\partial t}\right)^2-[B(0, T)-B(0, t)]\frac{\partial^2 B(0, t)}{\partial t^2}\right)}{\left(\frac{\partial B(0, t)}{\partial t}\right)^2}$$
$$\Rightarrow \tag{5-324}$$
$$\frac{B_t}{B}=\frac{\left(-\left(\frac{\partial B(0, t)}{\partial t}\right)^2-[B(0, T)-B(0, t)]\frac{\partial^2 B(0, t)}{\partial t^2}\right)}{\left(\frac{\partial B(0, t)}{\partial t}[B(0, T)-B(0, t)]\right)}$$

再由式(5-320)就可解出 $a(t)$：

$$a(t)=-\frac{\frac{\partial B(0, t)}{\partial t}}{B(0, T)-B(0, t)}-\frac{\left(\frac{\partial^2 B(0, t)}{\partial t^2}\right)}{\left(\frac{\partial B(0, t)}{\partial t}\right)}+\frac{\frac{\partial B(0, t)}{\partial t}}{B(0, T)-B(0, t)}$$
$$=-\frac{\frac{\partial^2 B(0, t)}{\partial t^2}}{\frac{\partial B(0, t)}{\partial t}} \tag{5-325}$$

再对式(5-323)微分，有：

$$\hat{A}_t=-\frac{\partial \hat{A}(0, t)}{\partial t}-B_t\frac{\partial \hat{A}(0, t)}{\partial t}-B\frac{\partial^2 \hat{A}(0, t)}{\partial t^2}$$
$$-B\frac{\partial B(0, t)}{\partial t}\left[B_t\frac{\partial B(0, t)}{\partial t}+B\frac{\partial^2 B(0, t)}{\partial t^2}\right]\int_0^t\left[\frac{\sigma(\tau)}{\partial B(0, \tau)/\partial \tau}\right]^2 d\tau$$
$$-\frac{1}{2}\left[B\frac{\partial B(0, t)}{\partial t}\right]^2\left[\frac{\sigma(\tau)}{\partial B(0, \tau)/\partial \tau}\right]^2$$

既然 $\hat{A}(t, T)=\log A(t, T)$，就有：

$$A_t=\hat{A}_t\exp\hat{A}(t, T)=\hat{A}_t A$$

因此：

$$\frac{A_t}{AB}=\frac{\hat{A}_t}{B}=-\frac{\frac{\partial \hat{A}(0, t)}{\partial t}}{B}-\frac{B_t}{B}\frac{\partial \hat{A}(0, t)}{\partial t}-\frac{\partial^2 \hat{A}(0, t)}{\partial t^2}$$
$$-\frac{\partial B(0, t)}{\partial t}\left[B_t\frac{\partial B(0, t)}{\partial t}+\frac{\partial^2 B(0, t)}{\partial t^2}\right]\int_0^t\left[\frac{\sigma(\tau)}{\partial B(0, \tau)/\partial \tau}\right]^2 d\tau-\frac{1}{2}B\sigma^2(t)$$

代入式(5-318)，就可以把 $\phi(t)$ 表示成为初始利率期限结构的形式：

$$\phi(t)=-\frac{\frac{\partial \hat{A}(0,t)}{\partial t}}{B}-\frac{B_t}{B}\frac{\partial \hat{A}(0,t)}{\partial t}-\frac{\partial^2 \hat{A}(0,t)}{\partial t^2}$$
$$-B_t\left(\frac{\partial B(0,t)}{\partial t}\right)^2\int_0^t\left[\frac{\sigma(\tau)}{\partial B(0,\tau)/\partial\tau}\right]^2 d\tau$$
$$-B\frac{\partial B(0,t)}{\partial t}\frac{\partial^2 B(0,t)}{\partial t^2}\int_0^t\left[\frac{\sigma(\tau)}{\partial B(0,\tau)/\partial\tau}\right]^2 d\tau$$

同样根据式(5-314)和式(5-325)，就有：

$$\frac{B_t}{B}=a(t)-\frac{1}{B}$$

以及

$$B_t\left(\frac{\partial B(0,t)}{\partial t}\right)^2=-B\frac{\partial B(0,t)}{\partial t}\frac{\partial^2 B(0,t)}{\partial t^2}-\left(\frac{\partial B(0,t)}{\partial t}\right)^2$$

因此：

$$\phi(t)=-\frac{\frac{\partial \hat{A}(0,t)}{\partial t}}{B}-a(t)\frac{\partial \hat{A}(0,t)}{\partial t}+\frac{\frac{\partial \hat{A}(0,t)}{\partial t}}{B}-\frac{\partial^2 \hat{A}(0,t)}{\partial t^2}$$
$$+B\frac{\partial B(0,t)}{\partial t}\frac{\partial^2 B(0,t)}{\partial t^2}\int_0^t\left[\frac{\sigma(\tau)}{\partial B(0,\tau)/\partial\tau}\right]^2 d\tau$$
$$+\left(\frac{\partial B(0,t)}{\partial t}\right)^2\int_0^t\left[\frac{\sigma(\tau)}{\partial B(0,\tau)/\partial\tau}\right]^2 d\tau-B\frac{\partial B(0,t)}{\partial t}\frac{\partial^2 B(0,t)^2}{\partial t^2}\int_0^t\left[\frac{\sigma(\tau)}{\partial B(0,\tau)/\partial\tau}\right]^2 d\tau$$
$$=-a(t)\frac{\partial \hat{A}(0,t)}{\partial t}-\frac{\partial^2 \hat{A}(0,t)}{\partial t^2}+\left(\frac{\partial B(0,t)}{\partial t}\right)^2\int_0^t\left[\frac{\sigma(\tau)}{\partial B(0,\tau)/\partial\tau}\right]^2 d\tau$$

这样，我们就用初始利率曲线确定了全部所需的模型参数。

那么，如何用这个模型来为产品定价呢？不妨令 $P(r,t,T)$ 为一个到期时间为 T 的贴现债券在 t 时刻的价格，可以把它看成是利率衍生产品，因此也可以表示为形如式(5-311)的函数形式：

$$P(r,t,T)=A(t,T)e^{-B(t,T)r} \tag{5-326}$$

根据伊藤定理，就有：

$$dP=\frac{\partial P}{\partial t}dt+\frac{\partial P}{\partial r}dr+\frac{1}{2}\frac{\partial^2 P}{\partial r^2}dr\,dr$$
$$=\frac{\partial P}{\partial t}dt-ABe^{-Br}[(\theta(t)+a(t)(b-r))dt+\sigma(t)d\mathcal{W}]+\frac{1}{2}AB^2e^{-Br}\sigma^2(t)dt$$
$$=P_t dt-BP[\theta(t)+a(t)(b-r)]dt-BP\sigma(t)d\mathcal{W}+\frac{1}{2}B^2P\sigma^2(t)dt$$

因此,该贴现债券的价格过程就由以下随机方程刻画:

$$dP=\left[P_t-BP[\theta(t)+a(t)(b-r)]+\frac{1}{2}B^2P\sigma^2(t)\right]dt-PB\sigma(t)d\mathcal{W} \tag{5-327}$$

$P(r, t, T)$的相对波动率是$B(t, T)\sigma(t)$。既然它独立于r,那么债券价格在任意时刻的条件分布(基于一个更早时间的债券价格)必定是对数正态分布的。

考虑一个执行价格为X、到期时间为T,基础资产(贴现债券)期限为s的欧式看涨债券期权。它的当前时刻t, $t\leqslant T\leqslant s$的价格为C。这个债券期权等价于一个以X单位的期限为T的贴现债券交换一单位期限为s的贴现债券的期权。定义$\alpha_1(\tau)$为τ时刻,期限为s的贴现债券的价格波动率;$\alpha_2(\tau)$为τ时刻,期限为T的贴现债券的价格波动率;$\rho(\tau)$为两种债券价格的瞬时相关系数。则该看涨期权的价格就是:

$$C=P(r, t, s)\mathcal{N}(h)-XP(r, t, T)\mathcal{N}(h-\sigma_{P_f(T, s)}) \tag{5-328}$$

其中:

$$h=\frac{\ln[P(r, t, s)/XP(r, t, T)]}{\sigma_{P_f(T, s)}}+\frac{1}{2}\sigma_{P_f(T, s)} \tag{5-329}$$

$$\sigma^2_{P_f(T, s)}=\int_t^T[\alpha_1(\tau)-\alpha_2(\tau)]^2d\tau=\int_t^T[\alpha_1^2(\tau)+\alpha_2^2(\tau)-2\rho(\tau)\alpha_1(\tau)\alpha_2(\tau)]d\tau \tag{5-330}$$

要注意的是,这里合适的波动率应该是远期债券价格的波动率(即T时刻的期限为s的贴现债券价格的波动率)。这个远期债券的价格可以表示为:

$$P_f(T, s)=P(r, t, s)/P(r, t, T)$$

使用伊藤定理来决定这个波动率:

$$\begin{aligned}
dP_f(T, s)=&\frac{\partial P_f(T, s)}{\partial t}dt+\frac{\partial P_f(T, s)}{\partial P(r, t, s)}dP(r, t, s)+\frac{\partial P_f(T, s)}{\partial P(r, t, T)}dP(r, t, T)\\
&+\frac{1}{2}\frac{\partial^2 P_f(T, s)}{\partial P(r, t, s)^2}dP(r, t, s)dP(r, t, s)\\
&+\frac{1}{2}\frac{\partial^2 P_f(T, s)}{\partial P(r, t, T)^2}dP(r, t, T)dP(r, t, T)\\
&+\frac{\partial^2 P_f(T, s)}{\partial P(r, t, s)\partial P(r, t, T)}dP(r, t, s)dP(r, t, T)\\
=&\frac{\partial P_f(T, s)}{\partial t}dt+\frac{1}{P(r, t, T)}(\mu P_{(r, t, s)}dt-P_{(r, t, s)}\alpha_1(t)d\mathcal{W})\\
&-\frac{P(r, t, s)}{P^2(r, t, T)}(\mu P_{(r, t, T)}dt-P_{(r, t, T)}\alpha_2(t)d\mathcal{W})\\
&+\frac{P(r, t, s)}{P^3(r, t, T)}P^2(r, t, T)\alpha_2^2(t)dt\\
&-\frac{1}{P^2(r, t, T)}P(r, t, T)P(r, t, s)\rho\alpha_1(t)\alpha_2(t)dt\\
=&\mu P_f(T, s)dt-P_f(T, s)[\alpha_1(t)-\alpha_2(t)]d\mathcal{W}
\end{aligned}$$

因此,这个远期债券价格的瞬时波动率就是：$\alpha_1(t)-\alpha_2(t)$，所以在期权的整个有效期内,远期债券价格波动率的平方就是式(5-330)。

要指出的是,单因素模型的特征之一就是——所有期限的债券价格的瞬时收益完全相关。因此 $\rho(\tau)=1, \forall \tau$。再根据债券价格运动的一般形式,即式(5-327),可以把两个债券的波动率写成：

$$\begin{aligned}\alpha_1(\tau)&=\sigma(\tau)B(\tau, s)\\ \alpha_2(\tau)&=\sigma(\tau)B(\tau, T)\end{aligned} \tag{5-331}$$

给定以上波动率的函数形式,可以计算出来期权定价所需要的(时间依存)波动率参数：

$$\begin{aligned}\sigma^2_{P_f(T,s)}&=\int_t^T[\sigma^2(\tau)B^2(\tau, s)+\sigma^2(\tau)B^2(\tau, T)-2\sigma^2(\tau)B(\tau, s)B(\tau, T)]\mathrm{d}\tau\\ &=\int_t^T\sigma^2(\tau)[B(\tau, s)-B(\tau, T)]^2\mathrm{d}\tau\end{aligned}$$

根据式(5-322),有：

$$B(t, T)=\frac{B(0, T)-B(0, t)}{\partial B(0, t)/\partial t}$$

因此：

$$\begin{aligned}\sigma^2_{P_f(T,s)}&=\int_t^T\sigma^2(\tau)\left[\frac{B(0, s)-B(0, \tau)}{\partial B(0, \tau)/\partial \tau}-\frac{B(0, T)-B(0, \tau)}{\partial B(0, \tau)/\partial \tau}\right]^2\mathrm{d}\tau\\ &=[B(0, s)-B(0, T)]^2\int_t^T\left[\frac{\sigma(\tau)}{\partial B(0, \tau)/\partial \tau}\right]^2\mathrm{d}\tau\end{aligned} \tag{5-332}$$

式(5-328)、式(5-329)和式(5-332)给出了欧式看涨债券期权的价格的解析解。相应的看跌期权的价格可以通过期权平价公式来获得。

如果允许回复速度和即期利率波动率为常数(即 $a(t)\equiv a$，$\sigma(t)\equiv\sigma$)，就有：

$$B(t, T)=\frac{1-\mathrm{e}^{-a(T-t)}}{a} \tag{5-333}$$

根据式(5-323)(令积分中的 $\sigma(t)\equiv\sigma$),可以得到相应 $A(t, T)$ 函数。使用式(5-322)和式(5-333),就有：

$$\begin{aligned}\ln A(t, T)&=\ln A(0, T)-\ln A(0, t)-B(t, T)\frac{\partial \ln A(0, t)}{\partial t}\\ &\quad-\frac{1}{2}\left[B(t, T)\frac{\partial B(0, t)}{\partial t}\right]^2\int_0^t\left[\frac{\sigma}{\partial B(0, \tau)/\partial \tau}\right]^2\mathrm{d}\tau\\ &=\ln\frac{A(0, T)}{A(0, t)}-B(t, T)\frac{\partial \ln A(0, t)}{\partial t}\\ &\quad-\frac{\sigma^2}{2}[B(0, T-B(0, t)]^2\int_0^t\left[\frac{B(\tau, T)}{B(0, T)-B(0, \tau)}\right]^2\mathrm{d}\tau\\ &=\ln\frac{A(0, T)}{A(0, t)}-B(t, T)\frac{\partial \ln A(0, t)}{\partial t}-\frac{\sigma^2}{2a^2}(\mathrm{e}^{-at}-\mathrm{e}^{-aT})^2\int_0^t\mathrm{e}^{2a\tau}\mathrm{d}\tau\end{aligned}$$

$$=\ln\frac{A(0,\ T)}{A(0,\ t)}-B(t,\ T)\frac{\partial\ln A(0,\ t)}{\partial t}-\frac{\sigma^2}{4a^3}(\mathrm{e}^{-at}-\mathrm{e}^{-aT})^2(\mathrm{e}^{2at}-1) \tag{5-334}$$

现在计算期权定价所需波动率,根据式(5-333)就有:

$$B(\tau,\ s)=\frac{1-\mathrm{e}^{-a(s-\tau)}}{a}$$
$$B(\tau,\ T)=\frac{1-\mathrm{e}^{-a(T-\tau)}}{a} \tag{5-335}$$

因此:

$$\alpha_1(\tau)=\sigma B(\tau,\ s)=\frac{\sigma(1-\mathrm{e}^{-a(s-\tau)})}{a}$$
$$\alpha_2(\tau)=\sigma B(\tau,\ T)=\frac{\sigma(1-\mathrm{e}^{-a(T-\tau)})}{a} \tag{5-336}$$

代入式(5-330),适当的波动率就是①:

$$\begin{aligned}\sigma^2_{P_f(T,\ s)}&=\int_t^T\left[\frac{\sigma^2\ (1-\mathrm{e}^{-a(s-\tau)})^2}{a^2}+\frac{\sigma^2\ (1-\mathrm{e}^{-a(T-\tau)})^2}{a^2}-\frac{2\sigma^2(1-\mathrm{e}^{-a(s-\tau)})(1-\mathrm{e}^{-a(T-\tau)})}{a^2}\right]\mathrm{d}\tau\\&=\frac{\sigma^2}{a^2}\int_t^T[\mathrm{e}^{-2a(s-\tau)})+\mathrm{e}^{-2a(T-\tau)}-2\mathrm{e}^{-a(s+T-2\tau)}]\mathrm{d}\tau\\&=\frac{\sigma^2}{a^2}\left[\frac{1}{2a}\mathrm{e}^{-2a(s-\tau)}+\frac{1}{2a}\mathrm{e}^{-2a(T-\tau)}-\frac{1}{a}\mathrm{e}^{-a(s+T-2\tau)}\right]_{\tau=t}^{\tau=T}\\&=\frac{\sigma^2}{2a^3}[1+\mathrm{e}^{-2a(s-T)}-2\mathrm{e}^{-a(s-T)}][1-\mathrm{e}^{-2a(T-t)}]\\&=\frac{\sigma^2}{2a^3}[1-\mathrm{e}^{-a(s-T)}][1-\mathrm{e}^{-2a(T-t)}]\end{aligned}$$

因此:

$$\sigma_{P_f(T,\ s)}=\frac{\nu(t,\ T)}{a}(1-\mathrm{e}^{-a(s-T)}) \tag{5-337}$$

其中:

$$\nu\ (t,\ T)^2=\frac{\sigma^2}{2a}(1-\mathrm{e}^{-2a(T-t)})$$

3. 扩展的 CIR 模型

现在对比来看看 CIR 的情形。令式(5-305)中的 $\beta=1/2$ 就得到了 HW 扩展下的 CIR 模型:

$$\mathrm{d}r=[\theta(t)+a(t)(b-r)]\mathrm{d}t+\sigma(t)\sqrt{r}\,\mathrm{d}W \tag{5-338}$$

① 或者把合适的 $B(0,\ .)$ 代入式(5-332),也可以得到同样的结果。

假设风险市场价格采用 $\lambda(t)\sqrt{r}$ 的函数形式，其中 $\lambda(t)$ 是某个有界函数。这时，根据伊藤定理，相应的零息票债券的价格过程是：

$$\begin{aligned} \mathrm{d}P &= \frac{\partial P}{\partial t}\mathrm{d}t + \frac{\partial P}{\partial r}\mathrm{d}r + \frac{1}{2}\frac{\partial^2 P}{\partial r^2}\mathrm{d}r\,\mathrm{d}r \\ &= P_t\mathrm{d}t + P_r\Big([\theta(t) + a(t)(b - r)]\mathrm{d}t + \sigma(t)\sqrt{r}\,\mathrm{d}W\Big) + \frac{1}{2}\sigma^2(t)rP_{rr}\mathrm{d}t \\ &= \mu(t)\mathrm{d}t + s(t)\mathrm{d}W \end{aligned} \tag{5-339}$$

其中，$\mu(.)$，$s(.)$ 是相应的漂移率和波动率，定义如下：

$$\mu(t) = P_t + P_r[a(t)b + \theta(t) - a(t)r] + \frac{1}{2}\sigma^2(t)rP_{rr} \tag{5-340}$$

$$s(t) = \sigma(t)\sqrt{r}P_r$$

令 $m(t) = \lambda(t)\sqrt{r}$ 为风险市场价格，有：

$$\mu(t) - rP = m(t)s(t)$$

因此：

$$\begin{aligned} &P_t + P_r[a(t)b + \theta(t) - a(t)r] + \frac{1}{2}\sigma^2(t)rP_{rr} - rP = \lambda(t)\sqrt{r}\sigma(t)\sqrt{r}P_r \\ &\Rightarrow \\ &P_t + P_r[a(t)b + \theta(t) - a(t)r - \lambda(t)\sigma(t)r] + \frac{1}{2}\sigma^2(t)rP_{rr} - rP = 0 \end{aligned} \tag{5-341}$$

令：

$$\begin{aligned} \phi(t) &= a(t)b + \theta(t) \\ \Psi(t) &= a(t) + \lambda(t)\sigma(t) \end{aligned} \tag{5-342}$$

则式(5-341)可以表示为：

$$P_t + P_r[\phi(t) - \Psi(t)r] + \frac{1}{2}\sigma^2(t)rP_{rr} - rP = 0 \tag{5-343}$$

零息票债券价格依然假定采用式(5-326)的函数形式，则式(5-343)变为：

$$\begin{aligned} &A_t\mathrm{e}^{-Br} - AB_tr\mathrm{e}^{-Br} - AB\mathrm{e}^{-Br}[\phi(t) - \Psi(t)r] + \frac{1}{2}AB^2\mathrm{e}^{-Br}\sigma^2(t)r - Ar\mathrm{e}^{-Br} = 0 \\ &\Rightarrow \\ &A_t - AB\phi(t) + A\left[-B_t + B\Psi(t) + \frac{1}{2}B^2\sigma^2(t) - 1\right]r = 0 \end{aligned}$$

为了求解这个偏微分方程，须解以下微分方程组：

$$A_t - AB\phi(t) = 0, \qquad \text{边界条件}: A(T, T) = 1 \tag{5-344}$$

$$B_t - B\Psi(t) - \frac{1}{2}B^2\sigma^2(t) + 1 = 0, \text{边界条件}: B(T, T) = 0 \tag{5-345}$$

当在 $\phi(t)$，$\Psi(t)$，$\sigma(t)$ 均为常数的特例下，可以求解式(5-344)、式(5-345)得到 CIR 原始文献中的 $A(t, T)$ 和 $B(t, T)$ 的解析公式：

$$\begin{aligned} B(t, T) &= \frac{2(e^{\gamma(T-t)} - 1)}{(\gamma + \Psi)(e^{\gamma(T-t)} - 1) + 2\gamma} \\ A(t, T) &= \left[\frac{2\gamma e^{(\gamma+\Psi)(T-t)/2}}{(\gamma + \Psi)(e^{\gamma(T-t)} - 1) + 2\gamma}\right]^{2\phi/\sigma^2} \end{aligned} \tag{5-346}$$

其中，$\gamma = \sqrt{\Psi^2 + 2\sigma^2}$。在 HW 的扩展模型中，$\sigma(t)$ 的选择必须可以反映出观测到的当前和未来即期利率的波动率。类似前文对 Vasicek 模型的分析，我们想要用当前即期利率波动率 $\sigma(0)$、当前的利率期限结构以及当前的波动率期限结构来决定 $A(0, T)$ 和 $B(0, T)$。利用这些初始条件连同已经确认的那些边界条件就可以解出式(5-344)和式(5-345)。

首先，式(5-345)对到期时间 T 微分，再乘上 B 就有：

$$BB_{tT} - BB_T\Psi(t) - B^2B_T\sigma^2(t) = 0 \tag{5-347}$$

用 B_T 乘上式(5-345)，再减去式(5-347)，得到：

$$B_tB_T - BB_{tT} + \frac{1}{2}B^2B_T\sigma^2(t) + B_T = 0 \tag{5-348}$$

这个方程不能用解析的方式求解，而得使用有限差分等数值方法来计算 $B(t, T)$。$\sigma(t)$ 是从可观测到的市场当前(未来)即期利率波动率结构中获得的已知函数。所以，一旦知道了 $B(t, T)$，就可以用式(5-345)来得到 $\Psi(t)$。接下来要解 $A(t, T)$，根据式(5-344)有：

$$\begin{aligned} &\frac{\partial A}{\partial t} = AB\phi(t) \\ &\Rightarrow \\ &\frac{dA}{A} = d\ln A(t, T) = B(t, T)\phi(t)dt \end{aligned} \tag{5-349}$$

两边同时积分：

$$\begin{aligned} &\int_0^t d\ln A(s, T) = \int_0^t B(s, T)\phi(s)ds \\ &\ln A(t, T) - \ln A(0, T) = \ln\frac{A(t, T)}{A(0, T)} = \int_0^t B(s, T)\phi(s)ds \\ &\Rightarrow \\ &A(t, T) = A(0, T)\exp\left[\int_0^t B(s, T)\phi(s)ds\right] \end{aligned} \tag{5-350}$$

为了完整得到 $A(t, T)$，就必须知道 $\phi(.)$。既然 $A(T, T)=1$，$A(0, T)$ 又已知，计算 $t = T$ 时刻的式(5-349)：

$$1 = A(0,\ T)\exp\left[\int_0^T B(s,\ T)\phi(s)\mathrm{d}s\right]$$
$$\Rightarrow \tag{5-351}$$
$$-\ln A(0,\ T) = \int_0^T B(s,\ T)\phi(s)\mathrm{d}s$$

上式可以叠代求解 $\phi(.)$，在 $(0,\ t)$ 的整个区间上的每一点都要计算 $\phi(.)$，再采用数值技术来计算式(5-350)中的积分。

4. 评价和结论

我们知道，利率模型的均值回复特性对于利率上限和互换期权的定价十分重要。在单因素模型分析中为了获得即期利率的均值回归特性，通常有两种做法：一是要求随机部分具备时间衰减特性(如下面将分析的 BDT 模型和 HL 模型)；另一种做法是在确定性部分中加入均值回复项(如 CIR 模型和 Vasicek 模型)。这两种做法的区别如下：假定在初始时刻 0，两种模型的初始分布是相同的。在一段时间 τ 以后，第二种方法可以从 τ 时刻开始完全复制 0 时刻 r 的分布，而第一种衰减法则不然，从 τ 时刻起每单位时间内的方差会明显小于从 0 时刻起每单位时间内的方差，这意味着即期利率过程在很远期以后实质上已经从一个随机过程变成一个确定性过程了，即长期利率比即期利率更容易预测。显然，这种模型不能应用于较长时限的期权产品定价。当然，第二种方法也不是毫无瑕疵，它最大的问题在于不能生成任意形状的市场收益率曲线，而只有能够生成任意形状的收益率曲线的模型才能够拟合 $t = 0$ 时刻的初始期限结构，因此，它在实务中的应用受到限制。HW 模型最大的贡献就在于同时解决了这两个问题。它克服了 CIR 和 Vasicek 模型的主要缺陷，将它们扩展为一个参数时变，因而是可拟合的模型，它可以同任意初始收益率曲线相匹配。

此外，HW 扩展的 Vasicek 模型通常使用常数的绝对波动率和回复速度参数。但是，在某些利率曲线情况下，如上升的利率期限结构和下降的波动率期限结构，这个版本的模型就不能较好地符合观测到的利率上限价格。另一方面，要是采用时间依赖的绝对波动率和回复速度参数就会导致不适当的未来即期利率波动率的行为。如果这些缺陷可以通过模型拟合过程来识别和解决，那么扩展的 Vasicek 模型就会具有更大的价值，因为它能够提供贴现债券和贴现债券期权的解析解。

“理论与实践相结合”5-6　HW 模型拟和市场参数

为了可以把 HW 模型实际用于衍生品定价，就必须使用历史数据来估计函数 $A(0,\ T)$ 和 $B(0,\ T)$，以确定它们与初始利率期限结构和波动率之间的关系。先来看 $B(0,\ T)$ 与当前利率期限结构和波动率之间的关系①。面值为 1，期限为 T 的贴现债券的 t 时刻价格是：

① 注意这里的波动率是指利率的比例变化而不是绝对值的变化。

$$P(r,\ t,\ T)=\exp[-R(r,\ t,\ T)(T-t)]$$
$$\Rightarrow$$
$$R(r,\ t,\ T)=-\frac{1}{T-t}\ln P(r,\ t,\ T)$$

其中,$R(r, t, T)$ 代表 t 时刻 (t, T) 时期的连续复合利率。假定债券价格仍然采用以下形式:

$$P(r,\ t,\ T)=A(t,\ T)e^{-B(t,\ T)r(t)}$$

就有:

$$\ln P(r,\ t,\ T)=\ln A(t,\ T)+\ln e^{-B(t,\ T)r}=\ln A(t,\ T)-B(t,\ T)r(t)$$

所以:

$$R(r,\ t,\ T)=-\frac{1}{T-t}[\ln A(t,\ T)-B(t,\ T)r(t)]$$
$$\Rightarrow \tag{5-352}$$
$$\frac{\partial R(r,\ t,\ T)}{\partial r}=\frac{B(t,\ T)}{T-t}$$

使用伊藤定理决定 $R(r, t, T)$ 遵循的随机过程为①:

$$\begin{aligned}dR&=\frac{\partial R}{\partial t}dt+\frac{\partial R}{\partial r}dr+\frac{1}{2}\frac{\partial^2 R}{\partial r^2}dr\,dr\\&=\left(\frac{\partial R}{\partial t}+\frac{\partial R}{\partial r}a+\frac{1}{2}\frac{\partial^2 R}{\partial r^2}r^2\sigma_r^2(r,\ t)\right)dt+\frac{\partial R}{\partial r}r\sigma_r(r,\ t)dW\end{aligned}$$

因此:

$$R(r,\ t,\ T)\sigma_R(r,\ t,\ T)=r\sigma_r(r,\ t)\frac{\partial R(r,\ t,\ T)}{\partial r} \tag{5-353}$$

其中,$\sigma_R(r, t, T)$ 是 $R(r, t, T)$ 的波动率,根据式(5-352)和式(5-353)有:

$$B(t,\ T)=\frac{R(r,\ t,\ T)\sigma_R(r,\ t,\ T)(T-t)}{r\sigma_r(r,\ t)} \tag{5-354}$$

这个等式就显示了 $B(t, T)$ 同瞬时即期利率、即期利率期限结构、瞬时波动率、以及波动率期限结构之间的关系。因此,给定当前即期利率波动率期限结构,式(5-354)可以用来决定任意期限的 $B(0, T)$。换种角度,不妨考虑即期利率和远期利率之间的关系,定义 $f(r, t, T_1, T_2)$ 为 t 时刻 (T_1, T_2) 时期的远期利率,当然有:

① 注意这里瞬时即期利率 r 过程是:$dr=a\,dt+r\sigma_r(r,\ t)dW$,$\sigma_r(r,\ t)$ 是 r 的波动率(相对变化的标准差)。

$$\exp[R(r, t, T_1)(T_1-t)]\exp[f(r, t, T_1, T_2)(T_2-T_1)]=\exp[R(r, t, T_2)(T_2-t)]$$

$$\Rightarrow$$

$$f(r, t, T_1, T_2)=\frac{R(r, t, T_2)(T_2-t)-R(r, t, T_1)(T_1-t)}{T_2-T_1} \tag{5-355}$$

再次使用伊藤定理，就可以决定远期利率的波动率：

$$\begin{aligned} \mathrm{d}f &= \frac{\partial f}{\partial t}\mathrm{d}t+\frac{\partial f}{\partial r}\mathrm{d}r+\frac{1}{2}\frac{\partial^2 f}{\partial r^2}\mathrm{d}r\,\mathrm{d}r \\ &= \left(\frac{\partial f}{\partial t}+\frac{\partial f}{\partial r}a+\frac{1}{2}\frac{\partial^2 f}{\partial r^2}r^2\sigma_r^2(r, t)\right)\mathrm{d}t+\frac{\partial f}{\partial r}r\sigma_r(r, t)\mathrm{d}W \end{aligned}$$

因此，$f(r, t, T_1, T_2)$ 的标准差就是：

$$f(r, t, T_1, T_2)\sigma_f(r, t, T_1, T_2)=r\sigma_r(r, t)\frac{\partial f(r, t, T_1, T_2)}{\partial r} \tag{5-356}$$

由于 $f(r, t, T_1, T_2)$ 是 $R(r, t, T_1)\equiv R_1$ 和 $R(r, t, T_2)\equiv R_2$ 的函数，因此它也是 r 的函数，所以：

$$\frac{\partial f}{\partial r}=\frac{\partial f}{\partial R_1}\frac{\partial R_1}{\partial r}+\frac{\partial f}{\partial R_2}\frac{\partial R_2}{\partial r}$$

根据式(5-352)和式(5-355)，有：

$$\frac{\partial f}{\partial r}=-\frac{T_1-t}{T_2-T_1}\frac{B(r, T_1)}{T_1-t}+\frac{T_2-t}{T_2-T_1}\frac{B(r, T_2)}{T_2-t}=\frac{B(r, T_2)-B(r, T_1)}{T_2-T_1}$$

代入式(5-356)，得到：

$$f(r, t, T_1, T_2)\sigma_f(r, t, T_1, T_2)=r\sigma_r(r, t)\frac{B(r, T_2)-B(r, T_1)}{T_2-T_1}$$

$$\Rightarrow$$

$$B(r, T_2)-B(r, T_1)=\frac{f(r, t, T_1, T_2)\sigma_f(r, t, T_1, T_2)}{r\sigma_r(r, t)}(T_2-T_1) \tag{5-357}$$

上式就给出了 $B(t, T_1)$ 和 $B(t, T_2)$ 之间，以及它们同瞬时即期利率、远期利率期限结构、瞬时波动率、远期利率波动率期限结构之间的关系。所以，式(5-354)和式(5-357)其实代表了获得全部期限的 $B(0, T)$ 的两种方式——或者作为当前即期利率波动率期限结构的函数，或者作为当前远期利率波动率期限结构的函数。

再来看 $A(0, T)$ 与当前利率期限结构之间的关系。已知当前利率期限结构就等价于知道所有期限的零息票债券的当前价格 $P(r, 0, T)$。来估计 $t=0$ 时刻的债券价格式(5-326)：

$$P(r,\ 0,\ T)=A(0,\ T)\mathrm{e}^{-B(0,\ T)r(0)}$$
$$\Rightarrow$$
$$A(0,\ T)=P(r,\ 0,\ T)\mathrm{e}^{B(0,\ T)r(0)}$$

因此,已知 $B(0, T)$ 就可以从上面的关系式中决定任意期限的 $A(0, T)$。也可以换个思路,既然能够得到 Vasicek 模型中欧式期权的解析解,那么历史的利率期限结构数据和期权价格数据就可以用来根据式(5-328)和式(5-332)推断 $A(0, T)$ 和 $B(0, T)$ 的值①。

5.5.2 布莱克-德曼-托伊(Black-Derman-Toy)和布莱克-卡拉辛斯基(Black-Karasinski)模型

尽管 HW 模型改进并概括了许多模型,但其仍有负利率出现的缺陷而驱使许多研究者提出了对数正态模型。布莱克-德曼-托伊模型(以下简称 BDT 模型)假设即期利率服从对数正态分布的,该假设一方面避免了负利率的出现,另一方面允许波动率结构采用百分比波动率的形式,这同市场的报价惯例是一致的,并且使拟合利率上限的价格更加容易。因此,BDT 模型可以简洁地实现同时拟合收益率曲线和利率上限(或互换期权)的波动率的任务。

BDT 最初在离散时间框架下采用二项树方法为即期利率建模②。他们使用当前的利率期限结构和相应的波动率构建二项树来刻画未来即期利率的可能进化路线。由于利率类产品总能够用它在到期时刻的支付形态来刻画,那就可以利用构建出的利率(二项)树,通过迭代的方法回溯、逆推以决定该产品的当前价格。

本节就主要介绍 BDT 建模技术:先描述离散时间下的原始 BDT 模型以及相联系的定价技术来获得直觉,接下来重点讨论它的连续时间版本,然后得出评价和初步结论,最后针对 BDT 模型的一个明显缺陷,我们提供 BK 模型对它做些改进。

1. 原始离散 BDT 模型和定价原理

(1) 同前面讨论过的大多数模型一样,假设有不存在税收和交易成本的完善市场。

(2) 由于时间是离散的,基础变量——即期利率就定义为年化的单期利率,模型的输入量是一族不同期限的长期利率和它们的波动率。我们使用这些输入量来模拟实现未来即期利率的均值水平和波动率,当输入的收益率和波动率水平发生变化,未来即期利率的均值和波动率也相应发生变化。未来波动率的变化也会对均值回复程度产生影响。

(3) 所有零息票债券的收益率的变化是完全相关的。

(4) 预期的单期收益率对所有证券均相同。

(5) 即期利率服从正态对数分布。

在此框架下,如何为衍生产品定价呢?定价的前提当然是所有节点的即期利率都必须事先确定,这些由二项树模型产生的利率期限结构可以准确地匹配观察到的当前市场上的

① 实际上,如果想要一个模型较好的模拟期限结构运动过程,那么参数 $A(t, T)$和 $B(t, T)$最好是平稳的。换句话说,一个模型在一个时刻是良好的,在其他时刻应该也是良好的。不幸的是,扩展 Vasicek 模型不符合这个原则,但由于这里的目标是为市面上的大多数利率衍生品正确定价,根据简单产品初始拟和的模型也可以沿用到更为复杂的产品上去。

② 布莱克、德曼和托伊(1990)证明期限结构收益率曲线的不同部分可以具有不同的方差结构,即利率随机波动的瞬间方差率随时间而变化。

利率期限结构，这样普通的欧式利率衍生产品就可以定价了——在任意节点的价值就是未来一期价值（或者支付）的贴现值。因为二项树可以被拟合到可以观察到的市场无风险利率，所以就可以在一个风险中性的环境中（即这里的二项树的上升和下降的概率是相等的）为衍生产品定价。因此，未来一期的任意或有权益价格的数学期望为：

$$\frac{1}{2}(S_u + S_d)$$

用当前的单期利率 r 贴现：

$$S = \frac{\frac{1}{2}(S_u + S_d)}{1 + r}$$

这种方法原则上可以用来确定二项树上任意相邻结点上的价格，只要即期利率树可以延伸得足够远，不断使用以上公式也就可以为任意期限长度的衍生品来定价。

如果是为债券期权定价，就必须根据已知每一点的利率，来确定每一点上的债券价格，然后根据期权条款规定的到期日支付形态往回推溯[①]，那么它到期日之前的每个节点上的价值也就清楚了。

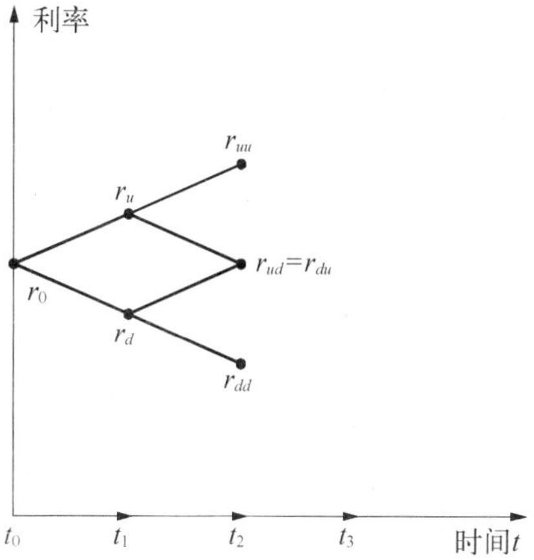

图 5-8　二项过程模拟即期利率过程

“理论与实践相结合”5-7　BDT 模型拟合技术

BDT 模型是一个实践型模型，因此，建模的关键步骤就是把二项树拟合到一个市场上真正观察到的利率期限结构中去。这里的拟合就是要在二项树的每个结点找到相应的单期收益率（即期利率）同实际市场期限结构匹配。我们知道，金融市场对期限结构的报价习惯是用不同到期时间的零息票债券的年度化收益率来显示。因此，如果 y 是 N 年的利率，则相应的零息票债券（面值假定为 100）的当前价格就是：$P = \dfrac{100}{(1+y)^N}$

为方便起见，以下分析假定利率树上的每一个时间间隔均为一年。考虑 $t=0$ 时刻观察到的利率期限结构和波动率期限结构 $\{(y_i, \sigma_i): i=1, \cdots, N\}$。在 $t=0$ 时刻，即期利率可以直接取自观测到的一年期的收益率，因此，$r_0 = y_1$。要决定 $t=1$ 时刻的即期利率，则要使用观测到的两年期的收益率和相应的波动率——两年期的零息票债券的当前价值为：$P_0^{(2)} = P^{(2)}$：$P^{(2)} = \dfrac{100}{(1+y_2)^2}$

在 $t=1$ 时刻，两年期的零息票债券还剩一年到期，所以它的价格 $P_u^{(2)}$ 或者 $P_d^{(2)}$，就是：

① 对于看涨期权来说，就是即期利率减去执行利率，看跌则相反。

$$P_u^{(2)}=\frac{100}{1+r_u},\ P_d^{(2)}=\frac{100}{1+r_d}$$

这些$t=1$时刻的债券价格用$t=0$时刻的即期利率r_0来贴现,必定得到$t=0$时刻的两年期零息票债券的价格$P^{(2)}$:

$$P^{(2)}=\frac{\frac{1}{2}P_u^{(2)}+\frac{1}{2}P_d^{(2)}}{(1+r_0)}$$

接着需要匹配波动率的期限结构。$t=1$时刻的即期利率的标准差必须同两年期收益率的波动率σ_2匹配,因此①:

$$\sigma_2=\frac{\ln r_u-\ln r_d}{2}$$

联立上面4个方程求解(4个方程4个未知数)。得到的$t=1$时刻的即期利率r_u,r_d同两年的利率期限结构和波动率结构完全一致。

为了决定$t=2$时刻即期利率,就要使用三年期的收益率和相应波动率。在$t=2$时刻有三种可能状态(如图5-8所示),但只有两个量(收益率和波动率)需要拟合,这意味着解不是唯一的。由于即期利率波动率仅仅是时间的函数,因此:

$$\frac{\ln r_{uu}-\ln r_{dd}}{2}=\frac{\ln r_{ud}-\ln r_{dd}}{2}$$

$$\frac{r_{uu}}{r_{ud}}=\frac{r_{ud}}{r_{dd}}$$

$$\Rightarrow$$

$$r_{ud}^2=r_{uu}r_{ud}$$

所以,仅需要将两个即期利率匹配两个观测值,就可以找到唯一解②。

2. 连续时间版本

来看BDT模型的连续时间版本③,考虑一个即期利率过程$r(.)$:

$$r(t)=u(t)\exp[\sigma(t)\mathcal{W}(t)] \tag{5-358}$$

① 考虑一个随机变量X,当$t=t^*$时,X可能取两个值x_1,x_2概率为1/2。不失一般性,令$x_1\geqslant x_2$,因此:

$$\mathrm{var}(X)=E[X^2]-E[X]^2=\frac{x_1^2}{2}+\frac{x_2^2}{2}-\left(\frac{x_1+x_2}{2}\right)^2=\left(\frac{x_1-x_2}{2}\right)^2\Rightarrow\sigma(X)=\frac{x_1-x_2}{2}$$

② 不难发现,上面这种方法有一个基本的缺点,就是没有区别当前利率波动率期限结构和未来即期利率的波动率。$t=1$时刻的即期利率的标准差同两年期收益率的波动率相匹配。这个结论可以一般化——$t=t^*$时刻的即期利率波动率等于期限为t^*+1年的收益率的当期($t=0$)波动率,而这就产生了BDT的最大缺陷。

③ 这里主要是根据Rebonato(2004)的分析。

其中，$\sigma(t)$、$\mathcal{W}(t)$ 定义如前，而 $u(t)$ 则是 t 时刻即期利率分布的中位数(median)①。

为了考察模型中驱动即期利率的随机过程的性质，必须看一下 $\ln r(t)$ 是如何进化的：

$$\mathrm{d}\ln r(t)=\frac{\partial \ln r(t)}{\partial r}\mathrm{d}r+\frac{1}{2}\ \frac{\partial^2 \ln r(t)}{\partial r^2}\mathrm{d}r\,\mathrm{d}r=\frac{1}{r}\mathrm{d}r-\frac{1}{2r^2}\mathrm{d}r\,\mathrm{d}r \tag{5-359}$$

既然 $r(t)=r[t,\mathcal{W}(t)]$，根据伊藤定理，就有：

$$\mathrm{d}r=\frac{\partial r}{\partial t}\mathrm{d}t+\frac{\partial r}{\partial \mathcal{W}}\mathrm{d}\mathcal{W}+\frac{1}{2}\ \frac{\partial^2 r}{\partial \mathcal{W}^2}\mathrm{d}\mathcal{W}\mathrm{d}\mathcal{W} \tag{5-360}$$

其中：

$$\begin{aligned}\frac{\partial r}{\partial t}\mathrm{d}t&=\frac{\partial u(t)}{\partial t}\exp[\sigma(t)\mathcal{W}(t)]\mathrm{d}t+u(t)\ \frac{\partial \sigma(t)\mathcal{W}(t)}{\partial t}\exp[\sigma(t)\mathcal{W}(t)]\mathrm{d}t\\&=\frac{\partial u(t)}{\partial t}\exp[\sigma(t)\mathcal{W}(t)]\mathrm{d}t+u(t)\left[\mathcal{W}(t)\ \frac{\partial \sigma(t)}{\partial t}\right]\exp[\sigma(t)\mathcal{W}(t)]\mathrm{d}t\end{aligned} \tag{5-361}$$

$$\frac{\partial r}{\partial \mathcal{W}}\mathrm{d}\mathcal{W}=u(t)\sigma(t)\exp[\sigma(t)\mathcal{W}(t)]\mathrm{d}\mathcal{W} \tag{5-362}$$

$$\frac{\partial^2 r}{\partial \mathcal{W}^2}\mathrm{d}\mathcal{W}\mathrm{d}\mathcal{W}=u(t)\sigma^2(t)\exp[\sigma(t)\mathcal{W}(t)]\mathrm{d}t \tag{5-363}$$

把式(5-358)、式(5-360)—式(5-363)代入到式(5-359)中，就有②：

---

① 为什么是中位数呢？因为在 BDT 模型中，即期利率假定是对数正态分布的，这意味着 $\ln r(t)$ 是正态分布的。在二项树的每一个时间点 t 上，都有 $t+1$ 种可能的世界状态，因此有 $t+1$ 种可能的单期利率。例如 $t=1$ 时刻，就有两种世界状态和两个利率 ($r(1,1)$，$r(1,-1)$)。这个时刻的平均即期利率($\ln r_m(1)$)就应该是：

$$\ln r_m(1)=\frac{1}{2}[\ln r(1,1)+\ln r(1,-1)]$$

知道 $t=0$ 时刻即期利率的百分比波动率($\sigma(0)$)，则 $t=1$ 时刻的即期利率标准差就可以表示为：

$$\sigma(0)\sqrt{\Delta t}=\frac{\ln r(1,1)-\ln r(1,-1)}{2}$$
$$\Rightarrow$$
$$r(1,1)=r(1,-1)\exp[2\sigma(0)\sqrt{\Delta t}]$$

因此，可以发现每对收益率都从中位数($r_m(1)$)位置相互抵消了，即：

$$r(1,1)=r_m(1)\exp[\sigma(0)\sqrt{\Delta t}]$$

$$r(1,-1)=r_m(1)\exp[-\sigma(0)\sqrt{\Delta t}]$$

注意到即期利率对数的分布的均值对应于即期利率的对数分布的中位数，所以 $\ln r(t)$ 是正态分布的(均值为 $\ln r_m(1)$)，$r(t)$ 就是对数正态分布的，中位数为 $r_m(1)$。因此这里就使用了即期利率分布的中位数 $u(t)$ 作为参数。

② 注意，根据式(5-358)有：

$$r(t)=u(t)\exp[\sigma(t)\mathcal{W}(t)]\Rightarrow\mathcal{W}(t)=[\ln r(t)-\ln u(t)]/\sigma(t)$$

$$
\begin{aligned}
\mathrm{d}\ln r(t) = & \frac{1}{u(t)\exp(\sigma(t)\mathcal{W}(t))} \\
& \times \left\{ \begin{array}{l} \dfrac{\partial u(t)}{\partial t}\exp[\sigma(t)\mathcal{W}(t)]\mathrm{d}t + u(t)\left[\mathcal{W}(t)\ \dfrac{\partial\sigma(t)}{\partial t}\right]\exp[\sigma(t)\mathcal{W}(t)]\mathrm{d}t \\ + u(t)\sigma(t)\exp[\sigma(t)\mathcal{W}(t)]\mathrm{d}\mathcal{W} + \dfrac{1}{2}u(t)\sigma^2(t)\exp[\sigma(t)\mathcal{W}(t)]\mathrm{d}t \end{array} \right\} \\
& - \frac{1}{2u^2(t)\exp[2\sigma(t)\mathcal{W}(t)]}u^2(t)\sigma^2(t)\exp[2\sigma(t)\mathcal{W}(t)]\mathrm{d}t \\
= & \frac{\partial \ln u(t)}{\partial t}\mathrm{d}t + \mathcal{W}(t)\ \frac{\partial\sigma(t)}{\partial t}\mathrm{d}t + \sigma(t)\mathrm{d}\mathcal{W} + \frac{1}{2}\sigma^2(t)\mathrm{d}t - \frac{1}{2}\sigma^2(t)\mathrm{d}t \\
= & \frac{\partial \ln u(t)}{\partial t}\mathrm{d}t + \frac{\ln r(t) - \ln u(t)}{\sigma(t)}\ \frac{\partial\sigma(t)}{\partial t}\mathrm{d}t + \sigma(t)\mathrm{d}\mathcal{W} \\
= & \left[\frac{\partial \ln u(t)}{\partial t} - \frac{\partial \ln\sigma(t)}{\partial t}[\ln u(t) - \ln r(t)]\right]\mathrm{d}t + \sigma(t)\mathrm{d}\mathcal{W}
\end{aligned} \tag{5-364}
$$

这是一个均值回复过程,它显性地依赖于分布的中位数。这个中位数在二项树匹配过程中被隐含地决定了。

如果波动率是常数(则 $\partial\ln\sigma(t)/\partial t = 0$),就不存在均值回复现象了。即期利率的对数服从一个简单的扩散过程,它的漂移率就服从相应分布的中位数的自然对数。整个过程简化为:

$$
\mathrm{d}\ln r(t) = \frac{\partial \ln u(t)}{\partial t}\mathrm{d}t + \sigma\,\mathrm{d}\mathcal{W}
$$

如果波动率随时间是逐渐衰竭的(即 $\partial\ln\sigma(t)/\partial t < 0$):

$$
\mathrm{d}\ln r(t) = \left\{\frac{\partial \ln u(t)}{\partial t} - \frac{\partial \ln\sigma(t)}{\partial t}[\ln u(t) - \ln r(t)]\right\}\mathrm{d}t + \sigma(t)\mathrm{d}\mathcal{W}(t)
$$

则均值回复的速度是正的,即期利率的对数 $\ln r(t)$ 将回复到中位数的自然对数水平 $\ln u(t)$。显然波动率的衰竭假设是必要的,它不仅可以保证即期利率的均值回复特征,还使得即期利率的无条件方差 $\sigma^2(t)t$,不会随着时间无限增长。

3. 评价和小结

由于 BDT 模型是由实际操作者开发出来的,因此拟合到观测数据很容易,定价欧式、美式期权也都很容易。其主要优点包括:① 对于正值的衰退因子(回复速度),BDT 模型提供波动率的期限结构的一般形状与市场观察到的形态是一致的;② 因为即期利率假设服从对数正态过程,所以用 BDT 模型拟合市场价格比较简单——同时可以把 BDT 模型匹配到收益率曲线和利率上限的波动率,所以 BDT 模型可以同时再生不同到期期限的利率上限的价格,这些价格就会显示出递减的波动率结构。

它也有一些明显的缺陷:① 如同大多数单因素模型,不同期限利率的变化大多是平行移动,这跟市场观测有很大差别,所以 BDT 模型不能够捕捉到收益率曲线的倾斜效应,这需要增加第二个因素才能做到;② 没有十分明确波动率期限结构随时间的进化过程;

③ 既然未来即期利率波动率完全决定了波动率的期限结构，就不可能同时独立定义它们两者[①]。要特别指出的是，在 BDT 模型中，回复速度决定了不同期限的波动率水平。然而，回复速度又是即期利率波动率的唯一函数，所以可以认为整个波动率的期限结构完全由未来即期利率波动率所决定。这个特征是 BDT 模型所特有的[②]，这种未来的即期利率波动率和波动率期限结构之间的人为联系是 BDT 模型的一个主要缺点。

4. BK 模型的改进

连续时间版本的 BDT 模型清楚地显示了均值回复率是波动率的函数。这就等于说未来即期利率波动率完全由观察到的波动率期限结构决定。针对 BDT 模型的这一关键缺陷，BK 模型进行了改进。在他们的模型中，目标利率、均值回复率和局部波动率均为时间的确定函数(BDT 模型只有两个时变因素——即期利率均值和波动率)，这三个时间依赖因素的确定允许未来即期利率波动率的决定可以独立于初始的波动率期限结构。这里我们简要的对这个改进模型进行一些讨论。

BK 模型的基本设定同 BDT 类似，不再重复。他们也使用对数过程来定义的即期利率，对数过程本身由均值和波动率两个时变参数完整刻画，当把均值回复与对数模型结合在一起，实际上就有了三个时变因素，如 BDT 模型：

$$d(\ln r)=[\theta(t)-\phi(t)\ln r]dt+\sigma(t)dW$$

不过，在 BDT 模型中，均值回复速度 $\phi(t)$ 是(局部)波动率 $\sigma(t)$ 的函数，去掉这种函数依赖关系，再令 $\mu(t)$ 是目标利率(即回复水平)，则 BK 模型可以写为：

$$d(\ln r)=\phi(t)(\ln\mu(t)-\ln r)dt+\sigma(t)dW$$

因此，BK 模型的主要贡献就是引入了第三个时变因素——回复速度，这就增加了一个额外的自由度。这样 BDT 模型的关键缺陷就被克服了，现在利率、波动率期限结构以及利率上限的价格曲线都可以包括在拟合环节中了[③]。

“理论与实践相结合”5-8　BK 模型拟合技术

BDT 使用二项树来描述他们的对数正态模型。在这个二项树内，他们可以匹配两个输入量——利率和波动率期限结构。为了要匹配三个输入量，通常会需要一个三项树(trinomial tree)。但是，这会显著增加分析的复杂程度，所以 BK 模型仍然使用二项树，不同通过在整个树的生命期内变化时间间距(time spacing)，就带来了额外的一个自由度，从而允许三个输入量都可以被匹配。

如果已知模型的输入函数($\mu(t)$、$\phi(t)$、$\sigma(t)$)，则即期利率的二项树要构造成匹配到

① 利率上限是一系列独立的期权利率单位(caplets)的组合，而互换期权是建立在即期利率的线性组合之上的期权，因此互换期权取决于不同期限远期利率之间的相关性。事实上，由于 BDT 模型是单因素模型的一种，它假定所有远期利率都是完全相关的，因此不能同时为利率上限和互换期权定价。

② 因为其他模型(例如 HW)认为回复速度是独立的参数。

③ 利率上限曲线给出了平价利率上限的价格。

每一时间步骤上的值,这个树有以下特征:① 在每一时刻节点的垂直间距必须要符合局部波动率。既然波动率仅仅是时间的函数,给定时间下的间距必相等;② 相邻节点之间的漂移率是由目标利率决定的;③ 时间(水平)间距是不同的,时间间距要拟合为均值回复速度。

定义 $\tau_n = t_{n+1} - t_n$ 为两个相邻时点间的时间长度,$\phi_n = \phi(t_n)$ 为 $t=n$ 时刻的均值回复速度,$\sigma_n = \sigma(t_n)$ 为 $t=n$ 时刻的局部波动率。均值回复定义为即期利率接近目标利率的速度,当前者向后者靠近时,局部波动率会减小。因此,均值回复速度可以等于局部波动率的变化率,即表示为:

$$\phi_n = \frac{1}{\tau_n}\left(1 - \frac{\sigma_n\sqrt{\tau_n}}{\sigma_{n-1}\sqrt{\tau_{n-1}}}\right)$$

对于正的均值回复速度 $\sigma_n\sqrt{\tau_n} < \sigma_{n-1}\sqrt{\tau_{n-1}}$,$1 - \dfrac{\sigma_n\sqrt{\tau_n}}{\sigma_{n-1}\sqrt{\tau_{n-1}}}$ 给出了 τ_{n-1} 到 τ_n 时期内波动率的百分比缩减量。根据上式,可以发现 τ_n 是 τ_{n-1} 和均值回复速度的函数。因此在任一节点上,可以决定下个时间步骤的长度,它依赖于回复的速度。使用上式,就有:

$$\begin{aligned}
&\phi_n = \frac{1}{\tau_n} - \frac{\sigma_n}{\sigma_{n-1}\sqrt{\tau_n}\sqrt{\tau_{n-1}}} \\
&\Rightarrow \\
&0 = \frac{1}{\tau_n} - \frac{1}{\sqrt{\tau_n}}\left(\frac{\sigma_n}{\sigma_{n-1}}\right)\frac{1}{\sqrt{\tau_{n-1}}} - \phi_n
\end{aligned} \tag{5-365}$$

它是 $1/\sqrt{\tau_n}$ 的二项式,其根为:

$$\begin{aligned}
\frac{1}{\sqrt{\tau_n}} &= \frac{1}{2}\left[\left(\frac{\sigma_n}{\sigma_{n-1}}\right)\frac{1}{\sqrt{\tau_{n-1}}} \pm \sqrt{\left(\frac{\sigma_n}{\sigma_{n-1}}\right)^2\frac{1}{\tau_{n-1}} + 4\phi_n}\right] \\
&= \frac{1 \pm \sqrt{1 + 4\phi_n(\sigma_{n-1}/\sigma_n)^2\tau_{n-1}}}{2\sqrt{\tau_{n-1}}(\sigma_{n-1}/\sigma_n)}
\end{aligned}$$

根据定义 $1/\sqrt{\tau_n} > 0$,只有一个根是式(5-365)的可行解,因此:

$$\tau_n = \tau_{n-1}\left[\frac{4(\sigma_{n-1}/\sigma_n)^2}{\left(1 + \sqrt{1 + 4\phi_n(\sigma_{n-1}/\sigma_n)^2\tau_{n-1}}\right)^2}\right]$$

因此,时间间距是动态构建的,任一节点处下一步的间距大小是由在所有的 σ_n,ϕ_n 等确定后再决定下来的。初始间距大小 τ_0 则是根据所要求精确度选择的。小的 τ_0 等于非常精细的时间间距,结果也更准确。对于正的均值回复速度,时间的间距是随时间递减的,回复速度越快则递减越明显。另一方面,如果已知模型输出量——利率、波动率和利率上限期限结构。就需要找到相应的模型输入量($\mu(t)$、$\phi(t)$、$\sigma(t)$)。这里,时间被分成为阶段(segment)，再被分为步骤(time step)。适用于第一阶段的 $\mu(t)$、$\phi(t)$、$\sigma(t)$ 值，被选择去适应第一阶段结束时的输出值。使用这种方法，就可以找到每一段时间上隐含的目标利率、回复速度和即期利率波动率。这些隐含的值并不是要符合真实的利率进化过程，而是确定了单因素环境下可以得到需要证券价格的过程。

当模型输出量，也就是市场利率和波动率变化时，就必须再次模拟新的二项树隐含的随机过程的新参数。理想的情况是，把一个一般利率过程表示为几个参数的函数，对过程的重新估计将产生相同的参数。这类模型是利率过程的真实描述，可以用来给出它在任意时刻的值。

5.5.3　侯-李(Ho-Lee)模型

在以 Vasicek 模型和 CIR 模型为代表的一般均衡模型中，先确定的是即期利率的运动过程，然后再由模型内生决定利率期限结构(包括其初始值)和相应的债券价格。但是，这就使得它们采用了无法直接可观测到的参数，因此也就无法准确拟合初始收益率曲线。与此相反，Ho-Lee 模型(以下简称 HL 模型)则另辟蹊径，从外生给定的初始收益率曲线出发，根据无套利约束来选择各期的漂移率参数以精确拟合当前的收益率曲线，所得到的当前收益率曲线也就自然地包含了初始收益率曲线中隐含的全部信息。在此基础上讨论整个收益率曲线的进化运动形态，从 HL 模型获得的零息票债券的价格会同市场观测到的价格完全一致。

我们把对于 HL 模型的讨论分成以下四个部分：首先讨论模型的基本设定，其次考察利率的进化过程，其核心就是无套利约束条件的获得，再次是该模型在利率期权定价中的应用，最后进行评价和结论。

1. 基本设定

(1) 理想化的无摩擦市场，既无税收费用，也不考虑交易费用，所有证券均无限可分。

(2) 离散时间分析框架，模型以一单位时间为间隔，在每一时刻 n，$(n=1, 2, 3, \cdots)$，仅存在有限种世界状态。市场并非连续出清，而是在有规则的间隔的时点上出清。

(3) 完备的债券市场。期限为 T 的贴现债券定义为到第 T 期末偿付 1 美元的零息票债券。对每一到期期限 $n(n=1, 2, 3, \cdots)$，均存在相对应的贴现债券。

(4) 债券价格运动方式。令 $P_i^{(n)}(T)$ 为 n 时刻、状态 i 下到期期限为 T 的债券价格。这个函数也是以到期时间为变量的贴现债券价格函数，简称为贴现函数。它满足以下要求：

$$P_i^{(n)}(T) \geqslant 0 \quad \forall T, i, n \tag{5-366}$$

$$P_i^{(n)} = 1 \quad \forall i, n \tag{5-367}$$

$$\lim_{T\to\infty} P_i^{(n)} = 0 \quad \forall i, n \tag{5-368}$$

式(5-367)表明，贴现债券到期值为 1 元；式(5-368)表明，期限极长的贴现债券之现值可忽略不计。

HL 模型也使用二项树模型来考察贴现函数的变动。在任意时刻 n，$P_i^{(n)}(.)$ 表示经历了 i 次上升运动和 $(n-i)$ 次下降运动后的贴现函数。在第 $n+1$ 时期，贴现函数运动可能出

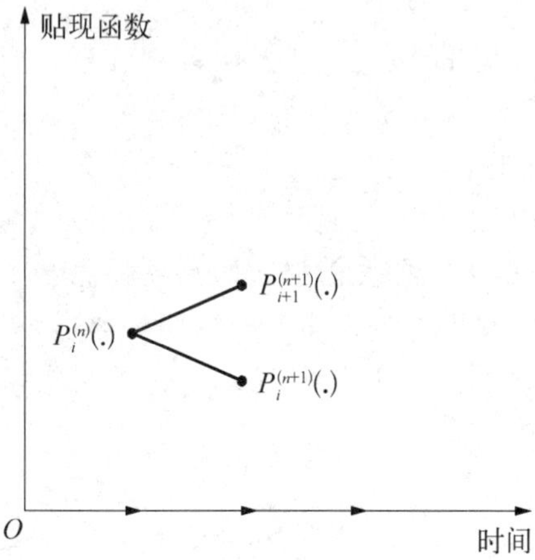

图 5-9　二项过程模拟单期贴现函数运动

现两种状态——上升或者下降，即在 $n+1$ 时刻，$P_i^{(n)}(.)$ 可能变为 $P_{i+1}^{(n+1)}(.)$ 或者 $P_i^{(n+1)}(.)$（见图 5-9）。在每一个时刻 n 存在 $n+1$ 种可能状态(用 i，$i=0, 1, 2, \cdots, n$ 表示)；每一状态下的贴现函数均独立于其到达当前位置的历史路径，它仅仅由上升和下降运动的数量定义。因此，每一个贴现债券的价格都遵从二项过程，不过其间距大小是时间依赖的①。

二项树模型赋予了债券价格过程以下特性：离到期时间近以及在最近的将来的债券价格的不确定性比较小；随着两点距离的增长，债券价格的不确定性也相应增长。这些特征实际上是两个因素影响的结果：对较长的时间来说，变化的数量、期限结构的不确定性增加；当时间接近到期日时，由于必然收敛到 1，所以价格不确定性会减少。

对于给定债券，随着时间增长，期限结构的不确定性增加从而导致更大的价格方差，这伴随着回归面值效应(pull-to-par)同时存在，在某个时点上，后者会占上风，又会导致价格变异性减小。

2. 无套利约束

有了以上基本设定，就可以来考虑利率的进化过程以及相应无套利均衡问题。我们知道，利率期限结构的运动必须有一些约束。这些约束将确保市场上不会存在任何套利机会。它们最终会体现在二项树模型上。HL 模型通过施加一个额外的约束条件大大简化了二项树模型的构造，即扰动函数(perturbation function)和隐含的二项概率独立于时间和状态②。

我们要仔细考察这个约束条件，先定义扰动函数。考虑任意时间 n 和状态 i 下的贴现函数 $P_i^{(n)}(T)$，如果下一时刻不存在利率风险，则 $n+1$ 时刻的贴现函数以及整个期限结构无论在上升和下降状态下都必须是一样的。为了排除套利机会，实现的($n+1$ 时刻)贴现函数必须是(n 时刻)隐含远期贴现函数 $F_i^{(n)}(T)$：

$$F_i^{(n)}(T)=P_i^{(n+1)}(T)=P_{i+1}^{(n+1)}(T)=\frac{P_i^{(n)}(T+1)}{P_i^{(n)}(1)},\ T=0, 1, \cdots \tag{5-369}$$

在无风险世界中，如果实现的贴现函数同隐含的远期贴现函数不同，就会存在套利机会。因此，为期限结构的不确定性建模就简化为从隐含的远期贴现函数中决定下一期贴现函数的扰动函数——令 $h^u(T)$ 和 $h^d(T)$ 分别代表两个扰动函数(分别是上升和下降)：

$$P_{i+1}^{(n+1)}(T)=\frac{P_i^{(n)}(T+1)}{P_i^{(n)}(1)}h^u(T) \tag{5-370}$$

① 这个特征大大增强了二项树模型的解释能力。当为利率衍生产品定价目的构建利率期限结构模型时，我们关心不同期限的利率运动之间的相对关系——不同期限的贴现债券之间的相对运动。出于这种考虑，将用二项树来为整个利率期限结构建模，而不仅仅是某个特定债券。时变的间距将确保在到期日，债券价格收敛到 1。

② 这实际上就等价于连续时间环境的常数波动率假设。当然，如果允许存在函数依赖性，就会得到更加一般化的套利模型。

$$P_i^{(n+1)}(T)=\frac{P_i^{(n)}(T+1)}{P_i^{(n)}(1)}h^d(T) \tag{5-371}$$

这两个扰动函数确定了隐含的远期贴现函数同上升(或者下降)贴现函数的偏离程度。因此,这些函数就给出了下一期上升和下降贴现函数差别的量度。如果在所有期限都有 $h^u(T)\gg 1(h^d(T)\ll 1)$,则债券价格将在上升状态下一致上升(反之,则反是)。条件式(5-366)—式(5-368)意味着 $h^u(T)$, $h^d(T)>0$, $\forall T$,以及①

$$h^u(0)=h^d(0)=1 \tag{5-372}$$

扰动函数的大小依赖于债券期限,所以 $h^u(.)$ 和 $h^d(.)$ 是 T 的函数。为了构建决定期限结构的二项树,要求出扰动函数 $\{h^u(T),\ h^d(T):\ \forall T\}$ 集合和初始的贴现函数 $P_0^{(0)}(T)=P(T)$。一旦获得它们,就可以构建完整的期限结构运动过程。

建立的不同期限利率的合理相对进化过程必须要排除套利机会。考虑一个由两种不同期限的贴现债券构成的资产组合,如果它在下一期的收益率等于无风险利率,为了排除套利机会,这个无风险收益率必须等于一期的贴现债券的收益率。

这个要求就隐含着对于每个节点$(n,\ i)$上的扰动函数的约束。现在的任务就是求出这个约束条件,而这可以通过构造上述无套利资产组合来获得。该组合包括 1 单位的期限为 T 的贴现债券和 ξ 单位的期限为 t 的贴现债券。组合的价值为:

$$V=P(T)+\xi P(t) \tag{5-373}$$

下一时刻根据状态不同,使用式(5-370)或式(5-371),它的价值分别是:

$$V_u=\frac{P(T)h^u(T-1)+\xi P(t)h^u(t-1)}{P(1)} \tag{5-374}$$

$$V_d=\frac{P(T)h^d(T-1)+\xi P(t)h^d(t-1)}{P(1)} \tag{5-375}$$

对于一个无风险资产组合,两者必然相等,所以:

$$\begin{aligned}&P(T)h^u(T-1)+\xi P(t)h^u(t-1)=P(T)h^d(T-1)+\xi P(t)h^d(t-1)\\&\Rightarrow\\&\xi=\frac{P(T)h^d(T-1)-P(T)h^u(T-1)}{P(t)h^u(t-1)-P(t)h^d(t-1)}\end{aligned} \tag{5-376}$$

而且,一个无风险组合的单期收益必须等于贴现债券的单期收益(即 $1/P(1)$),这就要求:

$$\left(\frac{1}{P(1)}\right)(P(T)+\xi P(t))=\frac{P(T)h^u(T-1)+\xi P(t)h^u(t-1)}{P(1)} \tag{5-377}$$

① 考虑 $T=0$ 时的式(5-370)和式(5-371)两式:因为所有债券到期时的价值都是面值 1,因此有一定有:

$$P_{i+1}^{(n)}(0)=\frac{P_i^{(n-1)}(1)}{P_i^{(n-1)}(1)}h^u(0)=1\Rightarrow h^u(0)=1 \text{ 和 } P_i^{(n)}(0)=\frac{P_i^{(n-1)}(1)}{P_i^{(n-1)}(1)}h^d(0)=1\Rightarrow h^d(0)=1$$

即：

$$P(T)+\xi P(t)=P(T)h^u(T-1)+\xi P(t)h^u(t-1) \tag{5-378}$$

把上面求出的 ξ 代入，就有：

$$\begin{aligned}&P(T)h^u(T-1)+\xi P(t)h^u(t-1)\\&=P(T)h^u(T-1)+\frac{P(T)[h^d(T-1)-h^u(T-1)]}{P(t)[h^u(t-1)-h^d(t-1)]}P(t)h^u(t-1)\\&=\frac{P(T)[h^u(t-1)h^d(T-1)-h^u(T-1)h^d(t-1)]}{h^u(t-1)-h^d(t-1)}\end{aligned} \tag{5-379}$$

把式(5-376)和式(5-379)代入式(5-378)：

$$\begin{aligned}&P(T)+\frac{P(T)[h^d(T-1)-h^u(T-1)]}{P(t)[h^u(t-1)-h^d(t-1)]}P(t)\\&=\frac{P(T)[h^u(t-1)h^d(T-1)-h^u(T-1)h^d(t-1)]}{h^u(t-1)-h^d(t-1)}\\&\Rightarrow\\&h^u(t-1)-h^u(t-1)h^d(T-1)-h^d(t-1)\\&=h^u(T-1)-h^u(T-1)h^d(t-1)-h^d(T-1)\end{aligned} \tag{5-380}$$

两边加上 $h^d(T-1)h^d(t-1)$，再分解因子：

$$\begin{aligned}&h^u(t-1)[1-h^d(T-1)]-h^d(t-1)[1-h^d(T-1)]\\&=h^u(T-1)[1-h^d(t-1)]-h^d(T-1)[1-h^d(t-1)]\\&\Rightarrow\\&\frac{1-h^d(T-1)}{h^u(T-1)-h^d(T-1)}=\frac{1-h^d(t-1)}{h^u(t-1)-h^d(t-1)},\ \forall T,\ t>0\end{aligned} \tag{5-381}$$

得到式子的左边仅是 T 的函数，右边仅是 t 的函数，而这只有当它们相等且都等于常数时才能成立，即：

$$\frac{1-h^d(T-1)}{h^u(T-1)-h^d(T-1)}=\frac{1-h^d(t-1)}{h^u(t-1)-h^d(t-1)}=\pi,\ \forall T.t>0 \tag{5-382}$$

其中，π 是常数。更一般地，有：

$$\frac{1-h^d(T)}{h^u(T)-h^d(T)}=\pi,\ \forall T>0 \tag{5-383}$$

以及

$$\begin{aligned}&1-h^d(T)=\pi h^u(T)-\pi h^d(T)\\&\Rightarrow\\&1=\pi h^u(T)+(1-\pi)h^d(T),\ \forall T\geqslant 0,\ n,\ i>0\end{aligned} \tag{5-384}$$

如果条件式(5-384)对所有期限都满足，则市场上就不存在任何套利机会了。这里的常

数 π 独立于债券到期期限 T 和初始的贴现函数 $P(T)$，但却依赖于时间 n 和状态 i，它实际上就是隐含的二项概率①。

上面提到，当构建二项树时，贴现函数仅仅根据上升和下降的数目，而不是它们的顺序进化着。这里我们将检查这些保证路径独立性的约束条件。实际上，这就隐含着对 h^u、h^d 和 π 的约束，它将保证在任意状态和时刻下，上升再下降运动等于一次下降再跟着一次上升。

首先，考虑一次下降再接一次上升的情形(即从 $P_i^{(n)}(T+2)$ 到 $P_{i+1}^{(n+2)}(T)$)，根据式(5-371)，下降运动是：

$$P_i^{(n+1)}(T+1)=\frac{P_i^{(n)}(T+2)}{P_i^{(n)}(1)}h^d(T+1) \tag{5-385}$$

根据式(5-370)，上升是：

$$P_{i+1}^{(n+2)}(T)=\frac{P_i^{(n+1)}(T+1)}{P_i^{(n+1)}(1)}h^u(T) \tag{5-386}$$

因此，有：

$$P_{i+1}^{(n+2)}(T)=\frac{P_i^{(n)}(T+2)h^d(T+1)h^u(T)}{P_i^{(n)}(1)P_i^{(n+1)}(1)} \tag{5-387}$$

也有：

---

① 看上去 HL 模型的建模原理似曾相识，不妨解式(5-370)和式(5-371)，求出：

$$h^u(T)=\frac{P_{i+1}^{(n+1)}(T)P_i^{(n)}(1)}{P_i^{(n)}(T+1)}；h^d(T)=\frac{P_i^{(n+1)}(T)P_i^{(n)}(1)}{P_i^{(n)}(T+1)}$$

代入式(5-384)，有：

$$1=\pi\frac{P_{i+1}^{(n+1)}(T)P_i^{(n)}(1)}{P_i^{(n)}(T+1)}+(1-\pi)\frac{P_i^{(n+1)}(T)P_i^{(n)}(1)}{P_i^{(n)}(T+1)}$$

$$\Rightarrow$$

$$P_i^{(n)}(T+1)=[\pi P_{i+1}^{(n+1)}(T)+(1-\pi)P_i^{(n+1)}(T)]P_i^{(n)}(1)$$

不知道大家注意没有，这同第 4 章中学习过的经典的 CRR 期权二项树定价方法是完全一致的。他们认为合理的期权价格是期望未来支付用无风险利率贴现后的现值，从这种意义上来说，π 就是某种形式的风险中性概率。进一步观察上式，移项得：

$$\frac{P_i^{(n)}(T)}{P_i^{(n)}(1)}=\pi[P_{i+1}^{(n+1)}(T-1)-P_i^{(n+1)}(T-1)]+P_i^{(n+1)}(T-1)$$

$$\frac{1}{p_i^{(n)}(1)}-\frac{P_i^{(n+1)}(T-1)}{P_i^{(n)}(T)}=\pi\left[\frac{P_{i+1}^{(n+1)}(T-1)}{P_i^{(n)}(T)}-\frac{P_i^{(n+1)}(T-1)}{P_i^{(n)}(T)}\right]$$

其中，$P_{i+1}^{(n+1)}(T-1)/P_i^{(n)}(T)=u(P_i^{(n+1)}(T-1)/P_i^{(n)}(T)=d)$ 是价格上升(下降)的相对比率；$1/P_i^{(n)}(1)=r$ 是单期无风险收益率。因此：

$$r-d=\pi(u-d)\Rightarrow\pi=\frac{r-d}{u-d}$$

这种形式的 π 同 CRR 模型中的定义完全一致——下降运动同波动幅度的相对比率，大的 π 意味着价格下降，小的 π 则意味着上升可能更大。无套利约束式(5-382)意味着这个比率对于所有期限必须相同。它是连续时间中要求瞬时收益率对于所有期限必须相同(这是保证无套利所必需的)的离散时间版本。CRR 在二项树的所有节点使用的是同一常数贴现率，在这个模型中，单期贴现率是时间和状态依赖的，这是由于单期收益率 $P_i^{(n)}(1)$ 由初始的期限结构所决定，因此是被无套利方法内生化了。

$$P_i^{(n+1)}(1)=\frac{P_i^{(n)}(2)}{P_i^{(n)}(1)}h^d(1)$$
$$\Rightarrow \tag{5-388}$$
$$P_{i+1}^{(n+2)}(T)=\frac{P_i^{(n)}(T+2)h^d(T+1)h^u(T)}{P_i^{(n)}(2)h^d(1)}$$

类似地,一次上升接一次下降就是:

$$P_{i+1}^{(n+1)}(T+1)=\frac{P_i^{(n)}(T+2)}{P_i^{(n)}(1)}h^u(T+1) \tag{5-389}$$
$$P_{i+1}^{(n+2)}(T)=\frac{P_{i+1}^{(n+1)}(T+1)}{P_{i+1}^{(n+1)}(1)}h^d(T)$$

以及

$$P_{i+1}^{(n+1)}(1)=\frac{P_i^{(n)}(2)}{P_i^{(n)}(1)}h^u(1)$$
$$\Rightarrow \tag{5-390}$$
$$P_{i+1}^{(n+2)}(T)=\frac{P_i^{(n)}(T+2)h^u(T+1)h^d(T)}{P_i^{(n)}(2)h^u(1)}$$

路径独立性要求意味着式(5-388)必须等于式(5-390),所以:

$$\frac{P_i^{(n)}(T+2)h^d(T+1)h^u(T)}{P_i^{(n)}(2)h^d(1)}=\frac{P_i^{(n)}(T+2)h^u(T+1)h^d(T)}{P_i^{(n)}(2)h^u(1)}$$
$$\Rightarrow \tag{5-391}$$
$$h^d(T+1)h^u(T)h^u(1)=h^u(T+1)h^d(T)h^d(1)$$

根据式(5-384),用 $h^u(.)$ 来表示 $h^d(.)$:

$$h^d(T)=\frac{1-\pi h^u(T)}{1-\pi},\ \forall T \tag{5-392}$$

从而式(5-391)可简化为:

$$\frac{1-\pi h^u(T+1)}{1-\pi}h^u(T)h^u(1)=h^u(T+1)\left(\frac{1-\pi h^u(T)}{1-\pi}\right)\left(\frac{1-\pi h^u(1)}{1-\pi}\right)$$

$$\frac{1-\pi h^u(T+1)}{h^u(T+1)}=\left(\frac{1-\pi h^u(T)}{h^u(T)}\right)\left(\frac{1-\pi h^u(1)}{(1-\pi)h^u(1)}\right)$$

$$\frac{1}{h^u(T+1)}-\pi=\left(\frac{1}{h^u(T)}-\pi\right)\left(\frac{1-\pi h^u(1)}{(1-\pi)h^u(1)}\right)$$

$$\frac{1}{h^u(T+1)}=\frac{1-\pi h^u(1)}{(1-\pi)h^u(1)h^u(T)}-\frac{\pi[1-\pi h^u(1)]}{(1-\pi)h^u(1)}+\pi$$

$$=\frac{1-\pi h^u(1)}{(1-\pi)h^u(1)h^u(T)}+\frac{\pi[h^u(1)-1]}{(1-\pi)h^u(1)} \tag{5-393}$$

令：

$$\delta=\frac{1-\pi h^u(1)}{(1-\pi)h^u(1)}\text{；}\gamma=\frac{\pi[h^u(1)-1]}{(1-\pi)h^u(1)} \tag{5-394}$$

这就可以把确保路径独立性的约束条件表示为以下一阶线性差分方程的形式：

$$\frac{1}{h^u(T+1)}=\frac{\delta}{h^u(T)}+\gamma \tag{5-395}$$

接下来求解该方程，做变量代换，令：

$$\frac{1}{h^u(T)}=g_r \text{ 和 } \frac{1}{h^u(T+1)}=g_{r+1} \tag{5-396}$$

则式(5-395)变为：

$$g_{r+1}=g_r\delta+\gamma \tag{5-397}$$

先令 $x_{r+1}=E(x_r)=x_r+\Delta x$，考虑以下差分方程的同位部分：

$$(E-\delta)g_r=0 \tag{5-398}$$

它有根 δ，解是 $g_r^H=k_1\delta^r$①，其中 k_1 为常数。现在计算特解部分：

$$\begin{aligned}&(E-\delta)g_r=\gamma\\&(E-\delta)(E-1)g_r=(E-1)\gamma=\gamma-\gamma=0\end{aligned} \tag{5-399}$$

这个方程的根是 δ 和 1，所以特解部分是：

$$g_r^P=k_2\delta^r+k_3 \tag{5-400}$$

其中，k_2 和 k_3 都是常数。因为 δ^r 包含在同位部分中，可以排除它，把 $g_r^P=k_3$ 代入式(5-397)求出常数。因此：

$$k_3-k_3\delta=\gamma\Rightarrow k_3=\frac{\gamma}{1-\delta}=\pi \tag{5-401}$$

所以，式(5-395)的解是：

$$g_r=g_r^P+g_r^H=\pi+k_1\delta^r\Rightarrow h^u(T)=\frac{1}{\pi+k_1\delta^T} \tag{5-402}$$

h^u 的初始条件要求 $h^u(0)=1$，所以，根据式(5-402)，$k_1=1-\pi$，方程的唯一解是：

$$h^u(T)=\frac{1}{\pi+(1-\pi)\delta^T}\text{，}T\geqslant 0 \tag{5-403}$$

上式连同式(5-384)就可求出 $h^d(T)$ ：

① 这里的上标 H 和 P，指的是方程的通解和特解。

$$1=\frac{\pi}{\pi+(1-\pi)\delta^T}+(1-\pi)h^d(T)$$

$$\Rightarrow \tag{5-404}$$

$$h^d(T)=\frac{1}{1-\pi}-\frac{\pi}{(1-\pi)[\pi+(1-\pi)\delta^T]}=\frac{\delta^T}{\pi+(1-\pi)\delta^T}$$

对于给定的约束条件(π, δ),唯一的套利模型完全由式(5-370)、式(5-371)、式(5-403)和式(5-404)定义。这里的 π 是隐含的二项利率,δ 则决定了两个扰动函数的距离。

3. 衍生品定价

现在考察 HL 框架下的衍生品定价问题,令 $C(n, i)$ 为任意节点利率衍生产品的价格,T 是该衍生产品的到期时间;定义 $X(n, i)$ 是衍生产品在任意节点 (n, i) 上的支付量;$\{f(i)\}$ 是衍生产品在到期时间 $0\leqslant i\leqslant T$ 的支付值[①]。因此,终值条件是:

$$C(T, i)=f(i),\ 0\leqslant i\leqslant T \tag{5-405}$$

同时,定义 $L(n, i)$, $U(n, i)$ 为衍生产品价格的上下限:

$$L(n, i)\leqslant C(n, i)\leqslant U(n, i) \tag{5-406}$$

考虑包括一个到期时间为 T 的贴现债券和 ξ 单位的 C 的无风险资产组合 V,任意节点上的价值是:

$$V=P_i^{(n)}(T)+\xi C(n, i) \tag{5-407}$$

如果是上升,贴现债券的价格是:

$$P_{i+1}^{(n+1)}(T-1)=\frac{P_i^{(n)}(T)}{P_i^{(n)}(1)}h^u(T-1) \tag{5-408}$$

组合价值是:

$$V_u=P_{i+1}^{(n+1)}(T-1)+\xi C(n+1, i+1)=\frac{P_i^{(n)}(T)}{P_i^{(n)}(1)}h^u(T-1)+\xi C(n+1, i+1) \tag{5-409}$$

如果下降,则组合价值为:

$$V_d=P_i^{(n+1)}(T-1)+\xi C(n+1, i)=\frac{P_i^{(n)}(T)}{P_i^{(n)}(1)}h^d(T-1)+\xi C(n+1, i) \tag{5-410}$$

由于组合无风险,所以两者必相等,就可求出所需的 C 资产的数量:

$$\frac{P_i^{(n)}(T)}{P_i^{(n)}(1)}h^d(T-1)-\frac{P_i^{(n)}(T)}{P_i^{(n)}(1)}h^u(T-1)=\xi[C(n+1, i+1)-C(n+1, i)]$$

$$\Rightarrow$$

$$\xi=\frac{P_i^{(n)}(T)[h^d(T-1)-h^u(T-1)]}{P_i^{(n)}(1)[C(n+1, i+1)-C(n+1, i)]} \tag{5-411}$$

① 既然在每一时刻 n 有 $n+1$ 种状态,因此在 T 时刻,就有 $T+1$ 种支付值。

给定 ξ，这个组合的单期收益必须是无风险收益率 $1/P_i^{(n)}(1)$，因此：

$$\begin{aligned}&V=V_dP_i^{(n)}(1)=V_uP_i^{(n)}(1)\\&\Rightarrow\\&P_i^{(n)}(T)+\xi C(n,\ i)=P_i^{(n)}(T)h^d(T-1)+\xi P_i^{(n)}(1)C(n+1,\ i)\end{aligned}\tag{5-412}$$

使用式(5-411)、式(5-403)和式(5-404)，可以解出来任意时刻衍生产品的价格，它是下一时刻衍生产品价格的函数：

$$\begin{aligned}C(n,\ i)&=P_i^{(n)}(1)C(n+1,\ i)+\frac{P_i^{(n)}(T)[h^d(T-1)-1]}{\xi}\\&=P_i^{(n)}(1)C(n+1,\ i)\\&\quad+\frac{P_i^{(n)}(T)\left[\dfrac{\delta^T}{\pi+(1-\pi)\delta^T}-1\right]P_i^{(n)}(1)}{P_i^{(n)}(T)\left[\dfrac{\delta^T-1}{\pi+(1-\pi)\delta^T}\right]}[C(n+1,\ i+1)-C(n+1,\ i)]\\&=P_i^{(n)}(1)C(n+1,\ i)+\pi[C(n+1,\ i+1)-C(n+1,\ i)]P_i^{(n)}(1)\\&=[\pi C(n+1,\ i+1)+(1-\pi)C(n+1,\ i)]P_i^{(n)}\end{aligned}\tag{5-413}$$

我们知道到期时刻所有可能状态下的衍生产品的价值，因此，边界条件是[①]：

$$C(T-1,\ i)=\max[L(T-1,\ i),\ \min[C^*(T-1,\ i),U(T-1,\ i)]]\tag{5-414}$$

重复回溯计算就可以得到该衍生产品在最初时刻的价格[②]。

4. 评价与结论

历史上，HL 模型是第一个提出直接模拟初始市场利率曲线的模型，这个模型考虑了整个期限结构的随机运动，而不仅仅是个别利率。因此，二项树的每一个节点都有一系列不同到期时间的贴现债券价格（也就是利率），这同 BDT 等模型是不同的，因为在那里的每一个节点上，只考虑适用于下个时间段的即期利率。

HL 模型用一种比较简单的方式来模拟利率期限结构随时间的可变性，这一模型使用从两个市场数据估计出来的参数 π，δ 驱动的，它使得债券价格的变化过程没有套利机会。它是由最初的利率期限结构决定的，因此，它是一个相对定价模型，同时由最初期限结构的外生性决定利率期限结构的变化也是外生的，这不同于其他产生内在收益率曲线的模型，如即期利率随机过程模型。

要指出的是，尽管参数 π，δ 无法直接从期限结构中观察到，但它们确实反映在估值中了。必须采用一个估计方法来使得模型产生的理论价格同市场观察到的真实价格实现最佳匹配。由于 π，δ 是利率期限结构的参数，而并非属于特定的衍生产品，所以估计得到的参数可以适用任何衍生产品定价。

---

① 其中，$C^*(T-1,i)$ 是前一期价格，它由式(5-413)给出。

② 原则上，只要知道隐含的二项利率和任意节点上的单期贴现价格 $P_i^{(n)}(1)$，就允许我们为任意利率衍生产品定价。因此，可以认为定价依赖于即期利率的随机进化过程，因此这个模型也可以被归为单因素模型。

HL 模型也有不足之处：(1) 根据 HL 模型假设的限制和初始条件，可能出现负的远期利率①；(2) 它假设参数 π，δ 是不随着时间和状态的变化而变化，这意味着隐含的价格波动性是独立于时间变化的。事实上，随着到期期限的临近，债券价格分布也将自动回归到到期平价。也就是说，隐含的波动性会随时间的推移而变小，长期利率的波动性要小于即期利率的波动性，这一点已经得到证明，即收益率曲线将随期限增加变得越来越平坦。

5.5.4 希思-杰罗-摩顿(Heath-Jarrow-Morton)模型

Heath-Jarrow-Morton 模型(以下简称 HJM 模型)(1992)将 HL 模型一般化并推广到连续时间的分析框架中，他们提出了一种全新的视角并试图给出一个统一的分析框架——在这个统一的分析框架中，他们先设定出特定的远期利率曲线和一个描述这些曲线进化方式的随机过程，为了使得这个随机过程同一个无套利的均衡经济体系相匹配，这个随机过程的选择应当保证一个等鞅测度的存在。分析明确显示了无套利均衡要求在零息票债券的波动率和远期利率的漂移率之间建立某种固定的联系——事实上，在风险中性的世界中，远期利率的漂移率完全由零息票债券的波动率函数的形式决定。应当说，HJM 模型的整个推导过程相当技术化和形式化，它涉及一系列约束条件，这些约束条件将产生适当的远期利率漂移率，而这个漂移率就可以保证经济的风险中性和无套利要求。

我们这样安排讨论的内容：首先，讨论基本设定，给出定义良好的远期利率、无风险的货币市场账户和债券价格运动过程；其次，重点讨论确保等鞅测度唯一存在(也就是无套利均衡)的充分必要条件，在这里将会给出关于远期利率漂移率的关键约束；再次，对 HJM 框架下的价格决定技术进行探讨，并得出初步评价和结论；最后，对一般均衡和套利均衡做简单比较，以加深对模型的理解。

1. 基本设定

(1) 连续时间分析框架，交易期间为 $[0, \tau]$，$\tau > 0$。

(2) 经济中的不确定性由概率空间 $\{\Omega, F, Q\}$ 刻画，信息结构由 n 个独立的布朗运动 $\{\mathcal{W}_1(t), \cdots, \mathcal{W}_n(t): t \in [0, \tau]\}$，$n \geqslant 1$ 生成的滤波 $\{\mathcal{F}_t: t \in [0, \tau]\}$ 给出。

(3) 假定在每一个交易日 T：$T \in [0, \tau]$，均存在无风险零息票债券，令 $P(t, T)$ 代表期限为 T 的债券在 t 时刻的价格，显然有：

$$P(T, T) = 1, \ \forall T \in [0, \tau] \tag{5-415}$$

$$P(t, T) > 0, \ \forall T \in [0, \tau], t \in [0, T] \tag{5-416}$$

$$\frac{\partial \ln P(t, T)}{\partial T} \text{存在}, \ \forall T \in [0, \tau], t \in [0, T] \tag{5-417}$$

定义 t 时刻的 T $(T > t)$ 时期的瞬时远期利率为：

$$f(t, T) = -\frac{\partial \ln P(t, T)}{\partial T}, \ \forall T \in [0, \tau], t \in [0, T] \tag{5-418}$$

求解这个偏微分方程，可以得到债券的价格：

① Ritchken & Boenwan(1990)指出了这一缺陷并提出了修正方案。

$$P(t,\ T)=\exp\left(-\int_t^T f(t,\ y)\mathrm{d}y\right),\ \forall T\in[0,\ \tau],\ t\in[0,\ T] \tag{5-419}$$

由于 t 时刻的即期利率实际上就是 t 时刻的瞬时远期利率，所以：

$$r(t)=f(t,\ t),\ \forall t\in[0,\ \tau] \tag{5-420}$$

或者表示成为债券的价格形式①：

$$\begin{aligned}f(t,\ T)&=-\frac{\partial \ln P(t,\ T)}{\partial T}\\&=-\lim_{h\to 0}\left[\frac{\ln P(t,\ T+h)-\ln P(t,\ T)}{h}\right]\\&=\lim_{h\to 0}\left[\frac{1}{h}\ln\frac{P(t,\ T)}{P(t,\ T+h)}\right]\end{aligned}$$

可以推出：

$$\begin{aligned}r(t)&=\lim_{h\to 0}\left[\frac{1}{h}\left(\frac{P(t,\ T)}{P(t,\ T+h)}-1\right)\right]\\&=\lim_{h\to 0}\left[\frac{1}{h}\left(\frac{1}{P(t,\ t+h)}-1\right)\right]\\&=\lim_{h\to 0}\left[\frac{1-P(t,\ t+h)}{hP(t,\ t+h)}\right]\end{aligned} \tag{5-421}$$

因此，即期利率可以被解释为一个即将到期的债券的收益率。

接下来要给出的是一组用来描绘远期利率进化运动的随机过程，它们将唯一地决定即期利率和债券价格过程。我们要对这些随机过程施加一系列的(技术性)约束条件(下述有 6 个条件)以保证它们是行为良好的。

条件 1(远期利率过程的正则性)。定义一族远期利率过程 $f(t,\ T),\ T\in[0,\ \tau]$ 为：

$$f(t,\ T)-f(0,\ T)=\int_0^t \mu(\omega,\ \nu,\ T)\mathrm{d}\nu+\sum_{i=1}^{n}\int_0^t \sigma_i(\omega,\ \nu,\ T)\mathrm{d}W_i(\nu),\ \forall 0\leqslant t\leqslant T \tag{5-422}$$

---

① 这里使用了自然对数的泰勒级数扩展：

$$\ln(1+x)=x-\frac{x^2}{2}+\frac{x^3}{3}-\cdots,\ -1<x\leqslant 1$$

由于：

$$1+x=\frac{P(t,\ T)}{P(t,\ T+h)}$$

变形得：

$$x=\frac{P(t,\ T)}{P(t,\ T+h)}-1>0$$

根据定义，h 非常小，所以 $P(t,\ T)$ 仅仅比 $P(t,\ T+h)$ 稍大，而 $P(t,\ T)/P(t,\ T+h)$ 仅仅比 1 微大，所以：

$$0<\frac{P(t,\ T)}{P(t,\ T+h)}-1<1$$

忽略高阶无穷小，就有以下扩展：

$$\ln\frac{P(t,\ T)}{P(t,\ T+h)}=\frac{P(t,\ T)}{P(t,\ T+h)}-1-\frac{1}{2}\left(\frac{P(t,\ T)}{P(t,\ T+h)}-1\right)^2+\cdots\approx\frac{P(t,\ T)}{P(t,\ T+h)}-1$$

其中，$\{f(0, T): T \in [0, \tau]\}$ 是给定的初始远期利率曲线[①]，它是 $f(0, .): ([0, \tau], \mathcal{B}[0, \tau]) \rightarrow (R, \mathcal{B})$ 可测映射；$\mu: \Omega \times \{(t, s): 0 \leqslant t \leqslant s \leqslant T\} \rightarrow R$ 是一族 $F \times \mathcal{B}\{(t, s): 0 \leqslant t \leqslant s \leqslant T\} \rightarrow \mathcal{B}$ 联合可测的、适应的漂移率(函数)，技术上要求：$\int_0^t |\mu(\omega, t, T)| \mathrm{d}t < +\infty$, a.e. Q；$\sigma_i: \Omega \times \{(t, s): 0 \leqslant t \leqslant s \leqslant T\} \rightarrow R$ 是一族 $F \times \mathcal{B}\{(t, s): 0 \leqslant t \leqslant s \leqslant T\} \rightarrow \mathcal{B}$ 联合可测的、适应的波动率(函数)，并满足技术要求：$\int_0^T \sigma_i^2(\omega, t, T)\mathrm{d}t < +\infty$, a.e. Q, $i = 1, \cdots, n$。

以给定的初始远期利率曲线 $\{f(0, T): T \in [0, \tau]\}$ 为起点，n 个独立布朗运动决定了整个远期利率曲线的随机进化运动形式。要指出的是，施加于远期利率曲线上的唯一的限制条件的经济意义是——时间是连续的，随机运动将由有限数目的随机冲击产生。

条件 2(货币市场账户的正则性)。给定远期利率过程式(5-422)，即期利率动态可以被描述为：

$$r(t) = f(0, t) + \int_0^t \mu(\omega, \nu, t)\mathrm{d}\nu + \sum_{i=1}^n \int_0^t \sigma_i(\omega, \nu, t)\mathrm{d}\mathcal{W}_i(\nu), \ \forall t \in [0, \tau] \tag{5-423}$$

定义货币市场账户 $B(t)$ 为：

$$B(t) = \exp\left(\int_0^t r(y)\mathrm{d}y\right), \ \forall t \in [0, \tau], \ B(0) = 1 \tag{5-424}$$

该账户的价值过程必须满足：

$$0 < B(\omega, t) < +\infty, \ a.e.\ Q, \ \forall t \in [0, \tau]$$

为此，要求：

$$\int_0^\tau |f(0, \nu)| \mathrm{d}\nu < +\infty \text{ 和 } \int_0^\tau \left(\int_0^t |\mu(\omega, \nu, t)| \mathrm{d}\nu\right)\mathrm{d}t < +\infty, \ a.e.\ Q$$

条件 3(债券价格的正则性)。为保证债券价格运动过程的行为良好，技术上要求：

$$\int_0^t \left(\int_\nu^t \sigma_i(\omega, \nu, y)\mathrm{d}y\right)^2 \mathrm{d}\nu < +\infty, \ a.e.Q, \ \forall t \in [0, \tau], \ i = 1, \cdots, n$$

$$\int_0^t \left(\int_T^t \sigma_i(\omega, \nu, y)\mathrm{d}y\right)^2 \mathrm{d}\nu < +\infty, \ a.e.Q, \ \forall T \in [0, \tau], \ t \in [0, T], \ i = 1, \cdots, n$$

以及

$$t \rightarrow \int_t^T \left(\int_0^t \sigma_i(\omega, \nu, y)\mathrm{d}\mathcal{W}_i(\nu)\right)^2 \mathrm{d}y, \ \forall T \in [0, \tau], \ i = 1, \cdots, n \text{ 是几乎处处连续的}$$

给定正则条件 2 和 3，就可以使用以下定理和附着的两个推论来决定债券价格过程。

定理 5.5.1[②] 给定概率空间 $\{\Omega, F, Q\}$，以及由布朗运动 $\{\mathcal{W}(t): t \in [0, \tau]\}$ 生成的

① 注意这里以及以下公式中的 ω 是用来表示对布朗运动历史路径可能存在的依赖性。
② 该定理是随机积分 Fubini 定理的一般化形式。

滤波 $\{F_t: t \in [0, \tau]\}$，令 $\{\Phi(\omega, t, a): (t, a) \in [0, \tau] \times [0, \tau]\}$ 为一族随机变量，满足：

(1) $[(\omega, t), a] \in \{(\Omega \times [0, \tau]) \times [0, \tau]\} \to \Phi(\omega, t, a)$ 是 $L \times \mathcal{B}[0, \tau]$ 可测的①；

(2) $\int_0^t \Phi^2(\omega, s, a)\mathrm{d}s < +\infty$, a.e., $\forall t \in [0, \tau]$；

(3) $\int_0^t \left(\int_0^\tau \Phi(\omega, s, a)\mathrm{d}a\right)^2 \mathrm{d}s < +\infty$, a.e., $\forall t \in [0, \tau]$。

则如果 $t \to \int_0^\tau \left(\int_0^t \Phi(\omega, s, a)\mathrm{d}W(s)\right)\mathrm{d}a$ 是几乎处处连续的，就有：

$$\int_0^t \left(\int_0^\tau \Phi(\omega, s, a)\mathrm{d}a\right)\mathrm{d}W(s) = \int_0^\tau \left(\int_0^t \Phi(\omega, s, a)\mathrm{d}W(s)\right)\mathrm{d}a,\ \forall t \in [0, \tau] \tag{5-425}$$

证明： 令为 χ_A 和 χ_B 为两个特征函数，定义有：

$$\chi_A(\omega) = \begin{cases} 1, & \omega \in A \\ 0, & \omega \in A^C \end{cases}$$

$$\chi_B(\omega) = \begin{cases} 1, & \omega \in B \\ 0, & \omega \in B^C \end{cases}$$

其中，A 是一个集合 $\{t: t \in [s, \tau]\}$，$B \in F_s$，现在我们有：

$$\int_B \int_A \chi_A \chi_B \mathrm{d}t\,\mathrm{d}W = \int_B \lambda(A)\chi_B \mathrm{d}W = \lambda(A)Q(B)$$

其中，λ 是勒贝格测度，Q 是同滤波 F 联系的测度，同样也有：

$$\int_A \int_B \chi_A \chi_B \mathrm{d}W\mathrm{d}t = \int_A \chi_A Q(B)\mathrm{d}t = \lambda(A)Q(B)$$

因此：

$$\int_B \int_A \chi_A \chi_B \mathrm{d}t\,\mathrm{d}W = \int_A \int_B \chi_A \chi_B \mathrm{d}W\mathrm{d}t \tag{5-426}$$

令 V 为一族函数 $h(t, \omega): [0, \infty] \times \Omega \to R$，且：

(1) $(t, \omega) \to h(t, \omega)$ 是 $\mathcal{B} \times F$ -可测的；

(2) 对于每一个 $t \geqslant 0$，函数 $\omega \to h(t, \omega)$ 是 F_t -可测的；

(3) $E\left[\int_S^T h^2(t, \omega)\mathrm{d}t\right] < \infty$。

考虑一个基础函数(elementary function) $\psi \in V$，它可以被定义为以下形式的特征函数的和②：

$$\psi(t, \omega) = \sum_{j \geqslant 0} e_j(\omega) \cdot \chi_{[t_j, t_{j+1})}(t)$$

既然 $\psi \in V$，每个函数 e_j 必然是 F_{t_j} -可测的，因此对于某些 $0 \leqslant S \leqslant T$，我们可以定义：

① L 是$(\Omega \times [0, \tau])$上使得所有左连续的 F_t -适应过程 $Y: (\omega, t) \in (\Omega \times [0, \tau]) \to Y(\omega, t) \in R^d$ 为可测的最小 σ -域。

② 以下证明基本来自 Øksendal(1998)。

$$\int_s^T \psi(t, \omega) \mathrm{d}\mathcal{W}_t(\omega) = \sum_{j \geqslant 0} e_j(\omega) [\mathcal{W}_{t_{j+1}} - \mathcal{W}_{t_j}](\omega) \tag{5-427}$$

因此,某个函数 $h \in V$ 的伊藤积分可以写成:

$$\int_s^T h(t, \omega) \mathrm{d}\mathcal{W}_t(\omega) = \lim_{n \to \infty} \int_s^T \psi_n(t, \omega) \mathrm{d}\mathcal{W}_t(\omega)$$

其中的极限是取在 $L^2(P)$ 空间上的,$\{\psi_n\}$ 是一个基础函数序列,且当 $n \to \infty$ 时,有:

$$E\left[\int_s^T [h(t, \omega) - \psi_n(t, \omega)]^2 \mathrm{d}t\right] \to 0$$

这样,我们证明了任意函数 $h \in V$ 的积分可以写为一个基础函数序列的积分的极限形式。而这个基础函数可以表示为特征函数的和①。因此,可以得出结论既然式(5-426)对于特征函数成立,它也应当对任何函数 $\Phi(\omega, t, a)$ 成立②。

推论 5.5.2 假设定理 5.5.1 成立,定义:

$$\Phi(\omega, s, a) = \begin{cases} 0, & (s, a) \notin [0, t] \times [t, \tau] \\ \sigma(\omega, s, a), & (s, a) \in [0, t] \times [t, \tau] \end{cases}$$

则:

$$\int_0^y \left(\int_t^\tau \sigma(\omega, s, a) \mathrm{d}a\right) \mathrm{d}\mathcal{W}(s) = \int_t^\tau \left(\int_0^y \sigma(\omega, s, a) \mathrm{d}\mathcal{W}(s)\right) \mathrm{d}a, \ \forall y \in [0, t] \tag{5-428}$$

证明:

$$\int_0^y \int_t^\tau \sigma(\omega, s, a) \mathrm{d}a \, \mathrm{d}\mathcal{W}(s) = \int_0^y \int_0^\tau \Phi(\omega, s, a) \mathrm{d}a \, \mathrm{d}\mathcal{W}(s)$$

根据定理 5.5.1:

$$\int_0^y \int_0^\tau \Phi(\omega, s, a) \mathrm{d}a \, \mathrm{d}\mathcal{W}(s) = \int_0^\tau \int_0^y \Phi(\omega, s, a) \mathrm{d}\mathcal{W}(s) \mathrm{d}a = \int_t^\tau \int_0^y \sigma(\omega, s, a) \mathrm{d}\mathcal{W}(s) \mathrm{d}a$$

推论 5.5.3 假设定理 5.5.1 成立,定义:

$$\Phi(\omega, s, a) = \begin{cases} 0, & (s, a) \notin [0, t] \times [0, t] \\ \sigma(\omega, s, a) 1_{s \leqslant a}, & (s, a) \in [0, t] \times [0, t] \end{cases}$$

则:

$$\int_0^y \left(\int_s^t \sigma(\omega, s, a) \mathrm{d}a\right) \mathrm{d}\mathcal{W}(s) = \int_0^t \left(\int_0^{a \wedge y} \sigma(\omega, s, a) \mathrm{d}\mathcal{W}(s)\right) \mathrm{d}a, \ \forall y \in [0, t] \tag{5-429}$$

证明:因为对于 $a < s$,$\Phi = 0$,所以:

---

① 类似的结果(被用来证明标准的 Fubini 定理)存在于纯确定性环境下。

② 另外一种证明可以参考 K&S(1988),第 3 章,问题 6.12。

$$\int_0^y \int_s^t \sigma(\omega, s, a)\mathrm{d}a\,\mathrm{d}W(s) = \int_0^y \int_0^t \Phi(\omega, s, a)\mathrm{d}a\,\mathrm{d}W(s)$$

根据定理 5.5.1：

$$\int_0^y \int_0^t \Phi(\omega, s, a)\mathrm{d}a\,\mathrm{d}W(s) = \int_0^t \int_0^y \Phi(\omega, s, a)\mathrm{d}W(s)\mathrm{d}a$$

而对于 $s > a$，$\Phi = 0$，所以：

$$\int_0^t \int_0^y \Phi(\omega, s, a)\mathrm{d}W(s)\mathrm{d}a = \int_0^t \int_0^{a \wedge y} \sigma(\omega, s, a)\mathrm{d}W(s)\mathrm{d}a$$

现在考虑债券价格式(5-419)：

$$P(t, T) = \exp\left(-\int_t^T f(t, y)\mathrm{d}y\right) \Rightarrow \ln P(t, T) = -\int_t^T f(t, y)\mathrm{d}y$$

替代掉式(5-422)，可得：

$$\ln P(t, T) = -\int_t^T f(0, y)\mathrm{d}y - \int_t^T \left(\int_0^t \mu(\nu, y)\mathrm{d}\nu\right)\mathrm{d}y - \sum_{i=1}^n \int_t^T \left(\int_0^t \sigma_i(\nu, y)\mathrm{d}W_i(\nu)\right)\mathrm{d}y \tag{5-430}$$

现在对上式中 $\mu(\nu, y)$ 上的双重积分应用标准的富比尼(Fubini)定理，对 $\sigma_i(\nu, y)$ 上的双重积分应用推论 5.5.2，就有：

$$\begin{aligned}\ln P(t, T) &= -\int_t^T f(0, y)\mathrm{d}y - \int_0^t \left(\int_t^T \mu(\nu, y)\mathrm{d}y\right)\mathrm{d}\nu - \sum_{i=1}^n \int_0^t \left(\int_t^T \sigma_i(\nu, y)\mathrm{d}y\right)\mathrm{d}W_i(\nu)\\ &= -\int_0^T f(0, y)\mathrm{d}y - \int_0^t \left(\int_v^T \mu(\nu, y)\mathrm{d}y\right)\mathrm{d}\nu - \sum_{i=1}^n \int_0^t \left(\int_\nu^T \sigma_i(\nu, y)\mathrm{d}y\right)\mathrm{d}W_i(\nu)\\ &\quad + \int_0^t f(0, y)\mathrm{d}y + \int_0^t \left(\int_\nu^t \mu(\nu, y)\mathrm{d}y\right)\mathrm{d}\nu + \sum_{i=1}^n \int_0^t \left(\int_\nu^T \sigma_i(\nu, y)\mathrm{d}y\right)\mathrm{d}W_i(\nu)\end{aligned} \tag{5-431}$$

对上式最后两项使用推论 5.5.3，可得：

$$\begin{aligned}&\int_0^t \left(\int_\nu^t \mu(\nu, y)\mathrm{d}y\right)\mathrm{d}\nu + \sum_{i=1}^n \int_0^t \left(\int_\nu^t \sigma_i(\nu, y)\mathrm{d}y\right)\mathrm{d}W_i(\nu)\\ &= \int_0^t \left(\int_0^{y\wedge t} \mu(\nu, y)\mathrm{d}\nu\right)\mathrm{d}y + \sum_{i=1}^n \int_0^t \left(\int_0^{y\wedge t} \sigma_i(\nu, y)\mathrm{d}W_i(\nu)\right)\mathrm{d}y\end{aligned} \tag{5-432}$$

根据式(5-419)，有 $-\int_0^T f(0, y)\mathrm{d}y = \ln P(0, T)$，因此式(5-431)变成：

$$\begin{aligned}\ln P(t, T) = {}& \ln P(0, T) - \int_0^t \left(\int_\nu^T \mu(\nu, y)\mathrm{d}y\right)\mathrm{d}\nu - \sum_{i=1}^n \int_0^t \left(\int_\nu^T \sigma_i(\nu, y)\mathrm{d}y\right)\mathrm{d}W_i(\nu)\\ & + \int_0^t f(0, y)\mathrm{d}y + \int_0^t \left(\int_0^{y\wedge t} \mu(\nu, y)\mathrm{d}\nu\right)\mathrm{d}y + \sum_{i=1}^n \int_0^t \left(\int_0^{y\wedge t} \sigma_i(\nu, y)\mathrm{d}W_i(\nu)\right)\mathrm{d}y\end{aligned} \tag{5-433}$$

但是,根据式(5-423),我们有:

$$\int_0^t r(\nu)\mathrm{d}\nu=\int_0^t f(0,\ y)\mathrm{d}y+\int_0^t\left(\int_0^{y\wedge t}\mu(\nu,\ y)\mathrm{d}\nu\right)\mathrm{d}y+\sum_{i=1}^n\int_0^t\left(\int_0^{y\wedge t}\sigma_i(\nu,\ y)\mathrm{d}\mathcal{W}_i(\nu)\right)\mathrm{d}y \tag{5-434}$$

所以,债券价格的动态过程就是:

$$\begin{aligned}\ln P(t,\ T)=&\ln P(0,\ T)+\int_0^t r(y)\mathrm{d}y-\int_0^t\left(\int_\nu^T\mu(\nu,\ y)\mathrm{d}y\right)\mathrm{d}\nu\\&-\sum_{i=1}^n\int_0^t\left(\int_\nu^T\sigma_i(\nu,\ y)\mathrm{d}y\right)\mathrm{d}\mathcal{W}_i(\nu)\end{aligned} \tag{5-435}$$

令:

$$a_i(\omega,\ t,\ T)=-\int_t^T\sigma_i(\omega,\ t,\ y)\mathrm{d}y,\ i=1,\ \cdots,\ n \tag{5-436}$$

$$b(\omega,\ t,\ T)=-\int_t^T\mu(\omega,\ t,\ y)\mathrm{d}y+\frac{1}{2}\sum_{i=1}^n a_i^2(\omega,\ t,\ T) \tag{5-437}$$

式(5-435)则变成:

$$\begin{aligned}\ln P(t,\ T)=&\ln P(0,\ T)+\int_0^t[r(\nu)+b(\nu,\ T)]\mathrm{d}\nu\\&-\frac{1}{2}\sum_{i=1}^n\int_0^t a_i^2(\nu,\ T)\mathrm{d}\nu+\sum_{i=1}^n\int_0^t a_i(\nu,\ T)\mathrm{d}\mathcal{W}_i(\nu)\end{aligned} \tag{5-438}$$

也可以表示为微分形式:

$$\mathrm{d}\ln P(t,\ T)=\left(r(t)+b(t,\ T)-\frac{1}{2}\sum_{i=1}^n a_i^2(t,\ T)\right)\mathrm{d}t+\sum_{i=1}^n a_i(t,\ T)\mathrm{d}\mathcal{W}_i(t) \tag{5-439}$$

使用伊藤定理,可知债券价格运动必须满足的偏微分方程是:

$$\mathrm{d}P(t,\ T)=\frac{\partial P}{\partial(\ln P)}\mathrm{d}(\ln P)+\frac{1}{2}\frac{\partial^2 P}{\partial(\ln P)^2}\mathrm{d}(\ln P)\mathrm{d}(\ln P)+\frac{\partial P}{\partial t}\mathrm{d}t \tag{5-440}$$

其中:

$$\frac{\partial P}{\partial(\ln P)}=P=\frac{\partial^2 P}{\partial(\ln P)^2}$$

也就有:

$$\begin{aligned}\mathrm{d}P(t,\ T)=&P(t,\ T)\left(r(t)+b(t,\ T)-\frac{1}{2}\sum_{i=1}^n a_i^2(t,\ T)\right)\mathrm{d}t\\&+P(t,\ T)\sum_{i=1}^n a_i(t,\ T)\mathrm{d}\mathcal{W}_i(t)+\frac{1}{2}P(t,\ T)\sum_{i=1}^n a_i^2(t,\ T)\mathrm{d}t\\=&P(t,\ T)[r(t)+b(t,\ T)]\mathrm{d}t+P(t,\ T)\sum_{i=1}^n a_i(t,\ T)\mathrm{d}\mathcal{W}_i(t)\end{aligned} \tag{5-441}$$

不难发现，上式中的漂移率 $r(t)+b(\omega, t, T)$ 和波动率系数 $a_i(\omega, t, T)$ 都依赖于布朗运动的历史轨迹，因此，债券价格是非马尔可夫的。

现在不妨来看一下贴现(相对)债券价格过程(discount/relative bond price process)。令：

$$Z(t, T)=P(t, T)/B(t);\ T \in [0, \tau],\ t \in [0, T]$$

为一个到期日为 T 的债券在任意 t 时刻的相对价格。这里由于债券价格表示为相对于货币市场账户的贴现形式，所以它相对于即期利率的漂移率就被去掉了。使用伊藤定理，就可以决定相对债券价格的动态过程：

$$\begin{aligned}
\mathrm{d}Z(t, T) &= \frac{\partial Z(t, T)}{\partial B(t)}\mathrm{d}B(t)+\frac{\partial Z(t, T)}{\partial P(t, T)}\mathrm{d}P(t, T) \\
&\quad +\frac{1}{2}\frac{\partial^2 Z(t, T)}{\partial P(t, T)^2}\mathrm{d}P(t, T)\mathrm{d}P(t, T) \\
&= -\frac{P(t, T)}{B(t)^2}\mathrm{d}B(t)+\frac{\mathrm{d}P(t, T)}{B(t)}+0 \\
&= -\frac{P(t, T)B(t)r(t)}{B(t)^2}\mathrm{d}t+[r(t)+b(t, T)]\frac{P(t, T)}{B(t)}\mathrm{d}t \\
&\quad +\sum_{i=1}^{n} a_i(t, T)\frac{P(t, T)}{B(t)}\mathrm{d}\mathcal{W}_i(t) \\
&= Z(t, T)b(t, T)\mathrm{d}t+Z(t, T)\sum_{i=1}^{n} a_i(t, T)\mathrm{d}\mathcal{W}_i(t)
\end{aligned} \tag{5-442}$$

也有：

$$\begin{aligned}
\mathrm{d}\ln Z(t, T) &= \frac{\partial \ln Z(t, T)}{\partial Z(t, T)}\mathrm{d}Z(t, T)+\frac{1}{2}\frac{\partial^2 \ln Z(t, T)}{\partial Z(t, T)^2}\mathrm{d}Z(t, T)\mathrm{d}Z(t, T) \\
&= \frac{1}{Z(t, T)}\mathrm{d}Z(t, T)-\frac{1}{2}\frac{1}{Z^2(t, T)}Z^2(t, T)\sum_{i=1}^{n} a_i^2(t, T)\mathrm{d}t \\
&= \left(b(t, T)-\frac{1}{2}\sum_{i=1}^{n} a_i^2(t, T)\right)\mathrm{d}t+\sum_{i=1}^{n} a_i(t, T)\mathrm{d}\mathcal{W}_i(t)
\end{aligned} \tag{5-443}$$

因此，相对债券价格过程的积分形式就是：

$$\ln Z(t, T)=\ln Z(0, T)+\int_0^t b(\nu, T)\mathrm{d}\nu-\frac{1}{2}\sum_{i=1}^{n}\int_0^t a_i^2(\nu, T)\mathrm{d}\nu+\sum_{i=1}^{n}\int_0^t a_i(\nu, T)\mathrm{d}\mathcal{W}_i(\nu) \tag{5-444}$$

类似地，由于漂移率和波动率系数均通过累积远期利率漂移 $b(\omega, ., T)$ 率和波动项 $a_i(\omega, ., T)$ 依赖于布朗运动的历史，所以相对债券价格仍然也是非马尔可夫的。

2. 无套利均衡

现在重点考察上述设定下的无套利均衡。式(5-441)得到了原始概率测度 Q 下的债券价格过程：

$$dP(t,T)=P(t,T)[r(t)+b(t,T)]dt+P(t,T)\sum_{i=1}^{n}a_i(t,T)d\mathcal{W}_i(t) \tag{5-445}$$

而第3章中的资产定价基本定理告诉我们,无套利就意味着存在一个概率测度 $\tilde{Q}\sim Q$,使得所有贴现证券价格运动过程成为鞅。我们希望可以找这个等鞅测度,它可以让式(5-441)中的漂移率变为无风险利率 $r(t)$。这也就是说,找到一组布朗运动向量 $\{\tilde{\mathcal{W}}_1(t),\cdots,\tilde{\mathcal{W}}_n(t):t\in[0,\tau]\}$,$n\geqslant 1$,以及与之相对应的适应过程 $\{\gamma_i(t);t\in[0,\tau]\}$,使得:

$$\tilde{\mathcal{W}}_i(t)=-\int_0^t\gamma_i(u)du+\mathcal{W}_i(t),\ i=1,\cdots,n$$

以及下式成立:

$$\begin{aligned}dP(t,T)=&P(t,T)\Big(r(t)+b(t,T)+\sum_{i=1}^{n}a_i(t,T)\gamma_i(t)\Big)dt\\&+P(t,T)\sum_{i=1}^{n}a_i(t,T)[-\gamma_i(t)dt+d\mathcal{W}_i(t)]\end{aligned} \tag{5-446}$$

而且其中:

$$b(t,T)+\sum_{i=1}^{n}a_i(t,T)\gamma_i(t)=0 \tag{5-447}$$

由于定义 $b(t,T)$ 代表远期利率在时间段 $[t,T]$ 上的累积漂移,上式实际上就隐含着一个对远期利率过程的约束,它将确保无套利定价的成立。我们这就来考察远期利率过程必须满足的约束条件,它将保证一个唯一的等鞅测度以及无套利均衡的存在。

条件4(风险市场价格的存在性)。令 $S_1,\cdots,S_n\in[0,\tau]$,且 $0<S_1<\cdots<S_n\leqslant\tau$,并令 λ 为一勒贝格测度。假定向量 $\gamma_i(.,.;S_1,\cdots,S_n):\Omega\times[0,S_1]\to R$,$i=1,\cdots,n$,$a.e.\ Q\times\lambda$ 是以下方程组的解:

$$\begin{bmatrix}b(t,S_1)\\ \vdots\\ b(t,S_n)\end{bmatrix}+\begin{bmatrix}a_1(t,S_1)\cdots a_n(t,S_1)\\ \vdots\\ a_1(t,S_n)\cdots a_n(t,S_n)\end{bmatrix}\begin{bmatrix}\gamma_1(t;S_1,\cdots,S_n)\\ \vdots\\ \gamma_n(t;S_1,\cdots,S_n)\end{bmatrix}=\begin{bmatrix}0\\ \vdots\\ 0\end{bmatrix} \tag{5-448}$$

也同时假定该组解满足以下三个条件:

$$\int_0^{S_1}\gamma_i^2(\nu;S_1,\cdots,S_n)d\nu<+\infty,\ i=1,\cdots,n,\ a.e.Q \tag{5-449}$$

$$E^Q\Big[\exp\Big(\sum_{i=1}^{n}\int_0^{S_1}\gamma_i(\nu;S_1,\cdots,S_n)d\mathcal{W}_i(\nu)-\frac{1}{2}\sum_{i=1}^{n}\int_0^{S_1}\gamma_i^2(\nu;S_1,\cdots,S_n)d\nu\Big)\Big]=1 \tag{5-450}$$

$$E^Q\left[\exp\left(\begin{aligned}&\sum_{i=1}^{n}\int_0^{S_1}[a_i(\nu,y)+\gamma_i(\nu;S_1,\cdots,S_n)]d\mathcal{W}_i(\nu)\\&-\frac{1}{2}\sum_{i=1}^{n}\int_0^{S_1}[a_i(\nu,y)+\gamma_i(\nu;S_1,\cdots,S_n)]^2d\nu\end{aligned}\right)\right]=1,\ y\in\{S_1,\cdots,S_n\} \tag{5-451}$$

根据方程组式(5-448)，我们可以把 $\gamma_i(.,.;S_1,\cdots,S_n)$，$i=1,\cdots,n$ 视为与每种不确定性(用布朗运动表示)联系的风险市场价格。根据式(5-441)，到期日为 T 的债券的瞬时期望收益率是 $r(t)+b(t,T)$，相应的瞬时标准差为 $a_i(t,T)$，$i=1,\cdots,n$。风险的市场价格关系也可以表示为：

$$b(t,T)=\sum_{i=1}^{n}a_i(t,T)[-\gamma_i(t;S_1,\cdots,S_n)] \tag{5-452}$$

其中，风险的市场价格依赖于对债券的特定到期时间 $(S_1,\cdots,S_n)$ 的选择。条件 4 就保证了等鞅测度的存在性，这可以用以下命题来证明。

命题 5.5.4　(等鞅测度的存在性)令 $S_1,\cdots,S_n\in[0,\tau]$，且 $0<S_1<\cdots<S_n\leqslant\tau$，给定一个远期利率漂移率向量 $\{\alpha(.,S_1),\cdots,\alpha(.,S_n)\}$ 和波动率矩阵 $\{\sigma_i(.,S_1),\cdots,\sigma_i(.,S_n)\}$，$i=1,\cdots,n$，它们满足技术条件 1—3，则当且仅当存在一个等概率测度 $\widetilde{Q}_{S_1,\cdots,S_n}$，使得 $\{Z(t,S_1),\cdots,Z(t,S_n)\}$ 是 $\{F_t: t\in[0,S_1]\}$ 下的鞅时，条件 4 成立。该命题的证明需要以下两个定理支持：

定理 5.5.5　假定条件 1—3 对于某些给定的 $S_1,\cdots,S_n\in[0,\tau]$，$0<S_1<\cdots<S_n\leqslant\tau$ 成立，定义：

$$X(t,y)=\int_0^t b(\nu,y)\mathrm{d}\nu+\sum_{i=1}^{n}\int_0^t a_i(\nu,y)\mathrm{d}\mathcal{W}_i(\nu),\ \forall t\in[0,y],\ y\in\{S_1,\cdots,S_n\} \tag{5-453}$$

且 $\gamma_i:\Omega\times[0,\tau]\to R$，$i=1,\cdots,n$，满足以下四个条件：

(1) $$\begin{bmatrix}b(t,S_1)\\ \vdots\\ b(t,S_n)\end{bmatrix}+\begin{bmatrix}a_1(t,S_1)\cdots a_n(t,S_1)\\ \vdots\\ a_1(t,S_n)\cdots a_n(t,S_n)\end{bmatrix}\begin{bmatrix}\gamma_1(t)\\ \vdots\\ \gamma_n(t)\end{bmatrix}=\begin{bmatrix}0\\ \vdots\\ 0\end{bmatrix},\ a.e.Q\times\lambda$$

(2) $\int_0^{S_1}\gamma_i^2(\nu)\mathrm{d}\nu<+\infty$，$i=1,\cdots,n$，$a.e.Q$

(3) $$E^Q\left[\exp\left(\sum_{i=1}^{n}\int_0^{S_1}\gamma_i(\nu)\mathrm{d}\mathcal{W}_i(\nu)-\frac{1}{2}\sum_{i=1}^{n}\int_0^{S_1}\gamma_i^2(\nu)\mathrm{d}\nu\right)\right]=1$$

(4) $$E^Q\left[\exp\left(\sum_{i=1}^{n}\int_0^{S_1}[a_i(\nu,y)+\gamma_i(\nu)]\mathrm{d}\mathcal{W}_i(\nu)-\frac{1}{2}\sum_{i=1}^{n}\int_0^{S_1}(a_i(\nu,y)+\gamma_i(\nu))^2\mathrm{d}\nu\right)\right]=1,\ y\in\{S_1,\cdots,S_n\}$$

则当且仅当存在一个概率测度 $\widetilde{Q}_{S_1,\cdots,S_n}$ 时，以下论断为真：

(a) $$\frac{\mathrm{d}\widetilde{Q}_{S_1,\cdots,S_n}}{\mathrm{d}Q}=\exp\left(\sum_{i=1}^{n}\int_0^{S_1}\gamma_i(\nu)\mathrm{d}\mathcal{W}_i(\nu)-\frac{1}{2}\sum_{i=1}^{n}\int_0^{S_1}\gamma_i^2(\nu)\mathrm{d}\nu\right);$$

(b) $\widetilde{\mathcal{W}}_i^{S_1,\cdots,S_n}(t)=\mathcal{W}_i(t)-\int_0^t\gamma_i(\nu)\mathrm{d}\nu$，$i=1,\cdots,n$ 是 $\{(\Omega,F,\widetilde{Q}_{S_1,\cdots,S_n}),(F_t;t\in[0,S_1])\}$ 上的布朗运动；

(c) $$\begin{bmatrix}\mathrm{d}X(t,S_1)\\ \vdots\\ \mathrm{d}X(t,S_n)\end{bmatrix}=\begin{bmatrix}a_1(t,S_1)\cdots a_n(t,S_1)\\ \vdots\\ a_1(t,S_n)\cdots a_n(t,S_n)\end{bmatrix}\begin{bmatrix}\mathrm{d}\widetilde{\mathcal{W}}_1^{S_1,\cdots,S_n}(t)\\ \vdots\\ \mathrm{d}\widetilde{\mathcal{W}}_n^{S_1,\cdots,S_n}(t)\end{bmatrix},\ t\in[0,S_1];$$

(d) $\mathcal{W}(t, S_i)$, $i=1, \cdots, n$ 是 $\{(\Omega, F, \widetilde{Q}_{S_1, \cdots, S_n}), (F_t; t\in[0, S_1])\}$ 上的鞅。

证明：先证明充分性——使用 Girsanov 定理(条件(2)和(3)确保满足使用该定理的条件),在 $(\Omega, F\}$ 上存在一个由(a)定义的概率测度 $\widetilde{Q}_{S_1, \cdots, S_n}$ 和一个由(b)定义的 $(\Omega, F, \widetilde{Q}_{S_1, \cdots, S_n})$ 上 n 维布朗运动。考虑微分方程式(5-442)给出的相对证券价格过程：

$$\mathrm{d}Z(t, y)=Z(t, y)b(t, y)\mathrm{d}t+Z(t, y)\sum_{i=1}^{n}a_i(t, y)\mathrm{d}\mathcal{W}_i(t)$$

或者：

$$\frac{\mathrm{d}Z(t, y)}{Z(t, y)}=b(t, y)\mathrm{d}t+\sum_{i=1}^{n}a_i(t, y)\mathrm{d}\mathcal{W}_i(t)$$

对它积分：

$$\int_0^t\frac{\mathrm{d}Z(\nu, y)}{Z(\nu, y)}=\int_0^t b(\nu, y)\mathrm{d}\nu+\sum_{i=1}^{n}a_i(\nu, y)\mathrm{d}\mathcal{W}_i(\nu)=X(t, y) \tag{5-454}$$

根据 $X(t, y)$, $t\in[0, y]$, $y\in\{S_1, \cdots, S_n\}$ 的定义,就有：

$$\mathrm{d}X(t, y)=b(t, y)\mathrm{d}t+\sum_{i=1}^{n}a_i(t, y)\mathrm{d}\mathcal{W}_i(t) \tag{5-455}$$

根据条件(1),有：

$$b(t, y)=\sum_{i=1}^{n}a_i(t, y)[-\gamma_i(t)] \tag{5-456}$$

所以：

$$\begin{aligned}\mathrm{d}X(t, y)&=\sum_{i=1}^{n}a_i(t, y)[-\gamma_i(t)]\mathrm{d}t+\sum_{i=1}^{n}a_i(t, y)\mathrm{d}\mathcal{W}_i(t)\\&=\sum_{i=1}^{n}a_i(t, y)[\mathrm{d}\mathcal{W}_i(t)-\gamma_i(t)\mathrm{d}t]\\&=\sum_{i=1}^{n}a_i(t, y)\mathrm{d}\widetilde{\mathcal{W}}_i^{S_1, \cdots, S_n}(t)\end{aligned} \tag{5-457}$$

根据(b)中的 $\widetilde{\mathcal{W}}_i^{S_1, \cdots, S_n}$, $t\in[0, S_1]$, $y\in\{S_1, \cdots, S_n\}$ 的定义,(c)成立。

由式(5-454)和(c),有：

$$\begin{aligned}&\frac{\mathrm{d}Z(t, y)}{Z(t, y)}=\mathrm{d}X(t, y)=\sum_{i=1}^{n}a_i(t, y)\mathrm{d}\widetilde{\mathcal{W}}_i^{S_1, \cdots, S_n}(t)\\&\Rightarrow\\&Z(t, y)=Z(0, y)+\sum_{i=1}^{n}\int_0^t Z(\nu, y)a_i(\nu, y)\mathrm{d}\widetilde{\mathcal{W}}_i^{S_1, \cdots, S_n}(\nu)\end{aligned} \tag{5-458}$$

$Z(t, y)$ 是鞅(根据 Oksendal, 1998,推论 3.2.6),因此,(d)成立。

接下来证明必要性——根据式(5-454)和(c),有：

$$\frac{\mathrm{d}Z(t, y)}{Z(t, y)}=\mathrm{d}X(t, y)=\sum_{i=1}^{n}a_i(t, y)\mathrm{d}\widetilde{\mathcal{W}}_i^{S_1, \cdots, S_n}(t) \tag{5-459}$$

其中, $\mathrm{d}\widetilde{\mathcal{W}}_i^{S_1, \cdots, S_n}(t)$, $i=1, \cdots, n$,由(b)定义为：

$$d\widetilde{W}_i^{S_1, \cdots, S_n}(t) = dW_i(t) - \gamma_i(t)dt \tag{5-460}$$

因此：

$$\begin{aligned}\frac{dZ(t, y)}{Z(t, y)} &= \sum_{i=1}^{n} a_i(t, y)[dW_i(t) - \gamma_i(t)dt] \\ &= \sum_{i=1}^{n} a_i(t, y)[-\gamma_i(t)]dt + \sum_{i=1}^{n} a_i(t, y)dW_i(t)\end{aligned} \tag{5-461}$$

但是，在式(5-442)中，$Z(t, y)$ 被定义为：

$$dZ(t, T) = Z(t, T)b(t, T)dt + Z(t, T)\sum_{i=1}^{n} a_i(t, T)dW_i(t) \tag{5-462}$$

所以：

$$b(t, y) = \sum_{i=1}^{n} a_i(t, y)[-\gamma_i(t)] \tag{5-463}$$

因此，条件(1)成立。我们知道对于布朗运动 $W_i(t)$ 下的任意变量 $\gamma_i(t)$，只有当它是平方可积时，它的随机积分才能够被良好的定义。既然(a)定义了这个积分，$\gamma_i(t)$ 就是平方可积的，所以条件(2)成立。(a)定义的拉登-尼科迪姆导数给出两个测度 Q 和 $\widetilde{Q}_{S_1, \cdots, S_n}$ 之间的关系，因此：

$$1 = E^{\widetilde{Q}_{S_1, \cdots, S_n}}[1] = E^Q\left[\exp\left(\sum_{i=1}^{n}\int_0^{S_1} \gamma_i(\nu)dW_i(\nu) - \frac{1}{2}\sum_{i=1}^{n}\int_0^{S_1} \gamma_i^2(\nu)d(\nu)\right)\right] \tag{5-464}$$

这就证明了条件(3)。我们有：

$$Z(t, y) = Z(0, y)\exp\left(\sum_{i=1}^{n}\int_0^{t} a_i(\nu, y)d\widetilde{W}^{S_1, \cdots, S_n}(\nu) - \frac{1}{2}\sum_{i=1}^{n}\int_0^{t} a_i^2(\nu, y)d\nu\right) \tag{5-465}$$

再根据(d)，$Z(t, y)$，$t \in [0, S_1]$，$y \in \{S_1, \cdots, S_n\}$ 是一个鞅，所以：

$$\begin{aligned}&Z(0, y) \\ &= E^{\widetilde{Q}_{S_1, \cdots, S_n}}[Z(S_1, y)] \\ &= E^Q\left[\begin{aligned}&Z(0, y)\exp\left(\sum_{i=1}^{n}\int_0^{S_1} a_i(\nu, y)d\widetilde{W}^{S_1, \cdots, S_n}(\nu) - \frac{1}{2}\sum_{i=1}^{n}\int_0^{S_1} a_i^2(\nu, y)d\nu\right) \\ &\times \exp\left(\sum_{i=1}^{n}\int_0^{S_1} \gamma_i(\nu)dW_i(\nu) - \frac{1}{2}\sum_{i=1}^{n}\int_0^{S_1} \gamma_i^2(\nu)d\nu\right)\end{aligned}\right] \\ &= E^Q\left[\begin{aligned}&Z(0, y)\exp\left(\sum_{i=1}^{n}\int_0^{S_1} a_i(\nu, y)dW_i(\nu) - \sum_{i=1}^{n}\int_0^{S_1} a_i(\nu, y)\gamma_i(\nu)d\nu\right) \\ &\times \exp\left(-\frac{1}{2}\sum_{i=1}^{n}\int_0^{S_1} a_i^2(\nu, y)d\nu + \sum_{i=1}^{n}\int_0^{S_1} \gamma_i(\nu)dW_i(\nu) - \frac{1}{2}\sum_{i=1}^{n}\int_0^{S_1} \gamma_i^2(\nu)d(\nu)\right)\end{aligned}\right] \\ &= Z(0, y)E^Q\left[\exp\left(\sum_{i=1}^{n}\int_0^{S_1} [a_i(\nu, y) + \gamma_i(\nu)]dW_i(\nu) - \frac{1}{2}\sum_{i=1}^{n}\int_0^{S_1} [a_i(\nu, y) + \gamma_i(\nu)]^2 d\nu\right)\right]\end{aligned} \tag{5-466}$$

因此,条件(4)成立。

定理 5.5.6 假定条件 1—3 对于给定的 $S_1, \cdots, S_n \in [0, \tau]$, $0 < S_1 < \cdots < S_n \leqslant \tau$ 成立,定义:

$$X(t, y) = \int_0^t b(\nu, y)\mathrm{d}\nu + \sum_{i=1}^{n}\int_0^t (a_i(\nu, y)\mathrm{d}\mathcal{W}_i(\nu)),\ \forall t \in [0, y],\ y \in \{S_1, \cdots, S_n\} \tag{5-467}$$

则存在一个等价概率测度 $\bar{Q} \sim Q$ 使得 $Z(t, S_i)$, $i=1, \cdots, n$ 是 $\{(\Omega, F, \bar{Q}), \{\mathcal{F}_t: t \in [0, S_1]\}\}$ 上的鞅,当且仅当存在 $\gamma_i: \Omega \times [0, \tau] \rightarrow R$, $i=1, \cdots, n$ 和一个概率测度 $\tilde{Q}_i^{S_1, \cdots, S_n}$ 时,定理 5.5.5 的(a)—(d)成立。

证明:先证明充分性——先假定存在一个等概率测度 $\bar{Q} \sim Q$; $Z(t, S_i)$, $i=1, \cdots, n$ 是 $\bar{Q}$ 上的鞅,要证明存在 $\gamma_i: \Omega \times [0, \tau] \rightarrow R$, $i=1, \cdots, n$ 和概率测度 $\tilde{Q}_i^{S_1, \cdots, S_n}$,使得(a)—(d)成立。

既然 $\bar{Q} \sim Q$,根据拉登-尼科迪姆定理[①],则存在一个非负的随机过程 $N(t)$, $t \in [0, S_1]$,使得:

$$\frac{\mathrm{d}\bar{Q}}{\mathrm{d}Q} = N(S_1) \tag{5-468}$$

如果任意过程要成为一个拉登-尼科迪姆导数,它必须满足三个条件:

(1) $N(0) = 1$;

(2) $N(t) > 0$, $t \in [0, S_1]$;

(3) $E^Q[N(S_1) \mid F_t] = N(t)$。

不妨这样定义 $N(t)$:

$$N(t) = \exp\left(\sum_{i=1}^{n}\gamma_i(t)\mathrm{d}\mathcal{W}_i(t) - \frac{1}{2}\sum_{i=1}^{n}\gamma_i^2(t)\mathrm{d}t\right) \tag{5-469}$$

则条件(1)、(2)满足。取 $N(t)$ 的自然对数,得到:

$$\begin{aligned} &\ln N(t) = \sum_{i=1}^{n}\int_0^t \gamma_i(\nu)\mathrm{d}\mathcal{W}_i(\nu) - \frac{1}{2}\sum_{i=1}^{n}\int_0^t \gamma_i^2(\nu)\mathrm{d}(\nu) \\ &\Rightarrow \\ &\mathrm{d}\ln N(t) = \sum_{i=1}^{n}\gamma_i(t)\mathrm{d}\mathcal{W}_i(t) - \frac{1}{2}\sum_{i=1}^{n}\gamma_i^2(t)\mathrm{d}t \end{aligned} \tag{5-470}$$

根据伊藤定理,就有:

$$\begin{aligned} \mathrm{d}N(t) &= \frac{\partial N(t)}{\partial \ln N(t)}\mathrm{d}\ln N(t) + \frac{1}{2}\frac{\partial^2 N(t)}{\partial \ln N(t)^2}\mathrm{d}\ln N(t)\mathrm{d}\ln N(t) \\ &= N(t)\sum_{i=1}^{n}\gamma_i(t)\mathrm{d}\mathcal{W}_i(t) - \frac{1}{2}N(t)\sum_{i=1}^{n}\gamma_i^2(t)\mathrm{d}t + \frac{1}{2}N(t)\sum_{i=1}^{n}\gamma_i^2(t)\mathrm{d}t \\ &= N(t)\sum_{i=1}^{n}\gamma_i(t)\mathrm{d}\mathcal{W}_i(t) \end{aligned} \tag{5-471}$$

① 参见 9.3.2 节。

根据鞅表示定理的逆推[①]，这就意味着 $N(t)$ 是一个鞅，因此条件(3)成立。这样，所有使得 $N(t)$ 成为拉登-尼科迪姆导数的条件均得到满足。因此，令 $\tilde{Q}_i^{S_1, \cdots, S_n}$ 为这种 $N(t)$ 的特定形式定义出的等价概率测度，则(a)成立，而根据哥萨诺夫定理，测度 $\tilde{Q}_i^{S_1, \cdots, S_n}$ 下的新的布朗运动 $\tilde{\mathcal{W}}_i^{S_1, \cdots, S_n}(t)$ 就定义为：

$$\tilde{\mathcal{W}}_i^{S_1, \cdots, S_n}(t) = \mathcal{W}_i(t) - \int_0^t \gamma_i(\nu)\mathrm{d}\nu,\ i = 1, \cdots, n \tag{5-472}$$

因此，(b)成立。

$Z(t, y),\ y \in \{S_1, \cdots, S_n\}$ 是 $\bar{Q}$ 下的鞅，更确切地说，是 $\tilde{Q}_i^{S_1, \cdots, S_n}$ 下的鞅，所以(d)成立。根据鞅表示定理，可以写下：

$$\mathrm{d}Z(t, y) = \sum_{i=1}^{n} \varphi_i(t, y)\mathrm{d}\tilde{\mathcal{W}}_i^{S_1, \cdots, S_n}(t) \tag{5-473}$$

可以定义：

$$a_i(t, y) = \frac{\varphi_i(t, y)}{Z(t, y)},\ i = 1, \cdots, n, \tag{5-474}$$

因此，

$$\mathrm{d}Z(t, y) = Z(t, y)\sum_{i=1}^{n} a_i(t, y)\mathrm{d}\tilde{\mathcal{W}}_i^{S_1, \cdots, S_n}(t)$$

$$\Rightarrow$$

$$\frac{\mathrm{d}Z(t, y)}{Z(t, y)} = \sum_{i=1}^{n} a_i(t, y)\mathrm{d}\tilde{\mathcal{W}}_i^{S_1, \cdots, S_n}(t)$$

但是，根据式(5-454)中 $X(t, y)$ 的定义：

$$\mathrm{d}X(t, y) = \frac{\mathrm{d}Z(t, y)}{Z(t, y)},\ y \in \{S_1, \cdots, S_n)$$

所以，(c)成立。

反过来证明必要性——存在 γ_i，$i = 1, \cdots, n$ 和概率测度 $\tilde{Q}_{S_1, \cdots, S_n}$，满足(a)—(d)；再证明存在 $\bar{Q} \sim Q$ 以及 $Z(t, S_i)$，$i = 1, \cdots, n$ 是 $\bar{Q}$ 鞅。

既然 $\tilde{Q}_i^{S_1, \cdots, S_n}$ 和 Q 由(a)中的拉登-尼科迪姆导数相联系，那么 $\bar{Q} \sim \tilde{Q}_i^{S_1, \cdots, S_n}$，可以令 $\bar{Q} = \tilde{Q}_{S_1, \cdots, S_n}$。由于(d)，$Z(t, S_i)$，$i = 1, \cdots, n$ 是 $\tilde{Q}_{S_1, \cdots, S_n}$ 下的鞅，既然 $\bar{Q} = \tilde{Q}_{S_1, \cdots, S_n}$，那么它们也是 $\bar{Q}$-鞅。

这样，根据对上面两定理(5.5.5 和 5.5.6)的证明，我们也就证明了命题 5.5.4。

这个命题实际上说明了，如果技术条件 1—3 满足，则条件 4 就是保证存在一个等鞅测度 $\tilde{Q}_i^{S_1, \cdots, S_n}$ 的充要条件。要指出的是，对该命题的证明有一个关键的特点，就是使用了 Girsanov 定理，它把等鞅测度定义为：

$$\frac{\mathrm{d}\tilde{Q}_{S_1, \cdots, S_n}}{\mathrm{d}Q} = \exp\left(\sum_{i=1}^{n}\int_0^{S_1} \gamma_i(\nu; S_1, \cdots, S_n)\mathrm{d}\mathcal{W}_i(\nu) - \frac{1}{2}\sum_{i=1}^{n}\int_0^{S_1} \gamma_i^2(\nu; S_1, \cdots, S_n)\mathrm{d}\nu\right) \tag{5-475}$$

① 参见 11.5.4 节以及 Oksendal(1998)。

以及一簇定义在 $\{(\Omega, F, \bar{Q}_{S_1,\cdots,S_n}), \{\mathcal{F}_t: t\in[0, S_1]\}\}$ 上的新维纳过程：

$$\widetilde{\mathcal{W}}_i^{S_1,\cdots,S_n}(t)=\mathcal{W}_i(t)-\int_0^t \gamma_i(\nu; S_1, \cdots, S_n)d\nu,\ i=1, \cdots, n \tag{5-476}$$

我们当然希望保证上述等鞅测度是唯一的，这就还得追加一个额外的条件。

条件5(等鞅概率测度的唯一性)。令 $S_1, \cdots, S_n\in[0, \tau]$，且 $0<S_1<\cdots<S_n\leqslant\tau$，假定：

$$\begin{bmatrix} a_1(t, S_1) & \cdots & a_n(t, S_1) \\ \vdots & & \vdots \\ a_1(t, S_n) & \cdots & a_n(t, S_n) \end{bmatrix}$$

是非奇异阵。

这个附加的条件5就是保证等鞅测度唯一性的充要条件，我们用命题5.5.7来说明。

命题5.5.7 (等鞅概率测度的唯一性)。令 $S_1, \cdots, S_n\in[0, \tau]$，且 $0<S_1<\cdots<S_n\leqslant\tau$，给定满足条件1—4的远期利率漂移率向量 $\{\mu(., S_1)\ \cdots\ \mu(., S_n)\}$ 和波动率向量组 $\{\sigma_i(., S_1)\ \cdots\ \sigma_i(., S_n)\}$，$i=1, \cdots, n$，则当且仅当该鞅测度是唯一时，条件5成立。

对该命题的证明由以下两个定理给出。

定理5.5.8 令 $S<\tau$，定义 $\beta_i: \Omega\times[0, \tau]\to R$，$i=1, \cdots, n$，且 $\int_0^S \beta_i^2(\nu)\mathrm{d}\nu<+\infty$，同时定义：

$$T_m\equiv\inf\left\{t\in[0, S];\ E\left[\exp\left(\frac{1}{2}\sum_{i=1}^n \beta_i^2(\nu)\mathrm{d}\nu\right)\right]\geqslant m\right\}$$

$$M^m(t)\equiv\exp\left(\sum_{i=1}^n\int_0^{T_m\wedge t}\beta_i(\nu)\mathrm{d}\mathcal{W}_i(\nu)-\frac{1}{2}\sum_{i=1}^n\int_0^{T_m\wedge t}\beta_i^2(\nu)\mathrm{d}\nu\right)$$

则当且仅当 $\{M^m(S)\}_{m=1}^\infty$ 是一致可积时，才有：

$$E\left[\exp\left(\sum_{i=1}^n\int_0^S\beta_i(\nu)\mathrm{d}\mathcal{W}_i(\nu)-\frac{1}{2}\sum_{i=1}^n\int_0^S\beta_i^2(\nu)\mathrm{d}\nu\right)\right]=1 \tag{5-477}$$

证明：根据定义 $\beta_i(t)$，$i=1, \cdots, n$ 是 (Ω, F, Q) 上平方可积变量，则伊藤积分：

$$X^m(t)=\sum_{i=1}^n\int_0^{T_m\wedge t}\beta_i(\nu)\mathrm{d}\mathcal{W}_i(\nu)$$

是 (Ω, F, Q) 上的一个连续鞅①，而每一鞅都是局部鞅②，因此③：

$$\begin{aligned} M^m(t)&=\exp\left(X^m(t)-\frac{1}{2}\langle X^m, X^m\rangle(t)\right)\\ &=\exp\left(\sum_{i=1}^n\int_0^{t\wedge T_m}\beta_i(\nu)\mathrm{d}\mathcal{W}_i(\nu)-\frac{1}{2}\sum_{i=1}^n\int_0^{t\wedge T_m}\beta_i^2(\nu)\mathrm{d}\nu\right)\end{aligned} \tag{5-478}$$

---

① 参见11.1和11.2节，以及Musiela和Rutkowski(1997)命题B.1.2。
② 参见11.2.3节。
③ 根据Elliott(1982)，定理13.17。

是一个上鞅。

根据定义，令 T_m 为最底下的 $t \in [0, S]$，而：

$$E\left[\exp\left(\frac{1}{2}\sum_{i=1}^{n}\int_{0}^{t}\beta_i^2(\nu)\mathrm{d}\nu\right)\right] \geqslant m$$

则对于所有 $t \leqslant T_m$，我们有：

$$E\left[\exp\left(\frac{1}{2}\sum_{i=1}^{n}\int_{0}^{t}\beta_i^2(\nu)\mathrm{d}\nu\right)\right] \leqslant m$$

特别是：

$$E\left[\exp\left(\frac{1}{2}\sum_{i=1}^{n}\int_{0}^{T_m}\beta_i^2(\nu)\mathrm{d}\nu\right)\right] \leqslant m$$

因此：

$$E\left[\exp\left(\frac{1}{2}\sum_{i=1}^{n}\int_{0}^{S\wedge T_m}\beta_i^2(\nu)\mathrm{d}\nu\right)\right] = E\left[\exp\left(\frac{1}{2}\sum_{i=1}^{n}\int_{0}^{T_m}\beta_i^2(\nu)\mathrm{d}\nu\right)\right] \leqslant m \tag{5-479}$$

上鞅 $M^m(t)$，$t \in [0, S]$ 是一个鞅①，且：

$$E[M^m(t)] = 1, \ \forall t \in [0, S] \tag{5-480}$$

现在来证明充分性——假定 $\{M^m(S)\}_{m=1}^{\infty}$ 是一致可积的，在 L^1 中几乎总有②：

$$\lim_{m\to\infty} M^m(S) = \exp\left(\sum_{i=1}^{n}\int_{0}^{S}\beta_i(\nu)\mathrm{d}W_i(\nu) - \frac{1}{2}\sum_{i=1}^{n}\int_{0}^{S}\beta_i^2(\nu)\mathrm{d}\nu\right) \tag{5-481}$$

取期望，再根据式(5-480)就有：

$$E\left[\exp\left(\sum_{i=1}^{n}\int_{0}^{S}\beta_i(\nu)\mathrm{d}W_i(\nu) - \frac{1}{2}\sum_{i=1}^{n}\int_{0}^{S}\beta_i^2(\nu)\mathrm{d}\nu\right)\right] = \lim_{m\to\infty} E[M^m(S)] = 1 \tag{5-482}$$

再证必要性——假定：

$$E\left[\exp\left(\sum_{i=1}^{n}\int_{0}^{S}\beta_i(\nu)\mathrm{d}W_i(\nu) - \frac{1}{2}\sum_{i=1}^{n}\int_{0}^{S}\beta_i^2(\nu)\mathrm{d}\nu\right)\right] = 1 \tag{5-483}$$

则它是一个鞅，因此：

$$E\left[\exp\left(\sum_{i=1}^{n}\int_{0}^{S}\beta_i(\nu)\mathrm{d}W_i(\nu) - \frac{1}{2}\sum_{i=1}^{n}\int_{0}^{S}\beta_i^2(\nu)\mathrm{d}\nu\right) \middle| F_{T_m}\right] = M^m(S) \tag{5-484}$$

所以，$\{M^m(S)\}_{m=1}^{\infty}$ 是一致可积的③。

定理 5.5.9　假定条件 1—3 对于给定的 $\{S_1, \cdots, S_n\} \in [0, \tau]$，$0 < S_1 < \cdots < S_n \leqslant \tau$ 成立，也假定定理 5.5.5 中的(1)—(4)四个条件得到满足。则当而仅当矩阵：

---

① 根据 Elliott(1982)，定理 13.27。
② 根据 Elliott(1982)，推论 3.19。
③ 根据 Elliott(1982)，定理 3.20。

$$A(t) \equiv \begin{bmatrix} a_1(t, S_1) & \cdots & a_n(t, S_1) \\ & \vdots & \\ a_1(t, S_n) & \cdots & a_n(t, S_{1n}) \end{bmatrix}$$

为奇异阵时,满足(1)—(4)四条件的 $\gamma_i(t)$, $i=1, \cdots, n$ 是唯一的。

证明:充分性——假定 $A(t)$ 为奇异阵,既然条件(1)成立,就有:

$$\begin{bmatrix} a_1(t, S_1) & \cdots & a_n(t, S_1) \\ & \vdots & \\ a_1(t, S_n) & \cdots & a_n(t, S_n) \end{bmatrix} \begin{bmatrix} \gamma_1(t) \\ \vdots \\ \gamma_n(t) \end{bmatrix} = A(t) \begin{bmatrix} \gamma_1(t) \\ \vdots \\ \gamma_n(t) \end{bmatrix} = - \begin{bmatrix} b(t, S_1) \\ \vdots \\ b(t, S_n) \end{bmatrix} \tag{5-485}$$

奇异性就意味着 $A(t)$是可逆的,因此,唯一解 $\gamma_i(t)$, $i=1, \cdots, n$ 就是:

$$\begin{bmatrix} \gamma_1(t) \\ \vdots \\ \gamma_n(t) \end{bmatrix} = -A\ (t)^{-1} \begin{bmatrix} b(t, S_1) \\ \vdots \\ b(t, S_n) \end{bmatrix} \tag{5-486}$$

反过来证明必要性——定义 Γ 为一集合,$A(t)$ 在此集上是奇异的,即:$\Gamma \equiv \{t \times \omega \in [0, S] \times \Omega$: $A(t)$ 为奇异阵$\}$,而且假定 Γ 有 $(\lambda \times Q)(\Gamma) > 0$,则我们可以通过矛盾法来证明。也就是说,假定 $A(t)$ 是奇异阵,然后显示满足四条件的函数不是唯一的。

首先,既然假定四条件均成立,就有函数向量 $[\gamma_1(t), \cdots, \gamma_n(t)]$ 满足这些条件。

第一部分。我们希望显示存在一个有界、适应、可测、在 Γ 上非 0 的函数向量 $[\delta_1(t), \cdots, \delta_n(t)]$,满足:

$$A(t) \begin{bmatrix} \delta_1(t) \\ \vdots \\ \delta_n(t) \end{bmatrix} = \begin{bmatrix} 0 \\ \vdots \\ 0 \end{bmatrix}$$

而且定义:

$$g(t) \equiv \exp\left(\sum_{i=1}^{n} \int_0^t \delta_i(\nu) \mathrm{d}\mathcal{W}_i(\nu) - \sum_{i=1}^{n} \int_0^t \delta_i(\nu) \gamma_i(\nu) \mathrm{d}\nu - \frac{1}{2} \sum_{i=1}^{n} \int_0^t \delta_i^2(\nu) \mathrm{d}\nu \right)$$

在 Q 上是几乎处处有界的。令 $\Gamma_i = \{(t, \omega)$: $A(t)$ 的秩为 $i\}$,它有以下性质:是可测集;$\Gamma_i = \bigcup_{i=1}^{n-1} \Gamma_i$;以及 $\Gamma_i \cap \Gamma_j = \varnothing$, $i \neq j$。给定 $\eta > 0$。在每个 Γ_i 上令 $\delta_i^\eta(t)$, $i=1, \cdots, n$ 是以下方程组的解①:

$$A(t) \begin{bmatrix} \delta_1^\eta(t) \\ \vdots \\ \delta_n^\eta(t) \end{bmatrix} = \begin{bmatrix} 0 \\ \vdots \\ 0 \end{bmatrix} \tag{5-487}$$

而且,$\delta_i^\eta(t)$ 是有界的—— $\min\{\eta, 1/\gamma_i(t), i=1, \cdots, n\}$。也令 $\delta_i^\eta(t)$, $i=1, \cdots, n$ 在 Γ^C 上为 0。根据构造,$\delta_i^\eta(t)$ 是适应、可测、η-有界的。也有:

① 这里重复构造向量 $\delta^\eta(t)$,即对于每个 Γ_i 我们决定元素 $\delta_i^\eta(t)$,直到整个向量被决定。

$$\left|\sum_{i=1}^{n}\int_{0}^{t}\delta_{i}^{\eta}(\nu)\gamma_{i}(\nu)\mathrm{d}\nu+\frac{1}{2}\sum_{i=1}^{n}\int_{0}^{t}\delta_{i}^{\eta}(\nu)^{2}\mathrm{d}\nu\right|\leqslant nt+\frac{1}{2}nt\eta^{2}=(2+\eta^{2})\frac{1}{2}nt,\ a.e.Q \tag{5-488}$$

令 $\alpha=\inf\{j\in\{1,2,3,\cdots\}:\left(\frac{1}{2}\right)^{2j}S<1\}$，并给出下面停时定义：

$$\tau_{1}=\inf\left(t\in[0,S]:\sum_{i=1}^{n}\int_{0}^{t}\delta_{i}^{(1/2)^{\alpha}}(\nu)\mathrm{d}\mathcal{W}_{i}(\nu)\geqslant\frac{1}{2}\right)$$

$$\tau_{j}=\inf\left(t\in[0,S]:\sum_{i=1}^{n}\int_{\tau_{j-1}}^{t}\delta_{i}^{(1/2)^{2j+\alpha}}(\nu)\mathrm{d}\mathcal{W}_{i}(\nu)\geqslant\left(\frac{1}{2}\right)^{j}\right),\ j=2,3,4,\cdots$$

我们要显示论断：$Q(\lim\limits_{j\to\infty}\tau_{j}=S)=1$ 为真。

根据切比雪夫(Chebyshev)不等式，有：

$$\begin{aligned}Q(\tau_{j}<S\mid F_{\tau_{j-1}})&\leqslant Q\left(\left|\sum_{i=1}^{n}\int_{\tau_{j-1}}^{s}\delta_{i}^{(1/2)^{2j+\alpha}}(\nu)\mathrm{d}\mathcal{W}_{i}(\nu)\right|\geqslant\left(\frac{1}{2}\right)^{j}\middle|F_{\tau_{j-1}}\right)\\&\leqslant\frac{1}{(1/2)^{2j}}\int_{\tau_{j-1}}^{s}[\delta_{i}^{(1/2)^{2j+\alpha}}(\nu)]^{2}\mathrm{d}\nu\end{aligned}$$

由于 $\delta_{i}^{\eta}(\nu)$ 的有界性：

$$\frac{1}{(1/2)^{2j}}\int_{\tau_{j-1}}^{s}[\delta_{i}^{(1/2)^{2j+\alpha}}(\nu)]^{2}\mathrm{d}\nu\leqslant\frac{1}{(1/2)^{2j}}\int_{\tau_{j-1}}^{s}\left[\left(\frac{1}{2}\right)^{2j+\alpha}\right]^{2}\mathrm{d}\nu$$

所以：

$$\begin{aligned}\frac{1}{(1/2)^{2j}}\int_{\tau_{j-1}}^{s}\left[\left(\frac{1}{2}\right)^{2j+\alpha}\right]^{2}\mathrm{d}\nu&=\frac{1}{(1/2)^{2j}}\left[\left(\frac{1}{2}\right)^{2j+\alpha}\right]^{2}(S-\tau_{j-1})\leqslant\frac{1}{(1/2)^{2j}}\left[\left(\frac{1}{2}\right)^{2j+\alpha}\right]^{2}S\\&=\left(\frac{1}{2}\right)^{2j}\left(\frac{1}{2}\right)^{2\alpha}S<\left(\frac{1}{2}\right)^{2j}\end{aligned}$$

最后一个不等式是通过选择 α 使得 $\left(\frac{1}{2}\right)^{2\alpha}S<1$ 来得到。由此：

$$E[Q(\tau_{j}<S\mid F_{\tau_{j-1}})]=Q(\tau_{j}<S)<\left(\frac{1}{2}\right)^{2j} \tag{5-489}$$

现在考虑①：

$$Q\left(\lim_{j\to\infty}\tau_{j}<S\right)<Q\left(\bigcap_{j=1}^{\infty}(\tau_{j}<S)\right)\leqslant\inf[Q(\tau_{j}<S):j=1,2,3,\cdots]=0 \tag{5-490}$$

因此：

$$Q\left(\lim_{j\to\infty}\tau_{j}=S\right)=1-Q\left(\lim_{j\to\infty}\tau_{j}<S\right)=1 \tag{5-491}$$

---

① 这个结果来自 Fatou 定理，见 9.2.3 节。

这样,就证明了上述论断。令:

$$\delta_i(t)=\sum_{j=0}^{\infty}1_{[\tau_j,\ \tau_{j+1}]}^{(t_0)}\delta_i^{(1/2)^{2j+\alpha}}(t),\ i=1,\ \cdots,\ n \tag{5-492}$$

根据 $\delta_i(t)$ 的构造,我们知道它有界、适应、可测,并且满足:

$$A(t)\begin{bmatrix}\delta_1(t)\\ \vdots\\ \delta_n(t)\end{bmatrix}=\begin{bmatrix}0\\ \vdots\\ 0\end{bmatrix},\ a.e.\lambda\times Q$$

同时,对于所有 $t\in[0,\ S]$,我们有:

$$\left|\sum_{i=1}^{n}\int_0^t\delta_i(\nu)\mathrm{d}\mathcal{W}_i(\nu)\right|\leqslant\sum_{j=0}^{\infty}\left(\frac{1}{2}\right)^j=2 \tag{5-493}$$

因此,$g(t)$是(几乎处处)有界的,第一部分证明完毕。

第二部分。为了完成证明,现在要显示$\{[\gamma_1(t)+\delta_1(t)],\ \cdots,\ [\gamma_n(t)+\delta_n(t)]\}$满足条件(1)—(4)。考虑条件 i,现在要证明:

$$\begin{bmatrix}b(t,\ S_1)\\ \vdots\\ b(t,\ S_n)\end{bmatrix}+A(t)\begin{bmatrix}\gamma_1(t)+\delta_1(t)\\ \vdots\\ \gamma_n(t)+\delta_n(t)\end{bmatrix}=\begin{bmatrix}0\\ \vdots\\ 0\end{bmatrix},\ a.e.\ Q\times\lambda$$

既然 $\gamma_1(t),\ \cdots,\ \gamma_n(t)$ 满足条件(1),就有:

$$\begin{bmatrix}b(t,\ S_1)\\ \vdots\\ b(t,\ S_n)\end{bmatrix}+A(t)\begin{bmatrix}\gamma_1(t)\\ \vdots\\ \gamma_n(t)\end{bmatrix}=\begin{bmatrix}0\\ \vdots\\ 0\end{bmatrix},\ a.e.\ Q\times\lambda$$

根据以上构造:

$$A(t)\begin{bmatrix}\delta_1(t)\\ \vdots\\ \delta_n(t)\end{bmatrix}=\begin{bmatrix}0\\ \vdots\\ 0\end{bmatrix} \tag{5-494}$$

因此,条件(1)满足。为了满足条件(2),要求:

$$\int_0^{S_1}(\gamma_i(\nu)+\delta_i(\nu))^2\mathrm{d}\nu<+\infty,\ a.e.Q,\ i=1,\ \cdots,\ n$$

展开积分,有:

$$\int_0^{S_1}(\gamma_i(\nu)+\delta_i(\nu))^2\mathrm{d}\nu=\int_0^{S_1}\gamma_i^2(\nu)\mathrm{d}\nu+2\int_0^{S_1}\gamma_i(\nu)\delta_i(\nu)\mathrm{d}\nu+\int_0^{S_1}\delta_i^2(\nu)\mathrm{d}\nu \tag{5-495}$$

既然 $\gamma_i(\nu)$ 满足条件(2),根据上面第一部分证明,知道:

$$\int_0^{S_1}\delta_i(\nu)\gamma_i(\nu)\mathrm{d}\nu+\frac{1}{2}\int_0^t\delta_i^2(\nu)\mathrm{d}\nu$$

是有界的,因此,可以认定$[\gamma_1(t)+\delta_1(t)],\ \cdots,\ [\gamma_n(t)+\delta_n(t)]$满足条件(2)。

条件(3)要求:

$$E\left[\exp\left(\sum_{i=1}^{n}\int_{0}^{S_1}\gamma_i(\nu)+\delta_i(\nu)\mathrm{d}\mathcal{W}_i(\nu)-\frac{1}{2}\sum_{i=1}^{n}\int_{0}^{S_1}[\gamma_i(\nu)+\delta_i(\nu)]^2\mathrm{d}\nu\right)\right]=1$$

为了证明这条件能够满足，可以仿照定理 5.5.8 的证明，定义：

$$T_m=\inf\left\{t\in[0,\ S]:\ E\left[\exp\left(\frac{1}{2}\sum_{i=1}^{n}\int_{0}^{t}(\gamma_i(\nu)+\delta_i(\nu))^2\mathrm{d}\nu\right)\right]\geqslant m\right\}$$

$$M^m(t)=\exp\left(\sum_{i=1}^{n}\int_{0}^{T_m\wedge t}[\gamma_i(\nu)+\delta_i(\nu)]\mathrm{d}\mathcal{W}_i(\nu)-\frac{1}{2}\sum_{i=1}^{n}\int_{0}^{T_m\wedge t}[\gamma_i(\nu)+\delta_i(\nu)]^2\mathrm{d}\nu\right)$$

要显示 $\{M^m(S)\}_{m=1}^{\infty}$ 是一致可积的。因为有：

$$\begin{aligned}M^m(S)=&\exp\left(\sum_{i=1}^{n}\int_{0}^{T_m\wedge S}\gamma_i(\nu)\mathrm{d}\mathcal{W}_i(\nu)-\frac{1}{2}\sum_{i=1}^{n}\int_{0}^{T_m\wedge S}\gamma_i^2(\nu)\mathrm{d}\nu\right)\\&\times\exp\left(\sum_{i=1}^{n}\int_{0}^{T_m\wedge S}\delta_i(\nu)\mathrm{d}\mathcal{W}_i(\nu)-\sum_{i=1}^{n}\int_{0}^{T_m\wedge S}\gamma_i(\nu)\delta_i(\nu)\mathrm{d}\nu-\frac{1}{2}\sum_{i=1}^{n}\int_{0}^{T_m\wedge S}\delta_i^2(\nu)\mathrm{d}\nu\right)\end{aligned}\tag{5-496}$$

根据第一部分的证明，已经知道上式右侧的第二个 exp(.) 部分是有界的（例如，任意某个值 $K>0$）。因此：

$$0\leqslant M^m(S)\leqslant K\exp\left(\sum_{i=1}^{n}\int_{0}^{T_m\wedge S}\gamma_i(\nu)\mathrm{d}\mathcal{W}_i(\nu)-\frac{1}{2}\sum_{i=1}^{n}\int_{0}^{T_m\wedge S}\gamma_i^2(\nu)\mathrm{d}\nu\right)\tag{5-497}$$

既然 $\gamma_i(t)$ 满足条件(3)，则上式右侧部分是一致可积的，因此，$M^m(S)$ 也是一致可积的。

最后证明满足条件(4)，我们要显示：

$$E\left[\exp\left(\sum_{i=1}^{n}\int_{0}^{S_1}[\Phi(\nu,\ y)]\mathrm{d}\mathcal{W}_i(\nu)-\frac{1}{2}\sum_{i=1}^{n}\int_{0}^{S_1}[\Phi(\nu,\ y)]^2\mathrm{d}\nu\right)\right]=1,\ y\in\{S_1,\ \cdots,\ S_n\}$$

其中，$\Phi(\nu,\ y)=a_i(\nu,\ y)+\gamma_i(\nu)+\delta_i(\nu)$。

依据定理 5.5.8 的证明，定义：

$$T_m=\inf\left\{t\in[0,\ S]:\ E\left[\exp\left(\frac{1}{2}\sum_{i=1}^{n}\int_{0}^{t}[\Phi(\nu,\ y)]^2\mathrm{d}\nu\right)\geqslant m\right]\right\}$$

$$M^m(t)=\exp\left(\sum_{i=1}^{n}\int_{0}^{T_m\wedge t}[\Phi(\nu,\ y)]\mathrm{d}\mathcal{W}_i(\nu)-\frac{1}{2}\sum_{i=1}^{n}\int_{0}^{T_m\wedge t}[\Phi(\nu,\ y)]^2\mathrm{d}\nu\right)$$

如果 $\{M^m(S)\}_{m=1}^{\infty}$ 是一致可积的，那么该条件就成立。$M^m(S)$ 可以被分解为：

$$\begin{aligned}&M^m(S)\\&=\exp\left(\sum_{i=1}^{n}\int_{0}^{T_m\wedge S}[a_i(\nu,\ y)+\gamma_i(\nu)]\mathrm{d}\mathcal{W}_i(\nu)-\frac{1}{2}\sum_{i=1}^{n}\int_{0}^{T_m\wedge S}[a_i(\nu,\ y)+\gamma_i(\nu)]^2\mathrm{d}\nu\right)\\&\quad\times\exp\left(\sum_{i=1}^{n}\int_{0}^{T_m\wedge S}\delta_i(\nu)\mathrm{d}\mathcal{W}_i(\nu)-\sum_{i=1}^{n}\int_{0}^{T_m\wedge S}[a_i(\nu,\ y)\delta_i(\nu)+\gamma_i(\nu)\delta_i(\nu)]\mathrm{d}\nu\right.\\&\quad\left.-\frac{1}{2}\sum_{i=1}^{n}\int_{0}^{T_m\wedge S}\delta_i^2(\nu)\mathrm{d}\nu\right)\end{aligned}$$

通过第一部分中对 $\delta_i(\nu)$ 的选择,我们有:

$$\sum_{i=1}^{n}\int_{0}^{T_m \wedge S} a_i(\nu, y)\delta_i(\nu)\mathrm{d}\nu = 0$$

以及

$$\exp\left(\sum_{i=1}^{n}\int_{0}^{T_m \wedge S}\delta_i(\nu)\mathrm{d}\mathcal{W}_i(\nu) - \sum_{i=1}^{n}\int_{0}^{T_m \wedge S}\gamma_i(\nu)\delta_i(\nu)\mathrm{d}\nu - \frac{1}{2}\sum_{i=1}^{n}\int_{0}^{T_m \wedge S}\delta_i^2(\nu)\mathrm{d}\nu\right)$$

是有界的(如某个值 $K > 0$)。因此,就可写下:

$$0 \leqslant M^m(S) \leqslant K\exp\left(\sum_{i=1}^{n}\int_{0}^{T_m \wedge S}[a_i(\nu, y) + \gamma_i(\nu)]\mathrm{d}\mathcal{W}_i(\nu) - \frac{1}{2}\sum_{i=1}^{n}\int_{0}^{T_m \wedge S}[a_i(\nu, y) + \gamma_i(\nu)]^2\mathrm{d}\nu\right)$$

因为 $\gamma_i(t)$ 满足条件(4),上式右侧是一致可积的,所以 $M^m(S)$ 也是一致可积的。

因此,根据对定理 5.5.8 和 5.5.9 的证明,证明了命题 5.5.7。

条件 1—5 对风险的市场价格施加了约束。这又导致了对远期利率过程的漂移率的约束,这些约束保证了相对(贴现)债券价格的鞅性和等鞅测度的唯一性。接下来就可以进一步考察在该等鞅测度下的远期利率和债券价格的动态特征。

在式(5-476)中,等鞅测度下布朗运动定义为:

$$\mathrm{d}\widetilde{\mathcal{W}}_i^{S_1, \cdots, S_n}(t) = \mathrm{d}\mathcal{W}_i(t) - \gamma_i(t; S_1, \cdots, S_n)\mathrm{d}t, \; i = 1, \cdots, n \qquad (5\text{-}498)$$

代到式(5-422)中,可以得到等鞅测度下 $f(t, T)$ 的运动过程:

$$f(t, T) = f(0, T) + \int_0^t \alpha(\nu, T)\mathrm{d}\nu + \sum_{i=1}^{n}\sigma_i(\nu, T)\gamma_i(\nu; S_1, \cdots, S_n)\mathrm{d}\nu + \sum_{i=1}^{n}\sigma_i(\nu, T)\mathrm{d}\widetilde{\mathcal{W}}_i^{S_1, \cdots, S_n}(\nu) \qquad (5\text{-}499)$$

$a.e.\ \widetilde{Q}_{S_1, \cdots, S_n}$, $\forall\, 0 \leqslant t \leqslant T$

为了决定等鞅测度下的债券价格过程,把式(5-498)代入到式(5-441)中,并且使用风险市场价格式(5-452),可得到:

$$\begin{aligned}\mathrm{d}P(t, T) &= P(t, T)[r(t) + b(t, T)]\mathrm{d}t \\ &\quad + P(t, T)\sum_{i=1}^{n}a_i(t, T)[\mathrm{d}\widetilde{\mathcal{W}}_i^{S_1, \cdots, S_n}(t) + \gamma_i(\nu; S_1, \cdots, S_n)\mathrm{d}t] \\ &= P(t, T)r(t)\mathrm{d}t + P(t, T)\sum_{i=1}^{n}a_i(t, T)\mathrm{d}\widetilde{\mathcal{W}}_i^{S_1, \cdots, S_n}(t),\end{aligned}$$

$a.e.\ \widetilde{Q}_{S_1, \cdots, S_n}$, $T \in S_1, \cdots, S_n$

(5-500)

根据债券价的对数形式(5-438),有:

$$P(t, T) = P(0, T)\exp\left(\int_0^t r(\nu)\mathrm{d}\nu - \frac{1}{2}\sum_{i=1}^{n}\int_0^t a_i^2(\nu, T)\mathrm{d}\nu + \sum_{i=1}^{n}\int_0^t a_i(\nu, T)\mathrm{d}\widetilde{\mathcal{W}}_i^{S_1, \cdots, S_n}(\nu)\right)$$

$a.e.\ \widetilde{Q}_{S_1, \cdots, S_n}$, $T \in S_1, \cdots, S_n$

(5-501)

类似地，等鞅测度下的相对债券价格过程由式(5-444)给出：

$$Z(t,\ T)=Z(0,\ T)\exp\left(-\frac{1}{2}\sum_{i=1}^{n}\int_{0}^{t}a_{i}^{2}(\nu.\ T)\mathrm{d}\nu+\sum_{i=1}^{n}\int_{0}^{t}a_{i}(\nu.\ T)\mathrm{d}\widetilde{W}_{i}^{S_1,\ \cdots,\ S_n}(\nu)\right)$$
$$a.e.\ \widetilde{Q}_{S_1,\ \cdots,\ S_n},\ T\in S_1,\ \cdots,\ S_n \tag{5-502}$$

虽然这些过程都处于风险中性环境下，但是远期利率过程和即期利率过程都显性地依赖于风险的市场价格。因此，如果要为任何由这两个利率决定的证券定价，都要求风险的市场价格是事先已经知道的。这很不方便，因此我们要考虑是否有可能消除风险的市场价格。

式(5-499)、式(5-501)和式(5-502)都依赖于 n 种特定债券的到期时间集合 $\{S_1,\ \cdots,\ S_n\}$，这些到期时间决定了市场风险价格和等鞅测度的存在。事实上，只要增加一个额外的假设，可以证明存在一个唯一的等鞅测度使得所有不同到期时间的相对债券价格全部都是鞅。这就能够掉先前分析中对于 n 个特定到期时间的依赖性，从而使得定价公式(5-499)、式(5-501)和式(5-502)完全独立于那些用来决定等鞅测度的债券的数目和到期时间，这个分析特征是非常具有吸引力的。

条件 6(共同等鞅测度)。给定条件 1—3，令条件 4—5 对于所有债券到期时间 $S_1,\ \cdots,\ S_n\in[0,\ \tau]$，且 $0<S_1<\cdots<S_n\leqslant\tau$ 成立，且 $\widetilde{Q}=\widetilde{Q}_{S_1,\ \cdots,\ S_n}$。

命题 5.5.10　(全体债券期限的等鞅测度的唯一性)。给定一族远期利率漂移率 $\{\alpha(.,\ T):\ T\in[0,\ \tau]\}$ 和一族远期利率波动率 $\{\sigma_i(.,\ T):\ T\in[0,\ \tau]\}$，$i=1,\ \cdots,\ n$，它们满足条件 1—5，则以下论断为等价的：

(1) $\widetilde{Q}=\widetilde{Q}_{S_1,\ \cdots,\ S_n}$，$S_1,\ \cdots,\ S_n\in[0,\ \tau]$ 是唯一等价概率测度，使得 $Z(t,\ T)$，$\forall T\in[0,\ \tau]$，$t\in[0,\ T]$ 为鞅。

(2) $\gamma_i(t;\ S_1,\ \cdots,\ S_n)=\gamma_i(t;\ T_1,\ \cdots,\ T_n)$，$i=1,\ \cdots,\ n$；$S_1,\ \cdots,\ S_n,\ T_1,\ \cdots,\ T_n\in[0,\ \tau]$，$t\in[0,\ \tau]$，

使得 $0\leqslant t<S_1<\cdots<S_n\leqslant\tau$，$0\leqslant t<T_1<\cdots T_n\leqslant\tau$。

(3) $\alpha(t,\ T)=-\sum_{i=1}^{n}\sigma_i(t,\ T)[\phi_i(t)-\int_{t}^{T}\sigma_i(t,\ \nu)d\nu]$，$\forall T\in[0,\ \tau]$，$t\in[0,\ T]$，$i=1,\ \cdots,\ n$

其中，$\phi_i(t)=\gamma_i(t;\ S_1,\ \cdots,\ S_n)$，$\forall S_1,\ \cdots,\ S_n\in[0,\ \tau]$，$t\in[0,\ S_1]$。

因此，这个使得所有相对债券价格均为鞅的唯一等概率测度 $\widetilde{Q}$ 的存在(1)就等同于使得市场风险价格独立于选择的特定债券到期时间这一条件(2)，而后者也等价于上述对远期利率漂移率施加的上述约束条件(3)。以上全部条件保证了无套利均衡(价格)的存在。

不妨再回顾一下上述约束条件的推导过程和隐含的结论，命题 5.5.10 的第一个论断意味着债券定价的鞅方法。$Z(t,\ T)$ 是 $\widetilde{Q}$ -鞅，因此：

$$Z(t,\ T)=E^{\widetilde{Q}}[Z(T,\ T)\mid F_t]$$
$$\Rightarrow \tag{5-503}$$
$$\frac{P(t,\ T)}{B(t)}=E^{\widetilde{Q}}\left[\frac{P(T,\ T)}{B(T)}\middle|F_t\right]=E^{\widetilde{Q}}\left[\frac{1}{B(T)}\middle|F_t\right]$$

根据 Girsanov 定理，则有：

$$P(t,\ T)=B(t)E^{Q}\left[\frac{\mathrm{d}\widetilde{Q}}{\mathrm{d}Q}\frac{1}{B(T)}\middle|F_t\right] \tag{5-504}$$

其中,$\mathrm{d}\widetilde{Q}/\mathrm{d}Q$ 是拉登-尼科迪姆导数,根据式(5-475)和以上命题,可知市场风险价格独立于债券到期日 T,以及等价的——全体债券中等概率测度的唯一性,拉登-尼科迪姆导数可以写为:

$$\frac{\mathrm{d}\widetilde{Q}}{\mathrm{d}Q}=\exp\left(\sum_{i=1}^{n}\int_0^T\phi_i(\nu)\mathrm{d}W_i(\nu)-\frac{1}{2}\sum_{i=1}^{n}\int_0^T\phi_i^2(\nu)\mathrm{d}\nu\right)$$

式(5-504)则变成:

$$P(t,\ T)=B(t)E^{Q}\left[\frac{\exp\left(\sum_{i=1}^{n}\int_0^T\phi_i(\nu)\mathrm{d}W_i(\nu)-\frac{1}{2}\sum_{i=1}^{n}\int_0^T\phi_i^2(\nu)\mathrm{d}\nu\right)}{B(T)}\middle|F_t\right] \tag{5-505}$$

当在原始的市场测度 Q 下定价时,债券价格显性地依赖于货币市场账户 $B(T)$ 以及风险的市场价格 $\phi_i(t)$,而这就隐含着依赖于:

(1) 市场测度下的远期利率漂移率 $\{\alpha(.,\ T):\ T\in[0,\ \tau]\}$;

(2) 远期利率波动率 $\{\sigma_i(.,\ T):\ T\in[0,\ \tau]\}$, $i=1,\ \cdots,\ n$;

(3) 初始远期利率曲线 $\{f(.,\ T):\ T\in[0,\ \tau]\}$。

命题 5.5.10 的第二个论断要求风险的市场价格独立于债券到期日,这是一个确保无套利成立的必要条件,它是一个标准条件,很多早期模型都有出现(如 Vasicek,CIR 和 BS 模型),用它推导出或有权益定价所需的偏微分方程。

命题 5.5.10 的第三个论断对远期利率的漂移率的函数形式有约束,不是所有的远期漂移过程都满足这个条件。进一步检查这个条件的推导过程,根据第二个条件,风险市场价格独立于特定债券到期时间的选择,所以式(5-452)等价于式(5-447) ($\gamma_i(t)=\gamma_i(t;\ S_1,\ \cdots,\ S_n)=\phi_i(t)$)。使用式(5-436)和式(5-437)中 $a_i(t,\ T)$ 和 $b(t,\ T)$ 的定义,式(5-452)就变为:

$$\begin{aligned}&b(t,\ T)=\sum_{i=1}^{n}a_i(t,\ T)[-\phi_i(t)]\\&\Rightarrow\\&\int_t^T\alpha(t,\ \nu)\mathrm{d}\nu=\frac{1}{2}\sum_{i=1}^{n}a_i^2(t,\ T)+\sum_{i=1}^{n}a_i(t,\ T)\phi_i(t)\end{aligned} \tag{5-506}$$

对 T 微分,就得到对于远期利率漂移的约束所必须具备的形式:

$$\begin{aligned}&\alpha(t,\ T)=-\sum_{i=1}^{n}a_i(t,\ T)\sigma_i(t,\ T)-\sum_{i=1}^{n}\sigma_i(t,\ T)\phi_i(t)\\&\Rightarrow\\&\alpha(t,\ T)=-\sum_{i=1}^{n}\sigma_i(t,\ T)[\phi_i(t)+a_i(t,\ T)]\\&\qquad=-\sum_{i=1}^{n}\sigma_i(t,\ T)\left(\phi_i(t)-\int_t^T\sigma_i(t,\ \nu)\mathrm{d}\nu\right)\end{aligned} \tag{5-507}$$

为了去掉隐含在远期利率过程中(式(5-499))的风险市场价格，使用上面这个远期利率漂移约束。对命题 5.5.10 的第三个论断中的约束条件在 $[0, t]$ 上积分，就得到：

$$\int_0^t \alpha(\nu, T)\mathrm{d}\nu = -\sum_{i=1}^n \int_0^t \sigma_i(\nu, T)\phi_i(\nu)\mathrm{d}\nu + \sum_{i=1}^n \int_0^t \sigma_i(\nu, T)\int_\nu^T \sigma_i(\nu, y)\mathrm{d}y\,\mathrm{d}\nu \tag{5-508}$$

代入式(5-499)，得到等鞅测度下的远期利率过程为[①]：

$$f(t, T) = f(0, T) + \sum_{i=1}^n \int_0^t \sigma_i(\nu, T)\int_\nu^T \sigma_i(\nu, y)\mathrm{d}y\,\mathrm{d}\nu + \sum_{i=1}^n \int_0^t \sigma_i(\nu, T)\mathrm{d}\widetilde{W}_i(\nu),$$
$$a.e.\ \widetilde{Q},\ \forall 0 \leqslant t \leqslant T \tag{5-509}$$

它独立于风险市场价格。根据式(5-420)，我们有 $r(t) = f(t, t)$，因此，即期利率过程可以写为：

$$r(t) = f(0, t) + \sum_{i=1}^n \int_0^t \sigma_i(\nu, t)\int_\nu^t \sigma_i(\nu, y)\mathrm{d}y\,\mathrm{d}\nu + \sum_{i=1}^n \int_0^t \sigma_i(\nu, t)\mathrm{d}\widetilde{W}_i(\nu),$$
$$a.e.\ \widetilde{Q},\ \forall t \in [0, \tau] \tag{5-510}$$

可以看到，这里的风险市场价格被不同到期时间的远期利率的波动率替代掉了。因此，t 时刻的即期利率是通过充分利用了包含在 $[0, t]$ 时期的利率期限结构中的所有波动率信息来决定的。

要注意的是，式(5-501)中的债券价格不是风险市场价格的显性函数形式，它们仅仅通过即期利率过程 $r(t)$ 进入方程。因此，一旦风险市场价格被消除，不仅是布朗运动不再依赖特定的 n 个债券的到期时间的选择，债券价格公式(5-501)和相对债券价格公式(5-502)也不会发生任何变化，而且这些公式将适用于所有到期时间为 T，$T \in [0, \tau]$ 的债券[②]。

3. 衍生产品定价

接下来就可以考虑 HJM 统一框架下的或有权益定价问题了。这里可以全面使用第 3 章中的资产定价基本定理和无套利定价技术，不妨先回顾一下其中的一些主要元素。

(1) 等概率测度唯一性和市场完备性以及或有权益证券的可获得性。如果 $Q \sim Q$ 是等

---

① 可以发现远期利率过程完全由波动率函数确定，考虑只有一个不确定因素(也就只有一个波动率)的情况。出于应用上的考虑，通常希望所有远期利率都具有对数正态波动率结构。这是因为利率上限和互换期权的市场价格都假定了远期利率的对数正态结构，因此令 $\sigma_1(t, T) = \sigma f(t, T)$，$\sigma > 0$ 为常数。但是，在这种波动率结构下，式(5-509)变为：

$$\mathrm{d}f(t, T) = \sigma^2 f(t, T)\int_t^T f(t, y)\mathrm{d}y\,\mathrm{d}t + \sigma f(t, T)\mathrm{d}\widetilde{W}(t)$$

这里的远期利率的漂移呈远期利率的平方增长，这会导致它在有限时间内爆发。因此，进行实际拟合时就需要加一个上界：

$$\sigma_1(t, T) = \sigma f(t, T)\min\{M, f(t, T)\}$$

但这并不是 HJM 特有的问题，而是所有瞬时远期利率对数正态模型的共同问题。

② CIR 的最初构造开始于对一个均衡经济的描述。即期利率过程的函数形式和风险市场价格是经济内生决定的。CIR 批评套利模型，认为即期利率过程和风险市场价格的函数形式是外生决定的，独立于经济均衡。他们证明了这会产生不一致性和套利机会。但是，在 HJB 模型中观察式(5-499)、式(5-501)和式(5-502)，即期利率过程和债券价格过程显而易见地独立于风险的市场价格。而且，由于 HJM 模型使用了包含在债券价格过程中的信息来去掉定价公式中风险市场价格，从而使得他们的一般定价框架可以免于 CIR 的批评。

鞅测度集合,如果 Q 是唯一的,市场就是完备的。

(2) 交易策略定义为一组描述资产组合头寸向量 $N(t)=\{N_0(t), N_1(t), \cdots, N_n(t)\}$。在任意时刻没有额外现金流入或者流出的交易策略是自我融资的,即 $\mathrm{d}V_t=\sum_{i=1}^{n} N_i(t)\mathrm{d}P_i(t)$;自我融资并使得其组合价值始终非负的交易策略是可行的。

(3) 或有权益证券定义为一个可测随机变量 $X: \Omega \rightarrow R$,它是可积的,并要求 $E[X/B(T)] \leqslant +\infty$。完备市场中交易着足够的非冗余证券,总可以通过某种交易策略使得所有的或有权益证券均是可获得的。

(4) 如果 $V_0=0$,而 $E(V_T)>0$,则市场存在套利机会,套利机会不存在于均衡经济中。

我们知道,资产定价基本定理明确指出,如果 X 是由交易策略 $N(t)$ 产生的可获得的或有权益证券,则有:

$$\frac{V_t(N)}{B(t)}=E^{\tilde{Q}}\left[\frac{X}{B(T)} \middle| F_t\right], t \in [0, T] \tag{5-511}$$

如果上述条件均满足,根据命题 5.5.10,就存在一个等鞅测度 $\tilde{Q}$ 使得所有相对价值过程 $Z(t, T)$ 均为鞅,既然 $\tilde{Q}$ 是唯一的,市场就是完备的,所以必然存在自我融资、可行交易策略,使得资产组合价值过程满足:

$$N_0(T_1)B(T_1)+\sum_{i=1}^{n} N_{T_i}(T_1)P(T_1, T_i)=X, a.e.\tilde{Q} \tag{5-512}$$

其中,$N_0(T_1)$ 是 T_1 时刻的货币市场账户持有量;$\sum_{i=1}^{n} N_{T_i}(T_1)$ 是 T_1 时刻自我融资交易策略中到期时间为 T_i 的债券持有量;$P(T_1, T_i)$ 是 T_1 时刻的到期时间为 T_i 的债券价值,X 是 T_1 时刻或有权益证券的支付量。

由于是在完备市场中,任意在 T_1 时刻支付 X 数量购买力的或有权益证券的 t 时刻价值由下式给出:

$$E^{\tilde{Q}}\left[\frac{X}{B(T_1)} \middle| F_t\right]B(t) \tag{5-513}$$

因此,给定产生 X 的交易策略(来自式(5-512)),该组合在 t 时刻的价值是:

$$\begin{aligned} E^{\tilde{Q}}\left[\frac{X}{B(T_1)} \middle| F_t\right]B(t) &= E^{\tilde{Q}}\left[N_0(T_1)+\frac{N_{T_1}(T_1)}{B(T_1)}+\sum_{i=2}^{n} N_{T_i}(T_1)\frac{P(T_1, T_i)}{B(T_1)} \middle| F_t\right]B(t) \\ &= E^{\tilde{Q}}\left[N_0(T_1)+\frac{N_{T_1}(T_1)}{B(T_1)}+\sum_{i=2}^{n} N_{T_i}(T_1)Z(T_1, T_i) \mid F_t\right]B(t) \end{aligned} \tag{5-514}$$

所以,必须首先知道等鞅测度下的即期利率 $r(t)$ 的动态和相对债券价格 $Z(t, T)$,才能给或有权益定价。因为是市场是完备的,所以每一个或有权益证券都可以由某个可行、自我融资交易策略来复制,从而每一个或有权益证券都可以准确定价。

4. 评价和结论

这样就完成了对 HJM 模型的分析,尽管很形式化,但它确实非常优雅地提供了一个一般化的分析框价。它证明了无套利机制在贴现债券波动率同远期利率漂移率之间建立了联系——在风险中性世界中，远期利率漂移率完全由特定的贴现债券波动率函数决定。从这种意义上来看，以前建立的模型均可以视为 HJM 模型的特殊形式。

小结一下，HJM 模型带来了不少新的视角和概念：① 先从远期利率建模型，一个随机结构被加于远期利率曲线上，这样不仅是即期利率，而是任意时间整个期限结构的行为可以被完整刻画；② 这使得现存期限结构的全部信息可以用来消除对风险市场价格的依赖，使得或有权益证券价格不再依赖风险的市场价格，这就意味着没有必要再反推利率期限结构去求解风险的市场价格；③ 对于单因素情况，HJM 模型并没有在前人的模型上添加什么，但是在多因素环境下，HJM 模型提供的统一分析框架很容易容纳更多的因素，而且计算时间的增加通常是线性的，这是由于模型的非马尔可夫性质使得蒙特卡罗(Monte Carlo)技术可以使用①。

自 HJM 模型提出以后，人们逐渐认识到下面三种提法是等价的：风险的市场价格独立于到期期限；存在唯一的等价鞅测度；参数不能被自由设定——风险中性概率下远期利率的漂移项完全由它们的波动性和风险的市场价格决定。第三种见解可能是 HJM 类模型的主要贡献，因为它使模型是无套利的，这是相对于 Ho-Lee 模型或其他模型的主要进步。但是 HJM 模型也不是没有问题，由于只是对远期利率的漂移项和波动率施加约束，在多数情况下，会导致即期利率是非马尔可夫的，这会给估价计算带来很多不便②。

“理论与实践相结合”5-9　HJM 框架下的 HL 模型

不妨考虑 HJM 框架下的 HL 模型来提供更多的直觉。为简化起见，假定单一风险源和单一常数波动率参数 $\sigma_1(\omega, t, T) \equiv \sigma > 0$，给定初始期限结构 $\{f(0, T): t \in [0, \tau]\}$ 和风险市场价格 $\phi(\omega, t)$，$t \in [0, \tau]$。假定条件 1—6 均满足，根据式(5-509)，等鞅测度下的远期利率过程为：

$$\begin{aligned} f(t, T) &= f(0, T) + \int_0^t \sigma^2 (T-\nu) \mathrm{d}\nu + \int_0^t \sigma \, \mathrm{d}\widetilde{W}(\nu) \\ &= f(0, T) + \left[\sigma^2 T_\nu - \frac{1}{2}\sigma^2 \nu^2\right]_{\nu=0}^{\nu=t} + \sigma\widetilde{W}(t) - \sigma\widetilde{W}(0) \qquad (5\text{-}515) \\ &= f(0, T) + \sigma^2 t\left(T - \frac{1}{2}t\right) + \sigma\widetilde{W}(t) \end{aligned}$$

所以，相应的即期利率过程是：

$$r(t) \equiv f(t, t) = f(0, t) + \frac{\sigma^2 t^2}{2} + \sigma\widetilde{W}(t) \qquad (5\text{-}516)$$

① 这使得路径依赖的期权定价比较容易，但美式产品仍然有问题。
② Carverhill(1994)和 Jeffrey(1995)对此进行了探讨，试图给出能够产生即期利率的马尔可夫性的有关约束条件。

由于对即期利率或远期利率运动都没有约束,则就可能存在负的利率。要得到债券价格过程,把式(5-515)代入式(5-419),即有:

$$P(t,\ T)=\exp\left(-\int_t^T\left(f(0,\ s)+\sigma^2 t\left(s-\frac{1}{2}t\right)+\sigma\tilde{W}(t)\right)\mathrm{d}s\right)\tag{5-517}$$

根据式(5-418)的定义,有:

$$f(0,\ s)=-\frac{\partial\ln P(0,\ s)}{\partial s}$$

$$\Rightarrow$$

$$\int_t^T f(0,\ s)\mathrm{d}s=\int_t^T\frac{\partial\ln P(0,\ s)}{\partial s}\mathrm{d}s=\ln\frac{P(0,\ T)}{P(0,\ t)}$$

因此:

$$\begin{aligned}P(t,\ T)&=\exp\left(\ln\frac{P(0,\ T)}{P(0,\ t)}-\left[\frac{1}{2}\sigma^2 ts^2-\frac{1}{2}\sigma^2t^2s\right]_{s=t}^{s=T}-\sigma(T-t)\tilde{W}(t)\right)\\&=\frac{P(0,\ T)}{P(0,\ t)}\exp\left(-\frac{1}{2}\sigma^2 tT(T-t)-\sigma(T-t)\tilde{W}(t)\right)\end{aligned}\tag{5-518}$$

接下来考虑或有权益定价问题。定义基于债券 $P(t,\ T)$ 的到期时间为 t^*,$0\leqslant t\leqslant t^*\leqslant T$ 的欧式看涨期权的支付函数为:

$$C(t^*)=\max\{P(t^*,\ T)-K,\ 0\}$$

使用式(5-513),它在时刻 t 的价值应当是:

$$C(t)=E^{\tilde{Q}}\left[\frac{\max\{P(t^*,\ T)-K,\ 0\}B(t)}{B(t^*)}\middle|F_t\right]\tag{5-519}$$

根据经典B-S分析,可知它的价格为:

$$C(t)=P(t,\ T)\mathcal{N}(h_1)-KP(t,\ t^*)\mathcal{N}(h_2)\tag{5-520}$$

其中:

$$h_1=\frac{\ln\left(\dfrac{P(t,\ T)}{KP(t,\ t^*)}\right)+\dfrac{1}{2}\sigma^2\ (T-t^*)^2(t^*-t)}{\sigma(T-t^*)\sqrt{t^*-t}}\tag{5-521}$$

$$h_2=h_1-\sigma(T-t^*)\sqrt{t^*-t}$$

它是B-S期权定价公式的一个修正。其中的波动率是瞬时远期债券价格收益率的标准差,即 t^* 时刻的到期时间为 T 的债券的收益率的标准差,它可以从式(5-441)中得到,这时的债券价格过程形式就是:

$$dP(t, T) = (\cdots)dt - P(t, T)\int_t^T \sigma d\nu\, d\mathcal{W}(t) = (\cdots)dt - P(t, T)\sigma(T-t)d\mathcal{W}(t)$$

所以，远期债券价格 $P(t^*, T) \equiv P(t, T)/P(t, t^*)$ 的标准差是：

$$\sigma(T-t) - \sigma(t^* - t) = \sigma(T - t^*)$$

5. 均衡模型 vs.套利模型

本节最后把 CIR 模型放到 HJM 框架中来进行再次考察，通过均衡模型和套利模型的比较分析，以期获得更深刻的认识。大家应该还记得 CIR 用的是平方根过程为唯一的状态变量——即期利率 $r(t)$，$t \in [0, \tau]$ 建模。它被定义为如下形式：

$$dr(t) = k[\theta(t) - r(t)]dt + \sigma\sqrt{r(t)}\,d\mathcal{W}(t) \tag{5-522}$$

其中，$r(0)$，k，$\sigma > 0$ 为常数，$\theta(t) > 0$ 且连续，为了保证不会出现负的利率，技术上还要求 $2k\theta(t) \geqslant \sigma^2$，$t \in [0, \tau]$，这使得 $r(t) = 0$ 成为一个不可触及的边界。

到期时间为 T 的债券在 t 时刻的价格假定可以表示为以下形式①：

$$P(t, T) = A(t, T)e^{-\bar{B}(t, T)r(t)} \tag{5-523}$$

因此，均衡时刻的债券价格过程就是：

$$dP(t, T) = P(t, T)r(t)[1 - \lambda\bar{B}(t, T)]dt - P(t, T)\bar{B}(t, T)\sigma\sqrt{r(t)}\,d\mathcal{W}(t) \tag{5-524}$$

其中：

$$\bar{B}(t, T) = \frac{2[e^{\gamma(T-t)} - 1]}{(\gamma + k + \lambda)[e^{\gamma(T-t)} - 1] + 2\gamma} \tag{5-525}$$

$$\ln A(t, T) = -k\int_t^T \theta(s)\bar{B}(s, T)ds \tag{5-526}$$

$$\gamma^2 = (k + \lambda)^2 + 2\sigma^2 \tag{5-527}$$

定义如前。λ 是与风险市场价格联系的常数，且 $\phi(t) = -\lambda\sqrt{r(t)}/\sigma$。注意这种形式的风险市场价格并不是任意给出的，而是直接来自均衡经济环境背景。

根据远期利率定义式(5-418)，使用式(5-523)和式(5-526)，就可以得到远期利率曲线：

$$\begin{aligned} f(t, T) &= -\frac{\partial}{\partial T}[\ln A(t, T) - \bar{B}(t, T)r(t)] \\ &= r(t)\frac{\partial\bar{B}(t, T)}{\partial T} - \frac{\partial}{\partial T}\left(-k\int_t^T \theta(s)\bar{B}(s, T)ds\right) \\ &= r(t)\frac{\partial\bar{B}(t, T)}{\partial T} + k\int_t^T \theta(s)\frac{\partial\bar{B}(s, T)}{\partial T}ds \end{aligned} \tag{5-528}$$

① 注意这里使用的是 $\bar{B}(.,.)$，而不是 $B(.,.)$ 主要是为了避免同货币市场账户 $B(.)$ 的混淆。

我们知道,HJM 模型假设初始远期利率曲线是外生输入的,但这里的初始远期利率曲线有一个先验的函数形式,这个函数形式依赖于特定的模型参数 $(k, \sigma, \lambda, \theta)$,而且可以通过估计 $t=0$ 时的式(5-528)来决定:

$$f(0, T)=r(0)\frac{\partial \bar{B}(0, T)}{\partial T}+k\int_0^T \theta(s)\frac{\partial \bar{B}(s, T)}{\partial T}\mathrm{d}s \tag{5-529}$$

为了可以匹配任意特定的初始远期利率曲线,CIR 模型要解出任意式(5-529)中的 $\theta(t)$,由此决定来自初始远期利率曲线的时间依赖的即期利率漂移参数。但是,CIR 模型并没有采用这种方法或者证明存在着这样的一个解。而且,由于有 $2k\theta(t)\geqslant\sigma^2$, $\forall t\in[0, \tau]$ 的约束要求,CIR 模型也不能获得任意可能形态的远期利率曲线。远期利率过程参数表示的这个约束 $(\theta(t)\geqslant\sigma^2/2k)$,把它代入初始远期利率过程式(5-529),就有①:

$$\begin{aligned}
f(0, T)&=r(0)\frac{\partial \bar{B}(0, T)}{\partial T}+k\int_0^T \theta(s)\frac{\partial \bar{B}(s, T)}{\partial T}ds\\
&\geqslant r(0)\frac{\partial \bar{B}(0, T)}{\partial T}+\frac{\sigma^2}{2}\int_0^T \frac{\partial \bar{B}(s, T)}{\partial T}ds\\
&=r(0)\frac{\partial \bar{B}(0, T)}{\partial T}+\frac{\sigma^2}{2}\frac{4\gamma}{(\gamma+k+\lambda)}\left(\frac{1}{2\gamma}-\frac{1}{(\gamma+k+\lambda)(\mathrm{e}^{\gamma T}-1)+2\gamma}\right)\\
&=r(0)\frac{\partial \bar{B}(0, T)}{\partial T}+\sigma^2\left(\frac{(\mathrm{e}^{\gamma T}-1)}{(\gamma+k+\lambda)(\mathrm{e}^{\gamma T}-1)+2\gamma}\right)\\
&=r(0)\frac{\partial \bar{B}(0, T)}{\partial T}+\sigma^2\frac{\bar{B}(0, T)}{2}
\end{aligned} \tag{5-530}$$

因此,只有满足这个函数形式的初始远期利率曲线是可行的。

我们知道,HJM 分析的关键特征之一是在远期利率漂移上施加的约束条件。这些约束条件可以排除任何套利机会。我们要推导出这样一个形式的远期利率过程,来证明这个约束条件在 CIR 均衡分析框架中也可以满足。把远期利率当作随机变量 $r(t)$ 和时间 t 的函数(即 $f(t, T)\equiv f[r(t), t, T]$),对式(5-528)使用伊藤定理,可得:

$$\begin{aligned}
\mathrm{d}f(t, T)&=\frac{\partial f(t, T)}{\partial r(t)}\mathrm{d}r(t)+\frac{1}{2}\frac{\partial^2 f(t, T)}{\partial r(t)^2}\mathrm{d}r(t)\mathrm{d}r(t)+\frac{\partial f(t, T)}{\partial t}\mathrm{d}t\\
&=\frac{\partial \bar{B}(t, T)}{\partial T}\mathrm{d}r(t)+r(t)\frac{\partial^2 \bar{B}(t, T)}{\partial T\partial t}\mathrm{d}t-k\theta(t)\frac{\partial \bar{B}(t, T)}{\partial T}\mathrm{d}t
\end{aligned}$$

---

① 根据 $\partial\bar{B}(t, T)$ 定义,有:

$$\partial\bar{B}(t, T)/\partial T=4\gamma^2\mathrm{e}^{\gamma(T-t)}/[(\gamma+k+\lambda)(\mathrm{e}^{\gamma(T-t)}-1)+2\gamma]^2$$

因此:

$$\begin{aligned}
\int_0^T \frac{\partial \bar{B}(s, T)}{\partial T}\mathrm{d}s&=\int_0^T \frac{4\gamma^2\mathrm{e}^{\gamma(T-s)}}{[(\gamma+k+\lambda)(\mathrm{e}^{\gamma(T-s)}-1)+2\gamma]^2}\mathrm{d}s\\
&=\frac{4\gamma}{(\gamma+k+\lambda)}\frac{1}{(\gamma+k+\lambda)(\mathrm{e}^{\gamma(T-s)}-1)+2\gamma}\Bigg|_{s=0}^{s=T}\\
&=\frac{4\gamma}{(\gamma+k+\lambda)}\left(\frac{1}{2\gamma}-\frac{1}{(\gamma+k+\lambda)(\mathrm{e}^{\gamma T}-1)+2\gamma}\right)
\end{aligned}$$

$$=r(t)\left(\frac{\partial^2 \bar{B}(t,T)}{\partial T\partial t}-k\frac{\partial \bar{B}(t,T)}{\partial T}\right)\mathrm{d}t+\sigma\sqrt{r(t)}\frac{\partial \bar{B}(t,T)}{\partial T}\mathrm{d}\mathcal{W}(t)$$

(5-531)

这就是在 HJM 框架下对 CIR 模型的重新表述形式。把即期利率 $r(t)$ 写成远期利率的形式，就是(根据式(5-528))：

$$r(t)=\left(f(t,T)-k\int_t^T\theta(s)\frac{\partial \bar{B}(s,T)}{\partial T}\mathrm{d}s\right)\Big/\frac{\partial \bar{B}(t,T)}{\partial T}\tag{5-532}$$

这正是 HJM 的分析起点。初始远期利率曲线 $\{f(0,T):T\in[0,\tau]\}$ 是外生给出的，并用来决定 $\theta(t)$, $t\in[0,\tau]$，而它正是式(5-529)的解。

HJM 无套利条件(命题 5.5.10 的第 3 点论断)要求远期利率漂移项具有以下形式：

$$\alpha(t,T)=-\sigma(t,T)\left(\phi(t)-\int_t^T\sigma(t,\nu)\mathrm{d}\nu\right)$$

而在 CIR 分析中，风险市场价格有着既定的形式：

$$\phi(t)=-\lambda\sqrt{r(t)}/\sigma$$

而根据式(5-531)，远期利率波动率是 $\sigma\sqrt{r(t)}\dfrac{\partial \bar{B}(t,T)}{\partial T}$，因此，远期利率漂移项必须有以下形式：

$$\begin{aligned}\alpha(t,T)&=-\frac{\partial \bar{B}(t,T)}{\partial T}\sigma\sqrt{r(t)}\left(-\frac{\lambda\sqrt{r(t)}}{\sigma}-\int_t^T\frac{\partial \bar{B}(t,\nu)}{\partial\nu}\sigma\sqrt{r(t)}\mathrm{d}\nu\right)\\&=r(t)\left(\lambda\frac{\partial \bar{B}(t,T)}{\partial T}+\sigma^2\bar{B}(t,T)\frac{\partial \bar{B}(t,T)}{\partial T}\right)\end{aligned}\tag{5-533}$$

根据 $\bar{B}(t,T)$ 定义式(5-525)，就有：

$$\lambda\frac{\partial \bar{B}(t,T)}{\partial T}=\frac{4\lambda\gamma^2\mathrm{e}^{\gamma(T-t)}}{[(\gamma+k+\lambda)(\mathrm{e}^{\gamma(T-t)}-1)+2\gamma]^2}$$

和

$$\sigma^2\bar{B}(t,T)\frac{\partial \bar{B}(t,T)}{\partial T}=\frac{8\sigma^2\gamma^2\mathrm{e}^{\gamma(T-t)}(\mathrm{e}^{\gamma(T-t)}-1)}{[(\gamma+k+\lambda)(\mathrm{e}^{\gamma(T-t)}-1)+2\gamma]^3}$$

因此：

$$\lambda\frac{\partial \bar{B}(t,T)}{\partial T}+\sigma^2\bar{B}(t,T)\frac{\partial \bar{B}(t,T)}{\partial T}=\frac{4\gamma^2\mathrm{e}^{\gamma(T-t)}[(\mathrm{e}^{\gamma(T-t)}-1)(2\sigma^2+\lambda^2+\lambda k+\lambda\gamma)+2\lambda\gamma]}{[(\gamma+k+\lambda)(\mathrm{e}^{\gamma(T-t)}-1)+2\gamma]^3}$$

(5-534)

但在式(5-531)中的远期利率漂移率是：

$$r(t)\left(\frac{\partial^2 \bar{B}(t,T)}{\partial T\partial t}-k\frac{\partial \bar{B}(t,T)}{\partial T}\right)$$

仍然根据式(5-525)，有：

$$\frac{\partial^2 \bar{B}(t,\ T)}{\partial T \partial t} = \frac{\partial}{\partial t}\left[\frac{4\gamma^2 e^{\gamma(T-t)}}{[(\gamma+k+\lambda)(e^{\gamma(T-t)}-1)+2\gamma]^2}\right]$$

$$= \frac{-4\gamma^3 e^{\gamma(T-t)}[(\gamma+k+\lambda)(e^{\gamma(T-t)}-1)+2\gamma]+8\gamma^3 e^{2\gamma(T-t)}(\gamma+k+\lambda)}{[(\gamma+k+\lambda)(e^{\gamma(T-t)}-1)+2\gamma]^3} \tag{5-535}$$

因此:

$$\frac{\partial^2 \bar{B}(t,\ T)}{\partial T \partial t} - k\frac{\partial \bar{B}(t,\ T)}{\partial T}$$

$$= \frac{-4\gamma^3 e^{\gamma(T-t)}[(\gamma+k+\lambda)(e^{\gamma(T-t)}-1)+2\gamma]+8\gamma^3 e^{2\gamma(T-t)}(\gamma+k+\lambda)}{[(\gamma+k+\lambda)(e^{\gamma(T-t)}-1)+2\gamma]^3}$$

$$- \frac{4k\gamma^2 e^{\gamma(T-t)}[(\gamma+k+\lambda)(e^{\gamma(T-t)}-1)+2\gamma]}{[(\gamma+k+\lambda)(e^{\gamma(T-t)}-1)+2\gamma]^3}$$

$$= \frac{4\gamma^2 e^{\gamma(T-t)}[(e^{\gamma(T-t)}-1)(\gamma^2-k^2-\lambda k+\lambda\gamma)+2\lambda\gamma]}{[(\gamma+k+\lambda)(e^{\gamma(T-t)}-1)+2\gamma]^3}$$

根据式(5-527),则有:

$$\gamma^2 = k^2+2\lambda k+\lambda^2+2\sigma^2$$
$$\Rightarrow$$
$$\gamma^2-k^2-\lambda k = 2\sigma^2+\lambda^2+\lambda k$$

所以,

$$\frac{\partial^2 \bar{B}(t,\ T)}{\partial T \partial t} - k\frac{\partial \bar{B}(t,\ T)}{\partial T} = \frac{4\gamma^2 e^{\gamma(T-t)}[(e^{\gamma(T-t)}-1)(2\sigma^2+\lambda^2+\lambda k+\lambda\gamma)+2\lambda\gamma]}{[(\gamma+k+\lambda)(e^{\gamma(T-t)}-1)+2\gamma]^3} \tag{5-536}$$

比较式(5-534)和式(5-536),我们看到:

$$\lambda\frac{\partial \bar{B}(t,\ T)}{\partial T} + \sigma^2 \bar{B}(t,\ T)\frac{\partial \bar{B}(t,\ T)}{\partial T} = \frac{\partial^2 \bar{B}(t,\ T)}{\partial T \partial t} - k\frac{\partial \bar{B}(t,\ T)}{\partial T}$$

因此,CIR 远期利率漂移率满足 HJM 模型的无套利条件(命题 5.5.10 的第 3 点)。

通过以上分析可以看到:两种方法的根本差异在于 CIR 模型给定风险市场价格函数形式(本质上是由经济均衡要求所决定的),再内生推导远期利率过程。而 HJM 模型则直接采用由无甚关联的外生方法决定的远期利率过程开始,再使用它来决定无套利均衡环境下的或有权益证券的价格。

"理论与实践相结合"5-10　该用哪一个模型呢?

有关利率模型的信息实在是太多了,我们往往会感到迷惑,不知道如何挑选一个合适的使用。那么,模型实际操作者需要什么样的模型呢?由于利率模型是理论研究与实践应用共同推动形成的产物，因此它最主要的评价标准有三个。

(1) 能够很好拟合市场数据。给定市场数据的集合，通过选择适当的参数，可以最大程度的拟合市场数据，同时这些参数应能保证利率产品的定价与市场利率数据保持一致。但是，在实践中任何模型都只能拟合利率数据的某些方面。通常可选择拟合的市场数据有：① 当前收益率曲线；② 当前的利率上限、债券期权的价格；③ 当前的波动率期限结构。

对于新产品我们可以比较统一地分析其特征，并用现有产品对它进行对冲，这时新产品的定价没有完成，但它可以从对冲组合的价值与现有组合价值之差中倒推出来。这时利率模型能否正确地拟合现有产品的市场价格至关重要，因为如果模型不能正确拟合现有产品当前的市场价格，用上述方法得到的新产品价格就不可能正确。

拟合的另一个重要方面是以当前给定的市场收益率曲线为起点，去模拟未来的收益率曲线，那么拟合当前曲线的能力是这类应用的起点。有些模型能够正确拟合任意形状的初始期限结构曲线，如 HJM 模型、Hull-White 模型等。有些模型的拟合效果虽不及上述模型，但仍能得到较好的结果，如时变的均值模型和具有随机波动率的模型(Longstaff-Schwartz 模型、Fong-Vasicek 模型)等。

有些单因素模型对于初始的收益率曲线的拟合效果很差(如 Vasicek 模型)，这是由于其本身可以允许的曲线形状十分有限，CIR 模型的情况稍好一些。但是，其在模拟一段时间后的模拟效果比较差，这限制了该模型的应用范围。

有时不需要拟合全部收益率曲线，而只需拟合其一部分，如只拟合 2 至 5 年期间段。有时在为短期债券上的短期期权定价和对冲时只需要考虑即期利率 $r(t)$ 的变动。有时只要拟合一种衍生工具如利率的上限的价格，无须关心模型能否拟合其他衍生品的价格。

在实践中，由于收益率曲线通常是由 12 到 20 个不同期限上的利率点通过适当的技巧连接而成。通常所说的拟合是指选择性地拟合某些特定的点，拟合的质量一般可以通过分析模型结果与市场数据差异的大小、分布等特性来判断。这种差异在很大程度上取决于模型中自由参数的个数。好的模型应能够在尽可能少的参数与尽可能好的拟合结果之间达到平衡。

(2) 具有良好的动态特征。当前的市场价格本质上是静态价格。好的模型应该不仅能拟合当前的市场价格，还应该(至少在一定程度上)拟合价格过程随时间的变化，即模型中资产未来价格的分布应能近似于实际价格的分布。当然，在现实中获知在未来特定时点上市场价格的确切分布是很困难的，在实务中人们只希望模型能够拟合选择的特定动态特征就可以了。此外，如果模型的这些动态特征是能够在客观世界测度下观察到的，除需估计模型参数外，还要估计出风险的市场价格。

一般情况下希望能够拟合的动态特征如下：① 即期利率的动态特征，如均值回复速度、回复水平和波动率等；② 全收益率曲线的动态特征，如主成分因素的数目、曲线的形状等；③ 特定衍生品的动态特征。这里的“动态”可以用历史数据时间序列的各阶矩来衡量。

(3) 模型容易求解。只有能够求出解的模型才可能在实践中应用，不同的模型在对各种衍生品定价时求解的难度差异很大。良好的模型应该能够做到对于相对简单的产品如债券、债券期权和利率上限能够得到显示解;对于比较复杂的产品如互换期权、美式期权及其他路径依赖型产品能够得到较为方便的数值解法,如网格法、Monte-Carlo 法、有限差分法等。表 5-3 根据以上标准对于一些主要的模型类别进行了比较,以便对这些模型的特征有一个整体的把握。

表 5-3　主要利率模型特征比较

模　　型	均值时变模型	仿射模型	HJM 模型类	市场模型
设计性质				
债券价格	优	良	优	优
利率上限、债券期权	差	差	优	优
波动率的期限结构	无	中	优	优
动态性				
即期利率	良	中	差	差
收益率曲线	无	良	优	优
解析性				
简单	良	中	差	良
复杂	中	中	差	优

5.5.5　布雷斯-加塔雷克-穆西拉(Brace-Gatarek-Musiela)模型

到现在为止前面讨论的模型,大体都基于瞬时即期或者远期利率,而这就要求基础零息票债券价格过程是连续的。即便是像 HL 和 BDT 这样的离散模型,它们使用的离散零息票债券,也假定是从无违约风险债券的连续统里抽取的。但是,这样的债券连续统实际上并不存在,因此所谓的瞬时即期或者远期利率也是不存在的。当然,这本身不会给分析带来太大的困难,因为所有模型都会经历拟合这个环节——通过某种形式的离散化,来向市场观测变量靠近。

此外,HJM 类型的瞬时远期利率对数正态模型则还有一个共同问题(见伴随式(5-509)的注释)。因为利率上限和互换期权的市场定价惯例都通常假定了远期利率的对数正态结构,所以可以用 BS 期货公式为这些期权定价。但是,这个假定需要的瞬时远期利率的对数正态波动率结构,会导致远期利率在有限时间内爆发。这意味着在单一的无套利测度下,不可能所有远期利率全是对数正态的。因此,利率上限等产品的市场价格一定是有缺陷的,无法与套利分析相调和。

Brace-Gatarek-Musiela 模型(以下简称 BGM 模型)尝试同时解决这两个问题,他们直接对离散的复合远期利率建模,使用一个对数正态结构但又仍然能够保持无套利均衡。在 HJM 模型中,一个唯一的即期无套利测度适用于全部远期利率,而 BGM 模型则为每一个远期利率指定一个由相应远期利率到期时间定义的远期无套利测度。这也就使得 BS 期货公式可以适用于上述那些产品的定价①。

本节的内容安排如下：首先讨论基本设定，要为远期 LIBOR 建模，其次探讨远期风险中性测度以及在此测度下的远期 LIBOR 运动性质，再次考察定价技术，最后进行评价和小结。

1. **基本设定**

BGM 模型的发展基于 HJM 模型，所以 BGM 的基本分析框架同 HJM 基本类似——经济中的不确定性由概率空间 $\{\Omega, \{\mathcal{F}_t: t \geqslant 0\}, \tilde{Q}\}$ 给出，其中 Ω 是状态空间，$\tilde{Q}$ 是 $\tilde{W}$ 下风险中性概率测度②。$\{\mathcal{F}_t: t \geqslant 0\}$ 是由 $\tilde{Q}$ 增广的滤波，它由 n 维布朗运动 $\tilde{W} = \{\tilde{W}(t); t \geqslant 0\}$ 生成。

给定交易间隔日 $[0, \tau]$，$\tau > 0$，定义以下过程③：

(1) $f(t, T)$ 为 t 时刻的到期时间为 T 的瞬时、连续复合远期利率，满足：

$$\mathrm{d}f(t, T) = \sigma(t, T) \cdot \sigma^*(t, T)\mathrm{d}t + \sigma(t, T) \cdot \mathrm{d}\tilde{W}(t) \tag{5-537}$$

其中，$\sigma(t, T)$ 是远期利率波动率，$\sigma^*(t, T) = \int_t^T \sigma(t, \nu)\mathrm{d}\nu$。

(2) $P(t, T) = \exp\left(-\int_t^T f(t, u)\mathrm{d}u\right)$ 是到期时间为 T 的债券价格过程，而且

$$\mathrm{d}P(t, T) = P(t, T)r(t)\mathrm{d}t - P(t, T)\sigma^*(t, T) \cdot \mathrm{d}\tilde{W}(t) \tag{5-538}$$

其中，$\sigma^*(t, T)$ 可以理解为债券价格波动率，因此 $\sigma^*(t, t) = 0$，$\forall t \geqslant 0$。

(3) 即期利率过程 $r(t) = f(t, t)$，$\forall t \geqslant 0$，货币市场账户仍然表示为：

$$B(t) = \exp\left(\int_0^t r(\nu)^* \mathrm{d}\nu\right), B(0) = 1 \tag{5-539}$$

我们知道，如果贴现债券价格 $P(t, T)/B(t)$ 是 $\tilde{Q}$ -鞅，就可以使用无套利定价方法。这时的债券价格可以表示为：

$$\frac{P(t, T)}{B(t)} = \frac{P(0, T)}{B(0)}\exp\left(-\int_0^t \sigma^*(s, T) \cdot \mathrm{d}\tilde{W}(s) - \frac{1}{2}\int_0^t |\sigma^*(s, T)|^2 \mathrm{d}s\right) \tag{5-540}$$

进一步考虑给 LIBOR 建模，前面对 HJM 模型的分析告诉我们，确定以上模型中的瞬时连续远期利率就等于决定波动率函数 $\sigma(t, T)$（或等价的 $\sigma^*(t, T)$）。给定某个时间间隔 $\delta > 0$，可以把 LIBOR 利率过程 $\{L(t, T); t \in [0, T], T \in [0, \tau]\}$ 定义为：

$$1 + \delta L(t, T) = \exp\left(\int_T^{T+\delta} f(t, \nu)\mathrm{d}\nu\right) \tag{5-541}$$

给 $L(t, T)$ 加上对数正态波动率结构，相应的随机过程可以写为：

$$\mathrm{d}L(t, T) = \mu_{L(t, T)}\mathrm{d}t + L(t, T)\gamma(t, T) \cdot \mathrm{d}\tilde{W}(t) \tag{5-542}$$

---

① 这里要注意的是，市场不见得会区别远期测度之间的差别，也就不会区分不同到期时间的远期概率。

② 这里采用了 HJM 模型的结论。

③ 原始文献中对这些过程的定义使用的是 $r(t, x)$ 来表示 t 时刻的到期时间为 $t+x$ 的瞬时远期利率，这里为了不引起混淆并统一记法，显然 $r(t, x) = f(t, t+x)$

其中,$\mu_{L(t,T)}$ 是漂移函数,$\gamma: R^2 \to R^n$ 是确定的、有界的、分段连续的相对波动率函数。令 $h(t,T)=\int_T^{T+\delta} f(t,u)\mathrm{d}u$,可以使用伊藤定理来决定式(5-542)的正确函数形式,因此就有:

$$\mathrm{d}L(t,T)=\frac{\partial L(t,T)}{\partial h(t,T)}\mathrm{d}h(t,T)+\frac{1}{2}\frac{\partial^2 L(t,T)}{\partial h(t,T)^2}\mathrm{d}h(t,T)\mathrm{d}h(t,T) \tag{5-543}$$

其中:

$$\begin{aligned}
\mathrm{d}h(t,T) &= \mathrm{d}\left(\int_T^{T+\delta} f(t,u)\mathrm{d}u\right) \\
&= \int_T^{T+\delta} \mathrm{d}f(t,u)\mathrm{d}u \\
&= \int_T^{T+\delta} [\sigma(t,u)\cdot\sigma^*(t,u)\mathrm{d}t+\sigma(t,u)\cdot\mathrm{d}\widetilde{W}(t)]\mathrm{d}u \\
&= \int_T^{T+\delta} \frac{1}{2}\frac{\partial\sigma^*(t,u)^2}{\partial u}\mathrm{d}u\,\mathrm{d}t+\int_T^{T+\delta}\sigma(t,u)\mathrm{d}u\cdot\mathrm{d}\widetilde{W}(t) \\
&= \frac{1}{2}[|\sigma^*(t,T+\delta)|^2-|\sigma^*(t,T)|^2]\mathrm{d}t \\
&\quad +\int_T^{T+\delta}\sigma(t,u)\mathrm{d}u\cdot\mathrm{d}\widetilde{W}(t)-\int_t^T\sigma(t,u)\mathrm{d}u\cdot\mathrm{d}\widetilde{W}(t) \\
&= \frac{1}{2}[|\sigma^*(t,T+\delta)|^2-|\sigma^*(t,T)|^2]\mathrm{d}t \\
&\quad +[\sigma^*(t,T+\delta)-\sigma^*(t,T)]\cdot\mathrm{d}\widetilde{W}(t)
\end{aligned}$$

因此:

$$\begin{aligned}
\mathrm{d}h(t,T)\mathrm{d}h(t,T) &= \mathrm{d}\left(\int_T^{T+\delta} f(t,u)\mathrm{d}u\right)\mathrm{d}\left(\int_T^{T+\delta} f(t,u)\mathrm{d}u\right) \\
&= |\sigma^*(t,T+\delta)-\sigma^*(t,T)|^2\mathrm{d}t
\end{aligned}$$

式(5-543)变成:

$$\begin{aligned}
\mathrm{d}L(t,T) &= \frac{1}{\delta}\exp\left(\int_T^{T+\delta} f(t,u)\mathrm{d}u\right)\begin{pmatrix}\frac{1}{2}[|\sigma^*(t,T+\delta)|^2-|\sigma^*(t,T)|^2]\mathrm{d}t \\ +\frac{1}{2}|\sigma^*(t,T+\delta)-\sigma^*(t,T)|^2\mathrm{d}t \\ +[\sigma^*(t,T+\delta)-\sigma^*(t,T)]\mathrm{d}\widetilde{W}(t)\end{pmatrix} \\
&= \frac{1}{\delta}[1+\delta L(t,T)][|\sigma^*(t,T+\delta)|^2-\sigma^*(t,T)\cdot\sigma^*(t,T+\delta)]\mathrm{d}t \\
&\quad +\frac{1}{\delta}(1+\delta L(t,T))(\sigma^*(t,T+\delta)-\sigma^*(t,T))\cdot\mathrm{d}\widetilde{W}(t) \\
&= \frac{1}{\delta}[1+\delta L(t,T)]\sigma^*(t,T+\delta)\cdot[\sigma^*(t,T+\delta)-\sigma^*(t,T)]\mathrm{d}t \\
&\quad +\frac{1}{\delta}[1+\delta L(t,T)][\sigma^*(t,T+\delta)-\sigma^*(t,T)]\cdot\mathrm{d}\widetilde{W}(t)
\end{aligned} \tag{5-544}$$

因此，根据式(5-542)，要求：

$$\frac{1}{\delta}[1+\delta L(t,\ T)][\sigma^*(t,\ T+\delta)-\sigma^*(t,\ T)]=L(t,\ T)\gamma(t,\ T)$$
$$\Rightarrow \tag{5-545}$$
$$\sigma^*(t,\ T+\delta)-\sigma^*(t,\ T)=\frac{\delta L(t,\ T)}{1+\delta L(t,\ T)}\gamma(t,\ T)$$

所以，式(5-544)可以写为 $(T+\delta)$ 时刻到期的债券价格波动率的形式：

$$\mathrm{d}L(t,\ T)=L(t,\ T)\gamma(t,\ T)\cdot\sigma^*(t,\ T+\delta)\mathrm{d}t+L(t,\ T)\gamma(t,\ T)\cdot \mathrm{d}\widetilde{W}(t) \tag{5-546}$$

或者解式(5-545)得出 $\sigma^*(t,\ T+\delta)$，这样就可以把这个 LIBOR 随机过程写为 T 期限的债券价格的波动率的形式：

$$\mathrm{d}L(t,\ T)=\left(L(t,\ T)\gamma(t,\ T)\cdot\sigma^*(t,\ T)+\frac{\delta L(t,\ T)^2}{1+\delta L(t,\ T)}\mid\gamma(t,\ T)\mid^2\right)\mathrm{d}t$$
$$+L(t,\ T)\gamma(t,\ T)\cdot\mathrm{d}\widetilde{W}(t) \tag{5-547}$$

现在假定①：

$$\sigma^*(t,\ T)=0,\ \forall t\in[(T-\delta)\vee 0,\ T],\ T\in[0,\ \tau]$$

则可以用一个重复的关系来定义 $\sigma^*(t,\ T)$，$T-t\geqslant\delta$ 如下②：

$$\sigma^*(t,\ T)=\sum_{k=1}^{\delta^{-1}(T-t)}\frac{\delta L(t,\ T-k\delta)}{1+\delta L(t,\ T-k\delta)}\gamma(t,\ T-k\delta) \tag{5-548}$$

把这个重复关系代到式(5-546)中，那么描述 LIBOR 进化的随机过程可以表示为纯 LIBOR 波动率的形式：

---

① 这个假设意味着当 $0\leqslant T-t<\delta$ 时，波动率因素对于所有利率都消失了，这是估价日和到期日之间比 δ 小的时间，这就允许我们构造一个较易处理的模型。因为 $\sigma^*(t,\ t)=0,\ \forall t\in[0,\ T]$（因为这是一个即将到期债券的价格的波动率），关系式(5-545)意味着：

$$\sigma^*(t,\ T)=\sigma^*(t,\ T-\delta)+\frac{\delta L(t,\ T-\delta)}{1+\delta L(t,\ T-\delta)}\gamma(t,\ T-\delta)$$

因此，对于 $T=t+\delta$：

$$\sigma^*(t,\ t+\delta)=\sigma^*(t,\ t)+\frac{\delta L(t,\ t)}{1+\delta L(t,\ t)}\gamma(t,\ t)=0$$

这是由于 $\gamma(t,\ t)=0$ 是即期 LIBOR 的波动率。所以，由于 $\sigma^*(t,\ T)=0,\ \forall T=t,\ T=t+\delta$，我们同样令 $\sigma^*(t,\ T)=0,\ T\in(t,\ t+\delta)$，这等价于 $\sigma^*(t,\ T)=0,\ t\in(T-\delta,\ T)$。

② 根据式(5-545)，我们有：

$$\begin{aligned}\sigma^*(t,\ T)&=\sigma^*(t,\ T-\delta)+\frac{\delta L(t,\ T-\delta)}{1+\delta L(t,\ T-\delta)}\gamma(t,\ T-\delta)\\&=\sigma^*(t,\ T-2\delta)+\frac{\delta L(t,\ T-2\delta)}{1+\delta L(t,\ T-2\delta)}\gamma(t,\ T-2\delta)+\frac{\delta L(t,\ T-\delta)}{1+\delta L(t,\ T-\delta)}\gamma(t,\ T-\delta)\\&=\sigma^*(t,\ T-k\delta)+\frac{\delta L(t,\ T-k\delta)}{1+\delta L(t,\ T-k\delta)}\gamma(t,\ T-k\delta)+\cdots+\frac{\delta L(t,\ T-\delta)}{1+\delta L(t,\ T-\delta)}\gamma(t,\ T-\delta)\end{aligned}$$

由于根据假定 $\sigma^*(t,\ T)=0,\ \forall T-t<\delta$，上式右侧第一项在 $T-t-k\delta<\delta$ 时就消失了（即 $k>\delta^{-1}(T-t)-1$）。因此，这个加总的数量的上界是 $k=\delta^{-1}(T-t)$。

$$dL(t,T)=L(t,T)\gamma(t,T)\cdot\sum_{k=1}^{\delta^{-1}(T-t)}\frac{\delta L(t,T+\delta-k\delta)}{1+\delta L(t,T+\delta-k\delta)}\gamma(t,T+\delta-k\delta)dt$$
$$+L(t,T)\gamma(t,T)\cdot d\widetilde{W}(t)$$

令 $j=k-1$，就有：

$$dL(t,T)=L(t,T)\gamma(t,T)\cdot\sum_{j=0}^{\delta^{-1}(T-t)-1}\frac{\delta L(t,T-j\delta)}{1+\delta L(t,T-j\delta)}\gamma(t,T-j\delta)dt$$
$$+L(t,T)\gamma(t,T)\cdot d\widetilde{W}(t) \tag{5-549}$$

2. 远期风险中性测度和远期 LIBOR 运动

在以上风险中性分析框架中，其他风险中性测度可以类似定义，测度的变换同计价单位变换联系在一起。因此，可以选择一个便利的计价单位来方便为衍生品定价。考虑一个无红利分发的证券 $X(t)$，它是一个 $\widetilde{Q}$-鞅，存在一个概率测度 Q^X 使得任何资产相对于 X 的价格过程均为 Q^X -鞅，这个测度由以下拉登-尼科迪姆导数定义：

$$\frac{dQ^X}{d\widetilde{Q}}=\frac{X(T)}{X(0)B(T)} \tag{5-550}$$

注意，这是因为货币账户 $B(T)$ 是同测度 $\widetilde{Q}$ 联系的计价单位。令 Q^T 代表与期限 T 贴现债券 $P(t,T)$ 联系的概率测度，使用式(5-550)，我们定义这个概率测度为：

$$\frac{dQ^T}{d\widetilde{Q}}=\frac{P(T,T)}{P(0,T)B(T)}=\exp\left(-\int_0^T\sigma^*(s,T)\cdot d\widetilde{W}(s)-\frac{1}{2}\int_0^T|\sigma^*(s,T)|^2ds\right) \tag{5-551}$$

既然 T 期限的贴现债券的相对价格是鞅，而且 $P(0,T)$ 在 T 时刻是已知道的。我们定义：

$$\begin{aligned}\eta_t&=\frac{dQ^T}{d\widetilde{Q}}\bigg|_{F_t}=E^{\widetilde{Q}}\left[\frac{P(T,T)}{P(0,T)B(T)}\bigg|F_t\right]\\&=\frac{P(t,T)}{P(0,T)B(t)}\\&=\exp\left[-\int_0^t\sigma^*(s,T)\cdot d\widetilde{W}(s)-\frac{1}{2}\int_0^t|\sigma^*(s,T)|^2ds\right]\end{aligned} \tag{5-552}$$

根据式(5-551)的拉登-尼科迪姆导数，对于任何资产 $S(.)$，就有：

$$E^{Q^T}[S(T)]=E^{\widetilde{Q}}\left[S(T)\frac{dQ^T}{d\widetilde{Q}}\right]=E^{\widetilde{Q}}[S(T)\eta_T] \tag{5-553}$$

对于条件预期，使用贝叶斯(Bayes)法则，得到：

$$\begin{aligned}E^{Q^T}[S(T)\mid F_t]&=\frac{1}{\eta_t}E^{\widetilde{Q}}[S(T)\eta_t\mid F_t]\\&=\frac{B(t)P(0,T)}{P(t,T)}E^{\widetilde{Q}}\left[\frac{S(T)}{B(T)P(0,T)}\bigg|F_t\right]=\frac{S(t)}{P(t,T)}\end{aligned} \tag{5-554}$$

这是因为相对资产价格 $S(.)/B(.)$ 是 $\widetilde{Q}$ 鞅，而 $P(0, T)$ 在 t 时刻是已知的。

期限 T 的 S 资产在 t 时刻的远期价格可以写为①：

$$F_{S_T}(t, T)=\frac{S(t)}{P(t, T)} \tag{5-555}$$

注意到，远期价格过程 $F_{S_T}(t, T)$ 是一个 Q^T 鞅②，因此这个测度就被为远期鞅测度或者远期中性概率测度。可以使用 Girsanov 定理来定义在此远期鞅测度下的布朗运动：

$$\mathcal{W}^T(t)=\widetilde{\mathcal{W}}(t)+\int_0^t \sigma^*(u, T)\mathrm{d}u \tag{5-556}$$

考虑式(5-546)，LIBOR 利率过程用期限为 $T+\delta$ 的债券价格波动率表示：

$$\mathrm{d}L(t, T)=L(t, T)\gamma(t, T)\cdot\sigma^*(t, T+\delta)\mathrm{d}t+L(t, T)\gamma(t, T)\cdot\mathrm{d}\widetilde{\mathcal{W}}(t) \tag{5-557}$$

引入一个对应于 $T+\delta$ 时间的新的 n 维维纳过程 $\mathcal{W}^{T+\delta}(t)$，其中：

$$\mathrm{d}\mathcal{W}^{T+\delta}(t)=\mathrm{d}\widetilde{\mathcal{W}}(t)+\sigma^*(t, T+\delta)\mathrm{d}t \tag{5-558}$$

以及一个相应的概率测度 $Q^{T+\delta}\sim Q$，$\mathcal{W}^{T+\delta}(t)$ 是 $Q^{T+\delta}$ 下的布朗运动。根据式(5-551)，这个新的远期测度可以定义为：

$$\begin{aligned}\frac{\mathrm{d}Q^{T+\delta}}{\mathrm{d}\widetilde{Q}}&=\frac{P(T+\delta, T+\delta)}{P(0, T+\delta)B(T+\delta)}\\&=\exp\left[-\int_0^{T+\delta}\sigma^*(s, T+\delta)\cdot\mathrm{d}\widetilde{\mathcal{W}}(s)-\frac{1}{2}\int_0^{T+\delta}|\sigma^*(s, T+\delta)|^2\mathrm{d}s\right]\end{aligned} \tag{5-559}$$

现在考虑式(5-557)，使用式(5-558)就有：

$$\begin{aligned}\mathrm{d}L(t, T)&=L(t, T)\gamma(t, T)\cdot\sigma^*(t, T+\delta)\mathrm{d}t+L(t, T)\gamma(t, T)\cdot\mathrm{d}\widetilde{\mathcal{W}}(t)\\&=L(t, T)\gamma(t, T)\cdot[\mathrm{d}\widetilde{\mathcal{W}}(t)+\sigma^*(t, T+\delta)\mathrm{d}t]\\&=L(t, T)\gamma(t, T)\cdot\mathrm{d}\mathcal{W}^{T+\delta}(t)\end{aligned} \tag{5-560}$$

因此，每一个远期 LIBOR 均服从远期测度下的对数正态鞅过程，而这个远期测度是同各自相应的结算日 $T+\delta$ 一一对应的。如果使用非对应于结算日的远期测度，则会要求做漂移调整。

考虑式(5-547)，可以用期限 T 的债券价格的波动率来表示 LIBOR 利率过程：

---

① 见 Musiela & Rutkowski(1997)。

② 既然 $F_{S_T}(T, T)=\dfrac{S(T)}{P(T, T)}=S(T)$，我们可以写下：

$$E^{Q^T}[F_{S_T}(T, T)\mid F_t]=E^{Q^T}[S(T)\mid F_t]=\frac{S(t)}{P(t, T)}=F_{S_T}(t, T)$$

因此，$F_{S_T}(t, T)$，$t\in[0, T]$ 是鞅。

$$\mathrm{d}L(t,\ T)=\left[L(t,\ T)\gamma(t,\ T)\cdot\sigma^{*}(t,\ T)+\frac{\delta L(t,\ T)^{2}}{1+\delta L(t,\ T)}\mid\gamma(t,\ T)\mid^{2}\right]\mathrm{d}t$$
$$+L(t,\ T)\gamma(t,\ T)\cdot\mathrm{d}\widetilde{W}(t)\tag{5-561}$$

使用式(5-558)和式(5-559),定义对应于 T 时刻(远期 LIBOR 到期日)的布朗运动和远期概率测度如下:

$$\mathrm{d}W^{T}(t)=\mathrm{d}\widetilde{W}(t)+\sigma^{*}(t,\ T)\mathrm{d}t\tag{5-562}$$

和

$$\frac{\mathrm{d}Q^{T}}{\mathrm{d}\widetilde{Q}}=\frac{P(T,\ T)}{P(0,\ T)B(T)}=\exp\left[-\int_{0}^{T}\sigma^{*}(s,\ T)\cdot\mathrm{d}\widetilde{W}(s)-\frac{1}{2}\int_{0}^{T}\mid\sigma^{*}(s,\ T)\mid^{2}\mathrm{d}s\right]\tag{5-563}$$

所以,式(5-561)变为:

$$\mathrm{d}L(t,\ T=\frac{\delta L(t,\ T)^{2}}{1+\delta L(t,\ T)}\mid\gamma(t,\ T)\mid^{2}\mathrm{d}t+L(t,\ T)\gamma(t,\ T)\cdot[\mathrm{d}\widetilde{W}(t)+\sigma^{*}(t,\ T)\mathrm{d}t]$$
$$=\frac{\delta L(t,\ T)^{2}}{1+\delta L(t,\ T)}\mid\gamma(t,\ T)\mid^{2}\mathrm{d}t+L(t,\ T)\gamma(t,\ T)\cdot\mathrm{d}W^{T}(t)\tag{5-564}$$

其中,$\frac{\delta L\ (t,\ T)^{2}}{1+\delta L(t,\ T)}\mid\gamma(t,\ T)\mid^{2}$ 是当使用一个与 LIBOR 到期日对应的远期测度时所要求的漂移调整。使用式(5-545)和式(5-548)的债券价格波动率的往复关系,就可以找到任意远期测度下的漂移调整。公式(5-549)显示了当使用即期测度时的这个漂移调整。这对应于使用货币市场账户作为计价单位,因此可以视为时刻 t 的测度。据此我们得出结论——在即期测度下,没有一个远期 LIBOR 服从对数正态鞅过程。

3. **衍生产品定价**

现在让我们考虑一个基于 LIBOR 的利率上限。结算日为 T_j, $j=1$, …, n(采用延后结算方式),在 T_j 时刻的现金流是 $\delta[L(T_{j-1},\ T_{j-1})-K]^{+}$,其中 K 是利率上限的执行价格。考虑它在 t, $t\leqslant T_0 t$ 时刻的价格,根据风险中性定价技术,它的合理价格应当是:

$$\frac{Cap(t)}{B(t)}=\sum_{j=1}^{n}E^{\widetilde{Q}}\left[\frac{\delta[L(T_{j-1},\ T_{j-1})-K]^{+}}{B(T_j)}\middle|F_t\right]\tag{5-565}$$

根据式(5-554),有:

$$E^{\widetilde{Q}}[S(T)\mid F_t]=\eta_t E^{Q^T}\left[\frac{S(T)}{\eta_T}\middle|F_t\right]\tag{5-566}$$

所以,

$$E^{\widetilde{Q}}\left[\frac{\delta\,(L(T_{j-1},\ T_{j-1})-K)^{+}}{B(T_j)}\middle|F_t\right]$$
$$=\frac{P(t,\ T_j)}{P(0,\ T_j)B(t)}E^{Q^{T_j}}\left[\frac{\delta\,(L(T_{j-1},\ T_{j-1})-K)^{+}}{B(T_j)}P(0,\ T_j)B(T_j)\mid F_t\right]$$
$$=\frac{P(t,\ T_j)}{B(t)}E^{Q^{T_j}}[\delta\,(L(T_{j-1},\ T_{j-1})-K)^{+}\mid F_t]$$

代入式(5-565)，利率上限价格可以写为：

$$Cap(t)=\sum_{j=1}^{n}P(t,\ T_j)E^{Q^{T_j}}\left[\delta\left(L(T_{j-1},\ T_{j-1})-K\right)^+ \mid F_t\right] \tag{5-567}$$

其中，现金流是用支付日 T_j 的远期测度来估值的，这里 $E^{Q^{T_j}}(.)$ 表示 T_j 时刻的远期测度 Q^{T_j} 下的数学期望。这个远期测度是用式(5-551)定义的：

$$\frac{\mathrm{d}Q^{T_j}}{\mathrm{d}\widetilde{Q}}=\left[P(0,\ T_j)B(T_j)\right]^{-1}=\exp\left[-\int_0^{T_j}\sigma^*(s,\ T_j)\cdot \mathrm{d}\widetilde{W}(s)-\frac{1}{2}\int_0^{T_j}\ |\sigma^*(s,\ T_j)|^2\mathrm{d}s\right] \tag{5-568}$$

根据式(5-560)，我们知道 $L(t,\ T_j)$ 可以用远期测度 $Q^{T_{j+1}}$ 下的对数正态鞅来表示，因此：

$$\mathrm{d}L(t,\ T_j)=L(t,\ T_j)\gamma(t,\ T_j)\cdot \mathrm{d}W^{T_{j+1}}(t) \tag{5-569}$$

所以，给定 t 时刻的 T_j 时期 LIBOR 的远期价值，我们有：

$$L(T_j,\ T_j)=L(t,\ T_j)\exp\left[-\int_t^{T_j}\gamma(s,\ T_j)\cdot \mathrm{d}W^{T_{j+1}}(s)-\frac{1}{2}\int_t^{T_j}\ |\gamma(s,\ T_j)|^2\mathrm{d}s\right] \tag{5-570}$$

现在考虑 $1/L(t,\ T_j)$ 过程，根据伊藤定理，就有：

$$\begin{aligned}
\mathrm{d}\frac{1}{L(t,\ T_j)}&=\frac{\partial\dfrac{1}{L(t,\ T_j)}}{\partial L(t,\ T_j)}\mathrm{d}L(t,\ T_j)+\frac{1}{2}\frac{\partial^2\dfrac{1}{L(t,\ T_j)}}{\partial L(t,\ T_j)^2}\mathrm{d}L(t,\ T_j)\mathrm{d}L(t,\ T_j)\\
&=-\frac{\gamma(t,\ T_j)}{L(t,\ T_j)}\mathrm{d}W^{T_{j+1}}(t)+\frac{\gamma(t,\ T_j)^2}{L(t,\ T_j)}\mathrm{d}t\\
&=\gamma(t,\ T_j)\frac{1}{L(t,\ T_j)}\cdot \mathrm{d}W^L(t)
\end{aligned} \tag{5-571}$$

其中：

$$\mathrm{d}W^L(t)=-\mathrm{d}W^{T_{j+1}}(t)+\gamma(t,\ T_j)\mathrm{d}t \tag{5-572}$$

是测度 Q^L 下的布朗运动。而在此测度 Q^L 下 $\dfrac{1}{L(t,\ T_j)}$ 为对数正态鞅。

根据 Girsanov 定理，定义这里测度变换的拉登-尼科迪姆导数为：

$$\frac{\mathrm{d}Q^L}{\mathrm{d}Q^{T_{j+1}}}=\exp\left[-\int_0^{T_j}\gamma(s,\ T_j)\cdot \mathrm{d}W^{T_{j+1}}(s)-\frac{1}{2}\int_0^{T_j}\ |\gamma(s,\ T_j)|^2\mathrm{d}s\right]=\frac{L(T_j,\ T_j)}{L(t,\ T_j)} \tag{5-573}$$

这种变换影响了漂移率，但不影响波动率系数，因此如同式(5-570)，就有：

$$\frac{1}{L(T_j,\ T_j)}=\frac{1}{L(t,\ T_j)}\exp\left[-\int_t^{T_j}\gamma(s,\ T_j)\cdot \mathrm{d}W^L(s)-\frac{1}{2}\int_t^{T_j}\ |\gamma(s,\ T_j)|^2\mathrm{d}s\right] \tag{5-574}$$

根据式(5-567)，我们看到利率上限是由一系列的 n 个不同到期时间的 LIBOR 的看涨期权或者上限单元构成的。考虑一个在 T_{j+1} 时刻有现金流发生的利率上限单元的价值：

$$
\begin{aligned}
& Caplet(t) \\
&= \delta P(t, T_{j+1}) E^{Q^{T_{j+1}}}[(L(T_j, T_j) - K)^+ \mid F_t] \\
&= \delta P(t, T_{j+1}) E^{Q^{T_{j+1}}}[(L(T_j, T_j) - K) 1_{\{L(T_j, T_j) > K\}} \mid F_t] \\
&= \delta P(t, T_{j+1}) \Big(L(t, T_j) E^{Q^{T_{j+1}}} \left[\frac{L(T_j, T_j)}{L(t, T_j)} 1_{\{L(T_j, T_j) > K\}} \mid F_t \right] \\
&\quad - K E^{Q^{T_{j+1}}} [1_{\{L(T_j, T_j) > K\}} \mid F_t] \Big) \\
&= \delta P(t, T_{j+1}) \Big(L(t, T_j) \boldsymbol{P}^{Q^L} \{L(T_j, T_j) > K\} - K \boldsymbol{P}^{Q^{T_{j+1}}} \{L(T_j, T_j) > K\} \Big) \\
&= \delta P(t, T_{j+1}) \Big(L(t, T_j) \boldsymbol{P}^{Q^L} \left\{ \frac{1}{L(T_j, T_j)} < \frac{1}{K} \right\} - K \boldsymbol{P}^{Q^{T_{j+1}}} \{L(T_j, T_j) > K\} \Big)
\end{aligned}
\tag{5-575}
$$

因此，使用式(5-574)，我们有：

$$
\begin{aligned}
& \boldsymbol{P}^{Q^L} \left\{ \frac{1}{L(T_j, T_j)} < \frac{1}{K} \right\} \\
&= \boldsymbol{P}^{Q^L} \left\{ \exp\left(-\int_t^{T_j} \gamma(s, T_j) \cdot d\mathcal{W}^L(s) - \frac{1}{2} \int_t^{T_j} |\gamma(s, T_j)|^2 ds \right) < \frac{L(t, T_j)}{K} \right\} \\
&= \boldsymbol{P}^{Q^L} \left\{ -\int_t^{T_j} \gamma(s, T_j) \cdot d\mathcal{W}^L(s) < \ln\left(\frac{L(t, T_j)}{K} \right) + \frac{1}{2} \int_t^{T_j} |\gamma(s, T_j)|^2 ds \right\} \\
&= \mathcal{N}[h(t, T_j)]
\end{aligned}
\tag{5-576}
$$

其中[①]：

$$
h(t, T_j) = \frac{\ln\left(\frac{L(t, T_j)}{K} \right) + \frac{1}{2} \varphi^2(t, T_j)}{\varphi(t, T_j)} \tag{5-577}
$$

$$
\varphi^2(t, T_j) = \int_t^{T_j} |\gamma(s, T_j)|^2 ds \tag{5-578}
$$

类似地，使用式(5-570)，有：

$$
\begin{aligned}
& \boldsymbol{P}^{Q^{T_{j+1}}} \{L(T_j, T_j) > K\} \\
&= \boldsymbol{P}^{Q^{T_{j+1}}} \left\{ -\int_t^{T_j} \gamma(s, T_j) \cdot d\mathcal{W}^{T_{j+1}}(s) > \ln\left(\frac{K}{L(t, T_j)} \right) + \frac{1}{2} \int_t^{T_j} |\gamma(s, T_j)|^2 ds \right\} \\
&= \boldsymbol{P}^{Q^{T_{j+1}}} \left\{ \int_t^{T_j} \gamma(s, T_j) \cdot d\mathcal{W}^{T_{j+1}}(s) < \ln\left(\frac{L(t, T_j)}{K} \right) - \frac{1}{2} \int_t^{T_j} |\gamma(s, T_j)|^2 ds \right\} \\
&= \mathcal{N}[h(t, T_j) - \varphi(t, T_j)]
\end{aligned}
$$

① 要指出的是，BGM 模型的一个主要优点就是模型调校不再涉及把无法观察的变量(如瞬时即期利率和远期利率)转换为市场上可以观察到的量。因此，式(5-578)中的波动率参数 $\varphi^2(t, T_j)$ 可以直接拟合到观测到的 Black 波动率。但是，$\varphi^2(t, T_j)$ 是一个利率上限单元的波动率，而是市场报出的 Black 波动率实际上是全部利率上限单元的波动率的平均。为了得到单个的上限单元的波动率，就需要假设它们之间的关系。这些上限单元的波动率代表了单个远期利率的波动率，有时也就称为远期-远期波动率(forward-forward volatility)。

把这些结果代入式(5-575)，则 t 时刻该利率上限单元(T_{j+1} 时刻有现金流)的价值是：

$$Caplet(t)=\delta P(t,\ T_{j+1})(L(t,\ T_j)\mathcal{N}[h(t,\ T_j)]-k\mathcal{N}[h(t,\ T_j)-\varphi(t,\ T_j)]) \tag{5-579}$$

因此，根据式(5-567)，t 时刻整个利率上限的价值是：

$$Cap(t)=\sum_{j=1}^{n}\delta P(t,\ T_j)(L(t,\ T_{j-1})\mathcal{N}[h(t,\ T_{j-1})]-k\mathcal{N}[h(t,\ T_{j-1})-\varphi(t,\ T_{j-1})]) \tag{5-580}$$

4. 评价和结论

BGM模型的建模方法有两重意义。首先，为了验证市场通过Black公式定价利率上限单元(Caplet)的惯例是正确的，要考虑一个远期测度下的远期利率。在即期测度下，没有远期利率是对数正态的，但是在一个适当的远期测度下则有可能是，而这个远期测度取决于远期利率的结算时间。

其次，不同于前面的模型，如HJM，建模在无法观察到的市场参数上，如瞬时远期利率，所以要模型实现需要适当的离散化。BGM模型发展了在(市场可以观察到的)离散远期利率上的连续时间模型。传统模型在使用中的最大困难就是发现市场观察得到价值和波动率，在BGM模型中建模的时采用的变量就是市场上可观测到的变量，这样问题就不存在了。

"理论与实践相结合"5-11　利率期限结构：经验证据

研究者对不同的期限结构模型进行了实证检验，以进行判别和比较。最初是对利率单位根的检验。一般的利率动态模型都假设利率服从一个均值回归过程，并在此基础上展开分析。因此，为了验证这些模型的可行性，首先就必须对利率是否真正服从一个均值回归过程进行验证。有学者(Pesando, 1979)对有效市场上的即期利率和远期利率的随机游走问题进行了分析。在现实生活中，由于远期利率的估计性质和利率的非随机游走性，长期利率可以表现出明显的序列相关性。该文为利率的非单位根性找到了切实的证据。

随后，大量的不同期限结构模型的比较研究纷纷涌现。有使用最大似然法的(Chen & Scott, 1993; Pearson & Sun, 1990)、使用广义矩方法的(Heston, 1989; Gibbons & Ramaswamy, 1993)、使用因素分析的(Litterman & Scheinman, 1991)，他们都得出了单因素模型不能很好地拟合收益率曲线的结论。使用荷兰债券市场的数据对Vasicek、CIR模型进行检验，也会得出类似的结论(De Munn & Schotman, 1992)。但是，这些检验结果不是结论性的，而是依赖于使用的数据和计量方法。例如，用截面数据检验CIR模型，就会发现长期均值和波动率参数不能保持稳定(Brown & Dybvig, 1986)，这表明该模型的设定有误。使用最大似然估计法也支持早先的发现(Pearson & Sun, 1994)，而使用广义矩估计法对短期国债利率的无条件分布进行检验，则会得到相反的结论(Gibbons & Ramaswamy, 1993)。

有学者对不同的利率期限结构模型进行了实证分析，结果表明漂移率和波动率为常数的模型以及波动率为利率水平函数的模型过度强调了利率水平对波动率的影响(Bali, 1999)。最好的模型是波动率为利率水平和信息两个因素的函数。

利用广义矩(GMM)估计方法对不同的利率期限结构模型进行实证比较,会发现波动率受风险水平影响的模型表现最好,对漂移率进行改进不会对模型产生太大的影响(Chan et al., 1992)。结果还表明,一些经常运用的模型,如 Vasicek 模型等,表现很差。

通过横截面分析(cross sectional analysis)对不同利率期限结构模型进行检验和比较,会发现在利率期限结构的分析中,均值回归方程和因子数量的选择要比对利率分布的选择更为重要(Schlogl & Sommer, 1997)。

有学者对一般的利率期限结构漂移模型进行了分析,发现这些模型无法产生出同历史数据相符合的分布并在此基础上提出了跳跃因素(Johannes, 2003)。这些跳跃因素和中央银行的货币政策行为存在很大的相关性。考虑跳跃行为会影响到期权的定价,但是对债券的收益率预测却不会产生影响。

使用美国市场即期利率数据对单因素模型进行检验,会得到一些新的发现(Chan, et al., 1992),如波动率的弹性系数为 1.5,这表明数据的时间序列不是平稳的。他们的研究还表明,Vasicek、CIR 模型的效果还不及 Dothan 型。他们认为,模型是否具有均值回复性并不重要,而能否正确对波动率建模才是关键的。他们还认为,好的模型应该能够允许即期利率的运动依赖于利率水平。

利用计量分析方法(Durham & Gallant, 2002)对不同的期限结构模型进行了实证检验。检验结果也表明漂移项对模型表现好坏不会产生影响。对漂移率的变化增加一些变化所能带来的效果不会好于常数漂移率。随机波动率能够提高模型的拟合程度,但是对债券定价没有带来多大的好处。

使用英国市场的数据得到的结论却是均值回复性比波动率更重要(Newman, 1997)。使用瑞典和丹麦市场的利率得到的结论是均值回复性很重要,并且利率水平和利率波动率存在正相关关系(Dahlquist, 1994)。斯坦顿(Stanton)使用非参数法对1965—1985 年美国市场的数据进行估计,发现单因素模型的漂移系数存在非线性性质,即在低利率水平上均值回复性较低,而在高利率水平上均值回复性较高。

检验表明,增加因素的数目会增加拟合的效果,因此多因素的模型是合理的(Stambaugh, 1988; Longstaff & Schwartz, 1992; Litterman, Scheinman & Weiss, 1991)。但是,也有研究表明两个因素是不够的,利率曲线的平移和扭曲至少应该使用三个因素(Pearson & Su, 1994)。然而,使用多因素模型对债券衍生品进行定价会变得非常复杂。

使用六种不同的波动率结构,包括正比例、平方根比例、绝对数值、非线性系数、指数等形式对期权价格进行检验(Amin & Morton, 1994),其结果表明隐含波动率函数不是平稳的,双因素模型定价的效果更好,但是增加了参数的不稳定性。

另外,有学者对欧元利率的随机波动率模型进行了实证检验并证实了利率变动中随机波动率的存在(Ball & Torous, 1999)。他们还将利率的随机波动率模型结果同股票市场的随机波动率模型结果进行了比较。比较结果表明,利率的持续性更短,因为它主要受到中央银行货币政策的影响。

根据对利率期限结构动态模型的实证分析,可以发现不同的模型、不同的计量分析方法、不同的数据，所得出的实证结果都会产生差异。因此，对不同的市场，重要的是模型的适用性。不过，实证分析也得出一些基本一致的结论：① 漂移率的假设不会对利率期限结构模型产生太大的影响；② 波动率是利率期限结构模型的重要因素；③ 多因子模型要比单因子模型表现得好，但是多因子要牺牲自由度，因此根据实证结果，两因子模型可能是一个比较好的模型；④ 利率一般服从一个均值回归过程。

小　　结

在金融经济学说发展史上，古典货币数量论、凯恩斯和弗里德曼的货币理论都没有涉及利率波动微观机制方面的研究，而这恰恰正是利率期限结构理论研究的出发点。利率的期限结构是指仅在期限长短方面存在差异的证券的收益率与期限之间的关系。早期的利率期限结构理论主要包括纯粹预期假说、分割市场理论和流动性偏好假设理论等，早期理论主要采用定性的分析手法，通常对投资者的债券种类选择行为提出某种假说来说明实际市场中观察到的收益率经验曲线。这些理论以某种假设来说明债券期限结构收益率曲线的形状，尚未涉及利率变化与债券市场均衡的动态性质与特征。利率期限结构的早期理论虽显粗糙与稚嫩，但为理论的进一步发展奠定了基础。

20 世纪 70 年代是早期理论与现代理论在时间上的分水岭。70 年代之后，连续时间分析方法与工具渐趋成熟并在交易商的金融资产配置决策分析中得到广泛应用，作为重点应用领域的利率期限结构理论取得许多新成果，它从微观上更为合理地解释了交易商的投资行为，通过讨论利率风险与债券价格之间的本质联系来探索利率风险的市场配置机制，填补了传统理论研究中的空白。

一般而言，有两类利率期限结构模型，一种是均衡模型，另外一种是套利模型。套利分析法假定利率波动服从某一随机扩散过程，债券被视为以利率为标的物的衍生品，它的价格变化依赖于利率的波动，进而直接借用期权定价分析所使用的一整套技术得到债券价格及利率的期限结构。无套利分析法简洁、实用，但同时存在重大的逻辑缺陷。外生给定的市场风险价格有可能与无套利假定之间存在内在冲突。有鉴于此，考克斯、英格索尔和罗斯(1985a)另辟蹊径，建立了一个生产和消费随机波动、厂商追求利润最大化、消费者追求一生效用最大化的竞争性经济一般均衡模型，由模型内生地确定市场风险价格及利率的期限结构。

最初的利率研究通常假定即期利率是影响债券价格变化的唯一状态变量，此后又有研究人员将即期利率之外的随机变量引入状态变量集中，认为多种因素共同影响和决定债券价格及相应衍生品的价值的变动。就建模所使用的工具和方法而言，单因素模型与多因素模型之间没有本质差异，都采用无套利分析法或一般均衡方法。

尽管华尔街的交易商和从事学术研究的经济学家们都采用数学模型来分析债券价格的动态变化，但两类群体所倚重的模型类型和特点却大相径庭。经济学家追求理论的严谨与完美，偏好 CIR(1985a，1985b)首倡的一般均衡模型，侧重研究“典型”的利率和债券价格波动，但对实际应用人士来说，一般均衡模型存在着致命缺陷。以 CIR 模型为例，它只有均值，均值回复系数和波动率三个参数，根据估计出的参数值仅能拟合债券收益率期限结构曲线上的四个点(三个参数外加即期利率)。显然，这无法满足交易商对收益率曲线的精确要求，如果想通过增加因素个数从而参数个数来解决这一问题，除非因素个数等于收益率曲线上的债券种类数目，否则也做不到精确拟合。就实际应用而言，这样的模型价值接近于零，尽管模型本身可能很完美。

鉴于一般均衡模型在实际应用中所碰到的困难，侯和李(Ho & Lee，1986)承袭传统无套利模型的研究思路而提出了自己的“无套利利率运动”(Arbitrage-free rate movements)模型，由此开创期限结构理论研究的新方向。他们的模型有不少缺陷，如他们的模型仅仅用唯一的一个参数来描绘整个波动率结构；而且他们的模型也没有均值回复的特征。不过，这一新的建模方法得到了布莱克、德曼和托伊(1990)，布莱克和卡拉辛斯基(1991)，希思、杰罗和摩顿(1992)以及赫尔和怀特(1990，1993)等人的发展完善和补充，成为深受实际工作者青睐的利率曲线建模工具。

文献导读

有关利率和债券的基础知识可以在任何一本固定收益产品投资的指南中获得，如Fabozzi(2003)，它对久期、免疫等概念都有清晰的描述①。

利率期限的静态估计方面，相关的研究可以参考：McCulloch(1971)；Carleton & Cooper(1976)；Shea(1984)；Fisher，Nychka & Zervos，1995)。Jeffrey，Linton 和 Nguyen (2000)对不同的函数估计结果进行了比较。动态模型方面，以研究者名字命名的模型也就提供了相关的文献线索。我们不再重复。

在利率期限结构文献综述方面，有的学者已经在大量研究的基础上进行了相关的文献回顾研究，比如：Jabbour & Mansi(2002)对利率期限结构静态估计的回顾；Gibson，Lhabitant & Talay(2001)，Yan(2001)，Dai & Singleton(2003)对利率期限结构动态模型的归纳和整理；Shiller & McCulloch(1990)和 Melino(1986)对利率期限结构的一般概念进行了分析。

教科书式的参考文献包括非常细腻的 Svoboda(2004)，Musiela & Rutkowski(1997)第12—14章，Rebonato(1998，2002)，James & Webber(2000)，Pelsser(2000)，Brigo & Mercurio(2006)。

① 本章主要材料来自 Svoboda(2004)，Musiela 和 Rutkowski(1997)第 12—14 章。Rebonato(1998，2002)，James 和 Webber(2000)，Pelsser(2000)，Brigo 和 Mercurio(2006)。

第 6 章　金融中介：功能和进化

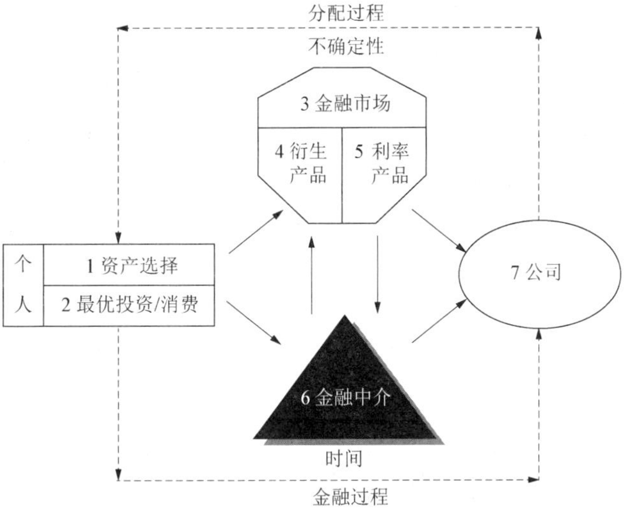

本章的学习目标

- 了解看待金融中介的经济地位和作用的两种观点：功能观点和机构观点；
- 了解金融中介地位和作用的变迁过程，以及在这个过程中呈现出的主要特点；
- 理解信息不对称在解释直接金融和间接金融分工方面的作用；
- 理解交易费用在解释金融中介产品生产的专业性方面的作用；
- 了解现代金融中介的动态实现功能及其实现形式；
- 了解中介的风险管理功能和降低参与成本方面的作用；
- 了解动态金融中介理论以及金融创新在金融体系进化过程中起到的作用。

从上面的结构图中可以看到，横亘在金融产品和服务的需求和供给双方之间的是巨大的金融市场和形形色色的金融中介。金融市场在实现资源跨期配置中的强大经济功能和福利价值，在第 3 章中我们已经看到。

但是，金融中介呢？如果第 3 章中有关金融市场的理论是正确的，那么根据它的直接推论，就似乎隐含着一个矛盾。我们知道，在经典的阿罗-德布鲁(Arrow-Debreu)经济和后来改进了的拉德纳(Radner)经济中，仅仅市场本身就可以最优地媒介资本的借贷和风险的配置，根本不需要任何形式的金融中介插手其间。换句话说,当经济中已经存在着理想化的金融市场执行资源配置任务时,金融中介机构根本就是多余的。

同理论逻辑推导出来的这种极端情况形成鲜明对照的是:在实际生活中,我们看到的是大量的、各种各样的金融中介机构。历史上,金融中介的存在要早于大规模金融市场的出现很多时间,而且金融中介的发展会推动金融市场的发展和繁荣(Mckinnon,1973);现在,金融机构在几乎所有现代经济中都扮演着非常重要的角色。

如何解释理论和实践中的这种显著背离就是本章的主题。首先,我们从功能的角度(functional perspective)考察金融中介机构在经济活动中应当履行的职责,但是现代金融中介的职责和功能也有一个变化的过程,这个过程中有一些明显的特征,它们启发出进一步研究的方向。其次,我们回顾传统中介理论(intermediation theory),它们给出了当金融市场存在某种缺陷时,金融中介机构存在的理由,可以视它们为解决上述矛盾的初步尝试。但是,在一个快速变化的时代背景下,仅凭这些理由还是无法完全解释金融中介存在和发展过程中出现的一些新现象和新问题。因此,新一代的中介理论尝试在连续时间的框架中,再次考验金融中介机构存在的经济价值和福利意义,以及伴随着那些新开拓的功能出现并且日益重要的风险管理(risk management)和市场参与行为。最后,在简要分析了金融创新的一般过程后,我们有了一个动态的中介理论,它给出了金融中介以至整个金融体系进化的一般路径并指明了未来发展的主要趋势。

"理论与实践相结合"6-1 现实中的金融中介

在一个发达的金融经济中(如美国),一般我们可以看到两大类金融中介机构。

第一类是储蓄存款机构(depository institutions),它包括商业银行(commercial bank)、储蓄贷款协会、储蓄银行和信用社(credit union)。它们不仅占据货币供给中的一大部分,而且还在把经济中的资金盈余者的储蓄,作为贷款提供给资金需要者(如政府、企业和需要住房的个人)的过程中起着关键作用。

在这一类别中,还包括合约储蓄机构(contractual saving institutions)。它主要指人寿保险(life insurance)和养老保险机构(pension insurance company)。它们通过合约接受储蓄存款,有着比较稳定的现金流。除了纯保险性质的一小部分支付,它们控制了大量的资产,因此它们是经济中许多长期投资项目所需资金的主要来源。

第二类是非储蓄存款机构(nondepository institutions)。这一类别中门类众多,投资机构就属于其中。它主要包括互助基金(mutual fund)和货币市场基金(money-market mutual fund)。这些机构通过发行自己的权益证券从个人那里吸收资金,并通过职业化管理,专注投资于二级市场。近来在中国,我们也经常可以听到关于开放式和封闭式基金优缺点的一些争论。

这个类别的金融中介机构中,近年来出现了一种倍受关注的形式——对冲基金(hedge fund)。它们吸收机构和高财富水平的个人资金,主要投资于衍生产品市场。其中,最著名的包括索罗斯(Soros)的量子基金(Quantum)、罗伯逊(Robertson)的老虎基金

(Tiger)和梅瑞魏热(Meriwether)的长期资本管理公司(LTCM)①。

(1) 传统保险公司。主要指经营寿险和养老保险以外，其他保险业务的保险公司，它们在概率统计(保险精算)的基础上提供世界风险的分散机制。

(2) 证券市场机构。其中最重要的是投资银行(investment bank or merchant bank)，它们并不是传统意义上的银行，它们不能够吸收存款和发放贷款。但是，它们确实是被称为"Street Company"风头正健的金融明星们。美林(M & L)、高盛(G & S)、所罗门(Soloman)都是近年来人们耳熟能详的名字。它们的业务主要是为企业在一级市场上发行证券(underwriting)和组织兼并收购(merger & acquisition)；此外还有证券交易商(security dealer)，它们类似经纪人(broker)，帮助买卖双方达成交易获取佣金，但是它们中的很多现在也提供投资咨询和顾问服务；最后还有交易所。总的说来，它们建立、维护或者帮助投资者参与金融市场。

(3) 金融公司(finance company)。它们是金融零售商，它们通过发行长期证券或者股票获得融资，然后把资金贷给购买耐用消费品的家庭或者个人，它们同时也向公司放款，帮助它们实现设备租赁等。

广义上的金融机构还包括信用评级机构(credit rating agent)、政府金融机构，如政策性银行、住房抵押贷款协会等。政府这种主动参与市场行为的目的，在于扶持某些特定的行业或者阶层。

6.1 概　　述

为了可以发现金融市场和金融中介的并存是否存在着矛盾，我们必须先看一下金融中介履行的经济功能，比较它同金融市场完成的经济功能之间的差异。对于金融中介来说，它们履行的这些功能也在不断的进化和再发掘，这种进化过程中呈现了一些显著，也是具有启示性的特征。

6.1.1　功能观点

与外生赋予某种偏好形式的消费者不同，理论分析中的金融性经济组织基本上均是模型内生的，它们是为了实现某些经济功能而存在的。因此，我们将用功能观点(functional perspective)来考察，理论中应当存在和日臻完善的金融中介应当是个什么样子②。

从功能观点视角看来，重要的不是金融中介被冠以什么名称，归属哪个类别或者具体开展什么业务，而是它们在实现资源配置过程中起到或者应当起到什么样的作用。采用这种视角的原因是：在长期内，金融中介机构所履行的功能，远比它们在某个具体的经济中采取的形式和开展的业务要稳定得多；而且机构形式的变迁将最终由它们履行的功能决定，竞争

① 有趣的是，这些名噪一时的对冲基金已经全部消失了。对这方面感兴趣的读者可以参考框文 6-3 以及那里提供的参考文献。

② 功能观点和机构观点(institutional perspective)最早见 Merton & Bodie(1989，1993)。

将导致金融机构(体系)的变化,并向更具效率的金融系统演进①。

我们曾经指出,任何金融系统的基本功能都是:在一个不确定的环境中,在时间和空间上帮助经济资源的配置。那么,金融中介呢?在金融中介机构众多功能中,最基本要算是履行支付(payment services)和维持货币系统运行了。现代经济均以货币为润滑剂,大多数吸收存款的金融中介,如商业银行和储蓄贷款协会,都通过汇兑、资金结算、信用卡等业务来履行这一功能②。

当然,金融中介机构最重要的功能就是在时间和空间上分配资源。在现代经济中,单个商业项目的资金需求,仅仅通过个人或者企业内部积累往往是不够的,这就必须从外部资金盈余部门获得分散的资金来源,金融中介机构就聚集资金投资到大型项目中。例如,银行的存贷业务就是间接融资的典型例子。具体地说,银行借短贷长改变了负债的性质,它们向企业提供贷款,并监督借款人的经营行为和资金使用情况,以减小信用风险③。其他形式的金融中介机构,如互助基金和养老基金,则提供了准直接融资/投资的机会。

因为牵涉到不确定性,资金在时间和空间上的交换也同时意味着风险的交换,而且资金和风险往往是打包在一起,并同时在市场上转移的,因此资金流也代表着风险流。金融机构具有在不同参与者之间,以最小成本分配经济体系中的风险的功能。例如,保险公司就是专门管理事故损失风险(包括人力资本在内)的金融中介。它们经营的人身安全和财产保险,就是从客户那里收取保费,然后提供保险服务和风险再分配。

类似的,在金融风险方面,金融中介开发出众多的衍生产品,把金融资产交易中的风险分解开来,让那些愿意并且能够承担风险的投资者,或者由于分工在管理风险方面具有比较优势的部门吸收,这就在整个社会范围内优化了风险的配置④。

对比第3章中对金融市场功能的剖析,可以发现,除了"货币面纱"以外,金融中介执行的功能与金融市场并无二致,因此至少从表面上看来,两者之间必然存在激烈的竞争和相互替代的关系。那么,究竟由谁提供这些服务会更具有经济效率?或者说,金融市场和金融中介的合理分工原则和分工边界究竟在哪里?这都是金融中介理论所应当回答的问题,并构成了接下来两节的主要内容。在进入正式的理论分析之前,还是先让我们看一下,发生在现代金融中介周围的一些实际现象。

"理论与实践相结合"6-2　商业银行的日与夜——机构观点

几个世纪以前,古法语 banque 和意大利语 banca 的意思是"板凳"。历史学家发现,最早的银行家出现在距今2 000年多前,他们在小凳旁,从事货币的兑换活动,帮助那些外国旅行者把外币换成当地货币。

---

① 这在最近变迁的时代背景中尤其明显。在技术进步和全球金融市场一体化的当前速度下,功能方法在预测金融创新、金融中介和市场的变化以及管制的瓶颈等方面被证明是特别有用的。

② 有关货币创造和货币政策方面的讨论可以参考任何一本货币银行学或者宏观经济学教科书,如 Mayer et al.(1991)。

③ Oldfield & Santomero(1995)把这些功能归纳为发起(origination)、分配(distribution)、打包(packaging)、服务(severing)、中介(intermediating)和做市(market making)。这种分类方法对于金融中介的核心功能也提供了恰当的描述。

④ 从20世纪70年代起,金融中介在风险聚集(risk-pooling)和风险分散(risk-sharing)方面的作用日益凸显出来,这一点在6.3.2节有进一步的分析。

最初这些银行家用自己的资金来进行这种活动，不久他们开始吸收存款，冒着极大风险，以高利贷的形式向商人、地主和贵族们提供贷款。稍后在巴比伦人（Babylonian）和亚述人（Assyrian）那里，出现了更为复杂的金融形式：在公元几千年前的美索布达米亚（Mesopotamian）山谷中，至少有两家银行机构（banking firm）存在，它们广泛使用在异地签发和兑付的汇票（draft）。在古代希腊，银行家们在接受存款发放贷款的同时，还安排城邦之间的货币交换和支付清算。这一时期，银行存款和银行本票（acceptance）这些最早的并且至今仍然在使用着的金融工具也都陆续出现了。

15、16 世纪，随着资本主义在地中海沿岸和欧洲国家的兴起，在意大利美第奇银行（Medici bank）和德国汉其斯特银行（Hochstetter bank）的带动下，现代商业银行开始出现。现代商业银行的常规业务包括：① 货币兑换；② 贴现商业票据向企业贷款；③ 吸收存款；④ 保管贵重物品；⑤ 以信用支持政府活动；⑥ 提供支票账户（活期存款）；⑦ 提供信托服务。

半个世纪以来，商业银行也不断进行更多的尝试，新的业务包括：① 消费者信贷；② 金融咨询；③ 现金管理；④ 设备租赁；⑤ 风险投资；⑥ 保险；⑦ 退休基金；⑧ 证券中介业务；⑨ 互助基金和年金（annuity）。

可以看到，现代银行业务不仅范围广阔，而且不断向新领域进军，新的贷款、存款类型不断出现，互联网和数字现金等新服务也越来越多，银行逐渐成为了现代经济中的金融超级市场，它们为客户提供“一站式”（one stop）服务。这种混业经营的趋势在美国、加拿大和英国被称为万能银行，在德国被称为全能金融业，在法国叫作 bancaseeurance。

6.1.2　现象和趋势

以高度发达的美国金融体系为例，我们描述发生在典型的综合性金融中介机构——商业银行以及与之密切相关的周边行业中的一些现象。这些现象所揭示的趋势提供了进一步研究的重要线索。

证据显示，金融中介机构本身出现了分化。如图 6-1 所示，美国的金融中介机构中的储蓄

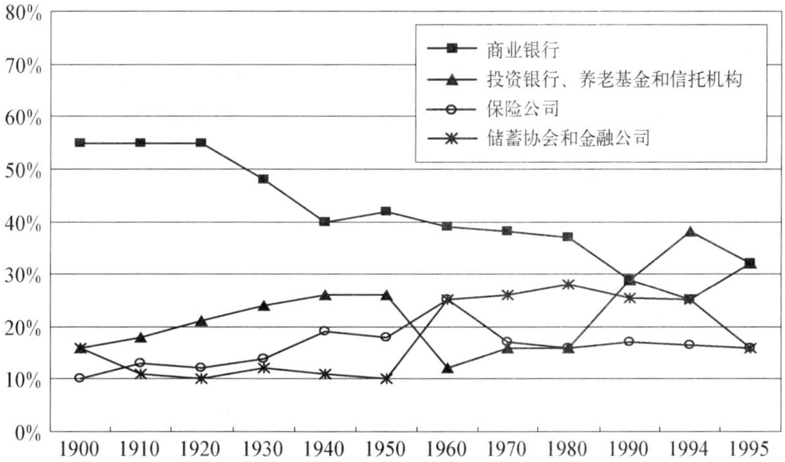

图 6-1　美国金融资产在几类中介机构之间的分布

资料来源：联邦储备公报。转引自 Barth et al.，1997；Allen et al.，2001。

存款机构(包括商业银行、储蓄协会和信用社),占金融总资产中的相对比例逐年下降。实际情况是:金融资产确实有一个向互助基金和养老基金转移的趋势(Allen & Santomero, 2001),导致互助基金和养老基金的迅速壮大,这通常被称为银行业的脱媒(disintermediation)现象。

但是,直接把银行占总资产比例的下降,解释为金融业地位的下降,实际上代表了一种误解。实际上,从长期来看银行业拥有的金融资产数量同国内生产总值(GDP)的比例,并没有下降(Scholtens & Wensveen, 1999)。图 6-2(右侧指标)显示,从 1950 到 1970 年银行业总资产对 GDP 的比例确实在有些时期是下降的,但是在 1980 年达到了历史上最高的 0.73。在经历了 20 世纪 80 年代中期的(美国)储蓄贷款协会危机后,这一比例又回升到了 1995 年的 0.63,在 1998 年又创造了 0.825 的新高。这比 20 世纪 60 年代中期的银行资产相对水平要多出近 2/3①。

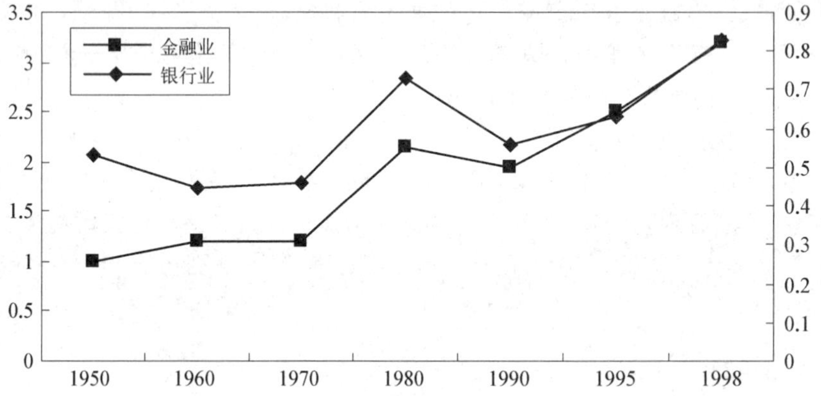

图 6-2　美国金融部门和银行业的相对比例

资料来源:Barth et al., 1997

类似地,所有美国金融中介机构所持有的金融资产对 GDP 的比例关系(图 6-2 左侧指标)更显示了一个强劲的上升趋势。如果以 1950 年为 1,1960 年便增加到了 120%,1980 年猛增到了 210%,1998 年所有金融机构总资产是当年 GDP 的 3.2 倍。

通过以上数据可以得到这样一个结论:金融中介(包括银行业)并非像经典(市场)理论设想的那样一无是处。相反,它们在现代经济中扮演了越来越重要的角色。从功能观点来看,金融中介机构的作用在现代经济中得到了加强。

但是,银行业在金融业总体增长的趋势下,相对于其他中介的重要性的降低确实需要某种解释。证据显示,传统银行业务(如发放贷款)正在逐渐萎缩。图 6-3(a)、(b)分别显示出无论是在工商业贷款还是在消费贷款上,由于受到来自其他金融公司和金融市场的激烈竞争,银行不断丧失市场份额。

由于赖以生存的传统银行中介业务的减少,所以如图 6-4 所示的情况并不奇怪,银行业的净利息收入相对于整个金融行业的产出水平都在下降。

但是,如图 6-5 所示,银行仍然成功地保住了它们的价值增值(value added)在不断成长的整个金融部门创造的国民生产总值中的相对份额。这是通过什么方法实现的呢?

① 注意,图 6-2 中没有考虑 20 世纪 80—90 年代银行业中的大量表外业务。

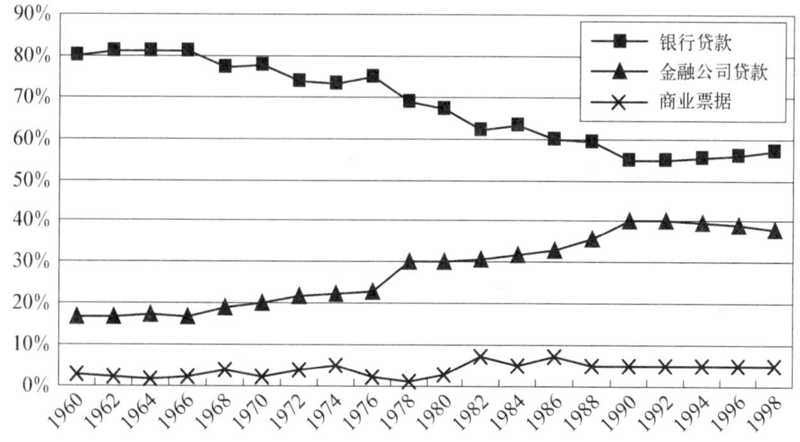

(a) 传统银行贷款业务的减少

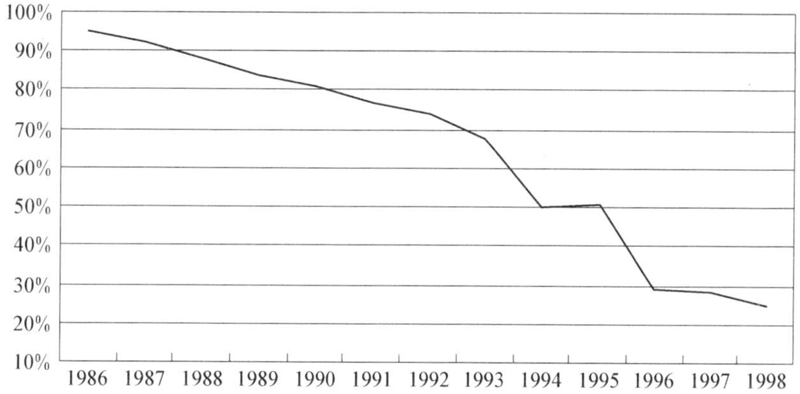

(b) 银行在信用卡业务上的市场份额

图 6-3　银行作为信用中介作用的下降

资料来源：联邦储备委员会 1998 Faulker & Gray's 指南，转引自 Allen et al.，2001。

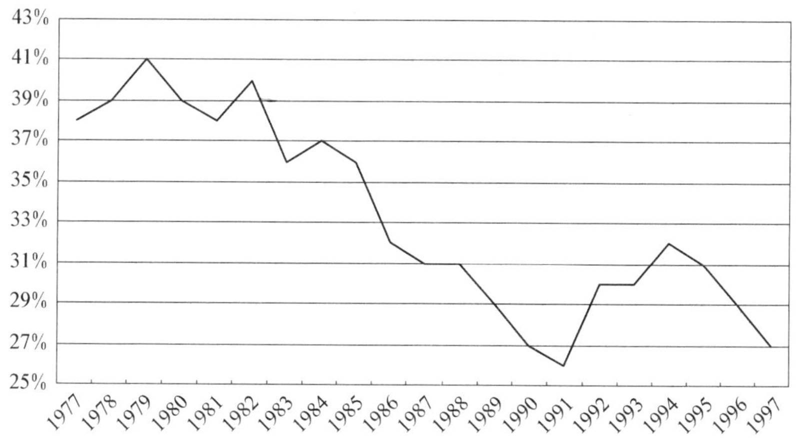

图 6-4　净利息收入减去收费占金融业 GDP 的份额

资料来源：联邦储蓄保险公司等，转引自 Allen et al.，2001。

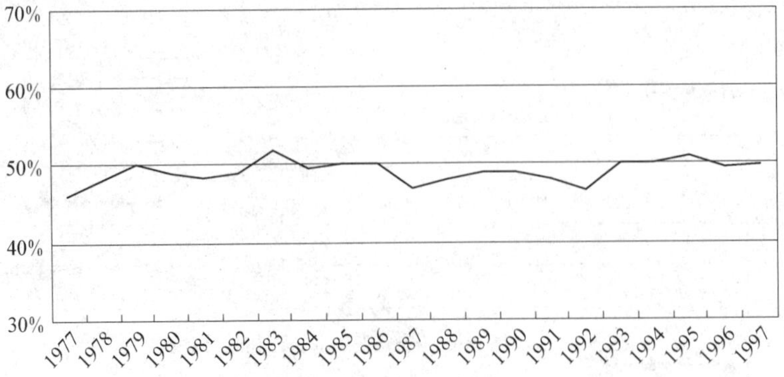

图 6-5　银行附加价值占金融业 GDP 的份额

资料来源：联邦储蓄保险公司等，转引自 Allen et al.，2001。

这是通过产品创新和一些收费业务(fee-producing activity)，如信托、年金、互助基金、抵押银行业、保险中介、交易服务等获得的。图 6-6 显示，非利息收入在金融行业创造的 GDP 中占有的相对比例的上升趋势。

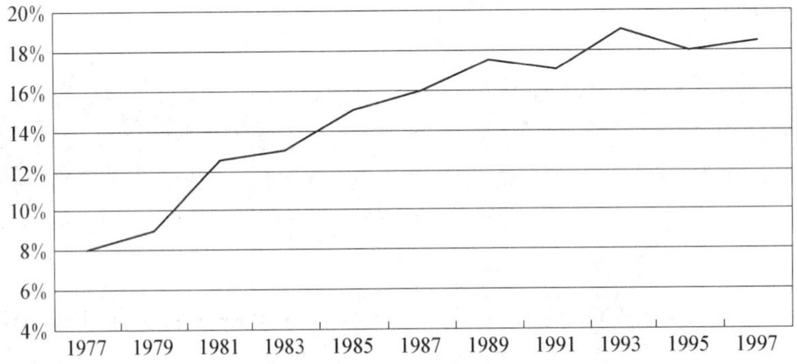

图 6-6　非利息收入占金融业 GDP 的份额

资料来源：联邦储蓄保险公司等。转引自 Allen et al.，2001。

很明显，银行业的收入构成同以前已经大相径庭了。利率差额 10 年前还占银行收入的 80%，而现在在美国，大多数地区银行和货币中心银行的一半以上收入来自收费服务和自营业务。

根据上述现象，我们可以得到这样一个初步结论：现在的银行业不再是以前的银行业了，它们已经不再是工商业生产和个人消费的主要融资渠道，也不再是金融体系中流动性储蓄的蓄水池。它们重新调整了收入结构，减少对于传统业务的依赖以适应变化了的环境。通过种种调整措施，总体来说，银行保住了自己的经济地位。

"理论与实践相结合"6-3　对冲基金——金融机构中的神秘组织

本框文涉及金融中介机构中相对神秘和较少为人所知的领域——对冲基金。它们被视为有着极高收益，同时存在巨大风险的，由一群金融精英把持的事业。全球曾经名噪一时的对冲基金包括索罗斯(Soros)的量子基金(Quantum fund)、罗伯森(Robertson)

的老虎基金(Tiger Fund)和由两位 1997 年度诺贝尔经济学奖得主默顿和斯科尔斯，参与管理的长期资本管理公司(Long Term Capital Management，LTCM)。

那么，究竟什么是对冲基金呢？所谓对冲，是指这些基金通常会在多、空两种方向上同时建立头寸，由于现货市场上卖空受到诸多限制，它们会在一系列诸如期货、期权等复杂衍生金融产品市场上开展业务。美联储(Federal Reserve System，简称 FED)主席格林斯潘(Greenspan)，在向美国国会就长期资本管理公司问题作证时，间接把对冲基金定义为“一家通过将客户限定于少数十分老练而富裕个体的组织安排以避开管制，并追求大量金融工具投资和交易运用下的高回报率的共同基金”。而美国第一家提供对冲基金商业数据的机构(*MARHedge*)则将其定义为“采取奖励性的佣金(通常占 15%～25%)，并至少满足以下各标准中的一个：基金投资于多种资产；只做多头的基金一定利用杠杆效应；或者基金在其投资组合内运用各种套利技术。”另一家研究机构(Hedge Fund Research，Inc.)则将其概括为：“采取私人投资合伙公司或离岸基金的形式，按业绩提取佣金，运用不同的投资策略”；著名的美国先锋对冲基金国际顾问公司(VAN Hedge Fund Advisors International，LLC)对其的定义是：“采取私人合伙公司或有限责任公司的形式，主要投资于公开发行的证券或金融衍生产品。”

应当说，对冲基金是随着金融管制放松后金融创新工具的大量出现而逐步兴盛起来的，特别是 20 世纪 90 年代以来，经济和金融全球化趋势的加剧，对冲基金迎来了大发展的年代。1990 年，美国仅有各种对冲基金 1 500 家，资本总额不过 500 多亿美元。20 世纪 90 年代以来，对冲基金高速增加，最近两年的发展速度更是惊人，基金顾问公司 TASS 的资料表明，目前全球约有 4 000 多对冲基金，比两年前的数目多出逾一倍，所管理的资产总值则由 1996 年 1 500 亿美元，大幅增加至目前的 4 000 亿美元。美国先锋对冲基金国际顾问公司的资料则认为，对冲基金目前在全球已超过 5 000 个，管理资产在 2 500 亿美元以上。根据预测，今后 5～10 年，美国的对冲基金还将以每年 15%的速度增长，其资本总额的增长将高于 15%。值得注意的是，美国的对冲基金正在把退休资金以及各种基金会和投资经理人吸引过来，形成更强大的势力。1995 年，退休资金和各种基金会的投资在对冲基金资本总额中的比例仅为 5%，2000 年时已猛增到 80%。不过，大部分的对冲基金规模并不大，如果按资本总额来区分：5 亿美元以上的仅占 5%；5 000 万～5 亿美元的约占 30%；500 万美元以下的约占 65%。约有四分之一的对冲基金总资产不超过 1 000 万美元，因此有人说它们的运作更像是个金融小作坊，通常是在仅有一两个人的办公室里操作。表 6-1 就提供了美国对冲基金与共同基金的主要特征对比清单。

表 6-1　美国对冲基金与共同基金的对比

	对冲基金	共同基金
投资者人数	严格限制。证券法以个人名义参加，最近两年里个人年收入至少在 20 万美元以上；如以家庭名义参加，夫妇俩最近两年的收入至少在 30 万美元以上；如以机构名义参加，净资产至少在 100 万美元以上。1996 年新规定：参与者由 100 人扩大到了 500 人。参与者的条件是个人必须拥有价值 500 万美元以上的投资证券。	无限制

(续　表)

	对 冲 基 金	共同基金
操作	不限制。投资组合和交易受限制很少,主要合伙人和管理者可以自由、灵活运用各种投资技术,包括卖空、衍生证券的交易和杠杆。	限制
监管	不监管。美国1933年证券法、1934年证券交易法和1940年的投资公司法曾规定不足100投资者的机构在成立时不需要向美国证券管理委员会等金融主管部门登记,并可免于管制的规定。因为投资者对象主要是少数十分老练而富裕的个体,自我保护能力较强。	严格监管
筹资方式	私募。证券法规定它在吸引顾客时不得利用任何传媒做广告,投资者主要通过四种方式参与:依据在上流社会获得的所谓"投资可靠消息";直接认识某个对冲基金的管理者;通过别的基金转入;由投资银行、证券中介公司或投资咨询公司的特别介绍。	公募
离岸设立许可	设立离岸基金。为避开美国法律的投资人数限制和避税,通常设在税收避难所如处女岛(Virgin Island)、巴哈马(Bahamas)、百慕大(Bermuda)、鳄鱼岛(Cayman Island)、都柏林(Dublin)和卢森堡(Luxembourg)。	不能离岸设立
信息披露程度	信息不公开,不用披露财务及资产状况。	信息公开
经理人员报酬	佣金+提成。获得所管理资产的1%～2%的固定管理费,加上年利润的5%～25%的奖励。	一般为固定工资
经理参股许可	可以参股。	不参股
投资者抽资规定	有限制。大多基金要求股东若抽资必须提前告知:提前通知的时间从30天之前到3年之前不定。	无限制或限制少
规模大小	规模小。全球资产大约为3 000亿。	规模大　超过7万亿
业绩	较优。1990年1月至1998年8月间年平均回报率为17%,远高于一般的股票投资或在退休基金和共同基金中的投资(同期内华尔街标准-普尔500家股票的年平均增长率仅12%)。据透露,一些经营较好的对冲基金每年的投资回报率高达30%～50%。	相比要逊色

MARHedge 将对冲基金分为八类:① 宏观(macro)基金:根据股价、外汇及利率所反映出来的全球经济形势的变化进行操作。② 全球(global)基金:投资于新兴市场或世界上的某些特定地区,虽然也像宏观基金那样根据某一特殊市场的走势进行操作,但更偏向选择单个市场上行情看涨的股票,也不像宏观基金那样对指数衍生品感兴趣。③ 多头(long only)基金:传统的权益基金,其运作结构与对冲基金相类似,即采取奖励性佣金及运用杠杆。④ 市场中性(market-neutral)基金:通过多头和空头的对冲操作来减少市场风险,从这个意义上讲,它们的投资哲学与早期对冲基金(如琼斯基金)最为接近。这一类基金包括可转换套利基金、对股票和期指套利的基金,或者根据债券市场的收益曲线操作的基金等。⑤ 部门(sectoral)对冲基金:投资于各种各样的行业,主要包括保健业、金融服务业、食品饮料业、媒体通讯业、自然资源业、石油天然气业、房地产业、

技术、运输及公用事业等。⑥ 专事卖空(dedicated short sales)基金：从经纪人处借入他们判断为"价值高估"的证券并在市场上抛售，以期在将来以更低的价格购回还给经纪人。投资者常为那些希望对传统的只有多头的投资组合进行套期保值，或希望在熊市时持有头寸的投资者。⑦ 重大事件驱动(event-driven)基金：投资主旨是利用那些被看作是特殊情况的事件，包括灾难(distressed)基金、风险套利基金等。⑧ 基金的基金(funds of funds)：向各个对冲基金分配投资组合，有时用杠杆效应。

宏观对冲基金中，最著名的就是索罗斯的量子基金。很多人都以为宏观对冲基金是最凶恶的基金，风险最大，其实宏观对冲基金的风险并非最大，一般只使用4～7倍的杠杆。虽然宏观对冲基金追求投资战略的多元化，但这类基金仍有四个共同的特征：① 利用各国宏观经济的不稳定。寻找宏观经济变量偏离稳定值并当这些变量不稳定时，其资产价格以及相关的利润会剧烈波动的国家。这类基金会承担相当的风险，以期有可观的回报。② 经理人尤其愿意进行那些损失大笔资本的风险显著为零的投资。如在1997年亚洲金融危机中，投资者判断泰铢将贬值，虽然无法准确预料具体贬值的日期，但可断定不会升值，因此敢大胆投资[①]。③ 当筹资的成本较低时，最有可能大量买入。便宜的筹资使它们即使对事件的时期不确定时也敢于大量买入并持仓。④ 经理人对流动性市场很感兴趣。在流动市场上它们可以以低成本做大笔的交易。在新兴市场，有限的流动性和有限的可交易规模对宏观对冲基金和其他试图建仓的投资者造成一定的约束。新兴市场对与离岸同行有业务往来的国内银行进行资本控制或限制使得对冲基金很难操纵市场。由于在较小的、缺乏流动性的市场，无法匿名投资，经理人还担心会被当作政府或中央银行交易的对立方。

另一类是相对价值(relative value)基金，它对密切相关的证券(如国库券和债券)的相对价格进行投资，与宏观对冲基金不一样，一般不太冒市场波动的风险。由于相关证券之间的价差通常很小，不用杠杆效应的话就不能赚取高额利润，相对价值基金比宏观对冲基金更倾向于用高杠杆，因而风险也更大。最著名的相对价值基金就是美国长期资本管理公司(Long-Term Capital Management, LTCM)。LTCM的总裁梅里韦瑟(Meriwether)相信"各类债券间的差异自然生灭论"，即在市场作用下，债券间不合理的差异最终会消弥。因此如果洞察先机，就可利用其中的差异获利。但是，债券间的差异是如此之小，要赚钱就必须冒险用高杠杆。LTCM在欧洲债市一直赌"在欧元推出之前，欧盟各国间债券利息差额将逐渐缩小"，因为德国和意大利是第一批欧元国成员，希腊也已加入单一欧币联盟，所以LTCM大量持有意大利、希腊国债以及丹麦按揭债券的多仓，同时也持有大量德国国债的空仓。与此同时，在美国债市，LTCM的套利组合是购入按揭债券和卖出美国国债。1998年8月14日俄罗斯政府下令停止国债交易，导致新兴市场债券大跌，大量外资逃离并将德国和美国的优质债市视为安全岛。于是，德、美两国国债在股市面临回调的刺激下，价格屡创新高，同时新兴市场债市则暴跌，德、美国债与其他债券的利息差额拉大。1998年1月至8月，意大利10年期债息较德国10年期债息高出值A1的波动基本保持在0.20～0.32厘之间；俄罗斯暂停国债交易后，A1值迅速变大，更在8月底创出0.57厘的11月来新高；进入9月，A1

① 以前掠夺者是通过坚船利炮从这里带走白银、丝绸和奴隶的，现在他们采用的是计算机和巨大资金。

变化反复,但始终在0.45厘上的高位;9月28日更是报收0.47厘,A1的增高意味着LTCM"买意大利和希腊国债,卖德国国债"的投资组合失败了(希腊国债亏损同理于意大利国债);同时持有的大量俄国国债因为停止交易而成为废纸;丹麦按揭债券自然也难逃跌势。在美国,市债交易异常火爆,国债息减价增。自1998年8月1日后,市场利率较10年期美国国债利息高出值A2大幅攀升;8月21日,美国股市大跌,道琼斯工业平均指数跌掉512点。同时,美国公司债券的抛压同国债强劲的买盘形成鲜明对比,国债的利息被推到29年来低位,LTCM逃离持有的美国国债空仓被"逼空"。因此,LTCM在欧美债券市场上的债券投资组合上多空两头巨损,9月末,公司资产净值下降78%,仅余5亿美元,濒临破产的边缘。由于LTCM最高掌握了价值多达1.25万亿的衍生产品合约,美联储被迫采取营救行动,以避免由于立即清算产生的流动性丧失,所可能引发的全球性金融灾难①。

6.2 金融中介理论

金融中介理论必须给上述现象和本章一开始提出的问题一个合理的解释。根据对于问题的不同回答,可以把中介理论大致分为传统理论和新理论两个大的类别。本节主要讨论传统理论和其中改进了的部分,它将初步回答我们的问题。但是,仅仅传统理论还不足以解释上述全部现象。因此,下一节会进一步考察新的中介理论,它将在传统理论不那么可靠时,给以上现象以不同的诠释。

重申一下,我们的问题是:金融中介机构在理想化的市场中根本是多余的,为什么在现实中还需要那么多的金融中介机构呢?实际上,这个问题的问法就隐含着问题的答案。我们知道,经典模型都工作在理想化的环境中,那里的市场不存在任何摩擦和缺陷,其中最重要的就是:交易双方在信息获取上的不对称性(asymmetric information)和买卖金融产品时发生的交易成本(transaction cost)。

因此,为了给金融中介机构一个存在的理由,就有必要对理想化市场条件的前提做出符合实际情况的修正。传统中介理论一般就基于第3章中考察过的完备和理想化市场模型(A-D模型)。通过添加市场的缺陷(信息不对称和交易成本)来证明金融中介存在的可能性和必然性。在本节中,我们将考察融资者和投资者之间的信息不对称,是如何解释通过中介来实现的间接融资的存在的必要性;以及交易成本的存在,是如何使得中介机构在衍生产品的开发和提供上具有相对于个人的比较优势(comparative advantage)。

6.2.1 信息不对称

金融市场上资本供求双方之间(贷款人和借款人)存在着信息不对称,投资者处于信息上的相对劣势,为了扩大他们的信息集,就需要某种信息生产的直接或者间接方法。"监督"(monitoring)就是其中的一种,监督的具体含义:

(1) 事先的筛选(screening),防止出现逆向选择(adverse selection);

① 更多内部故事可以参见Dunbar(2000)。

（2）事中防止借款人的机会主义行为（道德风险）（moral hazard）；

（3）事后的审计（或者惩罚）。

监督肯定会花费额外的经济资源，因此以较小的成本进行信息生产，对提高资源配置的效率将起到促进作用。在一定情况下，个人投资者可以自己来执行监督行动，当然也可以把它交给更专业一些的机构或者从业人员，如评级机构（rating agency）、证券分析师（security analyst）或者审计师（auditor）。不过，委托监督（delegated monitoring）理论认为银行中介在上述这些方面具有比较优势。

如果这种观点要成立，需要满足以下三个前提：

（1）监督行动具有规模效应（scale economy），这意味着一家银行将为多个项目融资；

（2）相对项目的大小来说，个人投资者能力有限，这意味着每个项目会需要多个个人投资者参与；

（3）银行中介的委托代理成本低，即监督或者控制银行自身的成本要小于监督或者控制投资项目时由于规模经济效应而产生的（相对于个人自行监督的总成本的）剩余。

更正式一些，假定①：

（1）经济持续一个时期，两个时刻；

（2）有 n 家相同的企业，每家企业要求 1 单位（计价商品）的投资，投资的收益是独立同分布的（identically independently distributed-iid）；

（3）所有投资项目由企业家发起，企业家拥有同投资项目未来现金流有关的私人信息（private information），这种私人信息包括两个方面：

① 事先的投资项目的预期价值（现金流）$\tilde{y}$；

② 事后的投资项目预期价值（现金流）$\tilde{y}$ 的真实实现情况。

这个假定就为企业家或者借款人产生了一个虚报现金流实现情况的动机，它就是信息不对称的源头。如何解决这个问题呢？企业外部投资者想要确切了解投资项目的上述两种价值信息有两种方法：

（1）每个投资者可以自己在每个投资项目（厂商）上花费数量为 K 的监督费用；

（2）投资者可以同（每个）企业家达成一个债务合约（debt contract），施加 C 数量的非货币性（nonpecuniary）惩罚②。

假定 $K < C$，这就意味着如果一家公司只有唯一的一个投资者时，选择监督技术比较好。但是，如果假定每个项目投资者仅仅拥有其中 $1/m$ 的份额，就一共需要 m 位投资者。简单起见，我们假定完成全部项目投资，则至少需要 mn 位投资者。如果全部采用直接监督技术，整个经济需要为此花费 mnK 数量的资源，如图 6-7(a)所示。无论如何，由于信息不对称性的存在，以上任何一种选择都将是一种对资源的浪费。

注意到，以上分析均假定没有中介存在，完全是通过市场的直接融资行为。现在假定出现一个金融中介，它将担负起评估和监督每个投资项目价值的工作（事先和事后的），该金融中介总信息成本为 nK；或者为企业设计非货币惩罚性的债务合约，总成本为 nC。因为假定 $K < C$，第一种方案更为可行，这时银行成为一个受投资者委托的监督者，如图 6-7(b)所示。

① 该模型主要来自 Diamond(1984)，略有改动。

② 所谓非货币性惩罚是指名誉损失、法律责任（如监禁）等。

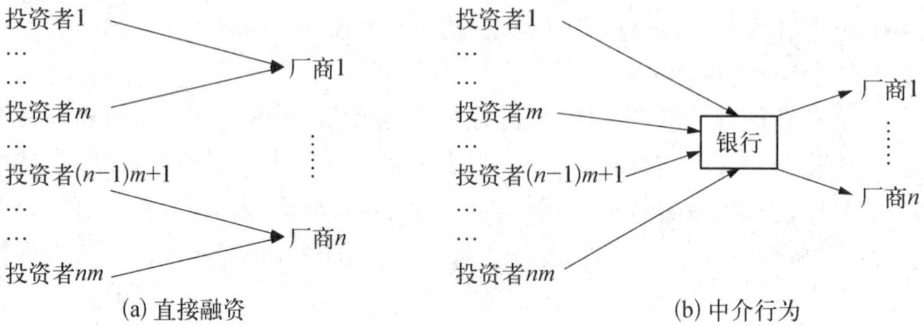

图 6-7　直接监督和受托监督

接下来的问题就是如何监督银行自身的问题。毫无疑问，由每个个人投资者直接监督肯定是没有效率的。因此，唯一的解决方法就是银行提供一个"债务合约"(更准确地说是一个"存款合约")，这个合约保证投资者得到数量为 R_D/m 的支付(用来交换数量为 $1/m$ 的储蓄)。如果银行宣布的现金支付 $\tilde{z}$ 少于到期总支付量 nR_D，它就要进入破产清算过程。不妨假定存款人也通过在存款违约时给金融机构加上一个非货币性惩罚，来保证金融机构说出真话(truth telling)。这个合约的设计应当符合激励相容(incentive compatible)原则，它使得 $\tilde{z}$ 等于实现了的现金流 $\sum_{i=1}^{n}\tilde{y}_i - nK$。$R_D^n$ 的均衡水平(代表存款的名义总收益率)和委托成本取决于 n。假定存款人均为风险中性的，并有一个外生的参照总收益率 R，则均衡时存款的总收益率 R_D^n 由下式给出：

$$E\left[\min\left(\sum_{i=1}^{n}\tilde{y}_i - nK,\ nR_D^n\right)\right] = nR \tag{6-1}$$

它表示在(风险)储蓄上的期望收益率为 R。

总的委托成本 C_n 等于在银行破产清算情况下的期望非货币性惩罚：

$$C_n = E\left[\max\left(nR_D^n + nK - \sum_{i=1}^{n}\tilde{y}_i,\ 0\right)\right] \tag{6-2}$$

容易知道，当且仅当：

$$nK + C_n < mnK \tag{6-3}$$

时，代理监督比直接贷款更具效率。实际上，如果监督优于惩罚 ($K < C$)，投资者众多 ($m > 1$)，投资是有利可图的 ($E(\tilde{y}) > K + R$)，只要投资项目足够大(分散化)，金融中介机构的媒介行为必定优于直接融资，起到增进社会福利的效果。

式(6-3)的证明实际上很容易，先两边同时除以 n：

$$K + \frac{C_n}{n} < mK \tag{6-4}$$

既然 $m > 1$，只要证明当 $n \to \infty$ 时，$C_n/n \to 0$ 就可以了。

式(6-1)和式(6-2)除以 n，就可以得到：

$$E\left[\min\left(\frac{1}{n}\sum_{i=1}^{n}\tilde{y}_i - K,\ R_D^n\right)\right] = R \tag{6-5}$$

和

$$\frac{C_n}{n}=E\left[\max\left(R_D^n+K-\frac{1}{n}\sum_{i=1}^{n}\tilde{y}_i,\ 0\right)\right] \tag{6-6}$$

大数定理意味着 $\frac{1}{n}\sum_{i=1}^{n}\tilde{y}_i$ 几乎必然收敛于 $E(\tilde{y})$①。因为投资是有利可图的，即：

$$E(\tilde{y})>K+R$$

关系式(6-5)显示：

$$\lim_{n\to\infty}R_D^n=R$$

也就是说，当企业数目无限大时存款近似于无风险。因此，根据式(6-6)，就有：

$$\lim_{n\to\infty}\frac{C_n}{n}=\max[R+K-E(\tilde{y}),\ 0]=0 \tag{6-7}$$

因此，条件式(6-3)得到满足。

由此可见，在不对称信息条件下，银行类金融中介机构的存在价值在于：它们通过分散投资减少了存款人(个人投资者)要求的风险程度；通过提供中介服务避免了重复的验证和信息生产工作②。信息不对称使得金融中介机构的存在成为了一种对市场制度的理性替代。因此，直接融资和间接融资的分工，从信息成本的角度，初步得到了合理的解释。

6.2.2　交易费用

交易费用这个术语自从它被创造出以来就被到处使用，这里仅仅考察狭义的交易费用，即交易金融产品时发生的手续费(commission)。我们着重考察存在交易成本下的金融(衍生)产品的定价和生产问题③。

我们知道在 A－D 模型中，所有或有权益证券都由普通个人提供出来。只要坚守同质信息、0 交易成本和税收，就没有金融中介存在的必要。因此，需要加入一些成本结构才能使得金融中介或者市商(market maker)的服务具有比较优势，并成为它们存在的另一个理由。

以下讨论依照第 3 章第 3 节、第 4 章第 2 节中的离散多期模型，来考察存在交易费用下的期权定价和相应的(衍生)金融产品生产技术问题。

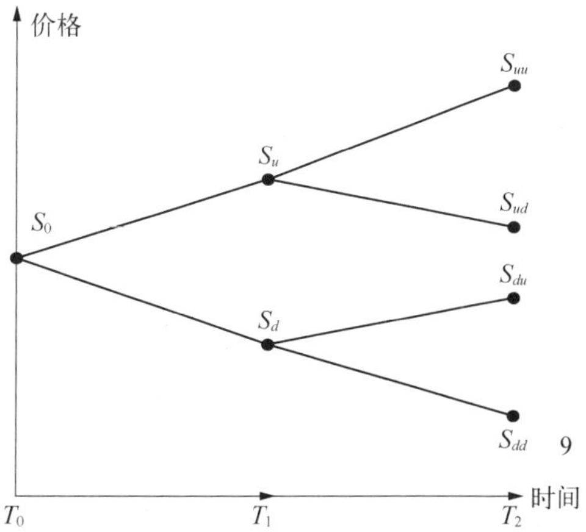

图 6-8　股票价格不重合的二项树模型

假定：(1) 经济存续两个时期，在 0、1 时刻进行交易；2 时刻进行清算和交割。

(2) 两种证券。一种是无风险的借贷或者

① 参见 9.5.5 节。

② 对这一模型的一些评论见 Freixas & Rochet(1997)以及 Bhattacharya & Thakor(1993)。

③ 传统交易成本理论由 Gurley & Shaw(1960)给出。例如，资产评估(asset evaluation)的固定成本意味着中介比个人更有优势，因为它们允许这些成本进行分摊。类似地，交易时发生的成本(trading cost)意味着中介比个人更容易分散投资。

贴现债券,其价格过程为:

$$B(t)=(1+r)^t,\ B(0)=1 \tag{6-8}$$

其中,r 为无风险单期净收益,则总收益为 $R=(1+r)$,我们假定它为常数。

另一种资产为股票,它的价格运动遵循下面的不重合的二项树模型。

(3) 因而,状态空间或者不确定性为 $\Omega=\{u,\ d\}$。信息结构则由股票价格运动产生,即:

$$\mathcal{F}_0=0,\ \mathcal{F}_t=\sigma[S(s)],\ s<t,\ \mathcal{F}_T=\mathcal{F}=2^{\Omega}=\{S_{uu},\ S_{ud},\ S_{du},\ S_{dd}\}$$

(4) 假定交易无风险证券时没有交易费用发生。买卖股票时要发生一定数量的佣金(commission),它是成交价值量的一个固定比例 a。这等于假定在股票价格上存在一个价差(bid-ask spread)。投资者买入股票时,他们要向市商支付一个要价(ask price):

$$S^a(t)=(1+a)S(t) \tag{6-9}$$

当他们卖出时,收到市商给出的一个出价(bid price):

$$S^b(t)=(1-a)S(t) \tag{6-10}$$

如上一章期权定价中考察过的,股票价格运动必须满足一些基本限制,以避免出现明显套利或者占优机会,它们是:

$$S_d<S_0R<S_u,\ S_d<S_0R<\frac{(1-a)}{1+a}S_u \tag{6-11}$$

$$S_{ud}<S_uR<S_{uu},\ S_{ud}<S_uR<\frac{(1-a)}{1+a}S_{uu} \tag{6-12}$$

$$S_{dd}<S_dR<S_{du},\ S_{dd}<S_dR<\frac{(1-a)}{1+a}S_{du} \tag{6-13}$$

第 2 列不等式为考虑了交易成本的情形。

假定现在有一个金融中介机构,它是金融产品的生产者。它向个人投资者卖出一个在 2 时刻到期的欧式看涨期权。令 K 为执行价格,则到期日该期权的支付形态为:

$$H[S(t)]=\max[S(t)-K,\ 0]$$

注意,这时的到期股票价格由要价和出价的平均值决定,即:

$$\bar{S}(t)\equiv[S^a(t)+S^b(t)]/2=S(t) \tag{6-14}$$

在前面分析的没有交易成本的情况下,我们通过动态交易策略来复制期权的收益形态,并以此决定该期权的制造成本①,下面我们要在存在交易成本的情况下再做一次。

用 $\theta_1(S,\ t;\ a)$ 代表在 t 时刻,考虑到交易费用后投资到股票上的数量(股份数或者交易策略);令 $\theta_0(S,\ t;\ a)$ 代表考虑到调整时发生的交易费用后,投资到无风险证券上的数量。它们均可为负,代表卖空股票或者借入资金,则 $\{\theta_1,\ \theta_0\}$ 构成了一对交易策略。令 $V(S,\ t;\ a)$ 表示由这个交易策略产生的支付了交易成本之后的价值过程。为了简化分析,我们假定中介在初始时刻和期权到期日后,均不持有任何基础资产。

① 动态交易策略使得中介可以完全对冲这项或有负债具有的风险。

仍旧采用向后回溯的动态规划方法来获得期权的价格。在 1 时刻，假定 $S(1)=S_d$。如果 $S(2)=S_{dd}$，为了精确匹配 2 时刻到期的期权支付形态，交易策略必须满足下面关系式：

$$\theta_1(S_d,\ 1;\ a)(1-a)S_{dd}+\theta_0(S_d,\ 1;\ a)R=H(S_{dd})=\max(S_{dd}-K,\ 0) \tag{6-15}$$

如果 $S(2)=S_{du}$，则交易策略必须满足：

$$\theta_1(S_d,\ 1;\ a)(1-a)S_{du}+\theta_0(S_d,\ 1;\ a)R=H(S_{du})=\max(S_{du}-K,\ 0) \tag{6-16}$$

考虑到调整资产组合时出售股票发生的交易费用，根据以上条件，我们有：

$$\theta_1(S_d,\ 1;\ a)=\frac{H(S_{du})-H(S_{dd})}{(1-a)(S_{du}-S_{dd})}=\frac{\theta_1(S_d,\ 1;\ 0)}{1-a} \tag{6-17}$$

$$\theta_0(S_d,\ 1;\ a)=\frac{H(S_{dd})S_{du}-H(S_{du})S_{dd}}{R(S_{du}-S_{dd})}=\theta_0(S_d,\ 1;\ 0) \tag{6-18}$$

因为 $S(0)>S_d$，所以当 $S(1)=S_d$ 时，股票持有量将从 0 时刻的 $\theta_1(S_0,\ 0;\ a)$ 下降，金融中介机构进行资产组合调整时发生的费用为：

$$a[\theta_1(S_0,\ 0;\ a)-\theta_1(S_d,\ 1;\ a)]S_d$$

由上两式可知，在 1 时刻支持上述交易策略的价值过程（总资金）为：

$$\begin{aligned}V(S_d,\ 1;\ a)&=\theta_1(S_d,\ 1;\ a)S_d+\theta_0(S_d,\ 1;\ a)+a[\theta_1(S_0,\ 0;\ a)-\theta_1(S_d,\ 1;\ a)]S_d\\&=V(S_d,\ 1;\ 0)+a\theta_1(S_0,\ 0;\ a)S_d\end{aligned} \tag{6-19}$$

设想另一种情况：$S(1)=S_u$，则在 2 时刻，$S(2)$ 将等于 S_{ud} 或者 S_{uu}。根据同上面推导类似的分析，就有：

$$\theta_1(S_u,\ 1;\ a)=\frac{H(S_{uu})-H(S_{ud})}{(1-a)(S_{uu}-S_{ud})}=\frac{\theta_1(S_u,\ 1;\ 0)}{1-a} \tag{6-20}$$

$$\theta_0(S_u,\ 1;\ a)=\frac{H(S_{ud})S_{uu}-H(S_{uu})S_{ud}}{R(S_{uu}-S_{ud})}=\theta_0(S_u,\ 1;\ 0) \tag{6-21}$$

因为 $S(0)<S_u$，所以当 $S(1)=S_u$ 时，股票持有量将从 0 时刻的 $\theta_1(S_0,\ 0;\ a)$ 上升，调整成本为 $a[\theta_1(S_u,\ 1;\ a)-\theta_1(S_0,\ 0;\ a)]S_u$。由上两式可知，相应的价值过程为：

$$\begin{aligned}V(S_u,\ 1;\ a)&=\theta_1(S_u,\ 1;\ a)S_u+\theta_0(S_u,\ 1;\ a)+a[\theta_1(S_u,\ 1;\ a)-\theta_1(S_0,\ 0;\ a)]S_u\\&=V(S_u,\ 1;\ 0)+a[2\theta_1(S_u,\ 1;\ a)-\theta_1(S_0,\ 0;\ a)]S_u\end{aligned} \tag{6-22}$$

通过观察式(6-17)和式(6-20)可知，

$$\theta_1[S(1),\ 1;\ a]=\frac{\theta_1[S(1),\ 1;\ 0]}{1-a} \tag{6-23}$$

同没有交易成本的情况比较，这时持有的股票数量要多一些，而且这个数量同交易费用成正比。由式(6-18)和式(6-21)可知 $\theta_0(S_1,\ 1;\ a)<0$，而且借入的无风险资产数量同交

易费用水平无关。由式(6-19)和式(6-22)可知,价值过程或者融资成本 $V(S_1, 1; a)$ 也比无交易成本下的 $V(S_1, 1; 0)$ 更大。

再回溯一期考虑0时刻的情况,为了可以在到期日准确地得到期权的支付形态,0时刻的交易策略必须使得在1时刻,当 $S(1)=S_u$ 时,产生价值过程 $V(S_u, 1; a)$;当 $S(1)=S_d$ 时,产生价值过程 $V(S_d, 1; a)$。因为 $V(S_1, 1; a)$ 中包含了调整资产组合时的交易费用,所以如果:

$$\theta_1(S_0, 0; a)S_u+\theta_0(S_0, 0; a)R=V(S_u, 1; a) \tag{6-24}$$

$$\theta_1(S_0, 0; a)S_d+\theta_0(S_0, 0; a)R=V(S_d, 1; a) \tag{6-25}$$

就可以完全满足这时融资要求,这就可以得到:

$$\theta_1(S_0, 0; a)=\frac{V(S_u, 1; a)-V(S_u, 1; a)}{S_u-S_u} \tag{6-26}$$

$$\theta_0(S_0, 0; a)=\frac{V(S_d, 1; a)S_u-V(S_u, 1; a)S_d}{R(S_u-S_d)}-\frac{[\theta_1(S_0, 0; a)(1-a)-\theta_1(S_0, 0; 0)]S_d}{R} \tag{6-27}$$

把式(6-19)和式(6-22)代入上面两式,并整理得:

$$\theta_1(S_0, 0; a)=\theta_1(S_0, 0; 0)+\frac{2a[\theta_1(S_u, 1; a)S_u-\theta_1(S_0, 0; 0)(S_u+S_d)/2]}{(1+a)S_u-(1-a)S_d} \tag{6-28}$$

$$\theta_0(S_0, 0; a)=\theta_0(S_0, 0; 0)-\frac{[\theta_1(S_0, 0; a)(1-a)-\theta_1(S_0, 0; 0)]S_d}{R} \tag{6-29}$$

因为:

$$\theta_1(S_u, 1; 0)>\theta_1(S_0, 0; 0)$$

和

$$S_u>S_d$$

由式(6-28)、式(6-29)可得:

$$\theta_1(S_0, 0; a)>\theta_1(S_0, 0; 0)>0 \tag{6-30}$$

$$\theta_0(S_0, 0; a)<\theta_0(S_0, 0; 0)<0 \tag{6-31}$$

因此,由于交易成本的存在,会导致更大的股票多头部位和额外的资金借入。

包括交易成本 $a\theta_1(S_0, 0; a)S_0$ 在内的初始投资成本为:

$$\begin{aligned}V(S_0, 0; a)=&V(S_0, 0; 0)+[\theta_1(S_0, 0; a)-\theta_1(S_0, 0; 0)](S_0-S_d/R)\\&+a\theta_1(S_0, 0; a)(S_0+S_d/R)\end{aligned} \tag{6-32}$$

因为有:

$$\theta_1(S_0, 0; a)>\theta_1(S_0, 0; 0)>0$$

和

$$S_0>S_d/R$$

式(6-32)就意味着：

$$V(S_0,\ 0;\ a) > V(S_0,\ 0;\ 0)$$

这样就证明了：基础资产交易中存在的费用导致了期权的生产成本的上升。在一个完全竞争的金融业中，中介机构向普通投资者出售这样一个期权的要价就应当是它的生产成本 $V(S_0,\ 0;\ a)$。

为了说明金融中介机构在提供衍生产品上相对一般投资者具有比较优势，我们还要进一步考察基础资产交易费用对期权出价和要价价差的影响。不妨设想金融中介机构现在是以期权买方的身份出现。为了决定对这个期权的(最大)出价，中介必须拿到一个交易策略，这个策略产生的收益，将准确对冲由于持有该期权带来的或有支付。

如果没有交易费用，这个交易策略就应当是那种对冲一个期权空头部位的交易策略的镜像。也就是说，中介必须卖空 $-\theta_1(S_t,\ t;\ 0)<0$ 数量的股票，并贷出 $-\theta_0(S_t,\ t;\ 0)>0$ 的无风险资金，这个交易策略的初始投资是 $-V(S_0,\ 0;\ 0)$，这个净现金流就是在0时刻，中介支付给期权卖方的最大价格。

存在交易费用的情况下，尽管复制策略的形式是一样的，但是由于无论何种交易发生(或买或卖)中介都必须支付佣金，持有的基础资产部位就会出现差别。采用同前面类似的分析，为了对冲期权多头部位，交易策略和价值过程就应当是：

$$\theta'_1(S_0,\ 0;\ a) = -\theta_1(S_0,\ 0;\ -a) \tag{6-33}$$

$$\theta'_0(S_0,\ 0;\ a) = -\theta_0(S_0,\ 0;\ -a) \tag{6-34}$$

$$V'(S_0,\ 0;\ a) = -V(S_0,\ 0;\ -a) \tag{6-35}$$

通过观察式(6-28)、式(6-30)、式(6-32)，容易发现 $\theta_1(S_0,\ 0;\ a)$、$\theta_0(S_0,\ 0;\ a)$ 和 $V(S_0,\ 0;\ a)$ 并不是交易费用 a 的偶函数(even function)。如果 $a>0$，则复制一个期权多头部位的交易策略不再是把复制一个期权空头部位的交易策略倒过来那么简单了，对此必须做进一步的分析。

从式(6-11)有：

$$(1-a)S_u > (1+a)S_d$$

从式(6-20)、式(6-28)，可知：

$$\theta_1(S_u,\ 1;\ a) > \theta_1(S_0,\ 0;\ 0)$$

在式(6-20)中使用这些条件，就有：

$$0 < \theta_1(S_0,\ 0;\ -a) < \theta_1(S_0,\ 0;\ 0) < \theta_1(S_0,\ 0;\ a) \tag{6-36}$$

在对冲期权多头时，需要卖空股票的绝对数量，要少于前面对冲期权空头时买入的股票数量。通过对式(6-32)的处理，可以发现

$$0 < V(S_0,\ 0;\ -a) < V(S_0,\ 0;\ 0) < V(S_0,\ 0;\ a) \tag{6-37}$$

这就是说，中介愿意卖出一个期权的最小价格要超过中介愿意买入一个期权的最大价格，0交易费用下的期权价格则介于两者之间。

在分析开始时，我们看到比例性的对称交易费用，使得股票要价和出价的平均值 $\bar{S}(t)$，正好等于没有交易费用下的股票价格 $S(t)$。在竞争性市场条件下，金融机构对一个期权的

出价应当是 $V(S_0, 0; -a)$。因此,期权的要价和出价的平均值 $\bar{V}(S_0, 0; a)$ 就定义为:

$$\bar{V}(S_0, 0; a)=\frac{V(S_0, 0; -a)+V(S_0, 0; a)}{2} \tag{6-38}$$

根据获得式(6-36)和式(6-33)的条件,可以知道:

$$0<V(S_0, 0; 0)-V(S_0, 0; -a)<V(S_0, 0; a)-V(S_0, 0; 0) \tag{6-39}$$

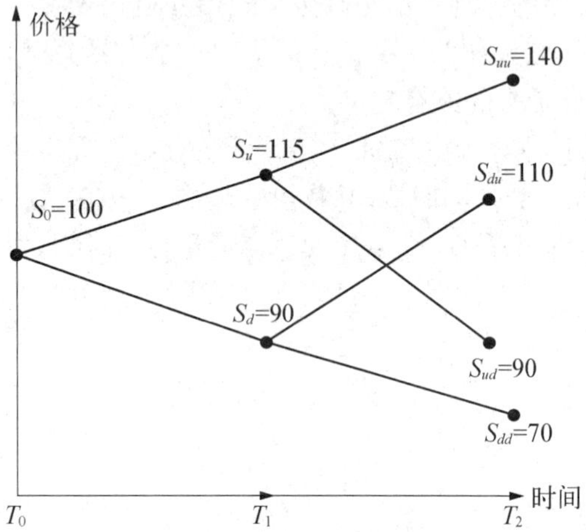

图 6-9 特定的二项树模型

也就是说,

$$\bar{V}(S_0, 0; a)>V(S_0, 0; 0) \tag{6-40}$$

因此,期权的要价和出价的平均值,总是要高于 0 交易费用下的期权价格。换句话说,基础产品中同 0 成本价格对称的要价和出价,导致了衍生产品同 0 成本价格不对称的要价和出价。

例 6.2.1 无风险的利率为 5%,股票价格运动遵循下面的不重合的二项树模型,期权执行价格为 100,交易费用从 0.001 到 0.1。

根据上面的方程组系统,计算结果如表 6-2 所示。

表 6-2 期权价格差异和交易策略

	出售期权			买入期权		
佣金率	初始头寸	要价	高于	初始头寸	出价	低于
	$\theta_1(100, 0; a)$	$V(100, 0; a)$	$V(100, 0; a)$	$-\theta_1(100, 0; -a)$	$V(100, 0; -a)$	$V(100, 0; a)$
0.000	0.703 8	15.61	0.00%	−0.703 8	15.61	0.00%
0.001	0.705 4	15.76	0.98%	−0.702 2	15.46	0.98%
0.005	0.711 6	15.38	4.95%	−0.695 7	14.85	4.88%
0.010	0.719 2	17.17	9.96%	−0.687 3	14.10	9.69%

这样一些量级的交易费用,对于初始股票头寸大小和价差的不对称性影响都不算太大。例如,当 $a=0.01$ 时,同 0 费用情形相比,初始股票头寸增加不到 3%,而要价出价平均值是 15.63,仅仅略高于 0 交易成本下的 15.61。

但是,交易费用对于要价出价绝对水平的影响却很大。同 0 成本下的期权价格相比,要价的百分比溢价是同 a 线性相关的,大致等于 $10a$。因此,当 $a=0.01$ 时,百分比溢价为 1%;当 $a=0.01$ 时,百分比溢价为 10%。

类似的结果对于出价也成立,因此两者相加百分比价差高达 $20a$。尽管股票价格要远远高于期权价格,要价出价的币值价差(dollar spread)却是期权更大,0.20、1.00 和 2.00 元的股票价差竟导致了 0.30、1.53 和 3.07 元的期权价差。

上述结果意味着：对于那些面临高水平交易费用的投资者，合成他们自己的衍生类金融产品(synthetic asset)的成本是非常高昂的。一般认为，金融中介机构交易基础产品的费用比普通投资者要低。例如，在大规模交易基础产品时，机构大户可以得到大比例的折扣或者佣金返还。

而且，即便是表 6-1 中那么低的交易成本数值，也夸大了金融中介机构合成衍生产品的真实成本，这是因为在前面的分析(包括表 6-2 的计算)中，均假定机构没有做股票和期权的库存，每个头寸在到期日全部都对冲了。实际情况是：金融中介机构在不断的、大量的创造衍生产品，因此它们连续持有大量和分散的基础资产，组合管理这些头寸可以进一步减少交易成本和风险①。

综上所述，简单的两期 CRR 模型说明了：期权价格差异是由基础产品交易中存在的费用结构内生的。分析显示：衍生产品生产成本中的相对价差会比基础产品中的相对价差大上许多倍。因此，即便是微小的交易费用，也为金融中介机构的存在提供了一个经济的理由：他们将专门从事衍生产品的创造，并以递减的成本、规模经济的方式大量生产它们。

6.2.3　新现象和新问题

传统中介理论初步回答了我们的问题：正是不对称信息和交易费用，即这些金融市场中固有缺陷的存在，导致了在实际经济中实现资源跨期配置这一任务时，需要我们现在看到的那些形形色色的金融中介机构。无论是市场还是中介，它们存在的理由必定是：它们在实现特定功能和提供相应服务上存在的比较优势和福利价值。

但是，市场的不完善完全解释了金融体系中中介存在的原因吗？它们一直就是这样通过克服市场的缺陷来增进社会福利和实现自身价值吗？事实是：金融中介乃至整个金融体系正在经历戏剧性的变化。这种变革的特征特别明显地体现在美国，具体如下。

传统金融产品市场空前增长，这不仅体现在绝对量上还体现相对量上。图 6-10 显示了美国公司权益中经由市场资本化的部分对当年 GDP 的比例。

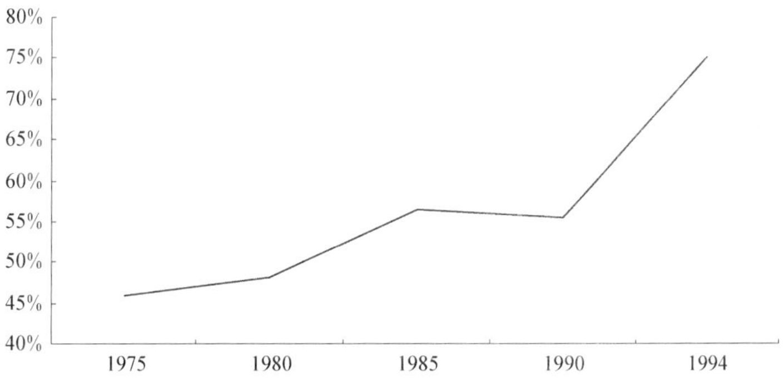

图 6-10　美国公司权益中经由市场资本化的部分对当年 GDP 的比例

资料来源：OECD 金融市场趋势 1995

但是，伴随着资本市场这种快速增长的是，由个人投资者直接持有的传统金融产品数量的下降。图 6-11 显示了个人持有的公司权益比例从 20 世纪 60 年代中期的 80%下降到近

① 这一点在 6.3.1 节中会有进一步的讨论。

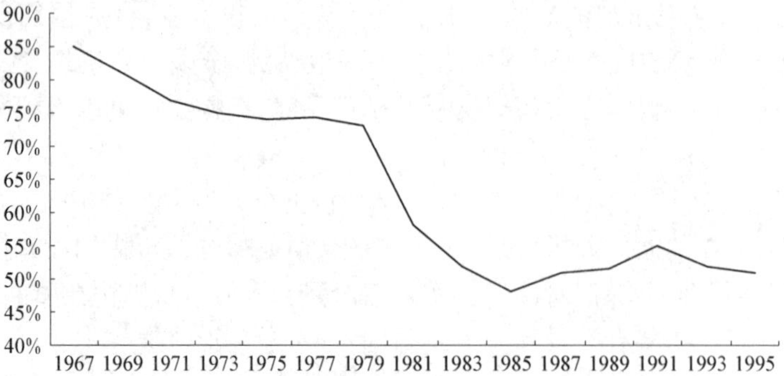

图 6-11　美国公司权益由个人持有的比例

资料来源：美国联邦储备委员会

年来的 50%。

同这种情况形成鲜明对照的是：互助基金、养老基金和保险公司等机构投资者的市场份额快速上升。图 6-12 显示了三种机构投资者累积占有资本市场的份额。

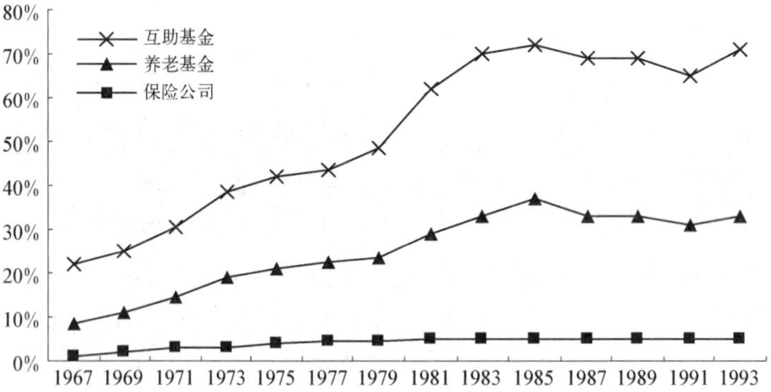

图 6-12　美国机构持有的(累积)股票份额

资料来源：美国联邦储备委员会

从 20 世纪 60 年代末开始，金融市场本身也在发生变化。其中最显著的特征就是大量金融创新(financial innovation)的涌现，表 6-3 总结出 20 世纪最后 30 年中的金融创新的大事记。

表 6-3　20 世纪 60—90 年代金融创新大事记

时间	金 融 创 新
1966	美国出现 CD
1968	美国政府建立国民抵押贷款协会(GNMA；Ginnie Mae)
1969	GNMA 发明转手(pass-through)证券
1970	欧洲市场上第一次出现浮动利率票据(floating rate notes；FRN)；美国联邦住宅抵押贷款公司成立(FHLMC；Freddie Mac)；国际货币基金组织的特别提款权出现；欧洲货币单位出现
1971	美国国民证券交易商协会报价系统(NASDAQ)出现
1972	芝加哥国际货币市场首次交易金融(外汇)期货
1973	芝加哥期权交易所(CBOE)成立

（续　表）

时间	金　融　创　新
1975	首次出现利率期货
1976	澳大利亚期权交易市场出现
1977	芝加哥商品交易所(CBOT)开始交易国债期货
1979	循环发行措施出现在欧洲市场
1980	7 日卖出美国市政债券出现；部分清偿欧洲债券出现(Alcoa)；附有债务保证的欧洲债券出现
1981	原始发行折扣/零息票债券出现；新的简化的 SDR 出现；欧洲市场上首次出现双货币债券；IBM 与世界银行的首次货币互换；出现利率互换
1982	出现 CATs 和 TIGRs；国债期货期权出现；股票指数期货出现；货币期权市场出现；可调利率的优先股出现；伦敦国际金融期货市场建立
1983	CMOs 出现；S&P 指数期权出现
1984	CARs 出现；国债的本息分离债券(STRIPS)出现；货币市场优先股出现；CME 开始交易欧洲美元期货期权；有保险公司提供的信贷强化欧洲债券出现；首次国际公开发行(TELECOM)
1985	封顶的 FRN 出现；不匹配的，最大/最小的，部分支付的 FRN 出现在欧洲市场；出现可变持续期票据；零息票可转换债出现；天堂-地狱债券出现；BECS 和 MECS 出现
1986	混种 FRN；封顶 FRN；参与抵押债券；S&P 指数债券；美元石油指数债券；MATIF 建立；第一份可剥离的美国抵押贷款债券；第一份可剥离的美国市政债券出现；房地产抵押投资导管出现；澳大利亚抵押贷款市场出现；复合期权出现
1987	主要汇率联系证券出现；英国抵押证券化；计划抵押族证券出现在美国抵押证券市场；商业抵押投资导管出现在证券化过程中
1988	可变率票据出现，货币支撑权益保证；LIFFE 的 BUND 期货
1989	回顾期权；障碍期权；篮子期权出现
1990	Leaps 出现：多伦多指数参与证券出现；超越表现权益；债券掉期权益；固定-浮动混合票据；固定/反向浮动混合
1991	GROI 出现；联邦基金远期利率协定；杠杆差额(diff)票据；差额(Diff)互换
1992	优先购买协定；收益减少保证
1993	CMT 浮动；CMT-LIBOR 掉期；自动转换股份；信用衍生产品；法国拍卖利率息票；英国消费者贷款证券；香港公众发行证券
1994	加拿大结构化衍生产品公司成立；纽约证券化不偿付税收；第 3 者 LYONS；商业抵押证券市场上 MegaDeal 债券；航空资产组合证券；BOOSTS；FULMAR
1995	合成 PERC；STEPs；TARGETS；QIPS；TOPRS；Flip 债券
1996	ROSE 基金；TEC－10 浮动债券；灾难优先权益看跌期权；PARCKs；“沉睡”和“洋葱”保证
1997	分享参与抵押证券出现在英国；新兴市场 CBOs；通货膨胀联系国库券；平行证券(用欧元重新标明面值)

资料来源：Cavanna (1992)，略有增删。

其中，特别引人注目的包括在有组织的交易所进行买卖的金融期权和期货，盛行在银行同业之间的互换(swap)，以及日益流行的场外(over-the-counter，OTC)市场上的奇异产品，它们被统称为衍生产品(derivatives)。表 6-4 显示了 1995 年 3 月底，全球衍生产品市场上的庞大交易规模①。

表 6-4　1995/3/31 衍生产品交易数据

	名义发行总量(10 亿美元/%)	总市场交易值(10 亿美元/%)
A.OTC 产品		
总计	40 714(100)	1 745(100)
外汇	13 153(32)	1 021(59)
远期和互换	8 742(21)	602(34)
货币互换	1 974(5)	345(20)
期权	2 375(6)	69(4)
利率产品	26 645(65)	646(37)
远期利率协定	4 597(11)	18(1)
互换	18 283(45)	560(32)
期权	3 548(9)	60(3)
B. 交易所衍生产品		
总计	16 581(100)	1 136(100)
利率产品	15 674(95)	1 121(99)

资料来源：国际清算银行官网.http://www.bis.org.

中介机构无可争议地占据了衍生产品交易中的主导地位，衍生产品市场的兴起正是与交易主体由个人投资者向中介机构的迁移同步的。换句话说，正是金融机构大量地使用这些衍生产品，从而导致了衍生产品市场的繁荣。图 6-13 显示了 1993 年底，全球最大的衍生产品交易参与者和它们的交易额。

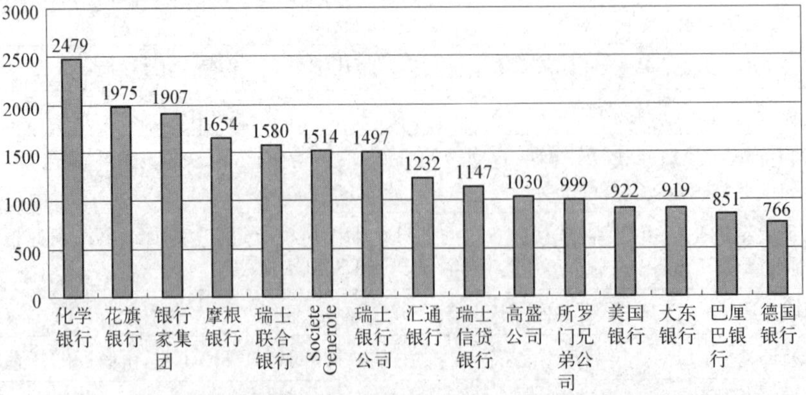

图 6-13　1993 年底全球最大的 15 家衍生产品交易商
单位(10 亿美元)

资料来源：转引自 Peter G. Zhang，1996。

① 值得一提的是：在 1984 年，新加坡国际货币市场(Singapore International Monetary Market)和 CME 结成了某些合约的"相互冲销"(mutual offset)协作关系。这是全球化全天候自动证券交易系统的原形。到了 1991 年，CME 和 CBOT 最终建立了可供全球投资者在芝加哥市场收市后，继续进行交易的计算机远程自动订单匹配系统——GLOBEX。

证券化(securitization)也是最为成功金融创新之一。过去通过吸收存款,发放贷款的商业银行现在可以证券化它们的贷款。这意味着它们无须在自己的资产负债表上,保留所有由它们发起的贷款。证券化彻底改变了银行的贷款功能：以前最重要的贷款的发起工作,现在仅仅是复杂的资产剥离(stripping)、打包(repackaging),然后再销售过程的第一步。通过证券化,银行可以专门从事这项收费性质的业务,而把融资的工作交给金融市场完成。证券化是如此的重要,这足以显示：曾经困扰金融市场的不对称信息问题,已经通过适当的方法明显地减轻了。

"理论与实践相结合"6-4　资产证券化

本框文介绍重要的金融创新之一——资产证券化,它是对于传统中介理论的最有力的挑战之一。资产证券化自 20 世纪 60、70 年代在美国出现以来,在全球备受推崇,2000 年世界总发行量达到 3 500 亿美元。在美国,资产证券化市场上占主导地位的房地产贷款支持证券(MBS)从 20 世纪 90 年代到本世纪初得到迅猛发展。从 1990 年到 2002 年底,发行量的年平均增长率达到 43.7%,MBS 市场已成为仅次于联邦债券的第二大市场,2002 年底的余额为 3.16 万亿美元①。在欧洲,1986、1987 两年发行的资产支持证券(ABS)总量仅为 17 亿美元,到 2002 年达到 679 亿欧元。2002 年欧美 ABS 的存量为 1 万 5 千 4 百亿美元。澳大利亚被认为世界上第二大 ABS/MBS 活跃市场,2000 年的年发行量超过 300 亿澳元。在亚洲地区,资产证券化于 1995 年兴起,之后在香港、日本、韩国、等地区迅速发展。据标准普尔最近估计,今后几年内该地区的市场潜力将以 25%的速度增长。

欧美市场上的资产证券化产品大致上可以分为资产支持证券(asset-backed securities, ABS)和房屋抵押贷款证券(mortgage-backed securities, MBS)两大类。在 ABS 中可以分为狭义 ABS 和抵押债务权益(CDO)两类,前者包括以信用卡贷款、学生贷款、汽车贷款、设备租赁、消费贷款、房屋资产抵押贷款(home equity loan)等为标的资产的证券化产品,后者是近年内迅速发展的以银行贷款为标的资产证券化产品。房屋抵押贷款证券也可以分为商业地产抵押贷款支持证券(CMBS)和住宅地产抵押贷款支持证券(RMBS)两大类。在美国,ABS 市场上房屋资产抵押贷款占主流,所占比例达 30%;而在欧洲,CDO 占市场主要地位,所占比例达 31%。在其他的资产支持证券中,信用卡贷款和汽车贷款在美国和欧洲证券化产品市场上都占较高的比重。

本质上讲,资产证券化是以可预期的现金流为支持而发行证券进行融资的过程。在这个过程中,现金流剥离、风险隔离和信用增级构成了资产证券化操作的核心。资产证券化的结构在实际操作中可以非常复杂,但核心结构基本相同,我们用图 6-14 简单加以描绘。

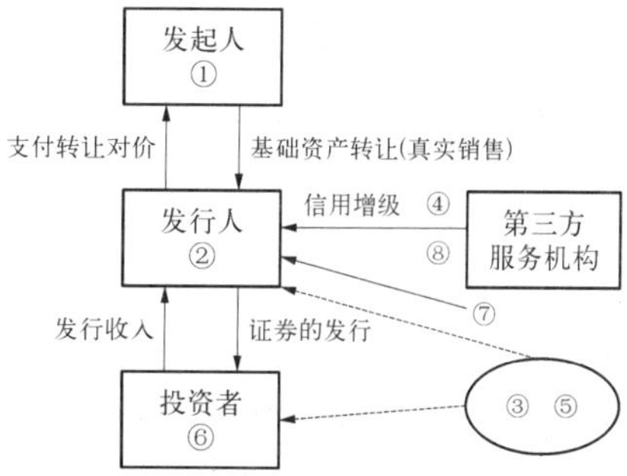

图 6-14　资产证券化的基本结构②

① 数据来源：The BondMarket Association。
② 实线是发行阶段的功能,虚线是发行以后的功能。

① 发起人(originator, seller, transferor),即资产的原始权益人,是资产证券化的主要当事人之一。发起人创造基础资产,他们根据融资需要从资产负债表中剥离适于证券化的基础资产,以真实销售的方式转移给特殊目的载体(special purpose vehicle, SPV)。② 特殊目的载体(SPV),是指购买发起人的基础资产,并依此为基础设计、发行资产支持证券的机构。SPV 的发行收入构成向发起人购买标的资产的资金来源。③ 服务商(Servicer),是指从事管理标的资产、归集标的资产的现金流等相关活动的服务中介。④ 信用增级机构(credit enhancer),一般是指资产证券化交易各方之外的外部第三方信用提供者(credit provider),一般是在内部信用增级无法达到所需的发行评级时才需要外部信用增级机构提供信用支持。⑤ 支付代理机构(paying agent),一般由大型商业银行担任,有时受托人可以直接担任支付代理机构。⑥ 投资者,就是购买资产支持证券的市场交易者。⑦ 投资银行协助发行人包装资产支持证券,并以私募或公募方式出售其包销或代销的资产支持证券的金融机构。⑧ 中介机构,包括信用评级机构、律师事务所、会计师事务所、评估师事务所、财务顾问、交易结构管理人等。

SPV 在资产证券化过程中处于中心位置,它的具体作用主要如下。第一,签订资产转让协议,SPV 按照真实销售标准从发起人处购买标的资产,由于资产证券化是以资产所产生的现金流为支持,可预期的现金流是进行证券化的先决条件。通过资产的重新组合,实现资产收益的重新分割和重组,将符合资产证券化现金流要求的资产从原始权益人的全部资产中剥离出来,形成资产证券化的基础资产。该基础资产的范围可能不仅限于一家企业的资产,而可以将许多不同地域、不同企业的资产组合为一个证券化资产池。第二,对标的资产进行证券化设计并对标的资产进行信用增级。信用增级是从信用的角度来考察现金流,即如何通过各种信用增级方式来保证和提高整个证券资产的信用级别,以吸引更多的投资者并降低发行成本。第三,聘请评级机构,对信用增级后的资产支持证券进行信用评级。第四,SPV 与受托人签订信托契约,约定受托人提供的服务范围,开设各种信托账户。第五,选择基础资产服务商,签订管理服务协议。第六,SPV 作为资产支持证券的发行主体,选择承销商,由承销商承销资产支持证券。

要指出的是,发起人本身的经营情况与标的资产并无实际关系。原因在于绝大多数的资产证券化产品的标的资产是通过真实销售转让给 SPV。有时发起人因经营问题陷入破产清盘困境,而由其发起的资产证券化产品(债券)由于破产隔离而仍然保持 AAA 级的信用评级。这就是资产证券化交易所特有的风险隔离机制,它使标的资产原始所有人或资产证券化发起人的资产风险、破产风险等与证券化交易隔离开来,标的资产的风险不会传递给资产支持证券持有者。资产的卖方对已出售资产在证券化过程中没有追索权,在卖方与证券发行人和投资者之间构筑一道风险"隔离墙"。证券化产品的风险与资产原始所有者的风险无关,而只与证券化资产的现金流本身相关。风险隔离从两方面提高了资产运营的效率:首先,风险隔离机制把标的资产原始所有人不愿或不能承担的风险转移到愿意而且能够承担的人那里去;其次,证券的投资者能够只承担他们所愿意承担的风险,而不必承担资产原始所有人面临的所有风险。

在中国,这种金融创新也已经被提上了日程,我们的资产证券化实践有四个方面的有利因素:① 离岸资产证券化产品提供了成功的经验;② 应收款、房地产贷款、银行贷款等拥有相当稳定、可预测现金流的资产正在成为资产证券化实践的基础，为资产证券化提供合适的标的资产；③ 2000 年以后，信托业的发展和创新是资产证券化实践的催化剂，也是资产证券化实践突破现有法律制度限制的重要途径；④ 资产证券化实践的发展重点主要在房地产抵押贷款、不良资产的处理和基础设施等行业。同时，我们也要看到中国资产证券化的发展仍然面临着法律制度和实施环境两大方面的障碍。法律制度的限制主要是在资产转让过程中真实销售的鉴定、资产证券化产品的证券定义、税收、产品交易、信息披露等方面缺乏完善、规范的法律和政策规定；实施环境的障碍包括标的资产的数量和质量、资产转让登记、证券化产品的金融服务、二级市场的流动性等问题。

综上所述，我们看到在过去的三十年中，金融体系的进化进程中有以下两个主要特征。

(1) 金融市场和金融中介的传统界限开始变得模糊。原来投资者要么直接在金融市场上，拥有企业发行的证券；要么提供资金给银行和保险公司这些金融中介，然后后者再把这些资金贷放给企业。但是，现在股票、债券市场正由互助基金、养老基金主导，而衍生产品市场更是由一些大机构把持着，中介的交易行为占据市场活动的主要部分。另一方面，通过证券化，原本向企业和个人的贷款又由金融市场来完成。而这种模糊也就导致了第二个特征。

(2) 市场集中程度的明显提高。

传统中介理论确实解释了金融市场和金融中介上述进化过程中的某些部分。金融发展史从某种意义上说，就是奔向理想化市场模型的过程。在这个过程中，全球化、技术进步减轻了金融配置的市场过程中的那些固有缺陷。交易费用和信息不对称明显而且永久性的下降了，那些支持金融中介存在的传统理由正在逐渐削弱(如果不是不复存在的话)。

正是因为传统理论视金融中介为市场存在缺陷时的一种替代，金融中介没有什么独立的人格，仿佛只是为了弥补市场缺陷的应付性措施。这也就隐含着金融中介机构的命运：当市场趋于完善时，它将成为濒临灭绝的物种，最终被一脚踢开。可以预见的是：随着市场透明度和效率的增加，金融中介将逐渐消亡，取而代之的是大规模、高效率的全球化、全天候的现代化金融市场。

正如前面的事实所揭示的，从某种衡量指标来说确实是这样，银行业中传统的存贷业务已经在美国这种金融上非常先进国家中明显下降了。而且，由于银行基本业务份额的下降是具有经济效率和技术推动的，它们基本上是不可逆的，根据信息不对称理论的推导，取而代之的是大规模的证券化和直接融资。正如我们看到的，这并没有减少企业对金融中介服务的需求，并鼓励个人直接向企业放款，即便是大部分融资工作现在由市场来完成，机构在上述这些市场活动中仍然占据绝对主导地位。

另一方面，根据交易成本理论，高昂的交易费用导致个人分散投资过于昂贵，从而需要互助基金的存在。在这种标准解释下，一旦个人交易成本下降，传统理论预言对于互助基金的需求应当也会降低，个人会自行采取分散投资策略，或者动态合成交易策略，来构造符合个人需要的风险/收益结构并实现最优的跨期消费/投资安排。尽管纽约证券交易所(NYSE)从 20 世纪 70 年代以来，引入了竞争性经济费用制度，导致了个人交易费用的显著下降，但投资在互助基金上的财富规模不但没有减少反而进一步增加。

从整体功能视角来看，金融中介机构在整个经济中的地位和作用，并没有由于金融市场的迅速崛起而削弱。它们不仅保持了相对其他行业的贡献比例,而且还有明显的增长,同传统理论预言的正好相反,市场不完善的减少导致了对于金融中介服务需求的增加而不是减少,金融中介在上述市场缺陷减轻甚至消失后仍然健在和繁荣,它们与金融市场并存而且在不断提供附加价值和社会福利。

这同理论模型所预言的金融中介的悲惨命运大相径庭。问题出在哪里呢?事实上,传统理论太多的强调了那些在一个日渐成熟的金融体系中,金融中介机构履行的不再那么重要的功能,特别是金融中介机构在减少交易成本和信息不对称的作用。这些功能曾经是金融中介机构服务于资源跨期配置经济任务中,同市场相比,具有比较优势或者说是核心竞争力(core competence)的方面。

信息和计算技术方面的革命性进步,使得信息成本和交易成本已经减无可减了,因此中介的上述两项功能同市场相比较已经没有什么优势,需要新的理论来解释金融机构的继续存在、发展和进一步的繁荣。

"理论与实践相结合"6-5　结构化产品和金融工程

表 6-3 中的大多数产品第一眼看上去很难理解,它们大部分可以归于结构化产品(structured product)名下,与我们在第 4 章介绍的那些金融创新基本模块不同(参见框文 4-1),结构化证券一般是由一种基础证券(股票、债券、股票指数、一揽子股票等)和一个金融衍生工具的结合,这种技术本身决定了它可以合成各种风险收益产品。尽管结构化产品通常被认为是金融创新的产物,但事实上,此类产品存在已久。例如,目前非常普遍的发行人可提前赎回债券(callable bond)及可转换公司债、附认股权证的公司债等,就都属于结合了固定收益证券及期权的结构化产品。

现代的结构化产品与传统的结构化产品最大的区别在于,其衍生产品部分所扮演的角色不同。传统上,内含于附认股权的公司债及可转换公司债的看涨期权,主要是使所发行的债券对投资者更有吸引力,而且衍生产品部分的风险是由发行人透过股本的膨胀来承担。另一方面,现代的结构化产品内含的衍生产品成分则是高度工程化的,而且着重于风险移转的方便性。举例而言,一个投资机构可能承担有某一衍生产品风险,它可以由将此一风险证券化(securitization)并发行该证券,该投资机构就可以将其风险移转给衍生产品市场创造者。市场创造者又可卖出这些证券,将该衍生产品风险移转给最终的持有者。这些最终的持有者对结构化产品的需求乃源自一些因素,包括管理套利(regulatory arbitrage)、切合本身的风险-报酬特征(risk-reward profile)及信用加强(credit enhancement)等。

结构化产品在 20 世纪 90 年代有了快速成长,这主要是由于低迷的实际利率(real interests)、发达国家陡峭的利率曲线(表示不同期别的利差很大)以及偏低的信用差距(credit spread)等因素的交互影响。结构化产品的快速成长带来了过度投机,包括盲目扩大财务杠杆(主要是结构化产品中的衍生产品成分远超过固定收益证券的面额)及缺乏对此类交易的严格风险控制。众所周知的奥兰治(Orange county)事件就是不当使用结构化产品的反面案例①。随着结构化产品交易巨额亏损事件层出不穷，其发行量、交易量也大幅萎缩，而认为其终将烟消云散的说法也甚嚣尘上。事实上，这种一看法反映出对结构化产品在金融市场中的角色的极大误解。单单是投资人对信用加强的需求，如共同基金通过持有结构化产品来较长期地持有衍生产品这个因素，即足以支撑这个市场的生存了。更何况将发行人风险与市场风险区隔开来的需求更是有增无减，数据也有力地证明了这个趋势的存在(如表 6-5 所示)②。

表 6-5　1995—1999 年各类型证券金额及数量

	1995		1996		1997		1998		1999	
单位：百万美元/份	金额	数量	金额	数量	金额	数量	金额	数量	金额	数量
与外汇联系	6 407	143	12 690	350	14 724	508	20 561	766	8 674	539
与信用联系	0	0	561	11	2 317	38	4 398	111	2 524	101
与股价联系	165	23	2 016	80	4 978	202	9 586	260	15 765	543
与商品联系	65	2	77	7	45	4	75	3	0	0
与利率联系	20 708	584	32 480	1 129	48 205	1 412	31 846	691	37 488	815
其他	0	0	100	1	103	2	40	3	105	1
合计	27 344	752	47 922	1 578	70 372	2 166	66 507	1 834	64 555	1 999

结构化产品的种类依其衍生产品部分的标的资产不同，可大致区分为同信用、商品、外汇、股价及利率联系的证券。

(1) 与信用联系的结构化产品：其偿付本金或利息金额多少取决于某一特定事件是否发生之债券。

(2) 与商品联系的结构化产品：其偿付本金或利息金额多少与某一商品(commodity)或商品指数联系之债券。

(3) 与外汇联系的结构化产品：其偿付本金或利息金额多少与汇率联系之债券。

(4) 与股价联系的结构化产品：其偿付本金或利息金额多少与某依股票或股价指数联系之债券。

(5) 与利率联系的结构化产品：其偿付本金或利息金额多少与某一指针利率或债券指数联系之债券，这是无论成交数量还是交易品种都最大的一类结构化产品。

这些产品的开发和运用就属于金融工程的领域，金融工程这个词出现于 20 世纪 80 年代末、90 年代初③。大家对金融工程的定义一直没有形成统一的认识，例如，芬尼提(Finnerty, J.)认为金融工程包括创新金融工具与金融手段的设计、开发与实施，以及对金融问题给予创造性的解决；威斯顿(Weston, J.F.)认为金融工程就是开发新的合成证

① 参见张光平(1996)。

② 资料来源：Das(2001)。

③ “金融工程”一问世立刻受到广泛的关注与重视，1992 年在美国就成立了国际金融工程师协会(international associate of financial engineering, IAFE)，同年创刊了名为《金融工程》的杂志。

券和衍生证券;图法罗(Tufano, P.)认为金融工程是利用衍生证券管理风险、根据客户需求创造定制的金融工具;卡(Car, F.)和德卡夫罗(De Carvalho)认为金融工程是实施金融创新的方法,是金融服务公司用以更好解决其客户所面临的特殊问题的系统方法。

尽管没有统一的定义,但从各家对金融工程的不同表述中可以很容易地总结出共同的东西——衍生证券、风险管理和金融创新。这几个词不仅正是与金融工程在各种文献中同时出现频率最高的词,同时也是各种金融工程活动的核心内容。根据国际金融工程师协会执行主席马歇尔(Marshall, J.)的观点,芬尼提对金融工程的定义最为贴切,因为它突出了金融工程的实质——创新与创造。

6.3 金融中介的持续发展

新的中介理论也就应运而生,它看到了实际情况:金融机构也在为了自身的生存而不断进行调整,它们开拓了那些更符合现时经济需要的服务,为社会增加价值。在功能上,新的中介理论强调了或者说重新发掘了两点。

(1) 金融中介是经济风险优化配置的专家,即风险管理(risk management)功能。它将替代原来中介在减少不对称信息方面的作用。

(2) 金融中介辅助一般投资者参与日益复杂的金融市场和更有效的使用新型金融工具,即它降低了一般投资者的参与成本(participating cost)。它将替代金融中介原来在降低交易成本方面的作用。

本节中,我们先考察连续时间下、无缺陷市场环境中金融中介机构的生产理论,它为金融机构的存在和发展,提供了新的、最基本的功能解释;然后我们考察金融中介机构由此引发出的上述两项重要功能。

6.3.1 连续时间下金融中介的作用

在投资者行为Ⅱ的理想模型中,我们假定任意投资者可以没有费用地参与金融市场上的连续交易。在发达的现代金融市场中,连续交易基本上没有什么问题,但是交易成本依然存在。

考虑一个连续时间并存在交易费用条件下的个人最优消费/投资决策问题,个人是否仍然可以获得一个最优的消费过程呢?下面的分析将显示:一个有效率的金融中介的存在,可以帮助个人实现在没有交易费用下的最优消费过程。而且,对于可交易资产的总需求,与不存在交易费用下的市场中是一样的。因此,无摩擦下的最优消费和资产需求也适用于更现实的环境中。

在投资者行为Ⅱ中,最优消费/投资决策问题被表述为[①]:

$$\max_{(C,\,w)} E_0\left\{\int_0^T \mathcal{U}_1[C(t)]\mathrm{d}t + \mathcal{U}_2[W(T),\ T]\right\} \tag{6-41}$$

$$\text{s.t. } \mathrm{d}W(t) = \{[(\mu - r)w(t) + r]W(t) - C(t)\}\mathrm{d}t + \sigma w(t)W(t)\mathrm{d}\mathcal{W}(t)$$

① 隐含的假设参见 2.2.1 节。

其中，$C(t)$代表消费过程，$w(t)$代表个人财富中投资在风险资产上的份额，$W(t)$代表财富过程。那里的分析显示，通过求解 HJB 方程，就可以获得最优的消费路径和投资策略。动态地、准确地执行这一投资策略，个人就可以获得最优的一生。

我们也确实知道："鲁宾逊"们要花费很多的辛劳才能有一个满意的结果，如他们要不断地收集关于投资机会集的任何信息变动、随时进行大量的运算求解偏微分方程，不断地通过市场买卖来调整资产组合，同时负担随之发生的巨额支出。为什么他们不可以专注于自己所擅长的职业，获得更多的收入来扩大预算集，而陷于烦琐的金融事物中呢？社会毕竟是有分工的，因此不妨设想另一种解决方案。

实际上，个人与其去找一个复制特定(最优)消费计划的交易策略①，不如去找一个同他个人特定的最优资产组合(交易策略)所产生的支付情况相匹配的可行衍生证券。假如可以找到构造这一衍生证券的蓝图，而且金融中介对这种产品的收费不超过个人的预算约束，则作为通过连续交易来获得最优消费配置的一种替代，个人可以直接从金融中介那里买入符合自己需要的衍生产品，从而一劳永逸地完成终身的最优消费配置任务。

如果金融中介的信息成本和交易成本小于个人的相应成本，则这些衍生产品使得个人获得了改进福利的配置，而这在存在交易成本的实际情况中，通过个体的连续交易是无法获得的。实际上，在 6.2.2 节的分析中我们已经注意到了金融中介可以用接近于零的交易成本，而个人必须按照较高的交易成本进行交易，而这就意味着中介可以创造大量的合成资产，并通过动态交易来对冲由于创造这些合成资产而带来的风险。

我们看到：金融中介可以创造有着稳定支付的产品，这对于大多数个人客户来说是十分有价值的。所以，可以这样认为：现代金融中介机构因此加入了另外一个重要的功能(Merton，1989)：它们可以创造有稳定现金支付的产品。或者更进一步看，它们可以直接根据客户的需要来设计并提供工程化的金融产品。这样，就可以在不同参与者之间，以最小的成本实现资源的最优跨期配置和风险的最优分配。

为了证明这种方案是切实可行的，就必须获得可以实现最优投资/消费配置的工程化衍生产品的生产技术。下面我们就采用鞅方法来获得这一技术(参见第 2.4.3 和 2.4.4 节)②。

我们知道根据定理 2.4.1，给定初始资源禀赋 $x \geqslant 0$，和可行的自我融资策略 $(w, C) \in \mathcal{A}(x)$，则相应的财富过程满足：

$$E\left[\int_0^t H(s)C(s)\mathrm{d}s + H(t)W(t)\right] \leqslant x,\ \forall t \in [0, T]$$

如果 B 为任意非负的 $\mathcal{F}_T$ -适应的最终财富水平，$C(t)$，$t \in [0, T]$ 为任意消费过程，它们满足：

$$x = E\left[\int_0^T H(s)C(s)\mathrm{d}s + H(T)B\right] < \infty$$

则存在一个资产组合过程 $w(t)$，$t \in [0, T]$ 且 $(w, C) \in \mathcal{A}(x)$，而且相应的财富过程满足：

① 前面的分析中，我们已经知道或有消费计划可以视为一种在特定时间和特定情况下支付的或有权益，也即是一种衍生产品。

② 核心优化模型的另一种表述方式可以参考 Merton(1989)和 Merton(1992)。

$$W(T)=B$$

根据定理 2.4.2,最优最终财富和消费过程分别为:

$$B^*=I_2[\mathcal{Y}(x)H(T)]>0 \tag{6-42}$$

$$C^*(t)=I_1[\mathcal{Y}(x)H(t),\ t]>0 \tag{6-43}$$

根据定理 2.4.3,我们知道相应的交易策略为:

$$w^*(t)=\frac{1}{W^{x,\ w^*,\ C^*}(t)}\sigma^{-1}(t)\nabla_x f[t,\ \mathcal{W}_1(t),\ \cdots,\ \mathcal{W}_n(t)],\ \forall t\in[0,\ T] \tag{6-44}$$

换句话说,我们得到了一个动态交易策略,它准确复制了一个衍生产品,这种衍生产品具有连续支付率 $I_1[\mathcal{Y}(x)H(t),\ t]$ 和最终支付 $I_2[\mathcal{Y}(x)H(T)]$ 的支付结构。在 0 时刻生产这种衍生产品的成本是 x,而在 t 时刻生产这种衍生产品的成本是那个时刻相应的财富水平(过程),因此购买这个衍生产品总是可行的。这个衍生产品的支付结构,准确地匹配了投资者通过最优连续交易策略获得的消费配置,投资者只要在既定的预算约束下买入这个衍生产品,就一劳永逸地完成了资源的跨期最优配置。

既然获得了生产这种工程化证券的技术,又确信了投资者购买它的可行性,不妨进一步考察金融中介在其中起到的作用。以下分析均假定竞争性的金融行业环境,而且金融中介可以用接近于零的交易成本,而个人必须按照较高的交易成本进行交易。

上述最优化方案可以表示为一个(应收的)或有支付现金流 $I_1[\mathcal{Y}(x)H(t),\ t]$和最终支付 $I_2[\mathcal{Y}(x)H(T)]$。由于交易费用过高①,个人投资者不能通过直接在金融市场执行交易策略来获得这些现金流。这个投资者可以通过同金融中介谈判购买一个具有 I_1 和 I_2 现金流,为他个人定制的(custom-designed)衍生证券。由于我们假定金融行业是完全竞争的,该衍生证券的价格就等于边际成本。如果这些衍生产品可以从金融中介那里购买到,则投资者可以得到最优的跨期配置,这个配置同无交易成本下的配置完全相同。这些衍生产品的创造,提供了对无摩擦市场有意义的现实扩展②。

因为任何个人投资者的财富是很小的,而且每个个人投资者所需要的 $C^*(t)$和 B^* 支付形式的衍生产品也是唯一的,所以这些定制出的衍生产品不太可能在有组织的二级市场上得到支持③。在销售了这样的产品之后,金融中介必须根据式(6-44)提供的原则利用资产市场进行动态交易,不过采用基础模块化(building block)的技术,使得对冲这些定制的衍生产品不会比对冲标准的衍生产品更困难:中介只要简单加总个别暴露(exposure),然后建立一个相应的可交易策略去对冲它的净风险暴露就可以了。

这样,金融中介为消费者提供了终身的最优消费(和/或者遗产水平)路径,然后承担起所有与之相关的风险管理工作。这时,所有经济中的风险都汇总到具有职业风险管理分工

① 即便是交易费用降低到 0,动态交易(全面参与市场)所需要的参与成本也让个人投资者望而却步。

② 这也是金融工程学的起源。所谓金融工程就是基于金融产品的,对于获得既定金融目标方案的优化设计。有关金融工程以及它的运作方式的一般性概述可以参考 Marshall & Bansal(1992),丰富的例子可以参考 Mason et al.(1995),Smith & Smithson(1990)提供了百科全书式的手册可供查阅。

③ 更详细的讨论(特别是信用风险方面)见 Merton(1992),pp.463—465。

优势的金融中介机构身上了，或者说中介将把注意力集中在对不同金融合约中的风险进行分解和重新捆绑（bundling & unbundling）以及风险的对冲交易方面，这同观察到的现象惊人地吻合（回顾 6.2.3 节）。

6.3.2　风险管理

通过之前的理论模型分析，可以看到：在现代化了的金融体系中，金融中介将在制度安排上主动承担起以最小成本为个人提供终身最优化消费配置服务，并把所有的风险管理和控制工作包揽到自己身上，这种风险是最广义的。实际上，在一个具有生产者的经济中，个人消费者和企业都是金融中介风险管理的客户，而且企业还是风险承担最直接和集中的代表。本节将转到企业上来，先考察它们为什么需要金融风险管理，然后考察为什么金融中介提供这种服务，以及它们是如何实现价值增加的。

为什么一般企业需要风险管理呢？有三个主要原因。

（1）管理者自身利益（managerial self interest）。作为公司的高级管理层，职业经理人在分散个人财富方面的能力将是有限的，他们个人财富中的绝大部分是以他们管理的这家企业的股票或者人力资本的收入形式体现出来。因此，他们既关心公司的期望收益，也关心期望收益的分布情况。他们需要公司收益保持稳定，因为这将在不损害所有者的利益的同时，增加他们自身的福利（Stulz，1984），这实际上是委托-代理关系（agency theory）的一种体现①。在这种情况下企业的目标函数就是凹的，所以它们会积极参与避免风险的行为。

（2）非线性的税收。大范围内的高度非线性税收，也会引致积极降低风险的行为（Smith & Stulz，1985）。在非比例税收下，平滑的收入流将降低公司的实际税负，而降低长期实际平均税率显然会提高股东的价值。如果波动的应税收入带来的损失不能完全抵补（carried back），公司就有动机参与风险管理，通过减少应税收入的波动性，公司可以减少税收的现值②。

（3）金融灾难的成本。公司之所以重视收益的波动性，主要的原因也许是低收入会导致破产。如果破产是有成本的，公司就会试图避免它，这就使得企业好像具有了一个凹的效用函数。这种成本在被严格管制的行业中更为显著，因为巨额的损失可能会导致特许经营权（franchise）的吊销从而丧失某种垄断地位。

以上这些理由试图说明公司（包括金融业和非金融业）可能有兴趣进行风险管理。但是，上述讨论集中在对冲风险的利益上，而忽视了风险管理的成本。这种成本既包括交易成本也包括为了确保管理者正确行事的代理成本（agency cost）。交易成本中的一部分是买卖金融产品时实际发生的费用，另一部分则是为了确保可以连续、及时参与市场而发生的软、硬件投资和信息收集方面的开销。代理成本中最危险的也许是管理者在高杠杆率产品上的投机行为，巴林（Barings）银行、助友、奥兰治县发生的灾难性事件说明这类成本有时可能是巨大的。

---

①　委托-代理理论是经济学特别是公司理论中的重要分支。企业和相关参与者之间的问题在第七章中有进一步的讨论。

②　Graham & Smith（1996）研究了美国税收的凸性程度，他们发现平均而言税收函数确实是凸的，主要原因是损失可以用税前收入来弥补（tax loss carrybacks/carryfowards）。对于一个面对凸的税收函数的企业，应税收入波动率降低 5%可以节省下的平均税款大概是应交税额收（tax liability）的 5%。

如果考虑到进行风险管理所需要的上述成本,则前面这几种理由的可信程度就值得推敲。例如,税收的非线性产生的微薄利益,还无法抵补参与风险管理所需要的大量的交易成本。管理者自身利益可能可信一些,但是仍然不清楚利益是否一定高过成本,因为股东可以明令禁止管理者从事风险管理,把节省下来的成本用来弥补自身可能出现的损失。看来最可信的就要算是破产成本了,我们认为它解释了企业风险管理行为中很大的一个部分。

那么,企业(包括金融业)自身是怎样管理这些风险的呢?我们不妨把企业面临的风险分为三类:

(1) 可以通过商业行为消除或者避免的风险;

(2) 可以转移给其他参与者的风险;

(3) 必须在企业一级积极管理的风险。

对于第一类风险,风险管理的作用是减少那些对于生产经营来说多余的、会招致不规则损失的风险。一般的风险规避行为,如对发行标准的审查,"尽职调查准则"(due diligent process)等都可以减少这个种类的风险。要注意的是:在金融服务过程中采取这些措施的目的,是为了减少产品中同投资者所需要的特征不一致的风险。

经过以上处理,剩下的风险中一部分是系统风险,另一部分对于某一特定产品而言的特殊风险。在这个层次上,风险管理的任务还没有完成,上述剩余风险中任何不需要的系统部分都可以通过适当的对冲交易来抵消。

但是,这些风险减少的行为本身是有成本的,它会减少企业的利润,必须留给股东去决定进一步消减风险的收益是否会超过成本。通过风险转移,金融交易中的风险可以大幅度减少。如果相应的市场存在,市场个人参与者可以买卖代表一部分状态或有支付的证券去分散或者集中他们资产组合中的风险。如果市场可以理解金融机构创造和持有的金融资产中的风险,它就可以按照公平价值在公开的市场上进行销售。如果企业在管理这些伴随的风险上没有比较优势,就没有理由吸收或者管理这些风险,还不如转移它们。在这种情况下,企业吸收风险不会产生任何价值增值。

但是,确实有一类资产或者行为,其中固有的风险必须在产生它的公司一级吸收。在这种情况下,有更好的理由允许金融中介动用资源去管理风险,特别是当金融交易或者合约关系具有以下特征时。

(1) 权益要求人或者那些同公司有信托关系的受益者,拥有不能被交易或者由投资者自己不方便对冲的权益,如关联企业中的战略投资者。

(2) 内嵌的风险性质十分复杂,很难被解释给非公司一级的有关人员,如拥有大量不流动的自有资产的银行。在这种情况下,交流会比对冲风险更为困难,而且把客户的信息揭示出来可能会给竞争者带来优势。

(3) 道德风险的存在使得风险管理成为保证股东利润的必要的正常措施。

(4) 风险吸收正是正常业务的目标。例如,指数基金一般不会对冲系统风险。另一个例子是证券经纪人,由于利润来自成交手续费,他在正常情况下应当对冲它的头寸。但是如果他们的目的是自营和投机,他就不会完全冲消掉头寸。

在上述过程中,风险均被企业吸收了,但这实际上是它们从事的生意所固有的性质。因为这要么直接来源于他们在金融市场中的特许权(franchise),要么来源于他们的核心竞争能力(core competence)。

无论如何，风险管理行为要求管理层监督企业生产经营的风险和收益关系。根据上述合理的风险吸收原因，非经济或者冗余的风险承担也就可以同时被识别。简单地说，如果风险吸收不在企业的特许权中起基本作用，它们就应当被转移给市场。

那么，谁是市场呢？可以近似地认为市场由两类参与者构成。第一类是经济理论中描述的市场参与者，他们每时每刻了解市场信息，并积极地动态管理资产组合。可以把金融中介近似地看成为这一类参与者，在它们的经营特许权和专长的方面，随时准备减少和吸收不同企业的第一、二层次的风险，并积极地管理这种成为自身第三类型的风险。第二类参与者则仅仅根据有限的金融市场和产品信息来进行近似的决策。因此，他们需要金融中介提供的参与服务(participation sevices)。例如，向他们提供信息或者代表他们的利益进行投资或者提供同金融中介资产负债相对应的固定收益承诺。这样，投资者通过金融中介的服务接近了市场，而中介则通过减少可以察觉到的参与成本为交易增加了价值。

正如我们在 6.2.2 节中所看到的，现代金融行为中的一个显著特征是：参与金融产品，特别是衍生产品交易的，主要是金融机构。为什么风险管理必须用这种形式被提供出来呢？其实，这是前面连续时间下中介功能的直接延伸和创造：动态交易和相应的风险管理要求特许权和(或者)核心竞争能力的支持。因此，可以确信的是：金融机构在某些市场上可以最有效和熟练地提供增值服务的能力是这个部门的核心竞争力。这决定了它们在哪里并如何吸收一般企业或者个人的第一、二层次的风险，以及通过降低那些希望可以从这些市场上获得利益的第三层次风险管理外来者的参与成本来增加价值①。这就使得现代金融中介在积极风险管理方面的功能得到空前的加强。

“理论与实践相结合”6-6　风险管理的昔与今——技术进步和全面解决

尽管今天的金融风险分析是随着现代资产组合理论一起出现的(在微观层次上它完全结合到了定价模型中)，并成为实际开发衍生产品工作中的核心环节。但是，风险管理并不是一种全新的现象。意大利文艺复兴时期的商人银行，不仅为国王和教皇，也为一般商人管理金融风险。在 18 世纪的荷兰共和国中，真正的投资银行家不仅被动地管理资产，也积极地承担证券的风险发行工作。即便是在美国储蓄贷款协会的阴暗日子中，金融中介机构也在从事着风险管理，如管理利率风险、信用风险和流动性风险——只是不太成功而已。实际上，同风险打交道总是金融中介的基本工作，风险是金融中介的生存根基和原因。因此，把金融中介的风险管理行为，仅仅同创新金融工具和市场联系在一起过于狭隘，它不过是风险管理的一种(现代)形式或者手法而已。

所谓的风险管理包含两方面的内容：一是识别风险，二是分散和(或者)对冲风险。因此，风险管理的指导思想就是：识别各种风险，确定风险暴露(exposure)的大小，接下来决定如何处理这些风险：哪些是可以承担的，按照什么代价去承担；哪些是不可以承担的，如何通过对冲转嫁这些风险②。

① 所谓参与成本是指不断学习使用市场和参与市场的成本，下一节中会进一步讨论。
② 对冲的方法包括场外产品和标准产品使用，这会涉及动态保值等交易技术方面的问题。

在实际操作中,人们通常把金融风险分为以下几个类别。

信用风险(credit risk):这是商业银行类金融机构最常见的风险,它是由借款人倒账(default),即部分或者全部拒绝清偿债务引起的。这其中还包括国家风险,即主权国家债务的倒账。

市场风险(market risk):这是最重要也是最常见的一类风险。只要资产价格是由市场波动决定(mark to market),就存在市场风险。这些资产价格包括利率、汇率、股票价格、原材料价格等。利率风险还可能导致选择风险(optional risk)。这方面最显著的例子就是抵押贷款可能会由于市场利率的降低而被提前偿还。

流动性风险(liquidity risk):对于商业银行类金融机构来说,借短贷长必然导致现金支付上的不匹配(gap)。在有些情况下,金融机构可能不能按照合意的融资成本从市场上获得资本,这可能是由于市场的流动性或者金融机构自身的流动性出现了问题。

此外,还有操作风险(operational risk),即机器、系统和人员内部管理方面的缺陷;法律风险(legal risk),即立法、司法和管理制度无法跟金融创新同步。

随着技术的进步,风险管理也在不断进化中。最早是基于企业管理中的财务呈报体系,通过一些静态或者比较静态的指标或者附注的形式来反映风险。以金融企业为例,传统确认风险暴露的有如下四个主要手段。

(1) 缺口分析(gap analysis)。缺口分析是银行类金融机构对借短贷长产生的利率风险的最原始的测度。缺口分析首先确定一个时间段如一年,然后分别考察对于利率变化敏感的资产和负债,两者数量上的差额就是缺口。由于利率风险的大小,通常可以由利率变动后产生的净利息收入来刻画。这可以近似等于缺口乘以利率变化数量:

$$\text{净利息收入变化}=\text{缺口}\times\text{利率变化}$$

缺口分析是最简单的,它仅仅适用于表内(on-balance sheet)资产的利率风险,而且它仅仅强调利息收入而无视资产价格,因此它非常粗糙。

(2) 持期(duration)和凸性分析(convexity analysis)。这些工具出现在 20 世纪 30 年代,它们主要用于识别市场风险中的利率风险。持期和凸性分析由于计算简单曾经一度成为银行类金融机构的标准技术,但是它仍然是一种微分近似,而且计算技术的进步使得它不再具有计算简便的优势。

(3) 统计分析。统计分析一直是用来测度风险的常规方法,主要思想是发现几个对于我们感兴趣的投资组合的收益产生影响的因素,使用计量技术(如最小二乘法)估计它们之间的相关关系参数。这些参数给出了使用者该资产组合收益对于不同风险因素的反应程度,也就提供了可以相应地对冲某类因素风险的技术指标。统计方法容易受到数据的制约,因为只有可交易的证券的价格信息是最容易获得的,因此它主要适用于资产构成基本上是可交易证券的金融机构,如证券公司。

(4) 场景分析(scenario analysis)。这种方法要求使用者设想一些可能出现的“世界状态”,并考察在这些极端情况出现下的可能损失。场景分析大致有四个步骤:选定一个随机变量(如外汇汇率)随着时间的变化过程,这就产生一系列的场景;找到在这些场景下的现金流(或者资产的会计价值);对于其他相关的变量重复上面的两个步骤;获得综合的结论。场景分析也有广泛的适用性，并较少受到数据制约。但是，场景分析操作起来很困难，如何才能准确识别特定的场景呢？并没有一致的准则保证总是可以做到这一点，而且某种场景发生的可能性也是无法知道的，为此又不得不采用主观的评估方法，因此最终的结果有赖于分析者的技艺和经验。

20 世纪 60—80 年代，随着资本市场的快速膨胀和金融产品的极大丰富，出现了基于现代金融理论的第二代风险管理技术。它们主要包括资产组合理论（portfolio theory）和衍生产品定价理论（derivative pricing theory）。另一方面，计算技术的进步和数据的积累提供了定量分析的基础。基于这些发展，1993 年"30 国集团"（G－30）发表了一份关于金融衍生工具的报告，建议引入著名的"风险价值系统"（Value at Risk systemk，VaR）来估价交易头寸和度量金融风险。1994 年 10 月，摩根大通（JP Morgan）公开了其开发的 RiskMetrics 系统，主要用于金融市场风险的度量，由此预示着一个以 VaR 为核心工具的金融风险量化管理方法的新时代的到来。除了它的技术外形以外，VaR 方法的创新点在于：它强调在一个统一的框架中，综合反映金融机构作为一个整体的风险暴露程度。因此，VaR 方法日益得到了金融监管部门的认可，如巴塞尔委员会在 1996 年颁布的《有关资本协议市场风险的补充规定》中，允许银行使用内部 VaR 计量模型来计算最低资本金要求。在金融机构风险管理的内在动力和监管部门的外在压力的共同推动下，目前已有几千家证券公司、投资银行、保险公司、商业银行、养老基金以及非金融企业采用 VaR 方法来管理市场风险。

进一步的发展体现在"整体风险管理方法"（Total Risk Managenment，TRM）上，TRM 强调了金融资产价格变动的概率、金融资产的价格及风险管理者的偏好在风险管理中的作用，通过对这三个因素系统和动态的测量和决策，以求得风险管理中的客观测量值与风险管理者的主观偏好达到最优均衡。实际上，TRM 方法针对 VaR 方法对市场突发风险、信用风险、操作风险等不能很好地适应，以及 VaR 方法过分依赖客观概率的弱点，强调了金融风险管理是风险识别、风险测定和风险控制三个过程的统一，明确了对一定量的风险的控制才是金融风险管理的最终目的，而这必然要涉及风险管理者的风险偏好和风险价格因素。所以，单纯依据风险可能造成损失的客观概率，只关注风险的统计特征，并不是系统的风险管理的全部。概率不能反映经济主体本身对于面临的风险的意愿或态度，它不能决定经济主体在面临一定的风险时愿意承受和应该规避的风险的份额。完整的风险管理不但要能计量出面临的风险的客观的量，而且应该考虑风险承担主体对风险的偏好，这样才能真正实现风险管理中的最优均衡。TRM 方法可以使若干单个决策者组合而成的机构主体在风险管理中最优地控制风险，不至于由于某一决策者的行为而造成整个机构遭受过大的风险损失，与巴林银行事件类似的事件的发生完全可以避免。虽然 TRM 方法还远未成熟，但它开辟了金融风险管理的新视野。

6.3.3　参与成本

可以与金融中介风险管理功能相提并论的就是中介辅助参与市场的功能。本节中我们深入分析市场参与以及相关成本方面的问题。

传统的无摩擦型模型假定个人（或者企业）完全参与市场，主动根据信息的揭示灵活调整交易策略,因而金融中介的辅助参与服务,没有为投资和相关的风险管理行为附加任何价值。但是,有大量的证据显示个人远非完全参与市场,代表性的个人仅仅持有为数不多的几种金融资产(Blume, Crockeet, Friend, 1974)。对这种有限市场参与的解释是因为存在着参与成本。

这种参与成本包括如下两个部分。

(1) 了解特定金融产品或者金融市场的固定成本。为了积极参与金融市场交易活动,个人投资者必须投入时间和精力去学习金融市场是如何运转的,学习了解资产的收益分布和如何监测收益变化的方法。试图减少这类支出,就使得个人投资在有限数目的资产上是最优的(Brennan,1975)。

(2) 除了上述参与市场的固定成本以外,还有每天(day to day basis)不断监测市场的边际成本。这种监测在不断调整资产组合时是非常必要的。特别是当投资者采用动态交易策略来合成证券时,这几乎成为了每时每刻(连续时间)的工作。

因此,参与成本逐渐成为理解现代金融中介行为,特别是风险管理的关键所在。这实际上是分工的比较优势原则的一种体现。例如,20 世纪 80—90 年代的交易成本的迅速下降,本应当导致更多的个人投资者直接参与到市场中去,从而减少互助基金的作用。但是,在过去的二十年中,个人(特别是专业人员(professionals))的时间价值明显增加了[①],因此参与市场的机会成本(opportunity cost)也相应增大,这就促使个人投资者通过投资互助基金来参与资本市场,继而导致证券基金和互助基金的繁荣。这就是因为基金的参与成本比较低,从而成为个人参与成本增加下的一个较好的替代。而且,参与成本的存在也可以解释非金融企业对风险管理的态度:有动力参与风险管理,但又没有像金融机构那么投入。

另外,注意到个人所持有的资产中的大多数具有债券(包括银行存款)性质,这种证券具有比较低的参与成本,因为除了对违约风险要有适当控制以外,没有必要每天监测市场。如果涉及复杂的衍生类金融产品以及相关的动态交易策略和风险管理技术,则相应的成本显得尤其高昂。大量对设备、软件和智力的投入远远超过了一般个人或者企业级投资者可以负担的水平。

但是,金融机构则有能力大量使用衍生产品来进行风险管理,如同 6.3.1 节中分析的那样,金融机构的一个重要作用是根据投资者个人目标,创造具有相对平稳收益分布的金融产品,这使得个人投资者可以不那么频繁地管理他们的资产组合或者完全不用再考虑风险。因此,基于参与成本的中介理论,同金融中介大量参与风险交易的风险管理行为是一致的。通过创造具有稳定收入分布的(工程类)金融产品,他们降低了客户的参与成本,从而增加了福利价值。可以预见的是:即便交易费用下降到理论上的极限,中介辅助参与市场的功能仍然是有作用的,且这种作用将不断由于分工和经验的积累得以加强。

6.4 动态中介理论

我们生活在一个变迁的时代,信息和计算技术的革命导致了信息成本、不对称性和交易

① 而且收入分布差距的扩大,并导致分布高的一端(专业人员)的成本增加更快。

费用的持续和永久性下降，这在改变了金融市场和金融中介执行经济功能的方式的同时，也改变着两者的力量对比和分工边界。如何看待金融中介在变迁的环境中的价值和功能实现模式是动态金融中介理论所要回答的问题。

6.4.1　金融创新与动态中介理论

前面的证据显示：(以美国为代表的)现代金融体系的发展似乎隐含着下表所揭示的从不透明到完全透明的媒体变迁过程(Ross，1989)。

表 6-6　现代金融体系的变迁过程

不透明		半透明				透明		
商业银行	保险公司	金融公司	保险基金	互助基金	单位信托	期货、期权市场	股票市场	国债市场

例如，交易流动性货币工具(如商业票据)市场的发展，使得货币市场共同基金(透明机构)得以作为一个替代性的制度安排，对银行和储蓄机构(不透明机构)的活期存款业务产生了巨大的冲击。垃圾债券(junk bond)的发明和中等期限的票据市场的出现使得共同基金、养老基金和个人投资者有可能为发行这些产品的公司直接提供所需资金，而传统上这些公司要依赖银行的债务融资。正如上述例子所表明的：中介与市场在充当金融产品的供给者职能上开展着竞争，技术进步和交易成本的下降加剧了这种竞争的强度。

第 5 章中对于金融创新的研究显示，存在这样一种范式(pattern)：最初由中介提供的金融产品最终走向了市场。就这一时间动态的范式来看，这意味着：金融中介(特别是其中不透明的类别)的重要性正在下降，并正在被金融市场制度性地替代掉。因此，人们可能会简单地根据单个产品的时间路径推断：随着技术持续进步，标准化工具(如证券化贷款)的交易市场最终将取代金融中介(如银行)。

事实却是仅仅集中于个别产品的时间路径肯定会导致预测的偏差，因为我们不仅要考虑现实世界中中介的重要性是否下降了，更重要的是要考虑金融市场和中介之间的总体结构关系。实际上，当产品已具有标准化的条款、能服务于大量的客户，并且由于方便交易者确定价格而被很好地"理解"时，金融市场就趋于成为中介的有效制度替代。

然而，如同我们前面看到的，这个趋势并不意味着金融中介会像传统理论所预示的那样消失。正如新理论所揭示的，中介在进化过程中找到了自己的定位：它们更适合做量少的高度个性化的新产品。在创新的下一阶段，这些新产品中的"成功者"有望从中介转移到市场一级。特别是在一个金融创新的高密度时期，大量的新产品被创造出来，于是人们期望大量被创新出来的产品从中介走向市场。

因此，仅仅是对那些僵化地依赖于某种特殊产品或者一组产品的中介来说，"替代"观点是成立的；但对于中介总体而言，这一观点是不成立的。金融中介除了提供定制的产品和服务这些的明显的外在功能以外，它们还具有重要的创造和检验新产品的潜在功能，而这是整个金融创新过程的一个密不可分的部分。

更进一步地看，金融服务的提供者从中介到市场的变迁过程实际上呈现出反复循环的状态，它被称为"金融创新螺旋"(financial innovation spiral)(Merton & Bodie，1993，1995)。

不妨举两个例子来说明。考虑欧洲美元期货市场,该市场提供对于未来不同日期的标准LIBOR(伦敦同业拆借利率)的组织化交易。这个期货市场上的交易机会为金融中介提供了规避与LIBOR相联系的浮动利率互换中的风险的方式。以LIBOR为基础的互换更好地适应了很多中介客户的需求,因为他们在货币市场上的借入利率通常与LIBOR联系。与此同时,对于欧洲美元期货市场的组织者来说,中介套利产生的巨大交易量已经使得该市场获得了巨大的成功。而且,带有相对标准化条款的互换最近开始从定制变为市场合约。这些具有平凡(pure Vanilla)支付结构的互换在市场上的交易进一步拓展了中介的套利机会集合,并因此使中介能够更有效地创造出更具个性化特征的新产品。

不妨再考虑投资者以分散风险为目的的组合投资的需求。这种功能最早是通过投资者在股票市场上自行购买股票来实现的。但是,交易费用、参与成本和财富限制使得分散进行得不很彻底。这时互助基金类金融中介的出现,帮助投资者获得广泛并具有不同特色的分散组合,同时也把个人投资者从市场上驱赶了出去。接着,指数期货市场的开辟使得投资者可以重返市场,它不仅使得全球范围内的投资分散的费用更加低廉,而且它还提供给投资者更为灵活的杠杆率(leverage)决策来进行管理风险。最近的金融创新使得中介可以使用股权收益互换(equity-return swap)来定制投资者需要的股票指数、投资期限甚至支付币种的金融合约。因此,提供股票分散功能的制度安排先是市场然后是金融中介,然后又是市场,最新的又是中介。

一般而言,金融中介的参与使得现有市场的交易量不断扩大,扩大的交易量降低了交易费用,金融中介也就可以更有效地利用这些基础金融产品模块来对冲为客户单独设计的金融产品,这使得交易量进一步扩大和下一轮的交易费用降低。这种螺旋趋势同金融创新的一般过程联系密切。

在第4章中,我们提到现代金融创新大致分为三个阶段。在创新的第二阶段,大量的标准化衍生产品出现在市场上,一般个人和企业都试图建立起基于这些产品的最优资源和风险配置安排。但是,动态交易成本以及参与成本居高不下,在实践中,他们发现同金融机构谈判一个打包的财务(顾问)合同既省力又省钱,因此金融创新也就进入到一对一的工程化的新阶段。OTC市场上各种各样的奇异产品大量涌现,不仅推动了基础产品市场和衍生产品基础模块市场的全面繁荣,还使得机构投资者最终成为这几个重要市场的绝对主导,这同观察到的现象完全一致。伴随这个过程,部分金融中介的成功转型说明:它们适应了经济环境和产业的需求,把主要业务功能转向了辅助风险管理和辅助一般投资者参与日益复杂的金融市场和更有效的使用新型金融工具,即降低一般投资者的参与成本。通过在这一转型时期的经验积累和机构调整,有一部分金融中介将前往它们在理论上的最高形式——工程化银行(中介)。工程化金融创新将是这种最高形式的金融中介的核心竞争力和可持续发展的最终动力所在。

毫无疑问,实现资源跨期配置功能的最佳制度安排一直在变迁着。我们应当把金融创新和金融中介、市场的发展看成一个奔向理想化资源配置境界的不断发展和进步的过程。因此,以更广阔的视野来看待金融市场和金融中介的关系,我们可以获得金融体系进化的一般动态过程,或者说动态中介理论:从静态来看中介和市场确实是相互替代的,但是从动态来看,金融中介的进化是它们服务的市场的不断加速的进化和竞争的一个组成部分,两者互为因果。

“理论与实践相结合”6-7　金融监管的哲学再反思和新趋势

应当说金融体系历来是政府管制插手最密集的地方，任何金融市场和行业都经历过非常严格的管制，这主要是因为金融部门也存在所谓的市场失灵(market failure)问题，当市场失灵时，金融体系会存在主要三个问题：一是金融垄断问题，即当金融机构规模经济能够带来显著成本优势时，可能会出现限制服务量和直接制定高于边际成本(marginal cost)的价格，导致金融商品价格上涨和交易效率下降；二是金融信息不完全对称问题，表现为金融信息具有公共产品特征，信息流产生过程可能存在效率不充分因素，同时金融信息对消费者而言存在不对称性，进而可能会降低他们的福利；三是金融外部效应问题，即由于金融某个领域存在的问题可能引起系统性失灵、传染效应和网络效应等风险，这种外部性是巨大的。因此，金融市场失灵不仅会导致资源配置效率降低，财富分配不公，还会对宏观经济稳定产生破坏性打击。

所谓金融监管，是指一国政府或政府的代理机构对金融机构实施的各种监督和管制，包括对金融机构市场准入、业务范围、市场退出等方面的限制性规定，对金融机构内部组织结构、风险管理和控制等方面的合规性、达标性的要求，以及一系列相关的立法和执法体系与过程。金融监管是一个实践性很强的问题，涉及的内容十分庞杂，并且各国在具体的金融监管实践上更是差异明显。一般意义上的金融监管也覆盖了宏观和微观两个层次，总的目标是安全、效率和公正。在微观层次上，重点确保金融机构稳健经营，促进公平竞争，提升金融市场资源配置效率；消除金融交易中的不对称性，保护投资者(特别是中小投资者)正当利益。在宏观层次上，重点在于减轻或者化解个别金融机构导致的系统性风险，以确保整个金融体系稳定安全和实体经济的平稳成长。应当说，随着金融体系的发展，金融监管理论和实践哲学也反复经历了不断的变化。20 世纪 30 年代以前，金融监管的目标主要是提供一个稳定和弹性的货币供给，并防止银行挤提带来的消极影响。1913 年美国联邦储备体系的建立可以说就是追求这一目标的直接反映，如当时的《联邦储备法》就明确指出，“为了建立联邦储备银行，为了提供一种具有弹性的货币，为了能为商业银行票据提供一项再贴现的手段，为了在美国建立对银行更有效的监督，以及为了其他目的特制定本法”。20 世纪 30 年代的经济大危机及其引发的金融体系崩溃是促成较为完整的现代金融监管体系建立和发展的最主要最直接的因素。惨痛的经验教训使得各国的金融监管目标普遍开始转变为致力于维持一个安全稳定的金融体系，以防止金融体系的崩溃对宏观经济的严重冲击。经历了漫长的严格管制时代(1930—1970)，20 世纪 70 年代以来金融自由化理论认为政府严格、广泛的金融监管使得金融机构和金融体系效率下降，压制了金融产业的发展，最终导致监管目标与促进经济发展的目标不相匹配，而且政府监管行为本身也受到政府能力和代理难题的困扰，不仅常常无法达到既定效果，有时反而会把情况变得更糟。一时之间，大规模的放松管制(deregulation)和金融创新，特别是解除金融机构在利率水平、业务范围和经营的地域选择等方面的限制，成为各国金融发展的主流，金融监管也就相应退居后台，随之沉浮。进入90年代以来,看到伴随自由化产生的巨大代价,尤其是在东南亚金融危机引发的银行倒闭波及全球货币和金融体系稳定的情况下,各国又对金融监管均给予了从未有过的重视和反思。总体来说。20世纪金融监管目标的变迁并非是新的目标取代原有目标,而是对原有目标的不断完善和补充新的目标。这使得当今各国的金融监管目标均包含多重内容:维护货币与金融体系的稳定;促进金融机构谨慎经营;保护存款人、消费者和投资者利益;以及建立高效率、富于竞争性的金融体制。

在此过程中,监管的成本和收益问题得到进一步的考量,不少国家的监管当局越来越重视监管成本与金融业的效率和竞争力问题,并将其明确列为监管的一项重要原则。例如,英国《金融服务与市场法》提出了"好的监管"的六条原则,要求在实施监管时必须同时考虑并作为新监管方式的指南。这六条原则是:使用监管资源的效率和经济原则,被监管机构的管理者应该承担相应的责任,权衡监管的收益和可能带来的成本,促进金融创新,保持本国金融业的国际竞争力,避免不必要的对竞争的扭曲和破坏。《金融服务与市场法》还要求金融服务局在推出任何监管法规和指南时必须同时公布对它的成本效益分析,证明该项措施对金融业影响的收益大于成本。美国在酝酿十余年之后,终于在1999年11月通过了《金融服务现代化法》。该法出台的背景即是原有的以分业经营、限制竞争来维护金融稳定的法规体系已形成"金融抑制",严重损害了金融业的效率和竞争力,使消费者不能享受全方位的金融服务,金融机构不能通过分散经营来降低风险,从而促进金融业的效率和竞争力成为这次改革的主要推动力。因此,监管与效率在历史上的对立关系正在转向相互融合、相辅相成的关系,在监管取向越来越多地考虑金融业的效率和竞争力的同时,监管政策和手段也在转向以市场激励机制为基础,致力于灵活性、适用性和市场友善性。金融监管的发展到有效控制风险、注重安全和效率的平衡方面。监管理念的转变带来了监管内容和方式的转变,新的金融监管趋势包括四个方面。

(1) 监管主体权力再次趋于集中统一。

(2) 金融监管对象重点仍是银行业,但范围不断扩展。

(3) 金融监管合作国际化。

(4) 金融监管功能定位于审慎性控制、组织性控制和保护性控制。

6.4.2 趋势

事实上,我们认为:以衍生产品为核心的全方位金融创新已成为当今世界金融业发展的一大趋势,创新所带来广泛和深远的影响在一定程度上改变了世界金融体系的运行模式。进一步看,金融创新并不仅仅是静态或者比较静态地改进金融中介和金融市场,进而整个经济效率的;金融创新对金融体系进化的推动是通过它促成金融市场和金融中介之间的良性动态循环来实现的。因此,金融创新是理解金融体系奔向资源配置理想化状态过程中的一般动态进化模式的关键。理解了金融体系中这两大支柱媒介的进化过程,也就可以推导出金融体系奔向资源配置的理想化状态的一般路径。

基于这种观点,我们认为金融体系的进化正处于一个过渡阶段,金融体系如何进一步演化将由金融中介和金融市场的新分工边界和这种新分工边界的变化所决定。金融创新正是决定这种新分工边界以及金融中介和金融市场动态进化模式的关键。因而，金融创新的一般进程决定了金融体系演变的未来形式。

以上分析揭示出了金融体系的一般进化模式和金融创新在这种进化过程中扮演的重要角色。它不仅解释了金融创新的形式、过程和功能，也预示了进一步的金融市场和金融中介进化的模式和方向，它对于未来金融体系变迁的趋势具有某种预见性。

这种金融创新理论揭示出现实世界的客观规律并包含着一系列的重要推论。因此，当我们考察金融创新和金融体系的进一步演进的方向和模式时，面对的问题不再是"什么会是趋势"，而是变成了"什么应当是趋势"。理论的预见性就体现在这里。基于上述理论推导的一系列重要结论可以预见未来金融中介甚至整个金融体系进一步进化的模式，其中部分已经逐渐被实践所证实。

(1) 未来的金融服务应当是面对客户的：根据消费者终身的最优消费/投资方案，提供相应的产品或者交易策略，以及有关的风险管理方案①。这是一体化的金融中介应当完成的任务。这也就预示着混业经营和工程化创新成为金融中介发展的主流②。实际上，正如框文6-1中指出的那样，银行越来越重视个人理财业务：它们建议储蓄较多的客户进行投资，或者直接采用银行年金(annuity)的形式来保证他们的投资收益③；对于企业客户，银行也在加强对它们的一揽子收支结算、现金管理、年金投资、组合信贷和风险管理支持等服务。

(2) 金融机构的行为将对金融市场的运作，特别是金融产品的定价产生重大的影响。理论上说在竞争性行业中，产品将按照它的边际生产成本提供出来。但是在金融市场上，反应灵活和资本雄厚的大机构将拥有更多的发言权。而这也就涉及金融体系的安全。

(3) 金融体系的安全。为了确保整个金融体系的安全和可持续发展，风险的内部控制和外部监管流程将变得统一、透明和具有更大范围和更高级别的法律效力。最近巴塞尔颁布的新资本协定就是这种趋势的最明显的一种体现(参见框文6-8)。

"理论与实践相结合"6-8 "悠然"——个人理财整体解决方案雏形

本框文讨论一个面向理财业务的第二方或者第三方厂商的产品方案(适当改造后也适用于终端用户)——"悠然"(optimalizer)。目标是提供给客户一个一揽子的金融服务解决方案。

整个方案分为三个核心部分——客户管理系统(client relation management, CRM)、理财规划系统(financial planning, FP)和风险管理系统(risk management, RM)。核心的FP系统根据CRM系统提供的财务信息、风险偏好信息、消费需求，挖掘客户的完整金融服务需求；结合银行现有个人业务和来自投资机构的其他金融服务(或者信息)，针对客户人生阶段、家庭状况、风险承受能力、人生规划等信息资料，对客户个

① 显然，提供工程化产品绝对不是轻而易举的事情。它至少要求金融机构可以在多个市场上进行灵活反应、主动交易。这时我们也可以发现技术和金融理论的进步在金融体系进化过程中起到的作用了。它们使得原来仅仅在理论上成立的东西成为活生生的日常金融实践的主要部分。

② 21世纪初的美国的金融改革就佐证了这一点。

③ 现阶段通常就是小额消费信贷、定向(耐用消费品和住房)贷款、信用卡等。

人及家庭的资产分配情况、财务现状、投资目标等进行客观全面的分析和规划。

以下围绕实现“悠然”方案的操作步骤做一详细的说明。一旦CRM系统成功地向一位客户销售了一份“悠然”,客户就将得到一个基本综合账户,所有收入和交易均通过该综合账户实现。该账户提供的金融服务功能分为三个层次:保障性优化层次、价值增值优化层次和全面优化层次,分别称为生命线、价值线和最优线。

生命线主要提供给客户交易方面的便利、保障其基本生活开支,具体包括保障性消费、保险性消费、大宗消费三大部分。这一层次的优化工作均基于现有的银行个人业务来展开,实际上是一种现有服务的集成和扩展。

客户总收入由工资收入、资本收入(包括分红、利息和资本增值)组成。工资收入根据来自CRM的历史数据模拟①;资本收入仅仅在大宗消费时点上才加入总收入来考虑。上述两部分汇总即构成总收入,扣除税收后可以得到可支配收入。基于该收入,“悠然”提供以下三种金融服务:① 保障性消费支持,即维持客户个人基本生活保障的日常消费类型,如食品、衣物、卫生、水电、通讯、交通、房租等。此类服务属于银行的传统业务,即为客户建立活期账户,代理费用交纳。在进行预测规划时,可根据历史数据做回归分析,把保障性消费设计为总收入的一个固定比例。② 保险性消费支持,这里专指非积累性质的保障,如生命保险、意外伤害险、医疗保险、少儿保险、家庭财产保险、机动车辆保险。类似于保障性消费,可以把它视为日常消费的一个部分,也设计为总收入的一个固定比例。③ 大宗消费支持,主要包括住房消费、汽车消费和教育消费。住房消费信贷:需要确定购买住房的时点(来自CRM系统)、遗产转让的方法、不动产计划的文件、不动产计划的评估技术、评价各种不动产计划的优缺点、提前偿还和再融资技术、出售和变现、不动产计划的税务问题。产生的结果是一个住房抵押贷款计划,它确定偿还方式(等额本息还款法、等额本金还款法),偿还时间和偿还现金流。在完成生命线层次的金融服务工作后,余下的分布于各个时间点上的可支配收入就是投资理财和价值线业务的基础。

价值线的核心就是在CRM系统辅助理财规划师(financial planner)获得客户的风险好恶等级后,帮助客户在既定的风险承受能力内做财富增值。“悠然”将在投资机会(工具)数据库(包括来自货币市场、股票市场、债券市场、房地产市场、外汇市场、艺术品市场)和投资管理人数据库(如基金的风格和业绩的测量和评级)中,挑选符合个人风险/收益特征要求的投资组合或者投资管理人(机构)。这样就获得了个人金融新产品——“悠然”的契约形式之一:生命线+价值线。

不难发现,这种形式的“悠然”本质上是现有银行个人业务的集成,再加上一个信托服务。信托部分的合约中,承担风险的仍然是个人,银行可以成立信托部门自行操作,也可以委托给基金公司。提供生命线+价值线形式的“悠然”,银行基本上不会承担超过现有同类业务经营的风险水平。

“悠然”还具有更强大的功能:生命线+优化线。这里的优化线是指,根据投资者效用函数(包含风险态度)和指定的最终财富水平(或者特别指定时间点上的特定财富水平),

① 测度工资收入增长曲线的高级的模型可以附加其他解释变量,如宏观经济冲击(GDP变化)、人力资源投入水平(教育投资数量和程度)、工作稳定性水平以及通货膨胀水平等。

给出的最优(补充)消费(补充消费包括旅行、高档服装、家具和加电，以及其他奢侈品购买、自我实现等高层次的消费)/投资路径。最优化的是客户的终身效用，即本章中我们所研究的随机动态规划问题。求解该问题将获得一个适合特定客户个人的最优的补充消费路径和(或者)要求的最终财富水平，以及实现这些既定目标的投资组合过程(交易策略)。如果解存在，则这样产生优化的结果才是真正意义上的终身最优。

开展优化线业务也可以采用两种形式。一种仅仅是把求解上述优化问题的结果推荐给客户，即仅仅提供一个财务计划或者咨询服务，它建议客户应当采取的补充消费路径，同时告诉客户怎样投资来获得所需要的财富水平。另一种是它为客户推荐、制定理财计划，评估理财计划的风险，不断反推算出获得各种消费需求的临界点(break even point)和可行区域①。如果客户决定执行最优方案，他也面临两种选择：他可以通过在资本市场上的动态交易自行实现，也可以委托给金融机构具体实施操作。因而，优化线业务的更高级的形式是银行直接向客户出售定制的衍生产品，即提供给客户一个有着最优(补充)消费现金流和最优遗产支付水平的契约，保证他们在生命的任何时刻都有一个合意的稳定收入，而且完全不用考虑复杂的实现过程。

整个动态实现的工作完全由银行来完成，风险也相应地由银行来承担。由于银行在操作实现上具有明显的规模效应，而且综合管理投资组合，可以使得大量的交易头寸在整个银行内部一级抵消。如果采用这种产品形式，则其中镶嵌的理财实现工作不太可能外包给基金来完成。这时银行就要全面负担起相应的动态交易、风险管理等复杂的工作。这是对银行能力的严峻考验。以这种形式提供出的优化线业务可以被认为是个人金融业务的最高形式。

小　结

微观金融(经济)分析把个人、家庭的存在，以及他们所具有的偏好形式和资源禀赋视为由独立于经济体系的外生因素所决定。经济组织的行为和作用则在经济体系中内生决定，它们之所以存在是因为它们可以执行某种经济功能，而且这种功能远比它们过去和现在所呈现的形式要稳定。这就是所谓的功能观点，但是功能观点隐含着金融中介和金融市场之间的可替代性。

传统中介理论试图用跨期市场中的固有缺陷来解释金融中介机构存在的合理性。例如，信息不对称和信息生产成本使得中介扮演了代理监视人的角色；此外，交易成本的存在也使得金融机构专门从事金融产品的生产更具效率。但是，传统理论隐含的一个重要推论就是：在交易费用和信息成本的永久性持续下降趋势下，金融中介机构应当趋近消亡，被大规模有组织的现代化金融市场所取代。

在实际中，相反的情况却发生了。所有的证据显示：金融中介机构不但继续存在，而且

① 实际上“悠然”提供更大的灵活性，例如客户可以自己设定投资参数、时间长度、产品种类、风险偏好，“悠然”将用即时图表反映理财结果的变化，提供推荐方案，并且进行追踪和评估。但是，是否采纳这些方案仍然由客户自己决定。

还在几乎所有金融市场上占据了主导地位[1]。不过,它们的生产方式和谋生的手段确实在改变,这种改变突出体现在它们的大规模市场参与和风险管理行为上。因此,新的中介理论试图通过中介在动态交易中具有的比较优势以及相应产生的,在风险管理和参与市场分工上的比较优势来解释这一现象。

更重要的是,新理论视金融中介为独立、积极和有价值的经济主体,并在一个动态的框架中从金融市场和金融中介的交互式反应来考察金融中介机构的作用和发展趋势[2]。要注意的是:在动态地考虑金融中介和金融市场之间的辩证发展关系的时候,我们实际上分析了金融创新的制度需要和实现方法,因此金融创新实际上是理解金融中介以至整个金融体系进化模式的关键[3]。

文献导读

看待金融中介作用的两种观点最早来自 Bodie & Merton(1993),把功能观点作为一种分析工具的深入探讨,可以参见 Merton & Bodie(1992,1995)。关于金融的功能可供选择的其他分类方法可以参考 Rose(1994)和 Santomero(1997)。对金融系统变迁的证据和特征分析,见 Allen & Gale(1994)。有关金融创新的原因、动力、类别等内容建议参考 Finnerty(1988)、Silber(1975)、Kane(1984)、Miller(1986)、Miller(1992)、Van Horne(1985)以及 Llewellyn(1992)等。

早期中介理论中对信息不对称问题的讨论见 Leland & Pyle(1977)和 Diamond(1984)[4],进一步的进展见 Gale & Hellwig(1985)、Boyd & Prescott(1986)、Campbell & Kracaw(1980)以及 Boyd & Smith(1994)本章分析中交易费用方面的核心模型来自 Merton(1996),对于交易费用的传统观点,也可以参考 Gurley & Shaw(1960)。银行的跨期平滑消费的功能可以参考 Bryant(1980)和 Diamond & Dybvig(1983),进一步的发展参见 Jacklin(1987)、Haubrich & King(1990)以及 Diamond(1997)和 Allen & Gale(1997)。对支持金融中介机构(银行业)产生和发展的传统理由和早期中介理论的一个优秀的综述文献见 Bhattacharya & Thakor(1993)[5],也可以参见 Freixas & Rochet(1997)、Dewatripont & Tirole(1994)以及 Santomero(1984)。一个精彩而全面的文献回顾和评述参见 Gorton 和 Winton(2002),而 Lewis(1995)则提供了有关金融中介问题的经典百科论文集。

---

① 在理论模型的掩护下,这一章的风格仍然明显切近实际,毕竟金融中介机构的生产和存续就是一个很实际的问题。

② 现在是再次梳理本书理论逻辑的时候了,表面上看我们是根据金融行为主体和金融功能实施主体来划分章节和分别进行考察的。但实际上的逻辑结构糅杂了时间和变量维度方面更多的考虑。一开始我们是在比较静态框架下,考察个人资产需求,进而获得了均衡模型(CAPM),然后进入最简单的动态个人最优化,也获得了均衡模型。均衡似乎在无须考虑供给方就可以轻易获得。当进入市场一章时,讨论问题的框架回复到了更基本的 Arrow 框架下,仍然是个人最优和市场均衡。不过加入了冗余证券时就涉及完备性问题,继而引导出了衍生产品的相对价格决定问题,资产定价基本定理是最高峰。而本章的金融中介就是从上述基本框架引申出来的矛盾和现实的差异开始所有的讨论的。我们基本上认为这个体系已经完整了。下一章公司金融在结构上和内容上都是不对称的,它也许应当被视为以上某些原则的具体应用。

③ 从上述意义上说,金融发展史其实就是金融创新史、金融深化史和金融改革史。

④ 感谢 Laura Spinelli(IGIER)不远万里从意大利为我邮寄了这篇论文。

⑤ 本章的主要材料来自 Bhattacharya & Thakor(1993)、Allen & Santomero(1997)、Bodie & Merton(1993)以及 Merton & Bodie (1993)。

新中介理论来自 Allen & Santomero(1997)，进一步的讨论见 Scholtens & Wensveen (1999)和 Allen & Santomero(1999)。动态实现的主要模型和相关讨论可以参考 Merton (1989)。

风险管理方面，关于公司参与风险管理的文献最早出现在 Stulz(1984)，Santomero (1995a)提供了重要的综述，也可以参考 Santomero & Babbel(1997)。参与成本的概念则主要来自 Allen & Santomero(1997)。

关于金融中介的普及型教科书参考文献包括 Mayer et al. (1991)、Saunders(1997)、Fabozzi et al.(1998)和 Santomero et al.(2001)等。

第 7 章　融资者行为: 目标、结构和价格

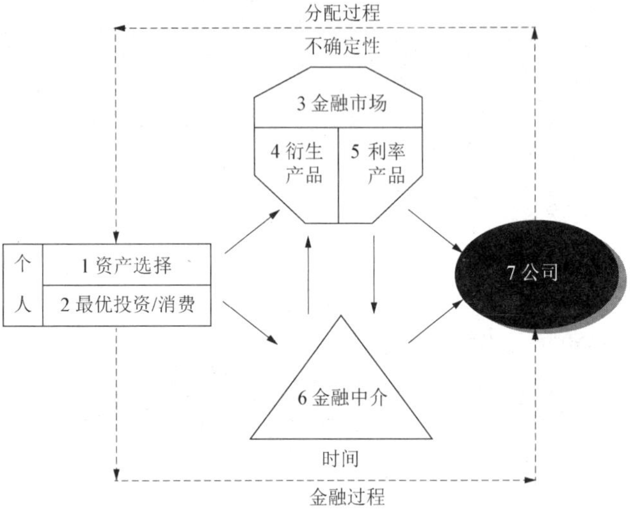

本章的学习目标

- 了解如何构造包括生产者的单期交换模型的方法;
- 了解所有权和管理权在什么条件下可以分离;
- 了解资本结构理论,特别的 M－M 理论的不同形态;
- 掌握 CCA 定价原理,为不同类型的公司负债定价;
- 掌握利率的风险结构和相应的比较静态结果;
- 了解如何通过 CCA 方法给认股权证和可转换债定价。

企业是一个经济的物质生产单位,它为社会提供消费品。为了能够进行最初的生产,它们必须拥有一定的生产条件,如机器设备、原材料和劳动力。为了给这些投入品融资,它们必须从企业外部筹集到一定数量的资金,因而我们称之为融资者,而那些融通到的资金无论是以负债还是权益形式存在,它们都代表了投资者对企业生产/销售所得的要求权,因而它们同时也是投资者的资产。

本章将顺次考察涉及融资者行为(或者说公司金融)的四个主要方面: 首先是企业的生产目的,主要考察企业是否以股东权益最大化为经营目标(为谁生产);其次讨论现代企业的所有

权和经营权是否可以分离；再次考察企业的融资决策对于企业价值的影响，这就涉及公司资本结构问题和著名的莫迪格利安尼-米勒（M－M）理论；最后，我们深入企业资本结构中的债权部分，用或有权益分析（contingent claim analysis, CCA）方法为企业的系列债务安排定价。

7.1　生产者经济

现在假定我们仍然工作在第 3 章（金融市场）第 2 节提供的单期基本分析框架中。在那里，经济是纯交换性质的，本节要对它进行扩展，加入生产者的行为，并在此基础上再次全面考察消费者行为和市场均衡。

7.1.1　企业模型基础

不难知道，实际上企业（融资者）的决策行为涉及两个方面：

（1）根据现有技术水平，决定要生产的产品的种类和产量水平；

（2）采用什么方案来为初始投入（和进一步的扩大再生产）融资[①]。

因此，构造公司模型必须包含上述两个方面的内容——生产计划和融资方案，后者也可以称为所有权结构或者资本结构（capital structure）。我们依次考察这两个方面。

首先，企业是经济中的基本生产单位，它们买进一定的投入品，如原材料、机器和劳动，生产出新的商品用于销售并获得收入。由于经历了一个生产过程，产量也会受到诸如机器故障、劳动力短缺、技术进步等不确定因素性的影响，因此世界状态同样也适用于在这里刻画产出的不确定性。

在本节中，我们做出如下假定。

（1）经济存续一个时期，具有 S 种世界状态。

（2）经济中存在 J 家不同企业，L 种交换商品。

（3）经济中状态或有商品的价格向量为：

$$q_s = (q_{s1},\ \cdots,\ q_{sl},\ \cdots,\ q_{sL})\quad s\in 0,\ S$$

如同在第 3 章中的分析，其他商品的价格向量用事先确定的计价商品 1 的数量来表示。

（4）代表性企业 $j\in J$ 的生产计划可以由投入-产出向量 $y_s^j\in R^L$，$s\in S$ 表示。它包括了现在 0 时刻状态。每个企业由它的生产计划集 $Y_s^j\in R^{(S+1)L}$ 代表。它包括了所有状态依存的投入-产出向量。

（5）为了简化记法，我们用负数表示投入商品，用正数表示产出。

因此，某个使用 0 时刻 5 单位第 1 种商品、1 状态 3 单位第 3 种商品和 2 状态 1 单位第 4 种商品，生产出 1 状态 2 单位第 3 种商品、2 状态 1 单位第 4 种商品的生产计划就记为：

$$\begin{aligned} y &= (y_0,\ y_1,\ y_2) = [(y_{01},\ y_{02},\ y_{03},\ y_{04}),(y_{11},\ y_{12},\ y_{13},\ y_{14}),(y_{21},\ y_{22},\ y_{23},\ y_{24})] \\ &= [(-5,\ 0,\ 0,\ 0),(0,\ 2,\ -3,\ 0),(0,\ 0,\ -1,\ 1)] \end{aligned}$$

---

① 由于典型的现代企业是一种法人组织，它的资本结构就决定了它的剩余分配。因此，当我们考虑企业时，实际上就回到了经济学的生产什么、如何生产和为谁生产的老问题上。

这种记法允许我们在给定商品的状态或有价格体系 q 下，把每个投入-产出向量净支付简单记为：

$$q_s y_s,\ s \in S$$

注意，上述表达式中包括现在状态。因此，对于一个给定的价格向量：

$$\begin{aligned} q &= (q_0,\ q_1,\ q_2) = [(q_{01},\ q_{02},\ q_{03},\ q_{04}),(q_{11},\ q_{12},\ q_{13},\ q_{14}),(q_{21},\ q_{22},\ q_{23},\ q_{24})] \\ &= [(1,\ 3,\ 2,\ 4),(1,\ 5,\ 7,\ 3),(1,\ 9,\ 2,\ 3)] \end{aligned}$$

我们就可以得到同该生产计划相联系的状态依存支付情况：

$$q_0 y_0 = 1 \times (-5) = -5$$

$$q_1 y_1 = 7 \times (-3) + 2 \times 5 = -11$$

$$q_2 y_2 = 2 \times (-1) + 3 \times 1 = 1$$

因此，给定商品的状态或有价格，公司的所有者可以被视为持有一组证券，这组证券的状态或有收益就是：

$$\{(q_0 y_0,\ q_1 y_1,\ \cdots,\ q_S y_S) \in R^{S+1} \mid y = (y_0,\ y_1,\ \cdots,\ y_S) \in Y^j\}$$

选择某一特定的生产计划 $\hat{y} \in Y^j$，就在经济中增加了一个具有以下支付的证券：

$$(q_0 \hat{y}_0,\ q_1 \hat{y}_1,\ \cdots,\ q_S \hat{y}_S)$$

以下考察公司的融资计划以及由此形成的所有权结构。假定公司由消费者拥有，用 γ_i^j 表示由消费者 i 持有公司 j 的股权的相对比例，显然有：

$$\sum_{i=1}^{I} \gamma_i^j = 1$$

当然，有些消费者可能不持有某一特定公司的股份，这时 $\gamma_i^j = 0$；而有些企业则可能是独资的，即 $\gamma_i^j = 1$。

公司 j 的市场价值用 ν^j 表示，注意到公司的股权的市场价格就等于公司的价值。换句话说，投资者可以用 ν^j 的价格买下整个企业。如果要获得控制最基本的控制权，则 $\gamma_i^j = 0.51$，则投资者就要出 $0.51\nu^j$。

接下来考虑(普通)证券市场。假定经济中存在 K 种金融资产(债券)，资产依然由(期末)收益矩阵刻画：

$$\boldsymbol{D} = \begin{bmatrix} D_1 \\ \vdots \\ D_s \\ \vdots \\ D_S \end{bmatrix} = \begin{bmatrix} D_{11} & \cdots & D_{1k} & \cdots & D_{1K} \\ \vdots & & \vdots & & \vdots \\ D_{s1} & \cdots & D_{sk} & \cdots & D_{sK} \\ \vdots & & \vdots & & \vdots \\ D_{S1} & \cdots & D_{Sk} & \cdots & D_{SK} \end{bmatrix}$$

这些资产在 0 时刻，以 $p = (p_1,\ \cdots,\ p_K)$ 的价格公开交易。公司可以在 0 时刻以 p_k 的价格出售 ℓ_k^j 单位的资产 k，来为他们的投入品开支 $q_0 y_0^j$ 融资，可以筹集到的资金量为 $p_k \ell_k^j$

（计价单位）。

在该项交易的另一面，作为交换，公司 j 必须在任一状态 $s \in S$ 下，偿还 $D_{sk}\ell_k^j$ 数量的购买力（利息）①。注意到公司出售的资产数目，由正的 $\ell_k^j > 0$ 表示，而购买的资产数量用负数表示（投资者的头寸则刚好相反）。

这样，公司 j 的融资结构就可以由它持有的资产组合：

$$\ell^j = (\ell_1^j, \cdots, \ell_K^j)$$

来表示。不过要注意的是：组合 ℓ^j 中仅仅包括债权而没有股权，股权是一种剩余索取权。

具体说来，在 0 时刻任何不能由公司的资产销售（$q_0 y_0^j + p\ell^j$）弥补的支出，必须由公司所有者自己掏腰包解决，当然任何状态或有剩余（$q_s y_s^j - D_s \ell^j$）也将在那时的股东之间进行分配。

这样，根据会计恒等式，来自公司运营的现金流 $\delta^j = (\delta_0^j, \delta_1^j, \cdots, \delta_S^j)$ 可以表示为：

$$\delta_0^j = q_0 y_0^j + p\ell^j \tag{7-1}$$

$$\delta_s^j = q_s y_s^j - D_s \ell^j, \ \forall s \in S \tag{7-2}$$

上述分析就给出公司行为的两个主要方面，任意一个公司生产和融资计划完全由向量（y^j, ℓ^j）描述。

7.1.2　股票市场均衡

通过上述分析，我们可以发现，企业的生产/融资决策实际上具有多重作用：

（1）为投资者提供消费品；

（2）为它的资产提供收益来源；

（3）为投资者提供不同种类和数量的证券②。

基于上述认识，接下来进一步考察加入生产者后，扩展了的消费者行为以及市场均衡特征。注意到消费者现在是公司的所有者，因此他们由基于状态或有消费集上的效用函数：

$$\mathcal{U}^i(C^i) = \mathcal{U}^i(C_0^i, C_1^i, \cdots, C_S^i), \ C_0^i, C_s^i \in \mathbf{R}_+^L, \ s \in S$$

状态或有禀赋过程：

$$\varsigma^i = (\varsigma_0^i, \varsigma_1^i, \cdots, \varsigma_S^i), \ \varsigma_0^i, \varsigma_s^i \in \mathbf{R}_+^L, \ s \in S$$

以及他们对企业股权的初始持有量：

$$\bar{\gamma}^i = (\bar{\gamma}_1^i, \cdots, \bar{\gamma}_j^i, \cdots, \bar{\gamma}_J^i), \ i \in I, \ j \in J$$

三者完全刻画③。

我们假定消费者可以按照同企业完全一样的条件，在金融市场上买卖金融资产，消费者

---

① 注意这里的普通证券明确的划分为债券和股票两种，债券得到是利息，股票得到的是红利。而在 3.2.5 节中的分析是没有这种区别的。

② 在考察投资者行为时，我们假定资产价格（收益）是外生的，现在把融资者加入进来，我们就得面对内生的价格或者收益了。

③ 注意初始股份持有量代表股权开始交易前这个经济的所有权结构。通过 0 时刻的股权交易这个所有权结构将发生变化。

投资组合仍旧用 θ_k^i 表示。同第 3 章中的描述类似,如果 $\theta_k^i > 0$,则表示他买入普通证券;如果 $\theta_n^i < 0$,则表示他卖出普通证券。投资者个人投资组合:

$$\theta^i \equiv (\theta_1^i, \cdots, \theta_n^i, \cdots, \theta_N^i)$$

以及对企业的股份持有组合:

$$\gamma^i = (\gamma_1^i, \cdots, \gamma_j^i, \cdots, \gamma_J^i)$$

提供了消费者在不同时刻和不同状态之间转移购买力的机会。

这时的消费者的预算约束可以记为:

$$q_0 C_0^i + \sum_{k=1}^{K} p_k \theta_k^i + \sum_{j=1}^{J} \gamma_j^i v^j \leqslant q_0 \varsigma_0^i + \sum_{j=1}^{J} (v^j + \delta_0^j) \bar{\gamma}_j^i \tag{7-3}$$

$$q_s C_s^i \leqslant q_s \varsigma_s^i + \sum_{k=1}^{K} D_{sk} \theta_s^i + \sum_{j=1}^{J} \delta_1^j \gamma_j^i,\ s \in S \tag{7-4}$$

同第 3.2 节中的单期模型比较,现在的资产数目更多,价格也更多。

为了完成对具有生产者的单期经济的描述,我们需要一个扩展了的"股票市场均衡"(stock-market equilibrium)的概念。

定义 7.1.1 一个具有消费者 $(\mathcal{U}^i, \varsigma^i, \bar{\gamma}^i)$ 和金融资产集合($K+J$ 种)的经济,给定所有厂商的生产/融资计划 (y^j, ℓ^j),一组价格向量 $(\hat{q}, \hat{p}, \hat{v})$ 和配置 $(\hat{C}^i, \hat{\theta}^i, \hat{\gamma}^i)$ 如果满足以下两个条件,就构成了一个股票市场均衡。这两个条件如下。

(1) 消费者能够获得最优的消费和投资计划,即对于任意消费者 $i \in I$, $(\hat{C}^i, \hat{\theta}^i, \hat{\gamma}^i)$ 是以下最优化问题的解:

$$\begin{aligned} &\max[\mathcal{U}^i(C_0^i, C_1^i, \cdots, C_S^i)] \\ &\text{s.t. } \hat{q}_0 C_0^i + \sum_{k=1}^{K} \hat{p}_k \theta_k^i + \sum_{j=1}^{J} \gamma_j^i \hat{v}^j \leqslant \hat{q}_0 \varsigma_0^i + \sum_{j=1}^{J} (\hat{v}^j + \delta_0^j) \bar{\gamma}_j^i \\ &\hat{q}_s C_s^i \leqslant \hat{q}_s \varsigma_s^i + \sum_{k=1}^{K} D_{sk} \theta_s^i + \sum_{j=1}^{J} \delta_1^j \gamma_j^i,\ s \in S \end{aligned} \tag{7-5}$$

(2) 所有市场均出清:

$$\sum_{i=1}^{I} \hat{C}^i = \sum_{j=1}^{J} y^j + \sum_{i=1}^{I} \varsigma^i,\ \sum_{i=1}^{I} \hat{\gamma}_j^i = 1,\ \sum_{j=1}^{J} \ell^j = \sum_{i=1}^{I} \hat{\theta}^i \tag{7-6}$$

根据上述均衡定义,消费者通过选择持有市场上的证券组合和公司股权组合来为最大化(终身)个人效用的消费计划融资。个人消费数量、资产组合以及公司所有权安排,在给定的商品价格、资产价格和股份价格向量下,使得 3 个市场全部出清。

要注意的是:在给出上述定义时,我们假定公司的生产/融资决策是已知的。实际上很明显,均衡价格和配置必然取决于所有企业的生产/融资决策。

7.1.3 生产/融资计划变动

只要知道了企业生产/融资计划的一个细微变化及其对消费者效用函数的影响情况,我们就可以知道公司所有者是如何通过自身感受来评估企业的行为的。7.2 节将考察股东对于企业生产目标函数的认同的一致性问题。

为此，先回顾一下间接效用函数概念。我们在第 2 章和第 3 章中，均接触到了基于财富的引至效用函数（或者间接效用函数）的概念（那里我们使用的记法是 $\mathcal{J}(W)$）。令 W_s^i 为典型消费者 i 在 s 状态下的财富，则间接效用函数 $U^i(W_0^i, W_1^i, \cdots, W_S^i)$ 给出了消费者 i 通过使用财富从商品的购买中得到最大效用：

$$U^i(W_0^i, W_1^i, \cdots, W_S^i)=\max\{\mathcal{U}^i(C_0^i, C_1^i, \cdots, C_S^i) \mid q_s C_s^i \leqslant q_s \varsigma_s^i + W_s^i, \ \forall s \in [0, S]\}$$

在这个最优化问题中，消费者被限制消费在每个时刻和状态下的所有可得财富下，没有储蓄和保险的可能存在。间接效用函数同样依赖于或有商品的价格 q_s，既然商品价格的变化在这里不考察，它们就被压缩了。

容易证明：如果在任一状态下，直接效用函数 $\mathcal{U}^i(.)$ 对至少一个商品是严格递增的，则间接效用函数 $U^i(.)$ 对状态依存的财富也是严格递增的；而且如果 $\mathcal{U}^i(.)$ 可微，则 $U^i(.)$ 也可微。

在上一节中描述的股票市场经济中，财富在时间和状态之间的转移是通过交易金融资产和企业股份实现的，在不同时间和状态下的财富，通过以下关系式相联系：

$$W_0^i=\sum_{j=1}^{J}\bar{\gamma}_j^i(\nu^j+\delta_0^j)-\sum_{k=1}^{K}p_k\theta_k^i-\sum_{j=1}^{J}\gamma_j^i\nu^j \tag{7-7}$$

$$W_s^i=\sum_{j=1}^{J}\gamma_j^i\delta_s^j+\sum_{k=1}^{K}D_{sk}\theta_k^i, \ \forall s \in S \tag{7-8}$$

在上述预算约束下，个人通过选择金融资产组合 θ^i 和公司股权组合 γ^i 来最大化间接效用函数 $U^i(.)$，就等价于原始的消费者选择问题。不过，采用这里的表述方法更容易看出公司的生产/融资决策是如何影响一个消费者的福利水平的。

我们知道，一个公司的生产/融资决策（y^j，ℓ^j）直接决定了红利流 $\delta^j=(\delta_0^j, \delta_1^j, \cdots, \delta_S^j)$。实际上，公司 j 的生产/融资决策的一个微小变化（Δy^j，$\Delta\ell^j$），诱致的红利变化为：

$$\Delta\delta_0^j(\Delta y^j, \Delta\ell^j)=q_0\Delta y_0^j+p\Delta\ell^j \tag{7-9}$$

$$\Delta\delta_s^j(\Delta y^j, \Delta\ell^j)=q_s\Delta y_s^j-D_s\Delta\ell^j, \ \forall s \in S \tag{7-10}$$

忽略一个公司生产/融资计划的微小变化对于均衡价格水平的影响（除了对它自己的股票价格的影响），一个消费者对这种变化的估价将主要取决于公司权益的价格可能受到的影响 $\Delta\nu^i(\Delta y^j, \Delta\ell^j)$。

因此，对公司 j 的生产/融资决策的任何微小变化，在股票市场均衡时，对消费者的福利产生影响，可以近似的表示为：

$$\Delta U^i \approx \frac{\partial U^i(.)}{\partial W_0^i}$$

$$\left\{\bar{\gamma}_j^i[\Delta v^j(\Delta y^j, \Delta\ell^j)+\Delta\delta_0^j(\Delta y^j, \Delta\ell^j)]+\hat{\gamma}_j^i\left[\sum_{s=1}^{S}MRS_{s,0}^i\Delta\delta_s^j(\Delta y^j, \Delta\ell^j)-\Delta\nu^j(\Delta y^j, \Delta\ell^j)\right]\right\} \tag{7-11}$$

其中：

$$MRS_{s,0}^{i}=\frac{\partial U^{i}(.)/\partial W_{s}^{i}}{\partial U^{i}(.)/\partial W_{0}^{i}} \tag{7-12}$$

代表消费者 i 在 s 状态下,一单位的财富同 0 时刻一单位财富的边际替代率。

式(7-11)第一个方括号中的项显示了:受 0 时刻现金流 δ_0^j 的变化影响的老股东,由于股权价值的变动而且获得的收益或者遭受的损失。第二个方括号则给出了该消费者在 1 时刻,持有公司 j 的一份股权获得的净收益。这个净收益等于用 MRS_0^i 评价的,1 时刻所有状态下的现金流的价值变动,减去股权价值的变化。

因此式(7-11)显示了公司 j 的生产/融资决策的微小变化对于消费者效用的影响,强调了股权价值变化 $\Delta\nu^j(\Delta y^j, \Delta\ell^j)$ 对于消费者评估公司行为时的重要性,我们将在下面的分析中,用它来帮助判断公司所有者对公司政策的支持程度。

7.2 所有权和经营权的分离

在新古典的微观经济学模型中,企业的生产目标被简单化地假定为利润最大化,公司的目标和它的所有者(即股东)的目标之间的关系并没有进一步澄清,这对于微观金融分析来说还不够。而且,这两者之间的关系还确实相当重要。本节中我们将根据 7.1 节的模型框架来探讨这个问题。

7.2.1 确定性环境

众所周知,费雪分离定理(Fisher separation theorem)确认了:在一定条件下,个人效用最大化的股东,同意把利润最大化作为公司运营的主要目标。换句话说,尽管公司股东作为消费者,有着不同的偏好结构和资源禀赋,但当公司采用最大化利润的生产计划时,他们都可以得到最大效用满足。

容易知道:如果费雪分离定理成立,公司所有者就完全有可能把公司的管理权交给那些可以代表股东利益,(简单)执行最大化利润生产计划的经理人(或者称管理者)。

以下我们先证明该分离定理在确定性环境下确实是成立的。

假定:(1) 只有一个时期和一种状态。

(2) 消费者选择最大化效用函数 $\mathcal{U}^i(C^i)$ 的消费和投资计划。

这时,他只需要面对两个预算约束。第一个是 0 时刻的:

$$q_0C_0^i+\sum_{k=1}^{K}p_k\theta_k^i+\sum_{j=1}^{J}\gamma_j^i\nu^j\leqslant q_0\varsigma_0^i+\sum_{j=1}^{J}\bar{\gamma}_j^i(\nu^j+\delta_0^j) \tag{7-13}$$

另一个是 1 时刻的唯一状态下的:

$$q_1C_1^i\leqslant q_1\varsigma_1^i+\sum_{k=1}^{K}D_{1k}\theta_k^i+\sum_{j=1}^{J}\gamma_j^i\delta_1^j \tag{7-14}$$

注意到消费者可以通过买卖 K 种金融资产和 J 种公司股权,去在 0、1 时刻之间交换财富。而且,尽管公司 j 的分红 δ^j 取决于它的生产/融资计划,但从消费者角度看来,它们就像普通金融资产 k(债券)的收益 D_k 一样是固定的。因此,在这个经济中实际上有 $K+J$ 种可交易资产。

既然在 1 时刻只有一种状态出现，那么只有一个交换比例，即 0 时刻的财富和 1 时刻唯一状态下的财富之间的贸易条件需要在均衡时被决定。为了避免出现套利机会，金融资产的价格 p_k 和股权价格 v_j 必须使得所有资产的收益率等于这个交换比例。

我们用 $\tilde{r}$ 表示在 0 时刻财富和 1 时刻唯一状态下财富之间的贸易条件。在均衡时，这个比率应当被决定，这时任意一种金融资产 k 必须有一个价格 p_k，使得：

$$\frac{D_{1k}}{p_k}=\tilde{r},\ \forall k \in K$$

同时，任一公司股份都应当具有一个价值 ν_j，使得：

$$\frac{\delta_1^j}{\nu_j}=\tilde{r},\ \forall j \in J$$

如果对于任何两种资产 k 和 l，有：

$$\frac{D_{1k}}{p_k}>\frac{D_{1l}}{p_l}$$

则消费者可以卖空资产 l，同时买入资产 k，这就会得到一个无风险收益：

$$D_{1k}/p_k-D_{1l}/p_l$$

由于在市场均衡时不应当存在任何套利机会，因此必然就有：

$$D_{1k}/p_k=D_{1l}/p_l=\delta_1^j/v_j=\tilde{r}$$

用 $p_k=D_{1k}/\tilde{r}$ 替代掉所有资产的价格；用 $v_j=\delta_1^j/\tilde{r}$ 替代所有股权的价格，再把 1 时刻的预算约束(式(7-14))乘上 $1/\tilde{r}$，然后把两个预算约束相加，可得：

$$q_0(C_0^i-\varsigma_0^i)+\frac{1}{\tilde{r}}q_1(C_1^i-\varsigma_1^i)\leqslant\sum_{j=1}^{J}\bar{\gamma}_j^i\left(\frac{1}{\tilde{r}}\delta_0^j+\delta_1^j\right)\tag{7-15}$$

这个不等式是一个跨期预算约束，它要求净贸易(net trade)的贴现价值总和，小于或者等于来自初始股份持有的红利流的贴现价值。因为上式右侧的增大，将提供给消费者以更多的消费，因此对于每个有着单调递增偏好的消费者来说，试图最大化红利流现值：

$$\sum_{j=1}^{J}\bar{\gamma}_j^i\left(\frac{1}{\tilde{r}}\delta_1^j+\delta_0^j\right)$$

的企业生产行为，总是对他们有益的。在这种情况下，不管消费者的偏好有多么不同，当且仅当公司 j 最大化贴现红利($1/\tilde{r}\delta_1^j+\delta_0^j$)时，所有消费者都会同意让该公司管理者以最大化贴现红利即公司现值为唯一的生产决策选择准则。

现在不妨再次考察式(7-11)。在股票市场均衡时，0 时刻财富与 1 时刻财富的交换比例 $\tilde{r}$ 由初始资源禀赋和消费者边际替代率：

$$MRS_{1,0}^i=\frac{\partial U^i(.)/\partial W_1^i}{\partial U^i(.)/\partial W_0^i}=\frac{1}{\tilde{r}},\ \forall i \in I\tag{7-16}$$

同时决定。由于在均衡时,所有消费者都面对同样的跨期财富交换的市场比率,股权价格必须等于 1 时刻分红的现值,即:

$$\nu^j = \frac{1}{\tilde{r}}\delta_1^j,\ \forall j \in J$$

否则,就存在套利机会。

这样,立即就有以下结论:公司 j 的生产/融资计划的微小变化(Δy^j, $\Delta\ell^j$)所导致公司股权价格的变化等于红利变化的贴现值:

$$\nu^j(\Delta y^j,\ \Delta\ell^j) = \frac{1}{\tilde{r}}\Delta\delta_1^j(\Delta y^j,\ \Delta\ell^j)$$

这样式(7-11)中的第 2 个方括号中的各项就相互抵消了,因而公司 j 的生产/融资计划的微小变化对一个消费者福利影响的总效应就是:

$$\begin{aligned}\Delta U^i &\approx \frac{\partial U^i(.)}{\partial W_0^i}\bar{\gamma}_j^i[\Delta\nu^j(\Delta y^j,\ \Delta\ell^j) + \Delta\delta_0^j(\Delta y^j,\ \Delta\ell^j)] \\ &= \frac{\partial U^i(.)}{\partial W_0^i}\bar{\gamma}_j^i\left[\frac{1}{\tilde{r}}\Delta\delta_1^j(\Delta y^j,\ \Delta\ell^j) + \Delta\delta_0^j(\Delta y^j,\ \Delta\ell^j)\right]\end{aligned} \tag{7-17}$$

如果财富的边际效用是正的(我们一直如此假定),则股东间接效用水平的变化 ΔU^i 同公司现金流贴现值的变化是正相关的:

$$\Delta U^i \mathrel{\substack{>\\=\\<}} 0 \Leftrightarrow \frac{1}{\tilde{r}}\Delta\delta_1^j(\Delta y^j,\ \Delta\ell^j) + \Delta\delta_0^j(\Delta y^j,\ \Delta\ell^j) \mathrel{\substack{>\\=\\<}} 0 \tag{7-18}$$

在确定的环境中,如果一个公司的现金流的贴现值得到最大化,也就同时使得公司所有者的效用得到了最大化。由于所有股东都同意把利润最大化作为公司运营的最高目标,因此至少存在一家企业(同时也是一种资产)的所有权可以同控制权分离,从而(确定状态下的)费雪分离定理成立。

例 7.2.1 假定经济存续一个时期两个时刻,没有不确定性;每个时期有一种商品。经济中存在一个消费者、一家企业,但没有任何金融资产。企业的生产技术由一个严格递增的生产函数刻画:

$$Y \equiv \{(y_0,\ y_1) \in R^2 \mid f(-y_0) = y_1\}$$

既然每种状态下仅有一种商品,就可以标准化商品价格:

$$q_0 = q_1 = 1$$

而且,由于在该经济中没有任何金融资产,公司的生产决策(y_0, y_1)也就直接决定了公司的现金(红利)流,即:

$$\delta_0 = y_0,\ \delta_1 = y_1$$

图 7-1 显示了这个经济的生产可能性边界(production possibility frontier)和典型消费者的无差异曲线。它同样也显示存在着一个唯一使得在每一时期中商品供求均相等的利率 $\tilde{r}$。

由于在该经济中只有一个消费者,他完全拥有企业,所以股权市场上的均衡是无关紧要的。注意到这时，消费者可以把生产决策交给一个经理人（或者代理人），并命令他最大化企业的现值$[(1/\tilde{r})\delta_1+\delta_0]$。

从图 7-1 中容易发现：消费者跨期预算线可以移动到离初始禀赋点（ς_1，ς_0）越右侧的地方，则公司的现值越大。企业增加的现值具有一个纯粹的财富效应，它推动预算线向右移动进而增加了消费。

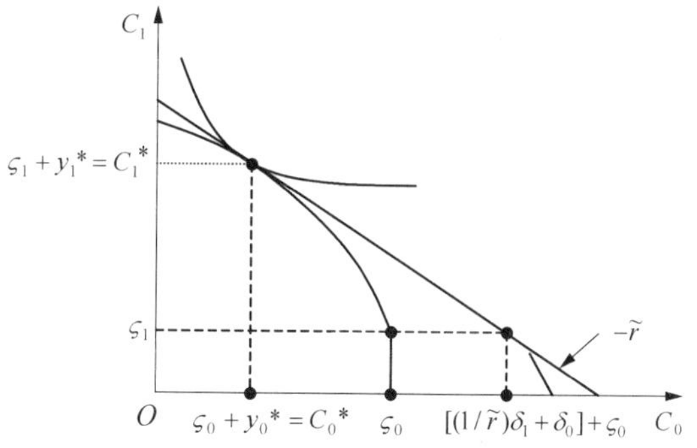

图 7-1　确定性环境下的生产和消费

7.2.2　完备市场

本节要在上述分析的基础上加入不确定性。先考虑存在完备的金融资产市场，即 $K=S$ 时的情形。注意到比世界状态更多的金融资产，要求其中某些资产（组合）是可相互替代的。无套利原则保证可替代资产和替代资产（组合）的价格是相等的，这个要求也同样适用于公司的股权。

如果确实有一个完备的金融资产集合 $K=S$，则公司的生产/融资决策显然不会影响资产市场的完备性。如果金融资产的数量比世界状态的数量少，但是有足够的公司股权，即：

$$K<S<K+J$$

则市场的完备与否一般取决于公司的决策。因为公司股权的红利支付不完全像市场金融资产的收益那样是外生的，某些公司的特定生产/融资决策可能会产生出那些以被其他资产（组合）所复制出的红利向量（即它线性依赖于其他资产的收益）。

让我们再次考虑具有以下预算约束的消费者的最优化问题。

$$q_0C_0^i+\sum_{k=1}^{K}p_k\theta_k^i+\sum_{j=1}^{J}\gamma_j^i\nu^j\leqslant q_0\varsigma_0^i+\sum_{j=1}^{J}\bar{\gamma}_j^i(\nu^j+\delta_0^j) \tag{7-19}$$

$$q_sC_s^i\leqslant q_s\varsigma_s^i+\sum_{k=1}^{K}D_{sk}\theta_k^i+\sum_{j=1}^{J}\gamma_j^i\delta_s^j,\ \forall s\in S \tag{7-20}$$

我们在 3.2.4 节中看到，对于不存在任何套利机会的价格体系来说，必定存在着一组阿罗证券价格向量①：

$$\tilde{p}=(\tilde{p}_1,\ \cdots,\ \tilde{p}_s,\ \cdots,\ \tilde{p}_S)$$

如果市场是完备的，则这个阿罗证券价格向量就是唯一的。既然一个金融资产 k 的收益为：

$$D_k=(D_{1k},\ \cdots,\ D_{sk},\ \cdots,\ D_{Sk})$$

则它的价格必须满足：

$$p_k=\sum_{s=1}^{S}\tilde{p}_sD_s$$

类似地，具有 $\delta^j=(\delta_1^j,\ \cdots,\ \delta_s^j,\ \cdots,\ \delta_S^j)$ 分红的股权 j 的价格也必须是：

① 它们代表在不同状态下获得一单位财富（购买力）的价格，又称为状态价格。

$$\nu^j = \sum_{s=1}^{S} \tilde{p}_s \delta_s^j$$

把这些价格代入 0 时刻的预算约束,然后把所有状态下的预算约束乘以各自的状态价格 $\tilde{p}_s$ 后加总,可以得到下面的跨期预算约束:

$$q_0 C_0^i + \sum_{s=1}^{S} \tilde{p}_s q_s C_s^i \leqslant q_0 \varsigma_0^i + \sum_{s=1}^{S} \tilde{p}_s q_s \varsigma_s^i + \sum_{j=1}^{J} \bar{\gamma}_j^i \left(\sum_{s=1}^{S} \tilde{p}_s \delta_s^j + \delta_0^j\right) \tag{7-21}$$

消费者预算约束的这种变换反映了以下事实:在一个完备的金融市场上,任何或有状态支付都可以被一个适当的资产组合所复制。

因此,持有公司的股权份额和公司的生产/融资决策,仅仅对于所有消费者的总财富水平有影响。在一个完备的金融市场上,消费者可以获得财富在所有状态下的任何分布形式。

从上面这个跨期预算约束不难发现,每一个消费者都会希望公司去最大化价值:

$$\sum_{j=1}^{J} \bar{\gamma}_j^i \left(\sum_{s=1}^{S} \tilde{p}_s \delta_s^j + \delta_0^j\right)$$

因此,不论股东的风险偏好和主观状态概率评价怎样,他们都会支持最大化公司 0 时刻价值,即 $\sum_{s=1}^{S} \tilde{p}_s \delta_s^j + \delta_0^j$ 的生产决策。

我们知道,阿罗证券价格 $\tilde{p}_s$ 代表了 0 时刻财富同 1 时刻 s 状态下财富的市场交换比例。如果金融市场是完备的,则所有消费者都面对同样的也是唯一的财富交换比例。

因此,消费者会选择一个使得财富边际替代率等于大家共同的市场交换比例,即:

$$MRS_0^i = \frac{\partial U^i(.)/\partial W_s^i}{\partial U^i(.)/\partial W_0^i} = \tilde{p}_s,\ \forall s \in S,\ i \in I$$

的投资策略。

如上面指出的那样,在一个完备的市场中,根据无套利定价原理,必然有:

$$\nu^j = \sum_{s=1}^{S} \tilde{p}_s \delta_s^j$$

因此,企业 j 的生产/融资计划的任何微小变动 $(\Delta y^j,\ \Delta \ell^j)$,将被典型消费者 i 评估为:

$$\Delta \nu^j(\Delta y^j,\ \Delta \ell^j) = \sum_{s=1}^{S} \tilde{p}_s \Delta \delta_s^j(\Delta y^j,\ \Delta \ell^j) = \sum_{s=1}^{S} MRS_{s,0}^i \Delta \delta_s^j(\Delta y^j,\ \Delta \ell^j)$$

如同确定环境下的情形,在完备市场中,式(7-11)中的第 2 个方括号中的项也全部抵消了,消费者的效用仍然同公司红利流的净现值变化成正相关:

$$\Delta U^i \underset{<}{\overset{>}{=}} 0 \Leftrightarrow \left[\sum_{s=1}^{S} \hat{p}_s \Delta \delta_s^j(\Delta y^j,\ \Delta \ell^j) + \Delta \delta_0^j(\Delta y^j,\ \Delta \ell^j)\right] \underset{<}{\overset{>}{=}} 0 \tag{7-22}$$

如同 7.2.1 节中的分析,这个结果允许公司所有权和控制权的适当分离。换句话说,费雪分离定理在不确定环境中完备市场条件下仍然成立。

7.2.3 不完备市场

即便金融资产的数目少于世界状态的数量,即 $K < S$,如果经济中存在数量足够多而

且差别明显的企业，它们就可以用自己收益线性独立的股权来完备市场。其前提是：这些企业必须采用那些所产生的状态或有收益，不可以被其他现存资产复制的生产计划，这其实就是所谓差别明显的确切含义。

如例 7.2.2 所示，有时一个企业的股权可能无法提供收益线性独立于其他资产的红利流。

例 7.2.2　经济存续一个时期两个时刻，在 1 时刻会呈现两种不同的世界状态，即 $S=2$。每种状态下仅有一种商品，即 $L=1$。该经济中有一种金融资产其收益向量为 $\boldsymbol{D}=(D_1, D_2)$；此外，还存在唯一一家企业，它的生产技术由以下状态或有（隐性）生产函数给出：

$$f(y_0, y_1, y_2)=y_0+y_1^2+y_2$$

每一时刻和每一状态下唯一的一种商品的现货市场价格可以标准化为 1。为了简化分析，假定公司进行生产所需要的所有投入品都是由股东融资的。在这种情况下，企业的现金流简化为：

$$(\delta_0, \delta_1, \delta_2)=(y_0, y_1, y_2)$$

图 7-2 显示了企业的生产计划决策是如何决定该经济中有一种还是两种独立的证券的：显然，如果有两种证券，则跨期市场是完备的；如果只有一种，则市场是不完备的。

注意到，该图给出了既定投入向量下的技术变换曲线：企业的生产计划必定位于生产可能性边界 $f(y_0, y_1, y_2)=0$ 之上。而且，该图还显示出金融资产的收益向量：一单位的金融资产产生 (D_1, D_2) 数量的红利，即图 7-2 中的 C 点。

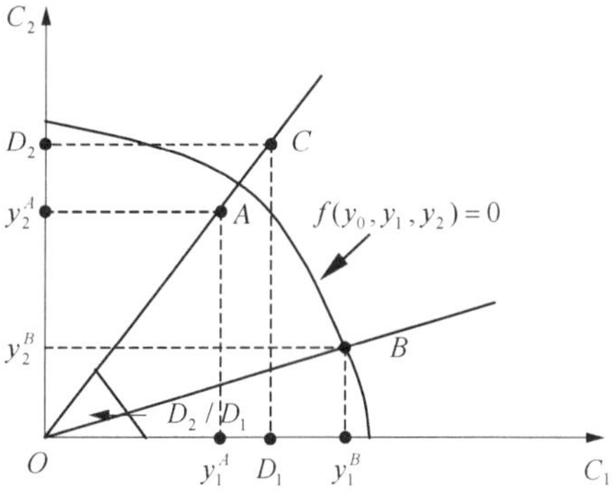

图 7-2　生产计划与市场的完备性

从图 7-2 中容易发现公司的生产决策是如何决定市场的完备与否的：如果企业选择生产计划 A，它就创造了一个可以通过适当持有其他金融资产（组合）复制出的现金流，即存在一个 θ'，使得：

$$D_1\theta'=y_1^A \text{ 和 } D_2\theta'=y_2^A$$

无套利原则意味着股权价值必然等于复制它的资产（组合）的价格，即 $p\theta'=\nu$。在这种情况下，公司的股权没有提供区别于现存金融资产状态收益的新证券，因此市场是不完备的；但是，企业如果选择的是 B 计划，则该生产计划产生的现金流是不可以被其他资产组合所复制的，因而市场是完备的。

既然在股票（普通证券）市场经济中，证券的数目取决于公司的生产/融资决策，因此不可能不考虑企业的生产行为，而谈论市场的完备与否。但是，如果公司的数目加上金融资产的数目的总和，还达不到世界状态的数目，则市场肯定是不完备的，以下我们就考虑这种情形。为了简化分析，我们直接假定不存在任何金融资产，而且公司的数目少于世界状态的数量，即 $J<S$。

实际上，即便是在不完备市场中，第 3.2.4 节中分析的主要结论仍然成立——给定一组股票，就存在一组阿罗证券向量：

$$\tilde{p}=(\tilde{p}_1, \cdots, \tilde{p}_S)$$

但是,在这种情况下阿罗证券向量不再是唯一的。换句话说,当资产数目少于世界状态数目时,市场就不能再唯一地决定当前财富和状态或有财富之间的交换率了。在证券市场均衡时,如果市场是不完备的,消费者面对的就不再是状态和时间财富之间的唯一交换率,而且他们的边际替代率也不再相同,即:

$$MRS_{s,0}^{i}=\frac{\partial U^{i}(.)/\partial W_{s}^{i}}{\partial U^{i}(.)/\partial W_{0}^{i}}\neq\frac{\partial U^{j}(.)/\partial W_{s}^{j}}{\partial U^{j}(.)/\partial W_{0}^{j}}=MRS_{s,0}^{j},\ \exists s\in S;\ i,\ j\in I$$

既然消费者面对的不是唯一的状态或有财富之间的交换率,我们就不能根据无套利原理判断出:所有消费者会遵循同样的方法,对企业的生产计划变动进行评价。

同样,由于生产计划变动而导致的股权价值的变化,也不等于对红利流变化的评价。因此,在一个不完备的市场中,我们不能够从股票市场均衡中得到:

$$\Delta\nu^{j}(\Delta y^{j},\ \Delta\ell^{j})=\sum_{s=1}^{S}MRS_{s,0}^{i}\Delta\delta_{s}^{j}(\Delta y^{j},\ \Delta\ell^{j})\tag{7-23}$$

但是,在一个竞争性经济中,我们可以预期一个股东总是会设想:公司股权价值的变化应当反映出由于生产计划变动而导致的公司现金流的变化,因此上述等式在这里可以被重新理解为关于股东对股权价值变化的预期方式的一种假设。

假定 7.2.1 竞争价格预期(competitive price perception) 每一个股东均假定企业的任何红利流的变化,都会反映在用他的个人边际替代率估价的股权价值的相应变动中。

这其实就是说式(7-23)成立。注意到由于个人的边际替代率一般是不同的,所以即便是相同的红利流变化,不同股东对于由此产生的股权价格的变化也会有不同认识。

因此,这个假定仅仅意味着没有消费者相信:红利的变化会产生不能体现在股票价格中的收益或者损失。这个假设导致的结果就是:公司生产计划的变化的影响,再一次由式(7-11)中的第一个方括号中的项给出。把式(7-23)代入式(7-11),就有:

$$\Delta U^{i}\approx\frac{\partial U^{i}(.)}{\partial W_{0}^{i}}\hat{\gamma}_{j}^{i}\Big[\sum_{s\in S}MRS_{s,0}^{i}\Delta\delta_{s}^{j}(\Delta y^{j},\ \Delta\ell^{j})+\Delta\delta_{0}^{j}(\Delta y^{j},\ \Delta\ell^{j})\Big]\tag{7-24}$$

要注意的是:红利变化现在由每个消费者的个人边际替代率评价,在竞争价格预期假设下,每一个股东都欢迎"任何最大化按照他们自己的边际替代率评价的红利现值的生产计划"。因为缺乏某些市场,消费者不能在所有不同状态中调整财富,因此也不能选择使得他们所有边际替代率都相等的投资计划。同完备市场下的情况相反,不同股东一般会给公司的生产计划以不同的评价,对于公司奋斗的共同目标无法达成一致。

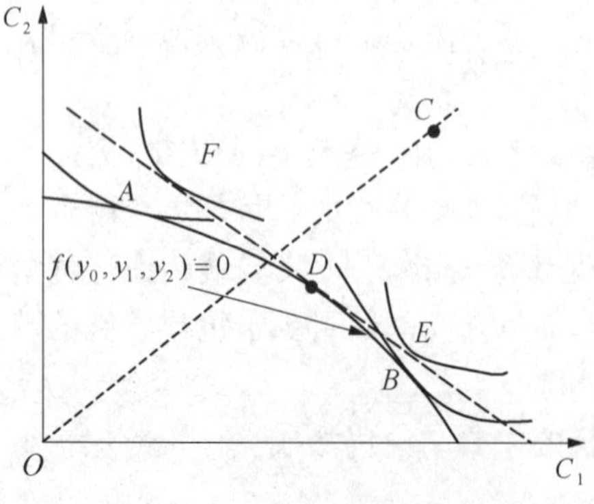

图 7-3 不确定环境中不完备市场下的生产和消费

例 7.2.3 经济环境基本设定同上例,但是没有金融资产。如果仅有一家企业,则市场必定是不完备的。假定有两个消费者,他们在 0 时刻的消费没有效用,因而仅有一个初始资源禀赋。

如图 7-3 所示,由于没有金融资产,消费者可以要求公司在生产集上选择不同的点,消费者 1 选择 A 点,消费者 2 选择 B 点。因为市场是不完备的,消费者 1 不能用一个状态下的财富同消费者 2 交换另一状态下的财富。因为这种交易无法实现，所以两个消费者无法使得他们的边际替代率相等。

现在不妨假定在 C 点出现了一种金融资产，则加上股权上的交易，市场就完备了。消费者可以交换所有状态下的财富，均衡将决定股权和金融资产的价格，边际替代率也相等了。因此，他们会同意企业在 D 点上进行生产，而他们自己在 E、F 点进行消费。

7.3　公司资本结构

7.2 节的分析初步解决了企业的生产目标问题，本节我们则要转到企业如何为实现既定生产目标进行融资的问题上来。我们知道一家企业一般可以通过债务和股权两种方式进行融资，所以考察的重点将放在股权融资和债权融资的差异和所谓的“最优资本结构”问题上。

20 世纪 60 年代以前，老式财务理论最为津津乐道的，就是所谓财务杠杆（financial leverage）。该理论认为：如果一家企业的债务对股权的比率越来越大，则它发行股票时的融资成本就会越来越高。原因是债务越多，企业的破产风险也就越大，股权持有人会要求更高的风险溢价做补偿。

一个自然的推论就是：一定存在一个可以使得股权成本最小化的债务水平，即企业的股权/债务结构（也即资本结构）一定会有一个最佳比例。但是，在 1958 年莫迪格利安尼（Modigliani）和米勒（Miller）宣称：一个公司的价值仅仅由它们未来现金流量决定，而与债务/股权比率①，即资本结构无关。这个命题将在离散时间和连续时间环境下分别得到检验。

7.3.1　单期模型

仍旧采用前面的分析框架，主要包括下列假定②。

（1）经济存续一个时期两个时刻，有 S 种世界状态。

（2）经济中存在 J 个厂商。用 ϑ^j 表示典型厂商 j 的未来利润的价值，这个价值理论上归股东所有和债权人共同享有：

$$\vartheta^j = v^j + p\ell^j \tag{7-25}$$

（3）经济中存在 K 种（普通）证券，而且企业可以用经济中的任何证券，筹措到所需要的资金。仍然用 $\ell^j \in R^K$ 是公司 j 持有的资产组合。如果它是正的，说明公司卖出这些资产作为融资手段；如果它是负数的，则表示公司买入金融资产。

（4）金融市场仍然是理想化的，不存在任何交易费用、税收和买卖限制。

（5）最后经济中还有 I 个消费者，同 7.2 节中一样，消费者 i 持有公司 j 的股份，仍然用百分比 γ_j^i 表示。

给定生产计划 y^j 和融资资产组合 ℓ^j，公司将为股东产生了以下现金流。

---

① 股权代表了一种剩余索取权和处于管理的投票权；债权没有处于管理的权利，但是可以通过债务合约条款对公司行为施加一定的约束。每一类资产面临不同的风险，因而资本的提供者会要求提供不同的回报。

② 在 MM 原始理论中，他们附加了很多多余的假定，利用前面一节的分析框架可以让我们看清楚哪一些假定是关键的。参见 Stigliz(1969，1972)，他澄清了问题。

(1) 0 时刻,股东必须支付投入开支中不能由公司债务解决的部分(注意这里一般有 $y_0^j \leqslant 0$),这时的现金流是:

$$\delta_0^j = q_0 y_0^j + p\ell^j$$

(2) 1 时刻任意状态下,股东可以得到分红:

$$\delta_s^j = q_s y_s^j - D_s \ell^j$$

如果用:

$$p\ell^j = \sum_{k=1}^{K} p_k \ell_k^j,\ D_s \ell^j = \sum_{k=1}^{K} D_{sk}\ \ell_k^j$$

分别代表资产组合 ℓ^j 在 s 状态下的价值和收益,则 M－M 理论可以简单阐述为:假定采用生产计划 y^j 的公司 j,决定通过发行更多的债券来筹集资金,它们选择这样的资产组合:

$$\ell^j + \Delta\ell^j \text{ 且 } p\Delta\ell^j > 0$$

这种组合就使得股东在 0 时刻对投入品的出资减少了,此时的现金流为:

$$\hat{\delta}_0^j = q_0 y_0^j + p(\ell^j + \Delta\ell^j) > q_0 y_0^j + p\ell^j = \delta_0^j$$

另一方面,股东在 1 时刻任一状态下获得的红利也相应减少为:

$$\hat{\delta}_s^j = q_s y_s^j - D_s(\ell^j + \Delta\ell^j) < q_s y_s^j - D_s \ell^j = \delta_s^j$$

假定一个股东持有该公司 γ_j^i 比例的股权,他使用 0 时刻减少的投入品投资—— $\gamma_j^i p\Delta\ell^j$ 来买入一个资产组合:

$$\Delta\theta^i = \gamma_j^i \Delta\ell^j$$

则该消费者在任意状态 s 下将得到:

$$(\gamma_j^i \hat{\delta}_s^j + D_s \Delta\theta^i) = \gamma_j^i [q_s y_s^j - D_s(\ell^j + \Delta\ell^j)] + D_s \gamma_j^i \Delta\ell = \gamma_j^i \delta_s^j$$

我们看到,该消费者在每一状态下,都获得了该公司在改变它的资本结构之前的同样多的现金流①。

为了使以上讨论更加精确,并了解它的一般性和局限性,进一步考察一个公司的股东如何通过资产组合的补偿性调整,来维持他们在每一时间和状态下的财富水平不变②。定理 7.3.1 就把以上讨论扩展到了一般股票市场均衡环境下。

定理 7.3.1 M－M 理论令 $[(q, p, \nu), (C^i, \theta^i, \gamma^i)_{i\in I}]$ 代表给定生产/融资计划 $(y^j, \ell^j)_{j\in J}$ 下的一个股票市场均衡,则对于任何生产/融资计划 $(y^j, \hat{\ell}^j)_{j\in J}$, $[(q, p, \hat{\nu}), (C^i, \hat{\theta}^i, \gamma^i)_{i\in I}]$ 也是一个股票市场均衡。其中:

$$\hat{\nu}^j = \nu^j + p(\ell^j - \hat{\ell}^j),\ \forall j \in J$$

① 要注意的是在本章的模型中老股东的贡献减少了,既然他们在 0 时刻的现金流 $\hat{\delta}_0^j > \delta_0^j$ 增加了,股权价值 ν^j 必须作出相应的调整否则老股东不会对公司融资计划的这样一种变动无动于衷。

② 大多数文献均假定公司的所有现金流均归新股东所有,但是这里的模型中,初始的股东收到 0 时刻的现金流。参见 Duffie(1991),p1620—1621。

$$\hat{\theta}^i = \theta^j + \sum_{j=1}^{J} \gamma_j^i (\hat{\ell}^j - \ell^j), \ \forall i \in I$$

证明：要证明的实际上是：在典型厂商把债权融资计划调整为 $\hat{\ell}^j$ 时，对于任意消费者 $i \in I$ 来说，如果把他的资产组合调整为 $\hat{\theta}^i$；和股权价值调整为 $\hat{\nu}^j$，则对于真实变量（C^i，γ^i）而言，0 时刻和 1 时刻任一状态下的预算约束是保持不变的。

先考虑在新资产组合 $\hat{\theta}^i$ 和股权价格 $\hat{\nu}^j$ 下，消费者 i 在 0 时刻的预算约束：

$$q_0 C_0^i + p\hat{\theta}^i + \sum_{j=1}^{J} \gamma_j^i \hat{\nu}^j \leqslant q_0 \varsigma_0^i + \sum_{j=1}^{J} \bar{\gamma}_j^i (\hat{\nu}^j + \hat{\delta}_0^j) \tag{7-26}$$

其中：

$$\hat{\delta}_0^j = q_0 y_0^i + p\hat{\ell}^j$$

代表公司融资计划变化为 $\hat{\ell}^j$ 后，给初始股权所有者带来的现金流。代换掉 $\hat{\theta}^i$、$\hat{\nu}^j$ 和 $\hat{\delta}_0^j$，我们有：

$$\begin{aligned} & q_0 C_0^i + p\left[\theta^i + \sum_{j=1}^{J} \gamma_j^i (\hat{\ell}^j - \ell^j)\right] + \sum_{j=1}^{J} \gamma_j^i [\nu^j + p(\ell^j - \hat{\ell}^j)] \\ & \leqslant q_0 \varsigma_0^i + \sum_{j=1}^{J} \bar{\gamma}_j^i \{[\nu^j + p(\ell^j - \hat{\ell}^j)] + [q_0 y_0^j + p\hat{\ell}^j]\} \end{aligned} \tag{7-27}$$

式(7-27)可以简化为：

$$q_0 C_0^i + p\theta^i + \sum_{j=1}^{J} \gamma_j^i \nu^j \leqslant q_0 \varsigma_0^i + \sum_{j=1}^{J} \bar{\gamma}_j^i (\nu^j + \delta_0^j) \tag{7-28}$$

类似地，对于任意状态 $s \in S$，新预算约束为：

$$q_s C_s^i \leqslant q_s \varsigma_s^i + \sum_{j=1}^{J} \gamma_j^i \hat{\delta}_s^j + D_s \hat{\theta}^i \tag{7-29}$$

其中：

$$\hat{\delta}_s^j = q_s y_s^i - D_s \hat{\ell}^j$$

为调整过的分红支付。代换掉 $\hat{\theta}^i$，前式可变形为：

$$q_s C_s^i \leqslant q_s \varsigma_s^i + \sum_{j=1}^{J} \gamma_j^i (q_s y_s^i - D_s \hat{\ell}^j) + D_s \left[\theta^i + \sum_{j=1}^{J} \gamma_j^i (\hat{\ell}^j - \ell^j)\right] \tag{7-30}$$

抵消同类项，容易发现式(7-30)就等价于：

$$q_s C_s^i \leqslant q_s \varsigma_s^i + \sum_{j=1}^{J} \gamma_j^i \delta_s^j + D_s \theta^i \tag{7-31}$$

可以看到，无论是 0 时刻还是 1 时刻任意状态下，预算约束都没有变化。因此，只要公司 j 的股权价格调整为 $\hat{\nu}^j$，消费者 i 就可以做一个新资产组合 $\hat{\theta}^i$ 来抵消该公司采用新融资计划 $\hat{\ell}^j$ 造成的影响。通过这样一个资产组合交易，就使得预算约束对于其他变量（C^i，γ^i）是不变的。因此，消费者必定会在资产组合和股权价格变化之前以及之后，选择同样最优的（C^i，γ^i）。这说明根据均衡定义 7.1.1 的第一个要求，（C^i，$\hat{\theta}^i$，γ^i）是最优的。

至于第二个均衡条件(市场出清),我们只要对金融资产市场做一下检查就可以了。既然最初的经济处于均衡状态,我们知道对于整个股权市场来说,必然有:

$$\sum_{i=1}^{I}\gamma_j^i=1,\ j\in J$$

而对于整个金融资产市场也必然有:

$$\sum_{j=1}^{J}\ell_k^j=\sum_{i=1}^{I}\theta_k^i,\ k\in K \tag{7-32}$$

因此,不妨考虑任意一种金融资产 $k\in K$ 的市场,在新的融资结构下,我们有:

$$\sum_{i=1}^{I}\hat{\theta}_k^i-\sum_{j=1}^{J}\hat{\ell}_k^j=\sum_{i=1}^{I}\left[\theta_k^i+\sum_{i=1}^{I}\gamma_j^i(\hat{\ell}_k^j-\ell_k^j)\right]-\sum_{j=1}^{J}\hat{\ell}_k^j=\sum_{i=1}^{I}\theta_k^i-\sum_{j=1}^{J}\ell_k^j=0 \tag{7-33}$$

最后一个等式等于 0,是因为金融资产市场以前就是均衡的。这就证明了该定理。

M-M 定理背后的直觉是很简单的,如果公司改变它的债务水平,1 时刻的股权所有者会经历一个相应的红利流的变化。如果他们可以按照和公司同样的条件借贷,他们就可以简单的买卖金融资产去抵消这样一种变化①。

现在可以知道,该定理实际上不过是声称:不论公司选择怎样形式的资本结构,股票市场均衡均存在②。因此,只要公司的生产计划没有变化,就没有必要进行任何消费或者公司所有权的变化。所以,公司的资本结构是无关紧要的。

但是应当看到,当且仅当所有消费者可以灵活调整他们的资产组合时,这一点才能成立。要指出的是:如果有一些消费者不能做这种调整,那么债券市场就不会出清,价格还会进一步调整,股东的同时行动是保证这种无关性的必要条件。

另一方面,定理 7.3.1 比原始的 M-M 定理(第一命题)更为一般化。例如:它没有要求公司仅仅使用无风险债券来融资;也不需要一个完备的金融市场。基本的假设不过是:消费者和公司可以按照相同的条件买卖资产。如果要发现为什么 M-M 定理不成立,只要考虑消费者和企业的交易(包括借贷)条件差异就可以了,进一步的讨论见框文 7-1。

7.3.2 连续时间情形

原始的 M-M 理论认为:在没有税收和破产成本下,公司的资产结构不会影响公司的价值,任何可能由于杠杆率的改变(或者建立一家具有不同杠杆率的公司)而产生的投资机会,都可以由市场中现存的证券扩展出来。

本节我们将证明:M-M 理论在资产价格具有连续样本路径的连续时间环境下仍然成立。

假定:(1) 不存在差别税收或者破产成本;利率为常数。

(2) 存在一个仅有一种债务合约的杠杆企业。债务的价值为 F,它有一个连续的常数

① 实际上在许多对 M-M 理论的推导中,大多数分析假定新股东可以得到 0 时刻的现金流,则更是没有任何变化的必要了。这一点很容易证明(讨论见 Erichberger et al., 1997)。在这种情况下,最初的股东不受到公司现金流变化的影响,因此股权价格不需要任何调整,这是经典的 MM 定理(第一命题)的一般形式。而定理 7.3.1 实际上显示,只要股权价格进行了相应的调整,就不需要假定所有现金流均归新股东所有。

② 要注意的是,如果老股东得到 0 时刻的全部现金流,消费者持有资产和股权价格会有所不同。

的息票率 c_F，在到期日 T 则有一个最终支付 B。如果公司不能履行支付，就立即进入清算程序，由债权人接管公司。很明显，只要公司资产具有正的价值，企业总是会支付债务利息的。此外，我们还假定该公司支付的股票红利率为 c_f。

(3) 另外，经济中还存在一家除了资本结构，其他各方面都与上述企业相同，不使用财务杠杆的企业。它支付的红利率为：

$$c = c_F + c_f \tag{7-34}$$

(4) 用 V 代表资产(公司)价值，V_L 和 V_U 分别代表上述两个企业的价值，在完善的市场中，必然有 $V = V_U$。假定资产价值 V(也即 V_U)遵循下面的随机过程：

$$\mathrm{d}V(t) = [aV(t) - c]\mathrm{d}t + \sigma V(t)\mathrm{d}\mathcal{W}(t) \tag{7-35}$$

其中，σ 和 c 是 V 和 t 的确定性函数。

现在要证明 M－M 第一命题：

$$V_L = V = V_U$$

基本思路是：只要市场一直开放并允许连续交易，则投资者总可以利用 V_U 公司的资产(股权)和无风险资产构造适当的动态交易策略来复制另外一家公司的股权和债权的收益结构。

很明显，如果：

$$V = 0,\ \text{则}\ V_L = V_U = 0$$

在 T^- 时刻，即债务即将清偿前的那个时刻，也有：

$$V_L = V_U$$

因为，此时公司要么是全部由股东融资的，要么债权人拥有整个公司。

以下考察更为一般的情形，考虑下面偏微分方程的定解问题：

$$\frac{1}{2}\sigma^2 V^2 Q_{VV} + (rV - C)Q_V - rQ + Q_t + c_F = 0 \tag{7-36}$$

它的边界条件是：

$$\begin{aligned} &Q(V,\ T) = \min[V(T),\ B] \\ &Q(0,\ t) = 0 \end{aligned} \tag{7-37}$$

它的解 $Q(V,\ t)$ 可以视为以无财务杠杆公司资产价值为标的的某种衍生产品的价值。

考虑构造一个初始成本为 $P(0)$ 元的资产组合，把其中的 VQ_V 元投入到无财务杠杆的企业上，剩余的 $P - VQ_V$ 以 r 的利息率贷出。这个资产组合可以使我们得到每单位时间 c_F 的收入，这个组合在任意时刻的价值(过程)为：

$$\mathrm{d}P(t) = [VQ_V(a - r) + rP(0) - c_F]\mathrm{d}t + \sigma VQ_V\mathrm{d}\mathcal{W} \tag{7-38}$$

由于 Q 是 V 和 t 的函数，根据伊藤定理：

$$\mathrm{d}Q = \left[\frac{1}{2}\sigma^2 V^2 Q_{VV} + (aV - C)Q_V + Q_t\right]\mathrm{d}t + \sigma VQ_V\mathrm{d}\mathcal{W} \tag{7-39}$$

使用式(7-36),我们可以把上式记为:

$$dQ=[(a-r)VQ_V+rQ-c_F]dt+\sigma VQ_V dW \tag{7-40}$$

根据式(7-38)和式(7-40),就有:

$$dP-dQ=r(P-Q)dt \tag{7-41}$$

令:

$$Z(t)=P(t)-Q(V,\ t)$$

则式(7-41)可以写为:

$$dZ=rZdt$$

这是一个简单的常微分方程,它的解是:

$$Z(t)=Z(0)e^{rt}$$

如果我们一开始选择 $P(0)=Q(V,\ 0)$,根据上式则立即有:

$$P(t)=Q(V,\ t) \tag{7-42}$$

由于两家公司在生产能力方面是完全一样的,它们的风险收益结构也是一样的,这就意味着 $V(t)=0$ 的充要条件是 $V_L(t)=0$。注意到式(7-37)中的第二个边界条件以及式(7-42),这就意味着当 $V_L(t)=0$ 时组合 P 的价值等于 0。仍然基于投资一致的假定,在杠杆公司的债券到期日,有:

$$V_L(T)=V_U(T)$$

这样,式(7-37)中的第一个边界条件又可写为:

$$\min[V(T),\ B]=\min[V_L(T),\ B]$$

最后,我们注意到资产组合 P 具有 c_F(等于杠杆公司债券利息)的现金流,因此该组合的收益同杠杆公司债券的收益结构完全相同。因此,一价法则要求:

$$F(V_L,\ t)=P(t)=Q(V,\ t)$$

根据同样的推理,我们也可以构造出同杠杆公司股权完全一致的投资组合。不妨令 $f(V,\ t)$是下面方程的解:

$$\frac{1}{2}\sigma^2V^2f_{VV}+(rV-C)f_V-rf+f_t+c_f=0 \tag{7-43}$$

这实际上就是式(7-36),只是用 c_f 替代掉 c_F,它的边界条件变为:

$$\begin{aligned}&f(V,\ T)=\max[V(T)-B,\ 0]\\&f(0,\ t)=0\end{aligned} \tag{7-44}$$

再次构造资产组合 L:其中 f_VV 用于无杠杆公司股票,无风险资产是 $L-f_VV$,类似地可以获得:

$$L(T)=f(V,\ T)=\max[V(t)-B,\ 0] \tag{7-45}$$

换句话说,遵循 L 策略的投资者复制了杠杆公司股票的收益结构。

考虑同时投资于上面两种组合的情形，这时它的收益与非杠杆公司的股权收益等价。这是因为 $c=c_F+c_f$，以及边界条件式(7-37)和式(7-44)，因为杠杆公司的价值 $V_L=F+f$，所以：

$$V=V_U=P+L=F+f=V_L$$

因此，M－M 定理的第一个命题在连续时间设定下也得到证明。

"理论与实践相结合"7-1　公司资本结构：更多证据和问题

一个明显的问题是：如果企业的融资政策真的同它的市场价值无关，那么所有企业的负债率应当呈现随机性的分布状态。但是，我们可以看到企业负债的分布有着明显的行业特征。例如，重型制造企业、公用事业和金融业有较高的负债率，而广告、制药和新经济企业负债率则较低。如何解释这种现象呢？实际上 M－M 理论的前提就预示了它在现实中的死亡，其局限性源于该理论的诸多假设条件。

首先，M－M 理论假定个人和企业能以相同利率借款。但是，在现实的信贷市场中，就长期信贷的供给者而言，其提供信贷的类型和价格取决于接受贷款人的贷款目的和财务实力。作为长期信用接受者的企业和个人，他们的信用评价体系不同，因此实际上他们不可能将两者的贷款置于同一利率水平上。企业和个人的债务成本不可能完成相同，这也阻碍了套利交易的发生①。

其次，它舍去了税收这一非常重要的因素。许多国家对债务和股权采取不同课税方式。如果债务的利息不在消费者税前减去的话，很明显如果公司减少负债，股东不会有一个补偿性的资产组合调整，因为他们必须交纳因为额外资产持有产生的收入的税款。实际上，美国税法规定，企业债务利息可以在税前列支，从而免征所得税。节约下来的钱就增加了企业资产，从而增加了企业价值(税盾效应)(tax shield)。这意味着，公司一旦引入所得税，负债企业的价值会超过无债企业的价值，负债越多，两者差异越大。极端地说，当负债到 100%时，企业价值最大。一个直接的推论似乎是公司应当具有 100%的负债结构。这显然也有悖事实，究竟是什么原因阻碍企业无限扩大负债比例呢？破产成本和金融灾难成本为此提供了部分答案。

我们知道：如果一家公司不能在债券到期日履行支付，那么公司就会破产。通常会出现与之有关的附加成本，即破产成本。它通常包括直接和间接两种。直接成本包括破产程序中支付给律师、会计师、资产评估师以及拍卖商等的费用②。不妨假定公司的现金流不足以支付它的全部债务，这就产生了赤字如何弥补的问题。原始 M－M 理论要求在这种情况下股东提供额外的资金来弥补赤字。但是，现实中采用的破产法认为公司

① 如同前面我们指出的那样，只要考虑消费者和企业的交易条件差异就可以发现 M－M 理论的软肋所在。

② 此外，还有间接破产成本，包括：企业破产会使经理层采取一些有利自己但有损企业的短期行为；当供应商和客户发现企业陷入财务困境、支付困难时，为维护自身的利益，往往采取逃避的行为，比如缩短收款期，这些行为增加了公司成本；企业一旦陷入财务困境，资本市场对该企业的态度就会发生变化，企业会发生融资困难，即使能筹集到资金，也必须付出高融资成本。

所有的资产都已经变现(liquidating);债务得到尽可能的偿还后,其余的债务就可以免除了。因此,如果一家企业具有有限负债性质,它的现金流就不可能是负的。因此,这些费用实际上是由债权人支付的,即从应当向他们支付的利息中扣除。由于股东的责任以其出资额为限,一旦企业破产,股东仅仅损失股票面值而无须以个人财产补偿企业损失。因此,所有这些直接费用实际上都转嫁给了债权人。所以,公司来自金融资产的收益同消费者来自金融资产的收益是不同的。考虑到这层风险,债权人势必要求较高的,与破产风险相匹配的投资收益率,因而降低了企业债务的价值和企业的市场价值。

以上分析同税盾效应结合就形成了权衡理论——债务融资的结构提升了财务杠杆,增加了财务困境成本,抑制了企业债务融资的冲动,破产概率上升给企业带来了代理成本,这也是抑制企业债务融资的重要原因。财务困境成本和代理成本的存在:一方面,使企业市场价值下降;另一方面,当债权人将财务困境成本和代理成本作为影响其预期收入的重要因素,造成债务融资成本上升。这两方面的约束力使企业为追求企业税盾效应而调高财务杠杆的欲望受到压抑。因此,公司最佳资本结构是对税盾效应和企业破产概率上升所导致的各种相关成本的上升之间进行均衡的结果。

7.4 公司债务定价

我们在第 4 章中曾提及,布莱克和斯科尔斯在完成他们的期权定价公式以后,进行了金融思想史上最有意义的观察:公司的负债可以被视为一个基于公司(资产)价值的或有权益。

这样,前面的 B-S 期权定价技术(偏微分方程方法),可以被应用发展成一种为一般公司负债定价的通用模式,这通常被称为或有权益分析(contingent claim analysis, CCA),它可以给公司资本结构中的债务定价[①],而这正是本节分析的主要内容。

本节内容的安排如下:首先,考察 CCA 技术的一般原理;其次,用它来分析最简单形式的公司债务—— 0 息票贴现债券;再次,通过分析可以得到一个计算利率风险结构(risk structure of interest rate)的公式,它比较静态地给出了利率的风险结构;最后,CCA 定价分析会拓展到认股权证(warrant)以及更为复杂的内嵌期权结构的可转换(convertible)债券上。

7.4.1 一般原理

假定:(1) M-M 理论成立。

(2) 利率是常数,并对所有到期日都一样。

(3) 公司在到期日前不做任何支付,它的价值遵循下面的扩散过程:

$$\frac{dV(t)}{V(t)}=\mu dt+\sigma d\mathcal{W}(t) \tag{7-46}$$

其中,σ 是常数。

---

① 实际上,这一点在上一节连续时间 M-M 第一定理的证明过程中已经体现出来了。

假定存在一债券 Y(为了简化分析，以下我们考察的均为贴现债券)，其价值是公司市场价值和时间的函数，即：

$$Y = F(V,\ t)$$

在到期日，合约支付是那时公司价值的一个确定性函数。我们把这种证券的动态过程描述为：

$$\mathrm{d}Y(t) = \mu_y Y(t)\mathrm{d}t + \sigma_y Y(t)\mathrm{d}\mathcal{W}_y(t) \tag{7-47}$$

由于 Y 是 F 的函数，根据伊藤定理，有：

$$\mathrm{d}Y = \left[\frac{1}{2}\sigma^2 V^2 F_{VV} + \mu V F_V + F_t\right]\mathrm{d}t + \sigma V F_V \mathrm{d}\mathcal{W} \tag{7-48}$$

把式(7-48)同式(7-47)比较，我们有：

$$\mu_y Y = \mu_y F = \frac{1}{2}\sigma^2 V^2 F_{VV} + \mu V F_V + F_t \tag{7-49}$$

$$\sigma_y Y = \sigma_y F = \sigma V F_V \tag{7-50}$$

$$\mathrm{d}\mathcal{W}_y = \mathrm{d}\mathcal{W} \tag{7-51}$$

根据最后一个等式，不难发现 Y 和 V 的收益是完全相关的。

类似4.3.2节中B-S的分析，我们可以构造一个包括公司、证券 Y 和无风险债券的资产组合，这个资产组合的净投资为0。令 W_1 为该组合中在公司(价值)上的投资(计价单位)，W_2 为在 Y 证券上的投资，则：

$$W_3 = -(W_1 + W_2)$$

就是在无风险债券上的投资。令 $\mathrm{d}x$ 代表该资产组合的瞬间收益数量，则：

$$\begin{aligned}\mathrm{d}x &= W_1 \frac{\mathrm{d}V}{V} + W_2 \frac{\mathrm{d}Y}{Y} + W_3 r\mathrm{d}t \\ &= [W_1(\mu - r) + W_2(\mu_y - r)]\mathrm{d}t + W_1\sigma\mathrm{d}\mathcal{W} + W_2\sigma_y\mathrm{d}\mathcal{W}_y \\ &= [W_1(\mu - r) + W_2(\mu_y - r)]\mathrm{d}t + (W_1\sigma + W_2\sigma_y)\mathrm{d}\mathcal{W}\end{aligned} \tag{7-52}$$

精心选择投资组合 $(W_j^*)_{j\in[1,\ 3]}$，使得 $\mathrm{d}\mathcal{W}$ 的系数为0。这时，由于不存在任何随机性，该资产组合的(瞬间)收益就是确定的。

既然这个资产组合的净投资为0，为了避免出现套利机会，按照上述策略形成的该组合的期望和实现的收益应当也是0，即：

$$\begin{cases} W_1^*\sigma + W_2^*\sigma_y = 0 \\ W_1^*(\mu - r) + W_2^*(\mu_y - r) = 0 \end{cases} \tag{7-53}$$

这就体现了“没有风险就没有收益”的古老哲学。观察上面的方程组，容易知道当且仅当：

$$\frac{\mu - r}{\sigma} = \frac{\mu_y - r}{\sigma_y} \tag{7-54}$$

时，它有一个非平凡的解 $(W_j^* \neq 0)$。

根据式(7-49)和式(7-50),我们可以代换掉式(7-54)中的μ_y和σ_y,把它改写为:

$$\frac{\mu - r}{\sigma} = \frac{\frac{1}{2}\sigma^2 V^2 F_{VV} + \mu V F_V + F_t - rF}{\sigma V F_V} \tag{7-55}$$

化简并整理得:

$$0 = \frac{1}{2}\sigma^2 V^2 F_{VV} + rVF_V + F_t - rF \tag{7-56}$$

这是一个读者已经相当熟悉的抛物型偏微分方程,任何基于公司价值和时间的证券都必须满足该泛定方程,加上一个某种特定证券所具有的适当的初始条件和两个边界条件,就可以求出某一该证券的价格函数。

至于这些定解条件,可以做如下处理。

(1) 可以假定在到期日,如果公司的价值达到$\bar{V}(t)$或者$\underline{V}(t)$时,公司立即重组,约定的数量立即支付,这些条件可以记为:

$$F[\bar{V}(t),\ t] = \bar{F}(t)$$

$$F[\underline{V}(t),\ t] = \underline{F}(t)$$

(2) 如果没有明确的边界条件,公司的有限负债性质和剩余要求权的既定法律归属可以给出:

$$F(V,\ t) \leqslant V$$

$$F(0,\ t) = 0$$

7.4.2 有违约风险的贴现债券

作为上述一般原理的初步应用,现在来为公司债务中最简单的有违约风险的0息票贴现债券定价。

假定:(1) 公司资本结构中只有一种普通股和一种0息票贴现债券。

(2) 对于该债券,公司承诺在T时刻一次性总付B数量给债券持有人;如果公司不能履行上述支付,则公司进入清算程序,债权人立即接管该公司。

(3) 在到期日前,公司不能增发任何新的次级或者同级债务,也不能对股票支付现金红利或者回购股权。

如果令:

$$\tau = T - t$$

为距离到期日的时间长度,则:

$$F_t = -F_\tau$$

这样可以把式(7-56)改写为:

$$\frac{1}{2}\sigma^2 V^2 F_{VV} + rVF_V - F_\tau - rF = 0 \tag{7-57}$$

接下来考察定解条件。

假定在T时刻前的一瞬间,公司停止运营,出售所有资产。这样在T时刻(也即$\tau=0$),

公司拥有的全部为现金。如果公司不能向债权人支付 B，则公司的股权就会一文不值。

显然，如果在 T 时刻，$V(T)>B$，则公司应当也乐意支付给债权人 B，而股东还可以得到剩余索取权 $V(T)-B>0$；如果 $V(T)<B$，则公司对债权人违约成为一种理性选择，因为这时股东还要追加投入 $B-V(T)>0$，这显然划不来，也不符合现代企业的有限负债特征。

因此，当 $\tau=0$ 时，该债务的初始条件为：

$$F(V,\ 0)=\min(V,\ B) \tag{7-58}$$

如果令 $f(V,\ \tau)$ 代表股权的价值，则它的价值就是：

$$V-F(V,\ \tau)=f(V,\ \tau) \tag{7-59}$$

而

$$V-\min(V,\ B)=\max(V-B,\ 0) \tag{7-60}$$

有了以上定解条件，就可以用 12.2 节中介绍的傅里叶积分变换(Fourier transform)技术解出公司债务的价格函数。不过，既然我们显式地获得过 B－S 偏微分方程的解，在这里就不妨套用 B－S 形式来获得偏微分方程式(7-57)的解。

为了决定股权的价值，注意到：

$$f(V,\ \tau)=V-F(V,\ \tau) \tag{7-61}$$

用它在上面的偏微分方程中替代掉 F，就有：

$$\frac{1}{2}\sigma^2V^2f_{VV}+rVf_V-f_\tau-rf=0 \tag{7-62}$$

初始条件为：

$$F(V,\ 0)=\max(V-B,\ 0) \tag{7-63}$$

上述偏微分方程同决定欧式看涨期权价格的 B－S 方程在形式是一样的，这里的公司价值 V 相当于 B－S 方程中的股票价格，到期债券总支付 B 则相当于那里的执行价格。这种相似性可以让我们直接利用 B－S 公式写下股权的价值：

$$f(V,\ \tau)=V\mathcal{N}(d_1)-Be^{-r\tau}\mathcal{N}(d_2) \tag{7-64}$$

其中，$\mathcal{N}(.)$ 仍然是正态分布函数，而且：

$$\begin{aligned} d_1&=\frac{\ln\dfrac{V}{B}+\left(r+\dfrac{1}{2}\sigma^2\right)\tau}{\sigma\sqrt{\tau}} \\ d_2&=\frac{\ln\dfrac{V}{B}+\left(r-\dfrac{1}{2}\sigma^2\right)\tau}{\sigma\sqrt{\tau}}=d_1-\sigma\sqrt{\tau} \end{aligned} \tag{7-65}$$

根据式(7-64)和式(7-58)，就可以把债券价格写为[①]：

① 要指出的是：期权和公司债券之间的重要区别在于，一个期权的买卖双方在一般情况下是无法影响基础资产的价格的，但是股东代表确实管理着企业，它们对公司资产的价值(包括风险等级)有相当的影响能力，而这就会影响债券的价格。

$$F(V, \tau)=V-f(V, \tau)=V[1-\mathcal{N}(d_1)]+B\mathrm{e}^{-r\tau}\mathcal{N}(d_2)$$

上式可进一步写为：

$$F(V, \tau)=B\mathrm{e}^{-r\tau}\left\{\mathcal{N}[h_2(\bar{\omega}, \sigma^2\tau)]+\frac{1}{d}\mathcal{N}[h_1(\bar{\omega}, \sigma^2\tau)]\right\} \tag{7-66}$$

其中：

$$\bar{\omega}=B\mathrm{e}^{-r\tau}/V$$

$$h_1(\bar{\omega}, \sigma^2\tau)=-\frac{\frac{1}{2}\sigma^2\tau-\ln(\bar{\omega})}{\sigma\sqrt{\tau}}$$

$$h_2(\bar{\omega}, \sigma^2\tau)=-\frac{\frac{1}{2}\sigma^2\tau+\ln(\bar{\omega})}{\sigma\sqrt{\tau}}$$

7.4.3 利率风险结构

由于到期收益率(yield to maturity)$R(\tau)$同债券价格之间存在如下恒等关系[①]：

$$\exp[-R(\tau)\tau]=\frac{F(V, \tau)}{B} \tag{7-67}$$

或者：

$$R(\tau)=-\frac{1}{\tau}\ln\frac{F(V, \tau)}{B}$$

因此，也可以把式(7-66)改写通常使用超额收益率的形式：

$$R(\tau)-r=-\frac{1}{\tau}\log\left\{\mathcal{N}[h_2(\bar{\omega}, \sigma^2\tau)]+\frac{1}{\bar{\omega}}\mathcal{N}[h_1(\bar{\omega}, \sigma^2\tau)]\right\} \tag{7-68}$$

该式就定义出了一个利率的风险结构，$R(\tau)-r$ 就是风险溢价(risk premium)。给定到期时间，风险溢价仅仅是两个变量的函数，它们是：

(1) 公司资产价值的波动率 σ；

(2) 用无风险利率贴现的承诺支付 B 对公司价值 V 的比率 $\bar{\omega}$[②]。

根据式(7-66)，我们可以把债券的市场价格笼统地写为 $F(V, \tau, B, \sigma^2, r)$，由于公司债务和欧式期权之间的相似性，我们可以显示 F 是 V 和 B 一阶齐次凹函数[③]，并且有：

$$F_V=1-f_V>0,\ F_B=-f_B>0,\ F_\tau=-f_\tau<0,\ F_{\sigma^2}=-f_{\sigma^2}<0,\ F_r=-f_r<0 \tag{7-69}$$

这些关系对于普通贴现债券来说，都是比较直观的。例如，债券的价格是当前公司市场

① 本节的内容主要来自 Merton(1996)，p395—405，以及 Ingersoll(1987)，第 19 章。

② $\bar{\omega}$ 是一个用无风险利率估价的债务对公司价值(debt-to-firm-value)的相对比率，因此，它是真实债务对公司价值比率(market-value)的一个向上有偏的估计。

③ 证明见 Merton(1996)。

价值和到期支付总额的增函数，是到期时间、公司风险和无风险利率的减函数。

既然我们对于所有不同企业的债券在某一时刻的风险结构感兴趣，则处理价格比率：

$$\eta = \frac{F(V,\ \tau)}{B\exp(-r\tau)}$$

比绝对价格水平 F 更有效。可以认为 η 是当前时刻，每一单位在 τ 时间后到期的风险支付对无风险支付的比率，它总是小于或者等于 1。根据式(7-66)我们有：

$$\eta(\bar{\omega},\ \upsilon) = \mathcal{N}[h_2(\bar{\omega},\ \upsilon)] + \frac{1}{\bar{\omega}}\mathcal{N}[h_1(\bar{\omega},\ \upsilon)] \tag{7-70}$$

其中，$\upsilon = \sigma^2\tau$，它是对公司债券存续期内的公司价值波动率的一种测度。注意到与 F 不同，η 完全由准债务-公司价值比率(quasi debt-to-firm value ratio)$\bar{\omega}$ 和 υ 决定，而且是它们两者的减函数：

$$\eta_{\bar{\omega}} = -\frac{\mathcal{N}(h_1)}{\bar{\omega}^2} \tag{7-71}$$

$$\eta_{\upsilon} = -\frac{n(h_2)}{2\bar{\omega}\upsilon^{1/2}} \tag{7-72}$$

其中，$n(.)$是标准正态分布密度函数。现在定义另一个分析利率风险结构中很重要的比率 g：

$$g = \sigma_y / \sigma$$

其中，σ_y 是债券的瞬间收益标准差，σ 是公司收益的瞬间标准差。来自债券和公司的两种收益完全相关，因此，g 是一个用公司本身风险程度评估的(相对)债券风险的测度指标。

根据式(7-66)和式(7-50)，可以得到 g 的公式：

$$\frac{\sigma_y}{\sigma} = \frac{VF_V}{F} = \frac{\mathcal{N}[h_1(\bar{\omega},\ \upsilon)]}{\eta(\bar{\omega},\ \upsilon)\bar{\omega}} = g(\bar{\omega},\ \upsilon) \tag{7-73}$$

根据无套利条件式(7-54)，有：

$$\frac{\mu - r}{\mu_y - r} = g(\bar{\omega},\ \upsilon) \tag{7-74}$$

其中，$\mu_y - r$ 是债务的期望超额收益，$\mu - r$ 是整个公司的期望超额收益。可以把式(7-71)和式(7-72)写成 g 的弹性形式：

$$\frac{d\eta_{\bar{\omega}}}{\eta} = -g(\bar{\omega},\ \upsilon) \tag{7-75}$$

$$\frac{\upsilon\eta_{\upsilon}}{\eta} = -g(\bar{\omega},\ \upsilon)\frac{n(h_1)\upsilon^{1/2}}{2\mathcal{N}(h_1)} \tag{7-76}$$

前面谈到通常可以用到期收益率与无风险利率之差作为债券风险溢价的测度。如果定义：

$$R(\tau) - r = H(\bar{\omega},\ \tau,\ \sigma^2)$$

则根据式(7-68)有：

$$H_{\bar{\omega}}=\frac{1}{\tau\bar{\omega}}g(\bar{\omega},\ \upsilon)>0 \tag{7-77}$$

$$H_{\sigma^2}=\frac{1}{2\upsilon^{1/2}}g(\bar{\omega},\ \upsilon)\ \frac{n(h_1)}{\mathcal{N}(h_1)}>0 \tag{7-78}$$

$$H_{\tau}=\frac{\log\eta+\dfrac{\upsilon^{1/2}}{2}g(\bar{\omega},\ \upsilon)\ \dfrac{n(h_1)}{\mathcal{N}(h_1)}}{\tau^2}\ \substack{>\\=\\<}\ 0 \tag{7-79}$$

如图 7-4 所示,风险溢价确实是 $\bar{\omega}$(图 7-4(a))和 σ^2(图 7-4(b))的增函数。

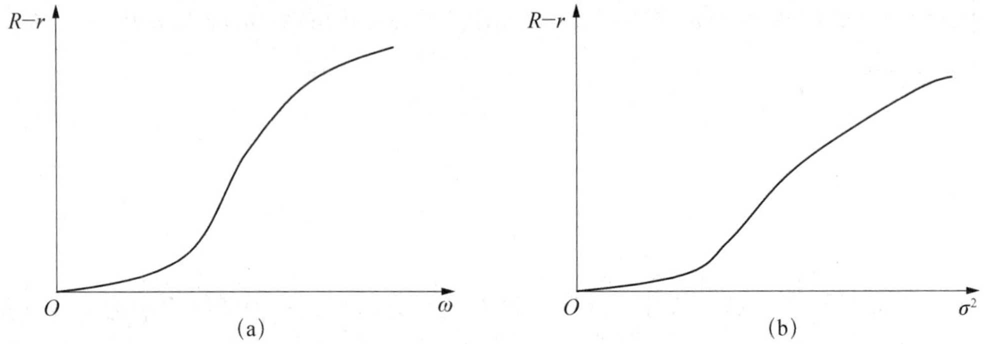

图 7-4　风险溢价对拟负债价值率和公司方差的函数关系

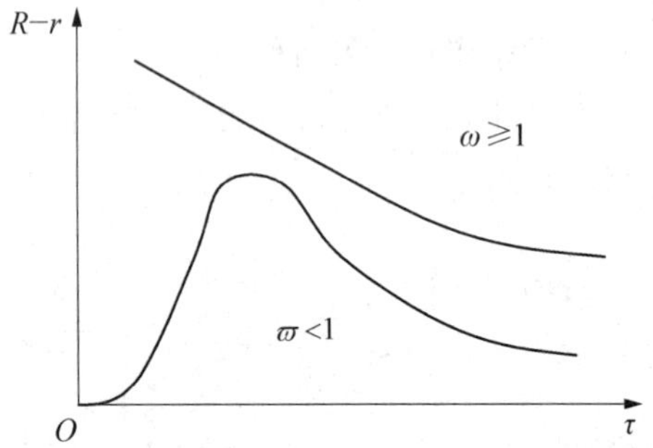

图 7-5　风险溢价对到期时间的函数关系

但是,如式(7-79)和图 7-5 所示,风险溢价对到期时间的变化同时具有两种可能。如果 $\bar{\omega}\geqslant 1$,则它们呈现负相关关系。

为了完成用风险溢价测度的利率风险结构的分析,还要证明这个溢价是无风险利率的递减函数,即：

$$\frac{\mathrm{d}H}{\mathrm{d}r}=H_{\bar{\omega}}\ \frac{\partial\bar{\omega}}{\partial r}=-g(\bar{\omega},\ \upsilon)<0 \tag{7-80}$$

剩下的工作是决定 $R-r$ 能否算是债券风险的一个有效测度。也就是说,对于不同种类的债券,是否可以断言 $R-r$ 越大则风险也越大。为了做到这一点,我们先得明确什么是所谓的"风险更大"。既然风险结构是所有债券在某一时刻上的特征速写,用下一交易期间内收益的不确定性,即标准差：

$$\sigma_y=\sigma g(\bar{\omega},\ \upsilon)=G(\bar{\omega},\ \sigma,\ \tau)$$

来定义风险是一种很自然的选择。根据 $G(\bar{\omega},\ \sigma,\ \tau)$的定义和式(7-73),有：

$$G_{\bar{\omega}}=\frac{\sigma g^2}{\upsilon^{1/2}}\ \frac{\mathcal{N}(h_2)}{\mathcal{N}(h_1)}\left[\frac{n(h_2)}{\mathcal{N}(h_2)}+\frac{n(h_1)}{\mathcal{N}(h_1)}+h_1+h_2\right]>0 \tag{7-81}$$

$$G_{\sigma}=g\left\{\mathcal{N}(h_1)-n(h_1)\left[\frac{\upsilon^{1/2}}{2}(1-2g)+\frac{\log\bar{\omega}}{\upsilon^{1/2}}\right]\right\}\Big/\mathcal{N}(h_1)>0 \tag{7-82}$$

$$G_{\tau}=\frac{-\sigma^{2}G}{2v^{1/2}}\ \frac{n(h_{1})}{\mathcal{N}(h_{1})}\left[\frac{1}{2}(1-2g)+\frac{\log\bar{\omega}}{v}\right]\gtreqless 0 \tag{7-83}$$

如图 7-6 所示，G 确实是 $\bar{\omega}$ 和 σ^2 的增函数。

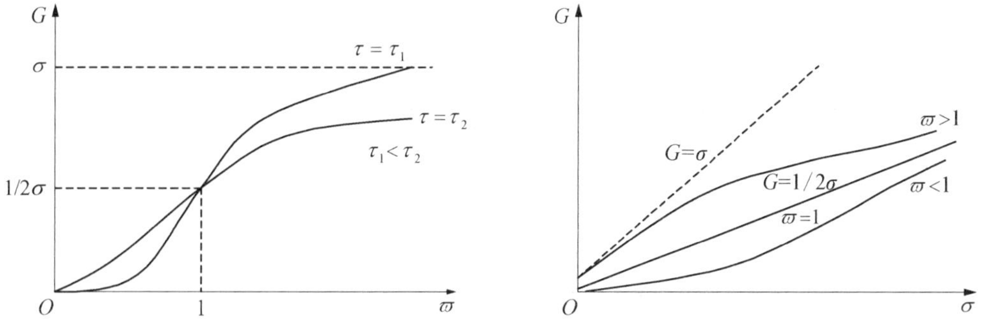

图 7-6　G 对拟负债价值率和公司方差的函数关系

但是，如式(7-83)和图 7-7 显示，G 对到期时间的变化仍然由 $\bar{\omega}$ 的值决定。

把式(7-81)—式(7-83)同式(7-77)—式(7-79)做比较，风险溢价和标准差对拟负债价值率和公司风险的反应是一致的，但是对于到期时间的变化则不同。因此，当比较有着相同到期时间的债券的风险溢价时，它不能提供对于风险测度的有效测度。换句话说，对于不同到期时间的债券，不是说风险溢价越大则它的标准差(即风险程度)也越大①。

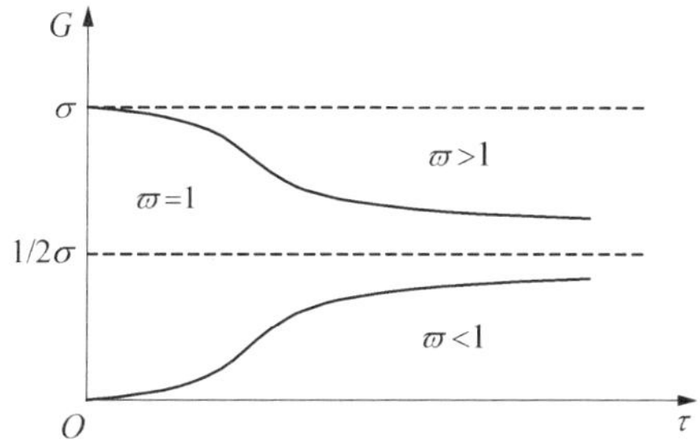

图 7-7　G 对到期时间的函数关系

为了完成对 $R-r$ 和 G 的比较分析，还要显示标准差是无风险利率的减函数，即类似式(7-80)，我们有：

$$\frac{\mathrm{d}G}{\mathrm{d}r}=G_{\bar{\omega}}\ \frac{\partial\bar{\omega}}{\partial r}=-\tau\bar{\omega}G_{\bar{\omega}}<0 \tag{7-84}$$

7.4.4　认股权证和可转换债

本节考察公司债务中比较复杂的部分：认股权证(warrant)和可转换债(convertible bond)。它们要不是期权类产品就是镶嵌了期权结构，因此前面的 CCA 方法得到延续。

首先，考察的是认股权证。同期权类似，它给予持有者以固定价格在特定时间购买标的公司股票的权利。两者之间的重要区别是：普通期权是由市商(market maker)创造的，当期权执行时，交割的是现货市场上已经存在的股票，伴随发生的现金流与股票发行公司完全无关；而权证通常是由发行标的股票的公司自己发行的，当权证被持有者执行时，该公司就要发行新的股票交付给权证的持有者，同时获得由权证持有者提供的购买新股票的现金，这些流入的现金会增加该公司的资产价值。明确了这一点，就可以使用适当改造过的 B-S 期权定价公司来给出认股权证的价格。

假定：(1) 公司拥有 N 股发行在外的普通股和 n 份权证，而且它们是该公司的全部融

① 对这个问题更多的讨论见 Ingersoll(1987)，p422—427。

资结构;

(2) 每一份权证允许它的持有者以 K 的价格认购一股普通股的权利。

如果公司在权证到期日 T 的股权总价值是 V_T,而且所有权证都被执行,则公司可以获得一笔数量为 nK 的现金流。换句话说,在权证执行后的那个时刻,公司的总价值将增加到 V_T+nK,但是由于公司在这一时刻已经有了 $n+N$ 份股票,这时每股股票价格被稀释为:

$$S=\frac{V_T+nK}{n+N}$$

所以,在执行前的那一刻,每个权证价值:

$$\frac{V_T+nK}{n+N}-K$$

显然,当且仅当该价值为正时,即 $S>K$(也即 $V_T\geqslant NK$)时该权证才会被执行。我们记到期日为 τ,基于公司价值的权证的单位价格为 $w(V,\ \tau)$,则到期日支付函数为:

$$w(V,\ 0)=\begin{cases}\lambda(V_T+nK)-K & V_T>NK\\ 0 & V_T\leqslant NK\end{cases}$$

其中,$\lambda=1/(n+N)$,代表公司在所有权证都被执行情况下的分割比例。上述支付函数也可以简记为:

$$w(V,\ 0)=\max[\lambda V-K(1-n\lambda),\ 0]=\lambda\max[V-K(1-n\lambda)/\lambda,\ 0] \quad (7\text{-}85)$$

这说明一单位的认股权证的价值是 λ 份基于 V 的普通看涨期权的价值。因此,如果 B-S模型中的假定均得到满足,则我们立即就有:

$$w(V,\ \tau;\ \lambda,\ K)=\lambda C\left[V,\ \tau;\ \frac{K(1-n\lambda)}{\lambda}\right]=C[\lambda V,\ \tau;\ K(1-n\lambda)]\ (\text{齐次性}) \quad (7\text{-}86)$$

"理论与实践相结合"7-2　可转债定价理论述评

目前的可转债定价理论形成了结构法(structural approach)和简化法(reduced-form approach)两种模型体系。

(一) 结构法

结构法是通过研究公司的资本结构,视公司价值为基本变量来评估可转债的价值。英格索尔(Ingersoll, 1977)最早将期权定价理论运用于可转债的定价,认为可转债的价值只依赖于公司价值这一个变量。模型假定公司价值等于可转债的市价与公司股票市价之和,公司价值是一个随机变量,其波动服从对数正态的伊藤过程。英格索尔运用无风险套利原理推导出了债券持有者的最优转换策略和债券发行者的最优赎回策略,并且他还假定股票不支付现金股息,因此任何在债券到期之前提前行使转股权的行为都不是最优的，并且据此给出了可转债价格的解析解。他的一个重要的结果是在不考虑赎回条款的情况下，将可转债的价格分解为一个与转债具有相同的到期期限和本金的贴现债券的价格以及行使价格等于债券面值的认股权证的价格。英格索尔又将这一结果扩展到了考虑赎回条款情况下的可转债的定价中，在这种情况下，可转债的价格被分解为普通贴现债券价格与认股权证价格之和减去公司的赎回期权的价格。布伦南和施瓦茨(Brennan & Schwartz, 1977)使用与英格索尔类似的方法，在考虑赎回条款，息票利息和现金股利的情况下，使用有限差分法得到了可转债的价格。

布伦南和施瓦茨(1980)将利率的波动影响加入转债定价模型中，认为可转债的价格波动受公司价值和市场利率波动两个因素的影响。其利率的波动模型采用其 1977 年的利率模型，这个模型中的利率运动具有均值回复的特征，推导出了可转债价格所满足的偏微分方程。然后，在投资者行使最优转换策略、公司行使最优赎回策略、债券到期以及公司破产情况下给出方程的边界条件，最后利用数值方法——有限差分法给出了方程的解。

卡拉亚诺普洛斯(Carayannopoulos, 1996)模型假定资本市场是完全的，无税收、无交易成本以及信息完全的，公司价值仅由普通股票和可转债组成而没有普通公司债券，可转债是可赎回的、在赎回期内达到可赎回条件则可转债持有者必须交出可转债。其模型类似 B-S 模型，唯一的不同之处在于利率模型的选用上。

纽伯格(Nyborg, 1996)对 B-S 模型进行了扩展，其使用的利率和公司价值随机过程都与 B-S 模型中的一致，创新之处在于考虑了有回售条款和浮动息票支付条件下的可转债的定价以及息票支付。在他的模型中，假设息票的支付是通过卖出无风险资产来取得融资，并利用鲁宾斯坦(Rubinstein, 1983)的扩散模型来分别计算公司的风险资产和无风险资产的价值，从而得到了可转债价格的解析解。

上述模型均认为公司的价值是影响可转债价格的主要因素，并且公司的价值运动遵循伊藤引理。使用公司价值作为解释变量的优点是更容易度量公司在陷入财务危机时的可转债的价值，缺点是公司的价值和波动率是无法直接观察到的，并且公司价值的运动比较复杂，用模型难以准确地刻画。

(二) 简化法

简化法可转债定价模型是以公司的股票价格运动作为解释变量，也就是认为可转债的价格是受到公司的股票价格的变动影响的。相对于公司的价值来说，公司的股价可以直接观察到，并且股票价格的运动过程也比较容易刻画，因此基于股价运动的定价模型要较基于公司价值运动的定价模型更加实用。最早利用公司股价对可转债进行定价的是在 1986 年(McConnell & Schwartz, 1986)。其主要假定是资本市场是完全的，获取相关信息是无成本的，利率期限结构是平坦的且为已知常数，可转债价值只依赖股票价格而且股票价格波动率是不变的常数，发行公司无破产风险。在这些假定下，他们给出了可转债价值依赖于股价变动的偏微分方程，通过有限差分数值方法可求解。

在高盛公司的一篇研究报告(Goldman Sachs, 1994)中，作者利用股价运动的二叉树模型来计算可转债的理论价格。模型假设利率、信用风险以及股票波动率都是已知不变的常数，可转债的价格波动只来源于公司股票价格的波动这一个因素，并假定在风险中性世界中，未来的股价运动服从波动率不变的对数正态分布。同时，在对未来现金流进行贴现时,考虑到可转债的信用风险,采用经过信用风险调整的贴现率,更推进了一步。

有学者(Tsiveriotis & Fernandes,1998)在高盛(1994)的基础上提出带有外生性的信用利差模型,他们对基于股票价格的单因素模型进一步完善。他们认为,利率的随机波动对可转债的价格影响较小,可以忽略,因此可转债就可以看作只是标的股票的衍生品,所以他们的模型仍旧是结构法的单因素模型。他们的研究方法创新之处在于,不再将可转债看作是普通债券和看涨期权的组合,而是将可转债的价值分解为现金权益和期权权益两部分。现金权益部分是指可转债持有者未来可以得到的所有的现金流的贴现值(包括息票利息、本金偿还或者提前回售)而无股权流入收益,因为存在发行者的违约风险所以采用风险贴现率(无风险利率+信用风险利差)贴现;期权权益部分是指将可转债转换成股票的转换价值,这部分不存在违约风险(因为投资者总是可以将转债转换成股票),所以用无风险利率贴现。根据上述假设以及B-S(1973)期权定价公式可以得出可转债价值和可转债的现金部分满足的偏微分方程组。按照转换条款、赎回条款、回售条款以及可转债到期日的偿还条款可以得到此偏微分方程的边界条件和终端条件,再利用有限差分数值法可以得到它的数值解。

为了更加准确地对可转债进行定价,国外许多学者将利率的波动性加入了基于股价运动的定价模型中,从而产生了基于股价与利率随机运动的可转债定价双因素模型。有学者(Ho & Pfeffer, 1996) 提出了基于股价运动的可转债定价双因素模型,其中利率波动模型采用H-L模型(1986),这个利率模型与B-S利率模型(1977)相比,优点是它可以根据利率初始期限结构进行校准,对利率运动的模拟更加准确。在他们的模型中,将可转债的价格分解为投资价值、认股权证价值和发行者的赎回期权价值。该模型使用二元二叉树模型来计算可转债的价格,对所有的现金流使用风险利率进行贴现。Ho-Pfeffer模型(1996)相对于高盛模型(1994)和Tsiveriotis-Fernandes模型(1998)的优点是考虑了利率的波动对可转债的价格的影响,并且对股价运动的模拟考虑了将违约风险补偿加入到股价运动模型的漂移率之中。

此外,还有学者(Davis & Lischka, 1999) 提出了一个可转债定价三因素模型。他们认为可转债的价格波动取决于三个因素:利率、股价和违约风险。在这个模型中,利率随机波动模型使用拓展的Vasicek模型,从而不仅可以根据初始利率期限结构进行校准而且具有均值回复的特征,较好地模拟了利率的运动。股价的随机波动模型中将违约风险补偿考虑进股价漂移率之中,更加符合现实情况。该模型的一个创新之处是运用杰罗-特恩布尔(Jarrow & Turnbull, 1995)模型加入了对违约风险(风险率)的度量,而不再认为信用风险利差是不变的常数,从而可以更加精确地对可转债进行定价。

以下考察可转换债。一种典型的可转换债像普通的债券一样具有某种形式的固定利息支付,此外它还可以转换为一定数目的公司股票。

假定:(1) 公司拥有 N 股发行在外的普通股和可转换债,而且这是该公司的唯一融资结构。

(2) 在 T 时刻,债券持有人有权获得 M 数量的支付;但是,如果公司违约,则债权人接管企业。

(3) 可转换债的持有人还可以选择把所有债券转换成 n 股新发行的股票，定义稀释比例为 $\lambda = n(N+n)$。

如果债券持有人不选择转换，那么像普通债券一样，到期日它们的收益为 $\min(V_T, M)$。假如选择转换，持有人将获得价值为 λV_T 的股票。因此，债券持有人的到期日收益应当为：

$$con(V_T, 0)=\begin{cases}\lambda V_T, & M \leqslant \lambda V_T,\text{转换} \\ M, & M \leqslant V_T < M/\lambda,\text{持有} \\ V_T, & V_T < M,\text{持有}\end{cases} \tag{7-87}$$

这可以表示为：

$$con(V_T, 0)=\min(V_T, M)+\max(\lambda V_T - M, 0) \tag{7-88}$$

这实际上是一个普通债券支付和一个认股权证支付的总和。因此，对债券持有人来说，如果提前转换不是最优的话，则：

$$con(V, \tau; M, \lambda)=F(V, \tau; M)+c(\lambda V, \tau; M) \tag{7-89}$$

如果把式(7-87)、式(7-89)同前面的分析做比较的话，可以清楚地看到：可转换债券类似于普通债券加上执行价格等于债券面值的认股权证。唯一不同的是：在可转换债情况下(式(7-89))，无须再稀释调整总的执行价格了。产生这种不同的原因在于：当可转换债被看作普通债券加上认股权证时，没有任何执行价格转换给"认股权证持有人"——它统统支付给了债券持有者本人。

"理论与实践相结合"7-3　公司金融——太多的课题[①]

我们对融资者行为的考察不自觉地又转到定价问题上了，实际上公司金融领域还有许多有趣的，且与金融实践密切联系的话题。总体说来，公司金融领域内的问题不一定太难，而是太多，大量发生在实际生活中的公司行为需要得到解释。这些解释大都不是新古典的(方法论上是)，不对称信息(asymmetric information)是理解问题的关键，委托-代理(agency theory)行为是考察的重点。

信息充分假设认为，企业管理层和投资者双方均能预知未来收益或者未来现金流量，并据此做出相应的决策。同时，有效的资本市场是根据这一假设来评价企业的市场价值。必须看到的是，这样的假设条件显然不符合实际情况，比较现实的情况是企业管理层较外部投资者更多地了解企业。因此，他们在与投资者的博弈过程中处于有利地位。

一旦关于对称信息的假设条件被释放，公司金融领域的研究立即呈现活跃状态。例如，我们在第二节中考察过的两权分离问题。我们的模型均建立在信息充分简单化的新古典假定条件下。换句话说，分析忽略了有自身独立利益的经理人(代理人)阶层的存在，

① 对于公司金融领域中众多问题的探讨可以参考 Brennan(1996)的介绍部分。

而他拥有更多的信息①。

詹森(Jensen)和麦克林(Meckling)(1976)的先驱研究首先明确了经理、股东和债权人之间的冲突,并且显示这些冲突是如何被公司的负债结构和管理层持有股票的数量影响的。他们认为:债务资本和权益资本都存在代理成本问题,资本结构取决于所有者承担的总代理成本。他们将企业资本划分成三类:由管理层持有的内部股权、由企业外部股东持有的外部股权和债务。与这些资本相对应,企业的代理成本可以分成两类:与外部股权资本有关的全部代理成本②;与债务资本有关的全部代理成本。资本结构与代理成本的关系为:财务杠杆与外部股权资本的代理成本成反比,而与债务资本的代理成本成正比③。

类似地,罗斯(Ross)(1977年)的研究则释放了M-M理论中关于充分信息的假设,他假设企业经营者对企业的未来收益和投资风险具有内部信息,投资者则没有这些信息,但是知道对管理者的激励制度。在此基础上,罗斯认为,在信息不对称的情况下,企业内部人必须通过适当的行为才能向市场传递有关信号,向投资者表明企业的真实价值。因此,投资者唯有通过经营者输送出的信息才能间接地评价企业市场价值。资本结构是管理者将内部信息向市场传递的一种工具,财务杠杆提高是一个积极的信号④,它表明管理者对企业未来收益有着高预期,投资者将高财务杠杆视作高质量公司的信号,企业的市场价值也会随之上升。为了使财务杠杆成为可靠的信息机制,罗斯认为,对破产企业的管理者应该施以"惩罚"约束,因为低质量公司在任何债务水平上均具有较高的边际期望破产成本,低质量公司的管理者并不能模仿高质量公司⑤。

另一方面,由于代理问题引起的净损失(deadweight lose),人们考虑是否可以通过最适当的契约设计(contracting)解决它。财务契约理论是代理成本理论的延续,是关于财务契约能解决代理成本(股东与债权人之间利益冲突所产生的代理成本)的资本结构理论。具体而言,财务契约是指一系列限制性条款,通常由普通条款、常规条款和特殊等三类条款构成。其中,普通条款强调债务人的流动性和偿还能力,常规条款强调债务人的资产保全,特殊条款视资金出让方的情况而定,没有统一的条款。这些条款有利于在信息不对称条件下控制债务资本风险,保证债权人和股东的利益,从而实现公司价值最大

---

① 利兰(Leland)认为,如果一个项目的收益可以被分为系统的和项目特定的两个部分,如果市场相对于特定部分是不完备的,则股东一致同意经理选择的投资策略。

② 代理成本包括企业所有者的监督费用以及代理人受限制费用和剩余损失之和;就发行新股融资而言,这种融资行为意味着原有股东以股权换取新所有者的资金,新所有者为了保证他们的利益不受原有股东的侵害,必须付出监督费用。

③ 迈尔斯(Myers)的研究集中在债权人和股东之间的冲突中,并且证明如果公司是股东权益最大化为运营目标的,则它可能被迫拒绝那些表面上有利可图的投资项目(underinvestment problem)。如果存在债券违约的可能,因为投资收益部分归债权人所有,这不仅为资本分配(capital rationing)的存在提供了一个合理的解释,而且还包含着真实期权的思想。

④ 信号模型曾被广泛运用于公司财务学领域。除了罗斯模型外,还有几个颇有影响的模型,即塔尔莫(Talmon)模型、汉克尔(Heikel)模型和利兰-派尔模型等。以上提到的四个模型均属信号模型理论,其中罗斯模型和利兰-派尔模型比较出名,而塔尔莫模型和汉克尔模型是前两个模型的修正和扩充。

⑤ 罗斯的分析简洁、方法新颖,但是该模型的缺陷在于:没有建立一个企业管理者向外输出错误信号的机制。这种判断的理由有二:一是尽管罗斯设立了对破产企业经营者进行惩罚的机制,但在破产和经营不佳之间仍存在一个较大的最敏感的决策区域;二是罗斯对证券持有人的约束条件未作考虑。

化以及资本结构最优化。因此，该理论的思路是：一方面，股东解决了因自身资源限制而难以获取有利可图的投资机会的尴尬处境；另一方面，通过财务契约，债权人规避了财务风险。财务契约实现了双赢，由此减少了企业的代理成本，有助于企业实现利润最大化的目标，有效财务契约下的资本结构也是最佳的财务结构。

该理论的研究内容主要有两个方面：一是财务契约设计，二是最优财务契约的条件。就财务契约的设计来说，研究如何设置财务条款来解决代理成本，可转换条款、可赎回条款、优先条款等是经常用来就解决代理成本的契约条款。这些条款能够降低债权人的监督成本，并且有利于股东从事净现值(net present value)大于零的投资项目。就最优财务契约的条件而言，财务契约能够部分解决债务的代理成本，因此最优财务契约将能带给企业最大的利益。然而，最优契约的条件是标准的财务契约，即企业在具有偿债能力时，要求其支付一固定款项的契约，否则企业面临破产。因此，契约要求企业管理层向债权人或投资者披露充分企业的真实状况①。

小　结

本章中，我们顺次考察涉及融资者行为(或者说公司金融)的三个主要方面。

首先，我们考察了企业的生产目的和两权分离问题。分析揭示：在不确定环境下，股东对公司以利润最大化为生产目标是否可以达成一致取决于证券市场的完备性。如果收益线性独立的资产数目同世界状态的数目一样多，则在确定性环境下获得的结论可以得到保持。

其次，我们考察了公司资本结构问题，特别是M-M定理的基本形式。在单期模型中结论非常直观：公司的资本结构代表了企业所有者对于利润现金流的要求权，如果他们可以按照同企业一样的条件自由交易这些权益，则资本结构的变化对公司或者消费者的真实交易没有任何影响。如果企业增加一定量的负债，股东将失去等价值对未来现金流的要求权，他们可以通过买入等价值量的债券来弥补股权水平下降时的损失。

不难发现M-M理论的核心实际是无套利精神，M-M不相关定理奠定了现代资本结构研究的基础，即从企业经营者的目标和行为以及投资者的目标和行为的角度出发，探讨在一定生产环境下两者的一致性和可能会产生的冲突。分析显示：M-M无关性定理得以成立的关键是是否存在一个完善(注意不是完备)的金融市场(即投资者和企业是否可以以同样的条件进入市场交易)。如果是这样，那么企业为实现财务管理目标的努力和投资者实现自身效用最大化的努力相互制约，使得企业实现市场价值最大化的努力最终为投资者的相应对策所抵消。这种分析克服了以往该领域研究中单方面考察而产生的片面性。

最后，作为第4章中的或有权益定价方法的一种延续和应用，我们进一步深入企业资本

① 从理论上讲，财务契约与资本结构之间的逻辑关系或传导机制具有合理性，但是资本结构的实践显示，财务契约与资本结构的传导机制存在缺陷，债务契约并不能解决股东与债权人之间的利益冲突。影响传导机制或传导机制受阻的根本原因在于，财务契约是债权人在信息不对称情况下，为规避信用风险而设立的一系列条款。事实上，企业股东或所有者比债权人更了解企业，因此这些条款不可能达到最优。从这个意义上说，财务契约不能完全消除代理成本。

结构中的债权部分(和类期权结构产品),采用CCA技术为债务进行了定价并获得了重要的利率风险结构。

文献导读

实际上在1970中期的代理理论(agency theory)发展以前,Hirshleifer(1958)就证明了在确定情况下的完善的资本市场中,股东一致支持最大化股权价值的行动①。这些简单的结论在EcKern & Wilson(1974)中被发现:一旦引入了不确定性,市场是不完备的,就不成立。Radner(1972)也注意到了不确定情况下的公司目标的一致性问题。DeAngelo(1981)则证明:股东同意最大权益的投资策略的前提是投资决策不改变市场的扩展(spanning),同时不有意地改变状态或有权益的价格(完全竞争)。Makowski(1983)放松了扩展的假定,并且证明价值最大化在没有扩展的条件下也会被一致同意,只要没有买空,并且新市场化的证券价格足够高去抵消购买者的任何消费者剩余(consumer surplus)。Grossman & stigliz(1980)提供了对该问题的一个综述。

M-M理论的原形来自Modigliani & Miller(1958)(无税模型)的不相关结论,Modigliani & Miller(1963)是有税模型。对M-M理论的一个精炼的表述见Stiglitz(1969)。现代资本结构理论研究的历史沿革显示:资本结构理论的发展与M-M理论的假设条件的释放进程有着极大的关联,进一步的发展例如"税收学派",参考Miller(1977);"破产成本学派"(后派生至财务困境成本),参考Chen(1978)和Kraus & Litzenberger(1973)。总结性的回顾参见Miller(1988)。

现代公司债券定价的最初思考来自Black & Scholes(1973),有关CCA定价原理可以参考Mason & Merton(1985)。利率的风险结构方面问题可以参考Merton(1974)。更为复杂的债务结构,如可转换债等可参考Ingersoll(1977)以及Brennan & Schwartz(1977)。

公司金融和管理方面更多的主题,如信息不对称理论,参见Leland & Pyle(1977)以及Jensen & Meckling(1976)。最优契约设计可以参考Aghion & Bolton(1992)和Narayanan(1985)。Brennan(1996)提供了一个高度凝聚的文献综合汇编。

对于本章大多数内容例如M-M理论的讨论也可以在很多教科书中找到,如Copeland & Weston(1988)、Damodaran(2000);连续时间下的情形可以参考Merton(1996)、Ingersoll(1987)等。

① 本章核心内容来自Erichberger & Harper(1997)第5章,Merton(1996)第12、13章以及Ingersoll(1987)第19章。

第二部分 金融数学基础

第 8 章　基础微积分和线性代数

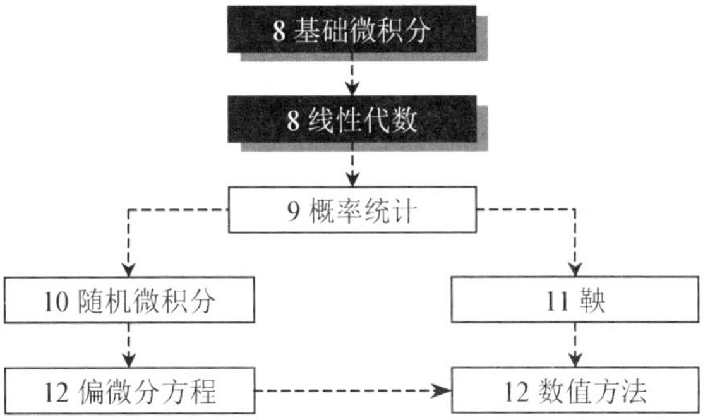

本 章 的 学 习 目 标

- 回顾集合的基本概念和运算规则；理解集族和西格玛-代数的定义和相关概念；
- 回顾函数的概念和函数的一些基本性质：线性、单调性等；
- 回顾极限、导数和微分的定义，了解如何用导数和微分刻画函数的各种态性，用微分作近似计算，掌握泰勒公式，理解中值定理和洛必达法则；
- 理解获得黎曼积分的直观方法，理解黎曼积分和斯第尔切斯积分之间的差异；
- 理解不定积分的定义，掌握不定积分和定积分之间的关系：微积分基本定理；
- 记忆各种特殊类型的矩阵，如对称阵、三角阵、单位阵等以及它们在运算中的作用；
- 掌握矩阵的各种运算，如乘法、求逆和微分和相应的运算规则；
- 了解方阵的重要特征，如行列式、迹等，特别注意二次型的定义和类别；
- 掌握克莱姆法则及其运用的条件，掌握线性组合、线性相关、无关、秩等重要概念以及相应性质；
- 了解线性方程组的解的特征，以及解存在的充要条件；
- 了解向量空间中诸如维数、扩展、基、核等基本概念，了解向量空间中的重要几何特征，如长度、距离、角度、投影等，并理解对套利定价定理的证明；
- 了解分离超平面定理和它在经济分析中的应用；
- 掌握基于微积分和线性代数的几种常用经济最优化技术。

从本章起我们就进入了金融数学部分的学习。作为这个循序渐进过程的开始，本章首先对一些基础数学概念，如集合、函数等进行复习，然后，简要地回顾经典微积分学和高等代数。毫无疑问，其中大多数内容，读者都会相当的熟悉。这种复习的目的有三个：使读者熟悉本书使用的符号体系；使读者熟悉常用的经济最优化技术；由于金融分析中采用的随机微积分技术对一个初学者来说显得过于抽象，通过相互比较和引申，我们能够发现经典微积分原理可以解决什么问题，又提出了什么问题需要进一步研究，这便于我们在后续的学习中引出更让人感兴趣的随机微积分。

8.1 集合和函数

8.1.1 集合和集族

集合(set)是现代数学中最基本的概念之一。由于这种基本性，它反而难以严格定义。通常可以把集合直观地描述为：具有某种共同特征的对象或者事物的汇总。构成集合的对象称为该集合的元素(element)。本书中，我们使用大写字母 A、B、C、…来表示集合；用小写字母 x、y、z、…来表示集合中的元素。

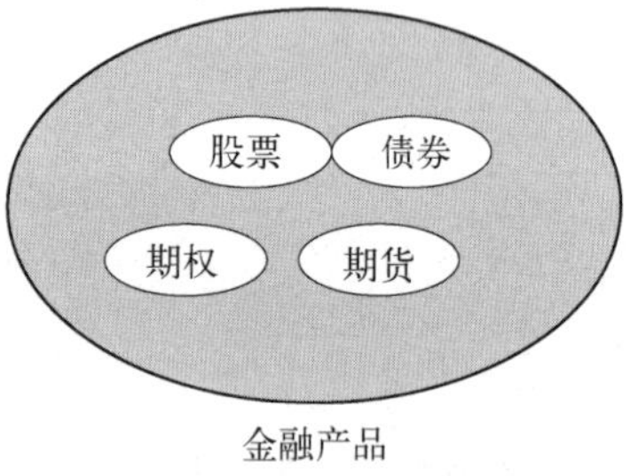

图 8-1　金融产品集合及其元素

习惯上，用 $x \in A$ 来表示元素 x 属于集合 A；用 $x \notin A$ 表示 x 不属于 A。不包含任何元素的集合称为空集，记为 $\varnothing$。图 8-1 是一个金融业界常见的关于集合的例子。显然，股票、债券、期权……都是金融产品这个无所不容、并在不断创新的巨大集合的元素。

通常，我们把含有有限个元素(无穷个元素)的集合称为有限(无穷)集合。如果一个无穷集合，它的元素可以与所有正整数一一对应的进行罗列，则称这个无穷集合为可列集或者可数集；反之则称为不可列集。

表示集合的方法一般有两种。其一是简单列举法，例如 $A=\{1, 2, \cdots, n\}$。这种表示方法的局限性是显而易见的，更一般的是通过给出集合中元素所满足的条件来表示集合，即：

$$A=\{x \mid x \text{ 具有的共同特征}\}$$

这样，

$$A=\{x \mid x^2+3x+6=0\}$$

就可以表示一个集合，它的元素是一个二次方程的解。

给定任意两个集合 A 和 B，如果集合 A 的任何一个元素同时也是 B 的元素，那么集合 A 叫作集合 B 的子集(subset)，记为 $A \subset B$ 或者 $B \supset A$，称 A 包含于 B 或 B 包含 A。例如，假定 A 是由国库券、公司债券、定期存单三个元素组成的集合，B 是固定收益证券(fixed income security)集合，显然有 $A \subset B$ 和 $A \subset A$。如果 $A \subset B$ 和 $A \supset B$ 同时成立，则称集合 A、B 相等，记为 $A=B$。如果 $A \subset B$ 且 $A \neq B$ 则称为 A 为 B 的真子集(proper subset)。注意，我们约定空集 $\varnothing$ 是任何集合的子集。

例 8.1.1　$A=\{1\}$，$B=\{1, 2\}$，$C=\{x \mid x^2-3x+2=0\}$。

则 A 有两个子集，即 A 和 $\varnothing$；$B=C$，且 B 有 4 个子集，即 B、$\varnothing$、$\{1\}$ 和 $\{2\}$，后面 3 个集是 B 的真子集。一般地，如果集合 A 包含 n 个元素，则 A 恰好有 2^n 个子集。这启示出如下定义：任给集合 A，它的子集的全体记为 2^A，称它为 A 的幂集(power set)。

除了上述简单描述以外，集合与集合之间存在的其他任何关系，均可以用并(unoin)、交(intersection)、补(complement)三种基本的运算来表示。

(1) 集合 A、B 所有元素的汇总称为 A 与 B 的并集，记为 $A \cup B$。这可以推广到任意多个集合，假设 $(c_i)_{i\in n}$ 是一族集合，其中 n 是一不空的指标集①，则称：

$$C_1 \cup C_2 \cup C_3 \cdots \cup C_n = \bigcup_{i=1}^{n} C_i$$

为该族集合的(可列)并集。

(2) 集合 A、B 的共同元素的集合称为 A 与 B 的交集，记为 $A \cap B$，或者简记为 AB。类似地，有：

$$C_1 C_2 C_3 \cdots C_n = \bigcap_{i=1}^{n} C_i$$

如果：

$$C_i C_j = \varnothing, \ \forall i \neq j \text{ ②}$$

则称集合 C_iC_j 是互斥的。

(3) 集合 A 包含于集合 S，S 中不属于 A 的元素称为 A 的补集，记为③：

$$A^C = \{x \mid x \in S \text{ 且 } x \notin A\}$$

上述集合运算有如下简单性质。

(1) 交换律：① $A \cup B = B \cup A$；② $A \cap B = B \cap A$

(2) 结合律：① $A \cup (B \cup D) = (A \cup B) \cup D$；② $A \cap (B \cap D) = (A \cap B) \cap D$

(3) 分配律：① $A \cup (B \cap D) = (A \cup B) \cap (A \cup D)$；② $A \cap (B \cup D) = (A \cap B) \cup (A \cap D)$

(4) 德莫根(De Morgan)律：① $(A \cup B)^C = A^C \cap B^C$；② $(A \cap B)^C = A^C \cup B^C$

通过上述三种基本运算，我们可以引申出其他种类的集合运算，如集合的极限。

假定 $\{C_n\}$，$n=1, 2, \cdots$ 是任意一列集。属于上述集列中无限多个集的那种元素组成一个集，称它为 $\{C_n\}$，$n=1, 2, \cdots$ 的上限集，记为 $\limsup\limits_n C_n$ 或者 $\overline{\lim\limits_{n\to\infty}} C_n$，即：

$$\limsup_n C_n = \bigcap_{n=1}^{\infty} \bigcup_{k=n}^{\infty} C_k = \{w \mid w \in C_n \text{ 对于任何无限多的 } n \text{ 成立}\}$$

类似地，有：假定 $\{C_n\}$，$n=1, 2, \cdots$ 是任意一列集。除去有限多个集之外，所有集 C_n 都含有的那种元素组成一个集，称它为这一列集的下限集，记为 $\liminf\limits_n C_n$ 或者 $\underline{\lim\limits_{n\to\infty}} C_n$，即：

---

① 所谓指标集(index set)通常就是指自然数集合：$I=\{1, 2, \cdots, n\}$。

② $\forall$ 是对于任何的意思。

③ 一个相关的定义是集合的差(difference)。假定集合 A、B 都是集合 S 的子集，则集合 A、B 的差(difference)为：$A \backslash B = \{x \in S \mid x \in A \text{ 且 } x \notin B\}$。

$$\liminf_{n} C_n = \bigcup_{n=1}^{\infty}\bigcap_{k=n}^{\infty} C_k = \{w \mid w \in C_n \text{ 至多只对于有限多的 } n \text{ 成立}\}$$

如果 $w \in \liminf_{n} C_n$，则当 $n > N_0$ 时，$w \in C_n$，因此该元素属于无限多个 C_n，因此 $w \in \limsup_{n} C_n$。这就是说：

$$\liminf_{n} C_n \subset \limsup_{n} C_n$$

此外，我们还有以下事实：

$$(\liminf_{n} C_n)^C = \limsup_{n} C_n^C \text{ 和}(\limsup_{n} C_n)^C = \liminf_{n} C_n^C$$

$$\limsup_{n} C_n = \bigcap_{n=1}^{\infty}\bigcup_{k=n}^{\infty} C_k \text{ 和 } \liminf_{n} C_n = \bigcup_{n=1}^{\infty}\bigcap_{k=n}^{\infty} C_k$$

如果集列 $\{C_n\}$，$n=1, 2, \cdots$ 的上限集和下限集相等，即：

$$\liminf_{n} C_n = \limsup_{n} C_n$$

则称集列 $\{C_n\}$，$n=1, 2, \cdots$ 收敛，这时称：

$$C = \liminf_{n} C_n = \limsup_{n} C_n$$

为集列 $\{C_n\}$，$n=1, 2, \cdots$ 的极限(集)，记为：

$$\lim_{n\to\infty} \inf C_n = C$$

考虑一个集合序列$\{C_n\}$，如果 $C_1 \subset C_2 \subset C_3 \cdots$ 就称$\{C_n\}$为单调上升集列，记为 $C_n \uparrow$；如果 $C_1 \supset C_2 \supset C_3 \cdots$ 就称$\{C_n\}$为下降集列，记为 $C_n \downarrow$，统称为单调集列。显然单调集列都是收敛的，且如果 $C_n \uparrow$，则：

$$\lim_{n\to\infty} C_n = \bigcup_{n=1}^{\infty} C_n = C \text{ 或者 } C_n \uparrow C$$

如果 $C_n \downarrow$，则：

$$\lim_{n\to\infty} C_n = \bigcap_{n=1}^{\infty} C_n = C \text{ 或者 } C_n \downarrow C$$

作为集合概念的进一步推广，也是为了后面学习概率论和随机过程理论的需要，我们还要讨论一下集族(tribe)的概念。在前面那个金融业例子中，最大的一个集是金融产品集合，记为 Ω。这种作为讨论对象的最大集合被称为空间(space)。我们曾经说过，股票、债券都是它的元素，仔细考察可以发现这些元素本身又是一个集合，其中又包含着许许多多具体的金融品种，如股票中又有普通股、优先股，在中国还有国家股、法人股等，这时称这些可以进一步细分的“元素”为子集(subset)。

把以金融产品集合 Ω 的子集为元素构成的集合，称为 Ω 上的集族①，即集族是以集合为元素构成的集合。本书中，我们使用花体字母 $\mathcal{A}$、$\mathcal{B}$、$\mathcal{C}$、⋯来表示集族。集合之间关系的定义和运算规律同样适用于集族。如 $\bigcup_{i=1}^{n} C_i$ 为集族 $(C_i)_{i\in n}$ 的可列并，有 $(\mathcal{A} \cup \mathcal{B})^C = \mathcal{A}^C \cap \mathcal{B}^C$ 等。

① 有时也称集类。

定义 8.1.1　假设 $\mathcal{F}$ 是 Ω 上的非空集族，如果：

(1) $\Omega \in \mathcal{F}$；

(2) 它对于补运算封闭，即 $A \in \mathcal{F}$，有 $A^C \in \mathcal{F}$；

(3) 它对于可列并运算封闭，即 $C_i \in \mathcal{F}$，$i=1, 2, \cdots$，有 $\bigcup_{i=1}^{\infty} C_i \in \mathcal{F}$。

则称 $\mathcal{F}$ 为 Ω 上的 σ(西格玛)-代数(algebra)或者域(field)。

例 8.1.2　(1) 由 Ω 和 $\varnothing$ 两个集合组成的集族是 σ-代数。因为，它们的补和可列并运算结果仍然是 Ω 和 $\varnothing$。

(2) 假设 A 是 Ω 的非空子集，$\mathcal{F}_a$ 是任一包含 A 的 σ-代数，那么 $\bigcap_a \mathcal{F}_a$ 称为包含 A 的最小 σ-代数，有时也称为由 A 生成的 σ-代数。

(3) 设 Ω 是全体实数 $\mathbf{R}$，令 $\mathcal{B}$ 是 $\mathbf{R}$ 中一切开区间 (a, b) 生成的 σ-代数①，称为 $\mathbf{R}$ 中的波雷耳(Borel)σ-代数，记为 $\mathcal{B}(\mathbf{R})$，$\mathcal{B}$ 中的元素(集合)称为 $\mathbf{R}$ 中的波雷耳集。

8.1.2　实数集和它的结构

接下来要进一步考察集合(族)的结构。为了集中注意力，这里逐渐把对于一般集合的讨论向实际问题中更为关心的数的集合靠拢。

给定一个集合，首先关心的是它的元素的个数的问题。对于有限元素集合来说，这是不言自明的。但是，对于整数、实数这样的无穷的集合呢？用基数(cardinality)或者势来反映这类集合元素的数量。凡集合元素的数目可以同自然数 1，2，…一一对应的集合，即可列不可数集合的基数定义为 $\aleph_0$，读作阿列夫零。实数集合，即不可列集合的基数定义为 $\aleph_1$。

习惯上用 $\mathbf{R}$ 来表示由全体实数组成的集合，称 $(-\infty, +\infty)$ 为广义实直线，即无限延伸的实数轴。这条线是紧密的，即每一点都有一个实数与之相对应。因此，又把实数称为连续统(continuum)或者闭联集。

直观上看实数是有大小的，对于任何三个实数 x、y、z 必然存在下列三种性质：

(1) 完备性(completeness)。$x \geqslant y$ 或者 $x \leqslant y$ 总有一个成立，或者两者同时成立，即 $x=y$。

(2) 自返性(reflexivity)。对于任何 x，有 $x \geqslant x$。

(3) 传递性(transitivity)。如果有 $x \geqslant y$，$y \geqslant z$，则有 $x \geqslant z$。

这种两维(binary)的关系就给出了实数集合的排序结构。

金融相关点 8-1　偏好顺序(preference ordering)

在经济分析中，常常假定消费者对于消费品的偏好也是有一定顺序的，即所谓偏好顺序。这种顺序在口语中往往表达为“我喜欢、我更喜欢……我觉得无所谓……”。类似地，$x > y$ 被称为消费者“严格偏好于”x，即在任何情况下，消费者都认为 x 比 y 好；

① 一切闭区间 $[a, b]$ 也可以。

$x \sim y$ 被称为消费者"无差异于"商品 x、y，即消费者认为两样东西同样好；$x \succsim y$ 被称为消费者在商品 x、y 中，"弱偏好于"x，即消费者认为 x 至少与 y 一样好，同时它们也被要求满足上文所述的三种基本性质。这样任何消费(组合)给消费者带来的好恶程度就可以像实数一样从大到小进行排序和比较了。

接下来，简单介绍实数集的代数结构。就是说，实数集合中各种基本运算的特征，显然实数的加减乘除运算是封闭的，即任意两个元素的上述运算的结果仍然属于实数集合。

最后是实数集的拓扑(topology)结构。考虑一个实数序列 $x_1, x_2, x_3, \cdots, x_n, \cdots$，如果 x_n 随着 n 的增大越来越趋近于一个固定的数 a，则称 a 为序列 x_n 的极限。

假设有实数的子集 $\{\mathbf{A} \mid \mathbf{A} \subset \mathbf{R}\}$，如果 $\mathbf{A}$ 包含了它的所有极限点，就称 $\mathbf{A}$ 为闭集(closed set)。闭区间 $[a, b]=\{x: a \leqslant x \leqslant b\}$ 就是最一般的闭集。闭集的补集则是开集(open set)。例如，开区间 $(a, b)=\{x: a < x < b\}$ 就是一个开集。在经济分析中几乎所有有实际意义的集合都可以用 $\mathbf{R}$ 的简单子集——区间来构造①。

如果存在一个有限的实数 b，对于任意 $a \in \mathbf{A}$，都有 $-b \leqslant a \leqslant b$ 成立，就称 $\{\mathbf{A} \mid \mathbf{A} \subset \mathbf{R}\}$ 为有界集(bounded set)。如果一个集合既是有界集又是闭集，就称它为紧集(compact set)。

例 8.1.3 在经济分析中，了解在最优化时产生的极限值(最大或者最小)是否包含在可行集中是很重要的②。例如，我们要在区间$[a, b]$内最大化 x^2，一个明确的选择就是 $x = b$。这时最大值存在而且是$[a, b]$的一个元素。

进一步看，集合的有界性也是经济分析中有用的特征。例如，如果我们知道机会集是封闭的，的确对最优化问题的解决有帮助。这还不够，我们还需要机会集是非空的，在空集中肯定是没有最大化 x^2 的元素的。

这就是全部吗？假定机会集合是整个实数集 $\mathbf{R}$。是否有一个 $x \in \mathbf{R}$ 可以最大化 x^2 呢？没有。这就需要一个有限的值给出边界。如果我们需要定义良好的最优化行为时，机会集合就必须为紧集③。

8.1.3 映射和函数

如果两个集合 X、Y 之间存在着一种对应关系，并且满足下列两个条件：

(1) 对于集合 X 的每一个元素，都能按照某种规则与集合 Y 中的某个元素对应；

(2) 对于集合 X 的每一个元素，集合 Y 中与它对应的元素只有一个。

就称这种对应关系 f 为从 X 到 Y 的映射，记为 $f: X \to Y$。

注意，这个概念是很一般的，它只是试图在任意两个集合之间建立某种联系。如果 Y 是数集，即 $Y \subset \mathbf{R}$ 此时称映射 f 为 X 上的一个泛函(functional)。特别是当 X 也是数集时，就是通常意义上的函数(function)④。

---

① 除了上面两种区间以外，我们还有半开半闭区间 $(a, b) = \{x: a < x \leqslant b\}$，以及无限区间$(-\infty, +\infty)$，$(a, +\infty)$，$(-\infty, b]$……

② 最优化分析见金融相关点 8-4。

③ 实际上，根据魏尔施特拉斯(Weierstrass)定理，如果目标函数是连续的，而可行集是非空紧集，则最大值和最小值点总是存在的。

④ 如果 X、Y 本身是函数的集合，则 f 把一种函数转化成另一种函数，称 f 为算子(operator)。

定义 8.1.2　假设 X、Y 为两个(实数)集合,令 f 为一把 X 中的每一个元素分别与 Y 中的某一个元素对应起来的映射。我们就把 f 称为(实变)函数,称集合 X 为定义域(domain) D,其元素称自变量或者原像(image);Y 为值域(range),其元素称应变量。

要注意的是,X 中可以有几个元素同时与 Y 中的某一个元素对应,这样就有了多元函数的概念。在本书中所有函数的标准形式为:

应变量=函数符号(自变量 1,自变量 2,…):定义域 1×定义域 2×……→值域

在上下文比较明确的情况下通常简记为:

$$y = f(x):\mathbf{R}^n \to \mathbf{R} \tag{8-1}$$

例 8.1.4　买卖证券时向经纪人交纳的手续费 F 是按照成交金额 M 的一个固定比例 $a(0<a<1)$ 收取的,成交金额与手续费之间存在着一种确定的函数关系,即 $F=f(M)$,写成显式就是 $F=aM$。如果把 x 轴看成定义域的集合,把 y 看成值域集合,则函数通常可以用图 8-2(a)这种简单的形式表现在两维空间中。

图 8-2(b)则是计算机记录的某种股票在一个交易日中的价格 S 变化情况,这里可以视时间 t 为自变量,股票价格为应变量,即 $S=f(t)$。描绘这种变化莫测的随机函数非常复杂,用显式来刻画它只有等到第 10 章了。

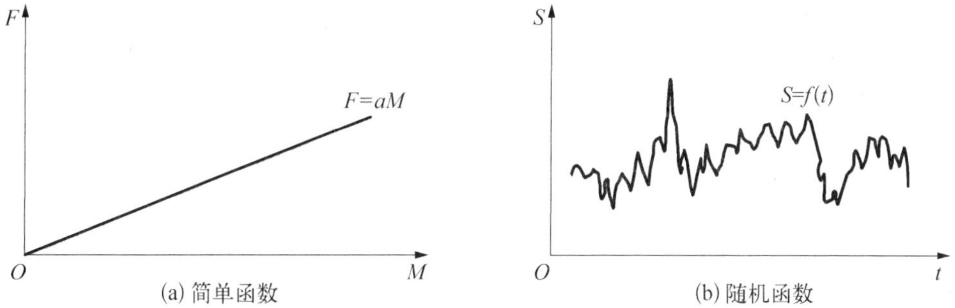

(a) 简单函数　　(b) 随机函数

图 8-2　函数关系的图形表示

金融相关点 8-2　效用函数

在经济分析中通常认为消费商品 C,会给消费者带来一定的满足或者效用(utility)。为了能够对不同消费方案做出比较,就需要给消费每一商品所产生的效用安排一个实数。即:

$$\mathcal{U}: C \to R$$

称它为效用函数。有两种形式的效用函数(utility function):基数效用(cardinal utility)函数和序数效用(ordinal utility)函数。所谓序数效用,是指效用函数数值的大小仅仅表示消费者对于商品的偏好顺序,绝对数目以及它们间的差额不说明消费者对于它们评价的确切差别。对于基数效用来说,这些差额则反映了消费者对于不同商品偏好的确切强度。

在函数 $y=f(x)$ 中，x 是自变量，y 是应变量，但这并不是绝对的。有时我们想知道 y 的变化会带给 x 怎样的变化。如在上面的例子中，我们想从股票交易费用额反推出成交总额来，就是：$M=F/a$。

假定函数 $y=f(x)$ 的值域中的任一值 y，在定义域中都有一个唯一的 x(它也被称为是 y 的逆像)(inverse image)与它相对应，则存在一种新的函数关系，称它为 $y=f(x)$ 的反函数或者逆映射(inverse mapping)，记为：

$$f^{-1}: Y \to X \tag{8-2}$$

考虑更为复杂的情形，上例中我们把股票价格视为时间的(随机)函数，即 $S=f(t)$；而基于该股票的衍生类产品，如期权的价格 c 又是股票价格的函数，即 $c=g(S)$，则 c 是 t 的复合函数(compound function)，记为 $c=g[f(t)]$。

有时候我们把函数的自变量和应变量写在一边，如 $x^2+y^2=1$。这时称型如 $f(x, y)=a$ 的函数为隐函数。经济分析中的收入约束就是隐函数的一个典型例子。假定消费者收入为一常数 I，他购买两种商品 x 和 y，价格分别为 p_x 和 p_y，则收入或者说预算约束就可以记为隐函数的形式：

$$p_x x+p_y y=I \tag{8-3}$$

8.1.4 函数的性质

从最一般的意义上说，函数代表从给定结构的集合到另一集合的信息传递或者变换过程，直观地理解如图 8-3 所示。

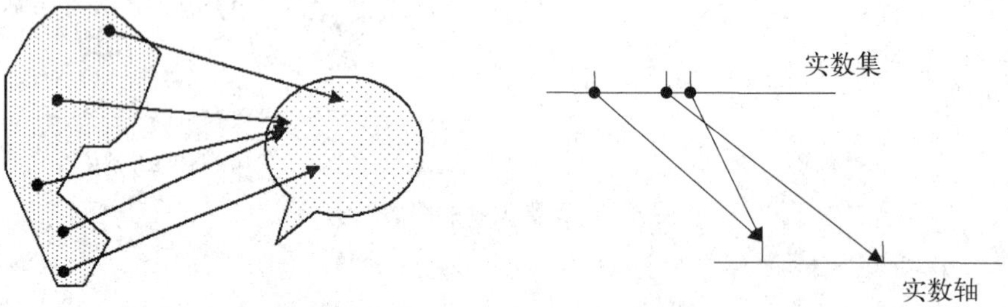

图 8-3 函数-集合信息结构的传递

如果把函数视为一种变换规则，或者传导机制，我们就可以根据在这个过程中，函数对于原来信息集合的结构(排序结构、代数结构和拓扑结构)特征的表达程度(包括信息漏损量和偏移)对众多函数的种类和性质进行大致的分类①。

(1) 连续性(continuity)。如果一个函数将原来集合中的“邻近”的点仍旧变换为新集合中邻近的点，就称它为连续函数(continous function)。表现在二维图形中，就是可以一笔不间断地把整个函数画下来。如果一个函数保留了原来集合中点的“邻近性”，它也就保留了原来集合的封闭性。这是因为一个闭集包括了它的极限点，而极限点的特征是序列的无穷多项的“紧密性”。更进一步，如果集合的“封闭性”被保留下来，则开集和紧集的特性也就被保留下来，因为它们都是按照封闭性定义的。总之，连续函数保留了它所变换的集合的拓扑

① 这来源于尼古拉斯·布尔巴基(Nicholas Bourbaki)的观点。

结构。这一点使得它在经济分析中非常受欢迎。

(2) 单调性(monotonity)。假定 $y=f(x)$, $x \in D$, 如果对于任意两点 x_1, $x_2 \in D$, 当 $x_1 < x_2$ 时恒有 $f(x_1) < f(x_2)$($f(x_1) > f(x_2)$), 则称函数在定义域内严格单调递增(递减),统称为单调函数。这就是说,该函数在新集合中保留了(或者改变了)原来集合中元素的排序结构。

在经济分析中,通常假定更多的商品消费会带来更多的心理和生理上的满足,因此在消费者效用非饱和的假定下,效用是可消费商品或者财富的单调递增函数。

假定 $f(x)$是一个单调递增函数,$h(x)$也是一个单调递增函数,则称 $h[f(x)]$为 x 一个正单调变化,它不改变 $f(x)$的单调性。例如序数效用函数的正单调变换就不会改变消费者对于商品偏好评级的顺序。

(3) 线性(linearity)。一个函数被称为是仿射(affine)函数,如果它可以写为以下这种形式:

$$f(x)=a+bx$$

当 a 等于 0 时,它被称为线性函数(linear function)。

因此,有时把一个函数乘以一个正数再加上一个数获得的新函数称为原来函数的仿射变换(affine transformation)。基数效用(cardinal utility)函数的仿射变换不会改变消费者偏好评级顺序。

(4) 凹性(concavity)与凸性(convexity)。直观上理解凹/凸讨论的是函数的几何形状。令有函数 $y=f(x)$, $x \in D$, 如果 x_1, $x_2 \in D$, 对于任何 $0<\lambda<1$, 有:

$$f[\lambda x_1+(1-\lambda)x_2] \geqslant \lambda f(x_1)+(1-\lambda)f(x_2) \tag{8-4}$$

则称 $f(x)$为凹函数①。如果上述严格不等式成立,则称该函数是严格凹的。如果把上述不等式中的大于号改为小于号,则称该函数为凸的。从图形上看凹函数两点间的连线总是在函数本身之下,凸函数则正好相反(见图 8-4)。这一点在讨论具有风险爱憎特征的消费者效用函数时非常有用。

金融相关点 8-3　风险态度

效用函数为凹的投资者为风险厌恶者,如图 8-4(a),这种投资者的边际效用随着财富的增加而以递减的速度增加。假定有这样一次赌博,参加者有一半机会获得 20 元奖励,有另一半机会只得到 10 元奖励,而参加的成本是 15 元。理性的个人会参加这种赌博吗?回答是这取决于参加者的风险态度。在本次抽奖中,抽奖的数学期望值的效用为 $\mathcal{U}(15)$,它等于投资者参加成本的效用,用点 C 来表示;$E\mathcal{U}(x)=0.5\mathcal{U}(10)+0.5\mathcal{U}(20)$ 即该抽奖活动的冯诺伊曼—摩根斯坦效用函数的期望值可以用连接 A、D 两点的线段的中点 B 来表示。

由于效用函数凹的特征,确定的财富的效用总是大于一场赌博的期望效用。一个厌

① 要注意把函数的凹凸性同集合的凹凸性区别开来,对后者的讨论见 8.6.2 节。

恶风险的投资者不会参加一场其收益期望值等于参赛价格的所谓“公平”赌博。与他们相反,同时存在着一批更为乐观的投资者,效用函数为凸的投资者为风险爱好者。他们的特征如图 8-4(b)所示,他们欣然参加任何机会均等的赌博,甚至有时多出一些参加费用也无所谓。

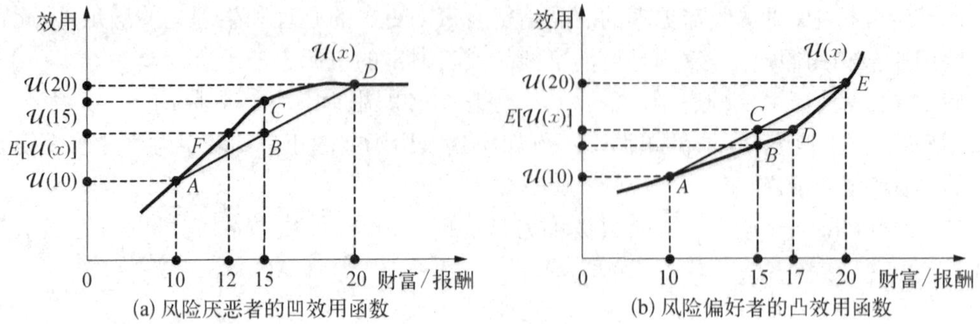

图 8-4　函数的凹凸性

8.2　微分学

基于上述准备,本节回顾经典微积分中微分学的核心内容,并给出它们在求解经济分析中最优化问题时的应用。

8.2.1　极限与收敛

在讨论实数集合的拓扑结构时,我们简单地提到了实数序列的极限概念,下面则是更严格的表述。

定义 8.2.1　给定数列 $x_1, \cdots, x_n, \cdots$, 对于任意 $\varepsilon > 0$, 存在着 $N < \infty$, 使得 $|x_n - c| < \varepsilon$ 对于所有的 $n > N$ 都成立,则说数列 x_n 收敛于 c, $c<\infty$,称 c 为数列的极限。

可以仿照数列极限的概念定义出函数的极限。假定存在函数 $f(x)$,在点 x_0 附近有定义,如果当 x(从左右两个方向)无限接近于 x_0 时,对应的函数值无限接近于某个常数 c,就称 c 为 x 趋近于 x_0 时的(左右)极限①。记为:

$$\lim_{x \to x_0} f(x) = c$$

借助函数极限概念我们可以更精确地描述函数的连续性:如果函数 $y = f(x)$ 在点 x_0 的邻域内有定义,且 $\lim\limits_{x \to x_0} f(x) = f(x_0)$,即 $f(x_0 - 0) = f(x_0 + 0) = f(x_0)$,则称函数 $f(x)$ 在点 x_0 连续。由此可见,函数在某点上的连续必须满足三个条件:① 在该点有确定的函数值;② 左右极限均存在且相等;③ 函数值等于该点的极限值。

① 我们看到极限本质上是一个收敛过程,这里定义的是最普通的极限,由于有不同的收敛方式,在概率统计一章中我们还会接触到更为丰富的依概率收敛、依分布收敛等定义极限的新方法。

如果函数 $f(x)$ 至少在点 x_0 的一侧去心邻域，即 $(x_0-\delta_0,\ x_0)$ 或者 $(x_0,\ x_0+\delta_0)$ 内有定义，且在 x_0 处不连续，则称 $f(x)$ 在 x_0 处间断，称 x_0 为函数 $f(x)$ 间断点。同连续的 3 种情况对应，间断点也有 3 种情形：① 函数在特定点上没有定义；② 在该点上极限不存在或者左右极限不相等；③ 函数有定义，极限也存在，但两者不等。第一种情形中，如果极限存在则称之为可去间断点；第二种情形称为跳跃间断点，它们统称为第一类间断点，其余情况均称为第二类间断点（或称为无穷间断点），如图 8-5 所示。

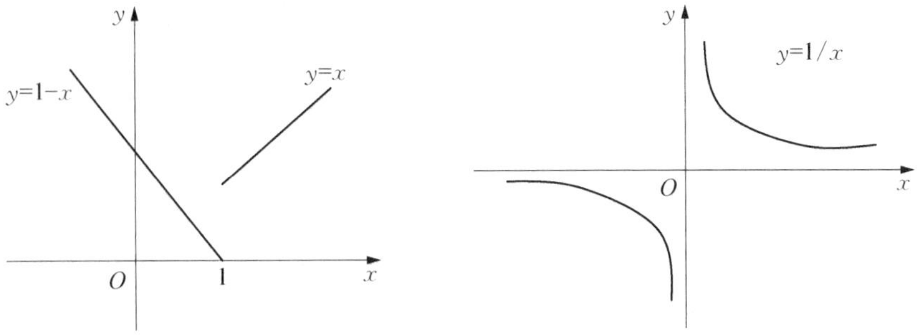

(a) 跳跃间断点(1)　　(b) 第二类间断点(0)

图 8-5　函数的间断点

我们看到有一些函数以 0 为极限，如函数 $1/x$，就有 $\lim\limits_{x\to\infty}(1/x)=0$。这时函数 $1/x$ 就被称为当 $x\to\infty$ 时的无穷小量。那么，如何比较两个无穷小量趋近 0 时的快慢呢？这就要引进阶(order)的概念。

如果 $f(x)$ 和 $g(x)$ 为自变量 x 趋近同一值 x_0 时的无穷小量，令它们商的极限为：

$$\lim_{x\to x_0}\frac{f(x)}{g(x)}=z$$

(1) 如果 $0<z<\infty$，则称当 $x\to x_0$ 时，$f(x)$ 和 $g(x)$ 为同(等)阶的无穷小量，记为 $f(x)\sim g(x)$；

(2) 如果 $z=0$，则称 $f(x)$ 是比 $g(x)$ 高阶的无穷小量，记为 $f(x)=og(x)$；

(3) 如果 $z=\infty$，则称 $f(x)$ 是比 $g(x)$ 低阶的无穷小量，记为 $f(x)=Og(x)$。

从图形上看(见图 8-6)，如果 $x\to 0$，则 x^2 是比 x 更高阶的无穷小量。这意味着 x^2 比 x 更快地接近 0。这为后面我们讨论什么样级别的微小变化可以忽略不计提供了一个方便的准则。

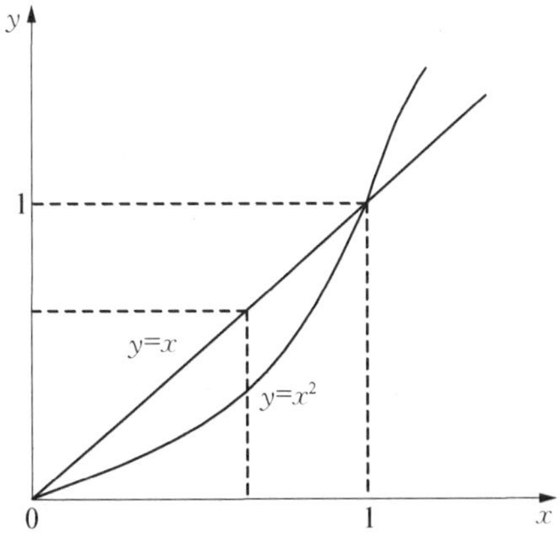

图 8-6　当 $x\to 0$ 时 x^2 是比 x 更高阶的无穷小量

8.2.2　导数和微分

对于函数 $y=f(x)$，如果下面形式的极限存在：

$$\lim_{\Delta x\to 0}\frac{f(x+\Delta x)-f(x)}{\Delta x}=f_x \tag{8-5}$$

则称 $f_{(x)}$ 为 $y=f(x)$ 导函数(derivative)，简称导数。导数可以被视为对变量之间相互关系

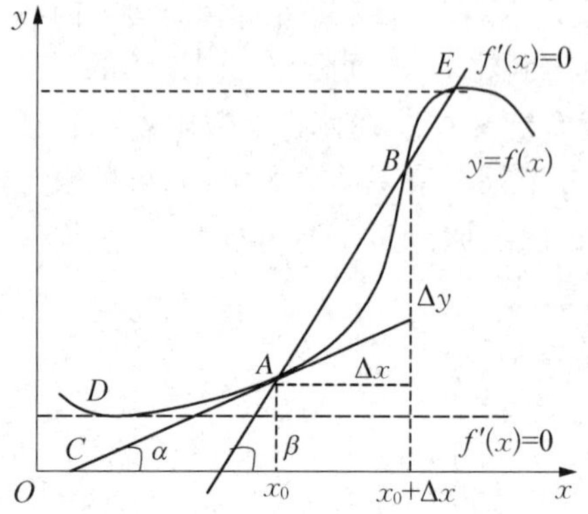

图 8-7　导数是变化率和斜率

的一种描述方法。它是一种变化率,这可以从图 8-7 中看出来。应变量同自变量变化率之比 $\Delta y/\Delta x$ 就是导数,也是割线 AB 的斜率,即 $\operatorname{tg}\beta$,当 Δx 不断减小时,B 向 A 移动,AB 以 A 为支点转动,最后在极限意义上成为函数在点 A 的切线 AC,它代表函数的变化与自变量的细微变化之比,即 $\operatorname{tg}\alpha$。显然,直线的导数为常数,而一般光滑曲线的导数则是不断随着自变量变化的函数。

上面定义的是一阶导数,高阶导数是它的一个直接推广。假定函数 $y=f(x)$ 在 x 处可导,如果 f_x 的导数存在,则称该导数为 $f(x)$的二阶导数,记为:

$$f''(x)=f_{xx}(x)=\frac{\mathrm{d}}{\mathrm{d}y}\left(\frac{\mathrm{d}y}{\mathrm{d}x}\right)=\frac{\mathrm{d}^2y}{\mathrm{d}x^2} \tag{8-6}$$

更高阶的导数可类似地定义,通常记为 $\dfrac{\mathrm{d}^ny}{\mathrm{d}x^n}$。

例 8.2.1　在经济分析中,常常要考察增加一单位产量会带来多少成本的变化。假定总成本函数为:

$$C=0.01Q^3-0.3Q^2+40Q+1\,000$$

则边际(marginal)成本即增加的成本与增加产量之比是①:

$$\frac{\mathrm{d}C}{\mathrm{d}Q}=0.003Q^2-0.6Q+40$$

而边际成本的变化率就是二阶导数:

$$\frac{\mathrm{d}^2C}{\mathrm{d}Q^2}=0.006Q-0.6$$

导数作为曲线切线的几何意义可以用来确定函数的极大值或者极小值,直观上理解当导数(即曲线的切线斜率)为 0 时,函数(曲线)就可能处在极值点,如图 8-7 中 D、E 点所示。因而,导数可用来判断函数的(动态)特征,例如,如果函数的一阶导数大于 0(小于 0),则函数就是单调递增(减)的;如果函数的二阶导数大于(小于)或者等于 0,则函数就是凸(凹)的。

进一步看,经济分析的通用原则就是在既定约束下,最大或者最小化目标函数,即 max-s.t. 方法,而导数为获得极值(也就是最优化条件)提供不少信息,详细讨论见金融相关点 8-4。

金融相关点 8-4　经典最优化 I

我们知道经济(学)的方法就表现为在既定约束条件下最优化目标函数,例如,在收

① 1870 年前后发生的边际革命使得导数概念在那以后的近代经济分析中起了极其重要的作用。

入一定的条件下最大化消费者效用,或者在既定期望收益条件下最小化风险(方差),所有这些优化问题都有着类似的数学结构。因而,在由本框文开始的一系列的金融相关点中,我们要学习数学方法的重要分支之一——最优化方法以及它在金融分析中的应用。

首先,是单变量最优化。令 $f: \mathbf{R} \to \mathbf{R}$ 为任一函数。如果对于所有 x,有 $f(x^*) \geqslant f(x)$,我们称该函数在 x^* 取极大值;如果对于所有 $x \neq x^*$,上述严格不等式成立,即 $f(x^*) > f(x)$,就称该函数在 x^* 取严格极大值。类似地,如果对于所有 x,有 $f(x^*) \leqslant f(x)$,我们称该函数在 x^* 取极小值;如果严格不等式成立就称该函数在 x^* 取严格极小值。显然,关于 x 的 $f(x)$ 最大化问题同 $-f(x)$ 的最小化问题是等价的[①]。因此,可以把极小化问题归结为极大化问题求解,两者之间关系的直观理解如图 8-8 所示。

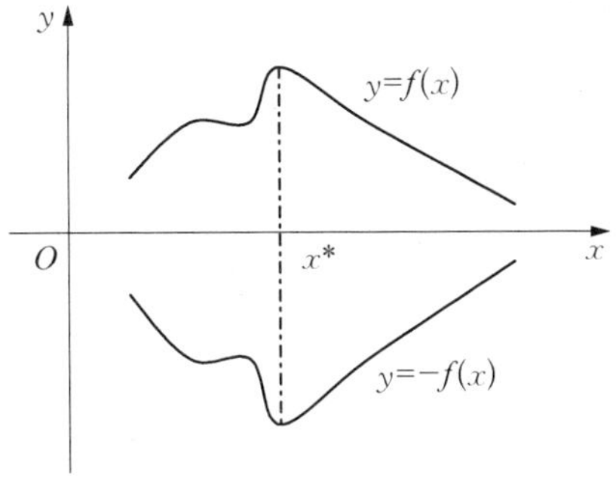

图 8-8　极大化和极小化的关系

假设一个可微函数 f 在 x^* 取极大值。根据前面对导数同函数形态关系的简要讨论,可知 f 在 x^* 的一阶导数必为 0,且 f 在 x^* 的二阶导数必小于或等于 0,即:

$$f'(x^*)=0 \text{ 和 } f''(x^*) \leqslant 0$$

这些条件分别被认为是一阶条件和二阶条件,最小化问题的一阶条件是一样的,只是二阶条件变为 $f''(x^*) \geqslant 0$。

但是,这些是最优化的必要条件而非充分条件;$\mathbf{R}$ 中作为最大化问题解的点必须满足这些条件,但可能有些满足这些条件的点并不是最大化问题的解。如果一个函数在定义域内有极值存在,它只可能出现在下面这些点上:① 定义域内的极值点;② 定义域边界上的点;③ 定义域内的不可微点。

但是,如果 $f(x)$ 是一个凹函数,那么它的二阶导数在每一点上都小于或等于 0,因此,对于凹函数来说,一阶条件就是极大化的充要条件[②]。

例 8.2.2　考虑一个基于财富数量的二次效用函数:

$$\mathcal{U}(x)=x+ax^2,\ a<0$$

它在何处可以取到最大值呢?一阶条件为:

$$\mathcal{U}'(x)=1+2ax=0 \Leftrightarrow x=-0.5a$$

二阶条件为:

$$\mathcal{U}''(x)=2a \leqslant 0$$

根据 a 的定义自动满足。因此,决定了非负参数 a 就决定最大效用水平。

---

① 要注意的是:极值是一个局部的问题,而最值是一个全局的问题。
② 实际上如果目标函数是严格拟凸的,而可行集是严格凸的,则最大值存在而唯一。

在应用导数解决实际问题时,要注意的是一个函数可导的条件,一个函数可导则该函数必然连续,但是反过来则不一定正确。在经济分析中我们常常对于函数作正则性(regularity)假定。顾名思义,正则性是对于函数具有某些良好性质的一种理想要求,如二次可导、光滑、没有奇点等,这通常是出于数学处理上的方便。但是,进入随机世界我们就无法保证函数也具有这些特性了,如股票价格随时间的变化路径很不规则时,尽管它仍然有着连续路径,它对于时间的导数实际上是不存在的。如图 8-9 中的 t 点,由于过这样一个折点可以作无数条切线,这就意味着基本微积分工具——导数,在随机环境中无法应用。这个难题的解决要等到第 10 章中随机微积分的引入。

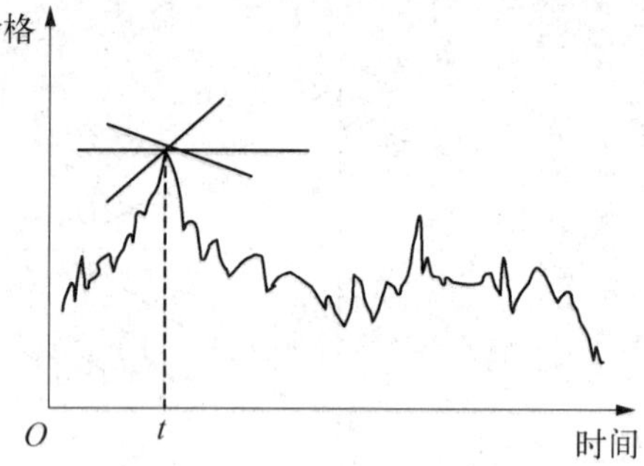

图 8-9　波动剧烈的资产

下面考察复合函数的求导方法即链式法则(chain rule)。在金融分析中通常把债券价格 B 描述成利率 r 的函数,即 $B=f(r)$;而利率可以被认为是一个随着时间变化而变化的时间的函数,即 $r=g(t)$,写为复合函数就是:

$$B=f[g(t)]$$

如果我们想知道债券价格的变化与时间的短暂流逝之间有什么关系,就可以用链式法则来解决:

$$\frac{\mathrm{d}B}{\mathrm{d}t}=\frac{\mathrm{d}f[g(t)]}{\mathrm{d}g(t)}\frac{\mathrm{d}g(t)}{\mathrm{d}t} \tag{8-7}$$

注意,使用链式法则要求上述函数的导数均存在,这就产生了一个问题,如果在链中出现了随机变量函数,那么同样的法则会依然适用吗? 答案是否定的。我们必须在随机世界中找到替代上式处理复合函数变化关系的类似法则,它就是后面我们将接触到的著名的伊藤公式(Ito formulas)。

接下来,介绍反函数的求导方法。假设函数 $y=f(x)$ 在 x 处有不等于零的导数,而且有其反函数 $x=f^{-1}(y)$ 在相应点处连续,则有:

$$\frac{\mathrm{d}x}{\mathrm{d}y}=\frac{1}{\mathrm{d}y/\mathrm{d}x}$$

即反函数的导数等于其原函数的导数的倒数。

在前面的导数概念中,我们考察了函数改变量 Δy 与自变量的改变量 Δx 之比 $\Delta y/\Delta x$,而接下来我们想知道:Δx 的细微变化会带来函数本身怎样的变化。这就需要引入微分概念。假设函数 $y=f(x)$ 在点 x 处有导数 f_x,自变量 x 的增量为 $\mathrm{d}x$,则称 $f_x\mathrm{d}x$ 为函数在点 x 处的微分,即:

$$\mathrm{d}y=f_x\mathrm{d}x \tag{8-8}$$

微分最大的用途是可以用作近似计算,如果 Δx 很小,我们近似有:

$$f(x+\Delta x)\approx f(x)+f_x\Delta x$$

如图 8-10 所示，当 x 增加到 $x+\Delta x$ 时函数增加到 B 点，$\mathrm{d}y$（即 $\mathrm{tg}\,\alpha\Delta x$）在一定程度上可以代表函数的真实变动 Δy，其误差 BC 部分随着 Δx 的缩小不断缩小，但是当函数不是很光滑时（如随机环境下），这种近似的效果变得很糟糕。

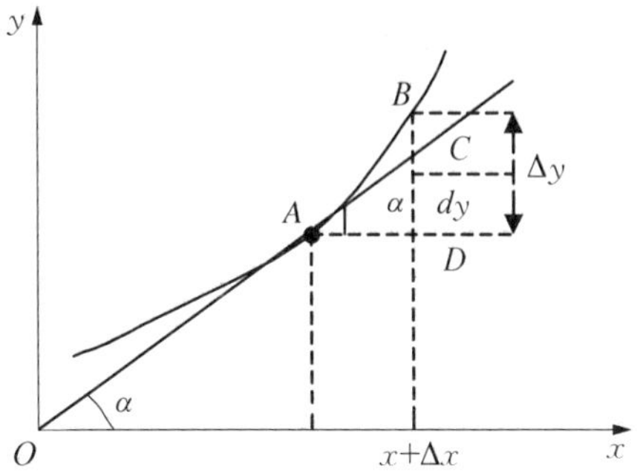

图 8-10　微分用于近似计算

利用微分做近似，我们实际上把一个函数围绕着某一点展开，这就有著名的泰勒公式（Taylor's formula）：假设 $f(x)$ 是一个无限可微函数，任取 $x=x_0$，$f(x)$ 在 x_0 点的泰勒级数为：

$$\begin{aligned} f(x) &= \sum_{i=0}^{\infty} \frac{1}{i!} f_i(x_0)(x-x_0)^i \\ &= f(x_0)+f_x(x_0)(x-x_0)+\frac{1}{2}f_{xx}(x_0)(x-x_0)^2+\mathrm{Re} \end{aligned} \tag{8-9}$$

其中，Re 代表高阶余项。从这里我们就可以更清楚地看到微分记法：

$$\mathrm{d}y=f'(x)\mathrm{d}x$$

确实是一种近似的表达，它忽略了二阶（包括二阶）以上的高阶微小变化。

金融相关点 8-5　久期（duration）和凸性（convexity）

任何一本关于债券分析的教科书都会告诉人们，根据收入的资本化方法（capitalization），普通附息债券（coupon rate bond）的价格应当是：

$$B=\frac{c}{(1+r)}+\frac{c}{(1+r)^2}+\cdots+\frac{c+FV}{(1+r)^T}$$

其中，B 是内在价值，c 是每期支付的息票金额，FV 是票面价值，r 是市场收益率。对于贴现债券而言，上述关系可以简化为：

$$B=\frac{FV}{(1+r)^T}$$

债券投资分析过程中，交易员特别关心利率变化对债券价值的影响，这就可以用导数来考察：

$$\frac{\mathrm{d}B}{\mathrm{d}r}=\frac{(-1)c}{(1+r)^2}+\frac{(-2)c}{(1+r)^3}+\cdots+\frac{(-T)c}{(1+r)^{T+1}}+\frac{(-T)FV}{(1+r)^{T+1}}$$

或者：

$$\frac{\mathrm{d}B}{\mathrm{d}r}=-\frac{1}{1+r}\left[\frac{1c}{(1+r)^1}+\frac{2c}{(1+r)^2}+\cdots+\frac{Tc}{(1+r)^T}+\frac{TFV}{(1+r)^T}\right]$$

它表示了债券价值对于收益的微小变化的反应，上式两边同时除以 B，就可以得出近似的价值变化百分比：

$$\frac{\mathrm{d}B}{\mathrm{d}r}\frac{1}{B}=-\frac{1}{1+r}\left[\frac{1c}{(1+r)^1}+\frac{2c}{(1+r)^2}+\cdots+\frac{Tc}{(1+r)^T}+\frac{TFV}{(1+r)^T}\right]\frac{1}{B}$$

其中：

$$Du=\frac{\sum_{t=1}^{T}\frac{tc}{(1+r)^t}+\frac{TFV}{(1+r)^T}}{B}$$

就被称为债券的麦考利久期(duration)①。此外，研究者也把：

$$MDu=\frac{\sum_{t=1}^{T}\frac{tc}{(1+r)^t}+\frac{TFV}{(1+r)^T}}{B}\frac{1}{1+r}$$

称为修正后的久期(modified duration)。把它代入前式，就有：

$$\frac{\mathrm{d}B}{\mathrm{d}r}\frac{1}{B}=-MDu$$

它表明修正后的久期在给定收益变化情况下与近似的价值变化百分比逆向相关，这是容易理解的，因为对于债券来说，它的价值和收益率的确是相反关系。考虑更具体的情形，假定有一种在 T 时刻到期的无风险贴现债券，面值 100 元，到期收益率为 r。它在 t 时刻的价值用下式表示：

$$B_t=100\mathrm{e}^{-r(T-t)}$$

我们想知道收益率的变化会对债券价格产生什么样的影响。这种影响对于大量持有固定收益证券的银行、保险公司是十分重要的。根据式(8-9)以 r_0 点作泰勒级数展开，仅保留至二次项(注意这里的 t、T 视为常数)，得：

$$B\approx(100\mathrm{e}^{-r_0(T-t)})\left[1-(T-t)(\Delta r)+\frac{1}{2}(T-t)^2(\Delta r)^2\right]$$

这是变化后的债券价格，减掉原来的价值后，两边除以 $100\mathrm{e}^{-r_0(T-t)}$，得：

$$\frac{\Delta B}{B}\approx-(T-t)(\Delta r)+\frac{1}{2}(T-t)^2(\Delta r)^2$$

右侧第一项系数就是所谓的修正后的久期②，它说明收益率增加会导致价格多少百分比的减少，注意到该系数为负，说明收益率与债券价格成反比关系。在图形中，$(T-t)B$

① 久期这个概念最早在 1938 年由麦考利(Macalay F.)提出。要注意的是：对于贴现债券来说，它的久期就是到期时间长度，即 $Du=\frac{PV(c)\times T}{B}=1\times T=T$，更多的讨论见 Fabozzi(1996)。

② 这实际上是贴现债券的久期。

就是 $\operatorname{tg}\alpha$，$\operatorname{tg}\alpha\Delta r$ 粗糙地衡量了 B 的变化量，它存在着误差，可以进一步用第二项凸性来修正它，$\frac{1}{2}(T-t)^2(\Delta r)^2B$ 是正的，它把 $\mathrm{d}B$ 向 b 点拉近。因而，它说明 r 变化越大，B 的相对变化会小一些，因此我们看到凸性是一种好的性质：当利息上涨时，它使得债券价格不会跌得太快；而利率下降时，它又可以使得债券大幅度升值。例如，假定其他条件相同，B_2 债券就比 B_1 债券更有吸引力，这必将体现在它的市场价格上。久期和凸性都是价格波动率的一种量度。

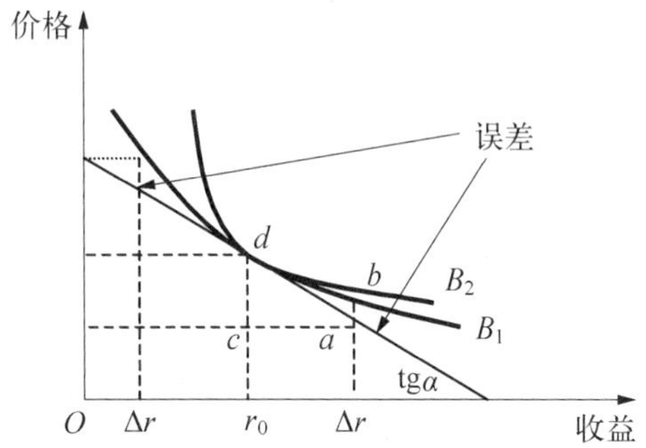

图 8-11　久期和凸性用于近似计算

8.2.3　中值定理和洛必达法则

8.2.2 节讨论了的导数和微分的基本概念和初步应用，本节进一步考察构成微分学基础的微分中值定理。微分中值定理从特殊到一般，由罗尔定理(Rolle's theorem)、拉格朗日中值定理(Lagrange's theorem)和柯西中值定理(Chaucy's theorem)构成。

假定 $f(x)$在$[a, b]$上连续，在(a, b)上内可微，且 $f(a)=f(b)$，则存在 $\xi\in(a, b)$ 使得 $f'(\xi)=0$。这就是罗尔定理，这里的 $\xi\in(a, b)$ 就被称为中值。从几何上理解这是非常直观的(见图 8-12(a))，由于两个端点值相等，则 AB 必然是一条平行于 x 轴的直线，由于该曲线是连续可微的，因此必然有一点 C 的切线斜率为 0，即平行于 x 轴。

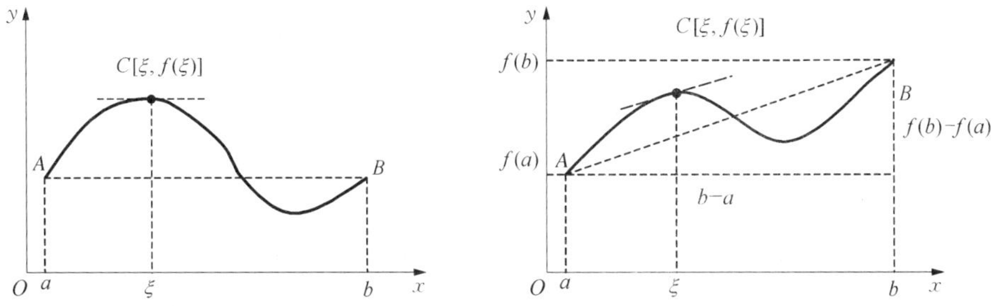

(a) 罗尔定理　　(b) 拉格朗日中值定理

图 8-12　中值定理的图形表示

拉格朗日中值定理则是说：如果 $f(x)$在$[a, b]$上连续，在(a, b)上内可微，则存在 $\xi\in(a, b)$ 使得：

$$\frac{f(b)-f(a)}{b-a}=f'(\xi) \tag{8-10}$$

式(8-10)也可以写成以下等价形式：

$$f(b)-f(a)=f'(\xi)(b-a)=f'[a+\theta(b-a)](b-a),\ \theta\in(0, 1) \tag{8-11}$$

通常称上两式为微分中值公式。注意到该定理去掉了罗尔定理中的两端相等的要求。

从图形上看(见图 8-12(b)),$\dfrac{f(b)-f(a)}{b-a}$ 就是弦 AB 的斜率,因此该定理说明(a, b)内至少存在一点 ξ,使得曲线在点 C 的切线与弦 AB 平行。

容易知道拉格朗日中值定理有以下推论:

(1) 如果函数 $f(x)$在(a, b)内任意一点的导数都为 0,则该函数在该区间内为常数;

(2) 如果函数 $f(x)$和 $g(x)$在(a, b)内任意一点的导数都相等,则这两个函数在该区间内仅相差一个常数。

柯西中值定理则是最一般化的情形:如果 $f(x)$在$[a, b]$上连续,在(a, b)上内可微,且 $g'(x) \neq 0$,则存在 $\xi \in (a, b)$,使得:

$$\frac{f(b)-f(a)}{g(b)-g(a)}=\frac{f'(\xi)}{g'(\xi)} \tag{8-12}$$

柯西中值定理的几何意义与拉格朗日中值定理基本上是相同的,所不同的是曲线方程表达式采用了比 $y=f(x)$ 更为一般的参数方程形式。

利用柯西中值定理,我们可以得到计算$\dfrac{0}{0}$和$\dfrac{\infty}{\infty}$这两种待定型极限的洛必达(L'Hospital)法则:假定 $f(x)$、$g(x)$在(a, b)上内可微,且 $g'(x) \neq 0$,当 $x \to a^+$ 时 $f(x)$和 $g(x)$均为无穷小量或者无穷大量,则:

$$\lim_{x\to a^+}\frac{f(x)}{g(x)}=\lim_{x\to a^+}\frac{f'(x)}{g'(x)} \tag{8-13}$$

例 8.2.3 求 $\lim\limits_{x\to 1}\dfrac{x-1-x\ln x}{(x-1)\ln x}$。

两次使用洛必达法则,就有:

$$\lim_{x\to 1}\frac{x-1-x\ln x}{(x-1)\ln x}=\lim_{x\to 1}\frac{-\ln x}{\ln x+1-x^{-1}}=\lim_{x\to 1}\frac{-x^{-1}}{x^{-1}+x^{-2}}=-\frac{1}{2}$$

8.2.4 偏导数和全微分

本小节的任务是把以上对于一元函数的讨论向多元情形推广。通常认为,衍生金融产品价格 c 是基础产品价格 S 和时间 t 的函数,即:

$$c=f(S, t)$$

有时候,我们想知道:如果时间没有变化,c 对于 S 的微小变化的反应是什么?这时我们需要有偏导数的概念:假定函数 $z=f(x, y)$ 在点(x_0, y_0)的某一邻域内有定义,当 y 固定在 y_0,而 x 有增量 Δx 时,相应地函数有增量:

$$f(x_0+\Delta x, y_0)-f(x_0, y_0)$$

如果极限:

$$\lim_{\Delta x\to 0}\frac{f(x_0+\Delta x, y_0)-f(x_0, y_0)}{\Delta x}$$

存在，则称此极限为函数 $z=f(x, y)$ 在点(x_0, y_0)处关于 x 的偏导数。

同理可以定义函数 $z=f(x, y)$ 在点(x_0, y_0)处关于 y 的偏导数。如果在该函数的整个定义域内，两种偏导数都存在，则可以建立一种新的函数关系，称它们为原函数的偏导函数，记为：

$$\frac{\partial z}{\partial x}=f_x(x, y) \text{ 和 } \frac{\partial z}{\partial y}=f_y(x, y)$$

值得注意的是，我们在求函数偏导数时，假定另一个变量是不变的。由于偏导数完全是概念的，所以它在随机情形下同确定情形下一样适用。例如，对于上面提到的衍生金融产品，就有：

$$c_S=\frac{\partial c(S, t)}{\partial S} \text{ 和 } c_t=\frac{\partial c(S, t)}{\partial t}$$

尽管 S 是一个随机变量，但这并不妨碍偏导数的存在。

可以仿照造一元情形定义高阶偏导数，如 $\frac{\partial z}{\partial x}=f_x(x, y)$ 关于 x 的偏导数就是二阶偏导数，记为：

$$\frac{\partial}{\partial x}\left(\frac{\partial z}{\partial x}\right)=\frac{\partial^2 z}{\partial x^2}=f_{xx}(x, y)$$

注意可以有混合二阶偏导数的存在，即：

$$\frac{\partial}{\partial y}\left(\frac{\partial z}{\partial x}\right)=\frac{\partial^2 z}{\partial x \partial y}=f_{xy}(x, y) \text{ 和 } \frac{\partial}{\partial x}\left(\frac{\partial z}{\partial y}\right)=\frac{\partial^2 z}{\partial y \partial x}=f_{yx}(x, y)$$

混合二阶偏导数有一个重要的性质就是：

$$\frac{\partial^2 z}{\partial x \partial y}=f_{xy}(x, y)=\frac{\partial^2 z}{\partial y \partial x}=f_{yx}(x, y)$$

同偏导数密切相关的一个概念是全微分。全微分试图回答在函数的总变化中，每一个自变量的贡献有多少。例如，我们想知道在衍生金融产品价格 c 的微小变化中，有多少是由于价格波动引起的，有多少是由于时间流逝引起的，这样就有全微分公式：

$$\mathrm{d}c=\frac{\partial c(S, t)}{\partial S}\mathrm{d}S+\frac{\partial c(S, t)}{\partial t}\mathrm{d}t$$

假定存在函数 $f(x, y)=a$，根据全微分公式就有：

$$\mathrm{d}f=\frac{\partial f}{\partial x}\mathrm{d}x+\frac{\partial f}{\partial y}\mathrm{d}y$$

如果 a 是常数，则 $\mathrm{d}a=0$，$\mathrm{d}f=0$，则有隐函数定理：

$$\frac{\mathrm{d}y}{\mathrm{d}x}=-\frac{\frac{\partial f}{\partial x}}{\frac{\partial f}{\partial y}}$$

例 8.2.4 假定消费者消费两种商品 x 和 y，它们带来的效用可以画在无差异曲线上，我们知道沿着无差异曲线的移动是不会带来效用变化的，即：

$$\mathrm{d}\mathcal{U}=\frac{\partial \mathcal{U}}{\partial x}\mathrm{d}x+\frac{\partial \mathcal{U}}{\partial y}\mathrm{d}y=0$$

进而有：

$$\frac{\mathrm{d}y}{\mathrm{d}x}=-\frac{\partial \mathcal{U}/\partial x}{\partial \mathcal{U}/\partial y}$$

即无差异曲线的斜率等于两种商品边际效用之比。

8.3 积 分 学

8.2 节中我们借助极限工具，以曲线切线的直观背景引入了导数和微分概念，本节中我们也借助极限工具来处理一种“积累”问题来引入积分，并揭示微分和积分运算之间的互逆性，继而获得微积分基本公式和积分运算法则。

8.3.1 定积分

和 Σ 一样，定积分是用来求和的数学工具，前者适用于有限可数个元素；而定积分则可以用来加总无限不可数的事物。发展定积分的传统思路来源于对一些复杂平面图形面积的计算。如图 8-13 所示，我们想求出由 $f(x)$、ab、Aa、Bb 四条线围成的不规则图形 $ABba$ 的面积。

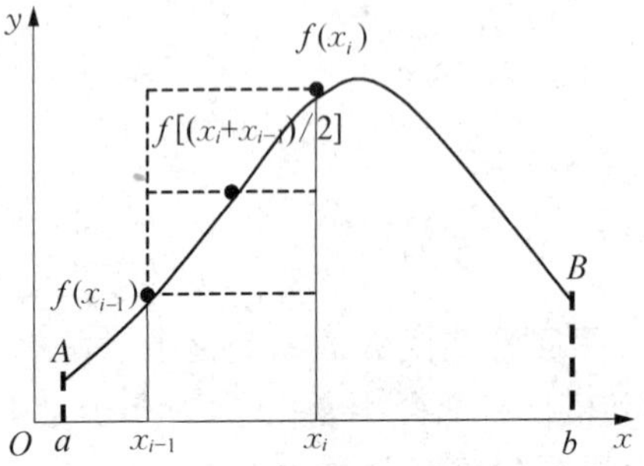

图 8-13 积分是分割长方形求面积的过程

为了解决这个问题，首先在 ab 之间插入 n 个分点 $a=x_0, x_1, x_2, \cdots, x_n=b$，把 $f(x)$ 函数定义域 ab 分为一系列的小区间，每一个小区间的长度为 $\Delta x_i=x_i-x_{i-1}(i=1, 2, \cdots, n)$。这样整个图形 $ABba$ 被分为了 n 个小的长方形，它的底为 $\Delta x_i=x_i-x_{i-1}$，高则有几种近似取法，例如，前点 $f(x_{i-1})$、后点 $f(x_i)$，或者如我们所采用的，取两者的中点 $f\left(\frac{x_i+x_{i-1}}{2}\right)$。

所有小长方形面积的总和就是 $ABab$ 的近似面积，这个总和被称为黎曼和(Riemann sum)。因此，第二步是求黎曼和：

$$\sum_{i=1}^{n} f\left(\frac{x_i+x_{i-1}}{2}\right)(x_i-x_{i-1})$$

当 $n\to\infty$ 时 $\max|x_i-x_{i-1}|\to 0$，这时黎曼和会越来越逼近 $ABab$ 的真实面积。称黎曼和的极限为黎曼积分(Riemann integral)，记为：

$$\int_t^b f(x)\mathrm{d}x=\lim_{n\to\infty}\sum_{i=1}^{n} f\left(\frac{x_i+x_{i-1}}{2}\right)(x_i-x_{i-1}) \tag{8-14}$$

其中，$\int \mathrm{d}x$ 被称为积分算子(integrator)，$f(x)$被称为被积函数(integrand)。

黎曼积分(定积分)有如下七个性质。

(1) 线性。对于任何常数 α 和 β，有 $\int_a^b [\alpha f(x)+\beta g(x)]\mathrm{d}x = \alpha\int_a^b f(x)\mathrm{d}x + \beta\int_a^b g(x)\mathrm{d}x$

(2) (区间)可加性。对于 $a<c<b$，有 $\int_a^b f(x)\mathrm{d}x = \int_a^c f(x)\mathrm{d}x + \int_c^b f(x)\mathrm{d}x$

(3) 比较性质。如果 $f(x)\leqslant g(x)$，则 $\int_a^b f\mathrm{d}x \leqslant \int_a^b g\mathrm{d}x$

(4) 估值定理。如果 $A\leqslant f(x)\leqslant B$，则 $A(b-a)\leqslant \int_a^b f(x)\mathrm{d}x \leqslant B(b-a)$

(5) 绝对值等式。$\left|\int_a^b f(x)\mathrm{d}x\right| = \int_a^b f(x)\mathrm{d}x$

(6) 第一积分中值定理。如果 $f(x)$在$[a,\ b]$上连续，$g(x)$不变，则存在 $\xi\in[a,\ b]$ 使得 $\int_a^b f(x)g(x)\mathrm{d}x = f(\xi)\int_a^b g(x)\mathrm{d}x$。特别的取 $g(x)=1$，则有 $\int_a^b f(x)\mathrm{d}x = f(\xi)(b-a)$

(7) 第二积分中值定理。如果 $f(x)$在$[a,\ b]$上单调，则存在 $\xi\in[a,\ b]$ 使得 $\int_a^b f(x)g(x)\mathrm{d}x = f(a)\int_a^{\xi} g(x)\mathrm{d}x + f(b)\int_{\xi}^b g(x)\mathrm{d}x$

但是，一个函数总是(黎曼)可积的吗？实际上，仅当 $f(x)$是连续函数或者仅有有限个第一类间断点时，黎曼积分才能得到良好定义，这些要求是相当严格的。例如，我们刚才提到在分割面积并求和的过程中，小长方形的高有几种取法。当函数是光滑的或者称之为可积时，这一点并不重要，因为在极限意义上，它们没有区别。但是，在随机环境下这种区分就变得十分重要。因而，黎曼积分是专门设计来给光滑函数做积分运算的，在随机环境中它则会完全失效。

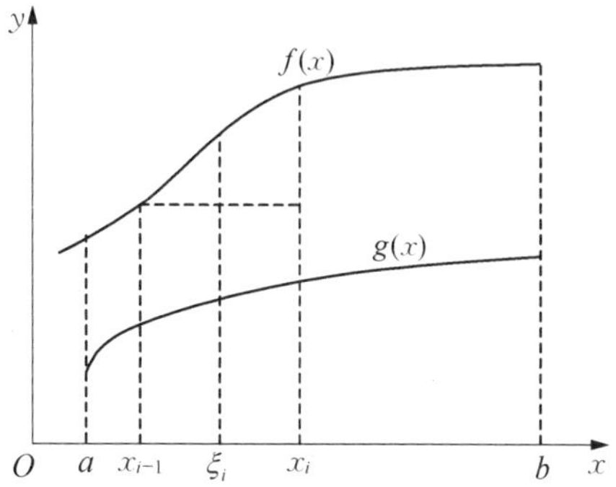

图 8-14　斯第尔切斯积分

作为对黎曼积分的直接推广我们来考察斯第尔切斯积分(Stieltjes integral)。斯第尔切斯积分的几何背景如图 8-14 所示。

假设在区间$[a,\ b]$上给定两个有界函数 $f(x)$和 $g(x)$，如同上面对黎曼积分的处理，在 ab 之间插入 n 个分点 $a=x_0,\ x_1,\ x_3,\ \cdots,\ x_n=b$，把它分为一系列的小区间，在每一个间隔上取点 ξ_i，求和式：

$$\sum_{i=1}^{n} f(\xi_i)[g(x_i)-g(x_{i-1})]$$

称它为斯第尔切斯(积分)和。如果当 $n\to\infty$ 时，斯第尔切斯(积分)和的极限存在，且与分割区间的方法和点 ξ_i 的选择无关，则称这个极限为函数 $f(x)$在区间$[a,\ b]$上关于函数 $g(x)$的斯第尔切斯积分，记为：

$$\int_a^b f(x)\mathrm{d}g(x) = \lim_{n\to\infty}\sum_{i=1}^{n} f(\xi_i)[g(x_i)-g(x_{i-1})] \tag{8-15}$$

可以看出,斯第尔切斯积分和与黎曼积分的不同之处在于第二项因子,它不是像黎曼积分中的那样是自变量 x 的增量,而是 x 的函数 $g(x)$ 的增量。实际上,当 $g(x)\equiv x$ 时,斯第尔切斯积分就退化成了黎曼积分。

如果函数 $g(x)$ 在 $[a, b]$ 上每一点的导数都存在,即:

$$\mathrm{d}g(x)\approx g_x(x)\mathrm{d}x$$

则斯第尔切斯积分可以化为黎曼积分来进行计算:

$$\int_a^b f(x)\mathrm{d}g(x)=\int_a^b f(x)g_x(x)\mathrm{d}x$$

8.3.2 不定积分

假定 $f(x)$ 和 $F(x)$ 在区间上都有定义,且有:

$$F'(x)=f(x) \text{ 或者 } \mathrm{d}[F(x)]=f(x)\mathrm{d}x$$

成立,则称 $F(x)$ 为 $f(x)$ 一个原函数。容易发现:如果原函数存在则必定不止一个,例如,如果 $F(x)$ 为 $f(x)$ 一个原函数,则 $F(x)+a$, $a\in\mathbf{R}$ 也是,也就是说,原函数是无穷的。根据拉格朗日中值定理的推论(2),我们知道如果 $F(x)$ 和 $G(x)$ 都是 $f(x)$ 原函数,则它们仅相差一个常数,即:

$$G(x)=F(x)+a$$

我们把函数 $f(x)$ 在区间上的全部原函数称为 $f(x)$ 的不定积分,记为:

$$\int f(x)\mathrm{d}x$$

如果 $F(x)$ 为 $f(x)$ 一个原函数,则:

$$\int f(x)\mathrm{d}x=F(x)+a$$

其中,$\int$ 为积分算子,x 为积分变量,$f(x)$ 为被积函数,$f(x)\mathrm{d}x$ 为被积表达式,a 为积分常数。不定积分有如下性质:

(1) $\left[\int f(x)\mathrm{d}x\right]'=f(x)$ 或者 $\mathrm{d}\int f(x)\mathrm{d}x=f(x)\mathrm{d}x$

(2) $\int F'(x)\mathrm{d}x=F(x)+a$ 或者 $\int \mathrm{d}F(x)=F(x)+a$

(3) $\int kf(x)\mathrm{d}x=k\int f(x)\mathrm{d}x$

(4) $\int [f(x)+g(x)]\mathrm{d}x=\int f(x)\mathrm{d}x+\int g(x)\mathrm{d}x$

8.3.3 微积分基本定理

本节中我们将利用定积分的性质导出微积分基本定理,揭示导数和积分运算之间的互逆关系,把两者联为一体。

假定 $f(x)$在$[a, b]$上连续,则定积分 $\int_a^x f(t)\mathrm{d}t$ 一定存在。这个变上限的定积分,对每一个 $x \in [a, b]$ 都有一个确定的值。因此,它是定义在区间$[a, b]$上的函数,记为 $F(x)$,即:

$$F(x) = \int_a^x f(t)\mathrm{d}t \tag{8-16}$$

定理 8.3.1　假定函数 $f(x)$在$[a, b]$上连续,则 $F(x) = \int_a^x f(t)\mathrm{d}t$ 该区间上可导,且:

$$F'(x) = \left[\int_a^x f(t)\mathrm{d}t\right]' = f(x) \tag{8-17}$$

由此,我们就得到了函数 $f(x)$的原函数存在定理,即如果 $f(x)$在区间上连续,则:

$$F(x) = \int_a^x f(t)\mathrm{d}t$$

就是它的一个原函数。

定理 8.3.2　(牛顿-莱布尼兹公式)假定函数 $f(x)$在$[a, b]$上连续,$F(x)$是它的一个原函数,则有:

$$\int_a^b f(x)\mathrm{d}x = F(b) - F(a)$$

上述两定理的证明可以参考任何一本微积分基础教程。

牛顿-莱布尼兹公式大大简化了定积分的计算:利用不定积分求出被积函数的一个原函数,然后计算该原函数在上下限的函数值之差。该公式把不定积分和定积分有机地结合起来,扩展了积分学应用范围①。

8.4　矩阵代数

下面几节是对高等代数内容的简要回顾,主要涉及向量(vector)、矩阵(matrix)和抽象空间几方面的问题。在金融(经济)分析中引入线性代数的主要目的也是简化多变量问题以及相关的多元优化问题的表达方式及其烦琐的运算过程,尤其是它们提供了探讨高维空间中经济均衡问题的手段。

8.4.1　向量与矩阵

我们通常把一组数据或者一个数列连续地记录下来,写成以下这种形式:

$$[a_1 \quad a_2 \cdots \quad a_n]$$

这被称为一个行向量(矢量)(vector),类似地,可以把它竖起来写成列向量的形式:

① 要指出的是:经典微积分理论中的积分理论是遇到困难最多的一个部分,它只能处理一些初等函数。有时我们要处理一些行为“奇特”的函数(例如随机函数),这就必须把积分推广到更为广泛的函数类型上,为此我们将在下一章中引入勒贝格积分。在这里我们只是简单地提示到:定义勒贝格积分也同样要做同黎曼积分类似的区间分割和极限求和。但是,对于勒贝格积分而言,将在 y 轴即值域上分割小区间,而不再是在 x 轴定义域上!

$$\begin{bmatrix} a_1 \\ a_2 \\ \cdots \\ a_n \end{bmatrix}$$

向量的第 i 个元素称为该向量的第 i 个分量,注意向量中各个分量的位置是不可以随意调换的。更一般地,我们可以把 $m \times n$ 个元素排列起来写成下列形式:

$$\boldsymbol{A} = [a_{ij}]_{m \times n} = \begin{bmatrix} a_{11} & a_{12} & \cdots & a_{1n} \\ a_{21} & a_{22} & \cdots & a_{2n} \\ \vdots & & & \vdots \\ a_{m1} & a_{m2} & \cdots & a_{mn} \end{bmatrix}$$

称它为 m 行 n 列矩阵,简记为 $\boldsymbol{A} = [a_{ij}]_{m \times n}$, $a_{ij}(i = 1, 2, \cdots, m; j = 1, 2, \cdots, n)$ 被称为矩阵 $\boldsymbol{A}$ 的元素。如果一个矩阵的行数与列数相等且为 n,则称该矩阵为 n 阶方阵(square matrix)。

对角线以下(以上)的元素全部为 0 的方阵,被称为上(下)三角矩阵(upper/lower tri diagonal matrix):

$$\boldsymbol{A} = \begin{bmatrix} a_{11} & a_{12} & \cdots & a_{1n} \\ 0 & a_{22} & \cdots & a_{2n} \\ \vdots & \vdots & \ddots & \vdots \\ 0 & 0 & \cdots & a_{nn} \end{bmatrix}$$

形如:

$$\boldsymbol{A} = diag(a_{11}, a_{22}, \cdots, a_{nn}) = \begin{bmatrix} a_{11} & 0 & \cdots & 0 \\ 0 & a_{22} & \cdots & 0 \\ \vdots & \vdots & \ddots & \vdots \\ 0 & 0 & \cdots & a_{nn} \end{bmatrix}$$

的方阵,即除了对角线上以外的元素全部为 0 的矩阵为对角阵(diagonal matrix)。作为对角矩阵的一个特例,形如:

$$\boldsymbol{I}_n = \begin{bmatrix} 1 & 0 & \cdots & 0 \\ 0 & 1 & \cdots & 0 \\ \vdots & & & \vdots \\ 0 & 0 & \cdots & 1 \end{bmatrix}_{n \times n}$$

即对角线上的元素为 1 的对角阵被称为单位阵。任何一个 $m \times n$ 阶矩阵经过有限次初等变换后必可以化为 $m \times n$ 阶矩阵 $\begin{pmatrix} \boldsymbol{I}_r & \boldsymbol{0} \\ \boldsymbol{0} & \boldsymbol{0} \end{pmatrix}$ ①。注意,本书中黑体的 0 代表矩阵或者向量。

① 所谓矩阵的初等变换包括:(1) 对调任意两行(列)的位置;(2) 用非 0 的常数乘某一行(列);(3) 将某一行(列)乘上某个常数再加到另一行(列)上去。

8.4.2　矩阵基本运算

在这一节中，我们将复习矩阵的一些基本运算及其运算性质。

1. 矩阵加法与减法

尽管矩阵加法与减法是数的加减法的直接推广，它们存在着一些不同，由于矩阵的相等意味着它们在各个方面的相等，矩阵加法与减法也只能发生在具有相同的行数与列数的矩阵之间。主要公式为：

$$\boldsymbol{A}+\boldsymbol{B}=(a_{ij}+b_{ij})_{m\times n}$$

$$\boldsymbol{A}-\boldsymbol{B}=\boldsymbol{A}+(-\boldsymbol{B})=(a_{ij}-b_{ij})_{m\times n}$$

它们也符合交换律、结合律等运算规则，即：

(1) $\boldsymbol{A}+\boldsymbol{B}=\boldsymbol{B}+\boldsymbol{A}$

(2) $(\boldsymbol{A}+\boldsymbol{B})+\boldsymbol{C}=\boldsymbol{A}+(\boldsymbol{B}+\boldsymbol{C})$

(3) $\boldsymbol{A}+(-\boldsymbol{A})=\boldsymbol{0}$

(4) $\boldsymbol{A}+\boldsymbol{0}=\boldsymbol{A}$

2. 矩阵的数乘(标量乘法)

假定有矩阵 $\boldsymbol{A}=[a_{ij}]_{m\times n}$，$k$ 为任意实数，定义 k 与 $\boldsymbol{A}$ 的乘积为 $k\boldsymbol{A}=(ka_{ij})_{m\times n}$，即 k 与 $\boldsymbol{A}$ 的每一个元素相乘，且有：

$$k\boldsymbol{A}=\boldsymbol{A}k$$

矩阵数乘有下列运算规则：

(1) $k(\boldsymbol{A}+\boldsymbol{B})=k\boldsymbol{A}+k\boldsymbol{B}$

(2) $(k+l)\boldsymbol{A}=k\boldsymbol{A}+l\boldsymbol{A}$

(3) $(kl)\boldsymbol{A}=k(l\boldsymbol{A})$

3. 矩阵乘法

假定有矩阵 $\boldsymbol{A}=(a_{ij})_{m\times n}$，$\boldsymbol{B}=(b_{ij})_{n\times p}$，它们的乘积为一矩阵 $\boldsymbol{C}=(c_{ij})_{m\times p}$，它的第$(i,j)$元素为：

$$c_{ij}=a_{i1}b_{1j}+\cdots+a_{ik}b_{kj}+\cdots+a_{in}b_{nj}$$

即：

$$\begin{bmatrix} a_{11} & \cdots & a_{1j} & \cdots & a_{1n} \\ \vdots & & \vdots & & \vdots \\ a_{i1} & \cdots & a_{ij} & \cdots & a_{in} \\ \vdots & & \vdots & & \vdots \\ a_{m1} & \cdots & a_{mj} & \cdots & a_{mn} \end{bmatrix} \times \begin{bmatrix} b_{11} & \cdots & b_{1k} & \cdots & b_{1p} \\ \vdots & & \vdots & & \vdots \\ b_{j1} & \cdots & b_{jk} & \cdots & b_{jp} \\ \vdots & & \vdots & & \vdots \\ b_{n1} & \cdots & b_{nk} & \cdots & b_{np} \end{bmatrix} = \begin{bmatrix} c_{11} & \cdots & c_{1k} & \cdots & c_{1p} \\ \vdots & & \vdots & & \vdots \\ c_{i1} & \cdots & \boxed{c_{ik}} & \cdots & c_{ip} \\ \vdots & & \vdots & & \vdots \\ c_{m1} & \cdots & c_{mk} & \cdots & c_{mp} \end{bmatrix}$$

注意，两个矩阵只有在后一个矩阵的行数等于前一个矩阵的列数时才能相乘，即矩阵乘法与顺序是有关的，乘得的矩阵的行数与第一个矩阵相同，列数则与第二个矩阵相同。矩阵乘法有下列运算规则：

(1) $(\boldsymbol{AB})\boldsymbol{C}=\boldsymbol{A}(\boldsymbol{BC})$

(2) $\boldsymbol{A}(\boldsymbol{B}+\boldsymbol{C})=\boldsymbol{AB}+\boldsymbol{AC}$

(3) $(\boldsymbol{A}+\boldsymbol{B})\boldsymbol{C}=\boldsymbol{AC}+\boldsymbol{BC}$

我们在前面介绍过单位阵,在矩阵乘法中,它相当于普通乘法中 1 的作用,即有:

$$\boldsymbol{AI}=\boldsymbol{A} \text{ 和 } \boldsymbol{IA}=\boldsymbol{A}$$

但是,要注意运算时单位阵的行与列的匹配问题。在一般情况下:$\boldsymbol{BA}\neq\boldsymbol{AB}$;$\boldsymbol{AB}=0$ 不能够必然推出 $\boldsymbol{A}=0$ 或者 $\boldsymbol{B}=0$;$\boldsymbol{AB}=\boldsymbol{AC}$ 和 $\boldsymbol{A}\neq 0$ 也不能够必然推出 $\boldsymbol{B}=\boldsymbol{C}$。

4. 矩阵转置

假设有矩阵 $\boldsymbol{A}=(a_{ij})_{m\times n}$,通过以下方法获得的一个新矩阵,把它的行列互换,即把它的 i 行变为新矩阵的 i 列,把它的 j 列变为新矩阵的 j 行,则称该新矩阵为原矩阵的转置,记为 $\boldsymbol{A}^{\mathrm{T}}=(a_{ij})_{n\times m}$。即:

$$\boldsymbol{A}^{T}=\begin{bmatrix} a_{11} & a_{21} & \cdots & a_{m1} \\ a_{12} & a_{22} & \cdots & a_{m2} \\ \vdots & & & \vdots \\ a_{1n} & a_{2n} & \cdots & a_{mn} \end{bmatrix}$$

转置矩阵有以下运算法则:

(1) $(\boldsymbol{A}^{\mathrm{T}})^{\mathrm{T}}=\boldsymbol{A}$

(2) $(\boldsymbol{A}+\boldsymbol{B})^{\mathrm{T}}=\boldsymbol{A}^{\mathrm{T}}+\boldsymbol{B}^{\mathrm{T}}$

(3) $(k\boldsymbol{A})^{\mathrm{T}}=k\boldsymbol{A}^{\mathrm{T}}$

(4) $(\boldsymbol{AB})^{\mathrm{T}}=\boldsymbol{B}^{\mathrm{T}}\boldsymbol{A}^{\mathrm{T}}$

如果一个矩阵和它转置矩阵完全相同,就称它为对称阵。

如果对一个方阵 $\boldsymbol{A}$,有:

$$\boldsymbol{AA}^{\mathrm{T}}=\boldsymbol{A}^{\mathrm{T}}\boldsymbol{A}=\mathrm{I}$$

成立,则称 $\boldsymbol{A}$ 为正交(orthogonal)阵。

8.4.3 矩阵求逆和微分

矩阵求逆(inverse)是更复杂一些的运算,它的基本思想来自普通代数中的除法,我们可以把 $x=1/y$ 变形为 $xy=1$ 或者 $y^{-1}y=1$,称 x 为 y 的逆元,记为 y^{-1}。

现在考虑矩阵的情形,假定有 n 阶方阵 $\boldsymbol{A}=(a_{ij})_{n\times n}$,如果存在一个 n 阶方阵 $\boldsymbol{B}$,使得 $\boldsymbol{AB}=\boldsymbol{BA}=\boldsymbol{I}$,则称 $\boldsymbol{B}$ 为 $\boldsymbol{A}$ 的逆阵,记为 $\boldsymbol{A}^{-1}$。容易知道:并非所有矩阵都可以求逆,如果一个矩阵没有逆矩阵,则被称为奇异矩阵(singular);如果有逆矩阵则为非奇异矩阵(non-singular),或者非异阵。如果一个矩阵有逆阵,可以证明这个逆矩阵是唯一的。如何对矩阵求逆呢?我们有以下定理。

定理 8.4.1 有 n 阶方阵 $\boldsymbol{A}=(a_{ij})_{n\times n}$,则 $\boldsymbol{A}$ 是非奇异矩阵的充要条件是 $\boldsymbol{A}$ 的行列式 $|\boldsymbol{A}|$① 不等于 0,并且有:

---

① 行列式的定义见 8.4.4 节。

$$\boldsymbol{A}^{-1}=\frac{1}{|\boldsymbol{A}|}\begin{bmatrix}\boldsymbol{A}_{11} & \boldsymbol{A}_{21} & \cdots & \boldsymbol{A}_{n1}\\ \boldsymbol{A}_{12} & \boldsymbol{A}_{22} & \cdots & \boldsymbol{A}_{n2}\\ \vdots & & & \vdots\\ \boldsymbol{A}_{1n} & \boldsymbol{A}_{2n} & \cdots & \boldsymbol{A}_{nn}\end{bmatrix} \tag{8-18}$$

注意，这里 $\boldsymbol{A}_{ij}$ 是行列式 $|\boldsymbol{A}|$ 中元素 a_{ij} 的代数余子式。所谓 a_{ij} 的余子式，记为 $\boldsymbol{M}_{ij}$，就是由行列式 $|\boldsymbol{A}|$ 中划去第 i 行第 j 列后剩下的 $n-1$ 行 $n-1$ 列元素组成的行列式，而代数余子式 $\boldsymbol{A}_{ij}=(-1)^{i+j}\boldsymbol{M}_{ij}$，即：

$$A_{ij}=(-1)^{i+j}\begin{bmatrix}a_{11} & \cdots & a_{1j} & \cdots & a_{1n}\\ \vdots & & \vdots & & \vdots\\ a_{21} & \cdots & a & \cdots & a_{in}\\ \vdots & & \vdots & & \vdots\\ a_{n1} & \cdots & a & \cdots & a_{nn}\end{bmatrix}$$

要提醒大家的是，须注意代数余子式是按照转置过的顺序排列的。矩阵：

$$\begin{bmatrix}\boldsymbol{A}_{11} & \boldsymbol{A}_{21} & \cdots & \boldsymbol{A}_{n1}\\ \boldsymbol{A}_{12} & \boldsymbol{A}_{22} & \cdots & \boldsymbol{A}_{n2}\\ \vdots & & & \vdots\\ \boldsymbol{A}_{1n} & \boldsymbol{A}_{2n} & \cdots & \boldsymbol{A}_{nn}\end{bmatrix}$$

是 $\boldsymbol{A}$ 的伴随矩阵，记为 $\boldsymbol{A}^*$。逆矩阵有以下运算规则：

(1) $(\boldsymbol{A}^{-1})^{-1}=\boldsymbol{A}$

(2) $\boldsymbol{B}$ 是与 $\boldsymbol{A}$ 同阶的非异阵，$(\boldsymbol{AB})^{-1}=\boldsymbol{B}^{-1}\boldsymbol{A}^{-1}$（注意顺序）

(3) $(k\boldsymbol{A})^{-1}=k^{-1}\boldsymbol{A}^{-1}$

(4) $(\boldsymbol{A}^{\mathrm{T}})^{-1}=(\boldsymbol{A}^{-1})^{\mathrm{T}}$

(5) 存在矩阵 $\boldsymbol{A}_{m\times n}$、$\boldsymbol{B}_{n\times m}$，且 $(\boldsymbol{I}_m+\boldsymbol{AB})\neq 0$ 则有：$(\boldsymbol{I}_m+\boldsymbol{AB})^{-1}=\boldsymbol{I}_m-\boldsymbol{A}(\boldsymbol{I}_n+\boldsymbol{BA})^{-1}\boldsymbol{B}$

(6) 矩阵逆对：$\boldsymbol{R}^{-1}\boldsymbol{A}^{\mathrm{T}}(\boldsymbol{AR}^{-1}\boldsymbol{A}^{\mathrm{T}}+\boldsymbol{B}^{-1})^{-1}=(\boldsymbol{A}^{\mathrm{T}}\boldsymbol{BA}+\boldsymbol{R})^{-1}\boldsymbol{A}^{\mathrm{T}}\boldsymbol{B}$

接下来考察对矩阵的微分运算，令 $y=f(x_1, x_2, \cdots, x_n)=f(x)$ 为向量 x 的函数，矩阵对各分量的微分定义为：

$$\nabla f\equiv\frac{\partial f}{\partial \boldsymbol{x}}=\left(\frac{\partial f}{\partial x_1}, \frac{\partial f}{\partial x_2}, \cdots, \frac{\partial f}{\partial x_n}\right)^T$$

通常称之为向量的梯度(gradient)。如果：

$$\begin{gathered}y_1=f_1(x_1, x_2, \cdots, x_n)\\ \cdots\cdots\cdots\cdots\cdots\cdots\Leftrightarrow \boldsymbol{y}=\boldsymbol{f}(\boldsymbol{x})\\ y_m=f_m(x_1, x_2, \cdots, x_n)\end{gathered}$$

则可类似地定义出该函数向量的一阶导数矩阵：

$$\frac{\partial \boldsymbol{f}}{\partial \boldsymbol{x}}=\begin{bmatrix}\nabla f_1\\ \nabla f_2\\ \vdots\\ \nabla f_m\end{bmatrix}=\begin{bmatrix}\frac{\partial f_1}{\partial x_1} & \frac{\partial f_1}{\partial x_2} & \cdots & \frac{\partial f_1}{\partial x_n}\\ \frac{\partial f_2}{\partial x_1} & \frac{\partial f_2}{\partial x_2} & \cdots & \frac{\partial f_2}{\partial x_n}\\ \vdots & & & \vdots\\ \frac{\partial f_m}{\partial x_1} & \cdots & \cdots & \frac{\partial f_m}{\partial x_n}\end{bmatrix}$$

称之为雅可比矩阵(Jacobian matrix)。海赛矩阵(Hessian matrix)则是由二阶偏导数构成的 $n\times n$ 阶方阵:

$$\boldsymbol{H}f\equiv\frac{\partial f}{\partial \boldsymbol{x}\partial \boldsymbol{x}^{\mathrm{T}}}=\begin{bmatrix}\frac{\partial^2 f}{\partial x_1^2} & \frac{\partial^2 f}{\partial x_1 x_2} & \cdots & \frac{\partial^2 f}{\partial x_1 x_n}\\ \frac{\partial^2 f}{\partial x_2 x_1} & \frac{\partial^2 f}{\partial x_2^2} & \cdots & \frac{\partial^2 f}{\partial x_2 x_n}\\ \vdots & & & \vdots\\ \frac{\partial^2 f}{\partial x_n x_1} & \cdots & \cdots & \frac{\partial^2 f}{\partial x_n{}^2}\end{bmatrix} \tag{8-19}$$

8.4.4 方阵和二次型

基于上述矩阵运算的主要规则,接下来我们顺便扩充一些关于方阵的重要定义和特征值。

假定有 n 阶方阵 $\boldsymbol{A}=[a_{ij}]$,如果:

(1) $\boldsymbol{A}=\boldsymbol{A}^{\mathrm{T}}$,称它为对称(symmetric)阵;

(2) $\boldsymbol{A}=-\boldsymbol{A}^{\mathrm{T}}$,称它为斜对称(skew-symmetric)阵;

(3) $\boldsymbol{A}^2=\boldsymbol{A}$,称它为幂等(idempotent)阵;

(4) $\boldsymbol{A}^2=\boldsymbol{I}$,称它为幂么(involutive)阵;

(5) $\boldsymbol{A}^{\mathrm{T}}\boldsymbol{A}=\boldsymbol{I}$,称它为正交(orthogonal)阵。

方阵有四个重要的数值特征。

(1) 首先,是行列式(determinant)。一个 2 阶方阵的行列式定义为:

$$\begin{vmatrix}a_{11} & a_{12}\\ a_{21} & a_{22}\end{vmatrix}=a_{11}a_{22}-a_{21}a_{12}$$

推广一下,假定 $\boldsymbol{A}=[a_{ij}]$ 为 n 阶方阵,则它的行列式为:

$$|\boldsymbol{A}|=a_{i1}\boldsymbol{A}_{i1}+\cdots+a_{in}\boldsymbol{A}_{in}=\sum_{j=1}^{n}a_{ij}\boldsymbol{A}_{ij}$$

其中,$\boldsymbol{A}_{ij}$ 为代数余子式。行列式有以下运算规则:

① $|\boldsymbol{A}^{\mathrm{T}}|=|\boldsymbol{A}|$

② $|k\boldsymbol{A}|=k^n|\boldsymbol{A}|$

③ $|\boldsymbol{AB}|=|\boldsymbol{A}|\times|\boldsymbol{B}|$

④ $|\boldsymbol{A}+\boldsymbol{B}| \neq |\boldsymbol{A}|+|\boldsymbol{B}|$

不难知道：行列式是一个数值，这个数值反映了方阵某些特征。如果一个矩阵的行列式为 0，则称之为奇异矩阵。这同 8.4.3 节中的定义事实上是一致的。

（2）接下来我们定义方阵的迹（trace），它是方阵 $\boldsymbol{A}=[a_{ij}]$ 对角线上元素之和：

$$tr(\boldsymbol{A})=\sum_{i=1}^{n} a_{ii}$$

迹有以下运算规则：

① $tr(\boldsymbol{A}+\boldsymbol{B})=tr(\boldsymbol{A})+tr(\boldsymbol{B})$

② $tr(c\boldsymbol{A})=c\,tr(\boldsymbol{A})$

③ $tr(\boldsymbol{A}\boldsymbol{B})=tr(\boldsymbol{B}\boldsymbol{A})$

④ $tr(\boldsymbol{A}^{\mathrm{T}})=tr(\boldsymbol{A})$

（3）现在考察方阵特征值。假定 $\boldsymbol{A}=[a_{ij}]$ 为 n 阶方阵，如果数 λ 和 n 维非 0 列向量 $\boldsymbol{x}$ 使得下面关系式成立：

$$\boldsymbol{A}\boldsymbol{x}=\lambda \boldsymbol{x}$$

则称数 λ 为方阵 $\boldsymbol{A}$ 的特征值，非 0 列向量 $\boldsymbol{x}$ 称为方阵 $\boldsymbol{A}$ 的特征向量。它们有四个性质：

① $k\lambda$ 是 $k\boldsymbol{A}$ 的特征值；

② λ^n 是 $\boldsymbol{A}^n$ 的特征值；

③ $\boldsymbol{A}$ 为可逆阵时，λ^{-1} 是 $\boldsymbol{A}^{-1}$ 的特征值；

④ $\boldsymbol{A}$ 和 $\boldsymbol{A}^{\mathrm{T}}$ 具有相同的特征值。

（4）最后我们给出二次型（quadratic form）的概念。假定有一方阵 $\boldsymbol{A}$，用任一向量左乘它，再以该向量的转置向量右乘它，就可以得到一个二次型，例如：

$$\begin{bmatrix} x_1 & x_2 \end{bmatrix}\begin{bmatrix} a_{11} & a_{12} \\ a_{21} & a_{22} \end{bmatrix}\begin{bmatrix} x_1 \\ x_2 \end{bmatrix}=a_{11}x_1^2+(a_{21}+a_{12})x_1x_2+a_{22}x_2^2$$

推广到一般情况就是：

$$\boldsymbol{x}\boldsymbol{A}\boldsymbol{x}^{\mathrm{T}}=\sum_{i=1}^{n}\sum_{j=1}^{n} a_{ij}x_ix_j$$

对于二次型有以下定义：

① 如果对于所有 $\boldsymbol{x}\neq 0$，都有 $\boldsymbol{x}\boldsymbol{A}\boldsymbol{x}^{\mathrm{T}}>0$，则称 $\boldsymbol{A}$ 为正定（positive definite）矩阵①；

② 如果对于所有 $\boldsymbol{x}\neq 0$，都有 $\boldsymbol{x}\boldsymbol{A}\boldsymbol{x}^{\mathrm{T}}<0$，则称 $\boldsymbol{A}$ 为负定（negative definite）矩阵；

③ 如果对于所有 $\boldsymbol{x}$，都有 $\boldsymbol{x}\boldsymbol{A}\boldsymbol{x}^{\mathrm{T}}\geqslant 0$，则称 $\boldsymbol{A}$ 为正半定（positive semi-definite）矩阵；

④ 如果对于所有 $\boldsymbol{x}$，都有 $\boldsymbol{x}\boldsymbol{A}\boldsymbol{x}^{T}\leqslant 0$，则称 $\boldsymbol{A}$ 为负半定（negative semi-definite）矩阵。

如果 $\boldsymbol{A}$ 是单位阵，容易知道，无论 x_1、x_2 取什么值，二次型一定是非负的。实际上，如果 x_1、x_2 不都为 0，$\boldsymbol{x}\boldsymbol{A}\boldsymbol{x}$ 将是严格正的。因此，单位阵是正定矩阵的一个例子。

---

① 正定矩阵一定是非奇异矩阵，即它所对应的行列式一定大于 0，这使得它的逆矩阵存在。而且它具有以下性质：正定矩阵的主子行列式都大于 0，特别是正定矩阵的主对角线上的元素都大于 0。这里的主子行列式是指包含主对角线元素的行列式。反过来，如果一个矩阵具有这样的性质，它就一定是一个正定矩阵。这一性质被称为西尔维斯特（Sylvester）定理。它是由正定矩阵的主子矩阵一定也是正定矩阵这一性质导出的。

金融相关点8-6 经典最优化Ⅱ

现在考察更复杂的多变量最优化问题。为了简化分析，先假定只有两个变量，这样，目标就是：

$$\max_{x_1,\ x_2} f(x_1,\ x_2)$$

最优化要求一阶条件偏导数等于0。

$$\frac{\partial f(x_1,\ x_2)}{\partial x_1}=0 \text{ 和 } \frac{\partial f(x_1,\ x_2)}{\partial x_2}=0$$

二阶条件可以用目标函数的海赛矩阵表示，最大化时该矩阵必为负半定的，即对于任意向量$(a_1,\ a_2)$，必须有：

$$[a_1\quad a_2]\begin{bmatrix}\dfrac{\partial^2 f}{\partial x_1^2} & \dfrac{\partial^2 f}{\partial x_1 x_2}\\ \dfrac{\partial^2 f}{\partial x_2 x_1} & \dfrac{\partial^2 f}{\partial x_2^2}\end{bmatrix}\begin{bmatrix}a_1\\ a_2\end{bmatrix}\leqslant 0$$

如果是最小化问题，那么一阶条件是一样的，而二阶条件变为要求海赛矩阵为正半定的。如果有n个自变量，则局部极大化条件为：

$$\nabla f=\mathbf{0} \text{ 和 } \boldsymbol{z}(\boldsymbol{Hf})\boldsymbol{z}^{\mathrm{T}}\leqslant 0,\ \boldsymbol{z} \text{ 为任意非 } 0 \text{ 向量}$$

局部极小化条件是：

$$\nabla f=\mathbf{0} \text{ 和 } \boldsymbol{z}(\boldsymbol{Hf})\boldsymbol{z}^{\mathrm{T}}\geqslant 0,\ \boldsymbol{z} \text{ 为任意非 } 0 \text{ 向量}$$

实际上，如果函数在定义域上二次可微，则它为凹函数的充要条件是海赛矩阵为半负定的，因此同单变量的情形类似，最优化一个凹函数时，二阶条件自动得到满足。

上述分析的是无约束的最优化，下面考察有约束条件限制的最优化问题，这时要用到拉格朗日方法。考虑下面形式的约束最优化问题：

$$\max_{x_1,\ x_2} f(x_1,\ x_2)$$
$$\text{s.t. } g(x_1,\ x_2)=0$$

构造拉格朗日函数：

$$\mathcal{L}a(x_1,\ x_2,\ \lambda)=f(x_1,\ x_2)-\lambda g(x_1,\ x_2) \tag{8-20}$$

其中，λ就是拉格朗日乘子。一阶条件要求拉格朗日函数对每一自变量的导数均为0：

$$\frac{\partial \mathcal{L}a}{\partial x_1}=\frac{\partial f}{\partial x_1}-\lambda\frac{\partial g}{\partial x_1}=0$$

$$\frac{\partial \mathcal{L}a}{\partial x_2}=\frac{\partial f}{\partial x_2}-\lambda\frac{\partial g}{\partial x_2}=0$$

$$\frac{\partial \mathcal{L}a}{\partial \lambda}=-g(x_1, x_2)=0$$

3 个方程组、3 个未知数，通常可以解出这个方程组(见 8.5 节的讨论)。

一般化的最优化问题：

$$\max f(\boldsymbol{x})$$
$$\text{s.t. } g(\boldsymbol{x})=0$$

在形式上可以直接推广，但要注意的是：如果约束条件的数目多于未知数的数目时，满足所有约束的集合通常只是一个空集，因此我们通常会假设相反的情形。此外，我们还要求 $f(\boldsymbol{x})$ 和每一个约束条件 $g_i(\boldsymbol{x})$ 都是连续可微的，而且后者满足约束备格(constriant qualification)，即梯度向量集 $\nabla g_i(x)$ 是线性无关的①。

同样，定义拉氏函数为：

$$\mathcal{L}a(x, \lambda)=f(\boldsymbol{x})-\lambda g(\boldsymbol{x})$$

$n+1$ 个一阶条件为：

$$\frac{\partial \mathcal{L}a}{\partial x_i}=\frac{\partial f}{\partial x_i}-\lambda\frac{\partial g}{\partial x_i}=0,\ i=1,\ \cdots,\ n \text{ 或者 } \nabla f-\lambda\nabla g=0$$

$$\frac{\partial \mathcal{L}a}{\partial \lambda}=-g(x_1, \cdots, x_n)=0 \text{ 或者 } g(x)=0$$

二阶条件可以用拉氏函数的加边海赛(bordered Hessian)矩阵来表示，对于二维问题就是：

$$\widetilde{\mathbf{H}}\mathcal{L}a(x_1, x_2, \lambda)=\left[\begin{array}{c|cc}\frac{\partial^2 \mathcal{L}a}{\partial \lambda^2} & \frac{\partial^2 \mathcal{L}a}{\partial \lambda\partial x_1} & \frac{\partial^2 \mathcal{L}a}{\partial \lambda\partial x_2}\\ \hline \frac{\partial^2 \mathcal{L}a}{\partial x_1\partial \lambda} & \frac{\partial^2 \mathcal{L}a}{\partial x_1^2} & \frac{\partial^2 \mathcal{L}a}{\partial x_1 x_2}\\ \frac{\partial^2 \mathcal{L}a}{\partial x_2\partial \lambda} & \frac{\partial^2 \mathcal{L}a}{\partial x_2 x_1} & \frac{\partial^2 \mathcal{L}a}{\partial x_2^2}\end{array}\right]$$

根据拉氏函数的定义和一阶条件可计算出：

$$\frac{\partial^2 \mathcal{L}a}{\partial \lambda^2}=0$$

$$\frac{\partial^2 \mathcal{L}a}{\partial x_1\partial \lambda}=\frac{\partial^2 \mathcal{L}a}{\partial \lambda\partial x_1}=-\frac{\partial g}{\partial x_1}$$

① 在经济分析中几乎总是隐含地假设约束备格是成立的，所以常常省略了对这一条件的检验。

$$\frac{\partial^2 \mathcal{L}a}{\partial x_1 \partial \lambda}=\frac{\partial^2 \mathcal{L}a}{\partial \lambda \partial x_2}=-\frac{\partial g}{\partial x_2}$$

代入前式就有加边海赛矩阵：

$$\left[\begin{array}{c|cc} 0 & -\frac{\partial g}{\partial x_1} & -\frac{\partial g}{\partial x_2} \\ \hline -\frac{\partial g}{\partial x_1} & \frac{\partial^2 \mathcal{L}a}{\partial x_1^2} & \frac{\partial^2 \mathcal{L}a}{\partial x_1 x_2} \\ -\frac{\partial g}{\partial x_2} & \frac{\partial^2 \mathcal{L}a}{\partial x_2 x_1} & \frac{\partial^2 \mathcal{L}a}{\partial x_2^2} \end{array}\right]$$

极大化要求该加边海赛矩阵为负半定，直观上理解这一条件就是要求对沿着与约束面相切方向的任何变化，海赛矩阵为负半定的。极小化要求该加边海赛矩阵为正半定。对于一般的最优化问题，二阶条件就是：

$$\boldsymbol{z}\begin{bmatrix} \boldsymbol{0} & -\nabla g \\ (-\nabla g)^{\mathrm{T}} & \boldsymbol{Hf} \end{bmatrix}\boldsymbol{z}^{\mathrm{T}} \leqslant 0,\ \forall \boldsymbol{z}$$

8.5 线性方程组

前文提到：矩阵的引入可以简化多变量问题的表述和求解方式，本节就通过求解多元方程组来展示这一点，并引入线性代数中的一些重要概念。

8.5.1 问题的表述和克莱姆法则

形如：

$$\begin{cases} 3x+4y=6 \\ 2x+y=9 \end{cases}$$

的方程组被称为线形方程组。线性方程组定义了一种从 R^m 到 R^n 函数关系，即 $f: R^m \rightarrow R^n$。

在初等代数中我们学会了用代入法求解它，即把 $y=9-2x$ 代入第一个方程，得：

$$x=6 \text{ 和 } y=-3$$

一般对于 n 个方程 n 个未知数的方程组，可以通过克莱姆法则求解。

定理 8.5.1 克莱姆法则(Cramer's rule)设有 n 个未知数和 n 个方程式组成的线性方程组：

$$\begin{cases} a_{11}x_1+a_{12}x_2+\cdots+a_{1n}x_n=b_1 \\ a_{21}x_1+a_{22}x_2+\cdots+a_{2n}x_n=b_2 \\ \cdots\cdots\cdots\cdots\cdots\cdots \\ a_{n1}x_1+a_{n2}x_2+\cdots+a_{nn}x_n=b_n \end{cases} \tag{8-21}$$

记该方程组的系数行列式为$|\boldsymbol{A}|$,如果$|\boldsymbol{A}|\neq 0$,则该方程组有且仅有唯一一组解：

$$x_i=\frac{|\boldsymbol{A}_i|}{|\boldsymbol{A}|},\ i=1,\ 2,\ \cdots,\ n$$

其中,$\boldsymbol{A}_i$ 是把$\boldsymbol{A}$ 的第 i 列元素换成 b_i 得到的,即：

$$|\boldsymbol{A}_i|=\begin{vmatrix} a_{11} & \cdots & a_{1i-1} & b_1 & a_{1i+1} & \cdots & a_{1n} \\ a_{21} & \cdots & a_{2i-1} & b_2 & a_{2i+1} & \cdots & a_{2n} \\ \vdots & & \vdots & \vdots & \vdots & & \vdots \\ a_{n1} & \cdots & a_{ni-1} & b_n & a_{ni+1} & \cdots & \cdots a_{nn} \end{vmatrix}$$

但是,如果一个线性方程组的系数行列式等于 0,又该怎样呢？此外,在实际问题中还会碰到未知数个数与方程式个数不相等的情况,这样的方程组究竟有没有解？有多少解？这些问题将在下面几节中详细探讨,我们将用矩阵工具对上述问题作出完整的回答。

在此之前,先看一下采用矩阵方法求解线性方程组的一般过程,它在很大程度上简化了方程组的表达和计算。仍旧考虑式(8-21),令：

$$\boldsymbol{A}=\begin{bmatrix}3 & 4\\ 2 & 1\end{bmatrix};\ \boldsymbol{X}=\begin{bmatrix}x\\ y\end{bmatrix};\ \boldsymbol{b}=\begin{bmatrix}6\\ 9\end{bmatrix}$$

则原方程组可以简化为：

$$\boldsymbol{AX}=\boldsymbol{b}$$

方程两边左乘一个 $\boldsymbol{A}^{-1}$，得：

$$\boldsymbol{A}^{-1}\boldsymbol{AX}=\boldsymbol{A}^{-1}\boldsymbol{b}$$

$$\boldsymbol{X}=\boldsymbol{A}^{-1}\boldsymbol{b}$$

根据 8.4 节中的求逆法则,得：

$$\boldsymbol{X}=\begin{bmatrix}3 & 4\\ 2 & 1\end{bmatrix}^{-1}\begin{bmatrix}6\\ 9\end{bmatrix}$$

$$=\begin{bmatrix}-0.2 & 0.8\\ 0.4 & -0.6\end{bmatrix}\begin{bmatrix}6\\ 9\end{bmatrix}$$

$$=\begin{bmatrix}6\\ -3\end{bmatrix}$$

在上面这个平凡的例子中,这似乎显得有一些麻烦,但如果涉及许多变量,这种形式化的处理就显示出优势。

8.5.2　线性相关和线性无关

回忆上文提到过的向量概念,向量可以被视为只有一行或者只有一列的特殊矩阵,因而矩阵的主要运算方法和关系同样适合于向量。除此之外,向量之间还有线性相关和线性无关这一对重要关系。先引入线性组合这一概念。

定义 8.5.1　假设有 m 个 n 维向量 $\boldsymbol{a}_1$，$\boldsymbol{a}_2$，$\cdots$，$\boldsymbol{a}_m$，如果有一个向量 $\boldsymbol{b}$ 可以写成如下

形式：

$$\boldsymbol{b}=\lambda_1\boldsymbol{a}_1+\lambda_2\boldsymbol{a}_2+\cdots+\lambda_m\boldsymbol{a}_m$$

其中，$\lambda_i(i=1, 2, \cdots, m)$是任意实数，则称$\boldsymbol{b}$是向量$\boldsymbol{a}_1, \boldsymbol{a}_2, \cdots, \boldsymbol{a}_m$的线性组合，或者说$\boldsymbol{b}$可以用向量$\boldsymbol{a}_1, \boldsymbol{a}_2, \cdots, \boldsymbol{a}_m$来线性表示。要注意的是：有时我们会谈到冗余向量，一个向量是冗余的就是指它可以表述为其他向量的线性组合。

那么，线性组合的概念同线性方程组之间有什么联系呢？考虑下面一般化的非齐次线性方程组①：

$$\begin{cases} a_{11}x_1+a_{12}x_2+\cdots+a_{1n}x_n=b_1 \\ a_{21}x_1+a_{22}x_2+\cdots+a_{2n}x_n=b_2 \\ \cdots\cdots\cdots\cdots\cdots\cdots\cdots\cdots\cdots\cdots \\ a_{m1}x_1+a_{m2}x_2+\cdots+a_{mn}x_n=b_m \end{cases} \tag{8-22}$$

它可以改写为向量形式：

$$\boldsymbol{a}_1x_1+\boldsymbol{a}_2x_2+\cdots+\boldsymbol{a}_nx_n=\boldsymbol{b}$$

其中，

$$\boldsymbol{a}_1=\begin{Bmatrix} a_{11} \\ a_{21} \\ \cdots \\ a_{m1} \end{Bmatrix}, \boldsymbol{a}_2=\begin{Bmatrix} a_{12} \\ a_{22} \\ \cdots \\ a_{m2} \end{Bmatrix}, \cdots, \boldsymbol{a}_n=\begin{Bmatrix} a_{1n} \\ a_{2n} \\ \cdots \\ a_{mn} \end{Bmatrix}, \boldsymbol{b}=\begin{Bmatrix} b_1 \\ b_2 \\ \cdots \\ b_m \end{Bmatrix}$$

因此，如果方程式(8-22)有解，则$\boldsymbol{b}$必定可以表示为$\boldsymbol{a}_1, \boldsymbol{a}_2, \cdots, \boldsymbol{a}_m$的线性组合。这就是说，对于线性方程组解的讨论可以转换为对向量之间线性关系的讨论。

不难知道，一个向量由某一组向量线性表示的方式可能不是唯一的，这个问题也可以归结为某一个线性方程组解的个数问题。如果解是唯一的，则表示方式也是唯一的，解越多则表示方式也越多。进一步的考察需要引入下面的重要概念。

定义 8.5.2 有m个n维向量$\boldsymbol{a}_1, \boldsymbol{a}_2, \cdots, \boldsymbol{a}_m$，如果存在着$m$个不全为0的实数$\lambda_i(i=1, 2, \cdots, m)$，使得：

$$0=\lambda_1\boldsymbol{a}_1+\lambda_2\boldsymbol{a}_2+\cdots+\lambda_m\boldsymbol{a}_m$$

则称$\boldsymbol{a}_1, \boldsymbol{a}_2, \cdots, \boldsymbol{a}_m$这$m$个向量线性相关；假定这样的数$\lambda_i(i=1, 2, \cdots, m)$不存在，即上述等式仅当$\lambda_1=\lambda_2=\cdots=\lambda_m=0$时才成立，则称该组向量线性无关。

例 8.5.1 证明下列n维列向量线性无关。

$$\boldsymbol{e}_1=\begin{Bmatrix} 1 \\ 0 \\ \cdots \\ 0 \end{Bmatrix}, \boldsymbol{e}_2=\begin{Bmatrix} 0 \\ 1 \\ \cdots \\ 0 \end{Bmatrix}, \cdots, \boldsymbol{e}_n=\begin{Bmatrix} 0 \\ 0 \\ \cdots \\ 1 \end{Bmatrix}$$

假定存在$\lambda_i(i=1, 2, \cdots, n)$使$\lambda_1\boldsymbol{e}_1+\lambda_2\boldsymbol{e}_2+\cdots+\lambda_n\boldsymbol{e}_n=0$，则：

① 如果$b=0$则为齐次线性方程组。

$$\lambda_1\begin{pmatrix}1\\0\\\cdots\\0\end{pmatrix}+\lambda_2\begin{pmatrix}0\\1\\\cdots\\0\end{pmatrix}+\cdots+\lambda_n\begin{pmatrix}0\\0\\\cdots\\1\end{pmatrix}=0$$

即 $(\lambda_1, \lambda_2, \cdots, \lambda_n)=(0, \cdots, 0)$，所以 $\boldsymbol{e}_1, \boldsymbol{e}_2, \cdots, \boldsymbol{e}_n$ 线性无关。

接下来考察线性相关和线性组合两个概念之间的相互关系。事实上，如果 $\boldsymbol{a}_1, \boldsymbol{a}_2, \cdots, \boldsymbol{a}_m$ 是一组线性相关的 n 维向量，则其中至少有一个向量可以由其他向量线性表示。而且，再往这个向量组中添加若干个向量，得到的新的向量组仍然是线性相关的。换句话说，包含 $\boldsymbol{a}_1, \boldsymbol{a}_2, \cdots, \boldsymbol{a}_m$ 的任何向量组都是线性相关的，这就是所谓“部分相关整体必相关”，而且由于 0 向量必然是自身相关的，则一组包含 0 向量的向量组必然线性相关。

8.5.3　矩阵的秩和线性方程组的解

定义 8.5.3　假定有一组 n 维向量，如果在这组向量中存在一组向量 $\boldsymbol{a}_1, \boldsymbol{a}_2, \cdots, \boldsymbol{a}_m$ 满足以下条件：

(1) $\boldsymbol{a}_1, \boldsymbol{a}_2, \cdots, \boldsymbol{a}_m$ 线性无关；

(2) 在原来那组向量中任意取出一个向量 $\boldsymbol{a}$ 加进去，则 $\boldsymbol{a}, \boldsymbol{a}_1, \boldsymbol{a}_2, \cdots, \boldsymbol{a}_m$ 线性相关。

那么，称 $\boldsymbol{a}_1, \boldsymbol{a}_2, \cdots, \boldsymbol{a}_m$ 为该组向量的极大线性无关向量组，简称极大无关组。

容易知道，$\boldsymbol{e}_1, \boldsymbol{e}_2, \cdots, \boldsymbol{e}_n$ 必是最一般的极大无关组。极大无关组的好处是：一组向量中的任意一个向量都可以用极大无关组中的向量线性表示出来，这样对原来一组向量的讨论可以归结为对极大无关组的讨论。尽管一个向量组可能有多组极大无关组，但是任何一个极大无关组所包含的向量的个数却是相同的，这就有必要给它一个特别的名称。如果 $\boldsymbol{A}$ 是一组向量，称它的极大无关组所包含的向量的个数为 $\boldsymbol{A}$ 的秩(rank)。

如果 $\boldsymbol{A}$ 是矩阵，可以把它视为由它的行向量组成的向量组，称这个向量组的秩为矩阵 $\boldsymbol{A}$ 的行秩，同理可以得到矩阵 $\boldsymbol{A}$ 的列秩。我们知道根据前面对初等变换的讨论，任何一个 $m\times n$ 阶矩阵经过有限次初等变换后必可以化为 $m\times n$ 阶矩阵 $\begin{pmatrix}\boldsymbol{I}_r & 0\\0 & 0\end{pmatrix}$。因此，矩阵的行秩必然等于列秩，所以不论行秩还是列秩都直接称矩阵的秩，记为 $\operatorname{rank}(\boldsymbol{A})$。

矩阵的秩有下列运算性质：

(1) $\operatorname{rank}(\boldsymbol{A})=\operatorname{rank}(\boldsymbol{A}^{\mathrm{T}})=\operatorname{rank}(\boldsymbol{A}^{\mathrm{T}}\boldsymbol{A})=\operatorname{rank}(\boldsymbol{A}\boldsymbol{A}^{\mathrm{T}})$

(2) $\operatorname{rank}(\boldsymbol{AB})\leqslant\min[\operatorname{rank}(\boldsymbol{A}), \operatorname{rank}(\boldsymbol{B})]$

(3) $\operatorname{rank}(\boldsymbol{AB})=\operatorname{rank}(\boldsymbol{B}), \mid\boldsymbol{A}\mid\neq 0$

(4) $\operatorname{rank}(\boldsymbol{CA})=\operatorname{rank}(\boldsymbol{C}), \mid\boldsymbol{A}\mid\neq 0$

(5) $\operatorname{rank}(\boldsymbol{PAQ})=\operatorname{rank}(\boldsymbol{A}), \boldsymbol{P}\neq 0, \boldsymbol{Q}\neq 0$

(6) $\operatorname{rank}(\boldsymbol{A})-\operatorname{rank}(\boldsymbol{B})\mid\leqslant\operatorname{rank}(\boldsymbol{A}+\boldsymbol{B})\leqslant\operatorname{rank}(\boldsymbol{A})+\operatorname{rank}(\boldsymbol{B})$

一个 $m\times n$ 矩阵如果它的秩为 m，则称它为行满秩矩阵，类似地，可以定义列满秩矩阵。如果 $m=n$，则该矩阵为满秩矩阵；反之则称为降秩矩阵。显然，满秩阵与非奇异阵、可逆阵是一回事，降秩矩阵与奇异阵和不可逆阵是一回事。

现在，回到线性方程组的问题上，我们的问题是式(8-22)什么时候有解，什么时候无解？

有解的时候,解有多少?在前面的讨论中提到,一个线性方程组是否有解的问题等价于向量 $\boldsymbol{b}$ 是否可以表示为 $\boldsymbol{a}_1, \boldsymbol{a}_2, \cdots, \boldsymbol{a}_m$ 的线性组合。而且,一个方程组解的多少与上述线性表示方式是唯一还是多种有关,利用矩阵秩这一工具,可以有完整的答案。

假定有 m 个方程、n 个未知数的线性方程组:

$$\begin{cases} a_{11}x_1 + a_{12}x_2 + \cdots + a_{1n}x_n = b_1 \\ a_{21}x_1 + a_{22}x_2 + \cdots + a_{2n}x_n = b_2 \\ \cdots\cdots\cdots\cdots\cdots\cdots\cdots\cdots\cdots\cdots \\ a_{m1}x_1 + a_{m2}x_2 + \cdots + a_{mn}x_n = b_m \end{cases}$$

令 $\boldsymbol{A}$ 表示该线性方程组的系数矩阵,$\widetilde{\boldsymbol{A}}$ 表示 $\boldsymbol{A}$ 的增广矩阵(augmented matrix),即:

$$\widetilde{\boldsymbol{A}} = \begin{bmatrix} a_{11} & a_{12} & \cdots & b_1 \\ a_{21} & a_{22} & \cdots & b_2 \\ \vdots & & & \vdots \\ a_{mn} & a_{m2} & \cdots & b_m \end{bmatrix}$$

则有下列结论[①]:

(1) 如果 $\boldsymbol{A}$ 与 $\widetilde{\boldsymbol{A}}$ 的秩相等而且等于 n,即 $\mathrm{rank}(\widetilde{\boldsymbol{A}})=\mathrm{rank}(\boldsymbol{A})=n$,则该线性方程组有唯一组解。

(2) 如果 $\boldsymbol{A}$ 与 $\widetilde{\boldsymbol{A}}$ 的秩相等但是小于 n,即 $\mathrm{rank}(\widetilde{\boldsymbol{A}})=\mathrm{rank}(\boldsymbol{A})<n$,则该线性方程组有解且有无穷多组解。

(3) 如果 $\boldsymbol{A}$ 与 $\widetilde{\boldsymbol{A}}$ 的秩不相等,即 $\mathrm{rank}(\widetilde{\boldsymbol{A}}) \neq \mathrm{rank}(\boldsymbol{A})$,则该线性方程组无解。

金融相关点 8-7　经典最优化Ⅲ

在金融经济的许多问题中,运用不等式的约束是很自然的。例如,在第 2 章的个人终身最优消费/投资决策问题中,我们总是要求消费和财富是非负的。现在我们考察这类问题的一阶条件。考虑最优化问题:

$$\max f(\boldsymbol{x})$$
$$\text{s.t. } g_i(x) \leqslant 0,\ i=1, \cdots, k$$

其中,$f: \mathbf{R}^n \to \mathbf{R}$, $g_i: \mathbf{R}^n \to \mathbf{R}$。我们称 $\mathbf{R}^n$ 空间中的特定点集:

$$\{x: g_i(\bar{x}) \leqslant 0,\ i=1, \cdots, k\}$$

为可行集。如果在某一特定的 $\bar{x}$,我们有:

$$g_i(\bar{x}) = 0$$

① 详细的证明可以在任何一本高等代数或者线性代数教科书,如刘昌琨等(1995)中找到。

则称第 i 个约束为起作用的约束(binding constraint)；否则，就称第该约束为不起作用的松弛约束(slack constriant)。如果梯度向量集：

$$\{\nabla g_i(\bar{x})\colon g_i(\bar{x})=0,\ \forall i\}$$

是线性无关的，那么我们称约束备格(constriant qualification)得到满足。

定理 8.5.2　(库恩-塔克) 如果 $\bar{x}$ 是上述最优化问题的解且约束备格在 $\bar{x}$ 成立，则存在一组库恩-塔克乘子(Kuhn-Tucker multiplier) δ_i，使得：

$$\nabla f(\bar{x})=\sum_{i=1}^{k}\delta_i\nabla g_i(\bar{x})$$

进一步有补充松弛条件(complementary slackness)：

$$\delta_i\geqslant 0,\forall i$$

$$\delta_i=0,\ g_i(\bar{x})<0$$

对比库恩-塔克定理和拉格朗日方法可以发现，重要区别在于库恩-塔克乘子的符号是非负的，而拉格朗日乘子则可以为任意实数。要指出的是，库恩-塔克定理仅仅是最优化的一个必要条件。如果 $f\colon \mathbf{R}^n\to\mathbf{R}$ 为一个凹函数，而每一个 $g_i\colon \mathbf{R}^n\to\mathbf{R}$ 都为凸函数，则上述 $\bar{x}$ 也是最优化问题的解①。

8.6　向量空间和分离超平面

在本章一开始我们就接触过一维实数集，上一节中又学习过了 n 维向量的概念，本节将进一步探讨高维实空间的有关性质。尽管在推理上主要是代数的，我们仍然会用(解析)几何的方法提供直觉。

8.6.1　向量空间

考虑由任意 n 维实向量构成的集合 L，称 L 为实 n 维线性空间(linear space)或者向量空间(vector space)，其中的向量在这里被视为元素。

这些元素可以进行两种代数运算：加法和标量乘法②。为了确认一个向量空间，我们要求它的元素(向量)之间的加法和数乘应当封闭，即对于 $\boldsymbol{a},\ \boldsymbol{b}\in L$；$x,\ y\in R$ 有：

$$\boldsymbol{a}x+\boldsymbol{b}y\in L$$

这就可以推出向量空间具有下列性质③：

① 证明见 Varian(1992)，p503。关于经典最优化方法的讨论到此为止，动态(随机)最优化方法的讨论见 10.6.2 节。

② 本书中标量(scalar)均指实数。

③ 如果 $x=(x_1,\cdots,x_n)$ 和 $y=(y_1,\cdots,y_n)$ 是 $\mathbf{R}^n$ 中两个向量，则 $x+y=(x_1+y_1,\cdots,x_n+y_n)$，即分别对应加总。

(1) $\boldsymbol{a}+\boldsymbol{b}=\boldsymbol{b}+\boldsymbol{a}$; $(\boldsymbol{a}+\boldsymbol{b})+\boldsymbol{c}=\boldsymbol{a}+(\boldsymbol{b}+\boldsymbol{c})$; $\boldsymbol{a}+\boldsymbol{0}=\boldsymbol{a}$; $\boldsymbol{a}+(-\boldsymbol{a})=\boldsymbol{0}$

(2) $c(\boldsymbol{a}+\boldsymbol{b})=c\boldsymbol{a}+c\boldsymbol{b}$; $(c+d)\boldsymbol{a}=c\boldsymbol{a}+d\boldsymbol{a}$; $c(d\boldsymbol{a})=(cd)\boldsymbol{a}$; $1\boldsymbol{a}=\boldsymbol{a}$

向量空间的定义看上去十分抽象,但却有一个明确的经济解释。我们可以把向量视为一个消费束(consumption bundle),用于表述所消费的商品集合。当考虑这些消费束的集合时,加在向量空间(或者商品空间)的那些约束就容易理解了。任何两个消费束 x、y(或者商品束)都可以加总并得到一个和 $x+y$。存在一个唯一的商品束 0,即没有任何消费,如果把它加在任何商品束 x 上应当不会增加任何消费。任何商品束 x 乘上一个实数 a 得到一个新的商品束 ax,它是原来 x 的 a 倍。金融经济分析中最常用的向量空间就是 $\mathbf{R}^n$。

令 $\boldsymbol{L}$ 是向量空间 $\mathbf{R}^n$ 中的一个非空子集(即 $\mathbf{R}^n$ 中一部分向量的集合),如果对于任何 $\boldsymbol{a}_1$, $\boldsymbol{a}_2\in\boldsymbol{L}$ 和任何 c_1, $c_2\in\mathbf{R}$,有:

$$c_1\boldsymbol{a}_1+c_2\boldsymbol{a}_2\in\boldsymbol{L}$$

成立,即 $\boldsymbol{L}$ 在向量加法和数乘下封闭,则称 $\boldsymbol{L}$ 是向量空间 $\mathbf{R}^n$ 的一个子空间。不难验证:一个线性空间的子空间也是一个线性空间。

假定 $\boldsymbol{S}$ 为某个向量空间 $\boldsymbol{L}$ 的一个向量集合,考虑由 $\boldsymbol{S}$ 中所有向量的线性组合构成的新集合,称它为 $\boldsymbol{S}$ 的扩展(span):

$$\text{span}(\mathbf{S})=\left\{x\in L \mid x=\sum a_i v_i,\ a_i\in R;\ v_i\in\boldsymbol{S}\right\} \tag{8-23}$$

例 8.6.1 两维空间 $\mathbf{R}^2$ 中,令 $\boldsymbol{S}=\{(1,2),(2,4)\}$,则:

$$\text{span}(\mathbf{S})=\{x\in\mathbf{R}^2 \mid x=a(1,2),\ a\in R\}$$

这是一条穿过原点的直线。如果令 $\boldsymbol{S}=\{(1,2),(2,1)\}$,则:

$$\text{span}(\mathbf{S})=\mathbf{R}^2$$

因此,该扩展就等于整个向量空间。

这个 $\mathbf{R}^2$ 空间中的简单例子具有的特征可以一般化。

(1) 如果 $\boldsymbol{S}$ 是向量空间 $\boldsymbol{L}$ 的非空子集,则 span(**S**)也是一个线性空间,它是 $\boldsymbol{L}$ 的子空间(subspace)。如果 span(**S**)与 $\boldsymbol{L}$ 不同(如上例中的第一种情形),则称之为真子空间(proper subspace)。

(2) $\mathbf{R}^n$ 总是可以被 n 个向量扩展出来(如上例中的第二种情形)。

(3) 一个子空间 $\boldsymbol{S}\subset\mathbf{R}^n$,如果只有少于数目 n 的非冗余向量,它就不能完全扩展出 $\mathbf{R}^n$(如上例中的 $\mathbf{S}=\{(1,2),(2,4)\}$)。

我们现在把对于实空间 $\mathbf{R}^n$ 的讨论扩展到一般线性空间 $\boldsymbol{L}$ 上。假设 $\boldsymbol{S}\subset\boldsymbol{L}$,如果对于任何 $v_i\in\boldsymbol{S}$ 有 $\nu_i\notin\text{span}(\mathbf{S})\setminus\{\nu_i\}$,则称 $\boldsymbol{S}$ 是线性独立的,也就是非冗余的。换句话说,$\boldsymbol{S}$ 的元素不能表示成为 $\boldsymbol{S}$ 的其他元素的线性组合。上面指出,如果 $\boldsymbol{S}$ 是 $\boldsymbol{L}$ 的一个非空子集,则 span(**S**)可能是 $\boldsymbol{L}$ 的一个真子空间,即:

$$\text{span}(\boldsymbol{S})\subset\boldsymbol{L} \text{ 且 } \text{span}(\boldsymbol{S})\neq\boldsymbol{L}$$

但是,如果 $\boldsymbol{S}$ 确实扩展出整个 $\boldsymbol{L}$ 并且 $\boldsymbol{S}$ 的元素是线性独立的,则 $\boldsymbol{S}$ 被称为 $\boldsymbol{L}$ 的一个基(basis)。

向量空间理论中有一个基本定理说明每一个向量空间都有一个基，而且每个基都有同样的基数(cardinality)。这样，我们就可以把一个向量空间的维数(dimension)定义为它的任意基的基数。立即有以下结论：

(1) 任一向量空间的基，实质上就是这个向量空间的极大线性无关向量组。

(2) 由于极大线性无关组总含有相同数目的向量，因此一个向量空间的维数是不变的，即不随基的改变而改变，实际上它也可以看成是向量空间 $\boldsymbol{L}$ 的秩。

要找到向量空间 $\boldsymbol{L}$ 的一个基，我们可以找到任何扩展 $\boldsymbol{L}$ 的线性独立的向量集合 $\boldsymbol{S}$。对于$\mathbf{R}^n$ 来说，这一点是很容易做到的。尽管一个线性空间$\mathbf{R}^n$ 可以有无数的基(如在$\mathbf{R}^2$ 中，$\{(1, 0); (0, 1)\}$是一组基，$\{(1, 0); (2, 1)\}$也是一组基)，但是最简单的莫过于：

$$\boldsymbol{e}_1=(1, 0, \cdots, 0), \boldsymbol{e}_2=(0, 1, \cdots, 0), \cdots, \boldsymbol{e}_n=(0, 0, \cdots, 1)$$

这组基被称为$\mathbf{R}^n$ 的标准基(standard basis)。因此，$\mathbf{R}^n$ 的极大线性无关组含有 n 个 n 维向量，$\mathbf{R}^n$ 的维数是 n。在该标准基下，任何一个 n 维向量 $\boldsymbol{a}=(a_1, a_2, \cdots, a_n)$ 都可以表示为：

$$\boldsymbol{a}=a_1\boldsymbol{e}_1+a_2\boldsymbol{e}_2+\cdots+a_n\boldsymbol{e}_n$$

我们对于线性组合的标量施加一定的约束就可以得到其他形式的组合，其中包括重要的仿射组合(affine combination)和凸组合(convex combination)。线性组合只要求标量为常数就可以了；仿射组合则要求标量的和为 1；而凸组合则要求这些标量是非负的，每个均在 0 和 1 之间，而且它们的和为 1。

如果集合对于凸组合封闭，即对于任意 $\boldsymbol{x}, \boldsymbol{y}\in\boldsymbol{S}$，如果 $\{\boldsymbol{z}\mid\boldsymbol{z}=a\boldsymbol{x}+(1-a)\boldsymbol{y}, a\in[0, 1]\}$ 中的点都在 $\boldsymbol{S}$ 之内，则称 $\boldsymbol{S}$ 为凸集(convex set)。凸集是对凸函数概念的一种扩展。直观上理解，凸集中任何两点之间的连线都完全落在该集合中。也就是说，凸集的内部没有洞，边界上不会凹下去，二维情形如图 8-15 所示。

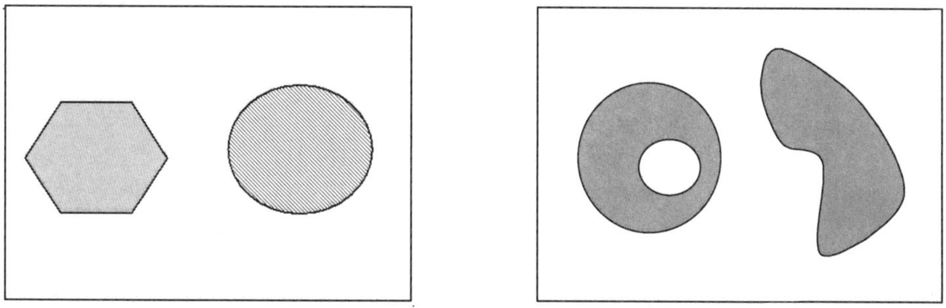

(a) 凸集　　　　(b) 非凸集

图 8-15　$\mathbf{R}^2$ 中的凸集和非凸集

8.6.2 几何特征

本节进一步学习向量空间中的距离、夹角等几何概念，并利用它们来证明金融经济学中著名的套利定价定理(Ross, 1976)。

先考察标量积(scalar product)概念，考虑 n 维线性空间$\mathbf{R}^n$ 中的两个向量：

$$\boldsymbol{a}=(a_1, a_2, \cdots, a_n), \boldsymbol{b}=(b_1, b_2, \cdots, b_n)$$

定义 $\boldsymbol{a}$ 与 $\boldsymbol{b}$ 的标量积为：

$$\boldsymbol{a}\cdot\boldsymbol{b}=a_1b_1+a_2b_2+\cdots+a_nb_n \tag{8-24}$$

由此可见，两个向量的标量积是一个实数，它等于 $\boldsymbol{a}$ 与 $\boldsymbol{b}$ 相应的坐标分量乘积之和，标量积又称为内积(inner product)或者点积(dot product)①。注意，中间的那个点不可以省略。内积有以下四个性质。

(1) $\boldsymbol{a}\cdot\boldsymbol{b}=\boldsymbol{b}\cdot\boldsymbol{a}$

(2) $\boldsymbol{a}\cdot(\boldsymbol{b}+\boldsymbol{c})=\boldsymbol{a}\cdot\boldsymbol{b}+\boldsymbol{a}\cdot\boldsymbol{c}$

(3) $k(\boldsymbol{a}\cdot\boldsymbol{b})=(k\boldsymbol{a})\cdot\boldsymbol{b}=\boldsymbol{a}\cdot(k\boldsymbol{b})$

(4) $\boldsymbol{a}\cdot\boldsymbol{a}>0$ 当且仅当 $\boldsymbol{a}\neq\boldsymbol{0}$

有了内积的概念就可以很方便地定义线性空间中向量的长度、夹角以及两点的距离等几何概念了。定义 n 维线性空间 $\mathbf{R}^n$ 中的任意向量 $\boldsymbol{a}=(a_1,\ a_2,\ \cdots,\ a_n)$ 的长度为：

$$\|\boldsymbol{a}\|=\sqrt{\boldsymbol{a}\cdot\boldsymbol{a}}=\sqrt{a_1^2+a_2^2+\cdots+a_n^2}$$

直观上理解，在平面 $\mathbf{R}^2$ 中向量的长度就是 $\sqrt{a_1^2+a_2^2}$；在空间 $\mathbf{R}^3$ 中向量的长度就是 $\sqrt{a_1^2+a_2^2+a_3^2}$，它们与解析几何中的概念是一致的。

对长度概念的进一步推广可以得到范数(norm)。范数是一个非负的数，它类似实数的绝对值和复数的模②。范数的种类很多，不过最常用还是欧几里得范数(Euclidean norm)，就是上面所定义的长度。范数具有以下七个性质。

(1) $\|\boldsymbol{A}\|\geqslant 0$

(2) 如果 $\boldsymbol{A}=0$，则 $\|\boldsymbol{A}\|=0$

(3) $\|c\boldsymbol{A}\|=|c|\times\|\boldsymbol{A}\|$

(4) $\|\boldsymbol{A}+\boldsymbol{B}\|\leqslant\|\boldsymbol{A}\|+\|\boldsymbol{B}\|$，这被称为三角不等式。它是闵科夫斯基(Minkowski)不等式：

$$\|a\boldsymbol{A}+b\boldsymbol{B}\|^n\leqslant|a|\|\boldsymbol{A}\|^n+|b|\|\boldsymbol{B}\|^n$$

的特款。

(5) $\|\boldsymbol{A}-\boldsymbol{B}\|\geqslant|\|\boldsymbol{A}\|-\|\boldsymbol{B}\||$，要求 $\boldsymbol{AB}$ 为等阶矩阵。

(6) $\|\boldsymbol{AB}\|\leqslant\|\boldsymbol{A}\|\times\|\boldsymbol{B}\|$，这被称为柯西—施瓦茨(Cauchy-Schwarz)不等式。

(7) $\|\boldsymbol{A}^{-1}\|\geqslant\|\boldsymbol{A}\|^{-1}$，要求 $\boldsymbol{A}$ 为方阵。

例 8.6.2 令 $\boldsymbol{a}=(a_1,\ a_2,\ \cdots,\ a_n)$ 是线性空间 $\mathbf{R}^n$ 中的非 0 向量，求向量 $\dfrac{\boldsymbol{a}}{\|\boldsymbol{a}\|}$ 的长度。

---

① 内积空间是一个向量空间，这个空间装备一个函数，这个函数为该空间中的每个有序数对 $(x,\ y)$ 安排一个实数，$\langle x,\ y\rangle$，使得对于该空间中的任意 $x,\ y,\ z$ 和任意实数 a 满足：① $\langle x,\ y\rangle=\langle y,\ x\rangle$；② $\langle x,\ y+z\rangle=\langle x,\ y\rangle+\langle x,\ z\rangle$；③ $a\langle x,\ y\rangle=\langle ax,\ y\rangle+\langle x,\ ay\rangle$；④ $\langle x,\ x\rangle\geqslant 0$ 和 $\langle x,\ x\rangle=0\Leftrightarrow x=0$。如果我们定义 $\|x\|=\sqrt{\langle x,\ x\rangle}$，则这是一个赋范向量空间；如果这个空间是完备的，则称之为希尔伯特(Hilbert)空间。

② 矩阵的范数是一个非负的数用来描述矩阵或者向量的量级(magnitude)。一个矩阵的欧几里得范数定义为：$\|A\|=(\sum\sum a_{ij}^2)^{\frac{1}{2}}$。装备了范数函数 $\|.\|:\boldsymbol{L}\rightarrow\boldsymbol{R}$ 的向量空间被称为赋范向量空间(normed vector spaces)。

$$\left\| \frac{\boldsymbol{a}}{\|\boldsymbol{a}\|} \right\| = \left\| \left(\frac{a_1}{\|\boldsymbol{a}\|}, \frac{a_2}{\|\boldsymbol{a}\|}, \cdots, \frac{a_n}{\|\boldsymbol{a}\|} \right) \right\|$$
$$= \sqrt{\left(\frac{a_1}{\|\boldsymbol{a}\|} \right)^2 + \left(\frac{a_2}{\|\boldsymbol{a}\|} \right)^2 + \cdots + \left(\frac{a_n}{\|\boldsymbol{a}\|} \right)^2}$$
$$= \frac{1}{\|\boldsymbol{a}\|} \sqrt{a_1^2 + a_2^2 + \cdots + a_n^2} = 1$$

$\mathbf{R}^n$ 中长度等于 1 的向量称为单位向量。容易验证$\mathbf{R}^n$ 的标准基$\boldsymbol{e}_1, \boldsymbol{e}_2, \cdots, \boldsymbol{e}_n$ 也是单位向量。在上面的例子中,我们看到:任何一个非 0 向量除以它的长度后就成了单位向量,这个过程称为把向量单位化。

与向量长度密切相关的另一个概念是两点间的距离,或者称为两个向量之间的距离。假定 $\boldsymbol{a} = (a_1, a_2, \cdots, a_n)$、$\boldsymbol{b} = (b_1, b_2, \cdots, b_n)$ 是线性空间$\mathbf{R}^n$ 中的两个非 0 向量,定义它们之间的距离为:

$$d = \|\boldsymbol{a} - \boldsymbol{b}\| = \sqrt{(a_1 - b_1)^2 + (a_2 - b_2)^2 + \cdots + (a_n - b_n)^2} \tag{8-25}$$

不难知道,它实际上就是向量 $\boldsymbol{a} - \boldsymbol{b}$ 的欧式范数。根据上述定义可知,两个向量之间的距离等于 0 的充要条件是这两个向量相等①。

我们看到:范数产生了$\mathbf{R}^n$ 空间中的距离概念,而有了距离的概念就有了$\mathbf{R}^n$ 空间中的收敛定义。任意两个向量 x、y,当 $\|x - y\|$ 很小时,就可以说 x、y 接近了,即:

$$N_\varepsilon(x) = \left[\sum_{i=1}^{n} (x_i - y_i)^2 \right]^{1/2} \leqslant \varepsilon$$

$N_\varepsilon(x)$是与 x 的距离小于或者等于 ε 的所有点(向量)构成的集合。在$\mathbf{R}^3$ 空间即三维空间中,可以理解 $N_\varepsilon(\bar{x})$ 是当 $n \to \infty$ 时以 $\bar{x}$ 为极限。$N_\varepsilon(\bar{x})$ 都落在以 ε 为半径,$\bar{x}$ 为极限的球体中。

如同在 $\mathbf{R}$ 中定义的那样,如果$\mathbf{R}^n$ 中的一个集合包含它的所有极限点,则称该点集为闭集,闭集的补集是开集。有了点集的封闭性概念,我们就可以深入探求$\mathbf{R}^n$ 空间的拓扑结构。

如果在$\mathbf{R}^n$ 空间中存在某点$\bar{x}$ 和一个有限数 ε,使得 $\boldsymbol{S}$ 中所有的向量都落在$\bar{x}$ 的 ε-邻域中,即 $\boldsymbol{S} \subset N_\varepsilon(\bar{x}) = \{x: \|x - \bar{x}\| \leqslant \varepsilon\}$ 则称$\mathbf{R}^n$ 中向量集$\boldsymbol{S}$ 是有界的。如果一个集合既是闭集,又是有界集,则称它为紧集。令 $\boldsymbol{S} \subset \mathbf{R}^n$,$\boldsymbol{S}$ 的内部(interior)是指它包含的最大开集,$\boldsymbol{S}$ 除去了它的内部就是它的边界(boundary)。图 8-16 显示了邻域、内点和边界点的概念。

其中,集合 A 还是一个开集,而集合 B 则是一个闭集。显然,它们都是有界集,所以 B 还是一个紧集。无界集合的例子有$\mathbf{R}^n$ 和$\mathbf{R}^n_+$ 等,其中前者是开集,后者既不是开集也不是闭集。

在前文中我们提到经济分析中的消费商品集合通常被假定为闭集和凸集。更一般地,所有可行集通常被假定为紧集和凸集,这样最优化选择行为将必定存在,这由紧性保证。而且,它是唯一的,这由(严格)凸性保证。

---

① 装备了距离函数 $d(x, y) = \|x - y\|$ 的向量空间被称为量度空间(metric space),对于量度空间中的任意 x, y, z 满足:(1) $d(x, y) \geqslant 0$,且 $d(x, y) = 0 \Leftrightarrow x = y$;(2) $d(x, y) = d(y, x)$;(3) $d(x, y) \leqslant d(x, z) + d(z, y)$。如果该空间是完备的就称它为巴拿赫空间(Banach spaces)。

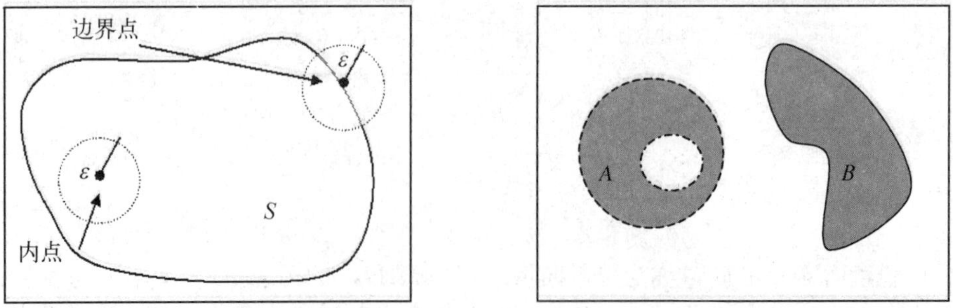

(a) 邻域、内点和边界点　　(b) 开集和闭集

图 8-16　$\mathbf{R}^2$ 中的邻域、内点和边界点,开集和闭集

继续回到我们的$\mathbf{R}^n$ 几何上,接下去考察两个向量之间的角度。假定 $\boldsymbol{a}=(a_1, a_2, \cdots, a_n)$、$\boldsymbol{b}=(b_1, b_2, \cdots, b_n)$ 是线性空间$\mathbf{R}^n$ 中的两个非 0 向量,定义它们之间夹角 θ 的余弦为:

$$\cos\theta=\frac{\boldsymbol{a}\cdot\boldsymbol{b}}{\|\boldsymbol{a}\|\times\|\boldsymbol{b}\|}$$

根据反函数的定义,有:

$$\theta=\arccos\frac{\boldsymbol{a}\cdot\boldsymbol{b}}{\|\boldsymbol{a}\|\times\|\boldsymbol{b}\|}$$

例 8.6.3　求$\mathbf{R}^4$ 空间中向量(2, 0, 3, −3)、(6, 6, 0, 4)之间的夹角。因为:

$$\boldsymbol{a}\cdot\boldsymbol{b}=2\times6+0\times6+3\times0+(-3)\times4=0$$

因此:

$$\cos\theta=\frac{\boldsymbol{a}\cdot\boldsymbol{b}}{\|\boldsymbol{a}\|\times\|\boldsymbol{b}\|}=0$$

故:

$$\theta=\pi/2$$

如果线性空间$\mathbf{R}^n$ 中的两个非 0 向量 $\boldsymbol{a}$、$\boldsymbol{b}$ 之间的夹角等于 90°,则称 $\boldsymbol{a}$ 与 $\boldsymbol{b}$ 正交(orthogonal)或者垂直(perpendicular)。显而易见,$\mathbf{R}^n$ 中的两个非 0 向量 $\boldsymbol{a}$、$\boldsymbol{b}$ 正交的充要条件是它们的内积等于 0。

因此,当 $\boldsymbol{a}^{\mathrm{T}}\boldsymbol{b}=0$ 时,两个向量 $\boldsymbol{a}$、$\boldsymbol{b}$ 称为正交,容易知道正交向量是线性独立的。几何上看,一对正交向量代表垂直线,因此通常我们把两个向量正交形象地记为 $\boldsymbol{a}\perp\boldsymbol{b}$。显然,线性空间$\mathbf{R}^n$ 中的标准基:

$$\boldsymbol{e}_1=(1, 0, \cdots, 0),\ \boldsymbol{e}_2=(0, 1, \cdots, 0),\ \cdots,\ \boldsymbol{e}_n=(0, 0, \cdots, 1)$$

是一组两两正交的向量,称这种相互垂直的向量组为正交向量组。任意一组正交向量组必线性无关。这样就有以下线性代数中的一个重要结论。

命题 8.6.1　如果集合 $\boldsymbol{A}$ 由 $n-1$ 个线性独立但不正交的向量 $(\boldsymbol{a}_1, \boldsymbol{a}_2, \cdots, \boldsymbol{a}_{n-1})$ 构成,它与另一向量 $\boldsymbol{b}$ 正交,即:$\boldsymbol{a}_1^{\mathrm{T}}\boldsymbol{b}=0$、$\boldsymbol{a}_2^{\mathrm{T}}\boldsymbol{b}=0$ 等。向其中添加一个向量 $\boldsymbol{a}_n$,它也与 $\boldsymbol{b}$ 正交,即 $\boldsymbol{a}_n^{\mathrm{T}}\boldsymbol{b}=0$,则该向量必定可以表示为向量 $(\boldsymbol{a}_1, \boldsymbol{a}_2, \cdots, \boldsymbol{a}_{n-1})$ 的线性组合。

例 8.6.4　已知：

$$\boldsymbol{a}_1=\begin{bmatrix}1\\1\\1\\1\\1\end{bmatrix};\ \boldsymbol{a}_2=\begin{bmatrix}1\\0\\1\\0\\0\end{bmatrix};\ \boldsymbol{a}_3=\begin{bmatrix}0\\2\\5\\0\\1\end{bmatrix};\ \boldsymbol{a}_4=\begin{bmatrix}0.07\\0.13\\0.27\\0.05\\0.09\end{bmatrix};\ \boldsymbol{b}=\begin{bmatrix}0\\-1\\0\\-1\\2\end{bmatrix}$$

容易发现，$\boldsymbol{a}_1 \perp \boldsymbol{b}$、$\boldsymbol{a}_2 \perp \boldsymbol{b}$、$\boldsymbol{a}_3 \perp \boldsymbol{b}$，以及 $\boldsymbol{a}_4 \perp \boldsymbol{b}$，可以证明 $\boldsymbol{a}_4$ 是 $\boldsymbol{a}_1$，$\boldsymbol{a}_2$，$\boldsymbol{a}_3$ 的线性组合：

$$\boldsymbol{a}_4=0.05\boldsymbol{a}_1+0.02\boldsymbol{a}_2+0.04\boldsymbol{a}_3$$

金融相关点 8-8　线性代数和套利定价模型

上述线性空间中几何知识的金融用途之一就是证明套利定价定理(arbitrage pricing theorem)。该定理有如下三个假定。

(1) 无摩擦的市场。不存在交易费用和税收，所有证券无限可分；无操纵的市场，任何单独的投资者行为都不足以影响资产的市场价格，他们都是价格的接受者；无制度限制。允许卖空，并且可以自由支配卖空所得。

(2) 投资者具有同质预期(homogeneous expectation)。

(3) 资产收益由因素模型(factor model)决定。存在 N 种风险资产，K 种共同因素，一般而言，$N>K$。所有资产收益均表示为下列线性多因素模型：

$$\mu_i=E[\mu_i]+b_{i1}F_1+b_{i2}F_2+\cdots+b_{iK}F_K+\varepsilon_i,\ i=1,\ 2,\ \cdots,\ N \tag{8-26}$$

其中，μ_i 为第 i 种风险资产的随机收益率；$E[\mu_i]$ 为第 i 种风险资产的期望收益率；ε_i 是随机干扰因素；b_{ik} 是因素负荷(factor loading)。要求：

$$E(F_k)=0,\ k=1,\ 2,\ \cdots,\ K$$

$$E(\varepsilon_i)=0,\ i=1,\ 2,\ \cdots,\ n$$

$$\max[\mathrm{var}(\varepsilon_i)]=\hat{\sigma}^2,\ i=1,\ 2,\ \cdots,\ n$$

即有界方差，和

$$E(\varepsilon_i\varepsilon_j)=0,\ i\neq j$$

即非因素误差之间互不相关。

式(8-26)也可记为矩阵形式：

$$\boldsymbol{\mu}=E(\boldsymbol{\mu})+\boldsymbol{BF}+\boldsymbol{\varepsilon} \tag{8-27}$$

其中，$\boldsymbol{B}=(b_{ij})_{n\times k}$ 是 $N\times K$ 阶矩阵。

(4) 无套利均衡。假定 $\boldsymbol{w}_{\mathbf{A}}=(w_1,\ w_2,\ \cdots,\ w_n)$ 是套利资产组合，它有以下要求：

净投入为 0，即：

$$\boldsymbol{1}^{\mathrm{T}}\boldsymbol{w}_{\mathbf{A}}=0 \tag{8-28}$$

对于所有因素风险免疫,即:

$$\boldsymbol{B}^{\mathrm{T}}\boldsymbol{w}_{\mathbf{A}}=0 \tag{8-29}$$

对于所有非因素风险免疫,即:

$$\boldsymbol{w}_{\mathbf{A}}\boldsymbol{\varepsilon}=0 \tag{8-30}$$

该套利资产组合的收益率为:

$$\mu_A=\boldsymbol{w}_{\mathbf{A}}E(\boldsymbol{\mu})+\boldsymbol{w}_{\mathbf{A}}\boldsymbol{BF}+\boldsymbol{w}_{\mathbf{A}}\boldsymbol{\varepsilon}=\boldsymbol{w}_{\mathbf{A}}E(\boldsymbol{\mu})$$

如果不存在套利机会,则:

$$\boldsymbol{w}_{\mathbf{A}}E(\boldsymbol{\mu})=0$$

因为 $\boldsymbol{1}$、$\boldsymbol{B}$ 和 $E(\boldsymbol{\mu})$均同 $\boldsymbol{w}_{\mathbf{A}}$正交,根据上面的命题,我们知道 $E(\boldsymbol{\mu})$ 必定可以表示为单位向量 $\boldsymbol{1}$ 和因素负荷矩阵 $\boldsymbol{B}$ 的线性组合。即存在常数 $\lambda_0, \lambda_1, \cdots, \lambda_K$,使得下式成立:

$$E(\mu_i)=\lambda_0 1+b_1\lambda_1+\cdots+b_K\lambda_K,\ i=1,\ 2,\ \cdots,\ N$$

这就是套利定价定理的一般形式①。

例 8.6.5 假定风险资产收益由两因素模型产生:

$$\mu_i=E(\mu_i)+b_{i1}F_1+b_{i2}F_2+\varepsilon$$

写成矩阵形式:

$$\boldsymbol{\mu}=E(\boldsymbol{\mu})+\boldsymbol{BF}+\boldsymbol{\varepsilon}$$

有三种风险资产它们的期望收益率分别是:0.13、0.11 和 0.10,因素负荷矩阵为:

$$\boldsymbol{B}=\begin{bmatrix}2 & 0\\ 0 & 6\\ 1 & 1\end{bmatrix}$$

根据套利定价理论,存在常数 $\lambda_0, \lambda_1, \lambda_2$ 使得下式成立:

$$E(\boldsymbol{\mu})=\begin{bmatrix}0.13\\ 0.11\\ 0.10\end{bmatrix}=\lambda_0\begin{bmatrix}1\\ 1\\ 1\end{bmatrix}+\begin{bmatrix}2 & 0\\ 0 & 6\\ 1 & 1\end{bmatrix}\begin{bmatrix}\lambda_1\\ \lambda_2\end{bmatrix}$$

这实际上是一个 3 个方程 3 个未知数的方程组,解这个方程组就可以得到:

$$\lambda_0=0.05,\ \lambda_1=0.04,\ \lambda_2=0.01$$

即:

$$E(\mu_i)=0.05+0.04b_1+0.01b_2$$

① $\lambda_0, \lambda_1, \cdots, \lambda_K$ 的经济含义见 1.4.2 节。

这样就可以使用它为任意资产定价了，例如一种风险资产的到期收益为 100 元，它的因素负荷是 2 和 0.8，它的当期价格是多少呢？根据上式可以先找到收益率：

$$E(\mu_i)=0.05+0.04\times 2+0.01\times 0.8=0.2$$

再贴现就得到了该风险资产的当期价格：

$$100/(1+0.2)=83.33$$

本节最后，我们利用内积和范数概念来推导线性空间中的投影(projection)概念。(在解析几何中)如图 8-17 所示，向量 $\boldsymbol{a}$、$\boldsymbol{b}$ 之间的夹角为 θ，从向量 $\boldsymbol{a}$ 的终点 A 向向量 $\boldsymbol{b}$ 所在的直线引垂线交于 C 点，则 OC 可以视为一个向量，记为 c，称它为 $\boldsymbol{a}$ 在 $\boldsymbol{b}$ 上的投影向量。

$\boldsymbol{a}$ 在 $\boldsymbol{b}$ 上的投影纯量定义为：

$$c=\|\boldsymbol{a}\|\cos\theta=\|\boldsymbol{a}\|\times\frac{\boldsymbol{a}\cdot\boldsymbol{b}}{\|\boldsymbol{a}\|\times\|\boldsymbol{b}\|}=\frac{\boldsymbol{a}\cdot\boldsymbol{b}}{\|\boldsymbol{b}\|}$$

因为 $\boldsymbol{c}$ 与 $\boldsymbol{b}$ 的方向一致，又有：

$$c=\frac{\boldsymbol{a}\cdot\boldsymbol{b}}{\|\boldsymbol{b}\|}\times\frac{\boldsymbol{b}}{\|\boldsymbol{b}\|}=\frac{\boldsymbol{a}\cdot\boldsymbol{b}}{\|\boldsymbol{b}\|^2}\boldsymbol{b}$$

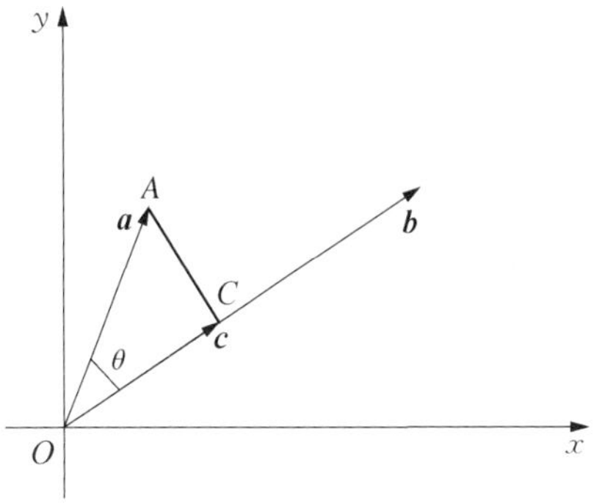

图 8-17 投影的几何解释

现在把这些概念推广到高维线性空间上去。假定 $\boldsymbol{a}$、$\boldsymbol{b}$ 是线性空间 $\mathbf{R}^n$ 中的两个非 0 向量，定义 $\boldsymbol{a}$ 在 $\boldsymbol{b}$ 上的投影向量为：

$$\boldsymbol{c}=\frac{\boldsymbol{a}\cdot\boldsymbol{b}}{\|\boldsymbol{b}\|}\times\frac{\boldsymbol{b}}{\|\boldsymbol{b}\|}=\frac{\boldsymbol{a}\cdot\boldsymbol{b}}{\|\boldsymbol{b}\|^2}\boldsymbol{b}$$

而其中：

$$c=\frac{\boldsymbol{a}\cdot\boldsymbol{b}}{\|\boldsymbol{b}\|}$$

称为投影纯量，或者简称投影。

8.6.3 线性泛函与超平面

本节中，我们深入考察向量空间上的函数关系和它们的几何意义。在向量空间 $\boldsymbol{L}$ 上的线性泛函(linear functional)是一个函数 $p\colon \boldsymbol{L}\to\mathbf{R}$，它满足以下条件：

(1) $p(x+y)=p(x)+p(y)$，$\forall x,\ y\in\boldsymbol{L}$

(2) $p(ax)=ap(x)$，$\forall x\in\boldsymbol{L}$；$a\in\mathbf{R}$

用 $\bar{\boldsymbol{L}}$ 表示向量空间 $\boldsymbol{L}$ 上所有线性泛函的集合，这个集合非常重要，因此给它一个单独的名字：称 $\bar{\boldsymbol{L}}$ 为 $\boldsymbol{L}$ 的对偶空间(dual space)。不难证明，$\bar{\boldsymbol{L}}$ 本身也是一个向量空间。要指出的是：在以下分析中除非特别说明，我们处理的均是有限维向量空间。这就是说 $\mathbf{R}^n$ 的对偶空间也是 n 维的。

这样就可以把一个线性泛函 $p\colon\mathbf{R}^n\to\mathbf{R}$ 表示为一个标量积的形式：

$$p \to p \cdot x = \sum_{i=1}^{n} p_i x_i$$

因此,当考虑一个线性泛函在某一个 x 上值时,有时候也会把它写为 $p \cdot x$ 而不是 $p(x)$来强调这种线性。毫无疑问,这一点我们已经看到了,但是这样写下线性方程,我们使用了以下事实:$\mathbf{R}^n$ 上的每一个线性泛函都可以表述为一个向量 $\boldsymbol{p}=(p_1, p_2, \cdots, p_n) \in \mathbf{R}^n$,即$\mathbf{R}^n$ 是它自己的对偶空间。这样就有以下重要定理。

定理 8.6.1 利茨表述(Riesz represetation)如果 $\boldsymbol{S}$ 是$\mathbf{R}^n$ 的线性子空间,$\boldsymbol{p}$ 是$\boldsymbol{S}$ 上线性泛函,则存在唯一的 $\boldsymbol{y} \in \mathbf{R}^n$,使得对于任何 $\boldsymbol{x} \in \boldsymbol{S}$,有:

$$p(\boldsymbol{x})=\boldsymbol{x}\boldsymbol{y}$$

该定理①在证明资产定价基本定理时非常有用。

现在考虑一个定义在向量空间 $\boldsymbol{L}$ 上的线性泛函,暂时假定 $\boldsymbol{L}$ 就是$\mathbf{R}^n$。现在考察 0 的逆象的结构,通常称该逆象为线性泛函的核(kernel):

$$\text{kernel}(p)=p^{-1}\{0\}=\{\boldsymbol{x} \in \boldsymbol{L} \mid p \cdot x=0\}$$

如果该线性泛函为 0,则显然 kernel$(p)=\boldsymbol{L}$ 为整个定义域。但是,如果 p 不为 0,则它的核不会等于整个定义域,而是它的一个线性子空间。这个线性子空间的维数比 $\boldsymbol{L}$ 要少 1,如果 $\boldsymbol{L}=\mathbf{R}^n$,则它的线性子空间的维数就是 $n-1$。这个核也有一个特别的名称——超平面(hyperplane),而 p 被称为该超平面的法向,显然它与超平面正交。

如果 $a \neq 0$,则相应的逆象:

$$p^{-1}\{a\}=\{x \in \mathbf{R}^n \mid p \cdot x=a\}$$

不是一个线性子空间(因为它不包含 0 向量)。但是,我们可以在简单的$\mathbf{R}^2$、$\mathbf{R}^3$ 空间中直观地显示出:$p^{-1}\{a\}$ 是一个线性子空间的平行变换(parallel translation)。这样变换的子空间被称为仿射子空间(affine subspace)。当 $p \neq 0$ 时,子空间变换成了一个超平面,称之为仿射超平面(affine hyperplane),以下我们也把仿射超平面直接称为超平面。因为超平面很重要,我们给它一个特别的记法:

$$H(p, a)=p^{-1}\{a\}=\{x \in \mathbf{R}^n \mid p \cdot x=a\}$$

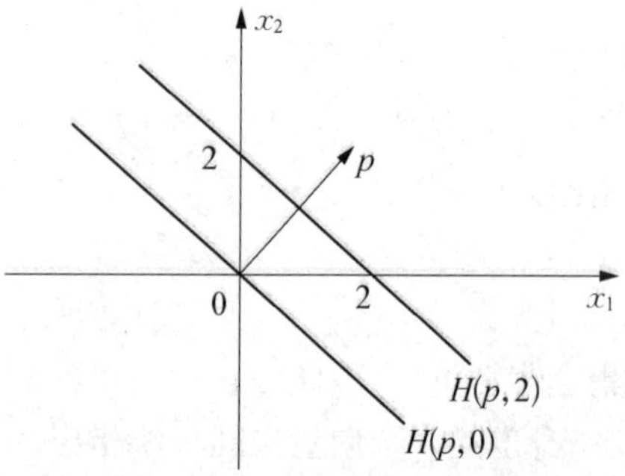

图 8-18 $\mathbf{R}^2$ 中的超平面和仿射超平面

图 8-18 给出了$\mathbf{R}^2$ 空间中两个超平面 $H(p, 0)$和 $H(p, 2)$(其中 $p=(1, 1)$)的直观理解。注意我们把向量 p 描绘成同超平面垂直的形式。

线性泛函和超平面看上去十分抽象和奇特,但它们的经济含义却很自然和直观。我们用 p 来表示典型的线性泛函是别有用心的,因为线性泛函的主要目的就是表示价格。前面我们提到向量 $x \in \boldsymbol{L}$ 表示商品束,那么在 x 点上线性泛函 p: $\boldsymbol{L} \to \boldsymbol{R}$ 的取值就代表商品束的价值量 px。

① 详细证明可参见 Dothan(1990),p40。

p 的线性具有自然的经济解释,如果我们给商品束乘上一个标量 λ,则该商品束的价值量将按同一比例变化:

$$p(\lambda x)=\lambda p(x)$$

而且,两个商品束总和的价值就等于它们各自价值的总和:

$$p(x)+p(y)=p(x+y)$$

超平面 $H(p,0)$代表所有具有 0 价值的商品束的集合,$H(p,a)$则代表所有具有 a 价值的商品束的集合。

回到我们的一般讨论上,超平面最让人感兴趣的特征是:无论向量空间 $\boldsymbol{L}$ 的维数是多少,超平面总是可以把它分割成两个半空间(halfspaces),每一个空间位于超平面的一侧。可以区分两种类型的半空间:一种是不包含超平面的开半空间(open halfspaces);另一种是包含超平面的闭半空间(close halfspaces)。在经济上理解开半空间代表严格大(小)于某个价值量的商品集合,而闭半空间则代表大(小)于或者等于某个价值量的商品集合。

容易知道,$\mathbf{R}^1$ 空间中的超平面 $H(p,0)$就是原点,它分割出的两个开半空间就是两个开区间$(0,\infty)$和$(-\infty,0)$。在平面直角坐标系$\mathbf{R}^2$ 空间中的 $H(p,0)$是穿过原点的一条直线,两个开半空间位于该直线的两侧。空间直角坐标系$\mathbf{R}^3$ 空间中的 $H(p,0)$倒真是一个穿过原点的平面,它由等式:

$$\boldsymbol{p}\cdot\boldsymbol{x}=\sum_{i=1}^{3}p_i x_i=0$$

定义,两个半开空间由位于该平面两侧的点集构成。再高维的空间在现实中就没有对应物了,这种分离的几何特征可以视为数学上抽象的推广。

8.6.4 分离超平面定理

我们可以找到一个超平面来分离两个不相交的凸集。因为平面是线性的,所以它就定义了一个等式,就像 n 种商品的价格体系。我们有以下系列分离超平面定理(separating hyperplane theorem)。

定理 8.6.2 假定 $\boldsymbol{S}\in\mathbf{R}^n$ 为一非空闭凸集,并令 $z\in\mathbf{R}^n$, $z\notin\boldsymbol{S}$,则存在一个 $y\in\boldsymbol{S}$ 和 $p\in\mathbf{R}^n$, $p\neq 0$,使得对于所有的 $x\in\boldsymbol{S}$, $pz<s=py\leqslant px$ 成立。

该定理说明对于一个非空的、闭的凸集必定存在一个可以分离该凸集和凸集外一点的超平面。

证明: 选择 $\boldsymbol{S}$ 中距离 z 最近的一点 y。换句话说,y 最小化了 $|x-z|$, $\forall x\in\boldsymbol{S}$。

现在我们定义:

$$p=y-z \text{ 和 } s=py$$

我们必须显示对于所有的 $x\in\boldsymbol{S}$,有:

$$pz<s \text{ 和 } px\geqslant s$$

第一个不等式容易证明:

$$pz=pz-py+py=-pp+py<s$$

现在证明第二个不等式。因为 $\boldsymbol{S}$ 是凸的,容易知道在线段 xy 之间上的任一点:

$$w = ax + (1-a)y,\ a \in [0,\ 1]$$

必定是 S 的元素。我们要证明：如果 $px < s$ 则会产生矛盾。

由于：

$$w = y + a(x-y)$$

考虑：

$$\begin{aligned} |z-y|^2 - |z-w|^2 &= |z-y|^2 - |(z-y) - a(x-y)|^2 \\ &= (z-y)(z-y) - [(z-y)(z-y) \\ &\quad - 2a(z-y)(x-y) - a^2(x-y)(x-y)] \\ &= -2ap(x-y) - a^2(x-y)(x-y) \\ &= -a[2p(x-y) - a(x-y)(x-y)] \end{aligned}$$

记住 $py = s$，假定 $px < s$，则：

$$p(x-y) = px - py < 0$$

这样对于足够小的 a，就有：

$$|z-y|^2 - |z-w|^2 > 0$$

因此：

$$|z-y| > |z-w|$$

但是，这就存在矛盾。因为 y 选的是 S 中距离 z 最近的一点，在 S 中不可能会有一点 w 比 y 更接近 z。

下面是最基本的闵科夫斯基边界分离超平面定理(Minkowski' bounding hyperplane theorem)和它的一个推广。

定理 8.6.3 (闵科夫斯基边界分离超平面定理)假定 $S \in \mathbf{R}^n$ 为一凸集，如果 $z \in \mathbf{R}^n$ 不属于 S 的内部，则存在一个超平面 H 穿过 z 并与 S 邻界。

定理 8.6.4 (分离超平面定理)假定 A、B 为 $\mathbf{R}^n$ 空间中互不相连的两个非空的凸子集，则它们可以被一个超平面分离开来。这就是说，总存在某个非 0 的向量 $p \in \mathbf{R}^n$，使得 $px \leqslant py$ 对于任何 $x \in A$ 和 $y \in B$ 成立。或者更一般地，存在线性泛函 $p \in \mathbf{R}^n$，使得 $p(x) \leqslant p(y)$ 对于任何 $x \in A$ 和 $y \in B$ 成立。

证明略。有兴趣的读者可以参考胡显佑等人的论文(1995)。以上分离超平面定理都有着类似的解释，上述两定理的图形表示如图 8-19 所示。

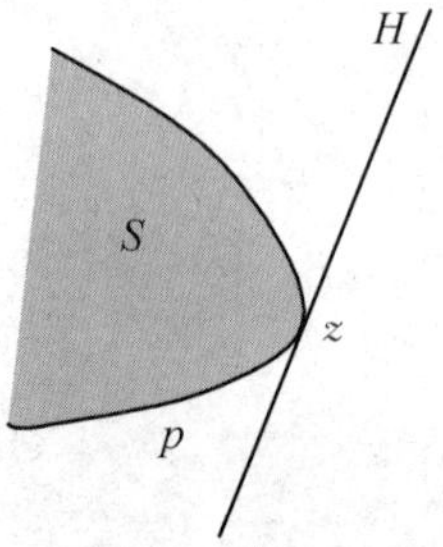

(a) 有界分离超平面

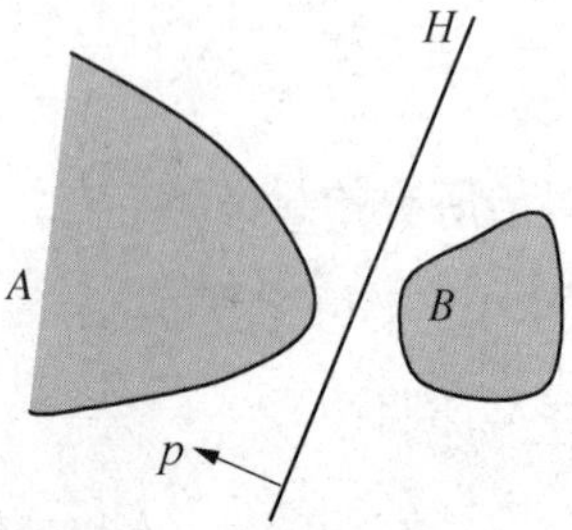

(b) 分离超平面

图 8-19　分离超平面的几何解释

当一个经济用凸集表示偏好，我们可以用分离超平面表示一个价格体系的有效资源配置。

金融相关点 8-9　资产定价基本定理

参照 3.2 节的内容，假定有两个时刻 0 和 1，定义世界的状态也就是不确定性为一个有限的集合 $\{1, \cdots, s, \cdots, S\}$，在 1 时刻仅有一种状态真正会发生，存在 N 种证券，在某一状态 s 发生下，第 n 种证券可以获得 D_{ns} 数量的红利，写成矩阵形式有：

$$\boldsymbol{D}_{ns}=\begin{bmatrix} D_{11} & \cdots & D_{1s} & \cdots & D_{1S} \\ \vdots & & \vdots & & \vdots \\ D_{n1} & \cdots & D_{ns} & \cdots & D_{nS} \\ \vdots & & \vdots & & \vdots \\ D_{N1} & \cdots & D_{Ns} & \cdots & D_{NS} \end{bmatrix}$$

0 时刻证券价格是 $\mathbf{R}^n$ 中的一个向量 $\boldsymbol{p}$，证券投资组合即购买的每一种证券的数量用另一个向量 $\boldsymbol{\theta}$ 来表示，则 0 时刻该组合的市场价值为 $\boldsymbol{p\theta}$，下一时刻该组合的总收益就是 $\boldsymbol{D}^{\mathrm{T}}\boldsymbol{\theta}$。所谓套利，就是指存在一证券组合 $\boldsymbol{\theta}$，使得：

$$\boldsymbol{p\theta} \leqslant 0 \text{ 有 } \boldsymbol{D}^{\mathrm{T}}\boldsymbol{\theta} > 0$$

成立，或者：

$$\boldsymbol{p\theta} < 0 \text{ 有 } \boldsymbol{D}^{\mathrm{T}}\boldsymbol{\theta} \geqslant 0$$

成立，简单地说，这就是所谓的“不劳而获”。

我们要证明下面的命题：当且仅当价格体系 $\boldsymbol{p}$ 没有套利机会时，存在正的线性价格泛函。

所谓正的线性价格泛函，又称正的线性定价规则，它是正的状态价格更为一般的表述方式①，它意味着给一组风险收益制定合理现在价格的定价函数的形式应当是线性的。简单证明如下：

先把无套利条件记为矩阵形式：

$$\begin{bmatrix} -\boldsymbol{p} \\ \boldsymbol{D} \end{bmatrix}\boldsymbol{\theta} > 0$$

如果市场是无套利的，就意味着找不到可以满足它的 $\boldsymbol{\theta}$。正的线性定价规则就是说存在一组非负的状态价格向量，使得下式成立：

$$\boldsymbol{p}=\boldsymbol{D\alpha}$$

其中，$\boldsymbol{\alpha}$ 就是状态价格。要证明存在一正的线性定价规则排除套利机会是很容易的。

① 状态价格见 3.2.8 节。

令 $\boldsymbol{\theta}$ 为一套利资产组合,根据上式有:

$$\boldsymbol{p\theta}=(\boldsymbol{D\alpha})\boldsymbol{\theta}$$

或者:

$$0=-\boldsymbol{p\theta}+(\boldsymbol{D\theta})\boldsymbol{\alpha}=[1\quad \alpha]\begin{bmatrix}-\boldsymbol{p\theta}\\ \boldsymbol{D\theta}\end{bmatrix}\Rightarrow\begin{bmatrix}-\boldsymbol{p}\\ \boldsymbol{D}\end{bmatrix}\boldsymbol{\theta}=0$$

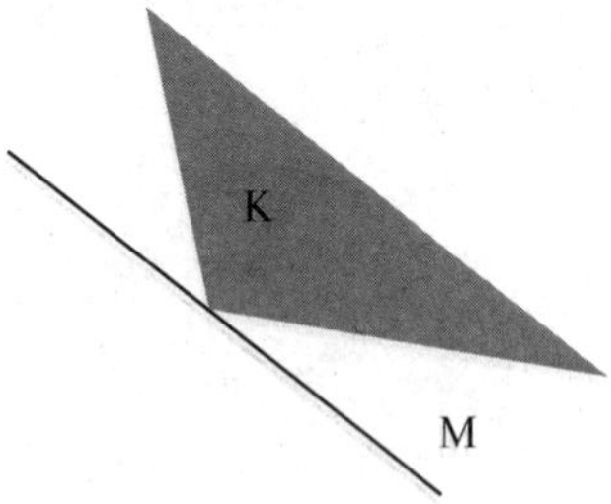

图 8-20　锥体与线性子空间的分离

根据套利机会的定义和 $\boldsymbol{\alpha}$ 的非负性,这里就存在矛盾。因此,定理第一部分得证。要证明无套利就存在线性价格泛函则要复杂一些。这需要运用到上面学过的分离超平面定理。

令 $\mathbf{L}=\mathbf{R}\times\mathbf{R}^S$, $\mathbf{M}=\{(-\boldsymbol{\alpha}\times\boldsymbol{\theta},\ \boldsymbol{D}^T\times\boldsymbol{\theta})\mid\boldsymbol{\theta}\in\mathbf{R}^N\}$,显然 $\mathbf{M}$ 是 $\mathbf{L}$ 的一个线性子空间。令 $\mathbf{K}=\mathbf{R}_+\times\mathbf{R}_+^S$,它是一个锥体(cone)①。由于 $\mathbf{K}$ 和 $\mathbf{M}$ 都是 $\mathbf{L}$ 的闭的和凸的子集。因此当且仅当它们在 0 点相交时,不存在套利机会,如图 8-20 所示。

假定 $\boldsymbol{K}\cap\boldsymbol{M}=0$,则分离超平面定理告诉我们存在一线性价格泛函 f: $\mathbf{L}\rightarrow\mathbf{R}$,使得对于所有的 $z\in\mathbf{M}$ 和所有的非 0 的 x, $x\in\mathbf{K}$,有:

$$f(z)<f(x)$$

成立。因为 $\mathbf{M}$ 是线性子空间,这就意味着对于所有的 $z\in\mathbf{M}$, $f(z)=0$ 和所有的非 0 的 x, $x\in\mathbf{K}$, $f(x)>0$ 成立。后一点就意味着 f 可以表示为 $\mathbf{R}$ 和$\mathbf{R}^S$中的正 a 和 $\boldsymbol{\alpha}$,即:

$$f(\boldsymbol{v},\ \boldsymbol{c})=a\boldsymbol{v}+\boldsymbol{\alpha c},\ \forall(\boldsymbol{v},\ \boldsymbol{c})\in\mathbf{L}$$

这就是说:

$$-a\boldsymbol{p}\times\boldsymbol{\theta}+\boldsymbol{\alpha}(\boldsymbol{D}^{\mathrm{T}}\boldsymbol{\theta})=0,\ \forall\boldsymbol{\theta}\in\mathbf{R}^N$$

而 $\boldsymbol{\alpha}/a$ 就是状态价格向量。至此定理得证。

小　　结

认知是从最基本的集合和集合运算开始的,而近代数学的伟大变革来自变量概念的引入,函数则是现实世界中变量之间依赖关系在数学中的反映。函数有一些基本的性质:如线性、单调性等。

微积分是变量数学的第一个重大成就。它提供了研究变量的一套系统方法,主要包括

① 锥体也是向量空间的一个子空间,它对于正的标量乘法封闭。即对于任意 $\boldsymbol{x}\in\boldsymbol{S}$ 和 $a>0$,如果有 $a\boldsymbol{x}\in\mathbf{S}$,则 $\boldsymbol{S}$ 就是一个锥体。如果 $\boldsymbol{S}$ 也是凸集,则称之为凸锥。

微分和积分这两种相互关联的运算。它们的建立都有着直观的生产和生活背景。微分主要研究变量的局部性;积分则处理变量在一定范围内的“和”,即整体。普通微积分中微分描述变化率、积分求近似和、微积分基本定理把这两者联系起来使得后者可以计算。

矩阵代数的引入则把我们的运算能力引向更高维。向量空间技术增强了我们的抽象分析能力,并使得许多重要结论有可能一般化。

对于微观金融学(或者说经济学)来说,这些数学工具的主要用途是提供多变量非随机函数的最优化问题的求解方法。

文献导读

本章的内容是经济数学的必备入门知识,因此可以在大部分高等数学教科书中找到。我们的建议是:集合理论可以参考 Halmos(1974),微积分理论可以参考高汝熹(1991)和刘光旭等(2000);线性代数可以参考刘昌琨等(1995)、胡显佑等(1995)。

对经济最优化的直观理解和应用例子可以参考 Dixit(1990),Debreu(1959)对一般均衡涉及的数学概念和结果有一个很好的汇总。对分离定理的详细讨论可以参见 Hildenbrand & Kirman(1988)。

第9章　概　率　论

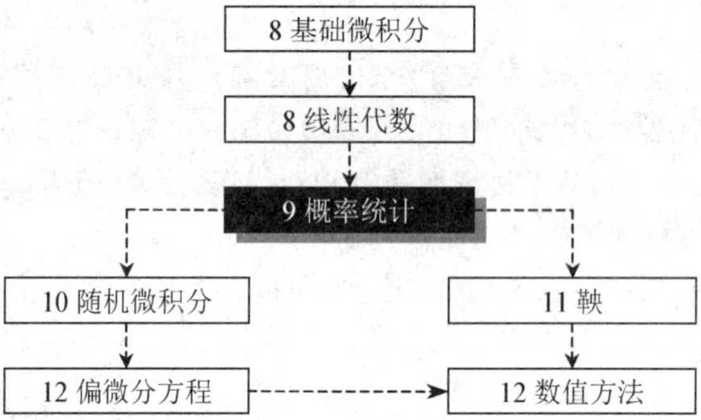

本 章 的 学 习 目 标

- 理解概率的古典定义和测度定义及其基础性质；
- 理解随机变量的测度定义以及它的分布函数和密度函数；
- 了解随机变量的收敛方式和重要的收敛定理；
- 掌握数学期望的测度定义和性质；
- 理解条件概率和数学期望的测度定义；
- 掌握条件数学期望的重要性质，明确独立性的含义；
- 掌握随机变量的重要数值特征，如方差、协方差、矩母函数和特征函数；
- 了解线性概率空间的概念和它同一般线性空间的联系；
- 熟练掌握几种重要分布的定义、数值特征以及它们在构造金融理论和计量模型中的应用；
- 了解大数定理和中心极限定理。

(微观)金融理论研究涉及的核心问题有两个：一是不确定性，二是时间或者动态过程。概率理论正是构造不确定环境下金融模型的基本工具，而且它还是第 10 章随机过程理论的基础，因此它在金融分析和金融分析工具包中的重要性是不言而喻的。

本章内容安排如下：首先，简要地回顾初等概率论中概率和随机变量的定义，然后用严格的测度语言重新表述一次；其次，考察在随机分析中非常重要的数学期望和条件数学期望的概念和相关性质①；再次，进一步考察随机变量的主要数值特征，借助这些数值特征，描述几个在研究金融资产价格运动时必须牢固把握的概率分布②；最后，对极限定理进行简要探讨。

9.1　概率公理和随机变量

9.1.1　初等情形

最早对于概率行为的研究兴趣可能来源于赌博游戏。例如，早期的研究者很认真地探讨在抛硬币猜正反的赌博中，连续开 20 次“花”的机会有多少？这里的概率一词可以做多种理解。

(1) 它可以被解释为基于某种实际测量的相对频率(frequency)。例如，掷一枚质地均匀的硬币，出现某一面朝上的频率最终会稳定下来。用 N 表示试验总次数，用 n 表示某种情形发生的次数，则概率就可以定义为：

$$P=\frac{n}{N} \tag{9-1}$$

显然，这个相对频率只有趋于稳定，该种概率定义才有意义。历史上有一些著名的例子可以作为这种解释的脚注，如表 9-1 所示的系列掷硬币试验。

表 9-1　作为频率意义上的概率

实验者	掷币总次数	出现正面次数	频率
蒲丰	4 040	2 048	0.506 8
皮尔逊	12 000	6 018	0.501 6
皮尔逊	24 000	12 012	0.500 5

尽管这种定义相当直观，并且在工程中广泛应用，但是怎样才算是所谓“大量”或者“稳定”呢？这类词汇是无法严格定义的，因此这种概率定义不符合严密的数学表述规范。

① 对于有经验的读者，建议在学习完以上内容后，直接进入与之紧密联系的第 11 章——鞅。

② 按照国家现有的教学体系，大多数理工科的读者对于密度函数、条件期望等初等概率论中的内容相当熟悉，但是考虑到后续课程是随机过程，则这些准备还远远不够。如何自然地向读者阐述滤波、鞅、测度变换这些重要的概念和方法，是我们面临的挑战。众所周知，现代概率论以测度论(measure theory)为基础，但是完全掌握测度理论也并非必要。因此在复习(学习)概率论时采用什么样的方法，我们仍然有一些疑问。如果从测度论着手研究，尽管会对以后深入学习随机过程的一般理论有明显的好处，但对于初学者来说，则显得负担太重；而从基本的初等概率开始，又会妨碍我们透彻地理解概率和随机过程理论中的一些深层次问题。因而，只能进行一些必要的折衷作为一种尝试，希望能在这个过程中和读者一起找到最适当的方法。

(2) 古典(classical)定义。概率的古典定义可以视为给定前提下的一个先验的推理体系。我们知道,在掷硬币的试验中:

① 出现的结果将不止一个,但是所有可能发生的结果在事前都是可知的(非字即花,只有两种可能);

② 在掷下去前,不知道哪一种结果会发生;

③ 可以重复地掷。

有着类似特征的行为被称为随机试验(stochastic experiment)。只要再加上一点,即每种结果发生的可能性都相等,它就构造出所谓"古典"的概率模型。

古典概型可以明确地计算随机试验中获得某些结果的概率。例如,掷一枚质地均匀的骰子,掷出奇数点的概率是 $1/6+1/6+1/6=1/2$。但是,古典概型的前提是很严格的,它要求试验结果发生的等概率性,这就限制了它的应用范围。

(3) 公理化定义。先引入一些基本概念:上述随机试验的每一个结果(outcome),称为样本点(sample point),记为 ω;所有样本点的总和被称为样本空间 Ω(sample space);包含若干样本点的集合被称为事件(event),每一个样本点又可以称为基本事件(basic event)。另外,称空间 Ω 为必然事件(sure event),称不包含任何样本点的空集 $\varnothing$ 为不可能事件(impossible event)。

定义 9.1.1 概率就是对于任一个事件 A 指定的一个数 $P(A)$,它满足:

(1) $P(A)\geqslant 0$,即非负性;

(2) $\sum P(A)=1$,即规范性[①];

(3) 如果事件 A 和事件 B 的交集是空集 $\varnothing$,则 $P(A+B)=P(A)+P(B)$,即(可列)可加性。

则称 $P(A)$ 为事件 A 发生的概率。

第一个条件意味概率必须大于或者等于 0;第二个条件则表明所有事件发生的概率的和为 1;第三个条件则说明对于互不相关的事件发生的概率,等于它们各自发生概率之和。与其他所有严谨的科学理论类似,这几条公理就演绎出整个概率理论体系。

在初等概率课程中,相信读者已经掌握了这些知识,但是因为由柯尔莫格罗夫开创的现代概率公理体系以测度论作为基础[②],而要学习后续的随机过程课程又必须使用这种方法,因此我们必须进一步学习用测度的语言去表述这些概念,但你会发现它并没有想象中那么困难。

9.1.2 概率公理

注意到概率论中的事件可以用集合的语言,即集合及其运算关系来进行描述,其中一些对等关系如表 9-2 所示。鉴于我们已经在第 8 章中建立过集族和代数的概念,可以用它们来严格地表述概率的公理定义。

---

① 或者称正则性。

② 与现代的由柯尔莫格罗夫(1933)开创的基于集合概念的概率公理体系相比较,古典概率理论侧重获得某种具体结果的数值大小,而后者不明显计算事件发生的概率大小,它更关心事件发生概率之间的关系。

表 9-2　概率论与集合论之间的对等关系

集合论	初等概率论
空间	样本空间、必然事件
空集	不可能事件
元素	基本事件
集合 A	事件 A
$A \cup B$	事件 A、B 至少出现一个
AB	事件 A、B 同时出现
A^C	事件 A 不出现

以下分成五个步骤来完成这一工作。

(1) 描述样本空间。所有可能发生的结果构成样本空间。在掷骰子的例子中，样本空间 Ω 等于 $\{1, 2, 3, 4, 5, 6\}$。

(2) 描述事件。如果 Ω 的子集两两不相交，即 $C_iC_j=\varnothing$, $\forall i \neq j$，并且 $\bigcup\limits_{i=1}^{\infty} C_i=\Omega$，则称这样一族集合 $\{C_i, i=1, 2, \cdots\}$ 为 Ω 的一个分割(decomposition)或者划分(partition)。

例如，$\{C_1=$掷骰子掷出偶数点$\}$；$\{C_2=$掷骰子掷出奇数点$\}$ 是 Ω 的子集。由于 $C_1=\{1, 3, 5\}$ 和 $C_2=\{2, 4, 6\}$，因此 $C_1C_2=\varnothing$, $C_1 \cup C_2=\Omega$，所以它们是 Ω 的一个分割。显然，$\{1\}$, $\{2\}$, $\{3\}$, $\{4\}$, $\{5\}$, $\{6\}$ 也是对状态空间的一种分割，而且这种分割比前面一种分割更为精细(finer)，实际上由基本事件或者样本点构成的分割是最精细的分割。

所谓事件，就是由某一种分割(基本事件是分割的一种)通过不断的集合基本运算，即交、并、补构造出来的。例如，"掷出大于 3 点"这一事件就是 $\{4\}$, $\{5\}$, $\{6\}$ 三个基本分割的并，它也可以是 $\{1\}$, $\{2\}$, $\{3\}$ 三个基本事件(分割)并的补。由此可见，同样的事件可以由(基本)分割的不同集合运算来构造。又例如，"掷出小于 1 点"这一事件，是由 $\{1\}$, $\{2\}$, $\{3\}$, $\{4\}$, $\{5\}$, $\{6\}$ 六个基本事件并的补构成，很明显它是一个空集，即 $\varnothing$，称它为不可能事件；而"掷出大于 1 点"这一事件则由所有基本分割的并构成，即 Ω，称它为确定事件。

(3) 定义事件的集合——$\mathcal{F}$。由状态空间的某种分割通过几种集合的基本运算，可以构成一系列的事件，把它们放在一起成为一个大集合，这些以事件为元素构成的集合称为集族，记为 $\mathcal{F}$，我们要求它满足以下要求：

① 它包含 Ω 自身；

② 它对于补运算封闭，即如果 $A \in \mathcal{F}$，则 $A^C \in \mathcal{F}$；

③ 它对于可列并运算封闭，即 $C_i \in \mathcal{F}$, $i=1, 2, \cdots$，有 $\bigcup\limits_{i=1}^{\infty} C_i \in \mathcal{F}$。

记得吗？这就是在第 8 章中定义过的 σ-代数。为明了起见，我们使用一个简单的分割来形象地构造一个由分割产生的 σ-代数。

例 9.1.1　在掷骰子中，定义 $\{C_1=$掷骰子掷出 1—2 点$\}$，$\{C_2=$掷骰子掷出 3—4 点$\}$，$\{C_3=$掷骰子掷出 5—6 点$\}$ 这一分割，通过交、并、补，得到的 σ-代数包含 8 个元素，它们是：

$$\Omega=\{C_1, C_2, C_3\}, \{\varnothing\}, \{C_1\}, \{C_2\}, \{C_3\}, \{C_1, C_2\}, \{C_1, C_3\}, \{C_2, C_3\}$$

如果使用由基本分割产生的基本事件，可能发生的事件(组合)(包括空集在内)一共是

64 种,这样,最大的 $\mathcal{F}$ 由 64 个元素构成。

一般地,如果可能发生的结果有 N 种,最大的 σ-代数由这些结果通过集合运算而形成的所有可能的幂集(power set)构成,它一共包含 2^N 个元素。很明显,最小的 σ-代数就是 $\{\Omega, \varnothing\}$。因而,想要了解分割的精细程度,又可以通过比较它们生成的 σ-代数所包含的集合数量的多少来确定,我们说一种分割比另一种分割更为精细,当且仅当前者生成的 σ-代数包含后者生成的 σ-代数①。

$\{\Omega, \mathcal{F}\}$ 写在一起,通常被称为可测空间(measurable space)。$\mathcal{F}$ 的元素(集合)称为可测集(measurable set)。

(4) 定义一种函数关系,即可测空间 $\{\Omega, \mathcal{F}\}$ 上存在的一个从 $\mathcal{F}$ 到 $[0, \infty)$ 的映射,记为 $\mathcal{P}=\{P\}$。它实际上是一种从 σ-代数 $\mathcal{F}$ 的元素——事件(定义域)到正实数(值域)上的映射关系 $\mathcal{P}: \mathcal{F} \to \mathbf{R}^+$,它满足三个条件:

① $P(\varnothing)=0$,即指定给空集的实数是 0;

② $P(A) \geqslant 0$, $\forall A \in \mathcal{F}$,即给 σ-代数的任一元素指定的实数必须大于或者等于 0;

③ 对于 $\mathcal{F}$ 中任意可数集合 C_i, $i=1, 2, \cdots$,如果 $C_i \cap C_j=\varnothing$, $\forall i \neq j$,有 $P(\bigcup_{i=1}^{\infty} C_i)=\sum_{i=1}^{\infty} P(C_i)$,即指定给任何两两不相交的集合的并的实数,等于为它们各自指定的实数的和,称之为可数可加性(countable additivity)。

这样定义的函数关系就是所谓测度(measure)②。三位一体的 $\{\Omega, \mathcal{F}, \mathcal{P}\}$ 称为测度空间(measure space)。要注意的是第三个条件,它是测度最鲜明的特征。直观上理解,它认为空间中互不相连的长度、体积和质量是可加的。

例 9.1.2 ① 假设 $\Omega=\mathbf{R}$, $\mathcal{F}=\mathcal{B}$,测度论断言存在一个唯一的测度 L,对任意开区间的测度与它的长度相等:如果 $A=(a, b)$,则 $L(A)=b-a$。这种测度一般称为勒贝格测度(Lebesgue measure)。

② 假设 $\Omega=\mathbf{R}$, $\mathcal{F}=\mathcal{B}$, f 是单调连续函数,测度论断言存在一个唯一的测度 L_f,如果 $A=(a, b)$,则 $L_f(A)=f(b)-f(a)$。这种测度一般称为勒贝格-斯第尔切斯测度(Lebesgue-Stieltjes measure)。

(5) 在上面三个条件的基础上再加一个正则性要求,即 $P(\Omega)=1$,我们就构造了一种函数关系 $\mathcal{P}: \mathcal{F} \to [0, 1]$,称 $\mathcal{P}$ 为概率测度(probability measure)或者简称为概率(probability);而 $\{\Omega, \mathcal{F}, \mathcal{P}\}$ 就是所谓概率空间(probability space)了。

这里还得补充一点,假定 N 是一个概率测度空间 $\{\Omega, \mathcal{F}, \mathcal{P}\}$ 上的子集,它属于集合 A,即 $N \subset A$,而 $A \in \mathcal{F}$ 且 $P(A)=0$,称 N 是可忽略(negligible)集合。容易知道,对每个 $A \in \mathcal{F}$ 且 $P(A)=0$,一般说来,对于它的任意子集 N $(N \subset A)$,不一定有 $N \in \mathcal{F}$ 成立,即在这个概率空间中,概率为零的集合的子集不一定是可测的。为了简化分析,我们通常会排除这种情况,因此又有如下定义。

定义 9.1.2 如果对于任何 $A \in \mathcal{F}$ 且 $P(A)=0$,对一切 $N \subset A$ 都有 $N \in \mathcal{F}$ 成立③,则

---

① 这将被用来在第 11 章中刻画(金融)信息的传递过程(information transfer process)。

② 这种以集合为定义域的函数有时被称为集函数。

③ 我们经常会看到这一类技术性的要求,它是保证数学上严密性的需要,在经济分析中则往往找不到合适的对应物。幸运的是,经济分析中的大多数问题具有良好的性质。

称 $\mathcal{F}$ 对概率 P 是完备的(complete)，这时称 $\{\Omega, \mathcal{F}, \mathcal{P}\}$ 为完备概率空间(complete probability space)①。

在同一个概率空间上存在的概率测度可能不止一个，这时我们把它们统一记为 $\hat{\mathcal{P}}$，则相应的概率空间就是 $\{\Omega, \mathcal{F}, \mathcal{P}\}$。考虑在该概率空间上的两个概率测度 $\mathcal{P}$ 和 $\mathcal{Q}=\{Q\}$，如果对于 $\mathcal{P}$ 为任何可能事件 A 指定的概率都严格为正的情形，$\mathcal{Q}$ 为它指定的概率也为严格为正(尽管通常是不同的)，而且反过来也成立，即：

$$P(A) > 0 \Leftrightarrow Q(A) > 0 \quad \forall A \in \mathcal{F} \tag{9-2}$$

则称这种情况为两种概率测度有共同的 0 概率(测度)(null set)集，有着同样 0 概率集的概率测度称为等概率测度(equivalent probability measure)②。也就是说，尽管 $\mathcal{P}$ 与 $\mathcal{Q}$ 对于同一事件发生的可能大小有不同的概率评价，但是对它是否会发生则观点一致③。

为了加深理解，表 9-3 总结了概率论与测度论之间的一些对等关系。

表 9-3　概率与测度之间的对等关系

概　率　论	测　度　论
概率空间	规范的测度空间 $\{\Omega, \mathcal{F}, \mathcal{P}\}$
不可能事件	空集 $\varnothing$
基本事件	Ω 中的点
事件 A	可测集 A, $A \in \mathcal{F}$
概率为 1(w.p.1)；几乎总是(a.s.)	几乎处处(a.e.)
随机变量	$\{\Omega, \mathcal{F}\}$ 到 $\{\mathbf{R}, \mathcal{B}(\mathbf{R})\}$ 上的可测函数
分布函数	勒贝格-斯第尔切斯测度④
数学期望	可测函数的勒贝格积分⑤

根据上述的概率公理，我们有一些简单的推论。

(1) 可减性。如果 $A, B \in \mathcal{F}$, $A \subset B$，则有 $P(B-A)=P(B)-P(A)$。特别地，有：如果 $A \in \mathcal{F}$，则有 $P(A^C)=1-P(A)$

(2) 不降性。如果 $A, B \in \mathcal{F}$, $A \subset B$，则有 $P(A) \leqslant P(B)$

(3) 加法公式。如果 $A, B \in \mathcal{F}$，则有 $P(A \cup B)=P(A)+P(B)-P(AB)$

(4) 连续性。如果 $\{C_n\} \in \mathcal{F}$, $C_n \uparrow C$，则有 $P(\bigcup_{n=1}^{\infty} C_n)=\lim_{n\to\infty} P(C_n)$，也即 $P(C_n) \to P(C)$；如果 $\{C_n\} \in \mathcal{F}$, $C_n \downarrow C$，则有 $P(\bigcap_{n=1}^{\infty} C_n)=\lim_{n\to\infty} P(C_n)$，也即 $P(C_n) \to P(C)$

① 在数学文献中，总是会看到诸如 a.s.和 a.e.的简记法。a.s.是 almost surely 的简写，即“几乎必然”。在概率空间 $\{\Omega, \mathcal{F}, \mathcal{B}\}$ 中，一个关于 Ω 的元素 ω 的命题除了在有些 $\omega \in N$, $N \in \mathcal{F}$, $P(N)=0$，即 0 测度集以外总是成立的，它就被理解为几乎必然成立，或者被理解为“以概率 1”成立(with probability 1，简记为 w.p.1)；如果不是概率测度 $\mathcal{P}$ 而是任意其他测度，则称它是“几乎处处”成立，即 a.e.(almost everywhere)。

② 也称 $\mathcal{Q}$ 是对 $\mathcal{P}$ 绝对连续的(absolutely continuous)。

③ 经济上理解，之所以强调这一点是因为如果不同投资者对于某种事件发生概率是否为 0 评价不一致，则他们就不会对某些特定的项目进行投资，这样均衡就无法保证。这在使用鞅数学解决无套利均衡这一问题中起重要作用。

④ 见 9.2.1 节。

⑤ 在 9.2.1 节中就明确了。

(5) 布尔不等式(Boole's inequality)。如果 $\{C_n\} \in \mathcal{F}$, 则有 $P(\bigcup_{i=1}^{\infty} C_i) \leqslant \sum_{i=1}^{\infty} P(C_i)$

金融相关点 9-1　不确定性和风险

弗兰克·奈特(Frank Knight)在他 1921 年的名著《风险、不确定性和利润》中准确地识别了这个世界的三种形态——确定的(certainty)、风险的(risk)和不确定的(uncertainty)。

确定性排除了任何随机事件发生的可能,它是哲学意义上前因后果必然联系的体现。例如,水在一个标准大气压、摄氏 100 度下必然会沸腾。存在风险意味着——我们对于未来可能发生的所有事件以及它们发生的概率有准确的认识,但是对于究竟哪一种事件发生却一无所知。换句话说,我们知晓未来的概率分布,这种概率分布也许来自经验(类似于概率的频率定义)或者客观事物本身的规律(类似于概率的古典定义),而在更多的情况下,它只是一种主观的猜测。对于风险的形象理解就是:我们在做一个符合上面提到条件的随机试验。注意到这与我们在日常生活中赋予风险这个词的明显负面意义是有所区别的。不确定性意味着即便我们能够知道未来世界所有可能发生的结果,它们发生的概率大小也仍然是不清楚的,但是如果引入主观概率(subjective probability 或 probability belief),即人为地为每一种状态分配一个概率,则风险与不确定性的界限就变得模糊起来。因此,在金融经济学文献中有时会不加区别地交替使用这两个词。

在经济分析中,萨维奇(Savage,1866)首先使用世界状态(state of world 或 state of nature)这一术语来描绘不确定性。什么是世界状态呢?用上面的数学语言来表述,它就是对世界历史进化的样本空间的某种形式的分割。根据要考察的经济现象的不同性质,可以划分不同的世界状态。例如,如果考察某种农作物如小麦的收成,那么天气状况如大雨、晴朗就是两种可以明确分辨的世界状态,不同的世界状态导致粮食产量这一经济变量的不同结果。根据分割的定义,对于某一特定问题,这些世界状态必须是穷尽的和互斥的。

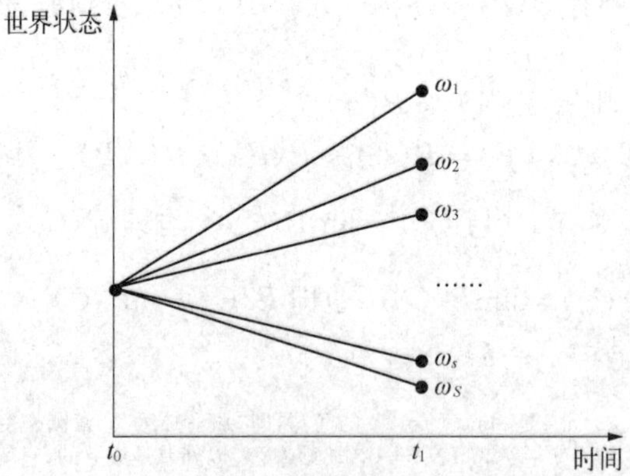

图 9-1　用事件树来表示世界状态和信息结构

明天的气温也可以视为世界状态,我们可以很精确地描述"明天气温高达 80℃",尽管这是令人吃惊的小概率事件,它确实是按照气温划分的世界状态之一。这也反映了世界状态表述方法的一个重要特征,即它不明显包含某种状态出现的概率大小方面的信息,或者说概率分布信息,它仅仅关注某种状态是否出现或者发生①。

明天会发生什么呢?图 9-1 中的事件树(event tree)给了我们形象的理解。

① 集合公理适合无套利的研究,因为它不特别关心某一特定事件发生的大小,它只关心某一状态是否可能发生。这使得它在一般理论研究上非常合适,但是只有量化分布才能便于计算。分布与状态的研究在金融学中是齐头并进的,可以比照一下第 1、3 章的不同分析框架。

要指出的是：它会随着时间无限演化下去。这种过程的性质以及它是如何体现在金融分析中的，在第 10 章随机过程中会有更详细的介绍。

9.1.3　随机变量及其分布

我们已经有了一系列的公理概念，为了增强计算能力，现在要引入随机变量(random variable)这一重要的概念，可以说随机变量就是沟通集合公理和可运算数学技术(如微积分)的一座桥梁。

在初等概率理论中，直观地理解随机变量就是赋予随机事件的任意数值。例如，掷硬币掷出正面向上这一结果可以令它为 1，掷出反面向上则令它为 0，表面上看似乎有很大的随意性。这也就是随机变量这一术语由来的直观背景。不过，现在我们可以用测度语言给出更准确的描述。

令$\{\Omega, \mathcal{F}\}$和$\{\mathbf{R}, \mathcal{B}\}$为两个可测空间，存在一个从 Ω 到 $\mathbf{R}$ 的函数关系 X，即 $X: \Omega \to \mathbf{R}$。这个函数与通常数学分析中的函数的相同之处在于值域是某一数集，不同之处在于它的定义域不一定是数集，而是样本空间中的事件集合。

如果对于任何 $A \in \mathcal{B}(\mathbf{R})$，它的反函数 $X^{-1}(A)$ 都在 $\mathcal{F}$ 中，则称这种函数关系 X 是 $\mathcal{F}$ 可测的。也就是说，对于值域空间 $\mathbf{R}$ 中的任何一个值，在定义域空间总存在有意义的事件作为对应物，而这又进一步要求这些事件属于适当的 σ-代数 $\mathcal{F}$，因而一个 $\mathcal{F}$ 可测的实值函数就是随机变量。

直观上理解，我们给 $\mathcal{F}$ 的每一个元素(事件)安排一个实数，注意这并不是为它们指定的概率，而相当于给它们贴上一个标签。这样，原始概率空间$\{\Omega, \mathcal{F}, \mathcal{P}\}$被引导到一个新的概率空间$\{\mathbf{R}, \mathcal{B}, P\}$之上[①]，有时称后者为状态空间(state space)。

显然，如果 X、Y 是随机变量，则它们的函数 $f(X, Y)$ 也是随机变量，因此 $X+Y$、XY、$\max(X, Y)$ 等也都是随机变量。

令 $A \in \mathcal{F}$，定义 A 的示性函数(indicator function)为：

$$1_A(\omega)=\begin{cases}1, & \omega \in A \\ 0, & \omega \notin A\end{cases}$$

很清楚，它也是一个随机变量。如果$\{A_i\}$是 $\mathcal{F}$ 的一个可数分割，则：

$$\chi(\omega)=\sum_{i=1}^{n} \alpha_i 1_{A_i}(\omega), \ \alpha_i \in \mathbf{R} \tag{9-3}$$

它也是一个随机变量，称为简单(simple)随机变量。显然，示性函数和简单随机变量都是可测函数。

通常可以根据随机变量的取值情况，把它们分为离散型(discrete)随机变量和连续(continuous)随机变量两种。如果随机变量可以取可数个数值，则称它为离散型随机变量；如果它能取任何数值的话，则称它为连续型随机变量。

---

① 注意这里的 $\boldsymbol{P}$ 是勒贝格测度。

容易知道：一个离散型随机变量 X 取到某一特定数值是一个随机事件。更一般些，连续型随机变量 X 取区间$[x_1, x_2)$内的值也是随机事件，它可以表示为$\{x_1 \leqslant X < x_2\}$。由于随机变量同原来概率空间上的随机事件存在映射关系，因此随机事件$\{x_1 \leqslant X < x_2\}$同随机事件$\{A_k \mid x_1 \leqslant X(A_k) < x_2\}$发生的机会一样。而且，$\{x_1 \leqslant X < x_2\}$显然是$\{X < x_2\}$和$\{X < x_1\}$之差，因此我们只需要考虑$\{X < x\}$($x$ 是任意实数)这种一般情形就可以了。因为对于任何实数来说，使得 X 取值小于 x 的一切基本事件所形成的集合应属于$\mathcal{F}$，即$\{A_k \mid X(A_k) < x\} \in \mathcal{F}$, $x \in \mathbf{R}$，这样我们可以对$\{X < x\}$这样的事件赋予概率，这就有了与随机变量密切相关的另一个概念——分布函数(probability distribution function)①。连续随机变量 X 的分布函数 $\mathcal{D}$ 定义为：

$$\mathcal{D}(x) = P\{X \leqslant x\}$$

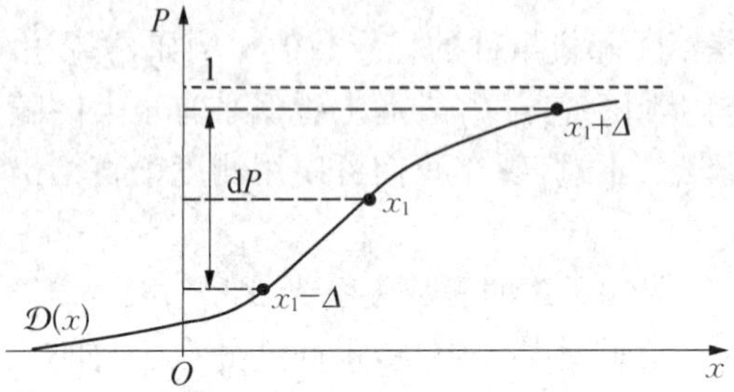

图 9-2　分布函数的一般形式

由分布函数的定义可知，它是右连续的非减函数。当 $x \to -\infty$ 时 $\mathcal{D}(x) \to 0$；当 $x \to \infty$ 时 $\mathcal{D}(x) \to 1$。可以想象，分布函数必然采取图 9-2 中的这种形式。

随机变量 X 任意取值 x_1，对于在它的附近的一个微小区间 $x_1 \pm \Delta$ 内，有：

$$P\left(x_1 - \frac{1}{2}\Delta < x_1 < x_1 + \frac{1}{2}\Delta\right) = \mathrm{d}P(x_1) = \mathrm{d}\mathcal{D}(x_1)$$

这里的 $\mathrm{d}P$ 是概率分布(函数)的微小增量的微分形式，从图 9-2 中可以知道所有概率增量的总和必定为 1，采用普通微积分的记法，在对分布函数的积分和对概率测度的积分之间必定存在以下关系②：

$$\int_{-\infty}^{+\infty} \mathrm{d}\mathcal{D}(x) = \int_{\Omega} \mathrm{d}P = 1 \tag{9-4}$$

如果连续随机变量的分布函数是光滑的并在每一点可导，则还可以把该分布函数的导数：

$$d(x) = \frac{\mathrm{d}\mathcal{D}(x)}{\mathrm{d}x} = \frac{\mathrm{d}P(x)}{\mathrm{d}x} = \int_{-\infty}^{x} d(s)\mathrm{d}s$$

定义为连续随机变量的密度函数(density function)。因此，式(9-4)又可以记为：

$$\int_{-\infty}^{+\infty} \mathrm{d}\mathcal{D}(x) = \int_{-\infty}^{+\infty} d(x)\mathrm{d}x = 1 \tag{9-5}$$

9.1.4　随机序列的收敛

本节介绍随机变量序列的几种收敛方式——几乎必然收敛(almost surely)(或者以概率 1 收敛)(with probability 1)、概率收敛和分布收敛等概念以及它们之间的关系。随机变量序列的几乎必然收敛、概率收敛分别是一般测度空间上可测函数序列的几乎处处收敛

---

① 概率论中有很强的结论说明给定概率分布，总可以构造出适当的概率空间和随机变量，这也就是在初等概率论中通常不明显引入概率空间的原因。证明见 Billingsley(1968)。

② 对概率测度的积分是我们还没有接触到的，它是 9.2 节的主题。

(almost everywhere)和测度收敛的特殊情形。

(1) $\{X_n\}_{n\geq 1}$ 是一组定义在概率空间$\{\Omega, \mathcal{F}, \mathcal{P}\}$上的随机变量序列，$X$ 是定义在同一空间上的随机变量。如果有 $N \in \mathcal{F}$，且 $P(N)=0$，则对于所有 $\omega \notin N$，随机变量序列 $\{X_n(\omega)\}$ 在一般意义上收敛于 $X(\omega)$，即：

$$P\{\omega: \lim_{n\to\infty} X_n(\omega)=X(\omega)\}=1$$

则称$\{X_n\}$几乎必然或者以概率 1 收敛于 X，记为：$X_n \xrightarrow{\text{a.s.}} X$ 或者 $X_n \to X \quad \text{w.p.1}$

(2) $\{X_n\}_{n\geq 1}$ 是一组定义在概率空间$\{\Omega, \mathcal{F}, P\}$上的随机变量序列，$X$ 是定义在同一空间上的随机变量。如果对于任何 $\varepsilon>0$，有：

$$\lim_{n\to\infty} P(|X_n - X| > \varepsilon)=0$$

则称$\{X_n\}$依概率收敛于 X，记为：$X_n \xrightarrow{P} X$。它表明随机变量 X_n 与 X 发生任意确定的正偏差的概率随着 n 的无限增大而趋近于 0。

(3) $\{X_n\}_{n\geq 1}$ 是一组定义在概率空间$\{\Omega, \mathcal{F}, \mathcal{P}\}$上的随机变量序列，设$\{X_n\}$的分布函数是 $\mathcal{D}_n$，$n=1, 2, \cdots$，X 的分布函数是 $\mathcal{D}$。如果对 $\mathcal{D}$ 的每一连续点 x 来说，都有：

$$\lim_{n\to\infty} \mathcal{D}_n(x)=\mathcal{D}(x)$$

则称$\{X_n\}$依分布收敛于 X①，记为：$X_n \xrightarrow{\mathcal{D}} X$。

(4) $\{X_n\}_{n\geq 1}$ 是一组定义在概率空间$\{\Omega, \mathcal{F}, \mathcal{P}\}$上的随机变量序列，$X$ 是定义在同一空间上的随机变量，如果：

$$\lim_{n\to\infty} E(X_n - X)^r=0$$

则称 X_n 依 r 阶矩(moment)②收敛于 X。特别地，当 $r=1$ 时称为均值收敛；当 $r=2$ 时称为在均方意义上收敛(mean square convergence)。

从新的收敛方式可以看到，极限的概念也得到了进一步的扩展。极限在此被理解为一种计算过程中数值上的近似，这也是第 10 章中理解伊藤积分和伊藤定理的关键。

注意上述这几种收敛方式有这样一些关系：① 意味着；② 成立。②又蕴涵着③，一个比一个弱。这可以用图 9-3 表示。

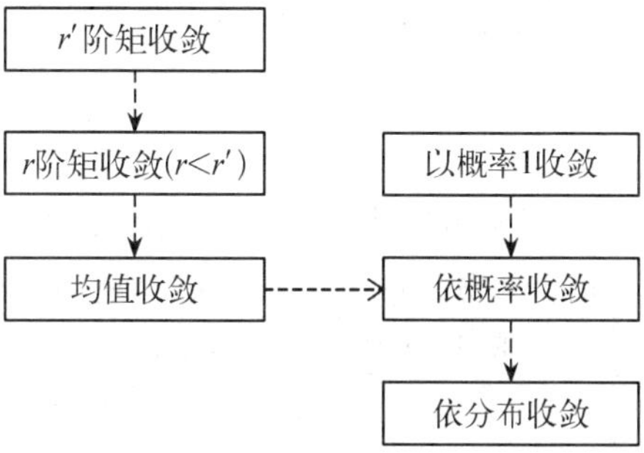

图 9-3　几种收敛方式之间的关系

9.1.5　多维情形

在实际工作中常常会要求同时处理两个以上的随机变量，即对于同一个随机事件，可以指定多个指标去描述它，我们可以把这个指标理解为 n 个单一随机变量的集合。这在金融实际工作中经常会遇到。例如，描绘股票运动需要有几个从不同状态空间中采取的随机变

① 依分布收敛也称为弱收敛(weak convergence)。

② 记得在《新帕尔格雷夫经济学大辞典》中译本的某些词条中，一阶矩和二阶矩被可笑地翻译为第一时刻和第二时刻。

量,如价格、成交量、换手率等。因此,要把上面的讨论从一维向多维情形做推广,我们把重点放在二维情形上,维数再高不会对主要结论有实质影响。

考虑两个随机变量,我们知道 $\{X\leqslant x\}$ 和 $\{Y\leqslant y\}$ 都是随机事件,分别有概率和分布函数:

$$P\{X\leqslant x\}=\mathcal{D}_X(x)$$

$$P\{Y\leqslant y\}=\mathcal{D}_Y(y)$$

显然,上述两个事件的积:

$$\{X\leqslant x\}\{Y\leqslant y\}=\{X\leqslant x,Y\leqslant y\}$$

也是一个随机事件,它由所有使得 $X(\varsigma)\leqslant x$ 和 $Y(\varsigma)\leqslant y$ 的结果 ς 组成。这个事件的概率是 x 和 y 的一个函数,称为随机变量 X、Y 的(二维)联合分布函数。记为:

$$\mathcal{D}_{XY}(x,\ y)=P\{X\leqslant x,\ Y\leqslant y\} \tag{9-6}$$

不难知道,它也满足概率公理的基本要求:

(1) $\mathcal{D}(-\infty,-\infty)=\mathcal{D}(x,-\infty)=\mathcal{D}(-\infty,\ y)=0$;

(2) $\mathcal{D}(\infty,\ \infty)=1$。

如果联合分布函数有二阶导数,则称:

$$d_{XY}(x,\ y)=\frac{\partial^2\mathcal{D}_{XY}(x,\ y)}{\partial x\partial y}\geqslant 0$$

为随机变量 X 和 Y 联合密度函数。在研究多个随机变量的时候,常把每个随机变量的分布称为边际分布,即称:

$$\mathcal{D}_X(x)=P(X\leqslant x)=P(X\leqslant x,\ y<\infty,)=\mathcal{D}(x,\infty)$$

为 X 的边际分布函数,相应地称:

$$d_X(x)=\int_{-\infty}^{\infty}d_{XY}(x,\ y)\mathrm{d}y$$

为 X 的边际密度函数。一般说来,由 $\mathcal{D}_X(x)$ 和 $\mathcal{D}_Y(y)$ 是不能确定 $\mathcal{D}_{XY}(x,\ y)$ 的,但是它与这些函数之间是有密切联系的,如有 $\mathcal{D}_{XY}(x,\ \infty)=\mathcal{D}_X(x)$。这是因为事实上,$y\leqslant\infty$ 是必然事件,因此 $\{X\leqslant x,Y\leqslant\infty\}=\{X\leqslant x\}$;类似地,有:$\mathcal{D}_{XY}(\infty,\ y)=\mathcal{D}_Y(y)$。

9.2 数学期望

9.1.3 节中,我们形式上接触了对于概率测度 P 的积分问题,接下来则要通过考察数学期望来彻底澄清这一概念。完成对数学期望的深入理解,就掌握了测度型概率理论的本质。

9.2.1 数学期望和积分

在初等情形中,我们把数学期望(或者均值)定义为:用随机变量的不同取值乘以获得这些取值的概率的总和。例如，假定掷一颗质地不均匀的骰子，每一种结果用与它们数值大小一样的随机变量来代表，在下表所示的分布情况下，

随机变量	1	2	3	4	5	6
概率分布	1/6	1/6	1/6	1/12	1/12	1/3

该离散型随机变量的数学期望是：

$$E(X)=1\times\frac{1}{6}+2\times\frac{1}{6}+3\times\frac{1}{6}+4\times\frac{1}{12}+5\times\frac{1}{12}+6\times\frac{1}{3}$$

更一般化一些，任何非负的简单随机变量 $\chi(\omega)=\sum_{i=1}^{n}\alpha_i 1_{A_i}(\omega)$ 的数学期望均可以定义为：

$$E(\chi)=\sum_{i=1}^{n}\alpha_i P(A_i) \tag{9-7}$$

我们知道，随机变量 X 是给定概率空间 $\{\Omega, \mathcal{F}, \mathcal{P}\}$ 上的可测函数，如果 X 是有限的，则它必定可以表示成这个概率空间上某一简单随机变量序列 $\{X_n\}$ 的极限（单调收敛），我们认为它的平均值应当是当序列 $\{X_n\}$ 趋近于无穷时的数学期望，即：

$$E(X)=\lim_{n\to\infty}E(X_n)$$

为了证明这样的 $E(X)$ 的确表示 X 的平均值，以下用一个具体的简单随机变量序列来加以说明。以 X 为非负的随机变量为例①，取：

$$X_n(\omega)=\begin{cases}\dfrac{k}{2^n},\ \omega\in\left\{\dfrac{k}{2^n}\leqslant X(\omega)<\dfrac{k+1}{2^n}\right\},\ k=0,1,\cdots,n2^n-1\\ n,\ \omega\in\{X(\omega)\geqslant n\}\end{cases}$$

显然，$X_n(\omega)$ 是简单随机变量序列，而且有 $X_n(\omega)\leqslant X_{n+1}(\omega)$ 和 $0\leqslant X(\omega)-X_n(\omega)\leqslant\frac{1}{2^n}$，因此有 $\lim_{n\to\infty}X_n=X$。把它的数学期望写出来就是：

$$E(X_n)=\sum_{k=0}^{n2^n-1}\frac{k}{2^n}P\left(\frac{k}{2^n}\leqslant X<\frac{k+1}{2^n}\right)+nP(X\geqslant n) \tag{9-8}$$

从这种计算过程中，我们看到了类似黎曼积分分割梯形求面积的方法。我们把 X 所取的值分成若干小区间，将 X 取在同一区间的值算作相同的。例如，当 $\frac{k}{2^n}\leqslant X<\frac{k+1}{2^n}$ 时，算作 $X=\frac{k}{2^n}$，$k=0,1,\cdots,n2^n-1$；而当 $X\geqslant n$ 时，算作 $X=n$。通过把随机变量序列中的每一个量乘上它们各自的概率，就可以得到 X 的平均值的一个近似值，它正好就是 $E(X_n)$，而且随着 n 的增大，它也越来越精确，所以我们定义 $E(X)=\lim_{n\to\infty}E(X_n)$ 是有道理的。

① 本例见钟开莱(1989)，p41。

这里的 $\frac{k}{2^n}$(或者 n)就类似第 8 章中的黎曼积分和—— $\sum_{i=1}^{n} f(\xi_i)\Delta x_i$ 中的 $f(\xi_i)$,而 $P\left(\frac{k}{2^n} \leqslant X < \frac{k+1}{2^n}\right)$ 或者 $P(X \geqslant n)$ 就相当于 Δx_i。但是,它们之间原则性的区别在于:在黎曼积分中,我们是将函数的定义域划分为小区间,而这里则是将函数的值域(概率测度 $\mathcal{P}$)划分为小区间。

我们已经知道,黎曼积分只有在充分小的区间上、函数值的改变也非常小的时候才可能取到极限,因此黎曼积分基本上是设计给连续光滑函数的。但是,现在涉及的函数是随机变量,它的定义域是事件的集合 $\mathcal{F}$,因此按定义域划分的原则就很难采用。这是因为:首先,将 $\mathcal{F}$ 划分为可测集的和,再让这些集的概率测度趋向于 0,这种划分方法未必存在;其次,即使这种划分是可能的,也只适用于那些在概率测度充分小的集上 X 的取值改变很小的特殊情形。

因此,要建立数学期望的概念并深入探讨它的性质,只利用普通数学分析工具就显得不够了。我们将采用把函数值域划分为小区间,并进行加总的勒贝格积分方法。这样一来,随机变量的数学期望概念等同于在概率空间$\{\Omega, \mathcal{F}, \mathcal{P}\}$上以概率测度 $\mathcal{P}$ 为积分算子,以随机变量 X 为被积函数的勒贝格积分概念①。

定义 9.2.1 X 是给定概率空间$\{\Omega, \mathcal{F}, \mathcal{P}\}$上非负的随机变量,如果 X 关于概率测度 $\mathcal{P}$ 的勒贝格积分存在,即 $\int_\Omega X(\omega)\mathrm{d}P(\omega) < \infty$,则称:

$$E(X) = \int_\Omega X(\omega)\mathrm{d}P(\omega) = \int_\Omega X(\omega)P(\mathrm{d}\omega),\ \omega \in \Omega \tag{9-9}$$

为随机变量 X 的数学期望。

实际上注意到任意随机变量 X 都可以记为:

$$X = X^+ - X^-$$

X^+代表 X 的正的部分,定义为:

$$X^+(\omega) = \begin{cases} X(\omega), & \text{如果 } 0 \leqslant X(\omega) \leqslant \infty \\ 0, & \text{其他} \end{cases}$$

X^-代表 X 的负的部分:

$$X^-(\omega) = \begin{cases} -X(\omega), & \text{如果 } -\infty \leqslant X(\omega) \leqslant 0 \\ 0, & \text{其他} \end{cases}$$

X^+、X^-都是非负可测的随机变量,所以它们的期望可以被良好地定义,因此式(9-9)适合它们,这样任意随机变量的积分就定义为:

$$\int_\Omega X\mathrm{d}P = \int_\Omega X^+\,\mathrm{d}P - \int_\Omega X^-\,\mathrm{d}P$$

或者:

$$E(X) = E(X^+) - E(X^-)$$

① 黎曼积分同勒贝格积分之间的异同可以参考任何一本实变函数的教科书,如胡适耕(1999)。

注意到这种积分也可以发生在任意集合 $A\in\mathcal{F}$ 上，定义：

$$E(1_A X)=\int_\Omega 1_A(\omega)X(\omega)\mathrm{d}P(\omega)=\int_A X(\omega)\mathrm{d}P(\omega)=\int_A X(\omega)P(\mathrm{d}\omega) \qquad (9\text{-}10)$$

并称之为“X 在 A 上对 $\mathcal{P}$ 的积分或者数学期望”。

了解到数学期望实质是一种新的积分，不妨回头再看一下分布函数的概念。根据数学期望、分布函数和密度函数的定义(式(9-3)—式(9-5))，就有：

$$E(X)=\int_\Omega X(\omega)\mathrm{d}P(\omega)=\int_{-\infty}^{+\infty} x\,\mathrm{d}\mathcal{D}(x)=\int_{-\infty}^{+\infty} x\,\boldsymbol{d}(x)\,\mathrm{d}x \qquad (9\text{-}11)$$

这样，勒贝格积分变成了黎曼-斯第尔切斯积分，最后又变成了普通黎曼积分①。

9.2.2　数学期望的性质

这样定义的数学期望有下面这些性质②：

1. 线性(linearity)

(1) $\int_\Omega (X+Y)\mathrm{d}P=\int_\Omega X\mathrm{d}P+\int_\Omega Y\mathrm{d}P$

(2) $\int_\Omega aX\mathrm{d}P=a\int_\Omega X\mathrm{d}P$，其中 a 是任意常数。上面两个性质可以合并起来写成更为熟悉的形式：

$$E(aX+bY)=aE(X)+bE(Y)$$

(3) 如果 $A\cap B=\varnothing$，则 $\int_{A+B} X\mathrm{d}P=\int_A X\mathrm{d}P+\int_B X\mathrm{d}P$。这称为对集合的可加性，这个性质可以扩充为可数可加性，即：

$$\int_{\cup_n B_n} X\mathrm{d}P=\sum_n\int_{B_n} X\mathrm{d}P$$

2. 单调性(monotonicity)

(1) 如果 $X\leqslant Y\leqslant Z$，则 $\int_A X\mathrm{d}P\leqslant\int_A Y\mathrm{d}P\leqslant\int_A Z\mathrm{d}P$

(2) 如果 $X\geqslant 0$，则 $\int_A X\mathrm{d}P\geqslant 0$

(3) 如果 $X\geqslant 0$，则 $\int_\Omega X\mathrm{d}P=0$ 的充要条件是 $X=0$

(4) $\left|\int_A X\mathrm{d}P\right|\leqslant\int_A |X|\mathrm{d}P$，称为模不等式(modulus inequality)。

(5) 如果 f 是凸函数，则 $f\left(\int_\Omega X\mathrm{d}P\right)\leqslant\int_\Omega f(X)\mathrm{d}P$。如果 f 是严格凸的，则上面严格不等式成立，这被称为詹森不等式(Jensen's inequality)。该性质也可以记为较为熟悉的形式：

$$f[E(X)]\leqslant E[f(X)]$$

---

① 这里涉及一个积分变换的过程，详细讨论见严士健等(1997)，p193。

② 详细证明可以参见严士健等(1997)。

3. 绝对可积性(absolute integrability)

(1) 如果$\int_A |X| \mathrm{d}P < \infty$,则$\int_A X\mathrm{d}P$是可积的。

(2) $|X| \leqslant Y$, Y可积,则X可积。

4. 随机变量函数的数学期望

假定X是$\{\Omega, \mathcal{F}, \mathcal{P}\}$上的随机变量,它的分布函数为$\mathcal{D}(x)$,令$g(x)$为$X$的函数,则$g(x)$的数学期望存在的充要条件是$g(x)$关于$\mathcal{D}(x)$的积分存在,并有:

$$E[g(x)] = \int_{-\infty}^{+\infty} g(x)\mathrm{d}\mathcal{D}(x) = \int_{-\infty}^{+\infty} g(x)\boldsymbol{d}(x)\mathrm{d}x \tag{9-12}$$

这被称为"模糊"的定理,许多研究者下意识地使用这个结论。幸运的是,这是正确的,它使得计算得以简化。

上述性质中使用积分形式,虽然表面上把事情复杂化了,但这种从测度定义出发的方法会给我们在以后理解有关收敛的一系列重要定理时带来很大帮助。接下来就考察关于数学期望(勒贝格积分)的几个收敛定理。

9.2.3 收敛定理

本节要介绍勒贝格积分号下的极限运算,下面三个关于随机变量序列的数学期望的收敛定理在概率理论中起着重要作用。我们目前要求的仅仅是记住它们。

定理 9.2.1 (列维单调收敛)(Levi's monotone convergence theorem) 令$\{X_n\}$为一定义在概率空间$\{\Omega, \mathcal{F}, \mathcal{P}\}$上的非负可积的随机变量序列。如果$X_n$以概率1收敛于$X$,则:

$$\lim_{n\to\infty}\int X_n \mathrm{d}P = \int X\mathrm{d}P$$

这条定理来自数学期望的单调性质,它意味着极限和期望运算可以交换顺序,即:

$$\lim_{n\to\infty} E(X_n) = E(\lim_{n\to\infty} X_n)$$

定理 9.2.2(法图定理)(Fatou lemma) 假定Y,Z是实值可积函数,$\{X_n\}$为非负可积的随机变量序列,则:

(1) 如果对一切$n \geqslant 1$, $Y \leqslant X$,则有①:

$$\int \underline{\lim}_{n\to\infty} X_n \mathrm{d}P \leqslant \underline{\lim}_{n\to\infty} \int X_n \mathrm{d}P$$

(2) 如果对一切$n \geqslant 1$, $X_n \leqslant Z$,则有:

$$\int \overline{\lim}_{n\to\infty} X_n \mathrm{d}P \leqslant \overline{\lim}_{n\to\infty} \int X_n \mathrm{d}P$$

(3) 如果$Y \leqslant X_n \uparrow X$或对一切$n \geqslant 1$和$Y \leqslant X_n \leqslant Z$, $X_n \to X$,则有:

$$\int X_n \mathrm{d}P \to \int X\mathrm{d}P$$

① $\underline{\lim}_{n\to\infty}$和$\overline{\lim}_{n\to\infty}$的定义见8.1.1节。

定理 9.2.3(勒贝格控制收敛定理)(Lebesgue's dominated convergence theorem)　令 Y 是一可积随机变量，$|X_n| \leqslant Y$。如果 X_n 以概率 1 收敛于 X，则 X_n、X 是可积的，并有：

$$\int_{\Omega} X_n \mathrm{d}P \to \int_{\Omega} X \mathrm{d}P$$

9.3　条件概率和条件期望

实践中通常会接触到这样的问题：A 和 B 都是指定概率空间中的随机事件，而需要知道的是在事件 B 发生的前提下事件 A 发生的概率。这个概率记为 $P(A \mid B)$，它就是条件概率(conditional probability)。一开始接触条件概率时，总会觉得这个概念有些不自然，但是它确实是很重要的。考虑一个金融市场上的信息传递问题，假定中央银行宣布减息，股票价格必然会发生波动，我们关心在随机事件减息这一信息到达市场后，股票涨落的概率，就要用到条件概率。

9.3.1　初等情形

在初等概率论中，我们采用频率的方法来直观地定义过概率，类似的方法也可以用于定义条件期望。这时事件 A 发生的条件概率 $P(A|B)$，就是在重复的试验中观察到事件 B 发生时 A 也同时发生的频率。如果直观地把事件 B 发生的频率看作事件 B 发生的概率 $P(B)$，把事件 A、B 同时发生的频率看作事件 AB 发生的概率 $P(AB)$，则事件 A 在给定事件 B 下的条件概率 $P(A|B)$就定义为：

$$P(A \mid B) = \frac{P(AB)}{P(B)},\ P(B) > 0 \tag{9-13}$$

注意，如果 $P(B)=0$ 则 $P(AB)=0$，于是 $P(A|B)$无意义。容易知道 $P(A|B)$作为 A 的集函数，它具有下列基本性质：

(1) $P(\Omega \mid B) = 1$

(2) $P(A \mid B) \geqslant 0,\ A \in \mathcal{F}$

(3) $P(\sum_{i=1}^{\infty} A_i \mid B) = \sum_{i=1}^{\infty} P(A_i \mid B),\ A_i A_j = \varnothing,\ \forall i \neq j$

由此可见，$P(. \mid B)$ 确实是可测空间$\{\Omega, \mathcal{F}\}$上的一个概率测度，我们把新的概率空间记为$\{\Omega, \mathcal{F}, \mathcal{P}_B\}$。

在初等情形中，条件概率还有以下三个重要性质。

(1) 乘法公式(multiplication rule)。如果 $A, B \in \mathcal{F}$，且 $P(A) > 0$ 和 $P(B) > 0$，由条件概率定义式(9-13)可知：

$$P(AB) = P(B)P(A \mid B) = P(A)P(B \mid A)$$

推广一下，假设有 n 个事件 $A_i \in \mathcal{F}$，$i \in n$，乘法公式为：

$$P(\bigcap_{i=1}^{n} A_i) = P(A_1)P(A_2 \mid A_1)P(A_3 \mid A_1 \cap A_2)\cdots P(A_n \mid \bigcap_{i=1}^{n-1} A_i)$$

(2) 全概率(total probability)公式。如果 $A \in \mathcal{F}$ 且 $P(A) > 0$, $\{B_i\}$ 是 $\mathcal{F}$ 中有限个或可数个两两不相交且具有正概率的事件, $A \subset \sum_i B_i$,则:

$$P(A) = \sum_{i=1} P\{B_i\} P(A \mid B_i)$$

(3) 贝叶斯公式(Bayes's formula)。如果 $A \in \mathcal{F}$ 且 $P(A) > 0$, $\{B_i\}$ 是 $\mathcal{F}$ 中有限个或可数个两两不相交并具有正概率的事件, $A \subset \sum_{i=1} B_i$,则对每一 B_i,有:

$$P(B_i \mid A) = \frac{P(A \mid B_i) P(B_i)}{\sum_{j=1}^{n} P(A \mid B_j) P(A_j)}$$

例 9.3.1 贝叶斯公式通常可以用来表示通过新的信息来对先验的概率进行更新的学习过程。例如,ABC 公司计划宣布一个大的海外投资夸张计划。这个扩张计划只有在该公司的管理层认定海外的需求足够大时才会执行。而且,如果需求足够大、海外扩张进行,则公司股票价格可能会上涨。令 I 表示价格上升,O 代表外海扩张,则:

$$P(I) = 0.3 \quad P(I^C) = 0.7 \quad P(O \mid I) = 0.6 \quad P(O \mid I^C) = 0.4$$

分析师的先验概率是已经知道的,它们没有反映出来目前的可能发生扩张这一信息,贝叶斯公式可以让我们计算,给出该公司宣布扩张这一新信息下,股票价格的上涨概率:

$$P(B_i \mid A) = \frac{P(A \mid B_i) P(B_i)}{\sum_{j=1}^{n} P(A \mid B_j) P(A_j)}$$

$$\begin{aligned} P(O) &= P(O \mid I) P(I) + P(O \mid I^C) P(I^C) \\ &= 0.6 \times 0.3 + 0.4 \times 0.7 = 0.46 \end{aligned}$$

9.3.2 条件期望

由于 $\{\Omega, \mathcal{F}, \mathcal{P}_B\}$ 是一个概率空间,就可以考虑任意随机变量 X 对于概率测度 $\mathcal{P}_B$ 的积分,如果该积分存在,则称此积分为已知事件 B 发生条件下 X 的条件期望(conditional expectation),记为:

$$E(X \mid B) = \int_{\Omega} X \mathrm{d} P_B = \int_{\Omega} X(\omega) P(\mathrm{d}\omega \mid B) \tag{9-14}$$

因为 $P(. \mid B)$ 在 $\{AB^C, A \in \mathcal{F}\}$ 上为 0,因此上式右方等于(可数可加性):

$$\int_B X(\omega) P(\mathrm{d}\omega \mid B)$$

但对于 $A \subset B$, $A \in \mathcal{F}$ 时,则有:

$$P(A \mid B) = \frac{P(AB)}{P(B)} = \frac{P(A)}{P(B)}$$

所以式(9-14)中的积分又等于:

$$E(X \mid B)=\frac{1}{P(B)} \int_{B} X(\omega) P(\mathrm{d}\omega) \tag{9-15}$$

由此可见，在已知事件 B 发生条件下，X 的条件数学期望由下式给出：

$$P(B) E(X \mid B)=\int_{B} X(w) P(\mathrm{d}w)=E(X 1_{B}) \tag{9-16}$$

其中：

$$1_{B}(\omega)=\begin{cases}1, & \omega \in B \\ 0, & \omega \notin B\end{cases}$$

如果 $P(B)>0$，$E(X \mid B)$ 有意义；如果 $P(B)=0$，$E(X \mid B)$ 无意义。特别地，当取 $X=1_{A}$，$A \in \mathcal{F}$ 时，由上式可以得到：

$$P(B) E(1_{A} \mid B)=P(AB) \tag{9-17}$$

即：

$$P(A \mid B)=E(1_{A} \mid B)$$

容易知道，条件概率实际上是条件期望的特殊形式。这样就使得我们可以着重于条件期望的性质研究，而把条件概率作为特殊情形推导出来。

但是，仅限于孤立地讨论单个事件下的条件期望还不够，如同时考虑 $E(X|B)$ 和 $E(X|B^{C})$ 时，我们不能把它们看成孤立的两个数，而必须把它们理解为一个函数。在 $\omega \in B$ 时，取 X 在其上的平均值 $E(X|B)$；而在 $\omega \notin B$ 时，取 B^{C} 上的平均值 $E(X|B^{C})$。因此，只有把条件期望作为一个 ω 函数去了解才能看出它的全部意义。

不妨假定 $\mathcal{G}$ 为集合 B 和 B^{C} 上的最小子 σ-代数，我们将一个 ω 的函数 $E(X \mid \mathcal{G})(\omega)$（简记为 $E(X \mid \mathcal{G})$）定义如下：

$$E(X \mid \mathcal{G})(\omega)=\begin{cases}E(X \mid B), & \omega \in B \\ E(X \mid B^{C}), & \omega \notin B\end{cases}$$

通过这样定义的 ω 函数，我们就把给定事件 B 发生条件下，X 的条件期望理解为函数 $E(X \mid \mathcal{G})$ 的一个可能值。更一般化一些，假定可测集 $\{B_{n},\ n=1,\ 2,\ \cdots\}$ 是 Ω 的一个可数分割，$\mathcal{G}=\sigma(B_{n},\ n=1,\ 2,\ \cdots)$ 为 $\{B_{n}\}$ 生成的最小子 σ-代数，假设 $E(X)$ 存在，且 $P(B_{n}) \geqslant 0$，$\forall n=1,\ 2,\ \cdots$。

我们定义 ω 的一个函数如下：

$$E(X \mid \mathcal{G})(\omega)=\sum_{i=1}^{n} E(X \mid B_{i}) 1_{B_{i}}(\omega) \tag{9-18}$$

在式(9-18)中，如果对某个 i，$P(B_{i})=0$，则 $E(X \mid B_{i})$ 无意义，所以 $E(X \mid \mathcal{G})$ 只在 $\mathcal{G}$ 中的 0 概集上无意义。换句话说，它在 0 概集上以外都有意义。通过这个函数，我们就把给定 B_{n} 时 X 的条件期望理解为函数 $E(X \mid \mathcal{G})$ 的一可能值，这就得到条件期望的构造性定义。

定义 9.3.1　假定随机变量 X 的积分存在，按等价意义所定义的下列 $\mathcal{G}$ 可测函数：

$$E(X \mid \mathcal{G})=\sum_{i=1}^{n}\left[\frac{1}{P(B_{i})} \int_{B_{i}} X(\omega) P(\mathrm{d}\omega)\right] 1_{B_{i}}(\omega)=\sum_{i=1}^{n} E(X \mid B_{i}) 1_{B_{i}} \tag{9-19}$$

称为在已给子 σ-代数 $\mathcal{G}$ 时 X 的条件期望。

注意，这里所谓"按等价意义"就是指可以在 $\mathcal{G}$ 的 0 概集上不计①；这里说"已给子 σ-代数 $\mathcal{G}$ 时"而不说"已给可测分割 $\{B_n, n=1, 2, \cdots\}$ 时"的条件期望，是因为 $E(X \mid \mathcal{G})$ 不只可以定出已给事件 B_n 时 X 的条件期望，而且可以定出已给任意 $\mathcal{G}$ 可测事件 B 时 X 的条件期望 $E(X \mid B)$。

实际上，如果 $B \in \mathcal{G}$，则 B 必然是 $\{B_n, n=1, 2, \cdots\}$ 中某些集的不交并，如 $B = \sum{}' B_i$，于是由式(9-16)有：

$$
\begin{aligned}
P(B)E(X \mid B) &= \int_B X P(\mathrm{d}\omega) = \sum{}' \int_{B_i} X P(\mathrm{d}\omega) \\
&= \sum{}' P(B_i) E(X \mid B_i) \\
&= \int_B E(X \mid \mathcal{G}) P(\mathrm{d}\omega)
\end{aligned}
\tag{9-20}
$$

即：

$$
E(X \mid B) = \frac{1}{P(B)} \int_B E(X \mid \mathcal{G}) \mathrm{d}P
$$

由上式可知，$E(X \mid B)$ 可以由 $E(X \mid \mathcal{G})$ 算出，不仅如此，它还可以用来作为条件期望 $E(X \mid \mathcal{G})$ 的描述性定义。

定义 9.3.2 假定随机变量 X 的积分存在，$\{B_n\} \in \mathcal{F}$ 是 Ω 的一个可数分割，$\mathcal{G} = \sigma(B_n)$，称满足下式的 $\mathcal{G}$ 可测函数 $E(X \mid \mathcal{G})$ 为在已给子 σ-代数 $\mathcal{G}$ 下 X 的条件期望：

$$
\int_B X \mathrm{d}P = \int_B E(X \mid \mathcal{G}) \mathrm{d}P,\ B \in \mathcal{G} \tag{9-21}
$$

在一般情况下，我们不能要求 $\mathcal{F}$ 的子 σ-代数 $\mathcal{G}$ 是由 Ω 的可数分割生成的最小 σ-代数。这样构造性定义就不能用了，但是描述性定义仍然可用，这主要是由于有拉登-尼科迪姆定理(Radon-Nikodym theorem)作为工具。

定理 9.3.1 (拉登-尼科迪姆) 令 $\{\Omega, \mathcal{F}\}$ 为一可测空间，假设 $\mathcal{P}$ 和 $\mathcal{Q}$ 是定义在该空间上的两个 σ 有限测度②，并且 $\mathcal{P}$ 控制 $\mathcal{Q}$，则存在一个非负可测函数 ξ，使得下式成立：

$$
Q(A) = \int_A \xi(\omega) \mathrm{d}P(\omega),\ \forall A \in \mathcal{F} \tag{9-22}
$$

函数 ξ 被称为测度 $\mathcal{Q}$ 对于测度 $\mathcal{P}$ 的拉登-尼科迪姆导数(Radon-Nikodym derivative)，记为③：

$$
\xi = \frac{\mathrm{d}Q}{\mathrm{d}P}
$$

① 特别地，如果令随机变量 $X = 1_A$，则按等价意义所定义的 $\mathcal{G}$ 可测函数 $E(1_A \mid \mathcal{G}) = P(A \mid \mathcal{G})$ 为在已给子 σ-代数 $\mathcal{G}$ 时 X 的条件概率。

② 如果对于每一个 $A \in \mathcal{F}$，$P(A) = 0$ 也意味着 $Q(A) = 0$，我们称测度 Q 对于测度 P 来说是绝对连续的(absolutely continuous)，或者说 Q 被 P 控制(dominated)，在前面我们称它们为等价的；如果 Ω 是 $\mathcal{F}$ 中无限可数集族的并，每一个都有有限测度，则测度 P 称为是 σ 有限的(σ-finite)。

③ 如果给定概率测度 $\mathcal{P}$，通过拉登-尼科迪姆定理可以很容易地找到它的等价概率测度 $\mathcal{Q}$。该定理的证明涉及测度论中较深的知识，有兴趣的读者可以参考 Billingsley(1986)。

由于不定积分：

$$\varphi(B)=\int_B X\mathrm{d}P,\ B\in\mathcal{G}$$

在 $\mathcal{G}$ 上是 σ 可加的，$\mathcal{P}$ 连续的集函数，因此根据拉登-尼科迪姆定理可知满足式(9-21)的 $\mathcal{G}$ 可测函数的存在，而且在等价意义上是唯一的，即：

$$E(X\mid\mathcal{G})=\frac{\mathrm{d}\varphi}{\mathrm{d}P}$$

式(9-20)表明：9.3.1 定义的 $E(X\mid\mathcal{G})$ 与 9.3.2 定义的 $E(X\mid\mathcal{G})$（在等价意义上）是同一的。

定义 9.3.3　假定$\{\Omega,\ \mathcal{F},\ \mathcal{P}\}$是一个概率空间，$\mathcal{G}$ 是 $\mathcal{F}$ 的子 σ-代数，X 为$\{\Omega,\ \mathcal{F},\ \mathcal{P}\}$上的随机变量且积分存在。$X$ 在 $\mathcal{G}$ 下（关于 $\mathcal{P}$）的条件数学期望，记为 $E(X\mid\mathcal{G})$，是指满足下面条件的$\{\Omega,\ \mathcal{F},\ \mathcal{P}\}$上的一个 $\mathcal{G}$ 可测函数的等价类中的任何一个：

$$\int_B X\mathrm{d}P=\int_B E(X\mid\mathcal{G})\mathrm{d}P,\ B\in\mathcal{G}\tag{9-23}$$

9.3.3　条件数学期望的性质

根据定义 9.3.3 立即可知条件期望有如下简单性质：

(1) $E[E(X\mid\mathcal{G})]=EX$

(2) 如果 X 是 $\mathcal{G}$ 可测的，则 $E[X\mid\mathcal{G}]=X$，特别是如果 X 是 $\mathcal{F}$ 可测的，则 $E[X\mid\mathcal{F}]=X$

(3) $E(X\mid\mathcal{G})=E(X^+\mid\mathcal{G})-E(X^-\mid\mathcal{G})$

进一步看，条件期望的一些性质是与数学期望共享的，如：

(1) 如果 $X=c$（常数），则 $E[X\mid\mathcal{G}]=c$

(2) 如果 $X\geqslant 0$，则 $E[X\mid\mathcal{G}]\geqslant 0$

(3) $E[aX+bY\mid\mathcal{G}]=aE[X\mid\mathcal{G}]+bE[Y\mid\mathcal{G}]$

(4) $E[1\mid\mathcal{G}]=1$

(5) 如果 f 是一凸函数，则 $f(E[X\mid\mathcal{G}])\leqslant E[f(X)\mid\mathcal{G}]$。这是詹森不等式的条件形式(condition form of Jensen's inequality)。

(6) 如果 $X\leqslant Y$，则 $E[X\mid\mathcal{G}]\leqslant E[Y\mid\mathcal{G}]$

(7) $|E[X\mid\mathcal{G}]|\leqslant E[|X|\mid\mathcal{G}]$

实际上，如果 $\mathcal{G}=\{\Omega,\ \varnothing\}$，可以证明 $E(X\mid\mathcal{G})=E(X)$，则上述性质就是一般数学期望的性质。但有些性质则是条件期望所独有的。

(1) 如果 $\mathcal{G}_1\subseteq\mathcal{G}\subseteq\mathcal{F}$，则：

$$E[E(X\mid\mathcal{G})\mid\mathcal{G}_1]=E(X\mid\mathcal{G}_1)\tag{9-24}$$

这是所谓塔性(tower property)或者重复预期法则(law of iterative expectation)。

(2) 如果 Y 是 $\mathcal{G}$ 可测的，则：

$$E[XY\mid\mathcal{G}]=YE[X\mid\mathcal{G}]\tag{9-25}$$

这被称为交换性(slot property)。

与条件概率和条件期望相关的一个问题就是所谓的独立性(independent)。在日常生活中,我们谈到两件事是相互独立的,一般意味着一件事的发生不会影响到另一件事是否发生,反过来也是这样。

概率论中事件的独立性是指：如果 A、B 是状态空间 Ω 中的两个事件,当且仅当 $P(AB)=P(A)P(B)$ 时,则称两事件 A、B 是独立的。我们一定会推测 AB 之间存在某种联系,因为如果 $AB=\varnothing$,即 AB 互斥,则 $P(A\mid B)$ 必然为0。条件概率的形式就是：

$$P(A\mid B)=P(AB)/P(B)=P(A)P(B)/P(B)=P(A) \tag{9-26}$$

$$P(B\mid A)=P(BA)/P(A)=P(B)P(A)/P(A)=P(B) \tag{9-27}$$

要补充的是,如果事件 A、B 是相互独立的,则 A 与 B^C、A^C 与 B、A^C 与 B^C 也是相互独立的,这些结论的证明留给读者。

由于条件概率是条件期望的特殊形式,因此上面定义也意味着：如果 X 独立于 $\mathcal{G}$,则 $E[X\mid \mathcal{G}]=E[X]$。此外,对于数学期望还有,如果随机变量 X、Y 相互独立,则：

$$E(XY)=E(X)E(Y) \tag{9-28}$$

9.4 随机变量的数值特征

经历了测度概率的头脑风暴以后,现在我们回到与金融数据的统计特性有密切联系的普通概率内容上。本节主要用来整理一些比较熟悉的概念,首先是数值特征。有时候我们并不关心随机变量完整的分布情况,这也许是因为它太过复杂且不容易得到,也许是因为根本没有这个必要。相反,我们对于它的一些数值特征感兴趣。特别是当这些数值特征可以完全描述出随机变量的分布时。

9.4.1 中心矩和原点矩

数学期望(或者均值)是描述随机变量分布的集中趋势(central tendency)——"重心"的主要指标①,它的指数函数则可以用来表示随机变量分布的离中(dispersion)趋势、偏斜程度(skewness)等特征,这些数学期望和它们的函数被称为矩。矩分为两个大类：原点矩(moment about the origin)和中心矩(moment about the mean)。

随机变量 X 的 n 阶原点矩定义为：

$$\text{离散变量}\quad \mu_n=E(X^n)=\sum x^n P(x)$$

$$\text{连续变量}\quad \mu_n=E(X^n)=\int_{-\infty}^{+\infty} x^n \boldsymbol{d}(x)\mathrm{d}x$$

显然,一阶原点矩 μ_1 就是均值。

随机变量 X 的 n 阶中心矩(central moment)定义为：

① 用来表示集中程度的还有中位数(median)和众数(mode),把随机变量从小到大排列,位于数列中心位置的标志值就是中位数,众数则是出现概率最高的结果。

$$\text{离散变量}\quad \tilde{\mu}_n = E\,(X-\mu_1)^n = \sum\,(x-\mu_1)^n P(x)$$

$$\text{连续变量}\quad \tilde{\mu}_n = E\,(X-\mu_1)^n = \int_{-\infty}^{+\infty}(x-\mu_1)^n \boldsymbol{d}(x)\mathrm{d}x$$

在具体谈到某阶矩之前，我们先来看一下中心矩和原点矩之间的关系。中心矩可以表示为原点矩的函数形式：

$$\tilde{\mu}_n = \sum_{i=0}^{n}(-1)^i \binom{n}{i} \mu_{n-i}\,(\mu_1)^i \tag{9-29}$$

这是因为：

$$\tilde{\mu}_n = E\,(X-\mu_1)^n \tag{9-30}$$

令 $-\mu_1 = a$，$X = b$，根据二项定理(binomial theorem)：

$$(a+b)^n = \sum_{i=0}^{n}\binom{n}{i} a^i b^{n-i} \tag{9-31}$$

可以得到：

$$E\,(X-\mu_1)^n = E\left[\sum_{i=0}^{n}\binom{n}{i}(-\mu_1)^i X^{n-i}\right] = \sum_{i=0}^{n}(-1)^i\binom{n}{i}(-\mu_1)^i E(X^{n-i}) \tag{9-32}$$

例如，如果 $n=2$，就有：

$$\tilde{\mu}_2 = \mu_2 - \mu_1^2 \tag{9-33}$$

同理，原点矩也可以表示为中心矩的函数：

$$\mu_n = \sum_{i=0}^{n}\binom{n}{i}\tilde{\mu}_{n-i}\,(\mu_1)^i \tag{9-34}$$

9.4.2　方差、高阶矩和协方差

回到对数值特征的讨论上，数学期望的二次函数——方差，可以用来表示随机变量分布的离中(dispersion)趋势。定义随机变量 X 的方差(variance)为：

$$\text{离散变量}\quad \mathrm{var}(x) = \sigma^2 = \sum_{i=1}^{\infty}[x_i - E(x)]^2 P(x)$$

$$\text{连续变量}\quad \mathrm{var}(x) = \sigma^2 = \int_{-\infty}^{+\infty}[x-E(x)]^2 \boldsymbol{d}(x)\mathrm{d}x$$

计算方差有一个简便公式，就是式(9-33)：

$$\begin{aligned}\mathrm{var} &= E(x-E[x])^2 \\ &= E(x^2) - 2E(x)E(x) + E[x]^2 \\ &= E(x^2) - [E(x)]^2\end{aligned} \tag{9-35}$$

方差有以下数学性质：

(1) $\mathrm{var}(X)=0$ 的充要条件是 $P(X=c)=1$，c 为任意常数；

(2) $\mathrm{var}(cX)=c^2\mathrm{var}(X)$

(3) 如果 $E(X)\neq c$，则 $\mathrm{var}(X)<E\,(X-c)^2$

(4) 如果 X 和 Y 是独立的，则 $\mathrm{var}(X+Y)=\mathrm{var}(X)+\mathrm{var}(Y)$

在计算中，为了简化问题，常常会对随机变量进行标准化，当随机变量 X 的数学期望和方差都存在时，可以引进标准化随机变量：

$$\tilde{X}=\frac{X-E(X)}{\sqrt{\mathrm{var}}}$$

显然，它的数学期望是 0，方差为 1。

除了方差和它的平方根——标准差以外①，在金融分析中，随机变量的三阶和四阶中心矩以及它们的函数有时也会用到。其中，三阶中心矩常常用来作为对密度函数的斜度或者偏度(skewness)的一种测度。斜度，顾名思义指的是密度函数的不对称形状。如果对于任意 $\delta>0$，都有：

$$d(\mu+\delta)=d(\mu-\delta)$$

则称该密度函数 $d(x)$对于均值 μ 是对称的(symmetric)；反之，如果密度函数是不对称的，则称它是有偏斜的(skewed)。如果密度分布的尾巴拖向右侧时，称它为正偏(positively skewness)，对于正偏有：众数<中位数<均值。反之，则称为负偏(negatively skewness)，对于负偏则有：众数>中位数>均值。如图 9-4 所示。

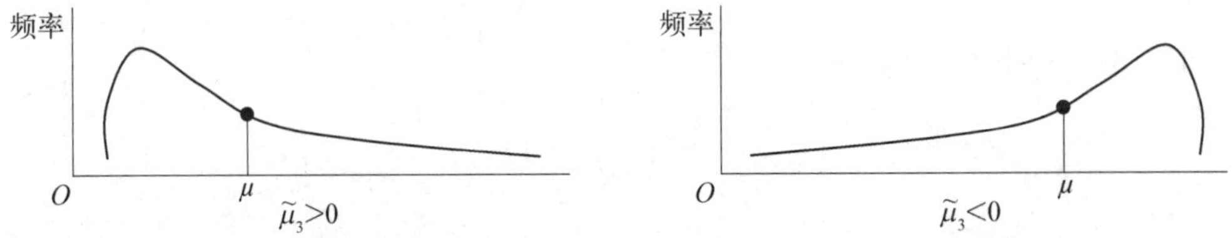

(a) 向右偏斜(正偏)　　(b) 向左偏斜(负偏)

图 9-4　三阶中心矩表示斜度

定义三阶中心矩为概率分布的绝对偏度：

$$绝对偏度=E[(x-\mu)^3] \tag{9-36}$$

定义相对偏度为：

$$相对偏度=绝对偏度\,/\,标准差^3$$

显然，所有对称分布的相对偏度当然为 0。如果相对偏度为正数，那么该分布就是正偏的；如果为负数，则分布就是负偏的。这个值的绝对值如果大于 0.5，就说明该分布的偏度是较大的。

四阶中心矩可以用来描绘一个分布的峰度，所谓峰度就是指与正态分布相比较，"尖"的

① 标准差在金融分析中被称为波动率(volatility)。有时我们也定义方差系数(CV)为：$CV=\frac{\sigma}{E(X)}$，用以比较随机变量之间的离散程度。

程度。比正态分布“尖”的，称为尖峰的(leptokurtic)；比正态分布“平”的，称为低峰的(platykurtic)。定义四阶中心矩函数为任意分布的峰度(kurtosis)：

$$峰度 = \frac{E[(x-\mu)^4]}{\{E[(x-\mu)^2]\}^2} \tag{9-37}$$

容易知道，正态分布的峰度为 3。因此，定义超额峰度为：

$$超额峰度 = 峰度 - 3$$

如超额峰度为正数，则称该分布为 leptokurtic 分布(即厚尾分布)；如超额峰度为负数，则该分布为 platykurtic 分布(即瘦尾分布)。对这些指标在金融数据中的分析参见金融相关点 9-3。

当提到多维随机变量的数值特征时，我们关心的是它们之间的相互关系，这就涉及联合矩(joint moment)的概念，其中最重要的就是协方差(covariance)。

假定 X、Y 为任意随机变量，称：

$$\mathrm{cov}(X, Y) = \sigma_{XY} = E[(X - E[X])(Y - E[Y])] \tag{9-38}$$

为它们的协方差。注意，我们有：

$$\sigma_{xy} = \sigma_{yx}$$

从以上定义可以知道，一个随机变量对于它自身的协方差就是方差，即：

$$\sigma_{xx} = \sigma_x^2$$

协方差也有一简便计算公式：

$$\begin{aligned} \mathrm{cov}(X, Y) &= E[(X - EX)(Y - EY)] \\ &= E[XY - E(X)Y - XE(Y) + E(X)E(Y)] \\ &= E(XY) - E(X)E(Y) \end{aligned} \tag{9-39}$$

此外，协方差还有几个重要性质：

(1) $\mathrm{cov}(X+b, Y) = \mathrm{cov}(X, Y)$

(2) $\mathrm{cov}(aX, Y) = a\,\mathrm{cov}(X, Y)$

(3) $\mathrm{var}(aX+bY) = a^2\mathrm{var}(X) + b^2\mathrm{var}(Y) + 2ab\,\mathrm{cov}(X, Y)$

(4) $\mathrm{cov}(X+Y, Z) = \mathrm{cov}(X, Z) + \mathrm{cov}(Y, Z)$

进一步，可以定义相关系数(correlation coefficient)：

$$\mathrm{corr}(X, Y) = \rho_{XY} = \frac{\sigma_{xy}}{\sigma_x \sigma_y} \tag{9-40}$$

显然，$|\rho_{xy}| \leqslant 1$。

接下来我们澄清两个随机变量之间互不相关、正交和相互独立这三个概念。如果两个随机变量 X 和 Y 的协方差为 0，即：

$$\mathrm{cov}(X, Y) = E(XY) - E(X)E(Y) = 0$$

则称 X 和 Y 是不相关的(uncorrelated)。显然，如果 X 和 Y 是不相关的，则有：

$$E(XY)=E(X)E(Y)$$

如果：

$$E(XY)=0$$

则称这两个随机变量正交。如果：

$$\boldsymbol{d}(X, Y)=\boldsymbol{d}_X(x)\boldsymbol{d}_Y(y)$$

则称这两个随机变量相互独立。如果 X、Y 是独立的，则它们的协方差等于 0；反之则不真。

9.4.3 矩母函数和特征函数

从前面的分析可以知道，当运用随机变量来描述随机现象时，可以通过它的分布函数来表述它的统计规律。为了简化分析，我们也会采用随机变量的数值特征来表述分布函数的某些特征。但是，数值特征只是反映了概率分布的某些方面的特征，而且它们一般是由各阶矩决定的。随着阶数的增加，求矩时对概率密度积分的计算会更为麻烦。再者，现实中的随机现象错综复杂，往往要用多个随机变量来表达，甚至需要用一系列的随机变量的某种形式的收敛来描述。这样就必须推测随机变量的函数的分布，运算十分复杂。

在本节中，我们引入矩母函数(moment-generating function)和特征函数(characteristics function)，它们都能完全决定随机变量的分布并具有良好的分析性质。

先考察矩母函数，考虑任意随机变量 X 的自然指数函数 $\mathrm{e}^{\lambda X}$ 的数学期望：

$$\text{离散情形}\qquad M(\lambda)=E(\mathrm{e}^{\lambda X})=\sum_x \mathrm{e}^{\lambda x}P(x)$$

$$\text{连续情形}\qquad M(\lambda)=E(\mathrm{e}^{\lambda X})=\int_{-\infty}^{\infty}\mathrm{e}^{\lambda x}\boldsymbol{d}(x)\mathrm{d}x$$

称它们为矩母函数。用 $M(\lambda)$ 对 λ 逐次求导并计算在 $\lambda=0$ 点的值，就能得到 X 的各阶原点矩，以连续随机变量为例：

$$\frac{\mathrm{d}^n M(\lambda)}{\mathrm{d}\lambda^n}=\int\frac{\mathrm{d}^n\mathrm{e}^{\lambda x}}{\mathrm{d}\lambda^n}\boldsymbol{d}(x)\mathrm{d}x=\int x^n\mathrm{e}^{\lambda x}\boldsymbol{d}(x)\mathrm{d}x \tag{9-41}$$

再计算 $\lambda=0$ 点的值，就得到了 X 的 n 阶原点矩：

$$\frac{\mathrm{d}^n M(0)}{\mathrm{d}\lambda^n}=\int x^n\boldsymbol{d}(x)\mathrm{d}x=E(x^n) \tag{9-42}$$

这也是它被称为矩母函数的原因。但是，它不一定存在，当矩母函数存在时它唯一地决定分布，这就使我们能够用它来刻画随机变量的概率分布。

矩母函数有以下性质，假定 $(X_1, X_2, \cdots, X_n)$ 是一组独立的随机变量，则：

(1) 如果 $Y_i=aX_i+b$，则 $M_{Y_i}(\lambda)=\mathrm{e}^{b\lambda}M_{X_i}(a\lambda)$

(2) 如果 $Y=\sum_{i=1}^n X_i$，则 $M_Y(\lambda)=\prod_{i=1}^n M_{X_i}(\lambda)$

(3) 如果 $Y=\sum_{i=1}^n a_iX_i+b$，则 $M_Y(\lambda)=\mathrm{e}^{b\lambda}\prod_{i=1}^n M_{X_i}(a_i\lambda)$

因为矩母函数可能会不存在，这时可以采用特征函数①。我们称：

$$\text{离散情形}\qquad C(\lambda)=E(\mathrm{e}^{i\lambda X})=\sum_{x}\mathrm{e}^{i\lambda x}P(x)$$

$$\text{连续情形}\qquad C(\lambda)=E(\mathrm{e}^{i\lambda X})=\int_{-\infty}^{\infty}\mathrm{e}^{i\lambda x}\,\mathrm{d}\mathcal{D}(x)=\int_{-\infty}^{\infty}\mathrm{e}^{i\lambda x}\boldsymbol{d}(x)\mathrm{d}x$$

为随机变量 X 的特征函数，其中 $i=\sqrt{-1}$ 为复数。

不难知道，所谓特征函数不过是 $\mathrm{e}^{i\lambda X}$ 的数学期望，一旦把特征函数定义为数学期望，我们不仅能够把讨论推广到更一般的情形，还能够充分利用数学期望的许多结论来简化运算。

特征函数是一个实变量的复函数，由于 $|\mathrm{e}^{i\lambda X}|=1$，故对一切实数 λ，特征函数都有定义，而且有：

$$C(0)=1$$

以及

$$\left|\int_{-\infty}^{\infty}\mathrm{e}^{\mathrm{i}\lambda x}\boldsymbol{d}(x)\mathrm{d}x\right|\leqslant\int_{-\infty}^{\infty}\boldsymbol{d}(x)\mathrm{d}x=1 \tag{9-43}$$

从傅里叶积分的定义可知，随机变量 X 的特征函数与其概率密度函数构成傅里叶变换对的关系②。所以，给定随机变量 X 的特征函数时，利用傅里叶正变换就可以求出 X 的概率密度：

$$\boldsymbol{d}(x)=\frac{1}{2\pi}\int_{-\infty}^{\infty}C(\lambda)\mathrm{e}^{-\mathrm{i}\lambda x}\mathrm{d}t \tag{9-44}$$

注意，其中系数$\dfrac{1}{2\pi}$是由式(9-43)中的系数 2π 归到参数 λ 中引起的。要注意的是，任何随机变量的特征函数总是存在的，而且唯一地决定分布。

随机变量的矩也可以用特征函数来获得，不妨假定：$E(|X^n|)\leqslant\infty$，求导，再计算 $\lambda=0$ 点的值，就可以得到③：

$$E(X^n)=i^{-n}\left.\frac{\mathrm{d}C(\lambda)}{\mathrm{d}\lambda^n}\right|_{\lambda=0}$$

特征函数有以下性质，假定 $(X_1, X_2, \cdots, X_n)$ 是一组独立的随机变量，则：

(1) 如果 $Y=aX+b$，则 $C_Y(\lambda)=\mathrm{e}^{ib\lambda}C_X(a\lambda)$

(2) 如果 $Y=\sum_{i=1}^{n}X_i$，则 $C_Y(\lambda)=\prod_{i=1}^{n}C_{X_i}(\lambda)$

9.4.4　线性概率空间

本节的最后我们稍微偏离一下，略微探讨一下抽象的高维概率空间，这是对第 8 章中向

---

① 当随机变量为离散型时，利用矩母函数则更为方便，因为这时可以充分利用幂级数的性质而避免引进复函数的积分。

② 傅里叶变换是数学中非常重要而且有效的工具，在工程数学中运用极为广泛。对傅里叶积分和傅里叶变换的详细讨论见 12.2.1 节，实际上将它运用于分布函数或者密度函数就产生了所谓的特征函数。

③ 这里我们再定义一个累积函数(cumulant function)备用：$M(\lambda)=\log[C(i\lambda)]=\log E(\mathrm{e}^{-\lambda X})$

量空间一节的推广。我们知道,随机变量 X 的 n 阶原点矩定义为 $E(X^n)$。如果对于任意 $p \geqslant 1$, EX^p 存在,则 $|X|^p$ 的数学期望 $E(|X|^p)$ 必定存在,称它为随机变量 X 的 p 阶绝对矩。如果 $E|X|^p < +\infty$,则称 X 属于 $L^p(\Omega, \mathcal{F}, \mathcal{P})$,这里的 $L^p(\Omega, \mathcal{F}, \mathcal{P})$ 就是由所有具有有限 p 阶绝对矩的随机变量组成的空间。当 $p=1$ 时,$L^p(\mathcal{P})$ 由所有具有有限的一阶矩的随机变量构成;当 $p=2$ 时,$L^p(\mathcal{P})$ 由所有具有有限的二阶矩的随机变量构成。我们仅仅考虑 $p \geqslant 1$ 的情形。

一般实变函数理论告诉我们:$L^p(\mathcal{P})$ 是一个线性(完备)距离空间(见 8.6.2 节的相关注释),它装备的范数①定义为:

$$\| X \|_p = \left[\int |X|^p \mathrm{d}\mathcal{P} \right]^{1/p} = [E|X|^p]^{1/p} \tag{9-45}$$

范数产生了 $L^p(\mathcal{P})$ 的拓扑结构。令 O 是 $L^p(\mathcal{P})$ 的一个子集,如果对于任何 $X \in O$,存在 $\delta > 0$ 使得所有的 $Y \in L^p(\mathcal{P})$,有 $\| X - Y \|_p < \delta$ 属于 O,则称 O 为开集。$L^p(\mathcal{P})$ 赋范拓扑由所有的 $L^p(\mathcal{P})$ 赋范开集构成。收敛概念也是类似的,如果一个序列 X_n,有 $\| X_n - X \|_p \to 0$,就称它 $L^p(\mathcal{P})$ 赋范的收敛于 X。

$L^p(\mathcal{P})$ 上的线性泛函定义 f 为:

$$f(aX + bY) = af(X) + bf(Y)$$

对于一个线性泛函 f,如果当 $n \to \infty$ 时,$|X - Y|^p \to 0$,也意味着 $|f(X_n) - f(X)|^p \to 0$,则称该线性泛函是 $L^p(\mathcal{P})$ 赋范连续的。

$L^p(\mathcal{P})$ 上所有连续线性泛函构成的空间称为 $L^p(\mathcal{P})$ 的对偶空间。当 $p \in [1, +\infty)$ 时,对偶空间中的每一个元素均可以唯一地表示为 $L^q(\mathcal{P})$, $1/p + 1/q = 1$ 中的元素,这就是我们接触过的定理 8.6.1(Riesz 表述定理)的概率空间版本。

定理 9.4.1 (Riesz 表述)令 f 为 $L^p(\mathcal{P})$ 上的 $L^p(\mathcal{P})$ 赋范连续线性泛函,则存在一个唯一的 $Y \in L^p(\mathcal{P})$ 使得:

$$f(X) = \int_\Omega X(\omega) Y(\omega) P(\mathrm{d}\omega), \ \forall X \in L^p(\mathcal{P}) \tag{9-46}$$

这一定理将在证明资产定价基本定理中起重要作用。

利用上述概念,我们给出 $L^p(\Omega, \mathcal{F}, \mathcal{P})$ 空间上常用的一些不等式。

(1) 令 $a \in L^p(\mathcal{P})$, $b \in L^q(\mathcal{P})$,当 $p \in (1, +\infty)$, $1/p + 1/q = 1$ 时,有 $ab \in L^1(\mathcal{P})$,而且:

$$\| ab \|_1 \leqslant \| a \|_p \| b \|_q \tag{9-47}$$

这被称为赫德尔(Hölder)不等式。不妨令 $a = X/[E(|X|^p)]^{1/p}$, $b = Y/[E(|Y|^q)]^{1/q}$,则有:

$$|E[XY]| \leqslant [E(|X|^p)]^{1/p} [E(|Y|^q)]^{1/q} \tag{9-48}$$

(2) 当 $p = q = 2$ 时,我们就有了 Hölder 不等式的特款——施瓦茨不等式(Schwartz inequality):

① 这被称为赫德尔范数(Holder norm)。

$$|E[XY]|^2 \leqslant (E|X|^2)(E|Y|^2) \tag{9-49}$$

(3) 此外,利用 Hölder 不等式还可以得到闵科夫斯基(Minkoswki)不等式:

$$[E(|X+Y|^p)]^{1/p} \leqslant [E(|X|^p)]^{1/p} + [E(|Y|^p)]^{1/p} \tag{9-50}$$

它们均可以视为数学期望的推广性质。

9.5　几个重要的概率分布

尽管并不是所有的概率分布都可以用数学上简单的形式表达出来,但是确实有一些重要的概率模型在经济和金融分析中被广泛应用。本节将着重探讨其中的六个,我们要掌握它们的主要数值特征和在实际中是如何应用的。

9.5.1　二项分布

假定做重复抛掷硬币的试验,我们想知道在抛掷了 n 次以后,出现字面朝上 k 次的概率是多少。随机变量 X 的取值可以为 $0, 1, \cdots, n$,即样本空间是 $\Omega=(0, 1, \cdots n)$。获得特定次数的概率大小为:

$$P\{X=k\}=\binom{n}{k}p^k q^{n-k},\ k=0, 1, 2, \cdots, n \tag{9-51}$$

其中,$p=1-q$ 是一次独立试验中该种情况(例如字面朝上)出现的概率大小,不要求 p,q 一定相等。$\binom{n}{k}$ 则是 n 中 k 次的组合数,即:

$$\binom{n}{k}=C_n^k=\frac{n!}{k!\ (n-k)!}$$

由于 $P\{X=k\}$ 是二项式 $(p+q)^n$ 展开式的各项,二项分布由此得名。由它进一步衍生的二项过程是随机运动的基本模型之一(见框文 9-2)。它的主要数值特征包括均值:

$$\begin{aligned}\sum_{k=0}^{n} kP(k;\ n,\ p) &= \sum_{k=1}^{n} n\frac{(n-1)!}{(k-1)!\ (n-k)!}pp^{k-1}q^{n-k} \\ &= np\sum_{k=1}^{n}\binom{n-1}{k-1}p^{k-1}q^{n-k}=np(p+q)^{n-1}=np\end{aligned} \tag{9-52}$$

注意,上式中利用了:

$$\sum_{k=1}^{n}\binom{n-1}{k-1}p^{k-1}q^{n-k}=1$$

这是因为我们做变量代换 $k'=k-1$,则它等于:

$$\sum_{k'=0}^{n-1}\binom{n-1}{k'}p^{k'}q^{n-1-k'}=\sum_{k'=0}^{n-1}P(X,\ k')=1$$

至于它的方差,利用简化计算公式(9-35)来计算,因为:

$$E(x^2)=\sum_{k=0}^{n}k^2\binom{n}{k}p^k q^{n-k}=\sum_{k=1}^{n}npk\binom{n-1}{k-1}p^{k-1}q^{n-k}=np[(n-1)p+1]$$

因此,就有:

$$\sigma^2=np[(n-1)p+1]-(np)^2=np(1-p) \tag{9-53}$$

此外,二项分布的矩母函数和特征函数分别为:

$$M(\lambda)=\sum_k e^{\lambda k}p_k=\sum_k C_n^k p^k q^{n-k}e^{\lambda k}=\sum_k C_n^k\,(pe^{\lambda})^k q^{n-k}=(pe^{\lambda}+q)^n$$

$$C(\lambda)=\sum_k e^{i\lambda k}p_k=\sum_k C_n^k p^k q^{n-k}e^{i\lambda k}=\sum_k C_n^k\,(pe^{i\lambda})^k q^{n-k}=(pe^{i\lambda}+q)^n$$

金融相关点 9-2 股票价格变化的二项分布模型[①]

假定股票价格在某一时刻,只有上升或者下降两种可能(分别用 u 和 d 表示),上升的概率为 p,下降的概率就是 $1-p$,一段时间内的股票价格变化可以视为由 n 个价格变化的阶段构成。如果每一次交易都是独立的,即上一时刻股票价格对下一时刻股票价格没有任何影响,则我们就可以把股票价格变化看成是一个 n 重伯努利试验。当 $n=4$ 时,股票价格可能会出现的所有情况和路径可以由图 9-5 中的二项树来表示。

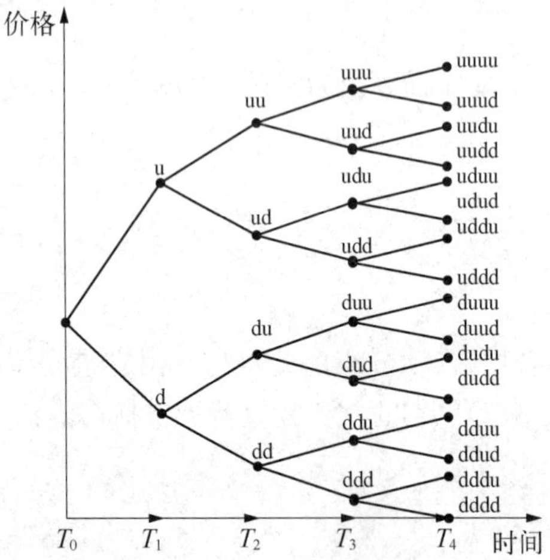

图 9-5 股票价格按照二项模型变化

在 T_1 时刻股票价格上升为 u 或者下降为 d,T_2 时刻则有 4 种情形会出现,分别是 uu、ud、du 和 dd,以此类推,在 T_4 时刻一共会有 16 种情形出现。如果上升或者下降的概率是一样的,则 n 步后获得某一特定的结果的概率就是 $(1/2)^n$。

如果上升或者下降的概率是不等的,则获得有些结果的可能性会大一些,其他则正好相反。用随机变量 X 来代表在 n 次试验中股票价格出现上涨的次数,例如,如果上升的概率是 0.6,则出现 X 次上升的概率就是:

$$P\{X\}=p^x q^{n-x}=0.6^x\,(1-0.6)^{n-x}$$

例如,uuud 发生的概率就是:

$$P\{X\}=0.6^3\,0.4^{4-1}=0.086\,4$$

而 uddd 发生的概率则是 0.038 4。只要在上式中加入组合项:

① 进一步的讨论见 10.2.1 节二项过程。

$$\binom{n}{x}=\frac{n!}{x(n-x)!}$$

就是 n 次中出现 X 次上升的总概率(不论排列顺序),即二项概率分布公式:

$$P\{X=x\}=\binom{n}{x}p^x q^{n-x}$$

我们可以计算一下,当 $X=3$、$n=4$ 和 $p=0.6$ 时的概率:

$$P\{X=3\}=\binom{4}{3}0.6^3\ 0.4^1=0.345\ 6$$

也可以加总几个分布函数,来获得积累的二项概率分布:

$$P\{X'\}=\sum_{X'=0}^{X'}\binom{n}{x}p^x q^{n-x}$$

它可以计算当 X 不大于 n 时的积累分布概率,例如 $X'=3$:

$$\begin{aligned}P\{X'=3\}&=\sum_{X'=0}^{3}\binom{n}{x}0.6^x 0.4q^{n-x}\\&=\frac{4!}{0!\ (4-0)!}\times 1\times 0.025\ 6+\frac{4!}{1!\ (4-1)!}\times 0.6\times 0.064\\&\quad+\frac{4!}{2!\ (4-2)!}\times 0.36\times 0.16+\frac{4!}{3!\ (4-3)!}\times 0.216\times 0.4\\&=0.870\ 4\end{aligned}$$

那么,不难知道出现 4 次上升的概率就是:

$$1-P\{X'\}=0.129\ 6$$

9.5.2　泊松分布

假设随机变量 X 可取无穷多个值 0, 1, 2, …其概率分布为:

$$P\{X=x\}=\frac{e^{-\lambda}\lambda^x}{x!},\ x=0,\ 1,\ 2,\ \cdots;\ e=2.718\ 28\cdots;\ \lambda>0 \tag{9-54}$$

则称该随机变量服从参数为 λ 的泊松(Poisson)分布。不难知道,泊松分布的均值是:

$$\sum_{k=0}^{\infty}k\,p(k;\lambda)=\sum_{k=1}^{\infty}k\frac{e^{-\lambda}\lambda^k}{k!}=e^{-\lambda}\lambda\sum_{k=1}^{\infty}\frac{\lambda^{k-1}}{(k-1)!}=e^{-\lambda}\lambda e^{\lambda}=\lambda$$

注意,这里也使用了 $\sum\limits_{k=0}^{\infty}\dfrac{\lambda^k}{k!}e^{-\lambda}=1$ 的概率基本性质。由此看出,泊松分布的参数 λ 就是它的数学期望。

不难知道,泊松分布的方差也是 λ,矩母函数和特征函数分别为:

$$M(X)=\mathrm{e}^{\lambda(\mathrm{e}^t-1)}$$

$$C(t)=\sum_k \mathrm{e}^{i\lambda k}p_k=\sum_k \mathrm{e}^{itk}\ \frac{\lambda^k}{k!}\mathrm{e}^{-\lambda}=\mathrm{e}^{-\lambda}\sum_k C_n^k\ \frac{(\lambda\mathrm{e}^{it})^k}{k!}=\mathrm{e}^{\lambda(\mathrm{e}^{it}-1)}$$

泊松分布通常用来近似描述一个时间间隔内小概率事件(rare events)发生的情况。λ 就是单位时间这些事件的平均值,在随机过程一章中,它将用来构造具有跳跃特征的股票价格运动模型。泊松分布如图 9-6 所示。

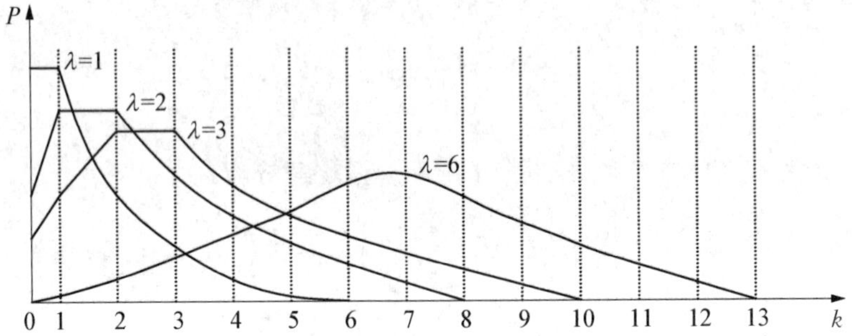

图 9-6　泊松分布

9.5.3　一致分布

下面考察连续分布。先是一致(均匀)分布(uniform distribution),一致分布是最简单连续分布形式。如果一个随机变量的密度函数可以表示为以下形式:

$$d(x)=\begin{cases}\dfrac{1}{b-a}, & a\leqslant x\leqslant b\\ 0, & \text{其他}\end{cases}\tag{9-55}$$

则称该变量服从一致分布。容易知道,它的分布函数为:

$$\mathcal{D}(x)=\begin{cases}0,\ x<a\\ \dfrac{x-a}{b-a},\ a\leqslant x\leqslant b\\ 1,\ x>b\end{cases}$$

密度函数和分布函数分别如图 9-7 所示。

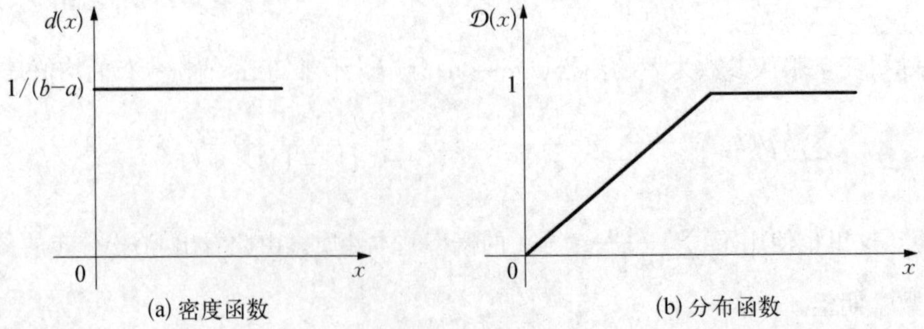

图 9-7　一致分布

容易知道，它的均值为：

$$E(X)=\frac{1}{2}(a+b)$$

方差为：

$$\operatorname{var}(X)=\frac{1}{12}(b-a)^2$$

矩母函数和特征函数分别为：

$$M(X)=\frac{\mathrm{e}^{bt}-\mathrm{e}^{at}}{t(b-a)}$$

$$C(X)=\frac{\mathrm{e}^{ibt}-\mathrm{e}^{iat}}{it(b-a)}$$

一致分布在产生随机数字方面有很大的作用，这在第 12 章中讨论蒙特卡罗模拟(Monte carlo simulation)方法中会用到。

9.5.4　正态分布和对数正态分布

如果某一特定二项分布的方差有限，则根据中心极限定理(central limit theorem)①，当 $n\to\infty$ 时，二项分布就会趋近于正态分布(分布收敛)。正态分布的密度函数为：

$$d(x)=\frac{1}{\sigma\sqrt{2\pi}}\mathrm{e}^{-\frac{(x-\mu)^2}{2\sigma^2}} \tag{9-56}$$

它的形状如图 9-8 所示。

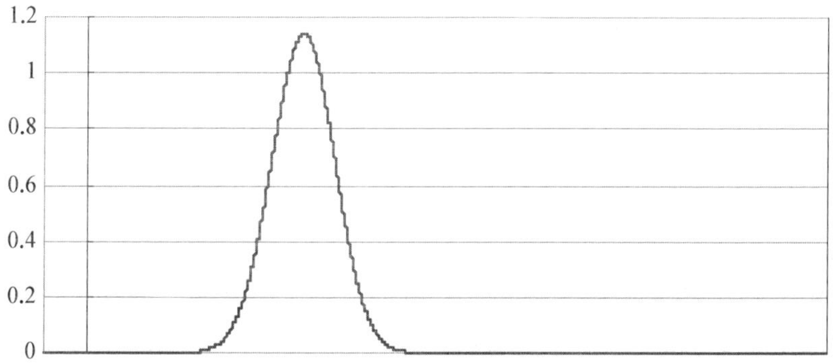

图 9-8　正态分布密度函数

在某一特定区间$[a, b]$内的概率由下面的定积分(分布函数)给出：

$$\mathcal{D}(x)=\int_a^b\frac{1}{\sigma\sqrt{2\pi}}\mathrm{e}^{-\frac{(x-\mu)^2}{2\sigma^2}}\mathrm{d}x$$

当 μ 为 0，σ 为 1 时就是标准正态分布。标准正态分布也可以由上述积分给出：

① 详见 9.5.5 节。

$$\mathcal{D}(x)=\int_{-\infty}^{x}\frac{1}{\sqrt{2\pi}}e^{-\frac{x^2}{2}}dx \tag{9-57}$$

但是,上述积分没有封闭(closed-form)解。在实际工作中,它的积累标准正态密度通常由下列多项式近似给出:

$$\mathcal{D}(x)\approx 1-\frac{1}{\sqrt{2\pi}}e^{-\frac{x^2}{2}}(a_1k+a_2k^2+a_3k^3+a_4k^4+a_5k^5) \tag{9-58}$$

其中:

$k=1/(1+bx)$, $b=0.231\,641\,9$, $a_1=0.319\,381\,530$, $a_2=-0.356\,563\,782$

$a_3=1.781\,477\,937$, $a_4=-1.821\,255\,97$, $a_5=1.330\,274\,429$

众所周知,正态分布的主要数值特征是均值为μ,方差为σ^2(标准差为σ)。因此,我们通常把随机变量服从正态分布记为:$X\sim\mathcal{N}(\mu,\sigma)$。

正态分布的特征函数简单计算如下:

$$C(\lambda)=\int_{-\infty}^{+\infty}e^{i\lambda x}\frac{1}{\sigma\sqrt{2\pi}}e^{-\frac{(x-\mu)^2}{2\sigma^2}}dx$$

标准化随机变量,令$y=\dfrac{x-\mu}{\sqrt{2}\sigma}$,则:

$$C(\lambda)=\frac{1}{\sqrt{\pi}}\int_{-\infty}^{+\infty}\exp(-y^2+i\sqrt{2}\sigma\lambda y+i\lambda\mu)dy$$

利用下列积分公式:

$$\int_{-\infty}^{+\infty}\exp(-Ax^2\pm 2Bx+-C)dx=\sqrt{\frac{\pi}{A}}\exp\left(-\frac{AC-B^2}{A}\right)$$

这里$A=1$, $B=i\lambda\sigma/\sqrt{2}$, $C=-i\lambda\mu$,因此有:

$$C(\lambda)=e^{\frac{i\lambda\mu-\lambda^2\sigma^2}{2}}$$

如果是标准正态分布,则$C(\lambda)=e^{-\frac{\lambda^2}{2}}$。此外,容易知道正态分布的矩母函数为:

$$M(\lambda)=e^{\mu\lambda+\frac{1}{2}\sigma^2\lambda^2}$$

最后,注意到正态分布是对称的,因此它的斜度和偏峰度均为0。

我们顺便提到二维正态分布,它的密度函数为:

$$d(X,Y)=\frac{\exp\left\{-\frac{1}{2(1-\rho^2)}\left[\left(\frac{x-\mu_x}{\sigma_x}\right)^2-2\rho\left(\frac{x-\mu_x}{\sigma_x}\right)\left(\frac{y-\mu_y}{\sigma_y}\right)+\left(\frac{y-\mu_y}{\sigma_y}\right)^2\right]\right\}}{2\pi\sigma_x\sigma_y\sqrt{1-\rho^2}} \tag{9-59}$$

或者:

$$d(X, Y)=\frac{\exp\left\{-\frac{1}{2}[(x-\mu_x)(y-\mu_y)]\mathbf{V}^{-1}\begin{bmatrix}x-\mu_1\\y-\mu_y\end{bmatrix}\right\}}{2\pi\sqrt{|\mathbf{V}|}}$$

其中,**V** 是协方差矩阵：

$$\mathbf{V}=\begin{bmatrix}\sigma_x^2 & \sigma_{xy}\\ \sigma_{xy} & \sigma_y^2\end{bmatrix}$$

而 $|\mathbf{V}|$ 代表 **V** 的行列式：

$$|\mathbf{V}|=\sigma_x^2\sigma_y^2-\sigma_{xy}^2$$

如果随机变量函数 $\log X$ 是正态分布的,则称随机变量 X 呈对数正态分布(log-normal distribution),它的密度函数是：

$$d(x)=\begin{cases}\dfrac{e^{\frac{-(\ln x-\mu)^2}{2\sigma^2}}}{\sigma x\sqrt{2\pi}}, & x>0\\ 0, & x\leqslant 0\end{cases}\tag{9-60}$$

其形状如图 9-9 所示。

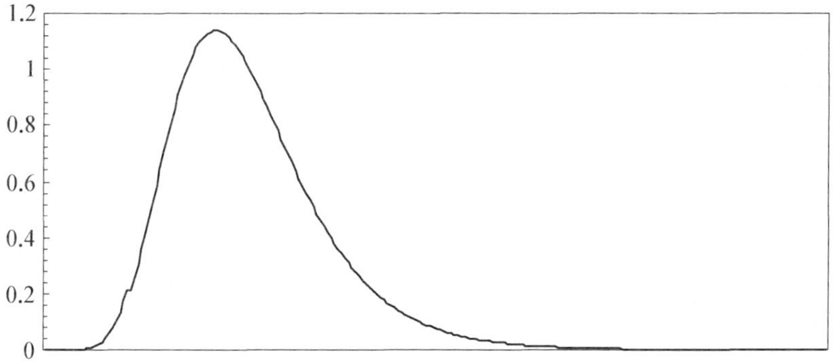

图 9-9　对数正态分布密度函数

它的主要数值特征为：

(1) 均值。$E(X)=e^{(\mu+\sigma^2/2)}$

(2) 方差。$\text{var}(x)=e^{(2\mu+\sigma^2)}(e^{\sigma^2}-1)$

(3) k 阶矩。$E(X_k)=e^{k\mu+\frac{1}{2}k^2\sigma^2}$

此外,容易知道：

$$E(\ln X)=\mu,\ \text{var}(\ln X)=\sigma^2$$

而且,对数正态分布的随机变量服从联合正态分布变量的加总原则：联合对数正态分布变量的积和乘方也是对数正态分布,即如果 X,Y 是对数正态分布变量,则：

$$Z=X^aY^b,\ a,\ b\in\mathbf{R}$$

也是对数正态分布随机变量。

金融相关点 9-3　股票收益和价格分布

最初,研究者们假定金融资产价格成正态分布。例如,早在 1900 年巴舍利耶在为期权定价时就假定资产价格正态分布,但是这一假定有两个明显的缺陷。

(1) 有限负债。我们知道股票、债券这类金融资产都是有限负债,价格无论如何不会为负数,但如果是正态分布则包含负的取值范围。

(2) 多期收益。就算单期收益是正态分布的,多期收益是一系列的单期收益的乘积,因此就不再是正态分布了。

因而,假定股票的收益为正态分布可能更为现实一些。不妨设想我们要根据现在时刻的股票价格 S_t,预测未来一个微小时间间隔后的股票价格 S_{t+dt}:

$$S_{t+dt}=S_t e^a \tag{9-61}$$

其中,a 是资产的瞬间收益率(instantaneous return):

$$a=\ln\left(\frac{S_{t+dt}}{S_t}\right)=\ln(1+r)$$

其中,r 是普通单期净收益率。如果假定瞬间收益率服从均值为 μ,方差为 σ^2 的正态分布,则收益率 r 就服从对数正态分布,即:

$$\left[a=\ln\left(\frac{S_T}{S_0}\right)=\ln(1+r)\right]\sim \mathcal{N}(\mu,\ \sigma^2) \tag{9-62}$$

$$\left[r=\frac{S_T}{S_0}-1\right]\sim \mathcal{LN}[e^{(\mu+\sigma^2/2)}-1,\ e^{(2\mu+\sigma^2)}(e^{\sigma^2}-1)] \tag{9-63}$$

例 9.5.1　假定相对价格(瞬间收益率)a 服从 $\mu=0.1$, $\sigma=0.16$ 的正态分布,再假定股票的当前价格为 100。根据上式则收益率 r 和方差就是:

$$E(r)=E\left(\frac{S_T}{S_0}-1\right)=e^{(\mu\Delta T+\sigma^2\Delta T/2)}-1=0.197$$

$$\sigma^2=e^{(2.10+0.16)}(e^{0.16}-1)=0.197=0.248\,6$$

根据式(9-61),一年后的股票价格就是 118.7。

考虑按照复利计算的短期收益率(short term reture)$r_{t-1,t}$,假定它是独立同分布(independent identically distribution-iid)的①,并具有有限方差。那么该种股票的长期收益应当就是:

$$1+r_{0,T}=\prod_{t=1}^{T}(1+r_{t-1,t})=(1+r_{0,1})(1+r_{1,2})\cdots(1+r_{T-1,T}) \tag{9-64}$$

① 或者称平稳分布。

两边取对数，即：

$$\ln(1+r_{0,T})=\sum_{t=1}^{T}(1+r_{t-1,t})=\ln(1+r_{0,1})+\ln(1+r_{1,2})+\cdots+\ln(1+r_{T-1,T}) \tag{9-65}$$

我们可以用中心极限定理证明长期收益的分布也是正态的，因此既然$(1+r_{0,T})$的对数是正态分布的，长期收益也是对数正态分布的(见 9.5.6 节)，这就解决了上面的第二个问题。

至于第一个问题，注意到 $\ln(1+r_{t-1,t})$ 可以为负无穷。这个值就与 $r_{t-1,t}$ 最多只能为-100%相容，因而也就与股票的有限负债特征相容。如果公司在某一时刻 t 破产，则当期的收益率就是-100%，它的自然对数就是$-\infty$，而短期收益率 $r_{t-1,t}$ 和长期收益率 $r_{0,T}$ 都将是-100%，投资者最多是损失掉他们所有的投资。

我们再小结一下对数正态分布在描述资产收益分布方面的优点：

(1) 它允许股票价格以递增的比率增长，而同时它的复合增长率保持为常数①；

(2) 尽管它允许瞬间收益率 $\ln(1+r_{t-1,t})$ 的范围为$(-\infty,+\infty)$，短期收益 $r_{t-1,t}$ 只能为$(-100\%,+\infty)$，这个范围同股票的有限负债特性相容；

(3) 价格的对数正态分布是向右偏斜的，这与经验证据是一致的。

不过，股票收益分布真的是正态的吗？我们知道对于正态分布来说，斜度和偏峰度都为 0，但是股票收益分布往往呈现出宽尾(fat or heavy tail or leptokurtic)现象，这意味着偏度和峰度都不为 0。宽尾和高峰意味着发生坏的极端事件的可能有着比对称分布更大的概率分布，而这也就是说，金融资产价格大幅度下降的频率比对称分布预期的高。例如，1987 年 10 月 29 日，S&P500 指数收益偏离平均日收益 20 倍标准差，而即便是超过 5 倍标准差的情况在正态分布条件下也要七千年才会出现一次，想想人类文明发源的时间吧！

9.5.5　χ^2、t 和 F 分布

本节扩展介绍由正态分布引出的三个重要分布。

1. χ^2-卡方分布

假设随机变量 X_1, X_2, …, X_n 相互独立且都服从 $N(0,1)$的标准正态分布，则随机变量函数 $\chi^2=X_1^2+X_2^2$, …, $+X_n^2$ 所服从的是参数为 n 的 χ^2-分布，记作 $X\sim\chi^2(n)$，n 又称自由度，指独立变量的个数。它的概率密度函数为：

$$d(x;n)=\begin{cases}B_n e^{-\frac{x}{2}}x^{\frac{n}{2}-1}, & x>0\\ 0, & x\leqslant 0\end{cases} \tag{9-66}$$

其中，B_n 是仅与 n 有关的常数。$d(x;n)$ 的图形随 n 的不同而不同，如图 9-10 所示。

χ^2 分布的主要数值特征为：

① 在第 10 章我们会用更精确的几何布朗运动(geometrical Brownian motion)来描述股票价格运动。

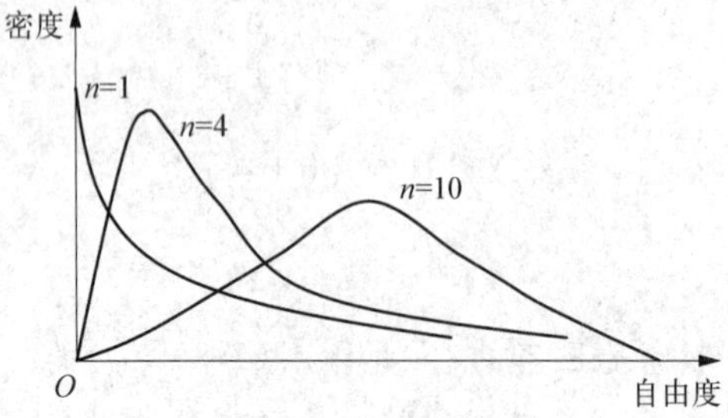

图 9-10　卡方分布密度函数图

(1) 均值。$E(\chi^2)=n$

(2) 方差。$\mathrm{var}(\chi^2)=2n$

χ^2-分布的有以下重要的性质：

(1) 如果 $X\sim\mathcal{N}(0,1)$ 则 $X^2\sim\chi^2(1)$

(2) 如果 $\chi_1^2\sim\chi^2(n_1)$，$\chi_2^2\sim\chi^2(n_2)$ 且相互独立,则 $\chi_1^2+\chi_2^2\sim\chi^2(n_1+n_2)$

(3) 如果 $\chi_3^2=\chi_1^2+\chi_2^2$，已知 χ_1^2，χ_2^2 相互独立，且 $\chi_1^2\sim\chi^2(n_1)$，$\chi_3^2\sim\chi^2(n)$，则 $\chi_2^2\sim\chi^2(n-n_1)$

(4) 总体为 $X\sim\mathcal{N}(\mu,\sigma^2)$，$x_1, x_2, \cdots x_n$ 是 X 的一个样本，$\bar{x}=\dfrac{1}{n}\sum\limits_{i=1}^{n}x_i$ 为样本均值，$s^2=\dfrac{1}{n-1}\sum\limits_{i=1}^{n}(x_i-\bar{x})^2$ 为样本方差,则：① $\bar{x}$ 与 s^2 相互独立；② $\dfrac{(n-1)s^2}{\sigma^2}\sim\chi^2(n-1)$

2. *t*-分布(Students 分布)

设随机变量 U 服从标准正态分布,随机变量 W 服从自由度为 n 的 χ^2 分布,且 U 与 W 相互独立,则称随机变量函数 $T=\dfrac{U}{\sqrt{W/n}}$ 所服从的分布为自由度为 n 的 t 分布,记为 $T\sim t(n)$。t 分布的概率密度为：

$$d(t)=C_n\left(1+\frac{t^2}{n}\right)^{-\frac{n+1}{2}},\ (-\infty<t<+\infty),\ \text{其中}\ C_n=\frac{\Gamma\left(\frac{n+1}{2}\right)}{\Gamma\left(\frac{n}{2}\right)\sqrt{n\pi}}$$

t 分布的图形随自由度 n 不同而不同,形状与正态分布相似。当 n 很大时,

$$\lim_{n\to\infty}f(t)=\frac{1}{\sqrt{2\pi}}\mathrm{e}^{-\frac{t^2}{2}}$$

t 分布近似标准正态分布,如图 9-11 所示。

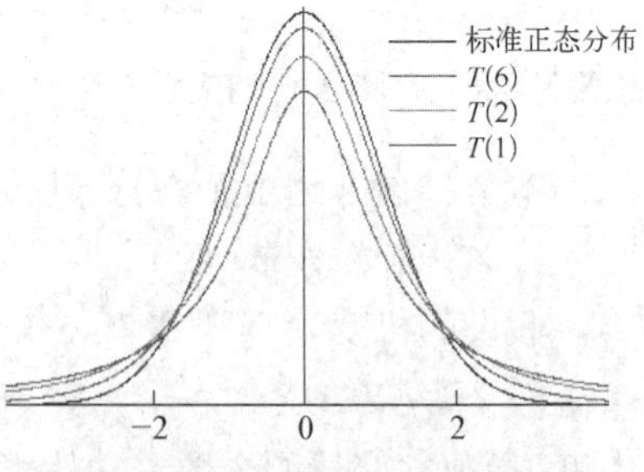

图 9-11　*t* 分布的密度函数图形

t 分布的主要数值特征为：

(1) 均值。$E(t)=0$

(2) 方差。$\mathrm{var}(t)=n/n-2,\ n>2$

3. *F*-分布

设相互独立的随机变量 V 和 W 分别服从自由度为 n_1 和 n_2 的 χ^2 分布,即：$V\sim\chi^2(n_1)$，$W\sim\chi^2(n_2)$，则随机变量函数 $F=\dfrac{V/n_1}{W/n_2}$ 所服从的分布为 F 分布。n_1 和 n_2 分别是它的第一和第二自由度,且通常记为 $F\sim F(n_1, n_2)$。其概率密度函数为：

$$d(x;n_1,n_2)=\begin{cases}B(n_1,n_2)\dfrac{x^{\frac{n_1}{2}-1}}{\left(1+\dfrac{n_1x}{n_2}\right)^{\frac{n_1+n_2}{2}}}, & x\geqslant 0\\ 0, & x<0\end{cases}\tag{9-67}$$

其中，$B(n_1, n_2)=\dfrac{\Gamma\left(\dfrac{n_1+n_2}{2}\right)}{\Gamma\left(\dfrac{n_1}{2}\right)\Gamma\left(\dfrac{n_2}{2}\right)}\cdot\left(\dfrac{n_1}{n_2}\right)^{\frac{n_1}{2}}$。$F$ 分布的密度函数如图 9-12 所示。

F 分布的主要数值特征为：

(1) 均值。$E(F)=\dfrac{n_2}{n_2-2}$，$(n_2>2)$

(2) 方差。$\mathrm{var}(F)=\dfrac{n_2^2}{(n_2-2)^2}\dfrac{2(n_1+n_2-2)}{n_1(n_2-4)}$，$(n_2>4)$

F 分布有以下重要性质：

(1) $F_{1-\alpha}(n_1, n_2)=\dfrac{1}{F_\alpha(n_2, n_1)}$；

(2) 设 $X_1, X_2, \cdots, X_{n1}, i.i.d N(\mu_1, \sigma^2)$ 与 $Y_1, Y_2, \cdots, Y_{n2}, i.i.d N(\mu_2, \sigma^2)$ 相互独立，则：

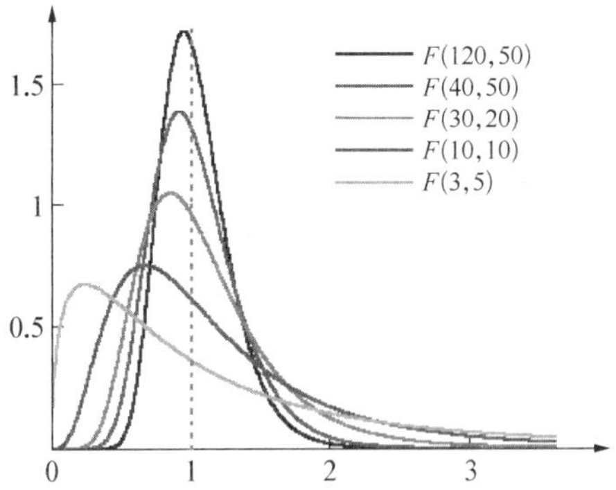

图 9-12　F 分布的密度函数图形

$$F=\frac{\sum\limits_{k=1}^{n_1}(X_k-\bar{X})^2/(n_1-1)}{\sum\limits_{k=1}^{n_2}(Y_k-\bar{Y})^2/(n_2-1)}=\frac{S_X^2}{S_Y^2}\sim F(n_1-1, n_2-1)$$

9.5.6　极限定理

本节最后回顾概率论中几个著名的极限定理。先是大数定理(law of large numbers)，大数定理是判断随机变量序列的算术平均值是否向常数收敛的定理。

定理 9.5.1(伯努利大数定理)　如果 ν_n 是 n 次重复独立试验中事件 A 出现的次数，P 是事件 A 的概率，则对于任何 $\varepsilon>0$ 有：

$$\lim_{n\to\infty}P\left\{\left|\frac{\nu_n}{n}-P\right|\geqslant\varepsilon\right\}=0$$

即频率 ν_n 依概率收敛于 P，伯努利大数定理揭示了前面提出的“频率稳定于概率”说法的本质。它提出将近二百年以后 Borel 才证明了更强的大数定理，即在与伯努利大数定理相同的条件下，ν_n/n 以概率 1 收敛于 P。

大数定理提供了判断随机变量序列的算术平均值是否收敛于常数的准则。实际上，如果 $(X_n)_{n\geqslant1}$ 为一组独立同分布(iid)的随机变量序列，它们的均值和方差分别为 μ 和 σ^2，定义它们的平均值为：

$$Y_n=\frac{X_1+\cdots+X_n}{n},\ n=1, 2, \cdots$$

则当 $n\to\infty$ 时 $Y_n\to\mu$。这也是大数定理的一种表述方式，我们不去严格地证明，只是简单讨论一下它的可信度。这个讨论分为两步，先对任意 n 考察一下是否有 $E(Y_n)=\mu$，然后看看当 $n\to\infty$ 时，Y_n 的方差是否也趋近于 0。换句话说，当 $n\to\infty$ 时，Y_n 是否更紧密地分布

在μ的周围。对于第一步,简单计算如下:

$$EY_n=\frac{EX_1+\cdots+EX_n}{n}=\frac{\mu+\cdots+\mu}{n}=\mu$$

第二步,根据方差的性质(4),有:

$$\mathrm{var}(Y_n)=\sum_{i=1}^{n}\mathrm{var}\left(\frac{X_i}{n}\right)=\sum_{i=1}^{n}\frac{\sigma^2}{n^2}=\frac{\sigma^2}{n}$$

当$n\to\infty$时,有$\mathrm{var}(Y_n)\to 0$。

大数定理的麻烦在于极限的非随机性,这是因为当Y_n的方差趋近于0时,它所定义的分母(denominator)太大,为了克服这一点,我们应当除以$\sqrt{n}$而不是n。特别地,如果我们有另外一组独立同分布的随机变量序列,每一个仍旧具有均值μ和方差σ^2,但是现在令:

$$Y_n=\frac{(X_1-\mu)+\cdots+(X_n-\mu)}{\sqrt{n}}$$

则每个Y_n具有0期望值,以及

$$\mathrm{var}(Y_n)=\sum_{i=1}^{n}\mathrm{var}\left|\frac{X_i-\mu}{\sqrt{n}}\right|=\sum_{i=1}^{n}\frac{\sigma^2}{n}=\sigma^2$$

当$n\to\infty$时,所有随机变量Y_n的分布有着同样的紧密程度(用方差量度),即Y_n将接近标准正态分布,$n\to\infty$时,

$$\lim_{n\to\infty}P(Y_n)=\int_{-\infty}^{x}\frac{1}{\sigma\sqrt{2\pi}}\mathrm{e}^{-\frac{x^2}{2\sigma^2}}\,\mathrm{d}x$$

这就是林德尔伯格-列维中心极限定理(Lindeberg-Levy central limit theorem)。

所谓中心极限定理,就是判断随机变量序列的部分和是否渐近于正态分布的一类定理。直观上理解,在生活中一些现象受到许多相互独立的随机因素的影响,如果每个因素的影响都比较微小,那么总的影响可以看作服从正态分布。以下是历史上最早形式的德·莫孚(De Moivre)中心极限定理。

定理 9.5.2(De Moivre 中心极限定理) 如果ν_n是n次重复独立试验中事件A出现的次数,$0<p<1$,则对于任何$a<b$,下式成立:

$$\lim_{n\to\infty}P\left\{a<\left|\frac{\nu_n-np}{\sqrt{np(1-p)}}\right|\leqslant b\right\}=\int_a^b\frac{1}{\sqrt{2\pi}}\mathrm{e}^{-\frac{x^2}{2}}\,\mathrm{d}x$$

这个定理又称为积分极限定理,它给出了二项分布的一种近似算法。

小　结

本章按照状态空间——分割和事件——σ-代数——测度函数——正则性,这样一个顺

序用测度的方法定义了概率，并把随机变量视为一个从样本空间到实空间的可测函数。接着按照常规方法给出离散随机变量的分布律和连续随机变量的分布函数，以及随机变量序列的收敛方式。要指出的是，均方收敛是在后面的分析中理解随机伊藤积分和伊藤定理的关键所在。

对于数学期望的测度化分析把它归结为一种新式积分——勒贝格积分，它提供给我们对于分布函数和一般抽象空间上的积分更深刻的理解。它们的主要性质以及一系列收敛定理是研究鞅理论和一般随机积分理论的主要工具。

条件期望的概念相对比较复杂，通过从给定事件到给定 σ-代数和给定随机变量下对条件期望的讨论的逐步深入，我们发现条件期望本身也是一个随机变量，并且用构造性和描述性两种方法给出了它的确切含义。这些内容都将在后续鞅理论中得到进一步的深化和应用。

随后给出的随机变量数值特征以及用它们描述的几个重要分布，不仅可以提供金融资产价格数据的统计特征，而且还是以后动态化成为资产价格运动随机过程模型的基础。最后的几个极限定理将出现在后续对于数值方法的学习中。

文献导读

概率论方面的参考著作也大致分为以测度为基调和非测度型两类。Feller(1950)的两卷本概率论仍然是非测度型类别中的经典参考书。此外，还可以参考 Billingsley(1986)第10—21节，Davidson(1994)第二部分。中文参考书的选择则更多，如唐国兴(1991)、李贤平(1997)等。

测度型的可以参考 Chung(1968)(该书有中译本——钟开莱，1989)，新一点的可以参考 Williams(1991)。中文此类别的书包括王寿仁(1986)、严士健等(1982)和袁震东(1991)等。

此外，很多金融经济分析专著中也包含了对概率基础理论和相关应用的介绍，推荐 Malliaris & Brock(1982)前三章以及 Stokey & Lucas(1989)第七章。

第 10 章　随机过程 I：随机微积分

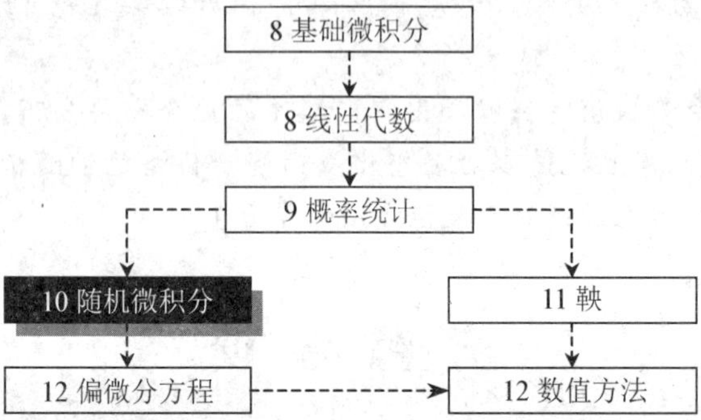

本章的学习目标

- 了解随机过程的定义、描述方法和重要数值特征以及基于分布函数的分类方法；
- 掌握二项过程并熟练运用二项树建模方法；
- 掌握布朗运动和维纳过程的定义和特征并认识到它在连续时间随机分析中的重要作用和核心地位；
- 掌握并熟练运用一般维纳过程、几何布朗运动和伊藤过程来构造金融资产价格运动模型；
- 了解泊松过程的定义和特征，认识它在构造金融市场上突发事件时的作用；
- 明确基于均方收敛的随机伊藤积分的定义以及它与随机微分之间的联系；
- 了解伊藤定理的直观推导过程并熟练应用伊藤定理进行计算；
- 熟练应用随机微分方程模型来构造不同金融资产价格运动模型；
- 了解随机微分方程解的形式，特别要掌握两种重要的显性解情形；
- 掌握期权定价的传统布莱克-斯科尔斯偏微分方程方法；
- 掌握最优个人消费/投资问题的随机动态规划方法。

有了前面的准备工作，我们现在就可以着手学习、研究现代金融理论所必需也是最重要的数学工具——随机过程理论了。为什么金融理论研究中一定要使用随机过程理论呢？这是因为在金融现象中一些主要价格指标，如利率、汇率、股票指数、价格等都表现出一定的随机性(randomness)。股票价格明天会是多少，一直吸引和困惑了最富有头脑的理论家和实践者，早期金融思考就是试图对这个问题做出令人信服的回答①，越来越多的证据显示：人们倾向于认识到，试图超越市场去预测价格走势，总体上是徒劳的，只有通过使用随机过程理论在概率的意义上去描绘，才能给问题的解决提供一个可靠的基础②。这也是我们在整个金融数学的学习过程中遇到的最困难的部分。为了降低难度，我们把对整个随机过程理论的学习分为两个相对独立的部分。

第一部分，也就是在这一章中，我们要建立随机微积分的理论框架。首先，通过直观的例证来给出随机过程的定义，简单地对它们进行分类和特征描述；其次，介绍一些重要的和在微观金融分析中经常要使用到的随机过程种类；再次，由于要处理随机变量的变化过程，我们必须了解随机微分和它存在的条件，而这势必又要求先建立起随机（伊藤）积分的正确概念；在上述基础上就可以推导出解释随机变量之间变化关系的随机微积分法则——著名的伊藤定理；最后，介绍随机微分方程模型的构造和求解③。整个学习过程需要对经典数学分析中的极限、微分和积分概念做推广，这是一套完全不同于经典微积分的法则，在反复的运用和实际的例子中，我们会对它逐渐熟悉起来。

微观金融学中，我们使用上述随机微积分技术来研究诸如衍生金融产品定价、最优动态消费/投资决策等问题。以随机过程为基础的最优化方法归属于动态随机规划方法之下，以萨缪尔森、默顿、布莱克、斯科尔斯等人的研究成果为最杰出的代表。本章中就提供它们最重要的两种金融理论分析方面的应用——为欧式看涨期权定价和求解最优动态消费/投资问题。

第二部分则被称为随机过程一般理论的鞅理论，相对于本章的内容而言，它更为抽象，并借重测度理论。它提供对于随机过程更深入本质的理解，而且在实践当中，它还提供更为强大的计算能力，因而它日益成为金融经济学家们的主流数学工具之一。我们将在第 11 章中“亲密接触”这个理论体系。

金融相关点 10-1　有效率的市场？

微观金融理论中的“效率”和我们在经济学中接触到的“效率”一词的含义有所不同。我们知道，经济学中的“效率”通常指帕累托（Pareto）效率。在一个经济体系中，如果不能以牺牲哪怕一个人的利益为代价来换得他人福利状况改善的情形，被称为具有帕累托效率④。但是，如果市场上资产价格已经充分地反映了所有可获得信息，金融市场就是有效率的（efficient market）。这句话直观上可以这样理解，为所有人知晓的信息是不会导致股票价格的明显波动的，因为它已经被反映到当前的价格上去了；或者换一个角度，基于该信息集合（information set）做出的任何投资决策是不会带来任何明显的经济收益的。如罗尔（Roll）所说，这个定义相当模糊，不具备任何操作性。

① 对于探索历程本身感兴趣的读者可以参考伯恩斯坦（Bernstein，1990）第一到三章。
② 参考有框文 10-1——效率的市场。
③ 学习这里的内容并不需要测度方面太多的准备。
④ 这种形式的效率在微观金融学中也有广泛的应用，这在本书第一部分的几乎所有章节中都有体现。

罗伯茨(Roberts H.)在1967年第一次根据决策所依据的信息集合对市场效率做了分类,这里我们沿用法马(Fama,1970)首次使用的现在通行的一套术语。首先是弱形式的市场效率(weak-form market efficiency),它所基于的信息集合仅仅包含资产价格(或者收益)的历史数据。如果它成立,就意味着那些认为可以根据股票价格的历史信息预测未来价格走势的技术分析(technical analysis)(有时这种分析家被称为图表派(chartist))失效。其次是半强形式(semistrong-form)的市场效率,它基于所有可以为投资者获得的公开(public)信息,如公司的财务报表和公司前五位股东的持股份额等,如果它成立,则所谓的基础分析(basic analysis)失效。最后是强的(strong-form)的形式,它进一步包括仅仅为部分投资者所知的内部或者私人(private)信息,如为公司高层掌握的兼并意向和可能会对股票价格产生影响的重大投资决策等,注意这些信息有很强的时效性,它们有一个从少数到多数快速传播的过程。

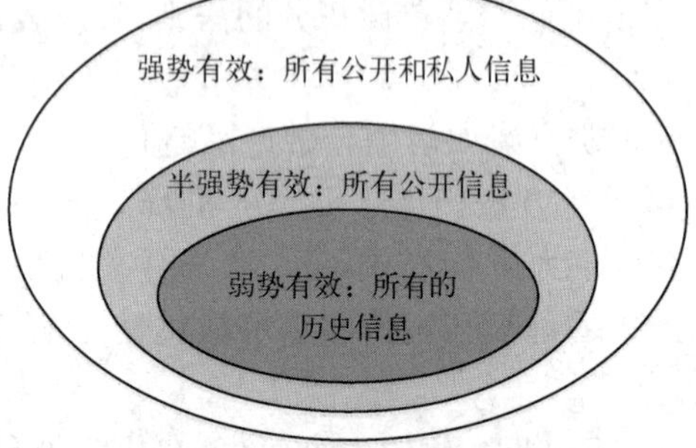

图10-1　嵌套信息和效率集

这三种形式的效率构造出整个可获得信息的嵌套结构(见图10-1)。但是很不幸,迄今为止它还不能被经验检验所证实。这是因为市场效率必须和一个市场均衡模型被联合检验,研究者无法分辨究竟哪一个因素对结论更有说服力或者起到反面作用。在经验研究产生任何有决定性的结论之前,市场效率与其说是一种理论,还不如说是作为一个信念而存在。不过,我们倒是有一些反面例子。

试图超越市场(beat the market)的努力当然可能会在一定情况下获得成功,如美国证券业"巨星"——伊万·伯斯基(Ivan Boesky)①。他在1986年之前一直在股票市场上赚钱,盈利多达上亿美元,并成为证券业常胜不败的神话。但是,后来的调查显示:他的连续成功是因为他贿赂了一个有着许多关于公司兼并方面内部信息的投资银行家——列文(Levine)。每当列文发现有公司寻求合并时,他就提前通知伯斯基。后者则买入被兼并公司股票,并在市场了解这些信息并做出反应后(股价上涨)抛出以牟取暴利。1986年,伯斯基被判终身禁止从事证券业、罚款一亿美金和三年监禁。这验证了中国香港特别行政区知名影星刘德华在一部以赌博为题材的影片中的一句台词"没有一定赢的赌博,除非出老千(作弊)。"

这是一个国外的例子,想必对于熟悉中国股票市场的投资者来说,这没什么好大惊小怪的。2001年以前,我们的A股股票市场被投资者心领神会地称为(内幕)消息市场、政策市场。中国证券交易管理委员会公开处理过多次非法操纵市场的行为,如原万国证券公司过度投机国债期货,导致整个市场崩溃;也处理过人为信息虚假披露牟取暴利的行为,如琼民源、蓝田股份等。实际上,更多屡见不鲜的"黑幕"交易正在腐蚀刚刚成长起来的中国资本市场,它导致投资者行为变异并最终破坏向实物经济输送金融资源的过程。

① 本例转引自米歇金(Mishkin F.)《金融市场、机构和货币》(*Financial Markets, Institutions, and Money*),1998。

10.1 介　　绍

观察图 10-2 所示的道・琼斯(Dow & Jones)工业平均指数 2001 年 6 月至 2006 年 8 月的波动情况,它看上去十分像一个醉汉蹒跚的脚步,其情形正如它的发明者——道先生所准确预言的那样——“它将……波动……”。这样杂乱无章的运动形式,我们称之为随机运动。

图 10-2　道・琼斯工业平均指数随机波动情况

数据来源：bigcharts.com

10.1.1　定义

假设 $\Omega=\{\omega\}$ 是随机试验的样本空间,T 是一个参数集(往往是时间),如果对于每一个 $t\in T$,都有随机变量 $X(\omega,t)$ 与之对应,则称依赖于 t 的一族随机变量 $X(\omega,t)$ 为随机过程,也可以称为随机函数。

我们可以把一个随机过程看成两个自变量,即状态和时间的函数。ω 的定义域是整个样本空间,t 的定义域是整个时间轴 $[0,\infty)$ 或者其中的一个时间段 $[0,T]$,即:

$$X(\omega,t):\{\Omega\}\times[0,T]\rightarrow R$$

直观上理解,不妨假定我们每隔一分钟抛一枚硬币,那么 $\Omega=\{$字、花$\}$ 就是随机试验的样本空间,记时间为 t_1, $t_2\cdots$,则随机变量族 $X($字$,t_1)$、$X($字$,t_2)$、…就是一个随机过程。

有时候,我们会把一个随机过程简记为:

$$X(t),\ t\in[0,T]$$

或者:

$(X_t)_{t\in[0,\,T]}$

这时就可以对它做多种理解：

(1) 当 ω、t 都是变量时，$X(.,\,.)$是一个时间函数族，表示一个随机过程；

(2) 当 ω 给定 t 为变量时，$X(\omega,\,.)$是一个时间的函数，称它为样本路径(sample path)[1]；

(3) 当 t 固定在某一时刻，$X(.,\,t)$ 就是一个普通的随机变量；

(4) 当 ω、t 都固定时，$X(\omega,\,t)$ 是一个单独的数值。

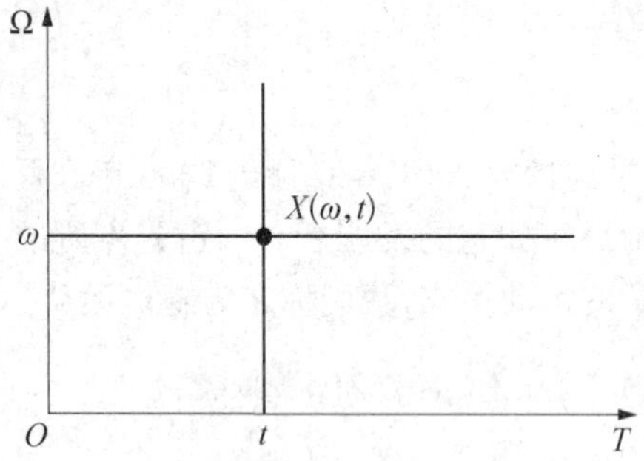

图 10-3　对于随机过程的不同理解

这些来自不同角度的理解如图 10-3 所示。

要指出的是，随机过程 $X(\omega,\,t)$ 在某一时刻所呈现的数值可以用二维或者更高维的随机向量来表示，如描述一个国家的经济环境随着时间变化的情况，就要用一系列的指标，如经济增长率、国民收入、通货膨胀率、股票指数、汇率等。这类随机变量：

$$X(\omega,\,t):\{\Omega\}\times[0,\,T]\to\mathbf{R}^n$$

的总体被称为多维随机过程或者向量(矢量)随机过程。

假定我们只是在某一些特定的时点上去观察一个随机变量的变化过程，也就是说，时间参数是不连续的，例如，你可能只是留意了一下每天下午股市结束时某种股票的收盘价，这就会形成一系列的价格记录，那么这种随机过程(价格记录)就被称为离散时间(discrete time)随机过程或者随机序列(stochastic serials)；我们也知道股票的报价通常到分为止，如 13 元 6 角 5 分、13 元 6 角 4 分，即随机变量(股票价格)的取值(状态)是不连续的，这被称为离散状态随机过程。推广一下，根据时间参数和状态是否连续，我们可以获得最简单的随机过程分类方法。

(1) Ω 离散、T 离散的随机过程[2]，这是实际问题中遇到最多的一类随机过程；它会被经常用到来提供一些直观上的理解。

(2) Ω 连续、T 离散的随机过程。

(3) Ω 离散、T 连续的随机过程。

(4) Ω 连续、T 连续的随机过程，这时各样本均为时间的连续函数[3]。以它为基础的金融学研究被称为连续时间金融(continuous-time finance)。这是在数学上内容最丰富的一类随机过程，尽管它也许是优雅和富于美感的，它需要更严格的数学推理。

10.1.2　统计特征

10.1.1 节提到，在随机过程的某个固定时刻上，它退化成一个我们已经非常熟悉的普通随机变量，因而在第 9 章中学习过的概率统计知识可以用来对随机过程在各个时点上的情

① 也可以称之为一次实现(realization)或者轨迹(trajectory)。它实际上是随机过程的一个历史记录，是现代模拟(simulation)技术的基础。

② 这时的时间参数集为 $T=\{t_k:\,k=0,\,1,\,2,\,\cdots\}$，有时就直接简化为 $T=\{k:\,k=0,\,1,\,2,\,\cdots\}$。

③ 对连续性的详细讨论见 11.1.2 节。

况进行初步的描绘。从这个角度看我们可以把随机过程理解为一系列随机变量的总和。

首先，定义一个随机过程 $(X_t)_{t\in[0,T]}$ 在任意时点上的分布函数：

$$\mathcal{D}(x;\ t)=P[X(t)\leqslant x] \tag{10-1}$$

函数 $\mathcal{D}(x;\ t)$ 等于事件 $[X(t)\leqslant x]$ 发生的概率，这个事件是由在这个特定的时刻 t，使得过程中的函数值 $(X_t)_{t\in[0,T]}$ 不超过 x 的所有 ω 组成的。称 $\mathcal{D}(x;\ t)$ 为随机过程 $(X_t)_{t\in[0,T]}$ 的一阶分布函数。注意，这个随机变量的分布函数一般是依赖于时间 t 的。把它对 x 微分，就得到了相应的一阶密度函数：

$$d(x;\ t)=\frac{\partial\mathcal{D}(x;\ t)}{\partial x} \tag{10-2}$$

无论是一阶分布函数还是一阶密度函数都只揭示了整个随机过程在某一固定时间点上极其有限的信息。进一步考虑过程 $(X_t)_{t\in[0,T]}$ 在 t_1 和 t_2 两个时刻的取值，我们想知道它们之间的联系，即联合分布关系是什么，就好像它们是两个不同的随机变量一样。定义它们的联合分布函数为：

$$\mathcal{D}(x_1,\ x_2;\ t_1,\ t_2)=P[X(t_1)\leqslant x_1;\ X(t_2)\leqslant x_2] \tag{10-3}$$

称它为随机过程 $(X_t)_{t\in[0,T]}$ 的二阶分布函数，而相应的密度函数则定义为：

$$d(x_1,\ x_2;\ t_1,\ t_2)=\frac{\partial^2\mathcal{D}(x_1,\ x_2;\ t_1,\ t_2)}{\partial x_1\partial x_2} \tag{10-4}$$

与考察随机变量时获得的概念类似，一维概率分布可以视为二维概率分布的边际分布，即：

$$\mathcal{D}(x_1,\infty;\ t_1,\ t_2)=\mathcal{D}(x_1;\ t_1) \tag{10-5}$$

以及

$$d(x_1;\ t_1)=\int_{-\infty}^{+\infty}d(x_1,\ \infty;\ t_1,\ t_2)\mathrm{d}x_2 \tag{10-6}$$

尽管二维分布包含了比一维分布更多的信息，但是我们仍然还嫌不够，不过以此类推可以建立 n 维概率分布和相应的密度函数，分别定义如下：

$$\mathcal{D}_n(x_1,\ x_2,\ \cdots,\ x_n;\ t_1,\ t_2,\ \cdots,\ t_n)=P[X(t_1)\leqslant x_1;\ X(t_2)\leqslant x_2;\ \cdots;\ X(t_n)\leqslant x_n] \tag{10-7}$$

$$d_n(x_1,\ x_2,\ \cdots,\ x_n;\ t_1,\ t_2,\ \cdots,\ t_n)=\frac{\partial^n\mathcal{D}_n(x_1,\ x_2,\ \cdots,\ x_n;\ t_1,\ t_2,\ \cdots,\ t_n)}{\partial x_1\partial x_2\cdots\partial x_n} \tag{10-8}$$

根据上述推理，我们可能会很直观地得出结论：一旦获得 n 维概率分布函数就可以完全决定相应的随机过程。很不幸，这仅仅对于有限维的随机序列成立，对于连续随机过程，由于 t 在时间域 $[0,\ T]$ 内有不可列的无限个可能值，因此仅仅依靠有限数目的概率分布函数是无法描绘连续随机过程的所有运动特征的。实际上，如果不对 $(X_t)_{t\in[0,T]}$ 做出限制，即便已知现在时刻的概率分布，无论时间间隔有多么小，也都无法决定下一时刻过程会运动到何处。

在第 9 章中,我们已经知道使用随机变量的某些数值特征可以简洁有效地描绘其统计特性:对于一维随机变量而言,最重要的数值特征是数学期望和方差;对于二维随机变量,则是协方差和相关系数。同样的原理可以推广到随机过程中去。不过,仍然要注意的是:随机过程的数值特征不再是确定的数,而是确定的时间的函数。

首先,来看数学期望。假设 $(X_t)_{t\in[0,T]}$ 是一随机过程,$\boldsymbol{d}(x;t)$ 是 $X(t)$ 的一维概率密度函数,定义它的数学期望或者均值为:

$$\mu(t)=E[X(t)]=\int_{-\infty}^{+\infty}x\boldsymbol{d}(x;t)\mathrm{d}x \tag{10-9}$$

它实际上是随机过程 $X(t)$ 在时刻 t 所有样本路径(函数)的函数值的平均,通常称它为统计平均①。要注意的是,对于不同的时刻 t,$\mu(t)$ 不一定相等,因此它是随着时间而变化的函数。它表示了随机过程 $(X_t)_{t\in[0,T]}$ 在不同时刻的波动中心,如图 10-4 所示。

类似地,定义随机过程 $(X_t)_{t\in[0,T]}$ 的方差为:

$$\sigma^2(t)=E\left[X(t)-\mu(t)\right]^2 \tag{10-10}$$

它表示各个样本函数在特定的时点上偏离均值函数 $\mu(t)$ 的程度,如图 10-4 所示。

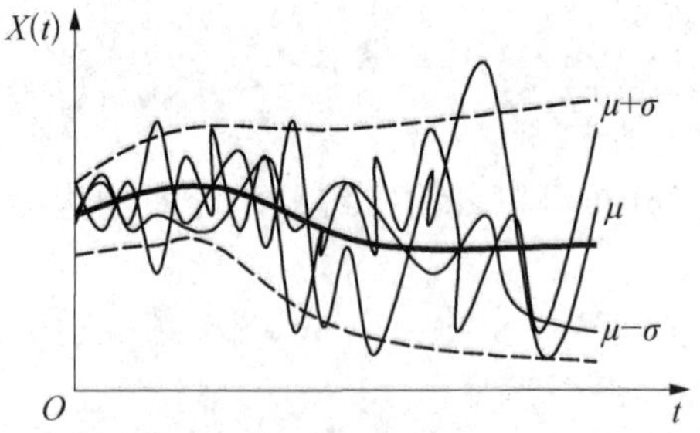

图 10-4　随机过程在各个时刻的均值和方差

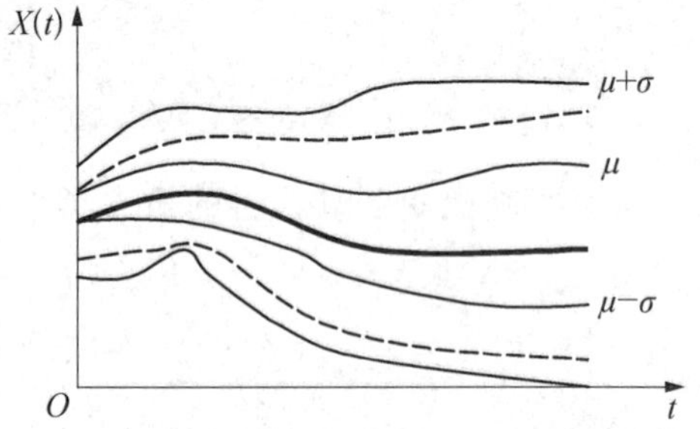

图 10-5　波动平稳的随机过程

从上面的描述可以知道,数学期望和方差仅仅涉及随机过程孤立的一维分布统计特征,它们最大的缺陷在于无法反映随机过程在不同时刻内在的相关性。例如,尽管图 10-5 中的随机过程同图 10-4 中的随机过程有着相同的均值和方差函数,但是它们的各个样本函数随时间变化的性质完全不同。图 10-5 中描述的过程变化平缓,这个过程在不同时刻的取值之间有较强的相关性;而图 10-4 中的过程波动剧烈,相关性较弱。

为了能够反映同一随机过程在不同时刻之间的相关性,我们引入自相关函数的概念。假设 $X(t_1)$ 和 $X(t_2)$ 是随机过程 $(X_t)_{t\in[0,T]}$ 在任意两个时刻 t_1 和 t_2 的取值,$\boldsymbol{d}(x_1,x_2;t_1,t_2)$ 是它的二维密度函数,称它的二阶混合原点矩:

$$\mathrm{rel}(t_1,t_2)=E[X(t_1)X(t_2)]=\int_{-\infty}^{+\infty}\int_{-\infty}^{+\infty}x_1x_2\boldsymbol{d}(x_1,x_2;t_1,t_2)\mathrm{d}x_1\mathrm{d}x_2 \tag{10-11}$$

为随机过程 $(X_t)_{t\in[0,T]}$ 的自相关函数,简称相关函数。进一步可以定义二阶混合中心矩为随机过程的协方差函数:

① 或者集平均以区别时间平均。这一点在后面讨论随机积分时就彻底明确了。

$$\begin{aligned}\operatorname{cov}(t_1, t_2) &= E[X(t_1)-\mu_1(t)][X(t_2)-\mu_2(t)] \\ &= \int_{-\infty}^{+\infty}\int_{-\infty}^{+\infty}[x_1-\mu_1(t)][x_2-\mu_2(t)]d(x_1, x_2; t_1, t_2)\mathrm{d}x_1\mathrm{d}x_2\end{aligned} \tag{10-12}$$

不难知道：

$$\operatorname{cov}(t_1, t_2)=r(t_1, t_2)-\mu(t_1)\mu(t_2) \tag{10-13}$$

当 $t_1=t_2=t$ 时，协方差函数就是 X_t 的方差函数：

$$\sigma^2(t)=\operatorname{cov}(t, t)=\operatorname{rel}(t, t)-\mu^2(t) \tag{10-14}$$

例 10.1.1　存在正弦波过程：

$$X(t)=a\cos(bt+\theta)$$

其中，a，b 是常数，相位 θ 服从$[0, 2\pi]$上的均匀分布。容易知道 θ 的密度函数为：

$$d(\theta)=\begin{cases}1/2\pi, & 0<\theta\leqslant 2\pi \\ 0, & \text{其他}\end{cases}$$

因此，该随机过程的统计均值为：

$$\mu(t)=E[a\cos(bt+\theta)]=\int_0^{2\pi}a\cos(bt+\theta)\ \frac{1}{2\pi}\mathrm{d}\theta=0$$

自相关函数为：

$$\begin{aligned}\operatorname{rel}(t_1, t_2) &= a^2E[\cos(bt_1+\theta)\cos(bt_2+\theta)] \\ &= a^2\int_0^{2\pi}\cos(bt_1+\theta)\cos(bt_2+\theta)\ \frac{1}{2\pi}\mathrm{d}\theta=\frac{a^2}{2}\cos[b(t_1-t_2)]\end{aligned}$$

协方差函数为：

$$\operatorname{cov}(t_1, t_2)=\operatorname{rel}(t_1, t_2)-\mu(t_1)\mu(t_2)=\frac{a^2}{2}\cos[b(t_1-t_2)]$$

方差为：

$$\sigma^2(t)=\operatorname{rel}(t, t)-\mu^2(t, t)=\frac{a^2}{2}$$

10.1.3　多维情形

以上我们考察的都是单个随机过程的数值特征，有时候必须同时考虑两个或者更多的随机过程。在随机分析中，除了要研究每个随机过程各自的统计特征以外，还有必要研究不同随机过程之间的联合统计特征。具体包括两种情况。

(1) 两个随机过程的联合分布函数。假定有两个过程随机过程 $(X_t)_{t\in[0, T]}$ 和 $(Y_t)_{t\in[0, T]}$，时刻 t_1，t_2，…，t_n 和 t'_1，t'_2，…，t'_m 是任意两组实数，称 $n+m$ 维随机矢量 $[X(t_1), X(t_2), \cdots, X(t_n); Y(t'_1), Y(t'_2), \cdots, Y(t'_m)]$ 的分布函数：

$$\mathcal{D}_{n,m}(x_1, x_2, \cdots, x_n; t_1, t_2, \cdots, t_n : y_1, y_2, \cdots, y_m; t'_1, t'_2, \cdots, t'_m)$$
$$= P[X(t_1) \leqslant x_1, X(t_2) \leqslant x_2, \cdots, X(t_n) \leqslant x_n; Y(t'_1) \leqslant x_1, Y(t'_2) \leqslant y_2, \cdots, Y(t'_m)] \leqslant y_m \tag{10-15}$$

为随机过程 $X(t)$ 和 $Y(t)$ 的 $n+m$ 维联合分布函数;相应的联合密度函数则为:

$$\boldsymbol{d}_{n,m}(x_1, x_2, \cdots, x_n; t_1, t_2, \cdots, t_n : y_1, y_2, \cdots, y_m; t'_1, t'_2, \cdots, t'_m)$$
$$= \frac{\partial^{n+m} \mathcal{D}_{n,m}(x_1, x_2, \cdots, x_n; t_1, t_2, \cdots, t_n : y_1, y_2, \cdots, y_m; t'_1, t'_2, \cdots, t'_m)}{\partial x_1 \partial x_2 \cdots \partial x_n \partial y_1 \partial y_2 \cdots \partial y_m} \tag{10-16}$$

如果这两个过程相互独立,则有:

$$\boldsymbol{d}_{n,m}(x_1, x_2, \cdots, x_n; t_1, t_2, \cdots, t_n : y_1, y_2, \cdots, y_m; t'_1, t'_2, \cdots, t'_m)$$
$$= \boldsymbol{d}_n(x_1, x_2, \cdots, x_n; t_1, t_2, \cdots, t_n) \boldsymbol{d}_m(y_1, y_2, \cdots, y_m; t'_1, t'_2, \cdots, t'_m) \tag{10-17}$$

(2) 互相关函数。在研究两个随机过程不同时刻的相关性问题时,最常用的统计量是由它们的二维联合概率密度所确定的二阶原点混合矩,即互相关函数。下面给出任意两个随机过程 $(X_t)_{t\in[0,T]}$ 和 $(Y_t)_{t\in[0,T]}$ 之间的互相关函数的定义:

$$\text{rela}_{XY}(t_1, t_2) = E[X(t_1)Y(t_2)] = \int_{-\infty}^{\infty}\int_{-\infty}^{\infty} xy \boldsymbol{d}_{X,Y}(x, t_1; y, t_2) \mathrm{d}x \mathrm{d}y \tag{10-18}$$

其中,$\boldsymbol{d}_{X,Y}(x, t_1; y, t_2)$ 是 $X(t)$ 和 $Y(t)$ 的二维联合概率密度函数。类似地,定义它们的二阶混合中心矩:

$$\text{cova}_{XY}(t_1, t_2) = E\{[X(t_1) - \mu_X(t_1)][Y(t_2) - \mu_Y(t_2)]\} \tag{10-19}$$

为两个随机过程 $X(t)$ 和 $Y(t)$ 的互协方差函数。其中 $\mu_X(t_1)$ 和 $\mu_Y(t_2)$ 分别为过程 $X(t)$ 和 $Y(t)$ 在不同时刻的均值。利用上述概念我们可以来探讨一下随机过程之间的关系。

给定任意两个随机过程 X_t 和 Y_t,它们可以有这样三种关系。

(1) 如果对于任意的 $t_1, t_2, \cdots, t_n$ 和 $t'_1, t'_2, \cdots, t'_m$ 有:

$$\boldsymbol{d}_{X,Y}(x_1, x_2, \cdots, x_n; t_1, t_2, \cdots, t_n : y_1, y_2, \cdots, y_m; t'_1, t'_2, \cdots, t'_m)$$
$$= \boldsymbol{d}_X(x_1, x_2, \cdots, x_n; t_1, t_2, \cdots, t_n) \boldsymbol{d}_Y(y_1, y_2, \cdots, y_m; t'_1, t'_2, \cdots, t'_m) \tag{10-20}$$

则称这两个随机过程是相互独立的。显然,这时的二维联合概率密度为:

$$\boldsymbol{d}_{X,Y}(x, t_1; y, t_2) = \boldsymbol{d}_X(x, t_1) \boldsymbol{d}_Y(y, t_2)$$

而互相关函数为:

$$\text{rela}_{XY}(t_1, t_2) = E[X(t_1)Y(t_2)]$$
$$= \int_{-\infty}^{\infty} x \boldsymbol{d}_X(x, t_1) \mathrm{d}x \int_{-\infty}^{\infty} y \boldsymbol{d}_Y(y, t_2) \mathrm{d}y = \mu_X(t_1)\mu_Y(t_2)$$

互协方差函数为：

$$\begin{aligned}\mathrm{cova}_{XY}(t_1, t_2) &= E\{[X(t_1)-\mu_X(t_1)][Y(t_2)-\mu_Y(t_2)]\} \\ &= E[X(t_1)-\mu_X(t_1)]E[Y(t_2)-\mu_Y(t_2)]=0\end{aligned}$$

(2) 如果对于任意的 t_1, t_2 都有互协方差函数为 0,或者互相关函数为常数,即：

$$\mathrm{cova}_{XY}(t_1, t_2)=0$$

或者：

$$\mathrm{rela}_{XY}(t_1, t_2)=a\ (\text{常数})$$

则称 $X(t)$和 $Y(t)$互不相关。容易知道如果两个过程相互独立则必不相关,但反之则不真。

(3) 如果对任意的 t_1, t_2 都有互相关函数为 0,即：

$$\mathrm{rela}_{XY}(t_1, t_2)=0$$

则称 $X(t)$和 $Y(t)$正交,不过正交也不一定不相关。

10.1.4　过程分类

在第一小节中,我们曾经根据随机过程的参数和状态的取值情况进行过简单地分类,但是这种分类仅仅是表面的,现在既然学习过了随机过程概率分布方面的知识,就可以按照随机过程分布函数方面的一些性质对它做更确切地再分类。

(1) 按照统计特征的变异性分类。按照过程的统计特性是否变化可以把随机过程分为平稳(stable)和非平稳过程(unstable process)两大类。

平稳过程的统计特征不随时间变化而变化。严格的有：如果对于时间 t 的任意 n 个时刻 t_1, t_2, …, t_n 和任意时间增量 Δt, 随机过程 $(X_t)_{t\in[0,T]}$ 的 n 维分布函数满足下列关系式：

$$\begin{aligned}&\mathcal{D}_n(x_1, x_2, \cdots, x_n; t_1, t_2, \cdots, t_n) \\ =&\mathcal{D}_n(x_1, x_2, \cdots, x_n; t_1+\Delta t, t_2+\Delta t, \cdots, t_n+\Delta t)\quad n=1, 2\cdots\end{aligned}$$

即随机过程在任何时刻的分布函数都是相同的,则称过程 $X(t)$为平稳随机过程或者简称平稳过程。如果不满足这个条件,即随机过程的统计特征随时间变化而变化,就是非平稳过程。

(2) 按照记忆特征分类。所谓记忆特征,就是要考察随机过程的现在状态同以前的历史记录之间有没有什么联系。从这个角度又可以把随机过程分为三个子类。

① 纯粹随机过程。这是最简单的,对于过去没有任何记忆能力的一类随机过程,它在各个时刻的取值是相互独立的,用它的 n 阶分布函数来描述就是：

$$\mathcal{D}_n(x_1, t_1; x_2, t_2; \cdots; x_n, t_n)=\prod_{i=1}^{n}\mathcal{D}_1(x_i; t_i)$$

② 马尔可夫过程(Markov process)。马氏过程的记忆力比纯粹随机过程要稍微好一点,它的统计信息完全包含在它的二阶概率分布函数中。也就是说,它仅仅能够记住刚才发生的事情。严格地说,存在随机过程 $(X_t)_{t\in[0,T]}$, 如果对于每一个 n 和对于 T 中的 $t_1<$

$t_2 < \cdots < t_n$，有：

$$\mathcal{D}(x_{n+1}, t_{n+1} \mid x_n, t_n; x_{n-1}, t_{n-1}; \cdots; x_1, t_1) = \mathcal{D}(x_{n+1}, t_{n+1} \mid x_n, t_n)$$

则称 $(X_t)_{t\in[0, T]}$ 为马尔可夫过程。它描述的是这样一种运动形式,随机变量没有什么记忆力,只有现在与未来预测有关,变量的历史和它从过去到现在的演变方式则与未来预测不相关。这种无后效性,又被称为马氏性(Markov property)。

③ 独立增量过程(independent increment process)。顾名思义,独立增量过程是指随机过程的变化量是相互独立的,它也是马尔可夫过程的一种类型。存在过程 $X(t)$,它的增量用：

$$\Delta X_n(t) = X(t_n) - X(t_{n-1})$$

表示,如果对于所有的 $t_1 < t_2 < \cdots < t_n$,增量 $\Delta X_1(t)$, $\Delta X_2(t)$, $\cdots$, $\Delta X_n(t)$ 都相互独立,则称 $X(t)$为独立增量过程。

(3) 按照概率分布特征分类。这种分类方法,直接说明随机过程的增加量是按照什么形式分布的,如高斯(Guassian)过程,即过程 $X(t)$的增量呈正态分布。又如,泊松(Poisson)过程说明过程的增量呈泊松分布。这两类随机过程在后文中我们还要做细致的考察。

实际应用中,对随机过程还有很多种特殊的分类方法。例如：

(1) 如果随机过程 $(X_t)_{t\in[0, T]}$ 具有有限的(一阶)变差(variation),即：

$$\sum_{t=0}^{T} \mid \Delta X_t \mid < \infty$$

则称它为有界变差过程。

(2) 如果对于任意随机过程 $(X_t)_{t\in[0, T]}$,有：

$$E(X_t^2) < \infty, \ \forall t \in T$$

成立,即它具有有限的二阶矩,则称它为二阶矩过程或者平方可积(square integrable)过程等。

10.2 一些重要的随机过程

尽管随机过程理论本身需要对于一般过程进行考察,出于微观金融研究的特殊目的,我们对适合描述金融资产价格波动的某些特殊过程更有兴趣。这一节就介绍四个这样的过程。

10.2.1 二项过程

自从 1979 年考克斯(Cox)、罗斯(Ross)、鲁宾斯坦(Rubinstein)第一次在他们的论文《期权定价：一种简化的方法》(*Option Pricing: A Simplified Approach*)中使用二项过程(binary process)来构造股票价格运动模型并用它为股票期权定价以来,二项过程就被广泛地应用于衍生金融资产定价领域,成为构造离散时间价格运动的基本模型。它提供了对于复杂随机行为足够强烈的直觉理解;同时它也是实践中常用的数值方法(numerical method),如格栅法(lattice method)[①]的基础。

那么，什么是所谓的二项过程呢？假想投掷一枚分布均匀的硬币，出现字或者花的可能性各占一半。投三次的结果是怎样的呢？根据我们在第 9 章概率论中学到的知识，这是一个伯努利实验，可以把它的结果描绘成为如图 10-6 中所示的那种树状结构。

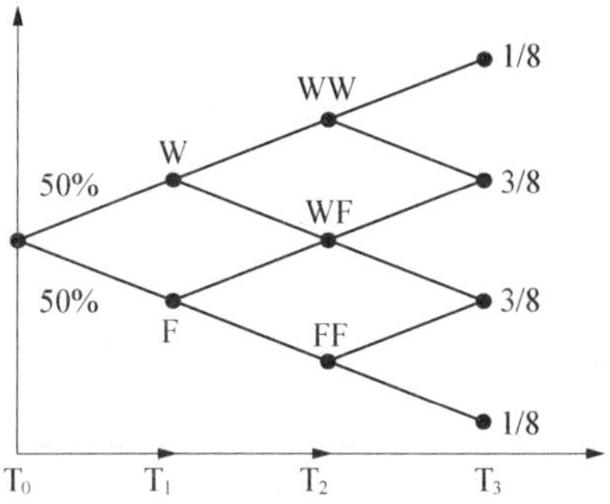

图 10-6　二项过程与二项树

容易知道，投币的结果服从二项分布，即在 n 次实验中，出现某一面向上的次数为 x 的概率为：

$$P(X=x)=\frac{n!}{(n-x)!\ x!}p^{x}(1-p)^{n-x},\ x=0,\ 1,\ \cdots,\ n;\ 0<p<1$$

例如，如果硬币是均匀的，图 10-6 中抛三次出现三次一面向上的概率就是[②]：

$$P(3)=\frac{3\times2\times1}{(0)!\ 3\times2\times1}0.5^{3}(1-0.5)^{0}=\frac{1}{8}$$

现在把它作为一个过程来进一步分析。假定股票价格在 t 时刻为 S_t，在下一时刻为 $S_{t+\Delta t}$。$S_{t+\Delta t}$ 有两种情况会出现，它可以以 p 的概率上升 $a\sqrt{\Delta t}$，$a>0$；或者以 $(1-p)$ 的概率下降 $a\sqrt{\Delta t}$，并且总是这样。

因此，在 $t+\Delta t$ 时刻，股票价格的数学期望就是：

$$E(S_{t+\Delta t})=p(S_t+a\sqrt{\Delta t})+(1-p)(S_t-a\sqrt{\Delta t})$$

方差为：

$$\begin{aligned}\operatorname{var}(S_{t+\Delta t})&=E(S_{t+\Delta t}-S_t)^2-[E(S_{t+\Delta t}-S_t)]^2\\&=p(a\sqrt{\Delta t})^2+(1-p)(-a\sqrt{\Delta t})^2-[E(S_{t+\Delta t}-S_t)]^2\end{aligned}$$

如果 $p=1/2$，则价格增量的数学期望为 0、方差为 $a^2\Delta t$ 、标准差为 $a\sqrt{\Delta t}$ 。

在实际应用中，通常假定股票的收益率而不是价格在微小时间间隔内遵循二项过程，即：

$$E\left(\frac{\Delta S}{S_t}\right)=p(a\sqrt{\Delta t})+(1-p)(-a\sqrt{\Delta t})\tag{10-21}$$

那么，相应的价格运动就可以写成下面的形式：

$$E(S_{t+\Delta t})=p[S_t(1+a)\sqrt{\Delta t}]+(1-p)[S_t(1-a)\sqrt{\Delta t}]\tag{10-22}$$

这是一个递推公式，用 u 代替 $(1+a)\sqrt{\Delta t}$，用 d 代替 $(1-a)\sqrt{\Delta t}$，我们就可以得到 n 个时期后资产期望价格的一般表达形式：

① 格栅法方面可以参考 Hull(1996)，Willmott(2000)和 Rebonato(1996)。
② 注意 (0)! ＝1。

$$E(S_{t+n\Delta t})=\sum_{i=0}^{n}\frac{n!}{(n-i)!\,i!}p^{i}(1-p)^{n-i}(u^{i}d^{n-i}S_{t})\tag{10-23}$$

金融相关点 10-2 实际中的二项树模型[1]

如上所述，二项树精确地刻画出了在未来一段时间内所有可能到达的股票价格和获得这种价格概率的大小。我们要完整地构造这样一个在理论和实际应用上都十分重要的模型。在下面的图 10-7 中，我们看到的是一个四期的二项树，它画在一个 $x-y$ 坐标系中，横轴表示时间，纵轴表示股票价格，t_0 是现在时刻，或者说是运动的起点。二项树中直线两两相交的地方称为结点(node)，如在 t_2 时刻有三个结点。

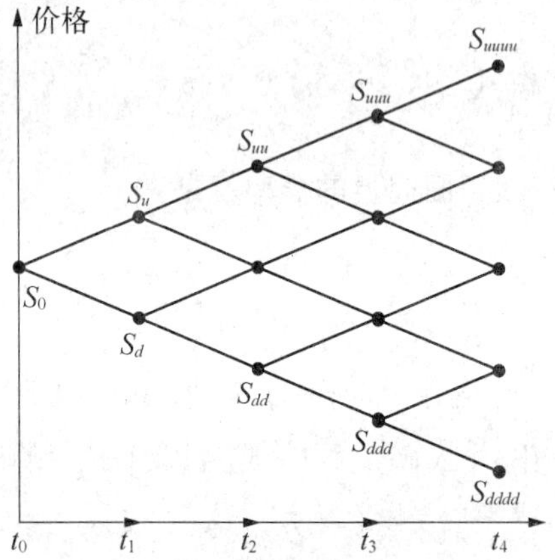

图 10-7 二项过程模拟股票价格运动

假定价格在 t_0 时刻为 S_0，在下一时刻为 S_1。有两种情况会出现，它可以以概率 p 上升到 S_u；或者以概率$(1-p)$下降 S_d。这个模型有五个重要的参数。

(1) 上升、下降的比例。如果股票价格从 S_0 上升到 S_u，则上升比例 u 定义为：

$$u=S_u/S_0$$

如果下降，则下降比例 d 定义为：

$$d=S_d/S_0$$

注意到图 10-7 中的二项树在每一个结点上都是重合的(recombining)。也就是说，无论从什么位置起，股票价格在经历一次上升紧接着一次下降后，可以回到同样的位置。为了保证这一点，必须这样选择 u 和 d 的值：

$$1=ud$$

这又被称为中心化条件(centering condition)。

(2) 向上或者向下转移概率。在 T_1 时刻获得 S_u 的可能性有多大，也是我们非常关心的。如果在二项树的任意某一结点上，上升的转移概率都是一样的，注意这并不是指上升和下降的概率相同都是 50%，而是说在整棵树上一直按照同一概率上升或者下降，则称这种二项树为标准树(standard tree)。

(3) 时间间隔。时期程度从起点到终点为 T，把它分为 N 个时间间隔相等的区间，

① 对二项模型实际运用方法的更为详尽的讨论可以参考 Chriss(1996)。

则每个区间的长度就是：

$$\Delta t = T/N$$

(4) 期望收益。这是指隐含在价格运动背后的收益过程。如何计算期望收益呢？我们知道在 T_1 时刻股票期望价格 S_1 是：

$$E(S_1) = pS_u + (1-p)S_d$$

按照连续复利计算①，我们要求在单位时间间隔 Δt 内的收益为：

$$\frac{E(S_1)}{S_0} = e^{\mu\Delta t}$$

上式中的 μ 就是这种股票的(年)收益率，因此有：

$$pS_u + (1-p)S_d = S_0 e^{\mu\Delta t}$$

把 $S_u = uS_0$ 和 $S_d = dS_0$ 代入上式，得：

$$p = \frac{e^{\mu\Delta t} - d}{u - d}$$

这意味着为了获得某一特定的收益率可以适当地调整 p。

(5) 局部波动率(local volatility)。局部波动率是指两个相邻时刻股票收益的标准差。我们知道一段时间内投资的年度化总收益率(annual revenue rate)是这样定义的：

$$R = \frac{1}{\Delta t}\log\frac{S_1}{S_0}$$

因此，期望收益就是：

$$E(R) = \frac{p}{\Delta t}\log\frac{S_u}{S_0} + \frac{(1-p)}{\Delta t}\log\frac{S_d}{S_0}$$

计算一下，标准差就是：

$$\sigma_{loc} = \frac{1}{\sqrt{\Delta t}}\sqrt{p(1-p)}\log\frac{S_u}{S_d} = \frac{1}{\sqrt{\Delta t}}\sqrt{p(1-p)}\log(u^2)$$

对于标准树而言，局部波动率在各点上都是相同的。适当选择以上参数就可以模拟股票价格运动过程。按照 CRR 方法，我们这样选择参数和它们的数值：

$$u = e^{\sigma\sqrt{\Delta t}};\ d = 1/u;\ p = \frac{e^{\mu\Delta t} - d}{u - d}$$

$$\Delta t = 0.083\,3(\text{一个月});\ \sqrt{\Delta t} = 0.288\,7;\ \sigma = 15\%\ \text{每年};$$

① 请参考第 1 章中框文 1-5 的有关内容。

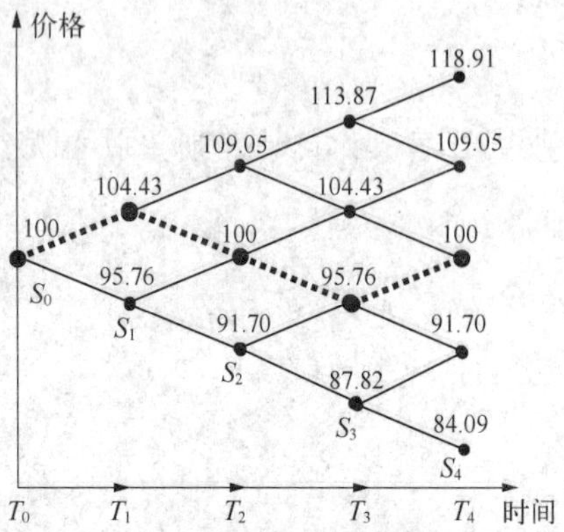

图 10-8 二项过程数值例子

$\mu=10\%/$ 每年；$u=e^{\sigma\sqrt{\Delta t}}=1.044\,3$；

$d=1/u=0.957\,6$

$$p=\frac{e^{\mu\Delta t}-d}{u-d}=0.585\,3;$$

$$\sigma_{loc}=\frac{1}{\sqrt{\Delta t}}\sqrt{p(1-p)}\log(u^2)=14.7\%$$

图 10-8 就是根据上述参数模拟的一种股票价格运动方式①。

10.2.2 布朗运动和伊藤过程

布朗运动是历史上最早被认真研究过的随机过程。1827 年，英国生物学家布朗(Robert Brown)首先观察和研究了悬浮在液体中的细小花粉微粒受到水分子连续撞击形成的运动路径情况，布朗运动也因此而得名②；1900 年，法国人路易·巴舍利耶(Louis Bachelier)又一次考察了它，并试图用它来描述股票价格的运动过程③；五年以后，也就是 1905 年，爱因斯坦(Einstein)给予了它合理的物理解释并求出了微粒的转移密度；1918 年维纳(Norbert Wiener)在数学上严格地定义了布朗运动(因此它有时也称为维纳过程)；列维(Levy)等人则进一步研究了布朗运动的轨道性质④。后面的分析将显示这些性质十分奇特而且含义深刻⑤，现在布朗运动已经成为了描述随机现象的基石。

物理上理解，布朗运动的起因是液体的所有分子都处在运动中而且相互碰撞，从而微粒周围有大量的分子以微小但起伏不定的力共同作用于它，使它被迫做不规则运动。如果用 X_t 表示微粒在时刻 t 所处位置的一个坐标，由于液体是均匀的，自然设想从时刻 t_1 到 t_2 的位移 $X_{t_2}-X_{t_1}$ 是许多几乎完全独立的小位移之和，因而根据中心极限定理，可以合理地假定 $X_{t_2}-X_{t_1}$ 服从正态分布，而且对于不同时间段的位移应该是相互独立的。

定义 10.2.1 一个随机过程 $(\mathcal{W}_t)_{t\in[0,\infty)}$，它在一个微小时间间隔 Δt 之间内的变化为 $\Delta\mathcal{W}$。如果：

(1) $\mathcal{W}_0=0$

(2) $\Delta\mathcal{W}=\varepsilon\sqrt{\Delta t}$，$\varepsilon$ 是一个服从标准正态分布的随机变量，即它是从均值为 0，方差为 1 的标准正态分布中任意抽取的随机值⑥。

---

① 读者可以自行尝试用 Excel 来模拟二项过程以及它向极限布朗运动过渡的过程，可以参考 Benninga(2000)。

② 论文发表于 1828 年，名为《关于 1827 年 6 月、7 月和 8 月植物花粉微粒的微观观察的简短报告》。

③ 这项意义十分重大的工作到 20 世纪 60 年代才重新被人们所发掘和高度评价(Cootner，1964、Savage，1965、Samuleson，1969)。

④ 列维(Levy)长期对 Bachelier 的工作不予肯定，使得后者的贡献被公认的时间大大推后，不过列维最后承认他对 Bachelier 的研究的理解错误，并向他表示了歉意，见 Taqqu(2001)。

⑤ 此外，对布朗运动的研究也标志着对随机微分方程的研究的开始，我们将在第 5 节中考察随机微分方程。

⑥ 这被称为时齐性(time homogeneity stationarity)。

(3) 对于任何两个不同时间间隔，ΔW 的值相互独立，这就是独立增量。
就称随机变量 $(W_t)_{t\in[0,\infty)}$ 的运动遵循(标准)维纳过程或者布朗运动。

条件(1)是用来确定初始状态的；从条件(2)我们知道，ΔW 也是正态分布的，它的均值为 0、方差为 Δt、标准差为 $\sqrt{\Delta t}$，即：

$$\Delta W \sim N(0,\ \Delta t)$$

考虑一个较长的时间间隔 $[0,\ T]$，用 N 等分这个时间间隔，有 $T = N\Delta t$。$(W_t)_{t\in[0,\infty)}$ 从 W_0 变化到 W_T，有：

$$W(T) - W(0) = \sum_{i=1}^{N} \varepsilon_i \sqrt{\Delta t}$$

由条件(3)可以知道 ε_i 是相互独立的。因而，$W(T) - W(0)$ 也是正态分布的，其均值为 0，方差为 T，标准差为 $\sqrt{T}$。这就是具有 0 均值(漂移率)(drift)和单位方差率的标准维纳过程。零漂移率意味着在未来时刻 W 的期望值就是它的当前值；单位方差率则意味着在一段时间 T 后 W 变化的方差为 $1\times T$。容易知道维纳过程是马尔可夫过程的一种特款。

从条件(2)、(3)可以证明①三点。

(1) 维纳过程是处处连续的，但它也是处处不可微的，直观上理解这意味着它的运动轨迹相当曲折，如图 10-9 所示②。

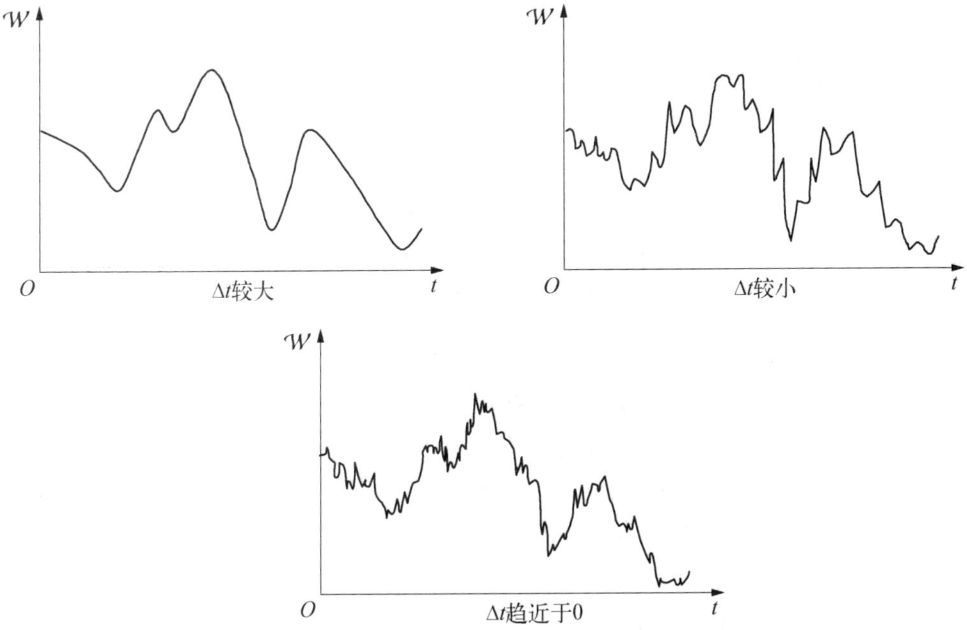

图 10-9　随着 Δt 变小，随机变量运动轨迹越来越参差

(2) 维纳过程的一阶变差和 $\sum_{t=1}^{n} |W_t - W_{t-1}|$ 在任意区间内都是非有界的，维纳过程更不可能是单调的。

---

① 这并非很容易，详细证明参见 Karatzas & Shreve(1991)。

② 现实中有不少事物具有这种特征，如雪花的形状、海岸线的状态等，这在数学上被称为分形(Fractal)。

(3) 维纳过程的二阶变差和 $\sum_{t=1}^{n} |\mathcal{W}_t - \mathcal{W}_{t-1}|^2$ 是收敛的,当 $\max(\Delta t) \to 0$ 时它以概率 1 收敛到 t。

形式上看,当 Δt 趋近于 0 时,如同普通微积分中情形,维纳过程获得了它的连续时间极限形式:

$$\mathrm{d}\mathcal{W} = \varepsilon \sqrt{\mathrm{d}t}$$

但是,我们刚刚还说过 $\mathcal{W}$ 是处处是不可微的,因此这里的 $\mathrm{d}\mathcal{W}$ 只能视为一种简单记法,它的确切含义将在下一节中给出。

尽管标准维纳过程是构建微观金融模型的最基本模块,但它本身还不能澄清我们遇到的各种金融(价格运动)现象。例如,价格起点往往不是 0,它们的增量具有非 0 的数学期望,而且不一定具有单位方差率等。接下来我们要进一步考察更为一般的维纳过程(generalized Wiener process)。

如果一个随机过程 $(S_t)_{t\in[0,\infty)}$ 遵循一般维纳过程,则它可以表示为:

$$\mathrm{d}S = a\,\mathrm{d}t + b\,\mathrm{d}\mathcal{W} \tag{10-24}$$

其中,a、b 是常数。注意这里微分记号 $\mathrm{d}S$ 表示微小时间间隔内,$\mathcal{W}$ 的变化给 S 带来的影响。显然,$\mathrm{d}S$ 这种微分记法的确切意义也有待于进一步明确。

我们可以把一般维纳过程拆分为两个部分来理解。第一部分是 $a\,\mathrm{d}t$,可以假想消除了随机因素 $b\,\mathrm{d}\mathcal{W}$ 后的 $(S_t)_{t\in[0,\infty)}$ 就只剩下一个线性部分,即:

$$\mathrm{d}S = a\,\mathrm{d}t$$

或者:

$$\frac{\mathrm{d}S}{\mathrm{d}t} = a$$

易知这个平凡的微分方程(differential equation)的通解是:

$$S = S_0 + at$$

其中,S_0 为零时刻 S 的初值。这是一个有着固定成长率(斜率)a 的线性方程,如图 10-10(a)所示。第二部分则是加到既定线性轨道上的波动 $b\,\mathrm{d}\mathcal{W}$,如图 10-10(b)所示。这种波动又分为两个部分:① $\mathrm{d}\mathcal{W}$,即所谓白噪声(white noise),它就是一个标准的维纳过程,是一般维纳过程驱动因素;② 它被放大 b 倍,这里的 b 在构造金融资产价格运动模型时将有特定的经济意义(见下面的框文 10-3)。这两部分(或者更准确一些,三部分)的叠加就获得了如图 10-10(c)所示的一般维纳过程。

如果我们对式(10-24)做离散处理,可得:

$$\Delta S = a\Delta t + b\varepsilon\sqrt{\Delta t} \tag{10-25}$$

显然,ΔS 也服从均值为 $a\Delta t$,方差为 $b^2\Delta t$,标准差为 $b\sqrt{\Delta t}$ 的正态分布,即:

$$\Delta S \sim \mathcal{N}(a\Delta t,\ b^2\Delta t)$$

因此,式(10-24)综合出漂移率(单位时间漂移)期望值为 a,方差率(单位时间方差)为

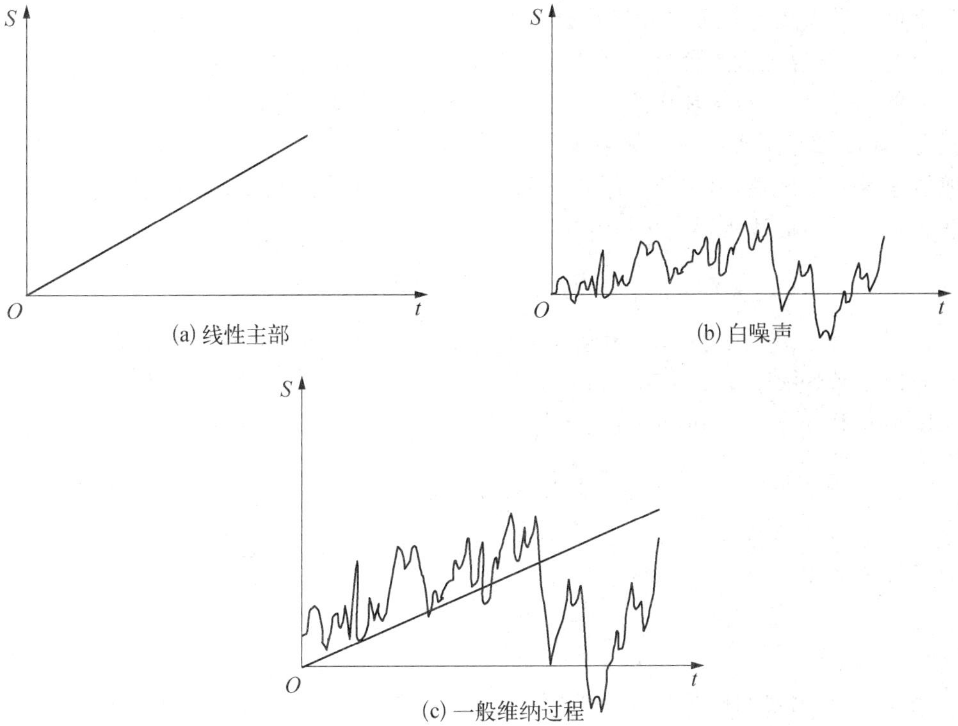

图 10-10　一般维纳过程的分解与合成

b^2 的一般维纳过程。

更进一步，如果参数 a、b 是变量 S 和时间 t 的函数，即：

$$\mathrm{d}S = a(S,\ t)\mathrm{d}t + b(S,\ t)\mathrm{d}\mathcal{W} \tag{10-26}$$

则称它为伊藤过程(Ito process)或者扩散过程(diffusion process)，伊藤过程的漂移率和方差率都随着时间变化而变化。

推广出多维的伊藤过程并不复杂，X_i，$i=1,\ \cdots,\ n$ 遵循下列伊藤过程：

$$\mathrm{d}X_i(t) = \mu_i(X_t,\ t)\mathrm{d}t + \sigma_{ir}(X_t,\ t)\mathrm{d}\mathcal{W}_r,\ i=1,\ 2,\ \cdots,\ n;\ r=1,\ 2,\ \cdots,\ m$$

其瞬间漂移率为 μ_i，瞬间波动率为 σ_{ir}，σ_{ir} 是一个 $n \times m$ 矩阵。要注意的是协方差，即不同随机驱动因素之间的相互联系，上式或者记为：

$$\begin{bmatrix} \mathrm{d}X_1 \\ \cdots \\ \mathrm{d}X_n \end{bmatrix} = \begin{bmatrix} \mu_1 \\ \cdots \\ \mu_n \end{bmatrix} \mathrm{d}t + \begin{bmatrix} \sigma_{11} & \cdots & \sigma_{1m} \\ \cdots & & \cdots \\ \sigma_{n1} & \cdots & \sigma_{nm} \end{bmatrix} \begin{bmatrix} \mathrm{d}\mathcal{W}_1 \\ \cdots \\ \mathrm{d}\mathcal{W}_m \end{bmatrix}$$

金融相关点 10-3　用维纳过程模拟股票价格运动

维纳过程或者布朗运动是最常用来刻画基础金融变量(underlying)，特别是股票价格运动的一种随机过程形式。获得这个结论并非偶然,而是有相当历史的。早在1900年巴舍利耶,就曾经假定股票运动遵循布朗运动过程,这就产生了一个问题,即股票价格也有可能成为负数,这与现代股份公司的有限负债前提相矛盾。如果直接假设股票价格遵循如式(10-24)形式的一般维纳过程,则忽略了一个事实:投资者往往要求股票的期望收益率是一个常数,而不管股票价格的绝对水平是多少。因此,研究者一般认为应用于描述股价运动的适当形式应当是:

$$dS = \mu S dt + \sigma S d\mathcal{W} \tag{10-27}$$

其中,μ 和 σ 均为常数,μS 为预期漂移率(shift rate),σS 是瞬间标准差。这被称为几何布朗运动(geometric Brownian motion)以区别于式(10-24)形式的代数布朗运动(arithmetic Brownian motion)①。上式亦可写为:

$$\frac{dS}{S} = \mu dt + \sigma d\mathcal{W} \tag{10-28}$$

这样就有:

$$\frac{dS}{S} \sim \mathcal{N}(\mu dt, \sigma^2 t)$$

因此,在建立要求随机变量的相对变化(而不是绝对变化)是独立同分布的模型时,这种一般维纳过程很有用。

式(10-27)的更一般形式就是:

$$dS/S = \mu(S, t)dt + \sigma(S, t)d\mathcal{W}$$

它试图把随机变量 S(假定是股票价格)的变化分解成为两个独立的部分,我们顺次来考察等式右边的每一项。在第一项中,$\mu[S(t), t]$ 被称为漂移(drift),在金融意义上可以理解为股票价格瞬间变化的期望收益率。第二项则又由两个部分构成,对每一个都必须进行认真的考察,$\sigma[S(t), t]$ 是瞬间标准方差,$\sigma^2[S(t), t]$ 则是瞬间方差或者称为扩散系数(diffusion coefficient),在金融上它们用来测度变量的易变性,因而 $\sigma[S(t), t]$ 又被称为波动率(volatility)。$d\mathcal{W}$ 就是所谓的白噪声(white noise),用它来模拟不可预料的世界状态的变化给金融产品价格带来的冲击。正式地,它代表上文中定义过的维纳过程的微小变化量,这是一个随机变量,因而 $\sigma^2[S(t), t]$ 与 $d\mathcal{W}$ 的乘积就表示了股票收益变化中由不确定性因素造成的部分:随机冲击通过波动率的放大或者缩小后传导给股票价格。

这是一个比较成功的股票价格模型,它捕捉到了金融资产价格运动的一些重要特征(Merton,1982):

(1) 即使时间间隔变得非常小,随机因素也不会消失;

(2) 随机因素在整个资产价格过程中始终起重要作用;

① 几何布朗运动由萨缪尔森(1965,1973)年引入微观金融分析,它假定股票价格的对数遵循布朗运动过程,从而解决了有限负债问题。

(3) $\mu[S(t),t]\mathrm{d}t$ 与 $\sigma[S(t),t]\mathrm{d}W$ 是有限的，即股票收益（价格）和波动率在信息不断到来的前提下不会突然失去控制；

(4) 在这个价格模型中最终决定因素是现在时间 t，而与以前和未来时刻无关，这也隐含了有效率市场的假设。

接下来，我们想考察一般维纳过程的矩母函数的计算方法。获得矩母函数的计算过程体现了随机运算的一些标准步骤，这些运算在计算期权价格时有重要应用。

令 $X_t \sim \mathcal{N}(\mu t, \sigma^2 t)$ 为一般维纳过程，根据 9.4.3 节的定义可知，X_t 的矩母函数 $M(\lambda)$ 为：

$$M(\lambda)=E(\mathrm{e}^{X_t\lambda}) \tag{10-29}$$

λ 是任意参数。下面显式地计算 $E(\mathrm{e}^{X_t\lambda})$，根据随机变量函数的数学期望的定义，有：

$$E(\mathrm{e}^{X_t\lambda})=\int_{-\infty}^{+\infty}\mathrm{e}^{X_t\lambda}\frac{1}{\sqrt{2\pi\sigma^2 t}}\mathrm{e}^{-\frac{1}{2}\frac{(X_t-\mu t)^2}{\sigma^2 t}}\mathrm{d}X_t \tag{10-30}$$

化简得：

$$E(\mathrm{e}^{X_t\lambda})=\int_{-\infty}^{+\infty}\frac{1}{\sqrt{2\pi\sigma^2 t}}\mathrm{e}^{-\frac{1}{2}\frac{(X_t-\mu t)^2}{\sigma^2 t}+X_t\lambda}\mathrm{d}X_t \tag{10-31}$$

式(10-31)中，e 上不是完全平方，使用起来很不方便，为了凑成一个完全平方，需要乘以下式：

$$\mathrm{e}^{-\left(\lambda\mu t+\frac{1}{2}\sigma^2\lambda^2 t\right)}\,\mathrm{e}^{\left(\lambda\mu t+\frac{1}{2}\sigma^2\lambda^2 t\right)}=1 \tag{10-32}$$

这样式(10-31)就变成：

$$E(\mathrm{e}^{X_t\lambda})=\int_{-\infty}^{+\infty}\frac{1}{\sqrt{2\pi\sigma^2 t}}\mathrm{e}^{\left(\lambda\mu t+\frac{1}{2}\sigma^2\lambda^2 t\right)}\,\mathrm{e}^{-\frac{1}{2}\frac{(X_t-\mu t)^2}{\sigma^2 t}+X_t\lambda-\left(\lambda\mu t+\frac{1}{2}\sigma^2\lambda^2 t\right)}\mathrm{d}X_t \tag{10-33}$$

现在上式第二个 e 上的指数就是完全平方了：

$$E(\mathrm{e}^{X_t\lambda})=\int_{-\infty}^{+\infty}\frac{1}{\sqrt{2\pi\sigma^2 t}}\mathrm{e}^{\left(\lambda\mu t+\frac{1}{2}\sigma^2\lambda^2 t\right)}\,\mathrm{e}^{-\frac{1}{2}\frac{[X_t-(\mu t+\sigma^2\lambda t)]^2}{\sigma^2 t}}\mathrm{d}X_t \tag{10-34}$$

把不依赖于 X_t 的项提到积分符号外，就有：

$$E(\mathrm{e}^{X_t\lambda})=\mathrm{e}^{\left(\lambda\mu t+\frac{1}{2}\sigma^2\lambda^2 t\right)}\int_{-\infty}^{+\infty}\frac{1}{\sqrt{2\pi\sigma^2 t}}\mathrm{e}^{-\frac{1}{2}\frac{[X_t-(\mu t+\sigma^2\lambda t)]^2}{\sigma^2 t}}\mathrm{d}X_t \tag{10-35}$$

积分符号下是一个服从正态分布的随机变量的密度函数，因此积分的结果等于 1。这样，我们就得到了矩母函数：

$$M(\lambda)=E(\mathrm{e}^{X_t\lambda})=\mathrm{e}^{\lambda\mu t+\frac{1}{2}\sigma^2\lambda^2 t} \tag{10-36}$$

根据一般维纳过程的定义不难知道，在一个微小的时间间隔 $t-s$ 内，一般维纳过程的增量 X_t-X_s 也服从正态分布，即：

$$\Delta X_t \sim \mathcal{N}[\mu(t-s),\ \sigma^2(t-s)]$$

因此，ΔX_t 也是一个正态分布的随机变量，根据式(10-36)，它的矩母函数就是：

$$M(\lambda)=E(\mathrm{e}^{\lambda\Delta x_t})=\mathrm{e}^{\lambda\mu(t-s)+\frac{1}{2}\sigma^2\lambda^2(t-s)} \tag{10-37}$$

例 10.2.1 求几何过程(geometric process)：

$$S_t=\mathrm{e}^{X_t}S_0,\ t\in[0,\ \infty)$$

基于当前价格的条件数学期望。其中，X_t 是一个一般维纳过程。

因为：

$$E\left(\frac{S_t}{S_s}\middle|S_s,\ s<t\right)=E(\mathrm{e}^{\Delta X_t}\mid S_s) \tag{10-38}$$

由于 ΔX_t 是独立于 X_s，$s<t$ 的，就可以去掉条件期望：

$$E(\mathrm{e}^{\Delta X_t}\mid S_s)=E(\mathrm{e}^{\Delta X_t}) \tag{10-39}$$

$E(\mathrm{e}^{\Delta X_t})$ 就是当 λ 为 1 时 ΔX_t 的矩母函数，因此可以把该矩母函数代入式(10-39)，就有：

$$E(\mathrm{e}^{\Delta X_t})=\mathrm{e}^{\mu(t-s)+\frac{1}{2}\sigma^2(t-s)}=E\left(\frac{S_t}{S_s}\mid S_s\right) \tag{10-40}$$

由于在 s 时刻 S_s 已经被揭示出来，它不再是一个随机变量了，所以可以两边同时乘以 S_s，就得到了几何过程 S_t 的条件数学期望：

$$E(S_t\mid S_s)=S_s\mathrm{e}^{\mu(t-s)+\frac{1}{2}\sigma^2(t-s)} \tag{10-41}$$

10.2.3 泊松过程

一般维纳过程模拟出连续时间和连续状态下的金融资产价格运动模式，但是金融资产价格变动并非都是连续的，如在 1987 年的“黑色星期五”(Black Friday)，股票价格日平均跌幅高达 30%。这时随机过程就呈现出跳跃，为了全面描绘资产价格的真实运动情况，我们还需要另一类用来模拟跳跃的随机过程模型。

考虑在一段时间内到达金融市场的外生冲击，冲击的数量可以用计数函数 $(N_t)_{t\in[0,\ T]}$ 来表示。典型的计数函数如图 10-11 所示。容易知道，它是一个连续时间随机过程，在有限区间上它是连续的，除了在有限个点上以外，它还是处处可微的。每个样本函数的形状都是阶梯形的，各阶的步长为 1，阶梯出现在随机时刻上。

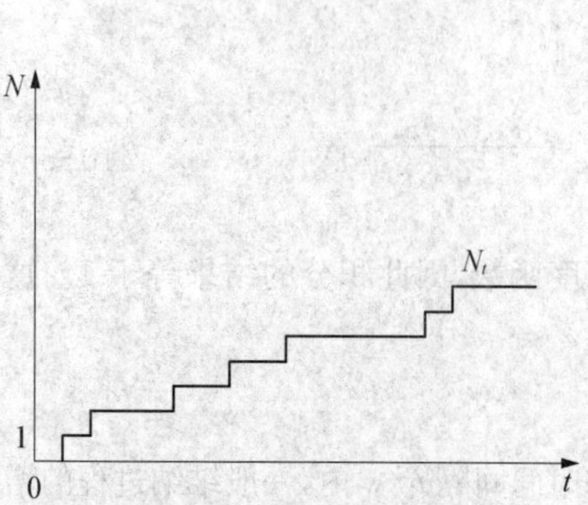

图 10-11　计数函数的图形表示

我们称在一个时间段[0, T]内出现事件的总数所组成的随机过程 $(N_t)_{t\in[0,\ T]}$ 为计数过程(counting process)。从定义可知，任一计数过程 $(N_t)_{t\in[0,\ T]}$ 有如下性质：N_t 为一个正整数；计数起点 N_0 为 0；对于任意两个时刻 s, t, $s<t$，有 $N_s<N_t$；N_t-N_s

表示在这段时间内出现事件的数目。泊松过程(Poisson process)是最常见的一种计数过程①。

定义 10.2.2　如果一个计数过程 $(N_t)_{t\in[0,T]}$，满足下列条件：

(1) $N_0=0$

(2) 对于任意两个时刻 s，t，$s<t$，增量 $\Delta N_t=N_t-N_s$，即任一长度为 $t-s$ 的区间中事件的个数服从参数为 $\lambda(t-s)$ 的泊松分布，即：

$$P(N_t-N_s=n)=\mathrm{e}^{-\lambda(t-s)}\frac{\lambda^n(t-s)^n}{n!},\ n=0,1,\cdots,\lambda>0 \tag{10-42}$$

(3) 具有独立增量。

则称该过程为(齐次)泊松过程(homogeneous Poisson process)。

在上述条件中，条件(1)是对过程初始条件的规定，它不是实质性的限制。条件(2)则蕴含着泊松过程具有平稳增量，即 ΔN_t 的分布只依赖于时间间隔的长度，而与 s，t 的具体值无关。条件(3)表示过程是无后效的。

下面计算泊松过程的特征参数。首先是均值，t 时间内泊松过程的均值为：

$$E[N(t)]=\sum_{n=0}^{\infty}n\frac{(\lambda t)^n}{n!}\mathrm{e}^{-\lambda t}=\lambda t\sum_{n=0}^{\infty}\frac{(\lambda t)^{n-1}}{(n-1)!}\mathrm{e}^{-\lambda t}=\lambda t\mathrm{e}^{-\lambda t}\mathrm{e}^{\lambda t}=\lambda t \tag{10-43}$$

因此：

$$\lambda=\frac{E[N(t)]}{t}$$

这就是说，参数 λ 代表单位时间内事件出现的平均次数，这也正是把参数 λ 称为过程的发生率或者强度的原因。

易知泊松过程的方差为：

$$\sigma[N(t)]=E[N^2(t)]-\{E[N(t)]\}^2=\lambda t$$

泊松过程给了我们构造金融市场上“小概率事件”(rare event)的基本模型。要注意的是，“小概率事件”是指价格运动的非连续性而并不是所谓的“剧烈波动”。因为，如布朗运动这种连续状态过程也可以表现出很大的波动性，这只要通过加大方差或者波动率参数就可以实现。

因此，区别“正常事件”和“小概率事件”的是它们随着时间间隔的缩小，变化规模的大小和发生概率的大小。一般而言，当时间间隔缩小时，正常事件波动幅度的大小也会减小，但它发生的概率绝对不会变小，因为总有一些不太重要的信息来到市场上并引起股票价格的轻微波动。一个小概率事件则完全不同，当时间间隔缩小时，它发生的概率将趋近于 0，但是它的波动幅度则不会变化②。

10.2.4　列维过程

让我们来看看市场上实际股票价格变动是个什么样子的，股票今天涨一分，明天跌两分

① 对于泊松计数过程的更详细讨论可以参考史及民(1999)。

② 对于股票价格波动两种不同运动形式之间联系和差异的详细讨论见 Neftci(2000)第 8 章以及 Merton(1996)第一到三章。

地盘来盘去,突然有资产重组消息传来,这天猛拉了一个涨停,又过了几天,公司出来辟谣,股价又一起跳水。这基本上描绘了股票价格波动的特征——维纳过程与泊松过程的某种组合似乎就是股票价格运动的数学对应物①。

但对此不可以过于乐观,我们知道大多数金融随机变量的分布并非是正态的,如它们通常是偏斜的,往往还具有高于正态分布的峰度,因此采用相应的维纳过程时的缺陷也很明显。这就启发研究者去寻找具有类似于布朗运动的独立和静态增量的随机过程②,它既包含跳跃,但同时又具有更一般的(非正态)密度分布,这类过程就是列维(Levy)过程③④。

定义 10.2.3 令 $C(u)$ 为任意分布 $\mathcal{D}(x)$ 的特征函数,如果对于任意正整数 n,$C(u)$ 也是一个特征函数的 n 次幂,称该分布是无限可分的。可以为任一无限可分分布定义一个随机过程,$X=\{X_t,\ t\geqslant 0\}$,其初始值为 0,具有独立和静态增量,其在任意微小时间增量 $[s,\ s+t]$,$s,\ t\geqslant 0$ 上的分布(即 $X_{t+s}-X_s$)的特征函数为 $[C(u)]^t$,称这一过程为列维过程⑤。

同时,定义累积(cumulant)特征函数(通常也称为特征指数(characteristic exponent))为:

$$\psi(u)=\log C(u)$$

它满足以下列维-辛钦(Levy-Khintchine)公式:

$$\psi(u)=i\gamma u-\frac{1}{2}\sigma^2u^2+\int_{-\infty}^{+\infty}[\exp(iux)-1-iux1_{\{|x|<1\}}]\nu(\mathrm{d}x) \tag{10-44}$$

其中,$\gamma\in R$,$\sigma^2\geqslant 0$,ν 是 $R\backslash\{0\}$ 上测度,且有:

$$\int_{-\infty}^{+\infty}\inf\{1,\ x^2\}\nu(\mathrm{d}x)=\int_{-\infty}^{+\infty}(1\wedge x^2)\nu(\mathrm{d}x)<\infty$$

通常用一个三位一体的列维三元特征 $[\gamma,\ \sigma^2,\ \nu(\mathrm{d}x)]$ 来刻画一个无限可分分布。其中,ν 又被称为 X 的列维测度。如果列维测度具有以下形式:

$$\nu(dx)=u(x)dx$$

就称 $u(x)$ 为列维密度。列维密度有着同一般概率密度一样的数学要求,但它不要求是可积的,或者在原点处一定为 0。

通过观察 Levy-Khintchine 公式可以发现,一般说来一个列维过程具有三个独立的成

① 这在风险管理中就要求把参数在险价值(parametric value at risk)方法和压力测试技术(stress testing)一同使用。

② 这就要求它的分布是无限可分(infinitely divisible),而且它要比正态分布更一般化,可用来刻画峰度和偏度。

③ 这些过程包括方差 Γ(VG),正态逆转高斯(normal inverse Gaussian)等。1980—1990 年代以来,这类分布模型在金融分析中得到广泛应用,大有取代正态分布的趋势。一般参考包括 Bertoin(1996)和 Sato(1999)。

④ Paul Levy 于 1886 年出生在巴黎。他曾就读于 Ecole 理工学院,从巴黎大学获得了数学方面的博士学位。1913 年,他开始在 Ecole 理工学院任教授,并成为现代概率理论的先锋之一,在当时这个理论还只在初始阶段。他在随机过程理论方面有着重要发现。他运用特征函数证明了中心极限定理,这种做法完全不同于 Lindeberg 运用卷积(convolution)技术。他还研究了布朗运动的各种属性,发现了稳定分布。他的主要著作包括:Lecons d'analyse fonctionnelle (1922),Theorie de I'addition des variables aleatoires (1937—1954),Processus stochastiques et movement brownien (1948).一战期间,Levy 为炮兵工作,运用他的数学知识参与解决怎样防御来自空中袭击的问题。1963 年,他当选为英国数学协会荣誉会员。1964 年,被选为科学院院士。Paul Levy 于 1971 年 12 月 15 日在巴黎去世。

⑤ 每一个列维过程都有一个 cadlag 的修正,这个修正本身也是列维过程,我们通常会使用这个 cadlag 版本,所以列维过程路径几乎总是右连续和具有左边极限的,同时我们也总是假定工作在列维过程产成的自然滤波下,有关概念可以参考第 11.1 节。

分：一个线性的确定的部分，一个布朗运动部分和一个纯跳跃部分。列维测度 $\nu(dx)$ 决定跳跃是如何发生的。列维过程有着以下重要性质。

(1) 路径特征。如果 $\sigma^2=0$ 且 $\int_{-\infty}^{+\infty}|x|\nu(\mathrm{d}x)<\infty$，则列维过程具有有限变差。这时特征指数可以重新表示为：

$$\psi(u)=i\gamma' u+\int_{-\infty}^{+\infty}[\exp(iux)-1]\nu(\mathrm{d}x)$$

其中，γ' 称为漂移系数。在有限变差情况下，可以把该过程分解成为两个递增过程的差。

如果 $\sigma^2=0$ 且 $\int_{-1}^{+1}\nu(\mathrm{d}x)<\infty$，则在任意有限的时间间隔内该过程会有有限多数目的跳跃，这时就称这个过程是具有有限活动的(finite activity)。

布朗运动是具有无限变差的，因此包含一个布朗运动成分的列维过程肯定也是具有无限变差的。对于一个纯跳跃列维过程(即不具有布朗成分，$\sigma^2=0$)，当且仅当 $\int_{-1}^{+1}|x|\nu(\mathrm{d}x)=\infty$ 时，才会具有无限变差。在这种情况下，我们必须特别关注“小”的跳跃。总体来说，所有小跳跃的总和是不收敛的，但是由他们均值补偿的跳跃的总和是收敛的，这个特性使得式(10-44)中的补偿项 $iux1_{\{|x|<1\}}$ 是必不可少的。

(2) 可料表示性(predictable representation property)。令 $\Delta X_t=X_t-X_{t-}$ 代表任意过程 $X=\{X_t,\ t\geqslant 0\}$ 中的跳跃。在某些比较弱的矩要求假设下，每一个列维过程 $X=\{X_t,\ 0\leqslant t\leqslant T\}$ 均具有可料表示性的某种形式。每一个平方可积随机变量 F，都有如下表示形式：

$$F=E(F)+\sum_{i=1}^{\infty}\int_0^T a_S^{(i)}\mathrm{d}(N_S^{(i)}-E[H_S^{(i)}]) \tag{10-45}$$

其中，$a^{(i)}=\{a_S^{(i)},\ 0\leqslant s\leqslant T\}$ 是可料的，$H^{(i)}=\{H_S^{(i)},\ 0\leqslant s\leqslant T\}$ 是纯跳跃过程的 i 次幂，即：

$$H_s^{(1)}=X_s,\ 且\ H_s^{(i)}=\sum_{0<u\leqslant s}(\Delta X_u)^i,\ i=2,\ 3,\cdots$$

既然布朗运动有着连续路径，就不存在跳跃，因而 $H_s^{(i)}=0,\ i\geqslant 2$。这时的无限总和退化成为唯一一项，布朗运动就有以下可料表示性形式①：

$$F=E[F]+\int_0^T a_s\mathrm{d}W_s$$

下面我们来考虑五个常见的列维过程的例子。

(1) 泊松过程。前面一节讨论过的泊松过程实际上是最简单形式的列维过程，泊松分布的特征函数是：

$$C_{poisson}(u;\ \lambda)=\exp\{\lambda[\exp(iu)-1]\}$$

泊松分布定义于非负的整数 $\{0,\ 1,\ 2,\ \cdots\}$ 上，在任意 j 点的概率分布为 $\exp(-\lambda)$

① 其中，$a=a^{(1)}$ 是可料的。

$\frac{\lambda^j}{j!}$。由于泊松分布是无限可分的,我们就可以定义一个密度参数为 $\lambda > 0$ 的泊松过程 $(N_t)_{t\in[0, T]}$,它具有 0 初始值和独立、静态增量。它在一小段时间 $s > 0$ 内的增量服从参数为 λs 的泊松分布。泊松过程是一个递增的纯跳跃过程,跳跃大小始终为 1。这就意味着它的列维三元特征集是 $[0, 0, \lambda\delta(1)]$①。它的主要特征包括:

① 均值和方差:λ;

② 偏度:$1/\sqrt{\lambda}$;

③ 峰度:$3 + \lambda^{-1}$;

④ 可料表示性:在泊松过程下,式(10-45)简化了很多。既然泊松过程的跳跃的大小始终为 1,我们就有 $H_S^{(i)} = N_S$, $i \geqslant 2$,无限总合可以写为一项,从而得到泊松过程的经典表性特性——每一个平方可积随机变量 F 都有:

$$F = E(F) + \int_0^T a_S d(N_S - \lambda S)$$

(2) Γ 过程。Γ 分布的密度函数为:

$$d_\Gamma(x; a, b) = \frac{b^a}{\Gamma(a)} x^{a-1} \exp(-xb), \ x > 0, \ a, b > 0$$

显然,这个密度分布有个准(右)厚尾。其特征函数是:

$$C_\Gamma(u; a, b) = (1 - iu/b)^{-a}$$

这个特征函数明显是无限可分的。因此,伴随的 Γ 过程 $X^{(\Gamma)} = \{X_t^{(\Gamma)}, t \geqslant 0\}$ 被定义为初始值为 0,具有静态、独立、Γ 分布增量的随机过程。更准确地说,时间进入第一个参数—— $X_t^{(\Gamma)}$ 服从一个 $\Gamma(at, b)$ 分布。

Γ 过程的列维三元特征为:

$$\lfloor a[1 - \exp(-b)]/b, \ 0, \ a\exp(-bx)x^{-1}1_{(x>0)}\mathrm{d}x \rfloor$$

它的主要性质包括:

① 均值:a/b;

② 方差:a/b^2;

③ 偏度:$2a^{-1/2}$;

④ 峰度:$3(1 + 2a^{-1})$;

⑤ 缩放性质(scaling property):如果 $X \sim \Gamma(a, b)$,则对于任意 $c > 0$, $cX \sim \Gamma(a, b/c)$。

(3) 逆转高斯过程(inverse Gaussian process)和一般逆转高斯过程。令 $T^{(a, b)}$ 是一个具有漂移率为 $b > 0$ 的标准布朗(即 $\{W_s + bs, s \geqslant 0\}$)第一次到达某个正的值 $a > 0$ 的时刻,这个随机时刻就服从逆转高斯 $IG(a, b)$ 分布,其特征函数为:

$$C_{IG}(u; a, b) = \exp[-a(\sqrt{-2iu + b^2} - b)]$$

① 其中,$\delta(1)$代表 1 处的狄拉克(Dirac)测度。

逆转高斯分布是无限可分的，因此可以定义对应的逆转高斯过程 $X^{(IG)}=\{X_t^{(IG)}, t\geqslant 0\}$，$a, b>0$ 为初始值为 0，具有静态、独立增量的随机过程，并有：

$$E[\exp(iuX_t^{(IG)})]=C_{IG}(u; at, b)=\exp[-at(\sqrt{-2iu+b^2}-b)]$$

逆转高斯 $IG(a, b)$ 分布的密度函数为：

$$d_{IG}(x; a, b)=\frac{a}{\sqrt{2\pi}}\exp(ab)x^{-3/2}\exp\left[-\frac{1}{2}(a^2x^{-1}+b^2x)\right], x>0$$

其列维测度是：

$$\nu_{IG}(\mathrm{d}x)=(2\pi)^{-1/2}ax^{-3/2}\exp\left(-\frac{1}{2}b^2x\right)1_{(x>0)}\mathrm{d}x$$

三元特征中的第一个元素是：

$$\gamma=\frac{a}{b}[2\mathcal{N}(b)-1]$$

其中，$\mathcal{N}(x)$是正态分布函数。

这个分布是单峰的(unimodal)，有一个众数 $\sqrt{4a^2b^2+9}-3)/2b^2$。全部正的和负的矩均存在，如果 X 服从逆转高斯分布，就有：

$$E(X^{-\alpha})=\left(\frac{b}{a}\right)^{2\alpha+1}E(X^{\alpha+1}), \alpha\in R$$

该过程的主要特征包括：

① 均值：a/b；

② 方差：a/b^3；

③ 偏度：$3(ab)^{-1/2}$；

④ 峰度：$3[1+5(ab)^{-1}]$；

⑤ 缩放性质：如果 $X\sim IG(a, b)$，则对于任意 $c>0$，$cX\sim IG(\sqrt{c}a, b/\sqrt{c})$。

上述逆转高斯分布可以一般化，称之为一般逆转高斯过程 $GIG(\lambda, a, b)$，它在正实线部分上的密度函数由下式给出：

$$d_{GIG}(x; \lambda, a, b)=\frac{(b/a)^{\lambda}}{2K_{\lambda}(ab)}x^{\lambda-1}\exp\left[-\frac{1}{2}(a^2x^{-1}+b^2x)\right], x>0.$$

其中，λ, a, b 为实数，且 a, b 均非负，并不同时为 0。其特征函数为①：

$$C_{GIG}(u; \lambda, a, b)=\frac{1}{K_{\lambda}(ab)}(1-2iu/b^2)^{\lambda/2}K_{\lambda}(ab\sqrt{1-2iub^{-2}}),$$

该分布无限可分，就可以定义 GIG-列维过程，它的细小增量在 $[s, s+t]$，$s, t\geqslant 0$ 内的特征函数是 $[C_{GIG}(u; \lambda, a, b)]^t$。其列维测度相对复杂，正实线部分上的列维密度为：

① 其中，$K_{\lambda}(.)$为第三类修正 Bessel 函数——第一类($I_{\pm\nu}(z)$)和第三类($K_{\nu}(z)$)修正(modified)Bessel 函数是微分方程 $z^2\frac{\mathrm{d}^2w}{\mathrm{d}z^2}+z\frac{\mathrm{d}w}{\mathrm{d}z}-(z^2+\nu^2)w=0$ 的解。

$$u(x)=x^{-1}\exp\left(-\frac{1}{2}b^2x\right)\left(a^2\int_0^{\infty}\exp(-xz)g(z)dz+\max\{0,\lambda\}\right)$$

其中①：

$$g(z)=\{\pi^2a^2z\left[J^2_{|\lambda|}a\sqrt{2z}+N^2_{|\lambda|}(a\sqrt{2z})\right]\}^{-1}$$

该过程的矩由下式给出：

$$E(X^K)=\left(\frac{a}{b}\right)^K\frac{K_{\lambda+K}(ab)}{K_\lambda(ab)},\ k\in R$$

其主要性质包括：

① 均值：$aK_{\lambda+1}(ab)/[bK_\lambda(ab)]$；

② 方差：$a^2b^{-2}K_\lambda^{-2}(ab)[K_{\lambda+2}(ab)K_\lambda(ab)+K^2_{\lambda+1}(ab)]$；

③ 特殊情况：$IG(a, b)$ 分布——对于 $\lambda=-1/2$, $GIG(\lambda, a, b)$ 退化为 $IG(a, b)$；$\Gamma(\tilde{a}, \tilde{b})$ 分布——对于 $a=0$, $\lambda=\tilde{a}>0$, $b=\sqrt{2\tilde{b}}$，可以得到 $\Gamma(\tilde{a}, \tilde{b})$ 分布。

(4) 调和平稳过程(tempered stable process)。过程 $TS(k, a, b)$, $a>0$, $b\geqslant 0$, $0<k<1$ 的特征函数为：

$$C_{TS}(u;\ k,\ a,\ b)=\exp[ab-a\ (b^{1/k}-2iu)^k]$$

由此定义的过程 $X^{(TS)}=\{X_t^{(TS)},\ t\geqslant 0\}$ 为具有 0 初始值，独立、静态增量，细小时间间隔 $[s,\ s+t]$, s, $t\geqslant 0$ 上的增量 $X_{s+t}^{(TS)}-X_s^{(TS)}$ 服从 $TS(k,\ ta,\ b)$ 分布。它的列维测度是：

$$\nu_{TS}(\mathrm{d}x)=a2^k\frac{k}{\Gamma(1-k)}x^{-k-1}\exp\left(-\frac{1}{2}b^{1/k}x\right)1_{\{x>0\}}\mathrm{d}x$$

这个过程具有有限行为，列维三元特征的第一个元素是：

$$\gamma=a2^k\frac{k}{\Gamma(1-k)}\int_0^1x^{-k}\exp\left(-\frac{1}{2}b^{1/k}x\right)\mathrm{d}x$$

不过，这个过程的密度函数并不总能知道，一般会使用以下数列来近似表示：

$$d_{TS}(x;\ k,\ a,\ b)$$
$$=\exp(ab)\exp\left(-\frac{1}{2}b^{1/k}x\right)\frac{1}{2\pi a^{1/k}}\sum_{n=1}^{\infty}(-1)^{n-1}\sin(n\pi k)\frac{\Gamma(nk+1)}{n!}2^{nk+1}\left(\frac{x}{a^{1/k}}\right)^{-nk-1}$$

其主要特征包括：

① 均值：$2akb^{(k-1)/k}$；

② 方差：$4ak(1-k)b^{(k-2)/k}$；

③ 偏度：$(k-2)\ (abk(1-k))^{-1/2}$；

④ 峰度：$3+[4k-6-k(1-k)][abk(1-k)]^{-1}$；

---

① 其中，J_ν、N_ν 是 Bessel 函数——第一类($J_{\pm\nu}(z)$)、第二类($N_\nu(z)$)和第三类($H_\nu^{(1)}(z)$ 与 $H_\nu^{(2)}(z)$)Bessel 函数，是以下微分方程 $z^2\frac{\mathrm{d}^2w}{\mathrm{d}z^2}+z\frac{\mathrm{d}w}{\mathrm{d}z}+(z^2-\nu^2)w=0$ 的解，可参考 Abramowitz & Stegun(1968)。

⑤ 特殊情况：$IG(a, b)$ 分布——对于 $k=-1/2$，则 $TS(k, a, b)$ 退化为 $IG(a, b)$；$\Gamma(a, b)$ 分布——对于 $k \to 0$，就得到 $\Gamma(a, b)$ 分布。

10.3　随机伊藤积分

本节我们深入研究对于随机过程的数学运算——积分。考虑一个证券投资者，他在初始时刻拥有 W_0 数量的财富，他在资本市场上遵循$\{\theta_t\}$的交易策略，那么到 t 时刻为止，他能够积累多少财富 W_t 呢？在离散时间下这个积累过程可以描述为：

$$W_t = W_0 + \sum_{t=1}^{t} \theta_t (X_t - X_{t-1})$$

其中，X_t 代表了资产的随机价格。连续时间下就有：

$$W_t = W_0 + \int_0^t \theta_s \mathrm{d}X_s$$

因此，如果能够定义出 θ_t 对 X_t 的时间积分，就可以计算投资者通过交易获得的损益和相应的财富过程。

10.3.1　动机

不妨假定这个价格过程是由维纳过程 $\mathcal{W}_t$ 驱动的伊藤过程：

$$\mathrm{d}X_t = a(X_t, t)\mathrm{d}t + b(X_t, t)\mathrm{d}\mathcal{W}_t \tag{10-46}$$

用直观的方法两边取积分：

$$X_t - X_0 = \int_0^t a(X_s, t)\mathrm{d}s + \int_0^t b(X_s, s)\mathrm{d}\mathcal{W}_s \tag{10-47}$$

上述积分表达式的左边和右侧第一项都没什么问题，但第二项的解释还不是很清楚。因此问题逐渐明朗，如果要定义出 X_t 对时间的积分，关键在于给 $\int_0^t \mathrm{d}\mathcal{W}_t$ 一个合理的解释。

显然，这在普通微积分中是不会有什么困难的。根据微积分基本定理，微分和积分互为逆运算，即：

$$\mathcal{W}_t = \int_0^t \mathrm{d}\mathcal{W}_s,\ \mathcal{W}_0 = 0 \tag{10-48}$$

但是，我们已经知道 $\int_0^t \mathrm{d}\mathcal{W}_s$ 代表了一系列不可预料而且变化非常剧烈的随机变量增加量 $\mathrm{d}\mathcal{W}_t$ 的和，由于 $\mathrm{d}\mathcal{W}_t$ 根本不存在，这样的总量也就无从说起。因此，在随机微积分中必须先有一个合理的积分定义，才能明确微分记法 $\mathrm{d}\mathcal{W}_t$ 的含义。

那么，传统的黎曼-斯第尔切斯积分方法可以做到这一点吗？不妨先回顾一下 8.3.1 节中我们是如何定义黎曼-斯第尔切斯积分的——$\int_a^b \mathrm{d}x$ 或者更一般的 $\int_a^b b(x)\mathrm{d}x$。

假定 x_t 是一个一般的自变量，$F(x_t)$ 是一个普通的非随机函数，$F(.)$ 连续可微，$F(x_t)$

的导数存在且为：

$$f(x_t)=\frac{\mathrm{d}F(x_t)}{\mathrm{d}x_t} \tag{10-49}$$

两边积分可以得到：

$$\int_0^T f(x_t)\mathrm{d}x_t=\int_0^T \mathrm{d}F(x_t) \tag{10-50}$$

式(10-50)左边是对 x_t 的积分，这是黎曼积分的一般形式，它潜在的含义就是分割[0, T]为无数的长方形然后进行加总；右边是对函数 $F(.)$的增量的直接加总。

可以进一步对上式右边这种形式的积分做更为复杂的运算。例如：

$$\int b(x)\mathrm{d}F(x)$$

不妨设想 x_t 是一个随机变量，我们要计算在某一时刻 t 上，x_t 的函数 $b(x_t)$ 的数学期望(统计平均)，根据式(9-12)就有：

$$E[b(x_t)]=\int_{-\infty}^{+\infty} b(x_t)\mathrm{d}\mathcal{D}(x_t) \tag{10-51}$$

这里 $\mathcal{D}(x_t)$ 是 x_t 在 t 时刻上的分布函数。这是一个函数 $b(x_t)$ 对于 $\mathcal{D}(.)$的斯第切斯积分。这没有任何困难，但现在要求的是下面形式的积分：

$$\int_0^T b(x_t)\mathrm{d}F(x_t) \tag{10-52}$$

与式(10-51)表示的截面上的积分不同，式(10-52)是对于时间的积分，该积分本身是一个随机变量。

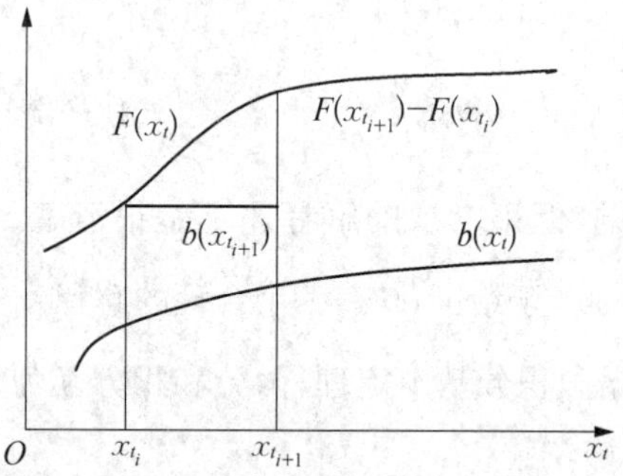

图 10-12　斯第尔切斯积分

按照黎曼-斯第尔切斯积分原理，这种积分至少在形式上是这样进行的：

(1) 首先，在区间[0, T]上插入 n 个等分点：$0=t_0<t_1, \cdots, t_{n-1}<t_n=T$, $T=\Delta tn$，如图 10-12 所示。

(2) 然后定义黎曼-斯第尔切斯和为：

$$V_n=\sum_{i=0}^{n-1} b(x_{t_{i+1}})[F(x_{t_{i+1}})-F(x_{t_i})] \tag{10-53}$$

注意，求和算子中第一项 $b(.)$的函数值是在前点 $x_{t_{i+1}}$ 上取得的。不过，我们知道对于光滑函数来说，究竟是取前点 $b(x_{t_{i+1}})$、后点 $b(x_{t_i})$ 还是中间点 $b\left(\frac{x_{t_{i+1}}+x_{t_i}}{2}\right)$ 都无关紧要；第二项则是 $F(.)$的增量。

(3) 如果当区间划分越来越小时，下列极限存在：

$$\lim_{n\to\infty}\left\{\sum_{i=0}^{n-1} b(x_{t_{i+1}})[F(x_{t_{i+1}})-F(x_{t_i})]-\int_0^T b(x_t)\mathrm{d}F(x_t)\right\}=0 \tag{10-54}$$

则称：

$$\int_0^T b(x_t)\mathrm{d}F(x_t)$$

为黎曼-斯第尔切斯积分。但是，困难在于，如果 $F(x_t)$ 是维纳过程 $\mathcal{W}(t)$，则上述积分定义就不存在。

10.3.2　直观定义

不过仍然可以仿照定义普通积分的方法：从离散分割到取极限来直观地获得伊藤积分的定义。主要步骤依旧是首先把$[0, T]$等分割为 n 个长度相等的区间，$0=t_0<t_1, \cdots, t_{n-1}<t_n=T$，$T=\Delta t n$。这样，式(10-46)可以记为离散形式：

$$X_i - X_{i-1} = a(X_{i-1}, i)\Delta t + b(X_{i-1}, i)(\mathcal{W}_i - \mathcal{W}_{i-1}),\ i=1, 2, \cdots, n \tag{10-55}$$

到 T 时刻的总和为：

$$\sum_{i=1}^{n} X_i - X_{i-1} = \sum_{i=1}^{n} a(X_{i-1}, i)\Delta t + \sum_{i=1}^{n} b(X_{i-1}, i)\Delta\mathcal{W}_i \tag{10-56}$$

仿照黎曼-斯第尔切斯方法，把对 X_t 的积分定义为某种形式的极限：

$$\int_0^T dX_t = \lim_{n\to\infty}\left[\sum_{i=1}^{n} a(X_{i-1}, i)\Delta t + \sum_{i=1}^{n} b(X_{i-1}, i)\Delta\mathcal{W}_i\right] \tag{10-57}$$

式(10-57)右边第一项是对时间的积分，不含任何随机因素，因此可以用黎曼积分定义，记为：

$$\int_0^T a(X_t, t)\mathrm{d}t = \lim_{n\to\infty}\sum_{i=1}^{n}[a(X_{i-1}, i)\Delta t] \tag{10-58}$$

但是，第二项则包含随机因素 $(\mathcal{W}_i - \mathcal{W}_{i-1})$，因此：

$$\sum_{i=1}^{n} b(X_{i-1}, i)(\mathcal{W}_i - \mathcal{W}_{i-1})$$

是对一个随机变量的积分，因而问题的关键在于对：

$$\lim_{n\to\infty}\left[\sum_{i=1}^{n} b(X_{i-1}, i)(\mathcal{W}_i - \mathcal{W}_{i-1})\right]$$

的理解，它会收敛于某个确定的量吗？

通过前面对维纳过程特征的讨论，我们知道维纳过程的一阶变差和 $\sum_{i=1}^{n} |\mathcal{W}_i - \mathcal{W}_{i-1}|$ 即便是在 n 趋近于无穷时也不会收敛，因此上述极限为 $+\infty$。由于它不收敛，黎曼-斯第尔切斯意义上的积分不存在。但是，我们确实也知道维纳过程的二阶变差和 $\sum_{t=1}^{n} |\mathcal{W}_t - \mathcal{W}_{t-1}|^2$ 是收敛的，是不是可以在这个方面动动脑筋呢？

这就要对极限的概念进行更深入的理解。极限究竟是什么呢？极限是某种形式的收敛，而所有关于微分、积分的运算都建立在极限收敛的概念上。大家应当还记得在第 9 章中扩展极限概念时，我们定义过几种形式的收敛，其中有一种是均方收敛。在这里，要的是一

种这样的积分,它与黎曼和的差别在均方意义上为0,即:

$$\lim_{n\to\infty} E\left[\sum_{i=1}^{n} b(X_{i-1},\ i)(\mathcal{W}_i-\mathcal{W}_{i-1})-A\right]^2=0 \tag{10-59}$$

这里的 A 就是我们想要的随机(伊藤)积分。仍然使用黎曼积分的记法有:

$$\lim_{n\to\infty} E\left[\sum_{i=1}^{n} b(X_{i-1},\ i)(\mathcal{W}_i-\mathcal{W}_{i-1})-\int_0^T b(X_t,\ t)\mathrm{d}\mathcal{W}_t\right]^2=0 \tag{10-60}$$

这里的

$$\int_0^T b(X_t,\ t)\mathrm{d}\mathcal{W}_t$$

就是伊藤积分①。

从某种意义上说,极限可以被视为在某种情况下近似的替代物,因此均方收敛就是理解问题的关键②。要注意的是,为了保证上述类型的积分存在,我们还得要有两个技术条件:

(1) 随机变量函数 $b(X_{i-1},\ i)$ 的函数值是取在后点 X_{i-1} 上的③,这就保证了价格运动是不可预测的,这符合经济意义上的合理信息约束;

(2) $E\int_0^T [b(X_t,\ t)]^2\mathrm{d}t<\infty$,即 $b(X_{i-1},\ i)$ 不是突变的(non-explosive)。

毫无疑问,完全可以采用前后点或者中间点上的函数值构造不同的积分形式,例如:

$$\lim_{n\to\infty} E\left[\sum_{i=1}^{n} b(X_i,\ i)(\mathcal{W}_i-\mathcal{W}_{i-1})-B\right]^2=0 \tag{10-61}$$

$$\lim_{n\to\infty} E\left[\sum_{i=1}^{n} b\left(\frac{X_{i-1}+X_i}{2},\ i\right)(\mathcal{W}_i-\mathcal{W}_{i-1})-C\right]^2=0 \tag{10-62}$$

C 被称为费斯克-斯特拉托诺维奇(Fisk-Stratonovich)积分,注意到它与伊藤积分的差别以及它与黎曼积分类似之处。ABC 是完全不同的积分,后面两种积分在经济上难以给出一个合理解释。

通过上面的分析,我们可以看到随机伊藤积分与确定性黎曼-斯第尔切斯积分的区别有这样四个方面:

(1) 最明显的是收敛的方式不同;

(2) 伊藤积分是定义给不可以预测的被积函数的;

(3) 积分算子仅限于维纳过程④;

(4) 确定性的黎曼-斯第尔切斯积分使用的是函数的真实“路径”(pathwise),随机积分

---

① 日本著名数学家伊藤清(Ito.K,1944)为此做出了开创性的努力,他的工作标志着随机微积分研究的开始。以他的名字命名的伊藤积分是定义不可数和不可预料随机增量总和方法之一。伊藤对于随机过程理论的贡献就在于当积分算子下的函数遵循维纳过程时,他给出了有意义和(在金融上)性质良好的积分定义。

② 我们对伊藤积分的定义强调的是直觉和经济含义(可以参考黄志远(2001)第二章),对于伊藤积分严格的定义可以参考 Malliaris & Brock(1982),p72;Øksendal(1995);Arnold(1974),p57—75 以及 Gihman & Skorohod(1972),p11—32。布朗运动的伊藤积分理论可以在卡拉扎斯和施里夫(Shreve)1991 的第二、三章找到,也可以参考 Revuz & Yor(1994)的第四、五章。

③ 这时分点必须有特定的选取方式,这与普通积分是不同的。

④ 更广泛类别的被积函数和积分算子情形下的一般随机积分是一个很复杂和深奥的问题,见 11.2.5 节中的讨论。

使用的则是随机等价物(stochastic equivalence)。

10.3.3　直接计算

上面的分析使我们确认伊藤积分是一种极限，是对无数剧烈变化总和的一种近似，这种近似是建立在均方收敛基础上的。一般而言，均方极限很难直接计算，但是在下面的这个例子中，我们可以做到这一点。

求：

$$\int_0^T \mathcal{W}_t \mathrm{d}\mathcal{W}_t,\ \mathcal{W}_0 = 0 \tag{10-63}$$

很明显，如果 $\mathcal{W}$ 不是随机变量，根据微积分基本定理，立即有：

$$\int_0^T \mathcal{W}_t \mathrm{d}\mathcal{W}_t = \frac{1}{2}(\mathcal{W}_T^2 - \mathcal{W}_0^2) = \frac{1}{2}\mathcal{W}_T^2 \tag{10-64}$$

现在计算随机积分，仍旧按照黎曼-斯第尔切斯方法插入等分点：

$$0 = t_0 < t_1,\ \cdots,\ t_{n-1} < t_n = T,\ T = \Delta t n$$

并得到(形式上的)黎曼和：

$$V_n = \sum_{i=1}^{n} \mathcal{W}_{i-1}(\mathcal{W}_i - \mathcal{W}_{i-1}) \tag{10-65}$$

注意，我们选择的函数值在后点上，这保证了该过程是无法预测的(这也同时说明伊藤积分的被积函数是不可以预测的)。接下来做均方近似：

$$\lim_{n\to\infty} E\ (V_n - A)^2 = 0 \tag{10-66}$$

这个 A 就是等待计算的随机伊藤积分了。令：

$$\Delta\mathcal{W}_i = \mathcal{W}_i - \mathcal{W}_{i-1}$$

我们把式(10-66)改写为：

$$\lim_{n\to\infty} E\ \left(\sum_{i=1}^{n} \mathcal{W}_{i-1}\Delta\mathcal{W}_i - A\right)^2 = 0 \tag{10-67}$$

先计算 V_n，利用完全平方公式：

$$(a+b)^2 = a^2 + b^2 + 2ab \Leftrightarrow ab = \frac{1}{2}[(a+b)^2 - a^2 - b^2]$$

得到：

$$V_n = \frac{1}{2}\sum_{i=1}^{n}[(\mathcal{W}_{i-1} + \Delta\mathcal{W}_i)^2 - \mathcal{W}_{i-1}^2 - \Delta\mathcal{W}_i^2] \tag{10-68}$$

因为：

$$\mathcal{W}_{i-1} + \Delta\mathcal{W}_i = \mathcal{W}_i$$

有：

$$V_n = \frac{1}{2}\sum_{i=1}^{n}(\mathcal{W}_i^2 - \mathcal{W}_{i-1}^2 - \Delta\mathcal{W}_i^2) \tag{10-69}$$

即：

$$V_n = \frac{1}{2}\left(\sum_{i=1}^{n}\mathcal{W}_i^2 - \sum_{i=1}^{n}\mathcal{W}_{i-1}^2 - \sum_{i=1}^{n}\Delta\mathcal{W}_i^2\right) \tag{10-70}$$

注意上式右侧括号中的前两项相减的结果是：

$$\mathcal{W}_n^2 - \mathcal{W}_0^2$$

而 $\mathcal{W}_0 = 0$、$\mathcal{W}_n = \mathcal{W}_T$，所以可以得到：

$$V_n = \frac{1}{2}\left(\mathcal{W}_T^2 - \sum_{i=1}^{n}\Delta\mathcal{W}_i^2\right) \tag{10-71}$$

由于 $\mathcal{W}_T$ 独立于 n，因而 V_n 的均方极限实际上是由 $\sum_{i=1}^{n}\Delta\mathcal{W}_i^2$ 的均方极限决定的，所以不妨把它单独提出来，我们的目标就是要解出下面的极限：

$$\lim_{n\to\infty}E\left[\sum_{i=1}^{n}\Delta\mathcal{W}_i^2 - A'\right]^2 = 0 \tag{10-72}$$

不妨先为 A' 猜想一个值：

$$E\left[\sum_{i=1}^{n}\Delta\mathcal{W}_i^2\right]$$

计算一下：

$$E\left(\sum_{i=1}^{n}\Delta\mathcal{W}_i^2\right) = \sum_{i=1}^{n}E(\Delta\mathcal{W}_i^2) = \sum_{i=1}^{n}(t_i - t_{i-1}) = T \tag{10-73}$$

尝试用 T 代替 A'，计算均方极限：

$$E\left(\sum_{i=1}^{n}\Delta\mathcal{W}_i^2 - T\right)^2 = E\left\{\sum_{i=1}^{n}\Delta\mathcal{W}_i^4 + 2\sum_{i=1}^{n}\sum_{j<i}^{n}(\Delta\mathcal{W}_i^2)(\Delta\mathcal{W}_j^2) + T^2 - 2T\sum_{i=1}^{n}\Delta\mathcal{W}_i^2\right\} \tag{10-74}$$

逐一计算式(10-74)右侧各项：

$$E(\Delta\mathcal{W}_i^4) = 3(t_i - t_{i-1})^2 \tag{10-75}$$

$$E(\Delta\mathcal{W}_i^2)(\Delta\mathcal{W}_j^2) = (t_i - t_{i-1})(t_j - t_{j-1}) \tag{10-76}$$

这样，就有：

$$\begin{aligned} E\left(\sum_{i=1}^{n}\Delta\mathcal{W}_i^2 - T\right)^2 &= \sum_{i=1}^{n}3(t_i - t_{i-1})^2 + \\ &2\sum_{i=1}^{n}\sum_{j<i}^{n}(t_i - t_{i-1})(t_j - t_{j-1}) + T^2 - 2T\sum_{i=1}^{n}(t_i - t_{i-1}) \end{aligned} \tag{10-77}$$

注意到在等分割区间时我们假定过：

$$t_i - t_{i-1} = \Delta t$$

因此，就有：

$$\sum_{i=1}^{n} 3\,(t_i - t_{i-1})^2 = 3n\,(\Delta t)^2 \tag{10-78}$$

$$2\sum_{i=1}^{n}\sum_{j<i}^{n}(t_i - t_{i-1})(t_j - t_{j-1}) = n(n-1)\,(\Delta t)^2 \tag{10-79}$$

$$T^2 - 2T\sum_{i=1}^{n}(t_i - t_{i-1}) = -T^2 = -n^2\,(\Delta t)^2 \tag{10-80}$$

把它们放在一起，就有：

$$\begin{aligned} E\left(\sum_{i=1}^{n}\Delta W_i^2 - T\right)^2 &= 3n(\Delta t)^2 + n(n-1)(\Delta t)^2 - n^2(\Delta t)^2 \\ &= 2n(\Delta t)^2 = 2T(\Delta t) \end{aligned} \tag{10-81}$$

当 $n \to \infty$ 时，每一时间间隔 Δt 会趋向于 0，而：

$$\lim_{\Delta t \to 0} E\left(\sum_{i=1}^{n}\Delta W_i^2 - T\right)^2 = \lim_{\Delta t \to 0} 2T(\Delta t) = 0 \tag{10-82}$$

这说明我们对 A' 的猜想是对的，$\sum_{i=1}^{n}\Delta W_i^2$ 在均方意义上的极限就是 T。由于：

$$V_n = \frac{1}{2}\left(W_T^2 - \sum_{i=1}^{n}\Delta W_i^2\right) \tag{10-83}$$

用 T 替代 $\sum_{i=1}^{n}\Delta W_i^2$，就可以得到：

$$\lim_{\Delta t \to 0} E\left[\frac{1}{2}(W_T^2 - T) - A\right]^2 = 0 \tag{10-84}$$

根据定义 A 就是伊藤积分，这样就有：

$$A = \int_0^T W_t \mathrm{d}W_t = \frac{1}{2}(W_T^2 - T) \tag{10-85}$$

注意到它与普通积分相差一个 $1/2T$①。

在上述步骤中，最重要的一步就是在式(10-73)中，用 T 替代 $\sum_{i=1}^{n}\Delta W_i^2$ 的积分形式 $\int_0^T (\mathrm{d}W_t)^2$。在均方意义上，这实际就意味着：

$$\int_0^T (\mathrm{d}W_t)^2 = \int_0^T \mathrm{d}t = T \tag{10-86}$$

① 这个 $1/2T$ 实际上来自维纳过程的非 0 的二次变差。

或者：

$$(\mathrm{d}\mathcal{W}_t)^2 = \mathrm{d}t \tag{10-87}$$

而在几乎所有涉及随机微积分的实际计算中，都会使用上面这种替代关系。

10.4 伊藤定理

10.3 节的分析澄清了随机积分的确切含义，也就使得随机积分和微分之间的关系随之变得逐渐明朗起来。为了增强计算能力，本节中我们要学习可以实现随机过程变量之间代换的方法——伊藤公式。

考虑这样一个问题，X_t 是由一个维纳过程 $\mathcal{W}(t)$ 驱动的伊藤过程，即：

$$\mathrm{d}X = \mu(X, t)\mathrm{d}t + \sigma(X, t)\mathrm{d}\mathcal{W} \tag{10-88}$$

$f(X, t)$是 X 与 t 的函数，我们要考察随着时间的变化，$f(X, t)$是如何伴随 X 变化而变化的。这在金融实践工作中，为衍生金融产品定价时是非常重要的。所谓衍生金融产品，就是基于股票等基础产品上的金融品种，因而它们的价格是基础产品价格(随机变量或者随机过程)和时间的函数。不难知道：时间对于 $f(X, t)$的影响是双重的。首先，它是自变量之一，直接影响 $f(X, t)$的值；此外，通过 X 的变化它还间接影响 $f(X, t)$的变化。这两者的总和 $\mathrm{d}f(X, t)$ 就必须用(随机)泰勒公式来描述了。

10.4.1 直观推导

在第 8 章的经典微积分理论中，我们知道 X 的一个连续可微函数 $f(X)$的微小变化可以用泰勒级数来表示，即：

$$\Delta f = \frac{\mathrm{d}f}{\mathrm{d}X}\Delta X + \frac{1}{2}\frac{\mathrm{d}^2 f}{\mathrm{d}X^2}\Delta X^2 + \mathrm{re} \tag{10-89}$$

其中，re 是泰勒余项：

$$\mathrm{re} = \sum_{i=3}^{\infty}\frac{1}{i!}f_i(x_0)(x - x_0)^i$$

如果 f 是 X，Y 的二元函数的话，泰勒级数扩展中就会出现一些复杂的偏导数和混合偏导数项，即：

$$\Delta f = \frac{\partial f}{\partial X}\Delta X + \frac{\partial f}{\partial Y}\Delta Y + \frac{1}{2}\frac{\partial^2 f}{\partial X^2}\Delta X^2 + \frac{1}{2}\frac{\partial^2 f}{\partial Y^2}\Delta Y^2 + \frac{\partial^2 f}{\partial X\partial Y}\Delta X\Delta Y + \mathrm{re} \tag{10-90}$$

当 ΔX、ΔY 趋近于 0 时，可以把它们记为微分形式 $\mathrm{d}X$，$\mathrm{d}Y$。比 $\mathrm{d}X$，$\mathrm{d}Y$ 更高阶的量由于会更快速地趋近于 0，因而可以被忽略，从而式(10-90)就简化为：

$$\mathrm{d}f = \frac{\partial f}{\partial X}\mathrm{d}X + \frac{\partial f}{\partial Y}\mathrm{d}Y \tag{10-91}$$

因此，f 的变化（全微分）可以视为两个偏微分变化的加总。但是，如果 X 是随机过程的话，同样的原则也适用吗？回答是否定的，在随机环境下我们有下列定理作为替代。

定理 10.4.1　（Ito's lemma）假定变量 X 遵循伊藤过程：

$$dX = \mu(X, t)dt + \sigma(X, t)dW \tag{10-92}$$

f 是 X，t 的函数，则 $f(X, t)$ 遵循以下的随机运动过程：

$$df = \frac{\partial f}{\partial X}dX + \frac{\partial f}{\partial t}dt + \frac{1}{2}\frac{\partial^2 f}{\partial X^2}\sigma^2 dt \tag{10-93}$$

证明： 这条定理的证明在金融学文献中通常采用不太严格的直觉方式，即把它视为泰勒级数在随机环境中的推广①。根据式（10-90），记 f 的泰勒级数扩展为：

$$\Delta f = f_X \Delta X + f_t \Delta t + \frac{1}{2} f_{XX}(\Delta X)^2 + \frac{1}{2} f_{tt}(\Delta t)^2 + f_{Xt}(\Delta X \Delta t) + \mathrm{re}$$

其中：

$$\Delta X = \mu \Delta t + \sigma \Delta W$$

如同确定性环境下面临的情形，接下来我们要对等式右边做进一步的取舍，取舍的原则同样是根据阶的高低——当 Δt 趋近 0 时，对于阶数高于 Δt 的项都可以忽略。

先考察一阶项 $f_X \Delta X$ 和 $f_t \Delta t$，把 ΔX 代入 $f_X \Delta X$ 后，实际得到三个一阶项 $f_X \mu \Delta t$、$f_X \sigma \Delta W$ 和 $f_t \Delta t$，显然有：

$$\lim_{\Delta t \to 0} \frac{f_X \mu \Delta t}{\Delta t} = f_X \mu$$

$$\lim_{\Delta t \to 0} \frac{f_t \Delta t}{\Delta t} = f_t$$

因为维纳过程波动非常剧烈，所以 $f_X \sigma \Delta W$ 也不会随着 Δt 变小而趋近于 0。因此，所有一阶项都得保留下来。接着看二阶项，先是 $\frac{1}{2} f_{tt}(\Delta t)^2$，由于：

$$\lim_{\Delta t \to 0} \frac{f_{tt}(\Delta t)^2}{2\Delta t} = \frac{f_{tt}\Delta t}{2}$$

所以，它可以去掉。下面考虑 $\frac{1}{2} f_{XX}(\Delta X)^2$，把 ΔX 代入，并展开平方项得：

$$\frac{1}{2} f_{XX}[\mu^2(\Delta t)^2 + \sigma^2(\Delta W)^2 + 2\mu\sigma\Delta t \Delta W]$$

根据同样的原则，第一、三项也可以舍去，最重要的就是中间 $\frac{1}{2} f_{XX}\sigma^2(\Delta W)^2$ 这一项，它是否应当被忽略呢？由我们在上一节中的讨论可知，在均方意义上：

① 严格的证明参考 Gihman & Skorohod（1969），p387—389 和 Chung & Williams（1990）定理 5.10。也可以参考 Karatzas & Shreve（1996）、Revuz & Yor（1994）、Kushner（1995）以及 Protter（1990）。

$$\mathrm{d}\mathcal{W}_t^2=\mathrm{d}t$$

因此,当 Δt 趋于 0 时,有:

$$\lim_{\Delta t\to 0}\frac{1}{2}f_{XX}\sigma^2\ \frac{\Delta\mathcal{W}^2}{\Delta t}=\frac{1}{2}f_{XX}\sigma^2$$

因此,它也不能被省略。这实际上就是随机微积分方法的关键所在,也是随机过程泰勒方法与确定情况下最大的区别之所在①。

至于更高阶的混合项则不再会出现了。这样剩下的就是三个一阶项和一个二阶项,即:

$$\Delta f=f_X\mu\Delta t+f_t\Delta t+f_X\sigma\Delta\mathcal{W}+\frac{1}{2}f_{XX}\sigma^2\Delta t$$

把上式改写为微分形式,就是定理中的样子。

注意到,利用式(10-92),式(10-93)也可以记为:

$$\mathrm{d}f=\left(\frac{\partial f}{\partial X}\mu+\frac{\partial f}{\partial t}+\frac{1}{2}\ \frac{\partial^2 f}{\partial X^2}\sigma^2\right)\mathrm{d}t+\frac{\partial f}{\partial X}\sigma\mathrm{d}\mathcal{W} \tag{10-94}$$

这意味着 $f(X,\ t)$也遵循一个伊藤过程。它的漂移率是:

$$\frac{\partial f}{\partial X}\mu+\frac{\partial f}{\partial t}+\frac{1}{2}\ \frac{\partial^2 f}{\partial X^2}\sigma^2$$

波动率为:

$$\frac{\partial f}{\partial X}\sigma$$

如果对式(10-94)两边积分,我们也可以得到它的积分形式:

$$f(X_t,\ t)=f(X_0,\ 0)+\left(\int_0^t f_X\mu\mathrm{d}s+\int_0^t f_t\mathrm{d}s+\int_0^t\frac{1}{2}f_{XX}\sigma^2\mathrm{d}s\right)+\int_0^t f_X\sigma\mathrm{d}\mathcal{W} \tag{10-95}$$

注意,通常把:

$$\mathcal{I}f(x,\ t)=\mu(x,\ t)f_x(x,\ t)+f_t(x,\ t)+\frac{1}{2}\sigma^2 f_{xx}(x,\ t) \tag{10-96}$$

称为伊藤过程的微分算子(differential generator or weak infinitesimal operator)。而把:

$$\mathcal{A}f(x,\ t)=\mu(x,\ t)f_x(x,\ t)+\frac{1}{2}\sigma^2 f_{xx}(x,\ t) \tag{10-97}$$

称为特征算子(characteristic generator)。

10.4.2 应用举例

伊藤定理有时候被称为随机微积分的基本定理,在随机分析和计算中有着广泛的用途,

① 以后的运算中我们会经常使用这样一些近似的关系:$\mathrm{d}t\times\mathrm{d}t=0$, $\mathrm{d}t\times\mathrm{d}\mathcal{W}=0$, $\mathrm{d}\mathcal{W}\times\mathrm{d}\mathcal{W}=\mathrm{d}t$。

它可以解决以下三个问题。

(1) 用一些基本或者简单的函数来近似地表示任何函数，这时伊藤定理可以视为泰勒级数理论的随机版本。

(2) 考察函数对自变量的细小变化的反映情况，这时它又相当于随机微积分中的"链式法则"(chain rule)。

(3) 它使得我们可以对随机过程函数进行微分和积分，也可以用它来构造随机微分方程。

本节将提供一些有关伊藤定理应用技巧方面的简单例子。

例 10.4.1　推导

$$f(\mathcal{W}_t,\ t)=\mathcal{W}_t^2$$

遵循的伊藤过程。

直接套用伊藤公式，得：

$$\mathrm{d}f(\mathcal{W}_t,\ t)=\mathrm{d}t+2\mathcal{W}_t\mathrm{d}\mathcal{W}_t \tag{10-98}$$

例 10.4.2　推导

$$f(\mathcal{W}_t,\ t)=3+t+\mathrm{e}^{\mathcal{W}_t}$$

遵循的伊藤过程。

直接套用伊藤公式，得：

$$\mathrm{d}f(\mathcal{W}_t,\ t)=\mathrm{d}t+\mathrm{e}^{\mathcal{W}_t}\mathrm{d}\mathcal{W}_t+\frac{1}{2}\mathrm{e}^{\mathcal{W}_t}\mathrm{d}t \tag{10-99}$$

例 10.4.3　$f(X_t)=\ln X_t$，$X(t)$ 遵循下列伊藤过程：

$$\mathrm{d}X(t)=\mu(X,\ t)X\mathrm{d}t+\sigma(X,\ t)X\mathrm{d}\mathcal{W}(t)$$

推导 f 遵循的伊藤过程。

由于：

$$\frac{\partial f}{\partial X}=\frac{1}{X},\ \frac{\partial f}{\partial t}=0,\ \frac{\partial^2 f}{\partial X^2}=-\frac{1}{X^2}$$

根据伊藤定理可以得到：

$$\mathrm{d}f=\left(\mu-\frac{\sigma^2}{2}\right)\mathrm{d}t+\sigma\mathrm{d}\mathcal{W}_t \tag{10-100}$$

这说明 f 也遵循一个一般维纳过程，它具有不变的漂移率 $\mu-\frac{\sigma^2}{2}$ 和方差率 σ^2。这个例子在金融分析中常常会碰到

例 10.4.4　$f(S,\ t)=\mathrm{e}^{S_t}$，$S(t)$ 分别遵循下列伊藤过程：

$$\mathrm{d}S(t)=-\frac{1}{2}\sigma^2(t)\mathrm{d}t+\sigma(t)\mathrm{d}\mathcal{W}(t)$$

$$\mathrm{d}S(t)=-\frac{1}{2}\mathrm{d}t+\mathrm{d}\mathcal{W}(t)$$

推导 f 遵循的伊藤过程。

答案分别是：

$$\begin{aligned} df &= e^{S(t)}\left[-\frac{1}{2}\sigma^2(t)dt+\sigma(t)d\mathcal{W}(t)\right]+\frac{1}{2}e^{S(t)}\left[-\frac{1}{2}\sigma^2(t)dt+\sigma(t)d\mathcal{W}(t)\right]^2 \\ &= -\frac{1}{2}e^{S(t)}\sigma^2(t)dt+e^{S(t)}\sigma(t)d\mathcal{W}(t)+\frac{1}{2}e^{S(t)}\sigma^2(t)dt \\ &= e^{S(t)}\sigma(t)d\mathcal{W}(t) \end{aligned} \tag{10-101}$$

和

$$df = e^{S(t)}\left[-\frac{1}{2}dt+d\mathcal{W}(t)\right]+\frac{1}{2}e^{S(t)}\left[-\frac{1}{2}dt+d\mathcal{W}(t)\right]^2 = e^{S(t)}d\mathcal{W}(t) \tag{10-102}$$

除了计算随机函数的相对变化以外，伊藤公式还可以用来计算伊藤积分。考虑下面形式的随机伊藤积分：

$$\int_0^t \mathcal{W}_s d\mathcal{W}_s$$

我们在 10.3.3 节中，直接用均方收敛的定义计算过这个积分，过程相当烦琐。如果应用伊藤公式则可以轻松地求解。

先定义一个函数：

$$f(\mathcal{W}_t,\ t)=\frac{1}{2}\mathcal{W}_t^2$$

对 $f(\mathcal{W}_t,\ t)$ 应用伊藤定理，得：

$$df(\mathcal{W}_t,\ t)=\frac{1}{2}dt+\mathcal{W}_t d\mathcal{W}_t$$

这是一个具有 1/2 漂移和 $\mathcal{W}_t$ 扩散系数的伊藤过程。把上式记为积分形式，得到：

$$f(\mathcal{W}_t,\ t)=\frac{1}{2}\int_0^t ds+\int_0^t \mathcal{W}_s d\mathcal{W}_s$$

或者：

$$\frac{1}{2}\mathcal{W}_t^2=\int_0^t \mathcal{W}_s d\mathcal{W}_s+\frac{1}{2}t$$

即推出：

$$\int_0^t \mathcal{W}_s d\mathcal{W}_s=\frac{1}{2}(\mathcal{W}_t^2-t) \tag{10-103}$$

10.4.3 多维情形

上述结论可以直接向更高维做推广。假定 f 是 n 维随机过程向量 X_i，$i=1, \cdots, n$ 和时间 t 的函数，X_i，$i=1, 2, \cdots, n$ 遵循下列伊藤过程：

$$dX_i(t)=\mu_i(X_t,\ t)dt+\sigma_{ir}(X_t,\ t)d\mathcal{W}_r,\ i=1,\ 2,\cdots n;\ r=1,\ 2,\ \cdots,\ m \tag{10-104}$$

其瞬间漂移率为 μ_i，瞬间波动率为 σ_{ir}，σ_{ir} 是一个 $n\times m$ 矩阵。式(10-104)亦可记为：

$$\begin{bmatrix} dX_1 \\ \cdots \\ dX_n \end{bmatrix}=\begin{bmatrix} \mu_1 \\ \cdots \\ \mu_n \end{bmatrix}dt+\begin{bmatrix} \sigma_{11} & \cdots & \sigma_{1m} \\ \cdots & & \cdots \\ \sigma_{n1} & \cdots & \sigma_{nm} \end{bmatrix}\begin{bmatrix} d\mathcal{W}_1 \\ \cdots \\ d\mathcal{W}_m \end{bmatrix} \tag{10-105}$$

则 f 的泰勒级数展开得到：

$$\begin{aligned} df &= \frac{\partial f}{\partial t}dt+\sum_i^n\frac{\partial f}{\partial X_i}dX_i+\frac{1}{2}\sum_i^n\sum_j^n\frac{\partial^2 f}{\partial X_i\partial X_j}dX_i dX_j \\ &= \frac{\partial f}{\partial t}dt+\sum_i^n\frac{\partial f}{\partial X_i}(\mu_i dt+\sigma_{ir}d\mathcal{W}_r)+\frac{1}{2}\sum_i^n\sum_j^n\frac{\partial^2 f}{\partial X_i\partial X_j}(\mu_i dt+\sigma_{ir}d\mathcal{W}_r)(\mu_j dt+\sigma_{jr}d\mathcal{W}_r) \\ &= \frac{\partial f}{\partial t}dt+\sum_{i=1}^n\frac{\partial f}{\partial X_i}\mu_i dt+\sum_{i=1}^n\frac{\partial f}{\partial X_i}\sigma_{ir}d\mathcal{W}_r+\frac{1}{2}\sum_{i=1}^n\sum_{j=1}^n\frac{\partial^2 f}{\partial X_i\partial X_j}(\sigma_{ir}\sigma_{jr}^T)d\mathcal{W}_r d\mathcal{W}_r^T \end{aligned}$$

整理得：

$$\begin{aligned} df &= \left[\sum\frac{\partial f}{\partial X}\mu+\frac{\partial f}{\partial t}+\frac{1}{2}\sum\sum\frac{\partial^2 f}{\partial X_i\partial X_j}(\sigma\sigma^T)_{ij}\right]dt+\frac{\partial f}{\partial X}\sigma d\mathcal{W} \\ &= \left[\sum\frac{\partial f}{\partial X}\mu+\frac{\partial f}{\partial t}+\frac{1}{2}\sum\sum\frac{\partial^2 f}{\partial X_i\partial X_j}(\sigma\sigma^T)_{ij}\right]dt+\frac{\partial f}{\partial X}\sigma d\mathcal{W} \end{aligned} \tag{10-106}$$

这便是伊藤定理的一般形式。注意，在计算时我们使用了如下表所示的等价关系。

	dt	$d\mathcal{W}_i$	$d\mathcal{W}_j$
dt	0	0	0
$d\mathcal{W}_i$	0	dt	0
$d\mathcal{W}_j$	0	0	dt

这时的多维微分算子和特征算子就是：

$$\mathcal{I}f(x,\ t)=\mu(x,\ t)f_x(x,\ t)+f_t(x,\ t)+\frac{1}{2}tr[\sigma\sigma^T f_{xx}(x,\ t)] \tag{10-107}$$

$$\mathcal{A}f(x,\ t)=\mu(x,\ t)f_x(x,\ t)+\frac{1}{2}tr[\sigma\sigma^T f_{xx}(x,\ t)] \tag{10-108}$$

以下我们提供几个多维的例子。

例 10.4.5　已知 $f(S_1,\ S_2)=t\mathcal{W}(t)$，而且

$$dS_1=dt$$

$$dS_2=d\mathcal{W}$$

推导 f 遵循的伊藤过程。

套用多维伊藤公式,得:

$$\begin{aligned} \mathrm{d}f &= \mathcal{W}(t)\mathrm{d}t + t\mathrm{d}\mathcal{W}(t) + \frac{1}{2}[\mathrm{d}t\mathrm{d}\mathcal{W}(t) + \mathrm{d}\mathcal{W}(t)\mathrm{d}t] \\ &= \mathcal{W}(t)\mathrm{d}t + t\mathrm{d}\mathcal{W}(t) \end{aligned}$$

例 10.4.6 已知 $f(S_1, S_2, t) = tS_1S_2$,而且

$$\mathrm{d}S_1 = \mu_1\mathrm{d}t + \sigma_1\mathrm{d}\mathcal{W}$$

$$\mathrm{d}S_2 = \sigma_2\mathrm{d}\mathcal{W}$$

推导 f 遵循的伊藤过程。

套用公式,得:

$$\begin{aligned} \mathrm{d}f &= S_1S_2\mathrm{d}t + tS_2\mathrm{d}S_1(t) + tS_1\mathrm{d}S_2(t) + \frac{1}{2}[t\mathrm{d}S_1(t)\mathrm{d}S_2(t) + t\mathrm{d}S_2(t)\mathrm{d}S_1(t)] \\ &= S_1S_2\mathrm{d}t + tS_2[\mu_1\mathrm{d}t + \sigma_1\mathrm{d}\mathcal{W}] + tS_1\sigma_2\mathrm{d}\mathcal{W} + \frac{1}{2}[t\sigma_1\sigma_2\mathrm{d}t + t\sigma_1\sigma_2\mathrm{d}t] \\ &= (S_1S_2 + tS_2\mu_1 + t\sigma_1\sigma_2)\mathrm{d}t + (tS_2\sigma_1 + tS_1\sigma_2)\mathrm{d}\mathcal{W} \end{aligned}$$

从上面这个例子中,就可以推出函数乘积的伊藤定理的一般形式。

例 10.4.7 已知 $f(S_1, S_2) = \dfrac{S_1S_2}{S_1^2 + S_2^2}$,而且

$$\mathrm{d}S_1 = \mu_1S_1\mathrm{d}t + \sigma_1S_1\mathrm{d}\mathcal{W}_1$$

$$\mathrm{d}S_2 = \mu_2S_2\mathrm{d}t + \sigma_2S_2\mathrm{d}\mathcal{W}_2$$

推导 f 遵循的伊藤过程。

套用公式可得:

$$\begin{aligned} \mathrm{d}f = {} & (f_{S_1}S_1\mu_1 + f_{S_2}S_2\mu_2)\mathrm{d}t + \frac{1}{2}[f_{S_1S_2}(S_1^2\sigma_1^2) + f_{S_1S_2}(S_2^2\sigma_2^2)]\mathrm{d}t \\ & + f_{S_1}S_1\sigma_1\mathrm{d}\mathcal{W}_1 + f_{S_2}S_2\sigma_2\mathrm{d}\mathcal{W}_2 \end{aligned}$$

10.5 随机微分方程

我们知道普通(差分)微分方程(ordinary differential equation)可以用来描述动态经济过程。例如,货币市场账户(money market account)的增值过程就可以描绘为:

$$\mathrm{d}B_t = rB_t\mathrm{d}t,\ B_0 = 0$$

其中,r 是无风险利率。那么,如果在不确定性的环境下,如何描绘一个随机经济变量的运动过程呢? 这时就要借助一个随机微分方程(stochastic differential equation)来完成这一任务。通常称下面形式的方程为伊藤随机微分方程:

$$dX_t = a(X_t, t)dt + b(X_t, t)d\mathcal{W}_t, \ X_0 \in \mathbf{R} \tag{10-109}$$

也可以把它写成积分形式：

$$X_t - X_0 = \int_0^t a(X_s, s)ds + \int_0^t b(X_s, s)d\mathcal{W}_s \tag{10-110}$$

本节中即讨论这种方程所表征的金融含义以及求解它的方法①。

10.5.1　随机过程模型

通过挑选合适的参数，随机微分方程可以用来构造任何所需要的金融资产价格运动模型。最简单是线性常系数模型，这种模型的参数不依赖于随机过程，如一般维纳过程：

$$dS_t = \mu dt + \sigma d\mathcal{W}_t, \ t \in [0, \infty) \tag{10-111}$$

通过前面的分析，可以知道它的数学期望为 $\mu\Delta t$，方差为 $\sigma^2\Delta t$。图 10-13 显示了分 900 步模拟的线性常系数随机微分方程，采用的是具有下面参数的随机差分方程②：

$$S_i = S_{i-1} + 0.01\Delta t + 0.04\Delta\mathcal{W}_i, \ i \in [1, 1\,000], \Delta t = 0.001, \ S_0 = 100$$

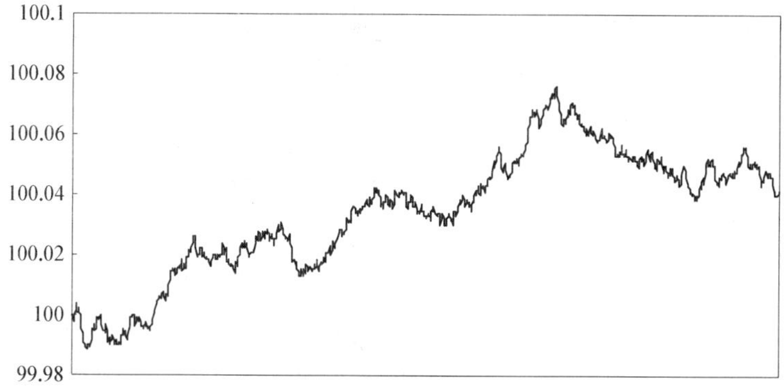

图 10-13　线性常系数随机微分方程运动轨迹

可以看到 S_t 始终围绕着斜率为 μ 的直线波动，σ 的大小决定了这种波动的幅度，但它并不会随着时间增大。

但是，研究者一般更倾向于采用几何随机微分方程（geometric SDE）。例如，在著名的 B-S模型中，使用的就是下面形式的随机微分方程：

$$dS = \mu S_t dt + \sigma S_t d\mathcal{W}_t, \ t \in [0, \infty) \tag{10-112}$$

这时的 μ 和 σ 是股票的收益率和收益率的波动率，它们可以从历史数据估计得到，而且也不随时间变化，图 10-14 模拟了以下随机差分方程的运动轨迹：

$$S_i = S_{i-1} + 0.1S_{i-1}\Delta t + 0.4S_{i-1}\Delta\mathcal{W}_i, \ i \in [1, 1\,000], \Delta t = 0.001, \ S_0 = 100$$

可以发现，它具有一个增长率为 9% 的指数趋势以及随着绝对价格水平的增长而增长的

① 对随机微分方程方面的进阶参考读物为 Revuz & Yor(1991)、Jacod(1979)以及 Øksendal(1995)。
② 对模拟方法的详细讨论见第 12.4 节。

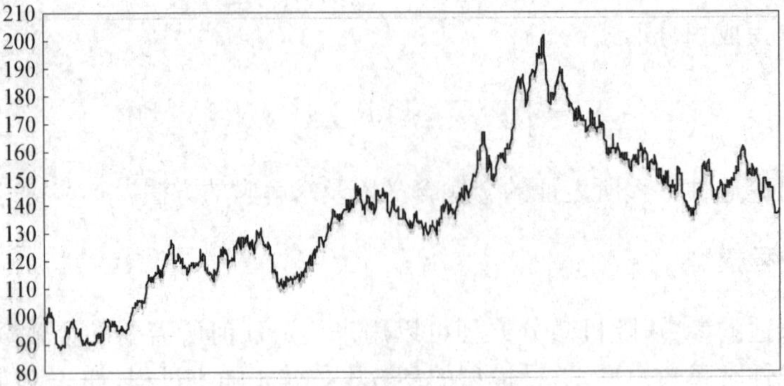

图 10-14　几何随机微分方程运动轨迹

波动率。这是因为它的方差同 S^2 成比例,这对于那些价格水平比较高的资产来说,在某些情况下可能过于剧烈了。

作为一种替代,可以考虑采用下面的平方根过程(square root process):

$$dS_t = \mu S_t dt + \sigma \sqrt{S_t} dW_t,\ t \in [0, \infty) \tag{10-113}$$

这就使得资产价格波动率并不会随着 S_t 的增长而增长得太快,图 10-15 模拟在同样参数条件和同一随机因素驱动下的平方根过程。容易发现,尽管它同图 10-14 中的过程有类似的趋势,但波动减轻了很多。

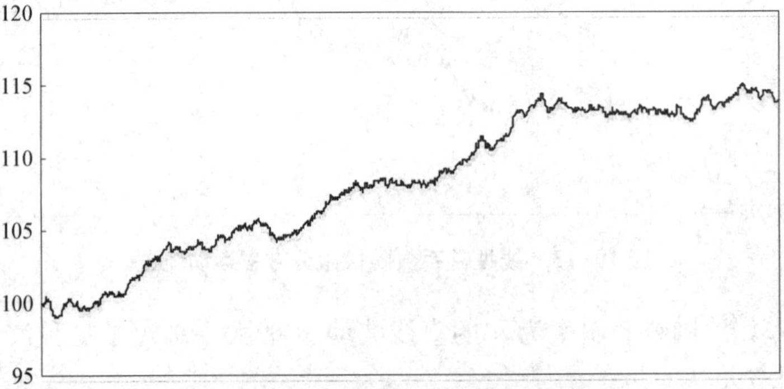

图 10-15　平方根随机微分方程运动轨迹

和以上模型不同,有一些金融价格变量会表现出来均值回复(mean reverting)的特征,如利率。这时,就必须构造具有均值回复特征的随机过程:

$$dS_t = \lambda(\mu - S_t)dt + \sigma S_t dW_t,\ t \in [0, \infty);\ \lambda > 0 \tag{10-114}$$

当 S_t 下降到某一均值 μ 以下时,$(\mu - S_t)$ 就会变正,这使得 dS_t 更有可能变成正的,因此 S_t 会向 μ 附近移动和回复。这样就构造出了一个向均衡点 μ 归复的随机过程,通常称之为奥斯坦-乌伦贝克过程。图 10-16 用下面的随机差分方程模拟了该过程。

$$S_i - S_{i-1} = 0.5(0.6 - S_{i-1})\Delta t + 0.8 S_{i-1} \Delta W_i,\ i \in [1,\ 1\,000], \Delta t = 0.001,\ S_0 = 100$$

一个类似的模型是漂移为均值回复的,而扩散项采用的是平方根形式,即:

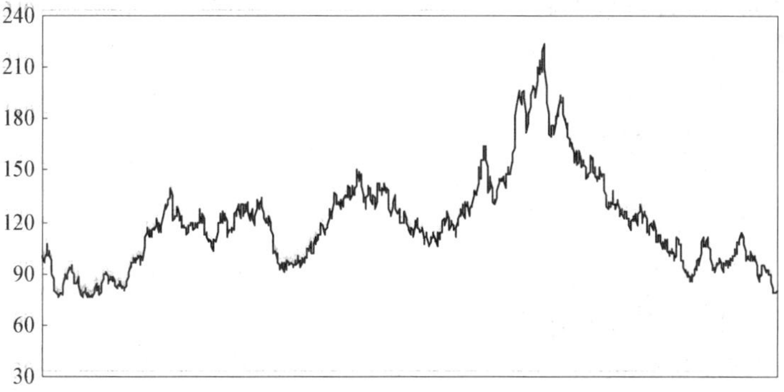

图 10-16　均值回复随机微分方程运动轨迹

$$dS_t = \lambda(\mu - S_t)dt + \sigma\sqrt{S_t}\,d\mathcal{W}_t,\ t \in [0, \infty);\ \lambda > 0 \tag{10-115}$$

这被称为平方根贝塞尔过程(squared Bessel process)①。瓦西塞克和考克斯等人在他们著名的关于利率期限结构的经典论文中，分别用上述两种形式的随机微分方程来构造即期利率(spot interest)运动模型。

均值回复过程同前面模型的显著差别在于——尽管它也有一个趋势，但对这个趋势的偏离并不是完全随机的，S_t 在长期内会回到均值，回复时间的平均长度由参数 λ 决定，如果 λ 越小则回复需要的时间也就越长。这样，资产价格运动在总体上可能会表现可以预测的周期性②。

10.5.2　解的性质和形式

本节继续讨论随机微分方程的解的形式、性质以及种类。随机微分方程是一个等式，它包含一个未知数。这个未知数的解是一个随机过程，如果要求解它，就必须确定该过程的轨道和相应的概率分布。

不妨先直观考虑一下这种方程的解意味着什么。为此把式(10-109)改写为离散形式：

$$X_{t_{i+1}} = X_{t_i} + a(X_{t_i}, t_i)\Delta t_i + b(X_{t_i}, t_i)\Delta\mathcal{W}_{t_i} \tag{10-116}$$

如图 10-17 所示，得到 $X_{t_{i+1}}$ 的方法是在已有的 X_{t_i} 基础上加上一个确定的趋势 $a(X_{t_i}, t_i)\Delta t_i$ 和一个时正时负的随机扰动项 $b(X_{t_i}, t_i)\Delta\mathcal{W}_{t_i}$，当时间间隔趋近于 0 时，就形式地构成了解的真实路径，这种构成解的方法被称为柯西-欧拉(Cauchy-Euler)方法。

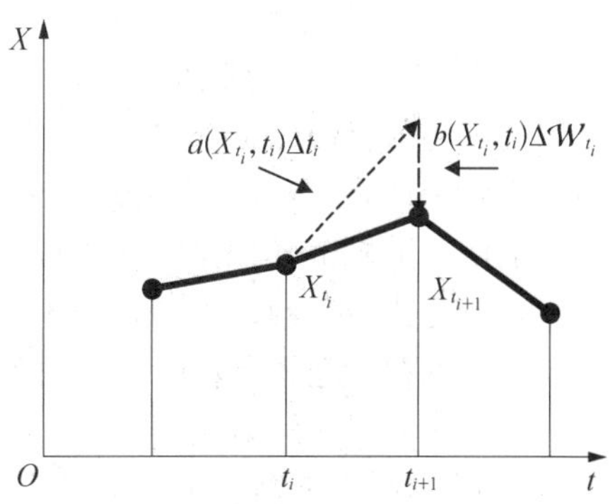

图 10-17　随机微分方程的柯西-欧拉法

那么，这个解有什么性质呢？我们知道一个常微分方程的解有两个性质：① 解是依赖于参数和初始条件的；② 它是可微的。

如果在均方意义上理解第二个性质，则上述两

① Revus & Yor(1992)有一章专门用来谈真实平方根贝塞尔过程(true squared Bessel process)。

② 现代建模技术可以构造出使得波动率也成为随机的复杂过程，这些方法可以参考 Rossi(1996)。

个特点也适合于随机微分方程的解。但是,随机微分方程的解还有另一个重要性质,即这个随机过程必定是一个马式过程①,在一些假定下它还是扩散过程②。

正式一些,一个随机过程 X_t 如果具有下列三个性质,就被称为随机微分方程的解:

(1) X_t, $t \in [0, T]$ 是一个不可预料的随机过程;

(2) $\int_0^T |a(X_t, t)| \mathrm{d}t < \infty$ 和 $\int_0^T |b(X_t, t)|^2 \mathrm{d}t < \infty$;

(3) 使得式(10-109)或者式(10-110)对于所有的 $t \in [0, T]$ 成立。

实际上,随机微分方程的解有两种形式。

一种解被称为强解(strong solution),与常微分方程中的情形类似,给定参数和既定随机概率空间(随机基)上的一个随机驱动项 $\mathcal{W}_t$,要找到一个满足下式:

$$\mathrm{d}X_t = a(X_t, t)\mathrm{d}t + b(X_t, t)\mathrm{d}\mathcal{W}_t, \ X_0 \in \mathbf{R} \tag{10-117}$$

的随机过程 X_t。即存在一个显性函数 f,可以把方程的解写成如下形式:

$$X(t) = f(a, b, \mathcal{W}_s, t, X_0), \ s < t$$

进一步,为了确保随机微分方程强解的存在性和唯一性,方程的参数 a, b 必须满足以下条件③:

(1) 李普希茨条件(Lipschitz condition)。存在常数 $K > 0$,使得:

$$|a(X, t) - a(X', t)| + |b(X, t) - b(X', t)| \leqslant K |X - X'| \tag{10-118}$$

(2) (线性)增长条件(growth condition)。

$$|a(X, t)|^2 + |b(X, t)|^2 \leqslant K^2(1 + |X|^2) \tag{10-119}$$

实际中遇到的几乎所有随机微分方程都满足李普希茨条件,因为它本质上是一种平滑性条件。增长条件则常常会被违背,但这并不是说解就不存在了。确切地说,它意味着在有限时间内,解可能会“爆发”到无穷大。

另一种解被称为弱解(weak solution)。所谓弱解,是可以为上面的随机微分方程求出一个随机过程 $\tilde{X}(t)$:

$$\tilde{X}(t) = f(a, b, \tilde{\mathcal{W}}_s, t, X_0), \ s < t$$

其中,$\tilde{\mathcal{W}}_t$ 是一个维纳过程,它的分布与 $\tilde{X}(t)$ 是一同决定的。此外,如果 $\tilde{X}(t)$ 和 $\tilde{X}'(t)$ 同时为上述随机微分方程的弱解,则两者是无区别的(indistinguishable),这时称该方程的解有轨道唯一性(pathwise uniqueness)④。

弱解是随机微分方程所特有的。可以认为:在弱解中只有参数 a 和 b 是给定的,找到的是一对满足式(10-117)的 $(\tilde{X}_t, \tilde{\mathcal{W}}_t)$。然而,在强解中 $\mathcal{W}_t$ 不是未知数,而是给定的。强解和弱解的存在性之间有着密切的联系。事实上,当且仅当马氏型伊藤随机微分方程有弱解,

---

① 随机微分方程的解是一个马氏过程,这就意味着随机过程的未来走势仅仅依赖于它当前的情况,而与它演进的历史无关,但如果 $\mathcal{W}$ 是可微的,则为了知道 X 的演进,我们必须知道(可能是整个)变化历史,这在实际运用中是不可能被接受的。

② 证明见 Malliaris & Brock(1982),p97—101,以及那里给出的参考文献。

③ 随机微分方程解存在的条件和唯一性的证明见 Gihman & Skorohod(1972),p40—43。

④ 无区别等随机等价(equivalent)方面的概念可以参考 11.1.2 节。

且具有轨道唯一性时，它才具有唯一强解。

10.5.3　显性解的例子

在一般情况下，并不容易得到随机微分方程的显性解，以下是两个罕见而且非常重要的强解的例子。

例 10.5.1　几何布朗运动：

$$dX_t = \mu X_t dt + \sigma X_t d\mathcal{W}_t$$

令 $Y = \ln X$，根据伊藤定理式(10-95)就有①：

$$Y_t - Y_0 = \int_0^t \left(\mu - \frac{1}{2}\sigma^2\right) ds + \int_0^t \sigma d\mathcal{W}_s \tag{10-120}$$

运行积分符号，并注意到：

$$\int_0^t ds = t$$

$$\int_0^t d\mathcal{W}_s = \mathcal{W}_t - \mathcal{W}_0$$

$$\mathcal{W}_0 = 0$$

就有：

$$\ln X_t = \ln X_0 + \left(\mu - \frac{1}{2}\sigma^2\right) t + \sigma \mathcal{W}_t \tag{10-121}$$

这样，解就是：

$$X_t = X_0 e^{\left(\mu - \frac{1}{2}\sigma^2\right) t + \sigma \mathcal{W}_t} \tag{10-122}$$

要注意的是，在使用伊藤定理的过程中，$\frac{1}{2}\sigma^2 t$ 项被去掉了，如果用的是确定性微积分法则，则结果会是：

$$dX_t = \left(\mu - \frac{1}{2}\sigma^2\right) X_t dt + \sigma X_t d\mathcal{W}_t$$

例 10.5.2　奥斯坦-乌伦贝克过程：

$$dX_t = \beta(\mu - X_t) dt + \sigma d\mathcal{W}_t,\ \beta > 0 \tag{10-123}$$

只要考虑：

$$d[e^{\beta t}(X_t - \mu)] = e^{\beta t}[dX_t + \beta(X_t - \mu) dt] = \sigma e^{\beta t} d\mathcal{W}_t$$

因此：

$$e^{\beta t}(X_t - \mu) - (X_0 - \mu) = \int_0^t \sigma e^{\beta s} d\mathcal{W}_s$$

---

① 参见例 10.4.3。

所以,方程的解是:

$$X_t = (1 - e^{-\beta t})\mu + e^{-\beta t} X_0 + e^{-\beta t}\int_0^t \sigma e^{\beta s} d\mathcal{W}_s \tag{10-124}$$

因此,X_t 是静态(stationary)和均值回复的,它在分布上收敛于 $\mathcal{N}(\mu, \sigma^2/2\beta)$。

10.6 应 用

我们已经获得了解决动态不确定问题的强有力工具了。通过学习二项过程、维纳过程和泊松过程,可以知道如何模拟金融资产价格运动过程;通过学习伊藤积分,可以知道如何描述收益积累过程;通过学习伊藤定理,我们能够处理有相互联系的随机过程之间的变化关系。现在是看看它们能够做些什么的时候了。本节将提供在微观金融学中综合应用上面学习到的这些工具来解决实际问题的两个标准例子:① 期权定价[①];② 个人最优消费/投资决策。

10.6.1 期权定价

通过第 4 章的分析,我们已经知道期权是一种重要的衍生金融产品。它的价格 c 是基础产品价格 S_t(随机变量或者更确切的遵循几何布朗运动的随机过程):

$$dS_t = \mu S_t dt + \sigma S_t d\mathcal{W}_t$$

和时间 t 的二元函数,即:

$$c = f(S_t, t)$$

如果知道了这种函数的具体形式,就可以确切知道期权的价格。

考虑经典的布莱克-斯科尔斯模型(参见 4.2.3 节的设定)。为了获得期权的相对价值,首先需要构造一个适当的资产组合,这个组合包括 n_s 份股票和 n_c 份欧式看涨期权,在 t 时刻它的初始价值为 V_t:

$$V_t = n_s S + n_c c \tag{10-125}$$

伊藤定理告诉我们,任意衍生资产的细小价格变动 dc 可以用基础资产和时间的细微变动来近似地描绘[②],即:

$$dc = \frac{\partial c}{\partial S} dS + \frac{\partial c}{\partial t} dt + \frac{1}{2}\frac{\partial^2 c}{\partial S^2}\sigma^2 S^2 dt \tag{10-126}$$

在一个无限小的时间间隔内,V 的价值变化为 dV,即:

$$dV = n_s dS + n_c dc \tag{10-127}$$

---

① 应用于期权定价(偏微分方程方法)必须参考 Black & Scholes(1973)的经典论文以及 Merton(1973),也可以在许多关于衍生金融产品的教科书中找到,如 Cox & Rubinstein(1985)和 Hull(1992)。

② 这使得我们可以把该定理视为泰勒定理的随机过程版本,在经济上它实际上解决了保值头寸的问题,即随着股票价格的变化期权价格是如何变化的。

把式(10-126)代入得：

$$dV = n_s dS + n_c\left(\frac{\partial c}{\partial S}dS + \frac{\partial c}{\partial t}dt + \frac{1}{2}\frac{\partial^2 c}{\partial S^2}\sigma^2 S^2 dt\right) \tag{10-128}$$

如果想消去含有难以处理的随机因素的 dS，可以这样选择 n_s 和 n_c 的数值，令：

$$n_s = \frac{\partial c}{\partial S} \text{ 和 } n_c = -1$$

即卖空一单位的期权，买入$\partial c/\partial S$ 单位的股票，这样该组合的价值变为：

$$V_t = \frac{\partial c}{\partial S}S - c \tag{10-129}$$

式(10-128)则相应简化为：

$$dV = -\left(\frac{\partial c}{\partial t} + \frac{1}{2}\frac{\partial^2 c}{\partial S^2}\sigma^2 S^2\right)dt \tag{10-130}$$

这样，dS 中包括的随机成分就不见了。直观上理解，产生 S 的不确定因素同基于 S 影响 c 的不确定因素同出一源，可以通过构造合适的动态策略加以消除，这样获得的 dV 的变换就是完全确定的。如前所述，这就复制了一种(瞬间)无风险的债券，它应当获得 dS 时间内的无风险收益 r，即：

$$dV = rVdt \tag{10-131}$$

把式(10-129)、式(10-130)代入式(10-131)，再化简即得著名的布莱克-斯科尔斯微分方程(Black-Scholes partial differentiate equation)。

$$\frac{\partial c}{\partial t} + rS\frac{\partial c}{\partial S} + \frac{1}{2}\frac{\partial^2 c}{\partial S^2}\sigma^2 S^2 = rc \tag{10-132}$$

注意，这个方程不包含任何随机因素，解该方程即可以得到关于 c 的表达式。这可能是微观金融分析理论中最为重要的一个方程。任何一个资产组合(包括基础资产、衍生产品和无风险债券)价值运动的动态过程都必须满足这个方程。针对具体的问题，加上一些必要的边界条件和初始条件，就形成了解决一般衍生金融产品定价问题的通用模式。它可以用解析或者数值两种方法求解，如何求解这个方程则是第 12 章(偏微分方程以及数值方法)的主要内容①。

10.6.2　随机动态规划

现在考察随机微积分工具在微观金融分析中的第 2 种重要应用。这种应用可以回溯到第 2 章的个人终身最优消费/投资决策问题。在那里我们就知道了：动态规划(dynamic programming)是解决动态过程最优化问题的重要工具②。由于大多数应用涉及一个(部分)人为控制条件下的系统随时间的进化过程，因此有时也称它为动态控制(dynamic control)问

① 此外，在下一章学习过鞅理论以后，还有一种更为简洁的方法为期权定价。

② 动态规划方面有很多文献可供查阅，例如贝尔曼(1957，1961)、霍华德(Howard，1960)和布莱克威尔(Blackwell，1962)，也可以参考 Dixit(1990)。

题。如果涉及不确定的环境,则习惯上称之为随机动态规划(stochastic dynamic programming)或者随机最优控制(stochastic optimal control)①。

这时研究者要区分问题是发生在连续时间还是离散时间下,随机变量是连续状态还是离散状态,是马尔可夫(Markovian)还是非马尔可夫(non-Markovian)等不同情况。我们这里把重点放在连续时间、连续状态的马尔可夫动态规划问题上②。这时要研究的状态过程(state process)通常被称为可控扩散过程(controlled diffusion process),大部分金融学应用都属于这一类别。

对动态规划方法的研究始于 20 世纪 40 年代末,贝尔曼(Bellman)最早认为动态决策问题可以被视为一系列静态规划问题的汇总。他这样描述他的最优化原则(principle of optimality)③:

> *"An optimal policy has the property that whatever the initial state and initial decision are, the remaining decisions must constitute an optimal policy with regard to the state resulting from the first decision."*

翻译成中文就是:

> "一个最优策略有这样的特征:无论初始状态和初始决策是什么,余下的决策在考虑到第一个决策导致的状态的影响下,都必须是最优的策略。"

简而言之,最优过程的最后一个阶段必定是最优的。以下我们将运用这一原理着重讨论连续时间马尔可夫动态规划问题的一般原理④。要指出的是:动态规划实际上是一种技术,并没有什么一般化的公式供套用。

首先,设定讨论问题的环境。假定不确定环境由定义在概率空间 $\{\Omega, \mathcal{F}, \overline{A}\mathcal{P}\}$ 上的随机 $(X_t)_{t\in[0,T]}$ 来描述。决策者在$[0, T]$这一段时间内进行决策,σ-代数$\mathcal{F}$可以解释为整个信息集,到时间 t 为止拥有的信息集为 $\mathcal{F}_t$,假定到 T 时刻所有信息都被揭示出来,即 $\mathcal{F}_T=\mathcal{F}$。同时,也假定整个信息结构 $\mathbf{F}=\{\mathcal{F}_t\}_{t\in[0,T]}$ 是由 $(X_t)_{t\in[0,T]}$ 产生的⑤。一个决策(decision)、计划(plan)或者说策略(policy)又可以被称为一个控制(control),所有可行控制(admissible controls)集记为 $\mathcal{A}$。

我们把系统描述为一个状态过程(state process),决策者可以清楚地观察到这个状态过程,并决定是否把它作为最优化决策的目标。该过程的演化同时受到随机过程 $(X_t)_{t\in[0,T]}$ 和控制行为 $u(t)_{t\in[0,T]}$ 的影响,这种影响可以用一组随机微分方程来表示。我们令 $Z=\{Z(t)_{t\in[0,T]}\}$ 为状态过程,通常假定 Z 产生的信息结构与 X 产生的信息结构相同。因此,一个最简单的状态过程就可以是:

---

① 随机最优控制并不需要控制理论方面的知识作为它的必然前导课程(当然有个别例外)。Fleming & Rishell(1975)(离散时间)和 Bertsekas & Shreve(1978)(连续时间)的作品是标准的参考文献。此外,还可以参见 Duffie(2001)第 9 章,Dixit & Pindyck(1994),Karlin & Taylor(1981)第 15 章和 Harrison(1985)。确定性环境下的最优控制技术则可以参考 Kamien & Schwartz(1991)第二部分、Chiang(1992)以及 Seierstad & Sydsaeter(1977)。

② 离散时间环境下相关经济运用的一个综述见 Ziemba & Vickson(1975)。

③ 见 Bellman(1957),p83。根据这一原则加上测度理论和泛函分析方法,Kushner、Hrishel 和 Bismut 等在 20 世纪 60 年代和 70 年代早期大力推进了这一数学分支的发展。

④ 这里的讨论主要来自 Merton(1971)和 Malliaris & Brock(1982),金融意义上的讨论全部在第 2 章的第 2 节中。

⑤ 信息结构方面的详细讨论见 11.1.1 和 11.1.2 节。

$$Z = X$$

最常见的另一种选择是令 X 为一个维纳过程 $\mathcal{W}$，Z 就是由随机过程 $\mathcal{W}$ 和控制 u 决定的扩散过程（diffusion process）：

$$\mathrm{d}Z(t) = \alpha[Z(t), u(t)]\mathrm{d}t + \sigma[Z(t), u(t)]\mathrm{d}\mathcal{W}(t)$$

对于每一个控制 u，我们都可以为之指定一个价值函数（value function），决策者可以用这个价值函数来评估控制的效果，我们把价值函数 $\mathcal{J}$ 定义为：

$$\mathcal{J}(u) = E\int_0^T \mathcal{U}[Z(t), u(t)]\mathrm{d}t < \infty \tag{10-133}$$

$\mathcal{U}(.)$代表每单位时间的价值或者效用，通常也把上述价值函数称为目标函数（objective function）。所谓最优动态控制，就是要找到一个最优的 $\mathcal{J}^*$，即为：

$$\mathcal{J}^* = \max_{u \in C} \mathcal{J}(u)$$

找到至少一个 u^* 使得上式成立，这时称 u^* 为最优控制。

当然，这样一个控制可能根本就不存在①，为了简化分析，我们假定它总是存在的。

有了以上设定就可以进行规划了，怎样应用 Bellman 原理呢？考虑以下最优化问题：

$$\mathcal{J}[Z(t), t, T] = \max_{u(.)} E_t \int_t^T \mathcal{U}[Z(s), u(s)]\mathrm{d}s$$

约束条件用状态变量 Z 的随机微分方程表示：

$$\mathrm{d}Z(t) = \alpha[Z(t), u(t)]\mathrm{d}t + \sigma[Z(t), u(t)]\mathrm{d}\mathcal{W}(t) \tag{10-134}$$

其中，$Z(t)$为已知。如果参数选择为常数，则它还是一个几何布朗运动。根据贝尔曼（Bellman）原理，立即就有：

$$\begin{aligned}\mathcal{J}[Z(t), t, T] &= \max E_t \int_t^{t+\Delta t} \mathcal{U}(Z, u)\mathrm{d}s + \max E_{t+\Delta t} \int_{t+\Delta t}^T \mathcal{U}(Z, u)\mathrm{d}s \\ &= \max E_t \int_t^{t+\Delta t} \mathcal{U}(Z, u)\mathrm{d}s + \mathcal{J}[Z(t+\Delta t), t+\Delta t, T] \\ &= \max\left\{E_t \int_t^{t+\Delta t} \mathcal{U}(Z, u)\mathrm{d}s + \mathcal{J}[Z(t+\Delta t), t+\Delta t, T]\right\}\end{aligned} \tag{10-135}$$

假定 $\mathcal{J}$ 连续可微，对式(10-135)做泰勒级数扩展，得：

$$\begin{aligned}\mathcal{J}[Z(t), t, T] = \max E_t\Big\{&\mathcal{U}[Z(t), u(t)]\Delta t + \mathcal{J}[Z(t), t, T] + \mathcal{J}_Z \Delta Z + \mathcal{J}_t \Delta t + \frac{1}{2} \\ &\mathcal{J}_{ZZ}(\Delta Z)^2 + \frac{1}{2}\mathcal{J}_{Zt}(\Delta Z)(\Delta t) + \frac{1}{2}\mathcal{J}_{tt}(\Delta t)^2 + o(\Delta t)\Big\}\end{aligned} \tag{10-136}$$

---

① 解存在的条件是一个复杂的问题，它需要确认（verification）定理。有兴趣的读者可以参考 Fleming & Rishel (1975)和 Gihman & Skorohod(1979)。

把约束条件的离散形式：

$$\Delta Z = \alpha(Z, u)\Delta t + \sigma(Z, u)\Delta \mathcal{W} + o(\Delta t)$$

代入前式，并注意到根据随机微积分法则：

$$\Delta \mathcal{W}\Delta t = 0, \ \Delta t \Delta t = 0, \ \Delta \mathcal{W}\Delta \mathcal{W} = \Delta t$$

可得：

$$0 = \max E_t \left\{ \mathcal{U}(Z, u)\Delta t + \left(\mathcal{J}_Z \alpha + \mathcal{J}_t + \frac{1}{2}\mathcal{J}_{ZZ}\sigma^2 \right)\Delta t + \mathcal{J}_Z \sigma \Delta \mathcal{W} + o(\Delta t) \right\} \tag{10-137}$$

不妨令：

$$\Delta \mathcal{J} = \left(\mathcal{J}_Z \alpha + \mathcal{J}_t + \frac{1}{2}\mathcal{J}_{ZZ}\sigma^2 \right)\Delta t + \mathcal{J}_Z \sigma \Delta \mathcal{W}$$

则前式可以简化为：

$$0 = \max E_t \{ \mathcal{U}(Z, u)\Delta t + \Delta \mathcal{J} + o(\Delta t) \} \tag{10-138}$$

这是一个偏微分方程，它的边界条件是：

$$\frac{\partial \mathcal{J}}{\partial Z}[Z(T), T, T] = 0$$

对式(10-138)右侧括号中的各项运行期望算子，然后等式两边同时除以 Δt，并令 Δt 趋近于 0，得①：

$$0 = \max \left[\mathcal{U}(Z, u) + \mathcal{J}_Z \alpha + \mathcal{J}_t + \frac{1}{2}\mathcal{J}_{ZZ}\sigma^2 \right] \tag{10-139}$$

这就是著名的汉密尔顿-雅格布-贝尔曼(Hamilton-Jacobi-Bellman, HJB)方程。

这样，一个随机控制问题就变成了一个(确定性的)非线性规划问题(deterministic nonlinear programming problem)。对于这样的问题，可以使用一般的最优化方法，即用该方程对 Z 和 u 分别求导，就可以拿到最优化的一阶条件，然后把它们代入到这个微分方程(加上适当的边界条件)并求解，就可以拿到最终的最优控制、最优状态过程和最优价值②。

萨缪尔森(Samuelson, 1969)、哈堪森(Hakansson, 1970)最早把这一技术用于金融学中著名的动态消费/投资和动态资产定价问题的研究，默顿(Merton, 1969, 1971)则最早把最优消费/资产选择问题表述为连续时间动态规划问题来考察，这在第 2 章中我们已经看到了。

小　结

随机过程是用来描述一个随机变量的值是如何随着时间变动而按照概率意义进化的，

① 注意 Δt 趋近于 0 时，$\Delta \mathcal{W}$ 也趋近于 0，这是连续的布朗运动的特征。

② 多变量扩散过程的 HJB 方程的推导参考 Kushner(1967)，p326；Fleming & Rishel(1975)，p156；以及 Jarrow(1987)，p243—244。

因此可以把随机过程视为随机变量的一般化和动态化，它是我们用来刻画和研究现实世界的不确定性及其动态进化过程的首选数学工具。

首先，本章对随机过程的基本特征做了基于概率统计的描述，基于随机过程的统计特征，我们还对它们做了一个分类。其次，本章仔细考察了几种特殊的随机过程——二项过程、布朗运动和泊松过程，它们是描述金融资产价格运动的基本模块。特别是布朗运动，它具有独立增量，而且增量服从 0 均值和同时间长度相等的方差的正态分布，因而它可以被视为正态分布的连续时间版本。基于布朗运动，我们进一步讨论了一般维纳过程和伊藤过程，并找到了适合描绘股票价格连续运动的随机过程形式——几何布朗运动。另外，我们也初步涉及了具有无限分布更为一般的列维过程，它在 1990 年代以后的分析中有着越来越多的应用。

为了可以进一步研究随机运动的轨道特征，我们随后就进入了随机微积分部分。随机微积分为我们提供了处理无限小时间间隔下函数变化和加总的数学工具。总体来说，随机微积分的定义和原则与普通微积分有所不同，但要解决的问题是类似的。

① 我们要了解自变量(通常是时间)的微小变化会引起(随机)应变量的怎样反映，这就是说我们关心函数的微分；② 我们想知道一些微小的随机增量的总和是什么，这便使得我们关心随机(伊藤积分)；③ 我们想用一些基本或者简单的函数来近似地表示任何函数，这里我们对于泰勒级数的随级版本——伊藤过程特别有兴趣；④ 对于随机变量的动态变化过程的描述，需要随机微分方程。

总体来说，随机微积分采用与普通微积分不同的规则。大部分普通(经典)微积分的原则在处理随机问题时并不适用，必须发展一套新的微积分原则来解决类似的问题，这套原则表面上看起来与习惯不同，但是它不过是把注意力放在了二阶项上。一旦熟悉了这一点，它就变得容易理解了。

这些有力的分析工具在微观金融分析的两个重要方向——期权定价和动态最优投资/消费规划问题上得到了广泛的应用。

文献导读

有关随机分析的参考文献基本上可以分为纯数学和金融数学两大类。随机过程入门的纯数学型参考书目包括：Cox & Miller(1965)，Billingsley(1986)第 36—37 节，Karlin & Taylor(1975，1981)。高级参考文献包括[①]：Arnold(1974)，Karatzas & Shreve(1991、1998)，Lipster & Shiryayev(1977)，Protter(1990)，Revuz & Yor(1991)，Jacod(1979)，Kushner(1995)，Øksendal(1995)以及 Gihman & Skorohod(1969)(有中译本)。纯数学型的中文参考文献也很多，如：周荫清(1987)，何声武(1989)，王寿仁(1986)和王梓坤(1996)。

金融数学型文献不太严格于推理证明，而强调直觉，这一类别主要包括 Malliaris &

① 几乎所有有关随机过程理论的重要文献都可以在施普林格(Springer)出版社的应用数学丛书——随机模型和应用概率(stochastic modeling and applied probability)中找到。它的主编是卡瑞扎斯(I.Karatzas)和由尔(M.Yor)。所有作者清一色是当代概率、随机过程理论及其应用方面的世界级数学家，其中部分转到数理金融方向上，因而他们的著作亦提供了不少金融方面应用。唯一的问题是它们对于初学者可能过于艰深。

Brock(1982), Stokey & Lucas(1989)第八章, Willmott(1999, 2000)系列, Neftci(1996、2000)、Baxter & Rennie(1996)。其中的大多数涉及衍生品定价,通常有一个比较完整(或者穿插其中)的随机数学部分。更深入一些,还可以进一步参考 Paul & Baschnagel(1999), Ross(1999), Shimko(1992), Nielsen(1999), Kallianpu & Karandikar(2000), Hunt & Kennedy(2000), Duffie(1996)以及 Dothan(1990)。

此外, Malliaris & Brock(1982)回顾了金融经济分析中常用的随机模型, Ziemba & Vickson(1975)则提供了随机方法在经济和金融中的更为广泛的应用范例。

第 11 章　随机过程Ⅱ：鞅

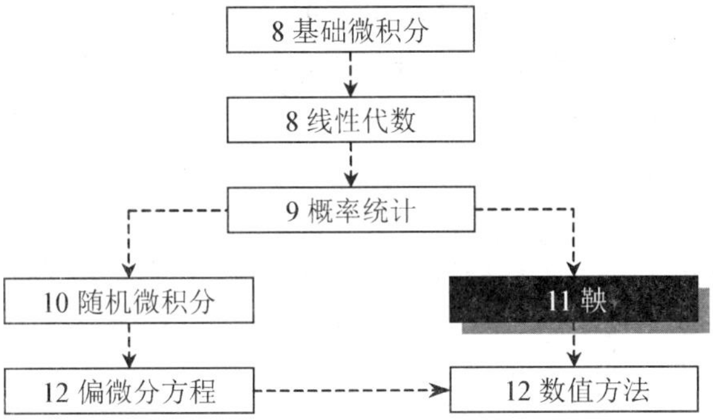

本章的学习目标

- 了解信息结构和信息一致性的数学表述方式和经济含义；
- 明确鞅的定义(离散和连续)，以及连续时间情形下的一些技术性要求；
- 熟悉二项过程和布朗运动等常见鞅和它们的轨道特征；
- 了解鞅的几个重要子类：一致可积鞅和平方可积鞅；
- 了解停时概念和最优停止定理；
- 了解由停止一个鞅产生的局部鞅以及其他鞅型随机过程；
- 了解多布-迈耶分解定理，以及二次变差和协变差过程的概念；
- 了解各种被积函数和积分算子情况下，定义随机积分的方法；
- 掌握随机伊藤积分的定义和主要性质；
- 掌握拉登-尼科迪姆导数的各种形式和性质；
- 掌握凯麦隆-马丁-哥萨诺夫定理，并熟练应用该定理进行测度变换；
- 掌握鞅表示定理，并理解该定理在分析交易策略的可行性和构造完备市场模型中的作用；
- 了解随机时间序列计量建模的基本框架——自回归移动平均过程；
- 了解研究随机时间序列的两种新型计量技术——协整和异方差建模。

鞅这个术语在 20 世纪 30 年代首先由威勒(Ville,1939)引进，但是其基本概念来自法国概率学家列维(Levy,1934)。真正把鞅理论发扬光大的则是美国数学家多布(Doob)，他在

1953年的名著《随机过程》一书中介绍了(包括上鞅分解问题在内的)他对于鞅理论的系统研究成果。它随即引起了概率学家们对一般随机过程理论研究的兴趣,并逐渐使得鞅成为现代概率和随机过程理论的基石。

鞅在微观金融分析中的应用是随着哈里森(Harrison)和克雷普斯(Kreps)1979年的,以及哈里森和普里斯卡(Pliska)1981年的两篇经典论文的发表开始的。他们证明了所谓的资产定价基本定理:当而仅当金融市场上不存在"免费午餐"(free lunch),所有金融资产的贴现价格都是一个鞅①。这就使得鞅成为了研习现代金融资产定价技术所必需的主流数学工具。相对于第10章介绍的随机微积分而言,由于较多地借助测度理论,鞅显得更加抽象,但令人惊奇的是,它的引入不仅使得微观金融理论分析(如期权定价)变得更加简洁和优雅;并且由于可以借助现代数值计算技术,它还提供了更为强大的运算能力,而这对于实际工作又是至关重要的。因此,鞅方法及辅助它的强大数值(模拟)技术成为了当今金融理论研究者和实践工作者必不可缺的基本装备②。

首先,本章在离散时间下,使用在概率基础一章中接触到的分割、条件数学期望等概念来严格地给出离散鞅的定义。在澄清一些技术性要求的基础上,随后给出连续时间鞅的概念,并提供一些金融分析中常见的鞅的例子来加深理解。

其次,本章会考察停时(stopping time)概念,借助它把鞅的性质拓展到其他鞅型序列上去并获得最优停止定理。之后,还将学习两个重要的鞅分解定理——多布-迈耶分解(Doob-Meyer decomposition)定理和国田-渡边分解(Kunita-Watanabe decomposition)定理。

再次,基于这些知识,第四节再次详细讨论了随机积分,从最简单的鞅变换开始到对简单过程的随机积分,再到对一般过程的积分,我们将对伊藤随机积分有进一步的认识。

接下来,本章讨论了对于现代金融分析至关重要的等鞅测度变换(equivalent martingale transformation)和凯麦隆-马丁-哥萨诺夫定理(Cameron-Martin-Girsanov theorem)。只有熟练掌握并且能够灵活运用这一方法,才能真正领略到现代金融理论的精髓。同时,我们也会接触到鞅表示定理,并了解它们在微观金融分析中的运用。

最后,本章介绍了同随机过程密切相关的一个金融计量分析方面的应用——时间序列(time serials)。主要涉及基础的自回归移动平均建模方法,以及针对金融时间序列的非平稳性(non-stationarity)和时变性(time-varying volatility)所适用的新型技术的初步探讨。

11.1 概　　述

"鞅"一词来源于法文martingale的意译,原意是指马的笼套或者船的索具,同时也指一种逢输就加倍赌注,直到赢为止的恶性赌博方法(double strategy)。为了理解它的原意,不妨来玩一种纸牌游戏。

在52张牌中任意抽取一张,如果抽到一张红色的方块或者红心就赢一笔钱,否则就输掉这笔钱。采用以下的赌博方法:从一块钱开始,如果抽到的是黑色纸牌就加倍赌注,如果

① 根据这一原则,金融市场上的任何资产的价格就可以被合理地决定。因而他们的工作得到积极的响应并开启了现代金融研究的新时代。

② 数值(模拟)技术见12.4.3节。

抽到的是红色纸牌就此收手。假定一个赌徒已经连续输了 4 次，他就失去了 1+2+4+8=15 块钱。在第 5 次赌的时候，他把赌注加倍到了 16。这次很幸运，出现的确实是红色纸牌。他赢得了 16 元抵去输掉的 15 元，他还净赚 1 元。这种赌博方法的优点在于：只要你有足够的资本来不断加倍赌注的话，你总是会赢的。事实是：如果不幸所有 26 张黑色纸牌全让你抽到了，为了赢 1 元钱，你需要 6 700 万元来下最后一注。很可能在此之前，你已经破产了。这种赌博方式在理论和实际中含义都十分隽永，它就被称为鞅①。

但是，这种已经在现代赌场中被严格禁止的赌博方式本身还没有说明鞅在金融学理论研究中的确切含义。鞅究竟是什么呢？简单地说，鞅是“公平”赌博(fair game)的数学模型。那么，什么又是公平的赌博呢？仍然假设一个人在参加赌博，他已经赌了 n 次，正准备参加第 $n+1$ 次赌博。如果不做什么手脚，他的运气应当是同他以前的赌博经历无关的。用 X_n 表示他在赌完第 n 次后拥有的赌本数，如果对于任何 n 都有：

$$E(X_n \mid X_{n-1}) = X_{n-1}$$

成立，即赌博的期望收获为 0，仅能维持原有财富水平不变，就可以认为这种赌博在统计上是公平的②。

在金融分析中，投资者通常会根据过去发生的事件来指导未来的投资决策，我们可以把 X 设想为由于信息发布而产生波动的金融资产价格(过程)，$E(X_n)$ 就是对这种价格运动的预测，而恰好鞅就是用条件数学期望来定义的。这种相似性激发了使用鞅和与之相关的数学概念来描述金融资产价格运动过程特征的热情，因此鞅在 20 世纪 80 年代以后迅速成为主流金融经济学研究中标准的时髦。

11.1.1　离散时间

简单地说，一个随机变量的时间序列没有表现出任何的趋势性(trend)，就可以称之为鞅；而如果它一直趋向上升，则称之为下鞅(submartingale)；反之，如果该过程总是在减少，则称之为上鞅(supermartingale)。因此，实际上鞅是一种用条件数学期望定义的随机运动形式，或者说是具有某种可以用条件数学期望来进行特征描述的随机过程。

以下我们循序渐进地分成四个步骤来正式定义鞅。

(1) 描述概率空间。存在一概率空间 $\{\Omega, \mathcal{F}, \mathcal{P}\}$，要求 σ-代数 $\mathcal{F}$ 是 P-完备的，即对于任何 $A \in \mathcal{F}$ 且 $P(A)=0$，对一切 $N \subset A$ 都有 $N \in \mathcal{F}$ 成立③。

(2) 描述滤波(filtration)。设想我们在一些时点上观察一种股票的价格 $(S_n)_{n\in \mathbf{Z}_+}$ 随时间的波动情况④。令 $(\mathcal{F}_n)_{n\in \mathbf{Z}_+}$ 代表在不同时点上投资者获得的有关股票价格的历史信息，随着时间的推移，越来越多的数据被追加到这个信息集合中，它会越来越丰富。当 $m<n<o$ 时，这一族信息集合必然满足：

---

① 这还启发我们去考虑这样一些问题：最优停止时刻是什么，有限财富的赌徒必定输光等，现代随机概率理论中的重要概念和定理。在实际中，现代赌场中明确禁止这种赌博方式，但是金融中却常常存在这样的情况，如利森的豪赌。此外，加倍策略将干扰资产定价基本定理的成立。

② 期望收益等于参加费用的赌博也可以被认为是统计上公平的。

③ 我们会经常看到这一类技术性的要求，它是保证数学上严密性的需要，在经济分析则往往找不到合适的对应物。幸运的是，在经济分析中大多数问题具有良好的性质。

④ 我们用 $\mathbf{Z}_+$ 表示正整数。

$$\mathcal{F}_m \subseteq \mathcal{F}_n \subseteq \mathcal{F}_o \cdots \tag{11-1}$$

实际上，$\mathcal{F}_n$ 就是 n 时刻的分割产生的 σ-代数，这样的 σ-增族记为：

$$\mathbf{F}=(\mathcal{F}_n)_{n\in \mathbf{Z}_+}$$

我们称它为滤子(filter)或者滤波[①]。给定一个滤波就决定了在给定概率空间中的历史演化和信息传播过程(见金融相关点 11-1)。四位一体的 $\{\Omega, \mathcal{F}, \mathcal{P}, \mathbf{F}\}$ 被称为滤过(filtered)的概率空间或者随机基(stochastic basis)。

金融相关点 11-1　金融市场的信息结构和传播过程[②]

金融市场首先是一个交易的场所，它完成资源配置的任务；同时，它还是信息发布的场所，有时也被称为经济运行的“指针”。设想在股票市场上发生的事情吧！当你盯着绿色的荧光屏时，时间在一分一秒地过去，新的信息不断地来到，各种资产的价格和投资者的心绪随之起伏波动。在微观金融分析中，我们需要一个能够反映这种金融市场上的信息结构(information structure)及其历史演化的过程(spread process)性质的数学模型。

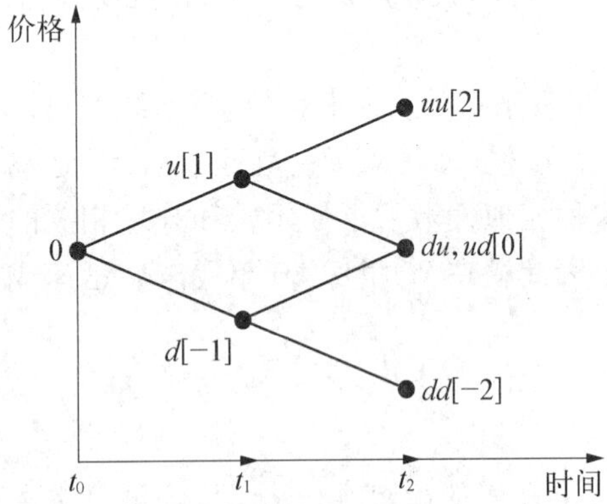

图 11-1　二项树模拟股票价格运动

考虑一个如图 11-1 所示的重合(recombining)的二项树模型。

u 代表股票价格经历了一次上升；d 则代表一次下降，两个时刻过后股票价格会出现 4 种情况，那么样本空间就是：

$$\Omega=\{\{uu\}, \{ud\}, \{du\}, \{dd\}\}$$

我们任意构造几种集合，例如：

$$\mathcal{F}_a=\{\{uu\}, \{ud\}, \{du\}, \{dd\}\}$$

$$\mathcal{F}_b=\{uu, ud, du, dd\}$$

$$\mathcal{F}_c=\{\{uu, ud\}, \{du\}, \{dd\}\}$$

$$\mathcal{F}_d=\{\{uu\}, \{uu, ud\}, \{du\}, \{dd\}\}$$

$$\mathcal{F}_e=\{\{uu\}, \{ud\}, \{du\}\}$$

---

① 实际上，$\mathbf{F}=(\mathcal{F}_n)_{n\in \mathbf{Z}_+}$ 可以作更为广泛的理解，它也可以是无限维向量，如果仅仅解释为价格或者收益就和法马(Fama E.)定义的弱的市场效率的基础相吻合，这也是我们这里的定义。这样假定时，我们说滤波是由价格过程生成的(generated)。

② 这里的描述主要来自 Dothan(1990)和 Rebonato(1998)。

根据在概率论一章中学习过的知识，容易知道$\mathcal{F}_a$、$\mathcal{F}_b$ 和$\mathcal{F}_c$ 都是对样本空间 Ω 的一种分割。这是因为按照分割的定义，它们各自包含的所有元素的并集构成了整个状态空间，而它们所包含的元素两两相交的结果是空集。$\mathcal{F}_d$ 和$\mathcal{F}_e$ 则不是分割，因为$\mathcal{F}_d$ 中前两个元素的交集不是空集，而是$\{uu\}$；而 f_e 的所有元素的并也没有构成整个状态空间，缺少了$\{dd\}$。

$\mathcal{F}_b$ 集合表示股票价格两次变动以后所有可能发生的情况，它仅仅说明了事物发展的未来潜在可能性，它相当于位于二项树上的 0 点。在 0 时刻信息结构是最平凡的，即：$\mathcal{F}_0=\{\varnothing, \Omega\}$。$\mathcal{F}_a$ 则刚好相反，它完全揭示出所有的世界状态，正是在最终的 2 时刻，究竟哪种状态会发生已经成为了事实。$\mathcal{F}_c$ 则代表了一种中间状态，好比在 1 时刻，我们知道如果状态 $\{uu, ud\}$ 发生，即前进到 $d[1]$点后，$\{dd\}$或者$\{ud\}$之一必定会发生，到底是谁，仍然不能够确定；而 $u[1]$点以后的发生的情况则不清楚或者不重要了。因此，这些分割就适当地代表了一个动态系统中的 0、完全和部分的信息。我们知道$\mathcal{F}_a$ 比$\mathcal{F}_c$ 精细，而$\mathcal{F}_b$ 是最粗糙的分割，把它们串联起来就有：

$$\mathcal{F}_b<\mathcal{F}_c<\mathcal{F}_a$$

因此，从粗到细排列这些分割，还代表了信息的传递过程。

正式一些，假定同一状态空间中存在 $N+1$ 个分割，它们满足下列 3 个条件：

(1) 第一个分割是最粗糙的，即：$\mathcal{F}_0=\{\Omega, \varnothing\}=\{\{\omega_1, \omega_2, \cdots, \omega_n\}\}$；

(2) 最后一个分割是最精细的，即：$\mathcal{F}_N=\{\{\omega_1\}, \{\omega_2\}, \cdots, \{\omega_n\}\}$；

(3) 对于任何 $s<t$，$\mathcal{F}_t$ 分割比$\mathcal{F}_s$ 要精细。

这样定义的分割序列，就是一个"过目不忘"的学习过程。在最初的 0 时刻，未来世界视野一片模糊，唯一可知的是 Ω 中的某种状态会发生。下一个时刻有一些新的信息来临，即有一个比较粗的分割，在任意时刻我们对于(价格)信息知识的了解始终在增长。最后时刻，一切都昭然若揭，我们完全了解了从 0 到 N 时刻哪一个状态发生了，它又是如何演化的。这在实际中是容易做到的，只要投资者有一个好记性或者容量足够大的硬盘就可以了。符合上述 3 个条件的一组分割就被称为信息结构，它的数学对应物就是滤波。

(3) 如果对于任何 $n\geqslant 0$，S_n 的值被包含在$\mathcal{F}_n$ 中，就称 S_n 是$\mathcal{F}_n$ 可测的，或者使用梅耶(Meyer)的术语，称 S_n 为$\mathcal{F}_n$ 适应的($\mathcal{F}_n$-adapted)①。

金融相关点 11-2　随机金融变量的可测性和一致性

微观金融分析中的各种随机过程，如价格、交易头寸都有一个是否可以被预测的问题。讨论仍然从金融相关点 11-1 中的信息结构开始。由于以集合本身为定义域的函数

① 对随机过程可测性的详细描述见框文 11-2，并请回顾 3.3.2 节中的有关内容。

运算,如微积分运算,不是很方便,所以要进一步引入曾经学习过的随机变量函数,即:

$$X: \Omega \to \mathbf{R}$$

来描述信息结构。

考虑这样一种随机变量函数,它赋予一个分割中的同一子集下的元素以相同的数值,我们称这种随机变量对于该种特定的分割是可测的。仍然使用前面的二项树模型来具体说明这一点。有随机变量函数 x',它定义股票的价格在 0 时刻为 0,在 0 时刻以后则每经历一次上升就在原来的价格上加 1;如果下降就减去 1,图 11-1 中就标明这种情形。根据 x' 的定义有:

$$x'(\{uu\})=2;\ x'(\{ud\})=0;\ x'(\{du\})=0;\ x'(\{dd\})=-2$$

考虑下列分割:

$$\mathcal{F}_a=\{\{uu\},\ \{ud\},\ \{du\},\ \{dd\}\}$$

$$\mathcal{F}_f=\{\{uu\},\ \{ud,\ du\},\ \{dd\}\}$$

$$\mathcal{F}_g=\{\{uu,\ dd\},\ \{ud\},\ \{du\}\}$$

函数 x' 把相同的数值指定给了分割 $\mathcal{F}_f$ 中同一子集的相同元素,如 $x'(\{ud\})$ 和 $x'(\{du\})$ 都是 0,因此它是 $\mathcal{F}_f$ 可测的。但是,它不是 $\mathcal{F}_g$ 可测的,因为它给该分割下同一子集 $\{uu,\ dd\}$ 中不同元素赋予了不同的数值。它也是 $\mathcal{F}_a$ 可测的,这是平凡的。要注意的是,尽管 x' 并没有为 $\mathcal{F}_a$ 中的每一个不同的元素(子集)指定不同的数值,如 $x'(\{\mathrm{ud}\})$ 和 $x'(\{\mathrm{du}\})$ 都是 0,但这并没有影响它的 $\mathcal{F}_a$ 可测性。一般而言,任何随机变量对于最细致的分割总是可测的。注意到,尽管分割 $\mathcal{F}_f$ 比 $\mathcal{F}_a$ 粗糙,但它仍然是 x' 可测的。当函数 x 在它所基于的最粗糙的那个分割上是可测的,就称该分割是由 x 生成的(generating),记为 $\mathcal{F}_x$,在上面的例子中有:

$$\mathcal{F}_{x'}=\mathcal{F}_f$$

我们之所以对由随机变量函数生成的分割感兴趣,是因为它包含了与该随机变量本身所包含的相同的信息内容。不妨假定存在一新的随机变量函数 x'',它为状态空间中的每一个元素都赋予同样的数值,那么即使在最后时刻准确地获得了这时的随机变量的值,我们仍然无法了解事件树的演化路径,它所包含的信息内容不比最粗糙的分割 f_b 更多。但是,从 x' 的数值我们确实可以知道:路径究竟是 uu(如果 2 出现)或者 dd(-2 出现)还是 ud、du(0 出现)。这正是由 x' 生成的分割 $\mathcal{F}_f$ 所包含的信息内容。

不妨再定义一个随机变量函数 x''',它定义股票的价格在 0 时刻为 0,在 0 时刻以后如果第 i 步出现股票价格上涨,就在原股票价格上加上 i $(i=1,\ 2)$;下降则作类似定义。这样:

$$x'''(\{uu\})=1+2=3;\ x'''(\{ud\})=1-2=-1;$$

$$x'''(\{du\})=-1+2=1;\ x'''(\{dd\})=-1-2=-3$$

尽管 x''' 是一个"路径依赖"(path-dependent)的函数，但根据 x''' 的取值情况，我们仍然可以确定股票价格的变化路径。显然，这时有：

$$\mathcal{F}_{x'''}=\mathcal{F}_a$$

由于一个随机变量包含了同它生成的分割同样的信息内容，可以使用一个新的表述结构。

(1) 假定存在一个随机变量序列 $x(0), x(1), \cdots, x(N)$，如果每一个 $x(n)$ 是 $\mathcal{F}_n$ 可测的，即它对于 t 时刻的分割中的子集的每一个元素赋予相同的数值，就称该随机变量序列或者随机过程是 $\mathcal{F}(n)$ 适应的。一般说来，如果没有内幕交易的话，通常价格过程是 $\mathcal{F}(n)$ 适应的。

(2) 如果一个随机过程中每一个 $x(n)$ 是 $\mathcal{F}(n-1)$ 可测的，就称它为可料(predictable 或 previsible)过程。期间交易过程，即在每一个时刻上的交易策略(trading strategy)的汇总：$\theta=\{\theta(0), \theta(1), \cdots, \theta(N)\}$，就是 $\mathcal{F}(n-1)$ 可测的。这是容易理解的，因为投资者一般是根据上一时刻的(价格)信息来决定投资组合并一直保持到本期的。换句话说，投资策略 $\theta^i(n)$ 是 $\mathcal{F}(n)$ 可料的①。

(4) 条件数学期望。使用不同时刻的信息集，我们可以推测 S_n 的未来运动形式，很自然地，这种预测通常采用条件数学期望的形式：

$$E^{\mathcal{P}}(S_N)=E^{\mathcal{P}}(S_N \mid \mathcal{F}_n),\ n<N \tag{11-2}$$

这意味着，在 n 时刻对 N 时刻的价格预期，是基于在该时刻已确知的特定信息集合 $\mathcal{F}_n$ 的。注意，这里我们在期望算子上加的 $\mathcal{P}$ 代表这种期望是基于特定概率测度(或者分布)的，在不混淆的情况下它也可以被省略。

定义 11.1.1　假定 $(S_n)_{n\in\mathbf{Z}_+}$ 是滤波空间 $\{\Omega, \mathcal{F}, \mathcal{P}, \mathbf{F}\}$ 上的一个 $\mathcal{F}_n$-适应过程，如果：

(1) 无条件的数学期望是有限的，即：

$$E(S_n)<\infty,\ n\in\mathbf{Z}_+$$

(2) 对下一时刻的预测就是现在观察到的数据，即：

$$E_n(S_{n+1} \mid \mathcal{F}_n)=S_n,\ n\in\mathbf{Z}_+ \tag{11-3}$$

则称 $(S_n)_{n\in\mathbf{Z}_+}$ 为($\mathbf{F}$ 下的)离散时间鞅或者简称离散鞅②。

因此，鞅实际上就是未来变化完全无法预测的随机过程。不妨假设 $(S_n)_{n\in\mathbf{Z}_+}$ 是一个鞅，在一个单位时间间隔内，S_n 的预期变化为：

$$E_n[(S_{n+1}-S_n) \mid \mathcal{F}_n]=E_n(S_{n+1} \mid \mathcal{F}_n)-E_n(S_n \mid \mathcal{F}_n)$$

由于 S_n 是鞅，$E_n(S_{n+1})$ 等于 S_n，而根据定义，S_n 是 $\mathcal{F}_n$ 可测的，所以 $E_n(S_n)$ 在 n 时

---

① 对于随机变量和随机过程可测性的一般性讨论见 11.1.2 节。

② 当 $\mathbf{F}$ 固定时，我们常常会省略它；而且如果不特别提及 $\mathbf{F}$ 时，一般隐含地指过程本身产生的滤波 $\mathbf{F}^S$，通常称之为自然滤波(natural filtration)。

刻是已知的,也等于 S_n,所以:

$$E_n(\Delta S_n \mid \mathcal{F}_n)=0 \tag{11-4}$$

因此,对 S_n 在下一时间内变化的最好预测就是 0。换句话说,该随机变量的未来运动方向和大小是不可预测的,这就是所谓鞅性(martingale property)。

式(11-4)中的 ΔS_n 被称为鞅差(martingale difference)。显然,鞅差的部分和(partial summation)也是鞅,即:

$$E_n\left(\sum_{k=1}^{n}\Delta S_k \mid \mathcal{F}_k\right)=0$$

要强调的是:鞅是用条件期望来定义的,而条件期望的计算总是基于某种概率分布和特定信息集合的,这两点对于决定一个随机过程是不是鞅起关键作用,以后的分析会逐渐揭示这一点。

只要对定义 11.1.1 中的第二个条件做适当修改,就可以获得相应的上鞅和下鞅的定义。

定义 11.1.2 如果:

2′ $E_n(S_{n+1} \mid \mathcal{F}_n) > S_n,\ n \in \mathbf{Z}_+$,则称随机过程 $(S_n)_{n\in\mathbf{Z}_+}$ 为下鞅;

2″ $E_n(S_{n+1} \mid \mathcal{F}_n) < S_n,\ n \in \mathbf{Z}_+$,则称随机过程 $(S_n)_{n\in\mathbf{Z}_+}$ 为上鞅。

容易知道:

(1) 如果 $(S_n)_{n\in\mathbf{Z}_+}$ 是上鞅,则 $(-S_n)_{n\in\mathbf{Z}_+}$ 是下鞅。

(2) 如果 $(S_n)_{n\in\mathbf{Z}_+}$、$(X_n)_{n\in\mathbf{Z}_+}$ 是(下)鞅,则 (S_n+X_n) 也是(下)鞅。

(3) 如果 $(S_n)_{n\in\mathbf{Z}_+}$ 是鞅,根据詹森不等式,如 $f(.)$是一个凸函数,则:

$$X_n=f(S_n)$$

必定是一个下鞅。所以,$(S_n^\lambda)_{n\in\mathbf{Z}_+},\ \lambda\geqslant 1$ 就是一个下鞅。

11.1.2 连续时间

连续时间参数 t 的取值范围为实半轴$[0,\ \infty)$或者其中的某个区间$[0,\ T]$,但我们对连续时间随机函数的路径有比较严格的(技术性)要求。

首先,让我们来正则化(regularize)路径。

(1) 正则性。如果一个函数:

$$f:[0,\ \infty)\rightarrow\mathbf{R}$$

在每一点的左右极限都存在,就称它为正则函数(regular)。容易知道,正则函数仅有有限个间断点。

(2) 连续性。如果一个随机过程的全部样本路径都是连续的,我们就称之为连续随机过程。正式地,有:如果对于任意随机过程 $X(t)$和任意 $s\in[0,\ T]$,在概率收敛意义下有:

$$X(s)=\lim_{t\to s}X(t)$$

则称该随机过程为连续的。这又具体包括两种情况,如果:

$$X(\omega,\ t)=\lim_{s\downarrow t}X(\omega,\ s),\ \text{a.s.}\ \forall t\in[0,\ T]$$

就称该随机过程有着右连续样本路径。左连续的概念是类似的。

(3) 正则连续性。我们称一个随机过程 $(X_t)_{t\in[0,\infty)}$ 为正则右连续的(regular right continuous)，当且仅当它是 $\mathcal{F}_t$ -可测的，并且对于每一个 $\omega\in\Omega$ 和 $t\in[0,\infty)$：

① 它的样本路径是右连续的：

$$\lim_{u\to t}X(u,\omega)=X(t,\omega),\ u>t$$

② 存在左极限：

$$X(t-,\omega)=\lim_{s\to t}X(s,\omega),\ s<t$$

正则左连续的定义是类似的，它们的图形表示如图 11-2 所示。

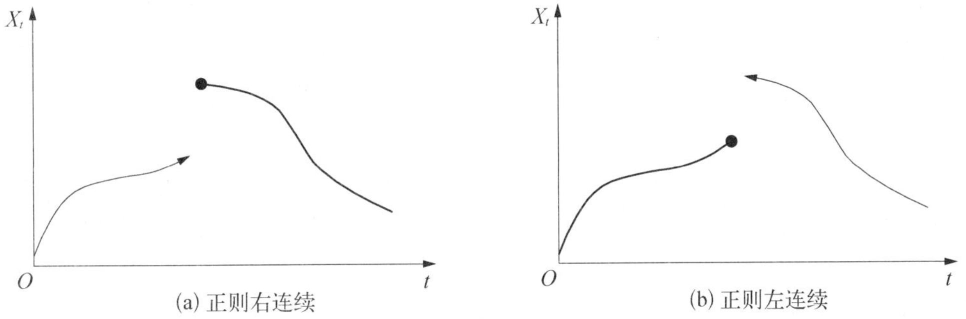

图 11-2　正则右、左连续函数

通常用 RCLL(right-continuos with left limits 或者 càdlàg[①])表示拥有左极限，同时又是右连续的随机过程。

接下来，考察两个随机过程是否相同或者等价(equivalent)。考虑定义在同一概率空间上的两个随机过程 $(X_t)_{t\in[0,\infty)}$、$(Y_t)_{t\in[0,\infty)}$，当它们被认为是 t 和 ω 函数时，当且仅当：

$$X_t(\omega)=Y_t(\omega),\ \forall t\in[0,T];\ \omega\in\Omega$$

成立时，才能说它们是相同的。但考虑到概率测度 $\mathcal{P}$，可以放松一些要求。至少可以提供两个判断两个随机过程是否“几乎总是相同”(almost the same)的标准。

(1) 当且仅当对于每一个 $t\geqslant 0$，有：

$$P\{X_t=Y_t\}=1$$

成立时，称它们互相为对方的一个修正(modification)或者一个版本(version)[②]。

(2) 当且仅当有：

$$P\{X_t=Y_t,\ \forall t\in[0,T]\}=1$$

成立时，称它们是无区别的(indistinguishable)。

如果两个过程是无法区别的，则它们一定是对方的一个修正，分之则不真[③]。但是，如果它们具有右连续的样本路径，则反之也成立。

现在我们加强信息结构。存在一个滤过的概率空间 $\{\Omega,\mathcal{F},\mathcal{P},\mathbf{F}\}$，要求它满足以下三

① 来自法语 continu à droite et limites à gauche。
② 或者称两者随机等价(stochastically equivalence)，这时 X 和 Y 有相同的有穷维分布函数。
③ 两者之间的细微差异见 Elliott & Kopp(1999)，p102。

个常规条件(usual conditions)。

(1) σ 代数 $\mathcal{F}$ 是 $\mathcal{P}$ 完备的,即对于任何 $A \in \mathcal{F}$ 且 $P(A)=0$,对一切 $N \subset A$ 都有 $N \in \mathcal{F}$ 成立。

(2) σ 代数 $\mathcal{F}_0$ 包含 $\mathcal{F}$ 的所有 $\mathcal{P}$ 零集,即对于任何 $A \in \mathcal{F}$ 且 $P(A)=0$,都有 $A \in \mathcal{F}_0$ 成立。

(3) 滤波 $\mathbf{F}=\{\mathcal{F}_t\}_{t\in[0,\infty)}$ 是右连续的,即对于所有 $t>0$,都有:

$$\mathcal{F}_t=\bigcap_{u>t}\mathcal{F}_u$$

成立。其中的 $\bigcap_{u>t}\mathcal{F}_u$ 表示对于 $u>t$ 时的所有 $\mathcal{F}_u$ 中最大的 σ-域,这个条件说明滤波包含了 σ-域的所有不可数集合。

接下来的任务是深入考察随机过程的联合可测性(joint measurability)。假定 $[0, T]$ 是 $\mathbf{R}$ 中的某个区间,$\mathcal{B}(0, T)$ 是 $[0, T]$ 中全体 Borel 集构成的 σ-代数;用 $\mathcal{F}\otimes\mathcal{B}[(0, T)]$ 表示乘积 σ 代数①。给定任意随机过程 $(S_t)_{t\in[0,T]}$,S: $\Omega\times[0, T]\to\mathbf{R}$。

(1) 如果 $(S_t)_{t\in[0,T]}$ 在乘积 σ-域 $\mathcal{F}\otimes\mathcal{B}[(0, T)]$ 上是可测的,就称它为可测的。

(2) 如果 $(S_t)_{t\in[0,T]}$ 是 $\mathcal{F}_t$ 可测的,就称 $(S_t)_{t\in[0,T]}$ 为 $\mathbf{F}=\{\mathcal{F}_t\}_{t\in[0,\infty)}$ 适应的。

(3) 如果 $(S_t)_{t\in[0,T]}$ 对于任何 $t\in[0, T]$,是在乘积 σ-域 $\mathcal{F}_t\otimes\mathcal{B}([0, t])$ 上是可测的,就称之为循序可测的(progressively measurable)②。

容易知道,任何循序可测随机过程均是可测过程,并适应于 $\mathbf{F}$。一个可测、适应过程有一个循序可测的修正③。我们定义使得所有适应于 $\mathbf{F}$ 的随机过程路径为循序可测的最小 σ-域为循序 σ-域 $\mathcal{PM}$(progressive σ-field)。

实际上,每个有着左(右)连续样本路径的适应过程都是循序可测的,由此我们还可以有以下子 σ-域和相应的随机过程。

(4) 可选 σ-域 $\mathcal{O}p$(optional σ-field)——使得所有适应于 $\mathbf{F}$ 的右连续路径为可测的最小 σ-域,如果一个过程是 $\mathcal{O}p$ 可测的就被称为可选过程。

(5) 可料 σ-域 $\mathcal{P}r$(predictableσ-field)——使得所有适应于 $\mathbf{F}$ 的左连续路径为可测的最小 σ-域,如果一个过程是 $\mathcal{P}r$ 可测的就被称为可料过程④。

因为:

连续适应过程⇒RCLL 过程⇒循序可测过程⇒可测过程

因此,可料过程和可选过程必然是循序可测过程,所以上面的 σ-域之间有以下嵌套关系⑤:

$$\mathcal{P}r\subset\mathcal{O}p\subset\mathcal{PM}\subset\mathcal{F}\otimes\mathcal{B}[0, T]$$

定义 11.1.3 假定 $(S_t)_{t\in[0,\infty)}$ 是滤波空间 $\{\Omega, \mathcal{F}, \mathcal{P}, \mathbf{F}\}$ 上的一个适应过程,如果:

(1) $E(S_t)<\infty$, $t\in[0,\infty)$;

---

① 一个 $\Omega\times[0, T]$可测的长方形是一个 $A\times B$ 集合,$A\in\mathcal{F}$, $B\in\mathcal{B}[(0, T)]$。乘积 σ-域 $\mathcal{F}\otimes\mathcal{B}[(0, T)]$是包含所有可测长方形和概率测度 $\mathcal{P}\times$ 勒贝格测度 $\lambda-0$ 集的最小 σ-域。

② 这个重要术语最早来自 Chung & Doob(1965)。

③ 证明见 Meyer(1966),p68。

④ 这是一个技术术语,同计量金融中的直观概念差别很大,而且它定义得往往也不很精确,大致意味着一个过程具有独立的增量。

⑤ 证明参见 Chung & Williams(1990),p63。

(2) $E_t(S_T \mid \mathcal{F}_t)=S_t,\ \forall T>t$。

则称 S_t 为连续时间鞅或者简称鞅。

可以证明，如果滤波满足常规条件，每一个上(下)鞅都存在一个 $\mathcal{F}_t$-适应的右连左极的修正①。因此，当我们谈到连续时间鞅的时候，指的均是它们的 RCLL 版本②。

11.1.3　鞅的例子

离散鞅的例子是很普遍的，以下是微观金融分析中经常会见到的两个例子。

考虑我们在上一章中用来模拟股票价格路径的二项树模型。现在假定 n 时刻的股票价格为 S_n，而在 $n+1$ 时刻，股票价格将以：

$$P=(1-d)/(u-d)$$

的概率上涨到 uS_n；或者以 $1-P$ 的概率下降到 dS_n，即：

$$S_{n+1}=\begin{cases} uS_n & \text{概率为}\dfrac{1-d}{u-d} \\ dS_n & \text{概率为}\dfrac{u-1}{u-d} \end{cases},\ 0<d<u \tag{11-5}$$

则下一时刻股票价格的数学期望为：

$$E(S_{n+1} \mid S_n)=uS_n\frac{1-d}{u-d}+dS_n\frac{u-1}{u-d}=S_n\frac{u(1-d)+d(u-1)}{u-d}=S_n \tag{11-6}$$

因此，遵循这种二项过程的股票价格运动就是一个鞅。

再考虑下面这个 $\mathcal{F}_n$-适应的随机过程：

$$S_{n+1}=S_n+\varepsilon_n,\ S_0=0 \tag{11-7}$$

其中，ε_n 定义为：

$$\varepsilon_n=\begin{cases} 1 & \text{概率为 } P \\ 0 & \text{概率为 } R,\quad P,R,Q\geqslant 0,\ P+R+Q=1 \\ -1 & \text{概率为 } Q \end{cases} \tag{11-8}$$

可以证明，$[S_n-n(P-Q)]$是一个鞅，这是因为：

$$\begin{aligned} E[S_{n+1}-(n+1)(P-Q) \mid \mathcal{F}_n] &= E[S_n+\varepsilon_n-(n+1)(P-Q) \mid \mathcal{F}_n] \\ &= S_n+E(\varepsilon_n)-(n+1)(P-Q) \\ &= S_n+(P-Q)-(n+1)(P-Q) \\ &= S_n-n(P-Q) \end{aligned} \tag{11-9}$$

容易证明，$S_n^2-n(P-Q)$、$[S_n^2-n(P-Q)]^2+n[(P-Q)^2-(P+Q)]$ 以及 $(Q/P)^{S_n}$，

① 参见 Karatzas & Shreve(1991)。

② 注意有些术语上有微小差异，参考 Hunt & Kennedy(2000)，p49。

也都是 $\mathcal{F}_n$ -适应的鞅,请读者自行完成。

连续时间中最让人感兴趣的鞅是我们已经很熟悉的维纳过程。在上一章中,我们知道标准维纳过程 $(\Delta\mathcal{W}_t)_{t\in[0,\infty)}$ 或者说布朗运动是一个具有以下特征的独立增量随机过程:

(1) $\mathcal{W}_0=0$;

(2) $t\rightarrow\Delta\mathcal{W}_t(\omega)$ 是连续的;

(3) 对于任何 $s\leqslant t$, $\mathcal{W}_t-\mathcal{W}_s$ 是服从 0 均值,方差为 $t-s$ 的标准正态分布的独立随机变量。

给定一个维纳过程 $\mathcal{W}$,我们可以定义一个由 $\mathcal{W}$ 生成的滤波。令 $\mathcal{F}_t^0$ 为 $\mathcal{F}$ 中使得 $\{\mathcal{W}(s),\ 0\leqslant s\leqslant t\}$ 是可测的最小子 σ 域,而令 $\mathcal{F}_t^w$ 是包括 $\mathcal{F}_t^0$ 和所有 0 概率集的最小子 σ 域,则 $\Delta\{\mathcal{F}_t^W\}_{t\in[0,\infty)}$ 就是由 $\mathcal{W}$ 生成的滤波。可以证明自然滤波:

$$\mathcal{F}_t^{\mathcal{W}}=\sigma(\mathcal{W})$$

满足前面定义的常规条件①。也容易证明 $\mathcal{W}$ 是该滤波下的一个连续鞅:

$$E(\mathcal{W}_{t+\Delta t}-\mathcal{W}_t\mid\mathcal{F}_t)=E(\mathcal{W}_{t+\Delta t}-\mathcal{W}_t)=0$$

以维纳过程为基础,可以引申出许多类似的随机过程。例如,如果 $\mathcal{W}_t$ 是一个 $\mathcal{F}_t$ 适应的维纳过程,则 $\mathcal{W}_t^2-t$ 也是鞅,这一点可以简单证明如下:

$$\begin{aligned}
&E[X_{t+\Delta t}\mid\mathcal{F}_t]=E(\mathcal{W}_{t+\Delta t}^2\mid\mathcal{F}_t)-(t+\Delta t)\\
&=E[(\mathcal{W}_{t+\Delta t}-\mathcal{W}_t)^2+2\mathcal{W}_{t+\Delta t}\mathcal{W}_t-\mathcal{W}_t^2\mid\mathcal{F}_t]-(t+\Delta t)\\
&=E[(\mathcal{W}_{t+\Delta t}-\mathcal{W}_t)^2\mid\mathcal{F}_t]+2E(\mathcal{W}_{t+\Delta t}\mathcal{W}_t\mid\mathcal{F}_t)-E(\mathcal{W}_t\mid\mathcal{F}_t)-(t+\Delta t)
\end{aligned}$$

逐次考察上式右侧各项:由于 $\mathcal{W}$ 具有独立增量性质,因此 $\mathcal{W}_{t+\Delta t}-\mathcal{W}_t$ 是独立于滤波 $\mathcal{F}_t$ 的,另外注意到有:

$$\Delta\mathcal{W}^2=\Delta t$$

这一近似关系,就有:

$$E[(\mathcal{W}_{t+\Delta t}-\mathcal{W}_t)^2\mid\mathcal{F}_t]=E[(\mathcal{W}_{t+\Delta t}-\mathcal{W}_t)^2]=\Delta t$$

根据条件期望的性质(见第 9.3.3 节),有:

$$E(\mathcal{W}_{t+\Delta t}\mathcal{W}_t\mid\mathcal{F}_t)=\mathcal{W}(t)E(\mathcal{W}_{t+\Delta t}\mid\mathcal{F}_t)=\mathcal{W}_t^2$$

根据条件期望性质:

$$E(\mathcal{W}_t^2\mid\mathcal{F}_t)=\mathcal{W}_t^2$$

综合上述结果就有:

$$E[X_{t+\Delta t}\mid\mathcal{F}_t]=\Delta t+2\mathcal{W}_t^2-\mathcal{W}_t^2-t-\Delta t=\mathcal{W}_t^2-t=X_t$$

这就证明了 $\mathcal{W}_t^2-t$ 是鞅。这个事实反过来说也是正确的,即如果 $\mathcal{W}_t^2-t$ 是一个连续时间鞅,而 $\mathcal{W}$ 也是连续时间鞅,则 $\mathcal{W}$ 必然是布朗运动②。

---

① 详细讨论详见黄(2001),p18。

② 简单的证明可以参考 Elliot & Kopp(1999),p125—126。

我们也可以证明随机过程 $e^{aW_t-\frac{1}{2}a^2t}$ 也是鞅，其中 a 是任意实数。这是因为：

$$E[X_{t+\Delta t} \mid \mathcal{F}_t]=E\left\{\exp\left[a\mathcal{W}_{t+\Delta t}-\frac{1}{2}a^2(t+\Delta t)\right] \mid \mathcal{F}_t\right\}$$

$$=E\left\{X_t\exp\left[a(\mathcal{W}_{t+\Delta t}-\mathcal{W}_t)-\frac{1}{2}a^2\Delta t\right] \mid \mathcal{F}_t\right\}$$

根据维纳过程的独立性假设和条件期望的性质，有：

$$E[X_{t+\Delta t} \mid \mathcal{F}_t]=X_tE\left\{\exp\left[a(\mathcal{W}_{t+\Delta t}-\mathcal{W}_t)-\frac{1}{2}a^2\Delta t\right] \mid \mathcal{F}_t\right\}$$

$$=X_t\exp\left(-\frac{1}{2}a^2\Delta t\right)E\{\exp[a(\mathcal{W}_{t+\Delta t}-\mathcal{W}_t)]\}$$

$a(\mathcal{W}_{t+\Delta t}-\mathcal{W}_t)$ 项服从 0 均值和 $a^2\Delta t$ 方差的正态概率分布，根据在概率论一章中学习过的内容，我们知道 $\exp[a(\mathcal{W}_{t+\Delta t}-\mathcal{W}_t)]$ 服从对数正态分布，它的期望是 $\exp\left(\frac{1}{2}a^2\Delta t\right)$，这样：

$$E[X_{t+\Delta t} \mid \mathcal{F}_t]=X_t\exp\left(-\frac{1}{2}a^2\Delta t\right)\exp\left(\frac{1}{2}a^2\Delta t\right)=X_t$$

这就证明了 $e^{aW_t-\frac{1}{2}a^2t}$ 也是鞅，它被称为王尔德鞅(Wald's martingale)。

金融相关点 11-3　金融资产价格运动和鞅

那么，是不是金融资产价格运动就是鞅呢？一般说来，风险资产的价格变化，在给定信息集下，并非完全不可预测。例如，折扣发行的零息票债券(zero coupon bond)的价格 B 会随着到期日的临近，越来越接近其面值，即越来越大，即：

$$E_n(B_N)>B_n,\ n<N$$

显然，这是一个下鞅。类似地，股票通常会有一个正的预期收益，也就是说：

$$E(S_N-S_n \mid \mathcal{F}_n)\geqslant 0,\ n<N$$

因而也不具有鞅性。以上讨论原则上也适合期货和期权一类的衍生产品。例如，期权有时间价值，并且会随着到期日的临近不断地衰减，这是上鞅的一个特征。

很自然就会有这样一个问题：既然大多数金融产品的价格运动不是鞅，那么为什么研究者对于鞅有这么浓厚的兴趣呢？实际上，在 11.1.1 节中定义离散鞅时我们就强调过：鞅的定义是基于特定概率分布和信息集合的，通过对信息集和概率测度的适当处理，就可以把上(下)鞅转化为鞅。

例如，我们能不能找到某一种概率分布 Q，它把资产的未来价格用无风险收益率贴现后的值，转变成一个鞅，即：

$$E_n^Q(e^{-r(N-n)}S_N \mid \mathcal{F}_n)=S_n,\ n<N$$

如果这种转换可以实现,势必大为简化金融产品定价工作。如何在数学中实现这种变换以及它在经济学上的合理解释是什么,将是以下分析的重要内容之一。

11.1.4 鞅的子类

本节介绍鞅的三个子类,它们是 L^1-有界(bounded)鞅、一致可积(uniformly integrable)鞅和平方可积(square integrable)鞅。

在 9.4.4 节中,我们定义过 L^p, $p\geqslant 1$ 线性概率空间,回忆一下,我们称由满足:

$$E(|X|^p)<\infty$$

的随机变量 X 构成的集合全体为 L^p(有界)空间。这里类似地,令 X_t 为任意随机过程,当它满足:

$$\sup_{t\geqslant 0}E(|X_t|^p)<\infty$$

时,就称该随机过程为 L^p -有界的(或者说属于 L^p)。如果随机过程 X_t 是 L^2-有界的,则称它为平方可积的。

眼下我们对 L^1-有界鞅感兴趣,注意到如果 M 是一个鞅,则对于所有的 t,必然有:

$$E(|M_t|)<\infty$$

进一步,根据条件数学期望的 Jensen 不等式,对于 $s<t$ 有:

$$E(|M_t|)=E[E(|M_t| \| \mathcal{F}_s)]\geqslant E\mid E(M_t\mid \mathcal{F}_s)\mid=E(|M_s|)$$

因此,$\sup\limits_{t\geqslant 0}E(|M_t|)=\lim\limits_{t\to\infty}E(|M_t|)$ 和说一个鞅是 L^1-有界的,是一个当 $t\to\infty$ 时关于鞅的 断言。

鞅的 L^1-有界性对于证明下面这个关于鞅的重要收敛定理(martingale convergence theorem)已经很充分了。

定理 11.1.1 (Doob 鞅收敛定理)令 M 是一个 L^1-有界的 RCLL 鞅,则:

$$M_\infty(\omega)=\lim_{t\to\infty}M_t(\omega)$$

存在而且是有限的 a.s.①。

根据法图(Fatou)定理:

$$E(|M_\infty|)\leqslant \liminf E(|M_t|)<\infty$$

我们可能会轻率地得出以下两个结论。

(1) 在 L^1 中,$M_t\to M_\infty$,意味着当 $t\to\infty$ 时,有 $E(|M_t-M_\infty|)\to 0$ 成立。

(2) $M_t=E(M_\infty\mid \mathcal{F}_t)$。这种表示是很重要的,因为它使得我们可以用一个随机变量

① 详细证明见 Revuz & Yor (1991)。

M_∞ 来辨认一个随机过程 M。

实际上，这两个断言在一般情况下均不成立，除非我们把 M_t 限制在更为严格的类别——一致可积鞅上。一致可积性(uniformly integrability)的概念同条件数学期望紧密联系在一起，因而也同鞅性紧密联系在一起。因此，一致可积鞅通常是使得一些主要结论得以成立的最大和最自然的一类鞅。

定义 11.1.4　设 $\{\Omega_i, \mathcal{F}_i, \mathcal{P}_i\}$，$i \in \mathbf{I}$，为一族概率空间，$\varsigma_i \in L^1\{\Omega_i, \mathcal{F}_i, \mathcal{P}_i\}$，$i \in \mathbf{I}$，则称 $C = \{\varsigma_i\}$，$i \in \mathbf{I}$ 为一致可积族，如果：

$$\lim_{s \to +\infty} \sup_{i \in \mathbf{I}} \int_{\{|\varsigma_i| > s\}} |\varsigma_i| \, dP_i = 0$$

在 $\{\Omega_i, \mathcal{F}_i, \mathcal{P}_i\} \equiv \{\Omega, \mathcal{F}, \mathcal{P}\}$ 时，C 也称为 $\{\Omega, \mathcal{F}, \mathcal{P}\}$ 上的一致可积族。

如果一个鞅 M_t 满足上述条件就称它是一致可积鞅。一致可积性是比 L^1-有界更强的一个要求。实际上，如果一个鞅是 L^p，$p > 1$-有界的，则它必定是一致可积的。

我们加上一致可积性要求的目的是控制鞅的尾部行为(tail behavior)，它将保证上述的两个收敛结果成立。实际上，如果 M 是一个一致可积鞅，则①：

(1) 在 L^1 中，$M_n \to M_\infty$；

(2) 存在 $M_\infty \in L^1$，使得 $E(M_\infty \mid \mathcal{F}_n) = M_n$。

这时也称 M 被 M_∞ 封闭了(closed)。

现在，我们前往最终目标——平方可积鞅。如果一个鞅具有有限的二阶矩，即：

$$E(M_n^2) < \infty$$

就称之为平方可积鞅②。最后，我们附送一个 Doob 最大不等式(Doob's maximal inequality)③：

$$E\left(\sup_{t \geq 0} |M_t|\right)^p \leqslant \left(\frac{p}{p-1}\right)^p \sup_{t \geq 0}[E(M_t)^p], \ p > 1$$

11.2　停时和鞅型序列

本节要引入停时(stopping time)概念④，这个概念在随机过程理论研究中的重要性体现在它提供了"驯服时间这一连续统"(tame the continuum of time)的有效工具(Chung, 1982)，实际上停时的引入使得我们把鞅的性质可以拓展到其他鞅型序列上去⑤。

11.2.1　停时定义

那么，什么是停时呢？t 是时间，$\mathcal{F}_t$ 代表积累到 t 时刻的信息。停时可以理解为某一随

① 这被称为鞅收敛定理，证明参考 Rogers & Williams(1994)。

② 引入平方可积的目的是为了实现随机积分。因为 $\boldsymbol{L}^2$ 是一赋泛(完备)线性空间，而在构造随机积分的时候，我们要考察一系列鞅的极限，我们要求这个极限也是一个鞅，因此需要有一个完备的鞅空间。进一步的讨论见 11.4 节。

③ 或者称 Doob's $\boldsymbol{L}^{\mathrm{P}}$ 不等式，证明参考 Rogers & Williams(1994)。

④ 有时也称马(尔可夫)时(Markvo time)。

⑤ 停时可能是整个随机过程分析中最具有技术特征的部分之一，在直观意义上停时提供了一个试图最大化赌博收益的赌博策略，因为鞅代表公平赌博，这样一种策略不会涉及预见性。

机事件第一次发生的时刻。不妨假想我们对某些特定现象的发生感兴趣,如某个"黑色星期五"的出现,我们对这些特定现象第一次出现的时刻 $\mathcal{T}(\omega)$ 给予特别的注视。很明显,事件 $\{\omega, \mathcal{T}(\omega) \leqslant t\}$ 的发生,当且仅当这一现象出现在 t 时刻上或者 t 时刻之前。它应当是积累到那个时刻的信息集的一部分。

例如,一个赌徒决定在他赌赢 100 次后就收手,那么他停止赌博的时刻就是一个随机变量 $\mathcal{T}=n$,即当他赌到 n 次时,他才赢足 100 次,$\mathcal{F}_n$ 是他赌到第 n 次的所能掌握的全部信息。故 $\mathcal{T}$ 是否等于 n 是依赖他赌到第 n 次才能知道的。从这个角度体会,它似乎有点"你到那就知道了"那种无奈的意味。

正式地,停时是一个定义在滤波空间 $\{\Omega, \mathcal{F}, \mathcal{P}, \mathbf{F}\}$ 上的随机变量:

$$\mathcal{T}: \Omega \to [0, \infty) \cup \{\infty\}$$

对于任何 $t \in \mathbf{R}_+$,它满足①:

$$\{\mathcal{T} \leqslant t\} = \{\omega, \mathcal{T}(\omega) \leqslant t\} \in \mathcal{F} \tag{11-10}$$

显然,任意非负的常值随机变量 $\mathcal{T}=t$ 是一个停时,而且 $\mathcal{T}+s$, $(s \geqslant 0)$ 也是停时。容易知道:

(1) 如果 $\mathcal{T}_1$, $\mathcal{T}_2$ 是停时,则 $\mathcal{T}_1 + \mathcal{T}_2$, $\mathcal{T}_1 \wedge \mathcal{T}_2$, $\mathcal{T}_1 \vee \mathcal{T}_2$ 也都是停时②;

(2) 如果 $(\mathcal{T}_n)_{n\geqslant 1}$ 是一个停时序列,则 $\vee_n \mathcal{T}_n = \sup_n \mathcal{T}_n$、$\wedge_n \mathcal{T}_n = \inf_n \mathcal{T}_n$、$\limsup\limits_{n\to\infty} \mathcal{T}_n$、$\liminf\limits_{n\to\infty} \mathcal{T}_n$ 也都是停时。

我们同时定义:

$$\mathcal{F}_{\mathcal{T}} = \{A \in \mathcal{F}, \forall t \leqslant \infty, A \cap \mathcal{T} \leqslant t\} \in \mathcal{F}_t$$

注意,此时集合 $\mathcal{F}_{\mathcal{T}}$ 被称为停时前的 σ-代数。如果 $\mathcal{T}_1$, $\mathcal{T}_2$ 是停时,而且 $\mathcal{T}_1 \leqslant \mathcal{T}_2$,则有:

(1) $\mathcal{F}_{\mathcal{T}_1} \leqslant \mathcal{F}_{\mathcal{T}_2}$。

(2) 如果 $A \in \mathcal{F}_{\mathcal{T}_1}$,则 $A \cap \{\mathcal{T}_1 \leqslant \mathcal{T}_2\} \in \mathcal{F}_{\mathcal{T}_2}$。

11.2.2 最优停止定理

我们可以把停时看成是对普通时间变量 t 的随机化,那么,停时在随机序列中的出现会对随机序列的运动特征产生什么样的影响呢?不妨更直接地说出我们的想法——现在既有停时概念又有鞅的概念,把它们放在一起会怎么样呢?直观上理解:一个鞅在停止时刻基于现在时刻的均值就应当是它的当前值。

假设 W_t 代表一个赌徒在 t 时刻的财富,他连续的参加"公平"的赌博,现在的问题是:他能不能通过精心的选择停止赌博的次数来最大化他的个人财富呢?答案是否定的。这就是著名的多布有界停时定理(Doob's bounded stopping time theorem)③。

定理 11.2.1 如果 $(M_n)_{n\in Z_+}$ 是在随机基 $\{\Omega, \mathcal{F}, \mathcal{P}, \mathbf{F}\}$ 上的一个 $\mathcal{F}_n$-适应的离散鞅;$\mathcal{T} < \infty$ 是一个有界停时,则有:

---

① 如果该严格不等式成立,则称之为可选时(optional time)。如果滤波是右连续的,则可选时和停时是相同的。

② 其中,$a \wedge b$ 代表两者中较小的那个;$a \vee b$ 代表两者中较大的那个。以下主要性质的证明可以参考 Karatzas & Shreve(1991)。

③ 该定理有时也称可选取样定理(optional sampling theorem)。

$$E[(M_{\mathcal{T}})\mid\mathcal{F}_0]=M_{\mathcal{T}} \tag{11-11}$$

以及

$$E(M_{\mathcal{T}})=E(M_0)$$

证明：考虑这样一个随机序列 θ_n：

$$\theta_n=1_{(\mathcal{T}\geqslant n)},\ n\geqslant 1$$

它是可料的，因此如果 $(M_n)_{n\in Z_+}$ 是鞅，则鞅变换 $(\theta\cdot M)_n$ 也是鞅，但是：

$$(\theta\cdot M)_n=\sum_{k=1}^{n}1_{(\mathcal{T}\geqslant k)}(M_k-M_{k-1})=M_{\tau\wedge n}-M_0 \tag{11-12}$$

如果 $\tau\leqslant n$，则：

$$(\theta\cdot M)_n=M_{\mathcal{T}\wedge n}-M_0=M_\tau-M_0 \tag{11-13}$$

因此就有：

$$E[(\theta\cdot M)_n\mid\mathcal{F}_0]=E[M_{\mathcal{T}}-M_0\mid\mathcal{F}_0]=E[M_{\mathcal{T}}\mid\mathcal{F}_0]-M_0=0 \tag{11-14}$$

这是可选取样定理的最简版本。它还有其他的形式，如假定 $\tau_1\leqslant\tau_2$ 为两个有界停时：

(1) 如果 $(M_n)_{n\in Z_+}$ 为一个上鞅，则 $E[M_{\mathcal{T}_2}\mid\mathcal{F}_{\mathcal{T}_1}]\leqslant M_{\mathcal{T}_1}$。

(2) 如果 $(M_n)_{n\in Z_+}$ 是鞅，则 $E[M_{\mathcal{T}_2}\mid\mathcal{F}_{\mathcal{T}_1}]=M_{\mathcal{T}_1}$。

正如我们看到的，对鞅过程的停止相当于某种形式的鞅变换。

11.2.3　鞅型序列

定义 11.2.1　在随机基 $\{\Omega,\mathcal{F},\mathcal{P},\mathbf{F}\}$ 上存在一个 $\mathcal{F}_n$ 适应的随机过程 $(M_n)_{n\in Z_+}$，如果存在一系列的停时 $(\mathcal{T}_m)_{m\in Z_+\cup\infty}(\mathcal{T}_m\leqslant\mathcal{T}_{m+1})$，而且 $\lim\limits_{m\to\infty}\mathcal{T}_m\to\infty$，使得 $M_{n\wedge\mathcal{T}_m}$ 成为一个鞅，就称 $(M_n)_{n\in Z_+}$ 为局部鞅(local martingale)。

这一过程被称为局部化(localization)，具有以上性质的停时序列 $(\mathcal{T}_m)_{m\in Z_+\cup\infty}$ 被称为(局部鞅 M 的)局部化序列(localizing sequence)。容易知道，所有的鞅都是局部鞅①。直观上理解，局部鞅就是指一个过程差一点点就是鞅，如果用停时隔一下，则它就成为了鞅。因此，实际上局部鞅中镶嵌着鞅。

对于鞅型序列的关系，我们有两个重要的结论：

(1) 任意非负的局部鞅也是一个上鞅；

(2) 任意有界的局部鞅也是鞅。

其证明是根据法图定理和有界收敛定理，不算太困难，请读者自行完成。

定义 11.2.2　如果对于任何 $n\in Z_+$，一个 $\mathcal{F}_n$-适应的随机序列 $(A_n)_{n\in Z_+}$，都有：

$$\Delta A_n=A_n-A_{n-1}\geqslant 0$$

成立，就称它为是递增随机序列。如果是连续时间参数就称之为递增随机过程。两个可料递增过程的差是有界变差过程。

---

① 如果要把 OST 推广到无界停时的情形，就要涉及一致可积(uniformly integrable)鞅的收敛定理。可以参考 Elliott & Kopp(1999)，pp.83—85。

定义 11.2.3 如果 M_n 是局部鞅、A_n 是有界变差过程,则一个具有以下(不一定是唯一的)分解形式:

$$X_n = X_0 + M_n + A_n \tag{11-15}$$

的随机过程 $(X_n)_{n\in Z_+}$ 被称为半鞅(semi-martingale)。

11.3 多布-迈耶分解

在金融相关点 11-3 中,我们提到为了可以采用鞅方法给金融资产定价,要通过某种形式的转换把上(下)鞅变成鞅。微观金融学中一系列的重要定理表明:当市场上不存在套利机会时,所有资产价格都是均衡价格测度(equilibrium price measure)下的鞅,证明这些定理以及使用它们为金融资产定价在第 3 章中我们就接触过。现在的问题是:怎样把原本是上(下)鞅的资产价格运动过程变成鞅呢?有两种思路,第一种在本节中讨论,另外一种在 11.5 节中讨论。

11.3.1 多布分解定理

第一种思路在直觉上很简单,既然上(下)鞅中有一种向上或者向下趋势,只要从它们之中分离出这种趋势,就可以得到一个纯粹的鞅了。先来看离散时间情形,考虑下面这个简化的二项过程:

$$S_{n+1} = \begin{cases} S_n + 1 \text{ 概率为 } P \\ S_n - 1 \text{ 概率为 } 1-P \end{cases}$$

下一时刻股票的期望价格为:

$$E(S_{n+1} \mid S_n) = (S_n + 1)P + (S_n - 1)(1-P) = S_n + (2P-1)$$

当 $P = 1/2$ 时,它是一个鞅。如果上涨的概率超过了下降的概率,则我们会观察到一个有着上升轨迹的下鞅,即:

$$E(S_{n+1} \mid S_n) = S_n + (2P-1) > S_n$$

但是,我们可以定义一个中心化过程(centered process) M_n:

$$M_n = [S_0 + (1-2P)] + \sum_{i=1}^{n} [\Delta S_n + (1-2P)] = S_n + (1-2P)(n+1)$$

注意,上式最后一个等号右侧的第二项是一个随着时间推移而同时增加(或者减少)的确定性时间的函数:如果 $P > 1/2$,则它是递减的;如果 $P < 1/2$,则它是递增的。

容易证明,M_n 是一个 $\mathcal{F}_n$-适应的鞅。如果从 S_n 中剔除一个趋势:

$$S_n - (1-2P)(n+1)$$

是否就可以得到一个鞅呢?换句话说,我们可以把一个下鞅(当 $P > 1/2$ 时)分解成为两个部分:

$$S_n = M_n - (1-2P)(n+1) \tag{11-16}$$

式(11-16)右侧第一项,也就是第一个部分,是一个 $\mathcal{P}$ 测度下的鞅;第二项,也就是第二部分，是一个递增的确定性函数。这个结论可以一般化。

定理 11.3.1　(多布分解) 令 $(X_n)_{n\in Z_+}$ 为一个 $\mathcal{F}_n$ -适应的下鞅，则它可以唯一地分解为一个鞅和可料递增随机序列的和：

$$X_n = M_n + A_n,\ \forall n \in Z_+ \tag{11-17}$$

简单的证明可以参考相关文献(Melnikov, 1999)。

多布分解(Doob decomposition)定理(又称下鞅分解定理)就显示了下鞅、鞅和可料增量过程相互之间的关系。它是下面我们将接触的连续时间的多布-迈耶分解(Doob-Meyer decomposition)定理的离散形式。

11.3.2　多布-迈耶定理

本节中我们讨论多布分解的连续形式和它的应用。多布-迈耶分解定理把多布分解定理一般化了，它表明在一些很一般的前提下，任意一个连续时间随机过程都可以分解成为一个鞅和一个可以预料的趋势。

定理 11.3.2(多布-迈耶分解)　如果 $(S_t)_{t\in[0,\infty)}$ 是一个 $\mathcal{F}_t$ -适应的右连续的下鞅，$E(S_t)<\infty$, $\forall t$，则对于任何 $0\leqslant t\leqslant\infty$, S_t 都可以分解为下列形式：

$$S_t = M_t + A_t \tag{11-18}$$

其中，M_t 是右连续鞅，A_t 是一个 $\mathcal{F}_t$ -可料的增量过程。

详细证明可参考相关文献(Karatzas, Shreve, 1991)。这个定理说明，即便是随机过程 S_t 中同时包含跳空(jump)和向上两种趋势，仍然能够通过从中减去一个可料增量过程剥离一个鞅过程出来。如果原来的随机过程没有跳空，则得到的鞅也是连续的。

例 11.3.1　平方布朗运动 $\mathcal{W}_t^2$ 是不是鞅呢？我们知道：

$$E[(\mathcal{W}_{t+\Delta t}^2-\mathcal{W}_t^2)\mid\mathcal{F}_t]=E\{[\mathcal{W}_t-(\mathcal{W}_{t+\Delta t}-\mathcal{W}_t)]^2-\mathcal{W}_t^2\}=E(\mathcal{W}_{t+\Delta t}-\mathcal{W}_t)^2$$

后一个等式是因为 $\mathcal{W}_t$ 的增量是独立的，所以交叉项去掉了，但我们知道：

$$E(\Delta\mathcal{W}_t^2\mid\mathcal{F}_t)=\Delta t$$

这是一个随着时间递增的可料函数，因此平方布朗运动 $\mathcal{W}_t^2$ 本身不是一个鞅，但是根据多布-迈耶分解定理，如果从 $\mathcal{W}_t^2$ 中减去这个趋势，就可以得到一个鞅了。实际上，在前一节中我们已经证明了 $\mathcal{W}_t^2-t$ 是一个鞅。

例 11.3.2　在 10.2.3 节中学习了关于泊松过程 N_t 的一些特征，例如：

$$E(N_{t+\Delta t}-N_t)=\lambda\Delta t$$

泊松过程有非 0 的期望增量，因此它显然也是一个下鞅。我们可以定义一个新的随机过程：

$$M_t = N_t - \lambda t \tag{11-19}$$

称它为补偿泊松过程(compensated Poisson process)。

容易证明：它是一个右连续的离散鞅。λt 被称为补偿项，它抵消了 N_t 中有趋势性的那个部分，并且有：

$$E(M_t^2)=\lambda t \tag{11-20}$$

因此,尽管 M_t 的轨迹是不连续的,它的方差是有限的,也是平方可积的。

金融相关点 11-4　多布分解在实际应用中可行吗?

考虑一个欧式看涨期权,它的到期日收益函数是:

$$c_T=\max(S_T-K,\ 0)$$

如果到期日 T 时刻,基础产品价格超过执行价格 K,则该期权的持有人可以得到这个价差,如果 $S_T<K$,则该期权的价值为 0,在 t ($t<T$) 时刻,则该期权的价格 c_t 是待定的。但是,我们可以根据 t 时刻的信息,预测它在到期日的期望价值:

$$E_t^{\mathcal{P}}[c_T \mid \mathcal{F}_t]=E_t^{\mathcal{P}}[\max(S_T-K,\ 0) \mid \mathcal{F}_t]$$

那么,是不是把这个期望值按照某种合适的利率贴现后,就是它在 t 时刻的价格 c_t 呢?假定 r 是无风险利率,那么:

$$c_t=\mathrm{e}^{-r(T-t)}E_t^{\mathcal{P}}[\max(S_T-K,\ 0) \mid \mathcal{F}_t]$$

是否就是它在 t 时刻的"公平"市场价值呢?这样做能不能行得通,就取决于 $\mathrm{e}^{-rt}c_t$ 在滤波 $\mathcal{F}_t$ 和测度 $\mathcal{P}$ 下是不是一个鞅了。如果是这样,我们就有:

$$E_t^{\mathcal{P}}[\mathrm{e}^{-rT}c_T \mid \mathcal{F}_t]=\mathrm{e}^{-rt}c_t$$

或者两边同时乘以 e^{rt},得:

$$E_t^{\mathcal{P}}[\mathrm{e}^{-r(T-t)}c_T \mid \mathcal{F}_t]=c_t$$

由于执行价格 K 是常数,能否证明在概率分布 $\mathcal{P}$ 下,$\mathrm{e}^{-rt}S_t$ 是一个鞅是问题的关键。记得吗?如果我们假定投资者是风险厌恶的,则对于任何一种风险资产,一般要求:

$$E_t^{\mathcal{P}}[\mathrm{e}^{-r(T-t)}S_T \mid \mathcal{F}_t]>S_t$$

这就是说,$\mathrm{e}^{-rt}S_t$ 是一个下鞅。但是,根据多布-迈耶分解定理我们可以从 $\mathrm{e}^{-rt}S_t$ 中减去一个可以预测的趋势,即抵消股票价格运动中向上的单边趋势,而使得剩下的部分获得鞅性,即:

$$M_t=\mathrm{e}^{-rt}S_t-A_t$$

其中,M_t 是 $\mathcal{F}_t$ 下的鞅,A_t 则是一个 $\mathcal{F}_t$-可测的递增的随机变量。如果可以显式地得到 A_t,我们就减去这个量来得到具有鞅性的股票价格,进而股票期权的公平市场价格就可以决定了。进一步考虑,这里的 A_t 实际上相当于一个风险溢价,这个风险溢价是由投资者的主观偏好决定的,即因人而异的,因而是很难事先决定的。我们的结论就是:尽管多布-迈耶分解方法很直观,在实际中却很少被用到。

11.3.3　二次变差过程

根据 11.1.1 节中的简单推论(3)，如果 $(M_n)_{n\in Z_+}$ 是鞅，则 $(M_n^2)_{n\in \mathbf{Z}_+}$ 是一个下鞅。根据上面的下鞅分解定理，就有：

$$M_n^2=m_n+A_n=m_n+<M>_n \tag{11-21}$$

这里，m_n 是一个鞅，$(<M>_n)_{n\in \mathbf{Z}_+}$ 是一个可料递增序列，它被称为 $(M_n)_{n\in Z_+}$ 的二次变差过程(quadratic variation process)或者二次特征(quadratic characteristic)，它被定义为：

$$<M>_n=\sum_{k=1}^{n}[E(\Delta M_k)^2 \mid \mathcal{F}_{k-1}]$$

因为：

$$\begin{aligned}E[(M_k-M_l)^2 \mid \mathcal{F}_l]&=E[(M_k-M_l)^2 \mid \mathcal{F}_l]\\&=E(<M>_k-<M>_l \mid \mathcal{F}_l)=0,\ l\leqslant k\end{aligned}$$

因此就有：

$$E(M_k^2)=E<M>_k,\ k\in \mathbf{Z}_+ \tag{11-22}$$

所以，在例 11.3.2 中我们可以看到 $<M>_t=\lambda t$。

实际上，如果 $(M_n)_{n\in Z_+}$、$(N_n)_{n\in Z_+}$ 是任意两个平方可积鞅，那么：

$$(M+N)^2-<M+N> \text{和} (M-N)^2-<M-N>$$

以及它们的差：

$$4MN-[<M+N>-<M-N>]$$

都是鞅。

进一步，如果 $(X_n)_{n\in Z_+}$、$(Y_n)_{n\in Z_+}$ 是 $\{\Omega,\mathcal{F},\mathcal{P},\mathbf{F}\}$ 空间上任意两个随机序列，它们的二次协变差过程(quadratic covariation process)就定义为：

$$<X,Y>_0=E[X(0)Y(0)]$$

$$<X,Y>_n=E[X(0)Y(0)]+\sum_{k=1}^{n}E\{[X(k)-X(k-1)][Y(k)-Y(k-1)]\mid \mathcal{F}_{k-1}\},\ 1\leqslant n\leqslant T$$

例 11.3.3　$\Omega=\{\omega_1,\cdots,\omega_6\}$，$T=3$，$P=1/6$

$$\mathcal{F}_1=\{\{\omega_1,\omega_2\},\{\omega_3,\omega_4,\omega_5,\omega_6\}\};\ \mathcal{F}_2=\{\{\omega_1,\omega_2\},\{\omega_3,\omega_4\},\{\omega_5,\omega_6\}\}$$

x	ω_1	ω_2	ω_3	ω_4	ω_5	ω_6
$T=0$	0	1	2	1	0	−1
$T=1$	2	3	1	2	1	0
$T=2$	−1	0	−1	0	−1	0
$T=3$	−2	2	2	1	3	2

(续　表)

y	ω_1	ω_2	ω_3	ω_4	ω_5	ω_6
$T=0$	0	2	−1	−2	0	1
$T=1$	1	3	0	2	−1	3
$T=2$	2	1	−1	−2	−1	0
$T=3$	1	2	0	1	0	2

则它们的二次协变差过程$\langle X, Y\rangle_n$ 是:

$\langle X, Y\rangle$	ω_1	ω_2	ω_3	ω_4	ω_5	ω_6
$T=0$	−1/2	−1/2	−1/2	−1/2	−1/2	−1/2
$T=1$	5/6	5/6	5/6	5/6	5/6	5/6
$T=2$	7/3	7/3	10/3	10/3	10/3	10/3
$T=3$	23/6	23/6	19/3	19/3	22/3	22/3

如果 $(M_n)_{n\in Z_+}$、$(N_n)_{n\in Z_+}$ 是两个鞅,则它们的二次协变差过程$\langle M, N\rangle_n$ 就定义为:

$$\langle M, N\rangle_n = \frac{1}{4}(\langle M+N\rangle_n - \langle M-N\rangle_n) \tag{11-23}$$

不难证明,随机序列 $(M_nN_n - \langle M, N\rangle_n)_{n\in Z_+}$ 也是鞅。这是因为对于任何 $1\leqslant n\leqslant T$,它的条件期望等于:

$$\begin{aligned}
&[E(M_nN_n - \langle M, N\rangle_n) \mid \mathcal{F}_{n-1}] \\
&=[E(M_nN_n - (M_n - M_{n-1})(N_n - N_{n-1})) \mid \mathcal{F}_{n-1}] - \langle M, N\rangle_{n-1} \\
&=[E(M_nN_n - M_nN_{n-1} + M_{n-1}N_n - M_{n-1}N_{n-1}) \mid \mathcal{F}_{n-1}] - \langle M, N\rangle_{n-1} \\
&=M_{n-1}N_{n-1} - \langle M, N\rangle_{n-1}
\end{aligned}$$

如果对于任意两个鞅,有:

$$\langle M, N\rangle_n = 0,\ n\in \mathbf{Z}_+$$

则称两个鞅是正交的(orthogonal)。

固定一个平方可积鞅 M,考虑所有可能同 M 正交的鞅 N,可以构造一族有着下面形式的平方可积鞅:

$$X_n = M_n + N_n \tag{11-24}$$

反过来,任何平方可积鞅都可以用这种形式来表示,这被称为国田-渡边分解(Kunita-Watanabe decomposition)。

11.4　再论随机积分

在 11.3 节中,我们用比较直观的方法给出了随机(伊藤)积分的定义。本节则还要再次比较正规地和更为详细地定义随机积分。为了不在具体细节中迷失，要再次强调一下：我们的目标是给出下面形式的随机积分的确切含义：

$$X(t,\ \omega)=\int_0^t \theta(s,\ \omega)\mathrm{d}M(s,\ \omega),\ t\in R^+,\ \omega\in\Omega$$

其中，$\theta=\{\theta_t,\ t\in R^+\}$ 和 $M=\{M_t,\ t\in R^+\}$ 都是随机过程。我们早已知道困难在于：当 M 是布朗运动或者是类似布朗运动那样具有极不规则的运动轨道的随机过程时，传统定义积分的方法就会失效。

11.4.1　鞅变换和随机积分

先来看离散情形获得一些直觉。令 $(\theta_n)_{n\in Z_+}$ 为一可料随机序列，$(M_n)_{n\in Z_+}$ 为离散鞅。我们可以定义一个新的随机序列：

$$X_t=(\theta\cdot M)_t=\sum_{t=1}^{t}\theta_t\Delta M_t,\ X_0=0 \tag{11-25}$$

称 $(\theta\cdot M)_n$ 为 θ 对 M 的鞅变换(martingale transformation)，它实际上是以鞅为积分算子，可料过程为被积函数的一种特殊形式的随机积分的离散形式。它有一个重要的性质：

$$E[\Delta(\theta\cdot M)_n\mid\mathcal{F}_n]=E(\theta_n\Delta M_n\mid\mathcal{F}_n)=\theta_n E(\Delta M_n\mid\mathcal{F}_n)=0 \tag{11-26}$$

因此，$[(\theta\cdot M)_n]_{n\in Z_+}$ 是一个鞅①。这被称为平稳性(stability)，它提供了一个简单但很有用的判断鞅的方法：当且仅当对于任意可料随机过程 θ，有：

$$E(\theta\cdot M)_n=E\left(\sum_{k=1}^{n}\theta_k\Delta M_k\right)=0 \tag{11-27}$$

时，一个 $\mathcal{F}_n$-适应的随机序列 $(M_n)_{n\in Z_+}$ 是一个鞅②。

直观上，如果 $(M_n)_{n\in Z_+}$ 是一个鞅，则鞅变换 $(\theta\cdot M)_n$ 也是一个鞅，因此：

$$E(\theta\cdot M)_n=0,\ n\geqslant 1$$

反过来，假定这个等式对于任何 M 和任何可料随机过程 θ 都成立。不妨任选 $s>0$，令 $A\in\mathcal{F}_n$，让 $\theta_{s+1}=1_A$，$\theta_n=0$，则对 $n>s$，我们有：

$$0=E(\theta\cdot M)_n=E[1_A(M_{s+1}-M_s)] \tag{11-28}$$

因为这对于所有 $A\in\mathcal{F}_s$ 都成立，即 $E(\Delta M_{s+1}\mid\mathcal{F}_s)=0$，所以 M 确实是一个鞅。

例 11.4.1　如果把 θ 设想为资产组合(过程)，而把 M 设想为资产价格，则鞅变换 $(\theta\cdot M)_n$ 就代表了金融投资的收获过程(gain process)。不妨假定 $(S_n)_{n\in Z_+}$ 为一个 $(\mathcal{F}_n)_{n\in Z_+}$-适应的随机过程，它是某种股票的收盘价格。如果在 n 日，投资者拥有 $(\theta_n)_{n\in Z_+}$ 股该种股票，则这一天的总收获就是 $\theta_n(S_n-S_{n-1})$。如果该投资者在 0 时刻以 W_0 初始财富起家，到 n 日他积累的财富就是：

$$W_n=W_0+\sum_{n=1}^{n}\theta_n\Delta S_n=W_0+(\theta\cdot S)_n \tag{11-29}$$

---

① 类似地，如果 $(M_n)_{n\in Z_+}$ 是一个上鞅，则 $[(\theta\cdot M)_n]_{n\in Z_+}$ 也是一个上鞅。

② 一个简单的证明可以参见 Elliott & Kopp(1999)，p32。

这里的$(\theta\cdot S)_n$就是收获过程①。显然，$(\theta_n)_{n\in Z_+}$是可料的，如果股票价格过程是鞅，则期末财富W_n也是一个鞅。这是因为：

$$\begin{aligned} E[W_{n+1}\mid\mathcal{F}_n]-W_n &= E[W_{n+1}-W_n\mid\mathcal{F}_n] \\ &= E[\theta_n\Delta S_{n+1}\mid\mathcal{F}_n]=\theta_n E[\Delta S_{n+1}\mid\mathcal{F}_n] \\ &= \theta_n(E[S_{n+1}\mid\mathcal{F}_n]-S_n) \\ &= 0 \end{aligned} \tag{11-30}$$

11.4.2 简单过程随机积分

上述例子值得进一步探讨。为了便于讨论，我们先把时间区间$[0, T]$做一个分割：

$$0=t_0<t_1,\ \cdots,\ t_{n-1}<t_n=T$$

令$\Phi_i:\Omega\rightarrow R,\ i=1,\ 2,\ \cdots,\ n$为有界随机变量，其中：

(1) $\Phi(t_0)=\Phi_0(\omega)$为$\mathcal{F}_0$可测的；

(2) $\Phi(t_i)=\Phi_i(\omega)$为$\mathcal{F}_{i-1}$可测的。

如果一个随机过程$\{\theta_t\}_{t\in[0,\ T]}$可以表示为下面的这种形式：

$$\theta_t(\omega)=\theta(t,\ \omega)=\Phi_0(\omega)1_{\{0\}}(t)+\sum_{i=1}^{n}\Phi_i(\omega)1_{(t_{i-1},\ t_i]}(t) \tag{11-31}$$

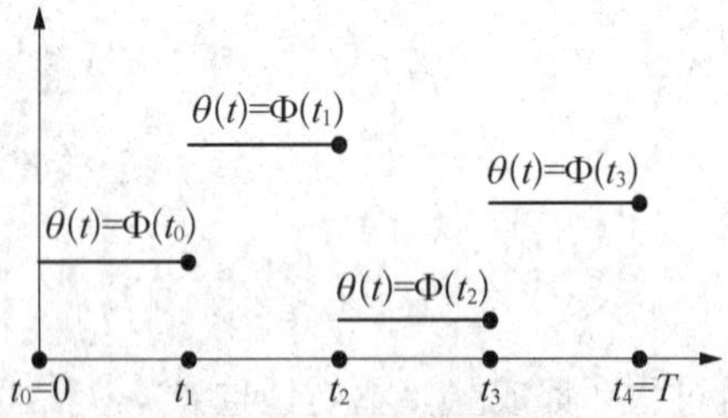

图 11-3 简单随机过程

即$\theta(t)$在每一个区间$(t_{i-1},\ t_i]$上为常数，就称之为简单过程或者基本过程(simple or elementary process)。

实际上，我们不妨就把简单过程理解为一种仅仅在有限时点上才变动投资决策的特定交易策略过程。它的样本路径$\theta(.,\ \omega)$是左连续的阶梯函数，高度是$\Phi_i(\omega)1_{(t_{i-1},\ t_i]}(t)$，如图 11-3 所示。

注意，根据定义，每个$\theta(t)$均是$\mathcal{F}_{t_{i-1}}$可测的。那么，对于任意简单过程$X(t)$(即原来的$\theta(t)$)的随机(伊藤)积分就可以定义为②：

$$I_t(X):=\int_0^t X_s\mathrm{d}\mathcal{W}_s:=\sum_{i=1}^{k}\Phi_i[\mathcal{W}(t_i)-\mathcal{W}(t_{i-1})]+\Phi_{k+1}[\mathcal{W}(t)-\mathcal{W}(t_k)],\ t\in(t_k,\ t_{k+1}] \tag{11-32}$$

或者更一般地：

① 对收获过程的详细讨论见 3.3.4 节。

② 维纳(Wiener)很早就定义了对于布朗(Brown)运动的随机积分，但他只利用了 Brown 运动增量的正交性质，因而被积函数只限于非随机的函数，伊藤清(1944)首次定义了很广一类随机过程关于 Brown 运动的随机积分，他充分利用了 Brown 运动的鞅性。虽然其后这种随机积分被大大推广了，但从本质上说，还是根据伊藤清的思想，因而这类随机积分都称为伊藤积分。

$$I_t(X):=\int_0^t X_s \mathrm{d}\mathcal{W}_s:=\sum_{i=1}^{n}\Phi_i[\mathcal{W}(t_i \wedge t)-\mathcal{W}(t_{i-1} \wedge t)],\ t\in[0,\ T] \tag{11-33}$$

简单过程的随机积分具有一些重要性质,其中一些是与普通积分类似的。

(1) 线性:

$$\int_0^t [aX(s)\pm bY(s)]\mathrm{d}\mathcal{W}(s)=a\int_0^t X(s)\mathrm{d}\mathcal{W}(s)\pm b\int_0^t Y(s)\mathrm{d}\mathcal{W}(s) \tag{11-34}$$

(2) 区间可加性:

$$\int_0^t X(u)\mathrm{d}\mathcal{W}(u)=\int_0^s X(u)\mathrm{d}\mathcal{W}(u)+\int_s^t X(u)\mathrm{d}\mathcal{W}(u),\ 0\leqslant s\leqslant t \tag{11-35}$$

其他的重要性质则是随机积分所特有的,例如:

(3) 鞅性。因为 Φ_i 为 $\mathcal{F}_{i-1}$ 可测的,而对于任意 $t_k\leqslant t$, $\mathcal{W}_i$ 为 $\mathcal{F}_i$ 可测的,可知 $I_t(X)$ 是 $\mathcal{F}_t$ 可测的;而由于布朗运动的路径是连续的, $I_t(X)$ 的路径也是连续的。

至于鞅性,由于:

$$E\left[\int_0^T X(u)\mathrm{d}\mathcal{W}(u)\mid \mathcal{F}(s)\right]=E\left[\int_0^s \Phi(u)\mathrm{d}\mathcal{W}(u)\mid \mathcal{F}_s\right]+E\left[\int_s^T \Phi(u)\mathrm{d}\mathcal{W}(u)\mid \mathcal{F}_s\right]$$

$$=E\left[\sum_{i=1}^{s}\Phi(t_{i-1})[\mathcal{W}(t_i)-\mathcal{W}(t_{i-1})]\mid \mathcal{F}_s\right]+E\left[\sum_{i=s+1}^{t}\Phi(t_{i-1})[\mathcal{W}(t_i)-\mathcal{W}(t_{i-1})]\mid \mathcal{F}_s\right]$$

在 s 时刻所有过去的路径都是已知的,我们可以去掉最后一行的第一个期望算子:

$$\sum_{i=1}^{s}\Phi(t_{i-1})[\mathcal{W}(t_i)-\mathcal{W}(t_{i-1})]+E\left[\sum_{i=s+1}^{n}\Phi(t_{i-1})[\mathcal{W}(t_i)-\mathcal{W}(t_{i-1})]\mid \mathcal{F}(s)\right]$$

$$=\sum_{i=1}^{s}\Phi(t_{i-1})[\mathcal{W}(t_i)-\mathcal{W}(t_{i-1})]+E\left[\sum_{i=s+1}^{n}\Phi(t_{i-1})\mathcal{W}(t_i)\mid \mathcal{F}(s)\right]-E\left[\sum_{i=s+1}^{n}\Phi(t_{i-1})\mathcal{W}(t_{i-1})\mid \mathcal{F}(s)\right]$$

因为 $\Phi(s)$ 是 $\mathcal{F}(s-1)$-可测的,而且 $\mathcal{W}(t)$ 是鞅,所以上式最后一行的后面两项是相等的。因此:

$$E\left[\int_0^T X(u)\mathrm{d}\mathcal{W}(u)\mid \mathcal{F}_s\right]=\sum_{i=1}^{s}\Phi(t_{i-1})[\mathcal{W}(t_i)-\mathcal{W}(t_{i-1})]=\int_0^s X(u)\mathrm{d}\mathcal{W}(u)$$

由此可知,对简单过程的随机积分确实是一个 $\mathcal{F}(t)$-适应的连续鞅。特别地,我们有:

$$E[I_t(X)]=0,\ \forall t\in[0,\ T] \tag{11-36}$$

(4) (伊藤)等距性(Ito Isometry),即:

$$E\left[\int_0^t X(u)\mathrm{d}\mathcal{W}(u)\right]^2=E\int_0^t X^2(u)\mathrm{d}s \tag{11-37}$$

这是因为:

$$E\left[\int_0^T X(u)\mathrm{d}\mathcal{W}(u)\right]^2=E\left[\sum_{i=1}^{n}\Phi(t_{i-1})[\mathcal{W}(t_i)-\mathcal{W}(t_{i-1})]\right]^2$$

$$=E\left[\sum_{i=1}^{n}\sum_{j=1}^{n}\Phi(t_{i-1})\Phi(t_{j-1})\times[\mathcal{W}(t_i)-\mathcal{W}(t_{i-1})][\mathcal{W}(t_j)-\mathcal{W}(t_{j-1})]\right]$$

先考察 $i<j$ 的情形。这时取期望要小心,因为在 i 时刻揭示出的数量在 j 时刻是已知的,上式第二行也可以重写为:

$$E\left[\int_0^T X(u)\mathrm{d}W(u)\right]^2=E\Big[\sum_{i=1}^n\sum_{j=1}^n \Phi(t_{i-1})\Phi(t_{j-1})[W(t_i)-W(t_{i-1})]E[W(t_j)-W(t_{j-1})]\mid \mathcal{F}_{j-1}\Big]$$

但是,由于 $W(t)$ 是一个鞅,第二个期望运算的结果为 0,从而使得上式为 0。对于 $i>j$ 的情形,也会有类似的结果,因此我们只要考虑 $i=j$ 的情形就可以了,这时:

$$\begin{aligned}E\left[\int_0^T X(u)\mathrm{d}W(u)\right]^2&=E\Big[\sum_{i=1}^n\Phi(t_{i-1})^2[W(t_i)-W(t_{i-1})]^2\Big]\\&=E\Big[\sum_{i=1}^n\Phi(t_{i-1})^2E[W(t_i)-W(t_{i-1})]^2\mid \mathcal{F}_{i-1}\Big]\\&=E\Big[\sum_{i=1}^n\Phi(t_{i-1})^2(t_i-t_{i-1})\Big]\end{aligned}\tag{11-38}$$

最后一个等式来自我们已经很熟悉的关系式:

$$E[W(t_i)-W(t_{i-1})]^2=t_i-t_{i-1}$$

而式(11-38)中的最后那个求和运算是一个普通的黎曼积分,因此就有:

$$E\left[\int_0^t X(u)\mathrm{d}W(u)\right]^2=E\int_0^t X^2(u)\mathrm{d}u$$

这个结论无论是在理论建模还是在实际计算中都十分有用。从这个性质也可以看出,该随机积分是一个平方可积随机过程。

例 11.4.2 对于简单过程 $X=1$,我们有:

$$\int_0^t 1\mathrm{d}W(s)=W(t)$$

根据上述性质就有:

$$E\left[\int_0^t \mathrm{d}W(s)\right]^2=E[W(t)]^2=t=\int_0^t\mathrm{d}s$$

或者:

$$\mathrm{d}W(t)=\sqrt{\mathrm{d}t}$$

11.4.3 再论伊藤积分

如果把对简单过程的随机积分推广到更为一般的随机过程类别,我们要求被积函数 $X(t)$ 是循序可测的,并满足可积性条件:

$$E\left(\int_0^T X^2(t)\mathrm{d}t\right)<\infty$$

进一步地,我们引入在 $[0, T]$ 上,由满足上述条件的所有随机过程等价类构成的向量空间,显然它就是希尔伯特(Hilbert)空间:

$$L^2[0, T] = L^2\{[0, T], \Omega, \mathcal{F}, \mathcal{P}, \mathbf{F}\}$$

它的范数定义为：

$$\| X \|_T^2 := E\left(\int_0^T X^2(t)\mathrm{d}t\right)$$

这实际上就是概率空间 $\{[0, T] \times \Omega, \mathcal{B}[0, T] \otimes \mathcal{F}, \lambda \otimes \mathcal{P}\}$ 上的 L^2-范数①。

对于简单过程 X，映射 $X \to I.(X)$ 在随机积分空间上引至了一个范数：

$$\| I.(X) \|_{L_T}^2 = E\left(\int_0^T X(s)\mathrm{d}\mathcal{W}(s)\right)^2 = E\left(\int_0^T X^2(s)\mathrm{d}s\right) = \| X \|_T^2$$

因此 $I.(X)$ 是一个线性和保范(norm-preserving)的映射(伊藤等距性)。

基于以上设定，我们现在可以把随机积分 $I.(X)$ 拓展(extend)到过程 $X \in L^2[0, T]$ 上。为了做到这一点，有两方面的要求。

(1) 一方面，要利用 $X \in L^2[0, T]$ 可以用一个简单过程序列 $X^{(n)}$ 来近似的性质。我们不加证明地给出以下的近似结果②：任意 $X \in L^2[0, T]$ 均可以用一个简单过程序列 $X^{(n)}$ 来近似。更准确地说：存在一个简单过程序列 $X^{(n)}$，满足：

$$\lim_{n\to\infty} E\int_0^T (X_s - X_s^{(n)})^2\mathrm{d}s = 0$$

图 11-4 显示了这个近似结果的主要思想。

(2) 另一方面，还要利用：由于伊藤等距性，随机积分序列 $I.(X^{(n)})$ 是具有 L_T-范数的柯西序列(Cauchy sequence)③。剩下唯一的困难是证明该柯西序列是收敛的，即极限(随机积分)：

$$I(X^{(n)}) = \lim_{n\to\infty} E\int_0^T X_t^{(n)}\mathrm{d}\mathcal{W}(t)$$

存在，而且该极限独立于近似序列 $X^{(n)}$。

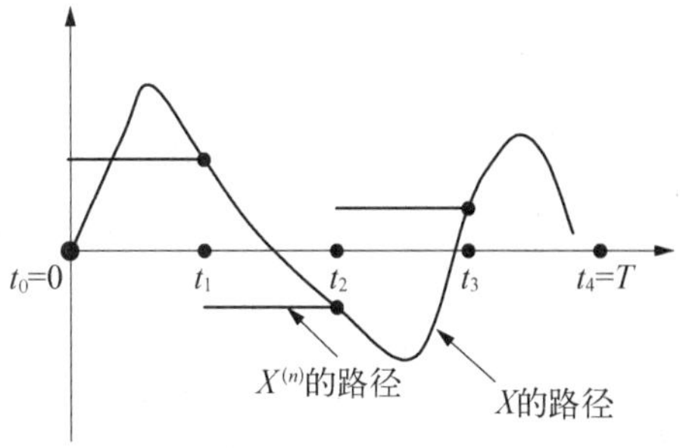

图 11-4　用简单过程近似出一般随机过程

为了证明这一点，不妨假定 n 和 m 都是很大的正整数。则：

$$\mathrm{var}[I(X^{(n)}) - I(X^{(m)})] = E\left\{\int_0^T [X^{(n)}(t) - X^{(m)}(t)]\mathrm{d}\mathcal{W}(t)\right\}^2$$

根据伊藤等距性：

$$E\left\{\int_0^T [X^{(n)}(t) - X^{(m)}(t)]\mathrm{d}\mathcal{W}(t)\right\}^2 = E\int_0^T [X^{(n)}(t) - X^{(m)}(t)]^2\mathrm{d}t$$

$$= E\int_0^T [| X^{(n)}(t) - X(t) | + | X(t) - X^{(m)}(t) |]^2\mathrm{d}t$$

① 实际上，它只是一个准范数(semi-norm)，因为 $\| X - Y \|_T^2 = 0$，并不必然意味着 $X = Y$，这一点仅仅在等价意义上成立。

② 一个简单的证明可以参考 Elliott & Kopp(1999)，p112 或者 Korn et al.(2001)，p34—36。

③ 又称基本序列(fundmental sequence)，所谓柯西序列是指量度空间(见 8.6.2 节)中序列 X_n，$n = 1, 2, \cdots$，使得对任何 $\varepsilon > 0$ 存在 n_0，对所有的 $n, m > n_0$ 有 $\rho(X_n, X_m) < \varepsilon$，其中 $\rho(.)$.代表范数。在一般的量度空间中柯西序列不一定收敛，但收敛序列一定是柯西序列。

因为：

$$(a+b)^2 \leqslant 2a^2+2b^2$$

所以：

$$E\int_0^T [\mid X^{(n)}(t)-X(t)\mid + \mid X(t)-X^{(m)}(t)\mid]^2 \mathrm{d}t$$

$$\leqslant 2E\int_0^T [\mid X^{(n)}(t)-X(t)\mid^2 \mathrm{d}t + 2E\int_0^T \mid X^{(m)}(t)-X(t)\mid^2 \mathrm{d}t$$

上式右侧项是很小的，这就保证了数列 $I.(X^{(n)})$ 有一个极限，而且这个收敛极限是独立于近似序列 $X^{(n)}$ 的。

这样，我们就有 $L^2[0, T]$ 过程的伊藤积分的构造定理：存在一个唯一的从 $L^2[0, T]$ 到 $[0, T]$ 上的连续鞅空间的线性映射 J，它满足①：

(1) 如果 X 是一个简单过程就有：$P\{J_t(X)=I_t(X),\ \forall t\in[0, T]\}=1$。

(2) 伊藤等距性：$E[J_t(X)]^2=E\int_0^t X_s^2 \mathrm{d}s$。

这个映射在下面的意义上是唯一的：如果两个映射 J 和 J' 同时满足上面两点，则对于任意 $X\in L^2[0, T]$，过程 $J(X)$ 和 $J'(X)$ 是无区别的。

对于任意 $X\in L^2[0, T]$，我们记为：

$$\int_0^t X_s \mathrm{d}W_s = J_t(X)$$

并称之为随机过程 X 对于维纳过程的伊藤积分。这种(一般)伊藤积分也具有对简单过程的伊藤积分所具有的那几种重要性质②。

这种从简单过程到 $L^2[0, T]$ 过程的随机积分拓展的主要思想如图 11-5 所示(其中，$\mathcal{M}_2^c$ 代表连续平方可积鞅空间)。

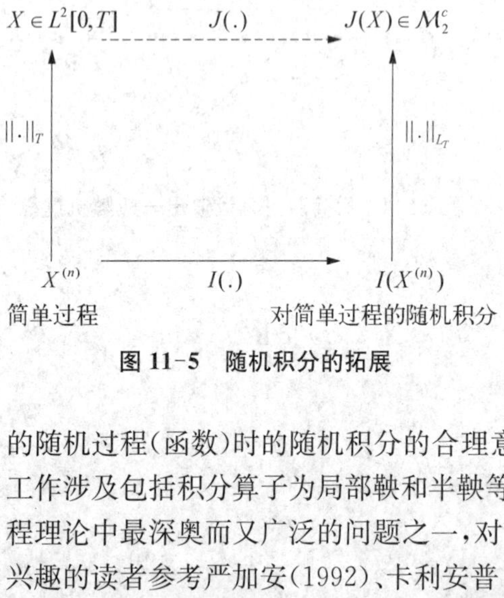

图 11-5　随机积分的拓展

要指出的是：上面讨论的随机伊藤积分是当被积函数是循序过程、积分算子是布朗运动时的一种特殊随机积分的形式。一般的随机积分理论必须考察被积函数、积分算子为更广泛类别的随机过程(函数)时的随机积分的合理意义。我们这里还仅仅是开了一个头，更进一步的工作涉及包括积分算子为局部鞅和半鞅等更为复杂和一般的情形③。这可能是整个随机过程理论中最深奥而又广泛的问题之一，对它的全面讨论超出了本章的范围和目的。建议有兴趣的读者参考严加安(1992)、卡利安普 & 卡兰迪卡(Kallianpur & Karandikar，2000)、黄志远(2001)；技术性不太强的可以参考多瑟(Dothan，1990)以及亨特 & 肯尼迪(Hunt &

① 一个简单的证明可以参考 Elliott & Kopp(1999)，p113 或者 Korn et al.(2001)，p37—40。

② 实际上，在前一章考察伊藤积分性质的时候，我们有意地忽略了伊藤积分的一个引人注目的重要性质，即它是一个鞅。直观上这一点也许是容易理解的，因为伊藤积分代表一系列无法预料的随机变化的总和。

③ 在连续时间金融分析中，我们通常会要求被积函数(过程)是可料过程，而不仅仅是适应或者可测的，这其实是因为积分算子不是维纳过程，而是半鞅。

Kennedy，2000）。

11.5　测度变换和鞅表示

现代微观金融理论研究中一项重要的工作就是给衍生金融产品定价，即给具有上（下）鞅随机运动形式的金融资产价格一个合理的当前市场价格（价值）。尽管多布-迈耶分解可以把下鞅分解成鞅和一个可料增量，但由于明显的困难（见框文 11-4），它在实践中难以应用，我们把注意力逐渐转向另一种被称为测度变换（change measure）的方法上。本节着重考察与之有关的两个核心定理和它们的应用。前三小节讨论凯麦隆-马丁-哥萨诺夫定理①，最后一小节考察鞅表示定理。

11.5.1　直观理解

在前面对鞅的讨论中，我们反复强调过鞅的数学期望形式是基于相应的概率测度的，一旦概率测度（或者分布）发生变化，那么原来的随机过程就可能不是鞅了；反过来，这也就启发我们可以通过适当地变换概率测度，把任意的一个随机过程转化为鞅。

在这种测度变换方法中，同多布-迈耶分解方法不同，变换的是概率测度 $\mathcal{P}$ 本身。如在概率分布（测度）$\mathcal{P}$ 下，有：

$$E_t^{\mathcal{P}}(S_T \mid \mathcal{F}_t) > S_t,\ t < T$$

$E_t^{\mathcal{P}}(\cdot)$ 是概率分布 $\mathcal{P}$ 下的条件期望算子，显然 $(S_t)_{t\in[0,T)}$ 是一个下鞅。我们希望可以找到另一个与 $\mathcal{P}$“等价”的概率分布 Q，使得：

$$E_t^{Q}(S_T \mid \mathcal{F}_t) = S_t,\ t < T$$

如果真的可以做到这一点，我们就可以改变一个任意一个随机过程的均值。在金融分析中，这种改变可以使得有着正的风险溢价的资产看上去是无风险的，从而把 $(S_t)_{t\in[0,T)}$ 变成为一个鞅。能够实现这种转换的概率分布 Q 被称为等鞅测度（equivalent martingale measure）。

如何实现这种变换在金融理论和实际工作中非常重要，在微观金融学中有一系列重要的定理说明在无套利市场条件下（见第 3 章），所有资产的贴现价格都是 Q 测度下的鞅。根据这样一个原理，原则上我们可以为任何具有未来或有收益形态的资产制定合理的市场价格，而这只要求出 Q 下资产的期望收益，然后用无风险利率贴回到现在时刻就可以了。这便不奇怪，为什么说鞅是现代金融理论的核心工具了。尽管这种测度变换的功能非常强大，但是实现起来也比较复杂。

我们先对一般随机变量而不是随机过程进行测度变换来提供直观理解。在第 8 章中，我们已经知道概率是一种测度，那么什么是所谓的测度变换呢？下面的例子可以提供一些直觉。考虑一个服从正态分布的随机变量，当提到正态分布时，我们脑海中总是会出现一个钟形的密度曲线。我们知道对于正态分布而言，只有头两阶矩是有用的：一阶矩数学期望表示集中度，二阶矩方差则反映离中趋势。这两个数值特征就足以刻画正态分布（概率测

① 本节中的许多直观理解均来自 Neftci（1996，2000）和 Nielsen（2000）。

度)的所有信息,我们可以令这两个数值特征产生变化进而使这样一个正态分布(概率测度)产生两种形式的变换。

(1) 保持分布形状不变,把它的分布中心移动到另一个位置(location)。这只要改变该分布的数学期望就可以了,如图 11-6 所示。

(2) 改变分布的形状(shape),这可以通过改变方差来实现。钟形曲线会因此变得瘦一些或者胖一些,但是集中指标保持不变,如图 11-7 所示。

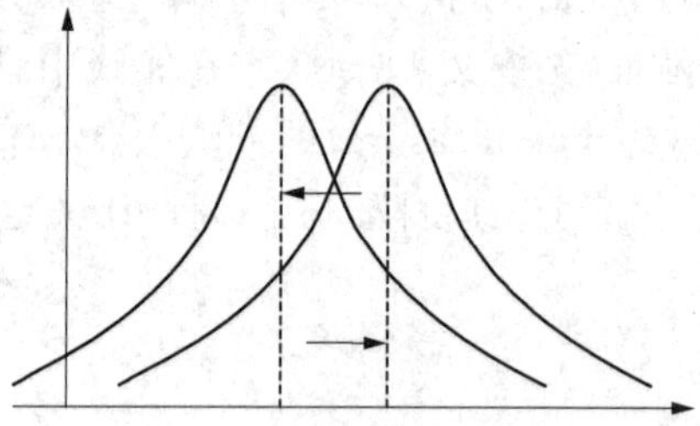

图 11-6　改变正态分布的中心位置

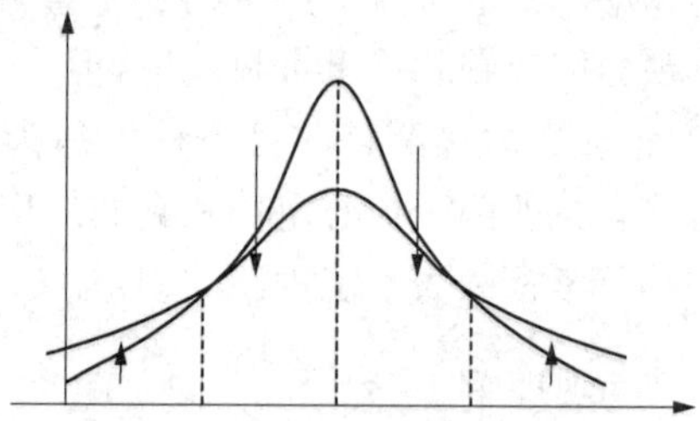

图 11-7　改变正态分布的形状

我们对第一种形式的变换,即保持方差不变而改变均值比较感兴趣。这是因为在可以获得的金融资产价格信息中,最重要的就是期望收益和波动率,而这种变换可以在保留原来分布的"波动"特征的同时,又对期望收益进行调整。如本节一开始时所提到的:如果可以把风险资产的期望收益(带有风险溢价)调整为无风险收益率,那么这种变换所具有的性质是非常具有吸引力的。

这样,我们手头的问题就简化为:如何变换一个随机变量的数学期望,而又保持它的其他分布特征不变。有两种方法可以实现我们的目标。

第一种方法的思路很直观,它经常出现在统计和计量工作中。它是通过直接变换随机变量本身的取值来实现的,具体的做法就是在每一个随机变量可能取到的值 X 上加任一常数,这样就得到一个新的随机变量 X',它等于:

$$X' = X + \alpha(\text{常数})$$

根据数学期望性质,就有:

$$E(X') = E(X) + \alpha$$

例 11.5.1　假定在掷骰子的试验中,随机变量 X 定义为①:

$$X = \begin{cases} 10 & \text{当出现 1、2 点时,} \quad P = 1/3 \\ -3 & \text{当出现 3、4 点时,} \quad P = 1/3 \\ -1 & \text{当出现 5、6 点时,} \quad P = 1/3 \end{cases}$$

在当前概率分布 $\mathcal{P}$ 下,X 的数学期望为:

$$E(X) = \frac{1}{3}(10) + \frac{1}{3}(-3) + \frac{1}{3}(-1) = 2$$

不妨假定 α 等于-1,则新变量为$(X-1)$,因为概率分布 $\mathcal{P}$ 没有变化,所以还是在 $\mathcal{P}$ 下

① 本例来自 Neftci(2000),p317。

计算新的随机变量 X'的数学期望，它等于：

$$E(X')=\frac{1}{3}(10-1)+\frac{1}{3}(-3-1)+\frac{1}{3}(-1-1)=(2-1)=1$$

由于：

$$\mathrm{var}(X+\alpha)=\mathrm{var}(X)$$

所以，它的方差不会变化，这些事实实际上都是数学期望性质的体现。

第二种方法第一眼看上去是反直觉的。它保持随机变量本身不变，通过变换概率分布（测度）$\mathcal{P}$ 来获得新的数学期望，而同时又保持随机变量的其他分布特征（如方差）不变。这种方法可以说是 20 世纪 80 年代以来现代微观金融分析中的关键技术，它试图把随机过程变换为容易处理和在计算上容易实现的形式，这在为衍生产品定价中是至关重要的，我们要对这个方法进行透彻地考察。先用一个例子来提供直观理解。

例 11.5.2　仍然假定在掷骰子的试验中，把随机变量 X 定义为①：

$$X=\begin{cases}10 & \text{当出现 1、2 点时，}\quad P=1/3\\ -3 & \text{当出现 3、4 点时，}\quad P=1/3\\ -1 & \text{当出现 5、6 点时，}\quad P=1/3\end{cases}$$

在上例中我们已经知道它的数学期望为 2，方差则是：

$$\sigma^2=E[X-E(X)]^2=\frac{1}{3}(10-2)^2+\frac{1}{3}(-3-2)^2+\frac{1}{3}(-1-2)^2=\frac{98}{3}$$

现在我们要做的是：保持方差不变，把均值变成 1。考虑下面这种从 $\mathcal{P}$ 到 Q 的概率测度变换：

$$P(\text{出现 1、2 点})=\frac{1}{3}\rightarrow Q(\text{出现 1、2 点})=\frac{122}{429}$$

$$P(\text{出现 3、4 点})=\frac{1}{3}\rightarrow Q(\text{出现 3、4 点})=\frac{22}{39}$$

$$P(\text{出现 5、6 点})=\frac{1}{3}\rightarrow Q(\text{出现 5、6 点})=\frac{5}{33}$$

注意到 $Q\geqslant 0$，而且：

$$\sum Q=\frac{122}{429}+\frac{22}{39}+\frac{5}{33}=1$$

因此，Q 的确是一种概率测度。现在我们在新的概率测度 Q 下，计算 X 的均值和方差：

$$E^Q(X)=\frac{122}{429}\times 10+\frac{22}{39}\times(-3)+\frac{5}{33}\times(-1)=1$$

$$\sigma^2=E^Q[X-E(X)]^2=\frac{122}{429}(10-1)^2+\frac{22}{39}(-3-1)^2+\frac{5}{33}(-1-1)^2=\frac{98}{3}$$

① 本例来自 Neftci(2000)，p321。

可以看到，我们的要求确实达到了。

要注意的是：这种新的概率测度 Q 看上去与随机试验的真实概率分布 $\mathcal{P}$ 毫无关系，但是它们之间确实存在某种联系，这种联系是下一节的主要内容。现在让我们进一步看一下更为复杂的连续正态分布情形。

例 11.5.3 假定随机变量 X 服从标准正态分布：

$$X \sim \mathcal{N}(0,\ 1)$$

用 $d(x)$表示 X 的密度函数，那么隐含的概率测度(实际上也是它的分布函数 $\mathrm{d}\mathcal{D}(x)$)可以用它的微分形式表示为：

$$\mathrm{d}P(x) = \mathrm{d}\mathcal{D}(x) = d(x)\mathrm{d}x = \frac{1}{\sqrt{2\pi}}\mathrm{e}^{-\frac{1}{2}x^2}\mathrm{d}x$$

不妨“制造”一个 X 的函数 $\xi(x)$：

$$\xi(x) = \mathrm{e}^{\mu x - \frac{1}{2}\mu^2}$$

其中，μ 是任意常数。用 $\xi(x)$乘以 $\mathrm{d}P(x)$，可以得到一个新的概率测度 Q：

$$\mathrm{d}Q(x) = \xi(x)\mathrm{d}P(x) = \frac{1}{\sqrt{2\pi}}\mathrm{e}^{-\frac{1}{2}x^2 + \mu x - \frac{1}{2}\mu^2}\mathrm{d}x = \frac{1}{\sqrt{2\pi}}\mathrm{e}^{-\frac{1}{2}(x-\mu)^2}\mathrm{d}x$$

观察上式我们知道，$dQ(x)$是均值为 μ、方差为 1 的概率分布(函数)，因此 Q 确实是一个新的概率测度。这样我们就成功地进行了测度变换，新的概率分布的形状仍然是一个钟形曲线。但是，$Q(x)$和 $\mathcal{P}(x)$是完全不同的测度，它们有着不同的均值，而且对于 X 轴上的同一区间指定不同大小的概率。

要指出的是，完全可以对上述测度变换进行方向相反的操作，即把测度 Q 乘以 $\xi(x)$的反函数变成测度 $\mathcal{P}$，即：

$$\xi^{-1}\mathrm{d}Q = \mathrm{d}P$$

以上我们处理的是一个普通随机变量而不是一个随机过程，不过我们知道对于一个随机过程来说，如果固定时间点，一个随机过程就退化成为了一个普通随机变量。不妨想象我们上面处理的正是这种简化的情形。接下来，我们要考察测度变换是怎样推广到随机向量上去的，讨论的重点在两维情形，不过向更高的有限维的推广在原则上是类似的。

例 11.5.4 假定二维随机变量$(X_1,\ X_2)$服从联合正态分布，它们的联合密度函数为：

$$\mathrm{d}(x_1,\ x_2) = \frac{\exp\left\{-\frac{1}{2}[(x_1-\mu_1)(x_2-\mu_2)]\mathbf{V}^{-1}\begin{bmatrix}x_1-\mu_1\\ x_2-\mu_2\end{bmatrix}\right\}}{2\pi\sqrt{|\mathbf{V}|}}$$

这里的 $\mathbf{V}$ 代表协方差矩阵：

$$\mathbf{V} = \begin{bmatrix}\sigma_1^2 & \sigma_{12}\\ \sigma_{12} & \sigma_2^2\end{bmatrix}$$

$|\mathbf{V}|$代表 $\mathbf{V}$ 的行列式：

$$|\mathbf{V}|=\sigma_1^2\sigma_2^2-\sigma_{12}^2$$

相应的二维联合概率分布函数定义为：

$$\mathrm{d}P(x_1, x_2)=\mathrm{d}\mathcal{D}(x_1, x_2)=\mathrm{d}(x_1, x_2)\mathrm{d}x_1\mathrm{d}x_2$$

现在变换这个分布的均值，把它们从(μ_1, μ_2)变换成$(0, 0)$，但是又不能影响它们的方差。同上例中的分析类似，定义一个随机向量函数 $\xi(x_1, x_2)$ 为：

$$\xi(x_1, x_2)=\exp\left\{-[x_1 \quad x_2]\mathbf{V}^{-1}\begin{bmatrix}\mu_1\\ \mu_2\end{bmatrix}+\frac{1}{2}[\mu_1 \quad \mu_2]\mathbf{V}^{-1}\begin{bmatrix}\mu_1\\ \mu_2\end{bmatrix}\right\}$$

用它乘以 $\mathrm{d}P(x_1, x_2)$，就得到了新的测度 Q：

$$\mathrm{d}Q(x_1, x_2)=\xi(x_1, x_2)\mathrm{d}P(x_1, x_2)=\frac{\exp\left\{-\frac{1}{2}[x_1 \quad x_2]\mathbf{V}^{-1}\begin{bmatrix}x_1\\ x_2\end{bmatrix}\right\}}{2\pi\sqrt{|\mathbf{V}|}}\mathrm{d}x_1\mathrm{d}x_2$$

根据在概率基础一章中学习的内容，我们知道这是一个有着 0 均值和 $\mathbf{V}$ 方差的二维联合正态分布，测度变换的目标实现了。

讨论到这里，不妨小结一下改变随机变量分布特征的两种方法。我们的目标是改变随机变量的数学期望，而保留它的方差特征。

(1) 改变随机变量本身。假定随机变量 X 服从正态分布：$X\sim\mathcal{N}(\mu, 1)$。通过直接在 X 上减去一个量，可以定义一个新的随机变量：

$$X'=\frac{X-\mu}{1}\sim\mathcal{N}(0, 1)$$

它服从标准正态分布。

(2) 测度变换。假定随机变量 X 服从 $\mathcal{P}$ 测度下的正态分布：$X^{\mathcal{P}}\sim\mathcal{N}(\mu, 1)$。通过在 $\mathrm{d}P$ 上乘上 ξ，得到一个新的测度 $\mathrm{d}Q$，在此测度下，随机变量 X 服从标准正态分布：

$$X^{Q}\sim\mathcal{N}(0, 1)$$

这种变换被称为等测度变换，是因为变换前后的两个测度有着相同的 0 概率集合。尽管它们是不同的，一个总可以覆盖另一个的测度，这样我们完全可以在计算中采用那个比较容易计算的概率分布，如果需要也可以把它转换回原来那个分布。例如，如果要计算某种数学期望，我们可以选择比较容易计算的等价概率分布，尽管这种概率分布与实际发生的真实情况无关，但是我们需要的仅仅是计算能力，即用最简便的方法计算某个数量。但是，这种简便做法总归要在经济上得到合理的解释，这种解释出现在第 3 章的资产定价基本定理中。

11.5.2　拉登-尼科迪姆导数

在上面的分析中，我们发现 $\xi(.)$在进行测度变换时，起到了关键的作用，它是连接两个测度 $\mathcal{P}$ 和 Q 的纽带，但立即就有这样的问题：为什么 $\xi(.)$要采用下面的形式呢？

$$\xi(x)=\exp\left(-\frac{x\mu}{\sigma^2}+\frac{1}{2}\frac{\mu^2}{\sigma^2}\right) \tag{11-39}$$

或者更一般地：

$$\xi(\boldsymbol{x})=\exp\left(-\boldsymbol{x}^{\mathrm{T}}\boldsymbol{V}^{-1}\boldsymbol{\mu}+\frac{1}{2}\boldsymbol{\mu}^{\mathrm{T}}\boldsymbol{V}^{-1}\boldsymbol{\mu}\right) \tag{11-40}$$

这是因为在正态分布中，均值参数 μ 仅仅作为 **e** 的指数出现，而且具有平方形式：

$$-\frac{1}{2}\frac{(x-\mu)^2}{\sigma^2}$$

为了把这种形式中的 μ 去掉，转换为 0 均值的：

$$-\frac{1}{2}\frac{(x)^2}{\sigma^2}$$

我们要加上一个：

$$-\frac{x\mu}{\sigma^2}+\frac{1}{2}\frac{\mu^2}{\sigma^2}$$

这就决定了 $\xi(.)$的函数形式。用 $\xi(.)$乘上原始概率测度就完成了对 e 的指数的变形，它使我们得到了更容易计算的，均值为 0 的正态分布(概率测度)。

我们要进一步明确 $\xi(.)$的数学意义。注意到可以把：

$$\mathrm{d}Q=\xi(x)\mathrm{d}P(x) \tag{11-41}$$

改写为：

$$\frac{\mathrm{d}Q}{\mathrm{d}P}=\xi \tag{11-42}$$

从这个角度看来，ξ 可以被视为一种导数，它是测度 $\mathcal{Q}$ 对于测度 $\mathcal{P}$ 的变化率。在概率论一章中我们已经知道，ξ 被称为拉登-尼科迪姆导数。

但是，这个导数必定存在吗？直观上理解，这只要令分母 $\mathrm{d}P\neq 0$ 就可以了，因为反方向的变换也是允许的，同样的要求也适用于在反向变换时出现在分母位置的 $\mathrm{d}Q$，即 $\mathrm{d}Q$、$\mathrm{d}P$ 都不可以为 0。但是，由于这个导数的分子分母都是随机变量发生变化时，概率分布的微小变化量，这就要求当 $\mathcal{P}$ 给 $\mathrm{d}x$ 指定的概率不为 0 时，$\mathcal{Q}$ 给 $\mathrm{d}x$ 指定的概率也不为 0。换句话说，给定任意区间 $\mathrm{d}x$，测度 $\mathcal{Q}$ 和 $\mathcal{P}$ 必须满足：

$$P(\mathrm{d}x)>0\Leftrightarrow Q(\mathrm{d}x)>0$$

在概率论一章中，我们称这样两个有着同样的零概率集测度为等价的，或者是一致连续的。因此，如果 $\mathcal{P}$ 和 $\mathcal{Q}$ 是一致连续的，则拉登-尼科迪姆导数必定存在。而且，在 9.3.2 节中根据拉登-尼科迪姆定理构造条件数学期望时，ξ 是通过下面的形式把两种测度联系起来的：

$$Q(A)=\int_A \xi(\omega)\mathrm{d}P(\omega),\ \forall A\in\mathcal{F}$$

如果表示为数学期望形式就是：

$$E^{Q}[X\mid .]=E^{\mathcal{P}}[X\xi\mid .] \tag{11-43}$$

通过上面的分析，我们对于测度变换有了一些直观的理解。以上的分析还仅仅限于一维随机变量或者有限维的随机向量，这些分析对于处理连续时间随机过程来说还远远不够。在连续时间条件下处理等测度变换，使用的是凯麦隆-马丁-哥萨诺夫定理。下一节会考察这个定理，现在我们要为它做些准备工作，最重要的就是澄清在连续时间条件下的拉登-尼科迪姆导数的形式和性质。我们把它单独提出来，作为一个特殊的随机过程来研究。

首先，设定连续时间情形下讨论问题的环境。

假定： $\mathcal{W}(t)$ 是 $\{\Omega, \mathcal{F}, \mathcal{P}\}$ 上的一个维纳过程；

滤波 $\{\mathcal{F}_t=\sigma[\mathcal{W}(t)]\}$ 是由维纳过程 $\mathcal{W}(t)$ 生成的；

定义连续时间下的拉登-尼科迪姆导数为①：

$$\xi_t=\exp\left(\int_0^t\beta_s\,\mathrm{d}\mathcal{W}_s-\frac{1}{2}\int_0^t\beta_s^2\,\mathrm{d}s\right) \tag{11-44}$$

其中，$\beta(t)$ 是一个 $\mathcal{F}_t$ 适应的随机过程。我们对于 $\beta(t)$ 有一个要求，就是它的变化不能过于剧烈，即：

$$E\left[\exp\left(\frac{1}{2}\int_0^t\beta_s^2\,\mathrm{d}s\right)\right]<\infty,\ t\in[0,\ T] \tag{11-45}$$

这被称为诺维科夫条件(Novikov condition)。

$\xi(t)$ 有以下性质：

(1) 显然 $\xi(0)=1$；

(2) 因为 $e^x>0$，$\forall x$，所以 $\xi(t)>0$；

(3) 最重要地，$\xi(t)$ 是一个(平方可积)鞅。

最后一点可以简单证明如下。考虑这样一个量：

$$D_t=\ln\xi_t=\int_0^t\beta_s\,\mathrm{d}\mathcal{W}_s-\frac{1}{2}\int_0^t\beta_s^2\,\mathrm{d}s$$

使用随机微分方程的记法，有：

$$\mathrm{d}D_t=-\frac{1}{2}\beta_t^2\,\mathrm{d}t+\beta_t\,\mathrm{d}\mathcal{W}_t$$

由于 $\xi=\exp(D)$，使用伊藤定理，有：

$$\begin{aligned}\mathrm{d}\xi(t)&=\left[\frac{\partial\xi}{\partial D}\left(-\frac{1}{2}\beta_t^2\right)+\frac{1}{2}\frac{\partial^2\xi}{\partial D^2}\beta_t^2\right]\mathrm{d}t+\frac{\partial\xi}{\partial D}\beta_t^2\,\mathrm{d}\mathcal{W}_t\\&=\mathrm{e}^D\left[-\frac{1}{2}\beta_t^2+\frac{1}{2}\beta_t^2\right]\mathrm{d}t+\mathrm{e}^D\beta_t\,\mathrm{d}\mathcal{W}_t\\&=\xi_t\beta_t\,\mathrm{d}\mathcal{W}_t\end{aligned}$$

① 如果 $a\in L^1$，$b\in L^2$，通常定义随机过程 $\eta_t(a,\ b)=\exp\left[\int_0^t b\,\mathrm{d}\mathcal{W}_S+\int_0^t\left(a-\frac{1}{2}bb^T\right)\mathrm{d}s\right]$ 为随机指数(stochastic exponential)，显然它是一个正的伊藤过程。如果 $a=0$，$b=\beta$，则它就是 ξ_t。

上式写成积分形式就是：

$$\int_0^t \mathrm{d}\xi_s = \int_0^t \xi_s \beta_s \mathrm{d}\mathcal{W}_s$$

或者：

$$\xi_t - \xi_0 = \int_0^t \xi_s \beta_s \mathrm{d}\mathcal{W}_s$$

因为 $\xi_0 = 1$，所以上式又可以记为：

$$\xi_t = 1 + \int_0^t \xi_s \beta_s \mathrm{d}\mathcal{W}_s$$

但是，上式中右侧第二项是对于维纳过程的随机积分，在前面我们证明过该积分是一个(平方可积)鞅，因此：

$$E(\xi_t) = \xi_0 = 1$$

反过来，除了一些不太重要的技术性要求，上述这些性质是确保任意一个随机过程 $\xi(t)$ 是一个拉登尼科迪姆导数的所有条件，即它可以表示为两个等价的测度的变化比率 $\frac{\mathrm{d}Q}{\mathrm{d}p}$ ①。有了以上准备，下一步我们就可以研究对于连续随机过程(如布朗运动)的测度变换是如何实现的。

11.5.3 哥萨诺夫定理

在连续时间金融理论的研究中，11.5.2 节中提供的那些例子显得过于简单了。连续时间金融希望可以处理右连续的随机过程，但是前面的变换还仅仅局限在有限维的随机向量。凯麦隆-马丁-哥萨诺夫定理可以处理更复杂情形下的概率测度变换任务，我们先正式表述该定理然后讨论。

定理 11.5.1 (凯麦隆-马丁-哥萨诺夫) 在随机基 $\{\Omega, \mathcal{F}, \mathcal{P}, \mathbf{F}\}$ 上定义一个随机过程：

$$\xi_t = \exp\left(\int_0^t \beta_s \mathrm{d}\mathcal{W}_s - \frac{1}{2}\int_0^t \beta_s^2 \mathrm{d}s\right) \tag{11-46}$$

其中，β_t 是 $\mathcal{F}_t$ -可测的随机过程，$\mathcal{W}_t$ 是有着 $\mathcal{P}$ 分布的维纳过程。则：

$$\widetilde{\mathcal{W}}_t = \mathcal{W}_t - \int_0^t \beta_s \mathrm{d}s,\ t \in [0, T] \tag{11-47}$$

是一个 $\mathcal{F}_t$ 滤波下、Q_T 测度下的维纳过程。

这个定理说明给定一个维纳过程 $\widetilde{\mathcal{W}}_t$，把它的概率分布 $\mathrm{d}P$ 乘以拉登尼科迪姆导数 ξ_t，就可以获得一个新的维纳过程 $\mathcal{W}_t$ 和相应的新概率分布 Q，这两个过程相差一个 $\mathcal{F}_t$ -适应的漂移项 $\beta_t \mathrm{d}t$ ②，换句话说，从 $\mathcal{W}_t$ 减去一个 $\mathcal{F}_t$ -适应的漂移 $\beta_t \mathrm{d}t$ 就得到了 $\widetilde{\mathcal{W}}_t$，即：

$$\mathrm{d}\widetilde{\mathcal{W}}_t = \mathrm{d}\mathcal{W}_t - \beta_t \mathrm{d}t \tag{11-48}$$

---

① 有时称 $E^{\mathcal{P}}(dQ/dP \mid \mathcal{F}_t)$ 为似然率过程(likelihood ratio process)。

② 这里的 β_t 就相当于前面随机变量简单情形下 μ 的作用，它用来测度原来的均值要改变多少。

完成这一变化的重要条件就是 ξ_t 是一个鞅和①：

$$E(\xi_T)=\xi_0=1$$

我们现在来讨论新维纳过程 $\tilde{W}_t$ 的特征。因为：

$$E^{\mathcal{P}}[\tilde{W}_T \mid \mathcal{F}_t]=W_t-E^{\mathcal{P}}\left[\int_t^T \beta_s \mathrm{d}s\right]\neq \tilde{W}_t$$

所以，在测度 $\mathcal{P}$ 下，$\tilde{W}_t$ 不是一个鞅，但是必定存在另一个测度 Q 和 ξ_t，使得：

$$E^Q[\xi_t\tilde{W}_t \mid \mathcal{F}_0]=E^{\mathcal{P}}[W_t \mid \mathcal{F}_0] \tag{11-49}$$

为了计算上式左边的项，要对乘积 $\xi_t\tilde{W}_t$ 使用随机微分法则——伊藤定理(见例 10.4.6)，因为有：

$$\mathrm{d}\xi_t=\xi_t\beta_t\mathrm{d}W_t$$

和

$$\mathrm{d}\tilde{W}_t=\mathrm{d}W_t-\beta_t\mathrm{d}t$$

所以：

$$\begin{aligned}\mathrm{d}(\xi_t\tilde{W}_t)&=\tilde{W}_t\mathrm{d}\xi_t+\xi_t\mathrm{d}\tilde{W}_t+\mathrm{d}\xi_t\mathrm{d}\tilde{W}_t\\&=\tilde{W}\xi\beta\mathrm{d}W+\xi(\mathrm{d}W-\beta\mathrm{d}t)+\xi\beta\mathrm{d}W(\mathrm{d}W-\beta\mathrm{d}t)\\&=\tilde{W}\xi\beta\mathrm{d}W+\xi\mathrm{d}W-\xi\beta\mathrm{d}t+\xi\beta\mathrm{d}W\mathrm{d}W-\xi\beta\mathrm{d}W\beta\mathrm{d}t\end{aligned} \tag{11-50}$$

因为有：

$$\mathrm{d}W\mathrm{d}W=\mathrm{d}t \text{ 和 } \mathrm{d}W\mathrm{d}t=0$$

所以：

$$\mathrm{d}(\xi_t\tilde{W}_t)=(\tilde{W}_t\xi_t\beta_t+\xi_t)\mathrm{d}W_t \tag{11-51}$$

这个结果表明 $\xi_t\tilde{W}_t$ 在测度 Q 下面是没有漂移的，因此除了一些必要的技术性条件以外，它是一个 Q 鞅，也就是说：

$$E^Q[\xi_t\tilde{W}_t \mid \mathcal{F}_0]=\xi_0\tilde{W}_0=\tilde{W}_0 \tag{11-52}$$

最后，要说明的是 Q_T 的意义，它被定义为：

$$Q_T(A)=E^{\mathcal{P}}[1_A\xi_T] \tag{11-53}$$

A 是 $\mathcal{F}_T$ 中的一个事件，1_A 是示性函数。1_A 的意思即：如果 A 发生，它的函数值就为 1；如果 A 不发生则它等于 0。因此，上面的等式可以重写为：

$$Q_T(A)=E^{\mathcal{P}}[1_A\xi_T]=\int_A \xi_T\mathrm{d}P \tag{11-54}$$

如果 A 是无穷小区间，这又意味着可以把式(11-54)记为我们比较熟悉的形式：

$$\mathrm{d}Q_T=\xi_T\mathrm{d}P$$

① 该定理的详细证明可以参见 Liptser & Shiryayev (1977)以及 Øksendal (1995)。该定理最初来自 Girsanov (1960)，但它的雏形在 Cameron & Martin (1945，1949)那里就有了。

金融相关点 11-5　把股票价格转换成为鞅

股票价格 $(S_t)_{t\in[0,T)}$ 可以用随机微分方程表述为：

$$dS_t = \mu dt + \sigma d\mathcal{W}_t,\ \mathcal{W}_0 = 0 \tag{11-55}$$

维纳过程 $\mathcal{W}_t$ 有概率分布 $\mathcal{P}$,定义为：

$$dP(\mathcal{W}_t) = \frac{1}{\sqrt{2\pi t}} e^{-\frac{\mathcal{W}_t^2}{2t}} d\mathcal{W}_t$$

很明显,如果漂移项 μdt 不等于 0, $(S_t)_{t\in[0,T)}$ 在 $\mathcal{P}$ 下就不是一个鞅。可以把前式改写为下面的积分形式：

$$S_t = \mu\int_0^t ds + \sigma\int_0^t d\mathcal{W}_t = \mu t + \sigma\mathcal{W}_t,\ S_0 = 0$$

因为：

$$E(S_{t+\Delta t} \mid S_t) = \mu(t+\Delta t) + \sigma E(\mathcal{W}_{t+\Delta t} - \mathcal{W}_t \mid S_t) + \sigma\mathcal{W}_t = S_t + \mu\Delta t$$

显然,这不是一个鞅,但是可以把它转换为新测度下的鞅,从 S_t 的密度函数开始：

$$d(S_t) = \frac{dP(S_t)}{dS_t} = \frac{1}{\sqrt{2\pi\sigma^2 t}} e^{-\frac{1}{2}\frac{(S_t-\mu t)^2}{\sigma^2 t}}$$

令 $\beta = -\mu/\sigma$, 定义拉登-尼科迪姆导数为：

$$\xi(S_t) = \exp\left[-\frac{1}{\sigma^2}\left(\mu S_t - \frac{1}{2}\mu^2 t\right)\right] \tag{11-56}$$

用它乘以密度函数,就得到了新的测度：

$$dQ(S_t) = \xi(S_t)dP(S_t) = \xi(S_t)d(S_t)dS_t$$

因为：

$$\begin{aligned}
\xi(S_t)d(S_t) &= \frac{1}{\sqrt{2\pi\sigma^2 t}}\exp\left[(\mu S_t - \frac{1}{2}\mu^2 t) - \frac{1}{2}(S_t^2 - 2\mu S_t t + \mu^2 t^2)\frac{1}{\sigma^2 t}\right] \\
&= \frac{1}{\sqrt{2\pi\sigma^2 t}}\exp\left(\frac{\mu S_t}{\sigma^2} - \frac{\mu^2 t}{2} - \frac{S_t^2}{2\sigma^2 t} + \frac{\mu S_t}{\sigma^2} - \frac{\mu^2 t}{2\sigma^2}\right) \\
&= \frac{1}{\sqrt{2\pi\sigma^2 t}}\exp\left(-\frac{1}{2}\frac{S_t^2}{\sigma^2 t}\right)
\end{aligned}$$

所以：

$$dQ(S_t)=\frac{1}{\sqrt{2\pi\sigma^2 t}}e^{-\frac{1}{2}\frac{S_t^2}{\sigma^2 t}}dS_t \tag{11-57}$$

不难知道，这个概率分布具有 0 漂移和 σ 扩散。根据哥萨诺夫定理，就有：

$$d\mathcal{W}_t=d\widetilde{\mathcal{W}}_t+\beta dt$$

代入原始的随机微分方程式(11-55)，得：

$$dS_t=\mu dt+\sigma(d\widetilde{\mathcal{W}}_t+\beta dt)$$

因为 $\beta=-\mu/\sigma$，就有：

$$dS_t=\sigma d\widetilde{\mathcal{W}}_t \tag{11-58}$$

这样，$(S_t)_{t\in[0,T)}$ 就变换成为了一个 Q 鞅。

我们不妨小结一下测度变换的整个过程。

(1) 从一个维纳过程 $\mathcal{W}_t$ 开始，构造一个量：

$$\xi_t=\exp\left(\int_0^t\beta_s d\mathcal{W}_s-\frac{1}{2}\int_0^t\beta_s^2 ds\right)$$

其中，β_t 是一个 $\mathcal{F}_t$ 适应过程；证明该量是一个拉登-尼科迪姆导数。

(2) 如果真是这样，则存在一个等价测度 Q。一个在测度 $\mathcal{P}$ 下的随机过程 X 的数学期望等于测度 Q 下 $\xi_t X$ 的数学期望，而且 ξ_t 一定是鞅。因为 ξ_t 是鞅，就可以断定它的漂移为 0，方差等于 β_t^2。

(3) 使用 β_t 可以找到一个新的随机过程 $\widetilde{\mathcal{W}}_t$：

$$\widetilde{\mathcal{W}}_t=\mathcal{W}_t-\int_0^t\beta_s ds,\ t\in[0,T];$$

$\xi_t\widetilde{\mathcal{W}}_t$ 是等价测度 Q 下的维纳过程，从 $\mathcal{W}_t$ 到 $\widetilde{\mathcal{W}}_t$ 的变换仅仅是漂移的变化。

除了必需的技术性条件，上述结果给出了哥萨诺夫定理的主要内容①。以上的讨论不难推广到多维情形。

定理 11.5.2 (多维哥萨诺夫) 令 $\mathcal{W}(t)\leqslant\{\mathcal{W}_1(t),\cdots,\mathcal{W}_d(t)\}$，$0\leqslant t\leqslant T$ 概率空间 $\{\Omega,\mathcal{F},\mathcal{P}\}$ 上的 d 维布朗运动；令 $\mathcal{F}_t$，$0\leqslant t\leqslant T$ 为伴随的滤波；令 $\beta(t)=\{\beta_1(t),\cdots,\beta_d(t)\}$，$0\leqslant t\leqslant T$ 为 d 维适应过程，且满足：

$$E\left[\exp\left(\frac{1}{2}\int_0^t\|\beta_s\|^2 ds\right)\right]<\infty$$

对于 $0\leqslant t\leqslant T$，定义：

$$\widetilde{\mathcal{W}}_j(t)=\mathcal{W}_j(t)+\int_0^t\beta_j(s)ds,\ j=1,\cdots,d$$

① 注意，该定理可以推广到半鞅情况下，详见 Karatzas & Shreve(1991)以及 Hunt et al.(2000)。

$$\xi_t = \exp\left(\int_0^t \beta_j(s)\,\mathrm{d}\mathcal{W}(s) - \frac{1}{2}\int_0^t \|\beta(s)\|^2\,\mathrm{d}s\right)$$

$$Q(A) = \int_A \xi(T)\,\mathrm{d}P$$

则 $\tilde{\mathcal{W}}(t) = \{\tilde{\mathcal{W}}_1(t), \cdots, \tilde{\mathcal{W}}_d(t)\}$, $0 \leqslant t \leqslant T$ 是一个 $\mathcal{F}_t$ 滤波和测度 Q 下的 d 维维纳过程。

11.5.4 鞅表示定理

本节中我们考察最基本的连续时间鞅-布朗运动是如何用来表示其他鞅的。鞅表示定理给出了一族(局部鞅)可以表示为对另一族(有界)鞅的随机积分的充要条件。

定理 11.5.3(Kunita-Watanabe) 令 $[\mathcal{W}(t)]_{0\leqslant t\leqslant T}$ 为概率空间 $\{\Omega, \mathcal{F}, \mathcal{P}\}$ 上的布朗运动;令 $(\mathcal{F}_t)_{0\leqslant t\leqslant T}$ 为该布朗运动产生的滤波。令 $[X(t)]_{0\leqslant t\leqslant T}$ 为一个 $\mathcal{F}_t$ 滤波下的($\mathcal{P}$)鞅。则存在一个适应过程 $[\beta(t)]_{0\leqslant t\leqslant T}$,且:

$$E\int_0^T \|\beta(t)\|^2\,\mathrm{d}t < \infty \tag{11-59}$$

使得:

$$X(t) = X(0) + \int_0^t \beta(s)\,\mathrm{d}\mathcal{W}(s),\ t \in [0, T] \tag{11-60}$$

而且,$X(t)$的路径是连续的[①]。

我们在直观地定义鞅时,认定鞅是没有明显向上或者向下漂移趋势的。如果采用随机微分方程的形式,我们很自然就会有以下两个问题:没有漂移项的随机过程是否一定就是鞅;反过来,鞅是否总是可以表示为 $\sigma(t)\mathrm{d}\mathcal{W}(t)$ 的形式呢?回答基本上是肯定的。第一个问题由上述鞅表示定理确认了。要注意的是,第二个命题仅仅在技术条件[②]:

$$E\int_0^T \|\sigma(t)\|^2\,\mathrm{d}t < \infty$$

满足的情况下才成立。这时我们可以确认大多数鞅都长成下面这个样子:

$$\mathrm{d}X(t) = \sigma(t)\,\mathrm{d}\mathcal{W}(t)$$

例 11.5.5 有时候技术条件是让人厌烦的[③],考虑下面的指数鞅(exponential martingale):

$$\mathrm{d}X(t) = \sigma(t)X(t)\,\mathrm{d}\mathcal{W}(t)$$

这时很难验证技术条件:

$$E\int_0^T [\sigma^2(t)X^2(t)]^{1/2}\,\mathrm{d}t < \infty$$

是否成立。但这时我们可以用诺维科夫(Novikov)条件:

---

① 这个结论也适合平方可积的局部鞅。证明见 Øksendal(1995)第 4 版,p50。这个定理最初来自 Kunita & Watanabe(1967),还可以参考 Karatzas & Shreve(1991),p182。

② 诺维科夫条件(Novikov condition)也是其中的一种形式,见下例。

③ 本例来自 Baxter & Rienie(1996),p79。

$$E\left[\exp\left(\frac{1}{2}\int_0^t \sigma_s^2 \mathrm{d}s\right)\right] < \infty$$

作替代。只要它得到满足，$X(t)$就是一个鞅。

金融相关点 11-6　存在可行的对冲交易策略吗？

实际上，在哥萨诺夫定理设定的环境下，如果 $\mathcal{F}_t$ 是 $\mathcal{P}$ 下维纳过程产生的自然滤波，假定是 $Y(t)$的一个 Q 鞅，则必定存在一个适应过程 $[\gamma(t)]_{0\leq t\leq T}$，使得式(11-61)成立：

$$Y(t) = Y(0) + \int_0^t \gamma(s)\mathrm{d}\widetilde{W}(s),\ t \in [0,\ T] \tag{11-61}$$

这实际上是鞅表示定理的一种推广。我们看一下它在实际中的运用。

假定股票价格遵循几何布朗运动：

$$\mathrm{d}S_t = \mu \mathrm{d}t + \sigma \mathrm{d}\mathcal{W}_t$$

定义：

$$\beta = \frac{\mu - r}{\sigma}$$

根据哥萨诺夫定理：

$$\xi_t = \mathrm{ex}\left(\int_0^t \beta \mathrm{d}\mathcal{W}_s - \frac{1}{2}\int_0^t \beta^2 \mathrm{d}s\right)$$

$$\widetilde{\mathcal{W}}_t = \mathcal{W}_t + \int_0^t \beta_s \mathrm{d}s$$

以及

$$Q(A) = \int_A \xi(T)\mathrm{d}P$$

这时就有：

$$\mathrm{d}\left(\frac{S_t}{r}\right) = \frac{S_t}{r}\sigma \mathrm{d}\widetilde{\mathcal{W}}_t$$

令 $\theta(t)$为交易策略，则相应的财富过程 V_t 满足：

$$\mathrm{d}\left(\frac{V_t}{r}\right) = \theta(t)\ \frac{S_t}{r}\sigma \mathrm{d}\widetilde{\mathcal{W}}_t$$

改写为积分形式为：

$$\frac{V_t}{r} = V_0 + \int_0^t \theta_s\ \frac{S_s}{r}\sigma \mathrm{d}\widetilde{\mathcal{W}}_s,\ t \in [0,\ T]$$

令 D 为一个 $\mathcal{F}_T$ 可测的随机变量,假设某种衍生金融产品在 T 时刻的支付数量。我们要认真的选择 V_0 和 θ_t,使得:

$$V(T)=D$$

定义一个 Q 鞅:

$$Y(t)=E^Q\left[\frac{D}{r}\middle|\mathcal{F}_t\right],\ t\in[0,\ T]$$

根据式(11-61),存在一个适应过程 $\gamma(t)$,使得:

$$Y(t)=Y(0)+\int_0^t\gamma(s)\mathrm{d}\widetilde{W}(s),\ t\in[0,\ T]$$

令:

$$V(0)=Y(0)=E^Q\left[\frac{D}{r}\right]$$

并令:

$$\theta(t)\ \frac{S_t}{r}\sigma=\gamma(t)$$

通过这样选择交易策略,我们可以得到:

$$\frac{V(t)}{r(t)}=Y(t)=E^Q\left[\frac{D}{r(T)}\middle|\mathcal{F}(t)\right],\ t\in[0,\ T]$$

特别地,有:

$$\frac{V(T)}{r(T)}=E^Q\left[\frac{D}{r(T)}\middle|\mathcal{F}(T)\right]=\frac{D}{r(T)}$$

因此:

$$V(T)=D$$

我们看到,正是鞅表示定理保证了对冲交易策略(投资组合)存在的可能性。在金融中这一点之所以重要是因为,如果一个或有权益证券(或有支付)可以被某种交易策略复制的话,它就是可获得的。要指出的是:尽管鞅表示定理告诉我们对冲的可能性总是存在的,但它并没有告诉我们如何构造(计算出)具体的交易策略。

上述定理可以推广到多维。

定理 11.5.4 令 $\mathcal{W}(t)=\{\mathcal{W}_1(t),\ \cdots,\ \mathcal{W}_d(t)\}$, $0\leqslant t\leqslant T$ 概率空间$\{\Omega\ \mathcal{F},\ P\}$上的 d 维布朗运动;令 $\mathcal{F}_t$, $0\leqslant t\leqslant T$ 为伴随的滤波。如果 $X(t)$, $0\leqslant t\leqslant T$ 为一个 $\mathcal{F}_t$ 滤波下的 $\mathcal{P}$ 鞅,则存在一个 d 维适应过程 $\beta(t)=\{\beta_1(t),\ \cdots,\ \beta_d(t)\}$, $0\leqslant t\leqslant T$,使得:

$$X(t)=X(0)+\int_0^t\beta(s)\mathrm{d}\mathcal{W}(s),\ t\in[0,\ T] \tag{11-62}$$

实际上,如果我们有一个 d 维适应过程 $\beta(t)=\{\beta_1(t),\ \cdots,\ \beta_d(t)\}$,则我们可以根据哥

萨诺夫定理来定义 $\widetilde{W}(t)$、$\xi(t)$和Q。这时如果是$Y(t)$，$0\leqslant t\leqslant T$一个$\mathcal{F}_t$滤波下的Q鞅，存在一个d维适应过程$\gamma(t)=\{\gamma_1(t), \cdots, \gamma_d(t)\}$，$0\leqslant t\leqslant T$，使得：

$$Y(t)=Y(0)+\int_0^t \gamma(s)\mathrm{d}\widetilde{W}(s),\ t\in[0, T] \tag{11-63}$$

金融相关点 11-7　构造完备市场模型

令$\mathcal{W}(t)=\{\mathcal{W}_1(t), \cdots, \mathcal{W}_d(t)\}$，$0\leqslant t\leqslant T$概率空间$\{\Omega, \mathcal{F}, P\}$上的$d$维布朗运动；令$\{\mathcal{F}_t\}_{0\leqslant t\leqslant T}$为上述$d$维布朗运动生成的滤波，我们定义股票价格运动遵循下面的随机过程：

$$\mathrm{d}S_i(t)=\mu_i(t)S_i(t)\mathrm{d}t+S_i(t)\sum_{j=1}^{d}\sigma_{ij}(t)\mathrm{d}\mathcal{W}_j(t),\ i=1, 2, \cdots, n$$

积累贴现因子：

$$\beta(t)=\exp\left(\int_0^t r(s)\mathrm{d}s\right)$$

贴现股票价格：

$$\begin{aligned}\mathrm{d}\left(\frac{S_i(t)}{\beta(t)}\right)&=[\mu_i(t)-r(t)]\frac{S_i(t)}{\beta(t)}\mathrm{d}t+\frac{S_i(t)}{\beta(t)}\sum_{j=1}^{d}\sigma_{ij}(t)\mathrm{d}\mathcal{W}_j(t)\\&=\frac{S_i(t)}{\beta(t)}\sum_{j=1}^{d}\sigma_{ij}(t)[\theta_j(t)+\mathrm{d}\mathcal{W}_j(t)]\end{aligned}$$

如果要满足上式，我们要选择适当的$\boldsymbol{\theta}(t)=\{\theta_1(t), \cdots, \theta_d(t)\}$，使得：

$$\sum_{j=1}^{d}\sigma_{ij}(t)\theta_j(t)=\mu_i(t)-r(t),\ i=1, 2\cdots m \tag{11-64}$$

风险的市场价格(market price of risk)是一个满足上式的适应过程：

$$\boldsymbol{\theta}(t)=\{\theta_1(t), \cdots, \theta_d(t)\}$$

第一种情况：如果式(11-64)有唯一解，使用多维哥萨诺夫定理中定义的$\beta(t)$，我们可以定义一个唯一的风险中性概率测度Q。在Q下每一个贴现价格过程都是一个鞅，因此任何贴现财富过程也是鞅，这意味着市场不存在套利机会。最后，鞅表示定理可以证明每一个或有权益证券都是可获得的，这时我们称市场是完备的。

第二种情况：如果式(11-64)无解，则不存在风险中性概率测度，市场存在套利机会。

第三种情况：如果式(11-64)有多个解，则存在多个风险中性概率测度，市场不存在套利机会。但是，有些或有权益证券是不可获得的，这时我们称市场是不完备的①。

① 更详细的讨论见第 3 章。

11.6 时间序列基础

本章最后介绍的是与上述随机过程理论密切相关,但有明显不同的一种应用——在计量分析领域——时间序列(time serials)建模。通过特里夫·哈维默(Trygve Haavelmo)的开创性工作,将经济变量的时间序列视为随机过程现在已经成为了一种标准。这种方法允许建模者在建立和检验反映经济变量之间关系的方程中使用统计推断。金融经济学中的实证研究很大程度上都是以时间序列为基础。

前面的讨论给出了用来模拟金融变量变化的常用模型——随机走动(random walk)。换一个角度来看,我们可以把随机走动表示为以下这种形式:

$$Y_t = Y_{t-1} + \varepsilon \tag{11-65}$$

它定义了一个随机变量的路径,随机变量的每次变化都独立于以前所有期的变化,并且每一个随机变量都服从于相同的概率分布①。随机变量值的变化等于一个随机变量 ε,ε 的均值为 0,方差为常数,并且不同的 ε 的观测值之间是不相关的。Y_t 的期望值为 μ,方差等于 $t\sigma_Y^2$。随机走动具有两种在金融时间序列分析中非常重要的性质。

(1) 马尔可夫(Markov)性质。这是指决定随机变量的未来值的条件概率的相关信息仅仅包括那个变量的当前状态的信息,而不包括那个变量的历史概率分布信息。对于随机走动过程来说,它遵循独立性的假设是因为随机变量值的每一次变化都独立于以前的变化,但它的未来值确实依赖于当前的值。

(2) 鞅性。这是指随机变量的未来值的条件期望等于当前值。由于一个变量的所有变化都服从于均值为零的无漂移的随机走动,这一性质可以应用于随机走动②。

如果一个基础变量的均值为零,方差为常数,并且不同观测值之间不相关,也就是不存在自相关,就称这一时间序列是一个"白噪声"(white noise)序列③。但是,一个白噪声变量并不总是服从于正态分布的。如果一个时间序列的均值是常数,方差是常数,不同观测值之间的协方差仅仅依赖于观测值之间的滞后阶数,那么我们就说该时间序列是平稳的④。

基于这些初步认识,我们就可以来探讨金融时间序列的相关问题。应当说时间序列分析是一个非常广阔的研究领域,在这里只能对其进行有选择的介绍,因此本章仅限于三方面的讨论。第一部分分析能产生基本时间序列的模型设计——单变量随机过程,第二和第三

---

① 这就有所谓的独立同分布(idd)的概念,对于时间序列而言,如果随机变量在某一瞬间的变化对以后的变化没有任何影响。也就是说,观测值的序列值之间是不相关的,称之为独立的,而同分布是指每次变化都服从于具有相同的分布参数(如相同的均值和相同的标准差)的同种类型的概率分布。

② 实际上,鞅是一个比随机走动更为一般化的随机过程。因为在鞅的情形下,水平值的变化是由一个虽具有零均值,但不必具有常数方差的随机变量决定的。另外,也不需要随机变量的不同的新息之间相互独立的假设。

③ 不妨回忆一下,前面的第 9.6.4 节中关于普通最小二乘回归的残差项的假设与白噪声序列是相似的。因此,普通最小二乘回归的残差项被假定为"白噪声"序列。当 $E(\varepsilon_t) \sim \mathcal{N}(0, \sigma^2)$ 时,残差序列是高斯白噪声序列。

④ 实际上,多数研究者都倾向认为很多金融产品价格的时间序列不是非常平稳的,因为金融变量的特征就是随时间的变化而涨跌。但是,投资者所要求的收益率应当取决于投资的不确定性,而独立于价格的绝对值。因此,年收益数据可能具有常数均值和常数标准差,并且不同观测值之间的协方差可能仅仅依赖于那些观测值之间的滞后阶数再考虑一下前面给出的白噪声的定义,一个白噪声序列也是平稳序列。但是,如果一个平稳序列的均值不等于零,或者存在协方差,那么这个平稳序列就不是白噪声序列。

部分主要介绍越来越频繁地应用于金融数据计量处理的两种方法——协整(cointegration)和自回归条件异方差以及它们的推广。

11.6.1　时间序列模型

考虑最基本的单变量随机模型，在这种情形下，可以认为产生时间序列的过程是由时间序列本身的过去的成分构成的。也就是说，如果随机变量的未来值能以某种方式进行预测，那么这些未来值就是过去值的一些函数。将预测对象随时间推移而形成的数据序列视为一个随机序列，用一定的数学模型来近似描述这个序列。一旦隐含的模式被识别后，就可以从时间序列的过去值及现在值来预测未来值。

这一部分仅限于对单变量随机过程构成的分析，内容包括自回归(autoregressive)过程、移动平均(moving average)过程和单整(integration)过程。可以将这三种子过程很方便地综合为一个模型，即求和自回归移动平均模型(autoregressive integrated moving average, ARIMA)。

先从自回归(AR)过程入手。所谓自回归，是指一个随机过程的当前值是过去值的线性函数。例如，如果当前的股票价格仅是上期股票价格的线性函数，即这一过程仅仅依赖于基础变量的一阶滞后值，我们就说这是一阶自回归过程，记作 $AR(1)$。推广到一般情形，即如果所分析的时间序列过程使用了滞后 1 期到滞后 n 期的变量值，这一过程就是 n 阶自回归过程，记作 $AR(n)$。例如，下式就给出了一个 $AR(4)$ 过程：

$$Y_t = \alpha_0 + \alpha_1 Y_{t-1} + \alpha_2 Y_{t-2} + \alpha_3 Y_{t-3} + \alpha_4 Y_{t-4} \tag{11-66}$$

这里大家会看到与回归分析中的自相关或序列相关相类似的情形，即回归方程的残差与前期的残差相关。实际上，如果添加残差项，则下式给出的估计方程就是一个多变量回归方程，其中自变量是 Y 过去值：

$$\hat{Y}_t = \alpha_0 + \alpha_1 Y_{t-1} + \alpha_2 Y_{t-2} + \alpha_3 Y_{t-3} + \alpha_4 Y_{t-4} + \varepsilon_t \tag{11-67}$$

再考虑移动平均(MA)，这是指模型值可以表示为过去残差项(也就是过去的模型拟合值与过去观测值的差)的线性函数。例如，一个 MA(4)就是：

$$\hat{Y}_t = \beta_0 + \beta_1 \varepsilon_{t-1} + \beta_2 \varepsilon_{t-2} + \beta_3 \varepsilon_{t-3} + \beta_4 \varepsilon_{t-4} + \varepsilon_t \tag{11-68}$$

其中：

$$\varepsilon_t = Y_t - \hat{Y}_t \tag{11-69}$$

通过将自回归过程和移动平均模型相结合，就得到了自回归移动平均模型(ARMA)，一个 ARMA(p, q)模型是指模型的自回归过程的阶数为 p，移动平均过程的阶数为 q。例如，一个 ARMA(3, 2)模型如下：

$$\hat{Y}_t = \alpha_0 + \alpha_1 Y_{t-1} + \alpha_2 Y_{t-2} + \alpha_3 Y_{t-3} + \beta_1 \varepsilon_{t-1} + \beta_2 \varepsilon_{t-2} + u_t \tag{11-70}$$

其中，u_t 是方程的残差误差项。

现在考虑单整(I)。自回归过程和移动平均过程都假设基础变量是平稳的。所谓“单整”，是指将一个时间序列转化为平稳序列所要进行差分的阶数。差分过程仅仅是确定一个变量在连续的时期内的值的变化，也就是：

$$\Delta Y_t = Y_t - Y_{t-1} \tag{11-71}$$

如果一个时间序列只需要差分一次就可以将它转化为一个平稳序列(整形),我们就说原始序列是“一阶单整”或者 I(1)。如果根本不需要进行差分就已经是平稳序列,就说该序列是“零阶单整”或者 I(0)①。如果一个序列是 I(0)序列,则它的方差将是有限的。基础变量的变化对基础的时间序列仅仅是一个暂时的影响。自相关系数平稳下降,而自相关系数之和是有限的。另外,如果时间序列是 I(1)序列,时间序列中的任何新的冲击都会对那个序列产生持久的影响,随着时间向前推移,方差将会无限增长(趋于无穷)。

如果在应用于 ARMA 过程之前需要对时间序列进行差分,使之成为平稳序列,那么我们就需要知道差分的阶数。因此,在 ARMA 过程中存在三个参数。这三个参数是(Box Jenkins)模型的自回归部分的阶数 p、事先需要进行差分的阶数 d 和模型的移动平均部分的阶数 q。

例 11.6.1 考虑一个随机过程:

$$Y_t = \mu + \varepsilon_t$$

这里 Y_t 仅依赖于序列的均值和误差项,在这一过程中,Y_t 不依赖于 Y_t 的前期值,也没有对 Y_t 进行差分,Y_t 也不依赖于前期的误差项。这一过程即 ARIMA(0, 0, 0)。一个白噪声过程是具有零均值的 ARIMA(0, 0, 0)过程。一个 ARIMA(1, 0, 0)过程的形式如下:

$$Y_t = \alpha Y_{t-1} + \varepsilon_t$$

这里 $-1 < \alpha < 1$,ε_t 是白噪声过程。这一过程依赖于 Y_t 的最近一期的滞后值。无须对它进行差分使之成为平稳序列,这同 AR(1)过程是一样的。如果 $\alpha = 1$,这一过程就是非平稳的,要对其进行差分。这是 ARIMA(0, 1, 0)过程的一个特例,也就是:

$$Y_t = Y_{t-1} + \varepsilon_t$$

此时,要对 Y_t 进行一阶差分使之成为平稳序列。这一过程即随机走动。

一个 ARIMA(0, 0, 1)过程的形式如下:

$$Y_t = \varepsilon_t + \theta\varepsilon_{t-1}$$

这里的 Y_t 仅受到误差项的影响。一个 ARIMA(1, 0, 1)过程是:

$$Y_t = \alpha Y_{t-1} + \theta\varepsilon_{t-1} + \varepsilon_t$$

接下来考虑两个基础变量的情形,这时我们更关心它们之间的关系,例如:

$$\begin{aligned} \hat{X}_t &= \alpha X_{t-1} + \beta Y_{t-1} \\ \hat{Y}_t &= \theta X_{t-1} + \pi Y_{t-1} \end{aligned} \tag{11-72}$$

也可以表示为用矩阵形式:

$$\begin{bmatrix} \hat{X}_t \\ \hat{Y}_t \end{bmatrix} = \begin{bmatrix} \alpha & \beta \\ \theta & \pi \end{bmatrix} \begin{bmatrix} X_{t-1} \\ Y_{t-1} \end{bmatrix} \tag{11-73}$$

① 回忆一下前面对平稳性的定义——我们谈到金融资产价格水平的绝对值是非平稳的,而收益率则很可能是平稳的。

上述过程只包括基础的向量变量的一阶滞后值，并且不存在 MA 过程，因此这一过程是向量 AR(1)或者 VAR(1)过程。

一个 VMA(1)过程不存在基础变量的滞后值，仅存在误差项的滞后值，其形式如下：

也可以表示为用矩阵形式：

$$\begin{aligned}\hat{X}_t &= p\varepsilon_{X_{t-1}} + q\varepsilon_{Y_{t-1}} \\ \hat{Y}_t &= r\varepsilon_{X_{t-1}} + s\varepsilon_{Y_{t-1}}\end{aligned} \quad \text{或者} \quad \begin{bmatrix}\hat{X}_t \\ \hat{Y}_t\end{bmatrix} = \begin{bmatrix}p & q \\ r & s\end{bmatrix}\begin{bmatrix}\varepsilon_{X_{t-1}} \\ \varepsilon_{Y_{t-1}}\end{bmatrix} \tag{11-74}$$

显然，向量过程可以既包括自回归过程，又包括移动平均过程。这样就综合出 VARMA 过程，VARMA(1, 1)可以用矩阵形式表示如下：

$$\begin{bmatrix}\hat{X}_t \\ \hat{Y}_t\end{bmatrix} = \begin{bmatrix}\alpha & \beta \\ \theta & \pi\end{bmatrix}\begin{bmatrix}X_{t-1} \\ Y_{t-1}\end{bmatrix} + \begin{bmatrix}p & q \\ r & s\end{bmatrix}\begin{bmatrix}\varepsilon_{X_{t-1}} \\ \varepsilon_{Y_{t-1}}\end{bmatrix} \tag{11-75}$$

金融相关点 11-8　时间序列计量工具包(1)自相关与平稳性检验

大家已经看到时间序列数据可能产生于很多种过程，而最常见的就是求和自回归移动平均过程(ARIMA)。它具有三个子过程：自回归过程(AR)、单整过程(I)和移动平均过程(MA)。那么，如何来判定一个金融随机时间序列具有上述特征呢？回答是：可以利用自相关系数(autocorrelation function, ACC)和偏自相关系数(partial autocorrelation function, PACC)来识别产生随机过程的 AR 构成和 MA 构成，同时用迪基-福勒(Dickey-fuller, DF)检验，来确定单整阶数。

为了识别时间序列中的自相关阶数，我们必须确定变量的当前值和滞后值之间相关的程度。一种度量指标是自相关系数(ACC)。它能够产生自相关函数(ACF)——度量了时间序列的当前值和滞后值之间的相关性。自相关系数计算如下：

$$\rho_k = \sum^{n-k}(Y_t - \bar{Y})(Y_{t+k} - \bar{Y}) / \sum^{n}(Y_t - \bar{Y})^2 \tag{11-76}$$

其中，k 表示正在讨论的滞后阶数。因此，一阶自相关系数只包含一期滞后值，二阶自相关系数只包含二期滞后值等。所以，可以计算所有期的自相关系数，并进行显著性检验以判断几期滞后在统计上最显著。只有在统计上显著的滞后阶数才应当保留在模型中。

有两种常用方法可以检验自相关系数的显著性：第一种方法利用标准误差检验，用于检验不同滞后期的自相关系数，以确定几期滞后是最显著的；第二种方法利用博克斯-皮尔斯(Box-Pierce)的 Q 检验，用于检验作为自相关系数的一个集合是否在整体上是显著的。

偏自相关系数能够产生偏自相关函数(PAF)，它度量了当去掉中间变量滞后值的影响后，变量当前值和该变量的连续滞后值之间的关系。因此，第一个偏自相关系数与自相关系数相同，这是因为不存在中间滞后值。但是，第二个偏自相关系数和随后其他偏自相关系数与自相关系数是不同的。偏自相关系数用于识别时间序列中的自相关阶数。例如，当具有统计显著性的最后的偏自相关系数是 m 阶时，时间序列是 AR(m)。这样，

AR(2)时间序列模型中,只有1期和2期滞后值与当前变量值显著相关。如果一个时间序列为AR(4),则1期滞后值到4期滞后值都显著不等于零,但所有更高阶的滞后值并不显著不等于零。在一个AR(m)过程中,1期滞后值到m期滞后值的偏自相关系数都显著不为零,但$m+1$期和更高期的滞后值会迅速下降到零。要指出的是,也可以利用自相关系数和偏自相关系数方面的知识,来识别一个时间序列过程中是否包含移动平均过程。如果一个序列是MA过程而不是AR过程,自相关系数并不能表明MA过程的阶数。但是,如果偏自相关系数以指数速度下降到0,而不是对于某些滞后期显著不为零,并在这些期以后再下降为0,那么我们就认为时间序列是MA过程,而不是AR过程。

为了检验一个时间序列是否既有自回归又有移动平均过程,通常使用杨-博克斯(Ljung-Box, LB)(1978)检验。LB统计量计算如下:

$$LB=n(n+2)\sum_{k=1}^{m}\left(\frac{1}{n-k}\right)r_k^2 \sim \chi^2_{m-p-q} \tag{11-77}$$

其中,m是所考虑的最大滞后期,p是自回归过程的阶数,q是移动平均过程的阶数。

对随机序列的平稳性检验通常是指单位根(unit root)检验,如果一个时间序列数据存在单位根,则该序列为一阶单整,记为I(1)。早期检验单整阶数和平稳性的方法被称为DF检验,它用于检验下式中的α值等于1还是小于1:

$$Y_t=\alpha Y_{t-1}+\varepsilon_t \tag{11-78}$$

如果α值等于1,我们就说数据存在"单位根",为一阶单整,也就是I(1)。如果它小于1,就说数据是零阶单整,即I(0)。在金融中,α值不可能大于1,这意味着该序列是一个爆发性序列。由于经济规律会阻止经济变量趋于无穷,因此这样的序列在实际中几乎是不可能存在的①。

11.6.2 协整

计量经济学的经典分析方法通常要求时间序列是平稳的,但金融领域中的时间序列通常不能满足这一前提。一个不平稳的随机序列,如果差分n次成为平稳序列,而差分$n-1$次仍然不平稳,则称这一序列具有n阶整形,记为I(n)。在经济和金融领域中,经常用到的是I(1),即差分一次以后平稳的序列。

我们的讨论从相关系数出发,在第9、10章中,都曾涉及过相关系数的概念。既然刚才已经讨论了平稳性,那么要使相关系数成为一个统计上有意义的概念,显然就要求两个时间序列之间的关系必须是平稳的。实际上,就是说这两个时间序列必须满足联合协方差平稳。如果对所有的t来说,均值$E(X_t)$和方差$\sigma^2(X_t)$是有限常数,并且对所有的t来说,X_t和X_{t-n}之间的相关系数都是相同的,从而X的两个观测值之间的协方差仅依赖于这两个观测值之间的时间间隔,则这个单变量就是协方差平稳的。一对变量要满足联合协方差平稳,则每个序列必须满足协方差平稳,并且对于所有的t来说,X_t和Y_t之间的相关系数是相同

① 对扩展的ADF方法的讨论可以参考相关材料,例如Phillips(1987)。

的，从而 $\mathrm{cov}(X_t, Y_t)$ 的值不依赖于 t。

相关系数运用于金融时间序列的问题是，在很多情况下我们没有理由认为金融变量是协方差平稳的。例如，不同国家间的股票市场指数之间存在很微弱的经济联系(如第 3 章的图 3-1 所示)，它们之间不可能存在一种稳定的关系。但是，它们之间可能存在一种可识别的长期的关系。因此，需要另外一种度量方法来衡量变量之间的相关性，它应能够说明这样一个现实——在短期内变量之间不满足联合协方差平稳，但它们之间能呈现出一种长期的均衡关系，这就是协整。

例如，根据现有经济理论，我们有理由认为长期内股价指数与股指期货价格这两个变量之间存在均衡关系。大家不妨回顾下在第 4 章框文 4-3 中的公式 4-20，那个套利模型说明了股指期货的基本定价原理——如果期货价格高于均衡价格，套利者就会卖出期货，买入指数，从而使得价格恢复到均衡水平。相反，如果期货价格低于均衡价格，套利者将会买入期货，卖出指数。假设当均衡的指数期货价格 Y 是股票指数 X 的 1.05 倍时，两者处于一种均衡关系，即：

$$Y_t = 1.05X_t \text{，或者 } Y_t - 1.05X_t = 0$$

只有在指数期货价格与股票市场指数处于均衡状态的情况下，这种关系才成立。在短期内每个变量会随时间按照自己的方式变化，这些序列可能是 I(1)序列。即使每个序列都是 I(1)序列，但是如果变量之间存在长期均衡关系，则第三个变量 Z：

$$Y_t - 1.05X_t = Z_t$$

将是平稳的，它能够度量变量 Y、X 偏离均衡状态的程度。Z 被称为均衡误差，因为促使 X、Y 变量达到均衡过程的力量会迫使 Z 恢复到它的均值。因此，如果变量之间存在均衡关系，我们就可能找到这两个变量之间的某种组合，也就是 $aY + bX = Z$，这样 Z 将是平衡的。我们知道，如果 Z 真是一个平稳序列，它将围绕常数均值波动，并且当它偏离均值水平时，它将趋向于恢复到均衡水平。但是，在短期内这两个变量可能不会同向运动，因此它们之间不存在短期均衡关系，但外力将迫使任何短期偏离恢复到均衡水平。

如果存在 a 和 b 序列，使 $aY + bX$ 成为 I(0)序列，那么 $Y + (b/a)X$ 将是平稳序列。如果存在函数 $Y + \beta X = Z$，这里 Z 是平稳序列，则 X 和 Y 之间具有协整关系，β 是协整系数。因此，协整描述了成对变量或一组变量之间的长期关系，这种关系是由成对变量或一组变量随时间变化而呈现出的相同的随机趋势而产生的。

本质上说，协整刻画了变量之间的一种均衡关系。因为 Z 是平稳序列，当 X 和 Y 偏离了均衡关系时，它们将会趋于恢复均衡关系，因此 Z 值围绕着(常数)均值上下震荡。这种向均衡状态回归的趋势被称为误差修正。这种向均衡状态回归的模型被称为误差修正模型，它描述了平稳的时间序列 Z 向均值回归的特征。

金融相关点 11-9　时间序列计量工具包(2)协整检验

如何探测成对时间序列变量之间的协整关系呢？应当说，任何协整分析的第一步都是估计协整系数。在两个变量的情况下,可以使用普通最小二乘回归①。回忆一下,成对变量之间存在协整关系,应当满足:① 每个变量的时间序列必须是 I(1);② 这些变量之间的线性组合必须是 I(0)②。因此,协整检验分为三步进行:

第一步:利用 ADF 检验确定所讨论的变量是 I(1),为此必须主观引入 Y 和 X 的足够的滞后值,以便使如下回归方程中的残差转化为白噪声序列:

$$\Delta X_t = \beta X_{t-1} + \sum \theta_i \Delta X_{t-1} + \varepsilon_t$$
$$\Delta Y_t = \gamma Y_{t-1} + \sum \phi_i \Delta Y_{t-1} + \varepsilon_t \tag{11-79}$$

因为是使用 ADF 检验,所以对 β 和 γ 的显著性的检验应当分别使用 Y_{t-1} 和 X_{t-1} 的 t 统计量。如果每一个参数都不是显著不为零的,则所分析的序列(X 或 Y)就是 I(1)。

第二步:在确定了原始变量是 I(1)之后,就可以采用如下形式的普通最小二乘回归,也被称为协整回归:

$$Y_t = \lambda_0 + \lambda X_t + \mu_t \tag{11-80}$$

该式将残差单独表示出来,是为了检验残差序列是否是平稳序列。如果我们将 λ_0 和 μ_t 包含到 Z_t 中,那么就有:

$$Y_t - \lambda X_t = Z_t$$

我们需要检验 Z 序列的平稳性。如果 Z 确实是平稳序列,那么 λ 就是前面所讨论的协整向量③。

第三步:确定残差序列是 I(0)。方法是运行如下的回归方程:

$$\Delta u_t = \beta u_{t-1} + e_t \tag{11-81}$$

检验的零假设是没有协整关系,即 $\beta = 0$。检验过程是:如果 β 值不是显著不为零的,则 u_t 是 I(1),因此 Y 和 X 不存在协整关系④。

11.6.3 异方差建模

在第 4 章对于期权定价的讨论过程中,有一个重要的假定就是基础变量的波动率,即标准差是一个常数。实际情况是市场收益随时间而表现出聚集性,例如有学者注意到(Mandlebrot, 1963),金融资产价格的较大变化常会引起其他方面的较大变化,而较小的变

① 另外一个更复杂的方法是利用最大似然估计方法(Johansen(1998)及 Johansen 与 Jesulius(1990))来确定协整向量。它比较复杂,但优点在于可以将此方法推广到多变量的情形。

② 要强调的是,并不是所有的 I(1)变量都是协整的,只有存在线性关系的那些变量才是协整的,这些变量的线性组合是 I(0)序列。

③ 要注意的是 Y 对 X 的普通回归和 X 对 Y 的普通回归是不一样的,但在协整时间序列的情况下,变量之间的"长期"相关关系只有 1 个,因此 Y 对 X 和 X 对 Y 的回归方程实际上是相同的。

④ 这种检验存在很多缺点。首先,同回归分析一样,这种检验受到小样本的限制。其次,这种方法是建立在最小化残差方差基础上,而不是建立在识别最大平稳性的基础之上。然而,由于金融时间序列通常是大样本,因此一般不存在小样本的问题。

化通常引起其他小的变化。特别是金融变量通常在一段时间内较为平静，而在随后的一段时间却发生巨大波动。

20世纪80年代发展起来的方法（Engle，1982；Bollerslev，1986；Nelson，1991）为我们提供了对未来事件变动的波动性进行预测的经济计量工具。恩格尔（Engle）创造了自回归条件异方差（Autoregressive Conditional Heteroscedasticity，ARCH）这个术语。后人推广了这一过程，将ARCH推广到GARCH（Generalized ARCH）。

为了理解这些异方差建模的基础，大家不妨回顾一下，随机变量均值、方差以及条件均值、方差的概念。我们知道一个随机变量 y_t 的均值和方差为：

$$E(y_t)=\mu;\ \sigma^2=E[(y_t-\mu)^2]$$

条件均值为：

$$m_t=E[y_t \mid \mathcal{F}_{t-1}] \tag{11-82}$$

m_t 是在给定前期可能信息集 $\mathcal{F}_t$ 的条件下的 y_t 的期望值。由于信息集 $\mathcal{F}_t$ 包括所有信息，我们很自然地会选择 y_t 的过去值作为信息集。例如，为了求条件均值 m_t，我们首先利用 y_t 对 y_t 的滞后一期值进行回归：

$$y_t=\alpha_0+\alpha_1 y_{t-1}+\varepsilon \tag{11-83}$$

然后，利用 $\alpha_0+\alpha_1 y_{t-1}$ 的和，可以计算得到 m_t，因此 m_t 是一个随时间而变化的均值的估计。这个特殊的方程就是AR(1)过程。自然也可以增加滞后期数，具体数目可以通过对滞后期结构的先验了解或者满足残差项之间不存在自相关的条件来确定。

条件方差则定义为：

$$h_t^2=E[(y_t-m_t)^2 \mid F_{t-1}] \tag{11-84}$$

再看一下条件均值的式(11-82)，y_t 和条件均值之间的差是 ε_t。因此，可求得条件方差 h_t^2，它是条件均值方程的滞后的残差的平方的函数。如果假设只存在残差的一期滞后值，就可利用下面的公式来求 h_t^2 的值：

$$h_t^2=\alpha_0+\alpha_1\varepsilon_{t-1}^2 \tag{11-85}$$

现在就可以对时间序列进行分析了。为了识别时间序列中的ARCH特征，首先应当对条件均值建模。为此要明确收益率的自回归模型AR(n)。以AR(1)模型为例，假设收益率的当期值仅是收益率的一期滞后值的函数：

$$r_t=\alpha_0+\alpha_1 r_{t-1}+\varepsilon_t \tag{11-86}$$

当然，可以在模型中加入 r_t 的很多期的滞后值，直至残差项 ε_t 之间不存在自相关。如果 ε_t 是随机变量，则 $\alpha_0+\alpha_1 r_{t-1}$ 就是条件均值，因为它依赖于 r_t 的前期值。当滞后期为 p 时，则一般的模型形式如下：

$$r_t=\alpha_0+\sum_{i=1}^{p}\alpha_i r_{t-i}+\varepsilon_t \tag{11-87}$$

对条件均值建模的目的是为了构造残差平方(ε_t^2)的序列，通过它可以求得条件方差①。

① 可以回忆一下，在第9章中曾假设普通最小二乘回归模型的残差具有常数（零）均值和值为 ε 的标准差（同方差）。因此残差方差就等于(ε_t^2)。

在 ARCH 方法中,假设 ε 的方差不是常数,记作 h^2。因此:

$$\varepsilon_i = \sqrt{h_i^2} \times \eta$$

这里 η 是标准正态变量。根据条件均值方程所得到的残差平方的时间序列,可以得到条件方差的方程如下:

$$h_t^2 = \beta_0 + \beta_1 \varepsilon_{t-1}^2 \tag{11-88}$$

在这个回归方程中我们仍然假设只存在一期滞后值,所以条件方差 h 是残差平方的自回归过程,因此得名自回归条件异方差。这一方法可以推广到残差项滞后任意 p 期的情形,其一般化的形式就是:

$$h_t^2 = \beta_0 + \sum_{i=1}^{p} \beta_i \varepsilon_{t-i}^2 \tag{11-89}$$

这通常被称为线性的 ARCH(p)模型,因为模型中存在残差平方的 p 期滞后值[①]。如果要检验在时间序列中是否存在 ARCH,就要将原始的条件均值方程的误差项进行平方,然后利用平方后的序列对常数和平方后序列本身的 p 期滞后值进行回归。检验统计量是 $T \times R^2$,T 是样本容量,R^2 是从残差平方的回归方程中得到的多元回归系数,检验统计量服从 χ^2 分布。自由度等于回归量中的滞后期数。如果检验统计量大于 χ^2 分布表中的临界值,我们就拒绝不存在 ARCH 的零假设。

通过在模型中引入条件方差的滞后值对 ARCH 模型进行推广(Bollerslev, 1986),目的是为了避免 ARCH(p)中存在的滞后期数太长的问题。因此,广义的 ARCH 或 GARCH(p, q)定义为:条件方差是条件均值方程的残差平方项的 p 期滞后值和条件方差的 q 期滞后值的线性组合:

$$h_t^2 = \gamma + \sum_{i=1}^{p} \beta_i \varepsilon_{t-i}^2 + \sum_{i=1}^{q} \alpha_i h_{t-i}^2 \tag{11-90}$$

注意,其中 α、β 和 γ 限定为非负的,这是为了避免出现条件方差为负的可能。这就是 GARCH 方程。条件方差的当期值是常数项、条件均值方程的残差平方的一些前期滞后值和条件方差的前期值的函数。例如,如果条件方差能用 GARCH(1, 1)方程较好地刻画出来,则这是因为序列是 AR(1)过程,即该序列是由残差的一期滞后值以及条件方差的一期滞后值所导致的。

在 GARCH(p, q)模型中,条件方差取决于残差值的大小而不取决于残差的符号。但是,有证据表明(Black,1976),资产波动性和资产收益率是负相关的。也就是说,当证券价格上涨时,收益率为正,波动性下降;当资产价格下降时,收益率为负,波动性上升。实际上,一些经验表明,波动性较高的那段时期经常与证券市场的下跌紧密相关,而波动性较低的那段时期经常与证券市场的上涨紧密相关。为了描述这种情形,尼尔森(Nelson, 1991)提出了指数化的 E-GARCH:

① 早期的 ARCH 方程存在一个问题,就是为了保证条件方差总为正值,α 必须是非负的。但是,当要用很多期滞后值从而使我们能够比较准确地建立这一过程的模型时,非负的限制条件可能得不到满足。在早期实践中,人们经常通过设置线性减少的系数这种方式来任意确定滞后阶数,以保证 α 满足非负的限制条件。

$$\ln h_t^2 = \alpha_0 + \sum_{i=1}^{p} \alpha_i \frac{|\varepsilon_{t-i}|}{h_{t-i}} + \sum_{i=1}^{p} \gamma_i \frac{\varepsilon_{t-i}}{h_{t-i}} + \sum_{i=1}^{q} \beta_i \ln h_{t-i}^2 \tag{11-91}$$

该方程中的 ε 有两种形式：ε 的原始观测值和绝对值形式 $|\varepsilon|$。这里绝对值只表示 ε 的大小，也就是不考虑 ε 的符号。因此，E-GARCH 建立了条件方差是 ε 的不对称函数的模型，它允许正和负的滞后值对波动性存在不同的影响。对数形式允许负的残差，但条件方差本身不能是负的。还注意到条件标准差(h_{t-i})在方程右边是作为分母的。

金融相关点 11-10　时间序列计量工具包(3)GARCH 模型检验

检验时间序列的 GARCH 模型的合理性的方法，分为两步。

第一步要计算基于原始数据的观测值的平方得到的 Ljung-Box(LB)统计量。这就要利用 T 个观测值计算 k 个自相关系数，然后将自相关系数 γ 平方，得到 γ^2。LB 统计量计算如下：

$$LB = T(T+2)\sum_{k=1}^{m}\left(\frac{1}{T-k}\right)\gamma_k^2 \sim \chi_m^2$$

其中，m 是自相关系数的最大滞后阶数。

第二步要计算基于标准化的残差(ε/h)平方的 LB 统计量。因此，每个残差都要除以相应的条件标准差的观测值。接着计算出自相关系数(γ')，并将其平方。LB 统计量计算如下：

$$LB = T(T+2)\sum_{k=1}^{m}\left(\frac{1}{T-k}\right)\gamma'^2_k \sim \chi_{m-p-q}^2$$

其中，m、p、q 定义如前，如果将 GARCH 模型进一步具体化，则标准化的残差的 LB 统计量将会小于 χ_{m-p-q}^2 的临界值。也就是说，标准化的残差将是独立同分布的。

但有一个问题也随之产生，即最优的 GARCH 模型是什么样的？最适当的 GARCH 参数是什么？我们可以采用试错法，通过比较不同类型参数结构模型的 LB 统计量来找到答案。

例 11.6.2　如果上面估计的波动性形式是正确的，那么为了求得年波动性，我们只要计算条件方差的平方根，并乘以每一年数据观测值个数的平方根。由于当前波动性是前期波动性的函数，它是时变的。为了利用 GARCH 模型预测，可以使用如下的递归模型：

$$h_{t+1}^2 = \beta_0 + \beta_1 \varepsilon_t^2 + \gamma_1 h_t^2$$

$$h_{t+j}^2 = \beta_0 + (\beta_1 + \gamma_1) h_{t+j-1}^2$$

第一个方程中的 ε^2 在进行预测时是未知的，它可以用它的条件估计 h^2 来代替。因此，利用第二个方程，我们可以预测 $t+1$ 时刻的 h^2(此时 $j=1$)，从而可以预测 $t+2$ 时刻的 h^2($j=2$)，并以此类推。每一个计算的结果是条件方差的单独一期的预测值，一直预测到 j 期。为了求出波动性的估计值，我们需要将单独的期间相加，并求其平方根。

小　结

鞅是一种用数学期望刻画的随机运动形式,鉴于它隐含的某种"公平"特征,它被用来描绘赌博过程,如果倾向于认为买卖金融资产也是一种零和(zero sum)的博弈,它就可以用来描绘价格运动。其实不是这样的,金融资产价格有一定的趋势性,它们更可能是上鞅或者下鞅。

本章的分析在直观的背景下,给出了离散时间和连续时间(附着更多的技术要求)(上/鞅)鞅的各种定义和例子。在连续时间设定下,我们着重分析了在现代金融分析中最重要的鞅——标准维纳过程,考察它的轨道性质和由它衍生类似过程。我们还随带介绍了鞅的三个子类,它们将帮助用来构造随机积分。接下来我们考察停时概念,借助它把鞅的性质拓展到其他鞅型序列上去并获得最优停止定理,以及多布-迈耶分解定理和平方可积鞅的国田-渡边分解。

然后,我们再次考察了随机积分的深刻含义,先是对于简单过程的随机积分。它有两个重要的性质:鞅性和等距性。当我们把对简单过程的随机积分推广到更为一般的随机过程类别时,我们要求被积函数(过程)是循序可测的。由于 $I.(X)$ 是一个等距映射,因此可以把随机积分 $I.(X)$ 连续地开拓为从到 $L^2[0, T]$ 到 $L^2(\Omega)$ 的等距同构映射,而这就是随机积分。

尽管鞅并不是绝大多数金融资产价格运动的形式,它仍然是现代金融分析中当仁不让的主角。在资产定价基本定理的支撑下,通过功能强大的测度变换技术(凯麦隆-马丁-哥萨诺夫定理),我们可以使得所有金融资产价格运动具有鞅性特征。最后接触的是鞅表示定理,它断言如果一个伊藤过程是鞅,则它的漂移一定为 0。

利用 9、10 两章的准备,我们也顺带学习了随机过程理论在计量方面的重要应用——包括对时间序列的建模基础——AMARI 过程,以及适合处理非平稳时间序列长期均衡关系的行之有效的协整方法。还有处理时间序列,特别是收益数据的随时间而表现出的聚集性,也即时变性的异方差自回归建模技术。这些计量科学方向的重大突破使得使金融经济中的概念建立在统计学的基础上,研究者们也因此开始用统计概念来定义经济金融概念。

文献导读

能够涉及鞅的参考文献都不大会是入门读物了,纯数学类的可以参考 Doob(1953)①、Billingsley(1979)、Williams(1991)和 Chung & Williams(1990);更深程度的包括 Rogers & Williams(1994)、Karatzas & Shreve(1991)和 Gihman & Skorohod(1972)。其中,Karatzas & Shreve(1991)是必不可少的宝典。

---

① 本章的主要材料来自 Karatzas & Shreve(1988)、Neftci(1996,2000)、Hunt & Kennedy(2000)、Dothan(1990)、Williams(1991)、Baxter & Rennie(1996)、Nielsen(2000)、Rebonato(1996)、Lamberton & Lapeyre(1991)、Korn et al.(2001)、黄志远(2001)、Mckenzie et al.(2004)以及 Watsham & Parramore(1997)。

中文的参考书目包括史及民(1999)、黄志远(2001)、王梓坤(1996)以及严加安(1981)；一个简单的综述见严加安等(1997)。

现在任何一本有一定层次的数理金融类作品都会有涉及鞅和随机过程的数学部分，由于它们往往与具体的问题如衍生产品定价结合到一起，而且更强调直觉，有时它们往往是一个更好的出发点，这类参考书目包括 Ingersoll(1987)，Dothan(1990)，Duffie(1992、1996)；也可以参考 Musiela & Rutkowski(1998)、Hunt & Kennedy(2000)、Kallianpur & Karandikar(2000)以及 Elliott & Kopp(1999)。

时间序列建模方面可以参考 Mckenzie et al.(2004)，Watsham 和 Parramore(1997)，Mills(1999)，以及非常经典的 Hamilton(1994)。至于协整分析，Engle & Granger (1987) 提出了单方程协整的 EG 两步检验法；Johansen(1988)和 Johansen & Juselins (1990)通过利用最大似然估计法对整个系统的协整关系进行了检验，即所谓的迹检验(Trace Test)和最大特征根检验(Maximum Eigenvalue Test)。通过将协积分引入 VAR 模型，Engle & Granger (1987) 提出了 VECM。Philips(1998) 对 VaR 的各种刺激反应提供了一种渐进理论。比较深入的研究有 Pesaran、Shin & Smith (1996)通过协整检验了单个的长期关系；Granger et al.(1993)，Pope & Paudyal (1994) 以及 Balke & Fomby (1997)对协积分和误差协整模型进行了推广和延伸，提出了门限协积分模型(Threshold Cointegration Models)。近年来，有关协积分在高频数据处理的研究中得到了广泛的注意，Goodhart & O'Hara (1997)对此作了一个有用的综述①。

至于现在非常流行的 ARCH 系列模型，自从 Engle(1982)引入 ARCH 过程后，大量的 GARCH 类模型就如雨后春笋般出现了。其中包括 Bollerslev (1986)和 Taylor (1986)的线性 GARCH 模型(LGARCH)，Geweke (1986)、Pantula (1986)和 Mihoj (1987)的 Multiplicative GARCH，Taylor(1986)和 Schwartz(1989)的 TS-GARCH，Engle (1990)的 AGARCH 模型，Engle 和 Ng (1993)的 VGARCH 模型，Engle 和 Ng (1993)的 NGARCH 模型，Santana (1995)的 QGARCH，以及 Glosten、Jagannathan 和 Runkle (1993) 提出的 GJR-GARCH 模型。建议可以参考 Bera and Higgins(1993)，Bollerslev, Engle and Nelson (1994)以及 Diebold and Lopez (1995)，综述性的文章可以阅读 Bollerslev, Chou & Kroner (1992)。

时间序列方面的中文的入门著作则包括陆懋祖(1999)和李子奈(2000)。

① 在实证方面，Campell & Shiller (1987) 采用"协积分"的方法检验了 1871—1986 年实际 S&P 综合价格和相关的股息指数年数据的现时价值模型，此外有关利率期限结构等方面的检验和实证也是协积分研究的一个热点问题。而 Groen (2002)则利用协积分方法检验了汇率的货币分析模型。

第 12 章　偏微分方程和数值方法

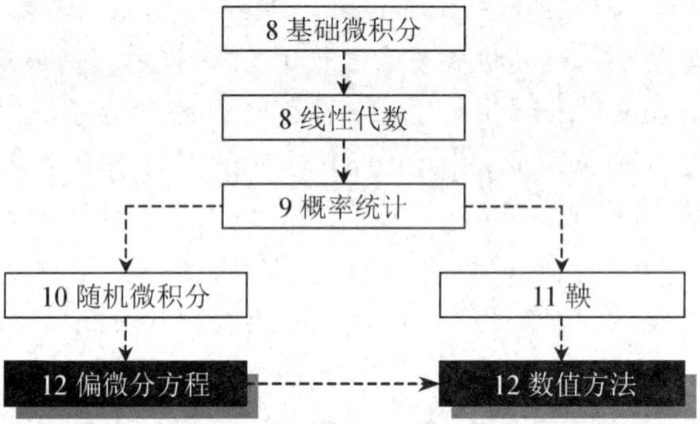

本章的学习目标

- 了解布莱克-斯科尔斯方程所属的二阶偏微分方程的类型；
- 了解热传导方程的推导过程和它具有的物理意义；
- 理解偏微分方程所附带的边界条件和初始条件的具体形式和实际意义；
- 熟悉傅里叶变换方法及其主要性质；
- 熟悉使用傅里叶积分变换来求解热传导方程；
- 掌握通过变量代换来求解布莱克-斯科尔斯方程；
- 了解求解偏微分方程的几种主要有限差分格式以及各自的优缺点；
- 掌握柯尔莫格罗夫方程的推导过程，并理解扩散过程和数学期望之间的联系；
- 掌握费曼-卡茨定理并了解它同风险中性定价方法之间的关系；
- 了解产生随机数、随机分布和随机过程的技术方法；
- 掌握使用蒙特卡罗模拟技术计算期权的实际操作方法以及两种相关算法优化技术。

完整学习有着数百年知识积淀的偏微分方程理论本身是一项艰巨而耗费时日的工作。幸运的是：在大家所关注的微观金融领域，几乎所有被用到的偏微分方程都只属于其中一个很小的类别——二阶线性偏微分方程。因此，这一章的设计思想（用软件行业的术语来说）是完全面向任务的，目标很明确：求解布莱克-斯科尔斯方程。

本章结构安排：首先，了解偏微分方程的数学表达形式，并在直观的热物理背景下，讨论偏微分方程的定解问题。其次，使用经典的傅里叶变换(Fourier transform)技术求出一般热传导方程的解析解，这就使我们可以遵循布莱克-斯科尔斯(1973)经典方法求解布莱克-斯科尔斯偏微分方程获得期权价格。再次，由于获得解析解的机会并不多，因此我们要学习偏微分方程的数值解法(numerical method)——有限差分方法(finite difference method)。此外，根据风险中性定价原理和费曼-卡茨(Feynman-Kac)理论，布莱克-斯科尔斯方程还有一种概率解。但是，获得这种概率解同样需要一种被称为蒙特卡罗的数值方法，因此本章最后部分考察这种日益重要的计算机模拟(simulation)技术。

12.1 介　　绍

12.1.1 基本概念

我们在第 4、10、11 章中都见到过著名的布莱克-斯科尔斯方程：

$$\frac{\partial f}{\partial t}+\frac{1}{2}\sigma^2 S^2\frac{\partial^2 f}{\partial S^2}+rS\frac{\partial f}{\partial S}-rf=0$$

其中，S 是某种基础产品的价格，r 是无风险收益率，t 是时间，σ 是 S 的波动率，f 则是基于 S 的衍生产品的价格。这个偏微分方程包含了衍生产品价格运动信息，是对所有基础产品和基于它的衍生产品之间相对价格运动形式的高度概括。它在金融理论中的重要性，怎样强调都不过分。

就其本身而言，这是一个有着两个自变量的偏微分方程，这种偏微分方程的更一般形式为：

$$Af_{SS}+Bf_{St}+Cf_{tt}+Df_S+Ef_t+Ff=G \tag{12-1}$$

该方程有这样三个特征：

(1) 它(被称为)是二阶的，因为(如果)它的最高阶是 $\dfrac{\partial^2 f}{\partial S^2}$；

(2) 它(被称为)是齐次的，因为(如果) $G(S, t)=0$；

(3) 它(被称为)是线性的，因为(如果)A、B、C、D 这些系数只是自变量 S 和 t 的函数。

二阶线性偏微分方程有不少类别，数学上对二阶线性偏微分方程的最重要的分类方式受到解析几何中对二次曲线：

$$Ax^2+Bxy+Cy^2+Dx+Ey+F=0$$

的分类方法的启发。

我们知道根据上面曲线方程的系数可以判断二次曲线的形状究竟是双曲线、抛物线或者椭圆。类似地，在式(12-1)中：

(1) 如果 $B^2-4AC>0$，就称之为双曲型(hyperbolic)偏微分方程；

(2) 如果 $B^2-4AC=0$，则称之为抛物型(parabolic)偏微分方程；

(3) 如果 $B^2-4AC<0$，则称之为椭圆型(elliptic)偏微分方程。

对于布莱克-斯科尔斯方程，因为有：

$$A=1/2\sigma^2 S^2$$

$$B = C = G = 0$$

$$D = rS$$

$$E = 1,\ F = -r$$

而且,

$$B^2 - 4AC = 0$$

所以,现在可以知道,我们面对的是一个二阶齐次线性抛物型偏微分方程。听上去相当复杂,我们接下来的任务就是一步一步揭开这种方程所蕴涵的实际物理意义,并得到求解它的一般方法。

12.1.2 物理意义

一个二阶齐次线性抛物型偏微分方程究竟描述了怎样的一种现象呢?鉴于它最初的来源和最广泛的应用都发生在热物理领域,就不妨来看一下它的实验背景,这将为我们理解这个方程提供足够的洞察力。

根据日常生活的经验,我们知道当物体内部各处的温度不一致时,热量就会从高温处向低温处传递,这被称为"热传导"现象。现在假定存在一导热物体,它在三维空间占据的区域为 G,边界面为 ∂G,我们怎样才能知道它其中的某一部分的温度变化情况呢?用温度函数 $u(x, y, z, t)$ 表示该物体在 t 时刻和 (x, y, z) 位置的温度,我们来建立该温度函数需要满足的关系式①。

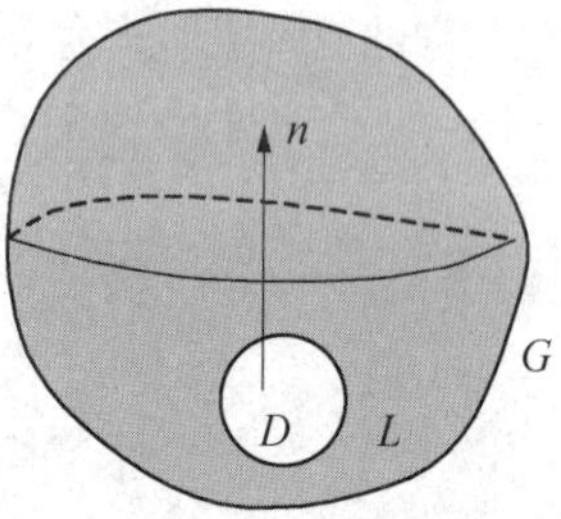

图 12-1 热量在物体内部的传导

设想从物体 G 内任意割取一个由光滑曲面 L 所围成的区域 D(见图 12-1)。根据热量守恒定律,D 内各点的温度由任一时刻 t_1 的 $u(x, y, z, t_1)$ 改变为 t_2 时刻的 $u(x, y, z, t_2)$ 所吸收(或释放)的热量 Q,应当等于从 t_1 到 t_2 时间内通过 L 进入(或流出)D 内的热量 Q_1 和 D 内热源提供的热量 Q_2 的总和。

下面我们分别决定这些热量。

(1) D 内温度改变所需要的热量 Q。假定物体的比热(使单位质量的物体温度改变 1 摄氏度所需要的热量)为 $c(x, y, z)$,密度为 $\rho(x, y, z)$。那么,根据物理中的实验规律,无穷小体积:

$$\mathrm{d}V = \mathrm{d}x\mathrm{d}y\mathrm{d}z$$

的温度由 $u(x, y, z, t_1)$ 升高到 $u(x, y, z, t_2)$ 所需要的热量 $\mathrm{d}Q$ 为:

$$\mathrm{d}Q = c\rho[u(x, y, z, t_1) - u(x, y, z, t_2)]\mathrm{d}V \tag{12-2}$$

整个 D 由于温度改变需要的热量是:

$$Q = \iiint_D c\rho[u(x, y, z, t_1) - u(x, y, z, t_2)]\mathrm{d}V \tag{12-3}$$

根据牛顿-莱布尼兹公式:

---

① 以下分析均假定 u 对 x, y, x 具有二阶连续偏导数,对 t 具有一阶连续偏导数。

$$u(x, y, z, t_2)-u(x, y, z, t_1)=\int_{t_1}^{t_2}\frac{\partial u}{\partial t}\mathrm{d}t \tag{12-4}$$

前式可以改写为：

$$Q=\iiint_D c\rho\int_{t_1}^{t_2}\frac{\partial u}{\partial t}\mathrm{d}t\,\mathrm{d}V=\int_{t_1}^{t_2}\left[\iiint_D c\rho\frac{\partial u}{\partial t}\mathrm{d}V\right]\mathrm{d}t \tag{12-5}$$

(2) 通过 L 进入 D 的热量 Q_1。这里要使用热物理中的傅里叶(Fourier)热传导定律。该定律证明了：在无穷小时间间隔 $\mathrm{d}t$ 内通过一个法矢量为 n 的无穷小曲面 $\mathrm{d}S$，流向 n 所指那一侧的热量为：

$$\mathrm{d}Q=-k(x, y, z)\frac{\partial u}{\partial n}\mathrm{d}S\,\mathrm{d}t \tag{12-6}$$

其中，$k(x, y, z)$是该物体在点(x, y, z)处的热传导系数。它恒为正，数值大小取决于组成物体的材料的性质；n 是曲面的外法线，$\partial u/\partial n$ 是温度函数在(x, y, z)处沿外法线 n 的方向导数。我们规定 n 所指的那一侧为 $\mathrm{d}S$ 的正侧，因此该式表示了在 $\mathrm{d}S$ 时间内从 $\mathrm{d}S$ 的负侧流向正侧的热量。之所以用负号表示热流的方向与温度梯度方向相反，是因为热量总是从温度高的一侧流向温度低的一侧。

现考虑光滑封闭曲面 L，设在其上确定了一连续变动的单位外法线 n，则在两个时刻 t_1 和 t_2 内，经由该物体内任意封闭曲面 L 进入 D 的热量为：

$$Q_1=-\int_{t_1}^{t_2}\left[\iint_L k\frac{\partial u}{\partial n}\mathrm{d}S\right]\mathrm{d}t \tag{12-7}$$

应用奥斯托洛夫斯基-高斯(Ostrovski-Gauss)公式于上式中的曲面积分①，有：

$$Q_1=\int_{t_1}^{t_2}\left\{\iiint_D\left[\frac{\partial}{\partial x}\left(k\frac{\partial u}{\partial x}\right)+\frac{\partial}{\partial y}\left(k\frac{\partial u}{\partial y}\right)+\frac{\partial}{\partial z}\left(k\frac{\partial u}{\partial z}\right)\right]\mathrm{d}V\right\}\mathrm{d}t=0 \tag{12-8}$$

(3) 最后是热源提供的热量 Q_2。物体内部可能存在热源，令物体内的热源密度(即单位时间从单位体积内放出的热量)为 $F(x, y, z, t)>0$，则在时间$[t_1, t_2]$内物体热源所产生的热量为：

$$Q_2=\int_{t_1}^{t_2}\left[\iiint_D F(x, y, z, t)\mathrm{d}V\right]\mathrm{d}t \tag{12-9}$$

根据热量守恒定律应有：

$$Q=Q_1+Q_2 \tag{12-10}$$

把上面 3 种热量代入守恒定律就有：

$$\int_{t_1}^{t_2}\left[\iiint_D c\rho\frac{\partial u}{\partial t}\mathrm{d}V\right]\mathrm{d}t=\int_{t_1}^{t_2}\left\{\iiint_D\left[\frac{\partial}{\partial x}\left(k\frac{\partial u}{\partial x}\right)+\frac{\partial}{\partial y}\left(k\frac{\partial u}{\partial y}\right)+\frac{\partial}{\partial z}\left(k\frac{\partial u}{\partial z}\right)\right]\mathrm{d}V\right\}\mathrm{d}t$$
$$+\int_{t_1}^{t_2}\left[\iiint_D F(x, y, z, t)\mathrm{d}V\right]\mathrm{d}t \tag{12-11}$$

① 该公式又称为散度定理(divergence theorem)，见《数学百科辞典》(1984)，p689。

即：

$$\int_{t_1}^{t_2}\left\{\iiint\limits_V\left[c\rho\frac{\partial u}{\partial t}-\frac{\partial}{\partial x}\left(k\frac{\partial u}{\partial x}\right)-\frac{\partial}{\partial y}\left(k\frac{\partial u}{\partial y}\right)-\frac{\partial}{\partial z}\left(k\frac{\partial u}{\partial z}\right)-F(x,\ y,\ z,\ t)\right]\mathrm{d}V\right\}\mathrm{d}t=0 \tag{12-12}$$

由于时间间隔$[t_1,\ t_2]$以及区域D是任取的，如果上式积分号下的函数是连续的，则在任意时刻，该物体内任意点，上式中的三重积分必恒等于0。所以，在我们所考察的空间范围和时间范围内恒有：

$$c\rho\frac{\partial u}{\partial t}=\frac{\partial}{\partial x}\left(k\frac{\partial u}{\partial x}\right)+\frac{\partial}{\partial y}\left(k\frac{\partial u}{\partial y}\right)+\frac{\partial}{\partial z}\left(k\frac{\partial u}{\partial z}\right)+F(x,\ y,\ z,\ t) \tag{12-13}$$

这就是温度函数应当满足的偏微分方程，物理上称为各向同性介质有热源三维非齐次热传导方程①。如果物体是均质的，则k，c和ρ均为常数，令：

$$a^2=k/c\rho$$

则上述方程简化为：

$$\frac{\partial u}{\partial t}=a^2\left(\frac{\partial^2 u}{\partial x^2}+\frac{\partial^2 u}{\partial y^2}+\frac{\partial^2 u}{\partial z^2}\right)+f(x,\ y,\ z,\ t) \tag{12-14}$$

其中，$f=F/c\rho$。在没有热源的情况下，就是说$F(x,\ y,\ z,\ t)=0$，上述方程可以进一步简化为齐次方程：

$$\frac{\partial u}{\partial t}=a^2\left(\frac{\partial^2 u}{\partial x^2}+\frac{\partial^2 u}{\partial y^2}+\frac{\partial^2 u}{\partial z^2}\right) \tag{12-15}$$

如果该物体是一长度为l的均匀细长杆，则热传导方程最简形式为：

$$\frac{\partial u}{\partial t}=a^2\frac{\partial^2 u}{\partial x^2},\ x\in l \tag{12-16}$$

在物理上，这个方程定义了热量在一维空间中传导的一种模式：$u(x,\ t)$代表了在一根两端绝缘的匀质细长棒中各个点的温度，它随着细棒长度x和时间t变化而变化。对于这种形式的热传导方程的研究已经有两个世纪了，这是数学成功应用于实际问题的经典范例之一。

大家是不是觉得式(12-16)很像布莱克-斯科尔斯方程，但又不完全一致呢？不用怀疑它对于我们的金融问题的重要性，下一节的分析将显示布莱克-斯科尔斯方程可以通过恒等变换简化为式(12-16)这种形式，而求解这个最简形式的热传导方程就是求解布莱克-斯科尔斯方程的前提，在接下来的两节中我们就顺序考察这种形式的热传导偏微分方程的定解条件、解的性质和解法。

12.1.3 定解条件

在推导式(12-14)的过程中，我们选取的是物体内部不包含边界的任意局部区域D和

① 分子在介质中的扩散，其浓度u也满足该方程，因此有时也称它为扩散方程(diffusion equation)，请注意它与我们前面接触到的随机微分方程形式的扩散过程的区别，但是它们之间确实存在密切的联系，后面的分析会揭示这种联系。

任意时间间隔$[t_1, t_2]$，因此该方程反映的是导热物体内部在邻近地点和邻近时刻所取温度值之间的联系，即该方程本身只是热传导过程的一般规律，仅仅依靠它还不能确定某一特定物理过程的具体状况。

容易知道：形状、大小和导热性质完全相同，且内部具有同样热源的两个物体，如果在某一时刻 t_0 的温度分布不相同(即导热物体的历史状况不同)，那么它们在以后时刻 $t > t_0$ 的温度分布也不相同。即使是同一物体，如果所处的环境不同，致使它在 $t \geqslant t_0$ 时边界∂G 上的热状态不同，那么它内部的温度分布和变化情况也会不同。由此可见，为了确定具体的物理状况，就不能只依靠传导方程，还必须另外附加条件。

这在物理意义上很明显，只要知道物体在某一时刻 t_0 的温度分布和它在 $t \geqslant t_0$ 时边界∂G 上热状态，就可以完全确定该物体在 t_0 以后时刻的温度变化情况。描述这些状况的数学条件分别称为初始条件(initial condition)和边界条件(boundary condition)，通称为定解条件。

初始条件：给出了 t_0 时刻的温度分布，即：

$$u \big|_{t=0} = \varphi(x, y, z), (x, y, z) \in G$$

其中，$\varphi(x, y, z)$为已知函数。

边界条件给出边界面∂G 上的热状态。至于它的具体形式，物理上有以下三种情况。

第一边界条件：直接给出物体在边界∂G 上的温度。

$$u \big|_{\partial G} = \varphi(x, y, z, t), (x, y, z) \in \partial G, t \geqslant t_0$$

其中，$\varphi(x, y, z, t)$为已知函数。

第二边界条件：如果已知单位时间内通过∂G 上单位面积从物体向外流出的热量，即已知热流强度 $q(x, y, z, t)$，则依据前面的傅里叶定理，有：

$$q(x, y, z, t) = -k(x, y, z) \frac{\partial u}{\partial n}\bigg|_{\partial G}$$

这时的边界条件就是：

$$\frac{\partial u}{\partial n}\bigg|_{\partial G} = \varphi(x, y, z, t), t \geqslant t_0$$

其中，$\varphi = -q/k$ 为∂G 上的已知函数。如果∂G 是绝热边界，则 $q=0$，上式也就简化为：

$$\frac{\partial u}{\partial n}\bigg|_{\partial G} = 0, t \geqslant t_0$$

第三边界条件：如果已知物体周围介质温度 $s(x, y, z, t)$，则根据另一实验定理-牛顿(Newton)热交换定理，在单位时间内通过物体表面单位面积流向介质的热量 q，同物体与介质在表面的温差成正比，即：

$$q = h(u - s)$$

其中，h 是热交换系数，仍然根据傅里叶定律，有：

$$-k \frac{\partial u}{\partial n} = q$$

即：

$$k\frac{\partial u}{\partial n}=-h(u-s)$$

因此,这时的边界条件为:

$$\left(k\frac{\partial u}{\partial n}+hu\right)\bigg|_{\partial G}=\varphi(x,\ y,\ z,\ t),\ t\geqslant t_0$$

其中,φ 为∂G 上的已知函数。

我们把传导方程加上初值条件、边界条件的定解问题称为混合问题。由于初始条件是一样的,为了强调加入的某种边界条件,有时也直接称相应的定解问题为第一(Dirichlet)、第二(Neumann)和第三(Robin)边值问题。如果仅有初始条件而没有边界条件的定解问题称为初值问题或者柯西(Cauchy)问题。

以下我们提供的是一维齐次热传导式(12-16)的典型定解条件:

初始条件:$u\mid_{t=0}=\varphi(x),\ x\in l$

第一边界条件:$u\mid_{x=0}=\mu(t),\ u\mid_{x=l}=\nu(t),\ t\geqslant 0$

第二边界条件:$\dfrac{\partial u}{\partial x}\bigg|_{x=0}=\mu(t),\ \dfrac{\partial u}{\partial x}\bigg|_{x=l}=\nu(t),\ t\geqslant 0$

第三边界条件:$\left(k_0\dfrac{\partial u}{\partial x}-h_0u\right)\bigg|_{x=0}=\mu(t),\ \left(k_l\dfrac{\partial u}{\partial x}-h_lu\right)\bigg|_{x=l}=\nu(t),\ t\geqslant 0$

其中,$k_0,\ k_l,\ h_0,\ h_1$ 为非负常数,$\varphi(x)$、$\mu(t)$和 $\nu(t)$为已知函数。

现在可以知道为什么初值条件、边界条件会像一条尾巴一样,紧紧地跟随着偏微分方程了。

一般说来,微分方程本身刻画了一个随着时间不断演化的动态过程,而边界(初始)条件在某个特定的时刻,捕捉到(snapshot)了该过程的几个确定形式。在物理上,边界(初始)条件给出了在最后或者最初时刻所关心的物理量的某种特殊状态;在金融上,它们给出了在到期日合约所规定的支付结果(例如期权);在数学上,它们是重要的,因为缺少边界条件,方程只有通解而没有特解。

12.2 解析方法

现在是考虑如何求解式(12-16)的时候了。根据一般解方程的经验,我们通常会得到一个数值,把它代入原方程就会使得原方程成立。类似地,在这里求解扩散方程意味着:找到 u 的一个函数表达式,它对于 x、t 的各阶导数乘以各自的系数,加总以后使得原方程成立。形如式(12-16)的偏微分方程实际上有多种方法可以求解,如传统的分离变量法、傅里叶变换以及近代的格林函数、泛函分析等,我们这里主要学习如何使用傅里叶变换技术来求解该方程。为此,我们需要一些关于傅里叶变换的准备知识。

12.2.1 傅里叶变换

本节中我们将通过傅里叶级数来推导傅里叶积分,进而学习傅里叶变换方法。

假设 $f(x)$是定义在 $(-\infty,+\infty)$ 内的实函数,它在任一有限区间$[-l,\ +l]$内是分段光滑的①,则 $f(x)$ 可以展开为傅里叶级数：

$$f(x)=\frac{a_0}{2}+\sum_{n=1}^{\infty}\left(a_n\cos\frac{n\pi x}{l}+b_n\sin\frac{n\pi x}{l}\right) \tag{12-17}$$

其中：

$$a_n=\frac{1}{l}\int_{-l}^{+l}f(w)\cos\frac{n\pi w}{l}\mathrm{d}w,\ n=0,\ 1,\ 2,\ \cdots$$

$$b_n=\frac{1}{l}\int_{-l}^{+l}f(w)\sin\frac{n\pi w}{l}\mathrm{d}w,\ n=0,\ 1,\ 2,\ \cdots$$

将上两式代入前式,并利用三角恒等式：

$$\cos(a-b)=\cos a\cos b+\sin a\sin b$$

可以得到：

$$f(x)=\frac{1}{2l}\int_{-l}^{+l}f(w)\mathrm{d}w+\sum_{n=1}^{\infty}\frac{1}{l}\int_{-l}^{+l}f(w)\cos\frac{n\pi(x-w)}{l}\mathrm{d}w \tag{12-18}$$

现在假定 $f(x)$ 在 $(-\infty,\ +\infty)$ 内绝对可积②,那么当 $l\to+\infty$ 时,就有：

$$f(x)=\lim_{l\to+\infty}\sum_{n=1}^{\infty}\frac{1}{l}\int_{-l}^{+l}f(w)\cos\frac{n\pi(x-w)}{l}\mathrm{d}w$$

令 $\lambda_1=\pi/l$, $\lambda_2=2\pi/l$, $\cdots$, $\lambda_n=n\pi/l$, 以及 $\Delta\lambda=\lambda_{n+1}-\lambda_n=\pi/l$。当 $l\to+\infty$ 时,上述积分的极限为：

$$\begin{aligned}f(x)&=\lim_{\Delta\lambda_n\to 0}\frac{1}{\pi}\sum_{n=1}^{\infty}\Delta\lambda_n\int_{-l}^{+l}f(w)\cos\lambda_n(x-w)\mathrm{d}w\\&=\frac{1}{\pi}\int_0^{\infty}\mathrm{d}\lambda\int_{-\infty}^{+\infty}f(w)\cos\lambda(x-w)\mathrm{d}w\end{aligned} \tag{12-19}$$

我们把上述积分表达式称之为傅里叶积分。可以证明,如果 $f(x)$ 在 $(-\infty,\ +\infty)$ 内绝对可积,那么在 $f(x)$ 本身及其导数连续的点上,它的傅里叶积分收敛于 $f(x)$ 在该点的函数值。

傅里叶积分式(12-19)可以写为两种形式,一种是：

$$f(x)=\int_0^{+\infty}[A(\lambda)\cos\lambda x+B(\lambda)\sin\lambda x]\mathrm{d}\lambda$$

其中：

$$A(\lambda)=\frac{1}{\pi}\int_{-\infty}^{+\infty}f(w)\cos\lambda w\mathrm{d}w$$

$$B(\lambda)=\frac{1}{\pi}\int_{-\infty}^{+\infty}f(w)\sin\lambda w\mathrm{d}w$$

由于 $\cos\lambda(x-w)$ 是 λ 的偶函数, $\sin\lambda(x-w)$ 是 λ 的奇函数,傅里叶积分还可以表示

---

① 所谓分段光滑是指 $f(x)$ 的导数 $f'(x)$ 仅有第一类间断点,这有时也称 Dirichlet 条件。

② 所谓绝对可积,即 $\int_{-\infty}^{+\infty}f|x|\mathrm{d}x$ 存在,并且由此可知 $\int_{-\infty}^{+\infty}f(x)\mathrm{d}x$ 存在,所以 $\lim\limits_{l\to+\infty}\frac{1}{l}\int_{-\infty}^{+\infty}f(x)\mathrm{d}x=0$。

为另一种复数形式：

$$f(x)=\frac{1}{2\pi}\int_{-\infty}^{\infty}\mathrm{d}\lambda\int_{-\infty}^{+\infty}f(w)[\cos\lambda(x-w)-\mathrm{i}\sin\lambda(x-w)]\mathrm{d}w$$
$$=\frac{1}{2\pi}\int_{-\infty}^{\infty}\mathrm{d}\lambda\int_{-\infty}^{+\infty}f(w)\mathrm{e}^{-i\lambda(x-w)}\mathrm{d}w \tag{12-20}$$

如果引进新函数：

$$F(\lambda)=\int_{-\infty}^{+\infty}f(w)\mathrm{e}^{i\lambda w}\mathrm{d}w \tag{12-21}$$

由式(12-20)便可以得出：

$$f(x)=\frac{1}{2\pi}\int_{-\infty}^{+\infty}F(\lambda)\mathrm{e}^{-\mathrm{i}\lambda x}\mathrm{d}\lambda \tag{12-22}$$

我们把式(12-21)中的函数 $F(\lambda)$称为 $f(x)$的傅里叶变换，把式(12-22)中的 $f(x)$称为 $F(\lambda)$的逆傅里叶变换。从上面的讨论可以知道：函数 $f(x)$分段光滑而且在$(-\infty, +\infty)$上绝对可积，是保证傅里叶变换(逆变换)存在的充要条件。我们将函数 $f(x)$的傅里叶变换表示为：

$$\mathscr{Fr}[f(x)]=F(\lambda)=\int_{-\infty}^{+\infty}f(x)\mathrm{e}^{i\lambda x}\mathrm{d}x \tag{12-23}$$

逆变换(或者反演公式)为：

$$\mathscr{Fr}^{-1}[F(\lambda)]=f(x)=\frac{1}{2\pi}\int_{-\infty}^{+\infty}F(\lambda)\mathrm{e}^{-i\lambda x}\mathrm{d}\lambda \tag{12-24}$$

傅里叶变换一种常见积分变换。对于一般的积分变换，我们有如下定义：令 I 为一实数集，$K(s, w)$是定义在 $I\times[a, b]$上的函数，如果函数 $f(w)$满足：(1) 在$[a, b]$上有定义；(2) 对每个 $s\in I$，$K(s, w)f(w)$ 作为 $w\in[a, b]$ 的函数是可积的，则带有参变量的积分：

$$F(s)=\int_{b}^{a}K(s, w)f(w)\mathrm{d}w$$

就定义了一个“从 $f(w)$到 $F(s)$”的变换。这种通过积分运算把一个函数变为另一个函数的方法称为积分变换。每给定一个函数 $K(s, w)$就确定了一个积分变换，因此积分变换是由函数 $K(s, w)$生成的。通常称 $K(s, w)$为(积分变换的)核函数，称参与变换的 $f(w)$为初始函数或者原象函数，把变换成的 $F(s)$称为变换函数或者象函数。积分变换是作用是把初始函数变成另一类比较容易求解的象函数，因此用积分变换求解偏微分方程的方法与我们采用对数来计算数的乘、除、乘方和开方的技巧是完全类似的。

表 12-1 就提供了一些常用函数的傅里叶积分变换公式。

表 12-1　常见函数的傅里叶变换

原象函数	象函数
$\frac{\sin ax}{x}$	$\begin{cases}\pi\ (\lvert\lambda\rvert<a)\\0\ (\lvert\lambda\rvert>a)\end{cases}$

（续　表）

原象函数	象函数
$\begin{cases} e^{iwx} & (a<x<b) \\ 0 & (x<a \text{ 或 } x>b) \end{cases}$	$\dfrac{i}{\lambda+w}[e^{ia(w+\lambda)}-e^{-ib(w+\lambda)}]$
$\begin{cases} e^{-cx+iwx} & (x>0) \\ 0 & (x<0) \end{cases}$	$\dfrac{i}{\lambda+w+ic}$
$\cos\eta x^2$	$(x/\eta)^{\frac{1}{2}}\cos\left(\dfrac{\lambda^2}{4\eta}-\dfrac{\pi}{4}\right)$
$\sin\eta x^2$	$(x/\eta)^{\frac{1}{2}}\sin\left(\dfrac{-\lambda^2}{4\eta}+\dfrac{\pi}{4}\right)$
$\dfrac{1}{\mid x\mid}$	$\dfrac{(2\pi)^{1/2}}{\mid\lambda\mid}$
$\dfrac{1}{\mid x\mid}e^{-a\mid x\mid}$	$\left(\dfrac{2\pi}{a^2+\lambda^2}\right)^{1/2}[(a^2+\lambda^2)^{1/2}+a]^{1/2}$

傅里叶变换有四个重要性质。

（1）线性性质。假定 a、b 为任意两个实数，函数 $f_1(x)$、$f_2(x)$ 满足傅里叶变换条件，则有：

$$\mathscr{F}r(af_1+bf_2)=a\mathscr{F}r(f_1)+b\mathscr{F}r(f_2)$$

（2）卷积性质。假定函数 $f_1(x)$、$f_2(x)$ 满足傅里叶变换条件，则称函数：

$$f_1(x)*f_2(x)=\int_{-\infty}^{+\infty}f_1(x-t)f_2(t)\mathrm{d}t$$

为 $f_1(x)$ 和 $f_2(x)$ 卷积(convolution)。

如果 $f_1(x)$、$f_2(x)$ 和 f_1*f_2 均满足傅里叶变换条件，那么就有：

$$\mathscr{F}r(f_1*f_2)=\mathscr{F}r(f_1)\mathscr{F}r(f_2)$$

或者：

$$f_1*f_2=\mathscr{F}r^{-1}[\mathscr{F}r(f_1)\mathscr{F}r(f_2)]$$

以及

$$\mathscr{F}r(f_1f_2)=\frac{1}{2\pi}\mathscr{F}r(f_1)*\mathscr{F}r(f_2)$$

（3）微商性质。如果 $f(x)$ 和 $f'(x)$ 均满足傅里叶变换条件，而且当 $\mid x\mid\to+\infty$ 时 $f(x)\to 0$，那么：

$$\mathscr{F}r[f'(x)]=-i\lambda\mathscr{F}r[f(x)]$$

进一步，如果 $f''(x)$，$f'''(x)$，…，$f^{(m)}(x)$ 满足傅里叶变换条件，就有：

$$\mathscr{F}r[f^{(m)}(x)]=(-i\lambda)^m\mathscr{F}r[f(x)]$$

该性质说明傅里叶变换把微商运算转变成了乘法运算，这一点对我们求解微分方程很有帮助。

(4) 乘多项式。如果 $f(x)$和 $\mathrm{i}xf(x)$均满足傅里叶变换条件,那么:

$$\mathcal{Fr}[ixf(x)]=\frac{\mathrm{d}}{\mathrm{d}\lambda}\mathcal{Fr}[f(x)]$$

12.2.2 求解热传导方程

傅里叶变换在偏微分方程的求解中有着广泛的应用,它的基本性质之一就是把微分运算转化为乘法运算。借助这种转化,常常能够把一个线性偏微分方程的问题转化为常微分方程甚至函数方程的问题。下面我们着重考察一维齐次热传导方程柯西问题的解法。

$$\begin{cases}\dfrac{\partial u}{\partial t}=a^2\dfrac{\partial^2 u}{\partial x^2},-\infty<x<\infty,\ t>0\\ u(x,\ 0)=\varphi(x),-\infty<x<\infty\end{cases}\tag{12-25}$$

我们要把未知函数 $u(x,\ t)$ 和初始条件中的函数 $\varphi(x)$关于 x 进行傅里叶变换,并把它们表示为:

$$\mathcal{Fr}[u(x,\ t)]=\tilde{u}(\lambda,\ t)$$

$$\mathcal{Fr}[\varphi(x)]=\tilde{\varphi}(\lambda)$$

对方程组式(12-25)两端关于 x 进行傅里叶变换,并由上节中的性质 1 和性质 3 得:

$$\frac{\mathrm{d}\tilde{u}}{\mathrm{d}t}=-a^2\lambda^2\tilde{u}\tag{12-26}$$

$$\tilde{u}(\lambda,\ 0)=\tilde{\varphi}(\lambda)\tag{12-27}$$

上述两式合并起来是一个带有参数 λ 的常微分方程的初值问题,它的解可以表示为:

$$\tilde{u}(\lambda,\ t)=\tilde{\varphi}(\lambda)\mathrm{e}^{-a^2\lambda^2 t}\tag{12-28}$$

对上式两端关于 λ 进行逆傅里叶变换,那么左端为:

$$\mathcal{Fr}^{-1}[\tilde{u}(\lambda,\ t)]=u(x,\ t)$$

右端为:

$$\mathcal{Fr}^{-1}[\mathrm{e}^{-a^2\lambda^2 t}\tilde{\varphi}(\lambda)]$$

由于:

$$\mathcal{Fr}^{-1}[\tilde{\varphi}(\lambda)]=\varphi(x)$$

故只考虑 $\mathcal{Fr}^{-1}(\mathrm{e}^{-a^2\lambda^2 t})$,而:

$$\begin{aligned}\mathcal{Fr}^{-1}(\mathrm{e}^{-a^2\lambda^2 t})&=\frac{1}{2\pi}\int_{-\infty}^{+\infty}\mathrm{e}^{-a^2\lambda^2 t}\mathrm{e}^{-\mathrm{i}\lambda x}\mathrm{d}\lambda\\&=\frac{1}{2\pi}\int_{-\infty}^{+\infty}\mathrm{e}^{-a^2\lambda^2 t}(\cos\lambda x-\mathrm{i}\sin\lambda x)\mathrm{d}\lambda\\&=\frac{1}{2\pi}\int_{-\infty}^{+\infty}\mathrm{e}^{-a^2\lambda^2 t}\cos\lambda x\mathrm{d}\lambda\\&=\frac{1}{2a\sqrt{\pi t}}\mathrm{e}^{-\frac{x^2}{4a^2 t}}\end{aligned}\tag{12-29}$$

再利用上节中的性质(2)可知：

$$\mathscr{F}r^{-1}\left[\mathrm{e}^{-a^2\lambda^2 t}\bar{\varphi}(\lambda)\right]=\frac{1}{2a\sqrt{\pi t}}\mathrm{e}^{-\frac{x^2}{4a^2t}}\times\varphi(x) \tag{12-30}$$

所以，上述柯西问题式(12-25)的解是：

$$u(x, t)=\frac{1}{2a\sqrt{\pi t}}\int_{-\infty}^{+\infty}\mathrm{e}^{-\frac{(x-w)^2}{4a^2t}}\varphi(w)\mathrm{d}w \tag{12-31}$$

如果 $\varphi(x)$ 是有界连续函数，可以证明上式确实是定解问题式(12-25)的解，不仅如此，$u(x, t)$ 还具有极高的光滑性，它可以对 x，t 微分任意多次。有时称上式为热传导方程柯西问题的泊松公式。

通过上述分析，我们可以一般化用傅里叶变换求解偏微分方程的 4 个基本步骤：(1) 选用偏微分方程中某个适当的自变量作积分变量，对方程作傅里叶变换，将方程中的自变量消去一个，化原方程为带参数的常微分方程；(2) 对定解条件作傅里叶变换，导出常微分方程的初始条件；(3) 解此常微分方程的定解问题，得到原未知函数的傅里叶变换式；(4) 对该式进行逆傅里叶变换，最后求得原问题的解。

12.2.3　求解布莱克-斯科尔斯方程

有了以上基础，我们就可以正式求解布莱克-斯科尔斯方程：

$$\frac{\partial c}{\partial t}+\frac{1}{2}\sigma^2S^2\frac{\partial^2 c}{\partial S^2}+rS\frac{\partial c}{\partial S}-rc=0$$

初始条件(这里实际上是终值条件)为：

$$c(S, t)=\max(S-K, 0)$$

边界条件为：

$$\begin{cases}c(0, t)=0, & S\to 0\\ c(S, t)\sim S, & S\to\infty\end{cases}$$

尽管布莱克-斯科尔斯方程看上去很像扩散方程，但是它的项数更多，而且不是常系数。为了可以套用上一节中的傅里叶变换结果，必须对原方程进行恒等变换①。

先去掉乘在偏微分项前的 S 和 S^2 项。令：

$$S=K\mathrm{e}^x$$

$$t=T-\tau\Big/\frac{1}{2}\sigma^2$$

$$c=K\nu(x, \tau)$$

根据导数运算法则和复合函数求导法则，布莱克-斯科尔斯方程变形为：

① 这里遵循的是布莱克-斯科尔斯(1973)的方法，主要来自 Wilmott et al. (1995)。他们在经典论文中寥寥的几笔给研究者造成的不便，在这里都被一一克服了。

$$\frac{\partial \nu}{\partial t}=\frac{\partial^2 \nu}{\partial x^2}+(k-1)\frac{\partial \nu}{\partial x}-k\nu \tag{12-32}$$

其中：

$$k=r\Big/\frac{1}{2}\sigma^2$$

同时,初始条件相应地变成：

$$\nu(x,0)=\max(e^x-1,0) \tag{12-33}$$

再令：

$$v=e^{\alpha x+\beta t}u(x,\tau) \tag{12-34}$$

利用 e 函数的 n 阶导数形式不变的性质,求导得：

$$\beta u+\frac{\partial u}{\partial \tau}=\alpha^2 u+2\alpha\frac{\partial u}{\partial x}+\frac{\partial^2 u}{\partial x^2}+(k-1)\left(\alpha u+\frac{\partial u}{\partial x}\right)-ku \tag{12-35}$$

我们想同时消去上式中的 u 和 $\partial u/\partial x$ 项,就必须使得下面的联立方程组：

$$\begin{cases}\beta=\alpha^2+(k-1)\alpha-k\\0=2\alpha+(k-1)\end{cases} \tag{12-36}$$

成立。注意到 k 是常数,解这个二元方程得：

$$\begin{cases}\alpha=-\dfrac{1}{2}(k-1)\\\beta=-\dfrac{1}{4}(k+1)^2\end{cases} \tag{12-37}$$

这样式(12-34)就变为：

$$\nu(x,\tau)=e^{-\frac{1}{2}(k-1)x-\frac{1}{4}(k+1)^2\tau}u(x,\tau) \tag{12-38}$$

而式(12-35)变成了一维齐次热传导方程：

$$\frac{\partial u}{\partial \tau}=\frac{\partial^2 u}{\partial x^2},-\infty<x<\infty,\ \tau>0 \tag{12-39}$$

初始条件由式(12-33)变为：

$$u(x,0)=u_0(x)=\max(e^{\frac{1}{2}(k+1)x}-e^{\frac{1}{2}(k-1)x},0)$$

经过这种略显复杂的代换,我们就得到了在数学物理方法中的热传导方程。这样就使得问题的解决有了一个数百年积累获得的深厚知识基础。根据热传导方程的通解式(12-31),并注意到 $a=1$,就有：

$$u(x,\tau)=\frac{1}{2\sqrt{\pi\tau}}\int_{-\infty}^{+\infty}u_0(s)e^{-\frac{(x-s)2}{4\tau}}ds \tag{12-40}$$

令：

$$h=(s-x)/\sqrt{2\tau}$$

得：

$$\begin{aligned}u(x,\tau)&=\frac{1}{\sqrt{2\pi}}\int_{-\infty}^{+\infty}u_0(h\sqrt{2\tau}+x)\mathrm{e}^{-\frac{1}{2}h^2}\mathrm{d}h\\&=\frac{1}{\sqrt{2\pi}}\int_{-x/\sqrt{2\tau}}^{\infty}\mathrm{e}^{\frac{1}{2}(k+1)(x+h\sqrt{2\tau})}\mathrm{e}^{-\frac{1}{2}h^2}\mathrm{d}h-\frac{1}{\sqrt{2\pi}}\int_{-x/\sqrt{2\tau}}^{\infty}\mathrm{e}^{\frac{1}{2}(k-1)(x+h\sqrt{2\tau})}\mathrm{e}^{-\frac{1}{2}h^2}\mathrm{d}h\\&=A-B\end{aligned}\tag{12-41}$$

先求 A：

$$A=\frac{1}{\sqrt{2\pi}}\int_{-x/\sqrt{2\tau}}^{\infty}\mathrm{e}^{\frac{1}{2}(k+1)(x+h\sqrt{2\tau})-\frac{1}{2}h^2}\mathrm{d}h\tag{12-42}$$

对 e 的指数进行配方：

$$\begin{aligned}\frac{1}{2}(k+1)h\sqrt{2\tau}-\frac{1}{2}h^2&=\frac{1}{4}(k+1)^2\tau-\left[\frac{1}{2}h^2+\frac{1}{2}(k+1)h\sqrt{2\tau}+\frac{1}{4}(k+1)^2\tau\right]\\&=\frac{1}{4}(k+1)^2\tau-\frac{1}{2}\left[h-\frac{1}{2}(k+1)\sqrt{2\tau}\right]^2\end{aligned}$$

所以：

$$A=\frac{\mathrm{e}^{\frac{1}{2}(k+1)x}}{\sqrt{2\pi}}\int_{-x/\sqrt{2\tau}}^{\infty}\mathrm{e}^{\frac{1}{4}(k+1)^2\tau}\mathrm{e}^{-\frac{1}{2}\left[h-\frac{1}{2}(k+1)\sqrt{2\tau}\right]^2}\mathrm{d}h\tag{12-43}$$

令：

$$y=h-\frac{1}{2}(k+1)\sqrt{2\tau}$$

并注意到：

$$\mathrm{d}y=\mathrm{d}h$$

代入上式就有：

$$A=\frac{\mathrm{e}^{\frac{1}{2}(k+1)x+\frac{1}{4}(k+1)^2\tau}}{\sqrt{2\pi}}\int_{-\frac{x}{\sqrt{2\tau}}-\frac{1}{2}(k+1)\sqrt{2\tau}}^{\infty}\mathrm{e}^{-y^2/2}\mathrm{d}y\tag{12-44}$$

其中：

$$\frac{1}{\sqrt{2\pi}}\int_{x}^{\infty}\mathrm{e}^{-y^2/2}\mathrm{d}y$$

就是我们所熟知的标准正态分布函数，它给出了正态分布下，变量 y 大于 x 或者小于 $-x$ 的概率(注意到对称性)，因此：

$$A=\mathrm{e}^{\frac{1}{2}(k+1)x+\frac{1}{4}(k+1)^2\tau}\boldsymbol{N}(d_1)\tag{12-45}$$

其中，$\boldsymbol{N}(.)$是标准正态分布函数：

$$\mathcal{N}(d_1)=\frac{1}{\sqrt{2\pi}}\int_{-\infty}^{d_1}e^{-x^2/2}dx \tag{12-46}$$

而且：

$$d_1=\frac{x}{\sqrt{2\tau}}+\frac{1}{2}(k+1)\sqrt{2\tau} \tag{12-47}$$

B 的解法是类似的，只要把 $k+1$ 换成 $k-1$ 即可。因此，相应地有：

$$B=e^{\frac{1}{2}(k-1)x+\frac{1}{4}(k-1)^2\tau}\mathcal{N}(d_2) \tag{12-48}$$

$$d_2=\frac{x}{\sqrt{2\tau}}+\frac{1}{2}(k-1)\sqrt{2\tau} \tag{12-49}$$

把上述结论代入式(12-41)，就有：

$$u(x,\tau)=e^{\frac{1}{2}(k+1)x+\frac{1}{4}(k+1)^2\tau}\mathcal{N}(d_1)-e^{\frac{1}{2}(k-1)x+\frac{1}{4}(k-1)^2\tau}\mathcal{N}(d_2) \tag{12-50}$$

然后，沿着来时的路再走一遍，注意到：

$$x=\ln(S/K)$$

$$\tau=\frac{1}{2}\sigma^2(T-t)$$

$$c=K\nu(x,\tau)$$

这样就有：

$$\begin{aligned}c&=K\nu(x,\tau)=Ke^{-\frac{1}{2}(k-1)x-\frac{1}{4}(k+1)^2\tau}u(x,\tau)\\&=Ke^{-\frac{1}{2}(k-1)x-\frac{1}{4}(k+1)^2\tau+\frac{1}{2}(k+1)x+\frac{1}{4}(k+1)^2\tau}\mathcal{N}(d_1)-Ke^{-\frac{1}{2}(k-1)x-\frac{1}{4}(k+1)^2\tau+\frac{1}{2}(k-1)x+\frac{1}{4}(k-1)^2\tau}\mathcal{N}(d_2)\\&=Ke^x\mathcal{N}(d_1)-Ke^{-k\tau}\mathcal{N}(d_2)\\&=S\mathcal{N}(d_1)-Ke^{-r(T-t)}\mathcal{N}(d_2)\end{aligned} \tag{12-51}$$

其中：

$$d_1=\frac{x}{\sqrt{2\tau}}+\frac{1}{2}(k+1)\sqrt{2\tau}=\frac{\ln\frac{S}{K}+\left(r+\frac{1}{2}\sigma^2\right)(T-t)}{\sigma\sqrt{T-t}}$$

$$d_2=\frac{x}{\sqrt{2\tau}}+\frac{1}{2}(k-1)\sqrt{2\tau}=\frac{\ln\frac{S}{K}+\left(r-\frac{1}{2}\sigma^2\right)(T-t)}{\sigma\sqrt{T-t}}$$

图 12-2 显示了用 Matlab 偏微分方程工具包绘制出的典型参数条件下的欧式看涨期权的价格图形。

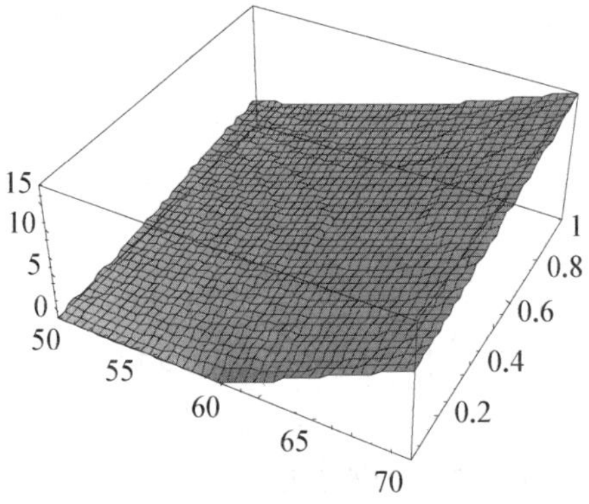

图 12-2　布莱克-斯科尔斯偏微分方程解的图形演示

有关参数为：$K=60$，$t\in[0,1]$，$\sigma=0.29$，$r=0.04$

12.3　有限差分方法

在大多数情况下，偏微分方程是得不到上面那种解析解的，因此要引入数值方法[①]。它是上一节偏微分求解技术的自然延续：使用数值方法来解金融领域中常见的抛物线性方程。本节将重点介绍求解偏微分方程的一种有力而方便的手段——有限差分方法(finite-difference method)[②]。如果运用得当，它们可以为我们感兴趣的几乎所有金融、物理的偏微分方程找到可靠的答案，这也是现代计算技术最有表现力的应用领域。

12.3.1　概述

有限差分方法的主要思想是用函数在某点上的泰勒级数扩展，来替代函数在该点的偏微分。偏微分定义为：

$$\frac{\partial u}{\partial t}(x,t)=\lim_{\Delta t\to 0}\frac{u(x,t+\Delta t)-u(x,t)}{\Delta t}$$

如果 Δt 不是趋近于 0，而是相当小的一个量，那么上式可近似表示为：

$$\frac{\partial u}{\partial t}\approx\frac{u(x,t+\Delta t)-u(x,t)}{\Delta t}+O(\Delta t)\tag{12-52}$$

这被称为有限差分近似(finite-difference approximation)，其中 $O(\Delta t)$ 是 Δt 的高阶无穷小。显然，Δt 越小，则近似效果也越好。

须指出，这是许多种可行的近似方法之一。它是用 t 和它的前方点 $t+\Delta t$ 来做近似的，因而称上式为前向差分(forward difference)近似。当然，也可以使用后向差分(backward difference)近似：

① Wilmott(1999)认为计算中 75%是靠有限差分方法实现的，20%是依靠模拟方法，只有 5%是解析方法。
② 其他求解微分方程的数值方法(如有限元法)见本章末提供的参考文献。

$$\frac{\partial u}{\partial t} \approx \frac{u(x, t)-u(x, t-\Delta t)}{\Delta t}+O(\Delta t) \tag{12-53}$$

或者,中间差分(central difference)近似:

$$\frac{\partial u}{\partial t} \approx \frac{u(x, t+\Delta t)-u(x, t-\Delta t)}{2\Delta t}+O[(\Delta t)^2] \tag{12-54}$$

这三种方法的几何解释如图 12-3 所示。

应用于一维齐次热传导方程,对于$\partial u/\partial t$ 的前向和后向差分近似产生了相应的显性(explicit)和全隐性(fully implicit)差分格式(scheme)。中心差分近似由于一些技术上的困难在实际中很少使用,但是下面形式的中心差分:

$$\frac{\partial u}{\partial t} \approx \frac{u(x, t+\Delta t/2)-u(x, t-\Delta t/2)}{\Delta t}+O[(\Delta t)^2] \tag{12-55}$$

会出现在 12.3.4 节介绍的柯兰克-尼克尔森(Crank-Nicholson)格式中。

仿照上述方法,可以类似地定义 u 对 x 的偏微分。例如 u 对 x 的中心差分近似就是:

$$\frac{\partial u}{\partial x} \approx \frac{u(x+\Delta x, t)-u(x-\Delta x, t)}{2\Delta x}+O[(\Delta x)^2] \tag{12-56}$$

至于 u 对 x 的二阶偏微分,通常会采用一种对称的差分近似方法,也就是说如果一阶近似是前向的,则二阶近似就定义为后向的;反之亦然。在这两种情况下,我们都可以得到对称中心差分(symmetric central-difference)近似:

$$\frac{\partial^2 u}{\partial x^2} \approx \frac{u(x+\Delta x, t)-2u(x, t)+u(x-\Delta x, t)}{(\Delta x)^2}+O[(\Delta x)^2] \tag{12-57}$$

进一步的讨论要求建立如图 12-4 所示的有限差分网格(grid or mesh)。

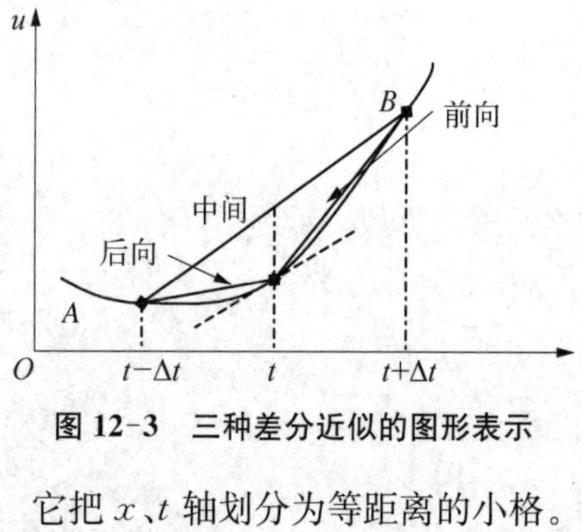

图 12-3　三种差分近似的图形表示

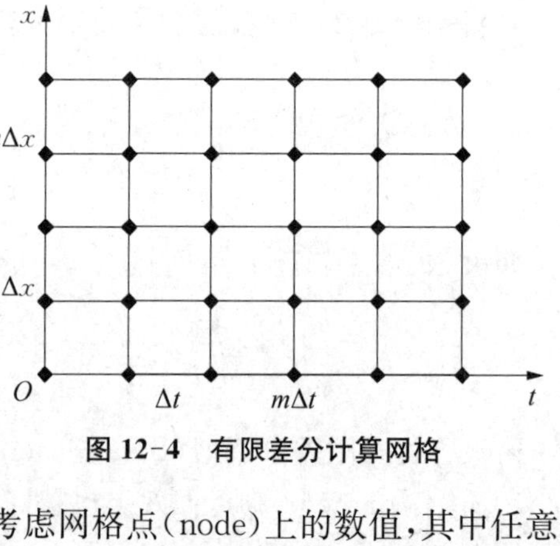

图 12-4　有限差分计算网格

它把 x、t 轴划分为等距离的小格。我们仅仅考虑网格点(node)上的数值,其中任意点(n, m)上的值记为:

$$u_{n,m}=u(n\Delta x, m\Delta t)$$

12.3.2　显性差分方法

在前面的分析中,我们知道可以把布莱克-斯科尔斯方程化简为一维齐次热传导方程:

$$\frac{\partial u}{\partial t}=\frac{\partial^2 u}{\partial x^2}$$

它的边界和初始条件为：

$$\begin{cases}u(x,\ t)\sim u_{-\infty}(x,\ t),\ x\to-\infty\\ u(x,\ t)\sim u_{+\infty}(x,\ t),\ x\to+\infty\end{cases}\tag{12-58}$$
$$u(x,\ 0)=u_0(x)$$

我们采用 $u_{-\infty}(t)$，$u_{\infty}(t)$ 和 $u_0(t)$的记法是为了强调以下分析不取决于某一特定的边界或者初始条件。

对上面的热传导方程中的$\partial u/\partial t$ 采用前向差分近似式(12-52)，对$\partial^2 u/\partial x^2$ 采用对称中心近似式(12-57)①，就有：

$$\frac{u_{n,\ m+1}-u_{n,\ m}}{\Delta t}+O(\Delta t)=\frac{u_{n+1,\ m}-2u_{n,\ m}+u_{n-1,\ m}}{(\Delta x)^2}+O[(\Delta x)^2]\tag{12-59}$$

忽略高阶项，整理得：

$$u_{n,\ m+1}=a u_{n+1,\ m}+(1-2a)u_{n,\ m}+a u_{n-1,\ m}\tag{12-60}$$

其中：

$$a=\Delta t/(\Delta x)^2\tag{12-61}$$

在时间点 m 上，如果我们知道了 $u_{n,\ m}$ 值就可以显式地计算 $u_{n,\ m+1}$，这也就是为什么这种方法被称为显性方法的原因。如图 12-5 所示，$u_{n,\ m+1}$ 的值仅仅取决于 $u_{n+1,\ m}$、$u_{n,\ m}$ 和 $u_{n-1,\ m}$。

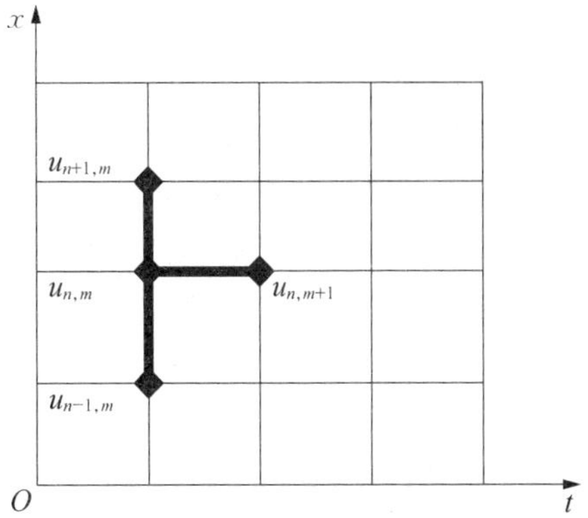

图 12-5　前向有限差分近似格式

令 N 为足够大的正整数，我们把注意力集中在下面区间上：

$$N^-\Delta x\leqslant x\leqslant N^+\Delta x$$

其中，$-N^-$，N^+ 都是大的正整数。为了获得期权价格，我们用无维度的期权到期时间$\frac{1}{2}\sigma^2 T$ 除以时间步数M，以获得每一步(time-step)的时间长度：

$$\Delta t=\frac{1}{2}\sigma^2 T/M$$

对于 $N^-<n<N^+$ 和 $0<m\leqslant M$，我们解差分方程式(12-60)，使用式(12-58)中的边界条件来决定 $u_{N^-,\ m}$ 和 $u_{N^+,\ m}$：

$$\begin{aligned}&u_{N^-,\ m}=u_{-\infty}(N^-\Delta x,\ m\Delta t),\ 0<m\leqslant M\\ &u_{N^+,\ m}=u_{\infty}(N^+\Delta x,\ m\Delta t),\ 0<m\leqslant M\end{aligned}\tag{12-62}$$

① 考虑上面这种最简形式的偏微分方程，可以清楚地呈现有限差分方法的主要精神，对布莱克-斯科尔斯方程的一个直接模拟，可以参见 Wilmott(2000)，第 46 章以及 James & Webber(2000)，第 12 章。

用来自式(12-58)的初始条件：

$$u_{n,0}=u_0(n\Delta x),\ N^- \leqslant n \leqslant N^+ \tag{12-63}$$

作为重复计算过程的起点。用 $u_{n,m}$ 表示 $u_{n,m+1}$ 的公式是显性的，因而这个计算过程容易通过计算机编程来实现。表 12-2 比较了用显性有限差分方法和布莱克-斯科尔斯公式计算出来的欧式看跌期权价格。

表 12-2　显性有限差分计算结果同布莱克-斯科尔斯公式计算结果的比较

S	$a=0.25$	$a=0.5$	$a=0.52$	准确值
0.00	9.753 1	9.753 1	9.753 1	9.753 1
2.00	7.753 1	7.753 1	7.753 1	7.753 1
4.00	5.753 1	5.753 1	5.753 1	5.753 1
6.00	3.753 2	3.753 2	2.949 8	3.753 2
7.00	2.756 7	2.756 7	−17.419 2	2.756 8
8.00	1.798 6	1.798 5	95.321 0	1.798 7
9.00	0.987 9	0.987 9	350.560 3	0.988 0
10.00	0.441 8	0.441 9	625.034 7	0.442 0

有关参数为：$t=0.5$，$K=10$，$\sigma=0.2$，$r=0.05$

我们看到，当 $a=0.25$ 和 0.5 时，这两种方法计算的结果是比较吻合的；但当 $a=0.52$ 时，用显性有限差分方法得到的解就同实际情况相去甚远了。

这实际上涉及所谓显性差分方法的稳定性问题(stability problem)，稳定性问题是由于我们采用有限精确计算机算法(finite precision computer arithmetic)去解式(12-60)产生的。这种算法导致了数值计算时的进位误差(rounding error)。如果每次计算式(12-60)体系时，这种进位误差不会放大，则该方程是稳定的；如果进位误差在不断增加，则方程是不稳定的。可以证明式(12-60)在 $0<a\leqslant 0.5$ 的情况下是稳定的。

稳定性条件给计算所需要的时间步骤的间隔长度施加了严格的限制。为了保证稳定性，我们必须使得：

$$0<\frac{\Delta t}{(\Delta x)^2}\leqslant\frac{1}{2}$$

因此，如果假定我们现在已经有一个稳定解，为了增加精确程度需要加倍 x 网格点的数目，但是为了维持稳定性，我们就必须把每一步的时间长度减少到原来的 1/4，而这就意味着求解时间会增加到原来的 8 倍①。

12.3.3　隐性差分方法

隐性差分方法可以克服显性方法固有的 $0<a\leqslant 0.5$ 稳定性限制。它使我们可以使用更密集的 x 网格点而无须采用非常小的时间间隔。但是，这种方法要求解方程组，通过采用

① 可以证明当且仅当显性差分方法是稳定的，它的解向真实解收敛，参考 Wilmott et al.(1993)。

追赶法等技术来解这些方程组会使得隐性差分方法更具有效率①。

(全)隐性差分方法(或者称一阶隐性差分方法)使用$\partial u/\partial t$ 的后向差分和$\partial^2 u/\partial x^2$ 的对称中心差分来近似表示热传导方程,即:

$$\frac{u_{n,m+1}-u_{n,m}}{\Delta t}+O(\Delta t)=\frac{u_{n+1,m+1}-2u_{n,m+1}+u_{n-1,m+1}}{(\Delta x)^2}+O[(\Delta x)^2] \quad (12-64)$$

忽略高阶项,我们得到下面隐性差分方程:

$$-a u_{n-1,m+1}+(1+2a)u_{n,m+1}-a u_{n+1,m+1}=u_{n,m} \quad (12-65)$$

其中,a 定义如前。我们看到在这里 $u_{n,m+1}$、$u_{n+1,m+1}$ 和 $u_{n-1,m+1}$ 通过一种隐性的方式依赖于 $u_{n,m}$,新的值不能立即被分离出来表示为旧的值的显性形式,这种格式图形解释如图 12-6。

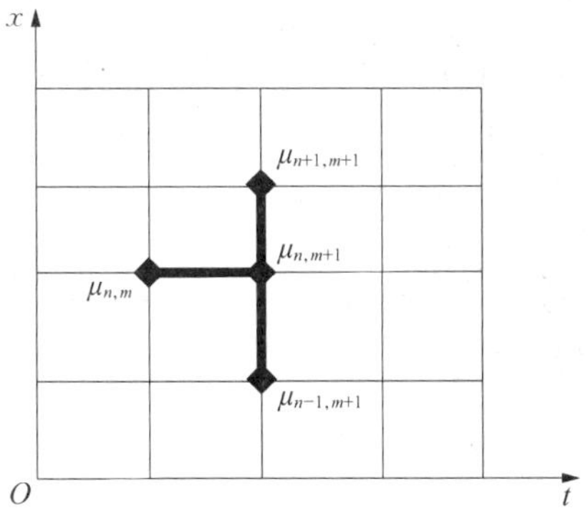

图 12-6　一阶隐性有限差分格式

这里仍然假定可以截取无限网格中的 $N^- \Delta x \leqslant x \leqslant N^+ \Delta x$,并令 N 足够大,使不会出现明显的计算误差。同前面一样,我们用式(12-63)来决定 $u_{n,0}$;用式(12-62)来决定 $u_{N^-,m+1}$ 和 $u_{N^+,m-1}$,问题就变成了从式(12-65)中求出 $u_{n,m+1}$。我们可以把式(12-65)写为线性方程组的形式:

$$\begin{bmatrix} 1+2a & -a & 0 & \cdots & 0 \\ -a & 1+2a & -a & \cdots & \vdots \\ 0 & -a & \ddots & \ddots & \vdots \\ \vdots & \vdots & \ddots & \ddots & -a \\ 0 & 0 & \cdots & -a & 1+2a \end{bmatrix} \begin{bmatrix} u_{N^-+1,m+1} \\ \vdots \\ u_{0,m+1} \\ \vdots \\ u_{N^+-1,m+1} \end{bmatrix} = \begin{bmatrix} u_{N^-+1,m} \\ \vdots \\ u_{0,m} \\ \vdots \\ u_{N^+-1,m} \end{bmatrix} + a \begin{bmatrix} u_{N^-,m+1} \\ 0 \\ \vdots \\ 0 \\ u_{N^+,m+1} \end{bmatrix} = \begin{bmatrix} b_{N^-+1,m} \\ \vdots \\ b_{0,m} \\ \vdots \\ b_{N^+-1,m} \end{bmatrix} \quad (12-66)$$

第一个等号右侧的向量来自式(12-65)的最后一些等式,例如:

$$(1+2a)u_{N^+-1,m+1}-a u_{N^+-2,m+1}=u_{N^+-1,m}+a u_{N^+,m+1}$$

我们也可以把式(12-66)写为矩阵形式:

$$\boldsymbol{M}\boldsymbol{u}_{m+1}=\boldsymbol{b}_m \quad (12-67)$$

可以证明,对于任意 $a \geqslant 0$,$\boldsymbol{M}$ 是可逆的,因此就有:

$$\boldsymbol{u}_{m+1}=\boldsymbol{M}^{-1}\boldsymbol{b}_m \quad (12-68)$$

所以给出 $\boldsymbol{b}_m$ 就可以解出 $\boldsymbol{u}_{m+1}$,而 $\boldsymbol{b}_m$ 又来自 $\boldsymbol{u}_m$ 和边界条件。一旦初始条件给出了 $\boldsymbol{u}_0$,我们就可以通过重复迭代得到 $\boldsymbol{u}_{m+1}$。

在实际操作中,通常会使用比矩阵求逆更有效的方法去求解方程组式(12-66)。观察该方程组容易发现,它的特点是每一个方程中最多只有 3 个未知数的系数不为 0,即方程组的

① 其他方法见 Wilmott, Dewynne & Howison(1995)。

系数矩阵仅在主对角线及相邻的两条对角线上有非0元素,通常这种矩阵被称为三对角矩阵(tridiagonal matrix)。具有这种特征的方程组可以采用追赶法来解,它的大致原理如下,考虑一般化的式(12-66):

$$\begin{bmatrix} b_1 & c_1 & 0 & \cdots & 0 \\ a_2 & b_2 & c_2 & \cdots & \vdots \\ 0 & a_3 & b_3 & c_3 & \vdots \\ \vdots & \vdots & \ddots & \ddots & \vdots \\ 0 & 0 & \cdots & a_n & b_n \end{bmatrix} \begin{bmatrix} z_1 \\ z_2 \\ z_3 \\ \vdots \\ z_n \end{bmatrix} = \begin{bmatrix} s_1 \\ s_2 \\ s_3 \\ \vdots \\ s_n \end{bmatrix} \tag{12-69}$$

由第一个方程式可以解出 z_1,得:

$$z_1 = \frac{s_1}{b_1} - \frac{c_1}{b_1} z_2 \tag{12-70}$$

如果令 $g_1 = s_1/b_1$, $w_1 = c_1/b_1$, 则上式可以写为:

$$z_1 = g_1 - w_1 z_2 \tag{12-71}$$

把它代入第2个方程,得:

$$a_2(g_1 - w_1 z_2) + b_2 z_2 + c_2 z_3 = s_2 \tag{12-72}$$

即:

$$z_2 = \frac{s_2 - a_2 g_1}{b_2 - a_2 w_1} - \frac{c_2}{b_2 - a_2 w_1} z_3 \tag{12-73}$$

如果令 $g_2 = \dfrac{s_2 - a_2 g_1}{b_2 - a_2 w_1}$, $w_2 = \dfrac{c_2}{b_2 - a_2 w_1}$, 则有:

$$z_2 = g_2 - w_2 z_3 \tag{12-74}$$

如此这般,可以类推出:

$$z_i = g_i - w_i z_{i+1},\ 2 \leqslant i \leqslant n-1 \tag{12-75}$$

其中:

$$g_i = \frac{s_i - a_i g_{i-1}}{b_i - a_i w_{i-1}}$$

$$w_i = \frac{c_i}{b_i - a_i w_{i-1}}$$

将关系式:

$$z_{n-1} = g_{n-1} - w_{n-1} z_n \tag{12-76}$$

代入上面方程组的最后一个方程中,就可以得到:

$$a_n(g_{n-1} - w_{n-1} z_n) + b_n z_n = s_n \tag{12-77}$$

即:

$$z_n = \frac{s_n - a_n g_{n-1}}{b_n - a_n w_{n-1}}$$

因为：

$$g_n = \frac{s_n - a_n g_{n-1}}{b_n - a_n w_{n-1}}$$

就有：

$$g_n = z_n \tag{12-78}$$

如果 g_n 已经算出，那么解向量的最后一个分量 z_n 就可以得到了，以上步骤称为“追”。为了求出其他分量只要利用上面的式(12-75)和式(12-71)就可以逐步求出其他分量 z_{n-1}，z_{n-2}，…，z_2，z_1，这一步骤称为“赶”，因此这种方法习惯上称为“追赶法”。

表 12-3 比较了用隐性有限差分方法和布莱克-斯科尔斯公式计算出来的欧式看跌期权价格。

表 12-3　隐性有限差分计算结果同布莱克-斯科尔斯公式计算结果的比较

S	$a = 0.50$	$a = 1.00$	$a = 5.00$	准确值
0.00	9.753 1	9.753 1	9.753 1	9.753 1
2.00	7.753 1	7.753 1	7.753 1	7.753 1
4.00	5.753 1	5.753 1	5.753 0	5.753 1
6.00	3.756 9	3.757 0	3.757 3	3.756 9
8.00	1.902 5	1.902 5	1.903 0	1.902 4
10. 00	0.669 0	0.668 9	0.667 5	0.669 4

有关参数为：$t = 0.25$，$K = 10$，$\sigma = 0.4$，$r = 0.1$

结果显示平稳性问题不再存在了，因而我们可以采用比显性差分方法更大的时间步骤(间隔)。即便是在每一步上由于解方程会导致计算时间稍微长一点，但是所需步骤数目的减少不止弥补了这一点，还在整体上导致了更有效率的数值计算。

12.3.4　柯兰克-尼克尔森方法

柯兰克-尼克尔森差分方法也可以克服显性差分方法的平稳性限制，而且它具有比前两种方法的 $O(\Delta t)$ 级更高的 $O[(\Delta t)^2]$ 级的收敛率。柯兰克-尼克尔森差分格式实际上是显性和隐性方法的一种平均。使用一个对时间偏导数的前向差分近似，就得到了显性格式：

$$\frac{u_{n,\,m+1} - u_{n,\,m}}{\Delta t} + O(\Delta t) = \frac{u_{n+1,\,m} - 2u_{n,\,m} + u_{n-1,\,m}}{(\Delta x)^2} + O[(\Delta x)^2]$$

使用一个后向差分，就得到了隐性格式：

$$\frac{u_{n,\,m+1} - u_{n,\,m}}{\Delta t} + O(\Delta t) = \frac{u_{n+1,\,m+1} - 2u_{n,\,m+1} + u_{n-1,\,m+1}}{(\Delta x)^2} + O[(\Delta x)^2]$$

上面两个方程的平均就是：

$$\frac{u_{n,m+1}-u_{n,m}}{\Delta t}+O(\Delta t)$$
$$=\frac{1}{2}\left(\frac{u_{n+1,m}-2u_{n,m}+u_{n-1,m}}{(\Delta x)^2}+\frac{u_{n+1,m+1}-2u_{n,m+1}+u_{n-1,m+1}}{(\Delta x)^2}\right)+O[(\Delta x)^2] \tag{12-79}$$

忽略高阶项就得到了柯兰克-尼克尔森格式：

$$u_{n,m+1}-\frac{1}{2}a(u_{n-1,m+1}-2u_{n,m+1}+u_{n+1,m+1})=u_{n,m}+\frac{1}{2}a(u_{n-1,m}-2u_{n,m}+u_{n+1,m}) \tag{12-80}$$

注意到，现在 $u_{n,m+1}$，$u_{n-1,m+1}$ 和 $u_{n+1,m+1}$ 都隐性地取决于 $u_{n,m}$，$u_{n-1,m}$ 和 $u_{n+1,m}$。

解上面的方程组原则上同前一节中解方程组式(12-65)没有什么不同。因为如果 $u_{n,m}$ 是已知的，则上式右侧所有项都可以显性地计算。这样，问题就归结到第一次的计算：

$$Z_{n,m}=(1-a)u_{n,m}+\frac{1}{2}a(u_{n-1,m}+u_{n+1,m}) \tag{12-81}$$

这是 $Z_{n,m}$ 的一个显性表达式，然后再求解：

$$(1+a)u_{n,m+1}-\frac{1}{2}a(u_{n-1,m+1}+u_{n+1,m+1})=Z_{n,m} \tag{12-82}$$

这第二个问题同解式(12-65)基本上是一样的。

我们再次假定可以截取 $N^-\Delta x\leqslant x\leqslant N^+\Delta x$，并令 N 足够大使得不会出现明显的误差。同前面一样我们用式(12-63)来决定 $u_{n,0}$；用式(12-62)来决定 $u_{N^-,m+1}$ 和 $u_{N^+,m-1}$。余下的问题是从式(12-82)中求出 $u_{n,m+1}$，我们可以把这个问题写为矩阵形式：

$$\boldsymbol{C}\boldsymbol{u}_{m+1}=\boldsymbol{b}_m \tag{12-83}$$

或者：

$$\begin{bmatrix} 1+a & -\frac{1}{2}a & 0 & \cdots & 0 \\ -\frac{1}{2}a & 1+a & -\frac{1}{2}a & \cdots & \vdots \\ 0 & -\frac{1}{2}a & \ddots & \ddots & \vdots \\ \vdots & \vdots & \ddots & \ddots & -\frac{1}{2}a \\ 0 & 0 & \cdots & -\frac{1}{2}a & 1+a \end{bmatrix}\begin{bmatrix} u_{N^-+1,m+1} \\ \vdots \\ u_{0,m+1} \\ \vdots \\ u_{N^+-1,m+1} \end{bmatrix}=\boldsymbol{b}_m=\begin{bmatrix} Z_{N^-+1,m} \\ \vdots \\ Z_{0,m} \\ \vdots \\ Z_{N^+-1,m} \end{bmatrix}+\frac{1}{2}a\begin{bmatrix} u_{N^-,m+1} \\ 0 \\ \vdots \\ 0 \\ u_{N^+,m+1} \end{bmatrix}$$

同前一节中类似，$\boldsymbol{b}_m$ 的表示形式来自最后的边界条件。

为了实现柯兰克-尼克尔森格式，我们先用已知的量构造出 $\boldsymbol{b}_m$，然后解出式(12-83)。

表 12-4 比较了柯兰克-尼克尔森格式和布莱克-斯科尔斯公式计算出来的欧式看跌期权价格。我们看到即便 a 大到 10，这种方法计算的结果还是相当好的，这说明它克服了平稳性限制，而且具有更高的精确程度。

表 12-4　C-N 方法计算结果同布莱克-斯科尔斯公式计算结果的比较

S	$a=0.50$	$a=1.00$	$a=10.00$	准确值
0.00	9.672 2	9.672 2	9.672 2	9.672 2
2.00	7.672 1	7.672 1	7.672 1	7.672 1
4.00	5.672 2	5.672 2	5.672 3	5.672 3
6.00	3.697 6	3.697 6	3.697 5	3.697 7
8.00	1.980 4	1.980 4	1.980 4	1.980 6
10.00	0.860 5	0.860 5	0.856 6	0.861 0

有关参数为：$t=1/3$，$K=10$，$\sigma=0.45$，$r=0.1$

12.4　蒙特卡罗方法

布莱克-斯科尔斯偏微分方程还有一种概率解，这个解可以把衍生产品价格表示为风险中性测度下的未来到期支付（随机变量）的数学期望的贴现值。这在金融意义上也得到了资产定价基本定理的支持。随机变量的数学期望可以用计算机模拟技术，即蒙特卡罗（Monte Carlo）方法获得。在本节中通过介绍柯尔莫格罗夫方程和著名的费曼-卡茨表示定理，来推导布莱克-斯科尔斯方程的概率解，然后进行蒙特卡罗数值模拟求解期权价格。

12.4.1　柯尔莫格罗夫方程

人们早已认识到二阶偏微分方程同随机扩散过程之间存在深刻的联系，这种联系是通过柯尔莫格罗夫方程（柯尔莫格罗夫，1931）建立起来的。

考虑这样一个问题：如果 $x(t)$ 初值为 x_0，并遵循一个特定的随机过程，那么在一段时间 t 后，它在某一范围内取值的可能性是多少呢？为了回答这个问题，我们必须描述 $x(t)$ 的概率分布以及它随着时间的演进过程，使用柯尔莫格罗夫方程就可以做到这一点。下面我们用离散化方法做一个简单推导。

假定随机过程 $x(t)$ 遵循一个具有固定漂移率的一般维纳过程：

$$\mathrm{d}x(t)=\mu\mathrm{d}t+\sigma\mathrm{d}\mathcal{W}(t),\ x_0\in\mathbf{R} \tag{12-84}$$

（1）先把时间 t 分为 n 个相等的小间隔，$\Delta t=t/n$；

（2）在每一时间间隔内，$x(t)$ 可能会以 P 的概率上升 Δh，或者以 $Q=1-P$ 的概率下降 Δh；

（3）为了使得 x_t-x_0 的方差独立于 Δt 的选择，我们令 $\Delta h=\sigma\sqrt{\Delta t}$；

（4）最后令 $P=\frac{1}{2}\left[1+\frac{\mu}{\sigma}\sqrt{\Delta t}\right]$，则相应有 $Q=\frac{1}{2}\left[1-\frac{\mu}{\sigma}\sqrt{\Delta t}\right]$。

给定 t_0 时刻的初值 $x(0)=x_0$，我们用 $\boldsymbol{d}(x_0, t_0; x, t)$ 表示 $x(t)$ 的转移密度(transition density)函数。因此：

$$P[a \leqslant x(t) \leqslant b \mid x(t_0)=x_0]=\int_a^b \boldsymbol{d}(x_0, t_0; u, t)\mathrm{d}u \tag{12-85}$$

在 $t-\Delta t$ 到 t 这一时间间隔内，这个随机过程有两种方式可以到达 x 点，即从点 $x-\Delta h$ 增加 Δh 或者从点 $x+\Delta h$ 减少 Δh，因而：

$$\boldsymbol{d}(x_0, t_0; x, t)=P\boldsymbol{d}(x_0, t_0; x-\Delta h, t-\Delta t)+Q\boldsymbol{d}(x_0, t_0; x+\Delta h, t-\Delta t) \tag{12-86}$$

现在我们把函数 $\boldsymbol{d}(x_0, t_0; x-\Delta h, t-\Delta t)$ 围绕 $\boldsymbol{d}(x_0, t_0; x, t)$ 做一个泰勒级数扩展：

$$\boldsymbol{d}(x_0, t_0; x-\Delta h, t-\Delta t)=\boldsymbol{d}(x_0, t_0; x, t)-\frac{\partial \boldsymbol{d}}{\partial t}\Delta t-\frac{\partial \boldsymbol{d}}{\partial x}\Delta h+\frac{1}{2}\frac{\partial^2 \boldsymbol{d}}{\partial x^2}(\Delta h)^2+\cdots \tag{12-87}$$

注意到，更高阶的量由于比 Δt 更快趋向 0 而被省略了。对于 $\boldsymbol{d}(x_0, t_0; x+\Delta h, t-\Delta t)$ 可以做类似的扩展，把得到的结果一并代入式(12-86)中可以得到：

$$\begin{aligned}\boldsymbol{d}(x_0, t_0; x, t)&=(P+Q)\boldsymbol{d}(x_0, t_0; x, t)\\&-(P+Q)\frac{\partial \boldsymbol{d}}{\partial t}\Delta t-(P-Q)\frac{\partial \boldsymbol{d}}{\partial x}\Delta h+\frac{1}{2}(P+Q)\frac{\partial^2 \boldsymbol{d}}{\partial x^2}(\Delta h)^2\end{aligned} \tag{12-88}$$

注意到 $P+Q=1$，而且根据假定(3)和(4)有：

$$\Delta h=\sigma\sqrt{\Delta t}$$

以及

$$P-Q=\frac{\mu}{\sigma}\sqrt{\Delta t}=\frac{\mu}{\sigma^2}\Delta h$$

把这些关系式代入式(12-88)并除以 Δt，再整理得：

$$\frac{\partial}{\partial t}\boldsymbol{d}(x_0, t_0; x, t)=-\mu\frac{\partial}{\partial x}\boldsymbol{d}(x_0, t_0; x, t)+\frac{1}{2}\sigma^2\frac{\partial^2}{\partial x^2}\boldsymbol{d}(x_0, t_0; x, t) \tag{12-89}$$

这就是柯尔莫格罗夫前向方程(Kolmogorov forward equation)，类似地我们可以得到伊藤过程的柯尔莫格罗夫前向方程①：

$$\frac{\partial}{\partial t}\boldsymbol{d}(x_0, t_0; x, t)=-\frac{\partial}{\partial x}\boldsymbol{d}[\mu(x, t)(x_0, t_0; x, t)]+\frac{1}{2}\frac{\partial^2}{\partial x^2}[\sigma^2(x, t)\boldsymbol{d}(x_0, t_0; x, t)] \tag{12-90}$$

---

① 对柯尔莫格罗夫方程的推导和进一步的讨论可以参考 Karlin & Taylor(1981)第 15 章。

通常也称它为福克-普朗克(Fokker-planck)方程。它是一个抛物型偏微分方程,加上适当的初始条件就可以进行求解。上面两个方程之所以被称为是前向的,是因为它们都是在知道当前的情况推测 x 的密度的未来进化形式。

逆向思维可以使我们得到柯尔莫格罗夫倒向方程(Kolmogorov backward equation):

$$-\frac{\partial}{\partial t_0}d(x_0, t_0; x, t)=\mu\frac{\partial}{\partial x_0}d(x_0, t_0; x, t)+\frac{1}{2}\sigma^2\frac{\partial^2}{\partial x_0^2}d(x_0, t_0; x, t) \tag{12-91}$$

$$-\frac{\partial}{\partial t_0}d(x_0, t_0; x, t)=\mu(x_0, t_0)\frac{\partial}{\partial x_0}d(x_0, t_0; x, t)+\frac{1}{2}\sigma^2(x_0, t_0)\frac{\partial^2}{\partial x_0^2}d(x_0, t_0; x, t) \tag{12-92}$$

同柯氏前向方程类似,给定边界条件柯氏倒向方程也描述了随机过程的密度函数随时间演进的过程。它之所以被称为是倒向的,是因为它是已知现在的情况回顾过去的历史。

如果漂移系数 μ 和扩散系数 σ 仅仅是 x 的函数,则 $d(x_0, t_0; x, t)$ 仅仅受到 t_0 和 t 之差 $\tau=t-t_0$ 的影响。我们就可以把 $d(x_0, t_0; x, t)$ 简写为 $d(x_0, x; \tau)$,相应的柯氏倒向方程简化为:

$$\frac{\partial}{\partial \tau}d(x_0, x; \tau)=\mu(x_0)\frac{\partial}{\partial x_0}d(x_0, x; \tau)+\frac{1}{2}\sigma^2(x_0)\frac{\partial^2}{\partial x_0^2}d(x_0, x; \tau) \tag{12-93}$$

例 12.4.1(带漂移的布朗运动) 考虑随机微分方程:

$$\mathrm{d}X(t)=\mu\mathrm{d}t+\mathrm{d}W(t)$$

其密度函数为:

$$d(x_0, x; \tau)=\frac{1}{\sqrt{2\pi\tau}}\exp\left\{-\frac{[x-(x_0+\mu\tau)]^2}{2\tau}\right\}$$

柯氏倒向方程式(12-93)中的各项为:

$$\begin{aligned}\frac{\partial d}{\partial \tau}=d_\tau&=\left(\frac{\partial}{\partial \tau}\frac{1}{\sqrt{2\pi\tau}}\right)\exp\left[-\frac{(x-x_0-\mu\tau)^2}{2\tau}\right]\\&\quad-\left[\frac{\partial}{\partial \tau}\frac{(x-x_0-\mu\tau)^2}{2\tau}\right]\frac{1}{\sqrt{2\pi\tau}}\exp\left[-\frac{(x-x_0-\mu\tau)^2}{2\tau}\right]\\&=\left[-\frac{1}{2\tau}+\frac{\mu(x-x_0-\mu\tau)}{\tau}+\frac{x-x_0-\mu\tau}{2\tau^2}\right]d\end{aligned}$$

$$\frac{\partial d}{\partial x_0}=d_{x_0}=\left(\frac{x-x_0-\mu\tau}{\tau}\right)d$$

$$\frac{\partial^2 d}{\partial x_0^2}=d_{x_0x_0}=\left(\frac{\partial}{\partial x_0}\frac{x-x_0-\mu\tau}{\tau}\right)d+\frac{x-x_0-\mu\tau}{\tau}d_{x_0}=-\frac{1}{\tau}d+\frac{(x-x_0-\mu\tau)^2}{\tau^2}d \tag{12-94}$$

因此就有：

$$\mu d_{x_0}+\frac{1}{2}d_{x_0x_0}=\left[\frac{\mu(x-x_0-\mu\tau)}{\tau}-\frac{1}{2\tau}+\frac{(x-x_0-\mu\tau)^2}{2\tau^2}\right]d=d_\tau$$

例 12.4.2(几何布朗运动)

$$\mathrm{d}X(t)=rX(t)\mathrm{d}t+\sigma X(t)\mathrm{d}\mathcal{W}(t)$$

其密度函数为：

$$d(x_0,\ x;\ \tau)=\frac{1}{\sigma x\sqrt{2\pi\tau}}\exp\left\{-\frac{1}{2\tau\sigma^2}\left[\log\frac{x}{x_0}-\left(r-\frac{1}{2}\sigma^2\right)\tau\right]^2\right\}$$

可以证明它的柯氏倒向方程为：

$$d_\tau=rx_0d_{x_0}+\frac{1}{2}\sigma^2x_0^2d_{x_0x_0} \tag{12-95}$$

根据上述结果，我们知道一个(一般)维纳过程的积累密度函数将满足柯氏倒向方程(偏微分方程)。那么，这同衍生产品定价有什么关系呢？实际上，密度函数和数学期望仅仅一线之隔。考虑更具体的情况，假定我们有一个伊藤扩散过程：

$$\mathrm{d}S=\mu(S,\ t)\mathrm{d}t+\sigma(S,\ t)\mathrm{d}\mathcal{W}$$

假定 $f(S_t)$ 是 S_t 的函数，定义以下数学期望：

$$\hat{f}(S^-,\ t)=E[f(S_t)\mid S^-] \tag{12-96}$$

其中，S^- 代表 t 时刻前的最后观测值或者说刚刚的过去，这样 $\hat{f}(S^-,\ t)$ 就代表预测值。我们可以描述 $\hat{f}(S^-,\ t)$ 是如何随着时间变化的，这种预测的进化过程就由柯氏倒向方程式(12-91)给出。

因此，我们看到期望等式(12-96)和形如式(12-95)的二次偏微分方程之间存在重要的对应关系。这种关系意味着：

(1) $\hat{f}(S^-,\ t)$ 满足柯尔莫格罗夫偏微分方程，这个偏微分方程告诉我们概率是如何同 S_t 的一个特别值相联系的；

(2) 给定一个偏微分方程式(12-95)，可以找到一个满足期望等式(12-96)的 $\hat{f}(S^-,\ t)$，而这个数学期望 $\hat{f}(S,\ t)$ 是该偏微分方程的一个概率解。

例 12.4.3 考虑一个几何布朗运动：

$$\mathrm{d}S=\mu(S,\ t)S\mathrm{d}t+\sigma(S,\ t)S\mathrm{d}\mathcal{W} \tag{12-97}$$

令它的密度函数为 $d_\tau(S,\ t;\ S',\ t')$，则它满足柯尔莫格罗夫方程式(12-95)：

$$\frac{\partial d}{\partial t}+\mu S\frac{\partial d}{\partial S}+\frac{1}{2}\sigma^2S^2\frac{\partial^2 d}{\partial S^2}=0 \tag{12-98}$$

如果我们要计算 S 的某个函数 $f(S)$在时刻 T 的数学期望，就必须解出上述方程，它的初始条件(其实是终值条件)为：

$$d_f(S,\ T)=f(S)$$

如果把 $f(S)$设想为 T 时刻收到的支付,则很自然地,我们会问:这笔数学期望形式的支付现在价值多少。换句话说,如果我们知道期权的期望支付是多少,简单贴现就可以得出它现在的价值。即:

$$V(S,\ t)=\mathrm{e}^{-r(T-t)}\boldsymbol{d}_f(S,\ t)$$

那么,$V(S,\ t)$ 应当遵循怎样的运动形式呢? 注意到可以把上式变形为:

$$\boldsymbol{d}_f(S,\ t)=\mathrm{e}^{r(T-t)}V(S,\ t)$$

把它代入柯尔莫格罗夫倒向方程式(12-98),就有:

$$\frac{\partial V}{\partial t}+\frac{1}{2}\frac{\partial^2 V}{\partial S^2}\sigma^2 S^2+\mu S\frac{\partial V}{\partial S}-rV=0$$

它看上去很像布莱克-斯科尔斯方程,唯一的差别就是:在布莱克-斯科尔斯方程中是没有 μ 的。不妨假想我们简单地把随机微分方程式(12-97)中的漂移率改成 r,它就同布莱克-斯科尔斯方程完全一样了,但是请读者自己考虑:这种改变的经济解释是什么呢?

12.4.2　费曼-卡茨公式

柯氏倒向方程在条件数学期望和特定类型的偏微分方程之间建立了某种方便的联系,可以证明在一般情况下这也是成立的,这就有费曼-卡茨(Feynman-Kac)定理[①]。

任意给定函数:

$$f(x):R^d\rightarrow R$$

$$g(t,\ x):[0,\ T]\times R^d\rightarrow R$$

$$r(t,\ x):[0,\ T]\times R^d\rightarrow[0,\ \infty)$$

假定它们是连续的,并满足以下(技术性)多项式增长条件(polynomial growth condition)[②]:

$$|f(x)|\leqslant L(1+\|x\|^{2\lambda}),\ L>0,\ \lambda\geqslant 1\ \text{或者}\ f(x)\geqslant 0$$

和

$$|g(t,\ x)|\leqslant L(1+\|x\|^{2\lambda}),\ L>0,\ \lambda\geqslant 1\ \text{或者}\ g(t,\ x)\geqslant 0$$

我们就有以下定理:

定理 12.4.1(费曼-卡茨表示)　在上述假设条件下,假定存在一个满足下列多项式增长条件:

$$\max_{0\leqslant t\leqslant T}|u(t,\ x)|\leqslant M(1+\|x\|^{2\eta}),\ M>0,\ \eta\geqslant 1$$

的连续函数:

$$u(t,\ x):[0,\ T]\times R^d\rightarrow R$$

它是柯西问题:

$$\begin{cases}r(t,\ x)u(t,\ x)=\mathcal{I}u(t,\ x)+g(t,\ x)\\ u(T,\ x)=f(x)\end{cases}\tag{12-99}$$

① 费曼-卡茨定理最初来源于 Feynman(1948)和 Kac(1951)。

② 这些技术条件并不太重要,参见 Duffie,1996。

的解①。则 $u(t, x)$ 有着下面形式的随机表示：

$$u(t, x)=E\left[\mathrm{e}^{-\int_t^T r(\theta, X_\theta)d\theta} f(X_T)+\int_t^T \mathrm{e}^{-\int_t^s r(\theta, X_\theta)d\theta} g(s, X_s)\mathrm{d}s\right] \tag{12-100}$$

而且这样的解是唯一的。

详细的证明见相关文献(Karatzas, Shreve, 1991)。由于在金融分析中的抛物偏微分方程通常是齐次,即 $g(t, x)=0$,这时就有上述定理的简化形式：

定理 12.4.2(费曼-卡茨简化形式) 在上述技术条件下,假定存在连续函数：

$$u(t, x): [0, T]\times R \to R$$

是以下偏微分方程：

$$\begin{cases} r(t, x)u(t, x)=\mathcal{I}u(t, x) \\ u(T, x)=f(x) \end{cases} \tag{12-101}$$

的解。则有：

$$u(t, x)=E\left[\mathrm{e}^{-\int_t^T r(\theta, X_\theta)d\theta} f(X_T)\right] \tag{12-102}$$

其中,$X(t)$ 是随机微分方程：

$$\mathrm{d}X(t)=r(X, t)\mathrm{d}t+\sigma(X, t)\mathrm{d}\mathcal{W}(t) \tag{12-103}$$

的解。

注意到 r 进入期望算子式(12-102)的方式以及其代表的经济含义,它实际上就是贴现因子,因此利用费曼-卡茨定理可以处理贴现因子变化得更为复杂的情况。

例 12.4.4(布莱克-斯科尔斯) 考虑几何布朗运动：

$$\mathrm{d}S=rS(t)\mathrm{d}t+\sigma S(t)\mathrm{d}\mathcal{W},\ S(t)=x$$

我们知道它的解是：

$$S(w)=x\exp\left\{\left(r-\frac{1}{2}\sigma^2\right)(w-t)+\sigma[\mathcal{W}(w)-\mathcal{W}(t)]\right\},\ w\geqslant t$$

定义：

$$u(t, x)=E_{t, x}f[S(T)]=Ef\left(x\exp\left\{\left(r-\frac{1}{2}\sigma^2\right)(T-t)+\sigma[\mathcal{W}(T)-\mathcal{W}(t)]\right\}\right)$$

其中,f 的具体形式待定,它实际上就是或有权益证券的支付条款。

根据第 9.3.3 节中的独立性定理(independence lemma)：如果 $\mathcal{G}$ 是一个 σ-域,X 是 $\mathcal{G}$-可测的,而 Y 独立于 $\mathcal{G}$,则：

$$E[f(X, Y)\mid \mathcal{G}]=\gamma(X)$$

其中：

$$\gamma(x)=E[f(x, Y)]$$

① 其中,$\mathcal{D}(.)$ 为伊藤过程的微分算子,见第 10.4 节。

对于几何布朗运动，我们有：

$$S(t)=S(0)\exp\left[\left(r-\frac{1}{2}\sigma^2\right)t+\sigma\mathcal{W}(t)\right]$$

和

$$\begin{aligned}S(T)&=S(0)\exp\left[\left(r-\frac{1}{2}\sigma^2\right)T+\sigma\mathcal{W}(T)\right]\\&=S(t)\exp\left(\left(r-\frac{1}{2}\sigma^2\right)(T-t)+\sigma[\mathcal{W}(T)-\mathcal{W}(t)]\right)\end{aligned}$$

不妨把上式简记为：

$$S(T)=XY$$

其中：

$$X=S(t)$$

是 $\mathcal{F}(t)$ 可测的；

$$Y=\exp\left\{\left(r-\frac{1}{2}\sigma^2\right)(T-t)+\sigma[\mathcal{W}(T)-\mathcal{W}(t)]\right\}$$

是独立于 $\mathcal{F}(t)$的。既然：

$$E[f(xY)]=u(t, x)$$

独立性定理就意味着：

$$E\{f[S(T)]\mid\mathcal{F}(t)\}=E[f(XY)\mid\mathcal{F}(t)]=u(t, X)=u[t, S(t)]$$

这就证明了：

$$u[t, S(t)]=E\{f[S(T)]\mid\mathcal{F}(t)\},\ 0\leqslant t\leqslant T$$

注意，随机变量 $f[S(T)]$ 的条件期望的计算不依赖于 t。因此，数学期望的塔性质(tower property)意味着 $u[t, S(t)]$，$0\leqslant t\leqslant T$ 是一个鞅，即对于 $0\leqslant s\leqslant t\leqslant T$，有：

$$\begin{aligned}E[u(t, S(t))\mid\mathcal{F}(s)]&=E\langle E\{f[S(T)\mid\mathcal{F}(t)]\}\mid\mathcal{F}(s)\rangle\\&=E\{f[S(T)]\mid\mathcal{F}(s)\}\\&=u[s, S(s)]\end{aligned}$$

因为 $u[t, S(t)]$ 是一个鞅，根据我们在 10 章中的讨论，可知 $du[t, S(t)]$ 中 dt 项的系数必须等于 0，而根据伊藤定理：

$$\begin{aligned}du[t, S(t)]=&\left\{u_t[t, S(t)]+rS(t)u_x[t, S(t)]+\frac{1}{2}\sigma^2S^2(t)u_{xx}[t, S(t)]\right\}dt\\&+\sigma S(t)u_x[t, S(t)]d\mathcal{W}(t)\end{aligned}$$

这就意味着(这是定理 12.4.2 的一种特例)：

$$u_t(t, x)+rxu_x(t, x)+\frac{1}{2}\sigma^2x^2u_{xx}(t, x)=0$$

同这个偏微分方程一起的还有终值条件(terminal condition):

$$u(T,\ x)=f(x),\ x\geqslant 0$$

进一步看,如果 $S(t)=0$,则有 $S(T)=0$。这就给出了边界条件:

$$u(t,\ 0)=f(0),\ 0\leqslant t\leqslant T$$

我们最终看到一个具有 $f[S(T)]$期末支付的或有权益证券在 t 时刻的价值为:

$$V(t,\ x)=\mathrm{e}^{-r(T-t)}E_{t,\ x}\{f[S(T)]\}=\mathrm{e}^{-r(T-t)}u(t,\ x)$$

如果在 t 时刻 $S(t)=x$,因此:

$$u(t,\ x)=\mathrm{e}^{-r(T-t)}V(t,\ x)$$

$$u_t(t,\ x)=-r\mathrm{e}^{-r(T-t)}V(t,\ x)+\mathrm{e}^{r(T-t)}V_t(t,\ x)$$

$$u_x(t,\ x)=\mathrm{e}^{r(T-t)}V_x(t,\ x)$$

$$u_{xx}(t,\ x)=\mathrm{e}^{r(T-t)}V_{xx}(t,\ x)$$

把这些等式代到关于 u 偏微分方程中去化简,就得到了布莱克-斯科尔斯偏微分方程:

$$-rV(t,\ x)+V_t(t,\ x)+rxV_x(t,\ x)+\frac{1}{2}\sigma^2x^2V_{xx}(t,\ x)=0$$

因为相应的转移密度函数为:

$$d(x,\ t;\ y,\ T)=\frac{1}{\sigma y\sqrt{2\pi(T-t)}}\exp\left\{-\frac{1}{2(T-t)\sigma^2}\left[\log\frac{y}{x}-\left(r-\frac{1}{2}\sigma^2\right)(T-t)\right]^2\right\}$$

因此,对于几何布朗运动,我们有以下随机表示:

$$V(t,\ x)=\mathrm{e}^{-r(T-t)}E_{t,\ x}\{f[S(T)]\}=\mathrm{e}^{-r(T-t)}\int_0^{\infty}f(y)d(x,\ t;\ y,\ T)\mathrm{d}y$$

如果是一个看涨期权,则:

$$f(y)=(y-K)^+$$

因此就有:

$$V(t,\ x)=x\mathcal{N}\left\{\frac{1}{\sigma\sqrt{T-t}}\left[\log\frac{x}{K}+r(T-t)+\frac{1}{2}\sigma^2(T-t)\right]\right\}$$
$$-\mathrm{e}^{-r(T-t)}K\mathcal{N}\left\{\frac{1}{\sigma\sqrt{T-t}}\left[\log\frac{x}{K}+r(T-t)-\frac{1}{2}\sigma^2(T-t)\right]\right\}$$

要指出的是:除了上述这种很少见的情形,费曼-卡茨解一般很难直接计算,这时我们就要使用另一种别具特色的蒙特卡罗模拟方法。

12.4.3 蒙特卡罗模拟

蒙特卡罗方法正式出现在第二次世界大战后期,当时一些著名的美国物理学家,如乌尔姆(Ulam)、冯·诺伊曼(Von Neumann)和曼彻波利斯(Metropolis)在计算机上用随机抽样的方法对中子的连锁反应进行了模拟,他们以著名的世界赌城——蒙特卡罗来命名它。实际上,这种技术的方法论可以一直追溯到 19 世纪后半叶著名的蒲丰(Buffon)问题,即用随机投针试验来计算圆周率的值。从 20 世纪 60 年代起,这种方法开始盛行于统计物理领域,1977 年波勒(Boyle)把它引入金融分析领域并应用于期权定价问题,随着计算成本的降低和算法的改进,它逐渐成为一种流行趋势。

这种方法的主要数学思想实际上是非常简单和直观的。它大致可以表述如下:先建立一个同所求解问题有关的概率模型,使得所需要求解的值或者它的函数可以表示为所建模型的数学期望,然后对模型进行大量的抽样观察,最后用上述抽样生成的随机变量的算术平均值作为所求解的近似估计值。

具体地说,假定有一个具有分布函数 $\mathcal{D}(x)$ 的随机变量 X,我们要产生一组分布函数 $\mathcal{D}(x)$ 下的独立的随机变量序列:$X_1, \cdots, X_n$。根据大数定理(law of large number),我们可以知道:对于一个 $\mathcal{D}$-可积的函数 f 必定有:

$$\lim_{N\to+\infty}\frac{1}{N}\sum_{1\leqslant n\leqslant N}f(X_n)=E[f(x)]=\int f(x)\mathcal{D}(x)$$

因而,蒙特卡罗方法是一种以概率统计为理论基础,以随机抽样为主要实现手段的数值技术。下面我们就考察这种方法的关键环节——随机抽样。

使用蒙特卡罗方法模拟时,需要产生各种概率分布的随机变量。其中,最基本和最重要的随机变量是在[0, 1]之间的一致分布的随机变量。我们在 9.5.3 节考察过了一致分布,通常把[0, 1]之间的一致分布随机变量的抽样值称为随机数(random number)。其他分布的随机变量都是借助于随机数来实现的,因此随机数是抽样的基本工具。

现在,随机数基本上都是用计算机来产生的,如 Excel 中的随机数(random)指令。严格地说,这种随机数是根据确定的递推公式获得的,因而存在周期现象:初值确定后,所有的随机数便被唯一地确定下来。因而,用这种方法产生的不是真正意义上的随机数,通常称为伪随机数(pseudo-random number)①。

假定已经获得了上述随机数,那么,如何使用 0 到 1 之间一致分布的随机数来生成正态分布的随机序列呢②?实际上,如果 U_i, U_{i+1} 是 0 到 1 之间一致分布的随机数,则:

(1) $\sum_{i=12}^{12}U_i-6$(这是最常用的方法)。

(2) $\sqrt{-2\log(U_i)}\cos(2\pi U_{i+1})$(这被称为 Box-Muller 方法,即博克斯-马勒方法③)。

这都近似服从标准正态分布。为了产生具有均值 μ 标准方差 σ 的一般正态分布,我们只要令:

$$\bar{\varepsilon}=\mu+\sigma\varepsilon$$

就可以了。其中,ε 是上述标准正态分布的随机变量。

---

① 现有大多数计算机语言中都提供了一个编好的随机函数,它可以生成 0 到 1 之间或者一个固定区间内的随机数。它背后的包括平方取中法、移位指令加法和同余法等可以参考见徐钟济(1985),第 2 章或者 Fishman(1996)第 7 章。

② 其他分布随机变量的产生见 Fishman(1996)第 3 章。

③ 其他方法以及对它们优缺点的一个简单讨论可以参见 James et al.(2000),p361。

在金融分析中,我们通常会接触多维随机现象。那么,如何实现对一般多维正态分布随机向量的模拟呢?假定现在要模拟一个正态分布向量 $(X_1, \cdots, X_n)$,它具有均值:

$$\boldsymbol{\mu} = (\mu_1, \cdots, \mu_n)$$

和方差-协方差矩阵:

$$\boldsymbol{\Gamma} = (\sigma_{ij})_{1\leqslant i\leqslant n,\ 1\leqslant j\leqslant n}$$

如果矩阵 $\boldsymbol{\Gamma}$ 是正定的对称实矩阵,则根据矩阵代数中的切罗斯基分解(Cheolesky decomposition or factorization)定理,它就可以分解为:

$$\boldsymbol{\Gamma} = \boldsymbol{A}\boldsymbol{A}^T$$

的形式。其中,$\boldsymbol{A}$ 是一个上三角阵(upper triangular matrix)。如果 $\boldsymbol{\Gamma}$ 是可逆的,则 $\boldsymbol{A}$ 也是可逆的。考虑向量:

$$\boldsymbol{Z} = \boldsymbol{A}^{-1}(\boldsymbol{X} - \boldsymbol{\mu})$$

不难验证,$\boldsymbol{Z}$ 是一个具有 0 均值的正态分布向量。它的方差为:

$$\begin{aligned} E(Z_i Z_j) &= \sum_{1\leqslant k\leqslant n,\ 1\leqslant l\leqslant n} E[A_{ik}^{-1}(X_k - \mu_k) A_{jl}^{-1}(X_l - \mu_l)] \\ &= \sum_{1\leqslant k\leqslant n,\ 1\leqslant l\leqslant n} E(A_{ik}^{-1} A_{jl}^{-1} \sigma_{kl}) \\ &= [\boldsymbol{A}^{-1}\boldsymbol{\Gamma}(\boldsymbol{A}^T)]_{ij} = [\boldsymbol{A}^{-1}\boldsymbol{A}\boldsymbol{A}^T(\boldsymbol{A}^T)^{-1}]_{ij} = \boldsymbol{I} \end{aligned}$$

因此,$\boldsymbol{Z}$ 是一个具有 0 均值和单位方差的标准正态分布向量。它的分布函数向量是 n 个独立的标准正态分布。这样多维随机向量可以用一组独立同分布(iid)的简单随机变量构造出来。

有了以上基础,我们就可以模拟一个随机微分方程。尽管有许多复杂的方法可以实现这种模拟,这里仅仅介绍最基础的欧拉近似法(Euler approximation)(可以回顾 10.5.2 节中构造随机微分方程解的柯西-欧拉方法)。

考虑下面的随机微分方程:

$$\mathrm{d}X_t = b(X_t)\mathrm{d}t + \sigma(X_t)\mathrm{d}\mathcal{W}_t,\ X_0 = x \in R^N$$

如同有限差分方法,我们用固定时间网格间隔 Δt 把时间离散化。然后,建立一个离散时间随机过程 $(S_n)_{n\geqslant 0}$,近似表示上面随机微分方程在各个时刻 $n\Delta t$ 的解。令:

$$\begin{cases} S_0 = x \\ S_{n+1} - S_n = [b(S_n)\Delta t + \sigma(S_n)(\mathcal{W}_{(n+1)\Delta t} - \mathcal{W}_{n\Delta t})] \end{cases}$$

如果 $X_t^n = S_{[n\Delta t]}$,$(X_t^n)_{t\geqslant 0}$ 在下面的均方意义上近似出 $(X_t)_{t\geqslant 0}$:对于任意 $T > 0$

$$E(\sup_{t\leqslant T} | X_t^n - X_t |^2) \leqslant C_T \Delta t$$

其中,C_T 是一个仅仅取决于 T 的常数。序列 $(\mathcal{W}_{(n+1)\Delta t} - \mathcal{W}_{n\Delta t})$ 的分布律与具有 0 均值和 Δt 方差的独立正态分布随机变量的分布律相同。

在模拟中,我们用 $\varepsilon_n\sqrt{\Delta t}$ 替代 $(\mathcal{W}_{(n+1)\Delta t} - \mathcal{W}_{n\Delta t})$,其中 ε_n 是独立正态分布随机变量序

列。近似序列为：

$$\begin{cases} S'_0 = x \\ S'_{n+1} = S'_n + b(S'_n)\Delta t + \sigma(S'_n)\varepsilon_n\sqrt{\Delta t} \end{cases}$$

图 12-7 就是典型参数下，随机微分方程的模拟结果。

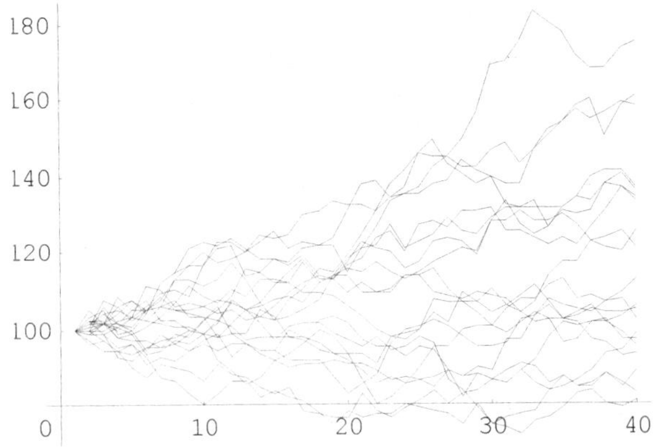

图 12-7　模拟随机微分方程

12.4.4　期权定价

那么，如何把上述蒙特卡罗模拟原理具体落实到期权定价问题上呢？我们知道在布莱克-斯科尔斯经济中，一个欧式期权的公正当期价格应当是风险中性价格测度下，未来期望支付价值 $f(X_T)$ 的贴现值(Feynman-Kac)，即：

$$c_t = \mathrm{e}^{-r(T-t)} E^Q[f(X_T)]$$

这样，计算期权价格就比较简单。它大致分为以下三个步骤。

(1) 首先，是选择一个适合描述股票价格运动的随机过程——几何布朗运动(geometric Brownian motion) 来模拟股票价格运动：

$$\mathrm{d}S_t/S_t = r\mathrm{d}t + \sigma\mathrm{d}\mathcal{W}_t,\ S_0 \in \mathbf{R}$$

根据欧拉近似，我们有：

$$\begin{cases} S_0 \in \mathbf{R} \\ S_{n+1} = S_n(1 + r\Delta t + \sigma\varepsilon_n\sqrt{\Delta t}) \end{cases}$$

ε_n 是从标准正态分布中随机抽取的数值。把 $S(t)$ 的最近一个值代入上述方程右侧就可以计算出 ΔS，把 ΔS 加回到原来的 $S(t)$ 就得到了下一期的价格，不断重复就可以得到期末的价格。

我们令 $\mu = 0.000\,179$、$\sigma = 0.019$ 和 $\Delta t = 0.1$。仿照赫尔(Hull, 1999)的方法，因为：

$$\Delta S/S \sim \mathcal{N}(\mu\Delta t,\ \sigma\sqrt{\Delta t})$$

就有：

$$\Delta S/S \sim \mathcal{N}(0.000\,017\,9,\ 0.006)$$

先从 $\mathcal{N}(0,1)$ 中取样本值 ε，然后将它转换为 $\mathcal{N}(0.000\,017\,9,\ 0.006)$ 中的样本点 $\tilde{\varepsilon}$：

$$\tilde{\varepsilon} = 0.000\,017 + 0.006\varepsilon$$

就可以得到 ΔS，再按照上面描述的过程就可以得到期末的股票价格。表 12-5 就是分 10 步模拟出的一条资产组合价值运动轨迹(一次实现)。

表 12-5 当 $\mu = 0.000\,179$, $\sigma = 0.019$, $\Delta t = 0.1$ 时的模拟价格路径之一

$S(t)$	10.000	9.982	9.923	9.871	9.794	9.856	9.808	9.735	9.829	9.879	9.989
ε	−0.300	−0.991	−0.873	−1.308	1.056	−0.811	−1.253	1.611	0.836	1.852	
$\tilde{\varepsilon}$	−0.002	−0.006	−0.005	−0.008	0.006	−0.005	−0.008	0.010	0.005	0.011	
ΔS	−0.018	−0.059	−0.052	−0.077	0.062	−0.048	−0.074	0.094	0.049	0.110	

图 12-8 显示了 200 条这样模拟出来的轨迹。

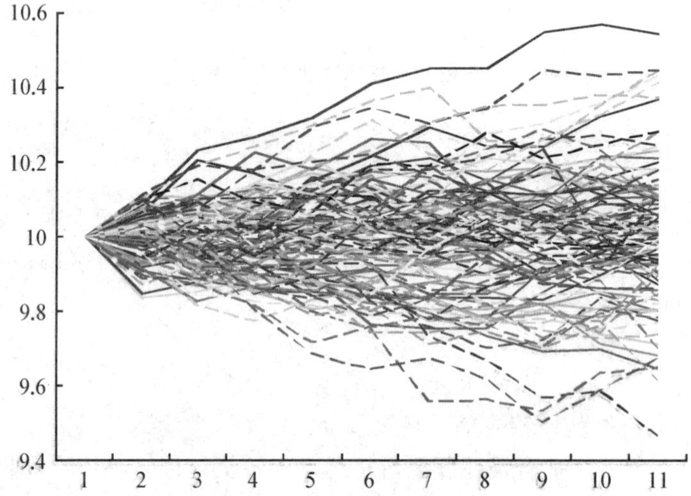

图 12-8 价格过程和收益分布

要指出的是：对于对数正态分布的随机运动(lognormal random walk)，我们可以把风险中性随机微分方程确切地写为：

$$\mathrm{d}(\log S) = \left(r - \frac{1}{2}\sigma^2\right)\mathrm{d}t + \sigma \mathrm{d}\mathcal{W}$$

对它积分可得：

$$S(t) = S(0)\exp\left[\left(r - \frac{1}{2}\sigma^2\right)t + \sigma\int_0^t \mathrm{d}\mathcal{W}\right]$$

对于小的时间间隔就是：

$$S(t+\Delta t) = S(t) + \Delta S = S(t)\exp\left[\left(r - \frac{1}{2}\sigma^2\right)\Delta t + \sigma\sqrt{\Delta t}\,\varepsilon\right]$$

注意 Δt 不一定要非常小，因为这不是一个近似表达式，而是一个确切的表达式，因此它也是最好的算法。

(2) 余下的工作就简单了,计算每次实现下期权的到期支付。

(3) 平均所有支付量。最后用无风险利率贴回即得到期权价格。

从上面的分析可以归纳出用蒙特卡罗方法求解衍生产品价格(一般问题)的过程是:① 建立简单便于实现的概率统计模型,使得所求的解正好是该模型的概率分布或者数学期望(注意,模型中要采用风险中性测度);② 建立随机变量(序列)的抽样实现方法,其中包括产生伪随机数的方法和产生所需分布随机变量的扩展方法;③ 给出所求解的统计估计量及其误差指标。

可以看到蒙特卡罗方法其实是很简单的,它适应于没有解析解存在,而且期权是欧式的情形①;此外,如果期权价格是路径依赖的,或者取决于多种基础资产的价格,它也适用。

但是,蒙特卡罗方法的运算速度比有限差分方法要慢,这是因为蒙特卡罗的每次实现(路径)都不同。粗糙地说,蒙特卡罗模拟值和真实值之差具有同模拟数量的平方根的倒数相同的级别。更准确地说,如果一次模拟的标准差是 σ,则 N 次模拟后的标准差就是 $\sigma/\sqrt{N}$,为了提高 10 倍的精确度,就要多做 100 次运算。但是,蒙特卡罗方法在多维问题上有明显的优势,因为它的收敛速度与维度无关。

本节最后,我们简要讨论一下减少方差的技术(variance-reduction technique)②。如果不对抽样方法进行调整,则往往需要取很大的模拟次数才能得到精度合理的估计值。这时可以通过采用对偶变量(antithetic variable)技术和控制变量(control variable)技术来减少所需要的模拟次数。

在对偶变量技术中,一次模拟运算可以得到衍生产品价格的两个值,第一个值 f_1 是通常的方法得到的,第二个值 f_2 是通过改变所有标准正态样本的符号计算出来的(如果 ε 是用来计算第一个值的样本,则 $-\varepsilon$ 是用来计算第二个值的样本),这种方法实际上利用的是正态分布的对称性质。其模拟路径如图 12-9 所示。

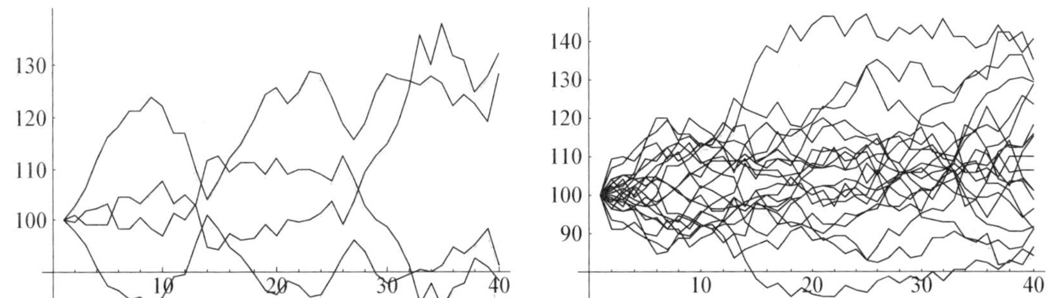

图 12-9　用对偶变量方法获得的模拟路径

由模拟运算得到的衍生产品价格估计值是这两个计算值的平均。这种方法很有效,因为当一个值高于真实值时,则另一个值必偏低;反之亦然。令 $\bar{f}$ 代表 f_1 和 f_2 的平均:

① 现在 MC 也被改良用于处理美式产品,这方面进一步的讨论参见 Boyle et al.(收录于 Jouini,2000)。

② 其他新型方差减少技术例如:重要性抽样(importance sampling)、分层抽样(stratified sampling)、矩匹配(moment matching)、条件蒙特卡罗(conditional MC)等可以参考 Boyle et al.(收录于 Jouini,2000)和 Epps(2000)12.2 节。

$$\bar{f}=\frac{f_1+f_2}{2}$$

衍生产品的最终估计值是 $\bar{f}$ 的平均。如果 σ 是 $\bar{f}$ 的标准差，N 是模拟运算的次数(即成对计算值的对数)，估计值的标准差还是以前的 $\sigma/\sqrt{N}$。

另一种控制变量技术适用于有两种相似衍生产品的情况。假定 A 是要求的证券；B 是与 A 相似且能够得到解析解的证券。使用相同的随机数流和相同的 Δt 平行地进行两次模拟。第一次模拟是用来获得对 A 的估计值 f_A^*；第二次模拟则用来获得对 B 的估计值 f_B^*。用下式可以得到一个比 f_A^* 更好地对 A 的价值的估计值 f_A：

$$f_A=f_A^*-f_B^*+f_B$$

其中，f_B 是已知的 B 的真实值。

小　结

本章的学习在技术上彻底解决了布莱克-斯科尔斯偏微分方程的求解问题，从而给在第 4、10 和 11 章中一直出现的欧式期权定价问题一个圆满的答案。

对于布莱克-斯科尔斯型的二阶齐次线性抛物型偏微分方程的解析方法是基于傅里叶变换技术的。由于先解决了基本的扩散方程，剩下就只是变量代换工作了。

但是，由于获得偏微分方程的解析解的机会并不多，我们采用有限差分方法作为补充和验证。有限差分数值方法的一般步骤包括：① 用偏微分方程作为差分近似的形式；② 建立网格划分时间和价格；③ 用边界和初始条件确定在网格边界上的值；④ 然后逆推出其他点上的值。

此外，我们也探讨了期权价格与基础资产价格的数学期望之间的关系，考察了如何把偏微分方程的解表示成概率形式，而这就涉及了柯尔莫格罗夫倒向方程和费曼-卡茨理论。获得的结论至少有这样一种用途：因为衍生产品的无套利价格是由基础资产价格的某种函数的等鞅测度下的条件期望给出的，建立这种联系将给实际工作者一种选择去使用数值方法，这种数值方法就是蒙特卡罗模拟。在简要介绍了蒙特卡罗方法的主要思想和发展历程后，我们仔细考察生成随机变量和随机过程的方法和相应的改良技术，并用它实际解决了期权定价的问题。

文献导读

偏微分方程及其数值解法方面的参考书很多，大同小异。偏微分方程的分析解法可以参考任何一本数学物理方法①，如欧维义(1997)。具体到布莱克-斯科尔斯方程的解法可以

① 本章材料主要来自 Karatzas & Shreve(1996)、Neftci(2000)、Wilmott、Dewynne & Howison(1995)第 8 章、Duffie(1992)、Dixit et al.(1994)、Hull(1999)以及 Wilmott et al.(1993)。

参考布莱克-斯科尔斯(1973)的原始文献。

有限差分方法可以参考：Wilmott，Dewynne & Howison(19993，1995)；福西斯(1979)；Wilmott(1999)第46—48章；Epps(2000)第12章。

模拟方法可以参考Epps(2000)第11章，Duffie(1992、1996)和Fishman(1996)；中文文献可以参考苏再根(1988)以及苏煜城等(1989)。对蒙特卡罗方法的一个优秀的综述见Boyle et al.(收录于Jouini et al.，2001)。

一般数值方法可以参考Lamberton & Lapeyre(1991)、Boyle et al.(1997)、Rebonato(1998)、Hull(1999)、Rogers & Talay(1997)的有关章节。此外，Epps(2000)还提供了用Fortran和C++的编程例子；Benninga et al.(2000)则提供了使用Excel建模的数值方法。

后　　记

最早对金融(学)产生兴趣是在复旦大学念硕士研究生一年级时,那时候真不知道该看什么样的书,读过货币银行学、国际金融学、投资学、财务学,甚至认真研究过技术分析(现在回头看看,也都不算白费)。很多初学者可以感同身受地想象出那种混乱。第一次触摸到现代金融的脉络,是通过对期权定价理论的了解。那是在 1997 年 6 月,距离 Merton 和 Scholes 获得诺贝尔奖尚有六个月左右的时间。期权理论所呈现出的复杂数学外形和广泛的实际应用,让人本能地感觉到它应该就是现代金融(学)的主流和核心。进一步的学习证实了这一点,我的硕士论文就用来整理和理解整个期权定价理论的发展历史和应用现状。现在再看写过的东西不值一晒,但就是在这个过程中逐渐明确了资产价格应当具有的随机运动的形式,无套利均衡和等鞅测度之间的联系,以及连续交易对于实现资源最优配置的重要性,等等。以此为突破口,主要是以个人疯狂阅读的形式,进一步基本上完整地学习了整个现代金融经济学理论体系,而且微观金融学学科的性质以及它同宏观金融方面和金融实践方面的联系也逐渐清晰起来。

其实,在一开始的时候我就沮丧地发现:自己所具备的数学基础和经济学基础是多么的薄弱;而需要学习的内容又是多么的艰深和广博。随着阅读的进一步深入,我绝望地发现这是一个已经高度发达的成熟领域,进一步的原始理论创新(对于我们这样的研究者来说)几乎是不可能的。别忘了,这个领域吸引了迄今为止最多的智力和资本投入。让人更加绝望的是:明明知道如此,我们还是无可救药地沉溺于其中。对我们来说,它实在太美丽、太有威力了,让人无法抗拒。因此,注定要经历这长达十多年甚至更久的这样一个真正的"痛并快乐着"的过程。所有的努力都投入到了数学和金融经济学(我们称它为微观金融学)的学习和研究中去了,其中的乐趣与艰辛如人饮水,冷暖自知。

本书实际上是一本多年来的读书笔记,有些材料不加修饰地直接来自原始文献。本书与其说写给读者看,不如说给自己看,就算是对这些年痛并快乐地深陷着的金融学学习过程的一个简单回顾总结和一点点微不足道的心得体会。总的来说,都是些基础性的工作,它不过是用一种结构化的方法呈现出来的现代主流金融经济学的基础思想和方法论体系,并试图向初学者介绍现代数学是如何融合到现代金融分析中去的。对于熟悉文献的研究者来说,它不会有什么帮助。其实,作者所做的不过是读了并读懂了一些书,且用一种教学上容易实现的方式表述出来。不避坦言,我们大多数人都不过只是在金碧辉煌的金融理论殿堂外羡觎已久的卑微而谦逊的学习者,对于这样一件作品可以达到的高度,恐怕也无法苛求。但是,即便是马尔萨斯(Malthus, T.R.,1766—1834)、马克思也有一个"他确实读了一些书"的公正的评价,这就足够了。

希望通过这本"小册子"可以帮得到那些和我们遇到同样困难而又同样在努力坚持的人

们——快速渡过金融学和金融数学的主要障碍。尽管愿望也许是好的，但由于作者们所知浅薄，而文献浩如烟海，必定挂一漏万，贻笑大方。本书存在着许多不足和差错，请读者随时指出，作者们在这里先表示由衷的感谢。

所有意见和建议请寄往：534344045@qq.com。补丁和相关的教学材料将在我们的辅助网站：https://m.luxianghui.com/3000000109/home.html（微信号：TheGildedAge）上发布，并在新版时一并改正和补充。由于篇幅所限，本书涉及的众多参考文献也将放在此网站上，供读者参考。

然后，就是感恩的时刻了，感谢我的老师——陈文灿教授、尹伯成教授、俞忠英教授、姜波克教授和刘红忠教授。尽管我仅仅只是他们帮助和教诲过的众多学生中的一个，但是是他们引领我来到这个领域，给予我机会和指引。感谢陈观烈先生身前的悉心指导、教诲和给予我在学习和生活上的关怀、帮助和支持，眼前仍然会时时浮现出他亲切的音容笑貌和大师风范。非常感谢李贤平教授给予的专业指导，如果不是他的前期工作，我们不可能会接触到这么多的专业文献和书籍。衷心感谢复旦大学外文中心书库的几任管理员和其他工作人员，他们是张来柱、陈正萍、乐敏、郁志一、王之和徐小正。

感谢老友们——陈光熠、陈志明、张湧、陆铭、陈钊、方颖、杨长江、朱叶、张锋、钱斌、孙健、潘立宾、阎翊、聂叶、李小鹏、周兆生、邓轶琼、金晓斌、鲜艳、高伟、袁明照、高保中、刁羽和其他给予我支持、鼓励和帮助的人们。

特别感谢——方一达、陆贤、贾建红、刘琳、田家梅、俞敏，感激之情难以言表。感谢那些给“金融工程师”网站以关注和支持的朋友，尽管他们中的大多数人素未谋面甚至远隔万里，任何批评、督促和建议，是我努力坚持、做而不辍的重要动力源泉。此外，还感谢复旦大学金融研究院给予本书的出版资助，以及清华大学出版社的邓婷编辑、复旦大学出版社李荃编辑和其他技术支持人员的热忱投入和细致的工作。最后深深感谢父亲、母亲和兄长对我的一贯支持和爱护，我的努力原本就是为了他们。

生命中十年最好的光阴就这样溜走了，看看周围的同学和同事们大多成果卓著，而我只得一二心得，颇为汗颜，但资质鲁钝却也无可奈何。但是，还是不禁想问问自己的得失，答案仍然是那句话——在这最宝贵的年轻时光中，我们做过一些事、追求过一些梦想，也许还爱过一些人。这就足够了，我们无愧于自己的青春时光，最重要的是——我们在不断地成长。始终记得一个人独自坐在文科外文阅览室，清晨的阳光穿过树林和窗户，洒在面前的书上和我脸上的那种宁静和淡淡的喜悦。这仅仅是我们所为之奋斗的事业的开始吧。

邵 宇
2019 年 4 月 6 日 清明 于上海南苏州河
2007 年 7 月 5 日 于 St Antony's College Oxford University

图书在版编目(CIP)数据

微观金融学及其数学基础/邵宇,刁羽编著.—3版.—上海:复旦大学出版社,2019.9
(复旦博学. 微观金融学系列)
ISBN 978-7-309-14586-1

Ⅰ.①微…　Ⅱ.①邵…②刁…　Ⅲ.①微观经济学-金融学②经济数学-应用-金融学
Ⅳ.①F830

中国版本图书馆CIP数据核字(2019)第181439号

微观金融学及其数学基础(第三版)
邵　宇　刁　羽　编著
责任编辑/岑品杰　李　荃

复旦大学出版社有限公司出版发行
上海市国权路579号　邮编:200433
网址:fupnet@fudanpress.com　http://www.fudanpress.com
门市零售:86-21-65642857　团体订购:86-21-65118853
外埠邮购:86-21-65109143
常熟市华顺印刷有限公司

开本787×1092　1/16　印张50　字数1150千
2019年9月第1版第1次印刷
印数1—3100

ISBN 978-7-309-14586-1/F·2614
定价:99.00元